CB123260

THOMSON REUTERS
REVISTA DOS TRIBUNAIS™

Direito do Trabalho Aplicado

Direito individual do trabalho

Diretora de Conteúdo e Operações Editoriais
JULIANA MAYUMI ONO

Gerente de Conteúdo
MILISA CRISTINE ROMERA

Editorial: Aline Marchesi da Silva, Diego Garcia Mendonça, Karolina de Albuquerque Araújo Martino e Quenia Becker

Gerente de Conteúdo Tax: Vanessa Miranda de M. Pereira

Direitos Autorais: Viviane M. C. Carmezim

Assistente de Conteúdo Editorial: Juliana Menezes Drumond

Analista de Operações Editoriais: Alana Fagundes Valério

Analista de Conteúdo Editorial Júnior: Bárbara Baraldi

Estagiárias: Ana Amalia Strojnowski e Mirna Adel Nasser

Produção Editorial
Coordenação
ANDRÉIA R. SCHNEIDER NUNES CARVALHAES

Especialistas Editoriais: Gabriele Lais Sant'Anna dos Santos e Maria Angélica Leite

Analista de Projetos: Larissa Gonçalves de Moura

Analistas de Operações Editoriais: Caroline Vieira, Damares Regina Felício, Danielle Castro de Morais, Mariana Plastino Andrade, Mayara Macioni Pinto, Patrícia Melhado Navarra e Vanessa Mafra

Analistas de Qualidade Editorial: Ana Paula Cavalcanti, Fernanda Lessa, Thaís Pereira e Victória Menezes Pereira

Designer Editorial: Lucas Kfouri

Estagiárias: Bianca Satie Abduch, Maria Carolina Ferreira e Sofia Mattos

Capa: Linotec

Líder de Inovações de Conteúdo para Print
CAMILLA FUREGATO DA SILVA

Equipe de Conteúdo Digital
Coordenação
MARCELLO ANTONIO MASTROROSA PEDRO

Analistas: Gabriel George Martins, Jonatan Souza, Maria Cristina Lopes Araujo e Rodrigo Araujo

Gerente de Operações e Produção Gráfica
MAURICIO ALVES MONTE

Analistas de Produção Gráfica: Aline Ferrarezi Regis e Jéssica Maria Ferreira Bueno

Assistente de Produção Gráfica: Ana Paula de Araújo Evangelista

Dados Internacionais de Catalogação na Publicação (CIP)
(Câmara Brasileira do Livro, SP, Brasil)

Silva, Homero Batista Mateus da

Direito do Trabalho Aplicado : Direito individual do trabalho / Homero Batista Mateus da Silva. -- São Paulo : Thomson Reuters Brasil, 2021. -- (Coleção Direito do Trabalho Aplicado ; volume 2)

Bibliografia.

ISBN 978-65-5991-798-3

1. Direito do Trabalho 2. Direito do Trabalho - Brasil I. Título. II. Série.

21-74982 CDU-34:331(81)

Índices para catálogo sistemático:
1. Brasil : Direito do Trabalho 34:331(81)
2. Direito do Trabalho : Brasil 34:331(81)

Cibele Maria Dias - Bibliotecária - CRB-8/9427

VOLUME 2

Homero Batista

Direito do Trabalho Aplicado

Direito individual do trabalho

THOMSON REUTERS
REVISTA DOS TRIBUNAIS™

Homero Batista

Direito do Trabalho Aplicado

Volume 2 – Direito individual do trabalho

1ª edição: nova apresentação e novo formato
Histórico das edições no formato antigo: 1.ª edição: Elsevier, 2009; *2.ª edição*: Elsevier, 2012; *3.ª edição:* Ed. RT, 2015; *4.ª edição:* Ed. RT, 2017.

Diagramação eletrônica:
Linotec Fotocomposição e Fotolito Ltda., CNPJ 60.442.175/0001-80
Impressão e encadernação:
Edelbra Indústria Gráfica e Editora Ltda., CNPJ 87.639.761/0001-76

© desta edição [2021]

Thomson Reuters Brasil Conteúdo e Tecnologia Ltda.

Juliana Mayumi Ono
Diretora Responsável

Av. Dr. Cardoso de Melo, 1855 – 13º andar – Vila Olímpia
CEP 04548-005, São Paulo, SP, Brasil

TODOS OS DIREITOS RESERVADOS. Proibida a reprodução total ou parcial, por qualquer meio ou processo, especialmente por sistemas gráficos, microfílmicos, fotográficos, reprográficos, fonográficos, videográficos. Vedada a memorização e/ou a recuperação total ou parcial, bem como a inclusão de qualquer parte desta obra em qualquer sistema de processamento de dados. Essas proibições aplicam-se também às características gráficas da obra e à sua editoração. A violação dos direitos autorais é punível como crime (art. 184 e parágrafos, do Código Penal), com pena de prisão e multa, conjuntamente com busca e apreensão e indenizações diversas (arts. 101 a 110 da Lei 9.610, de 19.02.1998, Lei dos Direitos Autorais).

O autor goza da mais ampla liberdade de opinião e de crítica, cabendo-lhe a responsabilidade das ideias e dos conceitos emitidos em seu trabalho.

Central de Relacionamento Thomson Reuters Selo Revista dos Tribunais
(atendimento, em dias úteis, das 09h às 18h)
Tel. 0800-702-2433
e-mail de atendimento ao consumidor: sacrt@thomsonreuters.com
e-mail para submissão dos originais: aval.livro@thomsonreuters.com
Conheça mais sobre Thomson Reuters: www.thomsonreuters.com.br
Acesse o nosso *eComm*
www.livrariart.com.br
Impresso no Brasil [09-2021]
Profissional
Fechamento desta edição [08.09.2021]

ISBN 978-65-5991-798-3

Sobre o autor

Homero Batista Mateus da Silva é Juiz do Trabalho desde 1996, com longa experiência na primeira instância e passagens como juiz auxiliar de cargos de gestão no Tribunal Regional do Trabalho de São Paulo e no Tribunal Superior do Trabalho.

Em 2009, ingressou como professor concursado da Faculdade de Direito do Largo de São Francisco, da Universidade de São Paulo, local de sua graduação e, também, da obtenção dos títulos de Doutor e Mestre em Direito do Trabalho.

Colabora regularmente com os cursos de capacitação da magistratura por meio da rede de Escolas Judiciais.

Conferencista de diversos eventos e congressos nacionais e internacionais, proferiu palestra na Universidade de Tóquio em 2018 e na Universidade La Sapienza, em Roma, em 2019. Foi aluno em curso de execução judicial na Escola Nacional da Magistratura da França, em Paris, em novembro de 2015.

Autor de mais de 20 livros, com destaque para renomados comentários sobre as reformas trabalhistas de 2017 e sobre a legislação em tempos de pandemia de 2020. Atualiza constantemente sua "CLT Comentada".

De 2007 a 2009, concebeu e redigiu integralmente os 10 volumes da coleção Direito do Trabalho Aplicado. Revista e ampliada, a nova edição é apresentada em quatro volumes, sem perda de conteúdo.

Pelas sendas do trabalho

Escrita de 2007 a 2009, a coleção *Direito do Trabalho Aplicado* representou a compilação de minha vivência na magistratura e no magistério por aproximadamente uma década.

Receber a proposta de uma casa editorial para escrever todas as experiências colhidas naqueles anos 1990 e 2000 foi um divisor de águas em minha vida. Pude compartilhar desde os casos mais singelos até circunstâncias complexas, do processo de conhecimento e do processo de execução, do cotidiano dos empregados e dos empregadores, que diariamente chegavam ao meu conhecimento por intermédio da sala de audiência ou da sala de aula.

Recordo vivamente o susto que o editor tomou ao saber que minha ideia era escrever 10 volumes, pois eu os tinha bem definidos em meus pensamentos para que pudessem varrer o direito individual, o direito coletivo, os ramos do processo e, ainda, deixar algum fôlego para assuntos inexplorados do direito do trabalho, como as profissões regulamentadas e as normas de saúde do trabalho.

A ousadia minha e do editor foi tamanha que nós fixamos o lançamento bimestral de cada volume, à medida que os concluísse, mesmo antes de estarem prontos.

Mas, enfim, tivemos êxito.

No dia 22 de março de 2010, um encontro na Casa das Rosas, na Avenida Paulista, em São Paulo, celebrou o lançamento do décimo volume e o fechamento da coleção.

Acho que provém daquela data a obstinação de não deixar a coleção perecer, embora atualizá-la pareça, às vezes, mais árduo do que partir para um novo projeto.

Houve uma atualização pontual nos anos 2010 e, após, uma outra mais acurada com a promulgação da nova legislação processual civil, em 2015.

Não me arrependo de ter empreendido uma outra atualização no outono de 2017, mas, como quase todos os leitores devem saber, o inverno de 2017 conheceu a mais ampla reforma trabalhista desde os anos 1940, o que deixou a coleção num estranho limbo: ao mesmo tempo que ficou desatualizada, por assim dizer, não parou de vender, pois o público parece interessado nas histórias aqui relatadas – todas verídicas, devo dizer, ainda que com um pouco de poesia na narrativa –, assim como nos exemplos e até mesmo nos cálculos matemáticos.

Claro que eu gostaria de ter rapidamente atualizado a coleção em 2018 ou em 2019. Não passava uma semana sem que alguém generosamente me perguntasse quando viria a nova edição. Mas esse não é um trabalho que se faz da noite para o dia e, como diz a sabedoria, tudo na vida tem seu tempo.

O livro também tem seu tempo para amadurecer ou para frutificar.

Foi assim que, com a ampla gama dessas memórias afetivas e vasto material colhido direto das fontes do mundo do trabalho para lapidar, a nova edição começou a ser produzida.

Asseguro que o espírito da coleção permanece intacto.

Houve, sim, a opção de remanejamento dos capítulos, para que coubessem em 4 volumes, ao invés de 10, facilitando o manuseio e reduzindo os custos preocupantes dos livros em nosso país. Mas, prometo, sem perda do conteúdo.

Fiz apenas os ajustes que a razão e a sensibilidade me aconselharam:

- os antigos volumes 1 e 7 da coleção correspondem agora ao Volume 1, dedicado à teoria geral do direito do trabalho e à organização sindical brasileira;
- os antigos volumes 2, 5 e 6 da coleção correspondem agora ao Volume 2, dedicado ao direito individual do trabalho (antes, eram separadamente tratadas as horas extras, os salários e o contrato de trabalho);
- os antigos volumes 3 e 4 da coleção correspondem agora ao Volume 3, dedicado à saúde do trabalho e às profissões regulamentadas (antes, era assim mesmo, mas em dois volumes);
- os antigos volumes 8, 9 e 10 da coleção correspondem agora ao Volume 4, dedicado ao Processo do Trabalho (antes, organização judiciária, processo de conhecimento e processo de execução vinham separados).

Compartilho as experiências a seguir, na expectativa de que estejam no passo certo e, sobretudo, de que jamais nos esqueçamos do papel emancipador do trabalho.

HOMERO BATISTA MATEUS DA SILVA,
Juiz do Trabalho e professor universitário.

Abreviações utilizadas

ADC – Ação Declaratória de Constitucionalidade
ADCT – Ato das Disposições Constitucionais Transitórias
ADI – Ação Direta de Inconstitucionalidade
ADPF – Arguição de Descumprimento de Preceito Fundamental
ARE – Agravo em Recurso Extraordinário
AResp – Agravo em Recurso Especial
BNDT – Banco Nacional de Devedores Trabalhistas
CBO – Classificação Brasileira de Ocupações
CC – Código Civil
CCP – Comissão de Conciliação Prévia
CDC – Código de Defesa do Consumidor
CF – Constituição Federal
CP – Código Penal
CIPA – Comissão Interna de Prevenção de Acidentes do Trabalho
CLT – Consolidação das Leis do Trabalho
CPC – Código de Processo Civil
CTN – Código Tributário Nacional
EC – Emenda Constitucional
eSocial – Sistema de Escrituração Digital das Obrigações Fiscais, Previdenciárias e Trabalhistas
FGTS – Fundo de Garantia do Tempo de Serviço
GFIP – Guia de Recolhimento do FGTS e de Informações à Previdência Social
IAC – Incidente de Assunção de Competência
IN – Instrução Normativa
IRDR – Incidente de Resolução de Demandas Repetitivas
LDB – Lei de Diretrizes e Bases
LEF – Lei de Execuções Fiscais
LINDB – Lei de Introdução às Normas de Direito Brasileiro
MP – Medida Provisória
MPT – Ministério Público do Trabalho

NCPC	– Novo Código de Processo Civil – 2015
NR	– Norma Regulamentadora
OGMO	– Órgão Gestor de Mão de Obra
OIT	– Organização Internacional do Trabalho
PDV	– Plano de demissão voluntária
PGR	– Programa de Gerenciamento de Riscos
PPRA	– Programa de Prevenção de Riscos Ambientais
RE	– Recurso Extraordinário para o Supremo Tribunal Federal
REsp	– Recurso Especial para o Superior Tribunal de Justiça
RITST	– Regulamento Interno do Tribunal Superior do Trabalho
RR	– Recurso de Revista para o Tribunal Superior do Trabalho
SDC	– Seção Especializada em Dissídios Coletivos
SDI	– Seção Especializada em Dissídios Individuais
SDI 1	– Subseção 1 da Seção Especializada em Dissídios Individuais
SDI 2	– Subseção 2 da Seção Especializada em Dissídios Individuais
SESMET	– Serviço Especializado em Engenharia de Segurança e Medicina do Trabalho
STF	– Supremo Tribunal Federal
STJ	– Superior Tribunal de Justiça
TRT	– Tribunal Regional do Trabalho
TST	– Tribunal Superior do Trabalho

Sumário

CAPÍTULO 2

CAPÍTULO 3

CAPÍTULO 4

CAPÍTULO 5

CAPÍTULO 6

CAPÍTULO 7

CAPÍTULO 8

CAPÍTULO 9

CAPÍTULO 11

CAPÍTULO 12

CAPÍTULO 13

CAPÍTULO 14

PARTE 2

O LIVRO DA REMUNERAÇÃO

CAPÍTULO 1

CAPÍTULO 2

CAPÍTULO 3

CAPÍTULO 4

CAPÍTULO 5

CAPÍTULO 6

CAPÍTULO 7

CAPÍTULO 2

CAPÍTULO 3

CAPÍTULO 4

CAPÍTULO 5

CAPÍTULO 6

CAPÍTULO 7

CAPÍTULO 8

CAPÍTULO 9

CAPÍTULO 10

Parte 1

Contrato de trabalho, do início ao fim

Capítulo 1

Contrato de trabalho e relação de emprego

1. Distinção entre trabalho e emprego

Trabalho e emprego são utilizados como sinônimos no senso comum, mas também em algumas normas, inclusive na Constituição de 1988.

Assim, se diz indistintamente "arranjei um trabalho" ou "encontrei emprego", da mesma forma que "ofereço trabalho para vigilantes" ou "vagas para emprego de garçom".

No entanto, a expressão trabalho corresponde a um conjunto maior, dentro do qual a palavra emprego é apenas uma das possibilidades.

Há incontáveis outras formas de trabalho que não se revestem das características de emprego.

Por exemplo, trabalho abrange o voluntariado, mas para ser empregado é indispensável a existência de alguma forma de remuneração. Estudar é também trabalhar, a bem da verdade. Os servidores públicos estatutários trabalham para a Administração Pública, conquanto não sejam considerados seus empregados por delineamentos próprios do legislador. Os representantes comerciais autônomos e os sócios cotistas das empresas laboram tanto quanto os empregados, mas não seguem o mesmo regime jurídico. Na zona rural, parceiros e meeiros trabalham, ainda que não sob a forma de emprego. Uma das atividades de trabalho mais cansativas e repetitivas que existe passa muito longe do conceito de emprego – as lides domésticas da dona de casa. E assim sucessivamente.

Daí ser possível dizer que, onde houver empenho da energia humana, ali haverá trabalho, sob qualquer condição, a título gratuito ou oneroso, com ou sem subordinação às ordens alheias, de forma repetitiva ou ocasional. Todavia, para que o trabalho atinja o patamar de emprego, faz-se necessário que a atividade seja revestida das exigências legais em torno da subordinação, da onerosidade, da pessoalidade e da habitualidade.

Nada obstante o mencionado consenso sobre a amplitude maior da expressão trabalho e o caráter restritivo do emprego, é comum o uso do primeiro no sentido do segundo.

De certa forma, a própria acepção do *Direito do Trabalho* é confusa, porque não se estudam todas as formas de trabalho nesse ramo jurídico, mas apenas as modalidades de trabalho subordinado. Se a subordinação atinge seu grau jurídico máximo, diz-se que o trabalho é prestado por empregados. Se a subordinação permeia o grau máximo, ainda que permaneça em estágios intermediários, o Direito do Trabalho hesita, mas acaba invariavelmente por acolher figuras limítrofes, que orbitam em torno do emprego, como é o caso do trabalho avulso, trabalho autônomo da pessoa física economicamente dependente da empresa e outros casos análogos.

A escolha da denominação *Direito do Trabalho* para representar a disciplina que estuda preferencialmente o emprego, e não todas as formas de trabalho, mostra-se inadequada, conquanto inelutável e inexorável.

O ramo do Poder Judiciário dedicado a apreciar e julgar as controvérsias oriundas do emprego se denomina, em muitos países, Justiça do Trabalho, muito embora seu espectro seja normalmente restritivo, tendente apenas às hipóteses de emprego e, quando muito, proteção a figuras análogas.

Esses e outros exemplos levam a crer que a distinção entre trabalho e emprego pertence mais ao campo doutrinário do que ao campo legislativo. Outra forma de se entender a dicotomia é acrescentar o conceito de subordinação. Assim, Direito do Trabalho é o ramo jurídico dedicado ao estudo do trabalho subordinado, assim como no Poder Judiciário existe a Justiça do Trabalho subordinado. Quando o art. 7.º, XXIX, da Constituição Federal de 1988 preconiza prazos de dois anos e de cinco anos, refere-se à prescrição aplicável às relações de trabalho subordinado.

O entendimento de que emprego seja apenas uma das diversas formas de trabalho parecia caminhar para um porto seguro quando, inesperadamente, a Emenda Constitucional n. 45, de 8 de dezembro de 2004, provocou cizânia nos meios jurídicos, não somente quanto ao significado das expressões, mas também quanto à possível ampliação da competência da Justiça do Trabalho.

Historicamente, a competência material da Justiça do Trabalho estava concentrada nas atividades subordinadas, como já mencionado. Admitia-se que, além do empregado efetivo sob a égide da Consolidação das Leis do Trabalho, outras formas muito parecidas de trabalho pessoal e sujeito ao comando do tomador de serviços fossem igualmente canalizadas para esse ramo do Poder Judiciário, mas a lista era tão reduzida que as exceções serviam apenas para confirmar a regra geral da Justiça do Trabalho como justiça dos empregados – ou, segundo as más línguas, a justiça dos desempregados.

São citados os casos do pequeno artífice ou artesão (art. 652, *a*, III, da CLT), do trabalhador temporário (Lei 6.019/1974) e do trabalhador avulso em portos e armazéns (art. 7.º, XXXIV, da Constituição e art. 643, *caput* e § 3.º, da CLT).

Entretanto, a nova redação dada ao art. 114, I, da Constituição, alterou as fórmulas mais utilizadas, que normalmente faziam referência à figura do empregado ou à figura do empregador.

Por exemplo, na redação original, a Constituição Federal de 1988 mencionava, de um lado, "trabalhadores", e, de outro lado, "empregadores". A competência trabalhista repousava sobre os litígios envolvendo trabalhadores e empregadores.

Houve, então, um consenso no sentido de que, conquanto a palavra "trabalhadores" fosse demasiadamente ampla, sua restrição era induzida pela existência de "empregadores" no outro lado da relação. Trabalhadores que têm empregadores são, de fato e de direito, empregados.

Eis que a Emenda n. 45 eliminou os dois sujeitos da oração e passou a lidar apenas com o conceito de "relação de trabalho", lançando dúvidas se o fez com o claro propósito de expandir as fronteiras da Justiça do Trabalho ou se apenas utilizou a expressão para lapidar um conceito pacífico de relação de trabalho "subordinado".

Em outras palavras, a inserção de "relação de trabalho" no art. 114 da Constituição tanto pode ter representado o desejo de deslocar para a Justiça do Trabalho 100% das atividades laborais humanas (sociedade, parceria, autônomos, voluntários, avulsos, eventuais, estudantes, relações de consumo, relações estatutárias do Direito Administrativo e o mais) como pode ter representado apenas uma forma erudita de se referir ao trabalho subordinado.

O adjetivo subordinado faz uma falta enorme para fins de clareza e segurança jurídica, reconheça-se, não sendo esperado que justamente o texto mais importante do ordenamento se dê ao luxo de tanta ambiguidade.

A análise mais distanciada dos acontecimentos de 2004 revela ter havido algum exagero nas primeiras interpretações, que vislumbraram competência maior da Justiça do Trabalho do que da Justiça Federal e da Justiça dos Estados, olvidando-se de que o ramo especializado não deveria perder seu foco e seu grau de atenção ao problema para cujas soluções foi especialmente criado.

Desnecessário grande esforço hermenêutico para se notar o impacto que representaria o deslocamento de todas as ações envolvendo servidores públicos estatutários, da União, das Unidades da Federação e dos Municípios, bem assim todas as relações de consumo e todas as repercussões criminais e civis. A expulsão de um aluno por indisciplina na rede de ensino seria matéria relacionada ao labor humano, assim como todas as controvérsias decorrentes das assembleias gerais das sociedades anônimas e o relacionamento entre cotistas das sociedades limitadas, sem contar o exercício de fiscalização dos conselhos e das ordens classistas, como a OAB e o Creci, em questões de ética e disciplina. Enfim, o universo em movimento.

De concreto, pode-se dizer que houve um esvaziamento das teses mais eufóricas. Através de decisões liminares ou de mérito, o Supremo Tribunal Federal retirou desde logo a competência trabalhista para questões criminais e para assuntos ligados aos servidores públicos estatutários, ao passo que o Superior Tribunal de Justiça manteve na Justiça Comum as lides envolvendo os profissionais liberais, inclusive cobrança de honorários. Caminha-se para um entendimento em torno das relações de trabalho correspondentes às relações em que o trabalho é prestado de forma habitual, pessoal e subordinada, ainda que não em seu grau máximo, capaz de transformar o trabalhador em empregado, admitindo-se graus médios de sujeição e de continuidade.

Nesse contexto, entendemos que a Justiça do Trabalho teria competência sobre os litígios envolvendo os representantes comerciais autônomos, dado que eles prestam serviços com grau médio de subordinação em relação às empresas representadas, mas assim não se inclinou a Corte Constitucional, segundo a qual o art. 114, I, não chegou a esse patamar. Manteve-se a competência da representação comercial autônoma com a Justiça Comum, ao fundamento de que não ocorre relação de trabalho, mas relação comercial entre as partes.

Compilando-se as diversas interpretações acima ventiladas, pode-se dizer que contrato de trabalho, no alcance dado pela Consolidação das Leis do Trabalho, é necessariamente um contrato de trabalho subordinado, razão pela qual há quem proponha sua substituição pela locução *contrato de emprego*, mais precisa.

2. O contratualismo na esfera trabalhista: vínculos de emprego

Apesar dos esforços da doutrina, há nítida prevalência da expressão contrato de trabalho, por força da história e da abrangência do art. 442 da CLT. Enquanto isso, os termos Direito do Trabalho, Processo do Trabalho e Justiça do Trabalho orbitam em torno de um conceito intermediário, em que trabalho se aproxima de emprego, mas admite também a presença de outras formas parecidas com a prestação de serviços continuados e pessoais, com variação apenas do grau de sujeição do trabalhador.

Conta-se que a dicotomia era tão manifesta em 1943 que a comissão da redação da Consolidação das Leis do Trabalho se bipartiu e, para resolver o impasse, optou-se por uma solução híbrida, a saber, diz-se que o contrato de trabalho é a relação de emprego, conforme definição dada pela CLT.

O uso da palavra relação – "relação de emprego" – ajuda a entender por que razão se diz que o Direito do Trabalho não adere às dimensões contratualistas do Direito Civil, capazes de exigir expressa manifestação de vontade de empregado e de empregador para o início da prestação de serviços. Antes, contenta-se o Direito do Trabalho com o simples engajamento do trabalhador ao ambiente de trabalho e, preenchidos determinados requisitos concernentes à habitualidade, à pessoalidade, à onerosidade e à subordinação, estaremos diante de uma relação de emprego, independentemente de ter havido manifestação de vontade expressa. Há forte densidade anticontratualista nesse conceito.

O vocábulo contrato, quando utilizado, certamente evoca as origens civilistas do Direito do Trabalho, ao associar a prestação de serviços de um operário em um empreendimento com a noção de avença entre partes capazes, com objeto lícito e forma prescrita ou não defesa em lei. O sentido de contrato auxilia na compreensão de que o Direito do Trabalho não é feito apenas de partes estáticas, requerendo necessariamente o conhecimento da dinâmica dos seres humanos que povoam esse campo jurídico. Sem a existência do contrato entre as partes, não existiria o Direito do Trabalho.

Por contrato não é necessário entender documento escrito, sendo válidas diversas outras formas de fixação de deveres e direitos. Os próprios civilistas, ao se debruçarem sobre o tema, lembram que contrato é palavra polissêmica capaz de envolver incontáveis meios de comunicação humana. Ao acenar para o motorista de táxi ou para o condutor do ônibus coletivo, o ser humano expressa a intenção de contratar os serviços de transporte oferecidos, sem que palavra alguma precise ser pronunciada. Ao se sentar à mesa para ser servido, o cliente prenuncia que celebrou contrato de fornecimento de alimentação com o restaurante, conquanto nada tenha sido manifestado expressamente. Não seria diversa a relação contratual no Direito do Trabalho.

Curiosamente, porém, o Direito do Trabalho se preocupa tanto com o estudo da formação das relações de emprego sem a existência de contrato solene, conforme abaixo se analisa, que chega a negligenciar o contrato propriamente dito, em seus aspectos essenciais.

Outro ponto que merece destaque é o estudo da autonomia da vontade no Direito do Trabalho: quanto mais se abandona o tema do contrato, que depende fundamentalmente da vontade das partes, tanto mais se mitiga a autonomia da ação dos sujeitos. Fica-se com a impressão de que empregado e empregador não mantiveram a mínima vontade no âmbito trabalhista, tamanha a ingerência estatal sobre a matéria e tamanho o desprezo pela forma contratual civil. Convém refletir sobre esses assuntos.

Exatamente por associar o Direito do Trabalho ao Direito Civil, a noção de contrato é vista com desconfiança e, de maneira geral, é abandonada quando se estudam as exigências para a configuração de uma atividade empregatícia. Procura-se contornar a obrigatoriedade de contratação expressa, até mesmo como forma de justificar a existência de empregos que são formados tacitamente e aqueles que são declarados por força de decisão judicial ao arrepio da vontade declarada das partes. Explica-se.

O Direito do Trabalho lida com conceitos específicos, como a primazia da realidade, de tal sorte que não faria nenhum sentido a convivência dessa ênfase do conteúdo sobre a forma e, ao mesmo tempo, o prestígio à solenidade de um contrato.

Em segundo lugar, ainda que haja contrato expresso, convive-se com um sistema dinâmico de presunções relativas, donde a possibilidade de uma cláusula contratual ser afastada em nome da realidade diversa que se operou – por exemplo, reconhecimento de salário "por fora" dos recibos, mesmo quando o contrato afirma categoricamente que aquele era o valor pago ao empregado. Em uma palavra, contrato seria uma forma de aprisionar o espírito do trabalho, porque esse ficaria na dependência da celebração de um ato pelas partes envolvidas, mas que, na verdade, não requer celebração alguma.

Outro argumento contrário ao contrato chama a atenção para o fato de que, se não é preciso a forma escrita, se é aceita a forma tácita e se o Poder Judiciário pode declarar sua existência mesmo que não concebida pelas partes, então já não estamos diante de um contrato propriamente dito, mas diante de uma relação que, por ironia, foi chamada de contrato.

Daí a preponderância do uso das palavras relação e vínculo, bastante usuais nos julgados trabalhistas.

É comum nos corredores da Justiça do Trabalho ouvir alguém dizer que determinado relacionamento "gerou vínculo" ou "não gerou vínculo". Com o passar do tempo, as pessoas deixaram de falar "gerou vínculo de emprego" e passaram a dizer apenas "gerou vínculo" ou "gerou".

De qualquer forma, quem disser que o fato narrado "gerou vínculo" mostra ser adepto da tese de que o contrato de trabalho é expressão artificial que deve ser substituída por termos mais genéricos, como relação, vínculo e liame, em detrimento de termos mais restritivos, como contrato, ajuste, avença ou pacto.

É o conhecido embate dos contratualistas (mais ênfase na autonomia da vontade e na solenidade de aproximação das partes) *versus* anticontratualistas (mais atenção para os fatos, engajamento do trabalhador na estrutura produtiva, permanência no tempo e no espaço).

3. Contrato requer objeto lícito

Ainda que se associe à corrente dos anticontratualistas, como subjaz na legislação trabalhista, é necessário investigar se o Direito do Trabalho protegerá 100% dos serviços prestados.

Quer as partes tenham celebrado contrato de trabalho de forma solene, quer o contrato de trabalho tenha aflorado da análise dos fatos, em um vínculo de emprego declarado em Juízo, é interessante observar que algumas atividades empreendedoras são voltadas para a prática do crime e da contravenção, algo que toma o Direito do Trabalho de surpresa e provocará perplexidade de rara grandeza.

O Direito do Trabalho sempre se pautou pela busca do equilíbrio na convivência entre as partes, exaltação da dignidade do ser humano, não aviltamento da condição do trabalhador e, segundo a maioria da doutrina, distribuição justa das rendas. Logo, nem ao menos se poderia cogitar, na pureza ideológica do Direito do Trabalho, que a energia empreendida por um trabalhador pudesse ficar privada da remuneração com fundamento na lei e na sentença judicial.

Ou melhor: que um trabalho executado por ser humano pudesse ser punido com a privação dos rendimentos necessários para a sobrevivência desse mesmo ser, sabendo-se que a energia não pode ser restituída e tendo-se em mente que o passado é aquilo que se pode ver, mas que não se pode tocar.

Ocorre, contudo, que o trabalho e o crime são elementos inconciliáveis.

Difícil sustentar que a proteção deve ser feita a qualquer preço. Roga-se que a prestação de serviços, categoricamente pactuada sob a forma de um contrato de trabalho ou tacitamente tolerada sob a forma de uma relação de emprego oriunda da primazia da realidade, tenha por conteúdo objetos lícitos.

A licitude do objeto pode recair sobre as atividades produtivas, do setor da indústria, do comércio ou dos serviços, assim como sobre as atividades economicamente não produtivas, como a prestação de serviços para o lar, para o clube recreativo, para a administração pública ou para a casa de caridade.

Não deve causar constrangimento o fato de que a licitude do objeto está prevista no art. 104, II, do Código Civil de 2002, como requisito para a validade do negócio jurídico. Cuida-se de regra comum a todos os ramos jurídicos e, de certa forma, permaneceria válida mesmo que omitida pelo legislador.

Que fazer, então, com o contrato de trabalho voltado para a prática do ato ilícito?

A tendência é, realmente, negar-se a proteção jurídica aos agentes envolvidos, o que pode representar prejuízos ao empregador, decerto, mas atinge fundamentalmente a figura do empregado, o elo considerado mais fraco na relação.

É impensável que alguém acesse o Poder Judiciário para postular os benefícios do Direito do Trabalho sob a alegação de que houvesse sido contratado para cometer homicídios em série. Tampouco o leigo poderia postular declaração de vínculo de emprego com o hospital, alegando que ali exerceu ilegalmente a medicina durante alguns meses ou anos. Pessoas que concorrem para o sucesso do tráfico de armas, de animais silvestres, de crianças, mulheres ou trabalhadores, bem assim do tráfico de entorpecentes, em seus diversos escalões, também têm negado o acesso ao Direito do Trabalho.

Se a exclusão desses trabalhadores parece consensual, as dúvidas começam a surgir quando se passa para o campo das contravenções, de menor potencial ofensivo do que os crimes.

São exemplos:

- trabalhos destinados a anúncio de meios abortivos (art. 20 da Lei das Contravenções Penais, Decreto-lei 3.688, de 03 de outubro de 1941);
- pedido de declaração de vínculo de emprego de motorista que não dispunha de habilitação para conduzir veículo (art. 32) ou do piloto desprovido de licenciamento (art. 33);
- trabalhador contratado para incitar animais em rinhas ou qualquer outra forma de crueldade no tratamento dos animais (art. 64).

No caso da contravenção, há um racha no Direito do Trabalho.

De um lado, alinham-se aqueles que cobram coerência da disciplina, de tal forma que, se o objeto da prestação de serviços deve ser lícito, esse conceito alcança tanto os crimes como as contravenções, não competindo ao Direito do Trabalho escolher quais os ilícitos penais de maior ou de menor potencial ofensivo. Reforça o argumento o fato de que o trabalhador que se engaja na contravenção o faz com idêntica consciência da má conduta quanto o trabalhador que concorre para o crime. Não cabe alegar desconhecimento do ilícito ou da legislação.

De outro lado, porém, concentram-se aqueles que enxergam no abandono jurídico desses empregados um prêmio e um estímulo para a organização criminosa e contraventora.

Ciente de que nada precisará pagar para o trabalhador e que não poderá ser acionada em Juízo, a sociedade do crime passa a desfrutar de pequenos escravos para seus caprichos e para alavancar os lucros.

Argumenta-se que o Direito do Trabalho tem, sim, um papel a cumprir nesse embate. Na tentativa de conciliar as medidas protetoras do Direito do Trabalho com a indispensabilidade da persecução penal, surgiu o importante debate acerca da possível separação entre atividade-fim e atividade-meio, no âmbito dos crimes e das contravenções. Por essa tese, o Direito do Trabalho deveria proteger o manobrista, o porteiro e o faxineiro da casa de jogos de azar, mas não o fabricante das armas clandestinas, da munição proibida e dos entorpecentes.

A tese da separação dos empregados de acordo com o grau de sua participação no crime ou na contravenção parece resolver alguns problemas, especialmente no que diz respeito à aplicação prática do princípio protetor e da primazia da realidade.

Reduz a perplexidade de se deixar o trabalhador ao desabrigo e evita a imagem da escravidão perpetrada com apoio na lei.

No entanto, cria imediatamente uma série de outros problemas, cuja complexidade talvez supere as vantagens colhidas.

Os extremos das atividades econômicas são mais facilmente enquadráveis. Por exemplo, os serviços de vigilância armada, fornecimento de refeição industrial e limpeza servem como atividades de apoio ou atividade-meio para a maioria dos ramos industriais, comerciais e de prestação de serviços, ao passo que a metalurgia, a siderurgia, a construção civil ou a ourivesaria naturalmente funcionam como atividades de destino final de outras empresas.

Porém, há um oceano de atividades que ora poderão ser consideradas de apoio, ora pertencem ao coração do empreendimento.

Em uma escola de idiomas, o professor de inglês se insere na atividade final do negócio, mas esse professor pode desempenhar mera atividade de apoio se seu ofício consistir em aprimorar o conhecimento linguístico dos executivos de uma empresa transnacional.

O pedreiro está no âmago da construtora, mas no arrabalde da concessionária de veículos que desejava ampliar o galpão para exposição dos carros.

O analista de sistemas é peça-chave na empresa de desenvolvimento de programas e peças rígidas do computador, mas mera alavanca para uma fábrica de tecidos.

Ora, diante dessas premissas, como se deveria inserir honestamente o entregador utilizado no comércio de armas roubadas? Simples mensageiro que se destina à atividade de apoio ou parte fundamental para a perpetração do crime? E o vendedor dos pacotes de produtos entorpecentes? Há um exemplo muito citado em manuais trabalhistas em torno da função de faxineira, a qual manteria a aura de simples empregada em qualquer circunstância, seja na casa de jogos de azar, seja no cativeiro de vítimas de sequestro. Será?

Para dificultar ainda mais os esforços do Direito do Trabalho, existem situações em que o empregado, mesmo sem concorrer diretamente para o crime, recebe remuneração à base da produção ou da unidade de trabalho, no lugar de salário fixo. Basta que se imagine o pedido (não raro) de trabalhador quanto à integração remuneratória da gorjeta auferida dos clientes da organização ilícita, como pode suceder com o manobrista ou com o garçom. Outro ponto: pagamento de percentual ou valor fixo por cliente angariado por trabalhadores que fazem panfletagem para casas noturnas em que se praticam crimes e contravenções.

Ainda que o Direito do Trabalho consiga empreender a ginástica de separar atividade-fim da atividade-meio, poderia ele chancelar a remuneração calculada à base de alguma tarifa vinculada ao produto do crime?

Por todos esses ângulos, a conclusão mais equilibrada a que se chega, por polêmica que seja, é manter o Direito do Trabalho mais perto do art. 104 do Código Civil de 2002 e exigir, sim, que o negócio jurídico se faça em torno de objetos lícitos. A tolerância da sociedade a alguns tipos penais e a algumas hipóteses de contravenção não serve de escusa para se "flexibilizar" o conceito de crime e contravenção.

Não se altera por interpretação legal o caráter ilícito do objeto de um negócio jurídico. Se o jogo de bicho é efetivamente uma contravenção a ser perseguida, que atenta contra a ordem jurídica (art. 58 da Lei das Contravenções Penais), punindo-se até mesmo o apostador "que visa a obtenção de prêmio, para si ou para terceiro", não será através do Direito do Trabalho que se concederá anistia, graça ou perdão.

O jurista deve ficar atento porque as boas intenções de se legalizar a prática do jogo de azar ou, pelo menos, das atividades de apoio da jogatina, habitualmente são carregadas pela ingenuidade de se achar que a sociedade organizadora dos eventos seja neutra, idônea e imune a outros negócios escusos. Normalmente, criminalidade atrai criminalidade. Não existe a expressão "mero jogo de azar". Se existe negligência das autoridades públicas no combate à contravenção, a pressão da sociedade deve ser feita contra as autoridades desidiosas e não em favor do desvio de conduta.

4. Diferença entre contrato de trabalho ilícito e contrato proibido

Não se deve confundir a ilicitude do objeto, que macula definitivamente o contrato de trabalho, com a proibição específica de alguns tipos de contrato de trabalho.

No caso da ilicitude, nada se aproveita, razão pela qual o empregado que se dedica ao tráfico de produtos banidos, ao crime ou à contravenção fica privado do acesso à Previdência Social e aos direitos previstos pela legislação trabalhista. Os contratos proibidos, porém, têm outra natureza e outro desdobramento.

A proibição, geralmente, objetiva proteger o próprio trabalhador, para que ele não seja exposto a condições particularmente adversas. Entretanto, caso a proibição seja desrespeitada, a solução mais recomendada passa pela confirmação do contrato de trabalho, ao contrário do que poderia parecer à primeira vista.

É proibido admitir crianças abaixo de 14 anos na condição de empregadas, mas, se esse ato for perpetrado, o remédio que resta é declarar a relação de emprego, porque a manutenção da proibição de contratar aviltaria ainda mais a condição da criança explorada. É vedado o trabalho do menor de dezoito anos em ambiente insalubre, perigoso ou noturno. Porém, em sendo detectada a presença de adolescentes nessas condições somente resta exigir o registro do contrato de trabalho e o pagamento de todos os haveres trabalhistas, incluídos o adicional de insalubridade, o adicional de periculosidade e o adicional noturno, por mais agressiva que tenha sido a experiência do jovem.

Não se devem admitir maiores de 50 anos para atividade em minas de subsolo (art. 301 da CLT). Contudo, a prática dessa irregularidade deve ser corrigida com a exigência do cumprimento das normas trabalhistas plenas e não com o agravamento da condição do trabalhador.

Curiosa é a situação do empregado leigo, que exerce profissão regulamentada por lei.

Segundo o art. 47 da Lei das Contravenções Penais, se sujeita a pena de prisão simples, de 15 dias a 3 meses, ou multa, o sujeito que exercer "profissão ou atividade econômica ou anunciar que a exerce, sem preencher as condições a que por lei está subordinado o seu exercício".

Assim, um leigo não poderá reivindicar registro profissional de médico, mesmo que absurdamente tenha clinicado em uma instituição de saúde, da mesma forma que não se admite que o prático aspire ao registro como enfermeiro.

Em algumas outras hipóteses, todavia, é possível a declaração da relação de emprego em profissões análogas, sem que haja violação às leis trabalhistas nem à norma penal.

Se uma empresa admite uma pessoa para realização de atendimentos telefônicos, triagem dos clientes e arquivamentos de documentos pode-se formar a relação de emprego como recepcionista, sem que se ambicione o registro como secretária, pois essa profissão está regulamentada e exige formação técnica ou ensino superior (Lei 7.377/1985).

O exercício do magistério é repleto de exigências legais, a começar pelo art. 317 da CLT, mas nada impede o exercício de auxiliar de ensino, monitoria dos alunos ou inspetoria de corredores, por exemplo.

Haverá implicações quanto à faixa salarial, provavelmente mais baixa para os leigos do que para os graduados, bem como nos assuntos relacionados ao enquadramento sindical, especialmente no que toca às categorias diferenciadas. Porém, nada disso impede o registro profissional em atividades conexas, digamos assim.

Há, ainda, um terceiro gênero de obstáculo à formação do contrato de trabalho, mas esse não deve impressionar. Enquanto no objeto ilícito a proibição decorre do art. 104 do Código Civil de 2002 e demais disposições legais, e enquanto no contrato de trabalho proibido a vedação se identifica a partir de alguma proteção específica aos sujeitos, no caso do terceiro gênero são as leis que optaram pela via da exclusão liminar da pactuação. A estratégia, todavia, mostra-se bastante duvidosa.

Há uma referência à impossibilidade de relação de emprego entre ajudantes de taxista e o proprietário do veículo (Lei 6.094/1974) e entre o transportador de cargas autônomo e a empresa de transportes (Lei 11.442/2007). A Lei do Voluntariado (Lei 9.608/1998) e a Lei do Estágio (Lei 11.788/2008) igualmente contêm dispositivos que afastam a ocorrência de relação de emprego no âmbito de sua aplicação. Cite-se, ainda, a condição do atleta não profissional em formação, para quem o clube pode pagar apenas uma bolsa-auxílio, sem relação de emprego, dos 14 aos 20 anos de idade (Lei Pelé, n. 9.615/1998).

O que existe em comum entre todos esses dispositivos legais é a intenção do legislador em preservar algumas relações jurídicas bastante específicas e que, por qualquer motivo, são reputadas dignas de proteção.

Em alguns casos, a preservação da autonomia na execução dos serviços atende aos anseios do legislador, como pode ser conferido no tema dos transportes, ao passo que em outros casos a expectativa é que não haja deturpação, como no espírito de caridade do voluntariado e na enorme urgência de aprendizado que têm o estagiário e o atleta principiante. Onde houver dois ou mais seres humanos, porém, ali estará a tensão.

O uso indiscriminado dessa legislação como forma de desvirtuar a própria legislação social é bastante conhecido. As leis inibitórias de formação de vínculo de emprego não se prestam ao uso da mão de obra barata, substituição de pessoal efetivo, redução de encargos sociais e tampouco à alteração do objeto social da empresa. Impõe-se o equilíbrio entre a lei inibitória, de um lado, e o princípio da primazia da realidade, de outro lado. Antevendo todo esse panorama, já dispunha o art. 9.º da CLT que o desvirtuamento da aplicação da legislação trabalhista é punido com a declaração da nulidade do ato jurídico. Que ninguém se engane: mera exortação do legislador em prol de trabalho voluntário, educativo ou autônomo não servirá de escudo contra a formação da relação de emprego.

5. Vínculo de emprego com a cooperativa ou com o tomador dos serviços

É possível, sim, a formação da relação de emprego diretamente com a entidade cooperativa ou com o tomador de seus serviços, a depender da forma como se desenvolveu a prestação de serviços. Muito embora o legislador pareça negar esse fato, a relação de emprego não depende do gosto das partes ou das boas intenções da norma legal, mas unicamente da análise da realidade.

Pode o legislador, sozinho e sem maior aprofundamento, banir a existência de um contrato de trabalho? Não, segundo a jurisprudência maciça.

O que o legislador fez e tem feito é mais ou menos o óbvio: manifestar a inexistência de relação de emprego, desde que cumpridas as formalidades legais em prol da figura jurídica diferenciada.

Assim, se forem realmente respeitados os cânones do sistema cooperativista, não deverá haver relação de emprego, por ser da essência das relações cooperadas que todos guardem sua independência no esforço coletivo da congregação de esforços.

Normalmente, cada cooperado investe sua energia e alguma ferramenta de trabalho a fim de potencializar os resultados de seu ofício. Essa coesão pode ser conferida na cooperativa de costura e de criação de gado leiteiro, todos a encontrarem a força na união e a obterem preços melhores pela unidade da produção quando a negociação é feita de modo conjunto com os grandes compradores.

Porém, cooperativas de porteiros de edifícios residenciais ou de balconistas já de antemão não parecem preencher nem mesmo a condição básica da atuação com independência de cada profissional ou a própria pertinência do tema aplicado ao sistema cooperado. Mal se imagina qual terá sido o insumo ou o instrumento de trabalho que tenha sido investido pelos cooperados, que nada mais têm a oferecer que não seja a força de seus braços e a disciplina de sua mente.

Dessarte, quando o legislador afirma que em dada prestação de serviços não haverá relação de emprego, ele quer dizer que não haverá relação de emprego se preenchidos os requisitos legais da atividade autônoma ou, de qualquer forma, não empregatícia. Em outras palavras, são comandos legais revestidos meramente de presunção relativa, nunca de presunção absoluta.

6. Formas de celebração do contrato de trabalho

Não existe forma solene para a constituição do contrato de trabalho.

Um dado interessante deve ser trazido à reflexão: conquanto as normas trabalhistas genericamente dispensem maior formalidade em torno do contrato de trabalho, admitindo-o de forma verbal e até mesmo de forma tácita, em momento algum se dispensa a anotação em Carteira de Trabalho.

Vai aí uma leve contradição, mas que se explica pelo fato de que o contrato de trabalho verbal é aquele que não as cláusulas reduzidas a termo, mas nem por isso deixou de ter os pilares básicos traçados em rápida conversa. Se as partes já se entenderam superficialmente quanto ao salário e quanto à função, normalmente em conjunto com o horário de trabalho, o empregado já pode começar a trabalhar no mesmo dia ou no dia seguinte.

Não são todas as empresas nem todos os empregos que necessitam de documentação exaustiva, processos de seleção em etapas ou análise de currículo. Ademais, na maioria das ocupações, o jogo se aprende jogando: nada melhor do que alguns dias de trabalho para se conhecerem o ritmo da produção e os humores do empregador. Convivem harmoniosamente o contrato verbal e o registro escrito em Carteira de Trabalho, portanto.

Com relação ao contrato tácito, verdade seja dita: normalmente a forma tácita não é "revelada" de plano pelas partes, permanecendo essa relação de emprego em estado latente ou hibernado durante meses ou até anos. Costuma haver a "revelação" por intermédio dos Auditores-Fiscais do Trabalho ou por pronunciamento do Poder Judiciário, em geral mediante provocação do próprio trabalhador.

Assim, o contrato de trabalho tácito costuma ser caracterizado pela anotação em Carteira de Trabalho a destempo, após um período em que existiu sem formalização expressa pelas próprias partes, mas que nem por isso deixará de desfrutar de idêntica proteção para os fins da legislação do trabalho e da seguridade social.

Em suma, o contrato de trabalho prescinde de solenidade, mas nunca da Carteira de Trabalho, antes, durante ou depois de consumada a prestação dos serviços.

7. Conteúdo possível de um contrato de trabalho

Quais seriam os conteúdos possíveis de um contrato de trabalho escrito?

O cotidiano das relações trabalhistas é tão dinâmico e imprevisível que custa a crer na possibilidade de se redigir um contrato de trabalho exaustivo.

Numa rápida lembrança, poderíamos chegar a mais de cem cláusulas contratuais viáveis, mas que, somadas, ainda não dariam conta de abarcar todos os cenários esperados da prestação de serviços pelo empregado e do cumprimento das obrigações salariais e indenizatórias pelo empregador.

Na verdade, o contrato de trabalho teria de ser um resumo da Consolidação das Leis do Trabalho mais alguns dispositivos das leis esparsas. No entanto, é consensual que o empregador não precisa repetir na contratação que honrará o pagamento do décimo terceiro salário, respeitará o quinto dia útil do mês seguinte para a quitação salarial e contará doze meses para fechar o primeiro período aquisitivo das férias do trabalhador. Normalmente se inserem no contrato de trabalho cláusulas que não tenham disposição legal expressa e que ficaram no âmbito de negociação das partes. Referimo-nos ao estabelecimento das datas de admissão, de término do contrato, das funções a serem exercidas e dos salários a serem pagos.

Quase sempre se começa pela data de admissão.

Normalmente corresponde à data da celebração do contrato. Em se tratando de data futura, deve haver clara referência no contrato, sob pena de se considerar que o empregado já estava à disposição do empregador desde a pactuação inicial.

Quanto mais demorada for a cerimônia de início, tanto maiores as chances de haver conflito entre as partes antes mesmo do início da prestação dos serviços. Esse interstício prolongado revela-se perigoso. Tanto o empregado pode se arrepender e encontrar emprego melhor como o empregador pode enfrentar crise financeira aguda que o impeça de honrar os demais termos acordados.

Por esses motivos, já não há dúvidas na jurisprudência quanto à existência da chamada lesão pré-contratual, a qual se acreditava impossível de acontecer nos primórdios do Direito do Trabalho.

A competência para apreciar e julgar os conflitos inerentes às tratativas entre empregado e empregador pertence efetivamente à Justiça do Trabalho, porquanto a consumação dos serviços nunca foi peça essencial para esse tema. A matéria é normalmente complexa, assim como a fixação de eventuais indenizações por perdas e danos. A obrigação de guardar os princípios de probidade e de boa-fé, tanto na celebração quanto na execução do contrato de trabalho, conforme preconizado pelo art. 422 do Código Civil de 2002, é excelente lembrança para dirimir o conflito.

A data da cessação do contrato de trabalho, em geral, não consta do contrato de trabalho, que se destina a duração indeterminada e se insere na lista dos contratos sabidamente de trato sucessivo, feitos para durarem. O Direito do Trabalho somente atinge a plenitude de seus objetivos com a consecução do pleno emprego e da fixação do empregado ao empreendimento, como forma de desenvolver seu potencial psíquico, prestigiando-lhe a dignidade e a realização profissional.

Logo se vê o quanto o Direito do Trabalho se ressente da banalização dos contratos de trabalho e do crescimento da rotatividade da mão de obra. Em um contrato de trabalho, somente haverá a marcação da data de cessação dos serviços em se tratando da modalidade do prazo determinado.

Os contratos por prazo determinado, em regra, não exigem a celebração por escrito (obra certa, natureza transitória do empreendimento, experiência), mas normalmente as empresas o fazem para aliviar o ônus da prova em eventual questionamento. Há contratos por prazo determinado, contudo, que exigem a celebração escrita, como o temporário (Lei 6.019/1974) e o contrato do aprendiz (art. 428 da CLT).

Na realidade, a maioria dos empregados não possui uma função rigorosamente definida e poucos descrevem, por escrito, todas as tarefas a serem executadas.

O mais comum é o exercício de várias atividades conexas e, ainda, o auxílio a colegas em épocas de maior aperto, ausências ou atrasos. Normalmente o empregado se obriga a todas as funções compatíveis com seu físico, seu intelecto e suas atividades originais. Mas esse tema é longo e merece ser tratado em capítulo próprio. Por ora, indaga-se apenas se o contrato de trabalho e a Carteira devem ou não conter a definição dos serviços do trabalhador. A resposta é afirmativa.

Por mais genérica que venha a ser a descrição das funções do operário, haverá implicações imediatas, como a sindicalização, e mediatas, como a existência de alguma legislação específica, própria das chamadas profissões regulamentadas.

Some-se a isso a impossibilidade de rebaixamento de patamar do empregado, em termos financeiros e no sentido de posição hierárquica desfrutada pelo empregado.

A descrição da função do empregado mostra-se bastante simples em algumas profissões – professor, técnico de radiologia, bombeiro civil, vigilante, advogado – mas muito complicada em outras circunstâncias – auxiliar de serviços gerais, ajudante geral, almoxarife, estoquista. Tem-se a impressão de que, quanto maior o grau de escolaridade e maior o nível de exigências com relação a um empregado, tanto mais nítida é a definição de sua atividade, ao passo que tarefas exercidas por empregados desprovidos de escolaridade e calcadas na multifuncionalidade tornam-se mais fluidas e de difícil conceituação.

Recomenda-se, de qualquer forma, que o empregador não se omita na hora da contratação, a fim de não ser questionado posteriormente sobre variações ilícitas de seu poder diretivo. Embora não se exija anotação da função do empregado, mas as normativas executivas sobre a Carteira de Trabalho procuram ser o mais possível abrangente no que diz respeito ao Código Brasileiro das Ocupações – CBO – o qual, conquanto não completo, aproxima-se bastante da descrição analítica da maioria dos postos de trabalho. O CBO auxilia no desenvolvimento de políticas públicas de geração de empregos e no retrato dos setores mais afetados por crises financeiras, por exemplo.

O registro da remuneração é indispensável na Carteira de Trabalho, conforme art. 29 da CLT, e parece inimaginável que se pactue um contrato de trabalho sem se evocar essa questão nuclear da atividade. Pode-se até imaginar que um contrato de trabalho comece em caráter de emergência e que o salário seja negociado um ou dois dias depois, como numa atividade para contenção de enchente ou de rescaldo de incêndio, mas essas exceções somente confirmam a regra da indispensabilidade da estipulação salarial.

Admite-se que, se nada houver sido avençado, possa haver arbitramento judicial do salário em caso de "falta de estipulação" ou falta de comprovação, mas esse dispositivo deve ser analisado com cautela e encontra aplicação em circunstâncias muito especiais.

De resto, o contrato de trabalho deve, sim, ventilar a faixa salarial em que estará inserido o trabalhador, cuidando-se de conteúdo essencial, tanto no ajuste verbal como escrito. Mesmo nas raras hipóteses de contrato de trabalho tácito, tácita também será a remuneração – assim entendida a remuneração que se paga a colega de trabalho ou, em último caso, o mínimo salarial admitido no país.

O que parece mais difícil de convencionar num primeiro momento é a remuneração variável, do tipo das comissões, prêmios e gratificações por alcance de metas. Deve ser preferível a maior clareza possível nos percentuais do cálculo das comissões sobre vendas ou sobre faturamento, as bases de cálculo (valores brutos ou líquidos) e a periodicidade do pagamento.

São muito comuns as dúvidas a respeito, que só surgem ao longo dos meses, quando o trabalhador lê e não compreende seu recibo de pagamento, sentindo-se lesado em relação àquilo que imaginava quando das tratativas. Se existe uma escala de percentuais móveis, que crescem de acordo com o volume de vendas, a gradação deve constar de modo inequívoco.

Contratação verbal de escalas variadas de percentuais deveria ser banida. O Processo do Trabalho, em que se discute o desentendimento da remuneração variável, torna-se excessivamente complexo. Por fim, observe-se que a remuneração variável pode ser registrada em documento escrito, mas jamais pode ser aferida de antemão em termos monetários, ao contrário do salário fixo.

Em Carteira de Trabalho jamais se exige marcação da jornada a ser cumprida. Caso o contrato de trabalho seja por tempo parcial, é razoável esperar uma referência a título de condições especiais, no campo das anotações gerais, a fim de que não surjam dúvidas, por exemplo, no tocante às férias, que nunca atingem trinta dias, e outros direitos trabalhistas de bases menores. No contrato escrito, porém, é sempre conveniente a fixação prévia da jornada a ser cumprida, horário de entrada e de saída, dias da semana e, por que não, momento do intervalo para refeição e descanso. A partir da fixação da jornada em contrato, será mais fácil identificar eventual condição mais benéfica conquistada pelo empregado em termos de módulo semanal, divisor para a obtenção do salário-hora e questões análogas. Esse assunto traz à tona a obrigatoriedade de acordo escrito para fins de compensação de jornada.

Entramos, assim, no tema das condições especiais que devem constar do contrato de trabalho.

Inexiste conceito seguro de condições especiais, o que deixa em aberto um vasto leque de possibilidades para o contrato escrito. Há, contudo, alguns parâmetros que podem ser lembrados para essa reflexão:

- previsão expressa do enquadramento do contrato de trabalho em uma das exceções legais ao direito a horas extras, como o serviço externo incompatível, o cargo de confiança e o teletrabalho;
- contrato de trabalho de tempo parcial;
- contrato de trabalho por prazo determinado;
- sucessão de empregadores, o que justifica a existência de um registro feito por uma empresa com baixa feita por outra empresa;
- transferência de localidade;
- fornecimento de moradia e espaço para cultivo aos trabalhadores rurais, na forma da lei.

8. O contrato pode ser verbal, mas algumas cláusulas têm de ser escritas

Se bem analisarmos, existe uma contradição latente na aceitação de que o contrato pode ser verbal, mas alguns ajustes especiais têm de ser escritos.

A Consolidação das Leis do Trabalho pressupõe que os contratos de trabalho normalmente são simples e podem ser avençados verbalmente, sem maior formalidade. Basta que os interessados se entendam quanto ao salário, de um lado, e quanto à atividade a ser prestada, de outro lado. Benefícios assistenciais e globalidade salarial são muito desejados, mas não se aplicam à generalidade dos trabalhadores, deixando o legislador que as partes se adaptem às formas escritas apenas de acordo com sua realidade.

Do mesmo modo, a legislação exige forma escrita para alguns procedimentos no curso do contrato de trabalho, embora na origem o ajuste possa ter sido feito até mesmo pela singela forma tácita. São exemplos de ajustes escritos o acordo de compensação de jornada de seis meses ou de um ano e, também, a ampliação do intervalo para refeição e descanso acima de duas horas. Há referências à forma escrita no aviso de concessão de férias e em seu recibo de pagamento, bem como no próprio contracheque com o salário mensal.

Parte da doutrina se manifesta contra essas exigências escritas, sob o fundamento de que, se o próprio contrato de trabalho pode ser verbal, não se deveria exigir a solenidade de itens, digamos, menores, como a compensação de jornada ou a comunicação de gozo de férias.

O argumento em sentido contrário, que encontra maciça aceitação no Direito do Trabalho, analisa a questão do ponto de vista da cronologia dos fatos: a fim de não dificultar o engajamento do trabalhador em seu novo emprego, facilita-se ao máximo o ajuste entre as partes, que pode ser obtido por qualquer mecanismo, forma ou procedimento; porém, de acordo com sua evolução e à proporção que a atividade ganha maior dimensão, faz-se necessário o meio escrito para aprimorar a memória dos fatos e para não deixar a evolução da relação de emprego num emaranhado de conversas e promessas ao vento.

Não há contradição, portanto, entre a forma verbal para a celebração do contrato de trabalho e a forma escrita para alguns instrumentos supervenientes, se houver.

O legislador optou, ainda, pela técnica de exigir, de alguns contratos de trabalho, a forma escrita desde o princípio. São basicamente duas circunstâncias.

A forma escrita é exigida para ajustes de maior complexidade, entre o atleta profissional e o clube (Lei 9.615/1998) e entre o artista ou o radialista e o produtor do espetáculo (Lei 6.533/1978 e Lei 6.615/1978).

Também é exigida a forma escrita pelo legislador para aqueles casos aos quais se destina um grau de proteção maior, como o contrato do aprendiz (art. 428 da CLT), o contrato temporário (Lei 6.019/1974) e o contrato de pequeno prazo na zona rural (art. 14-A, § 3.º, inc. II, da Lei 5.889/1973, com redação dada pela Lei 11.718/2008).

O primeiro bloco de contratos escritos – contratos de maior complexidade – não gera nulidade em caso de descumprimento da forma, mas, possivelmente, dificultará o ônus da prova do empregador. Considerando-se que a forma escrita foi exigida e que o empregador a descumpriu, terá o empregador grande dificuldade na supressão dessa lacuna, caso deseje comprovar cláusula verbalmente avençada sobre determinado item do contrato, como remuneração e multa rescisória, por exemplo.

Pode-se argumentar que a prova testemunhal seria inválida para a supressão da lacuna, invocando-se a vedação contida no art. 443, II, do Código de Processo Civil de 2015 (indeferimento da prova testemunhal quando somente por documento o fato pudesse ser comprovado), mas normalmente o Direito do Trabalho prioriza o sistema das presunções relativas, isto é, admite a produção de provas em sentido contrário. De qualquer forma, presunção relativa haverá a favor do empregado em tal hipótese.

O segundo bloco de contratos escritos – contrato com maior grau de proteção – geralmente proporciona a nulidade do ajuste verbal e a imposição do empregador de complementar eventuais vantagens trabalhistas que tenham ficado de fora.

Por exemplo, o contrato de aprendizagem tende a se desnaturar diante de ajuste meramente verbal e o aprendiz passa a ter todos os mesmos direitos do trabalhador comum – fundo de garantia com alíquota de 8% no lugar dos 2% do aprendiz, cláusulas sociais que tenham sido afastadas pela norma coletiva e o mais.

No contrato temporário, a repercussão é ainda mais severa, porque o vínculo de emprego diretamente com o tomador de serviços poderá ser declarado. Note-se que o contrato temporário será sempre escrito, por força da Lei 6.019/1974, mas não necessariamente os demais contratos por prazo determinado, dada a omissão do art. 443 da CLT.

9. Exigência de concurso público

Resta, entretanto, uma questão nevrálgica sobre a repercussão da forma na constituição do contrato de trabalho: enquanto a celebração do contrato foi tratada com bastante simplicidade pelo Direito do Trabalho, tolerando todos os meios verbais e tácitos existentes, o acesso ao emprego público foi rigidamente considerado pela Constituição Federal de 1988, em dispositivos sem precedentes nos diplomas anteriores.

O art. 37, II, e seu § 2.º, elevaram a forma de acesso mediante concurso público a condição indispensável para o engajamento do trabalhador na atividade pública, sem o qual a nulidade absoluta passou a ser a única consequência admitida pela jurisprudência do Tribunal Superior do Trabalho e do Supremo Tribunal Federal.

Reside aqui um dos grandes tópicos do Direito do Trabalho contemporâneo, recomendação certeira para o brilho da dissertação de mestrado, trabalho de conclusão de curso e tese de doutorado: afinal, a omissão do concurso público é realmente imputável ao trabalhador? Que atitude deve ser tomada diante das centenas de Prefeituras, autarquias e fundações que insistem em postergar a realização dos concursos públicos? O gari que varreu as ruas por anos a fio, sem concurso público, deve ser tratado da mesma forma que o alto executivo instalado sorrateiramente em uma subsidiária de autarquia?

Poucas vezes o Direito do Trabalho vivenciou um dilema tão intenso quanto a proteção ao trabalhador em caso de ausência de concurso público.

A questão abrange todos os ingredientes favoráveis ao primado do princípio protetor e da primazia da realidade. Houve prestação de serviços subordinados, pessoais e contínuos, mediante remuneração paga pelo empregador público. Os riscos da atividade recaem unicamente sobre o empregador, de tal forma que eventuais desmandos e desacertos da administração pública devem ser direcionados para os responsáveis pelo ato administrativo e não sobre o cidadão.

O art. 9.º da CLT desde sempre assevera que o desvirtuamento da legislação social deve ser combatido, anulando-se a simulação e privilegiando-se a verdade.

Por fim, a energia do trabalhador jamais poderá ser devolvida, independentemente da forma como o contrato foi elaborado.

Ocorre, entretanto, que a sociedade como um todo sai prejudicada diante do preenchimento de vaga no serviço público sem a realização do certame.

Cuida-se de típica lesão a interesses difusos, pois jamais se saberá quantas e quais foram as pessoas desprestigiadas pela omissão do concurso, quantos poderiam haver-se inscrito e não o fizeram pela falta de oportunidade e quantos se desencantaram com a falta dc lisura c mudaram de área.

Afora isso, o Direito do Trabalho simplesmente não encontrou uma solução melhor para a moralização da coisa pública, a não ser a declaração da nulidade plena daquele falso contrato de trabalho. A tese de separar empregados de baixo grau de escolaridade daqueles de elevado conhecimento técnico, como se fosse possível dizer que os primeiros não sabiam da fraude e os segundos tinham plena ciência da burla à norma constitucional, é inoperante.

Como se sabe, o cabide de empregos na administração pública pode acometer todo e qualquer escalão. O administrador mal-intencionado pode inflar postos de menor importância hierárquica para, depois, consumar a situação e, quem sabe, elevar alguns protegidos para funções de direção e assessoramento, sob aparência de legalidade. E, enfim, a preservação de currais eleitorais depende muito do assistencialismo, praticado à luz do dia por todos os entes da federação em pleno século XXI.

Se falharam os esforços para inibir a perpetuação do assistencialismo mais flagrante, como a doação de cesta básica, ao menos a “doação” de postos de trabalho tem sido objeto de constante combate.

Além dos órgãos de fiscalização e do papel institucional do Ministério Público do Trabalho, nota-se jurisprudência inflexível na exigência de concurso público em qualquer circunstância, cravando a nulidade em todas as formas criativas de ajuste entre empregado e ente público.

A administração indireta tentou por diversas formas ser poupada dessa exigência, mas não conseguiu, pois também para sua situação se aplicam as exigências do art. 37 da Constituição Federal de 1988. Houve tentativa de alargar o campo de aplicação de cargos de confiança, sem êxito. A Emenda Constitucional n. 51, de 14 de fevereiro de 2006, inseriu § 4.º ao art. 198, para autorizar a contratação de agentes comunitários de saúde e agentes de combate às endemias mediante "processo seletivo público". Alguns se apressaram a enxergar nessa expressão o desaparecimento do concurso para tais funções, mas logo se percebeu o engodo. Melhor ficarmos com a interpretação de que "processo seletivo público" é eufemismo para concurso público. O art. 198 não está autorizado a excepcionar a exigência do art. 37 quanto ao concurso para todo serviço público. Muito menos através de Emenda Constitucional.

Advirta-se, no entanto, que as autarquias de fiscalização de profissões e as entidades integrantes do chamado Sistema "S" – serviços sociais de aprendizagem e de cultura, como o Sesi e o Senac, com assento no art. 240 da Constituição Federal de 1988 – têm obtido êxito na jurisprudência das Cortes superiores quanto à desnecessidade de concurso público para a contratação de empregados. Há julgados da Corte Constitucional afirmando que essas entidades são regidas pelas normas do Direito Privado ou que afirmar que concurso foi dispensado pelo fundamento da autonomia administrativa e financeira desse tipo de autarquia considerado "atípico"

Ato nulo não deveria produzir efeitos. Como o próprio nome está a revelar, deveria simplesmente ser descartado e, porque eivado de irregularidade desde o princípio, não estaria apto a perpetuar nenhum desdobramento viável. No entanto, conforme acima destacado, estamos diante de prestação de serviço por ser humano, no investimento de sua energia física e intelectual, bem incorpóreo incapaz de ser restituído.

Considerando-se que o Direito do Trabalho lida muito mais com energia humana do que com bens de consumo, máquinas e edificações, fica fácil entender por que o ramo trabalhista enfrenta tanta dificuldade com o conceito de nulidade, ao passo que o Direito Civil convive com enorme naturalidade sobre a matéria. Afinal, é mais simples mandar edificar uma parede ou destruí-la do que mandar rever a prestação de serviços de um operário.

Há uma questão filosófica por trás da aparente simplicidade de se declarar nulo o contrato de trabalho. Assim, só restou à jurisprudência dizer que o contrato de trabalho nulo priva o empregado do direito às vantagens salariais e indenizatórias, bem como ao acesso à aposentadoria e à previdência social, mas, por outro lado, mantém o direito ao salário em sentido estrito. Curiosamente, como o salário-base sozinho não parecia mais adequado para solucionar o impasse, passou-se a imaginar uma indenização proporcional ao tempo de serviço, donde a inserção do sistema do fundo de garantia para o contrato de trabalho nulo.

A criação não poderia ser mais pitoresca, muito embora seja saudada como medida de equidade dentro de uma intrincada questão de fraude contra os cofres públicos. O deferimento do fundo de garantia ao trabalhador contratado sem concurso público foi incorporado pelo legislador (art. 19-A da Lei 8.036/1990), cuja constitucionalidade foi mantida em todas as instâncias.

A contratação de empregado público sem concurso representa, assim, exemplo de ato nulo que produz efeitos, ao menos em parte.

A situação do empregado que presta serviços para a Administração Pública, sem concurso de ingresso, é bastante instável. Pode parecer, à primeira vista, que produzirá todos os efeitos de uma relação de emprego qualquer, mas está marcada pela nulidade. Engana-se quem imaginar que a declaração da nulidade caduca ou deixará de ocorrer com o escoamento do tempo.

Ao revés, a situação só tende a piorar com o passar do tempo, pois o empregado se sentirá ainda mais ludibriado com a nulidade declarada dez ou vinte anos após os serviços prestados, ao passo que a sociedade terá sido ainda mais prejudicada com o hábito do administrador inescrupuloso (por exemplo, prefeito que não organiza concurso e insiste em admitir parentes e amigos para seu mandato, deixando a resolução do problema para os mandatos subsequentes).

Duas observações, todavia, devem ser salientadas. De um lado, há entendimento no sentido de que a privatização do ente público é suficiente para sanar o problema, como que neutralizando o vício formal de início do contrato de trabalho. De outro lado, se a nulidade for declarada, por decisão administrativa ou judicial, e a prestação de serviços for encerrada, então estaremos seguramente diante de uma causa extintiva de contrato de trabalho, a que a doutrina clássica chamaria de rescisão no sentido estrito da palavra, ou seja, rompimento por nulidade, tal como se emprega a palavra no termo ação rescisória.

O rompimento, nesse caso, não é seguido de pagamento de verbas indenizatórias, nem mesmo de aviso-prévio indenizado, mas propicia o saque do fundo de garantia ao trabalhador.

Diante de todas as ponderações acima, pode-se dizer que a ausência da forma prescrita em lei para alguns casos (como o concurso público) equipara-se à presença do objeto ilícito (tráfico de armas e de entorpecentes) em outros casos, afastando a incidência de contrato de trabalho que, em outras circunstâncias, seria declarado mesmo à revelia das partes. Na imensa maioria das situações, entretanto, a ausência da forma legal não anula o contrato de trabalho, mas altera alguma circunstância acidental, como o prazo determinado ou o regime de terceirização.

10. Questões sobre a capacidade do empregado e do empregador

Como em qualquer contrato, os celebrantes devem ser sujeitos capazes para a assunção de obrigações e direitos. O que varia é apenas a elasticidade do conceito de capacidade para os fins do Direito do Trabalho. Há um tema interessante no que diz respeito à idade mínima.

A Constituição Federal de 1988 veda qualquer trabalho abaixo de 14 anos. Dos 14 aos 16 anos, admite-se o contrato de trabalho especial do aprendiz. A partir dos 16 anos, o contrato de trabalho está liberado, sobrando apenas algumas ressalvas concernentes à segurança e medicina do trabalho. Por exemplo, o ambiente noturno, insalubre e perigoso somente poderá ter trabalho para pessoas maiores de 18 anos, assim como o trabalho em mina de subsolo está restrito para pessoas maiores de 21 anos.

No entanto, não há impedimento de que o adolescente firme contrato de trabalho com empresa mineradora, contanto que não seja aproveitado exatamente no subsolo. Logo, ao invés de se aferir a proibição da segurança do trabalho, diz-se simplesmente que a faixa dos 16 anos marca a maioridade para os fins trabalhistas. Não houve alteração alguma com o advento do Código Civil de 2002, por se tratar de normatização específica, voltada preferencialmente para a proteção do intelecto e da formação óssea do trabalhador.

A dúvida que permanece diz respeito à necessidade ou não de os pais ou responsáveis assistirem o adolescente na celebração do contrato. O art. 446 da CLT afirmava que a autorização para o trabalho do menor de 21 anos e maior de 18 desfruta de presunção. Porém, esse dispositivo legal era amplamente polêmico, porque abrangia o direito do marido de determinar a rescisão do contrato de trabalho da mulher, assim como o do pai em relação ao filho, quando o serviço fosse suscetível de acarretar ameaça aos vínculos da família e situações congêneres. A Lei 7.855/1989 cuidou de revogá-lo.

Houve, também, uma referência feita pelo art. 17 da CLT, no sentido de que a emissão da *primeira via* da Carteira de Trabalho do empregado menor de 18 anos dependia de declarações prestadas pelos pais ou responsáveis. A partir dessa redação, entendeu-se que o pai, ao se dirigir com o filho ao posto de emissão do documento, tacitamente estava a autorizar sua inserção no mercado de trabalho, por não ser crível que eles foram providenciar Carteira de Trabalho para não usar. Daí por que não se exigia a assinatura do pai no contrato de trabalho escrito do adolescente e tampouco se vedava que o menor de 18 anos pudesse se engajar em empresa mediante contrato verbal ou tácito.

Aos poucos, as unidades emissoras deixaram de exigir a presença dos pais para a emissão da Carteira de Trabalho e o dispositivo acabou revogado em 2019, pela chamada Lei da Liberdade Econômica, donde se poder afirmar que, para os fins da celebração do contrato de trabalho, há capacidade plena do trabalhador aos 16 anos, ressalvas as hipóteses de trabalho proibido para a faixa etária.

Observe-se, por fim, que a capacidade para celebrar o contrato de trabalho inclui também a capacidade para receber salários e dar quitação, firmar acordo de compensação de jornada e outros documentos alusivos à relação de emprego. Todavia, não inclui a capacidade de firmar o recibo de quitação das verbas rescisórias da dispensa sem justa causa, por força do disposto no art. 439 da Consolidação das Leis do Trabalho: "É lícito ao menor firmar recibo pelo pagamento dos salários. Tratando-se, porém, de rescisão do contrato de trabalho, é vedado ao menor de 18 (dezoito) anos dar, sem assistência dos seus responsáveis legais, quitação ao empregador pelo recebimento da indenização que lhe for devida".

Apenas a pessoa física pode ser empregada. Em se tratando de contrato celebrado entre pessoas jurídicas, a pessoa física que se sinta lesada deve preliminarmente buscar a declaração de fraude no uso de pessoa jurídica (normalmente a chamada pessoa jurídica unipessoal) e, depois, a declaração da relação de emprego. Jamais poderá haver registro em Carteira de Trabalho de um contrato entre duas empresas, pois isso representa contrato civil de fornecimento ou de prestação de serviços. Assim sendo, a pessoa jurídica é aquela que ocupa o polo do empregador dentro de uma relação de emprego, conforme se analisa abaixo.

Há dúvidas, porém, quanto à existência de pessoas físicas e entes despersonalizados igualmente como empregadores. Não há impedimento legal algum. Existem diversos exemplos de pessoas físicas que celebram contrato de trabalho na qualidade de empregador, como os profissionais liberais, os artesãos e os componentes de famílias que contrataram empregados para serviços domésticos.

Como a família não dispõe de personalidade reconhecida pela legislação brasileira, é comum que o registro seja feito por uma de suas pessoas físicas, como o marido, a esposa, o filho responsável pelas despesas da casa e assim por diante. Isso não retira a responsabilidade dos outros componentes ou do lar como um todo, mas apenas viabiliza a celebração do ajuste por força da peculiaridade de a família ser um ente despersonalizado.

Também pode ocorrer de uma sociedade de fato pretender contratar empregado e não haver pessoa jurídica capaz de celebrar esse ajuste, razão pela qual uma das pessoas físicas integrantes da sociedade de fato fará esse registro, voluntariamente quando da contratação ou à força quando de eventual condenação judicial trabalhista. O simples fundamento de se tratar de sociedade de fato está longe de significar isenção de responsabilidade trabalhista.

Por fim, há o caso interessante dos condomínios, que não têm personalidade jurídica e são tratados pela legislação como entes despersonalizados, mas que obtiveram o direito (e o dever) de inscrição no cadastro nacional das pessoas jurídicas (CNPJ), especialmente para fins tributários. Conquanto não possa o condomínio normalmente adquirir imóvel e realizar contratos de compra e venda, pode, sim, contratar empregados, aproximando-se enormemente da realidade das pessoas jurídicas para esse fim.

Qualquer pessoa jurídica de Direito Privado pode ser empregador, ou seja, pode ser sujeito de um dos lados do contrato de trabalho. Basta que arregimente trabalhadores na qualidade de empregados.

Dada a complexidade de se elaborar um conceito de empregador, porque envolve uma gama demasiadamente variada de perspectivas e circunstâncias fluidas, é mais sensato conceber o empregador como aquele que *contrata trabalhadores sob a forma de empregados*.

Essa assertiva relativamente simples se fundamenta no fato de que a definição de empregado é mais objetiva e acessível, evocando o conhecido conceito de pessoa física que presta serviços subordinados, pessoais, contínuos e mediante remuneração por conta alheia.

Aliás, a remuneração por conta e risco alheio agrega um toque especial à noção de empregador, por lembrar a assunção dos riscos unicamente por ele e jamais pelo empregado. A expressão riscos inclui tanto os riscos do empreendimento ou da atividade econômica como os riscos do próprio contrato de trabalho. Assim, entidades que não exercem atividade econômica, como a administração pública, a casa de caridade e a família, nunca poderão deixar de pagar salários e demais vantagens contratuais, conquanto aleguem que atravessam dificuldades financeiras ou ficaram desprovidos de rendimentos suficientes para honrar esse compromisso. Os riscos, no Direito do Trabalho, são estreitamente associados ao empregador.

Enfim, não é a natureza jurídica da pessoa que identifica a qualidade de empregador, mas o só fato de ter sido admitido um empregado, de tal sorte que a pessoa jurídica em situação irregular, a pessoa embrionária ainda desprovida de CNPJ, a sociedade de fato, a cooperativa e qualquer outra agremiação tem a capacidade de ser empregador.

Nem todos os trabalhadores que laboram dentro de uma cooperativa são necessariamente cooperados. Às vezes, a jurisprudência e a doutrina parecem se esquecer de que uma cooperativa autêntica – como aquelas de proprietários de gado leiteiro ou de costureiras unidas para incrementar o valor das peças produzidas – pode necessitar de secretária, auxiliar administrativo, gerente administrativo e de diversos outros profissionais não coincidentes com a atividade exercida pelos associados. Logo, empregados serão.

A lista de empregadores, como afirmado, é ilimitada e não se sensibiliza com a natureza jurídica do tomador dos serviços.

Havendo trabalhador admitido como empregado, precisa necessariamente existir o empregador do outro lado. Investe-se muita energia para se tentar provar o contrário – ou seja, a possibilidade de haver empregados desacompanhados por empregadores – mas o Direito do Trabalho, tal como estruturado nos últimos duzentos anos, não se sustentaria com essa afirmação.

Pode-se discutir se um trabalhador preenche ou não todos os requisitos para ser considerado um empregado, deslocando sua qualificação jurídica para figuras limítrofes como avulsos, autônomos, eventuais ou voluntários, mas jamais se poderá considerar que uma relação de emprego subsista sem o polo patronal.

Assim também ocorre com as pessoas jurídicas de direito público externo, como as embaixadas localizadas na capital federal, os consulados localizados em cidades importantes, as organizações governamentais vinculadas à Organização das Nações Unidas ou independentes. As questões concernentes à imunidade de jurisdição e imunidade diplomática não guardam absolutamente nenhuma relação com a formação de um contrato de trabalho.

Claro está que eventual descumprimento das normas trabalhistas desaguará num Processo do Trabalho de dificílima execução, mas se fôssemos esperar apenas pelo conforto e pela facilidade o Direito do Trabalho não teria nem ao menos sido formado.

É verdade que a Convenção de Viena sobre Relações Consulares – vigente no Brasil desde o Decreto n. 61.078/1967 – e a Convenção de Viena sobre Relações Diplomáticas – no Brasil, Decreto n. 56.435/1965 – preconizam algumas imunidades capazes de respingar no Direito do Trabalho, como a blindagem à tributação e à fiscalização do trabalho. No entanto, em nada se altera a formação do contrato de trabalho, caso o órgão decida admitir trabalhadores na condição de empregados.

A pessoa jurídica de direito público interno pode admitir trabalhadores como empregados, com contrato regido pela Consolidação das Leis do Trabalho, no que não existe absolutamente nenhum espanto.

Chegou a existir um movimento em sentido contrário, canalizando todos os serviços públicos para um regime diferente, em nome das peculiaridades do Direito Administrativo.

À falta de melhor expressão, denomina-se estatutário esse segundo gênero, no sentido de que a atividade é regida por leis específicas que compõem um estatuto próprio para o serviço público, em contraposição à CLT.

Exemplo clássico desse movimento contra a CLT e a favor da elaboração de um estatuto próprio para a classe pública é a Lei 8.112/1990, conhecida como Regime Jurídico Único do Servidor Público Federal. Após algumas reformas empreendidas sobre a Constituição Federal de 1988, especialmente através das Emendas n. 19/1998, 20/1998 e 41/2003, a situação de certa forma retornou ao estágio anterior, facultando aos membros da administração pública admitir, remunerar e dirigir a prestação pessoal dos serviços sob o regime da CLT.

Acredita-se que a norma trabalhista convencional proporcione maior agilidade no trato cotidiano e, especialmente, na etapa da rescisão contratual. Nesse passo, é importante frisar apenas que a natureza jurídica do empregador é irrelevante para a definição do sujeito de direito em contrato de trabalho.

O simples fato de ser indispensável a realização de concurso público para a admissão do empregado (art. 37, II, da Constituição Federal de 1988), sob pena de nulidade (art. 37, § 2.º) não é o bastante para desconfigurar o contrato de trabalho nem para afastar a responsabilidade da Administração Pública, interna ou externa, de sua posição de empregador.

Usa-se a expressão empregado público quando o intuito é frisar a aplicação da legislação trabalhista, em comparação com cargo público, quando a legislação aplicável é aquela concernente ao estatuto.

Vale lembrar que a existência de contrato de trabalho com a aplicação das normas trabalhistas gerais não impede que o Direito Administrativo influencie nas relações entre empregado público e empregador público. São vários os exemplos e vários os momentos do contrato de trabalho em que a norma administrativa saltará à frente da norma trabalhista.

Não se deve dizer, porém, que o Direito Administrativo será usado sempre para "prejudicar" o empregado, favorecendo os interesses da Administração. Antes, a visão mais equilibrada passa pelo entendimento de que o Direito Administrativo visa à proteção da sociedade e do erário, mantendo a impessoalidade no trato com a coisa pública, de tal sorte que empregado público e seu empregador devem se submeter a essas diretrizes, ainda que pareça deturpar a relação de emprego.

Por exemplo, o empregado público na administração indireta não desfruta de estabilidade nem de garantia momentânea de emprego, mas tem o direito de conhecer a justificativa de sua dispensa sem justa causa, haja vista que a motivação é atributo indispensável ao ato administrativo, na forma do *caput* do art. 37 da Constituição Federal de 1988. Pode-se dizer, por conseguinte, que no emprego público pode haver dispensa sem justa causa, mas não a dispensa arbitrária, conceitos distintos que foram mesclados pelo art. 7.º, I, da Constituição, e jamais foram esclarecidos pela lei complementar aguardada.

Outras implicações do Direito Administrativo no emprego público:

- restrições à equiparação salarial e indexação (art. 37, §§ 13 a 15);
- incidência de juros e correção monetária diferenciados (Tema 810 de Repercussão Geral do STF);
- desnecessidade de homologação do termo de rescisão pela administração pública direta, autarquias e fundações, desde 1969;
- vedação ao uso do rito sumaríssimo (art. 852-A, parágrafo único, da CLT);
- restrições à penhora, com execução pelo procedimento do precatório.

11. Possibilidade de alteração dos sujeitos no contrato de trabalho

Assunto bastante curioso diz respeito à possibilidade de alteração de alguns dos sujeitos do contrato de trabalho sem que o próprio contrato sofra qualquer modificação.

Também no Direito Civil ocorrem algumas figuras de alteração de sujeitos na relação contratual, como na novação subjetiva e na expromissão, sempre em caráter excepcional.

No Direito do Trabalho, há uma bifurcação no assunto.

Do lado do empregado, a alteração é impossível de ser realizada sem que o contrato de trabalho seja afetado, dada a exigência da pessoalidade na prestação dos serviços, como um dos elementos configuradores do contrato de trabalho. O contrato de trabalho pode ser suspenso em virtude de enfermidade prolongada do empregado e o empregador pode admitir empregado substituto, de modo direto ou mediante regime de terceirização, conforme autoriza a Lei 6.019/1974, mas durante a interinidade forma-se novo contrato de trabalho com o suplente, sem que a relação de emprego primitiva seja dissolvida. Logo, essa substituição pode parecer alteração do sujeito na prática, mas encontra explicação no campo jurídico e definitivamente não deve ser confundida com alteração de sujeito no polo operário de um contrato de trabalho.

Por sua vez, o polo patronal pode com naturalidade ser alterado, sem que o contrato de trabalho seja afetado. A forma mais comum de alteração do sujeito empregador ocorre através da chamada sucessão de empregadores. Dentro da sucessão de empregadores, o mecanismo mais utilizado é o contrato de compra e venda, em que a unidade produtiva – seja estabelecimento comercial, seja industrial, seja de prestação de serviços – vem a ser adquirida por outro empreendedor. Pouco importa se haverá fusão ou incorporação dos estabelecimentos ou se, ao revés, prosseguirão a operar com o mesmo nome fantasia anterior.

Para o Direito do Trabalho, empregador corresponde à atividade exercida pelo empregador e não à razão social ou à figura concreta da pessoa física ou jurídica que estava ao lado. Responde pelo contrato de trabalho quem estiver à frente da atividade empreendida, independentemente da natureza jurídica.

É, portanto, desnecessário e inconveniente proceder à baixa na Carteira de Trabalho e ao registro de novo contrato de trabalho no dia seguinte, pelo singelo argumento de que a empresa foi vendida para outra.

Havendo prejuízos ao empregado do ponto de vista daquelas vantagens que somente são conquistadas ao longo do tempo, como as férias, o adicional por tempo de serviço e alguns prêmios e reajustes salariais, o empregado pode reivindicar a unidade contratual, porque um só foi o contrato de trabalho.

Se a empresa quer realmente frisar que ela vem a ser a nova responsável pela relação de emprego, poderá fazer um lançamento simples, de duas linhas, no campo das anotações gerais da Carteira de Trabalho, sem maior alarde. Arcando com os pagamentos salariais e indenizatórios concernentes àquele contrato de trabalho, é irrelevante a alteração da estrutura jurídica da empresa.

O art. 448 da CLT esclarece que "a mudança na propriedade ou na estrutura jurídica da empresa não afetará os contratos de trabalho dos respectivos empregados". Há uma sutil diferença entre esse dispositivo, inserido no capítulo do contrato de trabalho, e aquele do art. 10 da CLT, inserido em seu prólogo, porque o art. 448 se preocupa basicamente com a manutenção intacta do contrato de trabalho, conquanto os empregadores tenham sido alterados, ao passo o art. 10 é mais abrangente: protege empregados e ex-empregados.

Em outras palavras, o art. 448 lembra que a alteração da estrutura da empresa não serve para romper o contrato de trabalho, enquanto o art. 10 completa a explicação lembrando que, mesmo que o contrato de trabalho já tenha sido encerrado antes da transação comercial, o novo responsável pelo empreendimento deve arcar com as pendências trabalhistas. É verdade que o ex-empregado não lhe prestou serviços diretamente, mas prestou serviços para a atividade por ele adquirida. A energia humana não tem estorno e ficou impregnada nas paredes e na alma do empreendimento, para usarmos figura poética capaz de oferecer maior clareza em tema tão intrincado quanto a sucessão. Convém lembrar que transação entre os empregadores não precisa ser necessariamente a compra e venda, havendo sucessão – ou melhor, alteração subjetiva no contrato de trabalho – em várias outras relações empresariais, como o arrendamento de exploração do estabelecimento, a locação, o usufruto e a doação.

12. Oposição do empregado à alteração do empregador

Em regra, o empregado não pode nem deve se opor à alteração do empregador em seu contrato de trabalho. Na quase totalidade dos casos, é irrelevante para o empregado aferir quem honra seus salários, quem o promove e quem o coloca em férias anuais remuneradas. Contanto que não se afaste das premissas originais do contrato de trabalho, o empregador tende a ser uma figura amorfa.

Empregados de grandes conglomerados nem ao menos conseguem saber os detentores do capital majoritário, normalmente pulverizado, nem conseguem acompanhar a velocidade das transações corporativas.

Não se deve confundir sucessão de empregadores com simples alteração de acionistas ou de quotistas de empresas de responsabilidade limitada, hipóteses ainda menos importantes para o empregado.

Há que se reconhecer, todavia, a existência de algumas situações, raras, porém impactantes, em que a alteração do empregador pode pôr em risco o equilíbrio do contrato de trabalho previamente ajustado.

Suponha-se o caso do professor que mantém vínculo de emprego com escola confessional, convicto de sua formação religiosa, e que seja surpreendido pela alienação do estabelecimento para proprietários ateus – e vice-versa – que imprimem novas diretrizes ao empreendimento.

Outra hipótese: restaurador de móveis, joalheiro, marceneiro e barbeiro que trabalharam lado a lado com o empregador, pessoa física, ao longo de vinte anos, sendo o único empregado, e que, agora, deverão se juntar a centenas de empregados de uma multinacional que adquiriu o pequeno estabelecimento, impondo transferência de local ou alteração de função.

Último exemplo: empregada doméstica que terá de conviver com outra família instalada na residência para a qual habitualmente trabalhava.

O ponto comum entre todos esses exemplos é a intimidade da relação entre empregado e empregador, que suplanta o conceito de pessoalidade. As pessoas não gostam de usar a palavra intimidade, mas ela bem descreve a delicadeza de alguns vínculos de emprego em que a afinidade e a harmonia estreita entre as partes é decisivo para a execução dos trabalhos.

Em tempos de banalização da dignidade do ser humano e massificação das relações sociais, chega a ser espantoso falar em delicadeza do labor. Porém, deve-se oferecer respeito compatível com a peculiaridade dessa condição do empregado.

Claro está que o novo empregador também deverá respeitar a condição física e intelectual do empregado, bem como todos os direitos trabalhistas, sob pena de sofrer uma alegação de rescisão indireta, ou seja, cometer justa causa patronal.

Porém, para muitos empregados o só cumprimento das normas trabalhistas será insuficiente, porque decaiu a intimidade que mantinha o equilíbrio daquele emprego. O art. 483, § 2.º, da CLT, oferece uma pista para a resolução do dilema, mas de forma bastante tímida. Afirma-se que no caso de morte do empregador pessoa física, o empregado pode dar por rescindido o contrato de trabalho. Essa expressão pode ser compreendida como um pedido de demissão sem o fardo de ter de cumprir o aviso-prévio.

Parece ser a melhor forma de equilibrar os conceitos, porque morte do empregador não pode ser justa causa – que culpa teria a viúva? – mas ao mesmo tempo não se poderia forçar o empregado a permanecer em circunstâncias estranhas à contratação original.

É pouca diferença em relação ao pedido de demissão normal, mas ajuda quem se encontra na angústia de uma alteração subjetiva do contrato de trabalho.

13. Dimensões da autonomia da vontade em contratos de trabalho

Existe realmente autonomia da vontade no contrato de trabalho?

Se a pergunta for feita para o empresariado, a tendência é que se conclua pela inexistência de autonomia da vontade no Direito do Trabalho, tamanho o volume de exigências e de diretrizes impostas pelo legislador em nome de um certo princípio protetor cujo alcance mal se compreende. No entanto, quando o tema é analisado com maior distanciamento, duas conclusões são obtidas com facilidade.

De um lado, há efetivamente espaço para atuação da autonomia da vontade no Direito do Trabalho, o qual apenas convive com a ingerência estatal por força do desnivelamento notório entre os contratantes.

De outro lado, a sensação sufocante provocada pelas normas ditadas pelo interesse público não é maior nem menor do que no Direito Civil, em incontáveis situações, como nas relações de consumo, nos contratos de locação e nos contratos de seguro.

Nesses e em outros variados exemplos, são comuns as determinações impostas pelo legislador que deixam pouco ou nenhum espaço de variação pelos contraentes. No caso do seguro obrigatório, por exemplo, em que o cidadão é forçado a se engajar em cobertura que não pretendia, com seguradora que não queria, a autonomia da vontade se mostra ainda mais reduzida do que no próprio Direito do Trabalho.

Justifica, assim, a afirmação de que não desaparece a independência das partes quando existe a prioridade do interesse público.

O fato de algumas relações terem menor campo de atuação das partes, do que outras relações, não é o bastante para invalidar o postulado da autonomia da vontade.

Um tema particularmente espinhoso diz respeito à fixação de cotas de empregados a serem contratados forçosamente pelo empregador e seu impacto sobre a autonomia da vontade.

À primeira vista, desaparece por completo qualquer independência do empregador, sendo ele forçado a admitir alguns empregados com determinadas características, conquanto não queira ou não possa fazê-lo. Novamente, a explicação mais equilibrada reside no tema do interesse público, igualando o Direito do Trabalho à relação de consumo, de locação ou securitária no tocante ao forte grau de ingerência do Estado sobre a matéria considerada relevante para a sociedade. Com a vantagem de que no Direito do Trabalho ainda se pode escolher quem dentre os vários postulantes com aquela característica deverá ser contratado, ao passo que nas relações civis muitas vezes há obrigação de celebrar o contrato com determinada pessoa – caso do seguro obrigatório, por exemplo.

As cotas normalmente atendem a circunstâncias transitórias, especialíssimas e de profundo impacto nas relações sociais. Foram comuns as cotas de admissão mínima compulsória pelos empregadores europeus logo após os horrores da Segunda Guerra Mundial, a fim de que se conseguisse absorver a incomensurável massa de operários vindos dos campos de batalha, em particular os mutilados de guerra. As cotas para mutilados de guerra não correspondem a nenhum tipo de favor que o Direito do Trabalho lhes presta nem se aproxima do conceito de caridade, mas atendia precipuamente aos anseios de uma sociedade combalida e exausta pelos atos nefandos praticados em regimes totalitários. Caso os mutilados de guerra permanecessem indefinidamente à mercê do Estado, os resultados seriam conhecidos: políticas assistencialistas ineficazes, encargos tributários crescentes, mercado consumidor interno incipiente.

Exigir que o empregador separe parcela de suas vagas para jovens saudáveis e parcela para veteranos debilitados conduz a um resultado mais harmonioso em situação tão dilemática quanto essa. Contanto que todos os empregadores sejam simultaneamente instados a tomar a mesma providência, não há concorrência desleal e os custos são diluídos ou, se preferirmos o jargão macroeconômico, socializados.

No Brasil, foi proibida a demissão de motoristas durante a crise de abastecimento da Segunda Guerra (Decreto-lei 4.496/1942), rechaçando a tese de que o racionamento de combustível pudesse ser considerado motivo de força maior para o desligamento dos empregados condutores de veículos.

Ademais, as duas cotas existentes na legislação brasileira destinam-se a aprendizes (art. 429 da CLT) e pessoas portadoras de deficiência (art. 93 da Lei 8.213/1991).

Ambas as cotas se pautam pelo caráter efetivamente excepcional.

No caso dos aprendizes, a cota somente é exigida das empresas que se valem da mão de obra que precisou de aprendizado metódico. Entende-se que, se o ramo abraçado pelo empresário for daqueles que demandam trabalhadores treinados em ofício de aprendizagem metódica, não faria muito sentido que o Estado dotasse a formação de mão de obra permanentemente e a classe patronal apenas sorvesse o produto acabado. Exigir que o empregador desde logo arregimente jovens em idade de formação profissional e concilie trabalho e estudo nada mais representa do que a harmonização entre ensinar e colher os frutos do ensino.

Os serviços de aprendizagem, popularmente conhecidos pela expressão "Sistema S" porque todas as siglas começam por essa letra (Senai, Sesi, Sesc, Senac, Senar, Senat e similares) são custeados com um tributo arrecadado em conjunto com a contribuição social e expressamente ressalvados pelo art. 240 da Constituição Federal de 1988.

Ora, o empregador já sabe de antemão se irá ou não desenvolver atividade que envolva a mão de obra qualificada em regime de aprendizagem e terá como único encargo admitir de 5% a 15% de trabalhadores ainda em formação – e não 100% já previamente formados pelos sistemas de aprendizagem. A escolha do jovem em formação, entre milhares de postulantes à vaga, compete ao empregador, o que mitiga a tese de que desapareceu qualquer espaço para sua manifestação de vontade.

O leque de opções do empregador aumentou quando se expandiu a idade do aprendiz de 18 para 24 anos e, ainda, deixou de fixar limite máximo para o aprendiz deficiente físico.

O contexto da cota das pessoas portadoras de deficiência é totalmente distinto da hipótese do aprendiz. Enquanto na aprendizagem se requer que o empregador assegure vaga para alguns jovens ainda em formação, em meio aos empregados já qualificados, mas desde que a atividade econômica envolva aquele ofício, no caso dos deficientes o critério utilizado foi exclusivamente numérico: exige-se a cota de deficientes de empresas de grande porte, assim entendidas aquelas com cem empregados ou mais. Os índices variam de 2% a 5% de acordo com o volume de trabalhadores.

Logo, tomando-se o patamar mínimo, o empregador que contratar cem empregados deverá ter dois deles portadores de alguma deficiência física. Há diversas regulamentações a propósito do conceito de deficiência, para que se evite o desvirtuamento da norma. Por ora, o importante é destacar que a exigência recaiu apenas sobre a empresa de posição mais expressiva na sociedade. Por exemplo, a empresa de televendas pode encontrar postos de trabalho para deficientes físicos, assim como a indústria gráfica disporá de algum segmento para o deficiente auditivo. A escolha dentre os vários deficientes auditivos que se candidatarem ao posto de revisor gráfico recairá unicamente sobre o empregador, que mantém o espaço de autonomia da vontade próprio para a situação.

14. Restrições à autonomia da vontade no momento pré-contratual

Há quem sustente a necessidade de se exigir do empregador que justifique o porquê da não admissão de um empregado após processo seletivo mais exigente, como aquelas rotinas exaustivas de dinâmica de grupo, provas escritas, exames psicotécnicos e procedimentos análogos. Caso se chegasse a um consenso a respeito da necessidade de motivação do ato de não admissão do postulante à vaga, estaríamos diante de uma nova forma de restrição à autonomia da vontade no Direito do Trabalho, agora de cunho pré-contratual. Mas o Direito do Trabalho Brasileiro parece estar muito distante dessa realidade.

Considera-se o ato admissional de natureza íntima e pessoal pelo empregador, dispensado de prestar contas à sociedade ou aos empregados afastados. Ainda são desconhecidas as grandes lides sobre discriminação de gênero, de faixa etária, de etnia e de estado social no sistema brasileiro.

Por exemplo, um restaurante pode ter 80 empregados, todos do gênero masculino, em todas as tarefas de atendimento e de apoio, que não será exigida nenhuma explicação sobre a completa falta de oportunidade às mulheres naquele empreendimento.

Determinada empresa de 500 empregados não tem um único trabalhador acima de 50 anos de idade, sem que isso desperte maior curiosidade jurídica.

Conquanto incipiente, o tema da igualdade de oportunidades – não apenas de promoção na carreira e para fins de equiparação salarial, mas também para ingresso no empreendimento – compõe normas internacionais de que o Brasil é signatário, como a Convenção 111 da Organização Internacional do Trabalho (1958), e merece ser visto com mais cautela. Um passo modesto foi dado pela Lei 11.644/2008, que inibe exigências expressas de comprovação de experiência pregressa.

Embora se delimite a apenas seis meses o prazo de experiência na atividade profissional, existem exceções encontradas na própria legislação.

Por exemplo, somente pode ser admitido como operador de caldeiras o empregado que possua certificado de treinamento específico. Caso o empregado não disponha do treinamento, o empregador pode exigir que ele comprove três anos de experiência na atividade. Neste caso, a exigência patronal não poderia ser considerada abusiva.

Por sua vez, a atividade de segurança pessoal privada e escolta armada exige do vigilante a experiência mínima de um ano na atividade de vigilância, além de curso de formação.

Afora essas duas exceções colhidas na legislação esparsa, o fato é que será muito difícil o controle efetivo do prazo de seis meses de comprovação de experiência prévia, nos processos de seleção. Em algumas categorias, os empregados farão questão de frisar sua experiência de décadas em atividades de alta complexidade ou em cargos de nível superior. Em outras profissões, o empregador pode não verbalizar a exigência, mas separar cuidadosamente os currículos que apresentam tempo vasto de conhecimento da matéria e aqueles que são omissos. Os novatos continuam em desvantagem com relação ao veterano.

15. Considerações sobre a carteira de trabalho

Proporcionalmente, a Carteira de Trabalho ocupa um lugar de maior destaque na Consolidação das Leis do Trabalho do que assuntos importantes no cotidiano das relações de emprego, como as horas extras, os descansos semanais remunerados e o aviso-prévio indenizado. Uma possível explicação para semelhante tratamento reside no fato de que o documento não se atém a certificar a existência de um contrato de trabalho e sua importância tampouco está adstrita ao universo do empregado e do empregador – até porque se a Carteira de Trabalho se destinasse apenas ao empregado e ao empregador, talvez ela nem mesmo fosse necessária, porque as partes poderiam lidar com o contrato de trabalho de outras formas.

Para os trabalhadores de alta renda, o que conta é um bom currículo profissional para ser exibido ao empregador e aos concorrentes; para os empregados de baixa renda, conta muito ter uma Carteira de Trabalho bem conservada, com contratos de trabalho preferencialmente longos e com evolução salarial constante. O trabalhador de nível superior exibe sua carteira da entidade de classe como forma de distinção social, enquanto o trabalhador de baixa escolaridade exibe a Carteira de Trabalho como motivo de dignidade de quem conseguiu uma vaga "com carteira assinada" ou "com carteira fichada".

Além da importância social, a Carteira também guarda relevância para a Previdência Social, forma eficiente de comprovar tempo de serviço e tempo de contribuição, conquanto sujeita ao acréscimo de outros documentos a corroborarem a assertiva. Daí a alteração de seu nome, pelo Dec.-lei 926, de 10.10.1969, de "carteira profissional" para "Carteira de Trabalho e Previdência Social". Alguns chamam-na de CTPS; outros ainda falam "a profissional", como nos velhos tempos.

A Carteira de Trabalho, no entanto, não é uma realidade espalhada por todo o território brasileiro.

Como o Brasil vive todos os ciclos do desenvolvimento humano ao mesmo tempo, é preciso ter a noção de que uma providência singela como a identificação profissional ainda é uma obra em construção.

O art. 13 da CLT refere à obrigatoriedade da Carteira de Trabalho para qualquer emprego, doméstico, rural ou urbano, efetivo ou temporário, havendo uma extensão até mesmo para o pequeno proprietário rural que explore área "não excedente do módulo rural". Módulo rural é unidade de medida, em hectares, fixada em harmonia com a dimensão do imóvel rural com sua situação geográfica e exploração econômica, variando de região para região e de atividade para atividade.

A legislação estipula prazo máximo para o empregador promover as anotações, que era de 48h e foi ampliado para cinco dias.

Na verdade, a lei não precisava ter fixado prazo, porque, contanto que não se afaste da realidade dos fatos relacionados à data de admissão, função e remuneração, o empregador pode fazer a anotação na hora, no dia seguinte ou alguns dias depois, devolvendo ao trabalhador o documento convenientemente registrado. Ao falar em prazo máximo, o legislador levou alguns intérpretes mais apressados a entender o recado como sendo direito de refletir se vai ou não fazer o registro e quiçá o direito de testar o trabalhador por alguns dias, sem compromisso. Houve até mesmo quem dissesse que o empregador poderia registrar o contrato de trabalho retirando aqueles primeiros dias da marcação, o que evidentemente descumpre a finalidade da norma. O prazo é meramente burocrático e não merece relevância jurídica.

O conteúdo das anotações está ligado basicamente à data de admissão e remuneração do trabalhador.

Embora o legislador não exija a anotação da função do empregado, o assunto tem alta relevância porque definirá o enquadramento sindical, a aplicação ou não de leis específicas e a incidência de normas coletivas. Tanto isso é verdade que todos os modelos de Carteira de Trabalho aprovados pelo executivo contêm o campo da função exercida, tendo sido até mesmo criado um Código Brasileiro de Ocupações (CBO).

Os modelos aprovados pelo Executivo normalmente incluem, ainda, campos para evolução salarial, gozo de férias, recolhimentos sindicais e afastamentos previdenciários, muito embora essas exigências formalmente não constem da Consolidação das Leis do Trabalho.

Havendo gorjeta, deve-se registrar a estimativa, ainda que provisória. Alguma dificuldade surge quando a remuneração é variável, do tipo comissão, pois a média em dinheiro ainda é desconhecida. Uma solução encontrada é marcar apenas o percentual das comissões, acompanhado ou não de algum patamar mínimo garantido.

A propósito do tema das anotações de condições especiais, vem à tona a questão sobre o valor probante dos registros. Afinal, para fins do Processo do Trabalho, vale o que está na Carteira de Trabalho ou vale fazer prova contra ela?

As anotações da Carteira de Trabalho têm valor de presunção relativa, ou seja, comportam provas em sentido contrário.

Do ponto de vista do empregado, pode haver provas para alargar o período de registro, antes ou depois, afirmando-se a existência de contrato de trabalho não contemplado na marcação; para fazer prova de salário pago por fora da escrituração; para demonstrar a ausência do gozo de férias registradas no campo próprio; para alterar o enquadramento sindical ou a profissão ali demarcada; ou até mesmo para alterar o empregador, quando se alega, por exemplo, fraude na terceirização.

Do ponto de vista do empregador, pode haver provas de que o registro é falso, normalmente acompanhada da alegação de que a assinatura nele constante carece de autenticidade, embora seja controvertida essa possibilidade.

De toda sorte, a presunção é favorável ao empregado, ainda que as anotações não estejam acompanhadas por Livros de Registro ou documentação patronal idônea. Para fins previdenciários, a Carteira de Trabalho opera prova suficiente de tempo de serviço, ainda que a anotação de vínculo de emprego não conste no Cadastro Nacional de Informações Sociais (CNIS), salvo se houver defeito formal que lhe comprometa a presunção relativa.

As anotações não podem fugir do estritamente essencial, justificando-se a importância do tratamento dado pelo legislador sobre o tema. Estão fora de cogitação as anotações sobre advertências e suspensões sofridas pelo empregado durante o contrato de trabalho e a forma da extinção da relação de emprego, sobretudo se provocada por justa causa do empregado, porque esses assuntos se circunscrevem à vida do empregado naquela empresa e não podem persegui-lo indefinidamente. Há previsão legal de que as "anotações desabonadoras" sujeitam o empregado a multa pecuniária para os cofres públicos, sem prejuízo de indenização pecuniária ao trabalhador pelos prejuízos causados na busca de novo emprego. Entende-se por desabonadoras não somente anotações da esfera privada do trabalhador, relativas à sexualidade, situação familiar ou desempenho profissional, mas também sua condição de autor em reclamações trabalhistas e elementos do estado de saúde, inclusive quanto a atestados médicos apresentados para abono de ausências.

A autuação deve ser feita pelo Auditor-Fiscal do Trabalho, ainda que apenas uma parte da carteira tenha sido prejudicada pelo empregador, porquanto, como se sabe, o próximo empregador poderá manusear livremente o documento e por certo irá estranhar os comentários pejorativos que houverem sido lançados na folha do registro, nas anotações gerais, na capa ou na contracapa do documento.

E, nesse mesmo sentido, colhe-se jurisprudência de configuração de dano moral passível de indenização a anotação ou retificação da Carteira, efetuada pelo reclamado, fazendo referência a ação judicial em que foi determinada a obrigação de fazer. Entretanto, a ausência de anotação não configura, por si só, o dano moral.

Há, também, uma peculiar reclamação administrativa na esfera executiva por falta de anotações profissionais.

Diz-se peculiar porque o procedimento interno, que poderia ocorrer em qualquer órgão do Poder Executivo, tem a potencialidade de se tornar um processo judicial, a se desenvolver na Justiça do Trabalho, mesmo sem a concordância do empregado demandante.

Cuida-se certamente de um resquício que sobreviveu intacto no texto da Consolidação das Leis do Trabalho e para o qual pouca atenção se tem prestado. O fiscal do trabalho, observando que a anotação não será efetuada, pela recusa justificada do empregado quanto à inexistência da relação de emprego, deve encaminhar o procedimento para a Justiça do Trabalho. Por óbvio, a multa administrativa fica sobrestada no aguardo da decisão judicial. O encaminhamento é um comando imperativo, não cabendo ao Fiscal do Trabalho analisar se convém ou não a remessa dos autos, dada a imposição do art. 39 da CLT. Surge, assim, uma rara hipótese de ação ajuizada pelo Fiscal do Trabalho, sob a suposta provocação da parte.

Ao Juiz do Trabalho compete determinar que as anotações sejam efetuadas, uma vez passada em julgado a sentença, tanto no que diz respeito ao objeto da reclamação original como no que se refere a outras informações omitidas a que o juiz teve acesso.

Há entendimento solidificado de que o pedido de registro profissional é do tipo implícito e se o julgado o fizer sem previsão expressa na petição inicial não terá havido decisão fora nem além do pedido, apenas decisão atenta a uma norma de ordem pública. Mal comparando, esse panorama ocorre quando o julgado, ao término da condenação, determina os recolhimentos previdenciários e fiscais sem que haja pretensão de nenhuma das partes a respeito, ou, ainda, o tratamento que recebem as despesas processuais alheias à controvérsia das partes.

Daí por que para muitos parece tecnicamente incorreta a declaração de inépcia de uma petição inicial que, postulando hora extraordinária e adicional noturno, esqueceu-se de dizer que o contrato de trabalho não estava registrado. Deveria o juiz, nesse cenário, considerar a relação de emprego como uma prejudicial de mérito e, declarando-a, mandar registrar o período em Carteira de Trabalho, para, ao depois, deferir ou rejeitar a pretensão material.

Enquanto o empregado carrega sua Carteira de Trabalho, a empresa deve manter o espelho dessas anotações em seus próprios guardados, assim entendido o Livro de Registro de Empregados.

Discute-se se o julgado pode determinar que as anotações da Carteira de Trabalho sejam efetuadas em prazo razoável, cominando-se uma pena pecuniária por descumprimento da obrigação de fazer, em caráter diário ou fixada de uma só vez, ou, ao contrário, se o desleixo do empregador será sempre suportado pelo diretor de secretaria da Vara do Trabalho.

A se aplicar o Direito Processual comum, não haveria dúvida alguma acerca da pertinência da adoção de multas pecuniárias e, se possível, indenização por perdas e danos pela recalcitrância do empregador no lançamento das anotações na Carteira de Trabalho.

A leitura atenta do Código de Processual Civil revela diversos pontos favoráveis à adoção de medidas enérgicas em prol das anotações, algo que deveria ser resolvido de modo amistoso e que se insere dentro da mais singela rotina trabalhista, mas que pode se tornar um tormento para o empregado privado do direito às marcações básicas em seu documento – e uma fonte de chantagem por parte do empregador inescrupuloso.

O teor do art. 139, IV, do CPC/2015 parece ser ainda mais incisivo, pois faz menção a qualquer medida sub-rogatória, a critério do magistrado. Aqui haverá uma bifurcação de entendimento. Se considerarmos que o resultado prático é a anotação por si só, sua elaboração pelo diretor de secretaria da Vara Trabalhista, tal como consta do art. 39 da CLT, supre a deficiência e atinge o objetivo, de modo que não caberiam as perdas e danos. Se, ao revés, considerarmos que o resultado prático é a anotação feita pelo empregador, sendo que toda e qualquer marcação feita por terceiros macula o documento e despertará desconfiança contra o empregado que acionou o ex-empregador, então não teremos nenhuma forma de atingir o resultado prático equivalente e as perdas e danos se tornam plausíveis.

Necessário saber se a anotação na Carteira de Trabalho constitui uma obrigação de fazer fungível, que pode ser executada pelo empregador preferencialmente ou pelo servidor da Justiça do Trabalho secundariamente, ou uma obrigação de fazer infungível, que somente pode ser executada pelo empregador, como lhe determina a legislação trabalhista, e por ninguém mais, sob pena de se denegrir a imagem do trabalhador.

À época da estabilidade decenal, em que os empregados não podiam ser dispensados sem justa causa, e à época do pleno emprego, em que diminui o temor de revide dos empregadores, é natural que a jurisprudência se inclinasse favoravelmente à primeira tese – obrigação de fazer fungível, passível de ser executada tranquilamente pelo diretor de secretaria, a mando do juiz, sem se cogitar de multa diária ou de indenização.

À época do desemprego estrutural e do custo que o empregado carrega por haver acionado o empregador, crescem os entendimentos de que a obrigação de fazer é infungível e qualquer registro feito pelo cartório trabalhista, capaz de identificar o processo judicial e assim marcar indelevelmente o documento do empregado, seria passível de reparação pecuniária, se não na forma de multa diária, ao menos na forma de uma reparação nos termos da lei civil. Há vasto entendimento em prol do direito à indenização ao trabalhador pela recusa injustificada do empregador em proceder às anotações determinadas em sentença passada em julgado.

Quantificar as perdas e danos certamente será tarefa árdua, mas esse não há de ser obstáculo a sua concretização. Ainda que se trate de valor simbólico, a medida poderá assumir relevante caráter didático, para aquele caso e para o espectro de sua repercussão. As sugestões variam desde um mês de salário do empregado até o período completo de demora para a conquista de novo emprego, passando pelos salários do período de concessão do seguro-desemprego ou pelo período médio de desemprego naquela região geográfica ou na faixa socioeconômica do empregado.

Admite-se a concessão da tutela antecipada dessa obrigação de fazer. Será mais rara a hipótese da tutela antecipada para o registro completo de um contrato de trabalho; mais corriqueira é a circunstância de se deferir liminarmente a baixa na Carteira de Trabalho, assumindo-se o risco de variação de dias como um mal menor a se deixar o empregado prejudicado na procura do novo emprego. A concessão de medida liminar pode ser também ela seguida da imposição da multa diária pelo descumprimento da obrigação de fazer, se escoado prazo razoável para seu cumprimento.

A Lei 7.855, de 24.10.1989, entre outras inovações, passou a permitir que tanto a Carteira de Trabalho como o Livro de Registro pudessem ser elaborados pelos meios tradicionais de papel ou também pelos meios mecânicos – chancelas, carimbos, etiquetas produzidas em série – e, ainda, pelos meios eletrônicos, conforme pequenas alterações de redação impressas nos arts. 29 e 41 da CLT sobre o tema. Abre-se a possibilidade de a carteira de trabalho inteira ser produzida pelos meios eletrônicos, o que passou a ser expressamente autorizado pelo legislador a partir de 2019, inclusive quanto ao uso alternativo do CPF (Cadastro da Pessoa Física), dispensando até o recibo de entrega.

Desde a edição do Dec.-lei 229, de 28.02.1967, já se tinha por crime de falsidade, na forma do art. 299 do CP, a adulteração de Carteira de Trabalho, do ponto de vista do empregado, com informações deturpadas, e do ponto de vista do empregador com registro alterado dolosamente.

A novidade, que não consta do texto da Consolidação das Leis do Trabalho, foi a tipificação, no corpo do art. 297 do CP, dos crimes de falsa anotação ou omissão de anotação em Carteira de Trabalho. A alteração foi empreendida pela Lei 9.983, de 14.07.2000, e traz as seguintes previsões: pena de reclusão de dois a seis anos para quem insere ou faz inserir "na Carteira de Trabalho e Previdência Social do empregado (...) declaração falsa ou diversa da que deveria ter sido escrita". Na mesma pena incorre aquele que omite "nome do segurado e seus dados pessoais, a remuneração, a vigência do contrato de trabalho ou de prestação de serviços".

Por se tratar de tipificação criminal, impõe-se a interpretação restritiva, de tal forma que a jurisprudência não tem aceitado a condenação do empregador que discutia a existência ou não de contrato de trabalho, em controvérsia razoável sobre trabalho autônomo, eventual ou avulso, que veio a ser dirimida pela Justiça do Trabalho, assim como nas hipóteses de controvérsia sobre as datas e a remuneração. Ainda assim, não deixa de ser expressiva a alteração do Código Penal, preocupado, sobretudo, com a Previdência Social, mas favorável indiretamente ao direto do trabalho.

Por derradeiro, cumpre apontar a fixação de multa pecuniárias, em valores fixos, pelos arts. 47 e 47-A da CLT, com redação dada pelas reformas de 2017, em caso de descumprimento dos registros ou da transmissão de suas informações.

Capítulo 2

Contratos de trabalho de duração atípica

1. O contrato de trabalho com termo prefixado

Contrato de trabalho por prazo determinado não é sinônimo de contrato de curta duração.

Pode chegar a dois anos, por exemplo, o que está longe de ser um contrato curto, ao passo que um empregado contratado por prazo indeterminado pode ser dispensado no dia seguinte.

Como tudo na vida, a noção de brevidade ou de longevidade depende do referencial. O propósito do contrato de trabalho por prazo determinado não é ser curto ou longo, mas apenas ser marcado pela característica da fixação prévia de sua data final, o que destoa do padrão geral dos contratos de trabalho feitos para a posteridade.

Contanto que o empregador sinalize adequadamente a data exata de extinção do contrato de trabalho ou a data aproximada, como ocorre nos contratos rurais de colheita de safra, verificado está o contrato por prazo determinado.

Posta a questão nesses termos, o contrato de trabalho por prazo determinado carrega a marca do desafio ao princípio da continuidade da relação de emprego. Esse princípio, fundador do Direito do Trabalho, pressupõe que, de um lado, os empregados retiram seu sustento ou perseguem sua realização pessoal através do contrato de trabalho, assim como, de outro lado, o empregador alicerça sua organização produtiva, com ou sem busca do lucro, fiando-se na pessoa de seus empregados.

Dada essa estreita simbiose e considerando que as partes precisam fazer planejamentos para suas vidas, a continuidade da relação de emprego é o princípio que melhor atende aos anseios do Direito do Trabalho, quando comparado com outros conceitos contratuais, como o contrato instantâneo ou o contrato repetitivo.

Outros ramos do direito podem conviver com contratos instantâneos ou que se exaurem em curta duração, mas, no campo do trabalho, os contratos têm vocação inelutável para o trato sucessivo, a continuidade e a permanência no tempo e no espaço.

O princípio da continuidade da relação de emprego projeta repercussões das mais variadas sobre a vida do Direito do Trabalho, exigindo, por exemplo, que a parte que queira romper a relação comunique com antecedência à outra parte para sua melhor organização – donde as profundas implicações do conceito de aviso-prévio.

Exige-se também que, sob certas circunstâncias, a parte retirante indenize a parte contrária pelos prejuízos causados na ruptura. No Processo do Trabalho a distribuição do ônus da prova igualmente foi equacionada à luz do princípio da continuidade da relação de emprego, sendo ônus patronal comprovar a rescisão do contrato de trabalho, inclusive se simultaneamente houver sido negada a própria relação de emprego.

Essas ponderações sobre efeitos do princípio da continuidade da relação de emprego sobre o Direito e Processo do Trabalho são pertinentes para a introdução de um conceito chave no estudo do contrato de trabalho por prazo determinado: a absoluta necessidade de interpretação restritiva sobre tudo o que disser respeito a essa modalidade excepcional de contratação. Explica-se.

Sendo o Direito do Trabalho norteado pelo princípio da continuidade da relação e sendo o prazo indeterminado a modalidade mais consentânea com o Direito do Trabalho, é natural que surjam dúvidas sobre a própria validade jurídica de se admitir o contrato de trabalho por prazo determinado, porquanto atípico e estranho ao intuito de realização profissional, retirada de sobrevivência e organização produtiva. Nenhum desses objetivos será obtido em contratos a título precário, de dois ou três meses, claro está.

Se o intuito era retirar condições financeiras para a sobrevivência do empregado, então o trabalhador terá de se contentar com simples paliativo. Provavelmente a totalidade da renda será canalizada para gêneros de primeira necessidade. Não haverá espaço para investimento futuro e tampouco serão conquistadas vantagens do longo prazo, como as férias e as bonificações reservadas pelas normas coletivas para empregados veteranos – adicional por tempo de serviço, participação nos lucros e resultados, cursos de requalificação, faculdade etc.

Se o objetivo era incrementar a produtividade da empresa, expandir fronteiras ou abrir novos canais de atendimento aos clientes, a meta era bastante modesta, porque esse tipo de incremento não se faz da noite para o dia e, uma vez concretizado, não se dissolve no dia seguinte.

Por qualquer ângulo de análise, o contrato de trabalho por prazo determinado é realmente um paliativo, para atendimento de circunstâncias quase emergenciais, que não permite ao empregado o envolvimento com os destinos da empresa nem permite que a empresa se organize para o futuro. Tudo é feito pensando no imediato, no fugaz e na contingência. Não se nega o papel que o contrato de trabalho por prazo determinado pode desempenhar para a melhoria das relações sociais, pois de uma forma ou de outra o desempregado tem uma chance de mostrar seu valor perante o empreendimento que, de outra maneira, ficaria apenas no plano teórico. No entanto, é indubitável que o contrato de trabalho por prazo determinado em nada auxilia para a evolução do Direito do Trabalho. Seu conceito está associado ao baixo índice de qualidade, ainda que não se admita esse fato.

Outra observação relevante diz respeito à nomenclatura utilizada.

No Direito brasileiro, o contrato por prazo determinado é a expressão mais autorizada, constante da própria CLT, ao passo que a denominação *contrato temporário*, embora tenha se tornado mais famosa no mercado de trabalho, reflete apenas uma hipótese bastante particular, retratada pela Lei 6.019/1974, ausente da CLT e carecedora da presença de uma agência de colocação de mão de obra. Deve-se evitar a confusão, pois os direitos dos trabalhadores e as obrigações dos empregadores são diferentes em se tratando de contrato de trabalho por prazo determinado da CLT e contrato de trabalho temporário.

Este capítulo abarca apenas os contratos de trabalho por prazo determinado e de duração atípica, como será o intermitente. Trabalho temporário é estudado noutro capítulo.

O termo prefixado é conceito bastante conhecido no Direito Civil e pode facilmente ser aplicado ao Direito do Trabalho quando, pelas circunstâncias ou particularidades, for possível identificar a data de cessação da prestação dos serviços. Não se trata da forma ideal de um contrato de trabalho nem se pode dizer que o termo prefixado seja uma situação constante, pois normalmente os empregadores necessitam da mão de obra em prazo indefinido, em qualquer ramo de atividade exercida.

Porém, hipóteses existem em que realmente a necessidade do trabalho se esgota ao término de um período claramente delimitado, de tal forma que não seria justo nem razoável obrigar o empregador a manter o empregado redundante em seus quadros pelo só fato de o contrato de trabalho por prazo indeterminado ser o mais desejado.

Um ótimo exemplo corresponde à admissão de empregado para substituir férias de trinta dias de trabalhador efetivo – ou para substituir licença médica e licença-maternidade de duração certa. Claro que muitas empresas optam pela distribuição das tarefas entre os empregados ativos, mas, caso pretenda admitir um empregado para melhor desempenho da tarefa, é razoável que o faça dentro de um termo prefixado.

Os direitos trabalhistas dos empregados sujeitos a termo prefixado são rigorosamente os mesmos dos empregados contratados por períodos indefinidos, inclusive as horas extras, o adicional noturno, os adicionais salariais, os depósitos do fundo de garantia e a tributação incidente.

Podemos destacar três diferenças principais, todas elas fundamentadas na existência do termo prefixado: desnecessidade de concessão de aviso-prévio – e, por conseguinte, desnecessidade de aviso-prévio indenizado em caso de ausência da comunicação prévia – porque o prévio aviso foi dado no mesmo dia da admissão; desnecessidade de pagamento da indenização de 40% sobre os depósitos do fundo de garantia, porque o empregador não terá pego o empregado de surpresa; inexistência de garantia de emprego ou de estabilidade para cargos eletivos, para mandatos em entidades sindicais e comissões de prevenção de acidente. A respeito da garantia de emprego para gestantes e acidentados, em contratos de experiência ou outros contratos a termo, reina grande discórdia na jurisprudência, o que justifica tratamento do assunto em separado no capítulo dedicado à rescisão dos contratos de trabalho por prazo determinado.

2. Contratos com duração apenas aproximada

Caso o empregador não disponha da data exata de encerramento dos trabalhos, nem por isso está descartada a possibilidade de um contrato de trabalho por prazo determinado, pois existe a possibilidade de se tratar de serviços prefixados.

Entre os contratos de duração aproximada se destaca o contrato de obra certa: concluída a obra, exaure-se o contrato, sem que se saiba precisamente quantos dias será a duração exata.

É bastante comum a confusão na sociedade entre o contrato por obra certa e o contrato de empreitada de autônomo.

O primeiro é um contrato de trabalho como outro qualquer, com subordinação do empregado, tendo como singela particularidade o fato de que a prefixação da data ou da época de cessação contratual retira do empregado o direito ao aviso-prévio indenizado, à indenização de 40% do fundo de garantia e, de modo geral, o direito às garantias e às estabilidades de emprego.

O segundo não é um contrato de trabalho, mas a execução de serviços por pessoa física ou jurídica que guarda certo grau de independência em relação ao empregador. A propriedade dos instrumentos da profissão é elemento relevante, mas não decisivo, na diferenciação dessas duas figuras, pois o mais comum é que os autônomos sejam proprietários de suas ferramentas, ao passo que os empregados costumam se valer de instrumentos do empregador. Pode-se requisitar serviço especificado tanto para empregados como para autônomos.

A brevidade de sua realização jamais deveria servir de fundamento para desvirtuar a relação de emprego ou para forçar um contrato autônomo inexistente.

De qualquer forma, a batalha parece perdida para o Direito do Trabalho, pois raríssimo é o contrato de trabalho por prazo determinado sob o fundamento dos serviços especificados.

Normalmente, os contratos por prazo determinado são aqueles com dia prefixado ou para experiência do empregado, conforme abaixo se verá.

Dificilmente se encontram acórdãos que cuidam do assunto do serviço especificado e, quando encontrados, os julgados se debruçam sobre pedido de declaração de vínculo de emprego e não sobre a natureza do prazo determinado.

Negar vínculo de emprego ao trabalhador admitido por obra certa significa confundir o conteúdo – trabalho subordinado – com o prazo – termo prefixado.

São exemplos de serviços especificados: organizar departamento pessoal, jurídico ou comercial de uma empresa e sair de cena quando ele entrar em funcionamento; arrumar o sistema informatizado e os pontos de atendimento de um estabelecimento comercial; empreender reforma das instalações elétricas ou hidráulicas; auxiliar na limpeza e reorganização de estoques danificados por vendavais, incêndios ou inundações; acompanhar a edificação de dez ou vinte filiais espalhas por cidades do interior do Estado.

Uma segunda variação sobre o tema da duração estimada atende pelo nome de *acontecimento suscetível de previsão aproximada*.

É sutil a diferença entre esses três estilos de contratos determinados (data prefixada, obras especificadas e acontecimento estimado). Na primeira hipótese, a data é fixa e conhecida; na segunda hipótese, o trabalho se encerra quando a tarefa acabar, o que costuma ser fácil de estimar para a pessoa que conhece o ramo; nesta terceira hipótese, não existe data fixa nem a tarefa consiste na confecção de um determinado número de peças, mas existe um *fator externo* capaz de influenciar diretamente na relação.

O melhor exemplo aqui seria a colheita da safra, mas normalmente essa hipótese é reservada para o art. 14 da Lei do Trabalho Rural (Lei 5.889/1973). Usa-se a expressão *safrista* para o empregado sujeito ao regime de trabalho por prazo determinado e que sofre com a ociosidade da entressafra.

Pode-se alargar o exemplo da safra para as profissões que oscilam de acordo com as estações do ano, como os produtos tipicamente de inverno ou de verão.

A primeira modalidade de contrato de trabalho por prazo determinado carrega uma data rígida e alheia aos eventos que cercam a atividade, donde se dizer termo prefixado.

As duas outras modalidades – serviços especificados e acontecimento de previsão aproximada – guardam bastante semelhança, sendo comum que um julgado ou um manual de Direito do Trabalho dê o mesmo exemplo alterando sua classificação de uma espécie para a outra.

No entanto, há uma pequena distinção que talvez ajude a identificar a catalogação mais precisa: a predeterminação do prazo na modalidade dos serviços especificados liga-se diretamente às ordens do empregador, enquanto a predeterminação no outro cenário prende-se aos eventos externos em geral, fugindo ao alcance das partes, como a normalização de estoques, a eliminação de detritos e o ajuste de novas tecnologias. O esforço pode parecer inútil para os fins do Direito do Trabalho, mas relevante para maior compreensão da matéria.

Até 1967, a disciplina do contrato de trabalho por prazo determinado parava por aqui, ou seja, o art. 443 contemplava apenas *aspectos cronológicos* desse tipo de contratos transitórios. Não havia preocupação quanto à forma nem quanto à nomenclatura. As reformas de 1967 passaram a exigir que o ajuste provisório se enquadrasse necessariamente numa de 3 hipóteses: serviço transitório, empresa transitória ou experimentação do empregado. Para muitos, quase nada mudou. O próprio conceito de serviço transitório de maneira geral já seria o bastante para englobar todas as três circunstâncias de termo prefixado, de obra certa e de duração aproximada, porque a própria atividade do empregado tende a desaparecer com o escoamento do trabalho.

Mas não se deve considerar inócua a alteração normativa de 1967, porque, de uma forma ou de outra, o empregador que sustentar a contratação por prazo determinado passou a ter, sim, o duplo encargo de justificar a fixação da data e a motivação do ajuste transitório.

Antes, justificava apenas a forma de prefixação da data; doravante, deve justificar a forma para o cálculo da data e simultaneamente a razão de admitir empregado em regime transitório. Que seria, então, o serviço de natureza transitória? Os exemplos apresentados por ocasião do comentário à obra certa, como a organização de um departamento pessoal ou o escoamento da produção encalhada, adaptam-se também a este tópico. É necessário, todavia, que tanto o serviço seja especificado como numa obra certa como a atividade seja de natureza transitória, ou seja, desapareça tão logo concluídos os trabalhos.

Nota-se de plano que essa afirmação pertence à pureza ideológica do contrato de trabalho por prazo determinado, porque em regra não se exige essa demonstração por parte do empregador, nem do ponto de vista da fiscalização do trabalho, nem através de decisão judicial.

Desde que a justificativa deixou de ser exigida do empregador e se passou a lidar com o conceito de presunção relativa favorável aos contratos transitórios, assistiu-se à banalização dos contratos por prazo determinado. Passou a ser considerado encargo do trabalhador demonstrar eventual irregularidade na admissão transitória, numa prova quase impossível de ser feita, visto que ele não demonstra aptidão para indicar os objetivos da empresa e as estratégias temporárias. Assim é, todavia.

Demonstrar que o serviço tenha natureza transitória parece mais nebuloso e repleto de contornos subjetivos, como no caso das atividades ligadas à informática, à manutenção predial ou ao fornecimento de serviços de limpeza e vigilância, por exemplo.

Conceito mais simples de ser assimilado aparece na segunda hipótese de contrato transitório, pois se liga à transitoriedade da própria empresa. São as chamadas atividades empresariais sazonais, ligadas às estações do ano ou à realização de feiras e eventos. Pode-se imaginar uma grande empresa de entretenimento e de prestação de serviços que consegue funcionar durante o ano inteiro, abrindo e fechando filiais e perseguindo o fluxo de consumidores em diversas cidades e pontos de convergência. No entanto, a situação muito mais comum é a dissolução da própria empresa, montada unicamente para a realização de certo evento. São vários os exemplos.

Algumas lojas e quiosques funcionam exclusivamente durante o verão, em praias e cidades de atração turística dessa temporada. Outras lojas e prestadores de serviço voltados para a alimentação e a hospedagem têm atuação concentrada apenas no período de inverno nas cidades de montanha, dissolvendo-se tão logo o público desaparece. Não é difícil prosseguir nos exemplos ligados à indústria carnavalesca, dos chocolates, dos brinquedos, dos artigos natalinos, das vaquejadas, da fé religiosa, das micaretas e das manifestações folclóricas. Nem todas as empresas têm fôlego para seguir funcionando até a próxima estação.

Ora, se a própria atividade empresarial é transitória, é razoável que os empregados estejam também eles cientes da transitoriedade do contrato de trabalho.

Na data de admissão, podem ser informados sobre (a) um termo prefixado, (b) uma obra certa ou (c) uma duração aproximada de encerramento dos trabalhos.

Contanto que as demais exigências sejam respeitadas quanto ao prazo máximo de dois anos, quanto a uma única prorrogação e quanto ao espaço de seis meses entre um contrato transitório e outro, estão atendidos os pressupostos legais para esse contrato atípico. Libera-se o empregador de apresentar aviso-prévio, de pagar indenização de 40% sobre o fundo de garantia ou de honrar garantia de emprego acaso existente.

3. Contrato de experiência

Tudo o que foi dito até agora a respeito da contagem dos prazos (termo prefixado, serviço especificado ou duração aproximada) e a respeito da justificativa dada pelo empregador (serviço transitório ou atividade empresarial transitória) é considerado confuso e inacessível pela maioria da população. São normas trabalhistas de baixa adesão.

O nível de exigências do legislador muitas vezes atrofia o desenvolvimento da categoria jurídica, relegando o estudo aos manuais e diminuindo a incidência nas relações cotidianas.

Então, se o empregador brasileiro pretende admitir empregado por prazo determinado, parte logo para o *contrato de experiência*, cuja disciplina é muito mais leve e acessível.

O empregador está dispensado de justificar se houve serviço específico ou duração aproximada, assim como não precisa esclarecer se quem desaparecerá é a função exercida pelo empregado ou a empresa como um todo. Caso o empregado não seja efetivado, o empregador fica liberado de motivar o ato.

É verdade que as primeiras leituras feitas sobre o art. 443 vislumbraram necessidade de o empregador justificar o motivo do não aproveitamento do empregado, sob pena de desvirtuamento do contrato de experiência. Porém, o desvirtuamento prevaleceu, por assim dizer, haja vista que os empregados são normalmente admitidos pela via da experiência, ainda que já se saiba que ele ficará e que a empresa detém centenas de vagas em aberto.

A experiência passou a ser uma forma de baratear as verbas rescisórias da dispensa sem justa causa em caso de encerramento repentino do contrato de trabalho – e não uma forma de testar um empregado desconhecido para função de alta tecnologia ou carecedora de aptidão para trabalhos arriscados.

Há apenas uma desvantagem da experiência em relação às duas outras modalidades de contrato por prazo determinado (serviço transitório ou empreendimento transitório): enquanto o prazo máximo é sempre de dois anos, na experiência o prazo é reduzido para noventa dias. Mas não há do que reclamar. Experiência de dois anos seria um exagero.

Noventa dias é prazo mais do que suficiente para o empregador testar e aprovar o suposto empregado estranho, assim como para baratear os custos da rescisão inesperada. Embora o prazo de noventa dias esteja previsto desde a década de 1960, não há impedimento constitucional a que ele seja restringido ou expandido pelo legislador ordinário, assim como podem oscilar as regras de renovação ou quarentena entre um contrato de experiência e o outro. Dúvidas surgirão, porém, se a expansão for excessiva, como experiência de 1 ou 2 anos, com o que não poderemos concordar, pois já não haverá como sustentar que o empregado está sendo avaliado em seus méritos e atributos para determinado posto de trabalho.

Quando se lembra que a média de duração de um contrato de trabalho para a maioria dos brasileiros fica abaixo de um ano, diante da altíssima rotatividade da mão de obra vivenciada na maioria das atividades econômicas, percebe-se que a experiência institucionaliza o contrato transitório.

Foi assim que o contrato de experiência se desmoralizou quanto ao conteúdo e se difundiu quanto ao volume.

Raramente alguém se submete a uma autêntica experiência, sob a observação atenta do empregador quanto a suas habilidades, destreza no desempenho da tarefa, trato com clientes e fornecedores, polidez no convívio com os colegas e pontualidade. Os dois extremos são mais comuns: empregados habilidosos deixam de ser efetivados porque simplesmente não estavam em experiência no sentido estrito da palavra, assim como empregados atrapalhados são efetivados porque o empregador não dispunha de outra pessoa para o lugar e iria admitir aquele empregado de qualquer jeito, tendo ou não a lei previsto o contrato de experiência.

Outro ponto obscuro é possibilidade de *contrato verbal de experiência.*

O *caput* do art. 443 permite, em tese, o contrato verbal e até mesmo o contrato tácito, não exigindo a forma escrita para essa modalidade, como seria altamente recomendável. Figuras análogas, como o contrato de trabalho temporário, regido pela Lei 6.019/1974, e o contrato de aprendizagem metódica, normalmente destinado a adolescentes e jovens, definido pelo art. 428 da CLT, fizeram questão de impor a forma escrita, sob pena de nulidade – em outras palavras, sob pena de o contrato ser mantido na órbita do prazo indeterminado, com direito a aviso-prévio indenizado, 40% sobre o fundo de garantia, estabilidade e o mais.

O contrato de experiência concentra, assim, o que há de mais prático em termos do cotidiano trabalhista: datas fixas que independem de grau de subjetivismo, conteúdo que se atrela ao completo subjetivismo do empregador e, ainda, forma livre.

A propósito da forma livre, no entanto, é óbvio que o empregador optará pela via escrita, pois a prova em processo trabalhista estará pronta e o empregado jamais irá se opor a assinar o documento na data de admissão. Para garantir a vaga, empregados assinariam coisas muito piores do que um simples contrato de experiência. Caso, porém, o documento se perca ou, por um lapso, o empregador se tenha esquecido de colher a assinatura do empregado, ainda assim poderá produzir provas orais na tentativa de demonstrar que o empregado sabia da natureza transitória do contrato.

Houve um tempo em que se pensava necessário exigir do empregador que justificasse a não efetivação de empregado submetido a processo de experiência. Afinal, o princípio da boa-fé recomenda que as relações sejam transparentes e que mesmo o pior dos empregados tenha a chance de conhecer seus pontos fracos para que, oportunamente, possa aprimorar suas habilidades. Dessa forma, haveria presunção relativa favorável à plena adaptabilidade de todos os empregados a todas as ocupações, assumindo o empregador o encargo de comprovar o contrário – má adaptação do empregado ao posto.

A punição para o empregador, no particular, mostrava-se fácil de ser aplicada: converter o contrato de trabalho por prazo determinado em contrato de trabalho por prazo indeterminado, acarretando majoração no valor das verbas rescisórias da dispensa sem justa causa e quiçá a manutenção do contrato de trabalho se houver alguma garantia de emprego pendente.

Dentro do processo de banalização do contrato de experiência, que se tornou sinônimo de contrato por prazo determinado desburocratizado, abandonou-se esse sistema de presunções e se caminhou em sentido completamente inverso. O empregador não deve nenhuma satisfação ao empregado, ao fiscal do trabalho ou à Justiça do Trabalho, em caso de não manutenção do contrato de trabalho. Existem empregadores que já avisam logo na admissão que o empregado não será aproveitado mesmo, ainda que ele se mostre o melhor para a função, pois o objetivo do contrato de experiência não é propriamente testar suas habilidades, mas, sim, planejar o futuro da empresa no curto prazo.

Acreditava-se que a experiência somente seria razoável em se tratando de funções complexas, que exigem conhecimento de maquinário e de novas tecnologias, incapazes de serem aferidas em simples teste de aptidão. No entanto, a experiência é adotada indiscriminadamente, para trabalhos braçais e intelectuais.

No caso do empregado braçal, as empresas argumentam que o período de experiência envolve também a avaliação do relacionamento do empregado com os colegas, clientes e fornecedores, e não apenas sua habilidade para a atividade de baixa qualificação. Justificar-se-ia, assim, o uso do contrato de experiência mesmo para atividades que dispensam conhecimento prévio.

A desmoralização da experiência foi, então, completa.

Empregado permanece vinte anos na empresa. Sai por uma razão qualquer e retorna um ano depois. Submete-se a contrato de experiência como um desconhecido qualquer. Vigilante permanece cinco anos no mesmo tomador de serviços. Exausta com o regime de terceirização, a tomadora resolve efetivar todos os terceirizados, dentro do chamado movimento da *desterceirização*. Admite o vigilante sob a forma da experiência, como se já não lhe conhecesse os vícios e as virtudes. Terceiro exemplo: trabalhador temporário permanece dentro dos prazos previstos pela Lei 6.019/1974 no tomador de serviços, substituindo licença médica de empregado efetivo. O tomador se interessa por seu trabalho e o efetiva na posição. Porém, adota-se o contrato de experiência. O ponto em comum entre o retorno do veterano, a efetivação do terceirizado e a confirmação do temporário reside na cautela da empresa, que prefere a tranquilidade de um passo curto à euforia de um passo largo. Caso alguma surpresa aconteça, como retração do mercado ou indisposição do empregado com os colegas, a rescisão será menos onerosa.

Outrossim, o uso do contrato de experiência na Administração Pública deve ser visto com redobrada cautela.

A rigor, deveria ser banido do serviço público, mas caso haja algum empregado, admitido evidentemente mediante concurso público, sob o regime da CLT, na administração pública direta ou indireta, há dois pontos relevantes a serem frisados e que não ocorrem com os empregados das empresas privadas.

O primeiro ponto corresponde aos conceitos da motivação do ato administrativo e da impessoalidade. Ao contrário dos demais empregadores, que não devem satisfação alguma sobre a não efetivação do empregado em experiência, o ente público não pode simplesmente descartar o servidor em regime de experiência. Precisa fundamentar o ato, dando-lhe oportunidade de conhecer as razões de seu fracasso. Claro que a motivação envolverá grau de subjetivismo e é certo que os motivos não foram feitos para a concordância de todos. No entanto, o propósito é forçar o administrador a manter elevado grau de transparência e diálogo com a sociedade e não exatamente agradar a interesses particulares. A não motivação do ato o anula, impondo-se o retorno das partes ao estado anterior – leia-se: reintegração – ainda que o empregado não tenha direito à estabilidade e possa ser dispensado no dia seguinte – mediante ato motivado, espera-se. Terá sido um momento de glória para o contrato de experiência, pois finalmente se exigiu que o empregador, descontente com o teste aplicado, explique os fundamentos que o levaram a refutar aquele trabalhador para a vaga aberta.

Mas há um segundo ponto, ainda mais delicado: como conciliar o contrato de experiência com a avaliação do estágio probatório de que trata o art. 41, § 4.º, da CF/1988? Não haveria aí uma sobreposição de testes sobre a mesma pessoa?

Para aqueles que sustentam ser o estágio probatório uma forma de experimentação do servidor público, o art. 443 se torna incompatível nesse quesito e cede diante da previsão constitucional. Porém, há o argumento agasalhado pelos tribunais superiores de que o edital do concurso poderá prever a dupla etapa de experiência, de modo a barrar a pessoa já no 90.º dia, por considerar não suficiente a habilidade demonstrada para tais misteres, sempre com a devida motivação, por óbvio.

Por derradeiro, importa dizer que a palavra experiência é polissêmica.

No Direito do Trabalho, seu uso mais constante é aquele emprestado pelo art. 443 da CLT, ora em estudo. Diz respeito a uma modalidade de contrato de trabalho por prazo determinado, o qual, em tese, deveria ser dedicado à avaliação das habilidades e da convivência do trabalhador para possível efetivação, mas que, como visto, deturpou-se para se tornar meramente um contrato transitório com baixo custo rescisório.

O art. 442-A, no entanto, com redação dada pela Lei 11.644/2008, refere-se ao prazo máximo de *experiência prévia* que um empregador pode exigir de um aspirante à vaga na empresa, como forma de estimular a busca do primeiro emprego ou nova chance no mercado de trabalho. Neste particular, então, a palavra foi utilizada no sentido de conhecimento prévio sobre a matéria e enriquecimento do currículo profissional do trabalhador, nada tendo que ver com período de avaliação interna na empresa.

Em ato falho, o art. 478, § 1.º, da CLT (em desuso, desde que se implementou o regime brasileiro do fundo de garantia), negava direito à indenização rescisória para empregados com menos de um ano de casa, sob a alegação de que aqueles meses correspondiam a "período de experiência". Lembre-se que esse dispositivo foi redigido em 1943, quando ainda não existia o "contrato de experiência", inserido em 1967. Somente assim para se justificar a colisão de palavras. O legislador certamente queria dizer que a indenização não é devida aos novatos, mas apenas aos veteranos, e não que o trabalhador estava sendo testado ao longo do primeiro ano. O dilema desapareceu com o regime do fundo de garantia, pois a indenização de 40% se aplica a toda e qualquer dispensa sem justa causa, de novato ou veterano.

Outra acepção bastante conhecida da palavra experiência corresponde ao período em que o empregado, já veterano na empresa, é submetido a avaliação para se descobrir se suporta exercício de posição de chefia, de maior responsabilidade ou de maior grau de complexidade. Seria, então, uma experiência dentro do emprego efetivo, uma experiência dentro do contrato indeterminado.

Recomenda-se o não uso da palavra experiência para esse cenário, a fim de se evitar a confusão com a experiência do art. 443 da CLT. Afinal, o empregador pode pôr o empregado à prova na posição de chefia por uma quinzena ou por um semestre, sem que isso represente violação a preceito de lei. Não há regras a respeito dessa avaliação interna, exceto eventual previsão em norma coletiva que possa dispor sobre prazos máximos. Talvez o empregado faça jus a diferenças salariais, mas desde que haja substituição de pessoal efetivo momentaneamente afastado, dentro do que se convencionou chamar salário-substituição. Em alguns manuais de Direito do Trabalho, verifica-se o uso da expressão período de prova ou período de teste, para se evitar a confusão com a experiência.

4. Prazos máximos nos contratos a termo

Até o presente momento, analisaram-se, dentro das possibilidades de elaboração de um contrato de trabalho por prazo determinado, as três modalidades de fixação de data – termo prefixado, obra certa e duração aproximada – e os três conteúdos permitidos pelo legislador – serviços transitórios, empreendimento transitório ou experiência do empregado.

A partir de agora, estudam-se os pressupostos extrínsecos, e nos apropriando dessa expressão para descrever as regras sobre contagem do prazo, prorrogação e retomada desses contratos atípicos, ou seja, pressupostos externos ao contrato, que não analisam o conteúdo, mas apenas sua forma. O primeiro pressuposto extrínseco é a limitação a dois anos como máximo prazo determinado que pode haver.

Interessante saber que o prazo era de quatro anos na redação original da CLT, tendo a redução se operado pelo Dec.-lei 229/1967, diploma que simultaneamente criou o contrato de experiência e seu prazo de noventa dias – exceção, portanto, ao prazo geral de dois anos.

Assim, é correta a afirmação de que o prazo de dois anos se aplica aos contratos decorrentes de serviços transitórios e empresas efêmeras, não se devendo dizer que todo contrato por prazo determinado permite dois anos de duração. Para os contratos a termo dos atletas profissionais incidem regras próprias da legislação especial.

O prazo de dois anos é o teto em qualquer circunstância e não admite variação na contagem nem mesmo para fins de suspensão ou interrupção. A regra dos dois anos aparece também na disciplina do contrato de aprendizagem, exceto ao aprendiz com deficiência.

Caso curioso sucede com o técnico estrangeiro. Segundo o art. 1.º do Dec.-lei 691/1968, o estrangeiro deve ser contratado necessariamente por prazo determinado. Não se fala a duração máxima, subentendendo-se ser aplicável o prazo de dois anos. No entanto, admitem-se prorrogações sucessivas, o que significa uma estranha regra de perpetuar o provisório.

Para a contagem do prazo máximo de dois anos, é usada a técnica da legislação civil: ano é um conceito expressamente previsto pela Lei 810/1949, como sendo o período de doze meses contados do dia do início ao dia e mês correspondentes no ano seguinte. Logo, pouco importará se houve ano bissexto, que tem 366 dias, no meio do percurso, porque o art. 445 não estipulou o prazo máximo em dias nem em horas, mas apenas em anos.

Se as partes fizerem a proeza de firmarem um contrato de dois anos bem no dia 29 de fevereiro, o art. 3.º da Lei 810/1949 manda prorrogar o encerramento do prazo para o primeiro dia subsequente, ou seja, 1.º de março.

A suspensão e a interrupção do contrato de trabalho computam-se no cálculo dos dois anos: são dois anos corridos e não dois anos de serviço efetivo. O encerramento pode recair em sábados, domingos e feriados sem problema algum, pois.

Há uma exceção escondida no art. 472, § 2.º, que faculta às partes convencionarem antecipadamente a exclusão do período de afastamento por razões ligadas ao serviço militar, mas que não afeta a regra da contagem normal do prazo. O assunto será tratado no contexto da suspensão contratual.

Já no tocante à experiência, o prazo é bem menor, de noventa dias, segundo o art. 445, parágrafo único, inserido na CLT em 1967. Faz todo sentido que o serviço transitório e o empreendimento efêmero sejam mais flexíveis, com perspectiva de até dois anos, ao passo que a experiência seja bem mais rigorosa, de apenas noventa dias. Não se pode submeter o empregado a avaliações por prazos tão extensos.

Aliás, desse prisma, até o prazo de noventa dias parece longo demais, mas não sofre questionamento, porque mistura tanto as profissões mais complexas como os trabalhos mais simples no modo de operação, assim como a convivência com os colegas e, ainda, com os usuários dos serviços.

A outra peculiaridade na comparação entre os dois prazos diz respeito ao fato de que um foi fixado em anos e o outro, em dias.

Como noventa dias não coincidem necessariamente com três meses, há muitas empresas condenadas pela ingenuidade de acharem que a experiência poderia encerrar no mesmo dia de três meses posteriores, o que pode ter atingido 91, 92 ou até 93 dias, a depender do calendário.

Para agravar ainda mais a confusão, o prazo de noventa dias foi estipulado em 1967, enquanto em 1974 o legislador criou a modalidade do trabalho temporário, cuja duração máxima foi estabelecida em três meses (a Lei do Trabalho Temporário, posteriormente alterada para constar prazo de 180 dias). O contrato temporário é objeto do capítulo seguinte, envolvendo numerosas questões controvertidas, mas desde logo seja frisado que em nada se confunde com a experiência ou sequer com o contrato determinado, por exigir uma triangulação entre empregado, agência interposta e tomador de serviços, figura inédita na CLT.

A punição ao empregador que descumpre os prazos máximos – assim como os outros pressupostos extrínsecos a respeito de uma única prorrogação e do intervalo de seis meses entre um contrato determinado e o próximo – é relativamente simples de ser compreendida, pois basta ao órgão julgador considerar o contrato como sendo de prazo indeterminado. Ato contínuo, impõe-se o pagamento do aviso-prévio indenizado, da indenização de 40% sobre o fundo de garantia e demais consectários dessa modalidade.

Penso que a contagem de noventa dias, no Direito do Trabalho, não é tão fácil quanto parece.

Em primeiro lugar, deve-se lembrar que os dias são contados um a um, trabalhados ou não, inclusive o primeiro e o último. Não se trata de regra processual em que se exclui o primeiro dia para que a notificação se aperfeiçoe. Muito ao contrário, o empregado já laborou no primeiro dia, sendo mais do que justo que a contagem comece logo. Não são dias úteis, mas dias corridos, aduza-se, sendo indiferente se a pessoa trabalhava meio período, em tempo parcial, em regime 12x36 ou outra escala de folga qualquer.

Em segundo lugar, deve-se deixar de lado o conceito de semana e de mês. Contrato iniciado em 1.º de julho encontra o 90.º dia em 28 de setembro. O contrato não atinge os dias 29 e 30 de setembro porque havia dois dias a mais nos meses de julho e agosto, que alcançam trinta e um dias (Se a regra fosse prazo de três meses, não haveria dúvida de que o contrato principiado em 1.º de julho expirava em 1.º de outubro.) Já o contrato iniciado em 1.º de fevereiro, de ano não bissexto, vai até 1.º de maio, pois fevereiro teve um déficit de dois dias, e março teve um ganho de um dia, se pensarmos em meses de trinta dias, claro.

Em terceiro lugar, recomenda-se elevada cautela no uso de acordo de compensação de jornada, tal como banco de horas ou supressão do sábado com a diluição das quatro horas ao longo da semana.

Se isso acontecer ao longo dos noventa dias e não houver o gozo da compensação dentro do período, é razoável o entendimento segundo o qual o empregado já laborou mais do que os noventa dias. Explica-se.

Se o 90.º dia recai numa sexta-feira, mas ao longo daquela semana o operário se ativou uma hora a mais por dia de segunda a quinta para compensar o sábado, ele já trabalhou o sábado, então. Logo, são 91 dias.

Essa explicação por vezes é ampliada também para o conceito de descansos semanais remunerados, porque a Lei 605/1949 desenvolveu um sistema, para o direito trabalhista brasileiro, segundo o qual o empregado faz jus ao domingo se houver trabalhado integralmente ao longo da semana.

O domingo automaticamente lhe pertence e deve necessariamente ser remunerado. Destarte, se o 90.º dia recai num sábado, é de supor que o empregado já incorporou ao patrimônio também o domingo, 91.º dia do ciclo.

O primeiro caso, de acordo de compensação, é mais fácil de ser sustentado, pois de fato as horas laboradas foram "antecipadas". O segundo caso, sobre a conquista do domingo, fundamenta-se numa ficção e não necessariamente corresponde a horas laboradas. Ainda assim, é incômoda a posição do empregador que exige o trabalho nos 90 dias e permite que o cálculo se encerre em sexta-feira – compensando o sábado – ou em sábado – folgando-se no domingo.

5. Possibilidade de uma prorrogação em contratos a termo

Dentro do prazo máximo de dois anos para os contratos em geral e de noventa dias para o contrato de experiência, é válida uma prorrogação avençada entre as partes.

Evidentemente que, para se prorrogar o contrato e continuar a caber dentro do prazo máximo estipulado pelo legislador, faz-se necessário que o ajuste tenha sido feito inicialmente por prazo inferior. Se desde logo a fixação foi de noventa dias na experiência, então não há espaço algum para discutir prorrogação. Qualquer prorrogação, por um dia ou por uma semana, extrapolará o 90.º dia, transformando o contrato de experiência em contrato de trabalho por prazo indeterminado.

Indaga-se, então, qual seria a vantagem da empresa em fixar uma experiência de trinta dias ou um contrato por obra certa com termo prefixado de dois meses, se desde sempre já poderia ter sido feito um contrato de noventa dias no primeiro caso e de dois anos no outro caso. Não seria mais cômodo que a empresa já usasse da margem máxima disponível desde o primeiro dia? Em tese, sim.

Porém, lembre-se que, caso o contrato de trabalho naufrague e o empregador necessite dispensar o empregado antes da hora combinada, entrará em cena a indenização prevista no art. 479 da CLT, correspondente a 50% dos salários restantes.

Assim, num contrato por obra certa de um ano, se o empregado desejar rescindir o pacto no quarto mês, terá de pagar uma indenização equivalente a quatro salários inteiros ao trabalhador (metade dos oito salários que faltavam para completar um ano), além de arcar com décimo terceiro salário proporcional e férias proporcionais acrescidas de um terço, por exemplo.

Trata-se de indenização onerosa para qualquer empresa, donde a constatação de que os empregadores nem sempre se valem da dilação máxima prevista em lei justamente porque não se sentem seguros se o contrato terá fôlego para desenvolvimento integral.

Na experiência, é mais comum o uso de 100% dos noventa dias permitidos por lei, por se tratar de período mais exíguo e mais fácil de ser previsto, bem como pelas deturpações acima já debatidas; nos demais casos, de serviços transitórios ou empreendimentos efêmeros, é extremamente difícil fazer prognósticos de 24 meses de antecedência, justificando-se que o passo seja dado de forma cautelosa, para, ao depois, uma prorrogação ser declarada.

Existe, no entanto, o mito no sentido de que o número de dias da prorrogação tenha de ser idêntico ao número de dias do ajuste original, mas essa paridade entre as parcelas não consta de nenhum texto legal. O art. 451 da CLT exige apenas que a prorrogação se opere uma única vez. A segunda prorrogação implicará automaticamente a conversão do provisório em definitivo, ainda que as parcelas não tenham excedido o máximo legal. São regras harmônicas e concomitantes, claro está.

Logo, podemos encontrar contrato de experiência de 45 + 45 dias, mas também de 30 + 60, 20 + 70, 60 + 30 e assim sucessivamente, mas nunca de 30 + 30 + 30, 15 + 15 + 15 + 15 ou de 45 + 15 + 30, pois esses exemplos contêm duas prorrogações.

Uma única prorrogação significa a existência de duas parcelas de dias que, juntas, somem noventa, e não de três ou quatro parcelas. Idem quanto ao prazo de dois anos nas demais hipóteses (12 + 12 meses e 6 + 18 meses estão corretos; 6 + 6 + 6 + 6 ou 8 + 8 + 8 estão errados e deturpam o contrato transitório).

Não é necessário que a soma das parcelas resulte precisos noventa dias ou dois anos. Basta que o total fique abaixo desse limite. Portanto, a experiência de 30 + 30 também está correta, mas o empregador já queimou seu direito à prorrogação e, então, no 60.º dia, terá de tomar a decisão se encerra o trabalho do empregado ou se o efetiva, não mais sob a modalidade do prazo determinado.

Curiosamente, o art. 451 omitiu uma providência que seria altamente esperada, quanto à prorrogação ser feita por escrito ou de modo expresso. Não há forma prevista. Há contratos impressos, adquiridos em papelaria, que já contêm a prorrogação no rodapé e, normalmente, o empregado assina, na data de admissão, tanto a primeira parte como a segunda parte de sua suposta experiência. O empregador guarda os documentos e os saca de acordo com a conveniência. Não se deveria aceitar a prorrogação estipulada antes do escoamento do primeiro prazo, mas deve-se reconhecer que é muito difícil para o empregado fazer a prova segura dessa irregularidade.

Outra cláusula que merece cautela é a não fixação das parcelas em números exatos. Parece-nos exagerada a previsão de que o contrato de experiência será "de um a noventa dias", de acordo com a necessidade da empresa. Isso coloca o empregado em absoluta insegurança. Ao acordar no 10.º, 20.º ou 50.º dia, não sabe se é o último ou o penúltimo a trabalhar, diante da cláusula móvel. Deve-se evitar esse tipo de redação contratual, porque claramente objetiva deturpar a exigência de uma única prorrogação fixada pelo art. 451 da CLT e porque não permite a mínima expectativa razoável do empregado quanto ao término dos trabalhos. A justificativa para não se dar nem se pagar aviso-prévio é exatamente o fato de a data do encerramento dos trabalhos já ser prefixada, mas na redação "de um a noventa dias" nada existe de prefixação.

6. Quarentena de seis meses entre dois contratos a termo

Toma-se a liberdade de usar a palavra quarentena para lembrar que entre o encerramento de um contrato de trabalho por prazo determinado e o início de outro da mesma modalidade, entre as mesmas partes, deve haver um prazo mínimo de seis meses.

São barreiras contra a banalização dos contratos transitórios. O escalonamento de vários contratos transitórios perfaria um longo contrato por prazo indeterminado, jogando por terra os demais esforços empreendidos em torno dos pressupostos extrínsecos acima analisados.

A fixação de um prazo mínimo a separar dois contratos transitórios é medida adequada para evitar abusos, portanto, porque se pressupõe que, caso o mesmo empregado volte a passar por um contrato curto, algum tempo depois, de fato terá havido nova transitoriedade.

Por exemplo, empregados moradores de cidade litorânea podem ser recrutados anualmente para empresa transitória que somente funciona nos três meses do verão, com produtos ou serviços apropriados à estação mais quente do ano. Não haverá fraude, pois estão presentes a justificativa razoável da transitoriedade do empreendimento, o afastamento de um contrato em relação ao outro e, quanto à data de encerramento dos trabalhos, o termo prefixado ou a duração aproximada.

A quarentena não impede que o mesmo empregado seja submetido a sucessivos contratos de experiência. Nesse caso, mesmo em se respeitando o prazo de seis meses de interstício, é anacrônico que um empregado seja testado duas vezes por ano, consecutivamente, ao longo de vários anos. A solução mais equilibrada seria, então, considerar o desvirtuamento da legislação social e declarar como contrato de trabalho por prazo indeterminado já a partir da segunda experiência sucessiva – ou a partir da terceira, sustentam alguns.

No entanto, a tese já explorada, no sentido de que o empregado pode ser testado quanto a seus conhecimentos, as habilidades e, também, quanto ao convívio com colegas e clientes, fará com que o empregador detenha o sólido argumento de que os tempos são outros e que nova experiência se fez necessária.

Outro desvirtuamento conhecido é mesclar um contrato de trabalho por prazo determinado com o contrato temporário, regido pela Lei 6.019/1974. Evidentemente, o Brasil deveria ter um regime único de contratos provisórios. A circunstância de estarem na CLT apenas três modalidades genéricas de contratos determinados, ao passo que na legislação esparsa se localizam alguns outros, como o temporário, o técnico estrangeiro e o atleta profissional de futebol, faz com que a regra da quarentena perca sua força.

Pode o empregador se valer de um contrato de experiência envolvendo aquele mesmo operário que um dia já atuou em caráter temporário mediante agência de colocação de mão de obra. Ou seja, a alternância de empregador para tomador de serviços e deste para empregador não foi banida pela lei trabalhista, o que exige maior apreciação por parte da doutrina e da jurisprudência.

Se a solução não se mostra clara na lei, evoque-se o art. 9.º da CLT e se declare a deturpação da norma, pois não é crível que um empregado sucessivamente concorra para atender ao acréscimo extraordinário de mão de obra e seja testado pela empresa.

Não bastassem as dificuldades de se equilibrar o prazo de seis meses diante de outros contratos de curta duração, o art. 452 houve por bem criar duas exceções para as quais não haverá necessidade de intervalo mínimo. A conclusão a que se chega é que nenhuma exceção deveria ser desvendada, porque o empregador ou bem contrata o empregado de modo efetivo, por tempo indeterminado, ou bem justifica a transitoriedade da tarefa. Alheio a essa visão crítica, o art. 452 praticamente desonerou todos os contratos por prazo determinado do cumprimento da carência de seis meses, exceto o contrato de experiência.

Isso ocorre porque as exceções se destinam a contratos em que tenha havido "serviços especializados" ou em que tenham surgido "certos acontecimentos". As exceções se mostram, assim, largas demais, exigindo esforço doutrinário para sua adequação à finalidade da norma.

Passou-se a entender que "serviço especializado" quer dizer "serviço especificado", o que se amolda à descrição feita pelo próprio art. 443, no sentido, enfim, de "obra certa".

Se a interpretação de "serviço especializado" caminhasse no sentido de serviço de elevada qualificação, com empregado detentor de ensino médio ou bacharelado, então estariam desvirtuados todos os contratos transitórios de altos empregados e restringidos apenas os contratos determinados dos operários de menor posição hierárquica.

Ademais, haveria uma bifurcação entre trabalhos especializados e trabalhos desqualificados, assunto que jamais teve relevância para a contagem do prazo no contrato de trabalho. Outrossim, ao se interpretar "especializado" como sendo "especificado", há a vantagem de oferecer um equilíbrio aos dois dispositivos legais: é razoável imaginar que tenha surgido necessidade de nova obra certa, embora não seja razoável imaginar que tenha surgido necessidade de nova experiência ao mesmo empregado.

Por fim, a expressão “certos acontecimentos” se associa com o sentido de safra, variação climática, campanha eleitoral, realização de feiras e eventos. São circunstâncias que, em tênue proximidade com a fraude, permitem identificar a necessidade de um contrato de natureza transitória logo após outro contrato de igual espectro, mas fundamentados na ocorrência de novo acontecimento externo.

7. Contrato de trabalho intermitente

Intermitência não deve ser confundida com provisoriedade ou transitoriedade. É um contrato de trabalho atípico, mas pode perdurar por longos prazos, em caráter indeterminado.

É verdade que o contrato intermitente possui prazo máximo de duração em alguns países e durante um breve período na lei brasileira, regulado que foi por norma emergencial, mas prevaleceu entre nós o modelo de contrato de trabalho intermitente por prazo indeterminado.

O diferencial dessa intermitência é, portanto, a atuação do empregado em dias esparsos, descontínuos, imprevistos e imprevisíveis, mas, ainda assim, mantendo as características básicas de um contrato de trabalho – a saber, a subordinação do empregado perante o empregador, a onerosidade contratual, a pessoalidade e, em dimensão reduzida, a habitualidade.

Se tivéssemos que explicar o contrato de trabalho intermitente em poucas palavras, diríamos, sem chance de errar, que ele representa um cadastro institucionalizado: em vez de serem acionados trabalhadores eventuais para o atendimento de serviços emergenciais ou picos de produção na empresa, a legislação admite que sejam preferencialmente solicitados os serviços de empregados previamente cadastrados, aos quais se dá o nome de empregados intermitentes. Eles ganham salário apenas quando chamados, sem compromisso dos empregadores quanto a um número mínimo de chamados nem compromisso dos empregados de que atenderão a todos os acionamentos.

Em resumo, o período desprovido de chamado não é *tempo à disposição do empregador* e, portanto, não assegura salário, benefícios ou encargos.

Mundialmente esse é exemplo de forma bastante modesta de relação de emprego, que não provê o suficiente das necessidades básicas do ser humano e, portanto, desafia o conceito de trabalho decente, a que se refere o Direito Internacional do Trabalho. Mas há vários argumentos usados na defesa dos países que o instituíram, porque evitar um grau ainda mais acentuado de precarização de numerosos trabalhadores sujeitos à eventualidade. Argumentam os defensores do contrato intermitente que, pelo menos, os empregados pré-cadastrados podem se fazer conhecer e terão um mínimo de prioridade sobre aqueles desconhecidos que a empresa poderia chamar em casos imperiosos.

Normalmente, as atividades ocasionais ficam à margem do Direito do Trabalho e, por extensão, não são levadas a registro pelo empregador. Se acionado perante a Justiça do Trabalho, o tomador de serviços costuma argumentar que o trabalho era descontínuo o bastante para mitigar o conceito de contrato de trabalho, por lhe faltar o requisito da não eventualidade. Nesse passo, ao agasalhar o contrato intermitente, o próprio legislador altera a lógica da contestação do réu e flexibiliza o conceito de habitualidade.

Com efeito, no estudo do conceito de habitualidade se espera um grau de repetição dos fatos ou dos dias e horas laborados, mas a repetição esperada não significa repetição cotidiana. Nesse sentido, ainda que por vias indiretas, a positivação do contrato intermitente traz à luz o conceito de *atividades repetitivas não cotidianas*.

Acreditamos, ainda assim, que o contrato de trabalho intermitente deveria ser sempre acompanhado por algum parâmetro de (a) duração máxima desse estado latente e (b) quantidade mínima de chamados, nem que fosse um dia por mês ou por ano, para que não se oficializasse um tipo contratual capaz de não gerar nem sequer um direito ou um dever. O fator aleatório imponderável dificulta sobremaneira a convivência dessa modalidade de contrato de trabalho com os propósitos da legislação social. Mas assim foi feito e com essa figura convive o Direito do Trabalho em numerosos ordenamentos.

No regime brasileiro de intermitência, exige-se a forma escrita e, quando houver pagamento, o respeito ao valor proporcional ao salário-hora do salário-mínimo ou do piso da categoria. Embora não haja previsão, entendemos inevitável o respeito às demais normas trabalhistas, como os direitos noturnos, caso o acionamento ocorra no período da noite, urbana ou rural, a isonomia com os empregados efetivos que exercem idênticas funções, a que podemos chamar de equiparação salarial, o vale-transporte e assim sucessivamente.

O legislador admite a recusa do empregado, que pode estar comprometido com outro chamado, efetivo, temporário ou intermitente, mas desde que a manifeste brevemente e não volte atrás depois de haver ajustado com o empregador, sob pena de multa pecuniária.

A multa pecuniária contra o trabalhador é bastante rara no Direito do Trabalho e levanta várias dúvidas sobre sua legalidade. Dado que o legislador prevê multa de meia diária em caso de ausência do trabalhador previamente convocado, podemos imaginar cenários confusos, como aquele em que, ao final do mês, o empregado compareceu num dia e faltou dois: a soma desses três eventos daria zero, segundo a regulamentação brasileira da intermitência, porque uma diária inteira seria subtraída de duas multas por metade. A possibilidade de ter sido criada hipótese de trabalho sem salário no ordenamento brasileiro, mesmo que sob o fundamento de descumprimento de chamados pelo empregado, deve ser tratada com máxima cautela e evitada pelo empregador, independentemente do aparente legalismo. Há colisão com numerosos princípios e dispositivos constitucionais, capazes de levar discussões judiciais intermináveis.

Os intermitentes fazem jus às demais parcelas salariais e indenizatórias inerentes ao contrato de trabalho, como décimo terceiro, fundo de garantia e férias, mas feito com o cálculo da proporcionalidade do tempo empreendido, o que por certo representa ganhos bastante reduzidos.

Outro ponto de alta preocupação se encontra no fato de que, não atingido o patamar do salário-mínimo mensal, não haverá recolhimento das contribuições previdenciárias, salvo se ele próprio concorrer com os valores como se fosse um contribuinte individual, donde a possibilidade de o empregado intermitente permanecer por vários meses fora do regime geral previdenciário, conquanto seja um empregado ativo. Esse paradoxo ainda pende de resolução no sistema brasileiro.

Também precisa ser equilibrado o descompasso entre as férias dessa modalidade e as férias preconizadas pelo Constituinte: no art. 7º, XVII, da Lei Maior, consta o direito ao gozo de férias anuais remuneradas, mas as peculiaridades da intermitência levaram o legislador ordinário a admitir o gozo de férias anuais sem remuneração, contanto que os valores de férias proporcionais já sejam pagos juntamente com cada diária ou ao fim de cada ciclo de chamados. O sistema propõe férias pagas sem descanso e férias descansadas sem pagamento. Para que essa proposta caiba dentro da norma constitucional, temos que admitir que as férias possam ser descansadas com pagamentos antecipados aos poucos.

Por outro lado, entendemos que não são contratos intermitentes aqueles em que o empregador precisa do empregado por poucas horas do dia ou da semana, de maneira adrede programada. Modalidades diversificadas de contrato de trabalho, como o tempo parcial – até 30 horas por semana – ou os contratos a termo, são as vias adequadas para a admissão de pessoal com carga reduzida ou com prazo fixo.

Vagas para trabalho apenas aos sábados e domingos, em atividades com movimento maior em finais de semana, como gastronomia, lazer, hotelaria e alguns segmentos do comércio, vagas para atuação apenas em duas ou quatro horas por dia, como recepção de gabinetes e consultórios de profissionais liberais, ou vagas para atuação apenas em períodos sazonais, como datas comemorativas ou picos de produção são incompatíveis com o contrato intermitente e sujeitam o empregador à anulação desse ajuste e pagamento dos salários dos períodos sem chamado.

Como dito na abertura desta seção, a intermitência pressupõe chamados imprevistos e imprevisíveis, e diante do caráter extraordinário e antissocial desse contrato, impõe-se sua interpretação restritiva, não sendo adequado estendê-lo para outras circunstâncias, como a redução de carga horária mensal, semanal ou diária.

8. Contratos a termo no âmbito rural

Desde 2008, a legislação brasileira contempla, ainda, o contrato rural de pequeno prazo.

Ao contrário do art. 443 da CLT e da Lei 6.019/1974, o contrato de pequeno prazo prescinde de justificativa. Diz apenas que o pequeno prazo deve ser aplicado para atividades de natureza temporária.

A disciplina foi toda inserida no art. 14-A da Lei do Trabalho Rural (Lei 5.889/1973), podendo ser destacadas as seguintes especificidades: a) prazo máximo de dois meses; b) interstício mínimo de um ano entre dois contratos de pequeno prazo (mas a lei usa a expressão dois meses dentro de um ano, o que pode dar outro sentido, mais flexível); c) prerrogativa exclusiva do empregador pessoa física na zona rural, proprietário ou não das terras; d) celebração escrita obrigatória, o que destoa da zona rural; e) autorização expressa em norma coletiva para esse ajuste; f) alíquota única de 8% da cota do empregado para recolhimentos previdenciários; g) acesso a todos os direitos trabalhistas, inclusive fundo de garantia e salário equivalente ao empregado efetivo (embora a lei não o diga, é razoável a exclusão de aviso-prévio indenizado e de indenização de 40% sobre o fundo de garantia, haja vista a essência dos contratos provisórios).

Capítulo 3

A Lei do Trabalho Temporário e os regimes de terceirização

1. A quebra de paradigmas pela Lei do Trabalho Temporário de 1974

No trabalho temporário regido pela Lei 6.019/1974, o trabalhador se subordina efetivamente ao tomador de serviços, sem que isso constitua mecanismo fraudulento e sem que haja a presença de empresa interposta para a coordenação dos serviços. Não há, no trabalho temporário, a figura do encarregado ou do gestor do contrato de prestação de serviços. A ligação entre a empresa chamada de tomadora e a agência de colocação de mão de obra se esgota na tratativa preliminar, em que se combinam os preços e se define a quantidade de trabalhadores necessários para aquele cenário em particular.

No entanto, essa ascendência completa do tomador em relação ao empregado da prestadora – a agência – somente pode ocorrer em caso de acréscimo extraordinário de serviços ou substituição momentânea da mão de obra efetiva.

Estão corretos os autores que negam a inserção do trabalho temporário nos estudos sobre terceirização, portanto, haja vista que o simples acionamento de uma agência de colocação de mão de obra se equipara mais aos préstimos das empresas de recrutamento e seleção de trabalhadores do que à atividade das empresas de vigilância e limpeza, dentre outras, que são contratadas para o exercício pleno da atividade, com seus trabalhadores, máquinas e equipamentos, e não apenas para indicarem os operários.

No entanto, popularizou-se o uso do vocábulo terceirização para designar todas as formas de trabalho não prestado sob a forma de contrato de trabalho regido pela CLT. Basta que o empregado orbite em torno da empresa ou frequente suas instalações físicas para que seja chamado de terceirizado, em não havendo relação de emprego formal.

Adotando-se essa forma larga de terceirização, é natural que os trabalhadores sejam conhecidos por terceirizados quando foram contratados como (a) autônomo, (b) cooperados, (c) prestadores de serviços constituídos sob a forma de pessoa jurídica, (d) eventuais, (e) empregados de empresas interpostas e (f) temporários regidos pela Lei 6.019/1974.

A questão de saber se o trabalho temporário é ou não é uma forma de terceirização assume pequena importância, todavia, quando comparada com as controvérsias variadas que existem em torno de seu funcionamento e das hipóteses autorizadoras de seu implemento.

Em síntese, portanto, a Lei 6.019/1974 não foi concebida originalmente para servir como substituição de mão de obra ou como subcontratação de serviços especializados. Logo, não era tecnicamente um exemplo adequado de terceirização. Todavia, as alterações pelas quais a palavra terceirização passou somadas ao fato de que esse vocábulo não possui definição legal nem desfruta de consenso doutrinário fizeram com que a própria sociedade passasse a considerar todo e qualquer empregado não efetivo como terceirizado, como que por exclusão.

Uma última palavra sobre o contexto da Lei 6.019/1974: seja ela inserida no âmbito terceirizante ou não, o fato é que a norma passou a veicular uma forma oficial de trabalho precário.

Na acepção da palavra, o trabalho precário não precisava ser sinônimo de trabalho ruim e desguarnecido pelos direitos básicos dos empregados. Precário se aproxima mais do conceito de provisório, de breve, como se usa, por exemplo, no Direito Administrativo – contratação a título precário em contraposição à contratação a título definitivo.

Malgrado o sentido do vernáculo, o fato é que o trabalho precário se tornou sinônimo de trabalho indecente, assim entendido aquele que não oferece vantagens de uma norma coletiva consistente, não proporciona condições de higiene e segurança do trabalho e assim sucessivamente. A provisoriedade de um contrato de trabalho em absolutamente nada se confunde com o aviltamento da condição humana, mas não resta dúvida de que um assunto atrai o outro.

Como o contrato de trabalho há de ser breve, o empregador deixa de investir na formação daquele empregado; como os empregados são enquadrados sindicalmente na categoria dos temporários, como se fosse possível enfeixar um grupo de empregados pela durabilidade do contrato, deixam de alimentar laços profissionais com os colegas efetivos; como a dispersão dos temporários é enorme, ao longo de centenas de tomadores de serviços, deixam de usar da força da união; como os contratos terão curta duração, não se conquistam benefícios que, pela própria legislação ou por norma coletiva, demandam escoamento de tempo, servindo como exemplo o gozo das férias.

Aliás, normalmente os temporários são também privados de estabilidade e de garantias momentâneas de emprego, como aquelas destinadas aos dirigentes sindicais, aos acidentados e às gestantes. Considera-se que o empregador já havia marcado, desde a contratação, a data de encerramento do contrato de trabalho.

Para muitos, a normatização do trabalho temporário em 1974 jogou por terra séculos de combate à exploração da mão de obra humana por atravessadores e oportunistas. O objeto social dessas empresas acaba sendo, em curtas palavras, o comércio da mão de obra. Quebrava-se em 1974 um paradigma duradouro do Direito do Trabalho, de não permitir a intermediação da mão de obra a título oneroso.

As agências de mera seleção de mão de obra também poderiam ser inseridas no rol daquelas que auferem lucros com o comércio de empregados, mas costumam ser poupadas pelo argumento de que apenas aceleraram a recolocação do trabalhador, prestando um serviço de utilidade pública, digamos assim.

Esses argumentos contrários à Lei 6.019/1974, todavia, não foram aceitos pela maioria da classe jurídica nem formaram consenso jurisprudencial. Antes, prevaleceu o entendimento de que, contanto que não se afaste das normas trabalhistas mínimas, o regime temporário é forma válida de colocação e de recolocação de mão de obra, sem que se possa imputar às agências de emprego o caráter de exploradoras da energia humana. Mitigou-se o conceito de *merchandage*, por conseguinte.

Justificam-se plenamente a interpretação restritiva às hipóteses de trabalho temporário bem como a exigência da comprovação documental prevista em lei, haja vista que essa forma atípica de contratação não foi desenvolvida para a substituição de mão de obra permanente.

2. Regime de trabalho temporário

Verifica-se enorme confusão entre as expressões "trabalho temporário" e "trabalho por prazo determinado", figura que encontra assento na Consolidação das Leis do Trabalho através das três hipóteses do art. 443 – contrato de experiência, contrato para obra certa e empresa de natureza transitória.

A diferença é essencial, porque no temporário se faz necessária a comprovação da necessidade extraordinária ou da substituição de pessoal efetivo, bem como a chamada triangulação (tomador, agenciador e empregado), ao passo que no prazo determinado formou-se contrato de trabalho como outro qualquer, com a singela diferença de que a data de cessação da relação de emprego era previamente conhecida de todos.

O temporário é incabível para algumas atividades, como é o caso dos atletas profissionais e do trabalho avulso.

Trabalho temporário é admitido apenas em duas únicas hipóteses de admissão do contrato de trabalho temporário: a necessidade de substituição transitória de pessoal permanente e acréscimo extraordinário de mão de obra.

A transitoriedade é pressuposto evidente desse tipo de contratação, pois do contrário não seria esse um contrato temporário. Depreende-se da leitura dos demais dispositivos legais que a transitoriedade deve se ater a 180 dias, em princípio. É verdade que algumas hipóteses de prorrogação são admitidas, mas o empresário não deve contar com essa certeza.

A necessidade transitória pressupõe a existência de empregados efetivos, que tiveram de se afastar por um motivo qualquer. O afastamento pode ser considerado interrupção do contrato de trabalho, como ocorre com as férias, com a licença médica a cargo do empregador ou com as demais formas de sobrestamento do trabalho sem afetar o salário. Pode, porém, tratar-se de um afastamento a que normalmente se chama de suspensão do contrato de trabalho, em que o salário deixa de ser pago pelo empregador, como a licença médica a cargo do INSS (art. 60 da Lei 8.213/1991), com percepção de auxílio-doença meramente previdenciário ou de auxílio-doença acidentário, bem assim a licença-maternidade por conta da Previdência Social.

Não vale inserir no rol de exemplos a suspensão temporária para requalificação profissional (art. 476-A da CLT), por inverossímil: essa licença acontece quando a empresa atravessa crise financeira aguda, não fazendo sentido que os empregados sejam substituídos por temporários.

Não vale contratar temporários para esvaziar a greve dos efetivos, pois essa seria uma conduta antissindical (art. 2º, § 1º, Lei 6.019/1974, com redação pela Lei 13.429/2017), exceto casos previstos pela Lei de Greve (Lei 7.783/1989).

Finalmente, em caso de suspensão prolongada, como o auxílio-doença de larga duração ou a aposentadoria por invalidez, o contrato temporário será incompatível, porque nem mesmo a prorrogação será suficiente para acomodar a suplência.

O empregador pode optar por não aderir ao sistema temporário e simplesmente contratar um empregado efetivo para fazer a cobertura dos meses de ausência do empregado afastado. O empregador de boa-fé poderá, inclusive, prefixar a data de encerramento desse contrato de trabalho por prazo determinado, desonerando-se do pagamento do aviso-prévio indenizado e da indenização de 40% sobre o fundo de garantia. A principal diferença, nesse caso, reside no fato de que no contrato de trabalho por prazo determinado coube ao empregador o recrutamento e a seleção do empregado efetivo, ao passo que no regime temporário o empregador se limita a contatar a agência de colocação de mão de obra, que já tem disponível o banco de trabalhadores temporários.

O outro fundamento para o trabalho temporário é o aumento extraordinário de demanda. Se o aumento era imprevisível, preenchida está a exigência para a admissão do regime temporário; no entanto, se o acréscimo veio para durar, como uma encomenda vultosa que tomará um ou dois anos das energias da empresa ou a adesão de um cliente com alto nível de exigência, então não estará preenchida a segunda metade dos requisitos do trabalho temporário. Andaria melhor o legislador se houvesse fundido os dois requisitos num só, isto é, se houvesse mencionado o acréscimo extraordinário de serviço em caráter transitório.

O comércio varejista de roupas, calçados, artigos de perfumaria e similares, especialmente aquele localizado nos grandes centros comerciais, não deveria considerar que o Natal proporcionou aumento inesperado de vendas. O aumento é ordinário, porque acontece em todos os anos, no mesmo período, alavancado pelo espírito natalino, que incentiva a troca de presentes, e pela inserção de dinheiro adicional na economia, através do décimo terceiro salário para os empregados assalariados, bonificações para os empregados não assalariados ou simplesmente pelo aumento do giro de negócios.

O contrato de trabalho por prazo determinado para o atendimento de uma necessidade transitória, mostra-se mais coerente com o pico da produção em época festiva – assim como o caso da indústria de brinquedos e da indústria do chocolate em seus períodos sazonais.

Evidente que a existência de um exército de temporários prontos para entrar em ação, ao simples acionamento da agência de mão de obra, representa um conforto de valor inestimável, mas o Direito do Trabalho não se sensibiliza com esse tipo de comodidade. Achando-se o empregado inserido nas atividades normais da empresa e tendo sido acionado para serviço "cuja natureza ou transitoriedade justifique a predeterminação do prazo", é membro efetivo da empresa, conquanto por prazo certo, e não meramente temporário. Não houve substituição de mão de obra, pois nenhum colega está afastado, nem houve acréscimo inesperado de serviços.

Nota-se, em suma, que a interpretação dada à Lei 6.019/1974 é cada vez mais larga, mais tolerante e menos respeitosa com seu projeto original. A Lei 13.429/2017 estabeleceu o conceito de "demanda complementar de serviços" e, como tal, autorizou expressamente a contratação de temporários em caso de aumento previsível de demanda, desde que seja de natureza "intermitente, periódica ou sazonal". A sazonalidade restou, assim, oficializada como uma das possibilidades do trabalho temporário.

Algumas atividades econômicas, como a construção civil, sofrem os efeitos nefastos de outros aspectos da sazonalidade. No item acima, citaram-se exemplos de atividades cujo movimento oscila de acordo com os meses do ano civil, encontrando intenso movimento em determinados períodos, como o Natal, e baixo movimento em outros interstícios, como as férias escolares em alguns segmentos. Em outros setores, porém, o problema está no próprio modo de operação do serviço.

Tome-se como exemplo a edificação de um prédio de grande porte. São necessários alguns trabalhadores permanentes ao longo de todo o período de elaboração da obra, do alicerce ao acabamento, mas para certos segmentos, como a escavação, a concretagem, o assentamento de azulejos ou a pintura, a obra requer apenas um grupo de operários especializados naqueles misteres. Esses grupos podem ser mais numerosos do que todos os demais empregados da obra, a depender da técnica utilizada e dos maquinários disponíveis.

Foi assim que a construção civil passou a utilizar amplamente a mão de obra temporária, buscando enquadrar o conceito de acréscimo extraordinário aproximadamente como o comércio fez com a época natalina: considerar que a colocação dos azulejos, por exemplo, é um acréscimo extraordinário de serviço, dentro daquele contexto. Compreende-se que o azulejo possa acarretar um acréscimo de serviço quando comparado com as demais etapas da obra, mas nada há de extraordinário, fora do comum ou surpresa nesse estágio.

Para os fins das normas trabalhistas, era muito mais razoável o enquadramento do contrato de trabalho no prazo determinado do art. 443, § 2.º, da CLT se não fosse possível a admissão pelas vias normais, por prazo indeterminado.

Há diferenças sensíveis em termos de enquadramento sindical, benefícios assistenciais e chances de progressão na carreira de operário da construção civil. Com a proliferação tolerada pela fiscalização e pela magistratura do trabalho, o temporário passou a ser considerado simplesmente como mais um contrato de trabalho por prazo determinado. O extraordinário se tornou ordinário. É comum ver na Carteira de Trabalho de um operário da construção civil dezenas de carimbos, no campo das anotações gerais, apontando sua atividade temporária, através de agência de colocação de mão de obra, sem vínculo efetivo. Detalhe: às vezes, na mesma obra pela qual já havia passado no semestre ou no ano anterior.

3. Enquadramento sindical do temporário

A noção de enquadramento sindical representa tema dos mais espinhosos no Direito do Trabalho Brasileiro.

Contraria-se a insistente manifestação da Organização Internacional do Trabalho em prol da liberdade sindical e não se ratifica a Convenção 87 em hipótese alguma. A Convenção 87, além de ter sido ratificada por dezenas de países, insere-se no contexto dos direitos fundamentais do trabalhador, conforme Declaração da Organização de 1998.

Aliás, a importância dessa norma é tão elevada que a Organização se reserva o direito de considerar endossada por todos os países-membros, conquanto não formalmente ratificada. Logo, o Brasil se encontra num limbo de difícil explicação, por pregar, no exterior, uma liberdade que não confere aos brasileiros no âmbito interno. O modelo de unicidade sindical e enquadramento forçado, de que trata a Consolidação das Leis do Trabalho, foi recepcionado em grande parte pela Constituição Federal de 1988 e não se vê no horizonte nenhuma chance de alteração.

No caso do trabalho temporário, o art. 3.º da Lei 6.019/1974 reconhece a existência desse nicho de exploração econômica, ou seja, a atividade econômica de inserção de mão de obra temporária, e passa a considerar o enquadramento na categoria dos temporários.

Como o enquadramento dos trabalhadores segue, geralmente, a categoria principal do empregador, é natural que os empregados das empresas de colocação de mão de obra sejam, também eles, temporários.

Não se ligam à atividade principal do tomador de serviços, que pode ser um supermercado, um banco ou uma metalúrgica, pelo singelo argumento de que terão passado pouco tempo de convivência com os colegas efetivos do posto de serviço e que sua realidade de trabalho é, de fato, a itinerância e a provisoriedade.

Desnecessário grande esforço para chegar à conclusão de que esses temporários terão bem menos direitos trabalhistas do que os efetivos, pois dificilmente terão coesão suficiente para exigir normas coletivas mais abrangentes e mais enriquecidas.

Normalmente, a norma coletiva dos temporários terá como destaque um piso normativo e, talvez, algum benefício assistencial.

Questões relevantes, como garantias de emprego, adicional por tempo de serviço, participação nos lucros e resultados e outros temas conquistados no longo prazo decerto passarão ao largo dos debates.

4. As agências de colocação de mão de obra

O art. 4.º da Lei 6.019/1974 contemplava duas curiosidades: admitia que a agência de colocação de mão de obra fosse constituída sob a forma de pessoa física ou de pessoa jurídica, de um lado, e exigia que se ativesse ao ambiente urbano, de outro lado.

Pouco se comenta sobre o assunto, mas o fato é que uma pessoa física, agindo como um profissional liberal, pode empreender essa atividade, o que alimenta ainda mais o risco do comércio do trabalho humano, aduza-se. Outrossim, não existia a figura da colocação da mão de obra temporária em atividades rurais ou em atividades domésticas.

Não houve alteração desse conceito com o advento da LC 150, de 1.º de junho de 2015: ao regulamentar o trabalho doméstico, a norma fez menção ao contrato de experiência e ao contrato a termo, ambos da CLT, e nada refere ao contrato temporário triangular, nem se consegue fazer analogia.

Admitia-se, todavia, a manutenção de uma agência contendo banco de dados para recrutamento e seleção de profissionais, conforme já mencionado acima, inclusive para o âmbito rural e para o âmbito doméstico, mas não para fins de inserção de trabalho temporário em caso de acréscimo extraordinário de serviço ou substituição momentânea de pessoal efetivo.

No entanto, com a reforma empreendida pela Lei 13.429/2017, desapareceram da Lei 6.019/1974 essas duas características: a nova redação do art. 4º refere que a empresa de trabalho temporário é constituída sob a forma de pessoa jurídica e nada menciona quanto ao âmbito de atuação urbano ou rural. Vale lembrar que, caso o empregador rural necessite de empregados para curtos períodos, não apenas devido ao auge da safra, mas também para atividades emergenciais, poderá se valer do disposto no art. 443 da CLT, bem como da figura do contrato de safra (art. 14 da Lei 5.889/1973) ou do contrato de trabalho de pequeno prazo (máximo de dois meses dentro de um mesmo ano, art. 14-A da Lei 5.889/1973).

Exige-se registro da empresa de colocação de mão de obra perante a autoridade administrativa. A exigência da nacionalidade brasileira para os sócios da empresa não encontra ressonância na Constituição Federal de 1988. O capital social em montante fixado pelo legislador é uma exigência válida de demonstração da saúde financeira da empresa e poderiam ser exigidas para todas as outras formas de terceirização, diminuindo o cenário dos empregadores que desaparecem e deixam o tomador na delicada situação de se defender sozinho em processo trabalhista. Revelia do prestador de serviços e defesa genérica sem documentos do tomador de serviços compõem o panorama mais comum dos processos trabalhistas sobre terceirização.

5. Contrato temporário, obrigatoriamente escrito

Necessária a forma escrita quanto ao contrato entre a empresa prestadora de serviços e a empresa beneficiária, assim como o contrato entre trabalhador e agência.

Do contrato escrito entre as duas empresas deverá constar a justificativa para o caráter temporário da prestação de serviços – as duas hipóteses já mencionadas, acerca da substituição temporária de pessoal efetivo ou do acréscimo extraordinário ou sazonal de serviço – e como será feita a remuneração.

Desses dois assuntos, é claro que a justificativa é muito mais importante, até mesmo para fins de fiscalização, do que saber de que modo o serviço da agência será remunerado pela tomadora – por hora, por peça, por tarefa, por bloco, por preço fechado e assim sucessivamente.

Indaga-se qual seria a consequência de duas empresas estabelecerem contratos temporários sem, contudo, elaborarem contrato escrito a respeito ou, ainda, se o contrato escrito for omisso quanto à justificativa.

Considerando que a forma é obrigatória e que o conteúdo também foi exigido pelo legislador, a constatação mais aceita vai no sentido da invalidade do contrato temporário, formando-se o vínculo de emprego diretamente com o tomador de serviços.

A solução encontrada pela jurisprudência está coerente, porque, afinal, o contrato temporário é efetivamente restritivo e não pode se expandido para toda e qualquer hipótese.

Já basta o alargamento do conceito de acréscimo extraordinário, acima discutido, que abrangeu também o acréscimo previsto ou previsível da demanda. Dizer que, além disso, as empresas podem combinar acertos verbais ou omitir a justificativa da temporariedade seria, realmente, uma deturpação plena da norma. Questionado em Processo do Trabalho esse contrato temporário, é indispensável que as defesas apresentem, de plano, a prova documental. Que a prova documental não contém presunção absoluta é também uma afirmação consensual. Como ocorre em diversos segmentos do Direito do Trabalho, a presunção é meramente relativa e comportará provas em sentido contrário, por parte do trabalhador, quando se pretenda comprovar que a realidade era diversa da documentação.

O contrato de trabalho normalmente pode ser feito pela forma verbal, o que aparentemente é mais comum do que a forma escrita. Admite-se até mesmo o contrato de trabalho tácito, aquele que se configura pelo comportamento das partes e não necessitou nem ao menos de palavras para ser celebrado. Ocorre, no entanto, que alguns contratos especiais costumam ter a forma escrita obrigatória, talvez como maneira de se aprimorar o controle sobre sua utilização, como sucede com o trabalho temporário.

A falta do contrato escrito tende a significar formação de vínculo de emprego diretamente com o tomador, por não observada forma prescrita em lei. A presença do contrato escrito, todavia, não proporciona presunção absoluta e admite prova em sentido contrário, a fim de demonstrar que a temporariedade estava deturpada, dentro da aplicação prática do princípio da primazia da realidade.

Do contrato escrito entre trabalhador e agência não há necessidade de figurar o motivo da contratação temporária, até porque ainda não havia necessariamente o tomador de serviços e, logo, não se sabe de antemão se o aproveitamento dar-se-á pelo motivo da suplência de trabalhadores efetivos ou pelo motivo do acréscimo extraordinário de demanda.

Do contrato entre as duas empresas deve obrigatoriamente constar o motivo por que essa contratação é cronologicamente mais recente e contemporânea aos fatos. O empregado fica, assim, num banco de contratados à disposição para início a qualquer momento. É claro que dificilmente uma agência de colocação de mão de obra disporá de recursos para manter um vasto banco de empregados registrados. Normalmente ela dispõe de um cadastro, acionando os empregados com urgência para começo das atividades talvez no dia seguinte, tão logo receba comunicado da tomadora. Daí por que os dois contratos por vezes são firmados no mesmo dia, mas isso, repita-se, foi apenas uma contingência.

6. Prazo de duração do contrato temporário

Ao que parece, a grande questão que resta no contrato de trabalho temporário é decifrar a dinâmica do prazo, que era de três meses na redação original da norma e passou a 180 dias em alteração legislativa.

Em regra, pune-se o descumprimento do prazo do contrato temporário com a formação de vínculo de emprego diretamente com o tomador de serviços, ao passo que o desvirtuamento do prazo do contrato de experiência é punido com sua conversão em contrato de trabalho por prazo indeterminado, assegurando-se ao empregado o direito ao aviso-prévio indenizado e à indenização de 40%, por exemplo, aos quais ele não faria jus a se manter o contrato por prazo determinado.

Deve ser realçado, finalmente, que o contrato de trabalho entre o empregado e a agência de colocação de mão de obra não é necessariamente por prazo determinado.

Se a empresa optar por mantê-lo no banco de empregados selecionados, pode-se ter realmente um contrato de trabalho por prazo indeterminado, mas com determinação do período de permanência à disposição de um único tomador. Esse é o sentido principal do prazo máximo, mais preocupado com o tomador do que com o prestador de serviços. Para os demais regimes de terceirização, como o vigilante e o auxiliar de limpeza, não existem semelhantes regras sobre prazos, sendo comum encontrarmos trabalhadores que permanecem cinco ou dez anos no mesmo tomador, sem que a legislação considere a formação de vínculo de emprego direto.

A duração máxima do trabalho temporário não é prazo processual nem de uma forma de contagem para cumprimento de obrigações. Logo, passa longe do contrato temporário aquela noção de excluir o dia do início e incluir o dia do fim. É trabalho, de qualquer forma.

Assim, o primeiro dia de trabalho é também o primeiro dia da contagem do prazo. Os dias são corridos e não pelo número de dias úteis, de tal modo que se incluem os sábados, domingos e feriados existentes no montante.

Não há relevância em se saber a carga horária, podendo ser contrato temporário de tempo parcial ou contrato temporário com período integral e com realização de horas extras.

Caso haja acordo de compensação de jornada do tipo semanal, recomenda-se que seja cancelado na última semana do período, sob pena de se considerar que até a sexta-feira o empregado já laborou também o sábado, fazendo jus a um dia a mais de salário, o que significa que terá trabalhado o prazo máximo e um dia.

A mescla de contrato temporário com banco de horas deve ser feita com moderação, pois a técnica de efetuar o pagamento das horas extras pendentes quando da rescisão contratual pode não ser eficaz em se tratando de um contrato feito necessariamente para ser breve. A depender do volume excessivo de serviços suplementares pendentes, pode-se alegar que o operário efetivamente trabalhou mais do que os três meses.

Por exemplo, suponha-se que ele seja credor de 50 horas extras quando da rescisão, as quais nunca haviam sido pagas ou desfrutadas em descanso. Isso representaria, na verdade, quatro dias de trabalho acumulados, e mais duas horas, sendo razoável argumentar que o prazo de máximo foi deturpado.

Após a reforma trabalhista de 2017, o prazo não somente foi ampliado para 180 dias, como também se autorizou a prorrogação por mais 90 dias, sem necessidade de autorização prévia da autoridade administrativa, o que tem levado algumas pessoas a se referirem ao prazo como sendo de 270 dias, mas não se pode esquecer que a prorrogação reclama prova da manutenção das condições excepcionais do trabalho temporário. A prova pode ser requerida pelo Auditor-Fiscal do Trabalho ou pela autoridade judicial.

Como também ocorre com o contrato de trabalho por prazo determinado, há uma dúvida sobre a necessidade de o prazo da prorrogação ser rigorosamente idêntico ao prazo original. Não há exigência nesse sentido na CLT. Contanto que não se afaste do patamar máximo, não há sentido em se exigir que o contrato seja mantido nas bases que o primeiro. No entanto, é mandatória a aplicação da regra do art. 451 da CLT, que limita a prorrogação a uma única oportunidade. Pode-se argumentar que a Lei do Trabalho Temporário não deveria se valer de dispositivo da CLT para sua interpretação, mas as normas são complementares e simbióticas, e, de toda sorte, o art. 451 é enfático ao afirmar que "o contrato de trabalho por prazo determinado que, tácita ou expressamente, for prorrogado mais de uma vez, passará a vigorar sem determinação de prazo". Não há como se negar o fato de o temporário ser, também ele, um contrato a prazo determinado.

A regra é geral e somente não seria aplicada ao temporário se houvesse expressa disposição legal (por exemplo, o art. 30, § único, da Lei 9.615/1998, rejeita o art. 451 da CLT para os contratos dos atletas profissionais de futebol, que permitem prorrogações sucessivas). Aliás, a própria Lei do Trabalho Terceirizado exclui a aplicação de um dispositivo da CLT, o § único do art. 445, quando quis afastar a possibilidade de contrato de experiência se sobrepondo ao contrato temporário. Nada disse quanto ao art. 451 e, portanto, seu alcance atinge, sim, o trabalho temporário e limita a prorrogação a uma única ocasião. Assim deve ser entendido, restritivamente, o significado da expressão "consecutivos ou não", tanto ao prazo de 180 dias quanto ao prazo de 90 dias, do art. 10 da Lei 6.019/1974.

As justificativas para embasar o pedido de prorrogação do contrato temporário são parecidas com aquelas originais: necessidade transitória de substituição do pessoal permanente ou acréscimo extraordinário dos serviços. Apenas se deve acrescer, evidentemente, a explicação sobre a permanência dessas condições no tempo, ou seja, por que razão a provisoriedade de três meses (ou 180 dias, a partir da reforma legislativa) não bastou para suprir essa carência.

Simples inconveniente de se admitir o empregado efetivo ou de substituir o temporário não serve como justificativa. Há necessidade de demonstração apropriada, preferencialmente pela via documental, da manutenção das condições anteriores e de sua imprevisibilidade.

Há, ainda, a regra geral de quarentena de seis meses entre o término de um contrato a termo e o início de outro, com o mesmo empregador (art. 452 da CLT). A reforma de 2017 introduziu na Lei 6.019/1974 uma quarentena menor, de apenas noventa dias (art. 10, § 5º).

Assim, o mesmo trabalhador, após haver cumprido o prazo total de 270 dias como temporário numa empresa, poderá voltar a ela para mais 270 dias se permanecer afastado por 90 dias. Se o prazo for desrespeitado, forma-se vínculo diretamente com o tomador de serviços, independentemente de prova de pessoalidade ou de subordinação, por presunção legal. Esse intervalo de tempo se destina ao mesmo trabalhador e não impede o aproveitamento de outros trabalhadores temporários, a depender da justificativa que a empresa ofereça quanto à manutenção do estado emergencial ou sazonal.

7. Efetivação do temporário como empregado da tomadora

O anseio de quase todo temporário é ser efetivado pela empresa tomadora, após mostrar seu valor. Isso significa não somente deixar a atividade provisória para trás, engajando-se num contrato de trabalho por prazo indeterminado, mas também acessar os benefícios e as vantagens oferecidas pelo tomador, que normalmente são maiores e mais abrangentes, até mesmo pela estrutura sindical já mencionada anteriormente.

A legislação veda a chamada *cláusula de reserva*, através da qual a tomadora se compromete a jamais admitir o empregado indicado pela agência.

As agências argumentam que, antes de o empregado se inserir na estrutura da tomadora, houve gastos expressivos com seu recrutamento, entrevistas, aplicação de testes de aptidão e, em muitos casos, oferta de cursos de requalificação e treinamento, a fim de que a mão de obra ficasse à disposição dos tomadores com bom nível de qualidade.

Há pouco investimento maciço de recursos das agências sobre os trabalhadores, até porque essa aposta seria de alto risco e o contingente de empregados na fila das agências supera em muito o número de vagas a serem abertas, mesmo nos períodos de pico. É mais fácil procurar empregados que já apresentem as qualificações exigidas do que treinar um novato, às expensas da agência, para um futuro incerto e longínquo.

De qualquer forma, caso de fato se confirme a efetivação do empregado na tomadora, mesmo tendo sido treinado pela agência, a questão se insere nos riscos da atividade econômica da agência, que não poderá objetar. Afinal, ganha o Direito do Trabalho e ganha a sociedade em geral quando um empregado temporário se torna um empregado efetivo.

8. Direitos dos temporários

Admite-se que o temporário seja privado da indenização de 40% sobre o fundo de garantia e do aviso-prévio indenizado, como ocorre com os demais contratos de trabalho com prazo fixo, por se tratar de parcelas características da rescisão de um contrato de trabalho por prazo indeterminado. No entanto, seus salários, horas extras e benefícios assistenciais não deveriam em nada se afastar dos direitos pagos aos empregados efetivos, mas há algumas nuances.

De plano, o temporário já perde em matéria de norma coletiva, haja vista que o acordo coletivo destinado aos empregados das grandes empresas normalmente é mais vantajoso e mais elaborado do que as normas destinadas à etérea categoria dos prestadores de serviços, se houver. Adiante, o temporário normalmente perde os benefícios que somente se conquistam ao longo de prazos prolongados de trabalho, como as férias desfrutadas em descanso. Dificilmente o temporário conseguirá, por exemplo, acesso a formas de participação nos lucros e resultados ou bonificação por metas atingidas no longo prazo.

Empresas existem que inserem 1/12 a mais em cada recibo de pagamento a título de décimo terceiro salário e a título de férias proporcionais acrescidas de um terço, o que está correto do ponto de vista matemático, mas evidentemente desatende à finalidade das normas.

As horas extras seguem a regulamentação geral da CLT, com o adicional de 50% e o módulo de 44 horas da Constituição Federal de 1988. Não há vedação ao uso de compensação de jornada, inclusive banco de horas, se couber dentro do curto espaço de três meses. As férias, seguramente, requerem acréscimo de um terço, na forma do art. 7.º, XVII, da CF/1988, e serão calculadas na forma dos arts. 129 e ss. de CLT. Os descansos semanais remunerados são devidos em casos de assiduidade do empregado ao longo da semana.

Discute-se se o temporário deve receber o mesmo salário do empregado efetivo, por trabalho de igual valor e igual perfil.

No caso do regime de terceirização em geral, prevaleceu o argumento de que os empregadores são diferentes e, portanto, a equiparação salarial não encontra espaço. Apesar de jurisprudência trabalhista favorável à isonomia salarial entre empregado da tomadora e empregado da prestadora, atuando lado a lado, julgamentos da Corte Constitucional brasileira se inclinaram contrariamente à igualdade salarial, realçando o exercício do direito de propriedade na elaboração do regime de terceirização.

O caso do trabalho temporário é um pouco diferente.

Como já explicado acima, existe efetiva subordinação direta entre o tomador e o empregado da agência de colocação de mão de obra. O empregado está ali exercendo uma função efetiva do organograma da tomadora. Apenas o faz em caráter temporário porque substitui o empregado efetivo, momentaneamente afastado, ou atua ao seu lado, em circunstância de aumento extraordinário de demanda.

Daí por que o direito ao salário igual encontra justificativa plena, que faltou aos demais regimes de terceirização, que mantiveram vínculos de emprego diferentes e graus de subordinação desiguais.

O legislador chamou de salário equivalente esse caso de salário do temporário em relação ao empregado efetivo que ele substitui – quase um salário-substituição, mas com a peculiaridade de ser um empregado temporário em triangulação.

Mas há mais.

Há uma grande diferença entre substituir a mão de obra efetiva – férias, licença médica ou licença-maternidade dos empregados da tomadora – ou simplesmente ser chamado para executar serviços que se avolumaram quando do acréscimo extraordinário de demanda. No primeiro caso, conquanto o colega substituído não esteja presente, conhece-se a faixa salarial praticada, ao passo que no segundo caso pode nem ao menos existir o colega de mesma função, pois os temporários podem ser acionados para arrumarem o estoque de uma loja, colaborarem na limpeza ou na organização do atendimento, sem que essas funções coubessem originalmente a qualquer outro empregado.

Habitualmente, os temporários recebem salários inferiores e, quando acionada, a agência de colocação de mão de obra sustenta que não havia idêntico enquadramento sindical ou que não havia empregado efetivo da tomadora que realizasse o mesmo serviço do temporário, nem idêntico, nem parecido.

O acervo conceitual, desenvolvido pela jurisprudência e pela doutrina trabalhistas, acerca da aplicação extensiva do salário análogo, para outas hipóteses de terceirização, inclusive em órgãos da administração pública, não encontrou ressonância no Supremo Tribunal Federal.

Apesar de ainda ser debatido pela doutrina e de, a sua época, ter representado solução criativa, a figura do salário análogo se encontra quase totalmente esquecida. Não se usa em outros regimes de terceirização e, quando invocada no regime temporário, indaga-se se realmente havia empregados efetivos ombreando lado a lado com os trabalhadores temporários. De toda forma, ao estabelecer parâmetros de comparação para além da equiparação salarial tradicional, entre dois empregados de um mesmo empregador, o salário análogo temporário inovou na legislação da década de 1970.

Indaga-se, também, sobre a indenização prevista para o encerramento do contrato temporário.

A legislação de 1974 estendeu para o temporário uma indenização muito parecida com aquela que constava do texto original da CLT, a saber, um mês de salário para cada ano de serviço prestado. Dado que o temporário nem sequer chegará a um ano de contrato, usa-se dizer 1/12 de salário para cada mês laborado.

Precisamos entender com calma o sentido dessa indenização e porque se diz que ela foi tacitamente revogada pela legislação superveniente.

A indenização de 1/12 por mês do temporário não corresponde a uma espécie de multa rescisória nem se aproxima do sentido de compensação por prejuízos causados por rescisão antecipada do contrato a termo. Antes, guarda semelhança com o sentido de pecúlio ou de salário diferido, tal como o sistema celetista de um mês por ano de trabalho e, ao depois, o sistema do fundo de garantia. O fundo de garantia não deixa de ser uma modalidade de pecúlio à razão de um mês de salário para cada ano de trabalho, só que operacionalizado sob a forma de depósitos mensais de 8% do salário em uma conta vinculada determinada pelo legislador, mas, ainda assim, mantendo a paridade com o antigo sistema.

Todos os trabalhadores têm acesso ao fundo de garantia após o desligamento, tanto o demissionário quanto aquele dispensado por justa causa e, ainda, os sucessores do trabalhador em caso de óbito. A diferença é a data que podem fazer o saque. Mas isso não altera sua natureza jurídica.

Trabalhadores dispensados sem justa causa auferem, além do fundo de garantia, uma indenização de 40% sobre o montante dos depósitos, como compensação pela ruptura do contrato de trabalho a prazo indeterminado, o que nada tem a ver com a condição do temporário encerrado após os prazos máximos previstos em lei ou em contrato.

Feito esse panorama, temos que admitir que a legislação de 1974 apenas espelhou na Lei do Trabalho Temporário a indenização celetista para os contratos não regidos pelo fundo de garantia, tal como constava, entre outros, dos arts. 477 e 478 da CLT.

A legislação do fundo de garantia, de 1966, não mencionava o trabalho temporário, pelo simples fato de que ele não existia naquela data. As normas supervenientes do fundo de garantia, especialmente a regulamentação de 1990, cita expressamente o trabalho temporário como uma hipótese de adesão compulsória a esse regime de depósitos mensais.

Com base nessas premissas – sobretudo com destaque para o fato de que a indenização de 1/12 de salário por mês temporário não tem natureza de multa rescisória e apenas acompanhava o raciocínio vigente à época –, reconsideramos posição anteriormente defendida e entendemos que a indenização foi tacitamente revogada pela disciplina do fundo de garantia de 1990, não havendo razão jurídica para a acumulação dos dois pecúlios assentados sobre idêntica premissa.

Diferente, porém, será o caso de rescisão antecipada do contrato temporário: dado que ele é uma modalidade de contrato de trabalho a prazo determinado, atrai a aplicação da disciplina dos arts. 479 e 480 da CLT, que preconizam multa de 50% sobre os dias que faltavam para completar o ciclo previsto no contrato individual de trabalho. A multa será paga pelo patrão ao empregado, se a empresa antecipou a rescisão, ou poderá ser retida dos haveres rescisórios do empregado, se ele pediu demissão antes de implementados os dias inicialmente ajustados.

9. Corresponsabilidade entre prestadora e tomadora

A Lei do Trabalho Temporário guarda raro exemplo de responsabilidade solidária entre tomadora e prestadora, pelos salários e indenizações não pagos aos empregados da prestadora, mas apenas para os casos de falência da prestadora.

De toda forma, a disciplina da solidariedade entre as duas empresas já se destaca do panorama geral das demais modalidades de terceirização no sistema brasileiro, em que prevalece o conceito de responsabilidade subsidiária – responsabilidade de segundo grau e que exige o inconveniente de se esgotar o patrimônio do prestador, antes de se investir contra o patrimônio do tomador.

A solidariedade da Lei do Temporário pode não ser atingida, no entanto, porque existem diversas formas de uma empresa desonrar o pagamento de crédito trabalhista sem que haja falência, sendo a forma mais comum seu desaparecimento.

A disposição do art. 16 da Lei 6.019/1974 foi inovadora à época, porque empresas prestadoras de serviço não constituem propriamente um ramo de comércio e, como tal, não eram canalizadas para o processo de falência. A falência costuma ser apontada como uma prerrogativa desenvolvida pelo legislador para o comerciante, a fim de que ele possa renegociar as dívidas ou equacionar a crise financeira, inclusive pela via da recuperação judicial.

As empresas poderiam perfazer o distrato ou sucumbir em meio à execução contra o credor insolvente, mas não desfrutavam benefícios do Juízo Universal da

Massa Falida. O legislador involuntariamente deu ainda mais razão para aqueles que criticam a terceirização como mero comércio da mão de obra humana.

De qualquer forma, a logística para o trabalhador temporário é complexa, porque se ele esperar por muito tempo a falência ser declarada, corre o sério risco da prescrição total do Direito do Trabalho; se ele se precipitar postulando a responsabilidade solidária com brevidade, corre o risco de ser considerado carecedor da ação.

Para fins previdenciários, a empresa contratante de serviços por cessão de mão de obra, inclusive em regime de trabalho temporário, deverá reter 11% do valor bruto da fatura de prestação de serviços e recolher, em nome da empresa cedente da mão de obra, a importância retida. A omissão a torna diretamente responsável pelo pagamento, o que significa em termos práticos a responsabilidade solidária. A partir desse panorama, é possível a conclusão de que, para fins previdenciários, a responsabilidade solidária foi antecipada, digamos assim, para qualquer momento da tramitação do contrato de trabalho do empregado temporário e não meramente para a falência.

Se o assunto for relacionado a acidentes de trabalho, convencionou-se evocar o Código Civil de 2002 do qual se extrai a responsabilidade solidária na combinação dos arts. 932, III, e 942, parágrafo único.

Em resumo, ocorre responsabilidade solidária entre o tomador e o prestador (a) para fins dos recolhimentos previdenciários e fiscais (art. 31 da Lei 8.212/1991), (b) para os fins de indenização por acidente de trabalho (arts. 932 e 942 do CC/2002) e (c) em caso de falência do prestador (art. 16 da Lei 6.019/1974), impondo-se a responsabilidade subsidiária para as demais hipóteses.

10. O regime de terceirização

No âmbito da Teoria Geral de Direito do Trabalho, estuda-se a figura do empregador, com todos seus contornos e requisitos. Também são estudadas as variações contemporâneas do conceito de empregador, representadas pelo fenômeno do grupo econômico, da sucessão de empregadores e, sobretudo, dos regimes de terceirização – em que aparentemente o poder diretivo é bifurcado entre aquele que contrata o empregado e aquele a quem ele serve.

Dada a ausência de uma lei brasileira de terceirizações, quase todos seus pressupostos ficaram assentados em julgados e entendimentos sumulados dos tribunais trabalhistas, deixando-se de lado o conjunto de normas esparsas que apenas tangenciam o assunto da terceirização em determinadas profissões, como a segurança patrimonial, as atividades artísticas e o supra comentado trabalho temporário.

A Lei do Trabalho Temporário, no entanto, foi ampliada com a inserção de alguns dispositivos tendentes a regulamentar alguns cenários de terceirização. Cumpre destacar-lhe alguns pontos obscuros.

Campeou no Direito Brasileiro grande controvérsia sobre os limites horizontais da terceirização, a saber, se poderia uma empresa subcontratar serviços de qualquer natureza ou se deveriam essas delegações se ater apenas às atividades de apoio. Havia sólido entendimento de que a terceirização deveria se limitar às assim chamadas atividades-meio, abstendo-se o empresário de terceirizar as atividades-fim, pelo fundamento de que desafiaria seu próprio objeto social. Haveria, por assim dizer, o desvirtuamento da legislação social, ao se afirmar que os trabalhadores que concorrem diretamente para a execução do objeto social da empresa fossem empregados de terceiros e estava ali apenas a título precário. Esse deslocamento impacta até mesmo no enquadramento sindical, nas faixas salariais e na redução dos graus de pessoalidade e subordinação dos empregados em relação aos tomadores de serviço.

Embora a legislação hesitasse a respeito, ora empregando a expressão "atividade principal", ora dizendo "atividade inerente", os julgados trabalhistas da Corte Constitucional reputou válidas todas as formas de terceirização, inclusive da atividade-fim, por entender que a definição e o alcance somente podem ser tomados pelo empresário, no exercício regular de seu direito de propriedade (Tema 725 do repertório de repercussão geral do STF), contanto que se mantenha o distanciamento necessário entre o trabalhador e o tomador, pois não foi autorizado que entre eles haja subordinação e pessoalidade, por exemplo. O que estava em jogo era apenas o alcance horizontal da terceirização – atividade-meio *versus* atividade-fim.

O capítulo dedicado ao regime de terceirização, embutido dentro da legislação do temporário, busca exigir capacidade econômica das prestadoras de serviço, compatível com a execução do contrato, para evitar as empresas de fachada e os intermediadores sem patrimônio ou endereço conhecidos. Dado que o legislador passou a considerar ilegal a terceirização feita para empresas sem idoneidade financeira e sem capital social mínimo, arrisca-se o tomador de serviços a ser considerado solidariamente responsável pela inexecução do contrato de trabalho dos empregados da prestadora, pelo fato de ter insistido na contratação ilegal da prestação de serviços. Aí reside uma novidade da reforma de 2017 sobre a Lei 6.019/1974 para a qual pouca atenção tem sido dada, ou seja, uma forma indireta de o legislador impor a solidariedade entre tomadora e prestadora não idônea.

11. Pejotização

Usa-se a palavra pejotização para representar a contratação de trabalhadores sob a modalidade de pessoa jurídica prestadora de serviços. A abreviação de pessoa jurídica, pj, aos poucos gerou verbo, adjetivo e substantivo no mundo do Direito do Trabalho, dizendo-se expressões como pejotizar uma atividade, trabalhador pejotizado ou pejotização.

A pejotização é sinal eloquente de inadequação do sistema jurídico, embora não caiba aqui todo seu histórico. Apesar de a legislação trabalhista ser considerada a responsável por essa rota de fuga, não se deve ignorar a massa salarial brasileira como uma das mais baixas dos países industrializados e o regime tributário incidente sobre a folha de pagamento como um dos mais altos, repletos de impostos, contribuições e taxas incidentes muitas vezes sobre os mesmos fatos geradores. Logo, a análise dos culpados pela pejotização deve ser feita com cautela e amplitude.

De toda sorte, o legislador, aos poucos, passou a incentivar a admissão de trabalhadores sob a modalidade de pessoa jurídica, ora dispondo que a tributação da pessoa jurídica pode ser aplicada mesmo quando se tratar de um trabalho individualmente prestado no campo intelectual, ora buscando regular os prazos mínimos entre os dois períodos – de pessoa física e de pessoa jurídica.

A colocação de uma cláusula de barreira temporal entre o contrato de trabalho com pessoa física e o contrato de prestação de serviços com a pessoa jurídica não deixa de ser o reconhecimento expresso dessa forma de admissão de trabalhadores para a prestação dos mesmos serviços, às vezes sob o fluxo da legislação trabalhista, às vezes sob a roupagem do Direito Comercial. Em verdade, a própria cláusula de barreira temporal navega por águas perigosas, porque pode representar presunção de fraude se for descumprida e presunção de legalidade se for cumprida – quando, em verdade, a permanência dos elementos de subordinação, pessoalidade e habitualidade é que deveria definir se estamos ou não diante de uma relação de emprego típica, sem salvo-conduto por parte do legislador.

Reformas de 2017 empreenderam essa cláusula de barreira, reputando fraudulenta a pejotização feita a menos de 18 meses do desligamento do empregado efetivo ou trabalhador sem vínculo direto – como um terceirizado de qualquer natureza, inclusive temporário –, pois era comum terceirizar o setor de empresa para uma pessoa jurídica formada exclusivamente por ex-empregado ou ex-empregados da tomadora.

Embora, em sentido inverso, a norma dê a entender que a pejotização após 18 meses será válida, ainda assim o contrato terá de passar pelo teste da realidade, ou seja, pelo crivo dos requisitos essenciais do contrato de trabalho.

Essa cláusula de barreira somente tem lugar na pejotização feita com ex-empregados ou ex-trabalhadores da empresa, não havendo óbice quanto à pejotização de trabalhadores que não haviam laborado anteriormente para o mesmo tomador de serviços.

A norma dispõe que para os aposentados não se aplica a cláusula de barreira, mas, novamente, será arriscada a pejotização feita de modo irrestrito com empregados aposentados, porque a legislação somente consegue criar uma forma de presunção relativa de validade do regime pejotizado. Não houve nem poderia haver presunção absoluta de validade.

Tal como em qualquer outro cenário de pejotização, comportará produção de provas em sentido contrário, tendentes a demonstrar se houve desvirtuamento das relações sociais.

Capítulo 4

Liberdades contratuais e restrições legais

1. Sentidos de liberdade contratual

Muito se fala sobre a livre estipulação das condições de trabalho entre as partes, mas pouco se compreende quanto ao alcance dessa liberdade.

O Direito do Trabalho se sustenta no delicado equilíbrio entre a liberdade de ajuste entre empregado e empregador, sobre as normas e condições de trabalho, e a necessidade de fixação pelo Estado dos padrões civilizatórios mínimos, sem os quais a sociedade não progride e a dignidade não impera.

Dezenas de milhares de dispositivos legais, agregados ao longo de mais de oito décadas de disciplina da legislação social brasileira, representam obviamente um acervo pesado de regras e detalhes muitas vezes impossíveis de serem conciliadas. Porém, as relações trabalhistas são dinâmicas e renovadoras que todo esse patamar é ao mesmo tempo colossal e insuficiente para prever comportamentos e condutas de empregados e empregadores. Eis o paradoxo das legislações trabalhistas em quase todas as sociedades, convivendo lado a lado a sensação de amplitude e a constatação da insuficiência.

Os empregadores estão corretos quando se queixam do excesso de minúcia, que deixa pouco espaço de atuação para os próprios sujeitos do contrato de trabalho. Os empregados igualmente possuem queixas pertinentes contra a legislação que os desampara. Alguns aspectos da legislação brasileira já poderiam ter sido alterados, em benefício dos próprios empregados, sem perda da qualidade dos contratos.

Veja-se o caso da remuneração do trabalho noturno superior ao trabalho diurno.

É consensual a necessidade de se remunerar mais o trabalho prestado de madrugada quando comparado ao trabalho diurno. Existem prejuízos para o metabolismo e para o relógio biológico do trabalhador. Ainda que ele se tenha adaptado bem à realidade do trabalho noturno, continuará a ser atípica a atividade noturna. A sociedade em que vive, o ambiente familiar, os cursos de atualização e de idiomas, os serviços públicos e as atividades de lazer, tudo funciona, em geral, durante o dia, fazendo com o que o empregado não consiga repousar adequadamente nem de dia, nem de noite.

A necessidade de haver compensação financeira para o trabalho noturno consta, inclusive, de diversas Constituições, inclusive aquela de 1988. Há tratados internacionais a respeito.

No entanto, a forma como essa compensação financeira será efetuada ficou na dependência integral do legislador ordinário, instante em que começaram as disposições simultaneamente excessivas e insuficientes.

Por exemplo, não houve uma padronização do significado do trabalho noturno. É compreensível que o conceito de noite na zona urbana seja diferente do conceito de noite na zona rural, justificando-se a bifurcação entre a Consolidação das Leis do Trabalho e a Lei do Trabalho Rural (Lei 5.889/1973). Mas qual seria a justificativa para o conceito de noite começar às 20h00 apenas para os advogados empregados, enquanto para os demais empregados urbanos principia às 22h00? Há, também, conceito diferente no âmbito dos portuários e dos aeronautas.

Outra perplexidade surge no conceito de hora noturna reduzida. Determinar que a hora seja artificialmente computada à razão de 52min30seg somente gerou dificuldades de aplicação e de entendimento quanto a uma regra que deveria ser simples e eficaz. A Constituição Federal de 1988 é clara em sua simplicidade: o trabalho noturno reclama remuneração superior ao trabalho diurno. Não havia, de fato, necessidade de se sofisticar tanto um conceito singelo.

Claro está que o Direito do Trabalho é feito de evolução constante, sendo bem recebidas as medidas que aprimorem a qualidade de vida do empregado e a dignidade nas relações cotidianas. Logo, a hora noturna reduzida não é desprezível e deve ser prestigiada, já que consta do art. 73 da CLT. Não se deve dizer que ela tenha sido descartada pela Constituição Federal de 1988, sendo cumuláveis os benefícios da redução fictícia com o adicional salarial, que normalmente é de 20% sobre a hora diurna. O que se questiona é a eficácia de tal lei para o cumprimento da finalidade da norma.

Exaustos quanto à observância da hora noturna reduzida, alguns empregadores elevaram o adicional noturno para 40%, deixando de seguir a redução noturna, o que representa situação bem mais vantajosa para o empregado. Argumentam as empresas, especialmente aquelas que funcionam 24 horas por dia, que por este mecanismo podem formar três turnos de oito horas ou quatro turnos de seis horas, sem que um turno destoe dos demais em termos de duração do trabalho.

Daí por que o empregador considera não existir livre estipulação entre as partes, pois o império da lei, da norma coletiva e das decisões judiciais predomina sobre a autonomia da vontade.

O empregado, por sua vez, enxerga no art. 444 uma restrição tímida ao poder diretivo do empregador. É verdade que a norma prevê o respeito ao conjunto de leis, normas coletivas e decisões judiciais, mas nada disso é capaz de impedir, por exemplo, a fixação de salários baixos, requisição de horas extras constantes e transferências de postos em postos.

Esses três aspectos mencionados a esmo são suficientes para demonstrar que o empregador detém, sim, poder diretivo de razoável extensão. Quando se fala em "livre estipulação das partes", é inevitável que a leitura seja "livre estipulação pelo empregador", visto que pouquíssimos empregados conseguem se opor à política salarial e horária de uma empresa. O fato de haver empregados de elevada qualificação, que não ficam desempregados, porque já sairiam de uma empresa diretamente para atender à proposta de outra empresa, corresponde a uma exceção que apenas confirma a regra da livre estipulação patronal.

Argumentam os empregados que, como os empregadores sabem que não poderão contar com a boa vontade do legislador para muitas alterações dentro do contrato de trabalho e como terão de arcar com diversos benefícios impostos por lei, a arma de que dispõem é fixar a remuneração nos patamares mais baixos que puderem e a jornada mais alta que conseguirem.

Daí por que o empregado considera o art. 444 uma promessa ainda em construção, porque a livre estipulação prepondera sobre o conjunto de leis e normas coletivas, as quais não contemplam salários justos ou jornadas baixas. A existência do salário-mínimo e dos pisos normativos serve apenas de paliativo para uma situação mais grave. Aliás, a jurisprudência vem dando sinais de esgotamento da livre estipulação do empregador, exigindo, por exemplo, que seja honrada a promessa salarial feita em anúncio de jornal ou outro meio de divulgação, sem que o empregador possa dizer que, para aquela pessoa, o salário era inferior.

2. Condições essenciais e acidentais

Não é claro o conceito de condição essencial do contrato de trabalho. Emprega-se bastante energia para se tentar diferenciar as qualidades essenciais das qualidades acidentais de um contrato de trabalho, sem maior certeza jurídica.

Mas ele é relevante para o deslinde da questão de liberdade de pactuação entre as partes, haja vista que as qualidades essenciais se presumem celebradas enquanto as qualidades acidentais do contrato de trabalho precisam ser demonstradas expressamente, não militando presunção a seu favor.

A se adotar a noção civil das qualidades essenciais, teremos de nos concentrar na capacidade dos sujeitos, no uso da forma preconizada ou não vetada pelo legislador e, ainda, no objeto contratual válido, não ilícito nem imoral.

Desfrutam presunção relativa, portanto, os seguintes dados que reputamos essenciais:

- As partes são capazes e ajustaram livremente o contrato de trabalho. Eventual incapacidade civil deverá ser evocada e comprovada pelo interessado – certamente não para arguir a própria torpeza. Caso se trate de aposentado por invalidez ou turista estrangeiro sem visto de trabalho, igualmente o conceito de trabalho proibido, diferente do trabalho ilícito, não pode ser presumido e deverá ser ventilado no momento apropriado, como num processo trabalhista.
- O objeto da prestação de serviços é lícito e se encaixa na condição física e etária do trabalhador. Não se presume a prática de crimes ou de contravenções, embora a matéria possa ser conhecida de ofício pelo julgador, caso seja suscitada nos autos de um processo trabalhista, por exemplo.
- A forma de admissão é ampla e variada, presumindo-se sempre válida e eficiente, em sua manifestação escrita, verbal ou tácita. Descumprimento da forma não gera necessariamente a nulidade do contrato de trabalho,

mas pode gerar alteração de algumas características. Por exemplo, o contrato de aprendizagem deve ser feito por escrito. Ausente essa forma, converte-se em simples contrato de trabalho por prazo indeterminado, passando a ser devida a alíquota integral do fundo de garantia, que é de 8% ante 2% previstos para o aprendiz. Será afastada igualmente a natureza de contrato por prazo determinado. Também assim funciona o contrato de trabalho temporário, que a Lei 6.019/1974 exige pela via escrita.

- A forma de admissão para o emprego público envolve peculiaridades que ficam num campo híbrido. Certamente que se presume haver o empregado público preenchido as exigências da Constituição Federal de 1988 e se submetido a concurso público para ingresso na carreira. Espera-se que a defesa do ente público, quando acionado em Processo do Trabalho, esclareça alguma irregularidade que possa ter existido, a fim de que o julgado se manifeste sobre a nulidade contratual. No entanto, neste caso não estamos diante apenas de uma questão de forma que apenas atinja as próprias partes, mas de um preceito constitucional de garantia a toda sociedade e de proteção ao erário. Prevalece o entendimento de que o julgado pode se manifestar de ofício sobre a questão, invalidando o contrato de trabalho mesmo diante da revelia ou da omissão do ente público. Admite-se, inclusive, que o Ministério Público do Trabalho veicule a questão em sede de parecer, quando de recursos das partes para os tribunais. Não se trata de quebra da neutralidade do Ministério Público do Trabalho nem de agravamento da condição do trabalhador, mas de prestígio para a sociedade e para os interesses coletivos como um todo.

3. Comprovações da livre estipulação contratual

As cláusulas contratuais em geral e as marcações feitas em Carteira de Trabalho geram efeito de mera presunção relativa, pois outros meios de prova podem suprir informações sobre a existência do contrato de trabalho e sobre suas cláusulas.

Há diversas situações em que o trabalhador procura outros meios de prova, especialmente a prova testemunhal, para tentar alterar o disposto na Carteira de Trabalho: a) comprovar que já havia emprego antes do registro; b) demonstrar que após a baixa na Carteira de Trabalho prosseguiu a prestação de serviços; c) apontar existência de salários, comissões ou outros pagamentos além daquela marcação constante da Carteira de Trabalho, também chamado salário “por fora” ou salário não escriturado; d) exercício de função diferente daquela registrada, inclusive com impacto no enquadramento sindical; e) ausência de gozo de férias, apesar de constar do documento o período destinado ao descanso; f) exercício de função compatível com o controle de jornada, nada obstante o registro de serviço externo desprovido de horas extras, na forma do art. 62 da CLT, e assim sucessivamente.

Questão mais controvertida diz respeito à possibilidade de o próprio empregador impugnar as anotações da Carteira de Trabalho, reputando-as falsas.

Obviamente que o empregador terá menor espaço de atuação, pois as anotações são feitas por ele próprio e, como tais, são consideradas declarações vinculantes.

Há expressiva corrente doutrinária a afirmar a presunção absoluta das anotações feitas pelo empregador do ponto de vista dos argumentos do próprio empregador, ficando no campo das presunções relativas apenas quando o assunto for os argumentos do empregado. No entanto, temos de admitir que a presunção será sempre relativa, independentemente daquele que invocar matéria de fato em desarmonia com o registro. O que se pode afirmar é que o ônus da prova, nesse caso, será mais pesado para invalidar uma marcação feita pela própria parte.

Os casos mais conhecidos são aqueles de prova de abuso de confiança por parte do empregado que, valendo-se de acesso a carimbos e livros contábeis da empresa, concede a si mesmo um reajuste salarial inexistente ou uma alteração funcional não ajustada.

Falsificação de assinatura também pode ser citada como exemplo, embora isso não seja o mais importante neste caso, pois às vezes o empregado conseguiu colher assinatura autêntica, induzindo o empregador ou o superior hierárquico a erro.

Há casos em que a empresa pretende demonstrar que um sócio, abusando de seu poder e sem seguir a política de contenção de gastos, ofereceu reajuste indevido a um empregado protegido ou, tanto pior, lançou registro de contrato de trabalho em Carteira de pessoa que jamais trabalhou na empresa.

Pode ter sido registrado seu próprio filho, companheira ou amigos, a fim de proporcionar recolhimentos previdenciários que, no futuro, assegurariam um pouco de estabilidade financeira para a pessoa favorecida.

Lembre-se que o princípio da primazia da realidade é de mão dupla: assim como serve para favorecer o empregado quando a verdade foi ocultada por documentos escusos, serve também para revelar aquele que jamais pôs os pés na fábrica e, ainda assim, pretende tirar proveito econômico do empreendimento e dos cofres públicos.

4. Estipulação da multifuncionalidade do trabalhador

Discute-se se o empregado pode ou não recusar tarefas que, conquanto estejam a seu alcance, não eram praticadas desde o princípio do contrato de trabalho. E, caso se submeta às ordens do empregador, se pode reivindicar aumento salarial proporcional ao aumento das responsabilidades.

Em outras palavras, a dúvida está em saber se, no ato da contratação do empregado, além do cargo, devem ser especificadas todas as funções que exercerá, descritas as tarefas e estabelecidas as rotinas.

Muito se tem discutido a respeito da possibilidade de um empregado exigir reajuste salarial proporcional ao incremento de serviços a ele atribuídos pelo empregador. Para uns, a medida é justa porque se faz necessária a manutenção do equilíbrio contratual, ou seja, o salário fora ajustado de acordo com aquela perspectiva original do contrato. Para outros, a noção é subversiva, porque o salário vale tanto para os primeiros dias quanto para as semanas seguintes do contrato de trabalho.

A legislação trabalhista parece agasalhar conceito flexível da funcionalidade do trabalhador.

Dispositivos como o art. 456, § único, da CLT, levam à conclusão de que o empregado não é contratado para uma rotina rigorosa de procedimentos da qual jamais se poderá desvencilhar. Prestigia este dispositivo o conceito dinâmico do contrato de trabalho, podendo variar o feixe de atribuições do empregado, assim como, de certa forma, pode variar a conduta do empregador para com ele, desde que não contravenha as normas de proteção mínima.

O limite dessa variação funcional dos empregados apresenta-se em sua capacidade física e intelectual.

Por exemplo, o empregador não pode ir ampliando as funções de uma empregada até exigir que ela carregue fardos superiores a vinte quilos, pois essa é uma norma do direito tutelar do trabalho que atende ao padrão médio da capacidade física das trabalhadoras. Não se pode, tampouco, atribuir posição de chefia ou de alta exigência intelectual a um empregado iletrado, sem desenvoltura para lidar com subordinados e comandar distribuição de ordens, pois essas incumbências fogem a sua capacidade pessoal. Fica-se com a impressão de que o empregador está à procura de um meio de provocar a dispensa por justa causa do empregado iletrado, pois sabidamente a tarefa extrapola os padrões do contrato de trabalho e da capacidade profissional daquele operário.

Além dos limites na capacidade física e intelectual de um empregado, seguramente o outro limite se encontra na jornada de trabalho, que normalmente é de oito horas. Pode-se imaginar que um empregador encarregue o empregado de mais tarefas para cumprimento durante a jornada, mas não se pode conceber que o conjunto de tarefas precise necessariamente de dez ou de doze horas para ser cumprido ao longo do dia.

Claro está que os empregados normalmente se adaptam a todas as determinações do empregador, com vistas à manutenção do emprego, que é o bem maior nesse jogo de forças. Em muitas ocasiões, conseguirão os empregados agilizar o desempenho das tarefas para que caibam dentro das oito horas.

Todavia, casos existem em que as tarefas fisicamente não conseguem se encaixar dentro das oito horas. Por exemplo, nos processos produtivos em que notoriamente uma unidade é produzida a cada sessenta minutos, com atenção máxima e diligência redobrada, mas o empregador exige dez unidades. A partir desse choque de exigências do empregador surgem as teses conhecidas pela expressão *adicional por acúmulo de função*, que consideram insuficiente o simples pagamento de horas extras.

Note-se que o conceito de hora extraordinária pressupõe que a prorrogação tenha sido realmente fora do comum. Se o empregador já confere atividades ao empregado que desde o princípio se sabe impossível caberem dentro das oito horas, há evidente deturpação do instituto dos serviços suplementares e desvirtuamento das normas de proteção trabalhista.

A hora extraordinária aos poucos se transformou numa relação espúria em que o empregado procura aumentar sua renda e o empregador procura substituir mão de obra complementar a um custo menor.

Podemos, também, encontrar um quarto limite ao feixe de tarefas e atividades de um empregado, para além de sua capacidade física e intelectual e além do respeito à jornada de trabalho. Trata-se da possibilidade de o rol de atribuições dos empregados ter sido feito por escrito ou, sendo verbal, haver prova segura de sua extensão.

Com efeito, caso o empregado tenha conseguido limitar contratualmente suas atividades em determinado contrato de trabalho, é indispensável o respeito a essa limitação, não se podendo dizer que ele se tenha obrigado a prestar todos os encargos compatíveis com sua "condição pessoal".

O mais provável é que isso ocorra com o alto empregado, dentro de uma negociação de elevados níveis de exigência, e preferencialmente no trabalho intelectual ou artístico, sendo muito raro que se localize essa limitação contratual em trabalhos mecânicos, repetitivos ou metódicos. Dentro desse padrão dos altos empregados, finalmente, será remota a chance de ajuste feito verbalmente, donde se costuma afirmar que a limitação contratual é feita por escrito – embora para os fins de contratos comuns o legislador não faça exigência da forma escrita, atendo-se a afirmar que cláusula contratual pode prever atividades específicas.

Justifica-se assim o motivo pelo qual os contratos de trabalho comumente encontrados em papelarias, elaborados por gráficas e editoras, que visam a facilitar a celebração contratual cotidiana, costumam trazer uma cláusula mal compreendida em que se lê o compromisso do empregado a prestar todo e qualquer serviço compatível com sua condição pessoal.

Trata-se de um anteparo a eventuais reclamações sobre descumprimento do ajuste inicial, com pedido de rescisão indireta ou do propalado adicional por acúmulo de função.

De fato, o conceito inserido nesta norma pressupõe versatilidade do empregado, que não se pode opor a variações pequenas e médias dentro do contrato de trabalho. A recepcionista pode fazer às vezes da secretária e o almoxarife pode ser chamado a auxiliar na carga e descarga do caminhão. O meio oficial da tipografia pode ser deslocado para ajudar na contagem de peças do estoque desorganizado, assim como a enfermeira da ala pediátrica terá de concorrer para a normalização dos serviços da clínica geral.

Claro que todos se adaptam ao meio em que vivem e preferem não ter de enfrentar nova turbulência no cotidiano trabalhista, mas os exemplos de variações enquadráveis dentro da capacidade pessoal do empregado revelam a marca da versatilidade que a Consolidação das Leis do Trabalho desde os primórdios enxergava necessária para todos os empregados.

Podemos afirmar, por conseguinte, que a norma trabalhista preconiza a versatilidade em grau mínimo e médio para os empregados, apenas não fazendo questão que a versatilidade atinja o grau máximo, pois isso poderia violar a condição pessoal do trabalhador, esbarrando nas limitações físicas, intelectuais, horárias ou, ainda, contratuais – as quatro limitações propostas por este capítulo.

No entanto, há fortes indícios de que a versatilidade em grau máximo também possa ser aceita.

Tome-se como exemplo a Lei de Modernização dos Portos (Lei 8.630/1993 e a superveniente Lei 12.815/2013), que determinar que os portuários devem primar pela multifuncionalidade, a fim de que tanto possam ser aproveitados em serviços aos quais estão mais afetos como em outros segmentos portuários aos quais não estavam familiarizados.

A crítica das entidades sindicais portuárias é no sentido de que nenhuma contrapartida foi exigida dos empregadores ou tomadores de serviço. A média remuneratória continua nos mesmos patamares, considerados insuficientes, parecendo-lhes que a multifuncionalidade objetiva mais a formação de um exército de mão de obra reserva do que propriamente a realização pessoal de cada ser humano.

De qualquer forma, a inserção do conceito de multifuncionalidade na legislação trabalhista supera a tímida noção de serviços afetos à "condição pessoal" do trabalhador, tal como fixava o art. 456 da CLT, e lança luzes sobre o debate do alcance possível da variabilidade funcional dentro do contrato de trabalho.

5. O alcance da expressão trabalhador hipersuficiente

Ainda pende de desenvolvimento científico a proposta do legislador de ampliar o alcance da livre estipulação individual do trabalhador que aufira renda mais elevada e disponha de curso superior.

Prefiro evitar a expressão trabalhador hipersuficiente, pois ela aparece envolta de estigmas e pode ser desrespeitosa em diversas circunstâncias. A ampliação da escolaridade no Brasil não foi acompanhada pela ampliação do conteúdo da educação nem tampouco o diploma de ensino superior está associado ao aumento de cultura e de envergadura do trabalhador, que em muitos casos permanece com igual ou superior grau de vulnerabilidade. Some-se a isso o fato de que a faixa salarial mais elevada foi estabelecida em patamares moderados, que o legislador insere em duas vezes o teto dos benefícios previdenciários, algo como dez salários-mínimos numa conta rápida. Em outras palavras, ter ensino superior e ganhar 10 salários-mínimos não parece ser critério suficiente para considerar o empregado menos suscetível no mercado de trabalho ou equipará-lo ao alto executivo.

De qualquer modo, a expressão empregado hipersuficiente passou a ser utilizada para apanhar esse cenário de pessoa com maior escolaridade e maior remuneração do que a média nacional e, ato contínuo, proporcionar que seu contrato individual de trabalho possa conter cláusulas de igual ou maior densidade do que a própria negociação coletiva com entidade sindical – convenção coletiva ou acordo coletivo.

Provavelmente o termo hipersuficiente foi cunhado pela doutrina em contraponto à clássica expressão hipossuficiente, representativa do padrão dos empregados com baixa escolaridade e rendimentos reduzidos, servindo como exemplo as controvérsias sobre concessão de benefícios da gratuidade de acesso ao Poder Judiciário, entre outras.

Mas o prefixo hiper é polissêmico e denota soberania, envergadura e autossuficiência, que estão longe de consenso e de presunção para esses empregados eventualmente acima da média nacional de riquezas e escolaridade.

Ademais, o critério utilizado pelo legislador não possui base científica, mas apenas um feixe de indícios, de que a pessoa disponha de maior capacidade de resistência ou de argumentos para negociar com o empregador, ou, ainda, que tenha menos receio de retaliação ou de desemprego.

Por outro lado, trabalhadores como alguns dos maiores atletas profissionais de futebol e renomados artistas, que poderiam ter cacife para fazer valer sua vontade em negociações trabalhistas, carecem de ensino superior completo em numerosos exemplos. Paradoxalmente, eles, que seriam os poucos exemplos de pessoas em condições de negociação direta com o empregador, não poderão utilizar o conceito da hipersuficiência, por lhes faltar a escolaridade, ainda que estejam bem assessorados juridicamente.

Feitas essas ressalvas, devemos observar que a proposta do legislador é a extensão do permissivo legal para a negociação coletiva também para a negociação individual, o que envolve assuntos como remuneração em geral – prêmios, metas, participação em lucros –, alguns ajustes de horários – reposição de feriados, banco de horas e modalidade de registro de jornada – e, talvez o item mais controvertido, a fixação do grau do adicional de insalubridade, embora outros dispositivos legais proíbam que se alterem os parâmetros de saúde, higiene e segurança do trabalho envolvidos nas normas regulamentadoras.

Capítulo 5

Dimensões do contrato de trabalho feminino

1. Justificativas para a proteção ao trabalho feminino

Para além das normas enfeixadas no âmbito estrito da maternidade, adoção e aleitamento, o acervo legislativo de proteção ao trabalho da mulher exige atenção e técnica, a fim de que a proteção, de fato, não acarrete mais transtornos do que alívio.

A afirmação de que mulheres são frágeis e homens são fortes segue uma máxima bastante genérica e não deveria servir para justificar a expressa vedação a que uma mulher se candidate ao posto de trabalhos braçais, como na movimentação de carga ou atividades de risco acentuado. Limita o espaço disponível nas atividades econômicas, retirando das mulheres numerosas oportunidades de trabalho, sem que nem ao menos a pessoa tenha tido a chance de fazer um teste ou poder comprovar que, no particular, elas seriam adequadas à função.

Conquanto a proibição taxativa a que uma mulher trabalhe em construção civil tenha sido revogada, pois assim chegou a constar do art. 387 da CLT, segue vigente o art. 390, que veda ao empregador usar mão de obra feminina para movimentação de carga superior a vinte quilos – 25kg, se ocasional. Assim, um empregador pode de antemão desprezar as candidaturas femininas para o trabalho da atividade-fim de uma pedreira ou de uma transportadora de cargas pesadas, com apoio na CLT.

Historicamente, encontravam-se muitas restrições ao trabalho feminino, hoje consideradas todas de duvidosa constitucionalidade.

Quanto ao *trabalho noturno*, normalmente considerado aquele das 22h00 às 05h00 na legislação brasileira, havia proibição enfática na redação original da CLT.

Poucas eram as exceções: serviços de enfermagem e telefonia e, para aquelas com mais de 21 anos, em hotéis, bares e restaurantes, além dos cargos de chefia. Após, ampliaram-se as exceções para incluir serviços bancários, ensino, cargos de confiança, processamento de dados e indústria de produtos perecíveis, mas ainda assim a regra era a proibição e não se indagava à mulher se ela queria ou podia aceitar o encargo.

O veto era genérico para mulheres casadas ou solteiras, com ou sem filhos, com ou sem necessidades prementes de recursos financeiros. A alegação principal que se usava dizia respeito à necessidade de as mulheres honrarem os compromissos familiares, auxiliarem na boa educação dos filhos e concorrerem nas lides domésticas. Tampouco se cogitava de as mulheres contarem com a ajuda dos demais membros da família, a começar pelo marido, para as tarefas do lar e, assim, conseguirem emprego e renda revertida para o próprio lar. Aliás, nem ao menos se cogitava de essa mulher não ter família para assumir tantas lides domésticas.

Quando bem analisada a questão, ainda que se corra o risco de fugir do tema jurídico que se pretende analisar, descobre-se que a presença ou a ausência da mulher no mercado de trabalho tem muito mais que ver com estágio do capitalismo do que propriamente com uma questão de segurança e saúde do trabalho, como pode parecer para o estudioso menos avisado.

À época da Revolução Industrial, era corriqueiro o trabalho da mulher, inclusive nas fábricas mais penosas e nas tarefas que exigiam carregamento de peso. Não se discutia essa compatibilidade e elas mantinham lares tanto quanto as mulheres das décadas seguintes. Gervaise é uma das heroínas do Germinal de Émile Zola, labutando tanto quanto os homens. Tempos depois, entretanto, talvez por excesso de mão de obra, talvez por temer a concorrência das mulheres, o legislador – normalmente um homem, é sempre bom lembrar – afastou a mulher do mercado de trabalho.

Como atualmente muitas mudanças foram implementadas no capitalismo e um de seus pilares é a expansão do mercado consumidor, reinserir a mulher no mercado de trabalho se tornou um lugar-comum.

A vedação ao trabalho noturno feminino foi totalmente revogada em 1989.

Com relação ao trabalho da mulher em ambientes insalubres e perigosos, vigorava idêntica situação de veto, consoante art. 387 da CLT, abrangendo também o trabalho em minas e subsolos (alínea *a*), em consonância com a Convenção 45 da Organização Internacional do Trabalho (1935), e construção civil. O artigo está revogado pela Lei 7.855/1989. O fundamento utilizado para afastar liminarmente as mulheres dos ambientes insalubres e perigosos reside em geral na questão da maternidade, a fim de não lhe prejudicar funções reprodutoras, nem mesmo de forma indireta. Não se pergunta se a mulher pretende ter filhos ou se já os tem, pois o legislador procura outorgar a proteção de forma genérica.

Ademais, mesmo para as mulheres que planejam uma gravidez futura, o trabalho no ambiente insalubre e perigoso pode ser feito com regras próprias, afastando-se a gestante se realizando exames médicos periódicos, como é o ideal da segurança do trabalho.

Cite-se, ainda, normativas que previam a oposição do marido ou do pai ante um contrato de trabalho celebrado pela mulher. Uma vez começado o contrato de trabalho, outrossim, o marido podia requerer sua rescisão – uma modalidade anômala do pedido de demissão em nome da mulher – sempre que seu labor acarretasse ameaça aos vínculos da família ou perigo manifesto. Também houve a revogação dessas normas em 1989.

2. Discriminação de gênero

Após a fase de trabalho universal das mulheres no âmbito da Revolução Industrial e trabalho horizontalmente limitado ao longo de quase todo século XX, o trabalho feminino ora se debate contra as diversas nuances e manifestações da discriminação de gênero.

O combate aos prejuízos causados à igualdade de oportunidades de acesso e de ascensão das mulheres é feito por importantes normas jurídicas, inclusive tratados internacionais e previsões constitucionais, mas evidentemente as normas sozinhas não desatam estigmas e necessitam do envolvimento da sociedade.

O art. 373-A da CLT foi inserido pela Lei 9.799/1999, sendo, portanto, uma criação legislativa posterior à Constituição Federal de 1988 e estranha à redação original da CLT. Reconhece-se a necessidade de disposições destinadas a corrigir "as distorções que afetam o acesso da mulher ao mercado de trabalho" e exorta a suplementação desse tema através de negociação coletiva, o que é bastante razoável para atender a alguma peculiaridade de categoria ou de empresa não contemplada pelo legislador, como higiene no local de trabalho, comparecimento a reunião de pais e mestres e assim por diante.

A doutrina especializada refere distorções de duas ordens no mercado de trabalho: uma discriminação de cunho horizontal, quanto à oferta de oportunidades para as mulheres, e outra, de cunho vertical, assim entendida a falta de chances para ascensão ou movimentação na carreira empresarial. Explica-se.

Diz-se discriminação horizontal para o fenômeno da restrição de vagas ao trabalho feminino para apenas alguns setores das atividades econômicas.

Assim, as mulheres normalmente são direcionadas para as atividades que requerem atributos supostamente mais delicados e dóceis, como professoras de educação infantil, recepcionistas e telefonistas. Isso seria realmente auspicioso, não fosse o fato de que essas portas abertas significam muitas outras portas fechadas para atividades supostamente mais ásperas, mas que não poderiam ser vetadas à experiência feminina, como a atividade de carpintaria, marcenaria, eletricidade e informática, para ficar apenas em exemplos de grande número de postos de trabalho no cenário brasileiro.

Evidentemente o panorama mudou muito nos últimos decênios, encontrando-se mulheres motoristas e cobradoras de ônibus coletivos, como antigamente não se achavam, incrementando-se a participação da mulher na vida pública e na chefia de empresas, mas a realidade segue seu curso inclemente.

Essas exceções parecem apenas justificar a regra da delimitação horizontal no espectro das vagas de trabalho. É muito apropriada a observação de que a discriminação horizontal começa no lar, quando as famílias já educam as meninas para as atividades consideradas mais meigas, incitando os meninos para os misteres rudes, quando, na verdade, a natureza não é assim tão simples nem tão severa. Nesse passo, há quem se refira ao fenômeno da autodiscriminação, porque para muitas moças nem ao menos passa pela cabeça a possibilidade de sequer tentar uma vaga, digamos, no ramo automobilístico ou nas engenharias.

Haveria alguma hipótese em que o empregador poderá desde logo refutar candidatas a uma vaga e aceitar apenas homens? De modo geral, não resta mais espaço para essa discriminação, seja pela evolução do conceito de igualdade, seja pela própria eloquência do art. 5.º da CF/1988, em seu *caput* e inciso I, que preconizam a igualdade.

Porém, situações remotas e específicas remanescem, como a contratação do empregado que fará a revista aos pertences dos demais empregados ou do empregado destinado a tomar conta do vestiário masculino, justificando-se pela própria dignidade de separação dos pertences pessoais por gênero e não por outros critérios como faixa etária ou profissão. Na linguagem utilizada pelo art. 373-A, a restrição de uma vaga apenas a operários do sexo masculino somente pode acontecer quando a atividade assim o exigir, "pública e notoriamente" (inc. I), ou quando a natureza da atividade seja "notória e publicamente incompatível" (inc. II).

A fim de combater a discriminação horizontal, a Lei 9.799/1999 teve algumas técnicas, que ainda precisam do agasalho da sociedade. A primeira medida foi a proibição do anúncio de emprego em que se exija de antemão o trabalhador do sexo masculino ou, no caso de se aceitarem mulheres, haver alguma exigência quanto ao estado civil (art. 373-A, I), acompanhada pela proibição a que se recuse a candidata para o preenchimento da vaga, mesmo que desprovida de anúncio, por idêntico fundamento (art. 373-A, II).

Por seu turno, não há grande novidade no tema da discriminação vertical, sendo bastante conhecidos os obstáculos da ascensão das mulheres ao comando de empresas.

A mulher demora mais para galgar postos de chefia e raramente comanda as maiores empresas transnacionais, na lista das maiores do mundo, por exemplo. Para atestar a dificuldade da ascensão feminina, basta notar o alarde com que se trata a chegada de uma mulher ao comando de uma empresa de grande porte ou o destaque que se dá para a promoção de uma executiva para a liderança de uma instituição financeira. São novamente as exceções a confirmar as regras.

A mulher consegue escalar níveis intermediários de comando com certa facilidade, mas encontra obstáculos intransponíveis a partir do estágio em que realmente se acumulam poderes de mando e gestão.

Assim, não será raro ver a mulher gerente de agência bancária ou gerente do departamento comercial, embora quase nunca se conheça uma mulher a presidir um banco. Há referência à discriminação vertical quando o art. 373-A, II, veda o cancelamento de uma promoção à mulher por motivo de gênero – e não apenas negativa de contratação – assim como o inc. III combate a utilização desse critério para fins de "oportunidades de ascensão profissional".

Afora o tópico da discriminação horizontal e da discriminação vertical, o art. 373-A cuida, também, da dignidade da mulher, abordando o tema espinhoso da revista íntima (inc. VI).

3. Revistas pessoais

Indaga-se se há diferença entre o conceito de revistas pessoais e revistas íntimas.

Parte da doutrina se manifesta contra qualquer tipo de revista, sobre as vestes ou os pertences do trabalhador, bem como armário para manutenção de objetos pessoais, assegurando-se também o direito ao sigilo da correspondência que transitar pela empresa, via meios eletrônicos ou mecânicos.

Argumenta-se que a dignidade da pessoa humana é o bem maior a ser tutelado e que nem ao menos se pode falar em necessidade de balanceamento de princípios, nesse caso, porque a dignidade sai muitas léguas à frente do direito de propriedade do empregador, o qual, de qualquer forma, há de ser exercido com moderação e com vistas a sua função social.

Arrematam lembrando que atualmente já existem diversos meios acessíveis ao empregador que acaso se veja na premência de conter desaparecimento de objetos ou furtos de peças e acessórios, podendo ser citada a instalação de câmeras de vigilância, a marcação do produto com etiquetas eletrônicas ou simplesmente a alteração do sistema produtivo para que nenhum empregado fique a sós por tempo prolongado, provocando as suspeitas mais remotas de que tenha abusado da confiança do empregador.

Outra vertente desse estudo considera que as revistas podem encontrar fundamento em circunstâncias específicas, como a fabricação e a comercialização de peças de grande valor agregado e pequena dimensão física, como joias e semijoias, ou, ainda, no caso dos produtos controlados, como munição de armas de fogo ou remédios, controlados ou não. Em alguns desses exemplos, ademais, a etiqueta eletrônica ou dispositivos de sinal sonoro não podem ser comodamente instalados, dado o tamanho bastante reduzido.

As câmeras de segurança conseguem apresentar um panorama geral da fábrica ou do distribuidor, mas não são capazes de captar detalhes ou ângulos mais discretos, ao alcance das mãos dos operários, a menos que se criasse um estado de monitoramento intenso, a um custo econômico e operacional incompatível com a maior parte dos empreendimentos.

A se adotarem as premissas da segunda tese, todavia, a revista deverá ser feita com alguns critérios básicos, que tendem à manutenção da dignidade da empregada: a) possibilidade de rodízio entre as empregadas revistadas; b) preservação da intimidade da empregada mediante revistas em separado, em local discreto; c) presença de pessoas do mesmo sexo para não agravar o constrangimento; e, claro, d) restrição apenas à conduta essencial, não se justificando a exigência de que as empregadas se dispam.

Daí por que se pode fazer uma distinção entre revista pessoal, mais genérica e menos invasiva, da revista íntima, normalmente constrangedora e desproporcional em seus objetivos.

O art. 373-A, VI, pareceu, num primeiro momento, relevante para pôr fim à celeuma em torno da revista íntima às empregadas, mas com o passar do tempo revelou-se insuficiente.

A uma, porque vetou apenas a revista feita diretamente pelo empregador ou por seu preposto, referindo-se a homens em relação às mulheres, razão pela qual passou a ser interpretado como autorizador das revistas íntimas feitas pelas prepostas do empregador. Para os defensores da primeira corrente, aliás, isso seria gravíssimo, porque estaríamos, então, diante de um dispositivo da CLT a autorizar justamente aquilo que se combate tanto.

A duas, porque se esqueceu de mencionar a revista feita em homens, o que levou imediatamente à conclusão de que, não havendo expressa vedação para a verificação dos pertences dos empregados do sexo masculino, autorizada está. É bem verdade que se pode postular uma interpretação analógica, inserindo o homem na proteção do art. 373-A, mas além de esta proteção ser frágil resta a dificuldade de não haver base comum para fins de analogia. Afinal, o capítulo ora em estudo é justamente destinado à proteção e à promoção do trabalho da mulher.

4. Controvérsias sobre a pausa obrigatória de 15 minutos

O segundo dispositivo legal a carrear um tema exclusivo ao capítulo do trabalho da mulher, ausente do trabalho masculino, é representado pela regra do art. 384 da CLT, no tocante à concessão da pausa obrigatória de quinze minutos antes da realização de qualquer hora extraordinária.

O dispositivo, que sempre gerou profunda cizânia jurisprudencial, viria a ser revogado em 2017, mas deixou material caudaloso de estudo e reflexão.

O fundamento remoto para a existência da pausa de quinze minutos, encaixados entre o término da jornada ordinária e o começo da jornada extraordinária, concentra-se num suposto esgotamento físico e mental a que a mulher estaria mais sujeita do que o homem. Esse assunto perdeu boa parte de seu impacto com a completa banalização das horas extras no Direito do Trabalho Brasileiro, mas nem sempre foi assim.

Pela própria redação da CLT se nota um esforço do legislador em não deixar as horas extras se desgarrarem do sentido original de sua acepção, ou seja, um evento fora do comum, fora do ordinário, verdadeiramente extraordinário. Veem-se restrições quanto ao volume das horas extras (art. 59), quanto aos riscos de uma prorrogação de jornada em ambiente insalubre (art. 60), coibição de abusos mesmo em casos de força maior (art. 61) e algumas delimitações no caso do adolescente (art. 413). Imaginou-se que a elevação do adicional da hora extraordinária, de 20% para 50%, conforme art. 7.º, XVI, da CF/1988, fosse minimizar sua recorrência, graças ao apelo econômico. Porém, os empregadores já absorveram esse custo adicional e, de qualquer forma, parece mais econômico exigir de um mesmo empregado o serviço de dois ou três empregados do que admitir mais trabalhadores.

Assim, o tema do descanso obrigatório, para revigorar as energias antes da retomada da jornada, ganhou novo fôlego. A bem da verdade, esse assunto seria pertinente tanto para os empregados do sexo masculino quanto para a proteção do trabalho da mulher. No entanto, o legislador considerou o assunto restrito a uma fragilidade maior do organismo feminino e não contemplou os homens com semelhante dispositivo.

Logo, é incorreta a afirmação de que a pausa de quinze minutos se prende a uma questão de segurança do trabalho – pois isso seria universal e não sectário – atendo-se à proteção da mulher e, ao depois, do adolescente, porquanto o art. 413, parágrafo único, faz expressa referência ao art. 384, expandindo a pausa de quinze minutos para todos os menores de dezoito anos. Surgia, então, a questão de elevada controvérsia sobre a recepção ou não recepção do art. 384 pela CF/1988.

Se homens e mulheres são iguais em direitos e obrigações (art. 5.º, I, da CF/1988), justifica-se a concessão de uma pausa para essas e não para aqueles, sob idênticas condições de trabalho? Podemos antever três respostas.

Em primeiro plano, vão se enfileirar aqueles que enaltecem a premissa da proteção ao organismo mais delicado das empregadas, deslocando a questão para uma forma de proteção diferenciada justamente pela diferenciação das bases. Por esse raciocínio, a que chamamos de biologicista, a proteção se equipara àquela do carregamento de peso e, pois, mostra-se recepcionada tanto para as mulheres como para os adolescentes.

Por segundo, vão se agrupar os que restringem as proteções ao trabalho feminino àquilo que for absolutamente indispensável, ou, como preferem alguns, apenas os assuntos pública e notoriamente discrepantes entre o organismo feminino e o masculino. Considerando a falta de base científica para se afirmar que homens têm mais facilidade de prorrogar jornada do que suas colegas, a interpretação mais equilibrada é aquela que propugna a não recepção do art. 384. Quando a Lei 7.855/1989 varreu da CLT diversos dispositivos obsoletos, como a vedação ao trabalho noturno da mulher (art. 379) e o direito de o marido romper o contrato de trabalho capaz de afetar o sossego do lar (art. 446, parágrafo único), deveria efetivamente ter incluído na lista da revogação o conteúdo do art. 384. Não o fez. Mas isso não significa aprovação ou anuência do legislador ordinário e, ainda que assim não fosse, legislador ordinário também peca.

Por terceiro, concorre uma interpretação mais ousada, mas a ser devidamente compreendida. Aplicando a igualdade de gênero preconizada pelo art. 5.º, I, da CF/1988, em sentido contrário, advoga-se a tese de que o art. 384, concebido originalmente para adolescentes e mulheres, estende-se aos homens, como forma de desestimular as horas extras e proteger a saúde e a segurança do trabalho.

Houve formação de maioria no âmbito do Tribunal Superior do Trabalho para a adoção da primeira tese, tendo sido utilizados como fundamento em prol da recepção do art. 384 da CLT a duradoura exclusão da mulher do mercado de trabalho; a menor resistência física da mulher; e o acúmulo de atividades pela mulher no lar e no trabalho.

Os três fundamentos carregam presunções meramente relativas e não parecem suficientes para distinguir de modo tão completo o mercado de trabalho masculino do feminino.

O julgado refere que o receio de prejudicar as mulheres nos processos seletivos é infundado por não haver dados concretos sobre quantos postos poderiam deixar de ser preenchidos por mulheres, por receio do empregador de ter de arcar com essa pausa forçada – ou eventual pagamento de horas extras decorrentes dos 15 minutos não concedidos – por razões de gênero.

Por questões formais, esse julgamento viria a ser anulado pela Corte Constitucional, ao tempo em que as reformas trabalhistas empreenderam a revogação do dispositivo legal, que, hoje, tem sido mais estudado no campo doutrinário do que em enfrentamentos práticos.

Postas essas premissas, fica mais simples o estudo do último artigo relevante do tema da proteção à mulher não gestante, no Direito do Trabalho. Trata-se do art. 386 da CLT, segundo o qual "havendo trabalho aos domingos, será organizada uma escala de revezamento quinzenal, que favoreça o repouso dominical". Ao que parece, o caminho a ser percorrido pelo art. 386 é idêntico àquele do art. 384: a) tese da completa recepção, em homenagem ao organismo feminino mais frágil e menos capaz de realizar horas extras (evita-se acrescentar o argumento de que a mulher precisa tomar conta do lar aos domingos, pelas razões acima já expostas quanto à mudança da sociedade nos últimos decênios e quanto à soberania da própria mulher em tomar essa decisão); b) tese da completa não recepção do dispositivo, por ausência de fator de discriminação e por reversão das consequências contra a finalidade da norma, a qual, ao invés de zelar pelo bem-estar da mulher, inibe a colocação no mercado de trabalho; c) tese intermediária, que admite a recepção do art. 386, mas desde que ampliado também para os homens.

5. Norma trabalhista encontrado na Lei Maria da Penha

Afora os comentários supra, a respeito de proteção ao trabalho da mulher, há alguns aspectos trabalhista protetivos a serem analisados no âmbito de uma norma criminal: trata-se da Lei 11.340/2006, conhecida pelo nome Lei Maria da Penha.

À mulher vulnerável, em situação de violência doméstica ou familiar, não foram previstos benefícios trabalhistas mais expressivos, mas ao menos se previu o direito de não ser apenada com a dispensa justa causa por abandono de emprego, em caso de ausências sucessivas.

Não se trata de uma licença remunerada nem de direito de abonar as ausências, mas de uma espécie nova de *suspensão do contrato de trabalho* – período sem salário e sem trabalho – por até seis meses, na expectativa de que ela consiga se reequilibrar, encontrar abrigo e poder retomar suas atividades laborais cotidianas.

Dispõe o art. 9.º, § 2.º, da Lei 11.340/2006: "O juiz assegurará à mulher em situação de violência doméstica e familiar, para preservar sua integridade física e psicológica: I – acesso prioritário à remoção quando servidora pública, integrante da administração direta ou indireta; II – manutenção do vínculo trabalhista, quando necessário o afastamento do local de trabalho, por até 6 (seis) meses".

6. Proteção à maternidade

As regras de proteção à maternidade podem ser estudadas mediante o conceito de gravidez, os direitos concernentes ao período de gestação, como a realização do pré-natal, a duração da licença-maternidade, inclusive as hipóteses de extensão do período, as questões contemporâneas sobre a adoção e os direitos da mãe adotante e, ainda, as peculiaridades do trabalho doméstico e o direito à creche.

Cumpre lembrar que as normas da Consolidação das Leis do Trabalho devem sempre guardar harmonia com a Convenção 103 da Organização Internacional do Trabalho, de 1952, incorporada ao ordenamento brasileiro pelo Dec. 58.820/1966. Seus principais dispositivos acham-se convenientemente abrangidos pelas normas da CLT ou pela legislação complementar, com destaque para as prestações previdenciárias referidas na Lei 8.213/1991 e para as previsões do art. 7.º da Constituição Federal de 1988 e do art. 10 do Ato das Disposições Constitucionais Transitórias.

Entre os pilares da Convenção 103 se destacam o período de licença-maternidade no mínimo de doze semanas – sendo que o Brasil adota desde 1988 o período de quatro meses, um pouco mais do que dezesseis semanas, sem prejuízo à extensão a seis meses, a critério do empregador –, o direito de realização do pré-natal, o direito de amamentar com algumas pausas ou redução de jornada e o direito de não haver descontos por ausências no período da licença-maternidade nem sofrer represálias pelo fato.

Há uma forte recomendação da Organização Internacional do Trabalho no sentido de que o custeio da licença seja feito de forma concorrente, pela sociedade de maneira geral, através de um sistema de seguridade social ou estrutura análoga, a fim de não onerar unicamente o empregador que admitiu a mulher. Do contrário, os empregadores simplesmente não iriam contratar as mulheres para não suportarem essa despesa de licença remunerada.

Daí o acerto da legislação brasileira em considerar o salário-maternidade uma despesa essencialmente previdenciária – fazendo-se em separado o cálculo do custeio e de quanto as empresas precisam contribuir mensalmente para essa concessão. No sistema brasileiro em vigor, a empresa paga o salário para a empregada em licença-maternidade, mas tem o direito de deduzir integralmente o valor de seus recolhimentos previdenciários pendentes.

A Convenção 103 data de 1952 e, mesmo tendo merecido revisão, apresenta alguns pontos desatualizados, que estavam a exigir uma nova sedimentação por parte da Organização Internacional do Trabalho. Foi assim que no ano 2000 se editou a Convenção 183, que se apresenta claramente como uma nova sistematização do tema de proteção à maternidade de que cuidava a Convenção 103. O Brasil ainda não a ratificou.

A Convenção 183 amplia o período mínimo de licença-maternidade para quatorze semanas, ante as doze semanas previstas em 1952, mas, nesse particular, o Direito do Trabalho Brasileiro continua favorável. Roga que a remuneração da mulher seja mantida em pelo menos dois terços de seus ganhos habituais e, ainda, passa a fazer um grande empenho em prol da garantia de emprego da gestante e da lactante, com direito à reintegração em caso de dispensa abusiva pelo empregador. O ônus de provar que a rescisão foi motivada por mau comportamento da gestante será sempre do empregador

O tema da proteção à maternidade tem um duplo alcance: de um lado, prestigia efetivamente a gestante, para que ela não vivencie maiores sobressaltos no curso da gravidez, mas também se procura guarnecer o nascituro, a fim de que ele tanto possa se desenvolver em condições mais favoráveis como, sobretudo, venha ao mundo em condições mínimas de nutrição e higiene. Daí por que se protegem simultaneamente a gestação, o parto e os primeiros dias da vida do recém-nascido.

A proteção tem de ser necessariamente sincrônica e polivalente, a fim de envolver as oscilações que o organismo feminino experimenta e a chegada do novo ser humano. Num primeiro momento, a proteção poderia se destinar exclusivamente à mulher, pelo fundamento de que eventual desemprego naquele estágio representaria um golpe para ser suportado, maior do que outras hipóteses de desemprego. É o período em que os salários auferidos pela mulher mais necessários se mostram para fins de sua boa nutrição. É, também, o período em que maior dificuldade a mulher enfrenta para conseguir novo emprego. Ousa-se dizer que, uma vez desempregada no início ou no curso de gravidez, a mulher jamais conseguirá encontrar nova colocação no curto prazo, pelo simples fato de se apresentar gestante a uma entrevista ou seleção. O empregador sabe que tão logo a efetive já terá de afastá-la e admitir uma suplente, ou ficar privado de seus préstimos por certo período.

Num segundo momento, todavia, a proteção é também à figura do nascituro, porque a sociedade inteira tem interesse na boa formação do recém-nascido. Esse custo, como lembram as Convenções 103 e 183 da Organização Internacional do Trabalho, é necessariamente socializado e não setorial ou empresarial.

Há dificuldades variadas na definição do dia exato do início da gestação, o que representa obstáculos adicionais para o assunto da garantia de emprego, que abaixo se analisa. Além dessa questão mais chamativa, recorde-se que a gestante não deve permanecer em atividades penosas e/ou exposta a elementos químicos ou biológicos, mas para ser transferida ela precisa saber que está grávida e avisar o empregador. A existência de um lapso, às vezes breve, às vezes longo, entre a concepção e a ciência da mulher de que está grávida tem provocado questões intrigantes sobre a preservação de seus direitos e sobre os riscos à sua saúde.

São duas as formas mais utilizadas para o cálculo do início da gestação, uma de modo prospectivo, mirando-se o futuro, e outra de modo retrospectivo, voltando-se para o passado. Nos primeiros meses de gestação, é comum se procurar a data do último ciclo feminino, descartando-se a hipótese de a gravidez ter começado antes e firmando-se a data logo após o ciclo, com uma pequena variação estimativa. Na parte final da gravidez, podem-se acrescentar alguns dados a essa estimativa com base nas dimensões do feto e do ventre materno, igualmente sem precisão exata. Após o parto, porém, é possível fazer a conta inversa, chegando-se por exclusão a uma data aproximada da concepção nove meses antes. Mas as contas não são assim tão simples.

Não há gestação que não tenha alguma peculiaridade própria. Assim, haverá as gestações que somente são "descobertas" dois ou três meses após seu início, sem que a própria gestante dela se desse conta, assim como haverá os partos com uma variação imensa de datas.

Embora se use dizer que a gestação transcorre em nove meses, a medicina normalmente se refere ao número de semanas. Usualmente os partos ocorrem na 39ª ou 40ª semana de gestação, mas existem crianças que nascem uma ou duas semanas depois desse patamar e, claro, existem os partos prematuros. O conceito de prematuro sofre, por sua vez, as oscilações próprias dos avanços médicos. Se antigamente os médicos eram orientados a não insistir no tratamento intensivo de um bebê nascido antes do quinto ou do sexto mês de gestação, dada a inviabilidade de seu desenvolvimento, hoje já se conhecem numerosas experiências de êxito na 20ª semana de gestação.

Aquela noção antiga de que nascer de sete meses carregava um risco elevado de prematuridade hoje parece um paradoxo, porque o prematuro de sete meses era um veterano perto das crianças de cinco e de seis meses. Um grama faz toda a diferença nessa fase, assim como um único dia a mais de gestação. Portanto, a legislação contempla uma forma de garantia de emprego, seja pela Convenção 183 da OIT, seja pelo art. 10, II, *b*, do Ato das Disposições Constitucionais Transitórias, que não tem dia exato nem para começar nem para terminar. A garantia é durante a gestação. Saber quando começou a gestação e acertar o dia preciso do encerramento da gestação é tarefa não jurídica, digamos assim.

A gravidez normalmente se encerra com o parto, a partir do qual serão computados os cinco meses adicionais de garantia de emprego. Todavia, existe um índice razoavelmente alto de gestações que se encerram antes do parto, incluindo os abortamentos espontâneos e demais complicações da gestação, como a gravidez tubária ou o não desenvolvimento do feto.

Quando se usa dizer proteção à maternidade, não se deve imaginar unicamente proteção à mãe, mas à gestante de maneira geral, de tal sorte que (a) enquanto houver gravidez haverá direitos da gestante e garantia de emprego, mas (b) nem toda gravidez assegura à gestante a garantia expandida até o quinto mês após o parto, que fica restrita somente àquelas gestantes que efetivamente derem uma criança à luz.

Em caso de aborto não criminoso, inclusive o aborto retido, a mulher tem direito de quinze dias de repouso remunerado, embora não faça jus à garantia de emprego estendida até cinco meses após o parto, porque parto não houve.

O art. 395 da CLT não esclarece ao certo por quem correm as despesas desses quinze dias, mas a legislação previdenciária expandiu o conceito de salário-maternidade também para o caso de não nascimento da criança, ou seja, para os quinze dias após a perda da gestação. Garantia de emprego certamente deixará de existir, pois a Constituição Federal de 1988 tutela o evento parto e não a interrupção da gestação.

O aborto criminoso não sensibilizou o legislador trabalhista, como era de esperar, mas em matéria de exaustão do organismo e necessidade de repouso não resta dúvida que toda mulher teria necessidade de pelo menos quinze dias. No entanto, nenhuma empregada se apresentará perante o empregador ou perante o INSS dizendo-se uma criminosa e, mesmo que isso venha a ser declarado em ação penal tempos após, o descanso de quinze dias era devido naquele momento aflitivo, e não no ano seguinte. A distinção entre o aborto natural e o aborto deliberado fica mais no plano jurídico do que no cotidiano, para esse efeito, portanto.

7. Direitos da gestante

Definidas as datas, ainda que aproximadamente, surgem alguns direitos da gestação ou direitos da gestante no local de trabalho, como a retirada da gestante dos ambientes insalubres, perigosos ou penosos, colocação de assentos no local de trabalho, a retirada da gestante de trabalhos externos que envolvam muitos deslocamentos ou a mudança de filial para redução de tempo gasto no transporte coletivo, admitindo-se, neste particular, o uso do teletrabalho e do *home office* como soluções alternativas.

De maneira geral, a gestante não pode trabalhar em qualquer ambiente insalubre. Muita energia já foi empreendida para tentar se separar a vedação ao labor da gestante de acordo com o grau de insalubridade ou de acordo com atestados médicos, sem que se formasse consenso sobre qual seria o critério dessa distinção. Também durante a pandemia de 2020 houve dúvidas sobre a melhor forma de se guarnecer a gestante da exposição ao risco exacerbado.

O legislador parece perdido e altera freneticamente as disposições normativas sobre esse tema.

A solução mais razoável, inclusive para resolver o impasse das empresas que são 100% insalubres e não teriam onde alocar a gestante, é a antecipação do salário-maternidade, a saber, em vez de ser devida a prestação previdenciária apenas durante 120 dias, estende-se para desde o início da gestação, considerada juridicamente uma gravidez de risco.

Outro direito próprio da gestação é a evidente necessidade de realização dos exames pré-natais e acompanhamento das necessidades especiais da medicina fetal.

São previstas ausências justificadas, sem dedução de salários nem perda de vantagens como o direito de férias, contemplando o "tempo necessário" para a realização de seis consultas médicas e demais exames complementares, "no mínimo".

O tempo necessário pode ser a ausência por um dia inteiro – basta que se lembre da existência de cidades desprovidas de hospitais ou postos de saúde apropriados ou, no caso das grandes cidades, dos deslocamentos desumanos a que se sujeitam os trabalhadores – ou por apenas alguns minutos, no caso de uma empresa detentora de suas próprias instalações clínicas.

As consultas médicas podem ser ampliadas em número indeterminado, possivelmente por exigência do próprio médico, mas se esse número for ampliado excessivamente seria o caso já de uma licença médica por gravidez de risco, havendo diferença entre as duas vias adotadas, porque no primeiro caso todas as ausências são abonadas pelo empregador, a suas expensas, ao passo que no segundo caso o empregador arca com os quinze primeiros dias do afastamento e, depois, as despesas ficam a cargo do INSS.

Os demais exames complementares também correspondem a uma expressão lacunosa, pois tanto pode abranger mais uma quantidade de ausências justificadas – ausências para consultas e, separadamente, ausências para exames – como o assunto ser interpretado de forma conjunta – ausência em geral, seja para consultas, seja para exames.

Ao contrário da licença médica, em que existem regras próprias, o legislador é omisso a respeito da forma de certificação do pré-natal.

No caso da doença do empregado, a comprovação deve ser feita (a) por atestado previdenciário e, na falta desse, sucessivamente, (b) por médico dos serviços sociais do comércio ou da indústria, (c) por médico da própria empresa ou (d) por ela designado e, por fim, (e) médicos da rede pública.

É evidente a confusão que essa norma provoca porque não acompanhou as mudanças do sistema de saúde brasileiro. A uma, porque a Previdência Social não atestará abono de ausência de um ou dois dias, atendendo apenas empregados, preferencialmente munidos de Comunicação de Acidente de Trabalho (CAT), que já estejam com mais de quinze dias de afastamento médico. Não existe mais o serviço de consultas médicas no âmbito do INSS. A duas, porque os serviços sociais do comércio e da indústria, embora prestem alguns serviços à coletividade, não oferecem atendimento a toda a população e muito menos certificam justificativas de ausências. A três, porque a maioria das empresas brasileiras não tem porte suficiente para manter um setor médico. Sobram, então, as hipóteses de a empresa "designar um médico", o que modernamente se entende como sendo o médico "do convênio", caso exista um plano de saúde coletivo, ou então que o empregado apresente um atestado da rede pública de saúde.

Embora o empregador não esteja formalmente obrigado a aceitar atestado de médico particular, instala-se uma situação em que um empregado obteve atendimento particular, a suas expensas ou por intermédio de um plano de saúde que ele próprio custeia, mas, para fins de abono de ausência, teria de ir posteriormente a alguma unidade de atendimento do sistema único de saúde, aumentando ainda mais a pressão do atendimento, apenas para conseguir o documento em questão. Interpretar a legislação trabalhista não é apenas exercer um jogo de palavras, mas também lembrar o contexto em que ela foi editada e perseguir, incessantemente, a finalidade da norma.

Abusos de alguns empregados – que conseguem apresentar atestados de duvidosa procedência – devem ser combatidos separadamente, inclusive com dispensa por justa causa, se for o caso, mas não a ponto de se vetar todo e qualquer atestado não público. Enquanto essa discussão prossegue na esfera das ausências injustificadas, o legislador ficou inerte e apenas referiu à existência de seis consultas de pré-natal da gestante, donde se pode concluir que a certificação é livre, pelo médico da rede particular ou da rede pública.

Reforça ainda mais a conclusão em prol dessa liberdade o fato de que, nesse caso em particular, o empregador poderá facilmente desconfiar de atestados emitidos por médicos de outras especialidades, que não a ginecologia ou a obstetrícia, e, ainda, questionar a existência de muitos médicos em tão curto espaço de tempo e para tão específica finalidade. É, portanto, um cenário diferente da certificação de doenças ao longo da vida de um trabalhador em seu contrato de trabalho.

8. Lineamentos sobre a licença-maternidade

A redação original da CLT previa a licença-maternidade de doze semanas, conforme art. 392, sendo seis semanas antes e seis semanas depois do parto (ou, com a alteração legislativa de 1967, quatro antes e oito depois do parto).

Apenas em caso de parto antecipado, que não está previsto, é que a mulher poderia desfrutar as doze semanas consecutivamente depois de encerrada a gravidez, pois normalmente era de esperar que repousasse no oitavo mês, digamos assim, e permanecesse por dois meses com o recém-nascido.

A soma das doze semanas, como explicado, atendia às exigências mínimas da Convenção 103 (1952) da OIT, mas, não fosse pela ampliação da Constituição Federal de 1988, já não atenderia às exigências de quatorze semanas da Convenção 183 (2000).

Ocorre que a finalidade da licença não é apenas o repouso ou o restabelecimento do vigor da mulher, mas também o acompanhamento do recém-nascido em seus primeiros meses de vida, justificando-se a ampliação, preferencialmente para gozo após o nascimento da criança. Acertada, por conseguinte, a deliberação do Constituinte de estabelecer o prazo de 120 dias (poderia ter mencionado quatro meses para facilitar a conta, mas agora temos de contar o período realmente dia a dia), sem restrição prévia ao prazo anterior e ou posterior, a ser definido pelo médico e pela gestante.

Normalmente o início da licença-maternidade ocorre vinte e oito dias antes, para fins de repouso. Pode acontecer, entretanto, de o pedido demorar a ser formalizado ou de a gestante ser surpreendida com o parto antecipado, caso em que poderá requerer a licença-maternidade perante o INSS, mas agora já com a certidão de nascimento da criança disponível, sem prejuízo de eventual perícia por parte da autarquia em caso de dúvida.

A licença-maternidade abrange todas as empregadas, inclusive as rurais, por disposição expressa do art. 7.º, *caput*, as avulsas – como as trabalhadoras portuárias – e as domésticas, conforme rol de direitos assegurados no parágrafo único do art. 7.º. Independentemente de haver ou não direito à garantia de emprego às domésticas, como foi o caso da doméstica de 1988 a 2006, a licença-maternidade sempre esteve assegurada.

Também é denominado de licença-maternidade o benefício pago à empregada que sofreu aborto não criminoso e à empregada que adotou ou obteve guarda judicial de uma criança. Acho que o legislador deveria ter adotado nomenclatura diferente para não haver confusão jurídica, mas o que temos é a licença-maternidade abarcando as três hipóteses – gestação, aborto e adoção. No aborto, a licença se faz premente pelo esgotamento físico e mental da gestante que teve a gravidez interrompida, embora não haja a presença de um recém-nascido. Na adoção, a licença se justifica pelos cuidados especiais de que a criança necessita na chegada a um novo lar, embora o organismo feminino não tenha passado pelas alterações da gestação. Em cada uma dessas hipóteses, destarte, a licença guarda relação de analogia com a gestação biológica.

O direito à licença-maternidade foi autoaplicável com a promulgação da Constituição Federal, em 05 de outubro de 1988, antes mesmo da regulamentação. Como, porém, nenhum benefício previdenciário pode ser instituído sem a respectiva fonte de custeio (art. 195, § 5.º, da própria Constituição), a despesa daquilo que excedia a doze semanas (prazo da licença no modelo antigo), excepcionalmente, correu por conta do empregador, sem direito a ressarcimento, apesar de não ser este um cenário socialmente desejável.

Exceto por aquele período de outubro de 1988 até julho de 2001, quando entraram em vigor as novas leis e decretos previdenciários, o salário-maternidade é pago pelo empregador com direito de ressarcimento integral dos demais recolhimentos previdenciários que tem a realizar. O INSS paga diretamente o salário-maternidade para a empregada doméstica e para a trabalhadora avulsa, bem como para a contribuinte individual, a segurada especial e a segurada facultativa.

No período de afastamento, a empregada não pode sofrer prejuízo salarial algum. Embora a Convenção 183 da OIT recomende a manutenção de uma média de dois terços dos salários, o Brasil pratica a manutenção de 100% da remuneração auferida pela empregada antes do afastamento.

Havendo dois empregos simultâneos, a empregada faz jus a dois salários-maternidade, sim, porque do contrário cairia de rendimento drasticamente e, afinal, recolhe duas vezes suas obrigações. A licença-maternidade deve abranger igualmente o décimo terceiro salário.

Não há período de carência para a concessão da licença-maternidade às empregadas seguradas do INSS, de maneira geral, inclusive domésticas e avulsas, que podem ingressar no sistema já grávidas. No entanto, a lei ordinária impôs uma carência de dez meses entre a data do ingresso no sistema previdenciário e a concessão do benefício, em se tratando das seguradas facultativas, especiais e individuais.

A dispensa por justa causa ou o pedido de demissão afetam a garantia de emprego da gestante, mas não o recebimento da licença-maternidade, que lhe é assegurado desde que ela preencha os requisitos do período de graça – período imediatamente posterior ao encerramento de um contrato de trabalho, em que ela deixa de contribuir para o sistema.

Mal comparando, é como se o período de graça fosse o período de carência às avessas: na carência, o empregado fica privado do direito de receber alguns benefícios por ser recém-ingressado no sistema; na graça, o empregado continua a ter direito a alguns benefícios por ser recém-egresso do sistema. O período de graça gira em torno de doze meses.

Entretanto, o INSS adotou entendimento interno no sentido de que ele não está obrigado a pagar o salário-maternidade para a empregada recém-dispensada, sob o fundamento de que o empregador deveria assegurar o emprego até o quinto mês após o parto, e, portanto, isso representaria sua obrigação de prover a licença-maternidade. Ocorre que a rescisão pode ter se operado por diversas modalidades, tais como a justa causa ou o pedido de demissão, não tendo o INSS nenhuma ingerência sobre o fato. Aliás, mesmo que tenha havido uma dispensa sem justa causa por iniciativa do empregador, o que é indevido, ainda assim a empregada tem urgência na percepção do salário-maternidade de 120 dias e nem sempre conseguirá reverter o quadro da rescisão em processo trabalhista a tempo de reaver a licença-maternidade.

Por qualquer ângulo, mostra-se irregular a deliberação previdenciária de indeferir a licença-maternidade, dentro do período de graça, tendo a gestante preenchidos os demais requisitos, sob o argumento de que ela está obrigada a acionar o empregador. O fato de o empregador realizar o pagamento do benefício enquanto vigente o contrato de trabalho, bem como seu eventual dever de reintegrar a trabalhadora nos casos de demissão durante o período de estabilidade, não retira do INSS a responsabilidade pelo benefício. Esse entendimento foi confirmado, no âmbito da Justiça Federal, pela Turma Nacional de Uniformização dos Juizados Especiais Federais.

9. Licença por adoção

Entre os instrumentos de políticas públicas disponíveis para o fomento da adoção se insere, efetivamente, o custeio socializado de um período de afastamento para a adotante cuidar dos afazeres dessa transição.

Houve críticas pelo fato de o legislador haver elegido, em 2002, apenas as mulheres e nunca os homens como destinatárias dessa licença, porquanto a adoção pode ser incentivada tanto para homens como para mulheres. Essa crítica não serve apenas para os casos em que um homem consiga a guarda ou a adoção enquanto solteiro ou viúvo, o que, de fato, pode acontecer, mas para as hipóteses em que um homem e uma mulher vivendo maritalmente consigam a adoção, sendo que somente ele mantém contrato de trabalho.

Note-se que mesmo no caso da gravidez biológica, o homem sempre teve algum direito assegurado pela legislação, fosse um singelo dia de descanso no sistema do art. 473, III, da CLT, fossem os cinco dias de licença-paternidade de que cuida o Ato das Disposições Constitucionais Transitórias.

Ao homem adotante não se previu licença alguma em 2002, sendo a situação alterada apenas em 2013.

A segunda grande crítica à legislação pioneira da ação foi o balanceamento concebido de acordo com a idade da criança. Quanto maior a criança, menor o prazo de afastamento. A situação perdurou de 2009 a 2013, quando foram equiparadas a licença-maternidade e a licença-adoção: 120 dias igualmente para qualquer modalidade.

Não há distinção para adoção de gêmeos ou de mais de uma criança ao mesmo tempo, assegurando-se uma única licença. Somente poderá haver recebimento de duas licenças-maternidade por adoção se a adotante tiver dois empregos simultaneamente, como em qualquer caso de licença-maternidade.

É possível que o INSS pague a licença-maternidade para a mãe biológica e a licença-maternidade para a mãe adotante, pois ambas, nesse caso, são contribuintes e se acham empregadas, ou seja, há custeio para ambos os benefícios. O pagamento pode ser simultâneo, caso a adoção tenha ocorrido logo após o parto, ou com lapso temporal grande, caso a criança seja adotada, como visto, quatro ou oito anos após. Embora seja possível juridicamente, na prática essa duplicidade de salário-maternidade é muito rara de se encontrar, pois pressupõe que ambas as pessoas – a gestante e o adotante – sejam empregados inseridos no regime geral previdenciário, com contrato de trabalho ativo.

A concessão de uma licença remunerada certamente representou um avanço, mas o empregador pode naturalmente rescindir o contrato de trabalho, sem alarde, quando souber que a empregada se apresentou em processo de adoção ou acalenta esse sonho. Para remediar essa situação, houve projeto de lei aprovado pelo Congresso que preconizava uma indenização de cinco salários da empregada prejudicada pela discriminação contra a adotante. Porém, o dispositivo foi vetado pela Presidência da República sob o fundamento de que a Lei 9.029/1995, de combate à discriminação racial e social, já alcança essa hipótese.

A adotante ou o adotante, dispensados no curso do processo de adoção ou quando da chegada da criança ao lar, teriam, então, de acionar o empregador sob os fundamentos da discriminação social e não sob fundamentos de estabilidade.

10. Licença-maternidade em prazos estendidos

O prazo de cento e vinte dias de licença-maternidade pode ser antecipado de duas semanas e prorrogado por duas semanas, em caso de necessidade médica atestada.

No entanto, não se pense que a necessidade médica referida pelo legislador coincida com o conceito de licença-maternidade. Trata-se de uma licença médica, que pode ou não estar relacionada com a gestação, mas que diz respeito precipuamente à saúde da mulher e não ao desenvolvimento do feto, se antes do parto, ou do recém-nascido, após o parto.

Daí por que a Previdência Social não efetuará o pagamento dessas duas semanas como licença-maternidade, adstrita aos 120 dias previstos pela CLT. Caso a mulher necessite de cuidados médicos adicionais, a figura jurídica pertinente é a licença médica. Observe-se, outrossim, que os quinze primeiros dias das licenças médicas são custeados a expensas do empregador, que somente encaminha o empregado para requisição de auxílio-doença junto à Previdência Social após o escoamento desse período. Logo, a despesa é absorvida dentro do contrato de trabalho e não repassada para o custeio previdenciário.

A bem da verdade, o legislador nem ao menos precisaria ter cuidado do assunto, a menos que fosse para realmente alterar a contagem do prazo da licença-maternidade. Como essa licença segue fixa em 120 dias, toda e qualquer licença médica será tratada como afastamento de outra natureza.

Pode acontecer, inclusive, de a gestação ser de elevado risco e a empregada necessitar de repouso absoluto durante os nove meses, o que significa uma licença médica muito além dos quinze dias mencionados pelo art. 392, § 2.º. Pode acontecer de haver complicações pós-parto que exijam repouso e tratamento médico por três ou quatro meses supervenientes, o que significa nova licença médica. A licença-maternidade não se confunde com a licença médica, por óbvio. A extensão da licença também é cogitada para fins de permanência da mãe com a criança.

É permitido o cumprimento do restante da licença-maternidade pelo cônjuge em caso de falecimento da genitora, logo após dar à luz.

Outrossim, a legislação brasileira tributária – não previdenciária – prevê incentivos para o empregador que oferecer a suas empregadas a licença-maternidade de 180 dias.

Para pôr em prática a licença de 180 dias, o legislador fez uma série de exigências, capazes de inibir o acesso desta licença estendida para a maioria das empregadas. Normalmente, a extensão atingiu servidoras públicas, cujos regimes são diferenciados, e empregadas de grandes empresas, que são tributadas pelo lucro real. De plano, ficam de fora as empregadas de pequenas e médias empresas, bem assim as empregadas de pessoas físicas.

A licença estendida aplica-se unicamente a empregadas de pessoas jurídicas, o que desde logo descarta as empregadas domésticas, as empregadas de profissionais liberais, as autônomas e as empregadas de entidades assistenciais.

A expansão para 180 dias vale também para a mãe que adotar ou que obtiver a guarda judicial, sendo certo que a ampliação dos sessenta dias deverá ser sempre desfrutada sem solução de continuidade.

A mãe beneficiada por essa extensão se compromete a não exercer outra atividade remunerada, caso disponha de dois empregos ou tenha alguma função de profissional autônoma, por exemplo, e também se compromete a zelar pessoalmente por seu filho, sem delegar essa atividade a uma creche ou a um berçário – mas nada impede que ela disponha de algum auxílio doméstico, como uma babá –, tudo sob pena de perder o direito àquelas duas remunerações, pois o benefício fiscal concedido pelos cofres públicos pressupõe um objetivo humanitário e uma liberação de vagas em creches para aquelas que não obtiveram semelhante benefício.

Autoriza-se que a mulher continue a exercer outra atividade econômica desde que se trate de contrato de trabalho firmado previamente e cujo empregador não pode ou não quis aderir ao Programa Empresa Cidadã; assim, abriu-se uma exceção à proibição de exercício de outro trabalho, mas ao mesmo tempo retirou-se um entrave para a hipótese em que um empregador autorizava a licença de 180 dias e o outro, não.

Ao retornar da licença-maternidade ampliada, a mulher poderá ser dispensada, porque os cinco meses de garantia de emprego a contar do parto, previstos pelo art. 10 do Ato das Disposições Constitucionais Transitórias, já se terão escoado, em regra.

Existem algumas normas coletivas que, no lugar de manterem garantia de emprego de cinco meses após o parto, estipulam garantia de emprego de 60 dias após o encerramento da licença-maternidade; essas cláusulas precisam ser brevemente revistas ou reescritas, para que não haja dúvidas; a permanecer a redação atual, possivelmente prevalecerá a interpretação de que a garantia foi também ampliada, com 60 dias a contar do retorno de *qualquer* licença-maternidade, seja ela a básica de 120 dias ou a ampliada de 180 dias.

O período de sessenta dias é remunerado a expensas do empregador, mas com direito de abater os valores integrais de seus recolhimentos tributários; em outras palavras, a licença-maternidade ampliada continua a ser debitada dos cofres públicos, tal como os 120 dias de licença já eram suportados pelo INSS, mas com a diferença de que a licença-maternidade básica dispõe de fonte de custeio, enquanto a licença expandida é meramente uma forma de renúncia fiscal.

As empresas que recolhem impostos pelo lucro presumido ou que operam no chamado Sistema Simples já se beneficiam de alíquotas supostamente mais favoráveis, englobando vários fatores de abatimentos e variações de acordo com a atividade econômica, razão pela qual a Presidência da República vetou dispositivo que as autorizava igualmente a postular o abatimento de mais essa despesa; a renúncia fiscal, por conseguinte, aplica-se unicamente às empresas que lidam com tributação pelo lucro real. A experiência indica que são empregadores de grande porte.

A remuneração dos 60 dias adicionais continua a ser base de cálculo para o recolhimento previdenciário, tal como o eram os primeiros 120 dias.

11. Licença parental: em busca do compartilhamento entre o homem e a mulher

O empregado do sexo masculino possui breve afastamento sob a denominação de licença-paternidade, não regulamentada no Brasil e não correspondente a um benefício previdenciário, e foi inserido no conceito de licença para adoção.

Afora isso, deixou de ser contemplado nas demais normativas, não cogitando o legislador de alguma forma de compartilhamento de licença-maternidade entre a mãe e o pai, como aparece em modelos adotados em alguns países europeus.

Dado que o afeto e os cuidados essenciais com o bebê podem e devem ser proporcionados tanto pela figura materna quanto pela figura paterna, não seria irrazoável propor-se um modelo de licença-maternidade obrigatoriamente pela mãe durante o aleitamento, e uma licença compartilhada nos meses subsequentes, em que se destacam outros aspectos como o sono, o sossego, a segurança e o desenvolvimento das habilidades perceptivo-motoras da criança.

De plano, é importante frisar que o Brasil nunca implementou uma modalidade de licença-paternidade dentro do regime geral da previdência social. Isso se fazia importante porque, assim como a licença-maternidade, a paternidade também deveria ter os custos diluídos pela sociedade, dentro do custeio geral da seguridade, e não ser atribuída como um encargo do empregador.

A reprodução e a demografia são assuntos de toda a sociedade e não exclusivamente de uma família ou de um empregador, como já sustentado por este curso.

Assim sendo, as soluções paliativas adotadas pelo Brasil sempre deixaram a desejar.

O art. 7º, XIX, da CF/88, faz expressa referência à licença-paternidade e remete para a lei ordinária sua regulamentação – o que nunca ocorreu.

Enquanto a lei não dispuser sobre a licença-paternidade, ela será restrita ao direito de cinco dias de ausência do empregado, dentro do conceito de faltas abonadas, ou seja, não é uma licença previdenciária, mas a obrigação de o empregador abonar cinco dias. Na verdade, são cinco dias corridos e não cinco dias úteis, de sorte que poucos empregados terão cinco dias de ausência efetiva.

O legislador de 2016 introduziu algumas medidas de estímulo à paternidade responsável, o que incluiu um alargamento à lista de faltas justificadas de que trata o art. 473 da CLT, para acrescer dias de comparecimento ao pré-natal da criança e dias de acompanhamento à consulta pediátrica, pelo pai.

Caso a empresa autorize que o empregado se ausente por 20 dias, poderá obter abatimento do imposto de renda da pessoa jurídica quanto ao período excedente daqueles cinco dias previstos no ADCT, ou seja, os 15 dias de salários pagos ao empregado receberam incentivos fiscais.

Tal como na licença-maternidade estendida, a norma restringe essa condição a empresas tributadas sobre o lucro real, o que representa percentual muito baixo dos empregadores brasileiros e exclui, liminarmente, numerosos empregadores pessoas físicas, microempresários e outras situações análogas.

Em resumo, para que recebesse o nome de licença-paternidade, era preciso que o instituto tivesse caráter previdenciário e fosse acessível a todos os pais; a estratégia da lei ordinária de 2016 foi apenas provocar maior reflexão sobre a paternidade responsável, sem que, contudo, tenha alcançado o patamar de regulamentação do art. 7º, XIX, da CF/1988, ainda inoperante.

Os modelos de licença parental compartilhada, em que a mãe e o pai dividem períodos de seis a doze meses, estão muito distantes da realidade brasileira, portanto.

12. Aleitamento materno

Previsto igualmente pela Convenção 103 e pela Convenção 183 da OIT, o período de aleitamento materno deve ser objeto de grande atenção por parte da mãe e do empregador, haja vista a indispensabilidade dessa nutrição para o recém-nascido, em caráter insubstituível na maioria das vezes e, o que é pior, irrecuperável em caso de ausência.

A faixa etária do bebê alimentando é limitada, em princípio, a seis meses de vida. Isso não significa que a amamentação deva cessar nessa fase, mas que, supostamente, a empregada deverá passar a fazê-lo fora do horário de trabalho, até porque se supõe que a intensidade da amamentação já tenha diminuído um pouco.

Pode acontecer, porém, de a frequência não ter diminuído, fazendo-se indispensável que a amamentação prossiga em igualdade de condições, admitida a ampliação do prazo de seis meses, a critério da autoridade competente. Costuma haver certa confusão entre a previsão a duas semanas de prorrogação da licença-maternidade e a prorrogação do período de aleitamento. Os temas são diferentes, contudo.

O primeiro dispositivo trata, na verdade, de uma licença médica, como já se mencionou acima, representada pelas situações em que a gestante enfrenta complicações antes e/ou depois do parto. A expressão prorrogação de licença-maternidade é, portanto, equívoca, sendo melhor que se diga licença médica acoplada a uma licença-maternidade. O segundo dispositivo não envolve nenhum tipo de enfermidade da gestante ou anomalia da lactação. Trata-se apenas de um cuidado com a criança que ainda necessite de amamentação mais frequente e sincrônica, após o sexto mês de vida. A prorrogação em questão será da concessão da pausa de meia hora, mas com a mãe a trabalhar normalmente. Essa prorrogação difere de benefício previdenciário.

A ampliação dos seis meses não tem nenhuma limitação na lei, mas é de esperar que ela possa perdurar apenas por mais alguns meses. A maioria das mulheres nem ao menos teria produção de leite por muito mais do que um ano, e mesmo aquelas que conseguem amamentar até os dois ou três anos de vida da criança já não o fazem de hora em hora, aí se justificando a preocupação do Direito do Trabalho.

O empregador não poderá se opor à ordem médica nem pode exigir que o atestado seja emanado da rede pública.

Para fins da amamentação, são devidas duas pausas especiais de meia hora cada uma. De maneira geral, essas pausas independem da duração da jornada de trabalho, seja o tradicional módulo de oito horas, seja a jornada do bancário, de seis horas, pois a finalidade da norma é a amamentação constante e não propriamente uma pausa para refeição e descanso da lactante. Admite-se, porém, que num contrato de trabalho a tempo parcial com jornada muito reduzida, como duas ou três horas ao dia, uma única pausa de meia hora terá cumprido o objetivo. Há muita curiosidade sobre a natureza jurídica dessa pausa, mas o legislador, sabendo de sua completa atipicidade, foi direto ao ponto ao denominá-la pausa especial.

Assim, não deve haver desconto na jornada da empregada, o que torna essa pausa remunerada a expensas do empregador e incomparável com a pausa de refeição. Se dúvida houver, o art. 5.º da Convenção 103 da OIT menciona expressamente que as pausas para o aleitamento devem ser consideradas como tempo remunerado de trabalho. O Brasil é signatário desse tratado.

Porém, tampouco está correto somar duas pausas de meia hora e conceder uma saída de uma hora mais cedo para a empregada ou uma folga por semana pelas pausas desvirtuadas. Causa espanto encontrar empresa que paga horas extras pela violação à pausa de amamentação. Poderíamos chamar essa pausa de especial e urgente, pois não há meio algum de substituição ao alcance dessa norma.

13. O papel das creches na promoção da igualdade

Sem creches disponíveis, fica difícil poder falar-se em oportunidade igual para homens e mulheres, dadas as responsabilidades dos encargos familiares normalmente atribuídos mais a essas do que àqueles.

A redação original da Consolidação das Leis do Trabalho contempla algumas referências às creches e ou berçários. O art. 389, § 1.º, exige que "os estabelecimentos em que trabalharem pelo menos trinta mulheres, com mais de 16 (dezesseis) anos de idade, terão local apropriado onde seja permitido às empregadas guardar sob vigilância e assistência os seus filhos no período da amamentação", mas, ato contínuo, o § 2.º autoriza a fixação de convênios para a implementação desse direito, que pode ser suprido "por meio de creches distritais mantidas, diretamente ou mediante convênios, com outras entidades públicas ou privadas, pelas próprias empresas, em regime comunitário, ou a cargo do SESI, do SESC, da LBA ou de entidades sindicais".

Alguns dispositivos adiante, o art. 400 da CLT esclarece que "os locais destinados à guarda dos filhos das operárias durante o período da amamentação deverão possuir, no mínimo, um berçário, uma saleta de amamentação, uma cozinha dietética e uma instalação sanitária".

Não será fácil para a maioria das empresas dispor de espaço físico para essas instalações e as manter de forma equilibrada. A própria norma trabalhista desde logo percebeu a complexidade da previsão do art. 389 e estipulou uma brecha no art. 400 ao autorizar o uso de creches da rede pública ou da rede particular como forma de implementar esse direito.

Décadas mais tarde, considerando que também essa rede de assistência deixa a desejar quanto ao número de vagas e quanto à distribuição geográfica, o Poder Executivo criou o reembolso-creche, de livre escolha da mãe empregada, mas com obrigatoriedade de previsão em norma coletiva – provavelmente como forma de se evitarem fraudes.

Diante da exigência de negociação coletiva para a efetivação do reembolso creche, ficaram de fora os empregadores integrantes da Administração Pública direta, os trabalhadores domésticos e a ampla gama de pessoas não alcançadas por convenções e acordos coletivos.

O reembolso-creche não tem natureza salarial e evidentemente corresponde à indenização pelos gastos da empregada como a manutenção de uma creche que o empregador, em princípio, deveria dispor no próprio local de trabalho.

Pode ser estendido para qualquer empregada de qualquer empresa, mesmo que não houvesse essa obrigação pelo art. 389 da CLT e mesmo que a empresa seja de pequeno porte.

O art. 7.º, XXV, da Constituição Federal de 1988, considera direito dos trabalhadores urbanos e rurais "assistência gratuita aos filhos e dependentes desde o nascimento até 5 (cinco) anos de idade em creches e pré-escolas". A previsão original era até o limite de seis anos de idade, mas houve a redução para os cinco anos, através da Emenda 53, de 19/12/2006, por estar a criança no ensino obrigatório a partir dos seis anos, diante da reforma educacional adotada na ocasião.

A Constituição Federal de 1988 não limita o direito à creche apenas às mães empregadas, pois o dispositivo está inserido no contexto geral de direitos dos trabalhadores urbanos e rurais, mas o legislador ordinário sempre restringiu esse direito às empregadas, o que pode ser conferido tanto na redação do art. 389 como no art. 400 e, ainda, nas normativas do reembolso, que referem a "empregada-mãe".

A empregada doméstica, de qualquer forma, ficou de fora de todas essas previsões, e somente foi contemplada com o direito à creche pela Emenda Constitucional 72, de abril de 2013. No entanto, a creche não é um direito aplicável de imediato, achando-se no aguardo de lei ordinária que regulamente essa conquista. A LC 150, de 1º de junho de 2015, regulamentou a EC 72, mas também é omissa sobre a concretização do direito à creche.

Ausência habitual de creches em entidades sindicais e ausência de locais adequados para o abrigo de crianças durante reuniões de CIPA, assembleias sindicais ou condominiais, faculdades e estabelecimentos de ensino, locais de convivência cívica e religiosa, ajudam a entender por que razão poucas mulheres conseguem desenvolver seu potencial de liderança política e institucional.

14. Garantia de emprego da gestante

As garantias de emprego se inserem no contexto maior das políticas públicas de fomento à geração de emprego e renda, bem como de realização da dignidade do ser humano.

É possível, sem querer buscar um jogo de palavras, estabelecer uma sutil diferença entre *garantia de emprego*, no sentido de garantia de que haverá empregos ou garantia de existência de empregos, de um lado, e *garantia no emprego*, no sentido de garantia de permanecer no emprego em que já se encontra o trabalhador, ou garantia de manutenção no emprego conquistado. Logo, o estudo da garantia de emprego é feito normalmente como um estudo de garantia de permanência no emprego conquistado.

Habitualmente se associam as garantias de permanência no emprego com os motivos de ordem pessoal, também chamados de subjetivos, que são aqueles períodos em que a pessoa apresenta uma dificuldade adicional de conseguir nova colocação se dispensada for, em situações de enfermidade ou, no caso, de gestação; e com os motivos de ordem social, também chamados de objetivos, em que a presença do empregado no ambiente de trabalho é essencial para o aprimoramento das relações trabalhistas, como a proteção aos sindicalistas ou aos líderes de comissões internas, a depender do legislador ou de alguma negociação coletiva.

Quando a CLT outorgava estabilidade ampla para os empregados com mais de dez anos de casa (art. 492, conhecido como o sistema da estabilidade decenal), estava a se referir ao primeiro grupo de motivação, por se tratar normalmente de mão de obra veterana, que tende a sofrer mais na busca de novo emprego, da estaca zero, após dez ou vinte anos de profissão.

É necessário fixar essas premissas para se lembrar de que a gestante dispõe apenas de uma garantia momentânea no emprego, para fazer frente ao período de gestação e de lactação, após o que sua vida deve retomar o curso natural, autorizando-se ao empregador o rompimento regular do contrato de trabalho, com as indenizações na forma da lei.

Não haveria maior celeuma em torno dessa garantia, como outra qualquer, não fosse a peculiaridade já explorada neste livro, da ausência de data clara para o início, e de data precisa para o encerramento da garantia. Como data de início da garantia de emprego, o art. 10, II, *b*, do Ato das Disposições Constitucionais Transitórias se refere à confirmação da gravidez.

O legislador não foi feliz no uso da expressão, porque *confirmação de gravidez* é expressão polissêmica e, mesmo que tivesse um único sentido, depende de cálculos ou de exames médicos não raro conflitantes.

Há ao menos três grandes teses sobre o significado da palavra confirmação: confirmação como concepção, como demonstração clínica ou como informação ao empregador.

O primeiro significado é associar confirmação com concepção.

Do ponto de vista clínico e do ponto de vista da finalidade da norma – proteção à gestação e ao bebê –, é certamente a tese mais apropriada, porque não leva em conta a conduta da empregada ou do empregador, a diligência da gestante em fazer seu pré-natal ou as vicissitudes de uma gravidez mal identificada. Prestigia amplamente o sentido da norma de caráter humanitário. Se houve a fecundação, a gravidez está confirmada, ainda que a própria mulher ignore seu estado. Apesar de estar coberta de fundamentos jurídicos, éticos e clínicos, a tese não obteve o consenso esperado, possivelmente porque algumas mulheres – poucas, evidentemente – insistiam em esconder sua condição de gestante na busca de algum proveito absurdo, como a conversão em pecúnia, futuramente, dos salários do período de garantia de emprego da gestação. Some-se a isso o fato de que se nem mesmo a mulher sabia de seu estado, não seria razoável, à luz do Direito Civil, exigir que a parte contrária tivesse um comportamento de garantidor do emprego. No particular, o empregador terá agido tanto com boa-fé subjetiva, por ausência de malícia, como com boa-fé objetiva, por sua conduta respeitosa. A boa-fé do empregador talvez não seja o melhor critério para a aferição da garantia de emprego da gestante.

O bem maior a ser tutelado, que é a saúde do nascituro, ensejou o desenvolvimento de uma segunda tese, juridicamente intermediária, a exigir a responsabilidade objetiva do empregador, desde que a gravidez já esteja *confirmada clinicamente*.

A solução intermediária tem claros contornos de busca de um equilíbrio político e jurídico. De um lado, exige que o contrato de trabalho seja mantido, mesmo que o empregador ignorasse o estado gravídico de sua empregada, e mesmo que o fato tenha sido omitido na homologação das verbas rescisórias em entidade sindical. Aliás, admite-se até mesmo que o ajuizamento de eventual ação trabalhista posteriormente seja feito quando já escoado o período de garantia ou quando já nascido o bebê. De outro lado, entretanto, exige-se que a gravidez tenha saído do plano de mera concepção e se apresente como fato cientificamente comprovado, o que pode ser feito mediante os conhecidos exames de ultrassom ou sofisticados testes de sangue. Exames muito simplórios, chamados de "teste da farmácia", podem ou não ser aceitos em eventual processo trabalhista, porque alguns trazem a expressa advertência de que não confirmam com segurança aquilo a que se propõem.

Uma terceira corrente tenta obter seu lugar ao sol, mas encontra óbices sistemáticos da jurisprudência: exigir que a gestante tenha confirmado a gravidez, por escrito ou verbalmente, junto ao empregador, a ela competindo, inclusive, o ônus dessa prova.

Nota-se certo exagero nesse postulado, pois dificilmente a empregada terá o "protocolo" da cópia do ultrassom no departamento pessoal da empresa. De mais a mais, a palavra confirmação nada tem a ver com confirmação escrita, com protocolo ou com confirmação para a sociedade. A terceira tese encontra algum apoio na doutrina, contudo, devido especialmente ao já mencionado problema do abuso do direito. Respondem os tribunais superiores que, havendo indícios de abuso de direito pela gestante, compete ao empregador suscitar e comprovar o fato nos autos da demanda trabalhista, tanto para obter uma rejeição ao pedido de salários como para possível litigância de má-fé.

Para combater o abuso do direito, algumas normas coletivas estipularam cláusulas de perda do direito à garantia de emprego da gestante que tardasse mais do que 60, 90 ou 120 dias para o ajuizamento da ação trabalhista ou para a notificação do empregador por qualquer meio idôneo. A cláusula, contudo, não foi bem recebida pelos tribunais superiores, sob o fundamento de que a Constituição Federal de 1988 deixou de estipular semelhante exigência, atendo-se a determinar o respeito do prazo prescricional de dois anos para o aforamento da ação.

Outrossim, argumentaram os julgados constitucionais que as gestantes assim submetidas a prazos decadenciais exíguos estariam pagando um alto preço por conta daquelas poucas mulheres que deturparam o sentido da norma. Finalmente, houve quem se lembrasse daquelas gestações cheias de peculiaridades, em que a mulher somente se descobre grávida no terceiro ou no quarto mês da gestação.

A cláusula normativa, nesses termos, deixou de ser implementada.

Paralelamente às dificuldades de se fixar o dia do início da gravidez, há também algumas perplexidades quanto ao dia do seu término. O evento traçado pelo Ato das Disposições Constitucionais Transitórias, para deflagrar a contagem da garantia, é um dado concreto e objetivo: o dia do parto.

Se a data da concepção permanece obscura, a data do parto é objetiva.

Dispensam-se documentos clínicos ou a chamada declaração de nascido vivo. Basta a apresentação da certidão de nascimento. A dificuldade, porém, reside na tentativa de previsão antecipada dessa data.

Por exemplo, uma concepção em janeiro significa necessariamente um parto em setembro e uma garantia de emprego até fevereiro?

Trata-se de datas apenas aproximadas, porque a concepção de janeiro pode gerar: a) um parto antecipado, sendo o mais comum deles no sétimo mês, conhecendo-se os superprematuros já mencionados neste trabalho; b) um parto postergado, como aqueles das 41.ª e 42.ª semanas, no limite do risco clínico; c) um insucesso da gravidez, com abortamento espontâneo ou provocado, autorizado por lei ou não.

Nos dois primeiros casos (partos antes e depois do nono mês previsto), a garantia de emprego continua a ser de cinco meses, claro está, mas a contagem deve ser "refeita" a partir da data do evento, e não a partir da data da concepção ou da data com a qual contava a mulher.

Daí ser preferível falar em "cinco meses pós-parto" a falar em "garantia de quatorze meses" (nove de gravidez e cinco de proteção).

No terceiro caso, a garantia de emprego cessa imediatamente com o aborto. É errado dizer que a garantia não existiu. Existiu, sim, mas apenas entre a concepção e o aborto, enquanto perdurou a gravidez. Não haverá o acréscimo de cinco meses, por não ter havido parto.

A tese de que os cinco meses deveriam ser computados mesmo com a interrupção da gravidez não encontrou maior guarida na jurisprudência, dada a expressa referência à palavra "parto", constante do Ato das Disposições Constitucionais Transitórias.

Parto de criança nascida sem vida ou falecida minutos após o procedimento é válido igualmente para a garantia de emprego, que não cogitou da sorte do recém-nascido, mas isso não se confunde com ausência de parto por encerramento abrupto da gravidez.

Existem situações em que a mulher engravida ainda na amamentação do recém-nascido, razão pela qual pode acontecer de ela já ter seu emprego garantido por nova gestação, sem que se tenha escoado o prazo de cinco meses pós-parto anterior. Não há como obstar a essa segunda garantia de emprego. Para cada cenário, uma proteção. Para cada panorama, uma apreciação da norma. Aliás, a gravidez consecutiva não deveria ser causa de nenhuma celeuma jurídica, pois a entidade familiar é soberana nesse assunto.

Outro tema controvertido sobre garantia de emprego é dedicado à possibilidade ou não de o julgado converter em pecúnia o período transcorrido, ainda que a petição inicial seja omissa a respeito. Afinal, a reintegração deve ser priorizada em qualquer circunstância? Qual o bem jurídico efetivamente tutelado neste caso, o emprego ou o salário?

Antigamente, a garantia de gestante não assegurava a reintegração, pois a única prerrogativa da gestante era o modesto art. 392 da CLT, aquele sobre as doze semanas de repouso da maternidade (seis semanas antes e seis semanas depois, na redação original da norma, e quatro semanas antes e oito semanas depois, na reforma da 1967, somente afetada pela Constituição Federal de 1988), sem nenhum tipo de garantia formal de emprego.

Passados os anos, o Ato das Disposições Constitucionais Transitórias de 1988 não se preocupou tanto com o período de repouso, mas, sim, com uma garantia fixada em cinco meses a contar do parto. Presume-se, obviamente, que o período de cinco meses pós-parto já abranja a saída da gestante para dar à luz, o repouso e o retorno, o que se mostra bastante razoável.

Diante desse novo cenário, desenvolveu-se sistema de tratamento das garantias momentâneas de emprego mais harmônico com sua fugacidade e com a finalidade da norma, sem tumultuar o ambiente de trabalho.

Se a garantia for postulada judicialmente ainda dentro de sua vigência e o julgado também for proferido dentro do prazo, impõe-se a reintegração, pois o empregador terá o direito de exigir o trabalho da gestante, agora que ele sucumbiu no processo trabalhista. Não há direito a salário sem trabalho.

Se, ao revés, o julgado for proferido após o escoamento do prazo de garantia de emprego, não há fundamento nenhum para a reintegração, que se mostra desvinculada do espírito da legislação trabalhista.

Novamente, vale frisar que os abusos do direito devem ser tratados separadamente – ajuizamento deliberado da gestante após o escoamento do período para evitar a mínima chance de reintegração, por exemplo.

Atrasos do Judiciário na prolação da sentença ou na apreciação do recurso não podem ser opostos ao empregado, sendo certo que o empregador poderia colocar o emprego à disposição da empregada, preferencialmente na primeira vez em que falar nos autos, ou, quando muito, abster-se de recursos protelatórios, cujos resultados são conhecidos.

Recursar-se simplesmente a voltar ao trabalho, ainda dentro da constância do período estabilitário, é conduta incompatível com a própria pretensão de garantia de emprego. Carece de motivação por parte da empregada, alusiva a problemas decorrentes do ambiente de trabalho. O comportamento de pretender o salário sem o trabalho equivale a uma forma de renúncia, e é assim que se interpreta essa atitude da gestante ou da lactante, por exemplo, quando a empresa coloca o emprego a disposição, tanto em audiência trabalhista como em petição avulsa na fase de conhecimento.

Uma interpretação equilibrada pode ser a limitação da indenização até aquele instante em que houve a recusa injustificada ao retorno, sendo encontrada também a tese segundo a qual a empregada que recusa o retorno renunciou à estabilidade como um todo, inclusive as vantagens pretéritas.

É possível, porém, que a recusa seja justificada, o que se aproxima de uma rescisão indireta, ou seja, a empregada deixa de aceitar o retorno e apresenta suas razões de ordem jurídica, como o tratamento rigoroso que vinha recebendo, a hostilidade dos colegas ou situações análogas – mas com o inconveniente de que esses fatos devem ser comprovados e, preferencialmente, suscitados pela petição inicial. Desejo de ficar em casa para cuidar melhor dos filhos não é fundamento jurídico para recusar o retorno, pois a garantia de emprego não assegura licença remunerada de quatorze meses. Ter arrumado novo emprego em melhores condições também não serve para o assunto. Note-se que cuidar dos filhos e arrumar emprego melhor são direitos legitimidade exercidos, mas o que não se pode admitir é que o empregador antigo tenha de indenizar os salários futuros em meio a essas novas condições. Para isso existem o pedido de demissão e a rescisão consensual.

Quando se fala em conversão da reintegração em pecúnia, ou seja, em valor equivalente aos salários, não se podem esquecer as demais vantagens de um contrato de trabalho.

Se a indenização fosse meramente calculada com base nos salários, sem qualquer acréscimo, seria perigosamente vantajoso ao empregador cometer a rescisão irregular e, ao depois, pagar apenas o valor simbólico dos salários, livres de encargos e de integrações. Como medida de justiça e de razoabilidade, aplicando-se, ainda, a máxima do Código Civil de restituir as partes ao estado mais parecido possível com o anterior, impõe-se que a indenização seja a soma dos salários e vantagens inerentes ao contrato de trabalho, que são as férias proporcionais acrescidas de um terço, o décimo terceiro salário proporcional e o fundo de garantia acrescido de 40%. Desse tripé não se deve afastar.

Outros elementos podem ser acrescentados, desde que componham a essência do contrato de trabalho, como algum adicional por tempo de serviço previsto em norma coletiva e alguma gratificação de função ajustada, como aquela do bancário. Porém, pagamentos sujeitos a fatores aleatórios, como a hora extraordinária ou o adicional noturno, devem ficar de fora dessa conta, pois não houve, bem ou mal, o sobretempo de trabalho ou a inversão do dia pela noite, nem é justo para com os colegas que na ativa permanecem. Indenização de vale-transporte também é indevida, pois deslocamentos não houve e a renúncia fiscal em torno das despesas com condução se mostra evidente exagero.

De qualquer forma, todo esse pagamento, de qualquer parcela, assume natureza indenizatória.

Não houve a prestação de serviços nem o cansaço físico do trabalhador, para justificar a inclusão do tempo fictício para contagem de aposentadoria de demais benefícios previdenciários. Nem sequer haverá a arrecadação correspondente. O que se faz, no caso particular da garantia momentânea de emprego, é indenizar a parte prejudicada pelo número de dias ou de meses que faltavam para o término do período de garantia, mas em caráter virtual e não real. Sem reintegração, não existe prestação de serviços.

Sem prestação de serviços, que somente ocorreria se reintegração houvesse, não há falar em tempo de contribuição, tempo de serviço e recolhimentos previdenciários. Essa solução, que pode parecer incoerente à primeira vista, é a mesma adotada pelos arts. 496 a 498 da CLT. À época, se um empregado contava, digamos, vinte anos de contrato de trabalho e fosse dispensado irregularmente, poderia em processo judicial ser reintegrado – obrigação de fazer, com prestação de serviços até que implementasse os prazos para a aposentadoria – ou poderia ser indenizado. A indenização era tarifada, à base de duas remunerações por ano de contrato de trabalho. A remuneração era o somatório de todas as parcelas auferidas, mas a natureza jurídica era meramente indenizatória. Nesse caso, o empregado, de fato, sai prejudicado no tocante à sua aposentadoria, e o empregador "economiza" encargos, mas, repita-se, não houve trabalho nem houve salário.

Seguramente se pode sustentar a tese contrária sobre a natureza jurídica, imputando o caráter salarial para o pagamento feito à gestante pelo desrespeito à garantia de emprego. Porém, aquele que preconizar a natureza salarial deve tomar algumas cautelas.

Por um lado, o período reconhecido em Juízo deve ser registrado em Carteira de Trabalho e recolhido como efetivo tempo de serviço. Assim, mesmo que se converta a reintegração em indenização, anula-se a baixa na Carteira de Trabalho e, estando já escoado o período de garantia, procede-se imediatamente à nova baixa com a data do quinto mês pós-parto – ou, ainda, mais trinta dias, se o julgado adotou a tese da projeção do aviso-prévio indenizado. Calculam-se todas as parcelas salariais devidas naquele ínterim – salários, décimo terceiro salário, férias e demais vantagens existentes – bem como os encargos previdenciários e fiscais, como se nada houvesse acontecido. O empregador estará autorizado a fazer as retenções tributárias sobre os pagamentos salariais, conquanto feitos a destempo.

Por outro lado, se o objetivo dessa tese é realmente manter igualdade absoluta com o que teria acontecido à época se a gestante não houvesse sido dispensada, o empregador terá de efetuar os depósitos do fundo de garantia e os recolhimentos previdenciários e fiscais com os meses originais de competência, arcando com os juros moratórios e as atualizações na forma da lei.

Caso a empregada tenha recebido seguro-desemprego quando da dispensa sem justa causa anulada, poderá ser chamada a devolver o valor aos cofres públicos ou, a depender da redação da sentença judicial, considerar-se-á esse seguro-desemprego como um adiantamento do benefício futuro, bloqueando-se novo recebimento logo na sequência, dentro dos prazos definidos pelo legislador.

Há fundamento jurídico consistente para essa segunda tese, pois o seguro-desemprego tem natureza alimentar e, no caso, foi auferido quando havia real necessidade de provisões para a empregada que estava sem salário e sem trabalho. Não se trata de enriquecimento ilícito.

Apesar dos louváveis esforços em torno dessa aplicação máxima da restituição das partes ao estado anterior, alguns assuntos são irrecuperáveis.

Por exemplo, se a gestante era uma garçonete que contava fundamentalmente com o recebimento de gorjetas, o restabelecimento fictício de um contrato de trabalho, apenas para fins de anotação e pagamento de salários, não será o bastante para que ela aufira as gorjetas junto aos clientes.

O julgado que encampar essa tese terá simultaneamente de criar uma média de gorjetas a cargo do empregador, mas, como se sabe, gorjetas nunca são pagas pelo empregador.

Outros exemplos de inviabilidade prática poderiam ser evocados, como a frustração de um registro de candidatura em CIPA e em entidade sindical. É necessário esforço redobrado, além de muita coerência, para fazer valer a máxima restituição possível, sem cometer nenhum desatino (apenas se deve evitar a reintegração efetiva da empregada quando já escoada a garantia de emprego, por incompatível com a finalidade da norma).

Indaga-se se o juiz pode fazer a conversão, de ofício, de pedido de indenização em reintegração, ou, ao revés, pode determinar a reintegração quando somente se postula a indenização direta. Indaga-se, ainda, se o julgado pode estipular quantas e quais parcelas compõem a indenização.

A solução mais harmônica parece ser a aplicação da parêmia "o juiz conhece o direito", mesmo nesta hipótese de matéria fática. Em outras palavras, tendo a empregada apresentado o fato – rescisão contratual indevidamente operada no curso da gravidez –, o julgado aplicará o direito mais adequado – reintegração ou indenização.

Assim também sinaliza o Tribunal Superior do Trabalho, quando evoca o critério cronológico para a opção entre reintegração e indenização. Por critério cronológico se entende a data da prolação do julgado que pela primeira vez deferir a pretensão, o que pode ser a sentença de primeiro grau ou o acórdão dos tribunais.

Se, na ocasião da prolação do julgado, havia ainda tempo hábil para a reintegração, o juiz deve ponderar se ela se mostra viável ou se houve animosidade capaz de impedir a eficácia da determinação.

Se, todavia, a garantia de emprego já havia expirado, ao juiz não é dado determinar a reintegração. Já não cabe a opção. A reintegração a destempo descumpre a finalidade da norma e tampouco beneficia o empregado. O julgado que determina reintegração da gestante depois de exaurido o período de garantia provisória de emprego desafia Ação Rescisória.

Colhem-se opiniões divergentes na doutrina sobre o tema da conversão da garantia de emprego em pecúnia.

Ao lado da tese aqui mencionada sobre a aplicação do direito a critério do juiz diante de fatos trazidos pelas partes, encontram-se posições mais rigorosas. Há quem sustente ser o caso de improcedência completa da pretensão malfeita. Por exemplo, se a gestante afora a ação unicamente para postular a indenização pecuniária, quando ainda era caso de reintegração, excedeu-se em seu direito de postulação e deve ser punida com o indeferimento. Igualmente, quando já escoado o período de garantia e a petição inicial insiste na reintegração, sem alternativa, o caso seria de indeferimento também, mesmo que comprovados os fatos ensejadores da garantia de emprego.

Essa posição certamente parte da premissa de que os pedidos em torno de garantia de emprego devem ser interpretados restritivamente, sem que se possa levar em conta, entre outros, o disposto no art. 496 da CLT, sobre a possível animosidade entre as partes ou sobre a ineficácia do cumprimento da obrigação de fazer específica.

Aliás, é da essência das obrigações de fazer sua resolução em perdas e danos quando já não forem viáveis ou plausíveis.

Mesmo no caso das obrigações de fazer infungíveis, que somente poderiam ser cumpridas pelo próprio devedor, como a pintura de uma obra de arte ou a escultura de um busto de mármore de alto valor simbólico, as perdas e danos correspondem ao caminho mais equilibrado a ser adotado para desatar o nó instalado com a recusa de seu cumprimento.

Em casos mais simples, como mera edificação que deixou de ser feita pelo devedor, pode-se partir para seu cumprimento específico, às expensas do devedor, mas o que é isso se não, novamente, cobrança de indenização equivalente?

Daí por que a conversão da obrigação de fazer (reintegração) em obrigação de pagar (indenização) e vice-versa (reintegrar aquela que pretendia indenização) insere-se plenamente no conceito maior de aplicação do direito mais adequado ao fato, sem violação das regras do direito processual.

15. Maternidade no trabalho doméstico

Historicamente, o trabalho doméstico careceu de melhor regulamentação.

O primeiro esforço feito nesse sentido revelou-se tímido e precário, representado pela Lei 5.859/1972, cujo único mérito foi chamar a atenção para a existência de efetiva relação de emprego entre empregado doméstico e ambiente familiar, com direito a registro em Carteira de Trabalho.

O restante foi um somatório de omissões – nada de aviso-prévio, nada de direitos da maternidade – e de confusões – férias extremamente mal regulamentadas.

O segundo esforço corresponde à Constituição Federal de 1988, que inseriu o parágrafo único ao art. 7.°, por força da pressão exercida oportunamente pela classe profissional, mencionando dez incisos, dos 34 incisos arrolados para os trabalhadores urbanos e rurais.

Os dez incisos abrangeram o direito ao salário-mínimo, irredutibilidade salarial, décimo terceiro salário, descansos semanais remunerados, férias, licença-paternidade, licença-maternidade, aviso-prévio e aposentadoria, "bem como integração à previdência social", mas não incluíam fundo de garantia, piso proporcional à complexidade, proteção ao salário, direitos noturnos, salário-família e direito a creches para os filhos, por exemplo.

Embora o parágrafo único mencione o inc. XVIII, sobre licença-maternidade, omitiu o inc. I, sobre relação de emprego protegida. A diferença é fundamental para a compreensão desse debate, porque o inc. I, conquanto ainda não tenha sido contemplado com a lei complementar, foi provisoriamente regulamentado pelo art. 10, II, *b*, do Ato das Disposições Constitucionais Transitórias, o qual menciona a proteção ao contrato de trabalho da gestante até o quinto mês após o parto. Logo, a empregada doméstica ficou de fora da regulamentação provisória e prejudicada pela omissão sistemática do legislador.

Para tentar remediar a omissão legislativa, veio a terceira onda de esforço de tornar a profissão mais próxima da realidade cotidiana, através da Lei 11.324/2006. A nova lei arrumou o prazo de férias para trinta dias, definiu finalmente o direito do doméstico aos descansos semanais remunerados na forma da Lei 605/1949 e, entre outros dispositivos, refere-se à garantia de emprego de cinco meses após o parto da empregada doméstica. Essa atualização normativa vedou a dispensa arbitrária ou sem justa causa da empregada doméstica gestante desde a confirmação da gravidez até cinco meses após o parto, praticamente uma cópia do art. 10, II, *b*, do Ato das Disposições Constitucionais Transitórias, o que suscitou a seguinte questão: teria o legislador ordinário usurpado seus poderes passando por cima da autoridade da *lei complementar*?

Vista a questão preliminarmente, é possível, sim, sustentar-se a inconstitucionalidade formal da lei ordinária que procurou regular a garantia de emprego, de gestante ou não gestante, por duplo vício: por não haver seguido o ritual da lei complementar, exigência do inc. I do art. 7.º da CF/1988, e simultaneamente por haver falado de uma estabilidade que não foi prevista para os domésticos, dada a omissão do inc. I no parágrafo único do art. 7.º. É até mesmo possível que essa tese venha a prevalecer nos tribunais superiores, pela força da interpretação gramatical e sistemática da Constituição Federal de 1988.

Ocorre, porém, que a tese oposta dispõe de fundamentos igualmente auspiciosos.

De um lado, recorde-se de que o *caput* do art. 7.º proclama a criação de outros direitos em prol de uma melhor condição de trabalho aos empregados, como é do espírito do próprio Direito do Trabalho, inspirado pelo princípio protetor, pelo não retrocesso social e pelo apogeu da dignidade do ser humano.

De outro lado, em situação análoga, o Tribunal Superior do Trabalho já teve a oportunidade de decidir que garantias momentâneas de emprego, destinadas apenas a alguns empregados, não encontram óbice na Constituição Federal de 1988, que exige lei complementar apenas para as estabilidades plenas, destinadas a todos os empregados, como está a mencionar o inc. I do art. 7.º ("relação de emprego protegida").

Foi assim que se validou, por exemplo, o uso de lei ordinária para a veiculação do art. 118 da Lei 8.213/1991, que contempla o empregado acidentado com garantia de emprego de um ano após a alta previdenciária. Cuida-se de uma lei ordinária, mas dedicada apenas a um grupo específico de empregados e para um período restrito de vigência.

Por esse prisma, é possível sustentar que os domésticos nunca poderão almejar a relação de emprego protegida, com estabilidade plena, porque o inc. I não foi alçado ao rol do parágrafo único, assim como uma lei ordinária jamais poderá fazê-lo. No entanto, pode haver garantias pontuais de emprego, mesmo para os domésticos e mesmo por lei ordinária.

Como a lei previdenciária afirma que a expressão licença-maternidade inclui a licença para a mãe biológica, a licença para a adotante e o repouso de quinze dias após o aborto, e como os domésticos têm efetivamente acesso ao art. 7.º, XVIII, da CF/1988, é correta a afirmação de que as domésticas conquistaram o direito a essas três modalidades de licença, conquanto a adoção e o descanso após o aborto somente estejam previstos na Consolidação das Leis do Trabalho, e não na Lei 5.859/1972.

De toda forma, a Emenda 72/2013 deu nova redação ao art. 7.º, parágrafo único, da CF/1988, e previu que o inc. I ("relação de emprego protegida") possa ser estendido aos empregados domésticos, via legislação ordinária.

Exige-se, porém, que, para tanto, o legislador comum observe "a simplificação do cumprimento das obrigações tributárias, principais e acessórias, decorrentes da relação de trabalho e suas peculiaridades" (art. 7.º, parágrafo único, da Constituição).

A LC 150/2015 colocou pá de cal sobre o assunto, após tantos anos tumultuados nas relações domésticas.

16. Gravidez em contratos de trabalho por prazo determinado

Normalmente, não há estabilidades ou garantias provisórios de emprego em contrato de trabalho por prazo determinado, em suas várias modalidades – contrato de experiência, obra certa, duração especificada, temporários, aprendizagens etc. – haja vista que, desde a contratação, o empregado já está previamente avisado da data do encerramento do período.

Considera-se que existe boa-fé do empregador, que não pode ser acusado de ato de retaliação ao dispensar, digamos, um empregado temporário que registrou sua candidatura para dirigente sindical: se fosse no contrato de trabalho por prazo indeterminado, a conduta antissindical poderia ser levantada, mas num cenário em que, por primeiro, o empregado soube da data do término do contrato e, ao depois, registrou sua candidatura, não há abuso do direito do empregador.

Sempre houve resistência a essa separação entre contratos duradouros e contratos a termo, quando o assunto era a garantia de emprego por assuntos de saúde, que deveriam merecer tratamento diferenciado em relação às garantias objetivas, como a proteção sindical.

A doutrina registra uma tese intermediária, de baixa aceitação, segundo a qual poderia haver uma espécie de estabilidade enquanto não chegasse o termo prefixado. Não seria a garantia de emprego de 5 meses após o parto, mas a garantia do cumprimento integral do contrato a prazo determinado. A gestante tinha direito a uma garantia de conclusão do contrato a termo, sem possibilidade de rescisão antecipada, para que não se frustrassem suas expectativas naquela modalidade contratual.

Mas o fato de o Brasil haver ratificado a já mencionada Convenção 103 da Organização Internacional do Trabalho, e o fato de que o art. 10, II, *b*, do Ato das Disposições Constitucionais Transitórias não apresenta diferenciação entre o contrato indeterminado e o contrato a termo, impuseram maior reflexão sobre a convivência da gestação com os contratos a termo.

A partir da década de 2010, forma-se maioria jurisprudencial a favor da garantia de emprego da gestante nos exatos termos previstos pela Lei Maior, a saber, até o quinto mês após o parto, ainda que, para isso, seja excedida a contagem inicialmente prevista para o contrato de trabalho. Assim, um contrato de experiência de 90 dias pode se estender por aproximadamente 14 meses, se houve confirmação clínica da gestação durante o período da experiência. Também o contrato da trabalhadora rural para a colheita da safra, o contrato da empregada técnica estrangeira e todas as diversas modalidades de contratação a prazo fixo sofrem a alteração de sua própria natureza jurídica original, convertendo-se de determinado a indeterminado.

Caso a rescisão futura seja de iniciativa do empregador, atraem-se os pagamentos próprios aos contratos indeterminados, como o aviso-prévio e a multa de 40% sobre os depósitos do fundo de garantia, conquanto não tenha sido essa a concepção contratual original.

No caso particular do contrato temporário – aquele regido pelas disposições da Lei 6.019/1974 e alusivo à triangulação feita entre tomador, trabalhador e agência de colocação de mão de obra –, há entendimento excepcional contra a garantia de emprego, por se considerar que ele foi desenvolvido pelo legislador para ser necessariamente breve, tão somente para a supressão de afastamento momentâneo da mão de obra efetiva ou para o atendimento de acréscimo extraordinário de mão de obra, acarretando desvirtuamento da norma eventual prorrogação da permanência da empregada sob essas condições.

Capítulo 6

Dimensões do contrato de trabalho infanto-juvenil

1. Idades mínimas para o mercado de trabalho

A criança e o adolescente ainda não dispõem de formação plena de sua parte física e de sua parte intelectual. É verdade que os estímulos intensos recebidos dos meios eletrônicos, bem como o poder de influência exercido pelos meios de comunicação tornam esses seres em desenvolvimento muito mais perspicazes, mas isso não autoriza a que esmoreçamos nos cuidados com essa faixa etária. O tema é farto de preconceitos e falsas afirmações.

Aqueles que tiveram acesso à cultura suficiente e concluíram um curso superior sabem que quanto mais cedo o adolescente ingressa no mercado de trabalho tanto mais se afastará, na fase adulta, dos salários mais elevados e das posições de maior destaque nas atividades produtivas, pois as horas roubadas dos estudos são irrecuperáveis e insubstituíveis. É possível que alguns deles consigam superar as adversidades, assumindo posições de chefia intermediária ou funções em que o conhecimento prático prepondere sobre o conhecimento teórico, mas serão as exceções a confirmarem a regra e, de qualquer forma, vivemos na sociedade da informação e não mais na sociedade das habilidades manuais ou dos serviços braçais. Para esses foram reservados os postos de menor faixa salarial e de menor destaque, é bom que se frise.

Ao contrário de alguns sistemas jurídicos, que privilegiam o livre convencimento das autoridades administrativas e judiciais sobre o grau de maturidade de um jovem, para saber se há imputabilidade penal e responsabilização civil, o ordenamento brasileiro historicamente prestigia o critério objetivo, fixando idades específicas para a assunção de direitos e de deveres em diversos segmentos jurídicos.

O critério subjetivo contém muitas vantagens do ponto de vista da aplicação da justiça e da eficácia das normas, mas não encontrou espaço no ordenamento brasileiro, cujo critério objetivo, enfim, é a faixa de dezesseis anos (art. 7.º, XXXIII, da CF/1988, com redação dada pela EC 20, de 15.12.1998).

A EC 20 alterou o art. 7.º, XXXIII, que passou a vetar qualquer trabalho abaixo dos 16 anos, salvo na condição de aprendiz, a partir dos 14 anos, mas se esqueceu de retificar simultaneamente o art. 227, § 3.º, I, da própria CF/1988, que mencionava idade mínima para admissão ao trabalho aos quatorze anos, "observado o disposto no art. 7.º, XXXIII".

Fez-se, então, uma mudança de leitura do art. 227 para que ele sobrevivesse a uma alegação de incongruência, como, aliás, é próprio da interpretação constitucional, em busca de sua força normativa. No início, entendia-se o art. 227, § 3.º, como referência para a idade mínima para o contrato de trabalho em sentido estrito (14 anos, à época), sem levar em conta o aprendiz (12 anos, à época, segundo o art. 80, parágrafo único, da CLT e o art. 61 do ECA). Após a Emenda 20, que elevou ambas as idades, o art. 227, § 3.º, I, sem ser reformado, passou a ser interpretado como referência à idade mínima para o aprendiz e não mais para o mercado de trabalho em geral, tudo graças à locução "observado o disposto no art. 7.º, XXXIII".

Embora contra-hegemônica, parece bastante sólida a corrente doutrinária que sustenta a idade mínima de 17 anos para o trabalho no ordenamento jurídico brasileiro. O fundamento é simples e objetivo: ao ratificar a Convenção 138 da Organização Internacional do Trabalho, em 2002, o Brasil se comprometeu a não permitir que a idade mínima para o trabalho ficasse abaixo da idade do ensino básico obrigatório, que foi fixada em 17 anos pela EC 59/2009. Como a EC 59 é hígida na fixação do ensino básico dos 4 aos 17 anos e como não se pode presumir que o país tenha praticado um ato ilícito internacional, teríamos de concluir que a idade do ensino compulsório tem primazia sobre a redação cronologicamente mais antiga do art. 7º da Lei Maior, de modo que o trabalho somente seria acessível após a conclusão dos estudos básicos. Aliás, não seria nem sequer aos 17 anos recém-completos, mas após o ano letivo do ano em que o jovem completou 17 anos, o que nos levaria à idade de 18 anos.

Não se leva em conta a diferenciação entre meninos e meninas, embora cientificamente seja possível sustentar a afirmação mais acelerada destas em relação àqueles.

Hipóteses existem em que a idade mínima precisa ser elevada, por razões de ordem física, psicológica ou social. Pode ser citado como exemplo o disposto no art. 301 da CLT, que restringe o trabalho em minas de subsolo aos empregados maiores de 21 anos e menores de 50 anos, por questão de saúde e segurança do trabalho. Não se tratava propriamente de uma norma de proteção ao trabalho do adolescente, mas de norma de segurança do trabalho que repercute plenamente nas atividades do adolescente e de alguns adultos.

O Código Civil de 2002 manteve a incapacidade absoluta abaixo dos 16 anos (art. 3.º) e a incapacidade relativa dos 16 aos 18 anos, mas inovou com formas alternativas de emancipação do adolescente, que pode ser concretizada por concessão dos pais, pelo casamento, pelo exercício de emprego público efetivo, pela colação de grau em curso de ensino superior, pelo estabelecimento civil, pelo estabelecimento comercial e pela relação de emprego, desde que, nestes três últimos casos, o menor com 16 anos completos tenha economia própria (art. 5.º, parágrafo único).

As novidades legislativas em torno da figura da emancipação provocaram dúvidas sobre as regras do Direito do Trabalho, mas logo se percebeu que as questões eram infundadas. Na verdade, o Código Civil de 2002 objetivou acelerar o ingresso do adolescente para a prática dos atos da vida civil, porque era efetivamente incompatível que ele continuasse a ser considerado relativamente incapaz e ao mesmo tempo já fosse bacharel, já fosse um chefe de família ou, ainda, um empresário ou um empregado com renda que lhe permita o sustento próprio.

O Código 2002 andou bem ao lembrar que situações existem que levaram a essas excepcionalidades, como o elevado conhecimento intelectual de algumas crianças ou a herança repentina de um estabelecimento comercial que o adolescente consegue administrar. Havendo o preenchimento dessas premissas, ele deixa de ser relativamente capaz "a certos atos ou à maneira de os exercer" (art. 4.º do Código Civil de 2002) e passa a ser plenamente capaz.

Isso não significa, no entanto, que sua formação orgânica e intelectual já esteja definitivamente encerrada, até mesmo por uma questão de ordem biológica. Por exemplo, o adolescente pode ter renda própria mediante relação de emprego, mas continua impedido de laborar em ambiente insalubre, a fim de não provocar danos irreparáveis em sua estrutura óssea, entre outras vicissitudes. O adolescente pode ser casado, mas continua impedido de laborar em minas de subsolo por se tratar de atividade notoriamente penosa, agravada ainda mais para um organismo em formação. Ser pessoa capaz de assumir obrigações e cumprir deveres em nada altera as especificações da legislação trabalhista. O que se discute com prioridade é a idade mínima para assumir trabalhos insalubres, penosos, perigosos, noturnos e imorais, o que não diz com o Código Civil de 2002.

Idêntico raciocínio deve ser feito quanto às normas previdenciárias.

A Lei Orgânica da Previdência Social, também conhecida por Lei de Benefícios (8.213/1991), estabelece a figura do dependente do segurado, que poderá se habilitar em pensão por morte do segurado, por exemplo. Na classificação dos dependentes, limita-se a idade do filho a 21 anos, excluindo-se o emancipado e autorizando que a idade seja ultrapassada em caso de invalidez permanente do jovem. Também a classe dos irmãos pode ser considerada dependente, se não houver integrante da primeira classe, e se delimita a idade do irmão a 21 anos. Indagou-se se essa faixa etária de 21 anos e se a exclusão dos emancipados da categoria dos dependentes exerceria alguma influência sobre o Direito do Trabalho. A resposta é negativa.

O escopo da Lei Previdenciária é bem diverso da norma trabalhista de proteção ao organismo do trabalhador. No caso da norma previdenciária, há uma mescla do conhecido tema da dependência econômica com a necessidade de universalização da cobertura por diversos eventos, sendo aqui, particularmente, o evento morte o mais relevante.

Está correto o legislador previdenciário, em princípio, ao excluir os menores emancipados da relação de dependência, pois aqui, sim, a existência de economia própria ou a chefia de um novo lar quebram os pilares da alimentação provida por terceiros.

Outrossim, a legislação brasileira está em consonância estreita com as orientações da Organização Internacional do Trabalho. A Convenção 138, aprovada em 1973 e incorporada pelo Brasil em 2002, exorta os países a adotarem uma política progressiva de aumento da idade mínima para admissão em emprego e esclarece que essa idade deve ser necessariamente acima da faixa etária em que o adolescente encerra o ciclo obrigatório de educação na rede oficial de ensino, não podendo, em nenhuma hipótese, ser inferior a 15 anos.

Apenas tenho dúvidas se nós não cometemos um ilícito internacional, porque nos comprometemos, pela Convenção 138, a elevar a idade mínima trabalhista para o mesmo patamar do ensino obrigatório, mas, internamente, fixamos em 17 anos a idade do término do ciclo de escolaridade compulsória (art. 208, I, da Lei Maior, com redação dada pela EC 58/2009).

Para desatar a contradição, há quem entenda que a Emenda Constitucional posterior derroga o tratado internacional anterior, mas não foi tomada nenhuma iniciativa de denúncia à ratificação no âmbito da Organização Internacional do Trabalho.

Convivemos com o paradoxo e com 1 ano de conflito entre a lei trabalhista, permissiva do emprego do adolescente, e a norma educacional, mandatória da escolarização no ensino médio.

Alguns países são autorizados a fixar a idade mínima em 14 anos, mas apenas por períodos de transição enquanto o sistema educacional e econômico estiver em desenvolvimento, mediante consultas aos órgãos de classe e, ainda, com relatórios formais à OIT. A meta é chegar brevemente ao patamar de 16 anos e igualar a faixa mínima para todas as atividades econômicas, complementa a Recomendação 146.

As idades mínimas até aqui estudadas valem tanto para o contrato de trabalho urbano como para o contrato de trabalho rural. Como fundamento, basta lembrar que o art. 7.º da CF/1988 se aplica indistintamente a essas duas classes de trabalhadores (inc. XXXIII), na forma do disposto no *caput* do próprio art. 7.º, assim como é eficaz também para o trabalhador avulso em portos e serviços de capatazia (inc. XXXIV).

A idade mínima para o trabalho doméstico, porém, é de 18 anos, dada sua dimensão mais penosa para a criança e o adolescente, conforme abaixo se explica.

Note-se que o estudo das idades mínimas para o trabalho, por razões fisiológicas ou educacionais, não se confunde com a instituição de políticas públicas de fomento ao primeiro emprego ou ao aproveitamento da mão de obra juvenil ou de jovens adultos.

Trata-se de grupo de trabalhadores particularmente vulnerável, que ostenta índices maiores de ociosidade do que a média da população, em quase todos os países e momentos históricos.

Muita energia tem sido empreendida para tentar atenuar a taxa de desocupação dessa faixa etária, incluindo uma ampla gama de propostas, desde a ampliação das idades para estágios (que não são contratos trabalhistas, mas educacionais) e aprendizagem (que são contratos de trabalho com cláusulas especiais) até a criação de contratos específicos para o primeiro emprego, com redução de alguns encargos fiscais e previdenciários e, às vezes, com proposta de redução dos próprios direitos trabalhistas destinados a essas pessoas, rebaixamento nem sempre cômodo do ponto de vista constitucional e que ainda clama pela formação de consensos.

Nomenclaturas propostas em alguns projetos de lei ou em Medidas Provisórias não convertidas em lei, que circularam na década de 2010 e 2020, como "contrato verde e amarelo" e "Priore" objetivavam, em última análise, harmonizar o primeiro emprego com a redução de custos, mas não obtiveram êxito quanto à dosagem exata da retirada de direitos em troca do fomento à abertura de postos.

2. Proibição de trabalhos perversos

A fixação de uma idade mínima para ingresso em contrato de trabalho não é o único assunto relevante sobre essa matéria. Todos os diplomas e conceitos acima mencionados – Constituição Federal de 1988, Consolidação das Leis do Trabalho,

Código Civil de 2002, Previdência Social – cuidam do assunto em caráter genérico, supondo o padrão médio dos empregados e dos empregadores.

Há, porém, de se investigar as profissões de risco e dos ambientes hostis à saúde e à higidez dos trabalhadores.

Para esses casos, é consensual que as idades mínimas devam ser ampliadas.

A doutrina clássica chamava de trabalhos perversos o conjunto formado pelos labores insalubres, perigosos, penosos e noturnos. A expressão é um pouco inconveniente na língua portuguesa, porque nem sempre passa o conceito de dificultoso, mas é a tradução que melhor temos do vernáculo *hazardous labour* usado na literatura anglo-saxã.

A fim de realçar ainda mais a necessidade de afastar a criança e o adolescente dos trabalhos perversos, surgiu outro tratado internacional, representado pela Convenção 182 da OIT.

São consideradas formas especialmente degradantes para um adolescente a execução de trabalhos forçados, as dimensões da pornografia, o tráfico de drogas e seus elementos conexos, bem como, de maneira geral, todas as atividades que lhes tolham a saúde e a segurança.

Para tratar desse tema, a Convenção 182, internalizada pelo Brasil no ano 2000, principia explicando que criança, naquele contexto, é o trabalhador abaixo de 18 anos.

Não se confunda, portanto, idade mínima para admissão em empregos quaisquer (no Direito Internacional, repetindo, há o ideal em 16 anos, o patamar mínimo de 15 anos e a tolerância em casos de crises agudas em 14 anos) com idade mínima para contato com formas degradantes de labor (18 anos).

A Recomendação 190, acoplada à Convenção 182, admite que em alguns casos pode haver necessidade de trabalho de adolescentes em atividades insalubres ou perigosas, mas, para tanto, sugere que o patamar de 16 anos seja mantido, que haja consulta prévia às entidades sindicais, que a criança tenha recebido treinamento adequado e, sobretudo, que a saúde e a segurança sejam resguardadas.

Por sua vez, o legislador brasileiro dispõe de algumas diretrizes sobre o assunto, as quais se mostram insuficientes e devem ser objeto de interpretação sistemática, envolvendo diversas normas, e teleológica, buscando-se incessantemente o atingimento da finalidade de salvaguardar os adolescentes dos ambientes mais hostis. Explica-se.

O art. 7.º, XXXIII, da CF/1988, em harmonia com a Convenção 182, bane o trabalho do menor de 18 anos em ambientes insalubres, perigosos e noturnos. O texto, porém, não define o que sejam os ambientes insalubres, perigosos e noturnos, remetendo a questão para a lei ordinária, assim como já o remetia o inc. XXIII do mesmo art. 7.º, quando fez referência a um adicional de remuneração para as atividades insalubres e perigosas.

Por um lapso, o dispositivo deixou de fazer referência ao trabalho penoso, o que passa despercebido da doutrina e da jurisprudência porque, de qualquer forma, o Brasil nunca regulamentou o conceito e o alcance da penosidade, nem mesmo para adultos.

No direito pátrio, são ambientes insalubres aqueles constantes dos anexos da Norma Regulamentadora 15 (NR 15), que contempla os seguintes agentes: ruídos contínuos, ruídos de impacto, calor, condições hiperbáricas, radiações não ionizantes, vibrações, frio, umidade, agentes químicos e agentes biológicos. As radiações ionizantes, apesar de figurarem como anexo da NR 15, passaram a ser consideradas como agentes de periculosidade, o que para o adolescente em nada altera a proibição.

Afora esse conceito elementar de ambiente insalubre, há apêndice à CLT dispondo quadro de atividades banidas para adolescentes, regulando o disposto no art. 405, I, da CLT e a exigência de atualização periódica dessa lista de funções, conforme determinação do art. 441.

O quadro, que já passou por várias revisões, foi absorvido pela Lista das Piores Formas de Trabalho Infantil, consoante exigência da própria Convenção, para que cada país possua seu rol de atividades vedadas aos menores de 18 anos. A Lista tem grande importância prática porque elenca *mais de oitenta hipóteses* de trabalho insalubre ou perigoso aos adolescentes de maneira geral, sem entrar na discussão se o trabalho daria ensejo a pagamento de adicional de insalubridade ou de adicional de periculosidade. São atividades proibidas para crianças e adolescentes.

Está correto o raciocínio, porque atrelar a proibição do trabalho do menor de 18 anos apenas às situações previstas nas NRs 15 e 16 – ambientes insalubres e perigosos – seria reduzir muito o alcance da proteção.

São exemplos constantes da Lista das Piores Formas:

- afiação de ferramentas;
- o uso de afiadoras ou esmeril pode não se enquadrar na atividade insalubre nem perigosa, a depender da maneira como desenvolvido, mas é evidentemente arriscado para um adolescente ainda imaturo quanto ao próprio manejo das ferramentas;
- direção de veículos automotores;
- manejo de guindastes, tratores, moinhos e guilhotinas;
- trabalho na construção civil;
- plantio e colheita do fumo;
- trabalho em cemitérios, estábulos e currais;
- trabalho em serralherias, marmorarias e fábricas de móveis;
- trabalho doméstico;
- trabalho em altura superior a dois metros, como na limpeza de vidros e fachadas.

Portanto, não pode haver empregada doméstica ou empregado doméstico de dezesseis ou de dezessete anos no Brasil, desde 2009, por força do Dec. 6.481/2008, o qual, por sua vez, é a extensão de um tratado internacional – a Convenção 182 – de que o país é signatário. Posteriormente, essa vedação veio a ser ratificada pelo art. 1.º, parágrafo único, da LC 150/2015.

Entretanto, admite-se que a Lista seja elidida em algumas hipóteses para pessoas acima de 16 anos, mediante autorização do Poder Executivo e consulta às organizações de empregadores e de trabalhadores interessadas, desde que fiquem plenamente garantidas a saúde, a segurança e a moral dos adolescentes. Afora isso, são liberados os trabalhos técnicos ou administrativos, desde que fora das áreas de risco à saúde, à segurança e à moral, aos maiores de 16 anos. Essas exceções estão em consonância com a própria Convenção 182.

Quanto ao trabalho noturno, para empregos urbanos, a vedação ao trabalho do menor de 18 anos será das 22h00 às 05h00, o que é bastante conhecido, mas não se deve olvidar que existem vários outros expedientes noturnos previstos pela legislação esparsa:

- empregado da lavoura – 21h00 às 05h00 – art. 7.º da Lei 5.889/1973;
- empregado da pecuária – 20h00 às 04h00 – art. 7.º da Lei 5.889/1973;
- advogado empregado – 20h00 às 05h00 – art. 20, § 3.º, da Lei 8.906/1994;
- empregado portuário – 19h00 às 07h00 – art. 4.º, § 1.º, da Lei 4.860/1965, dispositivo que sofreu veto parcial, como era permitido à época, deixando a frase truncada;
- aeronauta – 18h00 às 06h00, em voos – art. 39, § único, II, da Lei 13.475/2017.

Em todos esses cenários, a atividade do menor de 18 anos está proibida. Claro que dificilmente haverá bacharel em direito com menos de 18 anos, mas a lista acima objetiva abarcar todas as diferentes concepções de trabalho noturno na legislação brasileira, a título comparativo.

Via de consequência, não existe possibilidade de um menor de 18 anos se ativar em turno ininterrupto de revezamento e conquistar o direito à jornada de seis horas. O turno se caracteriza pela alternância constante de jornadas diurnas com jornadas noturnas. Como o adolescente não poderá passar por elas, ficará sempre restrito àquelas. Mera oscilação de jornadas matutinas e vespertinas não corresponde ao conceito de turno de revezamento.

A Constituição Federal de 1988 é omissa quanto a outras vedações que se fazem necessárias para essa faixa etária, mas esse silêncio pode ser convenientemente suprido pela legislação ordinária. A Constituição não afirma que o trabalho do adolescente é proibido "somente" nas atividades insalubres, perigosas e noturnas. Ao revés, no Direito do Trabalho se aplica a máxima da evolução constante das condições de trabalho, e o próprio art. 7.º preconiza outros direitos que visem à melhoria das relações.

Flagrante a omissão constitucional quanto ao trabalho penoso.

Embora o art. 405, § 5.º, da CLT restrinja o carregamento de peso do adolescente a 20 quilos de forma contínua ou 25 quilos de forma intermitente, há penosidade em várias outras atividades que não apenas a carga e descarga, entendendo-se por penoso todo trabalho excessivamente fatigante ou que envolva posições muito desconfortáveis ou, ainda, permanência em tempo integral na posição sentada ou na posição de pé. A respeito do carregamento de peso, necessária se faz a abertura de parênteses. Tradicionalmente se responde que a carga máxima suportada por um adolescente é de 20 quilos, na forma do art. 405, § 5.º, da CLT. O que pouco se comenta é que o trabalho pode se tornar penoso quando se exige o levantamento da carga, por exemplo, acima da altura dos ombros, ou, ainda, o transporte de percurso, entre outras hipóteses. Essa percepção é natural a qualquer empregado, sabedor de que uma carga leve pode se tornar extremamente penosa a depender da forma ou do método utilizado. Daí por que o item 80 da tabela I, anexa ao Dec. 6.481/2008, ao regulamentar o disposto na Convenção 182, houve por bem incluir "levantamento, transporte, carga ou descarga manual de pesos, quando realizados raramente, superiores a 20 quilos, para o gênero masculino e superiores a 15 quilos para o gênero feminino; e superiores a 11 quilos para o gênero masculino e superiores a 7 quilos para o gênero feminino, quando realizados frequentemente".

Sobre o tema dos prejuízos morais ao adolescente, há referência na Lista a quatro segmentos considerados prejudicais à moral do empregado: atividades ligadas a espetáculos teatrais, atividades circenses, materiais pornográficos e comércio de bebidas alcoólicas, abarcando:

- trabalhos prestados de qualquer modo em prostíbulos, boates, bares, cabarés, danceterias, casas de massagem, saunas, motéis, salas ou lugares de espetáculos obscenos, salas de jogos de azar e estabelecimentos análogos;
- atividades de produção, composição, distribuição, impressão ou comércio de objetos sexuais, livros, revistas, fitas de vídeo ou cinema e CDs pornográficos, de escritos, cartazes, desenhos, gravuras, pinturas, emblemas, imagens e quaisquer outros objetos pornográficos que possam prejudicar a formação moral;
- venda, a varejo, de bebidas alcoólicas; e
- serviços com exposição a abusos físicos, psicológicos ou sexuais.

Entendemos que a lista deve ser complementada por disposições do Estatuto da Criança e do Adolescente. Embora o art. 81 da Lei 8.069/1990 não vede expressamente o trabalho, proíbe o comércio de alguns produtos e substâncias para os menores de 18 anos. Se o adolescente não pode comprar alguns produtos, é natural que também não os possa vender nem os deva fabricar. A lista do art. 81 é a seguinte:

- armas, munições e explosivos;
- bebidas alcoólicas;
- produtos cujos componentes possam causar dependência física ou psíquica ainda que por utilização indevida;

- fogos de estampido e de artifício, exceto aqueles que pelo seu reduzido potencial sejam incapazes de provocar qualquer dano físico em caso de utilização indevida;
- revistas e publicações destinadas a adultos;
- bilhetes lotéricos e equivalentes.

Acrescentamos a essa listagem algumas vedações expressas na legislação brasileira, como o exercício da função de propagandista e vendedor de produtos farmacêuticos, restrito a maiores de 18 anos pelo art. 3.º da Lei 6.224/1975; na maioria das funções de aeroviário, conforme art. 29 do Dec. 1.232/1962; na atividade de vigilante, que exige 21 anos (art. 16, II, da Lei 7.102/1983); e nas atividades em subsolo, igualmente com idade mínima de 21 anos (art. 301 da CLT).

Em resumo, o trabalho abaixo de 18 anos é vedado:

- no período noturno;
- em ambiente insalubre;
- em ambiente perigoso;
- no trabalho doméstico;
- em atividades degradantes (lista com 89 itens, anexa ao Dec. 6.481/2008);
- em atividades penosas;
- em atividades imorais (lista com 4 itens, Dec. 6.481/2008);
- no comércio de bilhetes de loteria, álcool e material bélico (art. 81 do ECA);
- em algumas profissões regulamentadas (aeroviários, vendedores farmacêuticos, mineradores e vigilantes, sendo esses dois apenas a partir dos 21 anos).

3. Controvérsias sobre o trabalho infantil artístico e esportivo

Aceitar que a Constituição de 1988 tenha recepcionado a competência das Justiças Estaduais para liberação do trabalho da criança e do adolescente em certas circunstâncias envolvendo as artes (art. 406 da CLT) significa não somente a tolerância a que o menor de dezoito anos se apresente em atividades teatrais e circenses, mas também que o menor de dezesseis anos o faça, pois a norma claramente deixa a critério da autoridade judicial o estudo do caso e não limita a idade mínima para tal mister.

Contanto que não se afaste do caráter educacional e que o menor esteja a auxiliar a subsistência da família, o Juiz da Infância, em princípio, poderia liberar qualquer criança para a atividade profissional, gerando um impasse com a afirmação categórica do art. 7.º, XXXIII, da CF/1988 (proibição de "qualquer trabalho" abaixo dos 16 anos, "salvo na condição de aprendiz"), e demais dispositivos mencionados.

Em sentido contrário, porém, existe um argumento de largo alcance sobre as peculiaridades da manifestação cultural e artística de uma sociedade. Efetivamente, há uma questão intrigante quanto à vedação do trabalho artístico ou cultural de um adolescente contemplado com talento inato para a música, o esporte ou as artes.

A criança e o adolescente devem necessariamente investir sua energia e tempo útil nos estudos, na formação cultural e no preparo para a vida em sociedade. Cada minuto retirado do tempo útil fará falta. Assim sendo, mostra-se temerária a tese segundo a qual os adolescentes contemplados com o dom da música, das artes ou dos esportes devam ser retirados do caminho dos estudos e da formação integral do ser humano para desde cedo se dedicarem aos ofícios artísticos.

Essa questão está diretamente relacionada ao debate sobre o art. 406 da CLT, já referido, embora esse somente contemple os casos das atividades teatrais e circenses. Também para as atividades artísticas e para o mundo esportivo aplicam-se as restrições quanto às idades mínimas, de 16 anos para o ingresso na atividade profissional em geral e de 18 anos para o ingresso em atividades noturnas, insalubres e similares.

Admite-se, todavia, que a criança talentosa possa se apresentar em público, inclusive mediante ingressos pagos, porque a proibição completa dessa demonstração de alegria e de emotividade nunca foi o intuito do legislador.

Apenas não se pode tolerar que essas apresentações sejam feitas mediante sacrifício dos estudos, mediante cumprimento de jornada de trabalho e por força de uma rotina de ensaios e diligências incompatíveis com sua formação. É como se as apresentações artísticas e desportivas fizessem parte da formação educacional do adolescente, ou, ao revés, fossem vistas como parte integrante de seu lazer.

Os pais ou os responsáveis assumem o encargo de não permitirem que a situação seja deturpada ou que os anseios por um sucesso profissional comecem demasiadamente cedo e terminem por sufocar aquilo que a criança tem de melhor.

São bastante conhecidos os casos de jovens talentos que não se confirmaram na fase adulta, por um motivo ou por outro, e que, paralelamente, não haviam investido energia nos estudos, resultando na catastrófica combinação de ficarem sem nenhum dos dois valores, nem os valores artísticos, nem os valores educacionais.

É bom lembrar que o lazer e o respeito são valores fundamentais na formação do adolescente, conforme texto expresso do art. 227 da CF/1988, assim como a observância das condições peculiares de pessoa em desenvolvimento. Não é imoral nem ilegal que os pais ou responsáveis aufiram vantagens econômicas dessa manifestação cultural da criança, mas isso nem de longe pode significar a exploração comercial da pessoa nem a canalização da energia para um contrato de trabalho, formal ou informal. Colhem-se notícias bastante curiosas sobre essa zona cinzenta.

Por exemplo, os maiores clubes de futebol do país sabidamente mantêm profissionais espalhados por diversas praças na busca de alguma revelação nesse esporte. Acreditando haver encontrado em alguma criança o potencial para a exuberância, passam a investir pesadamente na família do pequeno aspirante. Custeiam estudos e alimentação, arcam com as despesas de aluguel e necessidades prementes dos familiares e formulam algumas cláusulas contratuais *com os adultos*, na expectativa de que, ao chegar aos 16 anos, seja assinado seu primeiro contrato de trabalho profissional com a entidade de prática desportiva formadora de atleta (art. 29 da Lei 9.615/1998). Dos 14 aos 16 anos, pode ser comparado a um menor aprendiz e auferir bolsa de aprendizagem, com algumas restrições (art. 29, § 4.º). Abaixo dos 14 anos, todo cuidado se fará necessário para evitar o desvirtuamento da prática do lazer e a aproximação da prática trabalhista, como se pode verificar em excesso de treinos, imposição de horários e elevação dos níveis de ansiedade para a criança.

A criança e o adolescente podem se envolver em atividades de desporto educacional e desporto de participação, mas jamais em desporto de rendimento, assim entendidos:

- desporto educacional, praticado nos sistemas de ensino e em formas assistemáticas de educação, evitando-se a seletividade, a hipercompetitividade de seus praticantes, com a finalidade de alcançar o desenvolvimento integral do indivíduo e a sua formação para o exercício da cidadania e a prática do lazer;
- desporto de participação, de modo voluntário, compreendendo as modalidades desportivas praticadas com a finalidade de contribuir para a integração dos praticantes na plenitude da vida social, na promoção da saúde e educação e na preservação do meio ambiente; e
- desporto de rendimento, praticado segundo normas gerais e regras de prática desportiva, nacionais e internacionais, com a finalidade de obter resultados e integrar pessoas e comunidades do país e estas com as de outras nações.

Impor à criança e ao adolescente menor de 16 anos qualquer tipo de punição disciplinar, desde uma simples advertência verbal até uma suspensão, mostra-se despropositado e fora de cogitação, haja vista a inexistência de contrato de trabalho capaz de justificar o exercício do poder diretivo do empregador.

Caso a criança não queira ou não possa mais praticar seus talentos artísticos, sua intenção deve ser respeitada (art. 227 da CF/1988).

4. Trabalho educativo não é um terceiro gênero

Manter a vedação ao trabalho do menor de 16 anos, mas admitir a apresentação artística e desportiva com finalidade recreativa e cultural, não significa tampouco a criação de um terceiro gênero em Direito do Trabalho.

Das duas, uma: ou há contrato de trabalho válido, entre sujeitos capazes e com objeto lícito, ou não há contrato de trabalho, em caso de atividade ilícita ou de trabalho proibido, como é o caso da participação das crianças em relação de emprego.

De vez em quando, voltam a povoar julgados trabalhistas e manifestações doutrinárias teses sobre a existência de um gênero intermediário entre o contrato de trabalho e o lazer infantil, numa figura que muitos chamam de trabalho educacional. Em poucas palavras, o trabalho educacional seria uma forma de conciliar algumas atividades laborais da criança, em que existe efetivo empreendimento de energia em prol da produção ou circulação de bens e serviços, mas aliado a uma forte carga educacional e de formação de caráter.

A senha para essa discussão involuntariamente permanece na forma do art. 68 do ECA, que exorta a garantia ao adolescente de "(...) condições de capacitação para o exercício de atividade regular remunerada", mas admite o trabalho educativo como sendo aquele em que ocorrem "(...) as exigências pedagógicas relativas ao desenvolvimento pessoal e social do educando prevalecem sobre o aspecto produtivo".

Ora, se a finalidade era a capacitação do adolescente e se a atividade laboral é executada em meio a um projeto de desenvolvimento pessoal do educando, então já temos essa figura tratada de forma muito mais detalhada e eficaz por meio do contrato de trabalho de aprendizagem.

O aprendiz consta da CLT desde seus primórdios, conheceu extensa regulamentação ao longo dos anos e se acha razoavelmente reformulado pela Lei 10.097/2000, que incorporou dispositivos ao texto da CLT. A verdade é que o ECA não quis nem poderia criar um gênero de trabalho humano, tendo sido talvez infeliz ao usar uma nova nomenclatura – trabalho educativo – para uma velha figura – aprendizagem ou simplesmente trabalho com oportunidades educativas a expensas do empregador.

Some-se a isso o fato de que o art. 227, § 3.º, II, da CF/1988 determina a garantia dos direitos trabalhistas e previdenciários aos menores de 18 anos, não autorizando esse tipo de discussão no plano da legislação ordinária.

A garantia aos direitos trabalhistas inibe que os adolescentes fiquem à margem da legislação social aplicável aos adultos, somente se admitindo algumas peculiaridades, capazes de atender à condição particular de pessoa em desenvolvimento – carregamento de peso menor, restrição à realização de horas extras etc.

Tampouco se deve confundir contrato de trabalho do aprendiz com relação de estágio. O estágio não assume feições de contrato de trabalho e não assegura ao interessado nenhuma vantagem trabalhista, nem mesmo o salário-mínimo, que pode ser normalmente substituído por uma bolsa, a critério do empresário. Há estágios, aliás, que nem ao menos oferecem bolsas, com o que concorda a legislação. A norma preconiza que se trate de um período efetivamente breve, por prazo determinado, e com a participação obrigatória da instituição de ensino. Originalmente só se admitia o estágio para jovens universitários, mas se passou a admitir o estágio também para o ensino médio, seja ele de caráter profissionalizante, seja o ensino regular.

Essa abertura deu margem a muita especulação, pois dificilmente se poderá afirmar com segurança que um jovem no ensino médio esteja a aplicar os conhecimentos teóricos num estágio, digamos, de empacotador de supermercado, assim como não aplicará os conhecimentos práticos em seus estudos – feitos sob cansaço adicional, em aulas noturnas penosas. Há um risco de tornar o estágio forma barata de mão de obra.

O art. 68 do ECA não pretendeu regular nem o estágio nem o contrato do aprendiz, até mesmo por não ser sua finalidade nem seu papel. Houve claramente uma observação sobre a oportunidade de se aliarem estudos e aplicações práticas na mesma relação. Como será feita essa combinação? Conforme o legislador estipular nas normas esparsas, de que são exemplos precisamente o contrato de trabalho do aprendiz e o contrato triangular de estágio – estagiário, empresário e escola.

Por essas premissas, estão completamente à margem da legislação as organizações não governamentais – e, às vezes, governamentais também – que se dedicam à socialização das crianças e dos adolescentes, com propósitos nobres, mas explorando comercialmente o trabalho dessas pessoas.

A criança de 11 anos não pode ser inserida em um contrato de trabalho, ainda que sob a denominação de trabalho educativo, em hipótese alguma. As entidades conhecidas pela expressão Guarda Mirim, bastante frequentes no interior do país, e as casas de caridade com esse perfil precisam de urgente reformulação de seus projetos, priorizando a Lei do Aprendiz em detrimento de criações jurídicas.

Engana-se quem pensar que a proibição do trabalho da criança de 11 anos representará necessariamente uma fatalidade na vida daquele ser humano. A crença de que somente existem duas hipóteses – ou o trabalho aos 11 anos, ou a marginalidade das ruas e o abandono do lar – costuma ser eivada de preconceitos, pois ninguém cogita essa dicotomia para seu próprio filho.

Encontrando-se a criança numa situação de risco como essa, outros vários mecanismos de atuação social e política devem ser acionados – reformulação do sistema de ensino, ampliação da carga horária e dos atrativos da escola, fomento às atividades públicas de lazer e de esportes, distribuição de renda em caráter provisório para circunstâncias de emergência, difusão das normas sobre o menor aprendiz para que não se perca um só dia após o 14.º aniversário, perda de pátrio poder em casos extremos e incontáveis outras ideias em busca de uma sociedade melhor.

Se essas políticas públicas ainda se mostram insuficientes e as crianças continuam a assombrar os semáforos e os viadutos, o ataque às políticas públicas produzirá mais efeitos do que a redução da idade de acesso ao mercado de trabalho.

O ciclo vicioso e deturpado de se trabalhar desde muito cedo e se perderem anos de educação que vão fazer falta na ascensão profissional futura, perpetuando-se a indignidade e a estagnação social.

5. Repercussões jurídicas pelo uso da mão de obra infantil

O uso da mão de obra infantil evoca um conhecido debate do Direito do Trabalho em torno das figuras do trabalho ilícito e do trabalho proibido.

Normalmente se define o trabalho ilícito como sendo aquele cujo próprio objeto é vedado por lei ou contrário aos bons costumes. A mácula nesse caso é tão complexa que se torna irremediável sob qualquer circunstância e não permite a aplicação normal da legislação trabalhista. Servem como exemplo o trabalho prestado no tráfico de armas e de entorpecentes, o aliciamento de trabalhadores para a redução análoga à de escravo, a exploração da prostituição, as atividades de contrabando e descaminho e demais empreendimentos voltados para o crime.

Ao contrário da ilicitude, que envolve todo o objeto da relação, a mera proibição diz respeito aos sujeitos do contrato de trabalho. Retirando-se aquela pessoa e colocando-se outra no lugar, é bem possível que a irregularidade desapareça e que o contrato de trabalho possa ser convenientemente declarado, algo que não aconteceria com o trabalho ilícito.

Por conseguinte, o rol dos trabalhos proibidos inclui normalmente o menor de 16 anos para qualquer profissão, o menor de 18 anos para as atividades insalubres e perigosas, o menor de 21 anos para as minas de subsolo, os aposentados por invalidez, os estrangeiros com visto de turista e, de maneira geral, os leigos para as profissões que exigem o bacharelado.

Aqui, entretanto, aplicam-se integralmente as preocupações já apontadas quanto ao caráter irrevogável e irrecuperável da prestação de serviços. Com efeito, embora o trabalho fosse proibido inicialmente, o desrespeito à norma deve ser punido da forma mais direta e abrangente, que não é outra senão a própria consumação do contrato de trabalho que a parte procurou evitar.

Some-se a isso o fato de que a proteção, que se destinava a guarnecer o adolescente, não pode subitamente se voltar contra ele, ou seja, a pretexto de se manter a pureza ideológica de não permitir o acesso dos adolescentes ao mercado de trabalho, não se deve deixar de reconhecer que a realidade foi mais áspera e atropelou o direito. O contrato de trabalho deve ser pronunciado, mesmo que de forma tardia.

Não há contradição entre as duas conclusões.

No caso do trabalho ilícito, a prestação de serviços envolvia a perpetração de um crime ou de uma contravenção, praticados de forma direta pelo trabalhador ou de forma indireta no regime de coautoria ou cumplicidade. O direito não tutela os mesmos valores que combate nem pode chancelar como válidas as mesmas condutas que tipifica como ilícitos penais, independentemente da idade ou do discernimento das pessoas envolvidas.

No caso do trabalho proibido, o objetivo do legislador era oferecer uma proteção maior para determinadas circunstâncias, que nada têm de ilícitas, mas que foram deturpadas e, como tal, merecem a sanção coercitiva.

Caso a empresa reiteradamente contrate mão de obra infantil, para depois ser condenada em Processo do Trabalho a arcar com salários, vantagens do contrato de trabalho como décimo terceiro salário e férias e demais encargos trabalhistas, sem que isso a desestimule a praticar a irregularidade, é pertinente a discussão sobre a necessidade de se acoplar uma indenização adicional ao caso.

A indenização se mostra mais apropriada em sede de processo coletivo, como uma ação civil pública aforada por entidade sindical ou pelo Ministério Público do Trabalho, na pretensão a que a empresa se abstenha de contratar mão de obra infantil, mas não se descarta a possibilidade de uma indenização ser fixada em sede de processo individual, pelos prejuízos indeléveis causados ao empregado.

O julgamento trabalhista, apreciando a prestação de labor pretérito, deve conceder ao trabalhador todos os direitos como se o contrato proibido não fosse, sem prejuízo de indenização suplementar que considere as peculiaridades do caso.

6. Normas especiais para o trabalho dos 16 aos 18 anos

Peculiaridades do contrato de trabalho de empregados de 16 a 18 anos de idade, como forma de conciliar esse período com o término de seus estudos fundamentais e com a convivência familiar, ensejaram tratamento diferenciado pelo legislador em alguns assuntos, como as normas especiais sobre férias anuais remuneradas e sobre a realização de horas extras. Alcançam todo contrato de trabalho do adolescente de 16 a 18 anos de idade, havendo, após, disciplina própria para a modalidade de contrato de trabalho do aprendiz.

Antes de refletir sobre as férias e as horas extras dos adolescentes, cabe uma palavra sobre o papel exercido pelos pais ou responsáveis na celebração, execução e cessação do contrato de trabalho.

A presença dos pais ou responsáveis no cotidiano do contrato de trabalho do adolescente é praticamente desprezível. Houvesse o legislador obrigado a presença do pai a todo instante nas dependências do empregador, para receber orientações ou mesmo para firmar recibos, teríamos a inviabilidade desse contrato de trabalho e o mais amplo desestímulo a que se contratasse um empregado apenas parcialmente capaz. Até mesmo a exigência de autorização dos pais para a emissão da primeira Carteira de Trabalho do filho veio a ser revogada, depois de já ter caído em desuso.

No curso do contrato de trabalho, o menor de 18 anos é sujeito capaz de prestar serviços e receber ordens, inclusive no tocante ao ato de dar quitação pelo pagamento dos salários, conforme texto expresso do art. 439 da CLT. Portanto, é falaciosa a tese segundo a qual a presença de mãe ou pai no recebimento do salário seria indispensável para a validade do ato. Aquele que assim se posiciona fundamenta-se provavelmente na noção de maioridade do Código Civil, sendo certo que a lei trabalhista dispõe de regras próprias.

Há discórdia, porém, no que diz respeito à capacidade do adolescente de dar quitação integral em caso de rescisão do contrato de trabalho. O art. 439 da CLT afirma que os recibos em geral podem ser firmados pelo adolescente, *exceto* "recebimento da indenização que lhe for devida" em caso de rescisão. Ocorre que décimo terceiro salário proporcional e férias proporcionais acrescidas de um terço não se inserem no contexto de indenização da rescisão, assim como o saldo de salário é parte evidentemente salarial, e somente foram parar no termo de rescisão porque o contrato de trabalho terminou.

À época da redação da CLT, a "indenização" a que se referia o art. 439 era aquela calculada à base de um mês por ano de contrato (arts. 477 e 478). Com o regime do fundo de garantia, a indenização é conhecida pelo nome de multa de 40% sobre o montante depositado.

Faria algum sentido que o pai ou responsável outorgasse quitação pela multa de 40% no termo de rescisão, mas faz tempo que a Caixa Econômica Federal determinou que esse valor não fosse mais pago aos empregados e, sim, depositado também ele em conta vinculada. Logo, não há mais nenhuma indenização paga pelo empregador ao empregado em rescisão. Caso a interpretação seja feita nessa linha de raciocínio, a presença do pai é dispensável na rescisão. Caso, porém, se opte por interpretar "indenização" como sendo qualquer pagamento rescisório, o que não tem base científica, mas apenas tradição popular, pode-se dizer que o pai é necessário para toda e qualquer rescisão.

Perante a Justiça do Trabalho, se houver necessidade de processo judicial, sozinho o menor não poderá estar, mas a presença dos representantes legais é suficiente. Não acompanhamos a tese segundo a qual a presença do Ministério Público do Trabalho é sempre obrigatória, como forma de se verificar a conduta dos pais, como se eles fossem os tutelados.

Em o Juiz do Trabalho percebendo que os pais exibem interesses conflitantes ou incompatíveis com a proteção do trabalho do menor, ou, ainda, sendo eles omissos, pode suscitar a presença do Ministério Público do Trabalho.

Em resumo, o art. 793 considera suficiente a presença dos pais para a assistência processual dos filhos, mas conclama a presença do Ministério Público do Trabalho e de outras pessoas em caso de pais ausentes, no sentido de falecidos ou no sentido de omissos ou negligentes.

Os pais detêm a legitimidade para o pedido de rescisão indireta em nome dos filhos de 16 a 18 anos, em contratos de trabalho nocivos à sua saúde e ao seu bem-estar (arts. 408 e 424 da CLT). Não há, porém, grande alteração nesse quesito em relação ao que constou no item acima, haja vista que o adolescente precisaria, de qualquer forma, da assistência paterna para postular em Juízo semelhante medida.

Rescisão indireta, embora seja assunto de direito material do trabalho, como forma de rompimento justo do contrato de trabalho por parte do empregado em caso de abuso cometido pelo empregador, somente se aperfeiçoa no Processo do Trabalho, mediante sentença com dimensão declaratória, constitutiva e condenatória.

Com relação às peculiaridades do direito de férias, há previsão para direito de coincidência do descanso laboral com o descanso escolar.

O intuito da norma não é difícil de ser alcançado, pois o adolescente necessita de mais tempo para o revigoramento e para a socialização. Não se trata meramente de quebrar a rotina de trabalho, como ocorre com o trabalhador adulto, mas de se ocupar também com outras atividades apropriadas para seu organismo em desenvolvimento, particularmente o lazer e a cultura.

Por essa norma, empregado menor de 18 anos e que for estudante, seja do ensino fundamental, seja do ensino médio ou superior, tem direito de exigir o gozo das férias durante o período de férias escolares, para que a finalidade de repouso e afastamento do cotidiano laboral seja mais facilmente atingida. Pequena utilidade prática teriam as férias escolares em meio a um incremento na demanda do empregador e, ao revés, as férias do empregador com intensa atividade escolar. A pausa simultânea será a única capaz de guarnecer o trabalhador nessas condições.

Tecnicamente, férias escolares acontecem apenas no mês de julho, em meio ao ano letivo, sendo ali que o empregador paga o acréscimo de um terço previsto pelo art. 7.º, XVII, da CF/1988, aos professores e auxiliares. O fechamento da escola em algumas semanas de dezembro e de janeiro não corresponde ao conceito de férias para o Direito do Trabalho, sendo chamado de recesso. A natureza jurídica se aproxima mais de feriado do que de férias propriamente ditas. Tanto isso é verdade que a escola pode recrutar alguns professores ou todos os empregados para atividades internas, planejamentos e balanços anuais, sem que isso represente irregularidade no curso das férias.

No entanto, é exagero comparar férias dos professores com férias dos empregados menores de 18 anos. A ideia foi apenas a sobreposição de dois repousos. Se o estabelecimento estará fechado para atividades dos alunos ao longo do mês de janeiro, por exemplo, e as aulas somente serão retomadas em meados de fevereiro, é mais do que viável a concessão das férias do empregador em janeiro como forma de obedecer ao comando do direito de coincidência. Não é obrigatório, portanto, que a coincidência seja sempre no mês de julho. Aliás, se fosse assim, o legislador o teria dito.

O tema do descumprimento de alguma exigência sobre férias é polivalente, porque esse instituto, ao contrário da simplicidade de um décimo terceiro salário ou da objetividade de um fundo de garantia, é complexo no sentido da palavra: feito de diversos pequenos comandos, muitos rituais, obrigações de fazer e obrigações de pagar. A rigor, são mais de dez elementos que se congregam para o aperfeiçoamento do direito de férias (período aquisitivo, período concessivo, comunicação com 30 dias de antecedência, pagamento 48 horas antes, fracionamento com restrições, cálculo da média de remuneração auferida no período aquisitivo, férias coletivas, pagamento dobrado em caso de demora do empregador, acréscimo de um terço previsto pela Constituição, conversão de um terço dos dias das férias em bonificação para o empregado, se requerida em tempo hábil, e assim por diante, cobrindo-se um arco que vai do art. 129 ao art. 153 da CLT).

Diante da existência de um ato assim complexo, é razoável que eventual punição por descumprimento da norma não seja declarada da mesma forma para o empregador que deixa de conceder completamente as férias e para o empregador que, digamos, apenas deixou de apresentar a comunicação prévia de 30 dias. Por esse prisma, é possível validar as férias do menor de 18 anos que tenham coberto parcialmente o descanso escolar. O empregado pode não fazer jus a novo período de férias nem a pagamento da dobra punitiva (art. 137), mas fiscalização do trabalho pode autuar a empresa por descumprimento especificamente do art. 134, § 2.º, da CLT, ainda que os demais dispositivos estejam respeitados.

Vedação ao fracionamento das férias dos adolescentes, que constava da CLT, foi revogada pelas reformas trabalhistas de 2017. É válida a divisão das férias, contanto que observado o limite de três períodos, um dos quais com 14 dias mínimos, tal como a disciplina das férias dos adultos.

Quanto ao tema das horas extras, o legislador não se sensibilizou com nenhuma espécie de redução de jornada para o trabalhador adolescente. Oito horas correspondem ao módulo diário tanto dos menores como dos maiores de 18 anos, assim como 44 horas representam o módulo semanal. O adolescente pode se beneficiar de alguma redução de jornada prevista na legislação, como as seis horas do bancário ou do telefonista; ou prevista em norma coletiva, assim como pode ser contratado para atividade a tempo parcial (art. 58-A da CLT), mas tudo nas mesmas condições e circunstâncias que um adulto.

Existe, é verdade, uma previsão de jornada de seis horas no art. 432 da CLT, mas ela só vale para o aprendiz e, ainda assim, com restrições. A proteção que o legislador reservou para o adolescente se concentra mais no controle das horas extras do que propriamente na fixação de um módulo de jornada reduzida. Andou bem o legislador nesse particular.

De nada adiantaria fixar a jornada em seis ou sete horas, se na outra ponta as horas extras fossem banalizadas. A mão de obra já é normalmente mais barata na faixa etária dos 16 a 18 anos, razão pela qual dificilmente haveria alguma hesitação do empregador ao requisitar serviços suplementares dos jovens empregados.

Também ficaram idênticas, entre adultos e adolescentes, as pausas entre duas jornadas, que são as onze horas destinadas ao repouso e ao sono (arts. 66 e 412), e a pausa no meio da jornada, relativa ao intervalo para refeição e descanso (art. 71). Eventualmente, o empregado menor de 18 anos pode se beneficiar de outras pausas, como aquela do mecanógrafo (art. 72), mas não se deve abusar muito dessa estipulação, pois habitualmente as profissões que carregam pausas adicionais estão no limite da insalubridade (telefonista, operador de frigorífico, minas de subsolo etc.).

As ressalvas da legislação brasileira dizem respeito ao tema das prorrogações da jornada, que, para o trabalho do adolescente, podem ser assim resumidas:

- proibição de horas extras em geral;
- autorização para compensação semanal de jornada, com acréscimo máximo de duas horas diárias (para o menor aprendiz, nem a compensação de jornada será permitida);

- a compensação deve ser necessariamente avençada por norma coletiva, do tipo convenção ou acordo, não havendo permissão para o acordo de compensação individual em se tratando de adolescente, como aconteceria no caso do adulto, e muito menos para o acordo verbal ou tácito;
- não há permissão para o uso de banco de horas, assim entendido o sistema de compensação de jornada ao longo de um ano; faz todo sentido que a compensação anual, inserida para os adultos no art. 59, § 2.º, da CLT, fique afastada dos adolescentes diante do comprometimento inevitável com o rendimento escolar;
- não há permissão para o adolescente executar jornadas atípicas, assim consideradas aquelas conhecidas pelas expressões 12x36 (trabalho em doze horas consecutivas num dia e descanso no dia seguinte), 5x1 (uma folga a cada cinco dias laborados), 4x2 (duas folgas a cada quatro dias laborados) e "semana espanhola" (folgas em sábados alternados), porque em todos esses cenários a compensação excede o módulo da semana e, na maioria dos casos, existem dias com carga superior a dez horas;
- há autorização para um único tipo de prorrogação de jornada, sem compensação, que são as horas extras em caso de força maior, normalmente associada a eventos imprevistos e imprevisíveis, como uma catástrofe da natureza ou ato de terrorismo; conforme art. 501, § 1.º, a imprevidência do empregador exclui o conceito de força maior; conforme art. 501, § 2.º, somente se considera força maior aquela que afetar substancialmente toda a empresa e não apenas algum setor ou algum período de instabilidade;
- não são motivos de força maior, segundo a jurisprudência majoritária: a interdição do estabelecimento pela vigilância sanitária ou por fiscalização previdenciária e trabalhista; a obstrução de ruas e avenidas para obras de melhoria; as políticas monetárias de restrição de crédito, aumento de taxa de juros e bloqueio de dinheiro em contas bancárias; a cassação de alvará de funcionamento e proibição de algumas atividades perigosas ou aviltantes;
- ao contrário do disposto no art. 61 da CLT para os adultos, o art. 413, II, se atém à força maior em seu sentido estrito e não abrange o conceito de serviços inadiáveis (serviços para evitar um prejuízo grave e imediato, como o perecimento de matéria-prima ou o atendimento de uma demanda abrupta e imprevisível);
- para a requisição de horas extras por motivo de força maior aos adolescentes, impõe-se que seu trabalho seja "imprescindível ao funcionamento do estabelecimento", donde se conclui que, havendo adultos na empresa, esses devem ter prioridade no acionamento para fazer frente a causas de força maior;

- mantida foi, porém, a referência ao art. 384 da CLT, o qual, como estudado no capítulo da proteção ao trabalho da mulher, demanda uma pausa remunerada de quinze minutos antes do início de qualquer prorrogação, para compensação ou para força maior, como forma de revigoramento das condições físicas do jovem operário.

Contanto que não prejudique os estudos e não afete o direito ao lazer assegurado ao jovem e ao adolescente (art. 227 da CF/1988), admitem-se expedientes aos domingos, mediante folga compensatória, por não haver expressa vedação legal nem na CLT, nem na Lei 605/1949. Para que se evitem abusos, recomenda-se para a entidade sindical, na hora de lavrar a norma coletiva, o uso analógico do art. 386 (uma folga a cada dois domingos) ou do art. 6.º, parágrafo único, da Lei 10.101/2000, embora dedicada apenas ao comércio, em princípio (uma folga a cada três domingos).

Pode haver trabalhador adolescente com dois empregos simultâneos, mas desde que haja a totalização das jornadas, a exigir que os dois empregadores conversem entre si e compartilhem os préstimos do empregado de modo a não exceder o módulo de oito horas no mesmo dia.

Os empregadores devem se entender sobre quantas horas o menor prestará em cada estabelecimento.

Nota-se de plano que nenhum empregador vai querer se envolver nessa celeuma em busca de um adolescente em particular. Teria de ser realmente um prodígio da natureza para ser disputado assim tão seriamente por dois empregadores, nenhum dos quais disposto a abrir mão de seu trabalho, na faixa dos 16 aos 18 anos.

A ideia do legislador foi proibir trabalho acima de oito horas em qualquer circunstância ao adolescente, seja na forma de horas extras, seja na forma de dois contratos de trabalho distintos.

7. Combate ao analfabetismo do empregado adolescente

A preocupação com o ensino formal do adolescente permeia a Consolidação das Leis do Trabalho de tal forma que o art. 427, parágrafo único, obriga a empresa a criar e a manter a escola de ensino fundamental dentro de seus próprios domínios, em se tratando de estabelecimento remoto ou que tenha contratado empregados adolescentes em estágio de analfabetismo.

Não há fundamento jurídico ou legal para acreditar que o art. 427 tenha sido revogado tácita ou expressamente, tratando-se de raro dispositivo com redação original de 1943.

Os índices de analfabetismo caíram ao longo dos anos, particularmente entre crianças e adolescentes, o que diminui a chance de se encontrarem muitos jovens analfabetos simultaneamente na mesma empresa. Ao mesmo tempo, a quantidade de escolas da rede oficial de ensino aumentou, reduzindo a possibilidade de ausência de escolas no entorno da empresa. Caso, porém, o quadro se verifique, a empresa assume essa responsabilidade social. Seus gastos têm natureza indenizatória e não correspondem ao conceito de salário-utilidade (art. 458, § 2.º, II, da CLT).

A alteração legislativa verificada ao longo dos anos não foi a desoneração da empresa em que laboram os jovens analfabetos, mas a oneração das empresas em que eles *não trabalham*.

A contribuição social denominada salário-educação foi instituída originalmente pela Lei 4.440, de 27.10.1964, revogada pelo Dec.-lei 1.422/1975. Guarda o nome salário em sua expressão, mas nada tem que ver com salário, não é contraprestação por serviços prestados, não se destina aos empregados nem é devida por todos os empregadores.

Deveria, portanto, ter recebido outra denominação, mais afeta à sua natureza jurídica de contribuição social vinculada à área de educação.

Em textos originários e na redação primitiva da Constituição Federal de 1988, o salário-educação não era devido pelas empresas que cumprissem o art. 427 da CLT, ou, pelo menos, os gastos com a alfabetização dos adolescentes eram integralmente dedutíveis das despesas com a contribuição social. Dizia o art. 212, § 5.º, da CF/1988: "O ensino fundamental público terá como fonte adicional de financiamento a contribuição social do salário-educação, recolhida, na forma da lei, pelas empresas, que dela poderão deduzir a aplicação realizada no ensino fundamental de seus empregados e dependentes".

A EC 14/1996 retirou a expressão final acerca da dedução dos gastos operacionais com educação dos empregados e dependentes, a partir do que as novas leis ordinárias, como as de n. 9.424/1996 e 9.766/1998, afastaram o abatimento. Trata-se de conhecida forma de aumento da carga tributária sem maior alarde e sem alteração de alíquota.

Se já era de duvidoso acerto o estabelecimento de um tributo para a educação fundamental de empresas que empregavam mão de obra culta e instruída, tanto mais esdrúxula se mostra a cobrança da contribuição dos empregadores que investem na educação de seus próprios empregados e familiares. É evidente a dupla oneração sobre o mesmo fato.

Argumenta-se que o salário-educação seja um tributo alvissareiro, pois a receita é integralmente vinculada aos projetos educacionais, nos planos municipal, estadual e federal, bem como se costuma lembrar a responsabilidade social do empregador e da socialização das despesas com o ensino, mas são conhecidas as deturpações desse conceito e as críticas a essa fragmentação dos custos.

8. Natureza jurídica e conceito da aprendizagem

Muito já se discutiu sobre a natureza do contrato de aprendizagem, ora se enfatizando seu aspecto trabalhista, ora se enaltecendo seu caráter educacional.

Nos primórdios, era visível a prevalência da natureza educacional, pois a própria legislação se referia à aprendizagem meramente como uma forma alternativa de ir para a escola. O art. 129 da Constituição Federal de 1937 cuidava do tema, asseverando ser "dever das indústrias e dos sindicatos econômicos criar, na esfera da sua especialidade, escolas de aprendizes, destinadas aos filhos de seus operários ou de seus associados", remetendo-se as demais questões para a lei ordinária.

A "escola de aprendiz" era, portanto, muito mais um curso educacional do que um contrato de trabalho híbrido e se destinava também a não empregados, como era o caso dos filhos dos trabalhadores. Por sua vez, o art. 168, IV, da Constituição Federal de 1946, inserido no capítulo da educação e não dos direitos trabalhistas, preconizava que "as empresas industriais e comerciais são obrigadas a ministrar, em cooperação, aprendizagem aos seus trabalhadores menores, pela forma que a lei estabelecer, respeitados os direitos dos professores".

Nota-se evolução no conceito de aprendizagem, porque já não se falava apenas na difusão do conhecimento para a comunidade, mas na educação própria dos "trabalhadores menores". Omite-se, portanto, sobre a educação dos trabalhadores adultos e de seus filhos.

Em 1967, o art. 170 da Constituição Federal parece ter amalgamado as duas posições, cuidando da responsabilidade social da empresa no *caput* e da aprendizagem comercial e industrial no parágrafo único: "As empresas comerciais, industriais e agrícolas são obrigadas a manter, pela forma que a lei estabelecer, o ensino primário gratuito de seus empregados e dos filhos destes. Parágrafo único – As empresas comerciais e industriais são ainda obrigadas a ministrar, em cooperação, aprendizagem aos seus trabalhadores menores".

A Constituição Federal de 1988 foi bastante econômica sobre o assunto. Há uma referência no art. 7.º, XXXIII, que veda qualquer trabalho a menores de 16 anos de idade, mas ressalva a condição de aprendiz, a partir de 14 anos. Estava, portanto, a se referir ao aprendiz como empregado e não ao filho do empregado. Cite-se, ainda, breve referência sobre o tema no art. 62 do Ato das Disposições Constitucionais Transitórias: "A lei criará o Serviço Nacional de Aprendizagem Rural (SENAR) nos moldes da legislação relativa ao Serviço Nacional de Aprendizagem Industrial (SENAI) e ao Serviço Nacional de Aprendizagem do Comércio (SENAC), sem prejuízo das atribuições dos órgãos públicos que atuam na área". A aprendizagem, portanto, deixou o campo de simples forma de estudo curricular para assumir definitivamente suas feições trabalhistas. É, de fato e de direito, um *contrato de trabalho com cláusulas especiais*.

Já houve tentativas de desvincular a aprendizagem da esfera de influência do Direito do Trabalho, atraindo-a para algum tipo de projeto pedagógico ou de extensão educacional, citando-se como exemplo uma interpretação gramatical que se tentou imputar ao art. 68 do Estatuto da Criança e do Adolescente (Lei 8.069/1990).

A linguagem imprecisa utilizada pelo legislador, acerca de "trabalhos educativos", levou alguns intérpretes a se posicionarem a favor de formas alternativas de aprendizagem, alheias ao Direito do Trabalho e sem direito a nenhuma contraprestação fixa. A instituição de uma "bolsa de estudos" revela-se evidentemente inadequada e insuficiente para os fins da legislação social. Observando-se com mais profundidade a questão, fica nítida a diferença entre a atividade de um simples estudante e a atividade profissional de um estudante engajado num contrato de aprendizagem. Enquanto os estudantes se atêm aos aspectos culturais e educacionais, o aprendiz insere-se efetivamente numa atividade econômica, produzindo desde logo bens e serviços aptos à produção de riquezas. Não há irregularidade nenhuma na exploração comercial dos produtos oriundos das mãos e da energia do jovem aprendiz. O que não se pode admitir é que, paralelamente a essa exploração comercial, seja concluído que o aprendiz não é empregado e não dispõe de direitos mínimos.

Há até mesmo quem afirme que o "salário" do aprendiz estaria representado, aqui, pelas vantagens que o aprendiz teve com seus estudos qualificados, o que justificaria, em tese, a retirada desse contrato da órbita do Direito do Trabalho e o jogaria na órbita da caridade.

De caridade certamente não se trata, pois o empregador persegue os frutos da atividade econômica ou não econômica, com lucros ou sem lucros. De toda sorte, alfabetizar as crianças sempre foi considerado dever do empregador (art. 427 da CLT), assim como zelar pela formação profissional.

Os gastos com a educação do adolescente são retribuídos à empresa através de mecanismos indiretos, a serem analisados detidamente por este capítulo, mas o mais importante deles é a própria formação da mão de obra que será necessária para aquela atividade econômica. Sem esse investimento, dificilmente o mercado forneceria mão de obra específica em abundância.

Por todos esses ângulos, a solução mais equilibrada e devidamente encampada pelo art. 428 da CLT é considerar a aprendizagem como um contrato de trabalho efetivo, com todas as suas vantagens e desvantagens, mas dotado de uma condição especial de ênfase na formação metódica do trabalhador.

Nada há de anormal num contrato de trabalho com condições especiais. Isso pode acontecer com o alto empregado que exerce cargo de chefia (art. 62, II, da CLT) ou com o técnico estrangeiro contratado para prestação de serviços no Brasil (Dec.-lei 691/1969), ou, ainda, com o contrato de trabalho temporário (Lei 6.019/1974).

Em comum todos têm a existência do empregado subordinado a um empregador, com direitos e deveres, mas com cláusulas especiais de duração ou de execução das atividades.

Confirma-se, portanto, a natureza de contrato de trabalho, com condições especiais, com forma escrita obrigatória e sempre por prazo determinado, pois não pode haver aprendizagem eterna. Aliás, essa confirmação atende à garantia dos direitos trabalhistas e previdenciários ao adolescente, conforme art. 227, § 3.º, II, da Constituição Federal de 1988.

Desde as origens até a minirreforma de 2005, a idade máxima do aprendiz sempre foi de 18 anos e assim os contratos todos expiravam com a maioridade civil do trabalhador. Não havia possibilidade nenhuma de se ter um aprendiz adulto, nem mesmo que ele assim desejasse ou que a empresa vislumbrasse naquele postulante um talento a ser explorado. Caso o adulto fosse admitido pela empresa, deveria se submeter às formalidades de um contrato de trabalho como outro qualquer, com ou sem o prazo determinado.

O contrato de aprendizagem sempre se pautou pela formação educacional de crianças e adolescentes. Adequando-se ao comando da Constituição Federal de 1988, especialmente da Emenda 20/1998, a CLT fixou o patamar mínimo em 14 anos. Através de Medida Provisória, que se tornou a Lei 11.180, de 23 de setembro de 2005, o aprendiz foi autorizado a permanecer na empresa até 24 anos de idade, enquanto o aprendiz portador de deficiência foi autorizado a permanecer na empresa independentemente de sua idade (art. 428, § 5.º) ou do prazo máximo de dois anos de duração (art. 428, § 3.º).

Houve críticas e elogios à ampliação da faixa etária do aprendiz – já não se pode falar menor aprendiz, como de praxe, porque agora temos o maior aprendiz.

As críticas à elevação da idade para 24 anos se concentram nos riscos de exploração de mão de obra barata, porque o fundo de garantia do aprendiz foi reduzido de 8% para 2% sobre os ganhos habituais e porque nem todas as cláusulas de norma coletiva lhe são aplicáveis (normalmente os sindicatos ajustam a exclusão de cláusulas sociais, como plano de saúde, dos contratos de aprendizagem).

Algumas diferenciações são aceitas, assim como normalmente os aprendizes desfrutam de pisos salariais menores, quando não o próprio salário-mínimo. Embora o salário-mínimo esteja assegurado, o art. 428, § 2.º, admite que seja respeitado apenas o salário-mínimo horário, pois o aprendiz não trabalhará 44 horas semanais, mas normalmente 30 horas semanais (seis horas diárias em cinco dias da semana), se não trabalhar menos.

Também é mais econômica a verba rescisória do aprendiz, desprovida de aviso-prévio indenizado e da multa de 40%, e, ainda, não se correm riscos de garantia de emprego. Logo, argumenta-se, essa figura mais econômica num contrato de trabalho precário deveria ser reservada apenas para aqueles que estão efetivamente no início da vida social e profissional, tanto o adolescente de 14 a 16 anos como aquele que se prepara para entrar na fase adulta, dos 16 aos 18 anos – mais os primeiros do que os últimos, aliás, pois os primeiros não têm nenhuma outra opção de conseguir uma renda própria, que não pela via do aprendizado.

Porém, os elogios ao aumento da idade para o aprendizado lembram que muitos perderam a oportunidade de uma boa qualificação profissional à época da adolescência, por ignorância, falta de incentivo dos pais, condições econômicas difíceis, desnutrição, necessidades prementes, distância geográfica e incontáveis outros motivos, não podendo, entretanto, ser punidos eternamente por esse lapso em suas vidas.

A abertura de vagas para aprendizagem nos primeiros anos da fase adulta vem em boa hora para a recuperação desse tempo perdido e o reinício das aspirações profissionais.

Outro enfoque favorável à majoração da faixa etária diz respeito a um antigo nó desatado, um pouco sem querer, pela Lei 11.180/2005: a possibilidade de uma aprendizagem ser feita em ambiente insalubre ou perigoso, em horário noturno ou, ainda, mediante carregamento de fardos superiores aos 20 quilos previstos em lei. Isso finalmente se tornou possível com a inserção de adultos nessa linha de trabalho educacional, pois antes os adolescentes poderiam avançar apenas até certo ponto. Maiores detalhes sobre o funcionamento da atividade insalubre e perigosa somente seriam atingidos ao término do contrato de aprendizagem, se efetivados fossem como empregados, e já na fase adulta.

Recorde-se que o rol de proibições do trabalho da criança e do adolescente não se atém apenas à insalubridade e à periculosidade em sentido estrito – contato com agentes físicos, químicos, biológicos, explosivos e inflamáveis – mas dezenas de outras hipóteses. Por exemplo, atividades de fabricação de móveis e de tratamento de vidros somente podem ser desempenhadas por adultos, mas esses adultos não terão recebido treinamento quando jovens. Agora, os adultos os podem ser aprendizes, por prazo determinado, e, após, prosseguirem no ofício.

Quanto ao objeto do contrato de aprendizagem, normalmente se destaca sua associação com as esferas dos ofícios de conhecimento metódico. Aprendizagem pressupõe (a) método, (b) tarefas complexas no sentido de somatório de conhecimentos e (c) progressividade na acumulação das informações.

Quando nossos avós usavam a palavra ofício para significar trabalho estavam corretos na percepção de que uma atividade decente era aquela que envolvia um aprendizado metódico e progressivo. Na frase "meu pai exerce o ofício de marceneiro", não se pretende apenas dizer que o pai tem um emprego (noção restrita a um trabalho subordinado), ou um trabalho (uma atividade normalmente remunerada, prestada de forma independente) ou uma profissão (função que vai acompanhar o trabalhador pelo resto da vida, se quiser, ou por longos anos, em havendo demanda para seus préstimos).

O "ofício de marceneiro" pressupõe que o profissional se qualificou para tal atividade, tendo recebido orientações teóricas (às vezes muito poucas, quando desvinculadas de programas oficiais) e práticas (as mais comuns), das tarefas de menor complexidade para aquelas de maior complexidade, tudo desenvolvido necessariamente com ajuda de um ambiente de trabalho.

Uma outra abordagem pode ser feita em termos bastante práticos: basta compreender quais são as instituições capazes de oferecer o serviço de aprendizagem para entender qual o conteúdo desse projeto, podendo ser citados os cursos de aprendizagem podem ser ministrados pelos seguintes órgãos:

- Serviço Nacional de Aprendizagem Industrial – Senai;
- Serviço Nacional de Aprendizagem Comercial – Senac;
- Serviço Nacional de Aprendizagem Rural – Senar;
- Serviço Nacional de Aprendizagem do Transporte – Senat;
- Serviço Nacional de Aprendizagem do Cooperativismo – Sescoop;
- escolas técnicas de educação, inclusive as agrotécnicas;
- entidades sem fins lucrativos, que tenham por objetivos a assistência ao adolescente e à educação profissional, registradas no Conselho Municipal dos Direitos da Criança e do Adolescente; e
- entidade concedente da experiência prática de aprendizagem.

Por esse prisma, haverá presunção relativa de que os cursos ministrados por essas entidades envolvam ofícios de aprendizagem metódica e preencham as exigências dos arts. 428 e seguintes da CLT para os fins desse contrato de trabalho especial.

Há, portanto, algumas semelhanças e algumas diferenças entre o conteúdo do curso de aprendizagem e o conteúdo de um contrato de estágio, por exemplo. Na aprendizagem, a concentração são os ofícios que requerem métodos de acumulação de conhecimento gradual, normalmente relacionados com tarefas artesanais ou com manipulação de máquinas e equipamentos cujo domínio dependa de observação, explanação teórica e acompanhamento prático. O jovem ou o adulto envolvido num contrato de estágio deve ter concluído ou estar em vias de concluir o ensino fundamental, hoje inserido no ciclo de nove anos de formação. Não se atrela a aprendizagem a nenhum curso de ensino médio profissionalizante nem ao ensino superior. Existe uma relação de independência e de articulação entre os cursos de qualificação de aprendiz e a rede oficial de ensino fundamental.

No contrato de estágio, a preponderância é efetivamente dos estudos sobre o trabalho. O estágio começa e termina pela faculdade ou pelo curso de ensino médio frequentado pelo estudante. São obrigatórias a anuência da instituição de ensino e sua presença ao longo do desenvolvimento do projeto.

Há uma inversão dos papéis: enquanto na aprendizagem o sujeito é um empregado, cujo empregador proporciona a qualificação profissional simultaneamente à prestação de serviços – e os ensinamentos costumam ser passados fora do local de trabalho –, no estágio, ao revés, o sujeito é um estudante, cuja escola proporciona o desenvolvimento para a vida de cidadão e para o trabalho, um complemento ao ensino fora da sala de aula, tudo em respeito ao currículo e ao calendário escolar.

Como ponto em comum, ambos os contratos guardam a preocupação de tornar os jovens e adultos recém-ingressados no mercado de trabalho seres humanos integrais e equilibrados, devidamente capacitados para a vida profissional que os aguarda e para a realização pessoal a que todo cidadão deve aspirar. A maturidade intelectual e profissional é via expressa para a realização de dignidade do ser humano, aduza-se. O outro ponto em comum entre aprendizagem e estágios é a porta aberta para a fraude.

Tanto um como outro contrato padecem do mal do fornecimento da mão de obra barata e do desvio da finalidade da norma, produzindo operários estressados no lugar de jovens em formação técnica. O estágio sofre ainda mais dessa deturpação, por ser considerado mera extensão universitária e não um contrato de trabalho com cláusulas especiais, donde estar o tomador de serviços dispensado de todos os encargos trabalhistas e até mesmo de contraprestação remuneratória.

Se for estipulada uma bolsa de estudos, ainda assim ela estará desvinculada do salário-mínimo. O rompimento do contrato de estágio, conquanto também fosse ele de trato sucessivo, prescinde de formalidades e não enseja pagamento de compensação pelos prejuízos causados e pela quebra de expectativa.

Embora a aprendizagem possa ser maliciosamente vista como mão de obra barata, exige-se o respeito à jornada de seis horas (art. 432 da CLT), ao passo que os estagiários costumam trabalhar em cargas elevadas da jornada, sem contraprestação e muitas vezes causando danos irreversíveis ao rendimento escolar. O próprio sentido de estágio em período integral já se mostra, de antemão, nebuloso, por inversão de prioridades (oito a dez horas na empresa para três ou quatro horas na escola, quando a proporcionalidade deveria ser ao contrário).

9. Especificidades trabalhistas do contrato de aprendizagem

O contrato de aprendizagem – sempre por prazo determinado – tinha duração máxima de três anos, segundo o Dec. 31.546/1952. A Lei 10.097/2000, conhecida por Lei do Aprendiz, no entanto, reescreveu a maioria dos artigos da CLT sobre o tema, fixando em dois anos o prazo máximo, salvo no caso de deficientes (art. 428, § 3.º), para quem não há limitação temporal.

Considerando tratar-se de contrato de trabalho por prazo determinado, não é devido aviso-prévio, nem da parte do empregador nem da parte do empregado, encerrando-se a atividade com o término do projeto educacional. Não há pagamento de indenização de 40% sobre o fundo de garantia – cuja alíquota é de 2% e não de 8% como para os demais trabalhadores – e o contrato não pode ser feito por prazo indeterminado, exceto, como dito, no caso do aprendiz portador de deficiência.

Dúvidas existem a respeito da possibilidade de o aprendiz se tornar estável, ideia essa que tradicionalmente foi refutada pela doutrina e pela jurisprudência, mas que voltou a ser discutida no caso das aprendizes gestantes, que podem adquirir estabilidade mesmo nos contratos a termo. Não há consenso a respeito porque, nesse particular, além da duração predeterminada, há também sua natureza especial de ensino e desenvolvimento de aptidões, o que não se coaduna com a duração estendida.

A aprendizagem seria desvirtuada se, por exemplo, houvesse sido programada para um ano de duração, como ocorre em muitos dos ofícios de ensino metódico na indústria e no comércio, e, pela gestação da jovem aprendiz, tivesse de ser alterada para dois ou mais anos.

Pode ser que nem mesmo exista mais ensino teórico a ser ministrado em tão longo período e, enfim, o jovem ou a jovem permaneçam na empresa como mão de obra barata, com o fundo de garantia a 2% e sem alguns benefícios da negociação coletiva, apenas pelo fato de que seu contrato de aprendizagem não pode ser rompido enquanto perdurarem as razões da estabilidade.

Adotando-se a premissa de que o bem maior da aprendizagem é o ensino metódico de um ofício, entendemos, portanto, a inaplicabilidade da garantia de emprego da gestante para os contratos de aprendizagem, que são excepcionais quando comparados com outros contratos a termo, como o contrato de experiência e o contrato por obra certa.

Caso, porém, alguém adote a premissa de que a aprendizagem é um contrato de trabalho por prazo determinado como outro qualquer, pode-se pensar em estender a estabilidade da gestante também para esta modalidade, mas sem perder de vista que o trabalho provavelmente se distanciará de sua finalidade original de ensino e desenvolvimento humano. Teríamos de pensar numa solução de desconfiguração forçada do contrato de aprendizagem e transformação em contrato de trabalho por prazo indeterminado, com todas suas consequências, como a majoração da alíquota do fundo de garantia, a extensão dos benefícios assistenciais previstos em norma coletiva e, se houver desligamento por iniciativa do empregador, o pagamento do aviso-prévio e da multa de 40% sobre os depósitos do fundo de garantia.

Também precisa ser refletido o impacto que um acidente de trabalho pode provocar quanto à durabilidade do contrato de aprendizagem.

O acidente de trabalho está associado a uma garantia de emprego de doze meses após a alta previdenciária, conforme art. 118 da Lei de Benefícios da Previdência Social (Lei 8.213/1991).

Controverte-se, entretanto, se o empregado admitido em contrato por prazo determinado teria direito a essa garantia, ou seja, se o contrato a termo deve se tornar um contrato de trabalho por prazo indeterminado em caso de acidente, ou doença equiparada, seguida de afastamento previdenciário e alta médica.

Por muito tempo se considerou incompatível a estabilidade com o contrato a termo, em respeito às condições preexistentes do contrato ajustado entre partes.

Posteriormente, utilizou-se uma solução adotada para acidentes ocorridos durante o aviso-prévio, trabalhado ou indenizado, qual seja, deixar o empregado se afastar para recebimento do auxílio-doença acidentário e consumar os efeitos da rescisão apenas quando de seu retorno. Essa solução não contempla estabilidade de doze meses após a alta, é verdade, mas também não priva o empregado do afastamento previdenciário: imprime uma suspensão contratual dentro do contrato a termo e faz com que o empregado tenha acesso ao regime previdenciário – o que reclama os quinze primeiros dias a cargo do empregador, em qualquer hipótese.

No entanto, evoluiu-se para a afirmação de que o acidente de trabalho assegura ao empregado a estabilidade mesmo nos contratos a termo, sendo irrelevante o fato de este ter de ser desnaturado para que passe a vigorar por prazo indeterminado. Valem aqui as mesmas reflexões acima lançadas quanto à gestante: podemos incluir o contrato de aprendizagem nesse raciocínio, e, nesse caso, a estabilidade implicará no cancelamento da aprendizagem e na conversão do contrato a termo em contrato a prazo indeterminado, fora das regras do contrato originalmente concebido para treinamento do empregado; ou podemos excluir o contrato de aprendizagem da estabilidade do acidentado, sob o fundamento de que sua condição era duplamente excepcional – excepcional por ser contrato de trabalho a prazo determinado e excepcional por ser contrato dedicado ao treinamento do ofício metódico e não a uma necessidade transitória da empresa.

Caso, como entendemos, se adote a segunda opção – manter o contrato de aprendizagem e negar-se a estabilidade ao aprendiz acidentado – seria importante adotar o entendimento garantidor do direito ao tratamento médico, ou seja, permitir a suspensão do contrato de trabalho para o recebimento do auxílio-doença acidentário, operando-se os efeitos da extinção do contrato apenas quando da alta previdenciária. Há previsão similar no art. 472, § 2º, da CLT, que pode ser aplicado aqui por analogia sem chance de erro.

Ao encerramento do contrato de aprendizagem, descabe a indenização de 40% sobre o fundo de garantia do período, popularmente conhecida por *multa* de 40%.

Essa indenização somente se destina aos empregados dispensados sem justa causa nos contratos indeterminados, como forma de compensação pela ruptura unilateral e imprevista, diante da falta de regulamentação do art. 7.º, I, da Constituição Federal de 1988, ao que consta do art. 10 do Ato das Disposições Constitucionais Transitórias. Admite-se a indenização de 40% em caso de culpa recíproca, por metade, mas o cenário é de rara utilização. Não há essa parcela em caso de pedido de demissão do empregado, dispensa por justa causa, falecimento do trabalhador e, no particular, encerramento natural dos contratos de trabalho por prazo determinado, como a experiência de que trata o art. 443 da CLT, o temporário da Lei 6.019/1974 e a aprendizagem do art. 428.

Em caso de rescisão antecipada dos contratos a termo, normalmente é devida uma indenização equivalente à metade dos salários que seriam pagos se a relação de emprego houvesse prosseguido. Porém, o art. 433, § 2.º, da CLT, inibe a utilização dessa regra no caso da aprendizagem.

Observe-se que a extinção natural do contrato de aprendizagem, exceto na hipótese do aprendiz deficiente, pode acontecer em duas datas futuras e certas, a que vier por primeiro: a) implemento do prazo de dois anos de contrato de trabalho; ou b) implemento da idade máxima, que saltou de 18 para 24 anos em reformas de 2005.

Se o jovem for admitido para um contrato de trabalho de aprendizagem aos 23 anos, é de bom alvitre que já se pactue um projeto de um ano de duração. Caso, por algum esquecimento, fixem-se dois anos de estudos, o 24º aniversário do aprendiz representará inexoravelmente a terminação do contrato, ainda que as partes não o quiserem.

Claro que o empregador pode continuar com o empregado na ativa, mas para tanto deverá alterar a condição de aprendiz para a condição de empregado normal – o que representa algumas diferenças em matéria de fundo de garantia e de jornada, como se verá. Não prevaleceu o entendimento de que o projeto educacional era mais relevante do que a idade, pois isso representaria alguns abusos e deturpações.

No caso do trabalhador deficiente, o art. 428, § 3º, prescinde de prazo determinado. É o único caso possível de contrato de aprendizagem por prazo indeterminado.

Embora se trate de um contrato de trabalho por prazo determinado, nem sempre será possível seu transcurso natural. Algumas intercorrências podem advir, como é da essência das relações de trabalho e da própria vida. Indagam-se, então, quais são as hipóteses de rescisão do contrato de trabalho, que não a extinção natural pela chegada da data aprazada e pelo falecimento prematuro do jovem aprendiz.

A primeira forma é o pedido de demissão do próprio aprendiz (art. 433, IV). A legislação jamais poderia vetar o pedido de demissão, sob pena de ser considerada uma hipótese de servidão disfarçada.

Por mais que o empregador alegue que apostava suas fichas naquele talento promissor e por mais que a saída repentina de um adolescente em franco aprendizado frustre todas as expectativas sobre ele depositadas, não há viabilidade jurídica nem social de se impedir uma pessoa do desligamento voluntário de qualquer contrato de trabalho.

E por mais que o legislador imponha algumas restrições, como a perda de benefícios, o impedimento do saque imediato de fundo de garantia e seguro-desemprego, ainda assim a forma de rescisão contratual é sempre possível.

No caso do investimento que as empresas fazem em altos empregados, como o pagamento de faculdade ou de pós-graduação, algumas soluções alternativas encontradas para que se evite o sumiço repentino do empregado contemplado com essas vantagens incluem reembolsos escalonados dos gastos com a universidade. Por exemplo, a empresa custeia 25% das mensalidades durante a realização do curso e paga os outros 75% ao empregado que permanecer, digamos, por mais quatro ou cinco anos no emprego, como forma de ele devolver em ideias e planejamentos aquilo que conquistou de conhecimento acumulado.

Caso a empresa pague os 100% da mensalidade, nada impedirá que o empregado peça demissão no dia de sua formatura.

Com o aprendiz isso não é possível, porque ele pode sair do projeto em seu transcurso e não há um sistema de bolsa de estudos envolvida. O ensino teórico corre sempre por conta da empresa. Eventualmente ela poderá estipular alguma premiação ou bonificação, por exemplo, para aprendizes efetivados com mais de três anos de casa, como forma de estímulo, embora esse sistema não esteja previsto em lei.

A outra forma mais comum de rescisão de um contrato de trabalho é a dispensa sem justa causa por iniciativa do empregador. Porém, na aprendizagem essa figura deve ser inibida. Permitir a dispensa sem justa causa em meio a um contrato de trabalho especial como a aprendizagem significaria a mais completa frustração de um emprego em potencial e, sobretudo, de uma qualificação em andamento. Inibiria, outrossim, a emissão do certificado de formação naquela área, tendo o adolescente já cursado no todo ou em parte o planejamento teórico e prático.

Imagine-se, para agravar a situação, que a dispensa sem justa causa fosse declarada pelo empregador no 23º mês do plano bienal, às vésperas das avaliações finais do adolescente para a aprovação no curso de qualificação profissional.

A legislação brasileira é bastante permissiva quanto ao exercício do direito potestativo de rescisão unilateral e sem motivação do contrato de trabalho, por parte do empregador. O inciso I do art. 7.º da Constituição Federal de 1988 objetivou proteger a relação de emprego contra a dispensa sem justa causa e a dispensa arbitrária, mas nunca houve a regulamentação almejada, a qual deverá ser feita pela via qualificada da lei complementar.

Enquanto essa regulamentação adormece, o único direito assegurado aos empregados foi a ampliação da multa de 10% sobre o saldo do fundo de garantia para 40%, conforme art. 10 do Ato das Disposições Constitucionais Transitórias.

No caso, porém, do aprendiz, faz todo sentido que se exija uma explicação plausível do empregador e não apenas uma explicação em torno de redução de gastos, encerramento do projeto ou alteração de rumos da empresa. Se a aprendizagem teve início, deve ser honrada até o final, mesmo que aquela mão de obra não seja efetivada ou que futuramente a empresa deixe de exercer a atividade econômica que ensejava aquele tipo de serviço.

Somente motivos relacionados ao mau comportamento do aprendiz são aceitos pelo legislador para a rescisão antecipada da aprendizagem, abarcando (a) desempenho insuficiente ou inadaptação do aprendiz, (b) falta disciplinar grave e (c) ausência injustificada à escola que implique perda do ano letivo.

A expressão desempenho insuficiente tem que ver com a desídia na formação teórica do aprendiz, a falta disciplinar é a justa causa típica de um contrato de trabalho e a ausência injustificada à escola é a desídia em ambiente externo ao contrato de trabalho, a escola fundamental, mas diretamente associada à preocupação com a condição peculiar da adolescência. São três formas interligadas de justa causa. Seu estudo é instigante porque comprova em caráter definitivo que nem toda justa causa precisa necessariamente ser praticada dentro das dependências físicas do empregador, como já se sabia quanto a algumas figuras como a violação de segredo e a difamação, assim como nem todas as justas causas precisam provocar transtornos diretamente sobre a linha de produção, embora a repetência do aluno na escola provoque prejuízos indiretos ao estabelecimento empresarial porque aquele adolescente vai deixar de prosperar o quanto se esperava.

Como não existe a dispensa sem justa causa por parte do empregador, não se pode cogitar da aplicação do art. 479 da CLT, segundo o qual a rescisão antecipada do contrato de trabalho por prazo determinado assegura ao empregado uma indenização equivalente à metade do salário dos dias que faltavam para o término do prazo.

Poderia evidentemente ser cogitada a indenização em sentido contrário, na forma do art. 480, exigindo que o adolescente retirante indenizasse o empregador pelos prejuízos causados. Porém, o art. 480 menciona que os prejuízos devem ser calculados com limite na indenização do art. 479, que, no particular, foi afastado, o que cria uma situação paradoxal de uma parte não poder exigir a indenização e a outra, talvez.

Além disso, o art. 479 assegura a indenização ao empregado em todos os casos de rescisão antecipada, enquanto o art. 480 exige a comprovação de prejuízos patronais. Diante desse impasse, o legislador houve por bem afastar definitivamente o binômio 479/480 do contrato de trabalho do aprendiz, o qual, mesmo pedindo demissão, está desonerado de indenizar o empregador (art. 433, § 2.º).

Fora o pedido de demissão e a justa causa dada pelo aprendiz (na fábrica, na escola ou no curso de qualificação), o contrato não pode ser rescindido antecipadamente. Certamente não há estabilidade ou garantia de emprego no contrato de aprendizagem. Essa necessidade de o empregador esperar o término do projeto de aprendizagem pode ser inserida num contexto mais amplo, que denominamos técnicas de preservação do contrato de trabalho, mas sem a dimensão de uma estabilidade.

Outra forma de classificar o assunto é dizer que justa causa sempre acompanha o contrato de trabalho, por ser uma quebra grave de confiança e uma alteração do comportamento esperado da parte contrária, especialmente num contrato de trato sucessivo como é o laboral, sendo certo que, no contrato de aprendizagem, o que o legislador quis regulamentar foi a dispensa sem justa causa. Em suma, a negligência do aprendiz nas duas escolas – a profissionalizante e a oficial – não corresponderia propriamente a uma justa causa trabalhista, mas a uma justificativa razoável e socialmente relevante para o afastamento de um adolescente e sua substituição por outro.

O contrato de aprendizagem por ser encerrado pelo implemento de seu termo, que atualmente é de dois anos no máximo, mas também pela idade do trabalhador ter chegado aos 24 anos.

Aulas teóricas dificilmente seriam ministradas no período das 22h00 às 05h00, é verdade, mas eventualmente podem ser necessárias atividades profissionais dos aprendizes nesse quadrante, como um treinamento para a função de padeiro, tradicionalmente acionado nas primeiras horas da madrugada, ou em redação de jornal matutino. Antes de 2005, esses misteres não contavam com aprendizes e, após a reforma legislativa de ampliação da idade, podem ser recrutados aprendizes de 18 a 24 anos. Vários outros exemplos podem ser citados.

Considerando que o adolescente não pode fabricar aquilo que não pode comprar (bebidas alcoólicas, fogos de artifício, bilhetes de loteria e outros itens), também neste passo haverá uma cisão entre o menor aprendiz, alijado dessas ocupações, e o maior aprendiz, passível de ser recrutado para as tarefas de possível impacto moral. De toda sorte, ainda que ampliada a idade máxima para o aprendiz, seu implemento é condição de extinção automática do contrato de aprendizagem. O contrato de aprendizagem, portanto, é estabelecido por prazo determinado e expira ou ao término dos dois anos ou quando o jovem completa 21 anos de idade, o que vier antes.

A jornada de seis horas prevista pelo legislador está coerente com o ideal de aprendizagem, pois nela não se incluem as aulas teóricas que esperam o jovem na rede oficial de ensino e no próprio curso de qualificação. São seis horas efetivamente dedicadas à atividade econômica, a que poderíamos chamar de atividades práticas. Caso o jovem ali permanecesse por oito ou dez horas, dificilmente o contrato atingiria sua finalidade, pois ele não teria condições físicas e mentais para suportar mais duas rodadas de explanações. Ato contínuo, o art. 432 tomou algumas cautelas, abriu algumas exceções e deixa subentendidas algumas conclusões:

Embora nada disponha sobre a carga semanal, ela deverá ser, no máximo, de 36 horas. Chega-se a essa conclusão porque no Direito do Trabalho Brasileiro o trabalhador somente faz jus a um dia de descanso remunerado por semana, conforme art. 7.º, XV, da Constituição Federal de 1988 e dispositivos da Lei 605/1949. Os outros dias são úteis e passíveis de requisição para o trabalho. Ainda que o empregador exija a presença do aprendiz de segunda a sábado, não extrapolará o módulo máximo de 44 horas semanais de que cuida o art. 7.º, XIII, sempre da Constituição. É muito provável que a maioria dos aprendizes obtenha a condição mais benéfica do módulo de 30 horas, porque esse tipo de atividade costuma transcorrer apenas de segunda a sexta, mas nada impede o recrutamento também para o sábado.

Em caso de necessidade, o divisor a ser utilizado para o cálculo de alguma parcela horária será o 180, conforme ensina o art. 64 da CLT (trinta vezes a duração normal da jornada). Claro que essa conta não deverá ser feita para fixar o valor das horas extras, vedadas ao aprendiz, mas pode haver necessidade de cálculo de adicional noturno, para os aprendizes maiores de 18 anos, ou mesmo para descontar uma hora de atraso, por exemplo. O divisor somente será reduzido caso também o módulo diário o seja. Por exemplo, o aprendiz admitido para jornada de 4 horas terá o divisor 120.

Não se aplica ao aprendiz a noção de contrato de trabalho a tempo parcial (art. 58-A da CLT), pois haveria deturpação no sentido dessa redução de jornada. O trabalho parcial foi criado como forma de se ampliarem as perspectivas de colocação no mercado para pessoas com necessidades especiais, como a mãe que não tem com quem deixar confortavelmente as crianças ou a pessoa com dois ou mais empregos, assim como para atender necessidades de empresas ou de profissionais liberais que, conquanto não tenham necessidade de um empregado em tempo integral, poderiam abrir vagas para cargas menores de trabalho. Nada disso condiz com a situação especial do contrato de aprendizagem.

Nenhuma espécie de hora extra é compatível com o contrato de aprendizagem, pois em qualquer cenário a frequência aos estudos obrigatórios e ao curso de qualificação sairia prejudicada. Ainda que se previsse a compensação de duas horas suplementares imediatamente no dia seguinte, por exemplo, o aprendiz seria induzido a faltar às aulas naquele dia – além de vivenciar queda de rendimento no dia seguinte, por exemplo. A prorrogação em sentido estrito – ampliação de jornada com pagamento da hora extraordinária – é ainda mais perniciosa para a finalidade desse contrato de trabalho, justificando-se plenamente sua vedação. Note-se que o legislador não cogitou nem mesmo da hora extraordinária por motivo de força maior ou para atendimento de serviços inadiáveis, de que cuidam os arts. 61 (para adultos) e 413, II (para adolescentes). A vedação do art. 432 inclui também prestação de serviços suplementares em domingos e feriados, por óbvio.

A regra do art. 414, sobre a soma de jornadas laboradas pelo mesmo empregado em mais de um empregador, vale também para o aprendiz. De novo se observa, todavia, que a totalização será de raríssima verificação prática, pois dificilmente duas ou mais empresas vão disputar e compartilhar um mesmo aprendiz simultaneamente.

O aprendiz tem assegurado o direito à pausa intrajornada dedicada à alimentação e ao repouso. Mantido o padrão de seis horas, a pausa é de quinze minutos. Adotada a exceção da jornada de oito horas (art. 432, § 1.º), a pausa sobe para uma hora (art. 71).

À época em que a aprendizagem cessava aos 18 anos, o tema do adicional noturno e do aprendiz eram incompatíveis entre si. Com a autorização para aprendizes maiores de 18 anos pela Lei 11.180/2005, porém, a perspectiva se tornou real. O aprendiz faz jus integralmente aos direitos noturnos previstos no art. 73 da CLT. A empresa deve ter o cuidado de conservar a jornada em seis horas, mesmo com a inserção da hora noturna reduzida.

Por exemplo, o empregador pode fixar jornadas de aprendizes das 06h00 às 12h15min, das 13h00 às 19h15min e das 15h45min às 22h00, pois em todos esses três casos a jornada de 6 horas e 15 minutos é deduzida de quinze minutos de intervalo para refeição e descanso e se mantém no padrão legal. Porém, pretendendo fixar a jornada a partir das 18h00, deve encerrá-la às 24h00 pontualmente, pois os quinze minutos de hora noturna reduzida terão sido computados das 22h00 às

24h00 (sete minutos e meio para cada hora laborada) e simultaneamente deduzidos os quinze minutos de refeição.

O art. 432, § 1.º, abre a possibilidade de uma jornada de oito horas, o que não significa a existência de duas horas suplementares em relação ao aprendiz de seis horas, mas, sim, um modelo diferente de aprendizagem. Na hipótese do § 1.º, o aprendiz já concluiu o ensino fundamental de nove anos e, o que é realmente importante para o contexto, o empregador permite que nessas oito horas sejam incluídas as aulas teóricas da qualificação profissional.

A depender da forma como essas aulas são ministradas, o quadro é mais vantajoso do que a jornada de seis horas, que não computava a parte teórica. A segunda parte da exigência do art. 432 é plenamente válida (incluir parte teórica na carga de oito horas), mas a primeira parte revela um preconceito por parte do legislador e perpetua um ciclo de baixo nível de escolaridade do jovem brasileiro: indiretamente estimula o abandono da escola ao cabo do ensino fundamental, mesmo expandido para nove anos, e não prestigia o ensino médio, antigamente denominado ensino de segundo grau ou ensino colegial, passagem indispensável para qualquer curso superior. O legislador poderia ter ficado com a segunda exigência e abrandado a primeira. Caso a jornada de oito horas seja adotada, o módulo semanal está limitado a 44 horas, evidentemente.

Observa-se no tema da jornada de trabalho um papel de destaque para as aulas teóricas. Sem elas, a jornada se atém a seis horas. Com elas, o empregador está autorizado a exigir jornada de oito horas, ainda que as aulas não sejam exatamente de duas horas. Vem a calhar, por conseguinte, a compreensão do que sejam essas atividades teóricas.

É certo que o conteúdo das atividades teóricas deve estar diretamente ligado ao ofício que se pretende ensinar ao jovem e à vivência profissional desenvolvida na empresa.

O local físico das aulas teóricas, por sua vez, não é o elemento mais importante para a consecução dos objetivos da aprendizagem, admitindo-se que elas possam ocorrer na própria entidade educacional ou no estabelecimento contratante ou concedente da experiência prática do aprendiz. Caso se trate de empresa com matriz e filiais dentro de uma mesma cidade, autoriza-se a concentração das aulas demonstrativas num único estabelecimento.

Empregado monitor responsável pelo aprendiz, responsável pela coordenação de exercícios práticos e acompanhamento das atividades do aprendiz no estabelecimento, é exigido pelo regulamento do contrato de aprendizagem.

Com relação ao salário-mínimo, o aprendiz o tem efetivamente assegurado nos mesmos patamares que os trabalhadores adultos. Teses antigas quanto ao pagamento de faixas salariais inferiores ao mínimo legal para os aprendizes, o que chegou a constar do velho art. 80 da CLT e até hoje consta formalmente do art. 11, parágrafo único, da Lei 5.889/1973 quanto aos empregados rurais com menos de 16 anos, não foram recepcionadas pelo art. 227, § 3.º, da Constituição Federal de 1988, que exige a garantia dos direitos trabalhistas e previdenciários aos adolescentes.

A peculiaridade que se pode verificar da redação do art. 428, § 2.º, da CLT, é a previsão, apenas, do salário-mínimo hora. Nesse sentido, na eventualidade de ser feito contrato de aprendizagem com jornadas de quatro horas, por exemplo, admite-se o pagamento proporcional ao salário-mínimo hora.

O salário-mínimo é nacionalmente unificado e depende de lei para ser majorado, conforme exigências do art. 7.º, IV, da Constituição Federal de 1988. O que pode ser regionalizado é o disposto no art. 7.º, V, denominado de piso proporcional à extensão ou à complexidade do trabalho.

A União delegou essa competência específica, através da LC 103/2000, conforme autorização contida no art. 22, parágrafo único, da Constituição, para os Estados e para o Distrito Federal. Ainda há muita ignorância sobre a matéria. Escutam-se comentários sobre salário-mínimo estadual, o que é inexistente. Há leis estaduais que fixam valores genéricos, sem maior explicação do sentido da expressão "extensão e complexidade" do trabalho. De toda sorte, enquanto o assunto não encontra o desenvolvimento científico à altura, pode eventualmente algum Estado fixar piso proporcional à extensão e à complexidade do trabalho do aprendiz, pois a medida será válida.

Matéria que tende a gerar cizânia ainda maior é a negação de cláusulas da norma coletiva para os aprendizes.

Se o art. 227 da Constituição Federal de 1988 determina a garantia dos direitos trabalhistas e previdenciários aos adolescentes, como é que se poderia falar validamente em afastamento das vantagens de uma Convenção Coletiva para o empregado, ainda mais sabendo que no Direito do Trabalho Brasileiro as normas coletivas exercem papel de relevo e sobre elas são depositadas grandes expectativas?

Agrava ainda mais o problema o fato de que a CLT, que tem padrão de lei ordinária, nada mencionam sobre o tema, encontrado apenas nos regulamentos da aprendizagem. De plano se pode evocar a usurpação dos poderes do Decreto, ao regulamentar uma matéria prevista em lei ordinária, que em momento algum havia concebido algum sistema de inaplicabilidade de cláusulas de Convenção Coletiva aos aprendizes. Na sequência se pode também evocar a inconstitucionalidade pela discriminação sem fator razoável dos empregados em formação com os empregados normais.

O Regulamento lança ainda mais controvérsia ao dispor que as cláusulas inaplicáveis aos aprendizes são aquelas de cunho social. Como não existe clareza sobre a distinção entre cláusulas sociais e econômicas na legislação trabalhista, será preciso um trabalho conceitual e doutrinário para antever a distinção.

Algumas cláusulas são de fácil visualização, como o reajuste salarial, que se mostra de natureza puramente econômica, e a concessão de reembolso-creche, que se revela cláusula de natureza social. Porém, alguns temas como o fornecimento de refeição *in natura* ou mediante tíquete refeição certamente vão desaguar num profundo dissenso, que deveria ter sido evitado. Note-se, também, a aplicação das cláusulas sociais aos aprendizes apenas ocorrem quando as próprias cláusulas assim o afirmarem, o que será raro de encontrar na prática, diante desse cenário dicotômico instituído pelo Decreto.

Caso não se adote a premissa da ilegalidade do Decreto (regulamentação de matéria não prevista em lei) nem a premissa da inconstitucionalidade do Decreto (distinção de vantagens da norma coletiva entre aprendizes e não aprendizes, contra a orientação do art. 227), convém que se faça uma interpretação verdadeiramente restritiva sobre a matéria, ou seja, não se enxergue cláusula "social" no piso da categoria, no adicional por tempo de serviço, na cesta básica, no vale-refeição, na participação nos lucros e resultados e nos adicionais majorados.

Com relação ao fundo de garantia, como já mencionado acima, o legislador rebaixou a alíquota de recolhimento para 2% sobre a remuneração paga ou devida ao aprendiz, ante os 8% dos empregados não aprendizes.

Existem alegações razoáveis de inconstitucionalidade da redução da alíquota do fundo de garantia do contrato de aprendizagem, sob o fundamento de que falece embasamento jurídico para a discriminação entre os empregados e que o art. 227 da Constituição Federal de 1988 exige a garantia dos direitos trabalhistas dos adolescentes – mas a tese não obteve êxito, prevalecendo o entendimento de que o contrato de trabalho excepcional de aprendizagem justifica o tratamento diferenciado.

Na verdade, o legislador buscava uma forma de "incentivos fiscais" para estimular o empregador a admitir empregados como aprendizes, mas para tanto era preciso que os cofres públicos efetivamente abrissem mão de alguns "ossos", como uma leve redução nas alíquotas da Previdência Social, não tributação da folha de pagamento dos aprendizes e, sobretudo, isenção de recolhimento do salário-educação para aqueles que já invistam em educação dentro de seus próprios domínios, como historicamente sempre se aceitou na legislação tributária. Ao revés, enquanto o empresariado investia na educação dos empregados e na admissão de aprendizes, a Emenda Constitucional 14 e legislação subsequente retiraram o direito de abatimento dos gastos educacionais com a contribuição social denominada salário-educação.

10. Reflexões sobre as cotas obrigatórias de aprendizes

Nem todos os empregadores estão obrigados à manutenção de alguns aprendizes, mas apenas aqueles que se valem de funções que "demandem formação profissional" – conforme consta expressamente do art. 429, *caput*, *in fine*, da CLT.

Assim, habitualmente, os aprendizes ficarão circunscritos a alguns segmentos empresariais do comércio e da indústria que utilizam mão de obra qualificada, bem assim alguns segmentos da prestação de serviços.

Comércio e indústria são responsáveis pelos serviços nacionais de aprendizagem mais antigos do país, em consonância com a legislação existente à época das Constituições de 1937 e 1946, conforme já estudado no capítulo anterior, a saber, o Senac e o Senai. O Ato das Disposições Constitucionais Transitórias criou o Senar, a fim de expandir o conceito de formação profissional também para as atividades rurais, sendo certo que a legislação ordinária posterior fez menção aos serviços ligados aos transportes e aos serviços ligados ao cooperativismo.

Empresas que lidam apenas com o trabalho não qualificado ou, no outro espectro, que demandem mão de obra especializada com diploma de ensino superior, passam ao largo desse meio-termo, que é a mão de obra de qualificação média, a que se chama normalmente de aprendizagem ou de ofício de aprendizagem metódica.

Entende-se que a empresa necessitada da mão de obra treinada para o ofício metódico não poderia ficar inerte, à espera de que as políticas públicas resolvessem sozinhas o problema da qualificação intensiva que se impõe sobre esse caso. Não se trata apenas de aferir de quem é a responsabilidade pelo ensino básico no país, atribuição que a Constituição Federal designa para o Estado, mas com direta colaboração da sociedade e, até mesmo, com fonte complementar de custeio sobre as folhas de pagamento (art. 212, § 5.º, da CF/1988).

O caso em particular vai além do ensino fundamental de responsabilidade do Estado e chega ao ensino complementar ou formação técnica de adolescentes e jovens.

Como essas empresas precisam da mão de obra treinada, ao legislador pareceu razoável exigir, em contrapartida, que ela mantenha em seus quadros um percentual de trabalhadores ainda em fase inicial de aspirações profissionais.

Mal comparando, é como se o legislador pedisse que, em meio a cem empregados, a empresa desse uma oportunidade para cinco ou dez novatos, que ainda não concluíram seus estudos profissionalizantes.

A empresa se beneficia de mão de obra relativamente barata, podendo atingir um espectro maior da população, com o rebaixamento da idade mínima para admissão. De sua parte, o adolescente conquista diversas vantagens que prescindem de maior aprofundamento, desde o posto de trabalho com vocação educativa até a chance de uma afirmação precoce em carreira numa empresa em que ele possa desenvolver suas habilidades. Diante das notórias deficiências estruturais da sociedade brasileira em termos de acesso à educação suficiente e aos aparelhos de cultura e lazer, a diferença entre conseguir e não conseguir uma vaga em aprendizagem pode representar a tomada de rumo totalmente oposto na vida de um jovem das camadas médias, urbanas e rurais.

Pode-se discutir o acerto ou o desacerto de outras cotas de admissão compulsória de empregados, como pessoas com deficiência, de que cuida o art. 93 da Lei 8.213/1991, mas ali os critérios foram outros e os fundamentos totalmente diversos.

A cota das pessoas com deficiência, por exemplo, busca suprir incontáveis distorções existentes no mercado de trabalho e atinge apenas empresas de grande porte, a partir de cem empregados, com algumas outras restrições. Essa cota, aliás, tem assento constitucional, por ter sido cravada como um dos pilares da Administração Pública em sua relação com os servidores. Já a cota dos aprendizes não leva em consideração o porte da empresa, porque, em princípio, pode afetar tanto as pequenas como as grandes, mas se atém a um nicho específico do mercado, que são as empresas detentoras de atividades carentes de funções técnicas de aprendizado metódico. Há, portanto, uma ligação direta entre as causas e as consequências do art. 429.

O Estatuto da Microempresa dispensa as empresas de pequeno porte (EPP) e as microempresas (ME) de admitirem e matricularem aprendizes, ficando a exigência do art. 429 restrita às empresas de médio e de grande porte, que, de qualquer maneira, não se enquadrarem no conceito do Estatuto.

Sendo ou não uma microempresa, também se excluem das cotas as instituições sem fins lucrativos cujo objetivo seja a própria educação profissional, por se considerar que já cumprem a obrigação social de formação de jovens para o mercado de trabalho, ainda que não voltados para sua própria atividade (art. 429, § 1.º-A).

O legislador já havia acenado com outro tipo de cota, bastante parecida com aquela do art. 429, através do Programa Bom Menino. O Programa foi instituído pelo Dec.-lei 2.318, de 30.12.1986, e regulamentado pelo Dec. 94.338/1987, que viria a ser revogado em 1991. Não consta que seus resultados tenham sido exitosos.

Assim que promulgada, a Constituição Federal de 1988 já parece ter deixado de recepcionar ambas as normas, pois elas preconizavam trabalho de quatro horas de duração, em tarefas simples, mas sem acesso à Previdência Social e à legislação trabalhista. Falava-se apenas na percepção de uma bolsa de auxílio e em ausência de trinta dias durante as férias escolares, sem prejuízo da bolsa, o que tem forma e conteúdo de férias anuais remuneradas, mas sem dizer o nome para não sofrer acusação de que o Programa criava um terceiro gênero, um mal disfarçado contrato de trabalho. Para agravar ainda mais a situação, o "bom menino" podia ter 12 anos de idade, o que não resiste à nova ordem constitucional, embora estivesse, em 1986, em consonância com o parágrafo único do velho art. 80 da CLT e, em 1990, com o Estatuto da Criança e do Adolescente. Era necessário que o empregador com mais de cinco empregados admitisse bons meninos – e boas meninas, evidentemente – em montante equivalente a 5% de sua força de trabalho, arredondando-se para cima a fração inferior a uma unidade.

Indaga-se, finalmente, se a imposição de uma cota mínima de aprendizes dentro de uma empresa não representaria a supressão da vontade na formação do contrato de trabalho ou a excessiva publicização de um assunto meramente privado, como é o contrato de trabalho. Nem uma, nem outra.

Ao contrário do contrato de compra e venda ou do contrato de agência e distribuição, em que as regras do Código Civil têm carga moderada de ingerência sobre as relações privadas, o contrato de trabalho envolve diretamente a dignidade do ser humano e o empreendimento da energia do trabalhador sobre determinado ciclo produtivo, que nunca mais poderá ser recuperada ou devolvida.

Diante de pilares completamente diferentes, era natural que o Direito do Trabalho trilhasse caminhos opostos aos contratos civis e comerciais, o que justificou até mesmo sua emancipação como ramo autônomo nas ciências jurídicas, dotados de métodos e princípios peculiares. A antiga ideia do trabalho como uma simples espécie de locação de mão de obra ou empréstimo de energia repousa no século XIX e nem de longe supriria as necessidades da vida moderna e do desenvolvimento científico da matéria.

É razoavelmente esperada a existência de um conjunto de diretrizes públicas e cogentes sobre uma relação em princípio particular, como é o contrato de trabalho.

O empregador pode fazer oscilar o salário entre vários patamares, mas não abaixo do salário-mínimo; pode combinar diversos sistemas de jornada e expediente, mas não acima de oito horas; pode gratificar o empregado quando melhor lhe aprouver, mas desde que não se esqueça do décimo terceiro salário nem deixe de lhe conceder férias anuais remuneradas. Mesmo que queiram as partes, não poderão fundir o fundo de garantia dentro do valor salarial, e assim sucessivamente.

Dessa forma, a imposição de um número mínimo de aprendizes dentro dos quadros de uma empresa, "cujas funções demandem formação profissional", insere-se na forte carga de normas públicas sobre as especificidades de um contrato de índole particular. Sobra espaço para a manifestação da vontade da parte? Sobra, se lembrarmos de que o aprendiz é apenas aquele que se candidata à vaga, e não aquele que fica em casa, que não teve vontade de participar desse tipo de iniciativa auspiciosa nem lutou pelo direito.

A seu turno, o empregador é aquele que prospectou o mercado antes de instalar seu empreendimento, tendo-se decidido livremente pela iniciativa de se estabelecer em ramo com demanda de mão de obra de qualificação profissional, como a marcenaria, a construção civil ou a panificação; cresceu até atingir porte razoável que o retirasse do selo das microempresas; e, por fim, teve a liberdade de escolher entre vários jovens e adultos que postulavam a mesma vaga.

Claro que, para o cidadão, liberdade só tem esse nome se for plena e abundante, parecendo obscura a alegação de autonomia da vontade sempre que surgem alguns requisitos, grandes ou pequenos, mas assim são a vida em geral e o Direito do Trabalho em particular. Há autonomia da vontade, de fato e de direito, na formação, na execução e na consumação do contrato de trabalho de aprendizagem, conquanto com algumas restrições quando comparada com a autonomia de outros contratos de trabalho e muito mais quando comparada com a autonomia de alguns contratos civis.

Com relação ao número exato de aprendizes cotistas, observamos que a conta considera o número de empregados cujas funções demandem formação profissional, obedecendo-se, para tanto, à Classificação Brasileira de Ocupações (CBO).

Não são todos os empregados da empresa, portanto, pois ela pode ter outros setores dedicados a atividades de baixa qualificação ou de qualificação superior.

O índice é móvel, podendo variar de 5% a 15%, sem que o legislador tenha especificado alguma faixa de aplicação.

A base de cálculo inclui apenas os empregados efetivos daquele segmento de qualificação por aprendizagem, com exclusão dos temporários da base de cálculo, desde que eles sejam admitidos na forma da Lei 6.019/1974 (Lei do Trabalho Temporário). Não se deve confundir o contrato de trabalho temporário, em que é feita uma triangulação com a agência de colocação de mão de obra, com o contrato de trabalho por prazo determinado, em que existe uma justificativa para a intermitência do contrato de trabalho, como a obra certa e a experiência.

Também se exclui da base de cálculo das cotas de aprendizes titulares de nível superior os detentores de nível técnico, os exercentes de cargo de chefia máxima, referidos pelo art. 62, II, da CLT, e os cargos de chefia média, na forma do art. 224, § 2.º, que se destina apenas aos bancários. E ficam de fora da contagem, claro, os próprios aprendizes já contratados, sob pena de se tornar inviável o cálculo.

Em regime de terceirização, os empregados da prestadora de serviços deverão ser computados apenas pela própria prestadora de serviços, se e quando ela estiver obrigada ao preenchimento da cota, sem considerar os prestadores terceirizados na contagem da tomadora. Embora a lei não o diga expressamente, é evidente que também ficam de fora da conta os trabalhadores não empregados, que orbitem em torno da empresa, como o representante comercial autônomo, o estagiário, o trabalhador eventual e os operários avulsos.

Inicialmente chegou-se a pensar que as atividades insalubres, perigosas e noturnas, conquanto pudessem envolver necessidade de qualificação profissional, deveriam ficar de fora da base de cálculo das cotas, porque nenhum menor aprendiz poderia mesmo preencher a vaga aberta. Entretanto, com a alteração da Lei 11.280/2005, que passou a admitir o aprendiz maior de 18 e menor de 24 anos, deixou de fazer sentido a exclusão dos contingentes de trabalhadores voltados para atividades proibidas aos menores de 18 anos

Por expressa disposição do art. 429, § 1.º, a fração da unidade deve corresponder à admissão de um aprendiz novo, não se cogitando de arredondar a unidade para baixo nem de se perquirir se a fração era alta ou ínfima.

A diminuição do quadro de pessoal da empresa não autoriza a rescisão antecipada dos contratos de aprendizagem em curso.

O empregador deverá preferencialmente proceder à contratação direta do aprendiz, lembrando-se de matriculá-lo nos cursos de aprendizagem oficiais ou valer-se do sistema de intermediação por entidades sem fins lucrativos, Essas entidades são as únicas que podem assumir a dupla função, de forma simultânea ou alternada, de empregadoras e de educadoras, ao contrário do Senac, do Senai e demais serviços de aprendizagem, que apenas recebem aprendizes empregados de terceiros que ali desenvolverão os cursos profissionalizantes.

No caso da opção pelo uso das entidades educacionais, será formado um contrato de trabalho ainda mais pitoresco do que já seria o contrato de aprendizagem. Haverá uma triangulação às avessas, porque o empregador passará a ser a entidade sem fins lucrativos, mas da Carteira de Trabalho do empregado deverá constar a informação de que o específico contrato de trabalho decorre de contrato firmado com determinado estabelecimento para efeito do cumprimento de sua cota de aprendizagem

Em caso de descumprimento das obrigações trabalhistas por parte da entidade filantrópica, impõe-se a corresponsabilidade por parte do empregador. Observe-se que ela assumiu o papel de empregadora, ao passo que a empresa obrigada a cumprir a cota é a destinatária dos serviços do adolescente, sendo correta sua inserção no contexto de tomador de serviços. Destarte, parece bastante razoável considerar-se existente uma responsabilidade subsidiária para os créditos resultantes da relação de emprego. Situações de fraude ou conluio entre empresário e entidade beneficente atraem o conceito de nulidade absoluta de que cuida o art. 9.º da CLT. A solução mais adequada é a declaração da relação de emprego diretamente com a falsa tomadora e fixação da responsabilidade solidária entre os componentes do ardil, com fundamento no art. 942, *caput* e parágrafo único, do CC/2002.

Não estão eximidos da contratação de aprendizes os componentes da Administração Pública Direta e Indireta.

Na Administração Pública Direta, especialmente autarquias e fundações em que o uso de mão de obra qualificada metodicamente pode ser necessário, observar-se-á regulamento específico. Na Administração Pública Indireta, assim consideradas as sociedades de economia mista e as empresas públicas envolvidas em funções que demandem formação profissional, a contratação dos jovens e adolescentes poderá ser efetuada de forma direta, através de "processo seletivo mediante edital".

O concurso público em questão deve seguir todos os demais princípios que norteiam o Direito Administrativo, não podendo o edital fixar condições abusivas, como a comprovação do endereço do candidato no mesmo município da pessoa jurídica de direito público ou a experiência prévia na função que ele pretende aprender. Caso a pessoa jurídica de direito público opte pela contratação da entidade sem fins lucrativos e, para tanto, assuma despesas operacionais, mostra-se razoável a existência de um procedimento licitatório, embora referida exigência não conste das normas trabalhistas.

11. Prescrição aplicável aos adolescentes

Perda da pretensão decorrente de uma inércia prolongada e injustificada, eis a definição mais sintética que pode haver sobre o instituto da prescrição.

A relevância toda se concentra na palavra pretensão, porque o Direito Processual evoluiu aceleradamente nas últimas décadas e já não tolera que se defina prescrição como os antigos faziam, ora afirmando perda do direito, ora enaltecendo a perda da ação. Mesmo consumada a prescrição, não há falar em perda do direito.

O direito não é perdido, porque uma vez empreendida a ação ou conquistada a vantagem, ela não desaparece mais. No campo trabalhista, por exemplo, as horas extras praticadas pelo empregado ficam gravadas para sempre na memória dos fatos, não sendo eliminadas nem pelo escoamento do tempo nem pela negligência do empregado em reivindicá-las. Ocorre, porém, que a ciência processual ensina acerca da distinção entre o direito, no sentido material da expressão, e pretensão, que vem a ser sua eficácia ou sua realizabilidade.

É óbvio que, para um trabalhador ou para qualquer credor, a distinção entre direito e pretensão chega a parecer acintosa, pois a sucumbência será amarga, qualquer que seja o fundamento utilizado pelo magistrado. Perder é sempre perder, independentemente de ter havido derrota por falecer direito à parte ou por se reconhecer que o direito existe, mas agora desprovido de pretensão, ou seja, um direito inexigível. A perda da pretensão representa, de fato, a retirada daquilo que o direito tinha de mais vibrante, sua própria eficácia e quase toda sua razão de ser. Por isso que autores antigos usavam a expressão *direito mutilado* para se referir ao direito cuja pretensão estava prescrita.

A locução é forte, pois lembra as atrocidades humanas cometidas em guerras e conflitos armados, mas dá bem a dimensão de como, ao mesmo tempo, um direito possa subsistir e estar desprovido de sua vitalidade.

Há real importância na bifurcação do tema direito e pretensão, por mais de um fundamento. Caso a dívida seja paga, o devedor não fez um pagamento sem causa, nem satisfez um negócio ilícito. Pagou uma dívida efetivamente existente que lhe acarretara vantagens. O fato de não haver mais coerção capaz de obrigá-lo ao pagamento dessa dívida não significa que ela se torne impossível ou imoral. Achava-se a dívida no campo das obrigações naturais, assim entendidas aquelas que conservam suas principais características, mas não a coercitibilidade ou exigibilidade.

Daí a afirmação de que o pagamento da dívida, cuja pretensão se encontra prescrita, não coincide com o conceito do enriquecimento sem causa ou enriquecimento ilícito do credor, como se poderia imaginar. O credor foi contemplado por um ato de renúncia do devedor, a um meio de defesa que lhe era ínsito, ou por um gesto de ordem moral, pouco importa. O credor não está obrigado a devolver o valor auferido, nem poderá ser acusado de haver embolsado quantia indevida. Outra consequência relevante diz respeito ao tema das exceções. Embora o direito já não possa ser reivindicado por haver perecido a pretensão, pode ainda ser matéria de exceção processual e de pedido de compensação de valores pagos por idênticos títulos, por exemplo.

Operada a prescrição, não se cogita de perda da ação. A doutrina processual civil pode ter hesitado em alguns momentos e conhecido grandes debates sobre o tema da natureza jurídica da ação, mas não resta mais dúvida alguma de que a ação é apenas o veículo que transporta a pretensão e que em nenhum momento deve ser confundida com seu conteúdo ou com sua postulação. O direito de ação é autônomo, plenamente. A frase "perda da ação" é hoje considerada tão despropositall que chega a ser surpreendente sua presença recorrente ainda em alguns textos legais, como involuntariamente parece ser o caso do art. 7.º, XXIX, da CF/1988 ("ação, quanto aos créditos resultantes das relações de trabalho, com prazo prescricional...") e alguns textos doutrinários.

Basta observar que se a ação realmente desaparecesse, a petição inicial deveria ser barrada no distribuidor e a parte não poderia nem mesmo discutir se houvera alguma forma de suspensão ou de interrupção do prazo. O juiz estaria obrigado a trancar a ação e o réu poderia pedir o estorno da quantia paga, sem querer, dentro de uma discussão de pretensão prescrita. A parte estaria privada de garantia constitucional, especialmente do art. 5.º, e seria impedida de acesso ao Judiciário. Certamente não é isso que quis dizer alguém que tenha conceituado prescrição como sendo perda de direito de ação.

Esse conceito, muito em voga nos primórdios do Código Civil de 1916, obviamente tomava a palavra ação como sinônimo da palavra pretensão.

Dizendo perda do direito de ação, buscava-se chegar ao sentido de perda da reivindicação ou da exigibilidade já mencionadas, mas não propriamente a perda do direito de peticionar em Juízo. Agravava ainda mais a confusão o fato de a palavra *actio* no idioma latino não coincidir com o conceito de ação no direito moderno, mas com o conceito de pretensão, mais apropriadamente. Era, portanto, um falso cognato.

Mas não se deve esmorecer no assunto da precisão terminológica no campo científico em geral e no campo jurídico em particular. O rigor é indispensável para o aprimoramento do direito, especialmente do Direito do Trabalho. Se a explicação é conhecida, o intérprete deve verdadeiramente utilizá-la. Diante de tudo o que acima constou é que se deve preferir o conceito de prescrição como perda da pretensão em detrimento de conceitos antiquados como perda do direito ou perda da ação ou perda do direito de ação.

Nem sempre existiu prescrição nos ordenamentos jurídicos.

Ensinam os manuais de Direito Romano que o instituto não era conhecido pelo direito primitivo, embora provocasse um sentimento de perplexidade a prolação de uma sentença favorável à parte que havia demorado, digamos, cinquenta anos para levar a Juízo sua postulação, ou, tanto pior, se o neto do credor reivindicasse do neto do devedor a satisfação da pendência.

Foi assim que a noção remota do que seria chamado de prescrição começou a nascer nos meandros da jurisprudência, inicialmente através do pretor, a quem cabia a triagem e a verificação da procedibilidade das ações. O pretor, então, começou a lançar uma série de anotações entre a qualificação das partes e a causa de pedir, àquela altura chamada de *demonstratio*, e o tempo se encarregou de celebrizar essas anotações prévias.

Por força do hábito, sempre que uma anotação prévia era efetuada, já se podia saber de antemão que o pretor havia detectado um escoamento de tempo excessivo, abusivo ou simplesmente incompatível com a postulação ali efetuada. Toda vez que havia uma pré-anotação ou uma pré-inscrição, já se sabia que o tema do escoamento do tempo seria ventilado. A pré-inscrição gerou a palavra prescrição, ou seja, o instituto ficou conhecido pela forma como era veiculado, numa figura de linguagem conhecida por antonomásia (substituição de um nome por uma expressão que lembre uma caraterística ou uma circunstância que o consagrou).

Mas a prescrição já nasceu vocacionada para a polêmica.

Ainda hoje muitos a veem com desconfiança e lançam dúvidas sobre a pertinência do instituto, normalmente associado ao calote ou ao descumprimento de obrigações na certeza da impunidade com o escoamento do tempo a favor do devedor. No Direito Penal se acirram os debates sobre formas de impedir que um criminoso obtenha liberdade pela demora da entrega da prestação jurisdicional.

Conta-se que no início da vigência do Código Civil de 1916, muitos tinham vergonha de invocar a prescrição, pois isso poderia repercutir mal em seu círculo social ou jurídico, preferindo a elaboração de uma defesa de mérito, pelas vias ordinárias de quitação das obrigações, e não pelas vias extraordinárias, de mero encobrimento da eficácia de uma obrigação.

Porém, aos poucos a prescrição encontrou seu espaço na vida jurídica, de tal forma que mesmo o credor mais ingênuo tem alguma noção de que sua demora em exigir o direito representará uma espécie de presunção de inexistência do direito – eis aí um dos fundamentos originais da prescrição, no sentido de que a ausência de luta pelo direito, ou a inércia, como se dizia, era prenúncio seguro de ausência do próprio direito.

A presunção não tem base científica, é verdade, mas ajuda a entender o significado da prescrição e os motivos pelos quais ela se instalou na quase-totalidade dos ordenamentos jurídicos.

Ao tocar no tema da inércia injustificada do credor, todavia, o fundamento da prescrição esbarrou numa questão delicada: a compreensão da inércia do ponto de vista das dificuldades cotidianas desse mesmo credor ou pretendente.

Inicialmente se pensou razoável deixar que cada interessado explicasse os motivos que o levaram a demorar para o aforamento da ação, mas logo se notou que praticamente todo mundo tinha suas razões para explicar o fracasso. Uns se diziam pobres, outros iletrados; uns tinham viajado para terras distantes e outros estavam acamados; uns ignoravam seus direitos e outros tinham fome e sede; muitas eram viúvas e outros eram órfãos. Alguns tinham tentado soluções alternativas e outros aguardavam pela força da caridade. A prescrição caiu em descrédito.

Foi preciso a intervenção do legislador para delimitar o campo de atuação da contagem de prazo prescricional. Ele não é inexorável, mas somente pode ser afetado por causas expressamente previstas em lei.

Surgiram, assim, as causas interruptivas e as causas suspensivas de prazo prescricional.

As causas interruptivas têm a capacidade de zerar a contagem, inutilizando tudo o que se passou. São, portanto, mais incisivas e mais abrangentes do que as causas suspensivas, que apenas sobrestam momentaneamente a contagem, que vem a ser remontada após sua ocorrência, do ponto em que havia parado. Dada sua repercussão imediata e considerado o fato de que a prescrição poderia ser desprestigiada se a todo instante a contagem fosse reiniciada, andou bem o art. 202 do CC/2002 ao restringir o uso da interrupção da prescrição a apenas uma vez na vida do direito. Inutilizado o prazo anterior, recomeça a contagem de prazo novo sem chance de nova interrupção (mas com chance de nova suspensão, que é uma forma mais branda de desvio da rota de contagem).

A característica comum das hipóteses do art. 202 do CC/2002 é precisamente a manifestação inequívoca do credor na busca por seu direito, não deixando margem para a especulação ou para a dúvida. Em outras palavras, há razoabilidade na inutilização do prazo prescricional que fluía, porque a parte acaba por confrontar o devedor quanto ao crédito pendente, não podendo o devedor doravante alegar desconhecimento ou surpresa na postulação.

São hipóteses do art. 202: (a) ajuizamento de ação; (b) ajuizamento de cautelar denominada protesto para a conservação do direito; (c) protesto cambial; (d) apresentação de título em inventário ou concurso de credores; (d) outros atos judiciais capazes de pôr o devedor em mora; (e) atos extrajudiciais, desde que apontem reconhecimento do devedor quanto a sua pendência.

Todos os cenários são suficientemente cristalinos quanto à cobrança feita pelo credor, sendo quase todos eles relacionados com a reivindicação via Judiciário ou figuras análogas.

As causas suspensivas não se relacionam com a manifestação judicial ou extrajudicial da aspiração ao direito, mas normalmente com um favor por piedade do legislador ou com causas que interessam à sociedade, a fim de que o credor não se precipite na luta por seu direito.

Por exemplo, não interessa à sociedade que um cônjuge tenha de apressar eventual processo contra outro cônjuge. A constância do matrimônio é um bem maior a ser tutelado pelo direito, sendo esse um caso de suspensão de prescrição por interesse social (art. 197, I, do CC/2002). Idem quanto às ações entre ascendentes e descendentes, ao menos durante a manutenção do poder familiar (art. 197, II) e entre tutelados e tutores, curatelados e curadores (art. 197, III).

Considerando a origem da prescrição no Direito Romano e o fato de o sistema que chegou até o Código Civil de 2002 ser diretamente inspirado nas Ordenações Afonsinas, Manuelinas e Filipinas, as quais, por sua vez, foram buscar subsídios na Constituição de Teodósio II, de 424, havia uma forte preocupação com os soldados que partiam para os conflitos bélicos intermináveis e para os servidores civis que empreendiam viagens longuíssimas pelo vasto império, daí a inserção dessas duas hipóteses no art. 198 do CC/2002, como causas suspensivas de prescrição, muito embora hoje em dia sejam raríssimas as viagens dos servidores públicos civis e militares de duração tão longa que represente a perda de uma pretensão no Brasil e para locais tão remotos que os prive de comunicação com a sociedade. Em homenagem à história, mantiveram-se as duas causas suspensivas, mas sem alcance prático.

Resta, finalmente, a última causa suspensiva personalíssima ou motivada pela condição do sujeito, que vem a ser a incapacidade absoluta.

Esse dispositivo, hoje componente do art. 198, I, do CC/2002, sempre foi objeto de críticas por parte dos estudiosos da prescrição.

A suspensão da prescrição ao incapaz representa, na verdade, um favor ao representante legal, que está desonerado de lutar pelo direito do representado. Reforça ainda mais o fundamento dessa crítica a existência de um dispositivo como o art. 195 do CC/2002, que dá ao incapaz o direito de ação contra seu representante legal que tiver dado causa à prescrição, o que se mostra anacrônico, ou que não a houver alegado oportunamente.

Caso a legislação trabalhista fosse omissa, teríamos de aplicar a regra geral do art. 198, I, do CC/2002, de suspensão do prazo prescricional apenas para os absolutamente incapazes, entre os quais se incluem os menores de dezesseis anos (art. 3.º, do mesmo diploma legal). Portanto, a regra do Direito Civil sobre causa suspensiva da prescrição é mais restritiva do que a regra da legislação trabalhista.

Tanto o art. 440 da CLT, para os empregados urbanos, como a regra do art. 10, parágrafo único, da Lei 5.889/1973, para os empregados rurais, sempre dispuseram que a suspensão se estende até o 18.º aniversário, ampliando a garantia conferida pelo legislador civil.

Por se tratar de garantias especificamente devotadas aos empregados urbanos e aos empregados rurais, surgem diversas indagações sobre a aplicação de referidas causas suspensivas para outros adolescentes que aportam à Justiça do Trabalho: (a) empregados domésticos; (b) trabalhadores avulsos; (c) trabalhadores autônomos, como o pequeno artífice; (d) filhos e demais sucessores de trabalhadores adultos falecidos.

Quanto aos empregados domésticos, a LC 150/2015 parece ter resolvido o vazio legislativo que pairava em torno dos prazos prescricionais. Não somente o art. 43 manda aplicar o prazo prescricional de cinco anos, tal como consta da CF/1988, até o limite de dois anos após a rescisão contratual, como também o art. 19 manda aplicar subsidiariamente a CLT para os demais parâmetros. Logo, o art. 440 da CLT pode ser evocado na relação do trabalho doméstico, de modo a suspender o prazo prescricional para os trabalhadores domésticos adolescentes.

Sabe-se o trabalho doméstico é proibido aos menores de dezoito anos, desde o Decreto 6.481/2008, corroborado pela LC 150/2015, mas, se houver a prática do trabalho proibido, não haverá de fluir o prazo prescricional por se tratar de menor de dezoito anos.

Quanto aos trabalhadores avulsos, é possível sustentar que a equiparação completa com os trabalhadores urbanos e rurais (art. 7º, XXXIV, da CF/1988) abrange, também, a prescrição e os parâmetros de aferição da prescrição. Logo, se houver um trabalhador avulso de dezesseis anos, não fluirá prescrição contra seus créditos trabalhistas.

No entanto, quanto aos trabalhadores autônomos e quanto aos filhos dos trabalhadores falecidos, não há previsão legal para a suspensão do prazo prescricional após os dezesseis anos. Eles se beneficiam apenas da regra geral do Código Civil e não da regra protetiva dos trabalhadores, prevista na CLT.

Caso mais curioso diz respeito às crianças e aos adolescentes filhos ou sucessores de empregados adultos que vieram a falecer no curso de uma relação de emprego ou no curso de um processo trabalhista.

Esses adolescentes serão os legitimados para o ajuizamento da ação, invocando os direitos dos falecidos pais, ou simplesmente prosseguirão a ação aforada em vida pelos adultos. Aplica-se ao Processo do Trabalho o disposto na Lei 6.858/1980, que dá legitimidade aos dependentes estabelecidos pela legislação previdenciária, razão pela qual assume especial relevância a Certidão de Dependentes emitida pelo INSS. Caso não haja dependentes econômicos ou o trabalhador tenha falecido antes de inscrevê-los, haverá situações em que o Código Civil de 2002 terá de ser adotado, é verdade, mas ainda assim os filhos costumam figurar nas primeiras posições de qualquer lista de legitimados.

Ocorre que muitas situações complicadas vão surgir no tocante à contagem do prazo. A primeira delas é justamente saber se o adolescente terá o prazo contado a partir dos 16 anos, como requer o Código Civil de 2002, ou a partir dos 18 anos, como refere o art. 440 da CLT.

À solução acima preconizada, a que podemos chamar de sistemática, opõe-se outra solução, preocupada em estender o máximo possível a proteção aos menores, trabalhadores ou não. Afirmam os partidários da segunda corrente que os jovens devem ter o benefício da suspensão da prescrição até os 18 anos, independentemente da qualidade de empregados, porque o intuito do art. 440 foi proteger a minoridade como um todo e não apenas o operário em particular.

Tanto isso é verdade que, conquanto o art. 440 da CLT esteja formalmente inserido em um capítulo voltado à proteção do trabalho do menor, a redação do dispositivo nada refere sobre o menor "trabalhador", falando-se apenas em "menores de 18 anos".

A segunda questão controvertida será a possibilidade de ampliar a causa suspensiva para os demais componentes da família, maiores de 16 anos. Por exemplo, um trabalhador adulto falece, deixando dois filhos, um de 25 e outro de 10 anos de idade. Segundo a jurisprudência majoritária, o prazo de dois anos após a rescisão do contrato de trabalho (art. 7.º, XXIX, da CF/1988) flui normalmente a partir do óbito do empregado, supondo-se que a morte o colheu na constância do contrato de trabalho.

Assim, se o filho mais velho deixar de ajuizar a ação em dois anos, sofrerá os efeitos da prescrição dita total, sobre sua pretensão quanto aos créditos resultantes da relação de emprego do pai.

Todavia, o filho mais novo pode esperar completar 16 anos para, somente após, contar o prazo de dois anos de prescrição, porque dos 10 anos de idade até os 16 pendia uma causa suspensiva de prescrição (até os 18 para aqueles que aplicarem a regra de proteção ao menor trabalhador e não a regra de proteção aos menores em geral).

Caso o irmão mais moço afore a ação aos 17 anos de idade, ter-se-ão passado sete anos desde o falecimento de seu pai. Ele ainda estará coberto pela coerção do direito, mas seu irmão mais velho, agora com 32 anos de idade, poderá argumentar que a suspensão de um beneficia ao outro? O irmão mais velho está errado. As causas suspensivas são personalíssimas e, mesmo que assim não fosse, foram criadas para contornar dificuldades momentâneas e específicas, de tal forma que as razões que o irmão mais velho teve para demorar sete ou mais anos para o ajuizamento da ação não são consideradas válidas pelo direito – a menos, claro, que por coincidência ele tenha sido interditado mentalmente nesse período, ou seja, um servidor público civil ou militar com encargo a cumprir no exterior.

Não há fundamento jurídico para o compartilhamento de causas suspensivas.

Como o crédito trabalhista é um só, pode acontecer de o julgado reconhecer a dívida do empregador a título de horas suplementares, adicional noturno, salários e verbas rescisórias do falecido empregado e condenar a empresa a pagar a metade que cabia ao adolescente, beneficiado pela suspensão da prescrição, e isentar a empresa do pagamento da metade que cabia ao filho adulto, por encoberta a eficácia de sua pretensão.

A solução parece um pouco trabalhosa para o julgamento, mas está correta do ponto de vista processual e material.

Em resumo, caso o empregado morra deixando filhos muito pequenos, a empresa deve prestar especial atenção no período de guarda e manutenção dos documentos, pois pode ser surpreendida por um acionamento 10 ou 20 anos após, ainda dentro do prazo prescricional.

Caso o adulto já houvesse deixado escoar o prazo prescricional, sua morte não tem a capacidade de reavivar prazos.

Mesmo que deixe filhos menores impúberes, os contratos de trabalho encerrados há mais de dois anos já estariam efetivamente acobertados pela prescrição total, assim como os períodos anteriores a cinco anos na vigência do atual contrato de trabalho.

Enfrentemos, também, a forma de contagem dos prazos de prescrição das pretensões relativas ao trabalho da criança e do adolescente.

Previna-se que o trabalho do menor de 14 anos é efetivamente ilegal no país e que somente menores aprendizes deveriam ser admitidos dos 14 aos 16 anos. Todavia, para fins didáticos e considerando as realidades sociais ásperas deste país, passa-se a lidar com exemplos de contratos de trabalho verificados em idades muito tenras, analisando-se o impacto da prescrição sobre esses períodos.

- Contrato de trabalho dos 10 aos 15 anos de idade. O adolescente pode esperar fazer 18 anos e somente ajuizar a ação aos 20 anos de idade. O dia do 20.º aniversário é a data final para o ajuizamento. O dia exato do 20.º aniversário ainda está dentro do biênio prescricional iniciado no 18.º aniversário porque prescrição se conta por ano, sendo certo que ano é o "período de doze meses contado do dia do início ao dia e mês correspondentes do ano seguinte" (art. 1.º da Lei 810/1949). Ajuizada a ação até o 20º aniversário, o jovem pode reivindicar todos os cinco anos de contrato de trabalho, porque nada foi perdido. Contra o menor trabalhador não corre "qualquer" prescrição.
- Contrato de trabalho dos 10 aos 16 anos de idade. Sob idênticos fundamentos do item anterior, o ajuizamento da ação não precisa ser feito de imediato, contando-se o biênio logo após a rescisão, como se um adulto fosse. Espera-se o 18.º aniversário para a disparada do biênio. Ajuizada a ação até o 20.º aniversário natalício do jovem, asseguram-se as pretensões de todos os seis anos da relação de emprego, mais do que seria possível se o trabalhador fosse adulto, claro, pois a lei restringe a cinco anos o prazo prescricional parcial.
- Contrato de trabalho dos 10 aos 17 anos de idade. Nada se altera em relação aos exemplos acima. Ajuizada a ação até os 20 anos de idade, a pretensão abarcará sete anos de contrato de trabalho. Chegou a ser ventilada uma tese segundo a qual aos 18 anos o jovem deveria ajuizar a ação, sob pena de perder um dia do início do contrato de trabalho para cada dia que tardasse a ajuizar. Assim, se deixasse para o último dia do biênio, aos 19 anos, perderia as vantagens dos 10 aos 11 anos. A tese não tem fundamento jurídico e se baseia apenas numa falsa impressão de que o jovem saiu muito "beneficiado" pelos sete anos de pretensão intacta. O "benefício" é proporcional ao descalabro da situação em que foi envolvido.
- Contrato de trabalho dos 10 aos 18 anos de idade. Embora o contrato de trabalho tenha atingido oito anos de duração, todos eles foram vivenciados na infância e na adolescência do empregado, de tal forma que nenhuma espécie de prescrição fluía à época. Rescindido o contrato de trabalho aos 18 anos, conta-se o prazo bienal como de qualquer adulto. Ajuizada a ação até os 20 anos, o trabalhador superou o obstáculo da prescrição total e não terá prescrição parcial contra si.

- Contrato de trabalho dos 10 aos 19, 20 ou 21 anos. Trata-se de um contrato de trabalho de transição, em que o empregado ingressou criança, passou a adolescência e encerrou a atividade já como adulto. Nesse caso, o dia em que ele completou 18 anos de idade não marcou o início do prazo de dois anos, porque o contrato de trabalho estava em vigor, ao contrário dos exemplos acima apresentados. O biênio prescricional total somente disparou com a efetiva rescisão contratual aos 19, 20 ou 21 anos. O jurista deve se manter inflexível na premissa de que contra o menor não corre qualquer prescrição. Logo, o ajuizamento da ação dentro do biênio (aos 21, 22 ou 23 anos, respectivamente) autoriza a postulação de todos os oito anos de trabalho vividos na infância e adolescência, mais o período de trabalho da fase adulta. Não houve tempo hábil para o quinquênio se aperfeiçoar após o 18.º aniversário. Ajuizamento da ação com mais de 23 anos, porém, teria mais do que um quinquênio inserido, mas, nesses exemplos, já também teria havido biênio prescricional total, que normalmente é aferido antes do prazo de cinco anos.

- Contrato de trabalho dos 10 aos 22 anos de idade. Esse é o exemplo mais complexo e o caso mais pitoresco, conquanto raro. Se o empregado ajuizar a ação com 22 e meio ou com 23 anos de idade (o dia do 23.º aniversário vale para essa conta, conforme a citada Lei 810/1949), poderá aspirar a todos os oito anos da menoridade e mais os quatro anos da maioridade. Caso, porém, deixe para ajuizar a ação aos 23 e meio ou aos 24 anos, ainda estará dentro do biênio como lhe faculta a lei, pois somente havia sido dispensado aos 22 anos de idade, mas, àquela altura, já terá deixado operar, silenciosamente, o quinquênio prescricional. O caso é realmente curioso porque a lei poderá induzir o empregado a erro. Ao afirmar que ele dispõe de dois anos para o ajuizamento da ação, a contar da rescisão do contrato de trabalho, dá a entender que essa é a principal exigência a ser cumprida. Mas, além dela, deve atentar para a fluência simultânea do prazo de cinco anos. Aliás, isso ocorre também com os adultos. Um adulto que trabalha por oito anos e é dispensado da relação de emprego detém o prazo de dois anos para o ajuizamento, mas pode ser que seu principal pedido seja uma bonificação de seis ou sete anos passados, ou uma participação nos lucros e resultados fixada no primeiro ano do contrato de trabalho ou algum outro elemento que não se repetiu ao longo dos anos, como são repetitivas as horas suplementares ou os salários. Logo, deve se apressar para o ajuizamento ou, caso contrário, pode acontecer de já ser tarde demais.

- Contrato de trabalho dos 10 aos 23 anos de idade. Nesse caso, qualquer ajuizamento da ação aos 23 e meio, aos 24, aos 24 e meio ou aos 25 anos de idade do trabalhador já será tarde demais para alcançar as vantagens

> retroativas à menoridade. É a hipótese mais aflitiva para o trabalhador, que sabe da fluência do prazo, mas se encontra de mãos atadas porque ninguém espera sinceramente que ele vá aforar a ação na constância do contrato de trabalho. Espera-se o término da relação de emprego para se evitarem os revides e os problemas internos. Ocorre que o término da relação de emprego veio mais do que cinco anos depois que o prazo de cinco anos começou a fluir.

Em resumo, contra o menor trabalhador não corre *qualquer prescrição*, mas contra o maior corre.

Se o trabalhador adquire a maioridade ainda na constância do contrato de trabalho, começa a fluir discretamente o prazo quinquenal prescricional, de que cuida o art. 7.º, XXIX, da CF/1988.

A maioria das relações trabalhistas é de breve duração, sendo raros atualmente os contratos de trabalho de dez ou vinte anos de extensão.

Assim, o mais comum é que o biênio prescricional seja analisado prioritariamente e seja talvez o único existente na relação.

Porém, os contratos de longa duração, particularmente aqueles que assistirem à maturidade do trabalhador jovem, tendem a oferecer esse duplo risco.

Capítulo 7

O direito adquirido na esfera trabalhista

1. As expectativas e a vida do Direito

Há variadas maneiras de se alterarem os rumos de um contrato de trabalho, embora sua concepção original fosse tendente ao não retrocesso e a uma ideia de proteção da parte mais vulnerável em relação à parte exercente do poder diretivo. Aos poucos se nota que a ampla gama de modalidades de alteração contratual – benéficas ou não – torna difícil sustentar a intangibilidade plena do contrato de trabalho. Quando muito, deve-se falar numa intangibilidade relativa ou numa presunção relativa favorável à manutenção do estado das coisas. Jamais em presunção absoluta.

O Direito do Trabalho lida com expectativas.

Há, de um lado, a expectativa do capital em fomentar o empreendimento, auferir o lucro da atividade e prosperar. Há, de outro lado, a expectativa do empregado na arrecadação de dinheiro para fazer frente a suas necessidades vitais básicas e para sua realização pessoal.

Reforça ainda mais o teorema das expectativas o fato de que o contrato de trabalho é necessariamente de trato sucessivo. Ainda que feito para curta duração ou já sabidamente temporário, o contrato de trabalho se alimenta da riqueza do cotidiano, que tanto aproxima quanto afasta as pessoas forçadas à convivência. O empregado tem a expectativa de receber o salário ajustado ao final de cada ciclo – normalmente mensal – e o empregador tem a ansiedade do máximo rendimento possível do trabalhador. Essa frase, aliás, contém alguns postulados básicos do Direito do Trabalho, em torno do chamado princípio protetor.

Dentro do *princípio protetor*, em seu conceito mais amplo, destinado a contrabalançar a preeminência do poder patronal sobre a parte subordinada, há quem vislumbre a necessidade de destacar o princípio da intangibilidade salarial, mencionado pelo art. 462 da CLT, ou o princípio da inalterabilidade contratual, ventilado no art. 468. Porém, posta a questão de outro ângulo, o conceito de proteção já abrange a manutenção das expectativas conforme ajustadas inicialmente, o aprimoramento constante, o não retrocesso, o não aviltamento da condição do empregado, a não redução salarial e a não retirada das vantagens adquiridas.

A fim de evitar uma constelação de princípios todos ligados a um único ramo e dado que o postulado de um princípio há de ser um feixe normativo, é razoável que todos esses galhos sejam embrulhados num único feixe.

Por outro lado, a busca da suficiência do rendimento do empregado também chegou a ser cogitada para compor um princípio em separado, tendo, contudo, prevalecido o entendimento segundo o qual o *princípio da boa-fé* no Direito do Trabalho já inclui a transparência igualmente por parte do empregado.

Assim como se espera a lealdade do empregador na distribuição das tarefas e na negociação coletiva, também se aguarda que o empregado ofereça seus préstimos da forma mais digna possível, fazendo tudo o que estiver a seu alcance, dentro do melhor rendimento possível.

Não seria justo com o contrato de trabalho que ele sabotasse o empreendimento, sonegando informações que levem ao aprimoramento da atividade ou desacelerando deliberadamente o ritmo produtivo, a fim de cavar mais complacência do empregador ou a contratação de mais um colega de trabalho.

Daí a percepção de que boa-fé no Direito do Trabalho desde sempre abarcou o caráter subjetivo e objetivo do conceito, ou seja, a ausência de má-fé e a presunção de que todos ajam com a lealdade plena.

Sobre a constelação de princípios fundadores do Direito do Trabalho e o alcance dos conceitos de proteção e de boa-fé, remetemos o leitor a capítulo específico no Volume 1 desta coleção, dedicado à Teoria Geral do Direito do Trabalho.

É dentro desse caldo de cultura que se deve analisar o art. 468 da CLT, que é a transcrição do princípio protetor para a forma de regra escrita. Teve como propósito restringir o aviltamento da condição do trabalhador, como o rebaixamento salarial e funcional, mas também assegurar a manutenção de vantagens conquistadas ao longo da relação, de modo individual ou no plano coletivo. Assim, compreende tanto a condição mais benéfica como a norma mais favorável, na linguagem mais aceita do princípio protetor.

2. O art. 468 da CLT e o alcance do direito adquirido no âmbito trabalhista

Há nuances no conceito de direito adquirido na esfera trabalhista que ainda carecem de melhor desenvolvimento científico. Alguns assuntos que parecem mais arraigados, como benefícios assistenciais concedidos voluntariamente pelo empregador, podem ser retirados por diversos fundamentos atenuantes do direito adquirido, enquanto outros que parecem mais voláteis, sobretudo em termos de condições de trabalho, são bastante rígidos para os fins da legislação e dos princípios laborais.

Os temas desse debate normalmente envolvem (a) cláusulas de norma coletiva, (b) direitos previstos em regulamento interno de empresa, (c) compromissos assumidos pelo empregador para depois do contrato de trabalho, como é o caso da promessa de complementação de aposentadoria pública e (d) alteração de horários, de turnos e do volume das horas extras em geral.

A temática da redução salarial será tratada em tópico posterior, dada sua complexidade, inclusive quanto às possibilidades de alteração de modalidades e formas de rubricas e parcelas.

Sobre o contexto da alteração das cláusulas de norma coletiva, é importante traçar breve panorama histórico.

O direito adquirido pouca importância desempenhava sobre esse assunto, porque prevalecia o entendimento de que toda e qualquer cláusula de acordo coletivo ou convenção coletiva – como reajuste salarial, piso, cesta básica, plano de saúde, adicional majorado de horas extras e o mais – estava atrelada ao prazo de vigência previsto pelo legislador. Dado que a cláusula de vigência é também ela um dos elementos essenciais do ajuste coletivo, uma estava apoiada sobre a outra. Expirada a vigência, expiravam os efeitos das cláusulas coletivas.

As cláusulas de negociação coletiva estavam, por assim dizer, assentadas sobre condições resolutivas, as quais, uma vez operadas, retiravam a fruição daquele direito, fosse ele de natureza estritamente econômica, como é o caso dos reajustes e adicionais, fosse ele de natureza social ou assistencial, como plano de saúde ou reembolso de despesas escolares próprias ou dos dependentes.

Mas houve amadurecimento de outros pontos de vista, que chamavam a atenção para cláusulas presentes para gozo oportuno, como ocorre com algumas formas de estabilidade pré-aposentadoria ou estabilidade por acidente de trabalho. A simples existência dessas cláusulas de conquista imediata mas com aproveitamento futuro já era suficiente para colocar em dúvida a premissa clássica da vigência normativa como suporte para o não direito adquirido.

Porém, a maior alteração de entendimento jurídico viria mesmo na década de 2010, quando, sobretudo após a EC 45/2004, notou-se que a retirada de algumas cláusulas, sem qualquer explicação ou contrapartida, abalava sobremaneira o equilíbrio do contrato de trabalho, pondo em xeque conceitos mínimos de direito adquirido como aquele já incorporado pelas expectativas, pelo patrimônio e pelo sinalagma que preside os contratos bilaterais, mormente aqueles de trato sucessivo, como é o caso do contrato de trabalho.

O papel da EC 45, no particular, foi aguçar a curiosidade jurídica ao dispor que qualquer julgamento levado a efeito pela Justiça do Trabalho na arbitragem compulsória a que são submetidos os conflitos coletivos de trabalho, deveria se pautar pela observância, por primeiro, das condições convencionadas anteriormente, como um patamar mínimo abaixo do qual não poderia haver prolação de decisão. O julgamento deveria ser igual ou superior ao ajuste coletivo até então vigente.

Embora essa inovação constitucional estivesse atrelada, portanto, ao exercício do chamado poder normativo dos julgamentos coletivos trabalhistas, semelhante exigência do legislador foi recebida como uma espécie de reconhecimento dos direitos adquiridos coletivamente, para fruição individual.

Se o Poder Judiciário não poderia recuar em termos de vantagens coletivas adrede conquistadas, por muito mais motivo o empregador também não poderia, argumentava-se à época.

Foi assim que a tese do direito adquirido às cláusulas coletivas se disseminou naquele período histórico, imperando o conceito de *ultratividade da norma coletiva*. Usa-se a expressão ultratividade justamente para referir à atividade ulterior a seus períodos de vigência, inserindo-se a cada contrato de trabalho que tenha sido regido por aquele convênio coletivo.

Para a retirada de uma cláusula – por exemplo, um vale-refeição –, o empregador deveria propor a renegociação em separado de cada uma delas, seja oferecendo uma contrapartida, seja obtendo concessão da entidade sindical dos trabalhadores para que esta ou aquela condição fosse revista.

Conforme explicamos na parte dedicada ao direito sindical desta coleção, a consagração do direito adquirido às cláusulas normativas viria a ser abalada por julgados conflitantes da Corte Constitucional e, também, pelas reformas trabalhistas de 2017, que inseriram dispositivo expresso, no âmbito da negociação coletiva, contra a tese da incorporação.

De alguma maneira, portanto, a década de 2020 começa no mesmo patamar em que o assunto se encontrava na década de 1940 e seguintes, a saber, na esfera da inexistência de direito adquirido contra normas coletivas em sentido amplo.

O assunto pode parecer acadêmico ou distante para muitas pessoas que não se beneficiam de ajustes feitos pelas entidades sindicais ou que trabalham e empreendem em áreas não cobertas por sindicatos combativos, mas faz toda diferença para aqueles que convivem com salários baixos mas com amplas coberturas assistenciais e complementos salariais contemplados em norma coletiva.

Devo dizer que mais da metade dos debates sobre direito adquirido no Processo do Trabalho gira em torno da vigência e retirada de cláusulas de norma coletiva.

Em resumo, nada obstante a força dos argumentos favoráveis ao direito adquirido ao trabalhador em torno das vantagens recebidas por negociação coletiva, há prevalência da tese contrária, que coloca a máxima importância na vigência das cláusulas de convenção e acordo coletivo. Expirada a vigência, expirada a cláusula, sem que se possa falar em manutenção de seus efeitos ou em rebaixamento social para aqueles que subitamente ficaram privados de planos de saúde, auxílio-alimentação e o mais.

A tese da existência de cláusulas de aquisição imediata para gozo futuro não foi abalada nem pelas reformas trabalhistas nem pela jurisprudência do STF, pois a própria cláusula já contém sua vocação para a permanência no tempo, ao estipular, digamos, estabilidade de 5 ou 10 anos para o empregado que, naquele ano de vigência do instrumento normativo, preencher todos os requisitos necessário. Acho que, nesse particular, nem precisamos invocar o direito adquirido porque é a própria cláusula que irradia seus efeitos para além de seu campo de vigência, mais ou menos como ocorre com uma Medida Provisória que, prevista para durar 120 dias, continua a reger as relações sob ela constituídas, em caso de caducidade e não regulamentação pelo parlamento.

Afora a rota de colisão entre direito adquirido e cláusula de norma coletiva, há necessidade de refletir os impactos causados pelo chamado *regulamento interno de empresa*.

Ao contrário das três vias mencionadas de instrumento normativo (acordo, convenção e julgado normativo), o regulamento interno de empresa costuma ter caráter unilateral, sendo posto, alterado e cancelado diretamente pelo empregador.

Não há lei que obrigue os empregadores a manterem regulamentos internos e tampouco se exige consulta prévia às entidades sindicais em caso de interesse patronal na elaboração de algum regulamento. Normalmente são as empresas de grande porte, como as transnacionais e as antigas estatais, que sentiam necessidade de padronizar regras de comportamento e de conduta, optando pela via do regulamento, o que não deixa de ser interessante para o desenvolvimento do direito, por se dar mais ênfase à clareza do que à ambiguidade, à certeza jurídica do que às especulações.

Todavia, muitas vezes esses regulamentos não se atêm apenas a códigos de ética ou princípios norteadores da empresa, inserindo também algumas vantagens que, ao final, traduzem-se em efeito pecuniário.

O principal exemplo de criação jurídica dentro dos regulamentos internos era o antigo sistema de complementação de aposentadoria, pelo qual as empresas se comprometiam a manter padrão salarial do empregado pelo resto de sua vida – e, em alguns casos, pelo resto da vida de seus cônjuges ou dependentes, naquilo que se denomina complementação de pensão.

Em outras palavras, a empresa arcava com a diferença entre aquilo que o empregado receberia se estivesse na ativa e aquilo que a Previdência Social paga a título de aposentadoria, com o conhecido teto de benefício do Regime Geral. Ainda que os empregados novatos e jovens estivessem muito distantes do dia em que iriam deixar a atividade e passar para a inatividade, o fato é que a inserção dessa cláusula em regulamento interno já podia ser considerada a oferta da vantagem futura. Não se tratava de mera expectativa de direito.

Qualquer mudança posterior, como reduzir a complementação de 100% da diferença para 50% ou cassar o direito dos pensionistas ou, ainda, suprimir totalmente a oferta, somente poderia ter sentido para os novos empregados, admitidos após a mudança do regulamento.

Reforça ainda mais o argumento o fato de que os regulamentos, ao contrário das convenções e dos acordos coletivos, não dispõem de prazo de validade, de tal forma que se supunha, com razão, que eles foram feitos para durar, por prazo indeterminado e independentemente de qualquer requisito por parte dos empregados. Nem ao menos se poderia dizer que o regulamento caducou uma década depois ou que caiu em desuso.

As novas cláusulas regulamentares, que revoguem ou alterem as anteriores, atingem apenas os trabalhadores admitidos após a revogação ou alteração do regulamento.

Por essas singularidades quanto à natureza jurídica e quanto à vigência indeterminada, as cláusulas de regulamento interno são as que mais aderem ao conceito de direito adquirido e dificilmente são passíveis de retirada dos trabalhadores admitidos sob sua vigência. Qualquer mudança apanhará somente os novos empregados e, portanto, podemos ter situações de cláusulas das décadas de 1970 e de 1980 que somente 30 ou 40 anos depois serão discutidas judicialmente, quando o empregado delas precisar.

Pode parecer excessivo o arco de 40 anos, mas basta pensar nas diversas modalidades de *complementação de aposentadoria*.

Alguns empregadores tinham o hábito de oferecer ao empregado a manutenção do mesmo salário, após o encerramento do contrato de trabalho por motivo de aposentadoria. Considerando que a aposentadoria pelo Regime Geral da Previdência Social está atrelada a um teto máximo, capaz de reduzir os ganhos mensais do trabalhador, a complementação de aposentadoria se revela um verdadeiro bálsamo e uma vantagem de valor inestimável. A complementação de aposentadoria era oferecida a título gratuito ou oneroso, caso em que o empregado concorria com um percentual.

Podia assegurar a diferença salarial no todo ou em parte, extensível ou não aos dependentes em caso de falecimento do trabalhador, hipótese em que passava a ser chamada de complementação de pensão.

Diversos fatores colaboraram para o desaparecimento dos modelos antigos de complementação de aposentadoria, tais como o envelhecimento da população, a mundialização das empresas, a desestatização da Administração Pública direta e indireta e variados elementos de desequilíbrio dos cálculos atuariais.

A transição do modelo antigo, em que numerosos trabalhadores eram contemplados com a complementação de aposentadoria, para um modelo novo, em que a complementação deixou de ser disseminada ou sofreu alterações profundas, não se faz da noite para o dia e põe em xeque a questão sobre o conceito de direito adquirido em matéria trabalhista – a saber, sobre a aplicação do art. 468 da CLT em torno da complementação de aposentadoria.

Para quase todas as demais vantagens trabalhistas, o empregado somente pode exigir a permanência de um direito quando já houver implementado todas as condições que assim o asseguram.

As expectativas de que, dentro de mais alguns anos, iria atingir um novo patamar até então assegurado por norma preexistente, não costuma sensibilizar doutrina nem jurisprudência. Se hoje existir na empresa uma norma mais favorável (convenção coletiva, acordo coletivo ou regulamento interno) estipulando, digamos, adicional de remuneração de horas extras a 70%, nem por isso o trabalhador poderá reivindicar essa vantagem, superior aos 50% previstos na legislação brasileira, se por acaso prestar as horas extras em algum mês ou ano futuro, quando a norma já não mais vigorar.

Mesmo no caso do adicional por tempo de serviço entende-se que uma cláusula pode sofrer alterações sem que o empregado possa exigir a manutenção daquela previsão para ele, enquanto caminha para atingir 5 ou 10 anos de casa, conforme a previsão.

No tocante à complementação de aposentadoria, contudo, o entendimento maciço foi no sentido inverso: passou-se a considerar que o simples engajamento do empregado num contrato de trabalho, que tenha norma mais favorável estipulando o pagamento de diferença salarial entre o salário auferido pelo empregador e o que ele vier a auferir da previdência social, já é razão suficiente para que ele não possa mais sofrer efeitos negativos das alterações supervenientes.

Do contrário, o empregado corria o risco de jamais implementar as condições, porque um período de 30 ou 35 anos é longo demais para se esperar que o panorama se mantenha inalterado.

Além disso, uma empresa pode promover uma "campanha" de atração de empregados mais qualificados, oferecendo, na admissão, a condição extremamente vantajosa da complementação de aposentadoria, para, ao depois, retirar essa oferta para outros novatos.

O procedimento é lícito, contanto que não seja retirada a promessa daqueles que assim a receberam no momento da celebração do contrato de trabalho.

Como ato essencialmente complexo que é, a aposentadoria envolve a contagem de todo tempo de trabalho e de contribuição, mais a fixação de idades mínimas em diversos tipos de regime jurídico e alguns outros requisitos, correspondendo, portanto, a um benefício que se aperfeiçoa ao longo de décadas e não de dias. Talvez seja o exemplo mais sofisticado em matéria trabalhista quanto aos requisitos de aquisição e de concessão, donde o tratamento diferenciado que recebeu da doutrina trabalhista, admitindo-se o direito adquirido a seu regramento desde o primeiro dia do contrato de trabalho. Claro que o direito adquirido ao regramento depende, depois, de serem implementadas as condições, mas se o trabalhador realmente as completar, poderá exigir que tudo seja feito à maneira da data da contratação.

Supondo-se que o empregado permaneça na empresa por todo o período subsequente e que preencha os demais requisitos que acaso a norma exija – por exemplo, idade mínima, obtenção da aposentadoria regular pelo Regime Geral do INSS e assim por diante – fará jus à complementação de aposentadoria, conquanto a norma interna da empresa tenha sofrido alteração superveniente.

Nesse caso, não se deve encarar a cláusula mais favorável como simples expectativa de direito, mas como o direito já consumado, isto é, o empregado passa a ter direito à complementação de aposentadoria com a simples promessa dessa vantagem: o fato de ele precisar de alguns anos ou décadas para implementar as demais condições não deve ser analisado como uma ausência de direito. O empregador fez sua parte (contemplou o empregado com a promessa); o empregado buscará fazer sua parte da forma mais simples e rápida possível (adquirir o direito à aposentadoria).

Deixar que o empregador vá inserindo e retirando a promessa ao longo do percurso seria uma cláusula maliciosa, integralmente a cargo de um só lado da relação.

A tese do direito adquirido ao regramento da complementação de aposentadoria vigente na data da contratação do empregado tem como consequência a possibilidade de numa mesma empresa coexistirem regras cronologicamente diferentes. Não há problema jurídico nessa coexistência, apenas se separando cada empregado de acordo com seu regime de contratação.

Claro que nenhuma empresa começa suas atividades já com o tumulto de dois regulamentos internos, mas esse panorama pode acontecer justamente quando, desejando alterar as regras de um, cria o segundo para as novas gerações e deixa o antigo apenas para preservar os direitos adquiridos.

Abre-se a possibilidade, todavia, de que o empregado veterano, detentor das vantagens do primeiro regulamento, sinta-se tentado a requerer os benefícios do segundo regulamento.

Em princípio, isso não deveria acontecer, pois cada qual se destina a um grupo de trabalhadores, normalmente separados pelo critério cronológico. Porém, em se tratando de manifestação de sua vontade, com a concordância do empregador, e supostamente estando o empregado a se desligar de um regime mais vantajoso para um regime com menor leque de benefícios, a mudança é válida. O que não se pode admitir é que ele aufira as vantagens dos dois regulamentos ao mesmo tempo, que são excludentes entre si.

Mesmo o retorno da opção para restabelecer o sistema anterior será de duvidosa pertinência, carecendo de uma prova de coação ou de indução a erro por parte do empregador.

Essa forma de renúncia a um regime e adesão a outro pode acontecer, por exemplo, por um empregado que, já dispondo de plano de previdência privada adequado a suas necessidades, não veja tanta necessidade de permanecer sob regime do primeiro regulamento, que traçava complementação de aposentadoria, e colha mais vantagens no segundo regulamento que, tendo suprimido a complementação para novos empregados, outorgou-lhes direito a vantagens pecuniária mais imediatas, como um décimo quarto salário ou um adicional por tempo de serviço.

Em verdade, é difícil fazer a conta matemática de qual sistema seria mais benéfico.

É claro que uma complementação de aposentadoria é um item importante e financeiramente expressivo para a maioria dos empregados, mas, nesse exemplo referido, o empregado pode perfeitamente se sentir mais gratificado aumentando a renda de imediato, com o pacote de benefícios salariais, do que esperar por uma renda futura de baixo interesse jurídico, digamos assim.

Em resumo, a oscilação voluntária de regulamentos é aceita, mas não a sobreposição de normas, criando-se um terceiro sistema jamais prometido pela empresa e jamais contemplado pelo Direito do Trabalho.

3. Direito adquirido e matéria fática: alterações de horários, turnos e escalas

Deixando de lados os aspectos mais jurídicos sobre o direito adquirido trabalhista, que envolveu os temas da ultratividade da norma coletiva, da duração indeterminada dos regulamentos internos e da calibragem do regramento da complementação de aposentadoria, enfrentemos os aspectos fáticos das dimensões do direito adquirido a normas e condições de trabalho.

Nada supera, nesse quesito, a complexidade do estudo dos horários e dos turnos de trabalho.

De plano, enfoquemos as hipóteses de *alteração das jornadas de trabalho*.

Ao contrário do que se poderia supor, o art. 468 da CLT não inibe que o empregador faça mudar a jornada do empregado, contanto que não lhe provoque redução salarial nem empreenda alterações bruscas, assim entendidas aquelas que envolvam a troca do dia pela noite.

Desde que se mantenha dentro de padrões regulares de jornada diurna (ou da jornada noturna, para quem assim já foi contratado) a alteração é inserida dentro do *poder diretivo do empregador*, naquilo que se convencionou chamar de direito de variação patronal.

Por exemplo, os bancos costumam praticar um *escalonamento* no horário de entrada, fazendo com que as turmas de trabalho comecem o expediente às 8h00, 9h00 ou 10h00, dependendo da semana. Essa variação pode ser ruim para a organização da vida do empregado, mas não é considerada ilícita nem viola o art. 468 da CLT.

Outra alteração que causa impacto na vida operária, mas que se insere no poder diretivo do empregador, é aquela que afeta a escala de trabalho e o dia da folga. A folga deve ser semanal, preferencialmente aos domingos, mas quem determina o dia exato é o empregador. Poderá ou não consultar o empregado para saber qual a data que mais lhe favoreça, embora não haja essa obrigação. Em caso de choque de opiniões, prevalecerá a do empregador, por se entender que ele detém o direito de organizar o empreendimento da forma que melhor lhe aprouver e porque o conceito de subordinação jurídica abarca também a noção de sujeição aos horários e normas de conduta da empresa.

É válido lembrar que os empregados da administração pública têm ainda menor razão quando invocam direito adquirido ao horário de trabalho, por serem seus contratos de trabalho regidos simultaneamente pelo Direito do Trabalho e pelos princípios do Direito Administrativo.

No mais, também as oscilações do regime 5x1 (cinco dias de trabalho por um dia de folga), 6x1 (folga fixa no sétimo dia), 4x2 e demais variações parecem mais próximas do poder diretivo do empregador do que propriamente no conceito de alteração lesiva.

Também se insere no exercício regular do poder diretivo a alteração de turnos de revezamento para turnos fixos, sobretudo quando se nota o contexto da saúde do trabalho, porque os turnos mistos de jornadas diurnas e noturnas costumam ser mais penosos para o organismo do que os turnos constantes de horários iguais.

O turno de revezamento, no sentido jurídico da expressão, é aquele que faz oscilar intensamente os horários de entrada e saída, prejudicando amplamente a organização pessoal do trabalhador, o metabolismo, o sono e o convívio familiar. Por exemplo, na segunda-feira se cumpre jornada das 06h00 às 14h00, na terça-feira, das 14h00 às 22h00 e na quarta-feira, das 22h00 às 06h00; na quinta-feira se folga (pois se trabalhou até 06h00); na sexta-feira recomeça o ciclo das 06h00 às 14h00, sábado das 14h00 às 22h00, domingo, das 22h00 às 06h00 e assim por diante. O horário das refeições e do repouso fica prejudicado. Frequentar curso de atualização, faculdade ou aulas de idiomas, nem pensar. Relacionamentos familiares se tornam ocasionais.

A situação é tão complexa que o Congresso Constituinte cogitou proibir a prática, mas, sob os argumentos de algumas atividades industriais, de que a mão de obra precisava ser aproveitada apenas mediante horários específicos, encontrou-se a solução de reduzir a jornada para seis horas, salvo negociação coletiva (art. 7.º, XIV, da CF/ 1988). O sofrimento diminui um pouco, mas não muito (06h00 às 12h00, 12h00 às 18h00, 18h00 às 24h00, 24h00 às 06h00, por exemplo), pois o trabalho de madrugada deve cair de duas a três vezes por semana, quando o módulo é de oito horas, para um dia por semana, no módulo de seis horas.

De qualquer forma, o turno de revezamento abrange atividades desgastantes, expondo o trabalhador à vulnerabilidade em todos os sentidos e prejudicando-lhe, enfim, a saúde.

Caso os turnos sejam cancelados, é lícito ao empregador devolver os empregados ao sistema de turnos fixos, sem se poder alegar direito adquirido a uma situação pernóstica. O trabalhador poderia argumentar que a jornada de seis horas é mais vantajosa, enriquecendo, inclusive, o salário-hora, mas não se trata de argumento aceito diante do caráter penoso do turno de revezamento.

Mal comparando, é como a situação do empregado que não quer sair do turno fixo da madrugada para não perder o adicional noturno ou deixar o almoxarifado em que se estocam barris de pólvora, a fim de não perder o adicional de periculosidade de 30% sobre os salários: é consensual, em ambas as hipóteses, que a retirada é feita para seu próprio bem e para a melhoria das condições de trabalho.

Aumentos salariais devem ser batalhados de outras formas, especialmente pela negociação coletiva, e nunca em detrimento da saúde e da segurança do trabalhador.

O exemplo inverso se mostra muito mais polêmico. Empregado admitido para jornadas fixas pode ser acionado para prestar horas extras, com as restrições impostas pelo art. 59 da CLT (máximo de duas por dia, remuneração com adicional, possibilidade de compensação etc.), mas não pode ser forçado a aderir ao sistema de revezamento, que leva a profunda mudança em suas necessidades vitais básicas.

Há uma sutil diferença entre exigir a realização de horas extras e exigir mudança drástica de jornada. Tampouco se deve confundir juridicamente a mudança de horário de trabalho, dentro de uma mesma banda do dia, com a mudança radical que envolva a troca do dia pela noite.

É evidente que a maioria dos trabalhadores tende a se submeter aos desmandos do empregador, a fim de assegurar a vaga escassa de trabalho, mas não é disso que trata o art. 468 da CLT.

Na oportunidade, o legislador consagrou a máxima segundo a qual o Direito do Trabalho é feito de pequenas e constantes evoluções em busca do aprimoramento das condições de vida e saúde do trabalhador.

Se não é possível fazer tudo ao mesmo tempo (melhorar salário, diminuir jornada, aumentar a liberdade sindical), que seja feito um pouco por vez, mas de maneira progressiva e contínua.

Logo, a alternância da jornada fixa para a jornada revezada, mesclando dia com noite, é significativa a ponto de se inserir na alteração maléfica vedada pelo legislador.

A solução encontrada pelos empregadores é o recurso à negociação coletiva. Em sua pureza ideológica e no plano meramente individual, porém, a mudança brusca é inibida pelo legislador.

Complementando a explicação sobre os turnos de revezamento, também a alternância de turnos fixos, que envolvam a troca do dia pela noite ou da noite pelo dia, é objeto de controvérsia.

Aqui não se trata da variação penosa de horários a cada dia, mas de atividade fixa que, após algum tempo, é modificada de forma substancial. Por exemplo, o empregado da escala das 14h00 às 22h00 passará a atuar das 22h00 às 06h00.

É possível sustentar, com base nos mesmos argumentos de condição mais favorável que permeia o Direito do Trabalho e prejuízos à saúde do empregado, que a mudança é banida pelo art. 468 da CLT no plano individual.

Normalmente a questão não é posta nesses termos, porque conta com a concordância do empregado (primeiro requisito do art. 468) e porque é considerada benéfica economicamente (segundo requisito do art. 468), haja vista a inserção do adicional noturno no contracheque do trabalhador.

A pergunta que ora se formula, todavia, é se o benefício a que se refere o art. 468 é puramente econômico ou se também deve ser cotejado com o assunto da saúde e segurança do trabalho.

Se a questão salarial fosse a única relevante, qualquer forma de remuneração pelos riscos e pelos danos à saúde seria bem aceita pelo Direito do Trabalho.

Labora em erro essa interpretação, a tal ponto que mesmo a redução dos ganhos do empregado, assunto que gera habitual perplexidade, é admitida em se tratando de uma melhoria no ambiente de trabalho, como a eliminação das fontes insalubres ou retirada do empregado das fontes perigosas.

Daí ser comum chamar o adicional noturno, o adicional de insalubridade e o adicional de periculosidade, entre outros, de *salários condicionais*.

Enquanto a mudança do dia para a noite acarretaria aumento salarial, mas gera polêmica porque prejudica a saúde e o convívio do trabalhador, a mudança da noite para o dia, mesmo com perda salarial, é apoiada pelo Direito do Trabalho, porque promove o bem-estar do empregado, no curto e no longo prazo.

O exemplo do adicional noturno provoca a reflexão sobre o exato alcance da expressão "prejuízos ao empregado", mencionada pelo art. 468. Considerar a expressão como "prejuízos econômicos" ao empregado parece ser atitude reducionista demais para uma norma tão complexa, sendo mais razoável considerar prejuízos sociais, jurídicos, econômicos e físicos. Caso, porém, haja colisão de prejuízo econômico com vantagem física, esta há de prevalecer sobre aquele.

Exemplo análogo, porém não idêntico, ao tema anterior vem a ser a redução brusca de jornada com perda salarial: trata-se da hipótese de conversão de um contrato de trabalho de tempo integral, como oito horas diárias e 44 horas semanais, para um contrato de trabalho de tempo parcial.

Segundo definição do art. 58-A, entende-se por tempo parcial a carga máxima de 30 horas semanais.

O principal objetivo do contrato de trabalho de tempo parcial é evidentemente a redução salarial do operário, pois o empregador está autorizado a lhe pagar o salário-mínimo proporcional ao número de horas laboradas ou o piso normativo também pelas horas trabalhadas. Esse sistema é conhecido como uma das técnicas de preservação de contratos, ou seja, em vez de dispensar um empregado, o empregador mantém dois empregados em regime parcial, *part time job*, na linguagem consagrada dos ingleses.

Admitir um recepcionista em regime parcial não causa nenhum transtorno e prescinde de qualquer solenidade. Normalmente se faz esse ajuste por escrito, mas apenas como forma de maior clareza e para que se evitem dúvidas futuras, pois a lei não faz exigência quanto à forma de celebração do contrato. O empregado já ingressa sabendo de sua condição não tão favorável e de sua remuneração modesta, mas não deixa de ser uma oportunidade de mostrar seu valor e tentar galgar postos melhores na empresa.

Isso é relativamente comum em atividades do ramo de prestação de serviços e vem sendo utilizado também para a figura do almocista, assim entendido aquele empregado admitido apenas para cobrir o intervalo para refeição e descanso dos empregados fixos. Quatro almoços de uma hora cada um já justificam a presença de um almocista, forma mais sofisticada dos antigos folguistas, especialmente naquelas atividades que não podem parar e não podem redistribuir o serviço do empregado em repouso para os demais colegas presentes.

A controvérsia surgiria, contudo, no caso de um empregado veterano, de tempo integral, ser chamado para reduzir jornada – e salário evidentemente – à força. Nesse caso, desde logo seria invocada a norma do art. 468 da CLT e a mudança seria banida, porque prejudicial em quase todos os sentidos. A solução encontrada pelo legislador foi levar a responsabilidade para a entidade sindical: a fim de tentar preservar aquele emprego e não induzir o empregador a trocar um veterano de tempo integral por um novato de tempo parcial, o art. 58-A, § 2.º, exorta as partes ao entendimento via norma coletiva.

Novamente, no plano individual a situação é ilícita e esbarra no não retrocesso do Direito do Trabalho.

Elevadas controvérsias reinam, outrossim, no sistema de jornadas móveis integralmente fixadas a critério do empregador. Claro que a jornada móvel a critério do trabalhador se mostra benéfica e, aliás, tem sido apontada como fator de aumento de produtividade e satisfação dos empregados, como naqueles casos em que o empregado deve cumprir a carga de oito horas a contar do momento em que chega à empresa, sem rigidez ou desconto de minutos de atraso.

Se chegar às 08h00, sai às 17h00; se comparecer às 08h30, fica até 17h30; num dia inspirado em que compareceu às 06h30, vai até 15h30, tudo com uma hora de intervalo para refeição e descanso, aperfeiçoando-se as oito horas avençadas. Normalmente essas empresas fixam apenas alguns limites máximos para economia de energia elétrica, por exemplo, mas apreciam que os empregados tenham liberdade no desenvolvimento das tarefas.

É óbvio que esse sistema pressupõe uma cultura de maior responsabilidade e um ambiente harmonioso, que não se constrói facilmente, mas não deixa de ser uma experiência mundial relevante para estudo do Direito do Trabalho.

O problema todo surge quando o empregador será o único a estipular essa mobilidade, avisando o trabalhador na véspera, por exemplo, sobre o horário a começar no dia seguinte. E, pior: ditando a duração da jornada do dia, de quatro a oito horas de trabalho.

O empregado fica em situação de profunda insegurança e tende a se dedicar ao ócio nas "horas vagas", por saber que, caso houvesse marcado algum compromisso social, familiar ou profissional para o dia seguinte, poderá ter de cancelar de última hora sua presença. Muito embora o contrato de trabalho preveja expressamente essa cláusula, a tendência é que seja considerada maléfica ao empregado, como se fosse uma onda permanente de mudanças.

Entende o empregador que, nesse caso, pode pagar apenas pelas horas efetivamente laboradas, chamando o empregado de horista e deixando-o sem certeza de quanto auferirá ao final do mês.

Esse sistema de jornadas móveis a critério do empregador não contempla horas extras (salvo se exceder de oito horas diárias, certamente), remunerando a hora simples, de uma a oito por dia.

Assegura-se a remuneração de um patamar mínimo, normalmente de quatro horas num mesmo dia, a fim de não deixar o empregado sem salário, o que seria um escândalo dentro do escândalo.

Daí por que alguns julgados consideram ilícita a prática da jornada incógnita e, aplicando o espírito do art. 468 da CLT, fixam a jornada em quatro horas e determinam o pagamento de todo o excesso como horas extras, no sentido de horas não expressamente pactuadas ou não programadas. São horas fora do ordinário no sentido literal da palavra ou horas extraordinárias.

Em resumo, o conceito de direito adquirido trabalhista cede diante do exercício regular do poder diretivo do empregador, dentro do campo de atuação de seu direito de variação (*jus variandi*), de que são exemplos as oscilações de jornada e de escalas de trabalho sem redução salarial ou apenas com a retirada dos salários condicionais, como é o caso dos adicionais de insalubridade, de periculosidade e por trabalhos noturnos.

Esse entendimento exige tratamento em separado do caso de alteração de jornada integral para jornada parcial – porque seguida de rebaixamento remuneratório – e do caso de alteração de jornada com elevação de penosidade – como a transferência de turno diurno para noturno ou de turno fixo para revezamentos.

4. Direito adquirido *versus* supressão de horas extras habitualmente prestadas

Todas as questões acima tratadas, sobre alteração das condições de trabalho, parecem pífias perto do tumulto causado na vida do empregado e nos cânones do Direito do Trabalho pela supressão de *horas extras habitualmente prestadas*.

As horas extras não deveriam ser habitualmente prestadas, é verdade, mas a áspera realidade está apenas a confirmar a quantidade oceânica de horas extras. Basta ver que, de longe, constitui o principal pedido formulado em Processo do Trabalho, um dos principais temas de autuação pela fiscalização do trabalho na constatação dos abusos patronais e, ainda, fonte inesgotável de discussões acadêmicas quanto a seu conceito, natureza e forma de cálculo.

Outro fator alarmante é a quantidade de verbetes emitidos pelo Tribunal Superior do Trabalho e pelos Regionais na ânsia de disciplinar as bases de cálculo, os adicionais de remuneração e os reflexos.

Categorias profissionais inteiras convivem diariamente com a hora extraordinária como se ordinária fosse.

As horas extras foram concebidas com vocação para a eventualidade, para o atendimento a uma emergência ou para momentos de pico na produção, e não para o cotidiano da relação de trabalho.

Dois empregados admitidos já com o compromisso de prestarem, digamos, quatro horas extras diariamente cada um, desde logo suprimem a terceira vaga naquela empresa.

O Direito do Trabalho convive com o paradoxo das horas extras excessivas em meio ao desemprego estrutural: quem está fora, quer entrar; quem está dentro, vive sob a tensão do desemprego e a exaustão do excesso de jornada. Sei que as ciências econômicas e administrativas estudam esse conflito, mas precisamos entender melhor o quanto a carga tributária e os encargos incidentes sobre a folha de pagamento induzem a tomada de decisão de estender a jornada em detrimento da admissão de outro empregado ou o quanto a dificuldade das relações interpessoais desempenhe papel relevante nesta preferência por exigir mais de menos pessoas a redimensionar o quadro funcional.

De toda forma, é sinal eloquente de adoecimento sistêmico a ideia da redução de custos operacionais através do aumento das horas extras e da exigência contumaz de serviço suplementar.

Tome-se o exemplo dos vigilantes.

Raramente são admitidos para jornadas de oito horas.

Habituaram-se, na quase totalidade das empresas e das regiões do país, ao labor de doze horas. Recebem o salário, normalmente o piso normativo de um salário-mínimo e meio ou dois salários-mínimos, mais a média de horas extras, e imaginam que sua remuneração seja, na verdade, de três salários-mínimos. Sua remuneração, em verdade, é composta metade pelo salário e a outra metade pelo esforço de atuarem doze horas. Aliás, doze horas nem ao menos conta com apoio da legislação sobre horas extras. A jornada de oito horas somente poderia ser complementada por mais duas horas extras (art. 59 da CLT), chegando a quatro horas extras em caso de força maior ou prejuízo iminente (art. 61).

Feitas essas ponderações, convive-se com o quadro das horas extras oceânicas e, assim, surge uma questão para o Direito do Trabalho, que não queria e não podia querer tantas horas extras, mas com as quais teve de conviver.

A questão que se põe diz respeito à possibilidade de o empregador simplesmente suprimir as horas extras que sempre exigiu do empregado sem nenhuma satisfação pessoal ou consequência jurídica.

Caso fôssemos adotar as mesmas premissas acima lançadas quanto ao valor da saúde ter prioridade sobre o valor do dinheiro, é óbvio que a adequação da jornada de trabalho ao patamar de oito horas representaria um bem muito maior a ser perseguido do que a monetarização das horas extras.

Assim como o empregado não pode se agarrar ao valor do adicional noturno, do adicional de insalubridade e do adicional de periculosidade para pretender continuar no ambiente noturno, insalubre e perigoso, tampouco poderia implorar pela perpetuação dos serviços suplementares em troca da remuneração das horas extras.

Suprimir horas extras representa, por conseguinte, uma vantagem para a saúde, a higidez e o convívio social e familiar do empregado, um bem perseguido por toda a humanidade, a fim de que não se vendam os melhores anos da vida no sufoco de empregos aviltantes.

Agora, porém, o impacto dessa restrição sobre os rendimentos do trabalhador será profundo, muito maior do que os 20% do adicional noturno, os 30% do adicional de periculosidade e a polêmica parcela da insalubridade.

Profundo também será o impacto no cotidiano do empregado, que se privou de diversas oportunidades para fazer frente às horas extras. Considerando que o Direito do Trabalho gira em torno de expectativas, aquele empregado já se havia adaptado às condições adversas da carga pesada de jornada.

Fica a dúvida se as horas extras podem ser tratadas como exemplo de salário--condição como outro qualquer.

Postas todas essas questões na balança, houve sólido entendimento segundo o qual o valor das horas extras *nunca mais poderia ser suprimido* do rendimento do empregado, mesmo que a realização dos serviços suplementares deixasse de existir. Em outras palavras, entendia-se que, caso as horas extras fossem habitualmente prestadas e contraprestadas, passavam a fazer parte integrante da remuneração do empregado, não sendo mais viável sua eliminação, sob pena de redução salarial e alteração maléfica das condições ajustadas. O art. 468 veio em auxílio da manutenção das horas extras.

Conquanto benéfica para o bolso do trabalhador, o entendimento da "incorporação das horas extras" desestimulava o empregador a admitir novos empregados para auxiliarem na atividade intensa.

Mesmo que deixasse de exigir as horas extras do empregado e contratasse um parceiro para divisão do fardo, continuava a pagar as horas extras inexistentes, sob o argumento de que uma vez ordenada a hora extraordinária, nenhuma alteração seria possível.

Então, o círculo vicioso se instalava: a hora extra era exigida, o rendimento do empregado era inflacionado artificialmente (pois não aumentou o salário, mas apenas a carga horária), o caminho era de mão única, o retorno era proibido, o novo empregado jamais seria admitido e a vida continuava em torno das horas extras.

Foi assim que se desenvolveu o raciocínio jurídico de expandir, por analogia, dispositivo constante da Lei do Petroquímico, para todas as demais profissões em que o quadro de horas extras suprimidas viesse a ser verificado.

O art. 9.º da Lei do Petroquímico (Lei 5.811/1972, objeto de comentários em nosso volume de profissões regulamentadas), dispõe:

> Sempre que, por iniciativa do empregador, for alterado o regime de trabalho do empregado, com redução ou supressão das vantagens inerentes aos regimes instituídos nesta Lei, ser-lhe-á assegurado o direito à percepção de uma indenização. Parágrafo único. A indenização de que trata o presente artigo corresponderá a um só pagamento igual à média das vantagens previstas nesta Lei, percebidas nos últimos 12 (doze) meses anteriores à mudança, para cada ano ou fração igual ou superior a 6 (seis) meses de permanência do regime de revezamento ou de sobreaviso.

Podemos afirmar, assim, que as horas extras representam o único exemplo de salário-condição – pagamento devido apenas enquanto perdurar sua ocorrência – mas com repercussão patrimonial em caso de retirada. Embora o pagamento das horas extras seja devido apenas durante a prorrogação das jornadas de trabalho, entendemos que sua institucionalização no mundo do trabalho e sua natureza mais ordinária do que extraordinária justifica a procura de solução jurídica para o enfrentamento do cenário de retirada.

Se a tese da incorporação definitiva do valor médio das horas extras produziu efeitos colaterais indesejados, como num ciclo vicioso, a indenização proporcional ao tempo e ao montante pago pode suprir esse vácuo normativo.

Nas relações trabalhistas brasileiras, a comparação das horas extras com outras modalidades de salário-condição, como insalubridade e periculosidade, deve ser feita com cautela, dada a onipresença daquelas e a especificidade desses.

5. Alteração da data do pagamento salarial

Enquanto os temas acima tratados envolvem alteração de condições físicas de trabalho, especialmente jornada a cumprir, alguns outros assuntos provocam mudanças jurídicas ou patrimoniais, com idêntico abalo das condições previamente ajustadas – mas nem todas elas passíveis de serem consideradas nulas ou violadoras do art. 468 da CLT.

Um dos temas recorrentes corresponde à data do pagamento salarial.

O art. 459, § 1.º, da CLT, estabelece a regra do prazo máximo para pagamento salarial até o quinto dia útil do mês subsequente. Considerando-se que o quinto dia útil do mês seguinte é o máximo, razoável supor que o pagamento no dia 1.º, no dia 2 ou mesmo nos dias 25 ou 30 do próprio mês de labor se revelam condições mais benéficas para o empregado, que tem "adiantada" a quitação por seus serviços prestados.

As empresas temem fazer pagamentos no próprio mês de trabalho, por assumirem o risco de pagamento acima do devido.

Por exemplo, o acerto de contas feito num dia 27, como era comum na categoria dos bancários, pressupunha que ninguém faltasse injustificadamente nos dias 28, 29, 30 e 31 (se houvesse). Eventual desconto salarial pela ausência do empregado somente poderia ser efetuado no outro mês e assim por diante.

Já os pagamentos nos dias 1.º, 2 ou 3 normalmente são dificultados pela necessidade de conferência dos cartões de ponto, cálculos das horas extras e demais benefícios móveis daquele mês e fechamento da folha de pagamento. Daí por que a maioria das empresas pratica nada mais nada menos do que o prazo legal máximo.

No entanto, se a empresa efetuar o pagamento com antecedência, teria surgido uma condição mais benéfica ao trabalhador?

Claro que um mês ou outro de antecedência não pode ser chamado de comportamento habitual, nem deveria gerar expectativas exacerbadas pela classe trabalhadora.

Porém, o que dizer de dois anos sempre recebendo o salário no dia 1.º? Não seria razoável supor que o empregado ajustou sua vida pessoal ao dia 1.º, inserindo débitos bancários, contraindo dívidas e assumindo compromissos para aquela data?

A questão é intrigante, porque a preposição "até", utilizada pelo art. 459, § 1.º, denota data em movimento e situação dinâmica.

O empregador argumenta, por outro lado, que o congelamento da data de quitação seria pernicioso para os efeitos trabalhistas, ao desestimular antecipações quando estavam ao alcance do empregador. Haveria, ainda, indução a furtos e roubos, se a data jamais pudesse flutuar.

Por todos esses ângulos, concluiu a jurisprudência não existir direito adquirido à data do pagamento do salário.

Oscilações quanto ao dia da quitação, contanto que não excedente do permissivo do art. 459, § 1.º, não violam o disposto no art. 468 da CLT, nem representam alteração do pactuado.

Excepcionadas estão as situações em que o empregador se comprometeu de forma expressa, sobretudo através de convenção ou acordo coletivo, pois, nesses casos, a oscilação da data seria simultaneamente descumprimento de cláusula normativa.

6. Reduções salariais lícitas e ilícitas

É comum encontrarmos na doutrina um princípio especialmente denominado de irredutibilidade salarial, acoplado, ainda, à intangibilidade salarial, no sentido de não serem autorizadas as deduções pretendidas pelo empregador, mas apenas aquelas expressamente previstas em lei.

Desnecessário grande esforço para perceber que a redução de salário é efetivamente a mais impactante ao empregado e não condiz com os preceitos da legislação social, sempre em busca do aprimoramento das condições de trabalho.

No entanto, deve-se ficar atento para uma quantidade razoavelmente grande de hipóteses em que o rendimento reduzido do trabalhador não se insere no contexto da redução ilícita de salários. Portanto, pode haver diminuição de ganhos sem violação a direito adquirido ou ao conceito do art. 468 da CLT, sendo mencionados os seguintes exemplos:

- retirada de salários condicionais, como o adicional noturno, o adicional de insalubridade e o adicional de periculosidade, contanto que retirada também a condição que ensejava o pagamento (ambiente noturno, insalubre ou perigoso);
- retirada da gratificação de função de chefia, de que cuida o art. 62, II, com o retorno do empregado ao cargo efetivo, sem as responsabilidades de mando e gestão, o que não deixa de ser também um salário condicional;
- alteração do contrato de trabalho de tempo integral para contrato de trabalho de tempo parcial, mediante negociação coletiva, na forma do art. 58-A, mantendo-se o padrão do salário-hora praticado;
- negociação coletiva.

Considerando que nenhum interesse individual há de prevalecer sobre o interesse da classe, como mandam os pilares do Direito do Trabalho e aparece consagrado pelo art. 8.º da CLT, é razoável que a negociação coletiva tenha liberdade para oscilar o salário-base do empregado.

Criar e extinguir pisos normativos certamente são atos que se inserem dentro do alcance da norma coletiva, pois impacta em interesses futuros e incertos, de empregados que nem ao menos foram admitidos ainda.

No entanto, a situação mais polêmica seguramente reside na autorização, via instrumento normativo, para rebaixar o salário dos empregados da ativa, correspondente ou não ao piso da categoria.

A autorização já poderia ser vislumbrada na ampla liberdade conferida às entidades sindicais e, também, no reconhecimento elevado ao patamar constitucional, como no art. 7.º, XXVI.

Porém, criou-se ainda mais um dispositivo constitucional exclusivamente para tratar desse assunto, correspondente ao art. 7.º, VI, que define como um dos direitos do trabalhador a "irredutibilidade do salário, salvo o disposto em convenção ou acordo coletivo". Redigida assim, a norma constitucional, ampla e genérica, tem provocado discussões quanto à necessidade de imposição de limites à conduta dos próprios sindicatos.

Por exemplo, a letra fria do inc. VI dá a entender que nem mesmo o salário-mínimo nacionalmente unificado precisa ser respeitado, mas já existe algum consenso em torno da necessidade de harmonização do inc. VI com o inc. IV, aquele que conceitua o salário-mínimo como responsável pelo atendimento das necessidades vitais básicas do ser humano e de sua família.

Outro dado curioso é que o inc. VI não se impressiona com prazo máximo de duração da redução salarial, que normalmente está associada a crises financeiras atravessadas pela empresa, de tal sorte que, cessada a crise, os empregados em tese podem continuar a receber os salários reduzidos.

E, ainda, nada se comenta a respeito de contrapartidas ou salvaguardas para o caso de os empregados cederem neste tema nevrálgico. Note-se que o inc. VI nem ao menos se reportou à necessidade de lei ordinária ou complementar, para a disciplina da redução salarial, donde a conclusão de sua autoaplicabilidade e autossuficiência.

Na década de 1960, o legislador procurou fixar alguns parâmetros para as modalidades de redução salarial, mas todos os ângulos levam a crer que a Lei 4.923/1965 não foi recepcionada pela Constituição Federal de 1988, pois o art. 7.º, VI, como dito, não apresentou ressalvas nem se reportou à forma de lei alguma.

A valorização da lei ordinária promulgada sob a égide da Constituição Federal de 1946 representa o perigo de interpretar a norma constitucional à luz da lei ordinária. Todavia, seus antigos parâmetros são relevantes para o estudo das reduções salariais: a) respeito ao salário-mínimo; b) limite de 25% na redução salarial; c) obrigatoriedade de extensão da redução salarial proporcionalmente aos cargos de direção e gerência, a fim de que a fatura não seja suportada apenas pelos subalternos; d) restrição à redução salarial por três meses, com possibilidade de uma prorrogação, porque se a redução for eterna deixa de haver a justificativa plausível da crise financeira ou conjuntural e a empresa deveria tomar outro tipo de medida; e) vedação à realização de horas extras, ressalvando-se estritamente os casos de força maior, como enchente ou incêndio; f) vedação à admissão de novos empregados pelo prazo de seis meses após o término da redução salarial, sem que antes seja dada prioridade aos empregados demitidos no meio da crise financeira aguda, medida altamente salutar e equilibrada, bastante comum nos demais ordenamentos jurídicos e um tanto esquecida na sociedade brasileira.

Conquanto sirva de fonte de inspiração para negociações coletivas, a legislação de 1965 está superada pela ampla liberdade conferida aos sindicatos e empregadores pelo Constituinte de 1988, facultando-se os ajustes e as bases da redução salarial.

As reformas trabalhistas de 2017 inseriram a exigência da contrapartida, a fim de que os instrumentos coletivos favoráveis ao rebaixamento salarial prevejam, também, garantia de emprego dos trabalhadores apenados, enquanto perdurar o gravame e durante toda a vigência da norma coletiva. Embora se trate de uma exigência legal ainda sem amadurecimento doutrinário e jurisprudencial, trata-se de exemplo da chamada *flexibilização interna* do Direito do Trabalho, que tenta conciliar medidas restritivas, como a perda salarial, com medidas protetivas, como a manutenção do emprego.

Períodos de crise nacional aguda, como o estado de calamidade pública deflagrado pela pandemia, costumam levantar debates sobre a inevitabilidade da redução salarial como condição *sine qua non* de sobrevivência dos contratos de trabalho. Para situações críticas, os diversos mecanismos de incentivos fiscais e as técnicas de preservação do contrato de trabalho, que incluem desde a concessão urgente de férias coletivas e os bancos de horas elastecidos até mecanismos de suspensão contratual e antecipação de seguro-desemprego, tendem a ser insuficientes para a preservação dos empregos, argumenta-se.

Nesse sentido, voltaram a circular teses sobre a redução salarial individual, alicerçadas naquilo que se convencionou chamar de legislação emergencial ou Direito do Trabalho emergencial.

Nada obstante a eloquência dos argumentos e o panorama complexo desencadeado pela crise sanitária mundial, entendemos que a redução salarial diretamente ajustada entre empregado e empregador ainda configuram ato ilícito e colidem com norma expressa, inequívoca, da Lei Maior. O art. 7º, VI, da Constituição de 1988 não abre espaço para teses de redução salarial individual.

A solução encontrada pelas normas emergenciais de 2020 foi a criação de pactos individuais submetidos ao crivo dos sindicatos, numa espécie de *cláusula individual de redução salarial sujeita a condição resolutiva*, a saber, a redução salarial é informada ao sindicato para que esse proponha a negociação coletiva e corrobore ou infirme a cláusula.

Agindo dessa maneira, o legislador emergencial da crise sanitária encontrou ao menos uma forma de dispor sobre o início da conversação no plano individual mas seu arremate no plano coletivo.

Em verdade, não havia histórico trabalhista de cláusulas contratuais sujeitas à condição resolutiva no plano coletivo, o que somente encontra amparo se realmente frisarmos as circunstâncias excepcionais da pandemia e a natureza de máxima urgência do ajuste entre empregado e empregador, na iminência de dispensa em massa.

Teorias em prol da *maxiflexibilização*, assim chamada a técnica de redução salarial e retirada de direitos sem a anuência sindical, não encontram eco na Constituição de 1988 e talvez não obtenham êxito nem mesmo em sede de emendas constitucionais, porque entrariam em conflito com vários postulados de cláusulas pétreas.

Já se falou que a redução de carga horária pode acarretar a redução salarial global, mantendo-se, porém, o valor do salário-hora, desde que haja negociação coletiva para passar o empregado da carga integral para a carga parcial (art. 58-A da CLT).

Ocorre, todavia, um raro fenômeno com a categoria dos professores, sempre marcada por especificidades que desafiam os pilares do Direito do Trabalho. Após incontáveis discussões, a jurisprudência majoritária se inclinou favoravelmente à validade da redução da remuneração do professor, desde que o empregador demonstre ter havido redução do número de alunos. Queiramos ou não, esse entendimento transfere os riscos da atividade econômica para o empregado, que não tem assegurada a média remuneratória, nesta categoria profissional, nem faz jus ao conceito de irredutibilidade salarial de que fala a Constituição Federal de 1988.

Note-se que nem ao menos será necessária a negociação coletiva a respeito, sendo suficiente a comprovação da queda do número de alunos. Obviamente se espera que a escola não reduza o valor do salário-hora do professor, mas esse montante isoladamente considerado costuma ser tão baixo que a escola nem chegou a cogitar reduzi-lo. O professor ganha no atacado e não no varejo, o que justifica inclusive a habitualidade com que esse profissional tem quatro ou cinco empregos sincrônicos.

Argumenta-se que a admissão do professor se baseou no valor do salário-hora e não no número de alunos da escola, de tal sorte que ele não poderá invocar alteração do pactuado e tampouco dizer que o art. 468 da CLT ficou ferido. Não existe, enfim, direito adquirido ao número de alunos, segundo o entendimento preponderante.

O perigo é que, tendo-se dado conta do esplendor desse entendimento, muitas escolas passaram maliciosamente a confundir redução do número de alunos com redução do número de classes: em lugar de duas classes de vinte alunos, adotam o sistema de uma classe com quarenta alunos e privam um professor daquela turma naquele semestre, cortando-lhe o salário correspondente. Informam que houve redução do número de alunos, mas, na verdade, não houve. O professor terá imensa dificuldade no manejo dessa prova, de qualquer forma.

7. Ausência de direito adquirido à forma de remuneração

Não existe direito adquirido ao nome da parcela ou rubrica nem à forma de cálculo da remuneração.

Contanto que o empregador não rebaixe a remuneração do trabalhador, pouco importa que haja fusão ou cisão de parcelas.

Por exemplo, o salário-base, a gratificação de função e o adicional por tempo de serviço podem ser fundidos num só elemento, desde que a soma das parcelas corresponda ao valor da nova rubrica e desde que a forma de reajuste que vinha sendo adotada para as três parcelas separadamente seja preservada.

Algumas dúvidas surgem quando uma parcela (normalmente calculada com base na hora ou em unidades pequenas, como as comissões sobre vendas) tinha reflexo em descansos semanais remunerados e esse reflexo desaparece: neste caso, é mais sensato que a fusão carregue também o valor dos descansos semanais remunerados.

Outra dúvida surge quanto ao adicional por tempo de serviço, que sofria aumento inercial todo ano ou todo bloco de anos e, uma vez incorporado ao salário, passa a ser congelado e recebe os aumentos apenas dos salários normais e não os aumentos adicionais da antiguidade do empregado na casa. Pense, por exemplo, numa cláusula que assegure aumento salarial de 1% para cada 1 ano de contrato de trabalho: o anuênio desta forma garante aumentos que independem da reposição da inflação, de promoções internas ou dos reajustes sindicais.

Nessa hipótese, é recomendável que o empregador busque entendimento com a entidade sindical ou preveja a manutenção do reajuste automático. Também se pode pensar em estimativa média de quanto o anuênio representaria para o presente e para o futuro, antes de ser feita a conta de o embutir. Há diversos casos de negociação sindical bem-sucedida para a incorporação – e, portanto, eliminação – dos adicionais por tempo de serviço.

O caso mais controvertido, no entanto, não é o mais complexo.

Trata-se da mudança de salário fixo para comissões ou de sistema de comissões para salário fixo. Desde que a empresa promova o cálculo de uma média bastante cristalina e equilibrada, não há impedimento legal algum a que abandone o sistema das comissões e adote um salário fixo – e vice-versa. Vamos aos exemplos.

Empregado que aufere 1% de comissões sobre suas vendas e exibe contracheque com rendimentos mensais da ordem de R$ 3.000,00, por exemplo, pode tranquilamente passar a ser assalariado com ganho fixo de R$ 3.000,00. A leitura do último recibo de pagamento pode ser falha, por não se saber se o mês foi especialmente rico ou particularmente desastroso no cotidiano daquela atividade econômica. A análise dos últimos doze meses, porém, será ampla o suficiente para envolver as quatro estações do ano, os períodos de pico, as vendas abundantes do Natal e as entressafras.

O critério dos doze meses, também chamado de uso da *média duodecimal*, encontra respaldo na disciplina das férias (art. 142), do aviso-prévio indenizado (art. 487) e do décimo terceiro salário (Lei 4.090/1962).

Para maior clareza, convém efetuar a atualização monetária antes da extração da média e não se esquecer dos reflexos em descansos semanais remunerados, férias, décimo terceiro salário e fundo de garantia. Encontrado esse patamar médio, o empregador pode alterar a forma de remuneração. A atualização monetária se faz necessária para que a média duodecimal seja calculada já expurgada da perda inflacionária, de modo que o valor auferido, digamos, em janeiro de um ano possa ser somado e dividido em patamar de igualdade com o valor auferido em setembro ou outubro. Simplesmente somar os 12 meses anteriores à alteração contratual e, após, dividir tudo por 12 pode levantar dúvidas sobre a corrosão inflacionária que os meses mais antigos sofrem em relação aos meses mais recentes.

Note-se atentamente a diferença entre alterar a remuneração e alterar a forma de remuneração, sendo a primeira tendencialmente proibida, por abranger rebaixamento de valores, e a segunda essencialmente permitida, por se inserir dentro do poder diretivo do empregador.

O contrário – passar o empregado de fixo para comissionista – também é possível, ainda que um pouco mais trabalhoso: para saber qual o percentual de comissões e a base de cálculo que devem ser estipulados ao empregado, o empregador deve fazer um levantamento prévio e minucioso de todas as vendas efetuadas nos últimos doze meses. Simulando o quanto o empregado teria auferido se fosse aplicado o índice de 1%, 2% ou 3%, conhecerá o sistema mais adequado para se introduzir em substituição ao salário fixo.

Considerando-se que a mudança em si é neutra (nem boa, nem ruim), o empregado descontente deverá ajuizar ação trabalhista no prazo fatal de cinco anos (respeitado o limite de dois anos após a extinção do contrato de trabalho), sob pena de não poder mais discutir o fundo do direito, quer dizer, a operação matemática feita pelo empregador ou seus fundamentos. Dá-se o nome de ato único do empregador a esse tipo de alteração contratual de efeitos instantâneos, dentro do exercício legítimo do poder diretivo e sem previsão legal específica – no caso, sem previsão quanto à modalidade de remuneração que deve ser paga a este ou àquele empregado.

Mesmo que o empregado se contentasse com as diferenças salariais dos últimos cinco anos, o ajuizamento da ação sete, oito ou nove anos depois inibe que se rediscuta a pertinência de uma alteração juridicamente válida situada no passado.

Daí o uso da expressão *prescrição total* quando se quer identificar a hipótese rara, como essa, de uma alteração neutra, sem violação à lei, mas com resultados imprevisíveis no longo prazo. Não se saberá de antemão se o novo sistema de comissões será benéfico ou maléfico.

A inesperada procura pelos produtos comercializados pela empresa potencializará os rendimentos do empregado, que nenhum benefício teria se tivesse permanecido com salário fixo, ao passo que a repentina obsolescência da mercadoria ou uma crise de abastecimento afetará a retirada de comissões, de cujos efeitos o empregado estaria protegido se houvesse seguido seu destino de salário fixo.

Ora, não seria razoável que, a cada vendaval, o empregado pudesse questionar a forma de cálculo de sua remuneração e postulasse o retorno ao estágio anterior, entendimento esse que gerou a construção jurisprudencial do ato único do empregador, conforme se estuda no âmbito da teoria geral do Direito do Trabalho.

Sustentamos a tese de que salários condicionais – tais como o adicional de insalubridade ou o adicional noturno – podem ser suprimidos, sem violar o art. 468 da CLT nem significar redução salarial, desde que seja também retirada a condição que lhes dava sustentáculo. As condições de trabalho noturno, insalubres e perigosas são os principais exemplos.

Há, porém, uma intrigante questão de salário condicional vocacionado à incorporação nos ganhos do empregado, que vem a ser a gratificação de chefia fixada em 40% sobre o salário do cargo efetivo pelo art. 62, II e parágrafo único, da CLT.

A jurisprudência diferencia a gratificação de chefia das demais formas de salário condicionado, inclusive quanto às horas extras. Acredita-se que os elementos insalubres ou o ambiente noturno sejam necessariamente precários, isto é, sujeitos a oscilação a qualquer momento. O trabalhador pode até continuar a exercer idênticas funções em idêntico lugar, mas ainda assim deixar de auferir o adicional de insalubridade, quando o empregador promove a compra de equipamentos de proteção ou reformas civis que acarretem melhor bem-estar no ambiente de trabalho, donde ser irrazoável que ele supusesse permanente a percepção do adicional de insalubridade.

No caso específico das horas extras, a solução encontrada foi a estipulação de uma indenização, tomando-se por base o disposto na Lei dos Petroquímicos.

Então, sobrou a percepção de que a gratificação de chefia somente perdurou enquanto perduraram a alta confiabilidade no empregado e a vontade pura do empregador de mantê-lo naquele posto de destaque. Ingredientes externos, como as instalações físicas ou o horário de trabalho, foram irrelevantes para a manutenção do pagamento salarial complementar. Que o empregado possa ser reconduzido ao cargo anterior, sem direito de reclamação, não resta a menor dúvida, dadas as peculiaridades da posição do comando e a estreita sintonia que se espera entre ele e o empregador. Nem precisava o art. 468, § 1º, lembrar que "não se considera alteração unilateral a determinação do empregador para que o respectivo empregado reverta ao cargo efetivo, anteriormente ocupado, deixando o exercício de função de confiança".

A forma como se faz essa recondução, porém, encontra necessidade de algumas restrições e jamais deve servir para revanchismo. Enfim, através desse raciocínio de prestígio à gratificação de função, inseriu-se no tema da redução salarial lícita o componente chamado *estabilidade financeira do empregado*.

A questão deve ser vista com cautela, porque, na verdade, a estabilidade financeira do empregado não permitiria que nem mesmo o adicional de insalubridade fosse removido, com a remoção dos focos insalubres, porque de uma forma ou de outra o trabalhador já contava com aquele numerário e provavelmente contraiu dívidas ou expectativas proporcionais àquele montante. A estabilidade financeira não é conceito fácil de ser delineado num contrato de trabalho, tendo a jurisprudência dos tribunais superiores exigido o parâmetro de *dez anos contínuos* para que se possa falar em direito adquirido ao numerário – vinte anos, em alguns julgados.

As reformas trabalhistas de 2017 inseriram disposição expressa ao texto do art. 468 da CLT para barrar o direito à incorporação da gratificação de função, realçando ainda mais seu caráter de salário-condição, asseverando que falece o direito à incorporação independentemente do tempo que perdurou o fato.

8. Transferências lícitas e ilícitas de local de trabalho

A transferência física de local de trabalho mereceu dispositivo separado na Consolidação das Leis do Trabalho, muito embora se possa supor que seu conceito já esteja embutido na alteração do contrato de trabalho. A inalterabilidade das cláusulas ajustadas quando do início do contrato de trabalho, bem como todo o acervo de exceções e vicissitudes do art. 468 claramente abarcam também o conceito de local de trabalho.

No entanto, não basta apenas dizer que o empregado não pode ser transferido contra sua vontade para cidade ou estado distante. É necessário saber em que circunstâncias ele pode manifestar sua oposição, quais as consequências da insistência do empregador e, claro, que vantagem monetária o trabalhador leva caso se submeta à determinação patronal.

Nota-se uma sutil diferença conceitual entre a regra da inalterabilidade (art. 468) e a intransferibilidade (art. 469), porque, enquanto a primeira considera nula toda alteração prejudicial ao trabalhador, ainda que tenha contado com sua concordância, a segunda afasta a nulidade se for comprovada a anuência do empregado.

Não se exige que a anuência seja escrita, mas é evidentemente mais simples para o empregador, no momento oportuno, demonstrar a anuência escrita do que a anuência verbal, de tal forma que a colheita de assinatura do empregado em ajuste de transferência se torna bastante corriqueira. Melhor: os empregadores já colhem essa assinatura quando da celebração do contrato de trabalho, mesmo que nenhum plano no horizonte exista para a mudança das instalações físicas ou abertura de filiais.

Também a anuência tácita haverá de ser aceita, ainda que revestida de maiores cautelas. Por exemplo, empregado que se candidata a procedimento interno de seleção para gerência de filial a ser inaugurada no Recife não poderá alegar que não manifestou concordância expressa à sua transferência de Brasília. Ou então: participação em entrevistas e testes internos para a promoção de vaga de administração ou controle de departamentos que somente existem na matriz da corporação, localizada em São

Paulo ou no Rio de Janeiro, pressupõe que o empregado saiba que terá de deixar a filial de Belém ou de Manaus em que laborou por longos anos.

Nunca se acreditou sinceramente que o empregado tivesse capacidade de resistência aos apelos do empregador para uma transferência de local de trabalho. Aceitava-se, sem maior crítica, que a estabilidade decenal vigente no sistema da CLT, e que veio a ser abolido parcialmente com o advento do fundo de garantia em 1967 e totalmente com a promulgação da Constituição Federal de 1988, tinha a capacidade de proteger o empregado contra atos de retaliação em caso de oposição ao comando da transferência.

Porém, devemos lembrar que ninguém nascia com dez anos de casa, de tal forma que a imensa maioria dos empregados, que estavam na contagem do primeiro ao nono ano de contrato de trabalho, não teria perspectiva de rejeitar a alteração de local.

Outrossim, mesmo que admitamos que alguns empregados conseguiam falar em tom de igualdade com o empregador, manifestando sua insatisfação quanto à transferência, o fato é que nem toda maneira de retaliação é tutelável pelo Direito do Trabalho. Muito embora o empregado não pudesse ser dispensado sem justa causa, poderia ser preterido em uma série de promoções, passava a ser malvisto no ambiente de trabalho, por supostamente não haver "vestido a camisa" do time patronal e assim por diante.

Como o Direito do Trabalho é formado primeiro pela sensibilidade e só depois pela razão, a quase totalidade dos empregados se submete ao comando da transferência dado pelo empregador, ajustando rapidamente as condições de vida sua e de sua família, na busca de um futuro melhor. Retirado o colchão da estabilidade decenal, a regra do art. 469 da CLT é inoperante.

Dizer que a transferência é válida desde que conte com a anuência do empregado é o mesmo que cunhar o *princípio da transferibilidade* do local de trabalho, caindo por terra o dogma da intransferibilidade. Com a elevada rotatividade do regime do fundo de garantia, ser transferido chega a ser um luxo quando comparado a ser dispensado.

Mas, por amor ao argumento, imaginemos que um empregado consiga manifestar sua discordância quanto ao pedido de transferência feito pelo empregador e, ademais, não se enquadre nas hipóteses de transferência expressamente autorizadas pelos parágrafos do art. 469 (exercício de cargo de confiança, condições implícitas, condições explícitas e extinção de filial).

O empregador, por algum motivo de ordem jurídica ou filosófica, resolve poupar o empregado da dispensa sumária e insiste em sua transferência, ordenando que, se dentro de cinco dias ele não se apresentar na unidade de Caxias do Sul, será dispensado por justa causa ao pôr os pés na unidade de Uberaba.

Ora, isso seria o mesmo que dizer que a transferência pode-se efetuar, além de todas as circunstâncias onerosas ao empregado, também com sua expressa discordância. Há de se compreender que, nada obstante a dura realidade do desemprego estrutural, existe uma diferença entre a anuência tácita e a discordância expressa. Para fazer frente a essa situação, foi inserido em 1975 um breve dispositivo na CLT, com pioneirismo em meios de antecipação dos efeitos da tutela no processo brasileiro.

Trata-se do inciso IX do art. 659 da CLT, segundo o qual é da competência privativa do presidente da Junta de Conciliação e Julgamento, hoje juiz responsável pela Vara Trabalhista, a concessão de "medida liminar, até decisão final do processo, em reclamações trabalhistas que visem a tornar sem efeito transferência disciplinada pelos parágrafos do art. 469 desta Consolidação".

A expressão "medida liminar" tem conteúdo doutrinário e legal bastante impreciso, sendo associada com qualquer decisão tomada no início da tramitação do processo, tenha ela conteúdo satisfativo ou meramente assecuratório. Logo, pode ser tanto identificada com medidas cautelares como com antecipação de efeitos da tutela satisfativa, mediante cognição sumária. Uma medida liminar que obste a transferência e determina que o empregado permaneça na unidade de origem até que o processo se encerre tem cunho claramente satisfativo, razão pela qual se insere no contexto das formas de antecipação de tutela. Eficaz para afugentar a transferência, mas ineficaz para barrar a marcha do desemprego e dos atos de retaliação velada.

Se a anuência do empregado se apresenta como elemento suficiente para justificar a transferência, tudo o mais parece irrelevante, mas o Direito do Trabalho exige atenção redobrada em todas as esquinas da CLT. Por exemplo, a definição de transferência como sendo aquela que envia o empregado para localidade diversa, como menciona o art. 469 da CLT, gera outro foco de discussão sobre o que realmente tinha em vista o legislador quando tratou do assunto. A palavra localidade está desprovida de definição ou de conteúdo consensualmente fixado por doutrina ou legislação.

Pode-se apropriar a discussão encontrada no art. 461 da CLT, no tocante à equiparação salarial, e configurar localidade como sendo município, mas desde que se empreste uma presunção meramente relativa a esse parâmetro. Casos existem em que dois municípios se acham tão interligados em termos de transporte e sociedade que convivem como se fossem dois bairros de uma mesma cidade, de modo que a alteração de um município para outro não deveria impressionar o empregado. São exemplos famosos as grandes metrópoles brasileiras e alguns outros casos de conurbação de municípios que cresceram "para o mesmo lado".

Ao revés, cidades como São Paulo, pelo adensamento populacional, ou Marabá, pela imensidão territorial, padecem de tantas dificuldades de locomoção que seria injusto dizer ao trabalhador que sua atividade praticada no extremo sul ou no extremo norte do município não faz diferença alguma em seu cotidiano. Claro que faz. A diferença de trajeto pode chegar a duas ou três horas, a depender do ponto em que ele se baseia e o ponto para o qual foi deslocado – bem como da oferta de transporte no setor.

O sistema de presunção relativa, que associa a palavra localidade ao município, mas simultaneamente permite a produção de prova em sentido contrário, é o que melhor equilibra essa complexa rede de pontos geográficos. Mas ninguém se iluda:

são mínimas as chances de um empregado conseguir sensibilizar o julgador no sentido de que a transferência entre bairros de uma mesma cidade corresponda ao conceito de transferência do art. 469 da CLT.

O art. 469, ademais, considera que toda transferência supõe obrigatoriamente a mudança de domicílio por parte do empregado.

Alteração de local de trabalho num raio de cem ou duzentos quilômetros tende a não ser considerada transferência para os fins jurídicos, porque dificilmente um empregado iria deslocar todo seu feixe de interesses, sua família, endereço de correspondência e demais afazeres da vida cotidiana por uma mudança relativamente próxima de local de atuação. Teria de ser realmente um emprego dos sonhos para que se pudesse investir tempo e energia na mudança familiar para cidade vizinha.

O legislador facilita as transferências ao referir que, mesmo em se tratando de municípios mais afastados, não haverá restrição para as hipóteses em que o trabalhador permanece a morar na mesma casa, digamos assim.

São bastante conhecidos os casos de executivos que passam a semana em São Paulo, Brasília ou Rio de Janeiro para, na sexta-feira, voarem para suas cidades de origem, que não necessariamente estão nas cercanias. Quando dois grandes polos geradores de emprego são desenvolvidos em regiões próximas, instala-se uma rede de transportes coletivos mais abundante, incentivando as pessoas a viver no trajeto da estrada, sem fixar residência na cidade de trabalho, como pode ser visto no eixo Campinas-São Paulo, Goiânia-Brasília, Campo Grande-Dourados e assim sucessivamente.

Dizer que o trabalhador não precisou mudar de domicílio porque "preferiu" viver na estrada e, portanto, desconfigurou-se o conceito de transferência é insensato, pois ninguém aprecia todo esse vaivém. Somente deixou de haver a mudança de domicílio pelos altos custos operacionais e pelas incertezas do próprio emprego.

É tão incômodo notar que o legislador exige a mudança do domicílio para que se possa configurar a transferência que parte da doutrina sustenta a necessidade de reinterpretação do art. 469, passando-se a enxergar a palavra residência no lugar de domicílio. Em outras palavras, deveria ser configurada a transferência com a simples necessidade de o trabalhador pernoitar fora de casa, em alojamento de obra, hotel, pensão, casa alugada, casa de parentes e o mais. Dessa forma, a transferência seria preferencialmente caracterizada pela mudança da rotina do empregado e apenas secundariamente definida pelo endereço que ostenta. Trata-se de outro tema relevante para o Direito do Trabalho que o fantasma do desemprego cuidou de corroer. Ninguém abre processo trabalhista para discutir a diferença entre mudança de residência e mudança de domicílio, se a alternativa era o desligamento do emprego.

O legislador contempla, também, hipóteses de permissão de transferência ligadas à natureza da ocupação do empregado e à situação da empresa que encerra uma filial e desloca os empregados para outra unidade

Sendo o empregado detentor de cargo de confiança, realmente o *alter ego* do empregador, ou seja, provido de elevado grau de confiança que por vezes chega a se confundir com a pessoa do contratante, é natural supor que ele deverá aceitar o pedido de transferência. Por vezes, a ideia partirá dele próprio, em seu exercício de mando e de gestão para aprimorar o desenvolvimento da empresa, sanar irregularidades e potencializar filiais e departamentos. Não faria nenhum sentido que o empregado entrasse em rota de colisão com o empregador, dentro das mais altas esferas de comando, e a situação permanecesse inalterada. No mínimo, abalaria a confiabilidade de uns em relação aos outros. Acredita-se que o art. 469 nem ao menos precisaria haver alertado quanto a essa situação, pois sua omissão também seria interpretada como uma permissividade da transferência aos altos quadros.

A questão que se põe é identificar precisamente quem seriam esses titulares de cargos de confiança. Certamente não deveriam ser os bancários providos da gratificação de um terço sobre o ordenado com jornada de oito horas na forma do art. 224, § 2.º, da CLT, e tampouco deveriam ser chamados de cargos de chefia aqueles escalões intermediários dotados de pequenas alçadas na estrutura decisória. O mínimo que se deve exigir, para os efeitos do art. 469, § 1º, é o correto enquadramento das funções do empregado no conceito do cargo de chefia do art. 62 da CLT, com amplos poderes de mando e gestão, a começar pela percepção da gratificação de 40% ou vantagem salarial a ela equiparada. Empregado desprovido desse patamar salarial superior de plano deveria ser retirado do conceito de cargo de confiança. Se provido da vantagem salarial, porém, ainda assim formou-se mera presunção relativa, passível de ser revertida em caso de comprovação de serviços burocráticos, repetitivos e sem espaço para liderança e tomada de decisão.

Afora esta hipótese de condição explícita de transferência pelo exercício de cargo de chefia, o legislador também opera condições implícitas de transferência, naqueles casos em que a própria essência da atividade profissional envolve a prestação de serviços em mais de uma localidade, em momentos sucessivos, sem que isso precise ser frisado pelo empregador, acordado entre as partes ou posto em cláusula escrita. É o caráter tácito levado às últimas consequências no Direito do Trabalho.

Serve como exemplo a profissão de toda a classe circense, que já nasce sabendo das peculiaridades do deslocamento para onde o povo estiver e enquanto o povo concorrer. Se do ajuste constou a premissa maior (atividade sob a lona do circo), desnecessário que conste a premissa menor (o deslocamento de cidade).

Porém, como o Direito do Trabalho não vive só da classe circense, é natural que outros tantos trabalhadores sejam contratados desde logo com a condição explícita da transferência.

Neste caso, que tampouco se confunde com a cláusula de anuência a uma transferência hipotética, costuma-se dizer que o contrato carregava a condição de transferência ainda que a função exercida não a contivesse. A condição explícita não precisa necessariamente ser ajustada por escrito, sendo suficiente que tenha sido apalavrada na admissão do empregado.

Citam-se os exemplos do engenheiro contratado para acompanhar a construção de dez filiais, espalhadas pelo país, do alicerce ao acabamento, uma por semestre, e do advogado contratado para reestruturar o departamento jurídico de várias unidades do grupo financeiro. Ser engenheiro ou advogado não é sinônimo de exercer profissão de alta transferibilidade, como no exemplo da classe circense. Logo, não se pode dizer que há uma condição implícita de transferência neste campo. Com a inserção da cláusula contratual, todavia, a condição se torna explícita. Considerando-se que a cláusula requer meio de prova, preferencialmente escrita, justifica-se a afirmação de que a condição implícita é mais facilmente visível do que a condição explícita, pois a primeira prescinde de dilação probatória, enquanto a segunda pressupõe a demonstração segura.

Para essas três hipóteses – a saber: exercício de cargo de confiança, atividade implicitamente transferível e atividade ajustada expressamente com cláusula de transferência – o legislador libera a mudança de localidade, mesmo com oposição e transtornos ao empregado, mas com uma condição: prova da real necessidade do serviço daquele trabalhador em terra distante.

Essa condição se apresentava extremamente valiosa nos primórdios, o que pode ser conferido na mais elevada jurisprudência da ocasião bem como nos manuais de Direito do Trabalho das primeiras décadas de vigência da CLT.

Caso a necessidade de aproveitamento daquele trabalhador deixasse de ser demonstrada pelo empregador, a quem compete o ônus dessa prova, o Juiz do Trabalho estava autorizado a anular a transferência e deferir o retorno do trabalhador – estável, supunha-se – ao local de origem. Caso houvesse sido deferida antecipação dos efeitos da tutela, pela medida liminar tratada no art. 659, IX, da CLT, impunha-se a manutenção da decisão sumária.

Se bem analisada a construção do art. 469, houve a separação dos empregados em dois grupos, sendo o primeiro inserido no *caput* quanto ao conceito de transferência e o segundo grupo encontrado no § 1.º, que excepciona a transferência quanto à natureza da atividade desenvolvida. Como o legislador procurava apenas conceituar a transferência no prólogo do art. 469, limitou-se a estipular os principais elementos – anuência, localidade e domicílio – sem se importar com a situação da necessidade dos serviços.

Desperdiçou-se energia preciosa para o estabelecimento de regras mais claras e eficazes na abordagem da transferência. Era esperado que o legislador exigisse em algum momento uma satisfação do empregador ao empregado sobre os motivos da escolha daquele trabalhador para o deslocamento espacial.

Entretanto, a exigência se ateve ao caso dos empregados de chefia e das condições previamente ajustadas. Eram justamente eles os que menos precisavam de justificativa da real necessidade do deslocamento, por razões óbvias: o chefe, dado o grau de confiança e a quase inexistência de outros colegas em igual patamar de comando; os contratados sob a marca da transferência, porque já sabiam de antemão que cedo ou tarde a lona ia ser erguida ou a etapa do empreendimento seria concluída em determinada cidade.

Além dos três conceitos de transferência do *caput* e das três exceções do § 1º, ponderou o legislador que a empresa, ao encerrar uma unidade ou filial, deveria ser incentivada a transferir os empregados para outras localidades, em vez de promover a rescisão contratual.

A validade da transferência pressupõe que anteriormente já houvesse outros estabelecimentos do mesmo empregador e que, portanto, o empregado não pode alegar surpresa ao ser informado de que a unidade deficitária dará lugar a uma fusão com a unidade superavitária, próxima ou distante do local de origem. Essa conclusão se extrai da forma como o dispositivo foi elaborado, dispondo transferências em caso de fechamento daquele estabelecimento "em que trabalhava o empregado". Assim é a vida do empregado de rede bancária, de drogarias ou supermercados, dada a habitualidade com que filiais são montadas e desmontadas. O problema surge, porém, no caso de inexistência de outras unidades.

O fechamento do estabelecimento pode corresponder, na verdade, à mudança do próprio empregador, como ocorreu com bastante frequência na chamada guerra fiscal instalada entre alguns estados que ofertavam menores alíquotas de impostos locais, além de outros incentivos para a atração de grandes empresas a seus domínios.

Não se tratava de empresas novas, constituídas desde cedo no Estado ofertante, mas de empresas antigas que subitamente resolviam abandonar suas instalações físicas em Estados supostamente mais restritivos na política fiscal, edificando plantas industriais inteiras no estado de destino.

Claro está que muitos empregados que receberam o convite de permanência do emprego em terra distante se submeteram ao desconforto da transferência, mas isso faz parte do conceito de anuência ou de algum dos outros seis ingredientes já mencionados neste capítulo. A questão que se prende, aqui, é saber se o fechamento da fábrica com reabertura em outro estado coincide com a "extinção do estabelecimento em que trabalhar o empregado".

O dispositivo ficaria melhor com a seguinte redação: "É lícita a transferência quando ocorrer extinção [daquele] estabelecimento em que trabalhar o empregado [entre vários outros existentes]". Na dinâmica da língua portuguesa, é como se estivéssemos diante de uma oração subordinada adjetiva restritiva, ou seja, não se trata da extinção de todo e qualquer estabelecimento, mas apenas do estabelecimento em que trabalhar o empregado, visto que outros também coexistem.

À época em que a interpretação da Consolidação das Leis do Trabalho também se inseria na competência funcional do Supremo Tribunal Federal, chegou a ser editada a Súmula n. 221 (13/12/1961): "A transferência de estabelecimento, ou a sua extinção parcial, por motivo que não seja de força maior, não justifica a transferência de empregado estável".

9. Adicional salarial para as transferências provisórias

O legislador brasileiro autoriza, sem reservas, a transferência provisória, livre do conceito da transferência definitiva e com o especial incentivo de uma nova parcela salarial, que passou a ser denominada adicional de transferência.

A natureza jurídica do adicional de transferência é efetivamente salarial.

O fato de ser pago a título precário, "enquanto perdurar a transferência", está longe de representar o conceito de indenização. Diversos títulos trabalhistas são pagos a título provisório e não deixam de ser salariais, como os salários condicionados à realização de certos eventos – horas extras, adicional noturno, adicional de periculosidade e adicional de insalubridade – ou, ainda, as gratificações ajustadas sob certas circunstâncias – gratificação de chefia do art. 62, gratificações normativas e outras.

O propósito do adicional de transferência é verdadeiramente a contraprestação pelos serviços prestados, mas com o enriquecimento provocado pela oscilação dos hábitos de vida do empregado e, de certa forma, com o aumento do custo de vida.

Pode apresentar uma leve noção ressarcitória de danos causados ao empregado, como se fosse uma ajuda de custo pelos gastos sofridos no exercício da função, mas esse conceito seria reducionista e, de qualquer forma, é comum a quase todas as parcelas salariais – ressarcimento pelo desgaste do ambiente noturno, ressarcimento pela exposição aos elementos tóxicos e assim sucessivamente.

Reforça ainda mais a natureza salarial do adicional de transferência seu caráter habitual. Recorde-se que habitual, no idioma trabalhista, não é o eterno ou o definitivo, mas aquilo que é razoavelmente esperado pelo empregado, que sabe de antemão poder contar com determinado valor em determinadas ocasiões. A repetição auxilia muito no entendimento da habitualidade, de tal sorte que pode durar dois meses ou um ano, mas o adicional de transferência é repetido em cadência suficiente para aperfeiçoar seu jeito salarial.

O pressuposto legal para a percepção do adicional de transferência é unicamente a provisoriedade do deslocamento.

Pode-se criticar o conceito desenvolvido pelo legislador e, ainda, refletir que normalmente aquele que se muda em caráter definitivo assume gastos maiores do que o empregado momentaneamente alocado em unidade distante. Não se pode dizer, todavia, que o legislador tenha sido omisso sobre o tema, porque, a despeito das curvas sinuosas do art. 469, seu final revela a necessidade do pagamento do adicional de transferência apenas enquanto perdurar a condição.

O fato de o empregado nunca prestar serviços no local da contratação e desde o início ter tido conhecimento que o labor seria prestado em cidade distinta, não afeta, por si só, o direito ao adicional de transferência.

Criou-se, por conseguinte, mais uma forma de salário condicional, o que não seria possível em sede de transferência definitiva: ali é o local de trabalho do empregado, nada identificando eventual condição transitória capaz de ensejar a percepção de algum adicional.

Outra confusão bastante comum corresponde a misturar conceito de transferência com direito ao adicional de transferência.

O adicional de transferência pode ser concedido ao empregado legalmente transferido, mas também ao empregado *ilegalmente* transferido, porque a condição é unicamente a provisoriedade da mudança, válida ou abusiva, e não os requisitos de autorização da transferência.

Em contrapartida, o adicional de transferência deixará de ser pago a toda e qualquer transferência definitiva, tenham elas se pautado pelos critérios da CLT ou sido forçadas ao trabalhador. Um leigo poderia imaginar que o adicional de transferência se destina às mudanças abusivas, deixando de lado as lícitas, mas essa crendice já se encontra devidamente suplantada.

Há uma crença no sentido de que o provisório se liga ao conceito de dias ou de semanas, enquanto o definitivo esta atrelado ao módulo anual. Não é bem essa a carga axiológica embutida no art. 469 da CLT.

Ali claramente se objetivou tratar de expectativas muito caras a um contrato de trabalho. Assim, o empregado destacado para colocar ordem num setor, departamento ou filial em cidade distante sabe de antemão que está numa tarefa provisória, ainda que essa missão perdure por um semestre ou eventualmente por um ano. Isso, aliás, é relativamente comum no mundo dos executivos, que têm destacamentos correspondentes ao ano fiscal, por exemplo.

Por outro lado, um empregado escolhido para formar uma nova filial, e por ela responder em caráter indefinido, tem plena noção de que a mudança foi definitiva, o que pode ser exemplificado com o ofício do gerente de agência bancária que é designado para abrir novas fronteiras no interior do país. Após seis meses, o contrato de trabalho pode sofrer uma reviravolta – inclusive com sua rescisão –, mas nem por isso aquele curto espaço de tempo deixou de ser, digamos assim, definitivo.

A prioridade está, por conseguinte, na interpretação das expectativas e de como foi feito o acerto que levou à transferência. Entender quais eram as tarefas atribuídas ao empregado ajudará muito a se perquirir, afinal, qual era o alcance da transferência.

Não parece haver limite mínimo para o conceito de definitividade: no exemplo do gerente destacado para formar uma nova agência, pode acontecer de ele se desligar do banco dois meses depois, caso em que teremos a façanha de encontrar um "bimestre definitivo".

Todavia, discutimos se existiria um teto para a provisoriedade.

No exemplo do executivo incumbido de colocar ordem na filial desgovernada, por acaso seria razoável imaginar uma tarefa provisória que se alongasse por quatro ou cinco anos? Nesta hipótese, não teria havido um momento a partir do qual empregado e empregador se deram conta, mesmo que tacitamente, de que a missão não era assim tão instantânea?

Da resposta a essas perguntas depende diretamente a interpretação do art. 469 da CLT, e, via de consequência, o pagamento do adicional de transferência. Se não houver um teto máximo, o adicional será pago ao longo de 5 ou 10 anos. Se houvesse um teto objetivamente previsto na legislação, a dúvida seria eliminada.

Resta investigar o momento em que o provisório se tornou definitivo dentro das condições de trabalho – e das tarefas da missão do empregado destacado. Se não encontrarmos respostas nas expectativas e condutas das partes, teremos de admitir a existência do "provisório duradouro".

O adicional de transferência é de 25% sobre os salários do trabalhador.

Nos padrões da Consolidação das Leis do Trabalho, encontra-se em patamar intermediário. Não atingiu a mesma expressão econômica da alíquota de 40% destinada ao cargo de chefia, 33% para o cargo de confiança bancário e 30% do adicional de periculosidade. Porém, está muito à frente do adicional de insalubridade, calculado ainda hoje sobre o salário-mínimo, e sobre o adicional noturno e a hora extraordinária, que são calculados meramente sobre a hora laborada nessas condições de ambiente noturno ou de prorrogação de jornada.

Cumpre notar, ainda, que o art. 469, § 3.º, mantém a tradição trabalhista de não fixar percentuais rígidos, empregando expressões melífluas do tipo "nunca inferior a 25%" ("no mínimo", "a partir de", "pelo menos"). O significado dessa expressão é dar margem ao maior campo possível de negociação coletiva e, se for o caso, de exercício do poder normativo. Sempre que a norma, em vez de estipular uma alíquota rígida, acena com alíquotas móveis tendo por base aquele patamar, é seguro que se está diante de lei propositalmente aberta, com espaço para ser colmatado pela norma coletiva.

O dispositivo legal se valeu novamente de figura conhecida de outros comandos trabalhistas, apontando os "salários" como base de cálculo.

Isso significa que está descartada a tese maliciosa que procura associar a palavra salários, no plural, com o conceito de ordenado ou salário-base, o que muito prejudicaria o empregado transferido. É consensual que as bases de cálculo que utilizaram o conceito plural de salários abarcavam todas as *parcelas de natureza salarial* cronologicamente anteriores ao adicional de transferência.

Assim, salário-base, adicional por tempo de serviço, gratificação de função do art. 62 ou do art. 224, § 2.º, e comissões, tudo concorre para a base de cálculo do adicional de transferência.

Algumas parcelas salariais cronologicamente posteriores ficam de fora por uma questão de ordem lógica. Por exemplo, caso o empregado venha a fazer horas extras no local de destino, são as horas extras que terão o adicional de transferência em sua base de cálculo, porque primeiro ele foi transferido e só depois é que praticou os serviços suplementares. Do contrário, teríamos o efeito cascata surreal – adicional de transferência na base de cálculo de horas extras e adicional de transferência calculado sobre média salarial contendo horas extras.

Por fim, na hipótese específica de trabalhador que aufere gorjetas ou gratificações pagas por terceiros vir a ser transferido, esses valores não ingressam na base de cálculo. A remuneração trabalhista possui em duas grandes vertentes: de um lado, os pagamentos feitos pelo empregador de maneira habitual, a que chamamos de salários; de outro lado, os pagamentos feitos por terceiros, normalmente associados à gorjeta.

Gorjeta não compõe a base de cálculo de nenhuma parcela que a lei alicerçou em salários, como é o caso do aviso-prévio indenizado, das horas extras, do adicional noturno e dos descansos semanais remunerados. Inclua-se nessa lista o adicional de transferência, pois sua base de cálculo corresponde aos salários e não à remuneração.

Dada a natureza salarial acima sustentada, é natural que o adicional de transferência reflita no cálculo do fundo de garantia, das férias, do décimo terceiro salário e do aviso-prévio indenizado, pois esses quatro títulos são calculados com base nos ganhos habituais do empregado.

Quanto ao fundo de garantia, não há maior dificuldade na operação dos 8% incidentes sobre os rendimentos do empregado. Quanto às férias, há necessidade de se aferirem se houve a percepção do adicional de transferência no curso do período aquisitivo, inserindo-se sua média pelo duodécimo, ou seja, diluindo-se os valores pagos durante os meses da movimentação do trabalhador ao longo dos doze meses de período aquisitivo. Idêntico raciocínio quanto ao décimo terceiro salário, pois somente haverá reflexos do adicional de transferência daquele ano civil sobre a gratificação de Natal acertada ao final do ano.

Adicional de transferência sobre aviso-prévio indenizado depende da hipótese particular de o empregado haver sido dispensado nos doze meses seguintes, pois o art. 487 prevê o cálculo do valor do aviso-prévio mediante extração da média dos doze meses finais. Do contrário, o adicional de transferência terá sido apenas um evento distante.

Por derradeiro, não se passe o constrangimento de fazer integrar o adicional de transferência em descansos semanais remunerados: como se sabe, a parcela mensal já quita os descansos em seu bojo. Se uma alíquota de 25% é aplicada sobre um salário mensal, mensal também ela será.

A única hipótese de adicional de transferência ter de refletir em descansos semanais remunerados é aquela do comissionista puro ou do horista, transferido provisoriamente: neste caso, a alíquota incide sobre parcela de base não mensal, mas horária ou calculada sobre peças e tarefas, incapazes de conter os descansos semanais remunerados em sua expressão econômica.

O contracheque do horista ou do comissionista transferido terá, portanto, quatro rubricas básicas: horas laboradas, reflexos das horas nos descansos semanais remunerados, adicional de transferência sobre as horas e reflexos do adicional de transferência sobre as horas nos descansos semanais remunerados.

O adicional de transferência é tipicamente uma parcela condicional, achando-se na dependência da alteração do local de trabalho e de sua provisoriedade. Cessadas essas condições, cessa o pagamento do adicional de transferência.

Observe-se, portanto, que são duas as possibilidades de cassação do pagamento do adicional de transferência.

O empregado pode voltar à base de origem e perder o direito ao acréscimo salarial ou, então, as partes podem convencionar que a transferência provisória se tornará definitiva, por uma razão qualquer, dia em que o pressuposto legal do adicional desapareceu.

10. Soma de períodos descontínuos de trabalho para a aquisição de direitos

De plano, advirta-se que o contrato de trabalho, como quase todos os contratos de trato sucessivo, sofre influência direta do escoamento do tempo, de tal sorte que, quanto maior a durabilidade, maiores serão os direitos e as vantagens conferidas a um empregado. Cuida-se de consequência natural da relação de confiança que se estabelece entre as partes e da sucessão de expectativas.

Exceto quanto ao salário, que se aufere um pouco a cada dia em que se trabalha, quase todas as demais parcelas trabalhistas dependem do fator tempo para serem aperfeiçoadas e quitadas.

As férias, por exemplo, presumem um ciclo de doze meses para que o empregado seja considerado exaurido pela fluência do contrato de trabalho, dentro daquilo a que a Consolidação das Leis do Trabalho chamou de período aquisitivo – seguindo-se mais doze meses para o período concessivo. A indenização de 40% sobre o fundo de garantia será devida a todo empregado dispensado pelo empregador sem justa causa, mas evidentemente será tanto mais elevada quanto maior a antiguidade do empregado na casa.

Há exemplos mais sofisticados. Em muitas normas coletivas, mas não na lei brasileira, estipula-se um adicional por tempo de serviço, que normalmente é associado ao tempo de serviço prestado pelo empregado ao empregador. O adicional por tempo de serviço mais conhecido se chama anuênio e corresponde a 1% de bonificação salarial para cada um ano de emprego do mesmo trabalhador. Existem variações como o biênio, o triênio e o quinquênio, entre as mais comuns, mas todos esses adicionais, conquanto façam variar a alíquota ou a base de cálculo, trazem como ponto comum a incidência do tempo sobre as relações de trabalho.

Antes do regime do fundo de garantia, o tempo era realmente pivotante para a compreensão do Direito do Trabalho.

As novas gerações ignoram a regra do art. 478 da CLT, que retirava o direito do empregado de receber qualquer indenização em caso de dispensa sem justa causa dentro do primeiro ano do contrato de trabalho, sob o fundamento de que a pessoa estava ainda em teste – isso já não ocorre com o fundo de garantia, pois a indenização de 40% se aplica tanto ao contrato de trabalho de um dia como ao contrato de trabalho de uma década.

Afora isso, o art. 492 preconizava que o contrato de trabalho de dez anos em diante tornava o empregado estável, assim entendido o direito de permanência no emprego, enquanto lhe aprouvesse, imune à dispensa sem justa causa por parte do empregador. O empregador, por não haver exercido o direito potestativo de rescisão contratual, decai desse direito por força do escoamento do tempo.

É o tempo, em todos esses exemplos, que exerce papel preponderante.

Mas isso não é tudo.

Suponha-se que o empregado peça demissão após três anos de casa para tentar empreender um pequeno negócio. Fracassada a tentativa, retorna à empresa à procura de emprego. Seu ex-empregador, não tendo encontrado outra pessoa adequada para o posto, aceita firmar novo contrato de trabalho com o ex-empregado, após um ano de afastamento.

Pergunta n. 1: caso exista norma coletiva prevendo adicional por tempo de serviço de 1% por ano de serviço, o empregado faz jus a 1% por ser novato ou a 4% por ser veterano de outro período contratual? A primeira resposta tem como premissa a não comunicação dos períodos descontínuos. A segunda resposta adota o fundamento coincidente com o título deste capítulo, a saber, soma de períodos descontínuos.

Prosseguindo no mesmo exemplo, pergunta n. 2: caso o empregado venha a ser dispensado sem justa causa seis meses depois da segunda admissão, faz jus à indenização de 40% apenas sobre o semestre ou sobre os três anos e meio de convivência com o empregador? Lembre-se que no primeiro desligamento não houve pagamento da indenização, dado o pedido de demissão.

Pergunta n. 3: poderá o salário do segundo contrato de trabalho ser menor do que o salário praticado durante o primeiro contrato de trabalho?

Pergunta n. 4: um colega de trabalho com quatro anos de casa e provido de salário superior poderá ser escolhido como paradigma em pedido de equiparação salarial pelo empregado recém-recontratado? A comparação fria levará ao entendimento de que o paradigma tem mais de dois anos de antecedência na função do que o trabalhador demandante, ao passo que a soma dos três anos que ele deixou para trás no primeiro contrato de trabalho neutralizaria essa barreira dos dois anos imposta pelo art. 461 da CLT.

É muito comum o uso do sentimento de justiça ou de injustiça para procurar respostas a essas quatro indagações, mas esse conceito é vaporoso e não auxilia no desenvolvimento do Direito do Trabalho. Se fôssemos nos basear apenas naquilo que parece mais razoável ou menos razoável, talvez o empregado tivesse direito adquirido a todos os itens que deixou no primeiro contrato de trabalho, ou seja, (a) deve auferir o adicional por tempo de serviço somando os anos do primeiro período, (b) não pode perceber salário inferior ao patamar que havia atingido e (c) pode eleger como paradigma colega veterano, desde que a soma dos períodos o equipare ao contrato de trabalho do colega.

De todas as perguntas, apenas a indenização de 40% sobre o fundo de garantia parece mais difícil de sustentar. Aqui o fundamento se concentra no fato de que a causa extintiva do primeiro contrato de trabalho não assegurava seu pagamento e o fato de uma nova ruptura contratual surgir posteriormente, agora pela modalidade da dispensa sem justa causa, não tem o condão de reavivar a primeira rescisão.

Há uma percepção trabalhista, entretanto, que descreve o desestímulo ao empregador de readmitir empregado já conhecido porque não poderá jamais rever as cláusulas do contrato de trabalho anteriormente havido entre as partes. Supondo que as cláusulas da norma coletiva já não sejam mais as mesmas e que a empresa tenha alterado alguns itens na linha de produção, ainda assim teriam de ser respeitadas condições e premissas do primeiro contrato de trabalho que já não existem mais na empresa. Os exemplos são variados, como a jornada de trabalho reduzida, o salário maior ou as condições de trabalho mais favoráveis.

Acresça-se, ainda, que a concessão de vantagens especiais para o ex-empregado, em homenagem ao primeiro contrato de trabalho, poderia desencadear uma reação imprevisível junto aos demais colegas de trabalho. Haveria insatisfação quanto ao tratamento diferenciado de um colega e possíveis questionamentos judiciais, mesmo sob a forma de equiparação salarial.

Pode-se argumentar que o assunto é secundário e que o empregador à procura do ex-empregado sabe que poderá contar com mão de obra experiente e já ajustada às necessidades da empresa. Apesar de vivenciarmos cenário de desemprego estrutural, muitos trabalhadores qualificados não ficam sem emprego e conseguem escolher propostas mais adequadas. Muitos empregadores, em contrapartida, não conseguem preencher vagas para postos de elevada responsabilidade, devido à severa crise do sistema educacional e ao aparente desinteresse que vastas quantidades de trabalhadores apresentam para determinados níveis de exigência.

Logo, o empregador não faz nenhuma caridade ao chamar o ex-empregado, beneficiando-se de sua experiência e de seu convívio. Deveria, portanto, tratá-lo como empregado ativo e não rebaixar suas vantagens adquiridas ao longo da primeira etapa, argumenta-se. Há países que nem ao menos consideram o contrato de trabalho rompido, optando pelo entendimento de que toda cessação de prestação de serviços ocorre por "suspensão" contratual. Posteriormente, quando o mercado de trabalho estiver reaquecido, os contratos de trabalho suspensos têm natural prioridade em sua retomada, tal como se fosse despertado de um longo sono.

A técnica adotada no sistema brasileiro é da ampla rotatividade de mão de obra. Talvez por serem leves as verbas rescisórias – já embutidas nos custos da contratação, devo dizer –, opta-se pela dispensa constante e readmissão se e quando for o caso, em vez da adoção de sistemas intermediários, como a suspensão para requalificação profissional (art. 476-A da CLT), a formação de banco de horas (art. 59), o trabalho a tempo parcial (art. 58-A) e as férias coletivas (art. 139). Poderia, ainda, haver outras formas de licença remunerada ou não remunerada, passíveis de serem ajustadas coletivamente, com a chancela da entidade sindical.

As dúvidas surgem a partir desse ponto, porque as admissões e as readmissões tendem a proliferar na vida de um único trabalhador em face de uma só empresa, gerando incontáveis questões sobre o direito ou não de se carregar a herança do passado.

Se o caso fosse simplesmente de alteração contratual, ou seja, mudança provisória de posição ou de salário, dentro de uma única relação de emprego, as soluções seriam bem mais simples. A ninguém ocorreria negar ao trabalhador o direito de voltar ao patamar em que se encontrava, quando do término da alteração provisória. Aproveitar o cancelamento da transferência para deslocar o empregado para posição inferior àquela que ele ocupava é evidente golpe.

Tampouco se poderá negar ao empregado momentaneamente afastado o direito de auferir as mesmas vantagens que teria percebido, caso houvesse permanecido em sua posição.

Por exemplo, um caixa bancário, com salário de R$ 1.000,00, pode ser designado pelo empregador para assumir posição de gerente administrativo durante a licença médica do ocupante do cargo efetivo. Nesse período, irá auferir o salário de R$ 2.000,00 pago à função de maior responsabilidade. Passado um ano, quando a licença médica estiver encerrada, o caixa deve voltar à sua função original, mas, na oportunidade, o salário de seus pares já estará, digamos, 5% maior por força de reajuste normativo. Então, ele tem direito ao salário de R$ 1.050,00 e não ao valor que deixou para trás.

Ademais, se a norma coletiva dos bancários previr adicional por tempo de serviço de 1% por ano de emprego somente para os caixas, por exemplo, o trabalhador ficará sem auferir a vantagem durante o período de substituição do gerente, mas voltará a recebê-la quando de seu retorno, mas, agora, já com o ano a mais que se passou. Nada mais justo. O simples fato de ele não estar exatamente na função no dia em que o reajuste foi divulgado está longe de ser significativo para o Direito do Trabalho.

O problema maior insere-se na dispensa formal do empregado e tentativa de retomar as mesmas vantagens que havia deixado quando do encerramento do primeiro contrato de trabalho.

Além dos quatro exemplos figurados na abertura do capítulo – somatório para fins de adicional por tempo de serviço e para cálculo da indenização de 40% sobre o fundo de garantia, rebaixamento salarial no segundo contrato de trabalho e indicação de paradigma com menos de dois anos de exercício da função – havia um grande complicador, nas décadas de 1940 e 1950, correspondente à estabilidade decenal.

Como o próprio nome revela, a estabilidade plena no emprego era adquirida pelo empregado que contabilizasse dez anos de trabalho para a empresa. Caso, porém, dispusesse de dois empregos de cinco anos cada já incorporava em seu patrimônio o direito de não ser dispensado, contanto que se tratasse do mesmo empregador, evidentemente.

Haveria, porém, injustiça se por acaso o empregador houvesse pagado a indenização equivalente a um mês de remuneração por ano de serviço, quando da dispensa no quinto ano, e, depois, tivesse de também honrar a estabilidade no décimo ano, ou seja, o empregado estaria a receber tanto a indenização em pecúnia como a vantagem do cômputo do tempo de serviço.

Daí ter surgido a primeira grande exceção de contagem de tempo de serviço: o recebimento da indenização rescisória.

É como se a indenização, normalmente associada à dispensa sem justa causa, tivesse a capacidade de apagar o passado ou, pelo menos, de isolar o passado dos demais acontecimentos.

Quais seriam, então, as hipóteses em que um contrato de trabalho termina e o empregado não aufere a indenização rescisória?

O exemplo mais lembrado, para essa finalidade, é o pedido de demissão.

Empregado que se demitia com sete anos de contrato de trabalho e vinha a ser readmitido um ano depois, por exemplo, adquiria a estabilidade decenal com mais três anos de relação de emprego, porque passava a ter o direito de somar os períodos descontínuos de prestação de serviços na mesma empresa.

Não havia recebido indenização rescisória na primeira saída, dada a forma de ruptura por sua iniciativa, e, por conseguinte, não perdia o direito de somar as parcelas. Empregadores que pretendessem readmitir empregados demissionários, dando-lhes nova chance de trabalho na empresa, deveriam refletir seriamente sobre o projeto, pois não se poderia alegar desconhecimento quanto à regra da *soma dos períodos descontínuos*.

A propósito da palavra *descontínuo*, o art. 453 da CLT, ao regulamentar a matéria, explicita que os períodos podiam ser contínuos ou descontínuos. Logo, pouco importava, para seus efeitos, conhecer o número de dias, meses ou anos que escoaram entre a saída e o retorno do empregado. Havia grande divergência jurisprudencial em torno da readmissão muito breve, o que estaria a evidenciar a fraude, mas a CLT estranhamente contestava a dispensa seguida imediatamente de readmissão, sem considerar abusiva a prática. Contanto que as indenizações fossem pagas na forma da lei, os períodos deixavam de ser somados. Em se tratando de pedido de demissão, os períodos eram, então, somados.

A regra do art. 453 é apontada ainda hoje como uma das causas do fracasso do sistema da estabilidade decenal, porque ao empregador bastava dispensar o empregado com seis ou sete anos de casa, sem despertar alarde e sem ser considerada dispensa obstativa da aquisição do direito, e, depois, readmitir o empregado, para que a estabilidade decenal fosse mitigada.

Claro que para cada dispensa deveria a empresa desembolsar o equivalente a um mês de remuneração por ano de serviço, na forma dos arts. 477, 478 e 492, todos da CLT, mas isso é menos do que dois meses de remuneração por ano de serviço, indenização aplicável ao estável decenal. E, também, é muito menos do que a necessidade de ajuizamento de inquérito para apuração da falta grave, em caso de desconfiança sobre a conduta do trabalhador – art. 494 da CLT.

Antes de dar prosseguimento às reflexões sobre o art. 453 da CLT, convém lembrar que o pedido de demissão era a principal forma de desligamento de um trabalhador sem direito a indenização rescisória, mas não era a única. Também o empregado dispensado sem justa causa com menos de um ano de casa (art. 478, § 1.º) e o empregado contratado por prazo determinado e desligado quando do vencimento do prazo (art. 477, *caput*), saíam sem direito a nenhuma indenização. São exemplos de contratos curtos, de alguns meses, no primeiro caso, e de dois anos no máximo, no segundo caso, mas que faziam toda a diferença quando o empregado estava à beira da estabilidade decenal. Imagine as consequências gravíssimas para uma empresa que dispensava um empregado com oito anos de casa, esquecendo-se de que, antes daquela relação de emprego, ele havia prestado serviços provisórios por um ano e meio, década atrás. O empregado teria de ser reintegrado, com direito aos salários do período de afastamento irregular e permanência até que adquirisse direito à aposentadoria. Um descuido caríssimo para a empresa.

A segunda grande exceção prevista pelo art. 453 era a dispensa por justa causa.

Com efeito, uma pessoa dispensada por justa causa, no terceiro ou quarto ano de contrato de trabalho, não poderia carregar o direito de somar esse prazo ao novo contrato de trabalho, porque a modalidade de desligamento lhe retirou completamente o direito à indenização e, claro, a CLT enxergava na vedação à soma uma forma indireta de punição ao operário.

Poder-se-ia argumentar que o empregador, que aceitou de volta o empregado que havia sido dispensado por justa causa – atitude raríssima de encontrar na prática –, indiretamente perdoou o trabalhador e, como tal, deveria ser conclamado a aceitar a soma dos períodos. Mas não foi nesse sentido que caminhou o legislador, considerando a justa causa fator preponderante no tema do somatório dos períodos.

Assim como a indenização da dispensa sem justa causa, a rescisão por falta grave do empregado isola o período contratual dos demais.

A neutralização, doravante, impedirá que ele carregue o período para a estabilidade decenal e, por extensão, para os demais efeitos – adicional por tempo de serviço, contagem para a indenização de 40% de um segundo contrato de trabalho e demais vantagens.

Encerrava-se aqui a redação original do art. 453 da CLT, que podia ser resumido como sendo uma regra geral – soma de períodos descontínuos – com duas exceções – isolamento do período encerrado por dispensa sem justa causa provida de indenização rescisória e isolamento do período encerrado por falta grave do empregado.

Ocorre que em 1975 houve expressiva reforma legislativa sobre o art. 453, a fim de inserir a aposentadoria espontânea como causa de isolamento do período laborado, inibindo seu acréscimo aos demais períodos para os fins da contagem do tempo de serviço.

O aposentado por tempo de serviço, no entanto, já não precisava da estabilidade decenal com a mesma ênfase que o empregado em início ou meio de carreira, de tal forma que esse bem jurídico para ele não dispunha do mesmo valor. Justificava-se, assim, a reforma legislativa de 1975, que passou a inserir a aposentadoria como a terceira grande exceção ao conceito da soma dos períodos descontínuos: além da indenização da dispensa sem justa causa e da declaração da dispensa com justa causa, também a aposentadoria espontânea tem o efeito jurídico de neutralizar o período por ela encerrado, sem comunicação com o período ou com os períodos seguintes.

Entenda-se bem que a aposentadoria a que se referiu o legislador foi unicamente aquela por tempo de serviço, hoje denominada tempo de contribuição, que é requerida espontaneamente pelo trabalhador, a partir do instante em que adquire o direito, mas em caráter facultativo.

Não guarda quase nenhuma semelhança com a aposentadoria por invalidez, que decorre de acidente de trabalho, de doença profissional a ele equiparada ou, também, de doenças degenerativas e demais enfermidades capazes de tornar impossível o prosseguimento regular da atividade do trabalhador. Ao contrário do que se costuma supor ao ver um trabalhador inválido, não existe extinção do contrato de trabalho, mas simples suspensão. Curta ou longa, será sempre suspensão. Desde 1991, nem ao menos se exige que a suspensão tenha limite máximo de cinco anos, como vigorava anteriormente, de tal forma que a suspensão pode ser eterna no sistema atual previdenciário. O único limite visível no horizonte será, neste caso limítrofe, o óbito do trabalhador, como forma de extinção do contrato de trabalho que permaneceu por longo prazo em suspenso.

Há alguma semelhança, outrossim, entre a aposentadoria por tempo de contribuição e a aposentadoria por idade, sendo comumente citado como diferença essencial o fato de que a segunda pode ser requerida pelo empregador e terá caráter compulsório. Ora, uma aposentadoria com caráter compulsório e concedida à revelia do próprio trabalhador somente poderia ter natureza de causa extintiva de contrato de trabalho por iniciativa do empregador, aproximando-se muito mais do conceito de dispensa sem justa causa do que de qualquer outra forma de rescisão.

Justifica-se, portanto, que somente a aposentadoria espontânea requerida pelo empregado possa ter o efeito de isolar aquele período do contrato de trabalho, pois as outras formas de aposentadoria ou não cessam a relação de emprego, ou provocam cessação abrupta que deve ser analisada do ponto de vista da dispensa sem justa causa.

Prosseguindo-se a reflexão sobre o art. 453, o assunto permaneceu, assim, neste estágio, adormecido por décadas. Considerava-se justo e razoável o sistema concebido pela Consolidação no sentido de presumir a soma dos períodos descontínuos, mas isolavam-se os períodos contratuais que tivessem sido encerrados sob a modalidade de dispensa sem justa causa, de falta grave ou de aposentadoria espontânea.

Clamor social apareceu, todavia, em meados dos anos 1990 quando começaram a se aposentar por tempo de serviço os primeiros trabalhadores oriundos do sistema da estabilidade decenal e que haviam optado pelo regime do fundo de garantia, criado em 1966, durante a vigência do contrato de trabalho.

A opção envolvia a renúncia à estabilidade decenal e o recebimento de uma indenização pecuniária, mas nada disso afastava o direito à indenização sobre o fundo de garantia, ao final do período de trabalho.

Durante os primeiros 22 anos de vigência, o regime do fundo de garantia contemplava o empregado com apenas 10% de indenização sobre o fundo de garantia, majorado esse patamar para 40% com a Constituição Federal de 1988. Ademais, indenização sempre foi paga em toda dispensa sem justa causa, mas somente na década de 1990 é que simultaneamente se observaram indenizações vultosas porque longos eram os contratos de trabalho e a incidência dos 40%.

Foi então que os empregadores começaram a aplicar a regra do art. 453 também para o regime do fundo de garantia.

Argumentava-se que, se o art. 453 não permitia a mistura dos dois períodos contratuais, quando o primeiro deles houvesse sido extinto por força de aposentadoria espontânea, para fins de aquisição de estabilidade decenal, também para o regime do fundo de garantia não deveria haver essa mescla: a indenização de 40% deveria incidir apenas sobre o período superveniente, se e quando houvesse dispensa sem justa causa.

Curioso notar que os demais temas já ventilados neste capítulo, como o adicional por tempo de serviço, o rebaixamento salarial e a equiparação salarial, não despertaram tanta curiosidade do Direito do Trabalho como foi o caso da indenização de 40%.

A rigor, a disputa entre os defensores e os detratores da indenização de 40% sobre o fundo de garantia anterior à aposentadoria apenas retomam a discussão sobre a equivalência entre os dois regimes – o da estabilidade preconizada pela CLT e o do fundo de garantia inserido por lei ordinária em 1966 e universalizado pela Constituição Federal de 1988.

Muito já se discutiu sobre a equivalência, se deveria ser apenas jurídica ou se também precisaria ser econômica. Entende-se por equivalência jurídica aquela que contemplaria aos empregados uma rede de segurança parecida, capaz de mitigar a agressividade de uma dispensa que lhe retire a fonte de sustento e lhe altere o projeto de vida. Entende-se por equivalência econômica aquela que deixaria o empregado na mesma situação pecuniária em ambos os regimes, mais estabilitário ou mais de depósitos de fundo de garantia.

Quando bem analisada a questão, a equivalência econômica jamais poderia ser verificada, porque a estabilidade decenal não envolvia dinheiro. O propósito era preservar o contrato de trabalho o máximo possível, para que o empregado supostamente vestisse a camisa da empresa e com ela convivesse em harmonia por vinte ou trinta anos, dali saindo apenas para desfrutar o descanso da aposentadoria. Já o regime do fundo de garantia proporciona ao empregado a formação de um patrimônio – equivalente grosso modo a um salário por ano – para que possa ter reservas auxiliares na situação de desemprego forçado. Não há propriamente semelhança em termos pecuniários. A indenização pela ruptura contratual dentro da estabilidade era apenas uma satisfação que precisava de qualquer forma ser prevista para o caso de desmando do empregador.

Com o regime do fundo de garantia, porém, os empregados detêm o direito ao levantamento do pecúlio, variando apenas a data do saque: pode ser na vigência do contrato de trabalho para casos de algumas doenças e algumas aquisições de moradia, logo após a extinção do contrato de trabalho em caso de dispensa sem justa causa ou após três anos de conta inativa em caso de pedido de demissão ou dispensa com justa causa, entre outras hipóteses.

Então, após os debates de praxe, a jurisprudência canalizou-se no sentido de que o art. 453, *caput*, não se aplica ao regime do fundo de garantia, mas apenas ao sistema da estabilidade decenal. A aposentadoria espontânea continua a impedir que um período se some ao outro para essa finalidade, mas não impede que a indenização de 40%, por dispensa sem justa causa superveniente, abarque os dois contratos de trabalho.

Um empregado que tenha laborado 38 anos na mesma empresa e obtido aposentadoria espontânea com 35 anos de casa faz jus à indenização de 40% sobre o fundo de garantia de todos os 38 anos e não meramente sobre os três anos seguintes à aposentadoria, como se poderia supor com a leitura do art. 453.

Note-se que todas as perguntas e respostas giram em torno do art. 453, *caput*, tendo havido evidente precipitação do legislador ao inserir dois parágrafos artificiais ao dispositivo legal, sendo forçado a recuar por força de decisões judiciais em torno da inconstitucionalidade.

Os parágrafos não tinham realmente muita chance de sobrevida. Oriundos da Medida Provisória n. 1.523/1996 (e seguintes reedições), convertida na Lei n. 9.528/1997, pecavam por excesso de discriminação, no primeiro caso, em que somente empregados públicos foram tratados, e excesso de presunção no segundo caso, em que o ato de concessão, normalmente baixado pelo INSS, assumia feição de causa extintiva de contrato de trabalho, como nunca antes fora deliberado pelo legislador. Antigamente, quando se falava na aposentadoria como causa extintiva de contrato de trabalho, não se associava o ato de concessão, mas a conduta do empregado que aparentemente pedia para sair.

Poder-se-ia argumentar que o Supremo se calou sobre o *caput* e, portanto, deixou em aberto a possibilidade de manter a aposentadoria como causa extintiva do contrato de trabalho por força da antiga interpretação do isolamento contratual. Porém, as ementas que declararam a inconstitucionalidade dos dois parágrafos foram tão incisivas e tão defensoras dos aposentados que a ninguém mais ocorre reduzir o valor dessas indenizações.

Capítulo 8

Suspensões do contrato de trabalho

1. Diferença entre suspensão e interrupção do contrato

A suspensão do contrato de trabalho desempenha papéis muito mais relevantes do que normalmente se supõe.

Há mesmo uma série de desconhecimentos sobre a matéria, por vezes sendo a suspensão associada ao caráter punitivo e em outras vezes sendo associada a temas ligados a acidentes de trabalho – suspensão por licença médica ou para a percepção de benefícios previdenciários. Mas há outros contextos da suspensão.

Pode ser ferramenta bastante útil para evitar a dispensa coletiva dos trabalhadores, como naquelas hipóteses de férias coletivas enquanto se aguarda reaquecimento do mercado consumidor e redução dos níveis de estoques acumulados. Esse tipo de suspensão, inserido globalmente nas técnicas de preservação de contrato de trabalho, deveria ser ainda mais estimulado no regime brasileiro, que conhece apenas o mencionado padrão das férias coletivas (arts. 139 a 141 da CLT) e tentou adaptar legislação estrangeira sob a forma de suspensão temporária para requalificação (art. 476-A, enfocado no capítulo seguinte).

A legislação se mostra bastante falha em termos de conceituação, embaralhando os nomes e usando um no sentido do outro, quando o assunto é a paralisação da prestação de serviço. Inserido no Título IV, que cuida do contrato de trabalho, o nome do Capítulo IV é "Da Suspensão e da Interrupção", levando a crer que ele abrangerá os dois assuntos. Ocorre que a leitura dos arts. 471 a 476-A não aponta nenhuma referência à palavra interrupção do contrato de trabalho, falando-se apenas em suspensão e, vez por outra, em afastamento do empregado. Há, ainda, a expressão "deixar de comparecer" no art. 473 (aquele que cuida das faltas abonadas) e "licença não remunerada" no art. 476 (fazendo referência à percepção de auxílio-doença). Coube à doutrina, então, tomar partido.

De plano, foram descartadas as expressões afastamento, licença e deixar de comparecer, como sendo termos de menor valor científico, fadados a ampliar ainda mais a confusão terminológica. Foi assim que essas expressões tiveram menor uso em textos jurídicos, conquanto sejam mais acessíveis ao homem médio. Houve concentração exclusiva nos termos suspensão e interrupção.

Identifica-se na palavra suspensão o congelamento das principais obrigações do contrato de trabalho, ou seja, o empregado não presta os serviços e o empregador não desembolsa remuneração nem por serviços, nem por tempo à disposição nem por períodos de neutralização das atividades.

Já a palavra interrupção passou a ser associada a um meio-termo, em que são congeladas apenas algumas poucas obrigações do contrato de trabalho, como nas hipóteses em que o empregado deixa de prestar serviços, mas segue a receber normalmente sua remuneração. Pense-se no singelo exemplo da folga semanal ou das férias.

Em ambos os casos o empregado meramente deixou de trabalhar por razões de ordem jurídica calcadas em fundamentos biológicos – necessidade de repousos de maior ou menor duração, para o revigoramento do trabalhador e retorno com bom índice de produtividade – sem jamais deixar de auferir seus rendimentos. São formas de interrupção contratual, na linguagem doutrinária, e não de suspensão contratual.

A distinção, porém, não ficou imune a críticas.

A uma, porque o legislador não foi expresso na conveniência ou na profundidade dessa distinção, que, ademais, pode também ser irrelevante para o cotidiano trabalhista. A duas, porque o critério do pagamento salarial como forma central de separar a suspensão – desprovida de pagamentos – da interrupção – dotada de pagamentos salariais – tende a ser falho em casos limítrofes em que a própria lei, o contrato de trabalho ou a norma coletiva exigirem que o empregador siga com seus compromissos mesmo em casos que aparentemente eram de suspensão.

O regime do fundo de garantia, que será oportunamente esmiuçado, tumultuou bastante essa certeza, pois passou a exigir o recolhimento dos depósitos de 8% dos salários dos empregados em suspensão para a prestação do serviço militar obrigatório bem como dos empregados com contrato de trabalho suspenso, para a percepção do auxílio-doença acidentário. Interessante a situação, pois não há pagamento de salário, não há contracheque, mas há a incidência de 8% sobre o salário fictício.

Então, alguns chamam esses casos de suspensão atípica – suspensão das principais obrigações, paralisação de pagamento de salário, mas manutenção de reflexos do salário em fundo de garantia – e outros preferem falar em interrupção atípica – suspensão do trabalho e manutenção de pagamentos do empregador ao empregado, mas limitados esses pagamentos aos valores do fundo de garantia.

Uma forma criativa de enxergar a suspensão do contrato de trabalho é imaginar a ocorrência de suspensões mínimas, médias e máximas.

Algumas pausas existentes dentro de uma jornada de trabalho, que são chamadas de intervalos remunerados, já podem ser identificadas como as primeiras manifestações de suspensão contratual, usada a palavra no sentido genérico. São elas a pausa de dez minutos do mecanógrafo (art. 72 da CLT), os vintes minutos do telefônico (art. 229), os trinta minutos da lactante (art. 396) e os vinte minutos do empregado de frigorífico (art. 253), entre outros intervalos não deduzidos da jornada. O intervalo para refeição e descanso (art. 71) não serve de exemplo, pois é desfrutado por conta e risco do empregado, descontando-se a duração da jornada de trabalho.

Subindo na escala, encontram-se as paralisações de um dia, como os descansos semanais remunerados, ou de alguns dias, como as licenças de luto, gala ou paternidade, até chegar a paralisações de semanas ou meses, como as férias, a licença-maternidade e as licenças médicas.

A inserção do art. 476-A na CLT, com vistas à requalificação do empregado enquanto deixa de auferir salários, representou a criação de uma hipótese razoavelmente longa de suspensão, pois pode ser de dois a cinco meses, mas pode também ser prorrogada por prazo indefinido, desde que negociado coletivamente.

Por fim, o caso mais dramático de suspensão contratual no ordenamento brasileiro corresponde à aposentadoria por invalidez, haja vista não subsistir nem mesmo a limitação a cinco anos. Somente com o óbito do trabalhador poderá haver a extinção do contrato de trabalho, caso não tenha havido alta médica em vida.

Ainda que se menospreze a dicotomia suspensão – sem trabalho e sem salário – e interrupção – sem trabalho, mas com salário –, o fato é que o sistema presta serviços ao Direito do Trabalho como um todo, por representar ferramenta expressiva de postergação da dispensa do trabalhador. Como já se teve oportunidade de sustentar, uma concessão de férias coletivas ou a oferta de curso de qualificação na forma do art. 476-A assumem a elevada capacidade de mitigar os efeitos do desemprego, se não o evitando completamente, ao menos adiando sua efetivação ou reduzindo o contingente de empregados afetados num mesmo contexto. O sistema elaborado na legislação social brasileira procura aliar, ainda, uma satisfação ao trabalhador, no sentido de estender o conceito de salário para aqueles casos em que a paralisação atende mais aos anseios da atividade econômica, enquanto simultaneamente se alivia a carga salarial do empregador, remetendo para os cofres públicos o ônus de suportar as licenças médicas prolongadas e as questões complexas da aposentadoria por invalidez. Sem o sistema das suspensões contratuais dinâmicas, é certo que o empregado ficaria sem o recebimento de remuneração em diversos casos e, ainda, a rescisão contratual seria acelerada para todo e qualquer caso de tratamento médico. Pode-se adotar a explicação majoritária do critério do pagamento salarial para diferenciar suspensão de interrupção ou simplesmente aderir à corrente minoritária que considera tudo como suspensão, mas afere se a suspensão abrangeu as principais obrigações ou apenas parte das obrigações. Não se pode, todavia, desprezar esse acervo.

2. Peculiaridades da suspensão contratual em face das exigências do serviço militar e obrigações conexas

A suspensão abarcada pelo art. 472 da CLT se concentra no serviço militar obrigatório, aquele que exige o alistamento de todo jovem do sexo masculino, no ano em que completa 18 anos de idade. O art. 143 da CF/1988 principia falando da obrigatoriedade do serviço militar, na forma da lei, mas exige das Forças Armadas a criação de uma forma alternativa para situações de escusa de consciência.

Referida disciplina foi elaborada pela Lei 8.239/1991, que define o serviço militar alternativo como sendo "o exercício de atividades de caráter administrativo, assistencial, filantrópico ou mesmo produtivo, em substituição às atividades de caráter essencialmente militar" (art. 3.º, § 2.º). Não há previsão para que o contrato de trabalho seja suspenso em caso de serviço militar alternativo e tampouco no caso do serviço militar facultativo, objeto de propostas legislativas em tramitação para abranger as mulheres e os eclesiásticos. Normalmente são horas de trabalho compatíveis com a permanência intacta do contrato de trabalho.

O sistema da estabilidade decenal, que caracterizava a CLT, permitia que o jovem incorporado às Forças Armadas contasse o tempo de afastamento para a prestação do serviço militar obrigatório como tempo de serviço para fins da totalização dos dez anos, conforme art. 4.º, parágrafo único, da CLT. Assim, se houvesse laborado para a mesma empresa dos 16 aos 26 anos de idade, já seria estável decenal, pouco importando que tivesse havido apenas oito anos de trabalho efetivo e dois anos de caserna, por exemplo. Cuidava-se de evidente benefício conferido ao jovem convocado, exigindo a lei trabalhista que o empregador honrasse uma estabilidade que, de outra forma, não existiria.

Aliás, caso o jovem viesse a ser dispensado sem justa causa aos 22 ou 23 anos de idade, o que era permitido naquele sistema, contaria também com os anos de afastamento militar para a inclusão na indenização de um salário por ano de serviço.

Com a abolição gradual do sistema de estabilidade ao término de dez anos, a legislação passou a incentivar a adesão ao fundo de garantia, universalizado pela Constituição Federal de 1988. A fim de manter alguma paridade com o regime antigo, foi estipulada a obrigatoriedade dos depósitos de 8% também sobre o salário inexistente do jovem convocado. Foi assim que se convencionou dizer que o serviço militar obrigatório gera uma espécie de suspensão híbrida, porque não dá direito ao salário, mas assegura a contagem do tempo de serviço para fins de fundo de garantia e, consequentemente, a indenização de 40% em caso de dispensa sem justa causa.

Outra peculiaridade da suspensão para os fins militares diz respeito ao retorno do jovem a suas funções. Não existe propriamente uma estabilidade, nem antes, nem depois do afastamento.

Obviamente a perspectiva de ser convocado para a prestação do serviço militar obrigatório tem a nefasta capacidade de inibir a admissão de adolescentes de 17 anos de idade, pois o empregador sabe que aquela faixa etária está propensa a essa forma de suspensão e o gasto com o fundo de garantia sobre salário fictício não deixa de ser um peso sobre as contas empresariais. O índice de desemprego desse grupo é superior à média da população ou então o adolescente se submete aos trabalhos mais aviltantes, como forma de obter o primeiro emprego.

Construção jurisprudencial e doutrinária levou à conclusão de que nenhuma dispensa arbitrária deveria ocorrer no meio da suspensão contratual, pois não faria sentido que, congelada a prestação de serviços, o empregador pudesse dizer que o empregado subitamente deixou de atender a suas expectativas. Nem mesmo a chamada dispensa sem justa causa, em que o empregador às vezes apresenta um fundamento de ordem técnica, financeira ou econômica, faz sentido no caso da suspensão contratual, porque ainda assim o corte do empregado suspenso não alivia o caixa da empresa e a inovação tecnológica não afeta uma pessoa ausente, nem para o bem, nem para o mal.

Novamente não é o caso de falar em estabilidade, mas de alargar o conceito de suspensão para o congelamento dos principais direitos e deveres numa relação de trabalho. Cessando a atividade, cessam também as principais formas de rescisão contratual.

A dispensa por justa causa há de ser sempre admitida, porque as falhas graves do empregado, nos moldes da CLT, incluem atos praticados fora dos limites da empresa, de tal sorte que uma violação de segredo industrial, uma concorrência desleal e outros fatores podem ser praticados mesmo na paralisação das atividades produtivas. Resta ao jovem em serviço militar apenas o direito de retornar à empresa para, se for o caso, ser dispensado ou ser reaproveitado.

Talvez o art. 472 nem ao menos precisava ter se ocupado do assunto, porque o retorno é naturalmente esperado. Jamais se poderia falar que a partida do empregado para a atividade militar coincide com o conceito de abandono ou de pedido de demissão.

Algumas normas coletivas procuram contornar esse regresso, apontando períodos de garantia de emprego, de dois ou seis meses, apenas para que a pessoa possa reorganizar seus afazeres e estudos antes da iminente dispensa, mas a lei é omissa a respeito. Foi um afastamento forçado, seguramente, e seu retorno é uma expectativa razoável.

Dispositivo muito parecido com aquele do art. 472, § 1.º, aparece no art. 60 da Lei 4.375/1964 (Lei do Serviço Militar), que acrescenta dois elementos importantes: a) o empregado pode já no início da convocação comunicar ao empregador que não pretende retornar após a baixa, inclusive rescindindo-se o contrato de trabalho; b) o empregado que, após a prestação do serviço militar obrigatório resolver se engajar à carreira militar automaticamente perde o direito de retorno.

A solução encontrada pelo art. 472, § 1.º, porém, abre ensejo para que o empregado demore muito a voltar ao trabalho, mesmo após a desincorporação, provocando dúvidas se sua intenção é mesmo o retorno. Daí a necessidade de estipulação de um prazo razoável para essa retomada dos trabalhos, salientando-se, ainda, que o empregador não recebe comunicação alguma das Forças Armadas, no tocante ao desligamento do empregado, ficando desprovido de informações mais detalhadas.

O ônus da prova de que houve a comunicação, por qualquer meio, ao empregador, recai sobre o empregado.

Outra observação relevante vai no sentido de que o legislador não traçou prazo para retorno, mas apenas para comunicação do desejo de regressar. Por coerência, essa manifestação há de ser situada dentro de trinta dias, prazo acima do qual se considera abandono de emprego, tanto pelo art. 482 da CLT como por maciço entendimento doutrinário. Após a manifestação, fica a critério das partes marcar a data do retorno.

A pressa é toda do empregado, que quer voltar a receber salário, mas depende de questões como deslocamento de cidade e adaptação da empresa. Nenhum empregador está obrigado a aceitar, porém, prazo maior do que trinta dias para o retorno, pelo mesmo motivo de se considerar abandono a demora excedente. Então, contam-se duas vezes os trinta dias: uma vez para a manifestação e outra vez para a fixação da data real do retorno. Acima disso, somente se houver expressa concordância do empregador.

Regra adicional aparece escondida no art. 132 da CLT, no tocante às férias do jovem egresso do sistema militar. Normalmente, o período aquisitivo de férias, que ficou incompleto antes de paralisação do contrato de trabalho, é perdido irremediavelmente.

Entende o legislador que o descanso anual deve ser precedido de cansaço equivalente, razão pela qual foram criados os sistemas chamados de período aquisitivo e período concessivo de férias, cada um calculado à razão de doze meses.

Se, porém, um empregado se ativa apenas cinco meses e vem a entrar em licença médica de, digamos, dezoito meses, perde integralmente aquela fatia de cinco meses, que não será aproveitada nem para gozo oportuno nem para indenização de férias proporcionais. São várias as hipóteses de desaparecimento das parcelas incompletas de férias, como pode ser conferido no rol do art. 133 da CLT. O caso do jovem incorporado, no entanto, foi tratado em separado e de forma completamente atípica.

Por se tratar de uma suspensão forçada e por se ter certeza de que ele não ficou inativo durante o período – isto é, realizou manobras militares, exercícios físicos e atividades correlatas – houve por bem o legislador agilizar a concessão das férias, permitindo que ele some os períodos aquisitivos descontínuos.

Isso significa que os cinco meses do exemplo anterior poderão ser somados com mais sete meses após o retorno às atividades e, juntos, completarem o primeiro ciclo aquisitivo, algo muito melhor do que ter de trabalhar outros doze meses e desperdiçar os primeiros cinco. Há uma exigência, porém, para que o jovem possa desfrutar dessa regra: reassumir suas funções em até noventa dias depois da baixa da corporação militar. Reflitamos sobre esses noventa dias.

Por um lado, é o prazo mais largo que consta do capítulo das férias, revelando novamente o prestígio dos militares à época. Por outro lado, dificilmente haverá tanto lapso de tempo, pois acima se observou que o prazo para manifestar a intenção foi fixado no máximo em trinta dias e o prazo para reassumir o posto, após a manifestação, tende a ser também no máximo de trinta dias, como forma de afastar suspeitas de abandono de emprego.

Há de se considerar a tolerância do empregador para o retorno noventa dias após a desincorporação militar, a fim de que se verifique na prática o uso integral da regra do art. 132. De qualquer forma, lei temos, sendo perigoso que o empregado ajuste com o empregador retorno cem ou cento e vinte dias depois da baixa. Num primeiro momento, pode parecer vantajoso para que ele possa se organizar melhor. Num segundo momento, verá que perdeu o capital das férias proporcionais.

Por tudo o que acima constou, insere-se a suspensão do contrato de trabalho, para os jovens convocados à prestação do serviço militar obrigatório, num campo híbrido. O que era para ser uma suspensão das principais obrigações ou simplesmente suspensão contratual – sem salário, sem trabalho – converteu-se numa suspensão moderada, pois o fundo de garantia segue a ser depositado, os períodos aquisitivos de férias tendem a ser somados e, ainda, assegura-se o direito ao retorno, com prazos dilatados, conquanto não se assegure a estabilidade no emprego. A classificação que leva em conta suspensão/interrupção não chega a considerar o caso do militar como forma de interrupção, porque não há, de fato nem de direito, o pagamento salarial.

Discute-se, paralelamente, o afastamento do empregado por interesse da segurança nacional.

O Dec.-lei 3/1966, um dos primeiros do novo regime instalado em 1964, inseriu três parágrafos ao art. 472 da CLT.

O primeiro passo era o pedido da autoridade (militar) competente diretamente ao empregador da pessoa acusada. Embora a lei fale em solicitação, é evidente tratar-se de uma ordem. A mediação do assunto ficou a cargo do Ministério Público do Trabalho, o que não deixa de ser curioso, porque já existe lide, mas a Justiça do Trabalho foi afastada do caso e as entidades sindicais evidentemente não poderiam servir para intermediar negociação nesse caso.

Outra nota curiosa foi o fato de que o afastamento não deveria ser chamado de suspensão, diz a norma expressamente, criando uma esdrúxula figura de contrato de trabalho ativo com trabalhos inativos. Claro que era uma suspensão, a começar pela paralisação dos trabalhos, ainda que o legislador insista em dizer que não é.

Esse conceito de não suspensão somente prejudicava o empregador, porque, se não é suspensão, continua a correr o período aquisitivo de férias, continuam a incidir os encargos sobre a folha de pagamento e assim por diante.

Para tumultuar ainda mais o raciocínio, conclui o dispositivo afirmando que os salários dos primeiros noventa dias de afastamento não suspensivo correm por conta do empregador. Noventa dias de salário sem trabalho não é todo dia que se encontram.

O inquérito penal militar duraria muito mais do que noventa dias e a situação do empregado provavelmente cairia num limbo jurídico complicadíssimo, porque ao cabo dos noventa dias cessava o pagamento do salário sem que ele estivesse formalmente desligado da empresa.

Encontrar outro emprego nem era cogitado, até porque a autoridade militar poderia pedir também o afastamento desse novo posto. Pior ainda era o fato de que eventual absolvição dos fatos alegados não gerava direito a nenhum pagamento salarial retroativo, como era feito no sistema do inquérito de apuração de falta grave de estáveis decenais. O melhor que podia acontecer ao empregado envolvido na teia de intrigas era ser mandado embora pelo empregador, receber as indenizações cabíveis e tentar outra forma de sobrevivência.

Por fim, observo que a Lei do Serviço Militar prevê, também, algumas ausências justificadas, de poucos dias, que não se confundem com a prestação do serviço obrigatório.

Dispõe o art. 473, VI, ser justificada a ausência no período em que o empregado do sexo masculino tiver de cumprir as exigências do serviço militar. De um lado, observe-se que não se trata mais do período de incorporação, referido no art. 472, pois ali ocorreu apenas uma suspensão geral do contrato de trabalho, sem direito a salários, ao passo que aqui se considera justificada a ausência, com salário assegurado.

De outro lado, é interessante frisar que o art. 473, VI, não precisava existir, porque a Lei do Serviço Militar (Lei 4.375/1964) já menciona explicitamente que determinados dias ali previstos são considerados ausências abonadas em todo e qualquer compromisso civil que a pessoa tivesse, contrato de trabalho inclusive.

É relevante trazer esse detalhe, porque aparentemente o art. 473, VI, ficou incompleto. Consta de sua redação o abono das ausências contidas no art. 65, *c*, da Lei do Serviço Militar ("(...) exercício de apresentação das reservas ou cerimônia cívica do Dia do Reservista", que vem a ser 16 de dezembro, em homenagem a Olavo Bilac), mas o fato é que também o art. 60, § 4.º, igualmente dispõe de caso de justificativa de ausência: "Todo convocado matriculado em Órgão de Formação de Reserva que seja obrigado a faltar a suas atividades civis, por força de exercício ou manobras, ou reservista que seja chamado, para fins de exercício de apresentação das reservas ou cerimônia cívica, do Dia do Reservista, terá suas faltas abonadas para todos os efeitos". Com detalhamento ainda maior, o art. 195, § 4.º, do Dec. 57.654/1966, dispõe: "(...) para isto, caberá ao Comandante, Diretor ou Chefe desses Órgãos, dar ciência à entidade interessada, com antecedência, dos exercícios ou manobras programados e, depois, confirmar a sua realização, para fins de abono das faltas".

Semelhantes dispositivos podem ser conferidos, igualmente, na lei que rege o serviço militar obrigatório a estudantes de medicina, odontologia, farmácia e veterinária (Lei 5.292/1967, especialmente arts. 50 e 52).

3. Impactos da suspensão em caso de contrato de trabalho por prazo determinado

O art. 472, em sua redação original, cuidava unicamente do caso da suspensão do jovem incorporado e, no § 1.º, do direito de retornar mediante manifestação em trinta dias. No entanto, o § 2.º quis fazer um comentário sobre a hipótese especialíssima de suspensão do contrato de trabalho por prazo determinado e acabou provocando enorme celeuma. O § 2.º nem é tão extenso, mas sua interpretação se tornou enigmática: "Nos contratos por prazo determinado, o tempo de afastamento, se assim acordarem as partes interessadas, não será computado na contagem do prazo para a respectiva terminação".

Traduzindo: a contagem dos dias no contrato de trabalho por prazo determinado segue intacta, haja trabalho ou haja suspensão, admitindo-se a baixa na Carteira de Trabalho e o encerramento do período mesmo que o empregado esteja afastado.

O objetivo foi prestigiar os contratos provisórios e temporários, que não poderiam ser elastecidos por intercorrências alheias à vontade das partes.

Por exemplo, uma experiência de noventa dias poderia chegar a dois anos, se no meio do caminho houvesse uma licença médica. Um contrato de obra certa por seis meses se transformaria em dois anos e seis meses, caso neste meio tempo o empregado fosse convocado para serviço militar.

Claro que, do ponto de vista da segurança econômica do empregado, o melhor seria que o contrato por prazo determinado não existisse ou fosse adulterado em situações de suspensão contratual, mas não foi essa a roupagem emprestada pelo legislador. Entende-se que o empregador estava de boa-fé quando estipulou o ajuste provisório e assim deverá seguir seu fluxo até o final da contagem, a ser efetuada de forma contínua e inelutável.

Não há suspensão de contagem de prazo, embora possa haver suspensão de trabalho e de salário.

Ressalva-se o direito das partes de ajustarem em sentido contrário, ou seja, é válida a cláusula contratual de congelamento da contagem do prazo do contrato de trabalho determinado, em caso de suspensão da prestação dos serviços, mas isso se torna raríssimo de ver e de acontecer, pois teríamos de imaginar um empregado absolutamente indispensável para os interesses da empresa, a tal ponto que ela não se importa em esperar meses ou anos até que ele volte e continue a contar o número de dias inicialmente avençados.

Ora, se esse empregado é tão indispensável, então era melhor que fosse contratado por tempo indeterminado, o que evidencia a incongruência de se congelar a contagem do prazo temporário e ao mesmo tempo se elevar o empregado ao patamar de insubstituível.

Em suma, embora o legislador tenha lavado as mãos ao autorizar que as partes ajustem expressamente que a suspensão dos serviços leve à suspensão da fluência do prazo, sabe-se de antemão que nenhum empregador o fará e que, afinal, todos os contratos por prazo determinado vão, sim, expirar no meio das suspensões de longa duração.

Normalmente se interpretam parágrafos à luz do tema tratado no prólogo do artigo. Logo, embora o § 2.º do art. 472 não faça referência expressa, é natural sua assimilação à suspensão por fins militares. É como se estivesse escrito "o tempo de afastamento, nos termos deste artigo, não será computado", quando preferiu dizer "(...) o tempo de afastamento, (...) não será computado (...)". Dada a omissão da lei quanto às demais formas de suspensão do contrato de trabalho, convencionou-se a aplicação desse mesmo dispositivo para todas as demais situações de paralisação dos serviços em sede contratual temporária.

A raiz está no art. 472, § 2.º, razão pela qual muitos não conseguem nem ao menos localizar o dispositivo legal, escondido que se encontra no tema do jovem militar. Do ponto de vista da hermenêutica, aqui se fez uma analogia ao expandir para casos semelhantes o preceito de lei que melhor trata da matéria, explicação que se prefere àquela que atribui vida autônoma ao § 2.º, desconectado do *caput*.

4. Suspensões curtas: as ausências justificadas

Feito o levantamento completo do art. 472, chegamos ao importantíssimo art. 473 da CLT, provido de diversas situações em que as ausências dos empregados serão abonadas e atuarão como se não houvessem existido. Uma vez relevada a falta do empregado, nenhuma consequência surgirá em termos de salário, descansos semanais remunerados, férias ou mesmo alegação de desídia. A falta é literalmente apagada.

Portanto, toda vez que se menciona perda do direito aos descansos semanais remunerados, redução na quantidade de dias de férias ou dispensa com justa causa por desídia, estava por trás uma quantidade razoável de ausências injustificadas, ainda que não se tenha utilizado esse adjetivo.

Dentro do binômio suspensão/interrupção, a ausência injustificada será uma forma de suspensão contratual – sem trabalho, sem salário – ao passo que o rol de ausências justificadas, que começa a ser analisado a partir de agora, deságua em formas de interrupção do contrato de trabalho – sem trabalho, com salário.

O primeiro caso de ausência justificada curiosamente não aparece no art. 473 da CLT, possivelmente por ser óbvio demais. Trata-se do perdão tácito ou expresso conferido pelo empregador.

De fato, existem incontáveis situações que fogem à percepção do legislador, mas que afligem os empregados no cotidiano, restando-lhe apenas contar com a razão e a sensibilidade do empregador. Os exemplos mais conhecidos são aqueles relacionados com greves no setor dos transportes coletivos, em que nem ao menos se respeitam os percentuais mínimos de serviços essenciais, bem como as situações de acompanhamento de filho ou pessoa dependente do empregado para clínicas e hospitais. Regularizar situação no serviço de proteção ao crédito, tirar passaporte, entrar na fila do departamento de trânsito para renovar a carteira de habilitação ou obter segunda via do registro geral, nada disso confere ao empregado o direito ao abono das ausências, exceto se o empregador com isso concordar. Há duas referências legislativas à falta abonada pelo empregador.

A primeira surge no capítulo das férias, pois o art. 131, IV, menciona o conceito da falta justificada como sendo aquela que não acarretou o desconto salarial. A segunda aparece no art. 6.º, § 1.º, *b*, da Lei 605/1949, ao mencionar que não afeta o cômputo dos descansos semanais remunerados a falta que tenha sido tolerada pelo empregador. Diz-se perdão expresso quando o empregador abertamente releva a ausência, ao passo que o perdão tácito corresponde ao silêncio do empregador seguido do pagamento integral do salário, sem desconto algum pela ausência legalmente não prevista.

Conforme entendimento mais avançado da Organização Internacional do Trabalho, os dias parados por força de greve dos trabalhadores – direito individual exercido de forma coletiva – deve ser objeto de negociação coletiva.

Jamais deveria haver legislação que antecipadamente obrigue o empregador a pagar os dias parados, porque então não seria mais uma greve e, sim, férias. Tampouco se pode proibir o ajuste dos dias de greve, porque isso dificulta a própria negociação futura. Uma solução alternativa tem sido a compensação das horas paradas, um pouco por dia, mas isso não deixa de ser uma forma de quitação dos dias parados. As decisões judiciais que proíbem o empregador público de cortar o ponto dos empregados públicos em greve – expressão que se usa para dizer descontar os dias parados – ignoram o conceito da paralisação e o alcance da luta sindical. Compreende-se a dificuldade de interpretação porque a legislação brasileira, confusa até não poder mais, assegura o direito de greve e de sindicalização aos servidores públicos estatutários e aos empregados públicos, mas não esclarece qual a legislação aplicável.

Mesmo com a viragem da jurisprudência do Supremo Tribunal Federal, que desde 2008 admite a incidência da Lei 7.783/1989 aos empregados públicos, a dificuldade persistirá: simultaneamente o ordenamento brasileiro proíbe a negociação coletiva envolvendo a administração pública – logo, não haverá instrumento normativo adequado para traçar o plano de recuperação das horas perdidas, o desconto salarial ou o perdão dos dias de braços cruzados. É por isso que se diz que, em se tratando de greve, pode ter havido suspensão do contrato de trabalho, quando os dias são descontados, ou interrupção, quando os dias são abonados, a depender do desfecho do movimento e da negociação forçada.

A suspensão decidida pelo empregador para apuração de justa causa, como naqueles casos em que pesa sobre o departamento de compras o estigma do superfaturamento ou do subfaturamento, é feita por conta e risco da empresa. Não existe a figura da licença sem remuneração. A licença costuma ser breve e com manutenção dos salários e demais vantagens.

Logo, trata-se de interrupção. Hipótese diferente, todavia, surge nos arts. 494 e 495 da CLT, quando se comenta o caso do estável decenal acusado de falta grave. A suspensão perdura todo o período do inquérito e ficará dependente de seu resultado. Caso a ação seja julgada procedente e a justa causa seja corroborada pelo Judiciário, então o trabalhador terá ficado dois, três ou quatro anos em longa suspensão contratual, sem salário e sem trabalho.

Caso a pretensão da empresa fosse julgada improcedente, caindo a justa causa alegada, então os anos de afastamento desprovidos de remuneração imediatamente eram convertidos em período de interrupção, porque todos os salários e demais vantagens passavam a ser devidos (art. 495), independentemente de saber se haveria reintegração ou conversão da reintegração em indenização dobrada. Os salários não se confundem com a indenização rescisória, claro está.

Assim como no caso da greve, não se conhece de antemão a natureza jurídica do afastamento. Saber se haverá pagamento de salário ou afastamento sem remuneração depende do desfecho da crise. Lembrar que o inquérito se aplica igualmente ao dirigente sindical (art. 543, § 3.º, da CLT), mas não se aplica a outros estáveis.

A permissão legal para ausência do trabalhador, no curso do aviso-prévio, revela uma forma pouco lembrada de interrupção contratual, visto que não haverá trabalho, mas se mantém o pagamento do salário. Segundo o art. 488, parágrafo único, da CLT, serão sete dias corridos, caso o empregado não opte pela redução de jornada, ao passo que o art. 15 da Lei 5.889/1973 contempla o empregado rural com apenas um dia por semana, ao longo dos trinta dias. No caso do empregado rural, pode-se dizer que ele terá o abono legal de quatro dias aproximadamente, pois serão quatro semanas ao longo do mês, mas no caso do empregado urbano não é certo dizer que serão sete dias de abono, porque esse número já abrange os dias úteis e os dias não laborados. Assim, a tendência é que o empregado tenha cinco ou seis faltas justificadas, dependendo dos dias da semana em que recair o aviso-prévio.

Seguramente a falta mais dolorosa na vida de um empregado é aquela concernente ao desaparecimento de ente querido, com quem mantinha relação de afeto. Ainda que a lei fosse omissa e o empregador insistisse, empregado algum conseguiria trabalhar com um mínimo de equilíbrio achando-se enlutado, além do que seria violado o direito consagrado de enterrar os mortos. São concedidos *dois dias consecutivos*.

Ocorre, porém, que nem sempre a relação de afeto segue a lógica do parentesco mais próximo, o que tende a causar algumas tensões no local de trabalho. O luto era a única causa de abono de ausência na redação original do art. 473 da CLT, tendo-se transformado no inc. I qual o rol foi expandido em reforma legislativa de 1967. A redação parece suficiente, pois envolve quatro grandes grupos de parentes, inserindo o cônjuge, todos os ascendentes, todos os descendentes e, ainda, os irmãos. Assim, os pais, os avós e os bisavós, de um lado, os filhos, os netos e os bisnetos, de outro lado, acham-se contemplados na redação mais abrangente do art. 473.

Para atingir a finalidade da norma, é suficiente que a pessoa se apresente como cônjuge, não havendo de ser exigida certidão de casamento em caso de morte de companheiro em união estável. O falecimento do meio-irmão também se insere no mesmo contexto de proteção legislativa. Há também uma referência ao falecimento de pessoa sob dependência, na forma da lei previdenciária. Lendo atentamente o art. 16 da Lei 8.213/1991 descobre-se que a única pessoa que ali consta como dependente e o art. 473 omite é o enteado ou a criança tutelada pelo empregado.

Logo, estão abrangidos pela regra do luto, porque o art. 473 fez expressa referência ao conceito de dependência previdenciária.

Por fim, vale lembrar que o art. 320, § 3.º, da CLT, amplia para *nove dias* a licença de luto do professor, mas apenas em caso de óbito de cônjuge, pai, mãe e filho. Portanto, a norma é ampliativa na quantidade de dias e restritiva na quantidade de entes queridos, não se tendo valido das expressões "ascendentes" e "descendentes" e tampouco contemplando a figura do irmão ou do enteado.

Em virtude de casamento, a licença será de três dias, conforme art. 473, II; aos professores, nove dias, conforme art. 320, § 3.º. Como a norma dedicada aos professores fala em motivo de gala, passou a ser comum o uso dessa expressão em lugar de se dizer simplesmente casamento, em qualquer profissão. É altamente esperado que o empregador exija a certidão de casamento para conceder a licença de três dias.

Nesse tema haverá um grande impasse em se tratando de união estável ou de simples coabitação, quando duas pessoas resolvem morar juntas. Essas formas de união recebem tratamento semelhante ao casamento e geram direitos e deveres como se gala houvesse. No entanto, são chamadas de união, concubinato ou coabitação justamente porque não tiveram dia e hora para começar. São frutos do relacionamento e do respeito mútuos. O abono da ausência não foi destinado pelo fato de o casal completar aniversário de matrimônio ou haver consolidado uma união estável, mas pelo motivo do casamento propriamente dito.

Tampouco o casamento unicamente religioso ou filosófico adquire o mesmo valor que o matrimônio civil, para essa finalidade.

Um detalhe curioso: como a lei não limita o número de vezes que um empregado pode utilizar o art. 473, II, nada impede que, num longo contrato de trabalho, ele se valha duas ou três vezes da gala, se duas ou três forem suas núpcias.

A expressão licença-paternidade não existia. O art. 473, III, atinha-se a abonar a ausência de um dia, em caso de nascimento de filho, no decorrer da primeira semana, o que levava ao evidente propósito de conceder tempo para o empregado providenciar a certidão de nascimento, num país de elevado índice de subnotificação de nascimento de crianças.

Embora a lei não o diga, é fato que se destinava ao empregado do sexo masculino, pois se o filho nasceu de uma empregada da empresa, ela se acha em licença-maternidade. A expressão licença-paternidade surgiu com o art. 7.º, XIX, da CF/1988, mas a lei ordinária ali prevista jamais foi elaborada.

Convive-se, então, com a disciplina do art. 10, § 1.º, do ADCT, segundo o qual a licença, enquanto não regulamentada, é fixada em cinco dias. Houve argumentos no sentido de que os dois prazos – um dia no art. 473, III, e cinco dias no ADCT – deveriam ser somados, mas terminou por prevalecer o entendimento de que a finalidade das normas era idêntica e, por conseguinte, os cinco dias simplesmente absorveram o dia único da CLT.

Posteriormente, a Lei 13.257/2016 autorizou as empresas a voluntariamente expandirem as ausências justificadas para 20 dias, podendo, sob certas circunstâncias, abater do imposto de renda seus gastos com esses quinze dias acrescidos.

A licença-maternidade não consta do art. 473 da CLT por algumas razões.

A uma, porque sua disciplina já aparecera no capítulo de proteção do trabalho da mulher, no antigo sistema de doze semanas de afastamento. A duas, porque a licença-maternidade é historicamente associada a uma prestação previdenciária, de tal forma que a situação da empregada afastada para dar à luz se enquadra grosseiramente na previsão do art. 476 quanto a licenças médicas.

Atualmente, o prazo de licença-maternidade é contado em dias, no total de 120, segundo a própria Constituição Federal de 1988 (art. 7.º, XVIII) e leis previdenciárias regulamentadoras. A Lei 11.770/2008 apresentou a possibilidade de mais dois meses de licença-maternidade expandida, dentro de um projeto chamado de Empresa Cidadã, sugerindo que os empregadores paguem dois meses de salário com a empregada em casa, mas, depois, possam abater esses valores do imposto de renda da pessoa jurídica tributada sobre lucro real.

Há uma série de empregadores proibidos de adesão ao sistema, como as pessoas físicas e as microempresas, não tendo havido o sucesso esperado nesse projeto, mas, de toda sorte, sua referência neste capítulo se faz necessária para destacar mais uma forma de suspensão contratual – aqui provavelmente uma interrupção.

Também são consideradas formas de licença-maternidade, de acordo com a linguagem utilizada pelas leis previdenciárias, a licença na adoção de crianças (art. 392-A) e a licença de quinze dias em caso de aborto espontâneo (art. 395 da CLT). A ampliação do repouso por mais duas semanas antes e ou depois da duração da licença-maternidade depende de atestado médico e, portanto, foi inserida no contexto das licenças médicas (art. 392, § 2.º).

Outrossim, o tempo necessário à realização de, pelo menos, seis consultas e exames pré-natais é tranquilamente inserido dentro do contexto das faltas abonadas. Já poderia ser considerada falta justificada se houvesse o enquadramento no âmbito das licenças médicas. No entanto, sendo passível de divergência de conceito, o acompanhamento do pré-natal adquiriu categoria própria no art. 392, § 4.º, II, da CLT, como ausências abonadas. Ali não se fala em horas ou em dias, mas apenas em "tempo necessário" aos procedimentos.

Em 2016, as ausências para o pré-natal foram estendidas também para o homem que acompanhar a esposa ou companheira.

A doação de sangue conseguiu sensibilizar o legislador em 1967 para assumir o patamar de justificativa de ausência ao trabalho, introduzindo-se o inc. IV ao art. 473.

Em princípio, a doação poderia ser feita fora do horário de trabalho ou de maneira a não prejudicar o desempenho das funções. Porém, o objetivo claro do legislador foi de incentivar a doação, franqueando ao empregado um dia livre para melhor organizar a ida ao hemocentro e sua volta.

A comprovação escrita da doação é mais do que esperada e talvez nem ao menos precisava constar da lei. É evidente que o hemocentro certificará o fato com imediatidade, pois é o mínimo que pode fazer para zelar por aquele doador.

Há alguns dados curiosos nessa logística que merecem ser comentados. Embora haja algumas variações entre as escolas médicas e os postos de coleta, há consenso de que uma pessoa, provida de boa saúde, pode doar sangue aproximadamente quatro vezes por ano, respeitando um lapso de dois a três meses entre cada sessão. Costumam diferenciar homens de mulheres, bem como a faixa etária, mas o fato é que o próprio legislador percebeu a possibilidade de abuso na justificativa da doação de sangue, impondo-se limitar o abono a uma única ocasião a cada doze meses.

Certo que o empregado não está impedido de doar sangue mais vezes, mas, nesses casos, não poderá solicitar a justificativa da ausência: ou deverá adequar o horário de doação ao horário de trabalho, ou então faltará por sua conta e risco.

O legislador não se lembrou de ampliar a proteção também para a doação de plaquetas, talvez porque a prática não estava em voga nos anos 1960.

A doação de plaquetas toma muito mais tempo do que a colheita do sangue, algo como duas ou três horas, pois corresponde a um sistema de filtragem em que o sangue é retirado e imediatamente devolvido ao organismo humano, separando-se apenas a substância desejada. Ainda desconhecida do grande público, serve de lembrança para a próxima reforma legislativa, mas enquanto essa não acontece, pode-se tranquilamente afirmar que a finalidade da norma no caso da doação do sangue abarca, sim, a doação de plaquetas, justificando-se a ausência do trabalhador.

Doações mais sofisticadas como de medula óssea certamente devem ser inseridas nas licenças médicas, porque não são feitas da noite para o dia.

Para o alistamento eleitoral, são concedidos dois dias para o empregado, na forma do art. 473, V, da CLT. Os dois dias podem ser consecutivos ou não, porque em muitos cartórios eleitorais a inscrição é feita em duas etapas ou simplesmente porque as filas impediram o trabalhador de concluir o projeto no mesmo dia. Mais uma vez o empregador é chamado a concorrer com o espírito cívico nacional, arcando com o salário de um dia de serviço perdido em nome da burocracia. Não se cogitou de funcionamento ampliado dos cartórios eleitorais nem de alistamento fora do horário de trabalho, enfim.

Note-se que o alistamento é a inscrição original do trabalhador no sistema eleitoral, de tal forma que a tendência é abranger mais os empregados jovens do que os veteranos. Não se prevê abono salarial para comparecimento aos cartórios em busca de segunda vida de título de eleitor ou para justificar ausência na última eleição. Por outro lado, não está previsto que o alistamento eleitoral seja unicamente o obrigatório, podendo também ser o alistamento facultativo do adolescente de 16 a 18 anos ou do analfabeto, na forma do art. 14, § 1.º, da CF/1988, sem que a isso o empregador possa se opor.

Depois da reforma de 1967, em que o art. 473 ganhou seis incisos de faltas abonadas, houve um adormecimento do assunto, que somente voltou à tona após trinta anos, quando a Lei 9.471/1997 inseriu o inc. VII para declarar justificadas as ausências "nos dias em que estiver comprovadamente realizando provas de exame vestibular para ingresso em estabelecimento de ensino superior".

O ingresso na maioria das faculdades pressupõe a submissão a provas que chegam a durar quatro dias nas instituições mais disputadas. O legislador pede a clemência do empregador, liberando o empregado para a realização das provas. A prova pode não durar o dia todo, mas a necessidade de concentração e de estudos permanece ao longo do período, de tal sorte que o inc. VII não usou a expressão "tempo necessário", mas "dias" de provas.

O legislador limitou o benefício aos exames vestibulares de ensino superior, segregando os vestibulares para o ensino técnico, em que algumas instituições são mais disputadas do que muitas universidades, e os concursos em geral. A realidade é que o empregado dificilmente será mantido no emprego caso comece a faltar muito pela questão dos exames e, se aprovado, pela aflição das provas e dos afazeres acadêmicos.

A redação original da CLT continha um nó que provavelmente passou despercebido pela comissão redatora: justificavam-se as ausências do empregado que fosse chamado para ser testemunha, mas não se justificavam as ausências quando o trabalhador fosse parte numa demanda judicial.

O empregador pode exigir o comprovante de convocação, porque o comparecimento espontâneo da testemunha não foi previsto como motivo suficiente para abono da ausência. É tão comum o reclamante e sua testemunha estarem desempregados, que nem mais se controverte sobre o alcance do art. 822 da CLT.

De qualquer modo, descontar o salário do empregado que comparece a juízo como parte se mostrava tão incongruente que a própria jurisprudência cuidou de atenuar o rigor da norma, liberando pelo menos o comparecimento à Justiça do Trabalho. O lapso somente foi corrigido algumas décadas depois, quando a Lei 9.853/1999 inseriu um inc. VIII do art. 473 da CLT, prevendo genericamente o abono "pelo tempo que se fizer necessário, quando tiver que comparecer a juízo".

Comparecer a juízo pode ser em qualquer qualidade jurídica e em qualquer ramo do Judiciário, apenas com a ressalva de que o comparecimento deve ser obrigatório, como no caso da testemunha, ou um encargo, como no caso das partes, não servindo o dispositivo para mero acompanhamento da rotina forense ou extração de cópias dos autos.

Finalmente, é bom lembrar que o empregado, como quase todos os demais cidadãos, poderá ser convocado para a função de jurado, caso em que, na forma do art. 441 do CPP (ex-art. 430, alterado pela Lei 11.689/2008), terá suas ausências abonadas: "Nenhum desconto será feito nos vencimentos ou salário do jurado sorteado que comparecer à sessão do júri".

Normalmente, os representantes sindicais em fóruns internacionais estão desvinculados de obrigações trabalhistas, com contrato de trabalho suspenso ou extinto. Além disso, o único órgão caracterizado pelo assento dado a trabalhadores em suas reuniões oficiais é a Organização Internacional do Trabalho. Logo, a referência ao "tempo que se fizer necessário, quando, na qualidade de representante de entidade sindical, estiver participando de reunião oficial de organismo internacional do qual o Brasil seja membro" (inc. IX do art. 473 da CLT) parece ser bastante específico para poucos casos.

A Lei 11.340/2006, conhecida por Lei Maria da Penha em homenagem aos suplícios que essa cidadã sofreu de seu companheiro, contempla uma série de medidas para erradicar a violência doméstica contra a mulher.

Os dispositivos são marcadamente penais e administrativos. No entanto, causou alguma dúvida uma referência feita pelo art. 9.º, § 2.º, II, quanto à necessidade de manutenção do contrato de trabalho durante o período em que a mulher agredida tiver de ser recolhida a um abrigo sigiloso para escapar da fúria do marido ou companheiro. Eis o texto legal: "A assistência à mulher em situação de violência doméstica e familiar será prestada de forma articulada e conforme os princípios e as diretrizes previstos na Lei Orgânica da Assistência Social, no Sistema Único de Saúde, no Sistema Único de Segurança Pública, entre outras normas e políticas públicas de proteção, e emergencialmente quando for o caso. (...) § 2.º O juiz assegurará à mulher em situação de violência doméstica e familiar, para preservar sua integridade física e psicológica: I – acesso prioritário à remoção quando servidora pública, integrante da administração direta ou indireta; II – *manutenção do vínculo trabalhista*, quando necessário o afastamento do local de trabalho, por até 6 (seis) meses" (g.n.).

Houve quem vislumbrasse uma forma de estabilidade ou de interrupção do contrato de trabalho. Ambas as alternativas estão erradas.

Não é estabilidade porque o contrato de trabalho não foi encerrado e, na verdade, nem ao menos estava ameaçado. Não é interrupção porque o legislador não assegura o pagamento de salários e demais vantagens do período. Na verdade, o principal objetivo parece ser bem mais simples: evitar que o empregador, surpreso com o desaparecimento da empregada, aplique uma justa causa de abandono.

Chegando a seu conhecimento o fato de que a empregada se abriga da violência familiar, preferencialmente por comunicado do Juiz de Direito, o empregador deve considerar o contrato de trabalho suspenso compulsoriamente.

Fica desonerado de pagar os salários e depositar o fundo de garantia, mas não deve se precipitar no tocante à rescisão. Passados os seis meses de limite máximo, a melhor solução parece ser considerar o contrato de trabalho rescindido por pedido de demissão da empregada, caso o empregador não queira voluntariamente prorrogar a licença não remunerada. De um lado, o empregador não pode declarar abandono porque a empregada está albergada por razões conhecidas e em momento algum teve o ânimo de abandonar o posto e tampouco se pode comparar sua situação de vítima com aquela de condenação penal passada em julgado. De outro lado, o empregador não pode aguardar indefinidamente o retorno da empregada, mostrando-se difícil o prognóstico em muitos casos.

5. Suspensão disciplinar

A pior forma de suspensão é seguramente a disciplinar, que costuma ser associada à desonra e ao sentimento de injustiça.

Autoriza o empregador a deduzir os dias de ausência, bem como os descansos semanais remunerados correspondentes, como se fosse uma falta injustificada, que, no caso, ocorreu à força. Os empregados se referem jocosamente à suspensão como se fosse um "gancho" que sofrem pela peraltice praticada.

A CLT não poderia ter sido mais econômica no tratamento dado à matéria. Apresenta um singelo dispositivo de uma única linha, o art. 474: "A suspensão do empregado por mais de 30 (trinta) dias consecutivos importa na rescisão injusta do contrato de trabalho".

Lido de trás para frente e misturado com outros ingredientes de interpretação legislativa, obtêm-se as seguintes conclusões: a) a suspensão disciplinar existe e é chancelada pelo legislador; b) espera-se que o empregador faça uma gradação de um a trinta dias; c) pode ser utilizada mais de uma vez no mesmo contrato de trabalho, mas não para a mesma falha do empregado, pois isso seria dupla punição para um mesmo evento; d) pode ser antecedida por formas mais brandas de punição, como as advertências verbais e escritas; e) tem papel relevante para a configuração de futura dispensa com justa causa, porque demonstra que o empregador tentou contornar os problemas de conduta do empregado por outros meios, sem sucesso.

Mais do que trinta dias de suspensão, de fato, acarretariam situação de profunda insegurança na vida do empregado, desprovido de rendimentos, sem baixa na Carteira de Trabalho e sem poder procurar outro trabalho.

Superaria o impacto de uma dispensa com justa causa. É melhor que a empresa o dispense desde logo, pague as indenizações devidas e o libere para tentar novas atividades. Seu estudo é feito em conjunto com o art. 473, porque também se refere a ausências do trabalhador, mas nitidamente o contexto é diferente, pela origem (disciplinar) e pela consequência (dedução salarial). É, destarte, uma forma de suspensão típica no contrato de trabalho – sem trabalho, sem salário.

6. Suspensões por motivos de saúde

As ausências por motivos de saúde e as licenças médicas prolongadas ficaram de fora do art. 473, sob o fundamento de que legislação previdenciária deveria tratar de matéria, consoante se extrai do art. 476. Com efeito, é o que ocorre ainda hoje, através dos conceitos elencados na Lei de Benefícios da Previdência Social (Lei 8.213/1991).

Antes, porém, vale lembrar que a Lei dos Descansos Semanais (Lei 605/1949) já antecipava o assunto e julgava válida a apresentação de atestado médico para o abono da ausência – ao menos para a finalidade de não se perder o direito ao descanso remunerado.

Vez por outra surge desentendimento entre empregado e empregador, quando este se recusa a abonar a ausência por atestado particular, desvinculado da rede pública ou da rede conveniada que substitui o conceito de médico da empresa. De qualquer forma, a divergência se concentra tão somente no abono da falta para o fim dos descansos semanais remunerados, porque do art. 473 da CLT, repita-se, o assunto é omitido.

"Em caso de seguro-doença ou auxílio-enfermidade, o empregado é considerado em licença não remunerada, durante o prazo desse benefício", dispõe o velho art. 476 da CLT.

Atualmente, não existem mais as figuras do seguro-doença e do auxílio-enfermidade, que foram concentrados na prestação denominada auxílio-doença. Ao que se conclui da leitura dos arts. 59 e ss. da Lei de Benefícios da Previdência Social (Lei 8.213/1991), o auxílio-doença é uma prestação que abarca diversas qualidades de eventos.

Pode corresponder ao acidente de trabalho típico e a todos os acidentes de trabalho equiparados, como aqueles de trajeto ou de terrorismo; alcança as doenças da profissão e as doenças de determinado trabalho; e também se destina a pessoas acometidas de enfermidades que nenhuma ligação guardam com o contrato de trabalho, como as doenças da faixa etária, as degenerativas, as epidemias e assim por diante.

Poderia o legislador ter optado por identificar diferentes benefícios para diferentes circunstâncias, mas não o fez. Optou pela via de um benefício único para as diversas origens da enfermidade.

O que se costuma fazer é separar o auxílio-doença em códigos elaborados pela autarquia previdenciária, sendo os mais comuns o 31, para as doenças não ligadas ao contrato de trabalho, e o 91, para as doenças ligadas ao trabalho e acidentes.

Claro que haverá diferenças estatísticas, além do que somente o segundo auxílio confere direito à garantia de emprego do art. 118 da Lei de Benefícios. Diante desse quadro, usa-se falar em auxílio-doença previdenciário, para os casos estranhos ao contrato de trabalho, e auxílio-doença acidentário, para as situações atreladas ao contrato de trabalho. Para o estudo da suspensão do contrato de trabalho, no entanto, diferença não há. Ambos provocam paralisação do contrato de trabalho e do pagamento do salário.

Há pagamento de salário, no entanto, durante os primeiros quinze dias de afastamento, o que representa uma forma de interrupção do contrato de trabalho.

Há natureza híbrida da suspensão contratual em auxílio-doença acidentário.

À semelhança do ocorrido com o jovem incorporado ao serviço militar obrigatório, também a suspensão do contrato de trabalho por força de percepção de auxílio-doença acidentário é considerada uma forma atípica, haja vista a ênfase do legislador na contagem do tempo de serviço.

A origem dessa proteção especial remonta ao art. 4.º, § 1.º, da CLT, que já dispunha sobre o direito de computar o período de afastamento por acidente de trabalho para os fins da estabilidade decenal e para o cálculo da indenização por dispensa sem justa causa antes de dez anos de casa. Assim, um empregado dispensado no sétimo ano do contrato de trabalho e que tenha permanecido três anos em tratamento médico, recebia efetivamente sete salários a título de indenização pelo desligamento e não apenas quatro salários, como seria o caso da contagem apenas do tempo trabalhado.

O benefício se limita aos casos de acidente de trabalho e do serviço militar obrigatório, justificando-se a restrição por se tratar de uma forma artificial de contagem. A escolha desses dois casos em particular ficou por conta do caráter social de apoio aos acidentados – sendo certo que o acidente ocorreu por força de um contrato de trabalho – somado ao fato de que a norma foi elaborada no Estado Novo.

Outros afastamentos não tiveram o mesmo tratamento no que diz respeito à contagem do tempo de serviço.

Herdeiro direto dessa tradição de contar tempo fictício, o fundo de garantia passou a exigir os depósitos também durante a licença médica, mas desde que se trate de auxílio-doença acidentário (art. 15, § 5.º, da Lei 8.036/1990, e art. 28 do Dec. 99.684/1990).

Na aposentadoria por invalidez, mesmo que proveniente de acidente de trabalho, cessa a obrigação do depósito do fundo de garantia. O empregador pode romper o contrato de trabalho por justa causa durante a suspensão contratual, sobretudo naquelas hipóteses de prática da falta grave fora do local de trabalho, como a violação do segredo industrial e a concorrência desleal.

O quadro jurídico da aposentadoria por invalidez não poderia ser mais confuso.

A aposentadoria por idade é associada com extinção do contrato de trabalho e a aposentadoria por tempo de serviço, que já foi uma forma de extinção contratual, é hoje tratada majoritariamente como um simples procedimento administrativo entre o trabalhador e a autarquia previdenciária, sem afetar a relação de emprego.

Já a aposentadoria por invalidez foi historicamente destinada ao conceito de suspensão do contrato de trabalho, dada a expectativa mais ou menos convincente de que o empregado poderia recuperar a saúde, ter alta médica e reassumir suas funções. A recuperação do vigor físico por parte de uma pessoa aposentada por invalidez deixaria a situação insustentável, porque o INSS iria sustar os pagamentos, mas o mercado de trabalho dificilmente iria acolher o egresso dos hospitais, razão pela qual se considera vantajosa a regra da suspensão contratual como mais uma técnica para preservação daquele contrato de trabalho. Ocorre, porém, que nem sempre haverá retorno.

Aliás, a maioria dos trabalhadores não conhecerá a alta previdenciária. Forma-se, então, uma espécie de suspensão eterna, que bloqueia a baixa na Carteira de Trabalho, inibe o acerto de verbas rescisórias e o próprio saque do fundo de garantia – que somente é acessado pela regra dos três anos da conta vinculada inativa.

Para a empresa a situação é igualmente péssima, pois deixa uma vaga indefinida, mas que não pode ser preenchida em caráter definitivo. Imagine-se o caso de a empresa ser forçada a pagar o chamado salário substituição ou, em se tratando de membro da administração direta ou indireta, ser proibida de fazer concurso público sob o argumento de que a vaga não foi disponibilizada ainda.

A aposentadoria por invalidez acarreta a suspensão duradoura do contrato de trabalho. Por consequência, durante esse período, o empregador desobriga-se de pagar vantagens previstas em normas coletivas a título de contraprestação pelo trabalho, tais como o abono salarial e o auxílio-alimentação, salvo disposição expressa da norma coletiva em sentido contrário.

O ideal seria de fato um prazo máximo de espera, após o qual o contrato de trabalho deveria ser considerado rompido, mesmo que a cura para a moléstia viesse a surgir década depois. Esse sistema vigorou no início da normatização trabalhista e se tornou objeto da Súmula 217 do STF (13.12.1963): "Tem direito de retornar ao emprego, ou ser indenizado em caso de recusa do empregador, o aposentado que recupera a capacidade de trabalho dentro de cinco anos, a contar da aposentadoria, que se torna definitiva após esse prazo". Porém, considerando que o art. 475 da CLT se reporta integralmente ao disposto nas leis previdenciárias, teve de ser revisto quando a aposentadoria por invalidez deixou de ser limitada no tempo.

Segundo o art. 47 da Lei 8.213/1991, o marco dos cinco anos serve apenas como critério para fixação da data de cessação do benefício, de imediato para as aposentadorias menores de cinco anos e gradual para as aposentadorias que perduraram por mais do que cinco anos.

Portanto, essa suspensão recebe o título de recordista em durabilidade na legislação brasileira, a ponto de confundir empregados, empregadores, advogados e magistrados. Deve-se evitar a todo custo anotar a baixa na Carteira de Trabalho do empregado.

Se não for de outra maneira, somente pelo óbito do empregado é que se aperfeiçoará, enfim, a extinção contratual.

7. Fluência da prescrição durante as suspensões contratuais

O estudo do instituto da prescrição permite claramente identificar que o intuito do legislador, ao criar as formas de suspensão da contagem do prazo de prescrição, residia em justificar previamente algumas hipóteses em que a falta de diligência do titular do direito não correspondia a sua inércia injustificada, mas a fatores relevantes que o inibiram de manifestar a vontade.

Como a prescrição remonta ao Direito Romano, várias experiências já foram tramadas nesse campo. Houve um tempo em que cada demandante podia justificar sua inércia – ou seja, todo mundo tinha um motivo nobre para justificar a razão de haver demorado 30, 40 ou 50 anos para a busca de seu direito, desde viúvas e órfãos, que faziam lembrar as dificuldades de discernimento e locomoção, até casas de caridade e entes públicos, que evocavam suas dificuldades operacionais. Imigrantes, iletrados, enfermos e encarcerados igualmente buscavam sensibilizar as autoridades para que não fossem computados os prazos prescricionais contra suas pretensões.

Num dado momento, então, consta que já não havia contagem de prazo para ninguém, porque todos conseguiam, de alguma forma, sustentar seu estado de inércia. Há vários mitos em torno da prescrição – instituto criado para favorecer o calote e tendente a violar os direitos fundamentais do ser humano –, mas nenhuma sociedade conseguiu se organizar sem que alguma forma de escoamento de prazo fosse levada em consideração, para um mínimo de pacificação social e segurança das relações jurídicas.

A prescrição faz no Direito Material do Trabalho aquilo que a coisa julgada faz no processo judicial, ou seja, objetiva sedimentar situações particulares em busca de um bem coletivo, ainda que não seja a melhor das sedimentações e ainda que se perpetuem situações injustas ou mal ajustadas.

Assim, as causas de suspensão do prazo prescricional recebem interpretação restritiva e obedecem ao princípio da estrita legalidade: ou bem a sociedade se organiza para relacionar as hipóteses de congelamento do prazo, ou bem as pessoas não estarão autorizadas a levantar justificativas individualizadas.

As causas de suspensão têm de estar expressamente previstas em lei, como é o caso dos arts. 197 a 199 do CC/2002 (constância do matrimônio e do pátrio poder, incapacidade absoluta etc.) e do art. 625-G da CLT (suspensão de dez dias durante a tramitação da demanda na Comissão de Conciliação Prévia).

Estar enfermo sabidamente atrasa os compromissos e embaça a vida cotidiana, mas é pueril sustentar que impeça a pessoa de procurar um advogado, acessar uma entidade sindical ou procurar assistência judiciária em geral. Mesmo enfermo, o trabalhador continua a ter de prestar contas à Previdência Social, inclusive submetendo-se às perícias, por exemplo, não havendo motivo para se dizer que à Justiça do Trabalho ele não possa comparecer.

Logo, a suspensão do contrato de trabalho por motivo de enfermidade, mediante auxílio-doença acidentário ou auxílio-doença meramente previdenciário, em nada deve ser confundida com a suspensão da fluência dos prazos prescricionais.

Excepciona-se, evidentemente, a rara hipótese de o empregado estar privado de suas faculdades mentais, como seria o caso de um auxílio-doença previdenciário por motivo de desastre que levou ao estado comatoso do empregado ou outras situações de semelhante magnitude. Isso nem de longe pode ser comparado com os diversos estágios de lesão por esforços repetitivos, males das articulações e da coluna, dermatites, perdas auditivas induzidas por ruídos ocupacionais e outros transtornos laborais recorrentes na população brasileira.

8. Suspensão temporária para requalificação profissional

A suspensão temporária para inserção dos empregados em programa de requalificação profissional corresponde a um dos melhores mecanismos de preservação do contrato de trabalho, ante a crise financeira aguda atravessada pelo empregador.

Deve-se ter em mente que não é apenas a rescisão contratual a singela hipótese disponível nos apertos monetários, na restrição de crédito ou na crise de desabastecimento. Muito além da dispensa do empregado, técnicas eficientes e salutares de preservação do contrato de trabalho podem e devem ser fomentadas, desde os procedimentos mais simples como a declaração das férias coletivas, que prescindem de maiores formalidades justamente para uso em caso de emergência, até negociações coletivas mais elaboradas envolvendo redução de salário e de jornada.

Um pacote de medidas provisórias de 1996, nem todas convertidas em lei, procurou introduzir no Direito do Trabalho Brasileiro alguns conceitos de preservação contratual, com maior ou menor grau de sucesso. Citam-se os casos do banco de horas – expansão da compensação de jornada até o limite da exaustão do trabalhador – e da conversão do contrato de trabalho de tempo integral para o contrato de trabalho de tempo parcial – o que não deixa de ser uma forma de redução de salários e jornadas.

Essa técnica de preservação do contrato de trabalho se apropria do conceito de suspensão contratual no esforço conjunto para ver o mercado consumidor reaquecido, a queda de alguma barreira alfandegária, a contenção de focos de pragas agrícolas ou epidemias e assim por diante. O tempo costuma ser o personagem central de diversas batalhas, mas no Direito do Trabalho seria tarde demais avisar aos empregados já dispensados que a situação tende a melhorar. Daí o uso constante da suspensão contratual, preferível à rescisão, como forma de dar tempo ao tempo. As férias coletivas são importantes, mas não podem passar de trinta dias, o que parece ser insuficiente para diversos problemas de desova de estoque e conjuntura internacional. Foi assim que chegou à legislação social brasileira uma forma clássica de *lay off*.

Todavia, deixar o empregado ocioso e privá-lo da remuneração são meios inapropriados de contornar a crise financeira. Não existe, para essa finalidade, a figura da licença não remunerada, como alguns empresários de vez em quando propugnam, pois esse tipo de incerteza é incompatível com o Direito do Trabalho. A solução habilidosamente encontrada foi acoplar o corte de salários à obrigatoriedade de frequência ao curso de qualificação profissional – com algumas restrições – e autorizar os trabalhadores a se socorrerem dos recursos destinados ao seguro-desemprego para fazer frente a esse período crítico.

Na verdade, quem se está socorrendo do seguro-desemprego é o empregador, porque o Fundo de Amparo ao Trabalhador acaba por substituir o empregador no que diz respeito à renda dos empregados naqueles meses, o que provoca críticas ácidas daqueles que enxergam no art. 476-A um engodo. É o único caso de uma pessoa empregada entrar na fila do seguro-desemprego, com peculiaridades próprias que abaixo são delineadas.

Como os empregadores necessitam do aval dos sindicatos de trabalhadores para elaborarem o plano de suspensão temporária para requalificação, compreende-se por que motivo deixou de haver o sucesso esperado.

De toda forma, uma acusação pertinente que pesa contra o art. 476-A é precisamente o fato de que os cursos de qualificação ficaram mal definidos e formaram terreno propício à fraude. Um breve curso intensivo de inglês poderia justificar o plano de qualificação, conquanto o idioma não faça parte da realidade dos empregados e ainda que a duração do curso seja inferior à duração da suspensão.

As notícias de deturpação da norma levaram a nova regulamentação pelo Poder Executivo, entre as quais: a) a relação dos trabalhadores a serem beneficiados pela medida e b) o plano pedagógico e metodológico contendo, no mínimo, objetivo, público-alvo, estrutura curricular e carga horária.

Há, também, o requisito de aquiescência formal do empregado para a suspensão temporária de qualificação profissional, mesmo após a exigência de que o planejamento do empregador seja feito através de convenção ou acordo coletivo.

Na verdade, a concordância do empregado não é bem o que parece.

Já seria estranho que uma norma coletiva, para entrar em vigor, precisasse ter a concordância expressa de cada empregado, se para isso já houve canais anteriores de negociação e a aprovação da norma em assembleia específica, conforme art. 612 da CLT. Afora isso, nenhum interesse individual deve prevalecer sobre o interesse da classe, conforme postulado básico do Direito do Trabalho e do art. 8.º, § 1º, da CLT. Então, se o projeto foi aprovado e todos os colegas vão sair em período de qualificação profissional, resta ao empregado, apenas, opor-se a essa suspensão no sentido de se desligar da empresa. Faz algum sentido dizer que ninguém é obrigado a frequentar cursos teóricos e práticos. Pode ser que haja empregados analfabetos em meio à categoria maciçamente alfabetizada, ou, ainda, que um empregado se sinta demasiadamente desmotivado a se engajar em projeto educacional. Daí por que a liberdade há de ser respeitada. O dispositivo não sugere que o empregado peça demissão, mas apenas assinala que ele pode se recusar à suspensão sem que isso corresponda ao descumprimento de uma ordem da empresa. Não se poderá falar em justa causa, na hipótese de oposição do empregado.

Resultado: a tendência é que o empregador dispense o empregado e, ainda, atrase o acerto da rescisão pois o cenário era de crise aguda. Em casos muito específicos, o empregado pode ser aproveitado em setores não envolvidos na suspensão temporária, como a parte administrativa ou financeira, pois não se faz obrigatório que a suspensão abranja 100% dos trabalhadores.

Recomenda-se que, durante a suspensão, o empregado continue a auferir os benefícios voluntariamente fornecidos pelo empregador. Se fosse obrigatório o fornecimento dos benefícios, o legislador deveria ter dito que o empregado fará jus aos benefícios [até então] concedidos pelo empregador, ou, ainda, que eram concedidos voluntariamente pelo empregador durante o contrato de trabalho. Da forma como se encontra elaborada, a frase foi entendida como sendo benefícios passíveis de negociação, já que uma convenção coletiva é esperada para regular a matéria. Assim, pode haver a manutenção de um benefício e a suspensão de outro.

Os benefícios mais lembrados nesse contexto são o vale-refeição e o plano de saúde em grupo.

Aparentemente, a norma coletiva não será minuciosa nem será ela a responsável pelo plano pedagógico da suspensão temporária para requalificação. Cuida-se apenas da autorização normativa necessária para que o empregador possa prosseguir nos trâmites legais. Consta do § 1.º do art. 476-A que "após a autorização concedida por intermédio de convenção ou acordo coletivo, o empregador deverá notificar o respectivo sindicato, com antecedência mínima de quinze dias da suspensão contratual", como num procedimento complexo de concessões recíprocas.

Consoante já referido, os recursos para o pagamento da bolsa de qualificação profissional saem do Fundo de Amparo ao Trabalhador – que, por sua vez, se beneficia dos depósitos do fundo de garantia e da tributação em torno do Programa de Integração Social e do Programa de Formação do Patrimônio do Servidor Público – de tal forma que alguns estudos chamam a bolsa de uma espécie do gênero seguro-desemprego.

Para o trabalhador, é seguro-desemprego como outro qualquer, até porque os valores seguem os mesmos padrões desse benefício, ou seja, o patamar menor é o salário-mínimo, o patamar médio é o correspondente a 80% do salário auferido nos últimos três meses e o teto é fruto de deliberações do Conselho Curador, normalmente um valor parecido com dois salários-mínimos. Além do número de parcelas da bolsa ser parecido com o número de parcelas do seguro-desemprego, é verdade que a carência de dezesseis meses entre o final de um benefício e o começo de outro será aplicada igualmente à bolsa.

Considera-se o prazo de dezesseis meses uma espécie de período aquisitivo ao seguro-desemprego e derivados. Eis aqui o principal gargalo do sistema de suspensão temporária para requalificação: caso o plano fracasse e os empregados venham a ser dispensados quando de seu retorno, encontrarão as portas do seguro-desemprego fechadas, porque já queimaram a oportunidade de receber as parcelas *durante* o contrato de trabalho. Há uma sensação de injustiça neste cenário, pois os empregados somente receberam o seguro-desemprego *durante* o contrato de trabalho justamente por força da decisão do empregador, que não tinha recursos para arcar com o salário do período.

Como, porém, são recursos públicos e haveria inevitável sangria desse patrimônio com o pagamento consecutivo de duas rodadas de parcelas de seguro-desemprego, o legislador cuidou de barrar o procedimento, ainda que à custa dos empregados. Na verdade, será pago seguro-desemprego, sim, mas apenas quanto às parcelas a que ainda fizerem jus os empregados – normalmente, mais uma. Uma última observação: conforme o inc. II do art. 15 da Lei 8.213/1991, o trabalhador conserva a condição de segurado previdenciário, se a suspensão não ultrapassar doze meses, de tal modo que a suspensão temporária do art. 476-A não o prejudica na concessão de nenhum benefício caso se faça necessário antes, durante ou depois do evento.

"O empregador poderá conceder ao empregado ajuda compensatória mensal, sem natureza salarial, durante o período de suspensão contratual nos termos do *caput* deste artigo, com valor a ser definido em convenção ou acordo coletivo", dispõe o § 3.º do art. 476-A. Existe um destino certo para esse dispositivo: tratar da situação dos empregados de salários mais elevados, que não ficarão guarnecidos pelas parcelas do seguro-desemprego/bolsa de qualificação.

A situação ficaria insustentável para os empregados qualificados, com salários de cinco ou dez vezes mais do que os padrões do seguro-desemprego. O empregador pode ofertar a ajuda compensatória mensal com a regalia de não ter natureza salarial nem haver necessidade de recolhimentos previdenciários e fiscais – nova colaboração dos cofres públicos, pela terceira vez.

Tampouco há necessidade de correspondência da ajuda com os salários praticados, não havendo falar em regra de irredutibilidade salarial. Não se deve confundir a ajuda compensatória mensal, de caráter facultativo e complementar à bolsa de qualificação (§ 3.º), com a assunção pelo empregador do ônus de pagar a própria bolsa, em caso de suspensões superiores a cinco meses de duração (§ 7.º).

Seriedade deve ser dedicada ao projeto de qualificação.

Aos empregados se exige o cumprimento do programa na qualidade de alunos, com frequência mínima, sob pena de perda da mensalidade da bolsa de qualificação profissional. A frequência mínima não consta da lei, mas parece ser ferramenta para a moralização do procedimento.

Dos empregadores se espera que a oportunidade preciosa e desgastante não tenha sido em vão. Sendo uma espécie de concordata aplicada ao Direito do Trabalho, o empregador deve aproveitar o ensejo e reduzir outros custos que não apenas os trabalhistas, reorganizar setores, atrair novos focos de consumo, baratear produtos e, enfim, reerguer a companhia. Limitar-se a enviar os empregados para a fila do seguro-desemprego e, depois, recebê-los com um sorriso amarelo só tende a agravar o conflito trabalhista.

Por tais razões, o legislador instituiu uma indenização adicional em caso de dispensa do empregado submetido ao regime de suspensão, seja durante o prazo da própria requalificação, o que já seria anacrônico, seja durante os três primeiros meses de retorno.

Dispensar o empregado no curso da qualificação ou nos meses seguintes pode inclusive ser um golpe contra os cofres públicos, devidamente explorados no tocante ao seguro-desemprego, ao vale-refeição e à ausência de recolhimentos previdenciários e fiscais, para, logo em seguida, declarar a inviabilidade da empresa. O passo deve ser dado com segurança.

O ideal seria conceber uma forma de estabilidade no curso de alguns meses aos empregados que vestiram a camisa da qualificação, mas isso pareceu ousado demais para uma lei de gerenciamento de crise.

A solução adotada foi, então, uma indenização adicional chamada de multa.

A constitucionalidade desse tipo de multa já foi assentada pelos Tribunais Superiores.

Não ambiciona a lei ordinária tomar o lugar da lei complementar que, um dia, há de regulamentar a relação de emprego protegida contra dispensa arbitrária e sem justa causa, na forma do art. 7.º, I, da CF/1988. Cuida-se apenas de uma proteção moderada, que para muitos nem ao menos inibe o comportamento do empregador em torno da rescisão do contrato de trabalho e para outros até incentiva, dado o valor normalmente baixo das multas fixadas. Há diversos precedentes, como nas leis de política salarial que criaram o conceito de data-base e nas normas de transição do Plano Real, que procuraram restringir as dispensas de março a junho de 1994.

A quantificação da multa foi deixada a cargo da norma coletiva, na expectativa de que os sindicatos tenham condições de exigir responsabilidade maior do empregador. Um patamar mínimo, no entanto, foi estabelecido, provavelmente diante do temor de que o sindicato atendesse ao apelo da empresa mais desesperada e a desonerasse de qualquer multa: 100% da última remuneração anterior à suspensão. Para quem aufere salário fixo, não faz mal algum em se tomar a remuneração mais recente ou uma intermediária. Os empregados comissionistas e aqueles que auferem remuneração baseada na produção, porém, saem perdendo, porque não foi prevista nenhuma forma de média ou de atualização e, claro, a última remuneração deve ser a mais baixa, pela crise que se instalava na empresa à época.

Não há reintegração a ser declarada em caso de descumprimento do art. 476-A porque, afinal, o empregado continua vinculado ao empregador no mesmo contrato de trabalho. Mas há uma punição bastante sensível que o legislador fixou para o caso de desvirtuamento da suspensão temporária para requalificação profissional: exigir o pagamento de todos os salários e demais vantagens, como fundo de garantia, férias proporcionais acrescidas de um terço e décimo terceiro salário. Em outras palavras, caso o empregador alardeie ter havido uma suspensão temporária para qualificação profissional, mas não a promova, terá estabelecido apenas uma forma de licença aos empregados.

Como a figura da licença não remunerada é inaplicável à hipótese de iniciativa do empregador, só resta chamar o cenário de licença remunerada. É óbvio que aos salários se seguirão os encargos fiscais, sem prejuízo de outras cominações que podem ser estipuladas pela norma coletiva.

9. Suspensão contratual atípica por estado de calamidade

As técnicas de preservação do contrato de trabalho, como os já citados exemplos das férias coletivas e da suspensão temporária para requalificação, pressupõem alguma forma de manutenção de renda, pagamento de ajuda de custo ou compensação dos dias parados, de modo a conciliar a preservação do emprego e a subsistência do trabalhador.

Soluções como "licença não remunerada" não encontram agasalho no ordenamento brasileiro nem preenchem o conceito de preservação do contrato, porque, em verdade, sem nenhum tipo de salário ou renda e sem nenhum tipo de trabalho, o contrato já expirou.

Ainda que seja muito grave a afirmação, o fato é que em alguns cenários é preferível extinguir realmente a relação de emprego, liberando o empregado para a busca de novo trabalho e para a postulação do seguro-desemprego ou outra política pública de enfrentamento da contingência, a se prolongar um contrato que já não mais representa patamares mínimos de trabalho decente.

Daí por que causou tanta repercussão, por exemplo, a previsão de suspensão do contrato, sem salário nem qualquer outra forma de renda, privada ou pública, por até 4 meses, no bojo das medidas emergenciais anunciadas pelo Poder Executivo na crise sanitária de 2020, por exemplo. O dispositivo que assim estipulava acabou revogado em apenas 24h, pela mesma autoridade executiva emergencial, dada a difícil sustentação da tese de suspensão prolongada sem contrapartida ao trabalhador (art. 18 da MP 927).

Caso não se consiga suspender o contrato, no todo ou em parte, com base nos demais fundamentos previstos pela legislação e tampouco se utilizar dos instrumentos análogos, como o banco de horas e a conversão do tempo integral em tempo parcial, é possível encontrar ocasionalmente na legislação brasileira a figura da suspensão por estado de calamidade.

O ponto central desse instrumento tende a ser a concorrência do ente público no estabelecimento de alguma parcela social para complemento da renda ou para apoio ao empresário.

A estratégia do legislador pode ser simplesmente financiar a folha de pagamento, com taxas e juros subsidiados pelos cofres públicos, deixando que cada empregador adote sua melhor estratégia, em seu segmento e em sua comunidade, enquanto se aguarda o transcurso da crise aguda.

Ou, também, pode ser feito pagamento direto ao trabalhador apenado pela redução do volume de serviço, estipulando antecipação do seguro-desemprego, como é o modelo adotado no âmbito da suspensão temporária para requalificação (art. 476-A da CLT), ou estipulando uma parcela de índole previdenciária, mas não se confunde com o seguro-desemprego.

O nome mais usado durante o período de crise sanitária foi benefício emergencial, previsto, por exemplo, pela Lei 14.020/2020, sob certas circunstâncias e requisitos, e que teve por escopo complementar a renda do trabalhador que vivenciou redução de jornada, em graus variados, ou que vivenciou a própria suspensão do contrato de trabalho.

Saber se o empregado e o empregador são elegíveis ao benefício depende da compreensão da norma emergencial ou da legislação ordinária que o estabelecem e fixam as condições e as exigências. Vencer a burocracia também é elemento complexo e não raro se ouvem relator de pessoas que, mesmo aptas ao programa de preservação do emprego, não conseguiram acessá-lo por razões de ordem burocrática, como bloqueio do cadastro de pessoa física, restrições de crédito por dívidas pretéritas ou mesmo o enquadramento jurídico da empresa.

Juridicamente, porém, um dos itens mais desafiadores – e não foi diferente na pandemia de 2020 – tem sido saber a natureza jurídica desse tipo de suspensão emergencial, porquanto abrange todas as características da suspensão plena – sem salário e sem trabalho – mas mantém parte do salário ou parte da renda, subsidiada pelos cofres públicos, ou, ainda, uma mescla de ajuda de custo compensatória custeada pelo patrão e benefício emergencial custeado pela sociedade.

A dúvida é pertinente, porque, de sua resposta, dependem vários outros benefícios e direitos trabalhistas, como o décimo terceiro salário e as férias, por exemplo.

As normas emergenciais de 2020, por exemplo, continham cláusula expressa dizendo que os benefícios pagos pelo empregador deveriam ser mantidos enquanto perdurassem os efeitos da suspensão subsidiada pelo Governo Federal, mas se entendeu que os benefícios eram apenas aqueles decorrentes de contrato individual ou norma coletiva, como cesta-básica e plano de saúde.

Entendemos, porém, que os benefícios eram também aqueles da legislação, como o décimo terceiro e as férias, ou seja, que esses dois não devessem sofrer alteração no cálculo, quando de seus pagamentos – o período aquisitivo de férias e o período do ano civil para o décimo terceiro. Consideramos que a forma atípica de suspensão – com manutenção de salário parcial ou de complemento público de renda – não foi suficiente para quebrar a sequência do cálculo desses benefícios que se adquirem com o escoamento do tempo.

Conforme nos manifestamos em publicações sobre as normas emergenciais, reputamos que o quadro traçado pelas normas de 2020 permitem concluir a natureza de suspensão imprópria, porque ausente o trabalho e presente o salário ou figura equivalente e, assim, defendemos a permanência de todos os benefícios e direitos alusivos àqueles meses sem labor.

O fundo de garantia talvez seja excepcionado, mas por causa da legislação pertinente, que fixa a base de cálculo apenas no salário e não em parcelas de cunho indenizatório ou ressarcitório. Caso o empregador tenha completado a renda do empregado com a estipulação da ajuda compensatória mensal, por exemplo, sua natureza não salarial a repele da base de cálculo do regime do fundo de garantia e, assim, nenhum depósito era devido enquanto perdurasse a suspensão. (Em caso de mera redução de jornada, o fundo de garantia seguia devido relativamente à parcela salarial mantida.)

Não se confunda essa defesa, também, com pagamento de vale-transporte, pois este depende essencialmente dos deslocamentos dos empregados, sua frequência e trajetos, de forma que qualquer oscilação do número de dias laborados ou mesmo a atuação em trabalhos remotos, como em domicílio, impacta na conta.

Vale-refeição, porque não tem previsão na legislação brasileira, mas somente em ajustes feitos diretamente entre empregados e empregadores, pode ser repactuado ou pode ter sido suspenso em alguns casos, como naquelas cláusulas em que ele está previsto apenas para serviços externos ou apenas para pessoas sujeitas a horas extras. Também ficarão irremediavelmente prejudicados, por certo, os trabalhadores que, em lugar de tíquete-refeição, recebiam os alimentos prontos *in natura* diretamente do empregador, em restaurante próprio ou conveniado. Durante a suspensão contratual, é inevitável que as modalidades de bandejão tenha sido desativadas.

A controvérsia em torno da manutenção ou da suspensão do vale-refeição talvez tenha sido menor porque ele é um benefício com incentivos fiscais, ou seja, é a sociedade que o custeia através do direito do empregador de abater o gasto dos impostos que tem a recolher. Embora esse direito, por razões de ordem tributária, não atinja todos os empregadores, fato é que para muitas empresas era melhor manter o fornecimento a discutir sua natureza jurídica.

Também se assistem cenas de apreensão quando o plano de saúde, normalmente instituído por negociação coletiva ou regulamento empresarial, exige custeio parcial dos empregados, sob a forma de desconto salarial em folha de pagamento: ora, se estamos diante de suspensão atípica, em que os salários são suspensos e a renda é complementada por benefício emergencial dos cofres públicos, não há contracheque para se fazer o desconto na fonte e se repassar para a administradora do plano de saúde. Só resta ao empregador, nesse caso, renegociar a cláusula do custeio ou bancar a parte dos empregados ou, ainda, adiantar a parcela do empregado e, depois, descontar de salários futuros, no todo ou em parte. Cancelar o plano naqueles dias de suspensão por calamidade pública está fora de cogitação justamente porque a norma exigia a manutenção dos benefícios assistenciais.

Por derradeiro, lembro que esse tipo de suspensão sem salário e com benefícios públicos gera muita incerteza no regime geral previdenciário: em tese, o empregado não poderá contar o tempo de não serviço e de não contribuição previdenciária para nenhum fim, nem para as aposentadorias nem para as carências necessárias para demais prestações.

Se isso vai gerar reflexos após algumas décadas para os trabalhadores mais jovens, pouca atenção tem sido dada. Mas há numerosos trabalhadores, apanhados pela suspensão emergencial, que estavam às vésperas das aposentadorias por tempo ou por idade ou, até mesmo, em pleito para auxílio-doença ou salário-maternidade. Sempre se espera que o legislador abarque todas as hipóteses, mas, como não se pode contar com essa ponte, há previsão para que o empregado, querendo e podendo, recolha contribuições sociais na qualidade de facultativo durante o interstício, a fim de não perder o tempo restante ou não provocar o efeito da solução de continuidade.

A situação é bastante delicada. Há relatos de empregadores que concorreram com as despesas desse recolhimento previdenciário facultativo, para não desamparar situações pontuais de empregados pegos pela suspensão emergencial. A legislação previdenciária, ademais, veda o recolhimento como contribuinte facultativo para aqueles que já compõem simultaneamente regimes próprios, como é o caso de numerosos professores e profissionais da saúde que convivem com dois ou mais empregos, mesclando instituições privadas – nas quais se tornam contribuintes obrigatórios do regime geral – e instituições públicas – nas quais podem dispor de regimes próprios, se existentes. Nesse caso, eles ficarão penalizados e realmente deixarão de computar o tempo de suspensão para qualquer fim previdenciário.

Capítulo 9

Férias

1. Natureza jurídica das férias

As férias têm a peculiaridade da natureza híbrida de direito e dever simultaneamente.

Que elas correspondam a um direito do trabalhador não resta muita dúvida, conquistando-as o trabalhador em seu dia a dia de atividades prestadas ao empregador. Sua noção como dever certamente é a mais difícil de enxergar, num conceito que vem sendo esquecido pelas partes.

A uma, porque as férias passaram a ser consideradas um bem escasso, dentro do panorama do desemprego estrutural (se todos à minha volta estão desempregados, com que fundamento eu posso ficar parado tendo o emprego?) e da baixa massa salarial (usarei as férias para aumentar minha renda, "vendendo-as" ao empregador ou fazendo atividades paralelas). A duas, porque muitos empregadores deixam de se programar e não concedem corretamente o gozo das férias, remetendo todas as questões para a rescisão do contrato de trabalho, a tal ponto que as férias, que nada têm que ver com a dispensa do empregado, passaram a ser diretamente associadas com o sentido de "verbas rescisórias", o que certamente não são. A três, porque, nada obstante a crise de valores e de finanças que a sociedade atravessa, muitos empregados consideram que não necessitam de férias, que se sentem bem na atividade contínua e que se satisfazem com descansos pequenos, como o chamado fim de semana prolongado, sem se darem conta de que os fundamentos de cada pausa ao longo do contrato de trabalho são diversos e a finalidade do descanso prolongado é muito mais ampla e vital para a saúde do ser humano, corpórea e incorpórea.

Os descansos estipulados pelo legislador para um contrato de trabalho são múltiplos e de diversas naturezas, mas todos têm o ponto em comum de atender às necessidades de higidez física e mental do trabalhador, motivos pelos quais dificilmente se poderá admitir alguma hipótese de negociação individual ou coletiva sobre o tema das pausas.

Há desde aqueles destinados ao descanso dos tendões do digitador (art. 72 da CLT) ou os músculos do operário do frigorífico (art. 253), aqueles um pouco maiores para fins de refeição e descanso (art. 71), bem como aqueles destinados ao sono (art. 66) e aqueles voltados para o convívio familiar, cívico ou religioso (art. 67, mais a Lei 605/1949). Porém, não se perca de vista que tanto a pequenina pausa de dez minutos de um datilógrafo como a pausa anual de 30 dias de um operário, para fins de férias, atuam na mesma direção de não permitir que a atividade rotineira e subordinada se torne uma via expressa para a exaustão física ou mental.

Embora haja um ponto em comum entre todas as pausas previstas para o contrato de trabalho, das menores até as maiores, cada qual guarda uma destinação própria e uma finalidade intransferível. Para algumas pausas, poucos minutos são suficientes, pois o propósito se concentra em algum revigoramento rápido de articulações do corpo humano; outras pausas são maiores, a fim de permitir o revigoramento e a alimentação, por exemplo; a pausa destinada ao sono requer tempo maior para o relaxamento completo do organismo; e assim por diante, até chegarmos à noção de férias.

Considerando que elas devem se destinar não apenas ao revigoramento momentâneo do organismo, mas procurar zerar o cansaço acumulado e, no dizer da doutrina clássica, liberar as toxinas que o organismo absorve ao longo do ano, as férias necessitam de prazos maiores. Não se sabe qual o prazo ideal, mas desde logo se observa que a finalidade da norma não será alcançada com um feriado prolongado.

O período deve compreender a mudança de hábitos e de rotina por parte do trabalhador, alteração em seu metabolismo e em seu ritmo de vida, desligamento completo das atividades que acaso deixou pendentes e demais condições para um completo reequilíbrio mental e físico.

No dizer das ciências humanas voltadas ao estudo do equilíbrio do corpo e da mente, férias que mereçam esse nome são aquelas em que o trabalhador consegue mudar não somente o ritmo cotidiano, mas também o sonho que povoa sua mente durante a noite.

2. Conceito de período aquisitivo

Tudo começa necessariamente com o conceito de período aquisitivo, sem o qual não se vai longe.

A noção é singela e diz respeito tão somente ao período de cansaço que deverá ser proporcional ao período de descanso. O dizer do art. 5.°, 1, da Convenção 132 da Organização Internacional do Trabalho (sobre cuja ratificação pelo Brasil se discorrerá ao final deste capítulo), a aquisição decorre de um período de serviço mínimo para conferir o direito a férias anuais pagas, nada havendo de anormal nessa exigência, que, no caso do Brasil, é de 12 meses para as férias integrais (art. 130 da CLT), mas, para a maioria dos casos, de apenas um mês ou fração igual ou superior a 15 dias para as férias proporcionais, o que atende amplamente às exigências da Convenção 132.

O período aquisitivo corresponde meramente ao requisito inicial para se fazer jus às férias, o que dispensaria maior estudo se não fosse o fato de que, ao longo desse período, muitas intercorrências tendem a se suceder, afetando no todo ou em parte o direito às férias, tais como as ausências e as licenças do empregado e a própria extinção do contrato de trabalho. É a partir das intercorrências que se aprofunda o estudo do período aquisitivo.

Na legislação brasileira, o período aquisitivo foi fixado em um ano a contar da data de admissão do trabalhador, sempre tendo em mente o período integral de férias. Para fins meramente indenizatórios, através das férias proporcionais, normalmente um mês é o bastante para a contagem do direito parcial, de tal forma que a recomendação internacional de que nenhum período superior a seis meses (art. 5.°, 2, da Convenção 132) seja exigido como condição essencial para as férias se acha plenamente atendida pela lei local.

O período de um ano, portanto, não deve ser confundido com o ano civil, do calendário gregoriano, mas com o ano próprio e exclusivo de cada trabalhador, a fluir a partir da data do início daquele contrato de trabalho. Haverá, assim, um divórcio entre o décimo terceiro salário, que segue rigorosamente o conceito de ano civil para contemplar o trabalhador com a gratificação de dezembro, e as férias, que seguem o conceito fluido de ano de contrato de trabalho.

Dessa distinção decorre outra, para a qual pouca atenção tem sido prestada: a fração de 15 dias, que permite computar como um mês cheio para fins de cálculo, aparece tanto no conceito de férias como no conceito de décimo terceiro salário, por ser considerada a forma mais equilibrada de lidar com esse dilema. No entanto, para o décimo terceiro salário os 15 dias são contados dentro de cada mês civil, ao passo que, para as férias, os 15 dias são contados por blocos de mês encontrados dentro do ano de contrato de trabalho.

Exemplifica-se.

Sirva como exemplo um contrato de trabalho de 18 de janeiro a 13 de março, por prazo determinado e sem nenhuma ausência injustificada do trabalhador, o que gerará efeitos diferentes para essas duas parcelas. O décimo terceiro salário será de apenas 1/12: janeiro não será computado, porque não teve 15 dias de trabalho, fevereiro será computado por inteiro e março será descartado porque interrompido no 13.º dia. As férias, porém, serão de 2/12, porque a contagem é feita por "trechos": de 18 de janeiro a 18 de fevereiro se fechou um "mês de trabalho"; de 18 de fevereiro a 18 de março se fecharia mais um "mês", o qual, mesmo interrompido aproximadamente no 25.º dia, é computado por inteiro para fins de férias. O exemplo, como se nota, é revelador de como as noções de ano civil e de ano de trabalho, conquanto possam caminhar lado a lado, tendem a se distanciar em se tratando do somatório de pequenas frações. O fato de muitos pagarem quantias idênticas de décimo terceiro salário e de férias não resolve o problema nem altera a natureza da contagem.

Fixada a premissa de que o período aquisitivo de férias se conta por ano de trabalho e não por ano civil, advirta-se que a legislação brasileira atrelou o número de dias de férias a serem desfrutadas ao desempenho do empregado durante o período de conquista. É falsa, portanto, a afirmação de que as férias sejam necessariamente de 30 dias. Chega a ser incompreensível que esse número tenha passado para a posteridade como uma quantidade rígida e que seja aplicável a todos os trabalhadores, em quaisquer circunstâncias.

O art. 66 da Lei Orgânica da Magistratura – LC 35, de 14.03.1979 – refere 60 dias de férias individuais ou coletivas, ao passo que o art. 79 do Estatuto do Servidor Público Federal – Lei 8.112/1990 – fixa em 40 dias as férias para o operador de radiologia estatutário, mas nesses dois casos já não estamos no campo do Direito do Trabalho senso estrito.

De 2001 a 2017, o legislador adotava tabelas separadas de férias dos empregados em tempo integral e dos empregados tempo parcial, mas penso que a revogação da tabela dos parciais decorreu da própria complexidade que ela acarretava, ao mandar calcular o número de dias de acordo com a quantidade de horas laboradas por semana e, ainda, mandar reduzir à metade o resultado, se houvesse mais do que sete faltas injustificadas por ano. Era, de fato, uma economia sem sentido e, ainda, desafiadora do próprio conceito de férias como descanso prolongado. A revogação da tabela de dias de férias para o regime a tempo parcial desonerou o intérprete, também, de desatar o nó que se formava em casos de migração de regime, para aqueles empregados que começavam o contrato a tempo integral e eram rebaixados para tempo parcial, como em épocas de crise. Edições anteriores deste livro propunham, como solução paliativa, a contagem das férias proporcionalmente ao número de meses transcorridos nos períodos aquisitivos de cada regime contratual – algo como 7/12 de 30 dias mais 5/12 de 18 dias, caso o empregado houvesse laborado por 7 meses em turno completo e 5 meses em turno parcial, dentro do mesmo contrato e do mesmo período aquisitivo.

O art. 130 sugere que, para qualquer empregado ou modalidade contratual, as férias sejam zeradas a partir da 33.ª ausência do empregado ao longo do período aquisitivo.

Alguns autores chegaram a sugerir que esse entendimento deveria ser revisto, graças ao desenvolvimento do conceito de férias, não como um prêmio para o empregado ou um castigo para o empregador, mas como um item precioso para a saúde do trabalhador, donde não ser possível retirá-lo por inteiro mesmo em se tratando de um empregado desleixado. Reforça ainda mais essa tese o fato de que a Constituição Federal de 1988, em seu art. 7.º, XVII, afirma direito a "gozo de férias anuais remuneradas com, pelo menos, um terço a mais do que o salário normal", sem distinção de empregados ou de condições de trabalho.

A tese, no entanto, não prevaleceu, mantendo-se intacto o entendimento de que as 33 ausências retiram do empregado o direito ao gozo das férias. Provavelmente, o entendimento dominante deve ter caminhado em direção à perda das férias porque ninguém se sensibilizou com a condição de um empregado com 33 faltas injustificadas (sem contar outra quantidade de ausências justificadas, mais os sábados, os domingos e os feriados). Pode-se chamar o empregado de desidioso (e inclusive dispensá-lo por justa causa), mas não se pode chamá-lo de descansado, porque são diferentes os resultados das férias contínuas e das ausências fracionadas.

3. Alterações do período aquisitivo por licenças em geral

Retomando o estudo do período aquisitivo, o art. 131 traça a lista das ausências consideradas justificadas para fins do gozo de férias. Na verdade, o rol era desnecessário, bastando que a lei dissesse faltas justificadas na forma da lei. A lista acaba extensa demais.

Apenas o primeiro inciso abarca muitas hipóteses diversas, porque remete o tema para o art. 473 da CLT, este sim destinado ao abono de ausências, para não desconto salarial (na linguagem da CLT, o art. 473 está inserido no contexto das formas de suspensão e interrupção do contrato de trabalho). Os incs. II e III do art. 131 fazem referência a licenças médicas, enquanto o inc. IV fala na ausência abonada voluntariamente pelo empregador, nada mais natural.

A figura que pode gerar maior dificuldade de interpretação é aquela do inc. V, a respeito dos dias de ausência por prisão preventiva (falava-se à época inclusive na prisão administrativa, hoje abolida), caso o empregado venha a ser impronunciado ou absolvido. Por um lado, os dias perdidos por força de uma prisão preventiva serão descontados do salário por não haver proteção legal ao trabalhador nesse caso. O art. 473 passa ao largo do tema e, embora não seja consensual, é possível sustentar a rescisão por abandono de emprego daquele que deixa de trabalhar por longo período, acima de 30 dias, tudo pelo fato de que não se pode opor ao empregador o desaparecimento do empregado encarcerado.

Involuntariamente, a Lei Maria da Penha (11.340, de 07.08.2006) acabou reforçando a tese de que o afastamento do empregado em situação análoga pode atrair o conceito de abandono de emprego, ao estipular que, na hipótese da mulher sob proteção para evitar a violência familiar, deve-se manter o contrato de trabalho, em uma suspensão sem salário e sem trabalho, pelo prazo de seis meses, durante os quais o empregador apenas não deve declarar o abandono, conquanto não esteja obrigado a efetuar pagamentos salariais ou indenizatórios (art. 9.º, § 2.º, II).

Outra dificuldade do art. 131, V: uma mesma situação (ausência do empregado na prisão preventiva) recebeu dois tratamentos diferentes pelo legislador (para o salário, haverá desconto; para as férias, não haverá dedução nem mesmo proporcional), e, ainda, atrelou a questão das férias ao resultado do processo penal, que sabidamente levará tempo muito superior à duração de um período aquisitivo de 12 meses e de um período concessivo de 12 meses. Deixará o empregador na condição de descontar o período de prisão preventiva, e, ao depois, ter de recalcular o período quando chegar a notícia da absolvição ou da impronúncia, preferencialmente com trânsito em julgado da decisão criminal, por certo. A solução encontrada pela CLT mostra-se ainda mais inverossímil quando se sabe que os contratos de trabalho são marcados pela curta duração média, não sendo nem ao menos compatível com a duração de um processo penal.

A hipótese do inc. VI do art. 131 é mais simples de ser interpretada, porque fala apenas em dias desprovidos de trabalho, por motivos ligados à atividade do empregador, como a escassez de matéria-prima, estoques elevados, crise energética ou calamidades públicas. Na verdade, inserem-se em situação semelhante às ausências abonadas pelo empregador, de que já falava o inc. IV, mas é provável que o legislador tenha desejado reforçar esse cenário, com receio de que o empregador houvesse por bem não abonar a ausência justamente quando a causa reside mais nas dificuldades empresariais do que na vida cotidiana do trabalhador. Lembre-se que essa paralisação das atividades empresariais poderá ser objeto de retomada do tempo ocioso, nos limites do art. 61, § 2.º, da CLT, já estudado anteriormente, e que, em caso de prolongamento excessivo, poderá jogar por terra o direito às férias, sob as circunstâncias peculiares a serem estudadas no art. 133, infra.

É de observar que o período destinado ao gozo das férias é também ele parte integrante do período aquisitivo já das próximas férias.

Se um empregado labora de abril a março para conquistar o direito às férias e vem a desfrutá-las em maio do ano seguinte, já estava contando novo período de abril a março de novo, de tal sorte que aquele mês de maio segue sem alteração alguma na contagem dos períodos. O fundamento não é o cansaço que ele acumulará durante as férias, porque destinadas ao descanso, mas o tratamento que as férias devem ter o mais parecido possível com a manutenção do contrato de trabalho, sem prejuízo dos salários e sem descontos para quaisquer fins. Assim corrobora o art. 130, § 2.º, ao afirmar que "o período das férias será computado, para todos os efeitos, como tempo de serviço", o que vale para recolhimentos previdenciários e fiscais, reajustes salariais, promoções e, ainda, para as próprias férias.

Uma última observação sobre o conceito de período aquisitivo: a data de início do contrato de trabalho costuma acompanhar permanentemente a noção do período aquisitivo. Se o dia de admissão foi 18 de janeiro, em todos os anos seguintes o dia 18 de janeiro marcará o fim de um período e o começo do outro, sem necessidade de maior alarde ou dificuldade de cálculo. Há presunção relativa favorável ao dia 18 de janeiro, de tal sorte que se nada for dito em sentido contrário, é correto afirmar que o dia 18 de janeiro do ano seguinte dará início a um novo período aquisitivo.

Note-se que as férias são contadas por meses e anos, de tal forma que o ano bissexto em nada afeta essa contagem, sendo falaciosa a retirada de um dia das férias do empregado sob o fundamento de que fevereiro teve 29 dias. Do mesmo modo, o dia 18 de janeiro representa simultaneamente o encerramento de um período aquisitivo e o início do período concessivo e o início de outro aquisitivo. É errônea a prática de algumas empresas de, a cada ano, postergar por um dia o concessivo, sob o fundamento de que a época de concessão começa "no dia seguinte". Essa afirmação não consta de nenhum artigo da CLT e tampouco as férias foram criadas à razão de 365 dias (inteligência da Lei 810, de 06.09.1949).

Para que o dia do período aquisitivo sofra alguma alteração, dentro de um mesmo contrato de trabalho, impõe-se a ocorrência de algum dos eventos expressamente estipulados pela CLT, sendo dois deles associados à vacância do emprego (serviço militar obrigatório, art. 132, e pedido de demissão com arrependimento rápido, art. 133, I) e três deles associados com longa suspensão de contrato de trabalho (licença remunerada, paralisação das atividades da empresa e, o mais comum, licença médica acima de seis meses, todos no art. 133, II a IV, da CLT).

Mal se compreende o motivo da separação dos cinco temas, sendo um deles isolado no art. 132 e outros quatro no art. 133, mas o critério de política legislativa foge ao âmbito deste estudo. Aliás, tampouco há um fundamento sólido para se haver prestigiado mais o jovem em idade de prestação de serviço militar do que dezenas de outros cenários em que o direito às férias poderia ter sido enaltecido. De qualquer forma, lei temos.

A condição do jovem engajado no serviço militar parece ter sido uma preocupação constante do legislador de 1943, pois aparece com destaque no conceito de contagem de tempo de serviço, de que cuida o art. 4.º, assim como surgirá novamente nas formas especiais de suspensão do contrato de trabalho, consistente no art. 472. Aqui, ele irrompe em meio à disciplina das férias, como uma forma de serem somados, de maneira artificial do ponto de vista da lei e do organismo do trabalhador, períodos fracionados para a aquisição do direito às férias.

Na realidade, não deveria existir esse panorama de soma de períodos descontínuos. Ou bem o organismo está fatigado e as férias são necessárias, ou bem se indenizam os meses soltos, que não conseguiram totalizar os padrões mínimos necessários, normalmente de um ano. Fazer uma poupança de meses para, ao final, serem totalizados contraria o escopo primordial das férias, que vem a ser o repouso e o revigoramento. Por mais atenção que se tenha dedicado ao jovem desincorporado, a solução encontrada se mostra demasiadamente artificial. Como a lei é expressa sobre o tema e ainda representa uma condição mais benéfica a esse empregado, não se pode, todavia, atacá-la com algum vício de inconstitucionalidade ou defeito estrutural, fazendo-se a crítica apenas no plano doutrinário.

Para piorar a situação, o art. 132 dispõe de uma redação sofrível, levando a alguns desentendimentos. Em primeiro lugar, a incorporação do jovem no serviço militar obrigatório, nunca facultativo para essa hipótese, não é causa extintiva do contrato de trabalho, mas apenas causa de suspensão do contrato de trabalho – como veremos, suspensão, sim, mas com obrigações pecuniárias por parte do empregador, atualmente representadas pelos depósitos do fundo de garantia. Logo, ao término da suspensão do contrato de trabalho, o empregado deve necessariamente retornar ao trabalho, sob pena de se considerar seu abandono na forma do art. 482. Não está ele autorizado a emendar o período de engajamento com alguma outra atividade. Ocorre que, diferentemente dos casos de suspensão por enfermidade ou por comum acordo entre as partes, pode acontecer de o empregado obter a baixa na corporação militar e o empregador disso não ficar sabendo. Para evitar esse conflito, o legislador poderia exigir das autoridades militares uma comunicação efetiva com o empregador, nos moldes feitos pelo INSS em caso de concessão ou de cassação de benefícios previdenciários continuados, emprestando maior segurança às relações jurídicas.

De toda sorte, tendo o empregador tomado ciência do desligamento do empregado e observando que ele não se reapresenta para assumir o emprego, o abandono será medida pertinente a ser adotada (por eufemismo, o art. 132 fala em 90 dias para "comparecimento" do empregado às dependências do empregador, mas é evidente que o sentido da norma não foi um simples passeio do empregado e, sim, a reassunção das atividades normais).

Para que o art. 132 se aperfeiçoe, porém, ainda são necessários mais alguns elementos.

É necessário que o empregado tenha escapado da acusação de abandono, seja porque retomou suas atividades ainda dentro dos primeiros 30 dias, seja porque, demorando, foi perdoado pelo empregador, ou, ainda, havia comunicado sua intenção de retornar ao trabalho, mas após resolver alguns problemas particulares, com a concordância do empregador. Foi então que o art. 132 estabeleceu uma regra-ponte para abarcar essas situações: sem prejuízo do risco de justa causa que correrá o empregado, caso ele consiga prosseguir o contrato de trabalho no prazo máximo de 90 dias a contar da baixa do serviço militar, carrega os meses anteriores ao afastamento para o somatório do período aquisitivo de férias.

Exemplificando: empregado admitido em 15.02.2019 vem a ser convocado para a prestação do serviço militar em 15.09.2019, de tal forma que esses sete primeiros meses não servem para indenização a título de férias proporcionais, pois o contrato de trabalho não será extinto para fins de pagamento de verbas rescisórias. Então, o jovem permanece, digamos, dois anos na corporação, obtendo a baixa apenas em 15.09.2021. Avisa o empregador de forma correta sobre sua condição e reassume seu posto em 15.10.2021. Agora, faltam apenas cinco meses para ele integralizar os 12 meses necessários à aquisição das férias, sendo sete meses trazidos do período anterior ao serviço militar. Em 15.03.2022, as férias terão sido finalmente conquistadas, com gozo disponível até 15.03.2023. Foram excluídos da contagem tanto o período de serviço militar quanto o período de "demora" no retorno à função.

Embora a lei não diga de forma expressa, o novo período aquisitivo doravante será contado a partir de 15 de março e não mais de 15 de fevereiro, como se poderia supor a partir da leitura da Carteira de Trabalho do empregado. Trata-se de um raro caso de mutação da data original do período aquisitivo, por força do peculiar somatório de períodos descontínuos. Recomenda-se que o empregador anote essa situação, tal como sugere o art. 133 para os demais casos, no campo geral da Carteira de Trabalho e suscite a questão com antecedência em caso de processo trabalhista, porque, do contrário, a presunção será favorável ao dia 15 de fevereiro, o original.

Caso o empregador não queira mais manter o empregado, estará autorizado a rescindir o contrato de trabalho quando do retorno do jovem para assumir o posto, porque não existe estabilidade de emprego para essa condição. A CLT se preocupou tanto com este caso, mas deixou de referir a algum tipo de garantia de emprego ou de restrição à rescisão, em caráter momentâneo ou duradouro. Das verbas rescisórias da dispensa sem justa causa constarão, assim, as férias proporcionais acrescidas de um terço, à razão dos meses laborados antes da incorporação militar.

Também afeta a contagem do período aquisitivo das férias a possibilidade, criada pelo art. 133, I, de se somarem os períodos antes e depois do pedido de demissão. Fala-se em pedido de demissão porque o legislador usou a expressão "deixar o emprego" e porque, nas hipóteses de dispensa sem justa causa, o empregado já teria sido indenizado com o pagamento das férias proporcionais, sendo irrazoável que, além do dinheiro, recebesse também o direito de contar o período para fins de descanso.

Ocorre que a premissa sobre a qual se assenta o art. 133, I, é justamente não ter o empregado auferido nenhuma vantagem relacionada a férias. Se, mesmo pedindo demissão, já auferiu as verbas rescisórias contendo as férias proporcionais, não há sentido em se "devolver" o valor pago ao empregador como forma de converter a obrigação de pagar em obrigação de fazer. Claramente o legislador pretendeu reavivar um período trabalhado e, portanto, conquistado pelo trabalhador, mas que não teve tempo de gerar frutos à época do primeiro contrato de trabalho.

A situação tende a desaparecer. À época da redação da CLT já era de rara aplicação prática, pois os empregados com mais de um ano de casa sempre recebiam as férias proporcionais quando do pedido de demissão, havendo restrições apenas para o demissionário com menos de um ano de casa. As restrições foram afastadas, sob a influência da Convenção 132 da Organização Internacional do Trabalho. Desde então, há o pagamento das férias proporcionais mesmo para o demissionário com menos de um ano de casa. Então, não haverá soma do período já indenizado com o período do segundo contrato de trabalho.

E, outrossim, para que a regra se aplicasse, era ainda necessário que o demissionário fosse aceito de volta pelo empregador, e dentro de 60 dias no máximo. Se eles reatassem os laços em período superior a 60 dias, os meses incompletos do primeiro contrato de trabalho eram esquecidos. Se o reatamento fosse feito dentro de 60 dias, reavivavam-se os meses incompletos para serem somados ao período seguinte, "acelerando" a contagem dos 12 meses. Pode soar estranho que um contrato de trabalho influencie a contagem de parcelas do contrato de trabalho seguinte, mas a explicação reside na essência das férias, ou seja, se o propósito era o descanso do organismo fatigado, faz sentido que seja tratado de forma igual aquele que está na ativa com aquele que teve "apenas" um afastamento inferior a 60 dias. A novidade do art. 133, I, é sem dúvida a autorização de se incluir em meio a esse afastamento o período entre um contrato de trabalho já encerrado e outro a começar, ao contrário do que se entende por suspensão do contrato de trabalho, como na licença médica e situação correlata.

Abaixo do inc. I, seguem-se dois casos em que a perda do direito de férias decorre muito mais de causas objetivas ligadas à empresa (concessão de licença remunerada e paralisação das atividades da empresa) do que motivos personalíssimos acima narrados (serviço militar obrigatório e retorno do demissionário). Todavia, os assuntos estão misturados. Os dois motivos personalíssimos representam o direito de contar períodos descontínuos, para a totalização das férias, enquanto os dois motivos objetivos representam a cassação do direito às férias e não a alteração na contagem (mais motivo para não haverem misturado os incisos num mesmo artigo).

Os incs. II e III do art. 133, sob aparente simplicidade, escondem duas grandes armadilhas: a) dizer que ficar em casa no aguardo de ordens por parte do empregador seja o mesmo que desfrutar férias; e b) dizer que a remuneração de um mês de salário seja o mesmo que a remuneração das férias. Ambas as afirmações são falsas, como se vê a distância.

O conceito de férias, como já enaltecido, é de descanso efetivo, na parte física e na parte mental, para cujo sucesso o legislador se cercou de diversas estratégias, algumas já mencionadas, outras vindouras, como a comunicação com antecedência, o pagamento prévio e a restrição ao fracionamento dos períodos. Ora, se as férias se destinam efetivamente ao descanso e à liberação das toxinas pelo empregado, desvencilhado de seu cotidiano, jamais se poderia confundir essa condição com a licença remunerada, normalmente associada a fatores emergenciais de queda de vendas ou de cumprimento de exigências das autoridades sanitárias, por exemplo, ou com sua figura análoga da paralisação total ou parcial da empresa, ambas situações feitas a expensas do empregador. Para esses cenários, deveria o empregador partir para a negociação das férias coletivas, elas mesmas sujeitas a críticas de descumprimento da finalidade de repouso, mas pelo menos passíveis de uma regulamentação própria e mais restritiva, como se pode ver da leitura dos arts. 139 a 141 da CLT. Liberar o empregado de comparecer e, depois, negar-lhe o direito às férias sempre foi, no mínimo, uma ironia que desvia a finalidade da norma. Mas há mais.

O pagamento das férias, desde sempre, foi associado ao período aquisitivo, de tal forma que as horas suplementares, o adicional noturno, as comissões e, enfim, a remuneração variável devem enriquecer o pagamento das férias, tudo para evitar que em seu período de gozo o empregado sofra algum desfalque ou prejuízo que iniba seu afastamento. Essa preocupação surge diversas vezes na CLT, seja na abertura do capítulo, quando o art. 129 menciona que as férias serão desfrutadas "sem prejuízo da remuneração", seja no longo art. 142, que ensina como manter a média remuneratória para se evitarem as distorções. Ora, se o empregador meramente quitar o salário do mês e mantiver o empregado em casa, além de frustrar o sentido de descanso previamente pactuado para as férias, irá pagar ao empregado um valor simbólico, enquanto as férias eram proporcionalmente maiores, de acordo com o que houvesse sido praticado no período de sua aquisição.

Com a novidade do art. 7.º, XVII, da Constituição de 1988, que inseriu sobre o pagamento das férias o acréscimo de um terço, parece ter sido derrubado o último argumento em prol dos incs. II e III do art. 133. Aquilo que já era trôpego, de confundir ausências com férias, tornou-se insustentável, porque, mesmo que o empregado jamais tenha conhecido uma única parcela salarial móvel ou condicional, como a hora extraordinária e as comissões, ainda assim a remuneração das férias há de ser, necessariamente, maior do que a remuneração comum, em pelo menos 33%.

No caso específico do inc. III, a situação é ainda mais complicada pelo fato de o art. 133, § 3.º, exigir comunicação prévia de 15 dias do empregador ao órgão de fiscalização, à entidade sindical e aos trabalhadores, a estes através de aviso nos murais da empresa, contendo a data de início e de término da paralisação. Cuida-se mais de situação de crise financeira ou situação análoga. O art. 133 dá a entender que, caso a empresa descumpra a obrigação de comunicar, a paralisação não terá efeito de perda do direito de férias, permanecendo no campo da ausência abonada pelo empregador, aduza-se.

Recomenda-se que o empregador se abstenha de adotar essa prática (licença em troca de férias) e que o intérprete aja com moderação no cancelamento ao direito de férias. Insista-se novamente na solução diferente para os problemas de crise financeira aguda do empregador: para o inc. II, as férias coletivas são mais apropriadas e igualmente urgentes; para o inc. III, a paralisação das atividades pode ser compensada com prestação de hora extraordinária sem remuneração, muito embora limitada a 45 dias por ano, na forma do art. 61, § 2.º, mas, pelo menos, o conceito de férias como repouso ficará intacto após o vendaval.

4. Alteração do período aquisitivo por afastamentos médicos

Chegamos, enfim, ao complexo inc. IV do art. 133, concernente a afastamentos médicos superiores há seis meses.

A primeira crítica não difere do que acima já constou: mesmo que o empregado fique meses ou anos acamado, não estava ele a descansar ou a espairecer, mas recuperando-se de um distúrbio em sua saúde física ou mental. Logo, dizer que a licença médica prolongada neutraliza o direito às férias mescla institutos diferentes, havendo pouco sentido nessa associação. Isso não significa, por certo, que o empregador novamente seja chamado a fazer algum tipo de caridade adicional, mas que o tratamento do período laborado receba algum benefício parecido com aquele destinado ao jovem engajado em serviço militar ou ao demissionário arrependido.

Por exemplo, um empregado acidentado, após cinco meses de casa, não deveria perder esse 5/12 em caráter definitivo, ainda que a convalescença demore dois anos. Poderia receber algum tipo de indenização, caso nunca mais retorne ao trabalho (auxílio-doença acidentário seguido de aposentadoria por invalidez e falecimento, digamos), ou poderia ser autorizado a somar os 5/12 aos 7/12 que houvesse trabalhado após a alta médica, se e quando houver. Da forma como concebido, no entanto, o art. 133, IV, mostra-se o mais rigoroso de todos os cinco casos até aqui tratados.

Essa situação levou a jurisprudência a formular alguns critérios básicos de interpretação restritiva para, digamos, suavizar o peso da norma: a) os seis meses de afastamento médico têm de caber dentro de um mesmo período aquisitivo, como consta do *caput* do art. 133, de tal forma que três meses em um ano e três meses em outro ano não tolhem o direito às férias e são computados normalmente na fluência do período aquisitivo; b) os 15 primeiros dias de afastamento, que são sempre a expensas do empregador e não se confundem com o pagamento das prestações previdenciárias, não são computáveis para fins de perda do direito às férias.

Por fim, há um dado interessante a ser analisado do ponto de vista da hermenêutica jurídica: a presença da expressão "embora descontínuos" ao final do inc. IV do art. 133.

Considerando-se ter sido essa a única vez que o art. 133 mencionou a contagem descontínua do prazo, entende-se que as demais hipóteses (60 dias para o arrependimento do demissionário e 30 dias de licença remunerada ou de paralisação da empresa) devem ser contínuos. Desse modo, caso o empregador passe por duas calamidades, cada qual de 20 dias, ainda assim não poderá tolher as férias do empregado, nada obstante os três ou quatro inconvenientes já descritos a respeito dessa possível perda de direito de férias.

Da mesma forma, se o empregador conceder licença remunerada de 15 dias por semestre, não será o caso de inserção do fato no inc. II do art. 133. Resta a aplicação do termo "embora descontínuos" precipuamente para a parcela previdenciária, mas aqui a chance será remota, porque os auxílios-doença costumam ser consecutivos, havendo até mesmo diretriz da Previdência Social para prefixar a data de cessação do benefício, sem a necessidade de repetição semanal ou mensal da perícia. O exemplo mais próximo do cenário descrito pelo art. 133, IV, é a chamada doença recidiva, em que a recaída do trabalhador dispensará maior burocracia e o auxílio-doença acidentário ou meramente previdenciário será retomado.

Roga-se que o empregador circunstancie todas essas hipóteses na Carteira de Trabalho, para maior clareza, e adultere o período aquisitivo das férias, caso haja a perda do primeiro período, sob pena de se manter intacta a presunção relativa favorável à data de admissão do empregado, como já referido quando do comentário ao art. 132, supra, tudo na forma do art. 133, §§ 1.º e 2.º.

5. Nota sobre as férias do empregado doméstico

Durante décadas esteve o empregado doméstico, desprovido de direitos trabalhistas. A situação começou a mudar com a promulgação da Lei 5.859, de 11.12.1972, que estendeu aos domésticos o acesso à legislação previdenciária e exigiu o registro da relação de emprego em Carteira de Trabalho. Confuso, seu art. 3.º inseriu o tema das férias nas relações domésticas, ao asseverar que o empregado doméstico tinha assegurado o direito a "férias anuais remuneradas de 20 (vinte) dias úteis após cada período de 12 (doze) meses de trabalho".

A boa notícia era que o art. 3.º manteve a noção de período aquisitivo, de 12 meses, e aparentemente manteve a noção de período concessivo, ao falar em "férias anuais". No entanto, acabaram-se as boas notícias, pois desde 1972 somente confusão tem sido feita com essa classe de empregados, como passamos a sistematizar:

A expressão 20 dias úteis foi infeliz, porque historicamente as férias sempre foram contadas como dias corridos. Durante as férias, os sábados, os domingos e os feriados são absorvidos na contagem e fazem parte do descanso normalmente. A distorção veio a ser corrigida pela pequena reforma impressa pela Lei 11.324, de 19.07.2006, que, para manter a tradição, cometeu outros erros. A referência há 20 dias úteis era ainda mais sarcástica quando se lembra que os domésticos simplesmente não tinham direito a sábados, a domingos e a feriados. A Lei 605/1949 os mantinha excluídos de suas vantagens, tendo sido somente em 05.10.1988 que eles passaram a conhecer o direito aos domingos, na forma do art. 7.º, XV, e parágrafo único, da Constituição. Como pode a lei de 1972 falar em dias úteis justamente para a única categoria que não tinha dias úteis?

O art. 3.º era singelo, com poucas palavras, e não explicava como se computam os períodos aquisitivo e concessivo; não falava se as ausências do empregado acarretam a perda, proporcional ou total, do número de dias de férias; não cominava nenhuma pena para o caso de descumprimento da obrigação de fazer ou da obrigação de pagar; não traçava calendário de comunicação prévia ou de pagamento. Logo, era de esperar que houvesse um bom decreto da Presidência da República, a fim de emprestar alguma dinâmica a essa frase genérica, regulamentando-a. Qual não foi a surpresa dos estudiosos do Direito do Trabalho que, passados alguns meses, o Dec. 71.885, de 09.03.1973, veio ao mundo com a seguinte frase: "Excetuando o Capítulo referente a férias, não se aplicam aos empregados domésticos as demais disposições da Consolidação das Leis do Trabalho".

Qual seria o significado de "excetuando o capítulo referente a férias"?

Para muitos, a única obrigação do decreto presidencial era se afastar da CLT, pois ela havia expressamente negado acesso aos domésticos, de tal forma que qualquer insistência na extensão dos direitos dos trabalhadores urbanos para os trabalhadores domésticos haveria de ser necessariamente ilegal. Note-se, porém, que a extensão não foi feita de forma generalizada ou irresponsável. A expansão se concentrou apenas no único item de direito material do trabalho que constava na Lei do Doméstico, que são as férias, e que exigia com urgência uma regulamentação operacional. Não se tratou de uma afronta ao art. 7.º da CLT, que a afasta dos domésticos, mas de uma regulamentação "preguiçosa".

Se o Decreto houvesse repetido as disposições da CLT sobre férias, uma a uma, ainda que de forma literal em cópia, possivelmente os operadores do direito não teriam levantado tanta objeção quanto à sua ilegalidade e abuso no Direito de regulamentar. Como à época não havia ferramenta informatizada de recortar e colar textos, o Decreto optou por utilizar a frase singela de aplicação do "capítulo referente a férias" da CLT para o doméstico, o bastante para despertar a ira de muitos intérpretes.

Para o bem ou para o mal, o fato é que não se vive sem a regulamentação da CLT. Muitos gostam de frisar que o doméstico ficara desguarnecido do direito às férias proporcionais e às férias dobradas, por se tratar de duas circunstâncias às quais somente se chega via CLT, sendo o Decreto uma letra morta. No entanto, quem assim sustentava devia ter a coerência de manter o direito às férias do doméstico mesmo em caso de 33 ausências injustificadas durante o período aquisitivo e mesmo em caso de licença médica de longa duração, sem o direito de abatimento proporcional nem de cassação do direito de férias, porque também essas noções surgem apenas da CLT. E assim sucessivamente deveríamos afastar do doméstico tanto as vantagens quanto as desvantagens da norma urbana.

Nada disso era necessário. O Dec. 71.885/1973 mereceu censura por sua brevidade, mas nem por isso caiu na vala comum da ilegalidade. Foi claro quando disse que a CLT seguia fora do mundo do trabalho doméstico, mas que o capítulo destinado a férias era e é compatível com a condição de vida desses empregados. Se houver artigos incompatíveis com a situação do doméstico, dentro do capítulo das férias, como negociação sindical para férias coletivas, descarte-o e não a norma por inteiro.

Mesmo sabendo da intensa controvérsia sobre o tropeço do Dec. 71.885/1973, o legislador preferiu manter o silêncio sobre a matéria e apenas reformar a expressão 20 dias úteis, passando a figurar 30 dias, que se supõem corridos, com a nova redação dada ao art. 3.º da Lei 5.859/1972, pela Lei 11.324, de 19.07.2006. A rigor, muito a rigor, teríamos de fazer uma regra de proporcionalidade, parecida com aquela acima enunciada para a conversão do trabalho integral em trabalho parcial, porque o direito aos 30 dias de férias somente surgiu em 19.07.2006 e, embora pegou o contrato de trabalho em curso, não afetou as férias conquistadas anteriormente. Dentro de um mesmo período aquisitivo, a solução mais equilibrada era somar as frações de cada trecho de vigência da lei. Empregado doméstico que vivenciou quatro meses sob a lei anterior e oito meses sob a nova legislação terá direito a 4/12 de 20 dias úteis (o que quer que isso signifique para o doméstico) e 8/12 de 30 dias corridos, na verdade.

Outra informação histórica se faz necessária para o período de 1999 a 2015.

Existe a possibilidade, porém, de o empregado doméstico já dispor de 30 dias corridos de férias desde 05.10.1999, data da promulgação do Decreto Presidencial 3.197, que encerra o complexo ato de ratificação da Convenção 132, sobre Férias Anuais Remuneradas, da Organização Internacional do Trabalho, no ordenamento brasileiro.

Essa afirmação decorre do fato de que a Convenção, que não fixa quantidade rígida de dias a serem concedidos de férias, mas apenas traça parâmetros, autoriza cada país, quando de sua ratificação, a separar os empregados por faixas de complexidade ou de natureza de sua profissão. O país tinha a seu dispor o direito de excepcionar alguns grupos de trabalhadores, se e quando fosse o caso. Aliás, excepcionar os domésticos nem seria tarefa das mais difíceis, dada a quantidade enorme de situações de exceção que norteiam essa profissão.

No entanto, o Brasil preferiu não excepcionar ninguém e no depósito de ratificação da Convenção 132 afirmou, perante a Organização Internacional do Trabalho, que 100% dos empregados no país desfrutavam os trinta dias corridos de férias. Ponto positivo para o Dec. 71.885/1973. Ponto negativo para a anacrônica regra dos 20 dias úteis.

Como esse argumento reside no Direito Internacional e muitos nem ao menos se deram conta de que a ratificação da Convenção exige que o país apresente o número de dias aplicáveis às férias de seus cidadãos, o tema caiu no esquecimento até que a Lei 11.324/2006 sepultou a distorção.

No mais, a Lei 11.324/2006 só fez perder tempo. Dizer que as férias do doméstico devem ser remuneradas com acréscimo de um terço do salário é repetir regra, com redação mais feliz, do art. 7.º, XVII, da CF/1988, expressamente transcrita para o rol de direitos do doméstico no art. 7.º, parágrafo único, da mesma norma. Dizer que as férias são anuais e o período aquisitivo é de 12 meses apenas reitera o padrão das férias brasileiras, perdendo a chance de confirmar que o descumprimento das normas gera todas as consequências da CLT, a saber, a dobra e a proporcionalidade, por exemplo.

Daí por que sustentamos, desde nossa primeira edição, a plena identidade de tratamento das férias do empregado urbano para o empregado doméstico, tendo a única diferença, que vinha a ser a expressão 20 dias úteis, caído por terra em 05.10.1999, ou, para quem ignorar a Convenção da OIT, em 19.07.2006, data da promulgação da Lei 11.324/2006.

Feitas essas observações de cunho histórico, o fato é que a LC 150, de 1.º de junho de 2015, disciplinou vários tópicos sobre o direito às férias do empregado doméstico, jogando por terra boa parte da discussão supra.

Há omissões significativas na redação do art. 17 da LC 150. Apesar dos esforços do legislador, a norma é omissa quanto a: a) férias dobradas em caso de não concessão após doze meses; b) regra da prescrição a contar apenas do último do período concessivo; c) pagamento obrigatório 48h antes do gozo das férias; d) comunicação escrita 30 dias antes do descanso; e) direito de coincidência de férias para empregados domésticos que são estudantes; f) a perda do direito de férias em caso de afastamento previdenciário superior a seis meses; e, o que provocará muitas dúvidas, g) a redução do número de dias de férias de acordo com as faltas injustificadas ao longo do ano aquisitivo.

Para esses e outros lapsos do legislador doméstico, não resta melhor alternativa a não ser a aplicação subsidiária da CLT, cujas disposições são bastante conhecidas e não causaria desassossego ao ambiente de trabalho. A aplicação subsidiária da CLT tem expressa autorização do art. 19 da LC 150/2015.

6. Os períodos concessivos de descanso de férias

Ao contrário do período aquisitivo, que concerne à conquista do direito às férias, o período concessivo se liga diretamente à noção do gozo, do descanso e do recebimento das férias.

Aliás, como se nota da frase anterior, a palavra férias poderá significar tanto a obrigação de fazer, representada pela comunicação com antecedência mínima e concessão dos dias de descanso, quanto à obrigação de pagar, correspondente à manutenção intacta da remuneração a que faz jus o empregado, mais a bonificação instituída pelo art. 7.º, XVII, da Constituição de 1988, e, ainda, as integrações médias do contrato de trabalho.

Assim como a origem das férias confunde tanto o direito quanto o dever de parar para descansar, também do ponto de vista remuneratório é dupla a natureza jurídica, ora salarial, ora indenizatória. As férias têm natureza salarial, como se fora a contraprestação por serviços prestados, mas agora em fase de interrupção do contrato de trabalho, se e quando forem desfrutadas e quitadas pelo empregador, na vigência do contrato de trabalho, assume a natureza indenizatória quando convertida em pecúnia, normalmente na rescisão do contrato de trabalho. As férias proporcionais, assim, sempre terão a natureza indenizatória, sem necessidade de se analisarem outros elementos sobre o assunto, porque obrigatoriamente elas foram convertidas em pecúnia e não chegaram a ver a cor do descanso. Já as férias simples e as férias ditas dobradas podem assumir uma ou outra natureza, a depender das circunstâncias da concessão e da conversão em pecúnia.

Note-se que mesmo as férias dobradas, que são aquelas desfrutadas após o término do período concessivo de 12 meses, podem ter natureza salarial, em seus valores principais, porque o empregador ainda terá a oportunidade de oferecer ao empregado os dias para o descanso, sem que necessariamente isso seja relegado para as verbas rescisórias. Porque a concessão foi atrasada além dos 12 meses previstos, haverá uma punição representada pela dobra do pagamento, uma das maiores cláusulas penais do Direito em geral e do Direito do Trabalho em particular. O principal pode ser salarial, se houver gozo, ao passo que a dobra é sempre indenizatória, em caráter punitivo, aliás.

Para a jurisprudência majoritária, as férias não desfrutadas são sempre indenizatórias, de forma simples ou de forma dobrada. Por exemplo, haverá incidência de fundo de garantia quando do gozo das férias, mas não quando de sua conversão em pecúnia, o que normalmente ocorre com as verbas rescisórias.

Há uma curiosa disposição no art. 148 da CLT, já ao término da seção destinada ao pagamento das férias, ao afirmar que as férias têm natureza salarial sempre, para fins de falência do empregador, mesmo aquelas pagas ao término do contrato de trabalho, sem descanso.

Apesar da boa vontade do art. 148, a conversão em pecúnia das férias não desfrutadas não guarda relação alguma com o sentido de salário, nem como contraprestação de serviços prestados, nem como remuneração de tempo à disposição do empregador e tampouco como períodos de interrupção do contrato de trabalho. Segue seu destino de parcela indenizatória. Compreende-se, entretanto, que a norma quis se referir à prioridade máxima que se possa conceder para as parcelas trabalhistas no concurso de credores em processo de falência, a fim de que ninguém hipoteticamente alegasse que os salários gozam do privilégio enquanto as férias se tornam quirografárias, desprovidas de qualquer garantia e relegadas para o final da lista dos credores.

O tema, porém, foi completamente atropelado pela legislação posterior a 1943. A Lei de Falência de 1945 (na verdade, o Dec.-lei 7.661) não entrou na discussão sobre a natureza jurídica ou sobre a origem das parcelas decorrentes da relação de emprego, considerando todas elas dotadas do mesmo privilégio de hierarquia, fossem salários, horas suplementares, vale-transporte ou fundo de garantia. A Lei de Falência de 2005 seguiu a mesma trilha quanto à equiparação entre salários e indenizações, mas joga um balde de água gelada sobre o assunto, ao fixar um teto de 150 salários-mínimos para fins da proteção legal.

Perde a natureza trabalhista e se torna um crédito quirografário aquilo que sobejar desse valor, relativamente baixo quando se lembra que as ações trabalhistas aglutinam parcelas de muitos anos de trabalho e normalmente o empregador em vias de falência já não concedia férias nem depositava fundo de garantia desde muito tempo atrás. Logo, o problema está longe de ser a natureza jurídica das férias, salariais na vigência do contrato de trabalho e indenizatórias na rescisão, mas o comportamento da Lei de Falências sobre o ritmo dos pagamentos, se e quando houver liquidação do ativo.

Pertence à Receita Federal o entendimento mais rigoroso sobre a natureza jurídica das férias, porque a orientação daquele órgão é de torná-las sempre salariais, fazendo com que incida o imposto sobre a renda de qualquer natureza à hipótese, mesmo que se argumente que o período deixou de ser descansado e foi diretamente convertido em pecúnia. Talvez receosa de alguma abertura para a fraude, a Receita exige demonstração segura de que a conversão decorreu de necessidade imperiosa dos serviços e que o adiamento na concessão não dizia respeito a nenhuma convenção entre as partes. Daí a referência feita pela Súmula 125 do STJ, de 15.12.1994, no sentido de que, para não incidência do imposto de renda, faz-se necessário que o pagamento das férias tenha decorrido de "necessidade do serviço".

A extensão do período concessivo é idêntica à do período aquisitivo, a saber, 12 meses.

Considerando-se que o aquisitivo corresponde a 12 meses a contar da data de admissão do empregado, também o concessivo seguirá o rumo tendo a data de admissão como ponto de início da contagem, mas do ano seguinte, e assim sucessivamente. Qualquer alteração no fluxo do período aquisitivo, como os casos acima estudados sobre licenças médicas prolongadas e desincorporação de serviço militar obrigatório, influencia diretamente o cálculo do período concessivo.

Lembre-se de que os dias de gozo das férias, dentro dos 12 meses do período concessivo, em nada afetam a contagem do período aquisitivo já do novo período de férias, porque o descanso é considerado como tempo de serviço efetivo (art. 130, § 2.º, da CLT). Como no calendário um ano sempre sucede há outro ano, é correto afirmar que todo período concessivo é simultaneamente um novo período aquisitivo, que se sobrepõe.

Estatui o art. 134 da CLT que as férias devam ser prioritariamente concedidas, "por ato do empregador", "em um só período", nos 12 meses seguintes à data de aquisição do direito pelo empregado. A expressão "por ato do empregador" carrega simultaneamente a parte de obrigação de fazer, consistente no prévio aviso e no pagamento, como também a organização da escala de férias entre os empregados.

Da forma como a legislação brasileira foi estruturada, não há direito ao empregado para se opor à data de concessão de férias ou para exigir alteração no período fixado pelo empregador.

Muito embora nesse campo prevaleça a combinação informal entre empregado e empregador e entre empregados mediante consultas prévias, falece apoio legal se o assunto chegar a um litígio. Para não deixar dúvidas, o art. 136 complementa o raciocínio, afirmando que as férias devem consultar os interesses do empregador, no que for melhor.

7. Fracionamento dos períodos de férias

A prioridade do art. 134 é a concessão das férias em um único período, de 30 dias se for esse o direito do empregado ou de qualquer outra quantidade de dias na sequência da tabela do art. 130.

Com isso, atende-se melhor à finalidade da norma, com relação ao descanso pleno, alteração da rotina e liberdade de movimento do empregado. Houvesse permanecido na exigência do *caput* do art. 134, as férias ter-se-iam aproximado mais do objetivo proposto, mas imediatamente após essa afirmação já se pôs a norma a abrir exceções e, com elas, afastar-se do propósito inicial das férias.

A CLT bem que tentou conter o fracionamento apenas para "casos excepcionais", no dizer do § 1.º do art. 134, mas aos poucos o conceito dessa excepcionalidade foi esmorecendo. Passou a ser enquadrado como exercício legítimo do poder diretivo do empregador e, em 2017, desapareceu do texto da lei. Passou a constar, apenas, que o fracionamento depende de anuência do empregado, embora sua capacidade de resistência seja apenas simbólica no contexto do desemprego estrutural.

No lugar de exigir a prova da necessidade do fracionamento, passou-se a exigir a estrita observância das normas para essa divisão, mantendo-se um período de 14 dias consecutivos de forma obrigatória (10 dias, até 2017). Alguém pode indagar por que razão a CLT fez apenas a exigência dos 14 dias consecutivos, se as férias de 30 dias precisarão ter outras fatias pequenas, de no mínimo 5 dias. Ocorre, porém, que nem todos conquistam o direito aos 30 dias, de tal forma que, se a lei houvesse exigido um bloco de, digamos, 20 dias, corria o risco de se tornar inexequível, quando se observam férias de 12 ou 18 dias nos incisos inferiores da tabela do art. 130. Ademais, há de ser frisado neste instante que o art. 143 vindouro irá permitir a "venda" de 1/3 dos dias de férias, em dinheiro, a não serem desfrutados pelo trabalhador, o que, desde logo, reduz o gozo dos 30 para 20 dias, e assim por diante.

Muito embora os 30 dias pareçam elásticos e apropriados para o tema, os cortes que eles vão sofrer com a comercialização de 1/3 e com o fracionamento permitido em 3 etapas tendem a neutralizar o escopo de descanso das férias.

Justifica-se a necessidade de tratar o período de 14 dias com a máxima cautela, não se devendo tolerar a prática do fracionamento em mais de três etapas ou da ausência de um período com esse volume de dias. Por exemplo, caso o empregado se tenha ausentado tantas vezes durante o período aquisitivo que somente tenha direito a 18 dias de férias, não se pode admitir a concessão de 14 mais 4 dias, porque já estaremos abaixo do mínimo de 5 dias para as parcelas remanescentes.

Note que, apesar de as reformas de 2017 terem elevado o fracionamento para 3 parcelas, fixou o bloco de 14 dias para um desses períodos, e 5 dias para os demais, de sorte que vetou, indiretamente, qualquer fracionamento para o pessoal que somente tem direito a 18 dias ou menos de férias: o número 18 não permite qualquer combinação legal de fracionamento. Se ao menos fossem 24 dias, poderíamos pensar em 14 + 5 + 5.

Deve-se exortar o empregador a manter um período de 14 dias ou mais, ainda que os outros fiquem com apenas 5 dias. O primeiro cumpre, ao menos em parte, a finalidade das férias; o segundo não terá a finalidade de descanso integral atingida, estando mais para uma bonificação do que para uma alteração de rotina.

Outra consequência do esfacelamento das férias: considerando que a legislação conduziu a essa pequena quantidade de dias e à pulverização das férias, não se deve chamar de mera irregularidade administrativa a falta de prévia comunicação ou de prévio pagamento pelo empregador. São esses elementos inerentes às férias, porque sem a ciência de que irá entrar em período de descanso o empregado não pode se organizar adequadamente, alterando seus compromissos, organizando viagem ou simplesmente preparando-se para o descanso; sem o pagamento antecipado, frustra-se qualquer planejamento de lazer e repouso do empregado.

Logo, o descumprimento das obrigações de fazer é tão ou mais sério do que o descumprimento das obrigações de pagar. Dependendo da intensidade do descumprimento das normas pelo empregador (por exemplo, não comunicou, não pagou e não concedeu corretamente o período), a única solução válida é desconsiderar o período como sendo férias, ficando na categoria algo genérico de tempo à disposição do empregador, e determinando-se o pagamento integral de novo período de férias, inclusive com a dobra, se a demora excedeu o prazo do art. 134.

O art. 8.º da Convenção 132 da Organização Internacional do Trabalho, vigente no Brasil, assevera que, conquanto o fracionamento seja tolerável, um dos períodos deve conter indispensavelmente a quantidade de duas semanas consecutivas. Embora conflitante com a legislação da época, a parcela de 14 dias foi abraçada pelo legislador brasileiro em 2017.

A proibição ao fracionamento das férias para os adolescentes, abaixo de 18 anos, e para os adultos com mais de 50 anos vigorou entre nós de 1977 a 2017, quando foi abolida. A legislação trabalhista, portanto, possui apenas restrições objetivas ao fracionamento da concessão das férias – quanto ao número de dias consecutivos e quanto ao número de parcelas – e não mais as restrições subjetivas de outrora.

8. Aviso-prévio da concessão das férias

Enquanto o art. 134 se destina a disciplinar a figura do fracionamento, o art. 135 cuida de um assunto singelo, mas relevante no contexto das férias: a comunicação por escrito com antecedência mínima de 30 dias ao empregado. Indaga-se por que motivo a CLT teria sido severa a ponto de exigir dois documentos escritos nesse mesmo artigo, um de comunicação do empregador ao empregado e outro de ciência expressa do empregado ao empregador.

A resposta reside muito provavelmente na finalidade da norma.

Ao contrário de diversos outros pagamentos e atos de um contrato de trabalho, as férias se destinam ao descanso pleno do empregado, liberando-o da rotina da relação de emprego e dos afazeres inerentes a esse contrato, impondo-se que uma antecedência, conquanto pequena, proporcione alguma programação para seu repouso, por mais humilde que seja a atividade e por mais monótonas que sejam suas férias.

Curioso observar a evolução desse aviso-prévio de férias, que era de apenas oito dias na redação original da CLT, passou há dez dias numa reformulação ampla que o capítulo de férias sofreu em 1977 e finalmente chegou aos 30 dias, muito mais consentâneos com o propósito do instituto, por alteração legislativa de 1985. O ponto comum das três normas foi sempre a forma escrita de dar e de receber a comunicação.

E se o empregador, cumprindo as demais exigências da lei, não fizer a comunicação escrita ou, fazendo-a, perder o documento comprobatório? Admite a CLT a supressão do lapso pela prova testemunhal?

Não se deve afastar o entendimento da exigência do art. 135.

São raros os momentos em que a lei trabalhista, conhecedora da informalidade que permeia a maioria das relações de emprego, reclama a forma escrita como meio de memória e de prova dos fatos. Assim também no recibo de pagamento e em alguns contratos de trabalho especiais, como aquele do atleta profissional de futebol e o do trabalho temporário. Dizer simplesmente que a forma escrita é um capricho e pode ser suprida por outros meios de prova colide com a finalidade e com a inteligência da norma.

Outro argumento a ser evitado é aquele que insiste em lembrar que, como o contrato de trabalho propriamente dito pode ser celebrado pela via verbal e mesmo pela forma tácita, que nem verbal chegou a ser, tudo o mais poderia e deveria ser verbal. A afirmação esconde algumas armadilhas.

Em primeiro lugar, o contrato de trabalho pode ser verbal, mas nem sempre é, nem precisa ser. O objetivo dessa previsão é apenas facilitar as relações mais fluidas e não obstaculizar a formação dos vínculos de emprego, além de, evidentemente, agilizar a prova em caso de necessidade. Em segundo lugar, mesmo que o contrato de trabalho seja verbal, nem todos os atos de seu cotidiano o serão, porque em algum momento as partes precisarão tomar consciência de que o passar do tempo aumenta as responsabilidades e os encargos. As férias são bom exemplo disso. Não haverá aviso-prévio de férias logo no início da relação de emprego, mas se a atividade sobreviver a tantos meses, faz todo sentido que àquela altura o empregador já disponha de um papel para suas mal traçadas linhas. Logo, não se deve ignorar a norma do art. 135 nem mesmo em caso de simplicidade com que o contrato de trabalho teve início.

O assunto se resolve preponderantemente pelo estudo das presunções.

Em tendo a norma estipulado uma forma (escrita) e o empregador a descumprido, dispara-se a presunção relativa de que as férias não foram concedidas ou não foram concedidas regularmente. Terá o empregador o elevado encargo de demonstrar que todos os demais elementos estão coerentes com a tese das férias em determinada ocasião, buscando suprir a falha dessa via escrita (por exemplo, não há aviso de férias, mas há cartões de ponto que trazem os dias de descanso, pagamento correspondente e de fácil verificação em recibos e, sobretudo, anotações corretas em Carteira de Trabalho e ou em livro de registro de empregados).

Normalmente, todavia, o descumprimento de um dos itens desse ato complexo vem acompanhado pelo descumprimento de outro ou de outros desses itens, de tal sorte que as férias tendem a ser desconsideradas, determinando-se o pagamento do período, em dobro se for o caso, com a oportunidade de dedução do que tenha sido eventualmente pago, apenas para que se evite o enriquecimento sem a causa.

Numa escala de dimensão das obrigações de fazer, a comunicação com antecedência de 30 dias é muito mais relevante do que a anotação das férias na Carteira de Trabalho do empregado, objeto do § 1.º do art. 135, ou o lançamento da informação em livro de registro de empregados, objeto do § 2.º, sempre no plano da demonstração dos fatos. No entanto, essas anotações serão de grande relevância quando, oportunamente, o empregado vier a reivindicar pagamentos de vale-transporte, hora extraordinária, adicional noturno e demais parcelas que jamais se auferem ou se perfazem no curso das férias. Embora a lei não mencione, é altamente recomendável que a concessão das férias seja também lançada nos cartões de ponto, sendo suficiente a referência à palavra "férias", para que, ao depois, não se alegue que os documentos em branco correspondem a ausência ou a esquecimento de marcação pelo empregado. E, claro, a marcação dos quatro documentos (aviso de férias, Carteira de Trabalho, livro de registro e cartões de ponto) deve ser rigorosamente idêntica quanto aos dias de início e término do gozo.

9. Época do descanso

Passemos agora ao curioso tema da época da concessão das férias.

Conforme já antecipava o art. 134, a época exata da concessão das férias pertence a uma definição do empregador, ou, na linguagem do art. 136, a época que "melhor consulte os interesses do empregador". Isso se repetirá também nas férias coletivas, com muito mais motivo.

O empregador tem ampla mobilidade na escolha do período de concessão de férias, dentro dos 12 meses disponíveis, que correspondem ao período concessivo. O fundamento dessa dicção da norma reside nos seguintes assuntos: a) poder diretivo do empregador para escolher o momento em que pode e em que não pode prescindir da presença do empregado em sua produção; b) respeito ao fluxo de caixa, porque nem sempre o empregador terá dinheiro para pagar as férias, sempre de forma antecipada e com o acréscimo de um terço previsto pela Constituição Federal de 1988, de várias pessoas ao mesmo tempo; c) prioridade dos empregados mais antigos em relação aos novatos, porque enquanto alguns estão apenas iniciando seus períodos aquisitivos outros encerram seus períodos concessivos.

Essa liberdade ampla do empregador chega a autorizar que ele conceda as férias antes de iniciado o período concessivo, ou seja, ainda na vigência do período aquisitivo?

Em princípio, não se deve aceitar essa excessiva antecipação, porque, repita-se, a finalidade do instituto das férias é precisamente o descanso de uma exaustão acumulada. Puxando muito para uma ponta o primeiro período de férias, corre-se o risco de o empregado ficar um longo tempo sem novo descanso, em detrimento do objetivo da norma. Por exemplo, empregado contratado em 15.08.2021 já entra em férias em outubro de 2021, por conta de um período aquisitivo que somente iria expirar em 15.08.2022 e cujas férias poderiam ser disponibilizadas até 15.08.2003; como a obrigação supostamente já está cumprida, espera-se a chegada do novo período aquisitivo, de agosto de 2022 a agosto de 2023, cujas férias podem recair até agosto de 2024. Suponha que o empregador, agora, opte por esperar até o final, porque o mercado está aquecido e as vendas não podem parar. Então, concede as segundas férias apenas em julho de 2024. Resultado: embora fossem duas férias consecutivas, uma residiu em 2021 e outra em 2024, em profundo conflito com o ideal de férias anuais remuneradas.

Claro que a expressão férias anuais não representa, a ferro e fogo, o respeito ao calendário gregoriano e ao ano civil, mas, pelos menos, uma noção de repetibilidade e de descansos pausados e programados. A se admitir a concessão "antecipada" de férias, surge a possibilidade de férias trienais, como acima constou. Na verdade, a própria sistemática do período concessivo de 12 meses já cria, por si só, a possibilidade de férias bienais, com a chancela da lei, bastando para isso que o empregador conceda férias no primeiro mês de um concessivo e no último mês do outro concessivo – intervalo de longos 22 meses antes ambas, por sinal. É o máximo que devemos tolerar. A partir daí surgem as férias trienais.

Caso seja absolutamente indispensável à concessão das férias já em outubro de 2021, no exemplo supra, a melhor solução para o empregador e também para o atingimento da finalidade da norma é partir para a via coletiva, a qual, conforme se verá, dispõe de expressa previsão para as férias imediatas do empregado novato, que ainda nem ao menos havia completado o primeiro ciclo de aquisição do direito – mas com regras próprias cunhadas no art. 140 da CLT.

Legislação emergencial da pandemia de 2020 admitiu antecipação de férias (a) adquiridas e ainda não planejadas nem pré-avisadas, (b) em fase de aquisição e até mesmo (c) aquelas cujo período aquisitivo nem sequer havia começado, mas essa maxiflexibilização tem de ser vista com as cautelas necessárias e somente ser aplicada sob as premissas da norma emergencial, durante sua vigência e, ainda assim, preferencialmente com o ajuste coletivo. Em nossos comentários à legislação emergencial em tempos de pandemia, sustentamos, também, o reinício do período aquisitivo, propondo analogia com o art. 140 da CLT, abaixo comentado, a fim de se evitar permanência desse empregado por 3 ou 4 anos sem férias após a crise sanitária.

O outro lado da moeda – concessão de duas férias no mesmo ano civil ou, em certos casos em que o empregador demorou demais, de três períodos no mesmo ano – torna-se muito mais difícil de ser combatido.

O legislador procurou cercar-se de algumas garantias, como o pagamento dobrado em caso de mora do empregador, mas, ainda assim, caso a empresa tenha retido, digamos, cinco anos sem férias ao trabalhador (algo nada raro, diga-se) e queira regularizar a situação (não mandando embora o empregado, claro) precisará promover uma campanha de férias intensivas, como férias semestrais pelos próximos três anos, a fim de normalizar o panorama.

Não era esse o ideal de férias, nem funciona assim o organismo humano (um superdescanso depois de uma superestafa nem sempre funciona; ao contrário, costuma ser tarde demais para coração, cabeça e estômago), mas nesse caso o empregador retoma o curso normal da lei e não seria outra a situação da sentença judicial acaso chamada a se manifestar sobre o cenário (art. 137, § 1.º, da CLT).

Há normas coletivas que tentam influenciar ao menos em parte neste campo, rogando que o empregador não fixe férias a contar de um sábado, por exemplo, nem a contar dos dias 24 e 31 de dezembro de cada ano, como forma de não podar preciosos dias dos poucos que restarão à maioria dos empregados. A norma coletiva em questão está certa em sua análise porque, na realidade, o art. 136 nem ao menos veda que as férias recaiam sobre sábados, domingos e feriados, haja vista que a quantidade de dias é contada de forma corrida, desde o primeiro até o último, não valendo aqui qualquer noção de Direito Civil e muito menos de Direito Processual para favorecer a contagem.

Citando mais uma vez a Convenção 132 da Organização Internacional do Trabalho, propugna a norma internacional que o empregado não fique prejudicado quanto aos feriados existentes dentro das férias. São dois os principais objetivos da norma: zelar para que cada assunto atinja sua finalidade (feriado para o congraçamento cívico e religioso, de um lado, e férias para o repouso integral e desvencilhado do cotidiano, de outro lado) e também inibir práticas que possam colidir com a finalidade das férias, como a concessão de um período muito exíguo de dias e, ainda assim, sobreposto a um feriado prolongado, por exemplo.

Daí a afirmação do art. 6.º, 1, da Convenção: "1. Os dias feriados oficiais ou costumeiros, quer se situem ou não dentro do período de férias anuais, não serão computados como parte do período de férias anuais remuneradas previsto no parágrafo 3 do Artigo 3 acima."

Teria, então, a regra do art. 6.º alterado em parte a liberdade do empregador na fixação do período de gozo de férias? A "regra dos feriados" está ou não em vigor no ordenamento brasileiro?

De fato, a Convenção 132 está incorporada à legislação brasileira, pelo aperfeiçoamento da ratificação por parte do Brasil, culminando com a edição do Dec. 3.197, de 05.10.1999. Todavia, ela deve ser interpretada de forma sistemática, como é da essência dos diplomas do Direito Internacional em geral e daquela Organização em particular. Da própria leitura do citado art. 6.º já se observa que a ideia de descontar os feriados inseridos no curso das férias somente se aplica ou se destina ao período de três semanas de férias, que vem a ser o patamar mínimo com o qual a OIT concorda (o referido art. 3.º), e não ao período de 30 dias previstos pela legislação brasileira.

Como as férias de 30 dias já superam por pelo menos nove dias o padrão de três semanas propugnado pela norma internacional, é razoável dizer que a legislação brasileira, novamente, já estava mais avançada, quando da incorporação do tratado, e, ainda, que o sistema de partida aos 30 dias é mais objetivo do que a medição por semanas e dias em separado. Não se encontra também no item dos feriados um exemplo de aplicação plena da Convenção sobre a CLT.

Agora que também os domésticos têm acesso irrestrito aos 30 dias de férias (breve alteração ao art. 3.º da Lei 5.859/1972 feita pela Lei 11.324/2006 e, depois, referência expressa pela LC 150/2015). A eles foi estendido o direito aos feriados, também de forma clara (alteração no art. 5.º da Lei 605/1949, impressa pela mesma Lei 11.324/2006, e, depois, mantida a previsão pela LC 150/2015). Logo, caiu por terra a última controvérsia que poderia haver sobre a Convenção ser ou não ser aplicável a todos os empregados no Direito do Trabalho Brasileiro.

Em resumo, o período de concessão das férias segue completamente as orientações do empregador e não sofrem inibição nem mesmo quanto a dispor o mês de maior ou menor número de feriados ou quanto ao dia de término coincidirem ou não com sábados, domingos e feriados.

A partir de 2017, o legislador passou a exigir que o primeiro dia da concessão das férias não recai no período de dois dias que antecedem sábados, domingos e feriados (art. 134, § 3º).

Tentou a CLT, todavia, restringir a liberdade de fixação das férias pelo empregador em dois aspectos, um relacionado com os membros de uma mesma família e outro relacionado com o adolescente em idade escolar.

10. Direito de coincidência de férias

Diz-se direito de coincidência de férias quando o legislador prevê que alguns critérios mais favoráveis devem ser utilizados pelo empregador na marcação de férias para determinados empregados – no caso brasileiro, para empregados estudantes abaixo de 18 anos e para membros da mesma família no mesmo emprego.

Há, porém, no art. 136, uma diferença de tratamento entre o § 1.º, que cuida dos membros de uma família, e o § 2.º, que fala do empregado estudante menor de 18 anos: enquanto este teve assegurado seu direito sem maior alarde, aqueles somente poderão desfrutar do direito "se disto não resultar prejuízo para o serviço".

Empresas de pequeno porte, por exemplo, com cinco ou sete empregados, dificilmente vão anuir a que dois ou três saiam de férias simultaneamente, mesmo em se tratando de membros de uma mesma família, sob pena de risco na produção ou no atendimento ao público. Férias coletivas sempre estarão disponíveis e resolvem a maior parte das questões sobre a coincidência das férias de uns com as de outros, mas elas seguem um tratamento completamente diverso das férias individuais quanto à forma de negociação e de pagamento.

Empresas de grande porte podem aceitar o pedido dos integrantes da família, mas provavelmente vão limitar o fato a apenas dois integrantes, sobretudo marido e mulher, e raramente vão se sensibilizar com pedido de família numerosa ou com laços familiares mais tênues, como primos e parentes por afinidade. Sintomaticamente, o art. 136 não define o conceito de família, nem aponta até que grau de consanguinidade ou de afinidade se deveria considerar na hipótese. Porém, como a definição final caberá ao empregador, torna-se irrelevante saber se a família era aquela do tipo nuclear ou se era aquela formada pelos agregados.

De início, considerou-se ônus do empregador a demonstração de que a coincidência das férias dos membros de uma mesma família acarretasse prejuízos, sob pena de se presumir a viabilidade do deferimento simultâneo das férias.

Aliás, aqui entraria também a questão de se saber se, tendo os empregados postulado as férias coincidentes e tendo sido negado seu pedido sem fundamento, o empregador estaria ou não obrigado a conceder novamente as férias, em dobro se for o caso, por nulidade do primeiro ato. Retomam-se as mesmas ponderações já efetuadas em torno da busca ao atingimento da finalidade da norma e da análise sincrônica dos outros elementos deste ato pleno de detalhes que é a concessão das férias. Saber se houve prévia comunicação apropriada, pagamento correto e antecipado, gozo efetivos dos dias de forma consecutiva e demais requisitos das férias ajudará a validar o ato, conquanto algum de seus requisitos se tenha desviado da rota, como o caso da coincidência entre integrantes da mesma família. Ao revés, se esse descumprimento veio acompanhado por mais um ou alguns e juntos se afastaram em demasia do propósito das férias (férias não remuneradas, férias não comunicadas), haverá um reforço de argumento em prol de sua nulidade, ressalvando-se apenas a quantia já paga para fins de dedução em nome do princípio do não enriquecimento sem causa.

Enquanto esse debate persistia, entretanto, houve um refluxo naquele entendimento inicial sobre o ônus da prova do "prejuízo para o serviço", passando de situação não presumida, com encargo do empregador de demonstrar, para situação presumida, competindo ao empregado comprovar que não somente formulou o requerimento de coincidência de férias como também a concessão na forma postulada não acarretaria prejuízo algum à empresa. Em época de desemprego estrutural e elevada rotatividade de mão de obra, quem se habilita a formular requerimento de coincidência de férias com a esposa e, depois, ajuizar ação questionando seu indeferimento? Por óbvio o dispositivo legal foi redigido em época de pleno emprego e, ainda, com a estabilidade adquirida com dez anos de contrato de trabalho, a chamada estabilidade decenal.

Ao contrário de tudo o que se expôs quanto ao § 1.º do art. 136, a coincidência das férias do empregado estudante se faz sem maior controvérsia.

A hipótese do § 2.º é rica em detalhes objetivos, que prescindem de tanta especulação sobre seu alcance e sobre a boa vontade do empregador. O empregado tem de ser necessariamente menor de 18 anos e estudante, não bastando que tenha um requisito sem o outro. Haverá certamente empregados menores de 18 anos fora da escola, que nada terão a reivindicar, por falta até mesmo do referencial que são as férias escolares, assim como haverá empregados estudantes universitários e pós-graduandos, mas aos quais não foi estendido o benefício da coincidência das férias escolares, reservada aos adolescentes, portanto.

Além do duplo requisito objetivo para o trabalhador (ser menor de dezoito anos e ser estudante), a norma desde logo fixa a qual coincidência ele fará jus. Não se trata de coincidência com outra pessoa, mas diretamente com suas férias escolares.

Poder-se-ia questionar a diferença entre férias escolares, que são em julho, e recesso escolar, que são as pausas de final de dezembro e meados de janeiro, quando as aulas normalmente são suspensas, mas o planejamento escolar tem andamento, com atividades parciais dos professores. Esse assunto é de grande impacto no estudo dos direitos trabalhistas dos professores, para fins de cálculo do adicional de um terço e para fins de prévia comunicação, mas perde um pouco a relevância para as férias do adolescente, porque o objetivo aqui é muito mais o espairecimento e o repouso integral do empregado menor de 18 anos do que propriamente a discussão sobre a natureza jurídica do recesso escolar. Se o empregador anuiu em conceder as férias do adolescente, menor aprendiz inclusive, no mês de janeiro, já estará cumprida a finalidade da norma, ainda que seus professores estejam a trabalhar internamente.

Estudante significa que o jovem esteja em idade escolar, possivelmente no chamado ensino médio, mas talvez ainda no ensino fundamental e quiçá já ingressando no ensino superior. Não importa. Apenas deve ser afastado o enquadramento da norma para o empregado que, longe da rede oficial de ensino, pretenda a coincidência de suas férias com cursos livres de idioma ou de informática, de instrumentos musicais ou de atividades esportivas, pois não foi esse o espírito da norma ao prestigiar o tema da plenitude do descanso.

Uma nota final sobre o empregado estudante menor de 18 anos: como ele não foi cercado pela regra da ausência de prejuízo ao empregador, que constava para os componentes de uma mesma família, terá, sim, o direito de exigir a coincidência.

Sabe-se que o temor do desemprego lhe afligirá tanto quanto às demais pessoas, mas aqui o amparo legal é nitidamente maior, a ponto de poder ser questionada, em ação trabalhista posterior, a prática equivocada do empregador e, se for o caso, a nulidade das férias mal concedidas, com pagamento indenizado daquilo que deixou de ser respeitado, de forma dobrada se for o caso.

11. Férias dobradas

Apesar de o art. 137 falar em pagamento dobrado quando as férias forem "concedidas fora do prazo", o mais comum é o pagamento dobrado porque as férias nunca foram concedidas. Tudo é postergado para a rescisão contratual. Assim, um empregado com três anos e meio de casa, se dispensado sem jamais ter tirado férias, terá direito a duas férias dobradas, um período de férias simples e mais as férias proporcionais, todas acrescidas de 1/3.

Porém, pode-se imaginar, sim, a hipótese de o empregador se arrepender de ter segurado as férias do empregado por tanto tempo e subitamente lhe conceder o período de descanso tardio. Na oportunidade, o empregado continua a ter direito aos mesmos 30 dias de férias, mas agora com pagamento dobrado.

Houve uma prática, nos primórdios, pela qual o empregador concedia ao empregado 60 dias de férias, ambas com pagamento simples, e, assim, estaria zerada sua dívida. O pagamento foi "dobrado". A prática não tem previsão expressa no art. 137, mas atende à finalidade da norma (caráter punitivo para o empregador e ressarcível para o empregado). Está em desuso, porque o empregador poderia ter feito o mesmo pagamento e já retomado os trabalhos do empregado no 31.º dia, sem ficar desprovido daquele serviço por tanto tempo. O acréscimo de 1/3, exigido pelo art. 7.º, XVII, da CF/1988, que vale tanto para as férias desfrutadas quanto para as indenizadas e dobradas, inibiu ainda mais essa prática.

A propósito do acréscimo de um terço, é bem verdade que o art. 7.º, XVII, da CF/1988 menciona a incidência dessa bonificação apenas quando do "*gozo de férias*", o que poderia levar ao entendimento de que as férias indenizadas, não desfrutadas, fossem privadas desse incremento. Porém, isso representaria um estímulo ao empregador para postergar as férias. Tudo o que fosse deixado para pagamento em verbas rescisórias seria mais econômico ao empregador, em relação aos pagamentos feitos no período de descanso. Foi assim que a jurisprudência se convenceu da necessidade de tratar a conversão em pecúnia de maneira idêntica ao caso de as férias serem concedidas, pagas e desfrutadas, ou seja, acréscimo de 1/3 para todo e qualquer caso, sejam as férias dobradas, simples ou proporcionais.

Uma situação bastante comum é aquela das férias avisadas e pagas, mas com o trabalhador a prosseguir normalmente na relação de emprego, de forma clandestina, sem bater cartões de ponto. Os operários usam a expressão "tirar as férias em serviço" e outros falam "vender 100% das férias", ante a proibição de venda de mais do que

1/3 dos dias de férias. Diante desse cenário, abrem-se duas possibilidades. Caso o contrato de trabalho se tenha encerrado brevemente, sem que o período concessivo de férias estourasse, o pagamento feito pelo empregador a título de férias, mesmo sem descanso, é válido e suficiente, tal como se fosse feito com as verbas rescisórias. O descanso era irrelevante. Caso, porém, a prática tenha sido reiterada e os anos se tenham sucedido, certamente terá havido períodos concessivos esgotados, sem que o gozo das férias tenha sido convenientemente verificado.

Então, o empregado passa a ter direito à dobra das férias, porque o valor principal, para o bem ou para o mal, foi quitado. Desconsiderar completamente o pagamento das férias, em seu valor principal, levaria a um enriquecimento sem causa válida. Assim, temos uma diferença entre o dobro e a dobra: o dobro é o pagamento completo do principal mais a multa, quando nada havia sido pago anteriormente; a dobra é o pagamento apenas do complemento que resta, por desrespeito ao período concessivo. O trabalhador pode fazer o pedido da dobra e não necessariamente do dobro, aliás, por lealdade processual.

Há de se considerar, ainda, que o empregado tem direito de receber o salário do mês em que trabalhou normalmente. São assuntos diferentes.

O pagamento das férias pressupõe a paralisação dos trabalhos para fins de descanso integral. Se o pagamento não foi acompanhado pelo gozo, não são férias, mas simples "antecipação" irregular do valor que seria devido ao final do contrato de trabalho ou quando do descanso. A dobra surgirá dependendo de estar ou não vencido o período concessivo. Enquanto isso, por haver trabalhado regularmente, o empregado faz jus ao salário e demais vantagens do período.

A situação de férias fictícias com manutenção do contrato de trabalho sem suspensão tem levado algumas empresas a pagarem "por fora" o salário do empregado, sem rodar folha de pagamento naquele mês, na tentativa pueril de validar as férias clandestinas.

Dispõe o § 1.º do art. 137 que o empregado tem ação exercitável, para forçar a fixação das férias, quando o período concessivo houver sido esgotado. Entretanto, era razoável que o empregado já dispusesse dessa ação exercitável faltando 60 dias para o término do período concessivo, porque o empregador deveria ter avisado por escrito com antecedência de 30 dias, no dizer do art. 135, e que os 30 dias de férias coubessem dentro dos 12 meses de concessivo. Desse modo, se os 60 dias finais já estão em curso, das duas uma: ou o empregador não terá tempo hábil de avisar com a antecedência exigida pela CLT ou, se avisar, o gozo não caberá por inteiro dentro dos 12 meses requeridos pela norma trabalhista.

Logo, já se sabe de antemão e com segurança que as férias ficaram para o período de dobra. Ainda assim, a dicção do § 1.º do art. 137 é no sentido de a pretensão jurídica do trabalhador somente brotar após o exaurimento por inteiro do período concessivo – mal comparando, é como se a falta de comunicação prévia fosse mera irregularidade administrativa.

A ação exercitável do art. 137, § 1.º, corresponde a um raro exemplo de exigência de obrigação de fazer infungível, no Processo do Trabalho, sendo mais rara ainda a solução adotada pela norma. Habitualmente, as obrigações de fazer se convertem em pecúnia, em caso de desrespeito pelo empregador, como o não fornecimento de guias para saque de fundo de garantia e seguro-desemprego ou a não reintegração do empregado estável. Aqui, porém, a proposta da CLT foi a fixação das férias a cargo do juiz, mediante aplicação de multa diária pelo descumprimento da obrigação de fazer por parte do empregador, de forma pioneira pela lei processual como se fossem *astreintes*.

As *astreintes* – ou multa diária para forçar o cumprimento da obrigação –, no caso, são modestas, de apenas 5% sobre o salário-mínimo, por dia de demora no cumprimento da obrigação, que já será devida em dobro, como seria em qualquer caso de perda do período concessivo. A terceira punição ao empregador, ao lado da dobra e da *astreinte*, vem a ser a chamada multa de caráter administrativo, sendo aqui também um remoto exemplo de dispositivo legal que obriga o Juízo a remeter cópia da sentença transitada em julgado para apuração da fiscalização do trabalho.

Apesar da afirmação categórica da CLT quanto à importância do período concessivo e sua não flexibilidade, colhem-se três exceções na legislação quanto à possibilidade de acúmulo de dois períodos de férias: o empregado marítimo (art. 150, § 6.º, da CLT, mediante autorização administrativa, porém) e dois agentes públicos (o servidor estatutário federal, na forma do art. 77 da Lei 8.112/1990 e o próprio juiz, na forma do art. 67, § 1.º, da LC 35/1979).

No mais, o acúmulo é proibido e contraproducente.

Nem mesmo com expresso pedido do empregado estará o empregador autorizado a oscilar os períodos concessivos. Há casos de jovens universitários que pedem o acúmulo de três ou quatro férias para aproveitarem cursos de breve duração no exterior ou de gestantes que "guardam" vários períodos de férias para acrescerem à licença-maternidade quando da chegada de seu bebê. São exemplos nobres de preocupação com a prosperidade e com o afeto filial, mas descumprem a finalidade da norma sobre férias, provocam excessivo cansaço no organismo que se prepara para aquela nova etapa da vida e, ainda, não têm nenhuma brecha de autorização legal. A prática não pode ser tolerada.

A jurisprudência não estendeu aos trabalhadores avulsos o pagamento dobrado das férias, em virtude das peculiaridades do serviço: como no trabalho avulso não existe a figura do empregador, a oportunidade e a conveniência de exercer o benefício das férias fica a critério do próprio trabalhador, em sintonia com o Órgão Gestor de Mão de Obra, obstando a aplicação do art. 137 da CLT aos avulsos.

12. Trabalho durante as férias, em outro emprego

Dispõe a norma que "durante as férias, o empregado não poderá prestar serviços a outro empregador, salvo se estiver obrigado a fazê-lo em virtude de contrato de trabalho regularmente mantido com aquele" (art. 138 da CLT).

Claramente o espírito da norma é restringir mais esforços do mesmo empregado, a fim de que se cumpra o propósito do descanso integral. Aqui se encontra mais um exemplo do caráter de dever das férias, e não apenas de direito, a que se referiu a discussão sobre a natureza jurídica do instituto na abertura deste estudo. O dever de sair em férias, para o correto revigoramento, a manutenção da produtividade e a redução dos índices de acidente de trabalho, vai muito além do simples afastamento das funções cotidianas na empresa, incluindo-se aí a proibição a que o empregado arrume outro serviço naquele período.

Não parece ser o caso de inconstitucionalidade da norma, sob o argumento da liberdade de profissão, mas de aplicação concreta do direito tutelar do trabalho, ou seja, império da norma de proteção mesmo para as hipóteses em que ela se mostre aparentemente excessiva e desagrade simultaneamente a empregados e empregadores.

A expressão "outro empregador" e a expressão "contrato de trabalho" não devem ser entendidas de forma ortodoxa e restritiva. Como o escopo da norma é proporcionar ao trabalhador a melhor qualidade possível de descanso durante as férias, ficam igualmente vetados os trabalhos feitos sob outro regime que não o contrato de trabalho, como o serviço eventual e o avulso, o autônomo e o cooperado, o estágio e o temporário. Admite-se que o trabalhador atue em voluntariado naquele período, até mesmo como forma de alterar sua rotina e aplicar sua energia naquilo que melhor lhe aprouver, contanto que a atividade não se afaste da noção de liberdade de atuação e não se mescle com uma relação de emprego escamoteada.

O art. 138 da CLT costuma ser utilizado, ainda, como reforço de argumento para a irrelevância da exclusividade na formação de um contrato de trabalho. Muito já se discutiu sobre o tema.

A primeira impressão que vem à mente, quando um trabalhador admite que prestava serviços para mais de um tomador ao mesmo tempo, é aquela de ausência de relação de emprego, porque ele não se fixa em nenhum dos tomadores, não pode servir a dois senhores ao mesmo tempo e dificilmente terá habitualidade em todos eles, haja vista seu esforço para estar em vários locais no mesmo dia. Daí a controvérsia reinante nas lides trabalhistas: quanto mais o tomador exigir "exclusividade", maiores as chances de ser considerado um empregador no sentido da CLT; quanto mais o empregado tiver liberdade de atuação, como o representante comercial de diversas atividades simultaneamente, tanto mais a relação se afasta da CLT, diz o senso comum. Porém, essas afirmações escondem algumas farsas.

Desde o princípio, o art. 3.º da CLT passou ao largo do tema da exclusividade, que pode figurar apenas como cláusula acidental de um contrato de trabalho. Admite-se a exclusividade como um complemento contratual em situações que realmente exijam essa restrição da liberdade de exercício da profissão, como se observa no trabalho do artista ou do radialista, cujo carisma pode ser aproveitado integralmente por um canal de radiodifusão (art. 8.º, V, Lei 6.615/1978, e art. 11 da Lei 6.533/1978). Não, porém, como cláusula essencial ao contrato de trabalho.

O que está em jogo, na verdade, é o sentido da subordinação jurídica.

Quanto maior for a liberdade do trabalhador para prestar serviços para a generalidade das empresas, tanto menor tende a ser o grau de subordinação com relação às normas, procedimentos e determinações de certo tomador.

Quanto maior o número de empresas representadas, tanto menor o grau de habitualidade que o trabalhador poderá oferecer para certa empresa. E, por fim, a pessoalidade também costuma sair ferida nos casos de multiplicidade de tomadores de serviços, pois normalmente uma pessoa, para dar conta de diversas atividades, acaba por se valer de terceiros ou simplesmente não cumpre o critério da presença indispensável.

É nesse passo que o assunto da exclusividade deveria ser interpretado, não como uma vedação categórica, mas como um conjunto de indícios que influenciam diretamente nos demais tópicos essenciais do contrato de trabalho, como a subordinação e a habitualidade.

E, para sustentar a tese da irrelevância da exclusividade ou de seu caráter meramente ocasional para um contrato de trabalho, é comum ser citado o art. 138. Embora relacionado com o tema das férias, ele expressa precisamente que o empregado pode já haver celebrado contrato de trabalho anteriormente com outro empregador, de tal forma que terá uma escusa para se ativar durante as férias. Ou seja, conciliava dois empregos, caindo por terra a tese da exclusividade como condição para a configuração de uma relação de emprego.

Quando a norma excepciona a prestação de serviços em outro contrato de trabalho regularmente mantido com outro empregador, pressupõe evidentemente que seja um contrato de trabalho pretérito, anterior às férias, pois, do contrário, teríamos uma burla escancarada à norma. A bem da verdade, o segundo contrato de trabalho deveria ser anterior à própria participação das férias vindouras, a fim de que o empregado não "providencie" um emprego para o período já confirmado de descanso.

Qual a consequência prática do descumprimento do art. 138, se ele se volta ao empregado e não ao empregador? Poderíamos considerar as férias inválidas?

Com efeito, o caso é pitoresco por se tratar de uma rara hipótese em que a proibição recai sobre o empregado e não sobre o empregador, sendo muito difícil imaginar uma punição ou sequer uma multa administrativa, por exemplo. Também chama a atenção o fato de o artigo não contemplar consequência para seu desrespeito. Mas, ainda assim, há alguns temas a serem explorados em caso de descumprimento.

As atenções se voltam, então, para o segundo empregador.

Sabendo que o empregado se encontra em férias de outro contrato de trabalho, o segundo empregador não está autorizado a tomar os serviços do empregado. Podemos situar a condição no rol dos trabalhos proibidos, assim entendidos aqueles que, embora lícitos e válidos para a maioria dos trabalhadores, encontra obstáculo na figura do empregado individualmente considerado, como é o caso da criança e do adolescente, do aposentado por invalidez, do turista estrangeiro sem visto regular e demais situações análogas em que, retirada a irregularidade que pesa sobre o trabalhador, o contrato de trabalho teria sido válido.

Na hipótese, será muito cômoda a posição do segundo empregador que insistirá em dizer que nada sabia, nada tinha que ver com o primeiro contrato de trabalho do mesmo empregado e, ainda, não responde pelos atos ilegais praticados pelo trabalhador. No entanto, havendo comprovação de que o empregador sabia dessa condição (um tomador que explora os serviços de seu empregado terceirizado, durante as férias que ele desfruta no prestador, por exemplo), a responsabilidade poderá ser compartilhada entre empregado e segundo empregador.

No Direito do Trabalho, a energia humana empreendida é irrecuperável e irretornável ao estado anterior das coisas, ao contrário do que sucede no Direito Civil, em que muitas lesões perpetradas podem ser desfeitas, restituindo-se as partes à condição pretérita.

Com base nessa constatação óbvia da realidade do trabalho humano, convencionou-se dizer que o trabalho proibido deve ser remunerado e tratado da mesma forma que o trabalho lícito, sob pena de enriquecimento desproporcional do tomador dos serviços (que, aliás, iria se especializar na contratação de crianças e aposentados por invalidez, por ser econômico argumentar o trabalho proibido) e sob pena de desvirtuamento da legislação social. A proteção existe para favorecer e não para aviltar a condição do trabalhador.

Por conseguinte, mesmo durante o período proibido de trabalho nas férias, o empregado terá os direitos assegurados, se e quando houver um litígio sobre a matéria, muito embora a responsabilidade do segundo empregador seja apurada paralelamente. Com base no art. 153 da CLT, que aponta multa administrativa para qualquer descumprimento daquele capítulo de férias, é possível sustentar seu alcance ao segundo empregador, que agiu de forma dolosa.

13. Férias coletivas

As férias coletivas destoam um pouco das férias individuais no tocante à finalidade principal da norma. Aqui, não é o organismo do trabalhador que se destaca nem os princípios da saúde do trabalho – antes, é a realidade da empresa que dita essa necessidade.

Há duas situações principais que levam o empregador a determinar férias coletivas.

A primeira e mais conhecida é a conveniência de um fechamento completo ou quase completo do empreendimento em época do ano em que sabidamente o movimento é muito reduzido, não sendo compensatório manter o estabelecimento funcionando, com os gastos de energia e manutenção, para tão poucos negócios.

Dessa forma, a empresa libera todos os empregados simultaneamente e desconta o período das férias individuais, se é que alguns dias ainda lhes vão sobrar.

Exemplo clássico são as férias coletivas de Natal e Ano Novo, às vezes por dez dias corridos, às vezes 20 e, em alguns setores da economia, 30 dias. Outros exemplos são as férias de inverno para as indústrias e o comércio dedicado a produtos de verão, particularmente no litoral brasileiro, e as férias de verão, para os setores dedicados às atividades de inverno. Serve como último exemplo a realidade dos estabelecimentos de ensino, em que todos os professores saem de férias coletivamente, normalmente em julho, dada a absoluta inconveniência de cada um desfrutar suas férias separadamente.

O segundo panorama que força as férias coletivas mostra-se relacionado com a crise financeira atravessada pela empresa, por motivos internos ou mesmo que por motivos alheios a sua administração, mas com reflexos diretos, como a escassez da matéria-prima, a falta de energia elétrica ou de abastecimento de água, desmoronamento de pontes e viadutos, interdição de ruas e avenidas e demais calamidades públicas nada raras.

Para essas hipóteses, o empregador enfrentará alguns dilemas.

Em se tratando de uma paralisação momentânea, pode aplicar o disposto na parte final do art. 61 da CLT e exigir que os empregados recuperem o tempo ocioso, mas com as restrições próprias da norma trabalhista – como a carga máxima de duas horas a mais e de 45 dias de reposição por ano.

Em se tratando de uma paralisação que tenha abalado as próprias instalações físicas da empresa, provavelmente o funcionamento ao público será interrompido, mas serviços internos, inclusive para organização do local, são mantidos, o que, inclusive, pode ensejar a aplicação das outras duas figuras do art. 61, que são os serviços suplementares em caso de força maior e em caso da realização de serviços inadiáveis, sob pena de prejuízo grave e imediato.

Situações existem, porém, em que alguns poucos dias não bastam para a retomada dos serviços, o que leva à outra opção do empregador, que são as férias coletivas.

Nesse caso, a principal desvantagem para o empregador é ter de bancar o pagamento antecipado, enriquecido pelos reflexos e acrescido de 1/3, mas, por outro lado, já terá cumprido sua obrigação a título de férias, descontando os dias de cada trabalhador, e, caso a rescisão contratual tenha de ser efetivada por não ser possível retomar o trabalho, as férias já estarão satisfeitas.

As férias coletivas, assim sendo, podem ser encaixadas na lista das *técnicas de preservação do contrato de trabalho*. Nem toda oscilação macroeconômica deveria ensejar a dispensa em massa de empregados. Antes de partir para qualquer rescisão, mormente aquela de caráter coletivo, o empregador poderia e deveria sopesar outras opções, que tendem a ser menos onerosas do que o pagamento da multa rescisória e, de qualquer forma, mais compatíveis com a expectativa de melhoria das condições posteriormente, em especial com o aproveitamento da mão de obra treinada e veterana.

O Direito do Trabalho Brasileiro não é rico em técnicas de preservação de contrato de trabalho, sensibilizando-se mais com a rotatividade da mão de obra.

Basta que se lembre do descaso do legislador em regulamentar os incs. I e XXI do art. 7.º da Constituição de 1988, que dispõem sobre relação de emprego protegida e sobre aviso-prévio proporcional ao tempo de serviço.

Além das férias coletivas, são citados como exemplos de preservação de contrato a redução salarial, o banco de horas e a suspensão temporária para requalificação do trabalhador. A redução salarial dispunha de disciplina própria pela Lei 4.923, de 23.12.1965, possivelmente não recepcionada pela Constituição Federal de 1988, haja vista que, pelo art. 7.º, VI, a redução passou a depender exclusivamente de convenção ou acordo coletivo. O banco de horas é uma variação estendida – para alguns, estendida até demais – da clássica compensação de jornada, mas, como o patamar saltou de uma semana para um ano, é possível deixar o empregado em casa por quatro ou cinco semanas, recebendo apenas o salário-base, em troca de serviços suplementares que havia efetuado nos momentos de pico, sem direito a pagamento da hora extraordinária. Por fim, a suspensão temporária para requalificação, abordada pelo art. 476-A da CLT, apresenta-se como o quase desemprego, ou seja, como a técnica mais avançada de preservação de um contrato de trabalho já quase insustentável. Muita decisão será tomada pela norma coletiva, mas, em princípio, o empregado suspenso para a requalificação poderá ficar sem salário, sem trabalho e na fila do seguro-desemprego – e, ainda assim, considerar-se empregado da ativa.

Em nossos comentários sobre a legislação trabalhista em tempos de pandemia, sustentamos que as férias individuais, normalmente voltadas para o descanso e revigoramento, foram também elas acionadas como medida de enfrentamento da crise nacional aguda de 2020, aproximando-se do conceito de férias coletivas.

Somente por esse prisma, elevando as férias individuais ao patamar de técnica de preservação do contrato, é que se consegue enxergar constitucionalidade e legalidade nas medidas emergenciais de 2020, que autorizavam o empregador a colocar o empregado em férias sem o prévio pagamento, abrandavam o aviso-prévio da concessão e não respeitavam os cânones legais dos períodos aquisitivos e concessivos – ou seja, aproximaram sobremaneira o mundo das férias individuais ao mundo das férias coletivas, com o propósito maior de fazer frente a calamidade pública. Se assim for aceito, deve-se ter a cautela de emprestar interpretação restritiva às normas emergenciais, válidas apenas em seu período de vigência e sob as premissas próprias daquele ciclo de crise.

As férias coletivas não existiam na redação original da CLT de 1943 nem foram objeto de deliberação pela Convenção 132 da Organização Internacional do Trabalho.

Coube ao Dec.-lei 1.535, de 13.04.1977, sua inserção nos arts. 139 a 141 da CLT.

As férias são chamadas de coletivas mas não precisam necessariamente envolver 100% da empresa. Continuam a ser férias coletivas aquelas que afetarem apenas uma filial ou estabelecimento, ou, ainda, um setor ou departamento, desde que seja feita de maneira harmônica e o empregador siga os procedimentos exigidos pela lei trabalhista.

Ao contrário do que sucede com as férias individuais, que precisam ser previamente comunicadas ao trabalhador 30 dias antes do gozo, as férias coletivas podem ser decididas pelo empregador apenas 15 dias antes, o que reforça a tese de que elas servem mais para desovar estoque acumulado ou esperar a passagem de uma crise do que propriamente para o descanso do trabalhador.

Em contrapartida, as férias coletivas exigem tripla comunicação do empregador – para a fiscalização do trabalho, para a entidade sindical e para os trabalhadores em particular – contra uma única comunicação ao trabalhador nas férias individuais.

Nas férias individuais, a comunicação é feita por escrito, mediante recibo, mas nas férias coletivas a norma autoriza a comunicação geral, mediante "aviso nos locais de trabalho".

Nas férias individuais, a concessão pode ser fracionada em até 3 vezes, garantindo-se um período de 14 dias corridos pelo menos. Nas férias coletivas, como não houve mudança nas reformas de 2017, segue-se o padrão de fracionamento em apenas 2 etapas, mas nenhum período poderá ter menos de dez dias.

Caso o empregado disponha de 18 dias de férias, por exemplo, deverá tirar tudo ou nada de férias. Não haverá possibilidade de dividir o número 18 e encontrar parcelas iguais ou maiores do que dez.

O empregado, que ainda não conta com um período aquisitivo de férias, pois está no emprego há menos de 12 meses, não deveria entrar em descanso, porque isso tende a frustrar o propósito da norma das férias, de descanso equilibrado ano a ano. Porém, aqui estamos diante de uma premência econômica da empresa e não propriamente de um prestígio ao descanso do trabalhador, o que justifica uma inovação na disciplina das férias do novato. Essa será a única hipótese em toda a legislação brasileira de gozo de férias proporcionais na vigência do contrato de trabalho, porque, no mais, a figura das proporcionais é associada exclusivamente com a rescisão do contrato de trabalho.

E, para evitar que o empregado ficasse privado de férias por cerca de dois anos, o art. 140 determina o começo da contagem de novo período aquisitivo de férias, "zerando" a contagem anterior. É uma solução possível, embora não a mais desejável no conceito de repouso.

Segue-se um exemplo para reflexão.

Empregado admitido em 01.03.2019 tinha expectativa de completar o período aquisitivo em 01.03.2020 e desfrutar férias até no máximo 01.03.2021. Pego de surpresa por crise financeira vivenciada pela empresa, entra em férias coletivas em 01.12.2019 e volta em 20.12.2019. Doravante, seu período aquisitivo será contado sempre a cada dia 20 de dezembro, ainda que não tenha sido esse o dia de sua admissão. Foi o dia do *reinício do período aquisitivo*, por força da lei. O empregador deve documentar muito bem essa mutação do dia do período aquisitivo, pois haverá forte presunção quanto à data da admissão do empregado.

Situações existem, contudo, em que o empregador prefere poupar o novato das férias coletivas e deixá-lo em alguma atividade de retaguarda ou de apoio.

Por exemplo, se a fábrica será paralisada, o novato pode ficar na portaria ou no almoxarifado durante o período de ociosidade, contanto que a tarefa não se afaste de sua capacidade física e intelectual – art. 456, parágrafo único, da CLT.

Uma segunda opção, caso nem mesmo a portaria vá funcionar, é deixá-lo em licença remunerada, à disposição do empregador, em casa. A vantagem para o empregador é não ter de fazer o pagamento antecipado e acrescido de um terço, mas a desvantagem é que, depois, não será possível descontar os dias das férias devidas ao empregado.

Indaga-se, finalmente, qual a quantidade de dias a que faz jus um empregado com menos de um ano de casa.

Suponha que ele não tenha cometido nenhuma ausência injustificada e que tenha laborado sete meses e 20 dias quando da chegada das férias coletivas: teremos, neste exemplo, 20 dias de férias devidas ao novato, pois o período de emprego lhe proporciona 8/12 de férias e a base de cálculo são 30 dias completos. Suponha que, naqueles sete meses e 20 dias ele tenha cometido seis ausências injustificadas. Então, suas férias caem para 16 dias, ou 8/12 de 24. A conta se repete, variando o número de 12 avos, de um lado, e, de outro, o número de dias de férias, extraídos da tabela do art. 130.

Suponha-se, ainda, que o empregador necessite conceder férias coletivas de 30 dias e encontre pessoas que não tenham esse direito dentro de seus quadros, uns por serem novatos, como no exemplo acima, e outros por serem veteranos com seis ou mais ausências injustificadas, e, ainda, outros que mantêm contrato de trabalho a tempo parcial. Poderia, então, o empregador estender os dias de férias para 30 e, futuramente, descontar o que excedia de seu direito? Entende-se que não.

Caso o empregador amplie as férias do novato de 20 para 30 dias, como no exemplo acima, antecipará uma quantidade muito grande de férias futuras, de uma fadiga que nem ao menos existiu, o que irá deturpar o conceito.

Para essa situação, o empregador tem três outras opções: a) determinar o retorno do empregado para aproveitamento em outras funções, à medida que os dias de férias forem se extinguindo; b) manter o empregado em casa, mas agora sem se tratar de férias e sim de licença remunerada, o que dispensa o pagamento de um terço de acréscimo; e c) fixar o gozo de férias de 20 dias, mas desde logo "comprar" os dez dias restantes – ou seja, converter dez dias em pecúnia, na forma do art. 143 da CLT, cujo § 2.º prevê expressamente a negociação coletiva sobre o abono em caso de férias coletivas.

As férias individuais que foram antecipadas, antes mesmo do implemento do período aquisitivo, por motivo da pandemia, encontram esse mesmo dilema sobre o direito do empregador de poder ou não deduzir os valores de eventuais verbas rescisória. A norma emergencial de 2020 era silente a respeito e nós nos posicionamos contra o desconto, por entendermos que competia ao empregador escolher a melhor medida de enfrentamento da crise e não exigir que o empregado, ao depois, lhe ressarcisse. Já a norma emergencial de 2021 autorizou expressamente o empregador a descontar os valores das férias prematuras. De toda sorte, os comandos das medidas provisórias de 2020 e de 2021 reclamam interpretação restritiva e valeram apenas enquanto suas vigências perduraram, sendo inapropriada a analogia com as férias coletivas tradicionais, com as quais guardam apenas a premissa maior da preservação do contrato.

14. Cálculo do valor das férias

Destina-se o art. 142 à simples operação de cálculo do valor das férias, o que dispensaria maior comentário caso o trabalhador auferisse sempre um salário fixo uniforme ao longo de todo o período aquisitivo. Porém, a quase totalidade dos empregados terá recebido, ao cabo de 12 meses, alguma parcela variável, como a hora extraordinária e o adicional noturno, ou então dispõe de uma forma móvel de remuneração, como as comissões ou os prêmios, ou, ainda, não é mensalista, mas horista ou remunerado por tarefa ou peça produzida. Bastam esses exemplos para observar a quantidade de operações que se fará necessária na busca da média para o cálculo do valor devido.

A primeira regra a observar diz respeito ao pagamento global de toda a remuneração auferida pelo trabalhador, o que descarta o pagamento apenas do salário em sentido estrito, o que seria mesmo um absurdo, mas também descarta o pagamento apenas das parcelas de natureza salarial, como a hora extraordinária, o adicional de insalubridade e a gratificação de função, porque na expressão remuneração se incluem igualmente os pagamentos feitos por terceiros, dentro de uma relação de emprego, sendo o principal exemplo a gorjeta.

É verdade que o art. 142 não diz claramente que as gorjetas se inserem no cálculo das férias, mas essa é sem dúvida a melhor interpretação a que se chega com o cotejo do dispositivo e da explicação que será ofertada pelo art. 457 da mesma CLT. Por este último se aprende que o complexo denominado remuneração é composto pela soma de duas parcelas fundamentais do contrato de trabalho: os salários, de um lado, e as gorjetas, de outro lado.

Os salários são todas as parcelas pagas pelo empregador, de maneira habitual, para fins de contraprestação dos serviços prestados, contraprestação dos períodos de interrupção do contrato de trabalho definidos normalmente por lei, como os descansos semanais remunerados e as licenças remuneradas, bem como pelo tempo em que o empregador estiver à disposição do empregador, aguardando ordens. O nome da parcela ou rubrica é irrelevante.

Já as gorjetas guardam com os salários o ponto em comum de serem pagas dentro de um contrato de trabalho, pois de outra forma o empregado não as receberia, evidentemente. Todavia, mantém uma distinção essencial quanto à fonte pagadora, haja vista que elas são oferecidas, de forma espontânea ou cobrada, pelos clientes e fornecedores que se sentem bem atendidos pelo trabalhador, e não diretamente apresentadas pelo empregador. Há muito mais o que falar sobre gorjeta. Por ora, contudo, essas informações são suficientes para alertar que elas não são sinônimo de salário e que o legislador pode diferenciar as parcelas trabalhistas, separando as bases de cálculo com ou sem gorjeta.

Foi assim que se convencionou a ausência da gorjeta da base de cálculo de todas as parcelas que a lei estabeleceu como sendo computadas meramente com os *salários*, a saber, o aviso-prévio indenizado, a hora extraordinária e o adicional noturno e os descansos semanais remunerados, da sempre citada Lei 605/1949 – todos dispositivos que têm como ponto comum o uso do vocábulo salário para fins de base de cálculo.

Não é esse o caso das férias, porém.

Tanto o art. 129 como o art. 142 expressam, harmonicamente, que as férias se calculam com base na remuneração.

Houvessem mencionado a expressão salário ou salários e o cálculo das férias seria totalmente diverso do que hoje se pratica, jogando-se fora as gorjetas auferidas pelo empregado. Justifica-se a preocupação dos artigos da CLT, em prol da base remuneratória, como forma de não se causar o mínimo prejuízo ao empregado, não inibir o anseio de sair em descanso e proporcionar que esse período de repouso seja o mais parecido possível com a realidade.

Ao empregador certamente causará perplexidade o fato de precisar computar uma média de gorjetas para o pagamento das férias, porque durante o contrato de trabalho quem ofereceu as gorjetas foram os clientes, o que não molestava seu bolso, mas agora, no pagamento das férias, quem vai incorporar as gorjetas é ele, empregador, em detrimento de seus cofres.

Todavia, devemos situar corretamente a questão de gorjeta no tempo e no espaço.

Ao abrir as portas da empresa para a atividade profissional do trabalhador, o empregador lhe proporciona uma oportunidade de ganho adicional, além do salário, contanto que naquela atividade os usos e costumes tenham consagrado o pagamento feito por terceiros, como é o caso da gorjeta destinada ao garçom, a gratificação que se oferece à manicure ou a guelta com que o fabricante de televisão acena para o vendedor da rede varejista se dedicar mais a uma marca do que a outra. Em nenhum desses casos o empregador pode se considerar ignorante da situação ou dizer que foi pego de surpresa pelo fato de a clientela agraciar seus empregados. Muito ao contrário.

Cientes de que as gorjetas serão uma fonte segura e expressiva de complementação de renda, os empregados se submetem a salários de menor expressão econômica, como o piso da norma coletiva ou um valor abaixo do que o trabalhador qualificado ganharia em outra atividade econômica. Essa realidade corresponde ao que acontece em hotéis, bares e restaurantes, por exemplo, em que dificilmente um garçom qualificado, um supervisor ou *maître* auferem salários elevados, haja vista que todos sabem da existência das gorjetas, espontâneas ou cobradas.

Surge, assim, um impasse jurídico.

Como lidar com um valor econômico expressivo que ao mesmo tempo é parte integrante do contrato de trabalho e, de outra banda, não é pago pelo empregador?

A solução proposta pela CLT é atrair a importância para o Direito do Trabalho, sim, pois não faria sentido dizer que a parcela é estranha à relação de emprego ou tem natureza de indenização, mas, sincronicamente, retirá-la da base de cálculo de algumas outras parcelas, mantendo-a apenas em algumas circunstâncias previamente definidas pela legislação – como é o caso do décimo terceiro salário, na forma da Lei 4.090/1962, do fundo de garantia, consoante Lei 8.036/1990 e, também, das férias, na forma genérica do art. 129 e detalhada do art. 142, ambos da CLT.

Daí por que qualquer estudo do art. 142 deve começar pela prévia definição do conceito de remuneração, para que, posteriormente, não se faça confusão com os termos propostos pelos seis parágrafos que se seguirão. Estabelecido o conceito mais equilibrado de remuneração como sendo o complexo que abrange todas as parcelas de natureza salarial mais as gorjetas, bem se enxerga que o valor das férias foi prestigiado, como forma de prestigiar também o instituto voltado para o descanso.

Conforme mencionado anteriormente, no tópico das férias dobradas, o acréscimo de um terço, também chamado de abono constitucional ou acréscimo constitucional, destina-se a todo e qualquer pagamento de férias, desfrutadas ou indenizadas, de forma simples, dobrada ou proporcional. A se interpretar o art. 7.º, XVII, de forma estanque e gramatical, cometeríamos o lapso de reservar o acréscimo de 1/3 unicamente para as férias gozadas anualmente, mas por ironia esse cenário já não é o mais comum. A maioria das férias se converte em pecúnia, dada a alta rotatividade dos contratos de trabalho e a excessiva postergação que os empregadores imprimem aos períodos concessivos. Ainda que assim não fosse, a simples notícia de que as férias gozadas se tornaram mais "caras" para o empregador do que as férias indenizadas imediatamente incentivaria as segundas em detrimento das primeiras. Evidentemente seria feita uma especulação financeira em torno de um assunto tão caro ao direito tutelar do trabalho.

O acréscimo de um terço incide sobre todo o período de férias a que fizer jus o empregado, inclusive períodos maiores do que trinta dias, se esse direito foi conquistado por contrato individual, por negociação coletiva, por lei municipal ou ainda, no caso da magistratura, por lei federal (art. 66, LC 35/1979).

Houve um pequeno deslize na redação do art. 7.º, XVII, da CF/1988, todavia, que não pode ser omitido deste estudo mas que foi solenemente ignorado por doutrina e jurisprudência. Ao estabelecer o acréscimo de 1/3, o Constituinte canalizou o acréscimo sobre o "salário normal". Novamente, se fôssemos partir para a interpretação gramatical e isolada dos demais elementos do Direito do Trabalho, teríamos o fenômeno de as férias serem calculadas de forma ampla e variada, como nos ensina o art. 142, mas exclusivamente o adicional de um terço ser calculado sobre o salário-base.

Por exemplo, empregado que aufere R$ 9.000,00 de salário-base, mais uma média de R$ 3.000,00 de hora extraordinária, R$ 1.000,00 de reflexos da hora extraordinária em descansos semanais remunerados e R$ 8.000,00 de gorjetas atinge média remuneratória (salários mais gorjetas) de R$ 21.000,00. Teríamos, então, R$ 21.000,00 de férias e apenas R$ 3.000,00 de acréscimo de 1/3 do art. 7.º, XVII, por ser esse acréscimo calculado sobre o "salário normal". Não foi esse o entendimento prevalecente. O consenso conduz a que se aplique o terço constitucional sobre todo o valor das férias, o que resulta R$ 21.000,00 de férias e R$ 7.000,00 de adicional.

É certo que o art. 457 da CLT distingue a palavra remuneração, como o complexo que abrange salários e gorjetas, da palavra salário, a qual, em sentido estrito, corresponde meramente ao salário-base. Então, teríamos de observar essa restrição no caso também do art. 7.º, XVII. Nessa hipótese, porém, cometeríamos dois vícios na hermenêutica da interpretação constitucional. O primeiro é interpretar a Constituição de acordo com a lei ordinária, quando sabidamente o inverso é verdadeiro. O segundo é se afastar da finalidade da norma.

Qual seria, afinal, a finalidade da inovação trazida pelo inc. XVII?

A toda evidência o intuito do Constituinte foi o de enaltecer o caráter de espairecimento e de revigoramento das energias do trabalhador no curso das férias. Note-se que a Constituição Federal de 1988 não menciona número de dias de férias nem explica detalhes sobre períodos aquisitivo e concessivo. Relega os temas para a lei ordinária.

Preocupa-se, porém, com o pagamento compatível com esse instante de elevada importância na vida de um trabalhador, de tal sorte que, seja para viajar ou para visitar a família, seja para pagar dívidas pendentes, seja, ainda, para poder se alimentar, estimou-se ser premente uma remuneração majorada para o trabalhador fazer frente ao período de férias, sem prejuízo da regra da antecipação do pagamento, sobre a qual falaremos quando da análise do art. 145, pois, do contrário, de nada adiantariam os esforços em torno do calendário sobre o descanso se nenhum dinheiro em circulação estivesse.

O terceiro tema sobre a interpretação ao art. 7.º, XVII, da CF/1988, após a ampliação da locução gozo de férias e após o estudo a respeito da incidência sobre todas as parcelas de natureza remuneratória, refere-se ao direito intertemporal.

O tema já se encontra em desuso, passados tantos anos da promulgação da Carta Constitucional, mas deve-se refletir a respeito até mesmo para que se enfrentem questões análogas de direito transitório quando da alteração legislativa sobre férias.

A questão é a seguinte: o abono de um terço surgiu no dia 5 de outubro de 1988. Que a alteração legislativa pegue o contrato de trabalho em andamento, não resta muita dúvida, por se tratar de uma norma de Direito Material do Trabalho, altamente benéfica e sem se poder falar em direito adquirido do empregador a continuar pagando a menor os valores pendentes. Todavia, indaga-se se a alteração alcança as férias já conquistadas e ainda não desfrutadas naquela ocasião ou, ainda, se tem a capacidade de reavivar férias já conquistadas e já quitadas anteriormente. A primeira resposta é afirmativa; a segunda, evidentemente negativa.

Considerando-se que a data da concessão de férias é aquela que melhor atenda aos interesses do empregador, essa variabilidade (e consequente demora) é feita por conta e risco do empregador. Se o empregado teve aumento salarial no ínterim, capaz de majorar também o valor das férias, por exemplo, o empregador arcará com esse gasto adicional, por não haver liberado o descanso do empregado anteriormente. Na mesma esteira, se o empregador já houvesse destinado o empregado para descanso, teria dado por satisfeita a obrigação, a não ser remexida nem para mais, nem para menos, mesmo com a alteração legislativa.

Entretanto, ao procrastinar a concessão das férias, pode encontrar efetivamente algum acréscimo remuneratório, como foi o caso do abono de 1/3, incidente sobre qualquer pagamento, de qualquer período, velho ou novo, indenizado na rescisão ou desfrutado no contrato de trabalho.

As férias se sujeitam à legislação em vigor na data do pagamento, conquanto seja um direito adquirido de modo complexo e contínuo, ao longo dos meses e anos.

Há, também, um quarto tema sobre a novidade do art. 7.º, concernente ao tratamento que devem receber as empresas que já pagavam uma gratificação ou um abono para que o empregado melhor desfrutasse suas férias, de forma espontânea ou por força de norma coletiva. Devem elas arcar com a dupla gratificação – a antiga e a da Constituição – ou estão perdoadas por haverem se antecipado à norma legal? Prevaleceu a segunda tese, assim como já havia acontecido com o décimo terceiro salário.

Com efeito, antes de ser promulgada a Lei 4.090, de 13 de julho de 1962, que criou o décimo terceiro salário, muitas empresas já praticavam a chamada Gratificação de Natal, nome pelo qual também é conhecido esse complemento salarial. Faziam-no por liberalidade ou por negociação coletiva, seja pelo sentimento religioso do período natalino, seja para agraciar o empregado com que haviam convivido ao longo do ano. Uma vez incorporado o costume pelo direito positivo, era grande a controvérsia para saber se os empregados haviam conquistado um duplo direito, como se fora uma condição mais benéfica, ou se, ao revés, as demais empresas é que estavam forçadas a adotar o costume permeado pela sociedade e ao qual havia alguma resistência.

Desde o início se entendeu que o empregador, que se havia antecipado ao direito positivo, não deveria ser punido, sendo certo que a interpretação excessivamente rigorosa em torno do assunto somente inibiria atitudes semelhantes e se voltaria contra o instituidor da vantagem. Foi assim também o entendimento quanto a eventuais abonos de férias decorrentes de instrumento normativo, os quais foram assimilados por idêntica natureza jurídica, destinação e finalidade, com o abono de um terço da Lei Maior. Via de consequência, representa *bis in idem* seu pagamento simultâneo.

Postas essas premissas sobre o conceito de remuneração e sobre o alcance do abono de um terço instituído pela Constituição Federal de 1988, vejamos como se comporta o cálculo do valor devido.

O único valor que se relaciona com a data da concessão é a chamada importância principal, ou seja, a remuneração que esteja em vigor quando do gozo das férias. Todos os demais valores (média de hora extraordinária, média de adicional noturno, média de comissões) serão buscados ou do período aquisitivo ou dos 12 meses anteriores à concessão das férias.

15. Reflexos das horas extras e comissões no cálculo das férias

Pode até ser, aduza-se, que o mês anterior tenha sido excelente em volume de vendas para um comissionista ou em volume de hora extraordinária para um empregado sujeito a regime de sobrejornada. Todavia, a aceitação do valor do mês anterior provocaria grave distorção no cálculo das férias e deixaria integralmente a cargo do empregador escolher o pior mês do ano para o gozo das férias. Já é do empregador a escolha do mês para cumprimento da obrigação, entre as 12 possibilidades, consoante se estudou no art. 136 da CLT; acoplar essa escolha a uma oscilação salarial criaria uma situação excessivamente unilateral, o que levou o legislador a propor uma fórmula intermediária, como se fosse uma blindagem ao trabalhador e como se fosse uma regra neutra, que beneficia o empregado, mas simultaneamente torna o jogo mais previsível, dessazonaliza a conta e, ainda, mitiga alguma distorção de picos de vendas ou de crise financeira da empresa.

Repetindo o raciocínio: para a base de cálculo, segue-se o valor da remuneração do mês da concessão das férias, por ser o mais recente e mais atualizado; para os reflexos e incorporações, segue-se a média a ser apurada preferencialmente num espaço de tempo maior, que o art. 142 concentrou em 12 meses, com uma pequena variação se serão os 12 meses imediatamente anteriores ou se serão os 12 meses do período aquisitivo.

São dois parágrafos que propugnam o cálculo com os 12 meses do período aquisitivo (o § 1.º, sobre salários pagos por hora, e o § 2.º, que abrange os salários pagos por tarefas) e um parágrafo que cuida dos 12 meses imediatamente anteriores à concessão das férias (o § 3.º, que se dedica às comissões).

Pode haver coincidência cronológica entre 12 meses de período aquisitivo e doze meses imediatamente anteriores ao gozo das férias?

Certamente que sim, mas é uma hipótese rara.

Para que isso ocorra, impõe-se que o empregador libere o descanso do empregado no primeiro dia do primeiro mês do período concessivo, de tal modo que os

12 meses anteriores serão justamente os 12 meses ao longo dos quais o empregado conquistou o direito às férias.

Em todas as outras hipóteses, os 12 meses anteriores serão cronologicamente mais recentes do que os 12 meses do período aquisitivo.

Um dos propósitos da segregação feita pelos dois parágrafos é combater a corrosão inflacionária e aproximar a situação do trabalhador ao tempo presente. Essa técnica é feita de duas maneiras: uso da *média física* e, quando nada mais der certo, atualização monetária dos valores pagos.

A média física corresponde a calcular a hora extraordinária não por seu valor pecuniário, pois o dinheiro nunca representa um referencial confiável sobre um fato pretérito, em qualquer moeda corrente que houver, para que se tenha uma noção clara do que efetivamente aconteceu tempos atrás. A tendência é que a moeda passe por seus processos de corrosão inflacionária, de depreciação ou de apreciação, envolvida no controle de autoridade monetária e nas políticas macroeconômicas. Muito mais sensato é buscar as médias que se perseguem em valores ou índices imutáveis, desvinculados do padrão financeiro e, portanto, chamados de índices físicos.

Por exemplo, em lugar de indagar ao trabalhador quanto ele auferiu por mês ao longo de determinado ano, pode-se indagar quantas peças ele produziu, quantos metros quadrados de azulejo foram assentados, quantos pacotes foram vendidos ou quantas horas suplementares foram laboradas. Apurado o total, acha-se a média com grande facilidade, bastando que se divida o montante pelo número de meses. Com base nessa média de número de peças ou de horas, a quantidade é trazida para o tempo presente. Precisamos converter o número de peças e de horas em dinheiro, porque ninguém recebe a hora propriamente dita, mas o valor daquela hora. Para tanto, é suficiente que se aplique o valor do salário-hora vigente na data da concessão das férias.

Vamos a um exemplo prático.

Tome-se um trabalhador, que, admitido em 15 de agosto de 2021 com salário de R$ 1.100,00, terá seu período aquisitivo expirado em 15 de agosto de 2022. Resolve o empregador conceder férias em 10 de março de 2023, ainda dentro do período concessivo, ocasião em que seu salário já é de R$ 2.200,00. Então, na hora de efetuar o pagamento das férias, o empregador precisa computar o valor do salário de março de 2023, e não mais o salário vigente em 2021 ou em 2022, evidentemente, mais a média de hora extraordinária do período aquisitivo. Não se deve perder tempo com o valor em dinheiro daquelas horas suplementares de 2021 e 2022, já não atualizado nem servível para esse mister. No lugar de saber se o reclamante auferiu R$ 100,00 ou R$ 200,00 mensais a título de hora extraordinária, deve-se atentar para a quantidade física de hora que ele laborou em sobrejornada, quinze horas suplementares num mês, 30 noutro mês e assim por diante. Localizada a média, digamos, de 20 horas suplementares mensais, esse importe é trazido para 10 de março de 2003 e aplicado o valor da hora extraordinária daquele dia.

Se fôssemos calcular as férias de forma primitiva e sem conhecimento da lei, alguém poderia pegar o salário antigo de R$ 1.100,00 e somar com a média das horas suplementares praticadas àquela época, à razão de R$ 200,00, encontrando o valor modesto de R$ 1.300,00. Laboraria em erro. O correto é tomar o salário vigente na concessão, R$ 2.200,00, mandar buscar a média física da hora extraordinária de 2021/2022, que fica em 20 unidades no exemplo dado, e, ainda, aplicar o valor da hora extraordinária vigente na data da concessão, ou seja, R$ 15,00 por hora extraordinária (porque o salário mensal de 1.100 representa salário-hora de 10 reais que, com o acréscimo de 50%, atinge 15 reais da hora extra). Com o valor salarial da data da concessão e o valor da média física das horas extras, chegamos, portanto, R$ 2.200,00 de salário e R$ 300,00 de média de hora extraordinária.

A média física é um excelente exercício de teletransporte, capaz de transpor a hora extraordinária de forma intacta e sem rasuras, desde o distante ano de 2021 até a concessão das férias em 2023, sem se preocupar com processo inflacionário, promoção conquistada pelo trabalhador, aumento salarial espontâneo ou negociado e o mais. De posse da quantidade média de hora extraordinária, o empregador aplica a tarifa vigente na ocasião das férias e oferece um panorama muito mais parecido com a realidade e muito mais afeto ao propósito de descanso integral.

O empregador pode se sentir aviltado porque, demorando para conceder as férias, deixou passar o período de reajuste salarial da Convenção Coletiva e, agora, pagará valor maior pelo principal e pelos acessórios. Correto. Mas para isso o art. 136 foi claro ao dispor que a concessão das férias segue unicamente os interesses do empregador, não somente no que diz respeito à época em que ele pode ficar sem aquele empregado como também no que diz respeito ao fluxo de caixa. Se o dispêndio financeiro era a principal preocupação do empregador, ele, estando bem assessorado, poderia tranquilamente ter antecipado a concessão das férias, dentro daqueles 12 meses, como forma de suavizar o impacto dos futuros reajustes no pagamento desse direito.

Daí o dizer do § 1.º do art. 142: "Quando o salário for pago por hora com jornadas variáveis, apurar-se-á a média do período aquisitivo, aplicando-se o valor do salário na data da concessão das férias". Em princípio, o dispositivo se destinava ao empregado horista, cujo salário é calculado unicamente pelo volume de horas trabalhadas, mas aos poucos passou a ser utilizado também para o empregado mensalista, cujos ganhos são acrescidos de parcelas calculadas com base na hora, como a própria hora extraordinária, o adicional noturno e seus reflexos.

Por sua vez, o § 2.º do art. 142 assevera: "Quando o salário for pago por tarefa tomar-se-á por base a média da produção no período aquisitivo do direito a férias, aplicando-se o valor da remuneração da tarefa na data da concessão das férias", o que reforça o ponto comum entre os dois dispositivos quanto à necessidade de se tomar o valor da unidade (hora, tarefa) da data da concessão das férias.

Em hipótese alguma poderá o empregado receber, durante as férias, menos do que receberia se trabalhando estivesse, portanto. Tanto isso é verdade que os §§ 5.º e 6.º, que chegam a ser quase redundantes, reiteram os propósitos dos §§ 1.º e 2.º, ao afirmarem que parcelas móveis como hora extraordinária, adicional noturno, adicional de insalubridade e adicional de periculosidade compõem a base de cálculo das férias (o que já se sabia desde a tônica da remuneração) e, por fim, que a remuneração variável deve ser apurada pela média, sem se negligenciarem os reajustes havidos ao longo do período.

No tocante aos pagamentos feitos por comissões ou, como diz a CLT, por percentagens, torna-se difícil fazer a chamada média física, haja vista que tanto as comissões pagas no período aquisitivo como as férias a serem pagas na data da concessão são calculadas em dinheiro. Um balconista que aufere 3% sobre suas vendas ou 0,5% sobre o faturamento da loja, por exemplo, tem a base de cálculo e o resultado da conta contemplados exclusivamente em dinheiro, não se podendo falar em transporte de medida ou de unidade do passado para o presente. A dúvida que surge é como lidar, então, com a erosão inflacionária, com a perda do poder de compra das comissões auferidas dois anos antes e, ainda, com a evolução dos próprios ganhos do trabalhador, seja a evolução inercial, em que os ganhos aumentaram pelo próprio aumento do volume de vendas, seja a evolução por promoção ou aumento salarial expresso por parte do empregador.

A fórmula encontrada pela CLT ajuda num ponto e se esquece de outro.

A ajuda é trazer o quanto mais para o presente a média remuneratória a ser encontrada, deixando de lado o distante período aquisitivo e concentrando-se apenas no mais próximo período de 12 meses anteriores à data da concessão das férias. Ponto positivo. Mantém-se o padrão de 12 meses para não cair no deslize de pegar o melhor ou o pior mês, bimestre ou trimestre da vida do empregado. Os 12 meses colaboram para um equilíbrio na média da remuneração em qualquer tipo de atividade econômica, pois são capazes de abranger todo tipo de safra e entressafra, picos e ociosidades, datas festivas e datas ociosas, enfim, todas as estações do ano.

Porém, ao lado desse ponto positivo para a credibilidade da média ficou faltando um complemento que teve de ser lapidado pela jurisprudência: a determinação de que cada mês seja corrigido monetariamente, a fim de colocar todos os 12 valores em patamar de igualdade, antes de serem somados e divididos por 12.

Com efeito, se o trabalhador auferiu, digamos, R$ 200,00 de horas suplementares de janeiro a abril (quatro meses), R$ 300,00 de horas suplementares de maio a agosto (mais quatro meses) e R$ 400,00 de horas suplementares de setembro a dezembro (outros quatro meses), podemos genericamente dizer que ele auferiu, ao longo do ano, R$ 3.600,00 de horas suplementares, o que, dividido por 12, aponta uma média linear de R$ 300,00 mensais. Correto. Mas os R$ 200,00 de janeiro são realmente R$ 200,00 em dezembro daquele ano? Poderíamos mesmo ter misturado os R$ 200,00 de janeiro com os R$ 400,00 de dezembro para a extração da média? Não. Àquela altura, o poder de compra dos R$ 200,00 já não era o mesmo, a moeda já se depreciava e, ainda que assim não fosse, as comissões já mudaram de volume ou de alíquota, se for o caso.

A interpretação mais equilibrada que se pode dar ao art. 142, § 3.º, é aquela de buscar os 12 meses anteriores à concessão, certo, mas juntar cada valor no seu devido contexto, ou seja, atualizar janeiro para dezembro, fevereiro para dezembro, março para dezembro e assim sucessivamente. Quando todos estiverem falando a mesma língua, isto é, quando todos estiverem representados pelo padrão salarial e inflacionário de dezembro, finalmente poderemos uni-los e dividi-los por 12, encontrando uma média se não perfeita ao menos harmônica com tudo o que acontece à volta do Direito do Trabalho. A conta singela de somar e dividir por 12 finge que não ocorrem interferências externas ou internas sobre os pagamentos salariais. Ocorrem e não são poucas.

Que índice de correção monetária utilizar para cumprir a proposta de atualização?

A essa altura, considerando-se que poucos cumprem a diretriz e que muitos nem sabem de sua existência, mostrará apreço pelo Direito do Trabalho aquele que usar o menor índice que seja, mas é evidente que devem ser priorizados os índices dos institutos reconhecidos pela sociedade e os índices que norteiam as políticas públicas. Há empregadores que se valem dos percentuais de reajustes avençados em norma coletiva e outros que colhem os índices da caderneta de poupança. Não é esta a maior preocupação da CLT. Contanto que não se afaste do ideal de deflação dos valores pagos em meses mais remotos, o empregador dispõe de certa variabilidade no índice utilizado.

O art. 142 carrega, assim, seis parágrafos, sendo os três primeiros para separar o período aquisitivo das férias do período de 12 meses imediatamente anteriores à concessão e os dois últimos para endossarem a necessidade de se elaborar uma média de remuneração variável verdadeira, capaz de contemplar todas as parcelas auferidas ao longo da jornada e fazer incidirem os reajustes salariais conquistados.

16. Impactos do salário-utilidade no cálculo das férias

Para um estudo aprofundado sobre o salário-utilidade, recomenda-se a análise criteriosa do art. 457 da CLT, que seguramente se encontra na lista dos cinco dispositivos mais importantes de todo o Direito do Trabalho, apesar de ser uma celebridade discreta. Para fins do estudo das férias e da interpretação mais prudente do art. 142, § 4.º, sejam permitidos apenas alguns comentários sobre a figura da utilidade:

A velha noção de utilidade dada pelo trabalho (um ganho adicional, um agrado e, portanto, um complemento salarial) e utilidade dada para o trabalho (uma ferramenta de trabalho, para o exercício da profissão e, portanto, sem natureza salarial) sempre foi objeto de muita confusão e, felizmente, vem aos poucos sendo abandonada.

Em seu lugar, propomos o conceito da *indispensabilidade da utilidade oferecida* para saber se havia ou não a natureza salarial: quanto mais indispensável o instrumento, mais caráter de ferramenta de trabalho assume e menos aspecto salarial enseja. Por exemplo, o carro pode ser um salário indireto para um empregado de serviços unicamente internos, mas tem toda característica de ferramenta de trabalho para o representante comercial e o propagandista.

A se adotar a tese da indispensabilidade, surge a hipótese da utilidade de natureza híbrida, mas ainda assim não terá natureza salarial. Por exemplo, o vendedor e o propagandista recebem o carro para maior agilidade em seus trabalhos, embora possam levá-lo para casa, usar em férias e finais de semana e não por isso a ferramenta se tornou salário. Idem quanto ao computador portátil e o telefone celular, fornecidos para agilizar os contratos entre empregado e empregador, como ferramenta de trabalho contemporânea, mas simultaneamente franqueados para uso doméstico.

Simultaneamente aos avanços da teoria do salário-utilidade na jurisprudência, houve um abalo provocado pela redação dada ao § 2.º do art. 458 da CLT pela Lei 10.243, de 19 de junho de 2001. Sem maior alarde, a norma alterou a natureza jurídica de diversas parcelas comuns em contratos de trabalho (utensílios, educação, transporte, planos de saúde, planos de previdência privada e uniformes) passando a considerá-las como benefícios assistenciais. De fato, a lista contém diversos setores em que o Estado tinha o dever de atuar, mas fracassou, como educação e saúde.

Desse modo, sobram poucas hipóteses de salário-utilidade, pois teremos de descartar todas as dezenas de hipóteses do art. 458 da CLT e mais aquelas que, mesmo híbridas, tenham características de ferramenta indispensável para o contrato de trabalho. O foco costuma ser o veículo fornecido caprichosamente para o empregado que nunca o utiliza em serviço, nem para almoço de negócios, nem para captação de clientela, e a moradia, igualmente fornecida para agradar o empregado, que dela não necessita, não está em trânsito ou provisório na cidade nem faz pesquisas em cidades distantes, por exemplo.

Embora seja objetiva a identificação do carro e da moradia como parcelas de natureza salarial, mostra-se muito difícil sua quantificação em dinheiro, tarefa árdua mas indispensável para apuração dos reflexos incidentes, como o fundo de garantia, o décimo terceiro salário e, no particular, as férias.

Uma tese mais antiga, que propunha a adoção de valores simbólicos, calculados sobre o salário-mínimo, com fundamento no art. 81 da CLT, já se acha superada, porque confundia desconto salarial pelo gozo da utilidade com quantificação pecuniária para fins de integração da utilidade nas demais parcelas trabalhistas.

O conceito de "real valor da utilidade" é ambíguo, porque o trabalhador não adquiriu a propriedade do carro ou da casa, cujos valores seriam dezenas ou centenas de vezes maiores do que os salários em geral. O trabalhador apenas desfruta, em períodos maiores ou menores, das utilidades. O § 1.º do art. 458 da CLT menciona que os percentuais de estimativa do valor da utilidade devem ser "justos e razoáveis" – ou seja, continuamos com a dificuldade objetiva – mas logo na sequência faz menção ao art. 81 da CLT, devolvendo a dúvida entre dedução salarial e repercussão salarial.

No caso específico da habitação, o art. 458, § 3.º, dá a entender que qualquer que seja o valor encontrado ele não poderá passar 25% do valor do salário – o que se interpreta, novamente, como sendo limite máximo para dedução salarial em caso de fornecimento da utilidade a título oneroso.

Assim, há quem interprete a expressão "real valor da utilidade" como sendo o valor de mercado do bem, ainda que para fins de locação, já que o empregado não fica com a propriedade. A locação tanto pode ser do imóvel como do veículo em empresa especializada nesse serviço. Ocorre que os valores de locação no mercado de autos e de residências embute o lucro das empresas especializadas e dos locadores em geral, pessoas físicas ou jurídicas, bem como uma série de tributos e custos operacionais, que muito afastam essa realidade do cotidiano de uma relação de emprego. O empregador, detentor de um veículo, que meramente é cedido ao empregado, nem de longe se preocupava em auferir lucros ou vantagens com aquele bem, mostrando-se frágil a conta que mistura tabelas de locação de veículos no comércio com a relação de emprego em questão.

Nenhuma tese atende com perfeição à finalidade da norma, que é apenas transpor a vantagem do carro e da casa para uma expressão pecuniária e, assim, poder lançar na escrita contábil e no recibo de pagamento do trabalhador um valor em dinheiro capaz de expressar aquele ganho salarial e, via de consequência, enriquecer o pagamento do fundo de garantia, do décimo terceiro salário e das férias, dentre outros. Porém, há uma tese que consegue ao menos equilibrar os conceitos de quantificação pecuniária e valor simbólico procurado. É a tese do *valor da depreciação do bem.*

A tese do valor da depreciação do bem liga-se diretamente ao sentido de uso provisório que o trabalhador faz da utilidade cedida.

Toma-se o valor do veículo dividido por 60 ou 120, o que representaria, segundo os defensores dessa tese, o tempo de vida útil média de um carro (60 meses são cinco anos e 120 meses são dez anos, dependendo do que se entenda por vida útil; o tempo menor pressupõe que a pessoa se refira a vida útil e atualizada do modelo, ao passo que o tempo mais alargado pressupõe que a pessoa se refira a vida de utilização do bem sem se preocupar com seu padrão de eficiência ou beleza).

1/120 do veículo é aproximadamente o valor que o empregado aufere graciosamente a cada mês em que teve franqueado o uso do veículo, sob este raciocínio. Pode-se estender a ideia para o imóvel residencial, mas com prazos muito mais extensos de vida útil, como 20 ou 30 anos, por exemplo.

Suponha-se um carro de R$ 60.000,00 oferecido a um empregado com salário de R$ 3.000,00. O empregado não usa o carro em serviço, não tem atividades externas, não capta clientes, não faz divulgação de produtos nem dispõe de obrigações a cumprir no trajeto para casa. O carro assume a natureza de salário-utilidade. Então, dilui-se o valor do veículo por cento e vinte meses, na premissa de que o carro tem dez anos de duração média, donde se chega à parcela de R$ 500,00 por mês. Logo, esse empregado não aufere apenas os R$ 3.000,00, mas o equivalente a R$ 3.500,00 mensais, sendo parte em dinheiro e parte em utilidades práticas desvinculadas do contrato de trabalho e que não se confundem com ferramenta de trabalho.

Suponha-se que ele receba também um imóvel graciosamente cedido pelo empregador, no valor de R$ 360.000,00. Para este caso, podemos estabelecer a premissa de 30 anos de duração média de um imóvel sem grandes transtornos, o que significa 360 meses, ou R$ 1.000,00 em vantagem indireta a mais, por mês. Logo, nosso exemplo atinge R$ 4.500,00 mensais, parte em dinheiro, parte em veículo, parte em imóvel.

A premissa do tempo de vida útil do benefício atende ao anseio do percentual "justo e razoável" de que fala o art. 458, § 1.º, da CLT, preenche a ideia de "real valor da utilidade" encampada pela Súmula 258 do TST, mas sem o caráter de compra e venda do bem, depura os problemas do lucro envolvido nas transações comerciais e, ainda, desata o nó das outras teses, que insistem em comparar a utilidade cedida com o salário auferido pelo trabalhador, assunto que sempre leva ao engodo. Salários altos podem ter utilidades pequenas e salários modestos podem ser acompanhados por utilidades expressivas. Se insistirmos em um percentual sobre o salário, o empregado sairá prejudicado em ambas as hipóteses.

Feito esse longo arrazoado, vejamos como funciona o cálculo das férias de um trabalhador que aufere os R$ 3.000,00 de salário, mais o carro equivalente a R$ 500,00 e a casa compatível com R$ 1.000,00.

Se a conta fosse para o fundo de garantia, não haveria qualquer dificuldade. Em lugar de a alíquota de 8% incidir sobre os R$ 3.000,00 em dinheiro, R$ 240,00, a alíquota incide sobre todas as parcelas de natureza salarial, em dinheiro ou em utilidades, ou seja, sobre os R$ 4.500,00, ou R$ 360,00. Também o décimo terceiro salário, o aviso-prévio indenizado e os recolhimentos previdenciários e fiscais sofrerão essa ampliação da base de cálculo (não há falar em reflexos da moradia e do veículo em descansos semanais remunerados, porque, como estudado no art. 67 da CLT, a base mensal já os carrega em seu bojo).

Há, porém, uma diferença fundamental entre essas parcelas (fundo de garantia, décimo terceiro salário e aviso-prévio indenizado) e as férias: as férias existem fisicamente no calendário e não são fictícias nem correspondem a um pagamento paralelo ao salário. Na verdade, elas substituem o próprio salário e acarretam uma suspensão do contrato de trabalho – sempre referindo-se às férias verdadeiramente desfrutadas, por óbvio.

Então, se dissermos que as férias devem corresponder aos R$ 4.500,00 mais um terço de acréscimo constitucional, estaremos a contemplar o trabalhador *duas vezes no mesmo mês com a utilidade* – ele fica com o carro e com a casa e, ainda, recebe de novo o valor equivalente em dinheiro, desta vez não para simples base de cálculo dos recolhimentos, mas em pagamento vivo.

Daí por que o cálculo das férias tem uma peculiaridade adicional: há de ser indagado se o trabalhador manteve o uso da utilidade durante as férias ou se, ao contrário, teve de devolvê-la durante o descanso.

Se permaneceu com a utilidade – e normalmente isso acontece quando foi contemplado com veículo para uso próprio e não como ferramenta de trabalho e por muito mais motivo com a moradia –, já teve o pagamento da utilidade também durante as férias. Restará apenas o acréscimo de um terço. Se, todavia, devolveu a utilidade durante as férias – o que é raro em se tratando de salário, e mais comum em se tratando de instrumento da profissão de que ele não precisará durante o descanso –, então terá direito de lançar o valor em dinheiro na conta das férias, para, depois, auferir o acréscimo de um terço.

Desse modo, no exemplo acima dado o empregado receberá nas férias R$ 4.500,00, porque correspondentes à soma dos R$ 3.000,00 de salário com os R$ 1.500,00 de acréscimo de um terço previsto pela Constituição (sendo R$ 1.000,00 sobre o salário de R$ 3.000,00, R$ 166,66 sobre o carro estimado em R$ 500,00 e R$ 333,33 sobre a casa arbitrada em R$ 1.000,00).

Está errada a conta que acresce o terço apenas sobre o salário-base (o resultado cairia para R$ 4.000,00), desprezando o salário-utilidade, assim como também está errada a conta que não somente acresce o terço como também determina o pagamento integral em dinheiro das utilidades que o trabalhador mantém em casa (o resultado subiria para R$ 6.000,00). A conta a menor dependeria de o trabalhador não ter nenhum salário-utilidade. A conta a maior dependeria de ele ter de devolver veículo e moradia durante as férias.

17. Abono pecuniário ("venda de férias")

O abono pecuniário da CLT em nada se confunde com o acréscimo de um terço sobre as férias, contemplado pelo art. 7.º, XVII, da CF/1988.

O abono da CLT ocorre quando o empregado abre mão de desfrutar todos os dias de férias a que faz jus e, em troca, recebe uma bonificação adicional que muito o estimula a voltar mais cedo ao trabalho – ou seja, de duvidosa harmonia com a finalidade do instituto das férias, muito embora com expressa autorização legal.

O abono constitucional, como é chamado o pagamento do inc. XVII, corresponde meramente a um enriquecimento da remuneração, justamente para fomentar a finalidade de descanso e revigoramento do instituto das férias, proporcionando ao empregado uma situação um pouco mais cômoda, dentro da massa salarial reduzida que existe no país, ao menos durante o período destinado ao descanso.

Recomenda-se que nem ao menos se use a palavra abono, a fim de se evitarem confusões.

Querendo falar da "venda das férias" – expressão tida por pejorativa –, podem-se utilizar as expressões conversão em pecúnia, indenização de 1/3 dos dias ou pagamento do art. 143. Querendo se referir ao art. 7.º, XVII, da CF/1988, é mais apropriado que se diga acréscimo de 1/3, acréscimo constitucional, pagamento adicional de 1/3 e assim sucessivamente.

A palavra abono sozinha não tem conteúdo doutrinário.

Normalmente ela é associada a parcelas de natureza indenizatória, porque não se repete no tempo, não adquire habitualidade e se destina a apenas acobertar situações emergenciais. Aparece, por exemplo, em normas coletivas, quando não foi possível se chegar a um consenso quanto a um índice de reajuste maior, mas se negociou um índice menor acompanhado por um abono a ser pago em apenas um mês, digamos. Até mesmo com o salário-mínimo isso já aconteceu (art. 9.º da Lei 8.178, de 01 de março de 1991).

Feito esse prólogo, passamos agora à disciplina do abono pecuniário do art. 143, sua forma de cálculo e a natureza jurídica, quase sempre indenizatória, prevista pelo art. 144.

A conversão de 1/3 dos dias de férias em dinheiro corresponde meramente a uma faculdade dada ao trabalhador. Não cabe ao empregador escolher quem recebe e quem não recebe o abono. Ao contrário da fixação do período de gozo de férias, que incumbe unicamente ao empregador, na forma do art. 136, o requerimento do abono pertence ao empregado.

Ao que se depreende do § 1.º do art. 143, o direito deixa de ser do empregado e depende da concordância do empregador, caso o pedido do abono não seja feito "15 (quinze) dias antes do término do período aquisitivo". Embora o § 1.º não traga uma punição expressa em caso de perda do prazo, há efetiva importância em se fazer o requerimento com essa antecedência, pelo simples motivo de que a empresa precisa ter caixa para poder "comprar" os dias de férias do empregado. Pedidos de última hora nem sempre poderão ser aceitos, por óbvio.

O prazo de 15 dias antes do encerramento do período aquisitivo mostra-se razoável e atende a uma antecedência bastante ampla para a maioria das férias concedidas, digamos, seis ou dez meses depois. Todavia, pode gerar um embaraço para a hipótese de férias concedidas já no primeiro mês do período aquisitivo. Embora o pagamento das férias seja feito 48 horas antes do início do gozo, a comunicação prévia exigida do empregador é de 30 dias de antecedência, na forma do art. 135 da CLT, de tal sorte que o prazo menor exigido pelo empregado pode gerar a curiosa distorção de ele já haver sido avisado de que terá 30 dias de férias no mês seguinte e, ao depois, requerer 20 dias de férias em descanso e dez dias de férias em abono pecuniário. A interpretação gramatical leva a esse paradoxo.

Como, porém, o art. 143, § 1.º fala "até 15 (quinze) dias antes", o empregado pode e deve fazer o requerimento com antecedência maior, caso saiba ou deva saber da ocorrência das férias a serem concedidas em curto espaço de tempo pelo empregador, sob pena de se consumar o fato que primeiro for divulgado.

A única exceção à regra do requerimento reside nas férias coletivas, dentro das quais não se cogita de requerimento individual de cada trabalhador em prol do abono. A norma coletiva cuidará do assunto, inclusive quanto ao fracionamento das férias, conversão de algum período em pecúnia e gozo dos demais dias, de maneira simultânea por todos ou quase todos os empregados do estabelecimento. Mesmo nas férias coletivas, a conversão em pecúnia está limitada a 1/3 do número de dias.

O art. 143 tomou o cuidado de usar a expressão "1/3 (um terço) do período de férias a que tiver direito" o empregado. Por sorte, as férias previstas pelo art. 130 da CLT contemplam apenas números divisíveis por três, sendo 30 dias a hipótese mais comum, seguindo-se as previsões para 24, 18 e 12 dias, dependendo do número de ausências do trabalhador. Podemos ter, então, na ordem, dez dias de abono, seguindo-se as situações de oito, seis e quatro, no mínimo.

Veto à conversão de um terço das férias em pecúnia para trabalhadores em regime de tempo parcial perdurou de 2001 a 2017.

Embora o abono date de 1943, antes, pois, da Constituição Federal de 1988, é consensual que em seu cálculo se inclua também o acréscimo de um terço sobre a remuneração das férias, à luz do art. 7.º, XVII.

Isso se deve ao fato de que, de forma genérica e atenta, o art. 143 prevê a conversão em pecúnia "no valor da remuneração que lhe seria devida nos dias correspondentes". Então, a melhor interpretação ao art. 143 é, sem dúvida, calcular, em primeiro lugar, o valor das férias como se desfrutadas fossem, com o acréscimo de um terço da Constituição, mais os reflexos das horas suplementares e demais parcelas variáveis, de que se falou no estudo do art. 142 da CLT e a aplicação das tarifas vigentes na época da concessão. Somente após esse esforço é que se devem separar, de um lado, 2/3 de dias a serem gozados e, de outro lado, o 1/3 de dias a serem abonados.

Qual a grande vantagem pecuniária ao trabalhador em converter em pecúnia 1/3 de férias? Afinal, ele já não teria mesmo esse direito se permanecesse no gozo das férias integralmente?

De fato, o trabalhador já faria jus ao período integral de férias, descansando em sua totalidade ou a tendo indenizada na rescisão. A diferença reside no fato de que, se abrir mão de 1/3 dos dias a que tinha direito, volta ao trabalho mais cedo e já começa a contar de novo o direito a seus salários do período trabalhado.

Na verdade, o abono pecuniário de férias diz mais respeito ao incremento no salário do mês seguinte do que propriamente a criar uma vantagem sobre as férias: férias por férias, o empregado já as tem por inteiro; o que ele quer é receber mais dias de salário no contracheque subsequente, e, assim, "sobrepor" dez dias de férias "vendidas" com dez dias de salário pelo labor prestado. O abono não é assim uma gratuidade, mas fruto do trabalho complementar do empregado; se não trabalhar, não tem os dez dias a mais.

A diferença é que, estando em férias por trinta dias, ele está impedido de trabalhar para o mesmo empregador; se ficar vinte dias de férias e "vender" dez dias, ele recebe esses dez dias duas vezes – uma vez sob a modalidade de abono de férias, acrescidas de um terço, e outra vez sob a modalidade de salário dos dez dias laborados, calculados de forma simples, claro está. Os dez dias de abono são calculados como se férias gozadas fossem. Logo, são acrescidos de um terço. Os dez dias de saldo de salário são calculados como salários, de modo que não são acrescidos de um terço. Se o acréscimo de um terço incidisse sobre os 30 dias de férias – 20 gozados e 10 vendidos – e, também, sobre os 10 dias de salário, então teríamos o terço sobre 40 dias, o que não tem assento constitucional.

Já houve até mesmo ação coletiva para tentar forçar o acréscimo de um terço sobre 40 dias, sem êxito.

Talvez ajude um exemplo prático.

Tome-se como exemplo um trabalhador com direito a 30 dias de férias, de 01 a 30 de abril. Dois dias antes de entrar em férias, por volta do dia 28 de março, deverá receber antecipadamente o pagamento inteiro das férias. No quinto dia útil de abril, mesmo que esteja em viagem ou em casa, deverá receber o salário do mês de março, numa curiosa inversão de papéis, mas perfeitamente válida e desejável – o salário do mês já trabalhado acabou sendo pago depois do valor das férias ainda não iniciadas, enfim. Ao voltar ao trabalho no dia 01 ou 02 de maio, nada tem a receber. No quinto dia útil do mês de maio, não haverá salário do mês de abril, pois foi desfrutado sob a forma de férias e, portanto, já foi quitado. Há trabalhadores mais humildes que absolutamente não entendem esse calendário alterado e se sentem lesados quando a folha de pagamento do quinto dia útil do mês de maio, o mês seguinte ao gozo das férias, não traz seu nome. Parece que um mês de salário foi surrupiado, mal observando que cinco semanas antes haviam recebido de forma quase simultânea o equivalente a dois meses de salário, sendo o de março pago de forma simples e o de abril, que são férias, pago de forma acrescida de um terço previsto pela Constituição.

É possível ao trabalhador, porém, incrementar um pouco essa conta. Caso tenha feito o requerimento em até 15 dias antes de o período aquisitivo terminar – o que é o mesmo que dizer 15 dias antes de o período concessivo começar – ou caso tenha perdido o prazo mas o empregador tenha consentido, pode ficar em gozo de férias apenas de 01 a 20 de abril, recebendo-as por inteiro, à razão de 30 dias e não apenas à razão de 20 dias. Voltará ao trabalho em 21 de abril, de tal forma que, no quinto dia útil do mês de maio terá em haver, ainda, os dez dias de saldo de salário de abril. Não se sentirá frustrado pela ausência da folha de pagamento de maio, digamos assim, embora alguns estranhem a "queda do rendimento" porque o salário será tão baixo quanto dez dias.

Há um pequeno detalhe nessa conta, que deve ser sopesado pelo empregado na hora do requerimento: as férias desfrutadas têm natureza salarial e, portanto, incidem no cálculo do fundo de garantia e dos recolhimentos previdenciários, mas o abono pecuniário tem natureza indenizatória e retira os reflexos. Certamente haverá esses reflexos quanto ao saldo de salário que vai ser aberto com a volta ao trabalho – mas aí sem o terço constitucional de acréscimo, bem entendido. São pequenas distorções que a lei não consegue evitar mas que às vezes geram efeitos inesperados.

Sobre o abono pecuniário, não há falar em recolhimentos previdenciários.

O Superior Tribunal de Justiça tem entendimento sumulado de que as férias não gozadas por necessidade de serviço – e a conversão de um terço em pecúnia pode facilmente se encaixar nesta categoria – não sofrem incidência tributária.

A propósito da natureza jurídica do abono pecuniário, como ele não corresponde a nenhuma forma de contraprestação por serviços prestados, nem por período de interrupção do contrato de trabalho, nem, ainda, de períodos em que o empregado aguarda ordens do empregador, é natural que se conclua por sua natureza indenizatória, como, de fato, foi referendado pelo art. 144 da CLT.

Houve uma preocupação, porém, com a natureza jurídica de outros abonos pecuniários que possam ser criados pelas próprias partes, habitualmente em norma coletiva, mas também em regulamento interno de empresa ou até em contrato individual de trabalho. Teme-se a fraude, porque o instituto tem clara natureza indenizatória e, em vez de conceder um reajuste salarial, o empregador poderia instituir um abono pecuniário de 100% sobre o valor das férias ou situação ainda melhor para o trabalhador. Antecipando-se à discussão, o art. 144 menciona a natureza indenizatória apenas para o abono do art. 143 e para os abonos criativos até o limite de 20 dias de salário do trabalhador.

Não se trata de conversão em pecúnia de 20 dias de férias, pois isso seria ilegal e atentatório à finalidade de descanso das férias – alguns, aliás, nem teriam os 20 dias para negociar, aduza-se. Trata-se de um parâmetro de comparação do legislador para aferir se o abono foi exagerado, e passa a ser salarial, ou se foi razoável, e se mantém na casa da natureza indenizatória. Suponha-se que uma empresa pague as férias de 30 dias de forma dobrada, por liberalidade e não porque está diante do estouro do período concessivo. Dispõe o art. 144 que, tendo o empregado auferido o equivalente a mais do que 20 dias, o que sobejou passa a ter natureza salarial.

É, de fato, um comportamento estranho adotado pela lei, porque essa gratificação, mesmo exagerada, não corresponde ao conceito de salário ou de parcela vagamente com natureza salarial ou contraprestativa, mas a finalidade seguramente estava em se impor restrição para evitar a fraude. Por fim, observe-se que a palavra "abono", nesse caso do art. 144, não coincide com o sentido de abono de conversão das férias em pecúnia, mas a qualquer gratificação estipulada para agraciar o empregado nas férias, misturando-se os conceitos em torno de uma só palavra.

Há que se analisar, ainda, outro problema que o abono pecuniário do art. 143 poderá causar: se um trabalhador detém apenas 12 dias de férias e pede corretamente o abono pecuniário de 1/3, terá quatro dias em dinheiro e oito dias para descanso. Esses oito dias de descanso geram duas consequências severas.

De um lado, é uma quantidade muito baixa, que praticamente não cumprirá o propósito da norma, não alterará significativamente sua rotina ou seu metabolismo e não chega a cumprir a orientação da CLT de que haja um período contínuo de dez dias – duas semanas na linguagem da Convenção n. 132 da OIT, mas como já analisado em outro contexto e com outras desvantagens em relação à lei trabalhista. É um dado negativo, mas endossado pelo próprio legislador que, ao redigir o art. 143, poderia e deveria ter limitado essa conversão de um terço dos dias apenas para casos de abundância de férias e não para a hipótese da escassez, como é a situação dos 12 dias de férias.

De outro lado, porém, o empregador acaba de ficar proibido de fracionar as férias, ainda que quisesse ou necessitasse. Com uma fatia de oito dias, não há como poder rachar o período em duas partes e ainda manter uma delas com dez dias, como menciona a CLT. Então, a conversão de 1/3 dos dias em pecúnia tem essa dupla peculiaridade: achata excessivamente o número de dias de gozo em certas circunstâncias, mas com chancela da lei, e, ao mesmo tempo, inibe o fracionamento pelo empregador, mesmo querendo.

18. Hipóteses de férias proporcionais

Em tese, o legislador brasileiro poderia ter adotado outro entendimento, afirmando que as férias somente seriam devidas quando encerrado o período aquisitivo, para gozo oportuno ou para indenização pecuniária em caso de rescisão do contrato de trabalho antes que o descanso viesse, mantendo os períodos inferiores a um ano como se fossem meras expectativas de direito.

Entretanto, semelhante afirmação legislativa certamente levaria a uma distorção ainda maior, a saber, a rescisão do contrato de trabalho assim que o empregado completasse 11 meses de casa, porque ainda estaria no patamar da expectativa e nada lhe seria devido. Mesmo que se estipulasse a fração de seis meses como marco inicial do direito às férias proporcionais, ainda assim poderíamos pensar num "incentivo" para a rescisão já no quinto mês, e assim sucessivamente.

Houve um tempo em que as férias proporcionais eram desconhecidas pela legislação brasileira.

Na redação original de 1943, o então art. 142 (hoje correspondente ao 146) estipulava o direito a férias, em caso de rescisão, apenas pelos períodos completos, "cujo direito [o empregado] tenha adquirido". Não havia previsão para o pagamento proporcional. O parágrafo único do art. 142 falava de outro assunto completamente diferente, que era o direito de o empregador descontar o aviso-prévio não concedido pelo empregado demissionário, terminando o assunto sem tocar no tema das férias proporcionais.

A distorção somente foi corrigida oito anos depois, pela Lei 1.530/1951, que inseriu o direito ao "pagamento do período incompleto" de férias, mas apenas para os empregados com mais de um ano de casa.

À época, a inserção do direito às férias proporcionais causou controvérsia a respeito do direito adquirido, da expectativa do direito e do próprio sentido de se pagar de forma fracionada aquilo que se destina ao descanso. Indagava-se se o organismo do trabalhador já carecia de repouso se ainda não se complementara o período mínimo considerado pelo próprio legislador como sendo o da exaustão física. A matéria foi parar no Supremo Tribunal Federal, que editou a Súmula 200, de 13.12.1963, tão somente para referendar a constitucionalidade da 1.530/1951 (ou seja, das férias proporcionais).

O direito às férias proporcionais mesmo antes de completado o primeiro ano do contrato de trabalho viria a ser consagrado duas décadas depois, pela redação ao art. 146 da CLT dada pelo Dec.-lei 1.535, de 13.04.1977. À ideia de que as férias proporcionais deveriam ser calculadas por dia laborado, à razão de 1/365, prevaleceu a tese de férias proporcionais por mês laborado, à razão de 1/12, desprezando-se a fração até 14 dias e aproveitando-se a fração de 15 dias para cima como se fosse uma unidade.

Elas não devem ser associadas nem a prêmio (ao empregado), nem a castigo (ao empregador). Cuida-se meramente de conversão em pecúnia de um título considerado inerente ao contrato de trabalho e que estava em vias de ser implementado para o descanso. Como o descanso se torna inviável em caso de rescisão contratual, impõe-se tratar a matéria o mais parecido possível com a realidade que teria acontecido caso a relação de emprego fluísse.

É um conceito muito mais de Direito Civil – restituir as partes integralmente ao estado do qual não deveriam ter se afastado – do que propriamente de Direito do Trabalho.

Isso significa que, em tese, as férias proporcionais não deveriam ser associadas à causa de rescisão do contrato de trabalho. Por exemplo, o empregado que comete justa causa evidentemente deu motivo para a ruptura do contrato de trabalho e perde o direito ao que for tido por indenização rescisória, como a multa de 40%, além de liberar o empregador de lhe dar aviso-prévio.

Porém, não deveria perder o direito ao descanso, dada a natureza distinta dos dois assuntos – relapso no comportamento, de um lado, e desgaste físico e mental, mesmo do pior dos empregados, de outro lado. A afirmação não deveria causar perplexidade, haja vista que se pagam as férias vencidas e as férias dobradas, mesmo na justa causa, sem maior alarde. Quando o assunto diz respeito a férias proporcionais, porém, vem à mente muito mais a noção de prêmio do que de descanso pela fadiga. Foi assim que o art. 146 da CLT adotou o entendimento de manter as férias vencidas e dobradas para o empregado faltoso, mas excluir as proporcionais.

Interpretação sistemática da Convenção 132 da Organização Internacional do Trabalho recomenda mudança nesse entendimento.

Conforme seu art. 4.º, qualquer pessoa que tiver cumprido, no decorrer de determinado ano, um período de serviço de duração inferior ao período requerido para conferir o direito à totalidade das férias (...), terá direito, no referido ano, a férias pagas de duração proporcionalmente reduzida. E arremata o art. 5.º: Poderá ser exigido um período de serviço mínimo para conferir o direito a férias anuais pagas

(...), mas este não deverá em caso algum ultrapassar seis meses. A expressão qualquer pessoa e mais a ausência de exceção para fins de justa causa ou outra situação levam à certeza de que a Convenção não associou férias proporcionais com verbas rescisórias da dispensa sem justa causa ou do pedido de demissão.

Ocorre que, novamente, o sistema brasileiro se mostra mais favorável ao trabalhador quando interpretado de forma dinâmica.

Claro que, para o empregado que cometeu justa causa, a Convenção está mais favorável do que a CLT, mas aquela concebe férias proporcionais somente a partir do sexto mês de contrato de trabalho, qualquer que seja o motivo da rescisão, enquanto a lei brasileira não dispõe de patamar mínimo. Um mês de contrato de trabalho, mesmo temporário, já é o bastante para a conquista das férias proporcionais, por exemplo.

Dessa forma, o acréscimo constitucional de 1/3, previsto pelo art. 7.º, XVII, da CF/1988, é naturalmente inserido no cálculo das férias proporcionais, a fim de que elas sejam um retrato fiel das férias que deixaram de ser desfrutadas. Idem quanto aos reflexos da remuneração variável, como horas suplementares (art. 142, § 1.º), ganhos por produção (art. 142, § 2.º) e comissões (art. 142, § 3.º).

Sua natureza jurídica é essencialmente indenizatória.

No particular, nem ao menos cabe a discussão de saber se as férias foram desfrutadas – e, assim, teríamos caso de suspensão do contrato de trabalho e natureza eminentemente salarial – ou se foram indenizadas por necessidade de serviço – como as férias dobradas e as férias simples pagas em rescisão, cuja natureza é predominantemente indenizatória, apesar da divergência do Regulamento do Imposto de Renda, contra o qual foi editada a Súmula 125 do STJ, já referida acima. O assunto aqui é outro. Essas férias nem ao menos existiram no plano dos fatos, ensejando uma indenização pelo que deixou de ser implementado.

O direito às férias proporcionais acrescidas de 1/3 alcança o trabalhador doméstico – art. 17, § 1.º, da LC 150/2015.

As férias proporcionais se contam por mês do período aquisitivo e não por mês do ano civil. Empregado admitido em 20 de setembro e dispensado em 10 de abril, sem contar a projeção do aviso-prévio indenizado, faz jus a 7/12 de férias proporcionais, sendo 6/12 de setembro a fevereiro e mais 1/12 pela fração daquilo que excedeu do dia 20 de março. Os primeiros 6/12 foram contados mês a mês e não dia a dia. Quando a conta chega em 20 de março, sem que exista no contrato de trabalho o dia 20 de abril, o cálculo muda para dia a dia, a fim de se aferir a fração superior a 14 dias. Se a dispensa houvesse acontecido até o dia 4 de abril, o trabalhador não conseguiria amealhar mais 1/12, pois a fração seria de 14 dias para menos.

A proporcionalidade vale também para o empregado sujeito a contrato de trabalho a tempo parcial.

Há uma curiosa mistura do art. 130 – tabela do número de dias de férias, proporcional aos dias de faltas injustificadas ao trabalho – com o art. 146, parágrafo único – que estipula o pagamento proporcional aos meses laborados. Todo esse esforço de localizar os 12 avos não pode perder de vista que o trabalhador nem sempre atinge 30 dias de férias. Suponha, mantendo o exemplo supra, que o empregado faltou seis dias injustificadamente naqueles seis meses e meio. Então, seu direito será de 7/12 de 24 dias – e não 7/12 de 30 dias, como supõem os leigos.

O art. 147 da CLT cria uma situação embaraçosa. Não havia necessidade de separar o empregado veterano, com mais de um ano de casa, no art. 146, parágrafo único, do empregado novato, com menos de um ano de casa, no art. 147, para fins de direito às férias proporcionais. Há pouco fundamento científico para isso, a não ser que se considere que a exaustão física e mental cheguem somente após um ano de contrato de trabalho, o que representa uma presunção muito superficial. Ainda assim, a lei houve por bem contemplar todos os veteranos com as férias proporcionais, exceto na justa causa. Ao revés, as férias proporcionais para os novatos ficou limitada a apenas duas hipóteses: dispensa sem justa causa e encerramento do contrato de trabalho por prazo determinado.

A leitura rápida do art. 147 revela que os contratos de trabalho extintos por pedido de demissão, falecimento do trabalhador, culpa recíproca ou, para quem concorda, aposentadoria espontânea retiram o direito às férias proporcionais. A discriminação das causas de rescisão do contrato de trabalho em prol da dispensa sem justa causa sempre foi vista com desconfiança e recebeu censura no texto da Convenção 132, mas continua a ser praxe no direito brasileiro.

As férias proporcionais costumam ser confundidas com verba rescisória porque somente podem ser pagas em havendo extinção de contrato de trabalho. Com exceção do disposto no art. 140 da CLT – sobre gozo de férias proporcionais para o empregado novato que se vê envolvido em férias coletivas antes mesmo de seu primeiro período aquisitivo –, não existe pagamento de férias proporcionais individuais na constância do contrato de trabalho: ou bem o empregado implementa o período aquisitivo e o empregador agenda o período de gozo, ou bem o empregado tem o contrato de trabalho encerrado e recebe de forma indenizada o valor equivalente. Mesmo no caso do contrato de trabalho suspenso, não são devidas férias proporcionais. O caso mais intrigante é aquele da aposentadoria por invalidez, que o legislador deixou num limbo jurídico.

Estipula a lei que a aposentadoria por invalidez não extingue jamais o contrato de trabalho. Suspende-o por prazo indefinido, na expectativa de que o empregado obtenha a cura, o que mescla situações passíveis de melhoria com situações graves e irreversíveis. As férias vencidas ficam sem gozo porque o período concessivo não se implementa jamais. As férias proporcionais abaixo de seis meses serão perdidas, por causa da regra do art. 133, IV, que retira o direito quando o benefício previdenciário excede de seis meses durante o período aquisitivo, possivelmente a situação da pessoa que entra em afastamento médico e não volta mais.

As férias proporcionais de seis meses para mais não são afetadas pela regra do art. 133, mas também não podem ser exigidas, pois o contrato de trabalho não encontrou seu final. Da forma como a lei está concebida, somente o óbito do trabalhador atingirá, em muitos casos, a extinção do contrato de trabalho, sem prejuízo de outro intrincado debate – aquele em torno da prescrição.

19. Peculiaridades da prescrição trabalhista em torno das férias

Segundo o art. 149 da CLT, "a prescrição do direito de reclamar a concessão das férias ou o pagamento da respectiva remuneração é contada do término do prazo mencionado no art. 134 ou, se for o caso, da cessação do contrato de trabalho". Isso representa uma série de pequenas alterações em relação ao conceito e às consequências da prescrição, conforme se passa a demonstrar.

Em primeiro lugar, deve ser desde logo relevado o lapso do artigo quanto à referência da prestação sobre o "direito de reclamar". Na moderna doutrina, bem como na redação precisa do art. 189 do CC/2002, a prescrição atinge a pretensão ou sua eficácia, não interferindo na ação, que pode ser ajuizada mesmo que seja para discutir a prescrição, nem no direito, que permanece intacto e pode eventualmente ser satisfeito de forma voluntária pelo réu, sem que isso configure enriquecimento sem causa. A expressão mais apropriada, portanto, seria "a prescrição da pretensão sobre férias", mas o fato é que essa realidade ainda não vigorava na década de 1940.

Em segundo lugar, há um curioso distanciamento do Direito do Trabalho com relação à data de início dos prazos prescricionais naquilo que preconiza o Direito Civil. Conforme o mencionado art. 189 do CC/2002, "violado o direito, nasce para o titular a pretensão, a qual se extingue, pela prescrição, (...)". Ora, normalmente a data da violação do direito coincide com a data da fluência do prazo prescricional, ou, quando muito, a data da ciência da violação do direito, para aqueles casos em que houve uma distinção entre os dois cenários. Não é isso, porém, que norteia o Direito do Trabalho.

Tome-se como exemplo a contagem do biênio prescricional, de que cuida o art. 7.º, XXIX, da CF/1988. O marco inicial da contagem é sempre a data da rescisão do contrato de trabalho. Pode-se discutir se a rescisão se operou de imediato, como no pedido de demissão, na dispensa por justa causa ou no encerramento do contrato de trabalho por prazo determinado, ou se, ao contrário, a rescisão se opera com data previamente fixada, como na dispensa sem justa causa com aviso-prévio indenizado.

Porém, em todas essas hipóteses, o marco inicial da prescrição foi uma data rígida – o dia do encerramento do contrato de trabalho – que nada tinha que ver com a violação ao direito ou com a ciência da violação do direito. O trabalhador somente terá ciência do pagamento das verbas rescisórias alguns dias depois – um dia nos casos de cumprimento de aviso trabalhado e dez dias na maioria das hipóteses, inclusive a dispensa sem justa causa com aviso-prévio indenizado, tudo na forma do art. 477 da CLT.

Ora, neste exemplo a lesão ao direito ainda não aconteceu ou ainda não foi apresentada ao trabalhador, mas o prazo prescricional já fluía normalmente, por força da redação do art. 7.º, XXIX, da CF/1988, mas também do antigo art. 11 da CLT, que adotava a mesma sistemática. Para o legislador, algumas datas marcantes do contrato de trabalho, como a rescisão, são mais relevantes do que a data da violação do direito e de sua ciência por parte do trabalhador.

Para agravar ainda mais esse exemplo, existem situações em que o contrato de trabalho sofre extinção no plano jurídico, mas não no plano dos fatos, como a hipótese da conversão do regime do servidor público, passando de CLT para estatutário. Isso pode acontecer nos milhares de Municípios ou nas 27 unidades da Federação, mas se tornou célebre com o episódio do servidor público federal, que, aos 11.12.1990, foi colhido pela Lei 8.112 e transformado em estatutário, independentemente de sua origem ou condição. Todos os contratos de trabalho regidos pela Consolidação das Leis do Trabalho foram automaticamente extintos naquela data, disparando o biênio prescricional total – exaurido, portanto, em 11.12.1992, ainda que o empregado tenha prosseguido na mesma repartição, sob idêntica chefia e mesmo pagamento remuneratório. Novamente, a data rígida ditada pelo legislador prevaleceu sobre cenários de lesão, conhecimento da lesão ou discussão sobre a lesão.

Outro exemplo marcante desse cenário reside na disciplina da ação de cumprimento de decisão normativa, a se aplicar o ensinamento da Lei 7.701, de 22.12.1988, especialmente seu art. 7.º, § 6.º – "A sentença normativa poderá ser objeto de ação de cumprimento a partir do vigésimo dia subsequente ao do julgamento, fundada no acórdão ou na certidão de julgamento, salvo se concedido efeito suspensivo pelo Presidente do Tribunal Superior do Trabalho."

Essa expressão, "ação de cumprimento a partir do vigésimo dia", representa a exigibilidade da cláusula da norma coletiva independentemente de seu trânsito em julgado, o que provoca um dilema. Como já é exigível, o empregado pode reivindicar desde logo em processo individual ou através de substituição processual pelo sindicato – redação do art. 872, parágrafo único, da CLT. Como, porém, a cláusula ainda é reversível, podendo até mesmo estar em desarmonia com jurisprudência dominante do TST ou com seus Precedentes Normativos, a prudência pode recomendar que os empregados esperem a formação da coisa julgada, a fim de evitar os custos e os riscos do processo em questão.

Se a ação de cumprimento estiver em andamento quando chegar a notícia de cassação da cláusula ou de toda a decisão normativa, extingue-se liminarmente a ação individual ou, havendo sentença já proferida, ela se torna inexequível, pois formava meramente coisa julgada atípica, pois dependente de condição resolutiva, ou seja, da não modificação da decisão normativa por eventual recurso.

Criou-se, então, uma rara figura de ajuizamento "facultativo" de ação, porque a lesão ao direito já se verificava, mas ao mesmo tempo o direito não estava completamente formado, como no caso de uma lei ou de um decreto. O direito estava em vias de formação, digamos assim, mas simultaneamente a Lei 7.701/1998 já delineia uma cobrança da parcela.

Eis que se criou uma figura híbrida, em que existe ação exercitável sem fluência de prazo prescricional, uma cortesia do legislador que alargou o tempo útil de ajuizamento da ação, reforçando a tese de que para o Direito do Trabalho a data da lesão ou a data do conhecimento da lesão têm pouca influência. A diferença aqui é que a lesão pode ter ocorrido sem que o prazo estivesse em andamento, ao passo que nas verbas rescisórias o prazo já começou a correr na data da rescisão, ainda que a lesão somente venha a acontecer na homologação das verbas rescisórias.

Chega-se, assim, ao caso das férias, que se equiparam mais ao caso da ação de cumprimento do que ao caso das verbas rescisórias, ou seja, foram as férias contempladas com uma "dilação" na contagem do prazo, ainda que a lesão já tenha sido perpetrada pelo empregador. Senão, vejamos.

O período concessivo tem 12 meses.

Embora o empregador tenha liberdade de escolha sobre qual a data do gozo das férias do empregado, todos os procedimentos e os prazos devem caber dentro desses 12 meses. Se o prazo está se esgotando e o empregador nada manifesta, torna-se evidente que o direito será descumprido. Na verdade, faltando 60 dias para acabar o prazo concessivo de 12 meses, já é possível afirmar que a norma sobre as férias foi descumprida. Isso ocorre porque a antecedência de comunicação ao empregado sobre as férias é de 30 dias e o número de dias de férias normalmente é também de 30 dias. Para que se cumpra integralmente a norma, o empregado deve ser pré-avisado faltando 60 dias para exaurir o período e entrar em gozo de férias faltando 30 dias para esgotamento do período. Tudo o que passar dessas semanas finais já invadirá o período seguinte, com as penalidades impostas ao empregador.

Ocorre, porém, que a Consolidação das Leis do Trabalho parece ter tratado esse descumprimento da prévia comunicação e do gozo dentro do período concessivo como meros detalhes, ao que se depreende da leitura dos arts. 137, § 1.º, e 149. Por aquele artigo, descobre-se que a ação exercitável do empregado para exigir a concessão das férias, a serem agora fixadas por sentença, somente pode ser aforada quando vencido o período concessivo e não quando vencido o período de prévia comunicação para que coubessem as férias dentro do período concessivo. Pelo art. 149 da CLT, a seu turno, segue-se a data rígida do último dia do período concessivo como marco para a prescrição das férias, o que quer que tenha ocorrido em seu transcurso. A data é o símbolo ou um marco, sem se sensibilizar com data de lesão ou de ciência de lesão, repita-se.

Caso aconteça de o contrato de trabalho ser extinto nesse meio tempo, a data da rescisão contratual passa a ter prioridade. Isso já era verdadeiro na origem da Consolidação das Leis do Trabalho, quando o prazo de dois anos valia tanto para a vigência como para a extinção do contrato de trabalho, e passa a ser ainda mais correto com a Constituição Federal de 1988, que aponta um prazo de cinco anos para a prescrição na vigência contratual, mas limitado a dois anos após a rescisão.

Ou seja, ainda que o empregado esteja a contar cinco anos do último dia do período concessivo, deve se preocupar em ajuizar a ação dentro do biênio prescricional que será deflagrado quando de sua rescisão, sob pena de não poder alcançar aquele outro prazo. Ambos têm a mesma natureza prescricional, devendo ser refutada a tese de que um deles tenha natureza decadencial ou qualquer outra natureza, mas a sistemática da contagem, tal como proposta pela Constituição Federal de 1988, exige a prioridade do biênio na contagem em face do quinquênio.

Graças à flexibilidade da contagem do prazo consagrada pelo art. 149 da CLT, as férias se tornaram a única parcela capaz de cobrir sete anos de pretensão. Apenas cinco anos alcançarão o décimo terceiro salário, as horas suplementares, o adicional de insalubridade, o vale-transporte e as demais parcelas.

O fundo de garantia não serve de comparação, por deter regulamentação bastante específica e natureza jurídica considerada híbrida, entre a verba trabalhista e a origem tributária. As férias não estão limitadas a cinco anos, pois a regra do último dia do concessivo espalha de forma mais ampla a contagem. Observe-se o seguinte exemplo:

Empregado admitido em 01.03.2019 vem a pedir demissão em 01.10.2025 e ajuíza ação em 01.02.2026. A defesa invoca a prescrição trabalhista, tendo a sentença declarado inexigíveis as parcelas anteriores a 01.02.2021. Logo, as pretensões estão adstritas ao período de 01.02.2021 à rescisão de 01.10.2025. Porém, com a regra do art. 149 da CLT, o trabalhador não perdeu nada a título de férias, mantendo a pretensão sobre todas elas.

As férias de 2019/2020 tinham o período concessivo até 01.03.2021. Como a prescrição remontou a 01.02.2021, todo aquele período de 2019/2020 se manteve exigível. Foi por pouco, mas o bastante para tomar 100% do período. As férias 2020/2021 tinham concessivo até 01.03.2022, evidentemente dentro do prazo prescricional, e assim por diante. Resultado: serão cinco períodos de férias dobradas (2019/2020, 2020/2021, 2021/2022, 2022/2023 e 2023/2024), mais um período de férias simples (2024/2025) e, ainda, os 7/12 de férias proporcionais pelo período de 01.03.2025 a 01.10.2025 – todas elas acrescidas de 1/3 do art. 7.º, XVII, da CF/1988, aduza-se. Sete temas sobre férias (cinco dobradas, um período simples e um período proporcional) correspondem efetivamente a uma situação favorável criada pela lei.

Caso o exemplo fosse invertido (admissão em 01.02.2019 e ajuizamento da ação em 01.03.2026, trocando-se, portanto, o mês de cada item), o trabalhador perderia a pretensão sobre as férias de 2019/2020, porque o período concessivo expirava em 01.02.2021 e a prescrição quinquenal remontava apenas a 01.03.2021. O último dia do período concessivo das férias de 2019/2020 ficaria, assim, fora do alcance do quinquênio.

Todos esses exemplos têm como ponto comum a completa ausência de concessão ou de pagamento de férias. Indaga-se, todavia, se o art. 149 da CLT se aplica também ao caso de férias concedidas e pagas 48 horas antes do gozo pelo empregador, mas que o empregado pretenda questionar judicialmente.

Retomemos o exemplo anterior, do empregado admitido em 01.03.2019.

Suponha-se que as férias adquiridas em 2019/2020 tenham sido desfrutadas em janeiro de 2021, ainda dentro do período concessivo. Porém, o empregador deixou de pagar o acréscimo de um terço previsto pela Constituição – ou, ainda, deixou de implementar os reflexos das horas suplementares e do adicional noturno praticados durante o período aquisitivo. Nesse caso, temos as férias realmente concedidas, desfrutadas e pagas, mas a divergência se concentra no cálculo efetuado para o pagamento.

Pode-se argumentar que, ao contrário da hipótese anterior, em que nenhum período de férias foi concedido ou desfrutado, aqui a prescrição deveria ser contada a partir do conhecimento da lesão – as 48 horas antes do gozo, quando o pagamento, a menor, foi efetuado – sem direito a vantagens adicionais na contagem da prescrição. Por esta interpretação, o art. 149 da CLT somente "estica" a contagem do prazo prescricional para as duas hipóteses lá previstas – ausência de concessão de férias e ausência de pagamento de férias – e não se estende a outras situações – diferenças de reflexos de horas suplementares e adicional noturno sobre as férias, diferenças do acréscimo de um terço previsto pela Constituição Federal, irregularidades no fracionamento das férias, erro na contagem do número de dias e diversas outras situações em que as férias foram concedidas e pagas, mas com imperfeições.

Para todas essas circunstâncias de pagamento irregular, segue-se a data do pagamento para fins de prescrição, normalmente as 48 horas antes do gozo. Para o caso de fracionamento irregular – como o empregador que divide as férias em três períodos de dez dias – faz sentido que se conte a prescrição do último deles, quando se teve certeza da irregularidade.

Por fim, a melhor forma de contar a prescrição para a pretensão do abono pecuniário do art. 143 da CLT – a conversão de 1/3 (um terço) dos dias disponíveis de férias em pecúnia – é disparar o prazo da data do primeiro período de gozo das férias daquele ano. É verdade que o art. 143, § 1º, fala em requerimento do trabalhador até 15 dias antes de expirar o período aquisitivo, mas ali ainda havia mero pedido, sem nenhuma consequência prática. Uma vez formulado o requerimento, o empregador deve se programar para fazer o pagamento quando da concessão das férias, cuja data é aquela que melhor atenda aos interesses do empregador. Concedidos, digamos, vinte dias de férias, é indispensável que o empregador simultaneamente quite os outros dez dias em pecúnia.

Não o fazendo, começa a fluir o prazo prescricional para essa pretensão. Não faz muito sentido misturar a norma especial do art. 149 da CLT, de postergar a contagem da prescrição para o último dia do período concessivo, com o abono do art. 143 da CLT, que, na verdade, não corresponde ao conceito de férias nem de pagamento de férias.

Capítulo 10

A extinção do contrato de trabalho

1. Nota histórica sobre o papel da assistência para procedimentos rescisórios

O art. 477 contemplava a necessidade de assistência sindical – também chamada de chancela ou mais comumente de homologação – para as rescisões de contrato de trabalho com mais de um ano de duração. O objetivo seguramente era a assessoria na elaboração dos cálculos, o que se mostra benéfico inclusive ao pequeno empregador e às pessoas de boa-fé em geral.

Dada a dificuldade de alguns sindicatos e os prazos extensos de agendamento para a assistência de homologação, o legislador expandia o encargo de prestar assistência na rescisão contratual para vários outros órgãos, a começar pelas unidades de inspeção do trabalho.

Havia, ainda, o veto que algumas entidades sindicais baixaram sobre dispensas por justa causa e pedidos de demissão: ainda que não haja contestação por parte do empregado, as entidades deixavam de prestar assistência nessas hipóteses, formando um estranho limbo jurídico. É como se provocassem o empregado a procurar o Judiciário, às vezes inutilmente, tudo a levar os empregadores a terem de buscar a assistência pública.

A assistência pelos órgãos públicos, por sua vez, era obstada em caso de irregularidade na representação das partes, existência de garantia de emprego, no caso de dispensa sem justa causa, fluência de alguma suspensão contratual, inaptidão do trabalhador declarada no atestado de saúde ocupacional, falta de comprovação do pagamento das verbas rescisórias ou recusa do empregador em pagá-las.

A assistência ao empregado na rescisão do contrato de trabalho era um ideal do legislador para, ao mesmo tempo, proporcionar maior qualidade das informações e desafogar o Poder Judiciário. Não é fácil conhecer todos os cálculos das verbas rescisórias e as partes normalmente precisam de um apoio, sem que isso represente que elas estejam em conflito. O empregado pode ter dúvidas sobre seus direitos e o empregador, na maior parte das vezes, encontra teses conflitantes sobre o cômputo de reflexos e demais critérios de cálculo.

A assistência compreendia a informação de direitos e deveres aos interessados; eventual conciliação de controvérsias; conferência dos reflexos financeiros decorrentes da extinção do contrato; e, de maneira geral, verificação da quitação dos valores especificados no Termo de Rescisão do Contrato de Trabalho.

Dado que nem todo o país conhece postos avançados da fiscalização trabalhista, o legislador previa mais três órgãos passíveis de prestar assistência para a rescisão contratual, mas, agora, em escala de prioridade: em caso de inexistência das entidades sindicais e da autoridade trabalhista, o Ministério Público do Trabalho em primeiro lugar, o Defensor Público em segundo e o Juiz de Paz em terceiro eram acionados para concorrer com essa pacificação social.

Evidentemente o Ministério Público do Trabalho era o segmento mais afeto à matéria, mas, ainda assim, havemos de lembrar que os ofícios não estão instalados em todas as Comarcas do país. A Defensoria foi completamente reestruturada após a Constituição Federal de 1988, sendo provável que essa verificação de contas pertencesse à Defensoria Pública da União, dado que o Direito do Trabalho é tema federal, e não àquela dos Estados e do Distrito Federal. O Juiz de Paz, finalmente, com idade mínima de vinte e um anos (art. 14, § 3.º, VI, *c*, da Constituição), ainda espera pela completa implementação do art. 98, II, da Constituição.

Esse sistema, com seus vícios e virtudes, vigorou de 1943 a 2017 na sociedade brasileira, sempre envolvido em dúvidas jurídicas – especialmente quanto ao alcance da eficácia liberatória decorrente da verificação das contas pelo sindicato ou autoridades públicas – e em críticas quanto ao nível de exigência das entidades, até mesmo cobrança indevida de taxas para a prestação do serviço essencialmente gratuito.

As reformas trabalhistas de 2017 alteraram a redação do art. 477 da CLT, de modo a preservar a indispensabilidade do pagamento das verbas rescisórias no prazo máximo de 10 dias, a fim de não deixar o empregado desprovido dos haveres, mas sem exigir que os cálculos fossem submetidos a terceiros. Doravante, o empresário faz suas próprias contas com seus próprios conhecimentos e sem submissão prévia a nenhuma autoridade ou sindicato, e promove o pagamento, a anotação da saída na Carteira de Trabalho e uma comunicação simples aos órgãos públicos, pelos meios eletrônicos.

Sem chance de errar, podemos dizer que a reestruturação do art. 477 da CLT e a abolição dos procedimentos de homologação de verbas rescisórias representa um dos pontos de maior impacto da reforma legislativa de 2017.

2. Efeitos jurídicos do pagamento das verbas rescisórias

Reinou ampla controvérsia acerca dos efeitos da homologação das verbas rescisórias pelos órgãos autorizados. Se fosse apenas uma verificação de contas, teria a assistência um caráter facultativo. No entanto, o art. 477 considerava obrigatória a assistência e afirmava que não haverá "validade" no ato desprovido da chancela autorizada. Claro que o trabalhador não poderá receber novamente as férias proporcionais acrescidas de um terço, o décimo terceiro salário proporcional, o salário e o aviso-prévio indenizado pelo simples fato de faltar um carimbo no instrumento de rescisão, pois isso representaria um enriquecimento sem causa.

No entanto, jamais conseguiria sacar fundo de garantia ou perceber seguro-desemprego, por exemplo, sem a homologação rescisória. Após a reforma trabalhista de 2017, o levantamento do fundo e do seguro foi autorizado por simples apresentação da Carteira de Trabalho com a data da saída lançada pelo empregador.

Paralelamente às discussões sobre o modo de operação da homologação, ora em desuso, campeava a discórdia sobre o exato entendimento do § 2º do art. 477 – a possível eficácia liberatória geral que ele carrega.

Em verdade, mudança não houve na reforma de 2017. O dispositivo continua a afirmar que a quitação outorgada pelo trabalhador quita a "parcela".

Mas é evidente que seu sentido ficou prejudicado com o desaparecimento da assistência, sindical ou estatal, porque era essa verificação externa que revestia o ato de algum grau de certeza e de eficácia.

Fazendo-se o pagamento em dinheiro no departamento pessoal da empresa ou mediante simples transferência bancária, não teremos nada diferente do que um pagamento salarial mensal ou uma folha de pagamento como outra qualquer: não há razão alguma para acharmos que essa quitação poderia vir acompanhada de eficácia liberatória ou do manto da imutabilidade.

E o dispositivo refere apenas o óbvio: o pagamento em dinheiro quita apenas aquela importância mesma, evitando-se o enriquecimento sem causa. Apenas isso. Não quita o título que se pretendeu pagar e muito menos as verbas rescisórias como um todo.

Mas nem sempre foi tão simples assim.

Na área matemática, a palavra parcela corresponde a uma das partes da operação de soma. As várias parcelas são agregadas para atingir o total. Dentro dessa interpretação gramatical, o significado do art. 477, § 2.º, fica reduzido ao óbvio, ou seja, a quitação atinge apenas os valores pagos e não o nome do título pago. Se houve pagamento de R$ 500,00 de férias, a quitação recai sobre os R$ 500,00 e não sobre as férias: o empregado não pode reivindicar novamente os R$ 500,00, mas pode ajuizar ação para reivindicar mais férias – reflexos de férias, dobra, terço, recálculo etc.

Caso a palavra parcela fosse interpretada no sentido de título ou nome da rubrica, a quitação recairia sobre o conteúdo inteiro e não meramente sobre o valor. Assim, o pagamento de R$ 500,00 de férias levaria à quitação das férias como um todo e não apenas dos R$ 500,00. O trabalhador não poderia mais aspirar à diferença de férias, ainda que o cálculo tenha sido malfeito ou que, digamos, tenha sido omitida a média correta de horas extras praticadas.

Reside precisamente aqui a diferença entre o alcance da quitação, dividindo-se as teses entre os reducionistas e os expansionistas dos efeitos da assistência – ou, em outras palavras, entre os adeptos da parcela enquanto valor e da parcela enquanto título. Os efeitos de uma tese ou de outra são drásticos: aceitar ou não aceitar o questionamento dos valores, outrora calculados pelo sindicato ou pelo Ministério do Trabalho, e não os valores calculados pelo empregador.

A primeira tese prevalecente foi a reducionista e encarava a palavra parcela como simples valor matemático, como pode ser visto na Súmula 41 do TST, válida de 1973 a 1994. Após, trocou-se a palavra "valores" da Súmula 41 pela expressão "eficácia liberatória em relação às parcelas" na Súmula 330, mas apenas às homologações sindicais.

Nunca chegou a ser formado consenso a respeito. A própria Súmula 330 passou por um processo de esvaziamento, à medida que foram sendo acrescentadas ressalvas, exceções e procedimentos capazes de não levar à propalada eficácia liberatória.

Ao eliminar os procedimentos de homologação, indiretamente o legislador levou à perda do objeto da controvérsia e não saberemos ao certo se a palavra parcela deve ser entendida pelo critério matemático ou jurídico.

3. Compensação de parcelas na rescisão

O princípio protetor conhece a regra da intangibilidade salarial, que veta descontos salariais indiscriminados, como forma de tutelar a fonte de rendimentos do trabalhador. Contudo, tem-se a impressão de que a regra hoje é o desconto salarial e não o contrário.

Há descontos por atos decorrentes de culpa do trabalhador (art. 462), mais os recolhimentos previdenciários e fiscais, as deduções sindicais, a participação do empregado no vale-transporte, os descontos decorrentes de norma coletiva, o empréstimo consignado, a pensão alimentícia e assim sucessivamente.

Durante a vigência do contrato de trabalho, a solução encontrada pelos estudiosos foi usar uma regra sobre salário-mínimo, a fim de limitar os descontos totais a 70% do salário do trabalhador, deixando pelo menos 30% de pagamento em dinheiro (art. 82, parágrafo único, da CLT).

Já no tocante à rescisão, o valor máximo dos descontos será de uma remuneração mensal do empregado, o que quer que isso represente em termos percentuais. Foi o entendimento do art. 477, § 5.º, para conter abusos. Pode ser um valor muito baixo, caso o empregado saia com débitos variados, ou um valor excessivo, caso tenha salário modesto e poucas verbas rescisórias a receber. Por fim, observe-se a impropriedade do uso da palavra compensação, que normalmente significa encontro de dívidas de idêntica natureza jurídica, o que absolutamente jamais ocorrerá nesse caso. O melhor seria falar em abatimento, dedução ou simplesmente desconto.

É possível que o desconto a título de pensão alimentícia fuja à regra do art. 477, § 5.º, por não se tratar de compensação nem se destinar a ressarcir o próprio empregador. Não existe na legislação aplicável à matéria da pensão alimentícia nenhuma limitação ao chamado desconto em folha. Difundiu-se enormemente o índice de 30%, embora haja variações.

O tema mais problemático, porém, não é o percentual, mas a base de cálculo: dado o desconhecimento da matéria trabalhista no âmbito dos demais segmentos do direito, é comum a decisão judicial fixar o índice de 30% sobre *salários*, ignorando a existência de parcelas de natureza indenizatória.

Assim, em verbas rescisórias a pensão alimentícia incidirá apenas sobre o saldo de salário e o décimo terceiro salário, mas não sobre as férias proporcionais acrescidas de um terço ou a indenização de 40% ou o próprio fundo de garantia. Raramente se conhecem decisões judiciais que mencionam pensão incidente sobre todos os rendimentos do empregado, inclusive parcelas indenizatórias. Daí por que a pensão segue, digamos assim, outro roteiro a ser analisado na homologação rescisória, não necessariamente atrelado ao patamar de uma remuneração.

Por sua vez, o empréstimo para desconto em folha vem revestido de critérios ainda mais pitorescos para a dedução em sede de verbas rescisórias. A legislação específica sobre o empréstimo autoriza o desconto de das verbas rescisórias até certo teto (30% na legislação original e 35% em alterações supervenientes). O dispositivo legal concorre com o art. 477 da CLT, somando-se os descontos, e não o contrário. Faz-se necessário, todavia, que o desconto seja previsto no contrato de financiamento, como preconiza o dispositivo legal.

4. Prazos para homologação e multas aplicáveis

O acerto de contas tão aguardado deve acontecer com a maior brevidade possível, a fim de apagar os laços existentes entre as partes e liberar o trabalhador para procurar outra atividade. Por incrível que pareça, não havia prazos fixos estipulados pela legislação, lapso sanado apenas em 1989.

Em 2017, o prazo foi universalizado em dez dias corridos para o acerto de contas (excluindo-se o dia da comunicação do encerramento do contrato de trabalho, como se fosse o dia zero, e incluindo-se o dia final), para todas as modalidades de cessação contratual, a pedido do empregado, a pedido do empregador ou por causas externas, e, ainda, para todos os tipos contratuais, a prazo determinado, indeterminado e legislação extravagante – domésticos, rurais, temporários etc.

De 1989 a 2017, havia previsão de prazo mais exíguo, de 1 dia útil, em caso de cumprimento regular do aviso-prévio, por se entender que, nesse caso, a empresa já devia se programar com a devida antecedência.

A doutrina clássica teve que se debater com a praxe, de duvidosa legalidade, da criação do prazo de 31 dias. Tratava-se da figura conhecida pela expressão "aviso-prévio cumprido em casa": notificava-se o empregado da dispensa e se exigia o cumprimento do aviso-prévio, mas no lugar de duas horas de redução de jornada ou de sete dias de liberação, deixava-se o empregado em casa. Com isso, ele somente voltava para recolher as verbas rescisórias da dispensa sem justa causa um dia depois dos trinta dias. Ocorre que esse caso era expressamente a hipótese da dispensa do cumprimento do aviso-prévio, o que atraía a regra do prazo de 1 dia útil.

Com a unificação dos prazos em 10 dias, desde 2017 é provável que o debate arrefeça, mas não será surpresa se alguém propuser o prazo de 40 dias para o pagamento das verbas rescisórias, a saber, 30 dias em casa cumprindo o aviso-prévio sem trabalhar e mais 10 dias de contagem a partir da extinção jurídica do contrato de trabalho. Ninguém se sente em boa sombra para tal sustentação, arriscando-se atrair a multa pesada de 1 remuneração do empregado.

Há duas multas pelo descumprimento dos prazos, sendo uma devida aos trabalhadores e outra recolhida aos cofres públicos.

A confusa linguagem do § 8.º menciona "multa por trabalhador" e "multa a favor do empregado". No princípio, houve quem vislumbrasse as duas multas em prol do empregado, mas logo se percebeu que a lei conteria palavras inúteis e a punição seria dúplice se houvesse duas penalidades sobre o mesmo fato, com a mesma base de cálculo e o mesmo destino.

O entendimento mais razoável, que acabou prevalecendo, enxerga uma multa administrativa e uma indenização ao trabalhador pelo transtorno da demora no acerto de contas.

A multa administrativa foi fixada originalmente em 160 BTNs, expressão econômica já abolida da legislação tributária e substituída por outros índices de correção. A indenização trabalhista foi fixada em "valor equivalente a seu salário".

Não houve, porém, maior elaboração da frase "valor equivalente a seu salário" – salário-base, remuneração, média salarial, incorporação de reflexos etc. – mas, como se trata de cláusula penal, desde logo prevaleceu a tese da interpretação restritiva, no sentido de que a indenização é necessariamente de um salário-base, sem acréscimo de gratificações, adicionais ou horas extras, por exemplo.

Além disso, descabe a incidência da multa em caso de controvérsia sobre justa causa, por exemplo, contanto que a empresa tenha cumprido o prazo no tocante às verbas rescisórias incontroversas.

Situações em que nem ao menos se tem a certeza se o trabalhador era empregado ou autônomo, outrossim, geram dúvidas sobre a incidência da multa, caso a sentença venha a declarar o vínculo de emprego e deferir as verbas rescisórias da dispensa sem justa causa.

Se, todavia, a controvérsia não era razoável, embora o trabalhador fosse considerado pela empresa como autônomo, então a multa é devida. O fato de a relação de emprego ser reconhecida apenas em juízo não basta para afastar a incidência da multa, salvo se o empregado, comprovadamente, der causa à mora no pagamento.

A multa sempre se aferiu pela perda do prazo para o pagamento das verbas rescisórias e não pelo prazo da homologação, ora em desuso, que dependia da agenda da entidade sindical ou dos órgãos trabalhistas

Considerando-se a existência de duas multas distintas, a quitação de uma não elimina a pendência da outra.

Caso a empresa tenha dificuldade de contato com o empregado e nem sequer haja conta bancária para se fazer o depósito, aludido pela norma, é possível se valer da ação de consignação em pagamento, principalmente nas hipóteses em que o empregado desaparece e não aceita agendar o encontro.

No caso da consignação, vale lembrar que a simples existência da ação não neutraliza o prazo, havendo de se aferir se e quando, nos autos do processo, o depósito foi promovido.

Entendemos que, se o depósito for efetuado mediante cheque, deve haver a compensação dentro do prazo de 10 dias previsto pela lei trabalhista, pois o uso de cheques de terceiros ou de outra praça pode estender injustificadamente essa contagem. Daí a norma ter previsto apenas o uso do cheque visado, para evitar contratempos, mas, enfim, a responsabilidade da compensação é do sacado e não do credor.

Simples comprovante de depósito em caixa de autoatendimento ou de correspondente bancário é insuficiente para elidir a multa.

Em qualquer caso, o empregado deve ser, comprovadamente, informado desse depósito.

5. Prestação periódica de contas

Registramos dois esforços históricos do legislador para uma solução criativa que fosse capaz de evitar a aglomeração dos cálculos na cessação do contrato de trabalho: mecanismos de prestação de contas anual.

Na teoria, a prestação periódica de contas é alvissareira, porque demonstra a boa-fé de quem paga e não tem medo de exibir sua escrituração, permite que os cálculos sejam feitos aos poucos, sem deixar acumular diferenças de fundo de garantia, de férias ou dos demais haveres trabalhistas para a hora da rescisão e, ainda, abre a possibilidade de correção de rumos, caso se notem erros de base de cálculo, de divisores ou de adicionais.

Portanto, consideramos que a concepção de antecipar o acerto de contas, submetendo-o a uma análise constante ao longo do contrato de trabalho, tem muitas vantagens sobre o sistema prevalecente de aguardar o encerramento do contrato para que os cálculos sejam trazidos à tona – tanto no modelo original da CLT, que pressupunha verificação das contas finais pelos sindicatos ou pela fiscalização do trabalho, quanto no sistema reformado em 2017, que atribui o encargo unicamente ao empregador, sujeito, após, ao crivo do Poder Judiciário, se for o caso.

Há dois fundamentos sólidos na proposta do legislador de exigir ou de recomendar a prestação anual de contas.

Em primeiro lugar, estamos diante de contrato de trato sucessivo, feito para durar, em que naturalmente vão se acumulando direitos e deveres, obrigações que se aperfeiçoam instantaneamente e aquelas que necessitam de ciclo de maturação, direitos que se exaurem no dia e outros que carecem de anos para serem conquistados.

Tudo converge favoravelmente a uma espécie de amortização da obrigação contábil, em vez de deixar o acúmulo para uma data futura e incerta.

Em segundo lugar, o contrato de trabalho se caracteriza pelo enorme feixe de direitos e deveres, da mão dupla, que podem ser contados na casa das centenas. Não se trata de paternalismo ou de excessos cometidos pelo legislador, mas um reflexo direto das intensas relações advindas da complexidade da prestação de serviços continuados, dever da atuação com suficiência de rendimento e deve de contraprestação pelo empregador com o salário e com os consectários inerentes.

Foi assim que o ordenamento brasileiro concebeu a obrigação de prestação de contas anual para os empregadores rurais, de 1988 a 2000, pelo art. 233 da Constituição, e a sugestão de prestação de contas anual para os empregadores urbanos, pelo art. 507-B da CLT reformada em 2017.

Ocorre que, na prática, as dúvidas são numerosas e praticamente inviabilizam a proposta legislativa.

Por exemplo, discute-se se o sindicato pode cobrar pela verificação das contas. Embora houvesse previsão expressa quanto à gratuidade dos procedimentos de homologação das verbas rescisórias, que existiram de 1943 a 2017, e embora se possa dizer que a assistência jurídica é da essência das funções sindicais, nunca foi esclarecido se a entidade deve oferecer esse serviço a título gratuito ou oneroso. Há entendimentos sólidos de que a cobrança está liberada, sobretudo devido ao esvaziamento de todas as fontes de custeio sindical, a partir das reformas que tornaram facultativa a antiga contribuição sindical obrigatória.

Adicionalmente, reina a discórdia sobre o alcance dessa chamada quitação: ainda que a conta do empregador esteja correta e que a entidade sindical a corrobore, faltam elementos para afirmar que o trabalhador estará impedido de ajuizar ação trabalhista abarcando esse período. Certamente a ideia do legislador era a blindagem jurídica de cada período conferido, mas a simples presença da palavra quitação ou do intuito do legislador de aclarar os cálculos matemáticos se mostram insuficientes para o lançamento de uma espécie de coisa julgada sobre o procedimento extrajudicial.

Outra dúvida constante que permeou a história da prestação de contas está ligada ao que fazer se houver divergência entre as contas, o que, aliás, nem sequer é tão difícil de ocorrer. Basta que uma única base de cálculo fique discrepante entre as duas contas para que, em cascata, todos os haveres divirjam. A base de cálculo normalmente se forma com a soma do salário e demais parcelas de natureza salarial, mas exige atenção quando ocorrem parcelas variáveis, como comissões e horas extras, ou, ainda, quando ocorrem parcelas híbridas, como a gorjeta.

A doutrina pós-1988 considerou que a melhor solução era abortar o procedimento de prestação de contas e deixar que, no momento oportuno, o trabalhador faça os pedidos que entender cabíveis, perante o Judiciário, mas o ideal do legislador não era esse e, sim, que as contas fossem feitas e refeitas até que o ponto comum fosse encontrado – e as diferenças salariais e indenizatórias fossem pagas. Do contrário, de nada adiantaria todo esforço empreendido, pelo empregado, empregador e terceiros, apenas para dizer que houve divergência na totalização.

Há mais pontos nebulosos que a doutrina não resolveu, como os efeitos jurídicos do não comparecimento do trabalhador ou de sua recusa a participar da prestação de contas; a possibilidade de o cálculo ser feito por federações e confederações; a assinatura do termo de quitação anual com ressalvas, quanto aos títulos ou quanto aos valores, entre outros.

Jurisprudência não teve tempo de ser amadurecida, pois a experiência rurícola foi embrionária, sendo muito rapidamente revogado o art. 233 da Lei Maior, pela EC 28/2000, ao passo que a experiência urbana, nascida em 2017, caminha mui vagarosamente, à procura da entidade sindical interessada em abraçar a causa e do empregador vocacionado para esse exercício de transparência e abnegação.

Cumpre observar que os dispositivos acima citados não são idênticos quanto à forma, mas apenas quanto ao conteúdo: a prestação de contas rurais foi concebida para períodos quinquenais e era feita, com o representante sindical, perante o Juiz do Trabalho, numa espécie de jurisdição voluntária, enquanto a prestação de contas urbanas está prevista para períodos anuais e prescinde totalmente do Judiciário, sendo suficiente que o sindicato a acolha.

O fato é que para o empregador gera muito mais segurança jurídica, por exemplo, submeter os cálculos por meio de um acordo extrajudicial levado à homologação da magistratura, como passou a ser previsto, na mesma reforma de 2017, a partir do art. 855-B da CLT. Embora acordo e prestação de contas sejam assuntos diferentes, a homologação judicial do ajuste feito entre empregado e empregador larga à frente no quesito segurança jurídica, por oferecer o manto da coisa julgada, não apenas sobre o valor em si, mas sobre todas as verbas rescisórias e até mesmo sobre o contrato de trabalho. Há espaço para essa envergadura no tratamento jurídico dado pelo legislador para a figura do acordo extrajudicial.

Levar a escrita contábil anualmente para a entidade sindical assume características de perda de tempo, vista a questão por esse ângulo, pois não se sabe quais serão os desdobramentos, quais serão as taxas cobradas, como o trabalhador receberá essa iniciativa – talvez até com mais desconfiança do que se não houvesse prestação de contas – e tampouco qual o alcance dos efeitos da quitação.

6. Uso da arbitragem para verificação da rescisão

Para aplacar as tensões e as incertezas desencadeadas pela rescisão do contrato de trabalho, além dos mecanismos envolvendo entidades sindicais, como a homologação e a prestação de contas, e os mecanismos envolvendo o Poder Judiciário, como o acordo extrajudicial ou a ação trabalhista, há ampla corrente doutrinária defensora do uso das formas alternativas de solução de conflito.

Entre as formas alternativas, destaca-se a arbitragem, que, segundo argumenta essa corrente, poderia oferecer soluções mais céleres e adequadas para o ambiente do trabalho, conhecendo peculiaridades locais ou setoriais que às vezes escapam à percepção da magistratura ou que esta não pode levar em consideração devido à letra fria da lei. A arbitragem está autorizada a se valer amplamente da equidade, proferindo decisões em que o sentido do justo prevaleça sobre o sentido do legal.

Some-se a isso o fato de que a arbitragem permite que as partes estabeleçam critérios e procedimentos, abram mão de recursos e de dilações e, ainda, imponham cláusulas de sigilo reciprocamente, tudo a favorecer o espírito da confiança e os esforços conjuntos para a pacificação social.

No entanto, entraves históricos e conceituais impedem o desenvolvimento da arbitragem no âmbito das relações individuais de trabalho, a começar pela assimetria entre as partes, o que, de plano, já dificulta a convicção de que estarão em condições de igualdade para querer usar esse procedimento e para ter sua voz ouvida pelo árbitro.

Nunca ficou bem esclarecido por que razão a Constituição de 1988 previu a arbitragem trabalhista exclusivamente para as relações coletivas, como aparece no art. 114, § 2º, ao dispor que as entidades sindicais podem se valer desse meio de solução do conflito coletivo. O fato de não ter estendido a arbitragem para as relações individuais leva muito à conclusão de que considerou apropriado o mecanismo somente para o plano coletivo, em que ambos os sindicatos estão em posição mais harmônica, evitando que pessoas em posição de vulnerabilidade ou subordinação fossem obrigadas a tanto, como é o caso do empregado em relação ao empregador.

Posteriormente, grande controvérsia se instalou quando a legislação de arbitragem foi reformulada no país, na década de 1990, dispondo que ela não tem aplicação em caso de tratativas de direitos indisponíveis. Muito embora a expressão direitos indisponíveis seja também ela controvertida, de difícil delineamento, e muito embora o Direito do Trabalho trafegue pela raia do direito irrenunciável, que é uma categoria menor do que a indisponibilidade, o comando do legislador de 1996 foi suficiente para afugentar as arbitragens laborais.

A reforma trabalhista de 2017 pretendeu fomentar a arbitragem e inseriu dispositivo expresso ao corpo da CLT para incentivar o uso desse meio alternativo de solução de conflitos. Mas houve novos embaraços.

A redação do art. 507-A da CLT se ateve a mencionar o acesso à arbitragem pela via da cláusula compromissória, assim entendida aquela inserida desde sempre no contrato firmado entre as partes, como costuma haver em contratos comerciais ou civis em que as partes elegem a arbitragem como meio idôneo para a solução do conflito futuro e incerto.

Nada foi dito sobre o compromisso arbitral, que vem a ser o acionamento da arbitragem pelas partes depois que a controvérsia se instala, ou seja, o recurso à arbitragem ainda que ela não tenha sido inicialmente prevista ou eleita pelas partes.

A prevalecer o entendimento de que a arbitragem trabalhista, se couber, somente pode ser deflagrada se já havia sido prevista na contratação do empregado, colocar-se-á, também, o problema jurídico da possibilidade ou não de aditivos contratuais, para apanhar os contratos de trabalho pretéritos, aqueles já extintos ou aqueles que estavam em andamento quando a reforma entrou em vigor em novembro de 2017, ou seja, se podemos pensar numa cláusula compromissória retroativa à data do início do contrato de trabalho. Considerando toda delicadeza jurídica da situação e o campo bastante arenoso sobre o qual se assenta este estudo, poucos empregadores terão essa coragem jurídica, porque a inserção de uma cláusula compromissória retroativa poderá parecer um compromisso arbitral disfarçado e, via de consequência, uma burla ao engessamento proposto pelo art. 507-A.

Daí por que os debates sobre a cláusula retroativa ficaram muito mais no plano teórico, em palestras e seminários, do que no plano prático.

Por qual razão a reforma limitou o acesso à arbitragem pela cláusula compromissória ainda é um assunto que precisa ser depurado. Por ora, o entendimento majoritário é que o legislador realmente pretendeu limitar o uso desse mecanismo apenas a poucos casos, como num ensaio, de modo que exigiu a previsão cronologicamente anterior aos fatos e, além disso, que o trabalhador tenha renda superior à média nacional. A renda, no caso, foi fixada em faixa salarial acima de dois tetos dos benefícios previdenciários, o que, apenas para fins didáticos, pode ser assimilada a um padrão de 10 ou 11 salários-mínimos mensais.

A exigência do legislador quanto à anuência expressa do empregado para a assinatura da cláusula compromissória e também para o acionamento do árbitro não deve impressionar. A capacidade de resistência dos empregados, já bastante reduzida no regime rotativo do fundo de garantia, perde ainda mais sentido quando se trata de um grande contrato de adesão, com cláusulas previamente redigidas ou, até mesmo, formulários impressos que se compram em papelarias. Difícil sequer cogitar que o empregado possa condicionar sua contratação pela empresa à retirada da cláusula compromissória, supondo que ele compreenda do que se trata.

A faixa salarial ventilada pelo legislador é de difícil sustentação jurídica para fins de presunção absoluta de que os empregados com renda de dez salários-mínimos tenham melhor discernimento e melhor aparelhamento técnico para o enfrentamento da arbitragem sozinhos, sem assistência sindical, advocatícia ou judiciária. Logo, não será surpresa se houver questionamento jurídico superveniente sobre vícios de consentimento, defeitos do negócio jurídico e demais circunstâncias reveladoras da deturpação da vontade.

Por todos esses ângulos, desde o silêncio eloquente do art. 114, § 2º, da Constituição, até a possível incompatibilidade entre a assimetria jurídica das partes submetidas a procedimento arbitral, nota-se cautela redobrada dos empregadores quanto ao uso desse mecanismo para o encaminhamento das verbas rescisórias e muito menos para o encaminhamento das dúvidas cotidianas sobre horas extras, férias e demais benefícios.

O resumo acima abrange um leque de mais de três décadas de discussões jurídicas sobre o maior ou menor alcance da arbitragem na seara trabalhista e nos ajuda a entender as razões de seu desenvolvimento modesto e receio jurídico dos empregadores, agravado ainda mais pela maneira ambígua com que o art. 507-A da CLT foi redigido.

Tal como concluímos no item dedicado ao mecanismo de prestação de contas anuais, para o empregador se mostra muito mais prático e eficiente o uso do acordo extrajudicial submetido à homologação judicial (art. 855-B da CLT) do que partir para a utilização de mecanismo de acentuada insegurança jurídica e de efeitos imprevisíveis – além de caros, diga-se de passagem –, independentemente das intenções práticas do legislador reformista de 2017.

7. O direito de haver do empregador uma indenização

Como ocorre em todo contrato de trato sucessivo, a parte deve comunicar a outra da sua intenção de cessar a relação – papel desempenhado, no Direito do Trabalho, pelo aviso-prévio – e, geralmente, compensar-lhe economicamente pelos efeitos da surpresa e da ausência de motivos justos para a cessação. Motivo justo normalmente está ligado ao comportamento da outra parte ou a razões de força maior. Outros ramos do direito encontraram soluções mais ou menos parecidas para resolver o impasse da dificuldade de ruptura de contratos de trato sucessivo e de prazo indeterminado.

No regime de locação de imóveis, por exemplo, as partes envolvidas não podem romper o contrato no curto prazo, sob pena de arcarem com indenizações elevadas, que, em geral, levam em conta a *quebra da expectativa*, ou seja, o quanto faltava para se completar um prazo razoável, de um a três anos. Se, porém, o contrato for rompido em prazo mais longo, consideram-se amortizados os prejuízos e em muitas ocasiões a indenização é reduzida ou até zerada. É o que se chama de denúncia vazia, desprovida de justificativa e de reparação econômica.

Já no contrato de mandato, por exemplo, há apenas algumas formalidades de transição, sem que haja estipulação de indenização ou de ressarcimento pelos gastos efetuados: no mandato judicial, o advogado denunciante fica responsável pelos atos dentro de um breve período após o anúncio da intenção de renunciar aos poderes que lhe foram outorgados, ao passo que o cliente fica responsável por satisfazer as despesas pretéritas, mas não as futuras.

No contrato de compra e venda, o assunto adquire contornos menos graves, porque normalmente apresenta efeito instantâneo, podendo apenas causar dúvidas quanto a vícios e defeitos do produto ou falta de pagamento da forma avençada.

As principais questões sobre o direito a uma indenização pela ruptura contratual eclodem, certamente, na seara trabalhista, cujo objeto está ligado energia humana, de devolução impossível, e sua dinâmica envolve renda para a subsistência do empregado, de um lado, e organização produtiva, de outro lado.

Não se concebe o encerramento de um contrato de trabalho, por iniciativa do empregador, sem a indenização pela ruptura unilateral, salvo na medida extrema de rompimento provocado pela má-fé do empregado, na figura conhecida por justa causa.

Até mesmo os casos de força maior, que no Direito Civil servem para afastar a responsabilidade do contraente, no Direito do Trabalho são incapazes de neutralizar o direito à indenização. Agem apenas como atenuante, no sentido de redução à metade da indenização devida.

No caso de o rompimento do contrato de trabalho ter sido iniciativa do empregado, controverte-se sobre a necessidade ou não de ser estipulada uma indenização pecuniária.

Que o empregado deixará de auferir algumas vantagens da rescisão, como o saque do fundo de garantia e a percepção do seguro-desemprego, não resta dúvida, pois assim foram construídos os sistemas de proteção para enfrentamento do desemprego involuntário – desguarnecendo o desemprego voluntário.

O empregador decerto sofre algumas alterações, nem sempre tranquilas, ao ter de procurar às pressas novo empregado para o posto ou redistribuir as tarefas que deixarão de ser executadas pelo empregado demissionário.

Quando se trata de empresa de grande porte, por vezes existem folguistas ou pessoas capazes de absorver as atividades remanescentes sem qualquer alarde, mas basta pensar no pedido de demissão de um empregado doméstico em residência com crianças e idosos ou no pedido de demissão da única empregada do consultório odontológico para bem se notar a complexidade que também a saída espontânea do trabalhador provoca.

O Direito do Trabalho, todavia, não se sensibiliza com o argumento de que o empregado deva alguma indenização pecuniária ao empregador. Provavelmente pesou mais o argumento de que a indenização pela ruptura do contrato de trabalho se destina a enfrentar o período de desemprego e de transição na busca de outra atividade do que propriamente se destina a compensar a parte contrária pela surpresa e pela quebra do ajuste.

Ambas as interpretações costumam ser ventiladas quando o assunto é a natureza jurídica da indenização pela ruptura do contrato de trabalho – ressarcimento pela quebra da palavra, de um lado, e pecúlio para enfrentamento do desemprego, de outro lado. Ambas as interpretações coexistem e se complementam.

Porém, enquanto a indenização para ao empregado alia os dois conceitos, a indenização paga ao empregador, se e quando estiver prevista pela legislação, destina-se prioritariamente ao primeiro ângulo de apreciação – ressarcimento por prejuízos causados – por não haver sentido no segundo ângulo – custeio do período de desemprego. Por essas e outras é que se retirou a indenização devida pelo empregado ao empregador, sobrando apenas a necessidade do prévio aviso e a necessidade de respeitar o prazo ajustado, em caso de contrato de trabalho por prazo determinado.

Quanto vale essa indenização pela ruptura do contrato bilateral e por prazo indeterminado é uma das principais questões do Direito do Trabalho.

Os países discutem se a indenização deveria ser bem alta, a ponto de inibir a rotatividade de mão de obra e forçar os empregadores a dialogarem mais com os empregados e com as entidades sindicais, ou se, ao revés, as indenizações deveriam ser modestas, a fim de liberar os empregadores a múltiplas admissões.

O assunto extrapola os limites do direito e não apresenta consenso. Busca-se o equilíbrio constantemente. O Brasil já conviveu com três grandes etapas. A primeira delas, de 1943 a 1966, é representada pela indenização de uma remuneração mensal multiplicada pelo número de anos de contrato de trabalho. Entre 1967 e 1988, esse sistema conviveu, em relativa harmonia, com o regime do fundo de garantia, que era considerado de opção facultativa, mas virtualmente obrigatória. O fundo de garantia foi estipulado à razão de 8% sobre os salários mensais, justamente para coincidir com o conceito de uma remuneração por ano de serviço – em doze meses, os depósitos chegavam a 96% do salário, sem prejuízo de recolhimento sobre o décimo terceiro salário e as férias. Era como se o empregador já houvesse feito uma poupança forçada, ao longo do contrato de trabalho, para fazer frente à indenização rescisória, mas os conceitos de fundo de garantia – como pecúlio do empregado – e indenização pela ruptura abrupta são diferentes, de tal forma que o legislador acoplou ao fundo de garantia uma indenização de 10% devida ao empregado. A Constituição Federal de 1988 elevou a indenização, que normalmente é chamada de multa, para 40%.

O contrato de trabalho por prazo determinado já embute em seu ajuste a data de encerramento e, portanto, já antecipa a data do desemprego involuntário. É tão somente por essa razão que o empregador está livre de ter de concorrer com a indenização pela ruptura. Aliás, essa ruptura nem é tão abrupta assim e tampouco pode ser chamada de surpreendente. O empregado, ciente de que o dia determinado para o encerramento da relação de emprego se avizinha, deve partir em busca de nova colocação antes mesmo de sua chegada.

O único inconveniente será, por certo, a quebra da palavra por parte do empregador, com a extinção do contrato de trabalho antes da data aprazada, mas, para isso, a legislação trabalhista prevê outro tipo de solução. Porém, os casos não são idênticos, porque no primeiro panorama a relação foi extinta naturalmente, tal como adrede pactuado, enquanto na segunda hipótese nem mesmo o cronograma foi respeitado.

Outra hipótese bastante conhecida de perda de direito à indenização é a justa causa, expressão muito famosa para representar a circunstância que levou o empregador a rejeitar os serviços do empregado por causas atribuídas a sua conduta ou a seu comportamento.

Há um longo histórico na justa causa, que alimenta páginas e mais páginas dos manuais trabalhistas e habitualmente corresponde a uma autêntica desonra para o empregado em seu ambiente de trabalho. Não há quem não se espante com a alegação de justa causa, mesmo aqueles que abusaram da presunção de inocência.

O fato é que o enquadramento no conceito de justa causa retira do empregado o direito à indenização.

Não se nega que também ele terá de enfrentar período de desemprego, tal como os colegas dispensados sem justa causa ou sob a forma de encerramento do prazo determinado. No entanto, a segunda vertente do fundamento da indenização – o ressarcimento pela surpresa e pelo corte abrupto – deixa de existir, dada a presunção legal de que empregados faltosos e de comportamento desregrado já sabiam de antemão que sua conduta era incompatível com o prosseguimento de uma relação calcada na lealdade e na boa-fé.

Foi assim que a justa causa passou a ser associada com a absoluta perda do direito à indenização – e com a perda do direito ao prévio aviso e a outras vantagens espalhadas pela legislação.

Pelo modelo de 1943 a 1966, a indenização era devida na base "da maior remuneração que tenha percebido na mesma empresa", como tal entendida a remuneração mais recente, pois, geralmente, os salários mais elevados são também os cronologicamente mais recentes. O cálculo também abarcava o décimo terceiro salário e as gratificações anuais. Sendo parcelas de âmbito anual, integravam a indenização por seu duodécimo.

Por exemplo, empregado que auferisse R$ 1.200,00 tinha direito de calcular a indenização rescisória com base no valor de R$ 1.300,00, porque, além do salário mensal, ele recebia o décimo terceiro salário. Como o décimo terceiro salário era de R$ 1.200,00, diluindo-se essa quantia pelos doze meses do ano – donde a palavra duodécimo – achava-se a média de R$ 100,00 por mês, tal como se ele auferisse 1/12 do décimo terceiro salário por mês laborado.

Depois de haver sedimentado que a base de cálculo da indenização será o valor "da maior remuneração que tenha percebido na mesma empresa" (art. 477), a CLT se debruça sobre a tarefa de equilibrar a indenização com a duração do contrato de trabalho: contratos curtos geram indenizações pequenas; contratos longos geram indenizações elevadas. A fração igual ou superior a seis meses deve ser considerada um ano para os fins do cálculo da indenização. Não se cogitou da regra da proporcionalidade, como foi feito com relação às férias (art. 146, parágrafo único) e com relação ao décimo terceiro salário (Lei 4.090/1962 e seguintes), o que se mostra mais justo e razoável.

A regra de um *mês por ano*, todavia, somente era aplicada do 2.º ao 8.º ano do contrato de trabalho, algo que parece esquecido pelo Direito do Trabalho: abaixo de 1 ano, o trabalhador não tinha direito a nenhuma indenização, conforme art. 478, § 1.º; a partir de nove anos, a dispensa assume caráter obstativo, como se o empregador quisesse frustrar o direito à estabilidade, tornando-se, portanto, vedada.

Uma vez adquirida a estabilidade decenal, o trabalhador não poderia ser dispensado, salvo se cometesse falta grave. A falta grave deveria ser previamente analisada pelo Judiciário, e não posteriormente, como hoje vigora. Caso o Judiciário não acolhesse a tese da justa causa, poderia determinar a reintegração do trabalhador ao posto de serviço ou alternativamente converter a indenização em pecúnia, conforme autorização dada ao Juiz do Trabalho pelo art. 496 da CLT. A indenização, todavia, passava a ser de *duas remunerações* por ano de serviço, como forma de inibir falsas alegações de justa causa e emprestar maior seriedade a esse tipo de alegação.

Considerou o legislador que nenhuma indenização era necessária para o rompimento do contrato de trabalho dentro do primeiro ano de sua existência (art. 478, § 1.º). Para confundir ainda mais o leigo, denominou-se de período de experiência essa fase de primeiro ano, o que nada tem que ver com o contrato de experiência de noventa dias, concebido pelo art. 443 como uma forma de prazo determinado. O período de experiência estava inserido num contrato de trabalho por prazo indeterminado e somente recebeu esse nome para representar o quão novato era o empregado, quando comparado com os colegas veteranos e estáveis.

Poderia ter sido chamado de período de noviciato ou de inserção à estrutura empresarial, mas, enfim, é o período de experiência. O que se indaga é se, de fato, a dispensa do empregado nesse período será mesmo tão indolor a ponto de não carecer de nenhuma reparação pecuniária. A indenização pela dispensa encontra fundamento, já salientado, na surpresa provocada ao empregado e no fato de que ele terá de fazer frente ao período de transição e de desemprego involuntário.

Portanto, o legislador reputou que, no curso do primeiro ano do contrato de trabalho, a situação do empregado era necessariamente precária, sem direito de alimentar expectativas futuras quanto a sua permanência no emprego e com vaga recomendação de que não parasse de procurar outra colocação, porque aquela corria o permanente risco de ruptura. Ironicamente, o período de experiência se assemelha ao contrato de experiência no sentido de que em ambos os casos o empregado se acha em posição ainda provisória, incerta e insegura. Recebendo a notícia de que não será efetivado na empresa, de fato não poderia alegar surpresa ou transtorno de transição e de desemprego. Era desligado sem indenização alguma.

Ao menos nesse sentido o regime do fundo de garantia foi vitorioso, pois não discrimina nenhum empregado quanto ao direito aos depósitos – devidos mesmo para o praticante da justa causa e para o demissionário – e, quanto à indenização de 40%, não segrega o novato do veterano.

8. Conceito de verbas rescisórias

O complexo de dispositivos da CLT concernentes à rescisão em momento algum inclui referência ao décimo terceiro salário, férias ou saldo de salário. Essas parcelas não são mais do que parte integrante do acerto de contas que se instala por força do término do contrato de trabalho. Não guardam relação com o conceito de indenização rescisória propriamente dita, assim entendido o valor para compensar os prejuízos causados na quebra contratual.

A única indenização era aquela de um mês de remuneração por ano de serviço ou, depois, o acréscimo de 40% sobre o saldo do fundo de garantia. Daí a dificuldade extrema de se saber o conceito de "verbas rescisórias", noção polissêmica que pode tanto abranger tudo o que foi pago no acerto de contas, inclusive itens insuspeitos como o salário do mês, ou apenas o que é pago pela indenização do rompimento. A discussão não é meramente acadêmica.

Por exemplo, o art. 467 da CLT pune o empregador com multa de 50% em caso de não pagamento das *verbas rescisórias* na primeira audiência trabalhista, mas não explica o que se deve entender por rescisórias.

Um entendimento muito amplo do conceito de rescisória provocaria a incidência da multa sobre salários, vale-transporte, cesta básica e tudo quanto deixou para ser acertado na rescisão, ao passo que um conceito muito restritivo levaria à inutilização da multa. Uma interpretação intermediária tem sido bem aceita pelos tribunais trabalhistas, conquanto seja desprovida de base científica: trata-se de associar o termo verbas rescisórias com parcelas que são tipicamente pagas no acerto de contas da rescisão. Tipicamente não significa nem exclusivamente, nem obrigatoriamente, o que representa um meio termo extraído das máximas da experiência das rotinas trabalhistas.

Assim, entram no rol das parcelas tipicamente rescisórias o aviso-prévio indenizado – que nada mais era do que a conversão em pecúnia de um ato não praticado devidamente pelo empregador –, as férias proporcionais acrescidas de um terço – que apenas converte em pecúnia uma obrigação de fazer não concedida sob a forma de descanso –, o décimo terceiro salário proporcional – como uma espécie de antecipação do fim de ano no meio do caminho – e o saldo de salário, pois o mês acabou mais cedo para aquele operário. Esse quarteto – aviso-prévio indenizado, férias, décimo terceiro e salário – não representam propriamente uma indenização pelo rompimento do contrato de trabalho, mas é associado naturalmente com a homologação das verbas rescisórias e, aliás, é foco constante de tensão e de questionamento, por cálculos malfeitos ou por desaparecimento de rubricas.

Curiosamente, a real indenização rescisória – hoje, multa de 40% sobre o fundo de garantia – ficou de fora desse raciocínio, porque nem ao menos é paga em termo de rescisão ou em dinheiro diretamente ao empregado.

A indenização é depositada de forma compulsória na conta vinculada do trabalhador, na Caixa Econômica Federal, e somente após alguns dias da homologação é que poderá ser objeto de saque. Moral da história: a multa de 50% do art. 467 da CLT acabou ficando desconectada da indenização rescisória autêntica, passando a incidir normalmente sobre o pacote indenizatório inautêntico. Apenas acidentalmente é que o aviso-prévio indenizado, as férias, o décimo terceiro e o salário podem ser inseridos no contexto rescisório.

Houve o desaparecimento, no âmbito trabalhista, da distinção clássica de rescisão, resilição e resolução.

Muita energia foi empreendida para diferenciar rescisão, resilição e resolução de contrato de trabalho, mas a separação dos termos enfrentava obstáculos na transposição dos conceitos civis para a dinâmica trabalhista e, aos poucos, foi perdendo seu fôlego.

Com apoio na doutrina dos anos 1920, podemos dizer que a palavra resolução evocava uma condição resolutiva, ou seja, estava associada ao término natural do contrato por prazo determinado, mas também era ligada com a figura da justa causa, como se o comportamento incompatível da parte contrária sinalizasse a imperiosidade da terminação do contrato.

A palavra rescisão, por sua vez, como provém do sentido de corte ou anulação, faz lembrar os contratos que são desfeitos por força de nulidades ou vícios, algo mais raro de encontrar no Direito do Trabalho, mas não impossível. Seria o exemplo do contrato de trabalho desprovido de concurso público, no âmbito da Administração Direta e Indireta. Lembre-se que a Ação Rescisória objetiva declarar a nulidade de um julgado, ainda que revestido do manto da coisa julgada. Curiosamente, entre todas as palavras encontradas, rescisão era a mais rara e se tornou a mais popular para representar a cessação da relação de emprego.

Por fim, a expressão resilição vinha habitualmente atrelada à figura do distrato e preferencialmente se ligava ao encerramento contratual de comum acordo entre as partes, embora também fizesse referência ao encerramento unilateral, mas com pagamento de indenizações. Conquanto oriunda de assuntos ligados à nulidade ou à existência de vícios de formação, a rescisão contratual se tornou preponderante, mostrando-se irreversível sua ressonância no Direito do Trabalho.

Conforme já salientado, no bojo de um termo de rescisão – não se pense mais em anulação de contrato de trabalho, mas de extinção representada pela palavra rescisão – é comum encontrarmos diversas parcelas, de natureza salarial e indenizatória, que não guardam ligação com o término da relação de emprego, mas que ali foram parar por força da urgência do acerto de contas. Tome-se o saldo de salário como exemplo.

Habitualmente o salário é pago no quinto dia útil do mês seguinte ao trabalho prestado pelo empregador (art. 459, § 1º, da CLT). No entanto, uma rescisão no dia 11 de um mês provocaria o seguinte impasse: o empregador poderia fazer o acerto de contas naquela mesma semana e deixar para pagar o saldo de onze dias de salário no quinto dia útil do mês subsequente, ou, ao contrário, deve antecipar o vencimento da obrigação para a data simultânea dos demais acertos? A segunda alternativa prevaleceu. A regra do quinto dia útil do mês subsequente vale apenas para os pagamentos salariais habituais e constantes. Pagamentos salariais são afetados pelo corte abrupto do contrato de trabalho, atraindo sua quitação para o dia do acerto global das contas.

O art. 477 da CLT e seus parágrafos atuam mais como um grande acerto de contas do que como uma norma exclusiva de verba indenizatória da rescisão.

Há um descompasso entre o *caput* do art. 477, que fala da indenização pela ruptura contratual, e os parágrafos, que traçam procedimentos gerais de rescisão.

A indenização ficou de fora dos assuntos e somente foi explicada pelo art. 478 e, depois, pelos arts. 492 e ss. Tudo o mais – prazos máximos, multa em caso de atraso e sistema de compensação – está ligado ao acerto de contas.

Assim, apenas em caráter prático é que se pode dizer que décimo terceiro salário proporcional, férias proporcionais acrescidas de um terço, aviso-prévio indenizado e saldo de salário coincidem com o conceito de verbas rescisórias, porque, na verdade, foram acertos antecipados de quitação e não verbas devidas como indenização pelo despedimento.

9. Rescisão no contrato por prazo determinado

O encerramento do prazo ajustado dentro de um contrato de trabalho por prazo determinado é recebido com naturalidade por empregados e empregadores: aqueles sabem que sua passagem pela empresa foi meramente provisória, sem poder alimentar expectativas de longa permanência, enquanto estes sabem que o contrato dessa natureza procurou apenas administrar alguns detalhes sazonais, como o acréscimo extraordinário de demanda ou a realização de algum serviço específico.

É verdade que o contrato de experiência, como foi sustentado em capítulo oportuno, atravessa uma série de deturpações e costuma ser usado como via de ingresso para o empregado ser efetivado na empresa, mas ainda assim não proporciona direitos adquiridos ao empregado frustrado pela não efetivação após seu término.

O problema surge em caso de *rescisão antecipada* do contrato de trabalho por prazo determinado.

Novamente a experiência destoa dos demais casos, por ser regida por prazos curtos, no máximo de noventa dias, e por ser destinada a trabalho permanente e não a trabalho sazonal, a experiência costuma ter começo, meio e fim na forma previamente ajustada.

Aliás, a cautela dos empregadores é tão grande que nem ao menos pactuam a experiência de noventa dias, sendo muito mais comum o contrato celebrado à razão de trinta ou de quarenta e cinco dias, para, posteriormente, ser feita uma prorrogação, se for o caso. As hipóteses mais complexas de ruptura antecipada de contrato de trabalho por prazo determinado estão na obra certa e no serviço especificado, ou, em outros termos do art. 443, na empresa transitória ou na atividade provisória.

Qual seria, então, uma indenização razoável pela quebra do termo ajustado?

Se fôssemos aplicar a regra do art. 478, § 1.º, a indenização seria normalmente zero, porque os contratos de prazo determinado geralmente ficam abaixo de um ano de idade.

Mesmo que encontrássemos um raro contrato determinado de dois anos – prazo máximo legal – a indenização pela ruptura, digamos, no sexto mês seria muito baixa, de apenas um mês de remuneração, perto do estrago que essa antecipação de dezoito meses provoca na vida do empregado.

Diversas oportunidades devem ter sido dispensadas, enquanto planos familiares e de estudo devem ter sido desfeitos por força do ajuste de dois anos. Certo que o empregado não assume estabilidade ao fechar um contrato de trabalho por prazo determinado, mas conta com a boa-fé da parte contrária para a boa execução das tarefas planejadas naquele ínterim.

Então, a solução encontrada pelo legislador foi estabelecer, a título de indenização, 50% dos salários que seriam pagos nos meses seguintes. Usa-se uma base salarial para se chegar a uma parcela indenizatória.

Atente-se para o fato de que não foram previstos pagamentos de décimo terceiro salário e férias proporcionais acrescidas de um terço pelos meses futuros, não laborados. Isso somente seria possível em caso de estabilidade descumprida, quando o empregado passa a ter direito dos salários e das demais vantagens dos meses prejudicados. Na hipótese, a dispensa é válida e permitida ao empregador, mas apenas a indenização é que será calculada levando em conta os meses futuros.

Sustentamos o direito à acumulação da indenização de 40% do fundo de garantia com a indenização de metade dos salários do art. 479 da CLT.

A regra do art. 479 da CLT não desapareceu com o advento da Constituição Federal de 1988, nem fazia parte de um sistema de estabilidade decenal. Corresponde a segmento em separado, dentro de um mesmo sistema de indenizações rescisórias, mas especificamente devotado aos contratos de curta duração – que jamais atingiriam estabilidade decenal, obviamente – e de prazo fixo. Não há motivo para considerar a regra não recepcionada pela Constituição Federal de 1988, por conseguinte.

Outro dado curioso que costuma passar despercebido é que a indenização do art. 479 busca corrigir a quebra de expectativa *futura* – pois mira o número de meses restantes –, ao passo que a indenização de 40% do fundo de garantia objetiva ressarcir o empregado proporcionalmente ao número de meses *passados* – pois se alicerça nos depósitos pretéritos do fundo de garantia.

Assim, é razoável sustentar que ambas as indenizações se cumulam e se complementam, pois tutelam uma situação – rompimento inesperado de contrato de trabalho por prazo determinado – que, caso houvesse perdurado até o final do período combinado, não geraria pagamento indenizatório algum.

Novidade também surge no caso do pedido de demissão do empregado antes do término do prazo ajustado no contrato a termo.

Em se tratando de contrato de trabalho por prazo indeterminado, entendeu o legislador que o empregador tinha melhores condições de suportar os custos da transição, até encontrar novo empregado, do que o empregado de suportar o período de desemprego, até encontrar nova colocação. Assim, bloqueou qualquer tentativa de exigir do empregado uma indenização pela surpresa provocada sobre o empregador, exigindo apenas a prévia comunicação, mas não abriu mão de indenização do empregador pela surpresa provocada no empregado. No caso do contrato de trabalho por prazo determinado, todavia, a situação é diversa.

Por se tratar de um ajuste de curta duração, é razoável supor que o empregador precisava dos serviços apenas para aquele período e com bastante premência, por se tratar de um pico da produção, de uma encomenda vultosa ou de um empreendimento que só funciona naquela estação. Também na hipótese da experiência – ressalvada a fraude, evidentemente – é natural presumir que o empregador dispensou outros candidatos para aferir a capacidade e o entrosamento daquele trabalhador em particular.

Por tudo isso e especialmente pela exiguidade do tempo é que o pedido de demissão do empregado, dentro de um contrato provisório, causa mais transtornos do que sua saída num contrato de longa permanência, ao contrário do que se poderia supor.

O raciocínio de que o empregado provoca prejuízos sensíveis ao empregador, retirando-se no meio de um contrato de trabalho por prazo determinado, deságua num conflito: como fixar o valor de uma indenização a ser paga por aquele que retira o sustento dos rendimentos do trabalho?

A chance de a indenização cair no esquecimento é enorme, dando-se muitos empregadores por satisfeitos se eles próprios não tiverem de arcar com pagamentos. Além disso, o art. 480 introduziu um delicado conceito de indenização atrelada aos prejuízos comprovadamente suportados pelo empregador.

A prova, conquanto possível, apresenta-se bastante complexa: o empregador terá de demonstrar que algum contrato de fornecimento foi perdido, que a matéria-prima pereceu por falta de trabalhador ou, então, que houve atraso na produção até que se arrumasse outra pessoa para o lugar. No caso da experiência rompida pelo próprio empregado, é bem provável que o empregador não consiga demonstrar prejuízos, pois o interesse era todo do trabalhador, sendo certo que o patrão não poderá alegar a própria torpeza dizendo que o contrato de experiência estava sendo usado de forma camuflada.

Quase não se estuda o tema, mas o correto é realmente exigir do empregador a demonstração do prejuízo, antes de se aferir se há realmente o direito a uma indenização a ser paga pelo empregado.

Com o passar do tempo, parece que também aqui se dispensou a produção da prova e se passou a considerar presunção relativa do prejuízo.

Finalmente, o art. 480 houve por bem fixar um teto para que a indenização não excedesse um valor moderado. A depender da linha de produção em que laborava o empregado, os prejuízos podem efetivamente ser altíssimos, destoando dos salários baixos pagos naquela categoria, por exemplo.

Então, o art. 480 menciona que a indenização não pode superar aquela que o empregado receberia no sentido inverso, se fosse dispensado pelo empregador antes do encerramento do contrato, na forma do art. 479. Daí ter-se popularizado a tese, vulgar, de que quem sair paga metade dos dias faltantes. Sorte do empregador se conseguir descontar os valores de eventuais pagamentos de décimo terceiro salário, férias proporcionais acrescidas de um terço ou saldo de salário, porque ajuizar uma ação trabalhista para receber a indenização se torna muito oneroso e remoto.

Por derradeiro, lembro que existe uma peculiaridade na classe artística.

Poucos sabem que a CLT continha dispositivo que praticamente impedia o pedido de demissão do artista em contrato por obra certa, como é normalmente assinado em caso de telenovela pelo elenco de apoio e pelas jovens estrelas que ainda não conseguiram um patamar de artista fixo da casa. Tratava-se do art. 480, § 2.º, que vetava o direito ao trabalho em outra empresa do ramo pelo prazo de um ano, dispositivo que teria duvidosa constitucionalidade em tempos presentes e que objetivava inibir o assédio dos demais produtores artísticos sobre o talento conquistado na concorrência.

Caso o produtor concorrente insistisse em levar a estrela para seu abrigo, deveria indenizar o ex-empregador com o equivalente a *dois anos de salário* do contrato rescindido, independentemente de quanto tempo faltava – e ainda havia quem o fizesse porque as vantagens econômicas seriam diversas.

O art. 480, § 2.º, foi expressamente revogado pela Lei dos Artistas (Lei 6.533/1978), que inseriu em seu art. 19 idêntico dispositivo ao *caput* do art. 480 da CLT, ou seja, remeteu a classe artística para a mesma situação de pagamento de indenização equivalente à metade dos salários restantes, se houver prejuízos comprovados – mas com liberdade para ir trabalhar na concorrência.

10. Cláusula de direito recíproco de rescisão antecipada em contrato a termo

Mesmo em hipóteses de contratos de trabalho a prazo fixo, empregadores e empregados podem conhecer mudanças de planos em curto espaço de tempo.

Da parte do empregador, pode ruir o sonho de ampliar as instalações ou se tornar inútil o esforço de constituir um departamento jurídico em meio à crise econômica aguda. Da parte do empregado, que havia ficado desempregado por longo tempo, pode surgir uma oportunidade irrecusável ou surgir um atrito irremediável com os colegas de trabalho. Dois anos correspondem a prazo longo demais para tantas incertezas.

Por isso, uma regra simples e eficaz foi embutida no art. 481 da CLT, com o pomposo nome de cláusula assecuratória do direito recíproco de rescisão antecipada do contrato por prazo determinado.

A cláusula prevê a rescisão antecipada do contrato como se fosse por prazo indeterminado, caso mudanças sensíveis surgissem.

A vantagem dessa cláusula está no fato de que a parte que deseja romper a avença poderá valer-se do aviso-prévio, com os trinta dias de antecedência, e, ao término, ficar dispensada da indenização dos arts. 479 e 480. Claro que ainda assim a parte contrária amargará algum prejuízo e terá de enfrentar a turbulência do período de transição, mas, pelo menos, foi previamente informada e pode se preparar com qualquer outro sujeito do contrato de trabalho de prazo indeterminado.

A cláusula não é presumida nem se aceita a forma tácita, por não ser da essência do contrato de prazo determinado. Requer demonstração, sob pena de conversão do aviso-prévio em indenização de metade dos dias restantes.

11. Rescisão por justa causa: conceitos

A dispensa por justa causa responde por boa parte dos processos trabalhistas, dada sua natural repercussão no íntimo do trabalhador e a quase desonra em não se discutirem os fundamentos da acusação. É o momento em que o Direito do Trabalho se aproxima sensivelmente do Direito Penal, aproveitando inclusive o rico acervo conceitual sobre presunção de inocência, gradação da pena, estrita legalidade e vedação à duplicidade de punição pelo mesmo fato, conforme abaixo se verá.

O sistema brasileiro é relativamente sólido, sendo de conhecimento generalizado de trabalhadores leigos ou novatos, tanto no que diz respeito à lógica de que a justa causa retira direito a benefícios indenizatórios, quanto pelo uso de complexo vocabulário jurídico. Por exemplo, as palavras abandono, desídia e insubordinação são amplamente difundidas, ao lado de termos mais acessíveis, como embriaguez e concorrência desleal.

Há, porém, algumas falhas estruturais graves na legislação brasileira, que ainda tem muito a evoluir em se tratando da disciplina mais avançada do Direito do Trabalho.

Por exemplo, o empregado não precisa ser informado do que está sendo acusado, o que corresponde a uma situação esdrúxula depois de tantos anos de discussão sobre o direito ao contraditório e sobre o valor da liberdade. O empregador pode impedir o acesso do empregado à empresa, avisando-o dispensado, e somente revelar o teor da acusação em processo trabalhista, se e quando o empregado ajuizar a demanda. Mesmo em sede de homologação de verbas rescisórias, constará apenas a alegação de justa causa, sem obrigatoriedade de fornecimento de maiores explicações.

É evidente que o empregado procurará desvendar a trama e contará com a ajuda de colegas, caso o empregador já não o tenha dito, mas o fato é que a lei não exige a elaboração de uma *nota de culpa*, como em alguns países, nem prestação de contas, que poderia ser feita sem maior dificuldade, por exemplo, na rescisão.

Diante dessa omissão legislativa, admite-se, até mesmo, que o empregador *troque de acusação* entre o dia da rescisão e o dia da defesa judicial, se existente, por não haver vinculação a fatos ou a palavras emitidas à época. Assim, por exemplo, tendo o advogado avaliado as dificuldades da prova da embriaguez, poderão evocar a desídia pelo excesso de faltas que, outrora, havia sido omitida. Certamente que essa "troca" não poderá ser feita no curso do Processo do Trabalho, mas devido a uma regra processual de não alteração das alegações e não por uma regra trabalhista propriamente dita.

Considerando-se a tradição trabalhista em prol das audiências unas de instrução, conciliação e julgamento, é fácil notar a aflição de um trabalhador que, não sabendo do que será acusado, terá de providenciar uma testemunha para o caso de ser apontado como o responsável por um furto, outra testemunha para o caso de a dispensa estar ligada a um xingamento que proferiu e mais outra para negar que ele se tenha apresentado embriagado. Não era isso que esperava o Direito do Trabalho quando atribuiu ao empregador o ônus de provar a justa causa apenas em processo trabalhista.

O ônus é sempre patronal, dada a força do princípio da continuidade da relação de emprego.

Presume-se que a relação será de trato sucessivo e durará por longo tempo, enquanto perdurar a necessidade de o trabalhador prover suas necessidades vitais básicas e o empregador organizar sua atividade produtiva, de tal forma que qualquer abalo, que torne insuportável o prosseguimento da relação, deverá necessariamente ser demonstrado de forma adequada pela parte que o alegar. É da essência do Direito do Trabalho, portanto, a atribuição desse encargo ao empregador, tão logo sustentada a falha do trabalhador.

Mostra-se tão arraigado no Processo do Trabalho o entendimento de que a justa causa deve ser demonstrada pelo empregador, por se tratar de rompimento anormal da prestação dos serviços, que até mesmo no caso em que a defesa negue a existência do vínculo de emprego esse encargo se mantém. Explica-se.

Pode uma defesa afirmar que o trabalhador não era empregado, pois atuava de forma voluntária na casa de caridade, sem salário e com relativa liberdade de atuação. No entanto, o voluntário simplesmente desapareceu, o que configuraria abandono, caso empregado houvesse sido. Em nome do princípio da eventualidade, aduz a defesa que, caso venha a ser aceita a tese da relação de emprego, com a qual não concorda, então que as verbas rescisórias da dispensa sem justa causa sejam convertidas em verbas rescisórias da dispensa com justa causa. Porém, isso não será possível se a casa de caridade não demonstrar esse desaparecimento repentino do trabalhador. A dispensa sem justa causa desfruta de ampla presunção favorável.

Outro ponto que merece destaque, neste breve prólogo sobre a justa causa, diz respeito à impossibilidade de *dosagem da pena* pelo Juiz do Trabalho.

Quando provocado a se manifestar sobre a adequação da justa causa ao caso concreto, o Juiz do Trabalho não substitui a figura do empregador nem pode sugerir formas alternativas de gestão de empresas. Seu papel é unicamente dar cumprimento à norma e dizer se houve o correto enquadramento do fato – o comportamento do trabalhador – ao que poderíamos chamar, respeitante à criminalística, de tipo penal. Caso tenha havido excessos por parte do empregador ou, ainda, enquadramento equivocado, o juiz afasta a sanção aplicada e defere a indenização rescisória que tenha faltado. É tudo o que pode ser feito.

Não cabe sugerir nulidade da rescisão contratual, salvo situação de estabilidade, obviamente, porque o empregador podia dispensar o empregado, na generalidade dos casos, com ou sem justa causa. A via da justa causa provocou apenas a desoneração de alguns pagamentos, mas a rescisão já está decidida e consumada.

Tampouco o Juiz do Trabalho poderia dizer que o melhor teria sido uma advertência ou suspensão, apropriando-se da linguagem canhestra do art. 474 da CLT, acima apreciado, e lamentando que o empregado não tenha sido poupado e recebido nova chance de prosperidade. Em suma, cabe ao Processo do Trabalho dizer sim ou não ao acerto da declaração da justa causa e nunca dosar a pena apropriada.

Por fim, uma pequena lembrança quanto ao uso da expressão falta grave.

Normalmente se associam justa causa e falta grave como sinônimos, e a tendência é que as expressões realmente se aproximem, agora que não existe mais o regime da estabilidade decenal.

Antes, porém, a CLT elaborou um quadro de sutil distinção entre os dois termos, deixando a justa causa para a maioria dos casos de atos falhos do empregado e falta grave apenas para a seleta circunstância de *repetição de justas causas*, motivo que levava à possibilidade de desligamento de um estável decenal. É como se o estável, sendo mais enraizado a seu contrato de trabalho, mais antigo na casa e detentor de maior grau de tolerância, somente pudesse ser afastado em caso de evidente abuso em seu comportamento, devendo ser separado dos deslizes cometidos pelos novatos.

12. Rescisão por justa causa: princípios

São princípios norteadores da configuração da justa causa para a rescisão do contrato de trabalho a legalidade, a gravidade, a imediatidade, o nexo causal, a ausência de perdão tácito ou expresso, a análise do passado funcional do empregado e, em alguns casos, a necessidade de repetição do fato. Enfrentemo-los um a um.

O *princípio da legalidade* nada mais é do que a transposição para o Direito do Trabalho de assunto sobejamente conhecido pelo art. 5.º, II, da Constituição Federal de 1988, e pelo Direito Penal, que tem um dos pilares no art. 5.º, XXXIX, da mesma norma.

Conforme acima se mencionou, o empregador está dispensado de explicar em detalhes a formação de seu convencimento para o empregado, mas seguramente terá de fazê-lo em processo trabalhista, quando acionado. Na ocasião, aguarda-se a descrição dos fatos, é verdade, mas desde que conducentes a um enquadramento legal válido. Como acontece no processo em geral, a parte não está obrigada a especificar o fundamento legal, sendo suficiente que aponte os fundamentos jurídicos. Logo, quando se fala em legalidade da justa causa e necessidade de enquadramento legal, não se está a afirmar que o empregador deva apontar o dispositivo legal exato, porque também neste campo se aplica a parêmia segundo a qual o juiz conhece o direito. É suficiente que, descrevendo a conduta, convença o aplicador da norma de que o comportamento tinha uma previsão legal.

Por exemplo, pode acusar o empregado de justa causa por excesso de faltas injustificadas, comprovadas documentalmente, sem ter apontado o art. 482, *e*. Na verdade, não se faz necessário nem mesmo que o empregador chame o ato de desídia. Contanto que não se afaste das alegações defensivas, é suficiente, para o elemento da legalidade, que impute ao trabalhador o comportamento desidioso por fatos e condutas. Seria quebra de legalidade apenas se a conduta descrita fosse inédita na legislação brasileira – ser forte ou fraco, ser alto ou baixo, além de outras afirmações aviltantes – ou se, exigindo a lei uma repetição do fato, considerasse justa causa sua primeira manifestação – negociação eventual, prática rara de jogos de azar etc.

No âmbito do trabalho rural, o legislador houve por bem declarar como justa causa para a rescisão do contrato de trabalho a "idade avançada" do trabalhador. Até hoje esse dispositivo causa perplexidade, mas nem mesmo os empregadores rurais dele se valem com habitualidade e são vários os argumentos contra sua validade. A uma, porque surgiu através de Regulamento, sem constar do texto de lei. A duas, porque o critério da idade, para determinação de rescisão contratual, é flagrantemente violador da liberdade e da igualdade, que devem ser fomentadas em seu mais elevado grau, conforme disposição constitucional. Daí o estudo da "idade avançada" apenas como resquício histórico e como matéria para discussão sobre como o Direito do Trabalho não deve ser. Provavelmente, o Regulamento do Trabalho Rural quis dizer que a aposentadoria era causa de extinção do contrato de trabalho de iniciativa do trabalhador, como de fato vigorou por muitos anos na legislação urbana, possibilitando a rescisão sem maiores encargos para o empregador, mas errou duplamente. Errou ao chamar o pedido de demissão fictício de justa causa, conceito que era bastante conhecido também no meio rural. E errou ao assimilar a aposentadoria por invalidez com a rescisão contratual, quando se sabe que desde aquela época essa situação equivale a uma suspensão contratual. Caiu em desuso sem nem sequer ter sido levada a pleno efeito.

O *princípio da gravidade*, por seu turno, parece ser a espinha dorsal do estudo da justa causa e estará presente no centro de todas as demais explicações.

Faltas leves costumam merecer perdão e nem sempre são punidas rigorosamente no mesmo dia, até porque não tornam insuportável o prosseguimento da relação. Faltas muito graves, ao revés, são imperdoáveis no ambiente de trabalho, pois desmoralizariam o empregador, e prescindem de maiores apurações. Costumam ser os flagrantes de violência e agressão verbal ou a descoberta de comportamento escuso inescusável do empregado, como a improbidade. Conforme referido no prólogo do capítulo, a gravidade deverá ser apreciada pelo Juiz do Trabalho, quando chamado a se manifestar, com o objetivo de saber se o ato era amplo o suficiente para caber no conceito de justa causa como uma punição máxima ao trabalhador. Não haverá dosagem de pena de acordo com a gravidade, mas subsunção do fato à norma. A dosagem pode e deve ser feita pelo empregador – faltas leves, médias e graves sendo punidas com advertências, suspensões e dispensa por justa causa.

Não se deve admitir, todavia, que o empregador puna a falta grave com advertência e a falta leve com justa causa, a menos que se trate de uma repetição que, somada, configurou a justa causa. Do contrário, poderá parecer um perdão às avessas e a justa causa não se sustentará.

O *princípio da imediatidade*, outrossim, está ligado à insistência trabalhista em exigir do empregador uma resposta imediata para a acusação de justa causa.

Se um empregador demora, digamos, dez dias para decidir a aplicação de justa causa a um empregado que xingou um colega de trabalho, é possível que os colegas já tenham captado um perdão tácito no ar ou que não se considere o palavreado grave o suficiente para impedir o prosseguimento do contrato de trabalho. Algo está errado se a gravidade só for notada semanas após, quando inclusive existem chances reais de a paz ter voltado a reinar no ambiente de trabalho.

À falta de outros elementos de bastidores para decidir sobre a pertinência da justa causa, a jurisprudência aprendeu a supervalorizar o conceito de imediatidade, como a face mais visível da luta interna pela manutenção do emprego. Daí a pressão para que os departamentos pessoais acelerem as apurações de queixas e insatisfação de chefes, encarregados e líderes, a fim de que não se associe sua inércia a uma forma de contradição.

Mas não se iluda quanto à contagem dos prazos. Imediatidade está longe de significar "na hora", "no dia" ou "na semana". Variam os períodos de acordo com a complexidade da acusação e com o porte da empresa. Enquanto a agressão física deve ser enquadrada pela pequena empresa no mesmo dia, o desvio de dinheiro em conluio com os fornecedores pode demorar meses para a apuração da grande empresa lesada pelo departamento de compras. Admite-se até mesmo a justa causa aplicada durante o afastamento médico ou previdenciário, desde que relativa a fatos pretéritos, descobertos supervenientemente.

O *princípio do nexo causal* é mais utilizado do que compreendido.

Fala-se muito de nexo causal entre a doença profissional e a atividade do empregado, assim como entre a dispensa com justa causa e a conduta do trabalhador, mas o que se procura realmente atestar é que entre o ato e a rescisão não houve outra forma de punição ou de diálogo. Se houver, por exemplo, uma suspensão disciplinar pelo deslize do empregado e, na volta, a aplicação da justa causa, é válido supor uma quebra de ligação entre a punição posterior e a atitude anterior. A quebra está atestada pela suspensão disciplinar. Posta a questão em outros termos, o nexo causal direto, entre a justa causa e a conduta do empregado, objetiva evitar a *duplicidade de punição* ou, por outro lado, evitar que uma justa causa seja pronunciada depois de um perdão concedido.

Por isso se diz que o caminho deve estar livre e desembaraçado entre as duas pontas da história: houve um erro do empregado, seguiu-se um castigo aplicado pelo empregador, com evidente ligação entre ambos os dados. Não é um assunto muito acalentado em defesas processuais e sentenças trabalhistas, porque a atenção se dispersa para a gravidade e a imediatidade, mas atenção deve ser dada para se assegurar que a punição tenha estreito vínculo com o fato alegado.

O requisito da *ausência de perdão* é um dos tópicos mais curiosos no estudo da justa causa, como se fosse o estudo do comportamento do empregador após tomar ciência da conduta faltosa do empregado.

Se estivéssemos no Direito Penal, poderíamos dizer que em alguns crimes contra a honra é relevante conhecer o comportamento da vítima de um crime que exige ação penal privada. O perdão expresso é fácil de ser visualizado. O empregador chama os dois empregados envolvidos numa agressão física, por exemplo, aplica uma sonora bronca, faz um discurso moralizante e determina que ambos apertem as mãos e voltem imediatamente ao trabalho, ameaçando dispensá-los em caso de reincidência. Aliviados, os empregados retornam ao trabalho, mas, no dia seguinte, são pegos de surpresa com a notícia da justa causa retroativa. Vários elementos se aglutinam nesse caso: a) a bronca atuou como advertência verbal e, portanto, quebrou o nexo entre a justa causa e a agressão física; b) a gravidade não devia ser muito elevada, pois a produção voltou ao normal e a empresa não deliberou a rescisão na hora; c) a imediatidade saiu perdendo porque um prazo incompreensivelmente longo foi necessário para a tomada de decisão; e, enfim, d) a empresa havia acenado de maneira expressa com o perdão pela falha.

Casos ainda mais curiosos rondam o perdão tácito, como o empregado faltoso que recebe promoção a cargo de chefia, prêmio como o melhor vendedor do mês ou gratificação pelo desempenho atingido. Será incompatível e desconexo – ou seja, sem nexo – que, ao término dos elogios, venha a punição. Já não basta o direito brasileiro liberar o empregador de apresentar a nota de culpa ao empregado: seria cômico se o empregador pudesse aplicar justa causa simultaneamente à promoção. Assim como a advertência e a suspensão pelo mesmo fato quebram o nexo entre a justa causa e o ato faltoso, também a promoção ou a premiação ao empregado agem como elemento corrosivo do nexo causal. Excetua-se evidentemente a hipótese em que a empresa, ludibriada, promoveu o empregado que desviava o dinheiro ou sabotava as máquinas. Fala-se em perdão tácito certamente para os casos em que a empresa conhecia de antemão o passado conturbado de seu empregado.

Em matéria de sutileza e de elaboração doutrinária, nada se compara, todavia, à análise do *passado funcional do empregado*.

De certa forma, o passado atuará sobre o conceito da gravidade, porque os empregados veteranos, de reputação ilibada, vão acumulando créditos no conceito do empregador, enquanto os empregados novatos e revoltados vão cavando sua dispensa. Em linhas gerais, o passado funcional também serve para incentivar a concessão de perdão aos empregados que, por um descuido, num momento de nervosismo, cometeram lapsos na linha de produção ou hostilizaram os colegas de trabalho. São merecedores de nova chance, com possível punição branda em forma de advertência ou suspensão, haja vista o longo período de serviços prestados ao empregador de maneira adequada.

O empregador não está obrigado a tolerar a presença de empregado contestador, que periodicamente sofre advertências e suspensões. Aliás, muitas empresas elaboram uma lista de graduação das penas, precisamente para que, no momento de aplicação da justa causa, possam reforçar seu argumento com a análise do passado tumultuado do trabalhador.

O caso mais conhecido é o da formação do quadro de desídia, algo bastante fluido e incerto: ficará mais fácil para o empregador convencer a autoridade judicial dessa dispensa com justa causa se coletar as informações de atrasos e ausências do empregado, preferencialmente aquelas punidas e descontadas, evocando um passado funcional desastroso e sem compromisso profissional.

Por fim, a justa causa exige *a repetição do fato*, em alguns casos.

Na listagem do art. 482 da CLT, colhem-se as seguintes justas causas repetíveis: negociação habitual por conta própria, embriaguez habitual, prática constante de jogos de azar, além da própria desídia, que pressupõe o baixo rendimento ou o alto absenteísmo em seu conceito e que, portanto, não pode prescindir da repetição dos fatos. Além disso, o art. 433, III, considera motivo justo para rompimento do contrato de aprendizagem "ausência injustificada à escola que implique perda do ano letivo", o que evidentemente não ocorre da noite para o dia. Essas seis condutas – negociação, embriaguez, jogatina, desídia, dívidas e ausências escolares – somente se consideram graves para configuração de justa causa à medida que se repetem e ganham volume. Suas primeiras manifestações podem ser punidas com advertências e suspensões, mas a construção do legislador foi no sentido de que a gravidade surge do abuso do empregado e não do ato isolado. Um dado a mais no conceito de justa causa, mas, de certa forma, um dado coerente.

13. Rescisão por justa causa: modalidades

São numerosas as modalidades de justa causa previstas pelo legislador. Dado que a justa causa é pautada pelo princípio da legalidade, torna-se imperioso saber exatamente como enquadrar a conduta do trabalhador ou do empregador à figura prevista pelo legislador, tal como, guardadas as devidas proporções, o julgador penal fará com a tipificação do crime. De início, enfrentemos os tipos de justa causa previstos no art. 482 da CLT.

Improbidade. Considerando que a palavra probo significa honesto e justo, associa-se a improbidade a um defeito de caráter que leva o empregado a ser desleal com o empregador. No entanto, como a CLT não explica o que pretendeu qualificar com essa primeira forma de justa causa, desde cedo a doutrina se inclinou a entender a improbidade como sendo o comportamento desleal que efetivamente prejudica o patrimônio da empresa. Outras formas de desonestidade e de comportamento irregular do empregado são enquadradas nas demais alíneas do art. 482, particularmente no que diz respeito ao mau procedimento. Reserva-se a improbidade para os casos de desvio de dinheiro, superfaturamento no setor de compras e outras formas de danos pecuniários causados ao empregador, ainda que não se tenham revertido necessariamente para o empregado – pode-se imaginar, por exemplo, o desvio de dinheiro para satisfazer terceiros, por interesse pessoal, ou simplesmente para lesar o empregador perante a concorrência.

Incontinência de conduta. Outra curiosidade diz respeito à dispensa por incontinência, que poderia representar uma impaciência do empregado ou seu comportamento impertinente, mas que se convencionou associar com condutas de caráter sexual. Abarca tanto a manifestação de atos libidinosos até o assédio sexual praticado por empregado perante colegas ou terceiros. A incontinência está afeta à moral e aos costumes vigentes em uma dada sociedade e a depender da época. Por exemplo, um caso rumoroso na década de 1970, que se transformou em filme de relativo sucesso, relatava a aplicação de justa causa sobre um empregado que beijou uma colega de trabalho e foi denunciado pela colega enciumada. Após algumas ponderações, o empregador entendeu que, dada a repercussão que o beijo provocou no ambiente de trabalho, desenhou-se um ato de incontinência. O beijo hoje talvez não recebesse o mesmo enquadramento.

Mau procedimento. O mau procedimento é também chamado de justa causa do tipo guarda-chuva, porque cabe tudo dentro dele. Jocosamente se diz que, quando a conduta não se enquadra em nenhuma outra alínea, desloca-se para o mau procedimento. Não deixa de ser irônico que o art. 482, entre tantas alíneas, agregue dois assuntos completamente diferentes, como a incontinência de conduta e o mau procedimento, no mesmo item, como se fossem assuntos assemelhados. De maneira geral, trata-se da deslealdade do empregado e da verificação de comportamento irregular, que não seja relacionado com danos ao patrimônio, à moral sexual nem se configure propriamente em descumprimento de ordens ou de regulamento interno da empresa, porque essas figuras dispõem de tipos próprios de justa causa. Ao contrário da improbidade, que exige a demonstração do prejuízo causado à empresa segundo a doutrina majoritária, no caso do mau procedimento é suficiente a conduta temerária do empregado para o aperfeiçoamento da justa causa.

Negociação habitual por conta própria ou alheia. Distinguem-se a negociação habitual e a concorrência desleal: enquanto na negociação é suficiente o elemento do comércio de produtos e serviços, que o empregado executa de forma inconveniente nas horas de trabalho, na concorrência desleal ele atua corrosivamente para prejudicar a base de clientes do empregador, desviando-os para outros fornecedores, enviando-lhes correspondência e praticando demais atitudes incompatíveis com a lealdade que se espera de um empregado. A negociação não chega a ser lesiva ao patrimônio do empregador, de forma direta, porque não afeta a linha de produtos comercializados ou industrializados na empresa. Note-se, outrossim, que a negociação pode se dirigir a colegas de trabalho – o que é mais comum – mas também pode abarcar tanto clientes como os próprios fornecedores ou frequentadores do espaço em que trabalha o empregado, numa promiscuidade incompatível com o contrato. São produtos muitas vezes inocentes, como a venda de cosméticos em catálogo, pequenas peças de vestuário ou adesão a entidades associativas, mas também alcança itens insuspeitos como títulos de capitalização com sorteios transmitidos pela televisão, apólices de seguros e bijuterias.

Negociação habitual *versus* suficiência do rendimento do trabalhador. Mesmo sem lesar diretamente o patrimônio do empregador, é evidente que, caso o empregado tenha investido dois minutos para convencer um colega a adquirir bens e serviços, foram dois minutos a menos nos afazeres para os quais ele é pago a executar. Ademais, pode comprometer a imagem do empregador, que tolera o mercado persa dentro de suas instalações. Alguns empregados argumentam que nenhum mal causaram ao oferecer mercadorias próprias para o colega de trabalho num momento de ociosidade – aguardando ordens, esperando clientes na loja vazia ou parados na recepção desprovida de fila. Ainda assim, o empregador está no legítimo poder diretivo de exigir que, dentro de seus domínios, não se pratique o comércio paralelo, por ser incompatível com a imagem da empresa e com a conduta esperada de seus empregados. Uma das facetas do princípio da boa-fé trabalhista – além do comportamento esperado do trabalhador – é a suficiência do rendimento, de tal forma que não se pode duvidar que o empregado empreenderá todos os esforços que estiverem a seu alcance para a prosperidade do empregador, inclusive arrumando o estoque ou organizando seu local de trabalho, caso esteja realmente ocioso. O comércio de mercadorias ceifa a concentração e a dedicação do empregado, afinal. Interessante notar que a CLT exige a *habitualidade* na negociação para que se configure a justa causa, cuidando-se de uma rara situação em que a própria norma exige gradação na pena, ou seja, exorta-se o empregador a punir com advertência e suspensão as primeiras manifestações de negociação em serviço, impondo-se a justa causa somente em caso de reincidência.

Situação especial do comércio de hortifrutigranjeiros no ambiente rural. Um caso extraordinário de comércio paralelo ao trabalho ocorre na zona rural, a partir da cessão graciosa que o empregador faz a seus empregados camponeses de espaços disponíveis para plantar, colher e alimentar alguns animais de fácil criação, como aves e mamíferos de pequeno porte. Pode ser o entorno da casa cedida ao trabalhador rural ou pode ser também o espaço existente no meio da plantação principal da propriedade – motivo pelo qual o caso ficou conhecido como exploração da *plantação intercalar*. O empregador cede o espaço porque realmente não havia uso econômico possível e como forma de incentivar a melhoria das condições de vida do empregado. Com o passar do tempo, é possível que o empregado passe a auferir ganhos econômicos com a comercialização de sua pequena safra de hortaliças e demais víveres extraídos daquele ambiente. Estuda-se o assunto no âmbito do salário utilidade, porque pairavam dúvidas se o lucro auferido pelo empregado poderia ser chamado de salário indireto, mas não deixa de ser interessante refletir essa circunstância como um caso autorizado – por lei e por contrato – de negociação habitual em serviço. Sobre o salário utilidade, o art. 9.º, § 5.º, da Lei n. 5.889/1973 cuidou de estabelecer regras para desnaturá-lo. Caso o empregador preencha as exigências formais ali constantes, não haverá salário indireto, mas ficará a negociação habitual.

Concorrência desleal. A concorrência desleal costuma ser associada como das mais graves justas causas, porque o empregado demonstra não somente um comportamento irregular, passível de ser enquadrado em mau procedimento, e uma forma de lesar o patrimônio da empresa, como se fora uma improbidade, – mas também uma premeditação ardilosa absolutamente incompatível com a relação de emprego. A concorrência desleal já seria grave em se tratando de ex-empregado, que atrai parte de clientela para outra empresa depois do desligamento do empregador, seja uma empresa por ele próprio constituída, seja uma empresa de terceiros. Porém, se tudo isso acontece ainda dentro da vigência do contrato de trabalho, a situação se mostra ainda mais absurda, pois também o tempo de dedicação do empregado às operações do trabalho ficou abaixo do esperado.

Concorrência com ou sem vantagem pecuniária. A concorrência, tal como a negociação, não pressupõe vantagem pecuniária auferida diretamente pelo trabalhador, podendo ter como fundamento o desejo de saciar uma cobiça ou alimentar a ira contra o empregador, a fim de satisfazer parentes ou amigos, por exemplo. Pode a concorrência envolver a abordagem direta dos clientes, oferecendo-lhes os mesmos produtos em condições mais vantajosas, ou procedimentos sutis como a troca de e-mails e telefones particulares para que, fora do expediente, o trabalhador contate o interessado. Serve como exemplo da falta de ética no trato com a clientela o caso do técnico de manutenção de telefone, eletrodomésticos ou televisão a cabo que, atendendo a uma ordem de serviço previamente agendada, explica para o cliente que o preço cobrado pela companhia pode ser reduzido à metade, caso o serviço seja por ele próprio executado num dia de domingo. Às vezes, o empregado usa as ferramentas e veículos fornecidos pelo empregador, para essa atividade particular.

Concorrência desleal no emprego doméstico? Uma curiosidade: em 2001, quando o legislador regulamentou a adesão, então facultativa, do empregador doméstico ao regime do fundo de garantia, foi necessário explicitar que a dispensa por justa causa retira do doméstico o direito ao saque e à indenização de 40%. Embora a noção de justa causa já permeasse a relação de emprego de maneira geral, por força do princípio da continuidade trabalhista, foi a primeira vez que uma lei tornou clara a aplicação do art. 482 para o ambiente doméstico. Para evitar constrangimento, porém, o legislador declarou que, do rol de justas causas constantes desse dispositivo, não se aplicavam ao trabalho doméstico a concorrência desleal e a violação de segredo. O debate arrefeceu com o passar do tempo e a norma de 2001 foi consolidada pela LC 150/2015, que norteia as relações domésticas. Mas as especificidades do âmbito do lar permanecem em aberto e produziram uma lista um pouco mais enxuta de modalidades de justa causa para as atividades domésticas (art. 27, LC 150/2015), dada a impertinência de alguns temas.

Condenação criminal passada em julgado. O intuito do legislador claramente foi permitir que o empregador se libere do contrato de trabalho, sem maiores encargos, em caso de condenação sofrida pelo trabalhador em pena restritiva de liberdade, o que lhe restringirá a locomoção. Não foi cogitada hipótese intermediária, como suspensão do contrato de trabalho, porque a pena pode ser de longa duração e, de qualquer forma, o fato é estranho ao labor e não pressupõe respaldo pelo empregador, como no caso de um acidente de trabalho ou do serviço militar. É por isso que foi utilizada a expressão condenação criminal passada em julgamento e sem o benefício da suspensão da pena. Caso o empregado seja condenado em pena pecuniária ou mesmo em pena restritiva de direito – por exemplo, suspensão de direitos políticos –, não há razão lógica para romper o contrato de trabalho por alegação de justa causa, pois não se tornou insuportável o prosseguimento do contrato de trabalho. Condenação relacionada a contravenções também parecem fora do intuito do legislador por não afetarem a prestação de serviços. O empregador pode alegar justa causa com fundamento em outra alínea do art. 482, caso haja conexão, por exemplo, com a improbidade, o mau procedimento ou a difamação da empresa, em situações como a condenação em pena pecuniária decorrente da injúria. Há até mesmo um curioso entendimento jurisprudencial que sugere a tolerância do empregador se a pena restritiva de liberdade for de apenas trinta dias, porque, comparativamente ao conceito de abandono de emprego e de período máximo que a suspensão disciplinar pode atingir – art. 474 da CLT –, o prazo é razoável e não destoa das demais hipóteses. Não é o que diz a letra expressa deste art. 482, *d*, mas é uma interpretação sistemática interessante. Finalmente, a condenação criminal transitada em julgado levanta a dúvida sobre a necessidade ou não de o Processo do Trabalho ser sobrestado até que decisão penal se torne definitiva.

Sobrestamento do processo trabalhista à espera da decisão criminal. Discute-se muito sobre a pertinência de se suspender o andamento do processo trabalhista no aguardo de uma posição definitiva da decisão criminal. Na verdade, essa pergunta está equivocada em se tratando da alínea *d*, porque a justa causa já pressupõe que a decisão penal tenha passado em julgado anteriormente. É mais frequente que se indague sobre a necessidade de sobrestar o Processo do Trabalho em caso de alegação de crime praticado pelo empregado dentro do contrato de trabalho. São exemplos mais comuns o furto do empregado contra o próprio patrão, o xingamento ostensivo a ponto de configurar uma injúria, a própria difamação dos proprietários da empresa, a calúnia relacionada com falsa imputação de crime ao empregador e a agressão física passível de ser enquadrada na lesão corporal. É comum a defesa em processo do trabalhado requerer o aguardo da decisão criminal porque, convicta da condenação penal do empregado, dispensam-se provas trabalhistas – embora alguns façam esse requerimento no intuito expresso de ganhar tempo. A situação se amolda facilmente no conceito de suspensão processual, quando se menciona a dependência do julgamento de outra causa e o aguardo da comprovação de determinado fato – art. 313, V, *a* e *b*, do CPC/2015. Mas simultaneamente o art. 313, § 4.º, do CPC/2015, determina que o sobrestamento não ultrapasse um ano – prazo exíguo em se tratando da tramitação criminal, inclusive inquérito policial, sentença da primeira instância e matéria recursal.

Posição do Código Civil de 2002 e casos verdadeiramente necessários. O art. 935 do Código Civil de 2002 dispõe que "a responsabilidade civil é independente da criminal, não se podendo questionar mais sobre a existência do fato, ou sobre quem seja o seu autor, quando estas questões se acharem decididas no juízo criminal". Embora trate do tema da responsabilidade, o dispositivo enaltece o prestígio da decisão criminal, reconhecendo a necessidade de atribuir-lhe maior patamar jurídico, como forma de serem evitadas as decisões discrepantes sobre o mesmo tipo penal. Transpondo-se o art. 935 para o Direito do Trabalho, o fato é que apenas algumas situações realmente excepcionais justificarão a necessidade do sobrestamento. Dentre os exemplos acima mencionados, talvez o furto seja o mais significativo, porque dúvidas podem pairar sobre a autoria e a materialidade do fato. Os demais exemplos podem provocar situação bastante conhecida em que o empregado quebrou a confiança sobre ele depositada, ainda que não tenha sido enquadrado em tipo penal qualquer. Ao xingar ou esmurrar o empregador, é passível de ser inserido na justa causa da alínea *k*, conquanto esse ato possa não ter sido amplo o suficiente para o tipo penal da injúria ou da lesão corporal. A justa causa não pressupõe que todos os atos sejam criminosos, sendo suficiente que sejam graves. Mas se forem atos criminosos, atrairão o conceito de gravidade. Daí por que uma condenação criminal por furto cometido contra o empregador obriga o Juiz do Trabalho a confirmar a justa causa. Em havendo absolvição do trabalhador por falta de provas ou por falta de formação do tipo, pode-se analisar livremente a justa causa, mantendo-a ou afastando-a. Em suma, o Juiz do Trabalho deve evitar suspender a tramitação trabalhista por qualquer alegação de calúnia ou lesão corporal, reservando essa medida extrema a casos mais complexos de furto contra o empregador.

Desídia. Embora não carregue a marca expressa da habitualidade, a desídia é uma forma de justa causa que somente se aperfeiçoa com o escoar do tempo e não permite sua verificação apenas de relance ou por um recorte de tempo qualquer. O caso mais conhecido de desídia está associado ao absenteísmo e à impontualidade. Empregados que se ausentam habitualmente ao trabalho são acusados de desídia e punidos com a dispensa livre de encargos. É mais raro que a punição recaia sobre empregados impontuais, mas isso tem ocorrido em situações de mescla de ausências e atrasos, bem como em situações de atrasos prolongados, de uma ou duas horas, e não apenas de poucos minutos. A legislação, todavia, passa ao largo de um conceito do que seriam ausências suficientes para configurar uma desídia. Como esse conceito está ligado à negligência e ao descaso, é natural que não se configure logo nas primeiras faltas do empregado, mas que tampouco necessite de uma centena delas. Também não é correto associar desídia com 32 faltas por ano, tomando por base a perda do direito a férias, pois os assuntos são independentes. Para maior cautela, é comum as empresas aplicarem advertência verbal, uma ou duas suspensões e, depois, declarar a justa causa da desídia. Atente-se, ainda, para o fato de que o volume de ausências injustificadas, necessárias para a desídia, varia também de acordo com a atividade econômica e o contexto. Há ausências particularmente graves, como no dia de maior movimento da loja, no dia de folga do colega parceiro na tarefa ou, ainda, de um professor na sala de aula repleta de crianças, todos sem prévio aviso ou satisfação ao empregador. Outras ausências são, digamos assim, mais contornáveis, como um operário na linha de produção, cuja ausência é suprida com a redistribuição da tarefa pelos colegas de trabalho – claro que de forma momentânea. Há mais um dado interessante na leitura da desídia: empresas que abusam do direito de exigir horas extras terão fundamento menor para exigir pontualidade e assiduidade. Por exemplo, uma empresa que insiste em exigir jornadas de 12 ou 14 horas, absolutamente em descompasso com a legislação, e viola o intervalo interjornada de onze horas, também não pode acusar a desídia do empregado com duas ou três ausências.

Necessidade ou não do desconto salarial para a configuração da ausência injustificada. Desídia se perfaz com a soma das ausências injustificadas, em geral. Porém, questiona-se se a prova das ausências deve ser feita apenas mediante exibição dos cartões de ponto ou se o empregador deve exibir cartões de ponto e folhas de pagamento. A dúvida surge a partir do conceito estampado pelo art. 131, IV, da CLT. Refere o dispositivo que não se considera falta, para fins de férias, aquela "justificada pela empresa, entendendo-se como tal a que não tiver determinado o desconto do correspondente salário". Logo, à luz do art. 131, as faltas constantes dos cartões de ponto, mas não deduzidas dos salários, não são faltas. Foram perdoadas ou relevadas pelo empregador e, por conseguinte, perdem seu efeito para a contagem das férias bem assim para a configuração da desídia. Dado o papel de destaque do item perdão – tácito, nesse caso, ou expresso – na configuração da justa causa, é razoável dar valor a essa tese e acoplar a consequência prevista para as férias com aquela prevista para a justa causa. Argumenta-se, em sentido contrário, que o art. 131 se concentra apenas no propósito de explicar o que significa falta para a contagem das férias, mas a tese se revela frágil. Não descontar a falta pode fazer diferença futuramente, portanto. Saliente-se que as ausências justificadas, inclusive todas aquelas do extenso rol do art. 473 da CLT, não são levadas em conta nem podem pesar na conclusão patronal. A desídia pressupõe necessariamente faltas injustificadas.

Meios de prova das ausências que levaram à desídia. Uma questão curiosa se instala no tocante aos meios de prova das ausências injustificadas dos trabalhadores. Vez por outra uma empresa solicita em Juízo a oitiva de testemunhas a fim de demonstrar o excesso de ausências de um trabalhador, mesmo havendo mais do que dez empregados presentes. Olvidam-se de que cartões de ponto, obrigatórios para muitos empregadores na forma do art. 74 da CLT, são meio de prova hábil para tudo quanto disser respeito à jornada de trabalho e aos expedientes laborados e não laborados, e não meramente para as horas extras. Atribui-se aos cartões de ponto um excesso de importância quanto às horas extras, mas eles são igualmente relevantes para: a) frequência do trabalhador; b) redução de jornada no curso do aviso-prévio; c) direitos noturnos; d) gozo de férias e assim por diante. Maior seriedade no trato dos cartões de ponto diminuiria bastante a dimensão da prova testemunhal no Processo do Trabalho. A empresa, detentora dos cartões de ponto, não deveria investir na prova testemunhal e sonegar a prova documental – que, talvez, não revelasse tantas ausências quanto alegadas. O requerimento pode e deve ser indeferido pelo magistrado, porque os cartões de ponto deixaram, faz muito tempo, o plano da prova facultativa e assumiu o seleto patamar de prova indispensável. Geram presunção relativa, é claro, podendo ser complementados por provas adicionais, mas não é este o caso da alegação feita pela própria parte elaboradora e guardiã dos cartões de ponto.

Ainda mais dois ângulos sobre a desídia. Esclareça-se, outrossim, que a desídia pode surgir da insuficiência de rendimento do trabalhador, mesmo que ele não tenha o hábito de se ausentar. Trata-se de negligência e do desinteresse manifestados durante o expediente e não pela ausência de expediente. Isso acontece especialmente nas atividades passíveis de quantificação, como a movimentação de teares, a confecção de peças manuais e, de certa forma, a venda através do sistema de comissões. Os empregadores alegam que a produtividade de determinado operário destoava a olhos vistos dos índices dos demais colegas. Após ser advertido e talvez suspenso, o empregado continua a apresentar comportamento incompatível com o padrão médio daquela atividade e vem a ser punido com a justa causa. Evidentemente o ônus dessa prova recai sobre a empresa, em sede de processo trabalhista, o que justifica o baixo índice de alegação de desídia por produtividade insuficiente. O fato há de estar bem documentado e ser claramente aferível. Mera oscilação no volume de vendas ou de escoamento da produção não costuma ser aceito como negligência do trabalhador. Por fim, é bom frisar que as ausências podem ser consecutivas ou alternadas, sendo estas mais silenciosas e mais corrosivas da confiança recíproca. As ausências consecutivas estão mais associadas aos problemas de saúde ou conflitos familiares enfrentados pelos empregados, tornando-se passíveis de negociação com o empregador porque muito chamativas. Ninguém passaria incólume após quatro ou cinco dias consecutivos de ausência, mas pode não chamar a atenção se estas estiverem espalhadas ao longo de um ano, por exemplo. Caso, porém, as ausências excedam de trinta dias consecutivos, inclinou-se a jurisprudência a deslocar o enquadramento para a figura do abandono, sobre o qual se comenta logo mais.

Embriaguez. Redigida em 1943, a CLT acompanhou o estigma que o alcoolismo provoca no âmbito social e no âmbito de trabalho. Nada mais constrangedor do que a chegada de colega ao trabalho, pela manhã, exalando o odor do álcool, as olheiras da noite mal dormida e a conversa desconexa do ébrio. Se acrescentarmos a esse cenário a presença de clientes e fornecedores a presenciarem a cena, compreende-se a severidade com que a CLT cuidou da matéria. Em algumas empresas, como transportadoras e estacionamentos, a presença de um motorista embriagado pode gerar até mesmo sua corresponsabilidade pelos atos que vierem a praticar (arts. 932 e 933 do Código Civil de 2002).

Extensão para alcoolismo fora do local de trabalho. Curioso que a CLT nem ao menos cogita da necessidade de que o empregado alcoolizado provoque tumultos na empresa, desacate a chefia ou quebre mercadoria: a embriaguez por si só é o evento faltoso, o que se reforça ainda mais pelo fato de que sua verificação fora de serviço também configura justa causa. É um raro exemplo de justa causa praticada fora do local de trabalho, o que se soma à violação de segredo e, quiçá, à concorrência desleal. Para que a embriaguez fora de serviço seja uma justa causa, a redação do art. 482, *f*, fez referência à habitualidade, o que leva à seguinte conclusão: a figura da justa causa decorre ou da embriaguez ocasional em serviço ou da embriaguez habitual fora de serviço. Os antigos manuais diziam, a propósito do fato verificado fora de serviço, que a imagem do empregador poderia ficar comprometida, caso passasse a ser associada com local em que se toleram comportamentos desvairados e se admitem empregados desequilibrados. Numa cidade pequena, por exemplo, alguém poderia deixar de adentrar a uma mercearia temendo ser atendido pelo ébrio com quem cruzou na quermesse do último fim de semana.

Evolução científica: o alcoolismo como doença. Mas o que acontece quando se descobre que um dos itens reservados para a justa causa é, na verdade, uma doença? A Organização Mundial de Saúde discute o assunto desde a década de 1950. Consta que em 1953 foi formado um Comitê de Peritos em Álcool, cuja principal colaboração foi inserir a substância num patamar intermediário entre as drogas geradoras de dependência e aquelas formadoras de hábito. Posteriormente, veio a ser inserido o alcoolismo como doença a partir de 1967, na 8.ª Conferência Mundial de Saúde. Os níveis considerados para a configuração da doença situam-se na casa das 21 unidades por semana para os homens e 14 unidades semanais para as mulheres. As unidades equivalem a 10g do líquido, o que representaria, como limite máximo, duas latas de cerveja a 4% de grau alcoólico, por dia, para os homens – metade disso para as mulheres. Claro que as 21 unidades por semana não serão consumidas todas no mesmo dia, dado o risco iminente de perturbações. Na Classificação Internacional de Doenças (CID), aparecem três classificações: registro 291 para psicose alcoólica, 303 para síndrome de dependência do álcool e 305.0 para abuso do álcool sem dependência.

Solução possível. Para resolver o impasse, há três soluções possíveis: a) enfatizar o tumulto causado pelo empregado, como fundamento para a justa causa, em vez de frisar o estigma; b) suspender o contrato de trabalho mediante tratamento médico; ou c) manter incólume a alínea *f*, mas desde que o alcoolismo (ainda) não tenha virado enfermidade. A primeira delas é deslocar o enquadramento legal, deixando a alínea *f* de lado e evocando os possíveis distúrbios causados pelo empregado como fonte da justa causa, mas para tanto há necessidade de se tratar de um ébrio agressivo ou que, pelo menos, tenha provocado hostilidades no ambiente de trabalho. Evoca-se o art. 62 da Lei das Contravenções Penais, Decreto-lei n. 3.688/1941, que conceitua a embriaguez como sendo o ato de apresentar-se publicamente "de modo que cause escândalo ou ponha em perigo a segurança própria ou alheia" – mas, "se habitual a embriaguez, o contraventor é internado em casa de custódia e tratamento". A perturbação se sobrepõe à embriaguez, digamos assim, porque o fato isolado não configuraria doença tampouco. A segunda solução é admitir a doença em qualquer hipótese e, no lugar da aplicação da justa causa, remeter o trabalhador para tratamento médico, inclusive com percepção de auxílio-doença meramente previdenciário. No entanto, o tratamento médico depende fundamentalmente da colaboração do próprio paciente e o choque de ideias neste assunto será inevitável. O art. 482, *f*, segue intacto e não foi objeto de nenhuma revogação tácita ou expressa. Como a doença somente decorre do abuso, da dependência e da psicose, é possível sustentar, ainda, que o comparecimento do empregado alcoolizado uma única vez à empresa, com perturbação à ordem, gera a justa causa sem gerar a doença. Assim, o dispositivo se harmonizaria com os demais tópicos.

Violação de segredo da empresa. Comete justa causa quem divulgar indevidamente notícias particulares da estratégia do empregador, planos de expansão e, claro, fórmulas químicas que garantem o êxito de determinados produtos como bebidas e alimentos. Não há necessidade de que seja um segredo industrial, até porque o dispositivo menciona violação *de* segredo qualquer e não violação *do* segredo como se fora uma fórmula matemática. Caso essa alínea g não existisse, o comportamento temerário do trabalhador, de propagar entre seus amigos ou na concorrência as informações mais recônditas da companhia, já poderia ser enquadrado no conceito de indisciplina ou de insubordinação, no sentido de descumprimento de ordens gerais ou específicas passadas ao empregado – alínea *h*. Exige-se imediatidade da empresa na declaração da justa causa, como um dos elementos integrantes do conceito, para que se evitem alegações de que a falta foi pouco grave ou de que tenha havido perdão: no entanto, uma hipótese sofisticada como a violação de segredo é normalmente perpetrada em sigilo pelo empregado, que somente será descoberto tempos após, por denúncia anônima, contradições ou posições comprometedoras. Logo, a imediatidade será contada da ciência do fato pelos dirigentes da empresa e não da data em que a violação foi deflagrada. Não pressupõe proveito econômico do trabalhador, embora seja comum associar-se a delação com algum favorecimento próprio ou para terceiros – por exemplo, a concorrência emprega parentes e filhos em troca de informações privilegiadas.

Manipulação de informações privilegiadas no mercado de ações: crime de "insider trading". Além do conceito de justa causa, o empregado pode ver-se envolvido em outro caso de tipificação penal, tal como ocorreu no binômio improbidade/furto, xingamento/injúria ou agressão física/lesão corporal. Caso a difusão de informações privilegiadas, obtidas pelo empregado dentro de sua companhia de trabalho, afete o mercado de ações, a conduta deixa de ser restrita a punições de ordem administrativa pela Comissão de Valores Mobiliários e passa a desafiar o enquadramento penal. A Lei das Sociedades Anônimas, Lei n. 6.404/1976, faz diversas referências aos deveres dos administradores e membros do conselho fiscal, de zelo pelo sigilo. A Lei n. 10.303/2001, que inseriu alguns dispositivos na Lei das Sociedades Anônimas, tipificou alguns crimes contra o mercado de capitais alusivos ao uso de informação relevante ainda não divulgada ao mercado, de que a pessoa tenha conhecimento e da qual deveria manter sigilo. Mais do que uma faculdade, é dever da companhia punir o empregado que difunde, no mercado de capitais, informação sobre a qual deveria guardar sigilo, por conseguinte. Influenciado pela força do mercado americano, os profissionais do ramo se referem a esse crime como a prática do "insider trading", no sentido de negociação feita pelo informante interno.

Quarentena – cláusula de não atuação no ramo após a extinção do contrato de trabalho. Matéria conexa à justa causa de violação de segredo diz respeito ao debate sobre a possibilidade de se proibir que o empregado permaneça no mesmo ramo após o desligamento da empresa. Há o temor de que, ainda que ele não tenha violado o segredo durante o contrato de trabalho, escapando da justa causa, venha a fazê-lo quando já dispensado. Os efeitos serão igualmente danosos, porque muitos segredos são de longa duração e correspondem à razão do sucesso da empresa. Basta lembrar de fórmulas químicas dominadas por alguns segmentos ou o processo de elaboração de produtos e serviços. Sendo livre o exercício da profissão, não poderá haver norma a proibir um empregado de atuar no segmento que melhor compreende e tampouco de se tornar ele mesmo um empresário do ramo. Uma cláusula contratual simples, que se limita a dizer que o empregado, ao assumir aquele posto, compromete-se a se manter afastado pelo resto da vida de qualquer empresa do ramo, encontra resistência jurídica por inibir o direito ao trabalho. Então, se houver realmente um fundamento lógico para a vedação, como acontece na classe artística, em que a fama é um elevado patrimônio, ou na indústria farmacêutica, em que o segredo é a alma do negócio, admite-se, com reservas, a inserção da cláusula, desde que provida de alguns elementos atenuantes: a) estipulação de prazo máximo de duração, normalmente de dois a cinco anos, porque toda cláusula eterna deixa de ser razoável; b) pactuação de uma cláusula de raio, a fim de que a proibição não seja universal; no pequeno comércio ou na indústria regional, seria mais sensato se o raio fosse de 200km ou 500km, pois a loja de varejo não concorre com o estabelecimento de outros estados e regiões; no meio televisivo, a cláusula pode ser de âmbito nacional, mas dificilmente se justificaria no âmbito continental ou mundial; alguma situação muito específica do mundo da química ou da biologia poderia, talvez, ter cláusula mundial; e c) fixação de uma compensação financeira, a fim de que o empregado não fique desprovido de meios de subsistência; não vale o argumento de que altos empregados prescindem de rendimentos e conseguem sobreviver sem salário por períodos mais longos; todos vivenciam períodos de vulnerabilidade e têm direito à manutenção de seu padrão de vida; em muitas profissões, torna-se dificultosa a inserção em outro mercado de trabalho que não aquele ao qual o empregado se habituou e dentro do qual se especializou; assim, é recomendável que a cláusula de não concorrência, pós-contrato de trabalho, ou de não atuação no mercado para salvaguarda de informações privilegiadas, seja acoplada a um pagamento mensal a título de indenização ou a uma bonificação anual, como queira o ex-empregador. Essas atenuantes demonstram boa-fé recíproca e aumentam as chances de validação da cláusula, supondo que haja realmente um fundamento próprio daquela profissão.

Indisciplina. Assim como mau procedimento é um conceito vago, em que o empregado é acusado de conduta irregular, a indisciplina corresponde ao descumprimento de regras gerais emanadas do empregador. Ordens específicas, como cumprimento de horário de trabalho ou manutenção de segredo industrial, tendem a ser inseridas em outros enquadramentos, como a desídia e a violação de sigilo, já mencionadas. Fica a indisciplina para toda aquela vasta relação de comandos inerentes ao gerenciamento da empresa, como o uso de uniforme, a abordagem exata a ser feita ao empregado, a busca de metas de vendas, o respeito a programas de controle de qualidade, a cordialidade com os clientes e fornecedores. Profissões com alta exposição de contato com o público, como o garçom, podem ser mais exigidas do ponto de vista de sua conduta do que outras ocupações mais reclusas, em que a qualidade do produto acabado conta mais do que os modos de comportamento. Pouco importa. Releva apenas que o empregado siga a orientação do empregador, ainda que delas discorde, para a boa execução das tarefas.

Normas escritas e normas verbais. Considerando-se que o ônus da prova recai sobre o empregador, é muito mais comum a alegação de indisciplina como descumprimento de regra escrita do que desrespeito a regra verbal. Costuma-se deixar a regra verbal para o conceito de insubordinação, assim entendido o desacato a uma autoridade interna, ao passo que o tema da indisciplina fica reservado para a quebra de conduta previamente ajustada em manual interno da empresa. Assim, cada vez mais empresas elaboram códigos de ética, regulamentos internos com capítulos dedicados ao comportamento dos empregados ou simplesmente cartas circulares contendo algumas diretrizes. Os empregados guardam uma cópia do documento mediante recibo. São temas dos mais variados, que vão desde a vedação ao recebimento de presentes ou bonificações de fornecedores até restrições ao recebimento de ligações particulares durante o expediente ou moderação ao hábito de cantar ou assobiar em altos decibéis. Ademais, é comum ligar a indisciplina ao abuso cometido no mundo virtual, como o carregamento de programas clandestinos de computador e o uso inapropriado da internet. A fim de evitar alegação de desconhecimento ou de ingenuidade, as empresas de informática costumam ser mais severas no trato desse material do que o comércio ou a indústria, em que a máquina serve apenas para fins de registro de dados. Por se tratar de ferramenta de trabalho de propriedade do empregador, é válida a estipulação de procedimentos que a empresa gostaria de ver obedecidos, não podendo haver insurreição por parte do empregado num assunto de ordem interna do empregador.

Indisciplina por recusa à vacina. Embora o Brasil possua um Programa Nacional de Imunização desde 1973, a discussão sobre dispensa por justa causa do empregado que se recuse a tomar vacina compulsória somente ganhou o noticiário na década de 2020, como um dos múltiplos dilemas legados pelo estado de calamidade pública deflagrado pela pandemia. Há uma gama razoável de vacinas compulsórias, inclusive com previsão no Estatuto da Criança e do Adolescente de que essa é uma responsabilidade indelegável do poder familiar, bem assim um pré-requisito para a percepção de determinados benefícios previdenciários, como o salário-família. Também aparece a vacina como um insumo obrigatório no âmbito do Programa de Controle Médico de Saúde Ocupacional (PCMSO, com assento na Norma Regulamentadora 07, aos poucos abrangido pelo mais amplo Programa de Gerenciamento de Riscos de que trata a Norma 01). A vacina pode ser equiparada, ainda, a uma modalidade de equipamento de proteção individual (porque as normas assim o define como qualquer dispositivo ou produto protetor) ou até mesmo a um equipamento de proteção coletiva (porquanto a proteção alcança os colegas de trabalho). Pela soma desses argumentos, há numerosas vozes que advogam, como *última ratio*, a justa causa por indisciplina, vale dizer, por recusa no cumprimento das normas da empresa, ao empregado que deixar, injustificadamente, de se imunizar. No entanto, o assunto está longe de ser tranquilo, especialmente quando lembramos que vacina compulsória difere de vacina forçada: a compulsoriedade se alinha aos meios indiretos de coerção, tais como a restrição de exercício de alguns direitos e de frequência a alguns lugares. Some-se a isso o fato de que a vacina tem de preencher, ela também, alguns requisitos, como a pertinência, eficácia, segurança, universalidade e gratuidade, conforme argumentos enfeixados em 2021 pela Corte Constitucional na ADI 6586.

Insubordinação. As principais ponderações feitas a respeito da indisciplina valem também para a insubordinação, com a especificidade de que geralmente diz respeito a ordens verbais, emanadas do superior hierárquico direto. São os casos conhecidos de pequenas emergências, em que o líder do setor pede para o subordinado ir ajudar um colega mais apertado em sua tarefa ou substituir ausência ou saída médica de outra pessoa. O empregado, sentindo-se prejudicado, recusa-se ao cumprimento da ordem e continua em seus afazeres. O episódio pode servir como advertência ou suspensão, a depender da gravidade e do passado funcional do trabalhador, mas sua reiteração certamente desaguará em justa causa. O desatendimento a ordens abusivas ou ilegais escusa o empregado do enquadramento em insubordinação, mas é evidente que a prova da abusividade não será tão simples quando parece. O art. 240, parágrafo único, por exemplo, quando aponta falta grave em caso de não realização de horas extras pelo ferroviário, salienta que a recusa pode ter um justo motivo, até mesmo ligado à sua extenuação, de tal forma que não é este um tipo pronto e acabado.

Abandono de emprego. O abandono de emprego responde pela imensa maioria de justa causa alegada em contestação de empresas em Processo do Trabalho, mas a comprovação desse fato se tornou das mais complexas. Com o passar do tempo, incorporaram-se elementos subjetivos e objetivos à matéria, que a simplicidade da redação da alínea *i* do art. 482 da CLT não deixava antever. De um lado, exige-se o aspecto objetivo de mais de trinta dias (corridos, não úteis) de ausências consecutivas para a configuração do abandono, fruto de uma interpretação larga do art. 474 da CLT (aquele que limita a suspensão disciplinar a trinta dias). De outro lado, apregoa-se que o elemento subjetivo do ânimo ou da intenção de abandonar o posto de trabalho deve ser atestado, a fim de que outros comportamentos não sejam confundidos com a justa causa. Ausências intercaladas provocam a desídia e não devem ser confundidas com o abandono, por exemplo. A questão toda passa a ser a forma pela qual o empregador conseguirá demonstrar o ânimo do trabalhador de desaparecer do local de trabalho sem dar satisfação ao empregador e com o propósito de tumultuar o ambiente.

O parâmetro dos trinta dias. Há consenso de que abandono não se mede em poucos dias, impondo-se um lapso temporal maior, como trinta dias. O fato de o art. 474 da CLT considerar que *mais de trinta dias* de suspensão contratual equivalem à sua extinção colaborou decisivamente para a fixação do parâmetro. Resquício dos primórdios do Direito do Trabalho, o hábito de publicar anúncio em jornal exortando a volta do empregado em situação de abandono resiste com inesperada frequência em tempos modernos. É óbvio que poucos leem esse tipo de publicação. Nunca se ouviu falar de um trabalhador que, ciente do anúncio de jornal, tenha voltado arrependido ao ambiente de trabalho. As empresas pagam anúncios em jornais para demonstração de boa-fé e esforço para contatar o empregado desaparecido. O anúncio nos classificados foi substituído pelo telegrama, e-mail e mensagens de texto, como forma documentada de contatar o trabalhador, mas também há inconvenientes, como a mudança de endereço ou de telefone do empregado e do ex-empregado, e, ainda, o recebimento da correspondência por terceiros, lançando dúvidas sobre a eficácia. Uma prova bastante favorável à empresa, mas de difícil localização, seria apontar o destino que o trabalhador tomou, servindo como exemplo a montagem de um negócio de iniciativa própria, a efetivação de outro contrato de trabalho ou o engajamento em projetos sociais em horários incompatíveis com os serviços anteriormente prestados. O trabalhador poderia ter pedido demissão, mas optou pela via do desaparecimento, que causa bastante contratempo para a empresa, até identificar que, de fato, ele não retornará mais e providenciar um substituto para o posto. Aliás, a singela diferença entre o pedido de demissão e o abandono parece ser realmente a comunicação do trabalhador, haja vista que ambas as hipóteses carregam em comum a iniciativa do operário na extinção do contrato de trabalho, variando a forma mais diplomática ou mais agressiva.

Semelhanças e diferenças entre rescisão indireta, pedido de demissão e abandono de emprego. Não pode haver situação mais confusa no Processo do Trabalho do que o pedido de rescisão indireta formulado pela petição inicial, sob o fundamento de que o empregador descumpriu a legislação trabalhista, sem que o empregado se tenha dignado avisar o empregador de seu sumiço. O empregador somente toma conhecimento dos motivos com a citação no Processo do Trabalho, mas, como o trabalhador já não comparece mais desde alguns dias ou semanas, a empresa já declarou seu abandono. Orientado por seu advogado, o trabalhador não responde às mensagens que a empresa encaminha, chamando-o a voltar. Esse cenário cria um impasse complexo e constante. O empregado, de fato, tinha o ânimo de sair e perpetrou mais do que trinta dias de ausência, convencendo a reclamada de que se tratava de um abandono – no que ela está correta a partir de seu prisma. Ocorre, porém, que não existe *abandono com* *aviso-prévio*: considerando-se que o trabalhador já havia ajuizado a ação avisando que ia se desligar do emprego, por motivos que reputava justos, não faz sentido que isso seja considerado uma falta grave. Afinal, a própria legislação permite que o trabalhador, invocando a rescisão indireta, desligue-se imediatamente da empresa – art. 483, § 3.º, da CLT. Que o empregado tomou a iniciativa de rescindir o contrato de trabalho não resta dúvidas. Se, porém, ele não conseguir comprovar os fatos ensejadores da rescisão indireta – por exemplo, postulava horas extras e as perde todas –, então a solução mais equilibrada parece ser o enquadramento em *pedido de demissão*. O único defeito dessa conclusão é ter como válido o pedido de demissão que o empregado não formulou diretamente ao empregador, que era o destinatário adequado e óbvio desse tipo de comunicação de encerramento de um contrato bilateral.

Abandono coletivo. Tecnicamente não existe a figura do abandono coletivo trabalhista, embora exista um tipo penal chamado abandono coletivo de trabalho, na forma do art. 200 do Código Penal. O tipo penal imagina uma greve com piquetes agressivos ou com depredação do patrimônio do empregador, ao fazer referência à violência contra pessoa ou coisa. Não se trata do mesmo conceito de abandono da CLT, pois este pressupõe o desaparecimento silencioso, sem deixar vestígios. Caso o empregado alardeie seu abandono – o que já deixa de ser abandono, aliás –, passando a agredir colegas de trabalho e quebrar objetos, então facilmente se nota a justa causa inserida em outras alíneas.

Ato lesivo da honra e da fama de terceiros e dos superiores. O art. 482 da CLT elaborou duas alíneas, *j* e *k*, para tratar dos mesmos atos – lesão da honra, da fama e ofensas físicas – fazendo variar apenas os destinatários. Na primeira alínea o alvo é "qualquer pessoa" e na segunda alínea, o superior hierárquico e o empregador. A expressão qualquer pessoa evidentemente deve ser entendida como qualquer pessoa no ambiente de trabalho, especialmente os colegas, os clientes e os fornecedores que povoam a rotina da empresa. Não há razão alguma para a punição com justa causa da ofensa praticada pelo trabalhador no ambiente social ou no círculo de amigos. Há de se analisar com cautela a questão do xingamento, que viola a honra subjetiva a depender do contexto, da faixa etária, da condição de trabalho, da forma como a palavra foi posta e das circunstâncias. O passado funcional terá igualmente peso decisivo na interpretação dos fatos. A violação da honra objetiva, como a boa fama da pessoa, já se torna menos variável e mais concreta de ser apurada, sendo bastante comum a disseminação de boatos capazes de transformar em gigantes tormentas algumas pequenas marolas. Empregado é chamado para depoimento como testemunha em inquérito policial sobre atropelamento e logo já se espalha a notícia de que ele passou a noite detido. Como já mencionado, não se faz necessário que a ofensa tenha configurado crime de calúnia – falsa imputação de crime –, de difamação – atentado à honra objetiva – ou de injúria – atentado à honra subjetiva –, para que o empregado seja dispensado por justa causa, porque em graus moderados esse comportamento já será suficiente para a perda da confiança do empregador. Se, porém, chegar a notícia da condenação criminal por um desses fatos envolvendo pessoa do ambiente de trabalho, a justa causa é certa e não pode mais ser discutida.

Ofensas físicas. Se a agressão verbal já é motivo suficiente para a aplicação da justa causa, tanto pior se ela passar para o campo da agressão física. Não resta dúvida alguma de que o empregador não está obrigado a tolerar o empregado explosivo no ambiente de trabalho, até mesmo para que a empresa não seja desmoralizada em sua imagem de excessiva condescendência com arruaceiros. Como já observado, as ofensas físicas aparecem tanto na alínea *j* como na *k*, pois o legislador procurou abranger as hipóteses de ataque aos superiores hierárquicos e, também, aos colegas de trabalho e a alguma outra pessoa que frequente o estabelecimento. Neste conceito amplo de "outras pessoas", são normalmente lembrados os casos de clientes, de prestadores de serviços, empregados de concessionárias públicas de água, luz e telefone e assim por diante. Embora a lei não seja expressa, é consenso que a agressão física deverá estar ligada com o ambiente de trabalho. Pode ser no espaço físico da atividade, em meio à seção da fábrica ou no refeitório, em horário de descanso, como também se admite a aplicação da justa causa para a agressão praticada minutos antes ou minutos depois da jornada, às vezes até na portaria ou na calçada da empresa, tudo a provocar repercussão negativa ou a tumultuar a produção. Não teria maior relevância, portanto, a agressão cometida longe do empregador, como no lazer do final de semana ou no bairro em que moram vítima e agressor, ainda que ambos sejam empregados do mesmo estabelecimento. Finalmente, a agressão leve pode representar uma forma de justa causa, analisando-se o contexto, os precedentes praticados por aquele empregado e a situação em que foram desferidos os tapas, arranhões ou pontapés. Não há necessidade de que se aperfeiçoe o tipo penal da lesão corporal, em seus diversos graus, mas, novamente, caso a condenação criminal tenha se verificado, não sobra mais espaço para discussão sobre o fato no Processo do Trabalho.

Os efeitos da legítima defesa no Direito do Trabalho. Ambas as alíneas do art. 482, outrossim, relevam a justa causa se houver comprovação de que o empregado apenas reagiu a provocação externa, naquilo que se convencionou chamar de legítima defesa, tal como se emprega no Direito Penal. Embora a CLT tenha sido generosa e admita legítima defesa também na agressão verbal e também para amparar amigos e colegas de trabalho, o fato é que normalmente o empregado se vê em situação irreversível quando xinga o empregador e se depara com uma prova processual bastante complexa quando é chamado a demonstrar quem começou a briga. Ademais, tal como ocorre no Direito Penal, se a reação do trabalhador, a título de legítima defesa, for desproporcionalmente maior do que a hostilidade verificada, ele pode também ser dispensado por justa causa sob o argumento de que seu ato foi de agressão gratuita, desvinculado da provocação anterior.

Agressões físicas como a hipótese mais provável de enquadramento em culpa recíproca. Curioso observar que, naquelas hipóteses de tumulto generalizado, em que empregado e superior hierárquico chegam às vias de fato e se atracam em pleno horário de trabalho, o legislador previu uma sutil declaração de culpa recíproca, como se fosse uma justa causa simultânea praticada por ambas as partes. Jamais um empregador vai admitir esse fato e dispensar o empregado por justa causa simultânea, até mesmo porque estaria ele a admitir parte de sua culpa. A figura tende a ser utilizada unicamente pelo Poder Judiciário quando se depara com descrição de cena instantaneamente praticada. A doutrina exige a plena simultaneidade dos atos e proporcionalidade das agressões para sua configuração, o que a torna bastante escassa. Mais escassa ainda, se não impossível, será a incidência de culpa recíproca nas outras hipóteses de justa causa. Não se pode falar em insubordinação ou indisciplina *do empregador*. Para que a culpa recíproca tenha alguma chance de existir, temos de cruzar as informações do art. 482 com as hipóteses contempladas pelo art. 483, acerca das falhas patronais, e encontrar os dispositivos análogos. As ofensas verbais ou físicas são as que primeiro saltam aos olhos. Até se poderia identificar semelhança entre desídia do empregado e mora salarial do empregador, mas elas não são assimiláveis ou mensuráveis em medida comum, além de ser quase impossível saber o que começou antes. Daí a proximidade do estudo da culpa recíproca com o disposto na alínea *k* do art. 482 da CLT em sintonia com as alíneas *e* e *f* do art. 483.

Jogos de azar. A prática constante de jogos de azar, tal como refere a curta alínea *l* do art. 482, é fruto da realidade vivenciada na década de 1940, associando-se a entrega do trabalhador às emoções da jogatina com o ócio, a vadiagem e o desinteresse pelo trabalho. Curioso observar que atualmente já se concebe a compulsão pelo jogo como um distúrbio da pessoa, com possibilidade de tratamento psiquiátrico, mas não é disso que trata a justa causa. Considera-se relevante motivo para a dispensa do empregado a simples associação de seu nome ao mundo do jogo, sob o fundamento de que esse fato possa denegrir a imagem da empresa. Dificilmente a jogatina ocorrerá dentro das instalações da empresa, razão pela qual estamos diante de uma hipótese de justa causa praticada *fora das instalações da empresa*, podendo ser no entorno ou mesmo no mundo particular do empregado, como ocorre com a frase "embriaguez habitual ou em serviço". São normalmente definidos como jogos em que a habilidade da pessoa não conta, pois o resultado se liga apenas às possibilidades estatísticas de sorte e azar. O art. 50, § 3.º, da Lei das Contravenções Penais, Decreto-lei n. 3.688/1941, conceitua de azar: "a) o jogo em que o ganho e a perda dependem exclusiva ou principalmente da sorte; b) as apostas sobre corrida de cavalos fora de hipódromo ou de local onde sejam autorizadas; c) as apostas sobre qualquer outra competição esportiva".

Jogo de azar lícito e jogo de azar ilícito. O conceito de jogo de azar inserido na Lei das Contravenções Penais, embora datado de 1941, permite supor a existência de jogos lícitos e jogos ilícitos, quando se nota a frase "apostas sobre corrida de cavalos fora de hipódromo": isso significa ser lícita a aposta *dentro* do hipódromo. Continua a ser um jogo de azar, assim como a Loteria Esportiva, que viria a ser criada tempos depois, a Mega Sena ou o sorteio de títulos de capitalização, mas agora com o beneplácito do legislador. Dado que a justa causa deve ser interpretada restritivamente e que a finalidade da norma era zelar pela imagem da empresa, que não queria se ver envolvida com a contravenção penal, é válido supor que a alínea *l* se refere a prática constante de jogos de azar ilícitos.

Perda da habilitação profissional. Modalidade de justa causa inserida pelas reformas trabalhistas de 2017, a perda da habilitação profissional ou dos requisitos legais para o exercício da profissão passou a autorizar que o empregador desligue o empregado sem o pagamento das verbas rescisórias, pela justa causa inerente a este prejuízo. Com efeito, o contrato de trabalho não poderia mesmo prosseguir, se o empregado foi admitido para exercício de função que pressuponha capacitação legal da profissão. A diferença é que o empregador outrora teria de pagar as verbas rescisórias de dispensa sem justa causa, de que foi desonerado. Exemplo comum é o motorista que vem a perder a carteira de habilitação, dentro das regras da legislação de trânsito, e, assim, fica impedido de conduzir carros e caminhões para os quais foi contratado. Como a legislação refere-se apenas a perda da habilitação, entendemos não ser hipótese de justa causa a suspensão temporária da permissão de conduzir veículos, impondo-se a dispensa sem justa causa ou a transferência momentânea de função. Também o advogado empregado que tem sua inscrição cassada pela Ordem ou o médico e o dentista empregados que vêm a sofrer punição disciplinar em seus conselhos profissionais. O legislador se referiu apenas à perda do registro e não à suspensão provisória e, dificultando sobremaneira a aplicação dessa modalidade rescisória, faz menção ao dolo do empregado como fundamento para a perda das habilitações. Será muito difícil que o empregador consiga elementos para demonstrar que a inabilitação profissional decorreu de conduta dolosa do empregado, salvo se assim já constar dos procedimentos investigativos dos conselhos de classe ou for uma daquelas modalidades de cassação da habilitação pela prática de crime doloso transitado em julgado.

Atos atentatórios contra a segurança nacional. O “ato atentatório à segurança nacional”, incorporado à CLT pelo DL 3/1966, deve ser visto com cautela. De um lado, o empregador passou a ser autorizado a se liberar do empregado, sem necessidade de pagamento das indenizações rescisórias, pelo fato de ele ser acusado de conspiração. De outro lado, o empregador não estava obrigado a tomar essa medida, pois a rescisão se insere no contexto do poder diretivo, mas é notório que ele, procurando salvaguardar o empregado incriminado, poderia se tornar o alvo das retaliações. Outro dado interessante se colhe do art. 472 da CLT, igualmente foi reformulado pelo Decreto-lei n. 3/1966, é a figura do afastamento do empregado para apuração de motivo relevante para a segurança nacional, assegurando-se ao empregado o recebimento de três meses de salário e, depois, uma suspensão enquanto perdurasse o inquérito policial. Conciliando os dois dispositivos, chega-se à conclusão de que a justa causa somente poderia ser deflagrada *no meio* da suspensão contratual, pois o art. 482, parágrafo único, refere ato atentatório “devidamente comprovado em inquérito administrativo”. Mais um ingrediente para tumultuar o cenário: a justa causa não deveria estar calcada apenas na investigação administrativa, sendo salutar que se esperasse a decisão judicial definitiva sobre a matéria, mas o legislador inverteu a ordem e conclamou o empregador a declarar a justa causa já nas fases iniciais da averiguação. Normalmente justa causa não tem retorno, restando ao empregado apenas o direito de receber as verbas rescisórias da dispensa sem justa causa, pois o emprego estaria irremediavelmente perdido. Há mais de vinte tipos penais definidos, que vão desde a agressão física contra o Presidente da República até o sequestro de aeronaves e o conluio. Há entendimentos conducentes à não recepção desses dispositivos pela ordem constitucional de 1988.

14. Modalidades adicionais de justa causa

Dívida contumaz do bancário (dispositivo revogado). De 1943 a 2010, previa-se como justa causa a ocorrência de dívida pessoal do bancário. Porque as casas bancárias zelam por seu nome e por seu prestígio, a fim de fazerem a captação da poupança popular, o legislador de 1943 houve por bem autorizar a rescisão do contrato de trabalho do bancário, por justa causa, quando se revelar um devedor contumaz. O art. 508 estava redigido de forma bastante cautelosa: "falta contumaz de pagamento de dívidas legalmente exigíveis", o que representa necessariamente a reiteração da dívida e o vencimento de todos os prazos possíveis. Dívida de jogo não é legalmente exigível, mas o bancário envolvido na jogatina já poderia ser dispensado pela alínea *l*, claro está. Os bancos normalmente não esperavam a reiteração e já declaravam a dívida contumaz nos primeiros sinais de inadimplência do bancário. Usar o limite do cheque especial não deveria ser assimilado ao conceito de dívida contumaz, até porque o crédito rotativo, o crédito pessoal, o crédito das operadoras dos cartões e situações similares não são dívidas legalmente exigíveis, mas oportunidades oferecidas aos clientes, que pagam os juros exigidos. Havia bancos que rescindiam o contrato de trabalho quando o empregado atrasava o pagamento de uma única parcela do veículo que financiou com empresa do grupo econômico – claro que elas se comunicam entre si – o que também era uma deturpação do conceito do art. 508, especialmente se o negócio jurídico correspondia ao arrendamento mercantil. Após décadas de controvérsias a respeito da pertinência de um tipo exclusivo de justa causa dos bancários, a Lei n. 12.347, de 10 de dezembro de 2010, simplesmente revogou o art. 508 da Consolidação das Leis do Trabalho. A dívida do securitário, do economiário, do comerciário ou do industriário não devia ser punida com a justa causa do art. 508, por uma questão de coerência, ainda que o empregador compusesse grupo econômico-financeiro. Aliás, um securitário que foi punido com essa justa causa evocava o tema em Processo do Trabalho, reivindicando a condição de bancário e dizendo que a prova concreta dessa promiscuidade foi dada pelo próprio empregador ao apená-lo com a justa causa própria dos bancários.

Recusa de prestação de horas extras em geral. A justa causa "exclusiva" do ferroviário é bastante complexa. Trabalhadores que normalmente recusam a prestação de horas extras podem ser dispensados por justa causa dentro do conceito de desídia, no sentido de negligência pelos afazeres, ou, ainda, indisciplina, caso tenha havido ordem geral de prorrogação de jornada, e insubordinação, caso o superior hierárquico tenha pedido especialmente àquele empregado que ajudasse em serviços suplementares. Ocorre, porém, que essa recusa dos empregados somente se configura justa causa em se tratando de horas realmente extraordinárias, preenchidas as exigências do art. 59 da CLT – limitação a duas horas extras por dia, pagamento com adicional de remuneração, compensação formalizada por escrito etc. O que acontece com os vigilantes, por exemplo, é esdrúxulo, porque as empresas normalmente requisitam quatro horas extras por dia, contra expressa previsão legal, formando-se uma estranha simbiose entre o empregado, que enxerga nas horas extras uma chance de melhorar a renda, e o empregador, que as considera como oportunidade de não admissão de outro empregado. Os sindicatos em geral aceitam essa realidade e lançam por escrito em norma coletiva, mas o fato é que, se bem analisada a questão, a recusa do empregado em prestar quatro ou cinco horas extras *por dia* se mostra justificada pela legislação. Não deveria provocar dispensa com justa causa do empregado e, ainda, serve para alimentar seu pedido de rescisão indireta.

Recusa de prestação de horas extras no ambiente ferroviário. No caso do ferroviário, porém, o art. 240 da CLT prevê a hipótese de horas extras "ilimitadas", em caso de urgência. Claro que o corpo humano não aguentará fazer horas extras ilimitadas, competindo ao superior hierárquico organizar equipes para atendimento de emergência, cujo revezamento ajuda a não extenuar a pessoa. Dada a gravidade da situação, não se deve permitir interpretação extensiva. Há de se verificar de fato um acidente ferroviário ou uma situação de calamidade capaz de afetar a segurança ou a oferta do serviço. Mero incômodo à companhia férrea ou aumento da demanda pelos serviços, como nos horários de pico ou em épocas festivas, são situações incompatíveis com a brecha da elevação da jornada a "qualquer número de horas" e com a punição por justa causa.

Recusa na utilização de Equipamentos de Proteção Individual. A justa causa embutida no capítulo de segurança do trabalho, via art. 158 da CLT, parece a mais redundante da lista adicional ao art. 482, porque o ato de recusar o uso de Equipamentos de Proteção Individual corresponde simultaneamente à negligência, ao desacato à ordem superior e ao descumprimento das normas da empresa, tudo com a agravante de ser um item obrigatório por lei. Parece que o legislador ficou tão consternado com a situação que procurou definir a justa causa, ainda que o empregador, por acaso, tenha se esquecido de dar a ordem geral para a colocação das luvas, máscaras e capacetes, e ainda que o empregado não tenha ouvido seu chefe a adverti-lo. O empregado já sabe, de antemão, que não existe negociação quanto ao tema da segurança do trabalho, tornando-se autônoma essa espécie de justa causa.

Declaração falsa ou uso indevido de vale-transporte. Com receio de que a deturpação do vale-transporte fosse ou não enquadrada na categoria do mau procedimento, o legislador estipulou que seu desvio ou sua obtenção sem necessidade representam uma forma autônoma de justa causa. Causou desconforto o fato de a justa causa ter sido criada por Regulamento e não pela lei propriamente dita, mas não se trata de usurpação dos poderes do Decreto. A lei havia sido enfática na necessidade de se respeitarem os princípios do vale-transporte, remetendo para o Regulamento a disciplina de seu uso – e de seu mau uso. Declaração falsa é omitir mudança de casa para lugar mais próximo do emprego ou apresentar o endereço dos pais ou de familiares para afastar a residência e obter mais bilhetes ou passes de ônibus, por exemplo. Uso indevido, bastante disseminado, consiste em aplicar o vale-transporte em compras diversas e não na condução propriamente dita. O empregador, porém, consegue detectar a primeira irregularidade, mas dificilmente conseguirá assimilar – e punir – a hipótese de o vale-transporte ser empregado na aquisição de gêneros alimentícios, levando o empregado a caminhar três ou quatro quilômetros para economizar aquele passe. Esse tipo de irregularidade deve ser combatida com mais fiscalização nas lojas que aceitam o passe – com deságio, evidentemente – e não dispensando o empregado por justa causa.

Falta de interesse na aprendizagem metódica. O encerramento do contrato de trabalho do aprendiz corresponde a um caso raro de inexistência de estabilidade, mas também inexistência de direito do empregador a fazer a dispensa sem justa causa. Tudo decorre do fato de que a aprendizagem requer necessariamente o fechamento de um ciclo de estudos. Se o empregador pudesse dispensar o jovem a qualquer momento, poderia comprometer os ensinamentos e, talvez, cancelar o direito de prestar as provas finais de conclusão do curso, por exemplo. Não há espaço para a dispensa arbitrária neste tipo de contrato de trabalho com cláusulas especiais de ensino. Ocorre, porém, que o aprendiz deve mostrar interesse na oportunidade que lhe foi concedida, de tal forma que a CLT traçou uma longa explicação sobre as hipóteses de extinção desse contrato de trabalho. Há quatro possibilidades, sendo uma delas a pedido do próprio trabalhador, algo que não se pode impedir, queiramos ou não, e três relacionadas com o desinteresse do aprendiz. Todas as três hipóteses poderiam ser resumidas na expressão justa causa, mas o legislador fez uma pequena digressão e trifurcou o panorama da seguinte forma: I – desempenho insuficiente ou inadaptação do aprendiz; II – falta disciplinar grave; III – ausência injustificada à escola que implique perda do ano letivo. Mal comparando, é como se ele houvesse mencionado a desídia nas tarefas práticas, de um lado, e a desídia na parte teórica, de outro lado, sem prejuízo da lista do art. 482 da CLT. Em resumo, a desídia na parte teórica é a grande novidade em termos de justa causa, porque o acontecimento, conquanto fora da fábrica, influencia no projeto por inteiro.

15. Rescisão por culpa recíproca do empregado e do empregador

Chama-se culpa recíproca a modalidade de rescisão contratual em que ambas as partes são acusadas de terem violado as regras de conduta e fundamentam, umas às outras, a necessidade de extinção do contrato. São duas justas causas simultâneas, portanto.

Não é fácil sua identificação na casuística, porque os julgados normalmente analisam quem deu o primeiro passo para provocar o divórcio entre empregado e empregador, considerando-se os demais desdobramentos como uma forma de reação à provocação.

Exige-se que os dois atos sejam simultâneos e, também, proporcionais em seu alcance e gravidade. Assim, caso uma das partes revide com agressão física a uma provocação verbal, xingamento ou comentário desrespeitoso, provavelmente será considerada justa causa apenas de quem bateu e não de quem xingou, ainda que cronologicamente a palavra tenha vindo antes do golpe físico.

Esse é o típico instituto que funciona mais na teoria do que na prática, porque a simultaneidade e proporcionalidade de dois atos, não combinados previamente e desencadeados pelo calor da discussão, tendem a ser requisitos muito raros de ocorrência instantânea.

Some-se a isso o fato de que eventual paralisação dos serviços por parte do empregado que está sem receber o salário vencido normalmente é enquadrada como uma espécie de exceção do contrato não cumprido ou como uma forma legítima de defesa ante um ato irregular perpetrado pela parte contrária. Não há culpa recíproca se um ato ocorre horas, dias ou semanas após o outro e assume a natureza de reação àquele.

De todas as modalidades de justa causa capituladas pelo legislador e acima estudadas, talvez apenas a agressão física e a agressão verbal possam comportam hipóteses razoáveis de agressões instantâneas e de igual calibre. Faltas injustificadas, desídia de conduta, improbidade, violação de sigilo, jogos de azar ou concorrência desleal são modalidades que nem sequer conseguem ser deduzidas em termos de sincronicidade entre empregado e empregador.

Se, ainda assim, houver conclusão de que ambos agiram de modo parecido e simultâneo, aperfeiçoa-se a figura da culpa recíproca e são devidas, por metade, as verbas rescisórias da dispensa sem justa causa.

Originalmente, estava prevista a redução à metade apenas da indenização trabalhista cabível, a qual, como explicamos acima, era apenas aquela de 1 mês de remuneração para cada 1 ano de duração do contrato de trabalho, à luz dos dispositivos da CLT, que, a partir de 1988, veio a ser universalmente substituída pela multa de 40% sobre os depósitos do fundo de garantia, de que trata o art. 10 do ADCT. Portanto, não resta dúvida de que a multa cai para 20% na hipótese da culpa recíproca.

A maior controvérsia reside, porém, em saber se o comando da redução à metade se atém apenas ao conceito de indenização rescisória ou se abrange todas as verbas rescisórias de uma dispensa sem justa causa. Daí por que se ressente maior apuro no uso do vernáculo e na construção de acervos conceituais mais técnicos, o que impediria que um instituto fosse usado no lugar do outro.

Porque desapareceu o esmero técnico na separação entre rescisão, resolução e resilição, acima já explanadas, e porque o conceito de verbas rescisórias assumiu força atrativa para tudo o que se paga no acerto de contas da cessação do contrato de trabalho, incluindo verbas puramente salariais, acabou se formando consenso de que a redução à metade apanha todas as verbas rescisórias tidas por típicas, que são o aviso-prévio, as férias proporcionais, o décimo terceiro salário proporcional e, certamente, a multa de 40% do fundo de garantia. Se bem analisássemos, férias e décimo terceiro não deveriam ter entrado neste conflito, mas, enfim, serão rachados ao meio da mesma forma que a indenização trabalhista.

Ficou a salvo apenas o saldo de salário: não há sentido algum em se discutir o pagamento por metade dos dias trabalhados, porquanto nem mesmo na justa causa propriamente dita se ousa dizer que o trabalhador perde o direito à contraprestação dos serviços prestados.

16. Rescisão indireta ou justa causa do empregador

A expressão rescisão indireta ou despedimento indireto procura identificar a hipótese delicada em que o empregador, de tanto abusar, provoca no empregado o desejo de se retirar do emprego que lhe garante o sustento, mas que já não lhe garante a dignidade.

Que o empregado possa pedir demissão a qualquer tempo e sob qualquer pretexto isso vai sem dizer. Ainda que o empregador lamente o fato de haver investido tempo e energia na qualificação do empregado, não existe possibilidade nenhuma, nem no plano teórico nem no plano dos fatos, de se proibir o pedido de demissão do empregado, que deve ter sua liberdade de exercício de profissão tão assegurada quanto a liberdade de não exercício de profissão.

Tanto assim que algumas empresas de grande porte, que antes instituíam políticas de incentivo aos estudos, custeando integralmente a qualificação, a faculdade ou a pós-graduação, agora passam a oferecer um subsídio desovado em etapas. Por exemplo, 25% da mensalidade durante a realização do curso e outros 50% ou 75% do valor pago pelo empregado dali a três ou quatro anos, mas condicionado o pagamento a sua presença com contrato de trabalho ativo. Procura-se atrair a permanência do empregado e assegurar que seus conhecimentos, adquiridos às expensas da empresa, sejam ali aplicados.

Afora essa hipótese de promessa de vantagem em caso de permanência duradoura do empregado, certamente integrante de altos escalões ou de partes estratégicas da empresa, o caminho para o pedido de demissão é desobstruído pelo legislador.

Entretanto, mostrar-se-ia profundamente injusto forçar o empregado a pedir demissão, com perda de benefícios e vantagens legais, por incúria do empregador. Aliás, ficaria muito fácil economizar as verbas rescisórias da dispensa sem justa causa, bastando que, para tanto, fosse elaborado um plano para infernizar a vida do empregado que, em desespero, pede para sair.

Foi assim que o Direito do Trabalho desenvolveu o sistema de dispensa sem justa causa às avessas: uma vez configurado o abuso de poder diretivo perpetrado pelo empregador, considera-se a conduta como equivalente à dispensa sem justa causa, atraindo todas as consequências e parcelas trabalhistas relativas a essa modalidade de extinção contratual. A referência a rescisão indireta passa a ser entendida, assim, como se fosse uma dispensa sem justa causa que o empregador desejava fazer, mas não o expressou de modo claro. Foi preciso captar em seu comportamento aviltante o sinal de que queria expulsar o empregado, sem justo motivo, claro.

A rescisão indireta deve ser entendida exatamente com a dispensa sem justa causa, mas nesta existe a expressa manifestação do empregador enquanto naquela o empregador se comporta de forma incompatível com o prosseguimento do contrato de trabalho, sendo interpretado seu gesto como de rescisão contratual.

Vista a questão por outro ângulo, a rescisão indireta é a extinção provocada pela justa causa patronal, figura que efetivamente existe, mas em torno da qual parece haver enorme resistência e desinformação. Tal como o empregado pode apresentar comportamento irregular, incompatível com o prosseguimento do contrato de trabalho, assim também o empregador ou seus prepostos podem abalar a estrutura de um contrato de trabalho que se pressupõe duradouro e equilibrado. Quem comete a justa causa oferece à outra parte a oportunidade de rescindir o contrato de trabalho livre dos ônus da parte denunciante, ou seja, se a justa causa é praticada pelo empregado, o empregador pode fazer a rescisão sem arcar com as verbas rescisórias, ao passo que na justa causa praticada pelo empregador o empregado pode deixar o contrato de trabalho sem os embaraços do pedido de demissão.

Essa noção do justo motivo para rompimento do contrato bilateral remonta ao direito romano e permeia o Código Civil de 2002 como um todo.

Há uma ligação direta entre rescisão indireta e Processo do Trabalho.

É impensável uma hipótese em que o empregado, incomodado com os desmandos do empregador, passe no departamento pessoal, declare sua rescisão indireta e receba as verbas pertinentes. São enormes as chances de cair no ridículo, de ser tomado como demissionário ou, mais comumente, de sofrer com inversão de papéis e passar a ser ele o acusado de justa causa – a mais suave acusação será o abandono de emprego, mas também pode vir acoplada a uma indisciplina ou alegação de ofensas.

Pior ainda se a rescisão indireta for reivindicada enquanto prossegue o contrato de trabalho. Por esses motivos de ordem prática e lógica, a rescisão indireta somente consegue alguma chance de sobrevivência se veiculada através do Processo do Trabalho. A petição inicial é o meio mais adequado para o empregado relatar os acontecimentos que o levaram a tomar a medida drástica de deixar ou de querer deixar o trabalho, auferindo as verbas rescisórias, e sem que seja considerado um demissionário. Quem não quer de forma alguma ver seu nome envolvido a um processo judicial, por razões de ordem moral, filosófica ou simplesmente com medo de represálias, não conseguirá manejar a rescisão indireta.

A rescisão indireta é submetida normalmente à apreciação de uma autoridade judicial. Em havendo formação de convencimento sobre a má conduta do empregador, igualam-se os efeitos da rescisão indireta ao cenário de uma dispensa sem justa causa. Passam a ser devidas todas as verbas como se o empregador houvesse dispensado o empregado. As mais recorrentes são o aviso-prévio indenizado, o décimo terceiro salário proporcional, as férias proporcionais acrescidas de um terço e o levantamento do fundo de garantia acrescido de 40%. Caso existam vantagens adicionais em norma coletiva, como a indenização adicional por tempo de serviço ou a indenização pela dispensa antes da data-base, impõe-se igualmente o acréscimo.

Não vejo, porém, como se acrescentarem as multas dos arts. 467 (multa de 50% sobre a verba incontroversa não paga em audiência) e 477 da CLT (multa de um salário pelo descumprimento dos prazos máximos para o acerto de contas), pois a rescisão ainda não existia formalmente e apenas veio a ser deliberada em sentença trabalhista. Perde o trabalhador o direito de ter essas multas acrescentadas à condenação, mas é o preço que se paga por um assunto tão duvidoso e solene como o pedido de declaração de justa causa patronal. Se, entretanto, o empregado vivenciava uma forma de garantia de emprego – por exemplo, a gestante ou o acidentado após a alta previdenciária – as verbas rescisórias típicas serão acopladas à indenização pelo período restante de garantia que o empregador hostil não permitiu que o empregado cumprisse.

Ao contrário do que se pensa, não há colisão jurídica entre rescisão indireta e estabilidade pendente, pois ninguém está obrigado a suportar o desrespeito apenas para zerar a contagem da garantia de emprego. Pedir rescisão indireta não equivale a renunciar à estabilidade que a lei ou o contrato lhe garantia. A conversão em pecúnia dos meses restantes, mais o equivalente em férias, décimo terceiro salário e fundo de garantia, é a punição severa contra o empregador agressivo. Havendo rescisão indireta em contrato de trabalho por prazo determinado, como o contrato de experiência, a indenização devida é aquela do art. 479 da CLT, ou seja, metade dos salários esperados para o futuro.

Da mesma forma, há compatibilidade do aviso-prévio indenizado com a rescisão indireta.

Houve muita dúvida sobre a harmonia entre aviso-prévio e rescisão indireta. É óbvio que ninguém avisa com trinta dias de antecedência que uma justa causa será cometida ou será revelada. O instituto seria incompatível com a rescisão indireta, caso ele tivesse apenas um ângulo ou um significado, ou seja, caso o aviso-prévio fosse unicamente o ato de comunicar o desejo de encerrar o contrato de trabalho. Mas aviso-prévio não é só isso.

Como se sabe, ele também objetiva preparar o terreno da transição – procura de novo emprego pelo empregado que ficará ocioso e procura de novo trabalhador para a vaga aberta na estrutura da empresa – e, de certa forma, representa a (pequena) garantia de que nenhum contrato de trabalho terminará de forma abrupta. É como se todos detivessem uma breve estabilidade de trinta dias, com a qual se pode contar de antemão. Ao trabalhar no dia de hoje, o empregado se tranquiliza por saber que a dispensa, se efetivada, não poderá ocorrer amanhã. Caso o empregador insista em impedir seu ingresso amanhã, haverá mais trinta dias de salários assegurados. Ora, se a dispensa sem justa causa deve servir de paradigma para a rescisão indireta, não fazia nenhum sentido o entendimento antigo, de que aviso e rescisão são incompatíveis (aliás, p0recisando dispensar um empregado, uma boa campanha difamante ajudava a economizar o aviso-prévio indenizado).

Outro dado interessante no estudo da rescisão indireta diz respeito às comparações que são feitas entre a justa causa do empregado e a justa causa do empregador.

Claro que ambos são os sujeitos do contrato de trabalho e de ambos se espera a conduta leal e transparente. Logo, os efeitos do comportamento irregular de algum dos sujeitos há de ser semelhante em qualquer ponta dessa relação. O que não se pode nem se deve esperar é que a formação da justa causa se dê pelos mesmos caminhos e pela mesma soma de irregularidades.

De plano, são conhecidas incontáveis hipóteses em que apenas o empregado pode cometer a justa causa em situações totalmente estranhas ao papel do empregador. Tomando-se o art. 482 da CLT, por exemplo, temos como justas causas "exclusivas" dos empregados: improbidade, incontinência, mau procedimento, negociação habitual, concorrência desleal, condenação criminal com pena restritiva de liberdade, desídia, embriaguez, violação de segredo industrial, indisciplina, insubordinação, abandono, jogatina e ato atentatório à segurança nacional. Além disso, as cinco justas causas extravagantes são tipicamente operárias: dívida contumaz do bancário, recusa de equipamentos protetores, falso uso de vale-transporte, negligência do aprendiz e descaso do ferroviário.

Na verdade, sobraram apenas dois pontos em comum – agressão física e agressão verbal – aos quais o art. 483 acrescentará mais quatro hipóteses ligadas ao poder diretivo – assuntos ligados a abuso da força física, rigor excessivo, exposição a risco iminente e redução salarial. De tudo isso se conclui que a disciplina de análise e interpretação das justas causas não poderá ser a mesma. O empregador necessariamente agirá de forma lenta e gradual, não havendo paralelo com as justas causas instantâneas e intoleráveis como em alguns cenários do art. 482 – salvo, claro, um caso flagrante de agressão física.

Considero impertinente, portanto, o paralelismo que se costuma fazer entre a imediatidade e o perdão no caso do empregado e no caso do empregador.

Pode-se dizer que o empregador perdoa uma ausência injustificada do empregado, mas não é correto dizer que o empregado "perdoou" um atraso salarial. Há evidente deturpação no estudo da justa causa quando se diz que o empregado, depois de suportar seis meses de salários pagos com atraso, não deveria postular rescisão indireta por um mês a mais de atropelo. Outra alegação que se faz em Processo do Trabalho é que o empregado não se pautou pela imediatidade quando viu que sua remuneração foi rebaixada, demorando dois ou três meses para apresentar a queixa judicial.

Ora, o empregado tolera mais tempo exatamente porque não está em condições de trocar o empregador a qualquer momento, nutrindo a esperança de que a situação volte à normalidade. Por isso, dos elementos configuradores de justa causa, alguns se mostram mais pertinentes à rescisão indireta – gravidade, análise do passado funcional, legalidade, nexo causal – e outros se mostram bem distantes do poder de resistência e de liberdade do empregado – imediatidade e perdão tácito ou expresso. Os temas devem ser analisados separadamente e a rescisão indireta deve ser vista com cautela, a fim de não lhe agravar de forma desproporcional.

17. Modalidades de justa causa do empregador

Exigência de serviços superiores às forças do empregado. O art. 483, *a*, contém não apenas uma, mas quatro hipóteses de rescisão indireta – se o intuito era formular uma lista, era melhor que cada circunstância constasse de uma linha separada, obviamente. São elas: serviços superiores às suas forças, defesos por lei, contrários aos bons costumes, ou alheios ao contrato. Enfoquemos os temas separadamente. A primeira parte da alínea *a* abarca tanto as forças físicas como as forças mentais. É fácil identificar o abuso do empregador no primeiro item, porque a CLT limita o carregamento de peso a 60 kg para homens (art. 198) e 20 kg para mulheres e crianças, sendo 25 kg com ajuda mecânica (arts. 390 e 405, § 5.º). Esses são os pesos máximos, havendo variação nas normas regulamentadoras de segurança e medicina do trabalho para algumas profissões particularmente penosas ou para posições arriscadas, como aquelas que envolvem subir e descer escadas ou andar em madeiras com vãos livres. Quanto ao item da força intelectual, admite-se que a rescisão indireta se opere em caso de excesso de responsabilidade imputada a um empregado com baixo nível de escolaridade, o que pode representar uma artimanha do empregador para cavar uma justa causa do empregado. Por exemplo, não deve o empregador nomear um iletrado para fazer a revisão de textos ou elaborar correspondência, ou pessoa excessivamente tímida, que sempre atuou em trabalho braçal, para liderar equipe de vendas. É um raro caso em que a recusa a uma promoção é aceita pelo Direito do Trabalho. Na persistência do empregador de implementar a promoção, pode surgir a rescisão indireta.

Exigência de serviços defesos por lei. Configura rescisão indireta a insistência do empregador em exigir que o empregado desempenhe tarefas que tangenciem o mundo do crime, ou mesmo sobre ele avance. São vários os exemplos colhidos da casuística, em que a empresa impele o empregado ao delito: a) exigir do empregado a emissão de notas frias; b) fazê-lo circular de madrugada para evitar fiscalização de mercadorias sem notas; c) comercializar produtos furtados; d) desviar mercadorias do fornecedor; e) vender remédios controlados sem receita médica; f) sabotar concorrência, espionando-a ou danificando-lhe o patrimônio; g) exigir trabalho noturno, insalubre ou perigoso para o empregado menor de dezoito anos e trabalho de vigilante ou de minerador para o empregado menor de 21 anos. O empregado está autorizado a se desligar justificadamente do contrato de trabalho e a não se submeter ao poder diretivo deturpado.

Exigência de serviços contrários aos bons costumes. Serviços contrários aos bons costumes podem sofrer alguma variação de acordo com a moral da comunidade e com a época vivenciada, mas, de forma geral, acham-se associados ao padrão de moral sexual de uma população. Assim, são serviços contrários aos bons costumes aqueles que exigem a prática de atos libidinosos em hotéis, bares e restaurantes, levando normalmente as empregadas a portarem uniformes sumários ou a tolerarem comportamentos degradantes. As atividades com elevada intensidade de contato com o público são mais suscetíveis desse tipo de aviltamento. Determinada empresa, certa vez, exigiu que os empregados trabalhassem fantasiados de heróis, princesas, elementos mitológicos e extraterrestres, a fim de chamarem a atenção dos clientes. A repercussão não poderia ter sido pior. Os próprios clientes se sentiam constrangidos com o atendimento de um ogro e os empregados não suportaram a pressão. A campanha foi revista em 48 horas, mas o estrago já estava feito. Os serviços não eram contrários aos bons costumes, mas a forma de apresentação era.

Exigência de serviços alheios ao contrato. Nesse particular, deve haver redobrada atenção do Direito do Trabalho. A rescisão indireta por serviços alheios ao contrato parece escondida ao final da alínea *a*, tendo se tornado pouco suscitada pelos trabalhadores. Carece de uma alteração profunda sobre as premissas do contrato de trabalho e não apenas de uma alteração de procedimentos ou de rotina de atuação. A recepcionista dificilmente terá razão no pedido de rescisão indireta por haver sido acrescentada a suas atividades a transmissão e o recebimento de fax, assim como o empregado de carga e descarga não deve se espantar com o pedido de conferência da carga. São situações conexas ou complementares as suas atividades originais. A justa causa patronal em torno de serviço alheio ao contrato não corresponde a serviço alheio ao estabelecido originalmente no contrato, pois variações podem surgir ao longo do amadurecimento da relação. Reforça essa afirmação o disposto no art. 456, parágrafo único, da CLT, que admite a oscilação das tarefas, contanto que não se afaste da capacidade física e pessoal do trabalhador: "(...) entender-se-á que o empregado se obrigou a todo e qualquer serviço compatível com a sua condição pessoal". O que não se pode admitir é que o empregado vá comprar pacote de cigarros para o chefe, sendo uma secretária; fazer a feira para o proprietário da empresa, sendo vendedor; ou pagar contas na fila do banco, sendo ele um torneiro mecânico, e assim por diante. Ou seja, o estranhamento ao contrato de trabalho há de ser completo e não apenas latente.

Rigor excessivo. O rigor excessivo também é mais fácil de entender do que de definir. Em tese, ocorre quando o empregador, embora amparado pela lei, tenha demonstrado muita insensibilidade no trato com o empregado. Uma forma mais evidente de enxergar o rigor excessivo é o tratamento discriminatório. Por exemplo, de um empregado se tolera o atraso no horário de chegada, com oscilação de até meia hora, mas de outro empregado não se tolera um só minuto, mandando-o de volta para casa e aplicando os descontos legais. É verdade que a lei manda cumprir a carga horária por inteiro, mas um ou alguns minutos de atraso não deveria representar a perda do dia.

Perigo manifesto de mal considerável. Algumas profissões particularmente penosas envolvem riscos inerentes à atividade, mas em outras circunstâncias os riscos fogem ao controle e expõem o empregado à iminência de uma catástrofe. Não é necessário que se trate de atividade sobre cabos de alta tensão nem nas profundezas das minas de carvão. Muitos perigos manifestos se verificam em atividades insuspeitas, que vão desde pedir que o empregado carregue elevado volume de dinheiro em meio a centros de grande movimento até exigir que o empregado faça a limpeza da vidraça pela parte de fora do edifício, sem nenhum tipo de proteção. A persistência do empregador redunda na rescisão indireta do empregado. Aliás, o não fornecimento de Equipamentos de Proteção Individual corresponde a um dos principais focos de rescisão indireta por perigo iminente, na terra, no mar ou no ar. Exposição a produtos tóxicos é igualmente inserida neste rol, havendo alguns produtos aos quais o empregado pode ser exposto com o uso de equipamentos protetores e outros aos quais o empregado não pode ser exposto nem mesmo com os equipamentos, como as substâncias cancerígenas. Cite-se, ainda, o caso da gestante, que dispõe praticamente de uma forma de rescisão indireta exclusiva.

Descumprimento patronal das obrigações do contrato. Mas nenhuma dessas três alíneas – serviços superiores às forças, rigor excessivo e perigo iminente – são comparáveis à alínea *d* em matéria de habitualidade na fundamentação das petições iniciais. O motivo é óbvio: cuida-se da parte mais lacunosa e polivalente do art. 483, ao dispor que a rescisão indireta pode ser declarada em caso de "não cumprir o empregador as obrigações do contrato". Isso é tudo e nada ao mesmo tempo. O descumprimento do empregador pode se verificar de forma drástica, como exigir trabalho penoso, carga horária excessiva e remuneração inferior ao salário-mínimo, mas também de forma sutil, como a adoção de política discriminatória, a atribuição dos trabalhos mais pesados a um único empregado, o erro deliberado no cálculo do fundo de garantia, o uso indevido do divisor 240 no cálculo das horas extras, a manipulação do ponto eletrônico, o desvirtuamento do banco de horas e tantos outros itens nem sempre perceptíveis à primeira vista. Deve ser lembrado novamente que o conceito de imediatidade terá um peso diferente na rescisão indireta quando comparado com o peso da justa causa do empregado, porque o trabalhador tende a tolerar mais repetição de descumprimento das obrigações legais do que o empregador, que detém o poder diretivo. Nesse caso de rescisão indireta por descumprimento das normas legais, é notório que o empregado dificilmente vai romper a relação de emprego no primeiro sinal de pagamento irregular – mas nem por isso se deve pensar em perdão tácito do trabalhador aos desmandos patronais.

Descumprimento silencioso: o caso do fundo de garantia e do INSS. Contudo, o fato de o descumprimento ser menos drástico, menos perceptível e menos impactante para o exercício da profissão do trabalhador não significa que não possa servir de fundamento para a rescisão indireta. Os exemplos mais citados sobre descumprimentos de baixa dimensão são as hipóteses de sonegação do fundo de garantia e dos recolhimentos previdenciários e fiscais. O ponto em comum desses dois cenários é a ausência de disponibilidade imediata das vantagens pecuniárias aos trabalhadores. Ao contrário da remuneração, das horas extras, do vale-transporte e da cesta básica, que pressupõem pagamento instantâneo e consumo igualmente célere, os depósitos em contas vinculadas equivalem a uma espécie de poupança forçada, de acesso restrito a algumas poucas circunstâncias. Como o acesso é normalmente associado com a dispensa sem justa causa, a rescisão indireta já estaria superada. No entanto, o acesso ao fundo de garantia também pode acontecer na vigência do contrato de trabalho, como nas situações de aquisição de moradia ou contração de algumas doenças de maior complexidade, de tal sorte que a sonegação reiterada do fundo de garantia sempre expõe o empregado ao risco de, num momento de urgência, nada ter disponível. Idêntico raciocínio se aplica ao INSS. Claro que ninguém se engaja no Regime Geral de Previdência Social pensando em se acidentar, mas se isso acontecer haverá um transtorno indescritível para o empregado que teve negado o direito de auferir o auxílio-doença acidentário por não conseguir comprovar a qualidade de segurado, quer dizer, por se revelar que o empregador não providenciou a inscrição ou não efetuou os recolhimentos previdenciários cabíveis. Se houve retenção da cota do empregado e não houve o repasse aos cofres públicos, configura-se o crime de apropriação indébita previdenciária (art. 168-A do CP). Por tudo isso, a interpretação mais equilibrada parece ser a aceitação de rescisão indireta também para os casos de descumprimento silencioso, contanto que se mostre reiterado e gradual.

Rescisão indireta em caso de ausência de registro em Carteira de Trabalho. Outro caso que podemos chamar de intrigante é o pedido de rescisão indireta de um contrato de trabalho justamente porque a empresa não reconhece a existência do contrato de trabalho. Neste particular, há de ser feita uma distinção entre a relação de emprego incontroversa, que apenas deixou de ser registrada e documentada pela empresa, e a relação de emprego controvertida, que a empresa não anota nos livros pertinentes por reputá-la de outra natureza jurídica, como a representação comercial autônoma, a atividade eventual ou o voluntariado. De fato, mostra-se incoerente dizer que, nada obstante a controvérsia razoável pendente sobre o vínculo de emprego, o trabalhador tem o direito de declarar a justa causa do empregador porque este se recusou a atender a seu pedido de registro em Carteira de Trabalho. A sentença que aprecia ambos os pedidos talvez se veja forçada, na hipótese de ser vitoriosa a tese da relação de emprego, a pronunciar um pedido de demissão do empregado que voluntariamente se afastou da atividade. Claro que o pressuposto dessa afirmação é a controvérsia razoável e não aquele tipo de alegação estapafúrdia, como trabalho eventual cinco dias por semana, autônomo que bate cartão de ponto ou voluntário que recebe horas extras, como tão comumente se vê do cotidiano forense.

A polêmica sobre atraso salarial. Saber qual é a extensão da mora salarial capaz de justificar a rescisão indireta apresenta-se como um desafio especial para o Direito do Trabalho. Devemos evitar o preconceito que associa salários baixos com tolerância maior ao atraso e salário elevado com tolerância menor. O art. 483 preconiza rescisão indireta em caso de descumprimento da legislação trabalhista, o que é automaticamente verificado no desrespeito ao prazo máximo do quinto dia útil do mês seguinte ao pagamento – bem assim o dia 20 de dezembro para fins de décimo terceiro salário, o dia 1.º para o adiantamento do vale-transporte e o término do período concessivo para fins de férias. Propõe-se uma distinção entre atraso de pagamento e ausência de pagamento. Para os atrasos, talvez não seja conveniente declarar a rescisão indireta logo na primeira vez em que a empresa descumpre o prazo ou logo no primeiro dia de atraso. Assim como acontece com a desídia do empregado, que se aperfeiçoa na repetição e não no ato isolado, também no atraso se deve analisar a constância do abuso para o conceito de gravidade. Já no caso da sonegação do pagamento, um único mês pode ser suficiente para a rescisão indireta, dada a gravidade da situação – somente um lado cumpre sua obrigação de trabalhar sem que o outro lado da relação de emprego cumpra sua obrigação de contraprestar o trabalho. Uma coisa é certa: o simples pagamento dos salários atrasados, quando o empregador é acionado, serve para quitar as obrigações pendentes, mas não serve para impedir a rescisão indireta.

O conceito de mora salarial contumaz para fins de financiamento público. Há entendimentos no sentido de que a mora salarial, capaz de atrair a rescisão indireta, há de ser aquela de *três meses*. A origem dessa tese reside no Dec.-lei 368/1968. À época, o legislador procurou inibir a distribuição de lucros aos acionistas ou honorários aos dirigentes, bem assim a concessão de empréstimos ou benefícios fiscais, propondo diferenciação entre a mora simples e a mora contumaz, assim entendida aquela com três meses ou mais de atraso. Foi a partir desse conceito fictício de mora contumaz que algumas vozes começaram a propor que a rescisão indireta, que nada tinha que ver com aquela lei, somente pudesse ser declarada após três meses de privação salarial. Vejo uma incoerência nesta afirmação. De um lado, já existia rescisão indireta por mora salarial, muitos anos antes de o conceito ter sido veiculado pelo legislador. De outro lado, a sonegação de um ou de dois meses de salário já é motivo suficiente para o enquadramento no conceito de descumprimento legal. Retomando afirmação anterior, é fundamental saber se houve atraso pontual ou se houve o não pagamento e como foi a repetição desses fatos, como se fosse a análise do passado funcional do empregador.

Ato lesivo da honra do empregado e da família. Ofensas físicas. Esse é o ponto em comum dos arts. 482 e 483, a saber, a maneira mais próxima que existe de o empregador atacar o empregado da mesma forma como este o atacar. Os temas de atraso salarial ou desacato a ordens são exclusivos de um ou de outro personagem da relação de emprego, ao passo que a agressão física e verbal é, digamos assim, uma marca do ser humano e não uma exclusividade de empregados ou de empregadores. Normalmente se incluem os superiores hierárquicos no conceito de empregador, pois a agressão vinda "de cima" tem idêntico significado para a rescisão indireta. Porém, se o empregador esmurrar o próprio supervisor de seção, então este se transforma em empregado agredido pelo empregador. A norma frisa que as agressões podem ter a família do empregado como alvo, situação um pouco mais difícil de acontecer em ambiente estritamente profissional, mas que pode ter lugar naqueles casos em que a família do operário frequenta o local de trabalho, até mesmo na qualidade de colegas de trabalho. Não há necessidade de violar a intimidade da honra subjetiva, pois o artigo foi redigido de forma ampla – "honra e boa fama". Por fim, a parte mais complexa de se demonstrar, como já mencionado em página anterior, é a reação do empregador em legítima defesa. Raramente se consegue identificar com precisão quem bateu ou quem xingou primeiro, porque os tumultos em ambiente trabalhista costumam ser generalizados, não faltando curiosos para dar opinião sobre a cena. Talvez tenha surgido dessa colisão de informações o conceito de culpa recíproca mencionado no art. 484 da CLT e responsável pela cisão das verbas rescisórias ao meio.

Redução salarial por redução de tarefas. A redução de salário se insere perfeitamente no descumprimento das obrigações trabalhistas, permitindo a rescisão indireta na hipótese do art. 483, *d*, da CLT. Apenas algumas reduções salariais expressamente autorizadas pelo legislador são consideradas lícitas, podendo ser citados atualmente os casos do art. 58-A, § 2.º, da CLT, sobre a conversão do contrato de trabalho de tempo integral para tempo parcial, e o art. 7.º, VI, da CF/1988, ambos a exigirem convenções ou acordos coletivos. Porém, a criação de outra alínea para tratar de matéria análoga leva a crer que o legislador temeu a alegação de que em alguns casos houve manutenção do salário unitário – por hora, por peça ou por tarefa – com a mera redução dos ganhos totais ao final do mês por oscilação da produtividade. Alguém poderia considerar que essa situação não coincide com o conceito de redução salarial, mas de redução de produção. Quando os rendimentos caem por falta de clientes na loja, o prejuízo costuma ser suportado pelo vendedor comissionista, que se habitua a lidar com marés altas e baixas, torce para aquecimento de mercado em véspera de data festiva e sabe que alguns meses do ano serão péssimos. No entanto, situações existem em que o empregador provocou deliberadamente a queda dos rendimentos do empregado, ao reduzir o número de peças ou de tarefas a serem desenvolvidos. Daí surge a rescisão indireta própria da remuneração variável. No caso do comissionista, isso poderia acontecer no rebaixamento do percentual incidente sobre as vendas, na alteração da base de cálculo ou simplesmente na proibição a que o empregado venda peças mais caras ou venda por atacado, o que ele estava acostumado a fazer. Há exceção para os professores, pois se considera lícita a redução dos rendimentos em caso de queda do número de alunos, contanto que a escola mantenha o valor da hora-aula. Finalmente, vale lembrar que a redução salarial não deve ser confundida com retirada de parcelas salariais condicionais, assim entendidas aquelas que somente são devidas na hipótese de o empregado se expor a determinados agentes, substâncias ou condições especiais de trabalho: o adicional noturno, o adicional de insalubridade, o adicional de periculosidade, as horas extras, a gratificação de chefia e assim por diante. Caíram os rendimentos, mas também cessou a condição que embasava o pagamento. Não é disso que trata a rescisão indireta do art. 483, g.

18. Pedido de rescisão indireta com permanência no emprego

É inequívoco que elevado contingente de trabalhadores necessita do emprego para extrair recursos para as necessidades vitais básicas, suas e de sua família.

Daí surge a difícil decisão entre permanecer no emprego e aguardar o trânsito em julgado da decisão trabalhista que apreciará o pedido de rescisão indireta. Há também o risco de não se convencer o juiz sobre a rescisão indireta. Nesse caso, o juiz poderá considerar que o empregado abandonou o emprego ou que pediu demissão – solução mais apropriada. Ciente desse imbróglio, o art. 483 selecionou as duas formas de rescisão indireta que lhe pareciam menos dramáticas do ponto de vista do cotidiano e permitiu que o empregado aguardasse em serviço a decisão sobre sua saída. É a prova incontestável de que a justa causa patronal não está atrelada ao mesmo sentido de imediatidade ou de perdão tácito e expresso, pois o próprio legislador admite que o empregado, conquanto insatisfeito e indignado com a situação, submeta-se a permanecer dentro do estado de descumprimento da lei trabalhista, como se fosse possível uma justa causa "retroativa". As duas alíneas escolhidas pelo § 3.º são a *d* e a g, ou seja, o descumprimento da legislação e a redução da remuneração variável.

O fato de o empregado suportar o descumprimento de algumas normas trabalhistas, como o atraso salarial ou do décimo terceiro salário, e o fato de aguentar a permanência da relação de emprego com remuneração rebaixada não retiram seu direito ao protesto. Fazendo a interpretação reversa, a permanência do trabalhador em serviço nos casos das outras alíneas – serviços penosos, rigor excessivo, perigo manifesto, ofensa física e ofensa verbal – passará a ser interpretada como uma forma de menor gravidade da justa causa, mas isso é apenas um indício. Um leve indício.

Se o empregado opta pela permanência em serviço, por necessitar do salário com urgência inarredável ou por ter dúvidas sobre a aplicabilidade da rescisão indireta ao caso concreto, a decisão que pronuncia a rescisão indireta deverá cessar a relação de emprego na data corrente e não em data retroativa, porque a prestação de serviços prosseguiu e a energia humana assim empreendida agora deverá ser ressarcida.

O ideal seria a rescisão no mesmo dia da prolação da sentença, mas nem sempre a data da prolação coincide com a data da ciência da sentença.

Uma simples frase inserida no julgado, como a rescisão a contar da *data da ciência do reclamante*, resolve a maior parte dos problemas. Mesmo a sentença que gosta de caprichar na fixação dos parâmetros de cálculos de liquidação das verbas rescisórias pode se harmonizar com a estipulação da data futura e imprecisa, dizendo que estão assegurados o saldo de salário e as incidências em férias, fundo de garantia e décimo terceiro salário até a data efetivamente derradeira.

Do contrário, haveria um perigoso locupletamento por parte do empregador, que tomaria os serviços até, digamos, 20 de março, mas pagaria apenas os direitos até o dia 4 de março, porque esta foi a data do julgado e aquela foi a data da ciência do julgado. A sentença que expressa a rescisão indireta tem natureza constitutiva e deve desde logo ser cumprida, pois irradia novas relações jurídicas.

Não é indispensável que se aguarde o trânsito em julgado, mas cada parte assume seu risco jurídico na questão. Na realidade, o empregador deveria estudar com cuidado a estratégia do Recurso Ordinário, porque quanto mais ele postergar o cumprimento do julgado, tanto mais salários e consectários deverão ser pagos ao trabalhador. Mesmo que obtenha êxito na cassação da rescisão indireta, convertendo-a em justa causa ou em pedido de demissão, o tempo gasto para essa vitória incorpora-se no contrato de trabalho, inclusive quanto aos recolhimentos previdenciários e fiscais.

Discute-se quais seriam as consequências da *não* declaração da rescisão indireta, quando o empregado permaneceu em serviço.

Em época de elevada rotatividade, é quase impossível esse empregado ser mantido na estrutura da empresa, se é que já não havia sido dispensado antes, quando a empresa recebeu a citação ou no curso do processo. Também são fortes as chances de ele próprio pedir demissão, como que sucumbindo. Essas são conjecturas sociais e práticas, mas do ponto de vista estritamente jurídico o contrato de trabalho não sofreu nenhuma alteração ou suspensão e segue seu curso normal. Quem tomar a iniciativa de rescindi-lo arca com os ônus correspondentes.

O melhor cenário para o empregado é este: deixou a empresa pela porta da frente, no dia que melhor lhe convinha, foi ao Judiciário e saiu vitorioso na demanda da rescisão indireta. Para o julgado trabalhista a situação é igualmente mais cômoda, pois não terá de arbitrar ou de estimar uma data para a cessação do contrato de trabalho. A data já se operou, no aguardo da definição da natureza jurídica do rompimento. Confirmando a rescisão indireta, compete ao julgado, agora, estipular as verbas rescisórias pendentes.

O pior cenário para o empregado é também o maior limbo jurídico: o empregado deixou o local de trabalho num dia, sem baixa na Carteira de Trabalho e sem receber verbas rescisórias, e, após, recebe a notícia que a Justiça do Trabalho não declarou a rescisão indireta.

Aplicada a literalidade da CLT, a sentença poderia se ater a dizer sim ou não para o Pedido de Rescisão indireta e nada mais. Embora possa estar correta do ponto de vista do Direito Processual, a sentença provoca situação de insegurança. Pensamos que o magistrado pode e deve avançar, lançando bases para o regramento após a derrota do trabalhador em sua tese de rescisão indireta, quando a ruptura já é fato consumado.

Em outras palavras, a sentença, que rejeita a rescisão indireta mas constata cenário em que já não há mais trabalho, deve dispor sobre a natureza jurídica da rescisão contratual.

A solução mais viável é o pedido de demissão, mas também se admite que, conforme as circunstâncias do desligamento do empregado, o abandono de emprego possa ser verificado. Não importa. O que se faz indispensável é que o julgado não colabore para piorar ainda mais a animosidade das partes e a insegurança das relações jurídicas.

Desnecessária a presença de pedido sucessivo na petição inicial – aquele que reivindica a apreciação de um aspecto, caso o juiz não possa deferir o primeiro – porque a rescisão indireta já é polivalente o bastante para abarcar as outras formas de iniciativa do empregado para a ruptura contratual. Enfim, como o Processo do Trabalho tem vida própria e preceitos próprios, capazes de alimentar sua autonomia em relação ao Processo Civil, propõe-se que, ao menos neste campo rescisório, o pedido sucessivo de verbas rescisórias de pedido de demissão seja considerado como *implícito ou subjacente* ao pedido de verbas rescisórias de despedida indireta.

19. Pedido de demissão socialmente justificado

Sustentamos a existência de uma categoria intermediária entre o pedido de demissão imotivado e o pedido de rescisão indireta, à qual chamaremos de pedido de demissão socialmente justificado.

Parece-nos que o legislador não soube lidar adequadamente com situações limítrofes, que tornam muito difícil o prosseguimento do contrato de trabalho por parte do empregado, mas que tampouco podem ser imputadas a um comportamento irregular do empregador.

São os casos de convocação do empregado para encargo público e morte do empregador pessoa física a que o empregado se considerava muito ligado.

Na dúvida entre o simples pedido de demissão do empregado descontente ou a rescisão indireta do empregado ofendido, vislumbramos que o art. 483 inseriu dois parágrafos para tratar do assunto intermédio.

Desatende à finalidade da norma considerar uma rescisão indireta sem que o empregador tenha dado causa a qualquer irregularidade, muito embora também cause perplexidade forçar o empregado a manter uma relação de emprego com obrigações legais incompatíveis ou com o desaparecimento da pessoa do empregador em torno de quem a relação se sustentava.

Foi então que o legislador, aparentemente, criou uma forma inédita e pouco comentada de "pedido de demissão incentivado". Se fosse para dizer que o empregado está autorizado a pedir demissão, a lei conteria palavras inúteis, porque o empregado sempre está autorizado a pedir demissão. A inserção de dois parágrafos ao art. 483 contendo ambos a mesma estipulação de que o empregado pode pedir demissão, em caso de assunção de obrigações legais incompatíveis ou em caso de morte do empregador pessoa física, reclama urgente interpretação teleológica.

Qual terá sido o propósito de se dizer que o pedido de demissão é "facultado", se também o era para todos os demais trabalhadores?

A melhor conclusão é entender: a) que o legislador disse menos do que queria, pois a frase merecia um complemento, e b) há pertinência na preocupação do legislador de tratar de forma diferenciada os empregados que se depararem com a difícil decisão de permanência num contrato de trabalho que se aproxima de uma longa suspensão e numa atividade em que o caráter pessoal havia sido elevado à maior dimensão. Talvez seja o caso de pensarmos num pedido de demissão sem aviso-prévio, por exemplo.

O desempenho de obrigações legais incompatíveis com a manutenção do contrato de trabalho é uma referência pouco refletida pelos manuais do Direito do Trabalho, também porque pouco recorrente no cotidiano. O melhor exemplo continua a ser o jovem convocado para a prestação do serviço militar obrigatório, mas também poderíamos imaginar a eleição do Juiz de Paz; a eleição para o mandato de oito anos de Senador da República, o que implicaria oito anos de suspensão contratual, usando-se por analogia o art. 38, I, quanto aos servidores públicos; e, ainda, a situação da antiga representação classista na Justiça do Trabalho (representação existente de 1943 a 1999), quando os horários fossem incompatíveis.

Enfocando especificamente o caso do alistado militar, recorde-se que a lei lhe ofereceu algumas vantagens caso queira manter a relação de emprego em estado de suspensão: a) o art. 4.º, parágrafo único, da CLT, manda computar o tempo de serviço para fins de estabilidade, o que refletiu na decisão do legislador de mandar o empregador efetuar os depósitos do fundo de garantia; b) o art. 472 permite que ele volte ao trabalho, desde que participe sua decisão até trinta dias depois da baixa da corporação; c) o art. 132 permite que ele some o período de férias proporcionais anteriores ao afastamento, retomando a contagem do ponto em que parou, desde que ele volte até noventa dias depois da baixa. Ele sabe que não é estável e poderá ser dispensado no dia do retorno, mas com as verbas rescisórias da dispensa sem justa causa.

No entanto, o projeto de vida desse jovem pode ser o engajamento às Forças Armadas ou mesmo o não retorno ao emprego mais humilde que tinha antes do alistamento. Assim, nada obstante as três peculiaridades oferecidas a este empregado, o art. 483, § 1.º, contempla a hipótese de ele preferir sair da empresa desde logo a deixar o contrato de trabalho em longa suspensão. Permite o acerto de contas e a baixa na Carteira de Trabalho. Por exemplo, para alguns empregados pode ser mais interessante receber as férias proporcionais acrescidas de um terço do que glosar os meses para somatório futuro e incerto. Não se trata, todavia, de um pedido de demissão como outro qualquer, mas um pedido de demissão motivado e, de certa maneira, forçado pelos deveres cívicos.

Talvez o legislador não devesse dizer simplesmente que o empregado pode optar entre suspensão a prestação dos serviços ou rescisão do contrato de trabalho, pois isso ele já poderia fazer mesmo. Para remediar essa interpretação literal, deve-se entender que o empregado tem o direito de pedir demissão sem precisar cumprir aviso-prévio e sem poder sofrer o desconto pelo desrespeito ao aviso-prévio, de que cuida o art. 487, § 2.º, da CLT. Aufere o décimo terceiro salário proporcional, as férias proporcionais acrescidas de um terço e o saldo de salário. Não dá nem recebe aviso-prévio. O saque do fundo de garantia deveria ser permitido, mas a legislação dessa matéria ainda não é clara a respeito. Embora haja referência ao outro caso de pedido de demissão motivado – falecimento do empregador pessoa física – não foi previsto o saque em caso de obrigações legais. A única solução atual é o saque do fundo de garantia em caso de conta inativa por três anos.

Na mesma esteira se encontra a hipótese de morte do empregador constituído em empresa individual (art. 483, § 2.º) e morte do patrão doméstico.

A pessoalidade é elemento configurador do conceito de empregado, ao lado da subordinação, da onerosidade e da habitualidade. Não se cogitou da pessoalidade para a figura do empregador, por ser justamente o oposto: empregadores podem se suceder e sofrer alterações jurídicas diversas. O empregado trabalha para a atividade e não para um ou outro sócio ou acionista.

Empregador é aquele que admite trabalhadores como empregados, sem se prender ao fato de que havia maior ou menor afinidade entre eles. O empregado jamais poderá se opor à fusão ou à cisão comercial de empresas, pois estas assumem os riscos da atividade econômica, e os empregados não. Esses conceitos são antiquíssimos e já não se discutem.

Entretanto, havemos de estudar em separado a situação do empregado doméstico em relação ao empregador, a situação do marceneiro em relação a seu mestre e incentivador, o camareiro em relação ao artista autônomo, o ourives, o restaurador de móveis e assim por diante. Em todos esses casos, o empregador é a própria pessoa física ou uma empresa unipessoal, sendo estreitos os vínculos de amizade e afeto que o unem ao empregado.

Com a morte do empregador, até poderíamos imaginar o prosseguimento da relação de emprego com outras pessoas que vão se instalar no local, mas a situação é delicada, pois envolve desde a cadência da produção até as técnicas utilizadas, o jeito no trato com as pessoas até situações de verdadeira intimidade.

Foi assim que o art. 483, § 2.º, concebeu o pedido de demissão motivado, mostrando-se desnecessário o aviso-prévio – até mesmo porque nos trinta dias de cumprimento já haveria desconforto suficiente – e abrindo-se a possibilidade para o saque do fundo de garantia. Consta de forma expressa no Regulamento do Fundo de Garantia a autorização para saque em *falecimento do empregador individual*, sempre que qualquer dessas ocorrências implique rescisão do contrato de trabalho.

As hipóteses de encerramento das atividades da empresa por morte do empreendedor, em decisão tomada por acionistas, sócios ou herdeiros, é bem mais fácil de ser compreendida, pois se equipara em tudo e por tudo à dispensa sem justa causa e, ainda, teve o reforço do art. 485 da CLT: "Quando cessar a atividade da empresa, por morte do empregador, os empregados terão direito, conforme o caso, à indenização a que se referem os art. 477 e 497".

20. Rescisão por comum acordo entre as partes

Diante do cenário de insegurança jurídica encontrado na legislação brasileira quanto aos procedimentos de homologação da rescisão, surgiram numerosos relatos de empresas que se organizavam para pagar as verbas rescisórias unicamente na Justiça do Trabalho e, caso o empregado não as acionasse, elas mesmas provocavam a jurisdição, em busca do manto da coisa julgada.

Dado que o empregador não poderia provocar a jurisdição contra si próprio e que a Justiça do Trabalho não possuía papel de órgão verificador dos cálculos das rescisórias, eram usados procedimentos irregulares, em que o empregador ajuizava a ação em nome do empregado, colhendo sua procuração ainda no departamento pessoal da empresa e, portanto, simulando uma lide que, em verdade, não existia. Era apenas a chancela de uma rescisão.

Recorde-se de que, nada obstante os esforços do legislador, os procedimentos de verificação de cálculos no plano extrajudicial, como a assistência sindical ou a assistência dos órgãos de fiscalização do trabalho, nunca atingiram o patamar da segurança jurídica desejada, foram objeto de vários entendimentos jurisprudenciais discrepantes e não geravam qualquer espécie de eficácia liberatória geral, como imaginado pela CLT.

Reformas de 2017 viriam a abolir os procedimentos de homologação.

Na mesma oportunidade, o legislador inseriu na CLT um procedimento específico de jurisdição voluntária que, embora não tenha esse nome nem essa vocação, pode concorrer para a verificação dos cálculos das verbas rescisórias, por meio de acordo extrajudicial submetido ao crivo judicial. Trata-se da homologação de acordo prevista pelo art. 855-B e seguintes da CLT.

Em meio a tantas discussões jurídicas e incertezas sobre o melhor rumo a tomar em caso de rescisão em que as partes se encontram mais ou menos em sintonia, não há litígio instalado e o empregador quer ter certeza de que pagará o "justo" e não o indevido, amadureceu a ideia de que algumas rescisões podem nascer do interesse comum e simultâneo de ambas as partes.

Não se trata da culpa recíproca, que, embora seja provocada por ambas as partes de modo simultâneo, orbita no plano do descumprimento da legislação e do contrato, donde a noção de que o gravame foi praticado pelos dois contratantes e ambos devem ser punidos, digamos assim, na extensão de seus atos.

Mal comparando, é como se o empregado quisesse pedir demissão no mesmo dia e hora em que o patrão quisesse declarar sua dispensa sem justa causa, pois cada qual tinha novos planos e interesses para a vida que segue.

Não se deve negar que esse fato sempre existiu. A diferença é que a lei não conseguia alcançar a essência.

Por exemplo, são comuns os relatos de empregados que pediam demissão mas também pediam para o empregador viabilizar o saque do fundo de garantia, o que gerou situações complexas em que o empregador aceitava preencher a documentação como se fosse uma dispensa sem justa causa, mas, depois, exigia que o empregado lhe reembolsasse o valor da multa de 40% sobre o fundo de garantia, que a legislação exige seja depositada na conta vinculada e não paga diretamente ao empregado – exigência essa, aliás, que passou a existir justamente para evitar a simulação da dispensa por iniciativa do patrão.

Aos poucos e sob muitas dúvidas, o legislador inseriu ao corpo da CLT o art. 484-A para oficializar que, além das rescisões de iniciativa dos empregados e das rescisões de iniciativa dos empregadores, existem as rescisões de iniciativa simultânea e conjunta das duas partes – para além das rescisões decorrentes de causas externas.

À semelhança da culpa recíproca, serão pagos pela metade o aviso-prévio e a multa de 40% do fundo de garantia. À diferença da culpa recíproca, serão mantidos integralmente os valores das férias e do décimo terceiro que houver. Saldo de salário é pago por completo em ambas as modalidades.

Está previsto o saque de 80% dos depósitos do fundo de garantia, penso que como medida de contenção do ímpeto da rescisão por comum acordo, e está vedado o acesso do empregado ao seguro-desemprego – porque, para todos os efeitos, não se cumpriu a exigência do art. 7º, III, da Constituição de 1988, de que o seguro há de ser pago para desemprego "involuntários".

O aviso-prévio não precisa necessariamente ser indenizado e rachado ao meio. A própria norma faz ressalva de que o pagamento pela metade ocorrerá apenas se o aviso houver sido ajustado na forma indenizada. Abre-se, portanto, a possibilidade de as partes ajustarem aviso-prévio trabalhado, porque, embora haja o interesse recíproco na cessação dos serviços, muitos assuntos pendentes podem necessitar de alinhamento, desde a passagem dos serviços ao novo empregado até a recolocação do trabalhador no próximo emprego ou atividade que provavelmente tinha em vista.

Embora o cumprimento do aviso-prévio seja normalmente de trinta dias, com redução horária, o ajuste entre as partes é simples de ser feito porque a CLT sempre facultou ao empregador dispensar o empregado do cumprimento, tanto em caso de pedido de demissão quanto em caso de dispensa patronal. Não podemos dizer que a lei previu cumprimento obrigatoriamente de 15 dias e não será razoável que as partes litiguem quanto a isso, porque, se assim acontecer, já não estaríamos mais diante de uma modalidade de rescisão consensual.

A lei não diz, mas por meio da rescisão por comum acordo o trabalhador perde o direito à estabilidade ou garantia de emprego que houvesse, não podendo ser comparada a situação à dispensa imotivada da empresa. A rescisão por comum acordo carrega, em si, todas as consequências jurídicas do pedido de demissão e da dispensa imotivada, de modo que o trabalhador renuncia ao período estabilitário, se houver, tal como no pedido de demissão.

21. Princípios e singularidades das dispensas coletivas

Praticamente todos os comentários feitos neste capítulo se prendem às diversas modalidades de rescisão individual em relações de trabalho, por iniciativa do empregado, por iniciativa do empregador, por causas externas e por implemento do prazo dos contratos a termo. Também os procedimentos de verificação de contas, os prazos para pagamento das verbas rescisórias e as modalidades de justa causa foram estudadas do ponto de vista meramente individual.

Estuda-se, no entanto, o fenômeno mundial das dispensas em massa e se controverte se essa forma plural de rescisões simultâneas deveria ser tratada de forma diferenciada ou merecer enquadramentos jurídicos específicos, para além das disposições legais sobre as rescisões individuais.

A depender da redação do art. 477-A, não há que se falar em qualquer diferença jurídica ou econômica, procedimental ou processual. Dentro de uma interpretação, digamos, gramatical dada ao art. 7º, I, da Lei Maior, as dispensas são equiparadas e, contanto que o empregador pague as indenizações devidas, está liberado ao pleno exercício do direito potestativo de rescisão contratual. Corresponde a uma forma legítima de exercício do poder diretivo e, em última análise, a uma forma legítima do exercício do direito de propriedade, para usar o conceito frequente dos julgados constitucionais.

Entretanto, há múltiplas nuances ainda não sedimentadas.

A dispensa em massa abala círculos concêntricos da comunidade em que o empregador está ou estava instalado, provocando queda da arrecadação de impostos regionais e nacionais, com potencial para oscilação dos índices de evasão escolar e de violência urbana e rural.

Ignora a existência do microssistema de preservação do contrato de trabalho, estabelecido ao longo dos anos pelo legislador, que inclui itens tão diversificados quanto as férias coletivas, o banco de horas elastecido, a redução da jornada integral para o regime a tempo parcial, a suspensão temporária para requalificação dos empregados com subvenção pública, a redução constitucionalmente prevista para os salários, os subsídios para o custeio da folha de pagamento, além de medidas emergenciais encontradas em épocas de crise nacional aguda, como o pacote de normas da década de 1990 para enfrentamento dos efeitos da Crise Russa ou o pacote de 2020 e de 2021 para enfrentamento do estado de calamidade pública deflagrado pela pandemia.

Também levanta debates acalorados a possibilidade de o mesmo empregador obter empréstimos ou linhas de financiamento com subvenção pública, como aquelas articuladas pelos bancos estatais de fomento público, e, meses ou anos após, promover o desligamento maciço dos empregados, cujos postos foram incentivados com recursos públicos. Aliás, esse exemplo esconde talvez a mais completa ironia, porque os bancos de fomento público no sistema brasileiro são normalmente capitalizados pelo dinheiro extraído de tributos incidentes sobre a folha de pagamento ou simplesmente segregadas da conta vinculada do fundo de garantia. Ou seja, se uma empresa obtiver empréstimo dos bancos de fomento e fechar os postos de trabalho, terá utilizado o dinheiro dos empregos para encerrar empregos.

As questões excedem o plano jurídico e permeiam discussões da economia.

Há decisões da década de 2000 e de 2010 dos tribunais trabalhistas lançando luzes sobre o microssistema de técnicas de preservação do contrato e considerando que a única forma de equacionar seu uso e de saber quando essas normas já não servem mais para a preservação da empresa é envolver a entidade sindical. Daí ter surgido o entendimento da indispensabilidade da prévia negociação coletiva antes do desligamento em massa, nem que seja para, em ato de boa-fé, o empregador demonstrar à coletividade que seus esforços foram em vão por razões de ordem econômica, financeira ou tecnológica.

O debate ainda está longe de terminar, embora o legislador ordinário, como dito, já tenha fechado questão ao afirmar que, no mundo da ruptura, diferença não há entre o individual e coletivo.

22. Intervenção estatal – rescisão por "fato do príncipe"

As modalidades de intervenção estatal na empresa particular, capazes de inviabilizar o prosseguimento do contrato de trabalho, são normalmente chamadas de fato do príncipe ou *factum principis*, expressão consagrada pela praxe jurídica, embora ausente dos dispositivos legais, que referem apenas ao termo "ato de autoridade".

A figura tem uma evolução tumultuada no Direito do Trabalho e normalmente é associada às antigas formas de estatização de empresas privadas, seguidas de rescisão do contrato de trabalho.

A expressão fato do príncipe, em sua origem, está associada a um ato arbitrário a que os súditos deveriam se submeter sem maior questionamento. No entanto, com o passar do tempo passou a ser utilizada para fazer referência a uma espécie de força maior, ou seja, a uma situação imprevisível e para a qual o empregador não deu causa, mas que teve a participação decisiva do poder público.

Justifica-se seu completo esquecimento na prática forense, porque a maior parte das interferências estatais em empresas privadas guarda raízes com prestação de serviços irregulares, posturas municipais, questões de vigilância sanitária, atividades ilícitas ou proibidas, falta de alvarás de funcionamento, falta de observância de prescrições legais e assim por diante.

Em todos esses casos, eventual interdição estatal não representa hipóteses de força maior, porque era previsível ou, ainda que assim não seja, teve comportamento do empregador a concorrer com a situação.

A alegação de que a política econômica de restrição ao crédito ou mesmo o chamado bloqueio de ativos financeiros, que retirou drasticamente a liquidez do mercado, também não é considerada uma forma de fato do príncipe, por não dizer respeito diretamente a esta ou àquela empresa, mas a toda economia nacional.

Argumentam que escavações para construção de trens subterrâneos ou túneis para o trânsito, linhas de água e esgoto ou linhas de transmissão elétrica são capazes de afetar sensivelmente o fluxo de clientes no comércio instalado na região, o que é correto, mas tampouco se identifica com o conceito de força maior decorrente do poder público. Não guardam semelhança com situações de intervenção na administração da empresa, embora lhe afete sensivelmente ao cesso da clientela ou a distribuição dos produtos e serviços.

Essas duas últimas hipóteses – crise financeira nacional e obras públicas nas redondezas – são mais adequadamente inseridas no contexto amplo dos riscos da atividade econômica e, como tais, devem ser suportadas pela habilidade e criatividade do empregador. Se houver dispensas, serão de sua iniciativa e com seus encargos; se houver férias coletivas ou negociação sindical, também terão de ser manejadas pelo empregador.

Outro tema a não ser confundido com o fato do príncipe é a proibição de atividade econômica através de lei ou decreto.

Em muitos segmentos empresariais, a fabricação e o comércio de determinados produtos dependem de autorização de esferas do poder, às vezes de âmbito militar, às vezes civil. Considere-se que a autorização é sempre concedida a título precário, podendo ser retirada a qualquer tempo. Inserem-se as autorizações no conceito de riscos da atividade econômica, com muito mais motivo do que a própria crise financeira e do que as obras de construção civil, pois nesse caso o empregador optou livremente por atuar no ramo dos produtos controlados.

Há alguma perplexidade quando a autorização é cassada, nas hipóteses em que requisitos deixaram de ser preenchidos, ou, pior, quando a autorização é cancelada genericamente pela legislação, atropelando alvarás e outros permissivos que o empregador tenha conseguido.

Isso já aconteceu com os cassinos e alguns produtos entorpecentes na década de 1950, com os bingos e outros jogos de azar em várias épocas e quase aconteceu com o plebiscito para o Estatuto do Desarmamento, que pretendia proibir algumas dimensões do comércio ou de fabricação de armas de fogo.

Em todos esses cenários, também não houve fato do príncipe, mas oscilações inerentes às atividades econômicas.

Em diversas cidades brasileiras, adotaram-se medidas muito restritivas à publicidade externa, em placas e cartazes, tendo as empresas do ramo argumentado que não deveriam pagar verbas rescisórias da dispensa sem justa causa porque não deram causa às rescisões, motivadas pela decisão do legislador de banir aquela prestação de serviços. Também não é motivo de força maior esse tipo de alteração legislativa municipal de combate à poluição visual.

Tanto isso é verdade que, em pouco tempo, muitas empresas de publicidade externa se adaptaram ao sistema de publicidade interna, em centros de compras, escolas, estações de trem e até dentro de elevadores, valendo-se da mão de obra mantida.

Como se nota, embora a interpretação restritiva cause algum embaraço, haveria risco de ninguém arcar com verba rescisória se a todo movimento dos poderes públicos se pudesse vislumbrar o fato do príncipe.

O assunto voltou à tona na pandemia de 2020, pois muitos enxergaram nas medidas de confinamento formas indiretas de intervenção estatal sobre o funcionamento das empresas. Que muitas delas sofreram prejuízos irrecuperáveis e até mesmo não suportaram os períodos prolongados de isolamento social, não resta a menor dúvida. Reforçaram os argumentos favoráveis ao conceito de fato do príncipe o fato de que as medidas foram regionalizadas, diante das decisões constitucionais acerca do federalismo brasileiro, e era possível tecer comparações entre cidades e Estados que adotaram posturas mais ou menos restritivas, mais abrangentes e mais tolerantes a este ou àquele segmento econômico.

Todavia, é muito difícil associar o confinamento social em crise sanitária com a intervenção estatal no funcionamento da empresa, a começar pelo fato de que as medidas de restrição de locomoção têm por característica sua vocação universal e impessoal, não tendo sido tomadas contra este ou aquele estabelecimento, mas em face de toda coletividade. Quanto mais impessoal e genérica a medida, tanto mais ela se afasta do conceito de intervenção.

Houve também quem se lembrasse de que as medidas de confinamento não envolviam os elementos da oportunidade e da conveniência, que são as marcas registradas dos atos administrativos, caso pudéssemos entender que alguma autoridade municipal ou estadual, ao fazer seu juízo de ponderação, tenha decidido intervir num segmento empresarial ou num estabelecimento particular.

Na mesma esteira orbita o argumento, contrário ao fato do príncipe, sobre a indispensabilidade de o administrador exercer seu poder de polícia e de promotor da saúde pública, de sorte que ele, ao mandar restringir locomoção, restringir horários ou fechar atividades, estaria agindo de modo compulsório ou vinculado e não de modo facultativo. A facultatividade própria do juízo de conveniência permeia qualquer raciocínio sobre a intervenção estatizante, falecendo sua presença em sede de normas sanitárias.

A discussão reinante na primeira quadra da pandemia de 2020 foi bastante restringida por expressa disposição legal superveniente, representada pelo art. 29 da Lei 14.020/2020, que inibe a aplicação do art. 486 da CLT às medidas de suspensão ou de paralisação de atividades econômicas. Semelhante comando, denegatório do fato do príncipe às medidas de isolamento social, reapareceu no texto da Medida Provisória 1.045/2021, que retomou programas de manutenção do emprego por meio de redução de jornada e suspensão contratual.

Diante de tantos exemplos negativos, indaga-se então qual seria um exemplo concreto de fato do príncipe na legislação trabalhista brasileira.

O único cenário que se pode imaginar, diante das ponderações supra, é o antigo sistema de encampação de empresas privadas pelo administrador público, a chamada estatização.

Nesse caso, o fato era imprevisível e não houve participação alguma do empregador, nem mesmo por sua incúria ou descumprimento de normas legais. Não houve riscos da atividade econômica nem o empregador teve a chance de prosseguir seu empreendimento com novo foco, como no caso da publicidade externa que virou interna ou da casa de bingo que virou casa de espetáculos. Além disso, a intervenção estatal é seguida normalmente pela expropriação dos bens. Logo, as indenizações devem ficar a cargo do ente público estatizante e não do antigo empregador.

Por fim, observe-se que, embora o art. 486 da CLT mencione que a indenização (no singular) fica a cargo do governo responsável, é mais razoável entender a palavra no sentido de verbas rescisórias típicas.

O legislador não se vale de boa técnica ao dizer indenização singela, além do que não existiam os conceitos de férias proporcionais acrescidas de um terço e de décimo terceiro salário proporcional quando da promulgação da CLT, impondo-se a interpretação sistemática. Também o aviso-prévio indenizado ou trabalhado corre por conta do ente estatizante.

A indenização, que era de um mês de remuneração por ano de casa, é entendida atualmente como 40% sobre o saldo do fundo de garantia.

Se a encampação dará prosseguimento normal ao contrato de trabalho, não há falar em pagamento das verbas rescisórias da dispensa sem justa causa pelos poderes públicos. Há casos, realmente, que os empregados particulares se tornaram servidores públicos pela encampação, mas essa peculiaridade desapareceu com a exigência generalizada de concurso público. A jurisprudência ainda se vê às voltas com casos de sucessão trabalhista de ente privado para ente público.

O art. 486 não vê diferença entre a paralisação temporária ou definitiva da atividade econômica estatizada: em qualquer caso, o empregado tem o direito de receber as verbas como se dispensa sem justa causa fosse, pois não pode ficar à mercê dos projetos futuros e incertos do poder público. Por isso que se afirmou acima ser possível que, após a estatização, nenhuma paralisação ocorra e o trabalho prossiga normalmente. Raro, mas possível.

Os parágrafos do art. 486 estão obsoletos. Previam uma forma anômala de intervenção de terceiros, ou seja, o acionamento da Fazenda Pública através da defesa do empregador, com ritual solene que envolvia prazo de trinta dias para sua manifestação e encerramento da competência da Justiça do Trabalho, com remessa dos autos para a Justiça Comum. Nada disso se torna mais necessário.

Caso o empregador realmente tenha passado por processo de expropriação, não se trata propriamente de uma intervenção de terceiros, mas de assunção da defesa por aquele que estiver à frente da atividade econômica, como acontece em qualquer sucessão. Além disso, a Justiça do Trabalho detém competência para todas as ações trabalhistas, inclusive perante massa falida e ente público, não havendo deslocamento de competência nem para a Justiça Federal nem para a Justiça dos Estados. O § 3.º pode ser considerado não recepcionado pelas Constituições supervenientes à Consolidação das Leis do Trabalho.

23. Rescisão por força maior

A força maior é igualmente mais falada do que compreendida.

Considerando que no Direito do Trabalho ela tem de ser sopesada com os riscos da atividade econômica assumidos naturalmente pelo empregador, fica fácil entender a complexidade de sua aplicação a toda e qualquer circunstância de crise financeira aguda, como muitas defesas trabalhistas ventilam.

Nesse caso, a definição do art. 501 atende a maior parte das necessidades do Direito do Trabalho, pois concentra os seguintes elementos: a) acontecimento inevitável em relação à vontade do empregador; b) para cuja realização não concorreu nem indiretamente, como acontece com atos de negligência, imprudência ou imperícia na condução das atividades; c) deve afetar substancialmente a situação financeira da empresa porque não inclui o simples abalo momentâneo ou a perda de um grande cliente.

Logo, a crise financeira nacional, a abertura de obras públicas na região, a greve dos transportes coletivos, a alteração das posturas municipais e a cassação de alvará de funcionamento do comércio não se incluem entre exemplos de força maior, assim entendido o fato: a) inevitável; b) imprevisível; c) não ligado ao comportamento do empregador; d) não atribuído a sua imprevidência e; e) com efeitos drásticos na situação da empresa.

Normalmente a jurisprudência associa o art. 501, por conseguinte, a *catástrofes naturais*, porque os atos envolvendo participação humana acabam sendo enquadrados em alguma das categorias acima. Ainda assim, as catástrofes devem ser realmente inesperadas e o empregador deve ter sido previdente. Empresa habituada com constantes inundações no bairro não pode alegar força maior na terceira enchente, nem o posto de gasolina pode alegar surpresa com o incêndio agravado pela falta de extintores e de para-raios.

No Direito Civil, a força maior serve para denunciar o contrato sem pagamento de indenizações.

No Direito do Trabalho, a força maior afeta sensivelmente o prosseguimento do contrato, mas não pode liberar o empregador das indenizações, haja vista o peso do conceito de riscos da atividade econômica e visto que, no outro lado, havia um empregado que empreendeu sua energia, agora irrecuperável, e que precisa ser retribuído pelo esforço.

A solução encontrada pelo legislador foi manter as indenizações cabíveis, mas dividi-las ao meio.

Na época da promulgação da CLT, isso significava: a) metade da metade (ou seja, um quarto) dos salários restantes do contrato de trabalho por prazo determinado (art. 479); b) metade da indenização de um mês por ano para os empregados com menos de dez anos de casa (art. 478); e c) metade da indenização dobrada (ou seja, uma indenização simples) para os empregados com mais de dez anos de casa, sendo que, nesse caso, a maior peculiaridade não era o rebaixamento da indenização à metade, mas a própria autorização para a rescisão contratual, pois esses empregados eram estáveis e perderam a estabilidade na força maior (art. 502).

Caso a empresa vislumbre condições de sobrevivência, poderá optar, ainda, pelo prosseguimento do contrato de trabalho com redução salarial, na linguagem singela do art. 503: "É lícita, em caso de força maior ou prejuízos devidamente comprovados, a redução geral dos salários dos empregados da empresa, proporcionalmente aos salários de cada um, não podendo, entretanto, ser superior a 25% (vinte e cinco por cento), respeitado, em qualquer caso, o salário-mínimo. Parágrafo único. Cessados os efeitos decorrentes do motivo de força maior, é garantido o restabelecimento dos salários reduzidos".

Todavia, o art. 7.º, VI, da CF/1988, alterou o procedimento para redução de salários, associando-o à negociação coletiva obrigatória, o que não constava do art. 503, mas, em contrapartida, liberando percentuais e períodos. Daí por que se considera não recepcionado o art. 503, muito embora ele sirva de parâmetro para as entidades sindicais.

Uma das normas integrantes da legislação emergencial decorrente da pandemia (art. 1º, parágrafo único, MP 927/2020) reconheceu-a como uma hipótese de força maior, mas apenas para os fins da declaração do art. 501. Não avançou para dizer que os contratos poderiam ser rompidos com pagamentos por metade das verbas rescisórias, como previsto pelo art. 502 da CLT.

Se o intuito do legislador emergencial era autorizar a redução do valor das verbas rescisórias, tinha de ter sido mais claro e desenvolvido o plano. Demais normas emergenciais, inclusive aquelas de fomento à preservação de renda e permissivas da suspensão contratual, passaram ao largo do tema, não havendo autorização para tal enquadramento em força maior apenas com base no conceito geral de crise sanitária.

24. Plano de demissão voluntária

A década de 1990 conheceu em abundância a modalidade de rescisão coletiva em que, por primeiro, se pergunta qual trabalhador se voluntaria para sair. São os chamados planos de demissão voluntária ou incentivada – PDV ou PDI – alguns instituídos unilateralmente pela empresa e outros negociados coletivamente com os sindicatos.

Há diversos componentes econômicos e sociais nesta criação jurídica, de se propor um grande pacto para as demissões voluntárias terem prioridade sobre as demissões forçadas, mas ao mesmo tempo surgiram dúvidas até mesmo sobre sua natureza jurídica, a começar pela própria pergunta sobre de quem partiu a iniciativa da ruptura – se foi do empregado, que se voluntariou, ou se foi do empregador, que havia feito a pergunta.

Saber de quem partiu a ruptura é importante para se responder, por exemplo, se o empregado tem direito de levantar o fundo de garantia e o seguro-desemprego ou se, ao contrário, ele será enquadrado em hipótese de desemprego não involuntário.

É verdade que prevaleceu o entendimento de que se trata realmente de uma dispensa sem justa causa, em que o empregador apenas usa critério diferente de escolha: em vez de escolhas aleatórias ou cujos critérios são escondidos, o empregador revela o plano antecipadamente e insere, na lista de cortes, as pessoas que consideram melhor sair do que permanecer; para tanto, costuma ofertar alguns benefícios adicionais.

Porém, houve muita insistência na alegação de que o voluntariar da pessoa para compor a lista representava, na verdade, um pedido de demissão, o que impediu diversos saques perante a Caixa Econômica Federal, refratária ao entendimento de equiparar o PDV a uma modalidade de dispensa sem justa causa incentivada.

A respeito desse pacote adicional de vantagens, era evidente a natureza indenizatória, porque o empregador apenas estava a ampliar o patamar mínimo de indenização previsto em lei. Por exemplo, no lugar de indenização de 40% sobre o fundo de garantia, poderia oferecer indenização de 100%. Ou, então, além da indenização sobre o fundo de garantia, oferecia simultaneamente a indenização do art. 478 da CLT, de um mês de remuneração por ano de serviço, expandindo o conceito de proteção ao contrato de trabalho.

Houve, porém, muita resistência da Receita Federal e do INSS, por enxergarem elisão fiscal.

Os órgãos tributavam as indenizações como se fossem salários escamoteados e, ainda, afirmavam que a natureza indenizatória estava adstrita apenas às indenizações nos limites da lei. Esse entendimento se acha superado e a própria administração reconheceu a validade dos planos de demissão incentivada como algo benéfico para o enfrentamento do período de desemprego.

Outra controvérsia acirrada dizia respeito ao alcance desse plano, se ele quitava somente a rescisão, de forma mais benéfica, ou se também poderia quitar todas as pendências do contrato de trabalho.

Foram muitas as tentativas de se impedir o acesso do Judiciário e ao mesmo tempo o acesso parece banalizado em alguns casos em que se notam petições iniciais irresponsáveis, a demandar tudo, até aquilo que já foi pago, na certeza de que o ato é inconsequente.

Como reação a esse movimento pendular, a Constituição Federal de 1988 albergou de forma categórica o princípio da inafastabilidade da apreciação judicial, que tem norteado todas as interpretações correlatas. Meios alternativos de solução de conflito, como a arbitragem, tampouco têm sido aceitos como forma de impedir o acesso ao Processo do Trabalho.

A desconfiança, portanto, foi generalizada contra todas as modalidades de plano de demissão voluntária, mesmo aqueles que estivessem inseridos em cláusula de acordo coletivo. Conquanto a jurisprudência trabalhista tenha inicialmente declarado que as quitações em sede de PDV seguiam os mesmos efeitos das quitações individuais, ou seja, se o manto da coisa julgada ou da eficácia liberatória geral, houve abrandamento dessa tese.

Após sedimentação na Corte Constitucional, passou-se a entender que a transação extrajudicial decorrente da adesão voluntária do empregado a plano de dispensa incentivada enseja quitação ampla de todas as parcelas contratuais, desde que assim tenha constado do acordo coletivo que aprovo o plano.

Desde então, há diferença fundamental entre PDV feito pelo departamento pessoal da empresa e PDV negociado coletivamente, qual seja, aquele se aproxima mais da rescisão individual e este pode assumir a feição de quitação geral do contrato de trabalho, com efeitos liberatórios para a empresa.

Dúvidas razoáveis pairam sobre cláusulas inseridas em PDV que, mesmo com a chancela sindical, propões consequência colidentes com previsões constitucionais, tais como a renúncia do direito de ação, a aceitação de devolver todos os valores pagos acima dos mínimos legais, em caso de acionamento do empregador, ou a prévia admissão dos cartões de ponto como válidos, renunciando-se ao direito à prova.

Em alguns planos, constava cláusula expressa de devolução dos valores, através de reconvenção do empregador. Em outros planos, constava apenas a cláusula de abatimento dos valores pagos a título de incentivo sobre os créditos ganhos pelo empregado a título de horas extras, por exemplo.

Esse assunto ainda não foi suficientemente amadurecido. Há, sim, liberdade de pactuação entre as partes por se tratar de matéria adicional, não prevista em lei, e que merece interpretação restritiva dada sua natureza benéfica. O empregador não está obrigado a oferecer a vantagem indenizatória e, quando o faz, deve ter liberdade para estipular as regras, bases, valores e prazos.

Por exemplo, é válido que limite em trinta dias a adesão e não aceite retardatários. É aceito, também, que ele restrinja o plano a uma filial, seção, departamento ou nível de empregado, por não ser considerado tratamento discriminatório o ato de cortar custos trabalhistas setorialmente. São condições e requisitos que estão ao alcance do proponente impor. Mas o avanço para temas como o afastamento do Judiciário ou algum grau de penalidade para que dele se socorrer excede os limites contratuais e representam cláusula temerárias.

Não se deve, todavia, considerar o debate encerrado, mesmo após a decisão do STF quanto à eficácia liberatória geral em caso de PDV atrelado a um acordo coletivo.

As reformas legislativas de 2017 inseriram texto expresso na CLT, fazendo constar pela primeira vez a existência dos planos de demissão voluntária aos quais, desde que negociados com entidades sindicais em sede de convenção ou acordo coletivo, foi estendida a eficácia liberatória geral, nos mesmos moldes das decisões jurisprudenciais adrede tomadas pelo Supremo Tribunal Federal.

Capítulo 11

O aviso-prévio nas relações de trabalho

1. Tríplice significado do aviso-prévio

O acordo ortográfico da língua portuguesa (Decreto n. 6.583, de 29 de setembro de 2008) prevê o emprego do hífen "nas palavras compostas por justaposição [que] constituem uma unidade sintagmática e semântica e mantêm acento próprio" (Base XV do Acordo). Com fundamento nesse conceito mais abrangente do hífen, o Vocabulário Ortográfico da Academia Brasileira de Letras adotou a grafia aviso-prévio, haja vista tratar-se de expressão técnica, com vida própria e que não mais se confunde com as palavras individualmente consideradas.

A necessidade de dar e de receber aviso-prévio não é uma criação exclusiva da CLT, sendo fruto legítimo das aspirações do Direito do Trabalho. Insere-se o aviso-prévio como uma das grandes consequências do princípio da continuidade da relação de emprego. Considerando que o contrato de trabalho envolve obrigações de trato sucessivo, dentro do qual o empregado retira os elementos necessários para sua sobrevivência e o empregador procura resultados satisfatórios para sua produção, é natural que ele tenha se desenvolvido num ambiente de prazos indeterminados. Normalmente se refere ao contrato de trabalho como sendo de longa duração, mas como não se sabe quanto tempo a relação vai durar, diz-se preferencialmente que o pacto é de prazo indeterminado. Ser curto ou longo depende de circunstâncias alheias ao Direito do Trabalho, aliás. Daí ter nascido a noção de que a parte que desejar romper a relação deve pré-avisar a outra, para que reorganize sua vida, literalmente, buscando outra fonte de renda, no caso do trabalhador, ou outro prestador de serviços, no caso do empregador. É por isso que muitos países contemplam a necessidade do aviso-prévio, sem nem ao menos terem legislação específica para a matéria. É da essência do contrato de trabalho. É indissociável do escoamento do tempo. A Organização Internacional do Trabalho propugna a indispensabilidade do aviso-prévio, como direito fundamental do trabalhador, ainda que a legislação do país não seja explícita (art. 11, Convenção 158).

Ilustram bem a indispensabilidade do aviso-prévio os acontecimentos envolvendo o contrato de trabalho doméstico. A profissão foi disciplinada em 1972, sendo que, até a Constituição Federal de 1988 tocar no assunto, jamais se legislou no Brasil acerca da necessidade do prévio aviso entre empregado e empregador doméstico. No entanto, ele era dado e recebido normalmente, nem sequer havendo discussão sobre sua pertinência. Estavam ambas as partes envolvidas num contrato de trabalho de prazo indeterminado e ambas necessitavam de um período de transição para se reorganizarem. Ambos estão envolvidos numa relação contínua, cuja quebra pressupõe manifestação clara. O aviso-prévio é tão certo quanto a própria existência do contrato de trabalho. A LC 150/2015 pôs fim a qualquer questionamento sobre a mão dupla do aviso-prévio na relação doméstica, afirmando expressamente que se trata de direito e de dever de ambas as partes (art. 23), e não apenas do empregador doméstico.

Podem ser lembrados os seguintes casos por sua importância histórica ou social:

- art. 81 do Código Comercial de 1850;
- art. 599 do Código Civil (rescisão do contrato de prestação de serviços);
- art. 720 do Código Civil (contratos de agência e distribuição, embora firmado entre duas pessoas jurídicas);
- art. 34 da Lei 4.886/1965 (representação comercial autônoma);
- art. 6.º, Lei 8.245/1991 (contratos de locação).

Autônomos e pequenos empresários não são empregados e não receberam do legislador os benefícios trabalhistas. No entanto, também eles precisam comunicar com alguma antecedência o ânimo de romper o contrato de atividade, assim como têm o legítimo interesse de serem previamente comunicados em caso de intenção do tomador dos serviços de deixar aquele negócio ou aquele parceiro. Essas afirmações reforçam ainda mais a tese segundo a qual a solenidade do prévio aviso nada mais reflete do que a circunstância toda peculiar dos contratos que envolvem a energia humana e a premência de um rearranjo de forças. Na hipótese do contrato de agência, houve preocupação do legislador com a proporcionalidade entre o investimento efetuado pela parte – e os planos elaborados – e a complexidade da "transição", de tal forma que, pela primeira vez, uma lei acenou com a possibilidade de o aviso chegar a noventa dias, a depender das circunstâncias.

Há, por assim dizer, um tríplice significado do aviso-prévio.

A expressão aviso-prévio é conhecida do público leigo e do público erudito. A mesma expressão assume, portanto, mais de um significado.

O primeiro e mais importante para o estudo corresponde à obrigação de fazer, no sentido de *comunicação*, ou seja, do ritual de cortesia e transparência, externando à parte contrária a verdade. O segundo significado carrega também uma obrigação de fazer, mas no sentido de *trabalho*: o cumprimento do período de aviso-prévio durante o período necessário para a transição. O terceiro significado tem aspecto de obrigação de pagar, concernente à conversão em pecúnia em caso de descumprimento de alguma das obrigações de fazer. É por isso que os trabalhadores se referem às três facetas do aviso-prévio com as seguintes expressões: dar aviso, cumprir aviso ou estar de aviso e pagar o aviso.

Cada verbo se associa a uma acepção do instituto, como passamos a demonstrar.

- **Aviso-prévio como comunicação de um fato.** A primeira acepção do aviso-prévio é a comunicação de um fato: o contrato de trabalho será extinto. É momento de grande tensão na vida do empregado, com as incertezas e perspectivas de recolocação; isso se aplica desde o empregado mais modesto até o alto escalão, porque não existe conhecimento científico que não possa ficar obsoleto em 24 horas e porque no mundo do Direito do Trabalho campeia a vulnerabilidade. Quando o alto executivo usa a expressão bilhete azul, refere-se ao aviso-prévio no sentido de comunicação. A atitude da parte que tomou a iniciativa deve ser clara. O empregador que, num arroubo, diz que os insatisfeitos deverão "procurar seus direitos" provoca muitas dúvidas na mente dos interlocutores. Quando ações são ajuizadas postulando verbas rescisórias da dispensa sem justa causa, há empregadores que, indignados, afirmam que jamais dispensaram aqueles empregados e que a frase "vá procurar seus direitos" não deveria ser interpretada como uma rescisão. Mas normalmente assim se interpreta, especialmente num país como o nosso, de palavras breves e de sensação de desamparo.

- **Aviso-prévio como período de trabalho com jornada reduzida.** Conceder o aviso-prévio é expressão afeta ao ato de comunicar, de forma verbal ou escrita, ao passo que *cumprir o aviso-prévio* se associa ao ato de transição. O cumprimento do aviso-prévio tem regras próprias, objetivando: a) alertar a parte quanto ao encerramento da prestação de serviços e b) dar-lhe alguma chance de reorganização (busca de novo emprego ou busca de novo empregado). A forma correta de trabalho no curso do aviso-prévio e demais questões controvertidas são apreciadas abaixo. Por ora, é suficiente reter a noção de que uma mesma expressão (aviso-prévio) pode tanto representar o ato instantâneo da comunicação quanto o ato duradouro da prestação de serviços em época de transição.

- **Aviso-prévio como dinheiro.** A terceira acepção do termo aviso-prévio diz respeito a sua conversão em pecúnia, para as hipóteses em que deixou de ser elaborada a comunicação prévia ou, mesmo que a comunicação tenha sido realizada, deixou de ser feita a transição desejada. Comumente se fala em aviso-prévio indenizado como forma de lembrar que ele poderia ter sido cumprido mediante obrigação de fazer, mas, como isso deixou de acontecer, passa a ser convertido em dinheiro. A palavra "indenizado" induz a erro, por se imaginar que será uma simples indenização de perdas e danos, sem maior consequência prática, quando, na verdade, o que o legislador pretendeu era tornar a conversão em pecúnia um assunto mais parecido possível com a realidade ou como se nada houvesse acontecido. Daí por que é indispensável a *natureza salarial* do aviso-prévio indenizado, de sorte que, trabalhando ou não trabalhando, o empregado teve assegurados aqueles trinta dias de transição, com o dinheiro equivalente ao salário e a todas as demais vantagens concernentes – férias proporcionais acrescidas de um terço, décimo terceiro salário proporcional, fundo de garantia, inserção em Carteira de Trabalho e o que mais houver. Em contrapartida, caso o empregado deixe de cumprir o período de transição, sofrerá desconto em dinheiro diretamente de seus haveres rescisórios, evidenciando novamente que não se investiga a existência ou inexistência de prejuízo para que fosse comparada a situação a perdas e danos. Simplesmente se autoriza a dedução pecuniária dos ganhos do empregado. Aquele conceito do art. 480 da CLT, que atrela a indenização pelo pedido de demissão do empregado temporário à demonstração de que a empresa sofreu prejuízos com sua saída, deixou de ser repetido no conceito de aviso-prévio do contrato de trabalho por prazo indeterminado. Há presunção de que a parte contrária sofre prejuízo.

2. Aviso-prévio em face de contrato por prazo determinado

Pode parecer incongruente exigir aviso-prévio em contrato de trabalho por prazo determinado, porque, nesse particular, o "prazo determinado" já fez as vezes de prévia comunicação acerca da extinção contratual.

É como se logo no primeiro dia do contrato de trabalho já fosse dado o prévio aviso, ou seja, a admissão vem acoplada à notícia da data de cessão da atividade, de tal forma que a finalidade da norma – alertar a outra parte para uma transição – já se acha satisfeita. É fundamental essa compreensão, o que vai influenciar até mesmo o estudo das estabilidades e dos cálculos de verbas rescisórias, porquanto o Direito do Trabalho se preocupa muito mais com o atendimento de seus propósitos do que com o veículo usado para esse atendimento.

Mas pode haver aviso-prévio dentro do contrato de trabalho por prazo determinado, apenas na situação anômala de uma parte desejar romper o contrato antes da hora aprazada. Dado que os contratos determinados são naturalmente curtos, sobra pouco espaço para antecipar o que já era muito próximo. No entanto, deve-se lembrar que alguns contratos provisórios podem chegar a dois anos e que a multa rescisória pelo rompimento antecipado é relativamente elevada – metade dos salários pendentes, tanto do empregador para o empregado como do empregado para o empregador, em havendo prejuízos, como asseveram os arts. 479 e 480 da CLT.

Daí a importância do art. 481, que contempla a inserção, no contrato de trabalho provisório, de uma cláusula que possibilite o uso do aviso-prévio nesse tipo de acerto com prazo fixo.

A parte que assim quiser passa a usar o aviso-prévio como se fosse um contrato de trabalho por prazo indeterminado. Continuam a ser duas figuras incompatíveis – aviso-prévio e termo prefixado –, mas a partir do instante em que o uso do aviso é deslocado para o meio do período de trabalho a mistura se torna pertinente. Pode ser encontrado mesmo no brevíssimo contrato de experiência. Basta que tenha sido avençado.

3. Direito ao aviso-prévio e exercício da renúncia

Que o empregador deve conceder aviso-prévio ao empregado na modalidade da dispensa sem justa causa não resta a menor dúvida, tratando-se, aliás, do caso mais conhecido e praticado de aviso-prévio, trabalhado ou indenizado. A controvérsia toda surgiu na hipótese da rescisão indireta.

De um lado, o Direito do Trabalho ensina que a rescisão indireta deve ser tratada da mesma forma que a dispensa sem justa causa, por se tratar da soma de comportamentos inadequados e abusivos do empregador, tal como se ele quisesse realmente expulsar o empregado do local de trabalho, sem justo motivo. É a chamada justa causa patronal.

De outro lado, não faria sentido algum que o empregado tivesse de pré-avisar o empregador, com trinta dias de antecedência, de seu intuito de romper o contrato de trabalho por justa causa patronal – até porque algumas justas causas não permitem a continuidade da relação de emprego por nem mais um dia, como a agressão física ou verbal.

Com base nessa segunda premissa, dizia-se incabível o aviso-prévio na rescisão indireta.

Há uma injustiça nessa expressão, porque o empregador faltoso saía em vantagem em relação ao empregador que dispensasse o empregado. A distorção foi corrigida com alteração legislativa em 1983.

Sobreveio ainda mais uma situaçao limítrofe sobre o aviso-prévio, alusiva à possibilidade de sua renúncia pelo empregado.

Em verdade, por causa do aviso-prévio, podemos dizer que todo contrato de trabalho por prazo indeterminado carrega a pequena garantia de emprego de um mês, portável e inerente ao próprio engajamento na empresa. Prescinde de pactuação expressa ou de maior aprofundamento: a dispensa deve necessariamente se fazer acompanhar do prévio aviso porque os trinta dias de transição, no mínimo, são considerados sagrados neste contexto.

Caso o empregador realmente não queira mais ver o empregado, deve converter os trintas dias em pecúnia. A conta é alta, porque abrange trinta dias de salário, 8% de fundo de garantia com 40% de indenização, 1/12 de décimo terceiro salário e 1/12 de férias proporcionais acrescidas de um terço, podendo alcançar outros elementos normativos ou contratuais.

Então, alguns empregadores imaginaram ser possível colher a assinatura do empregado em documento através do qual o trabalhador pede para não cumprir o aviso-prévio. A dispensa de cumprimento de aviso-prévio pode até acontecer, mas desde que haja a conversão em dinheiro, repita-se, sendo ingênuo imaginar que o empregado pudesse abrir mão de uma espécie indireta de garantia de emprego.

Daí ter surgido o entendimento de que o direito ao aviso-prévio é irrenunciável pelo empregado. O pedido de dispensa de cumprimento não exime o pagamento sob a forma indenizada.

Caso o empregado consiga outro emprego com bastante rapidez, digamos, no quinto dia do período de transição, mas o novo empregador não pretende esperar para dar início à atividade, então a proteção trabalhista se volta contra o trabalhador, ou seja, a pretexto de proteger aqueles trinta dias, o Direito do Trabalho o impele a cumprir integralmente a fase de transição.

Ocorre que a finalidade da norma de transição – encontrar novo emprego – foi atingida com eficiência, de modo que a liberação dos demais dias de cumprimento de aviso-prévio, além de representar economia financeira ao empregador, atende ao melhor anseio do empregado. Foi assim que, aos poucos, se passou a admitir que, nesse caso em que se comprovar haver o prestador dos serviços obtido novo emprego, pode-se imaginar a renúncia ao instituto.

Hipótese comum de aplicação dessa renúncia condicionada reside na "troca de terceirizada", quando os empregados permanecem no mesmo tomador mas se veem na contingência de sair de uma prestadora de serviços e ingressar noutra, por pedido de demissão ou por simples dispensa sem justa causa. São consequências diretas do regime de terceirização bastante comum no mercado brasileiro.

Esse raciocínio vale também em sentido contrário: a empresa pode prescindir o empregado demissionário do cumprimento do aviso-prévio, se conseguir encontrar rapidamente novo empregado para a função.

Embora se admita, sob certas circunstâncias, essa forma de renúncia condicionada, deve-se ter a cautela da análise particular de cada empregado em relação a seu novo emprego, sendo vedada a inserção de cláusula de norma coletiva prevendo renúncia geral ou renúncia sem comprovação. A matéria é infensa à negociação coletiva.

4. Aviso-prévio do empregado ao patrão

A noção de aviso-prévio decorre da quase totalidade dos contratos de trato sucessivo, a fim de conceder um espaço mínimo de adequação à outra parte, para enfrentar a nova realidade – procurar novo emprego, no caso do empregador, e procurar novo empregado, no caso do empregador.

Assim, é natural que o aviso-prévio seja de mão dupla: tanto o empregado o deve ao empregador quanto o empregador evidentemente o deve ao empregado. Há pouco estudo sobre o aviso-prévio dado ao empregador, todavia. Muitos chegam a ignorar essa necessidade.

A sistemática da CLT permite que o empregador desconte dos haveres do empregado o valor do aviso-prévio não cumprido – normalmente, um mês de salário – o que em muitas vezes zera o valor das verbas rescisórias. Ainda não se encontrou melhor solução para o caso, pois de alguma maneira o empregado precisa se comunicar com o empregador. As dificuldades de comunicação, aliás, levam muitos empregados a serem acusados de prática de justa causa, do tipo abandono de emprego. Verifica-se, aos poucos, o descolamento das normas que regerem ambos os avisos-prévios, pela constatação de que a dificuldade e a premência de se arrumar nova fonte de renda, pelo empregado, são mais complexas do que a dificuldade de se encontrar novo empregado ou de se adaptar o sistema produtivo, por parte do empregador.

Claro está que essa afirmação não tem base científica e em alguns nichos pode ocorrer exatamente o inverso – empregado com facilidade de recolocação e empregadores incapazes de preencherem as vagas. Admite-se, todavia, que o padrão médio seja a maior dificuldade de recolocação do que de preenchimento de vagas. Admite-se, ainda, a premissa de que a dificuldade de suportar um ou dois meses de desemprego, sem fonte de renda, seja maior do que a dificuldade de um empreendimento suportar um ou dois meses com uma vaga ociosa, com retração na linha de produção.

Esse raciocínio se faz necessário, a fim de que seja introduzida a constatação de que o próprio art. 7.º, XXI, da Constituição previu o direito do empregado de receber aviso-prévio proporcional ao tempo de serviço, mas não previu o direito do empregador de o receber: o art. 7.º diz respeito a direitos dos trabalhadores e não a direitos trabalhistas em geral ou direitos do empregador.

Em suma, a legislação brasileira não contempla a figura do aviso-prévio proporcional ao tempo de serviço para o empregador.

5. Aviso-prévio do empregado doméstico

Embora o art. 23 da LC 150/2015 tenha disciplinado razoavelmente o aviso-prévio dos empregados domésticos, aproximando-os muito do aviso-prévio dos demais empregados, a situação nem sempre foi tranquila.

Habitualmente esquecidos pelo legislador, os domésticos não dispunham de previsão de aviso-prévio (Lei 5.859/1972) e eram explicitamente afastados da CLT por seu art. 7.º, *a*. No entanto, sustentava-se o direito e o dever ao aviso-prévio para os domésticos com fundamento no princípio da continuidade da relação de emprego, pois, conforme já mencionado, nenhuma prestação continuada deveria ser rompida na base da surpresa e do improviso. Para encerrar décadas de especulação a respeito, o art. 7.º, parágrafo único, da Constituição de 1988, andou bem ao inserir o inciso XXI no rol dos direitos trabalhistas assegurados aos domésticos. Desde 05 de outubro de 1988, a questão é livre de dúvidas, portanto.

Mas a Constituição Federal também era fonte de incerteza sobre a operacionalização do aviso-prévio.

A primeira questão passível de ser ventilada diz respeito ao aviso-prévio do patrão doméstico: como esse direito não aparecia na lei ordinária e como o art. 7.º da Constituição se destina apenas aos empregados, houve quem sustentasse a inexistência de direito de aviso-prévio para os empregadores, ou seja, o direito dos empregados de desaparecerem sem prévia comunicação. Essa tese se perdeu por si só, pela força do princípio da continuidade e pela inevitabilidade de se considerar o direito de modo recíproco – se serve para um, serve para o outro. Foi assim que se formou um consenso em torno do aviso-prévio destinado ao empregador doméstico, sem lei expressa que o determinasse.

Mas ainda havia outro obstáculo a ser enfrentado: como operacionalizar o direito ao aviso-prévio do doméstico se o art. 7.º, XXI, da CF/1988 é tão lacunoso e nada fala sobre forma de concessão, redução de jornada, consequências da omissão e outros detalhes?

Assim, foi improvisada uma solução para o período de 1972 (data da primeira lei do trabalho doméstico) e 2015 (data da LC 150, que deu novo fôlego às normas jurídicas domésticas): abrir a CLT.

Certo está que essa norma era inacessível de maneira geral aos domésticos (art. 7.º, "a", da CLT), mas a conquista do direito ao aviso-prévio não decorreu do uso da CLT, mas de norma constitucional. À falta de qualquer outra regulamentação em torno do aviso-prévio do doméstico, só restava ao intérprete se valer dos postulados da CLT (arts. 487 e seguintes) para proporcionar que os domésticos possam usufruir dessa conquista. Usar o Código Civil – por exemplo, art. 720 – vilipendiaria o bom senso, sabendo-se que havia norma trabalhista disponível sobre o tema.

Adaptava-se, no mais, o direito à realidade: como o doméstico não tinha acesso ao controle de jornada e a horas extras, a redução de duas horas por dia devia ser deixada de lado em prol da redução de sete dias de trabalho, caso o empregador optasse pelo cumprimento do período de aviso-prévio, por exemplo.

A solução de se acessar a CLT para a disciplina de alguns direitos dos domésticos não era exclusiva do aviso-prévio, podendo ser verificada no caso da dispensa por justa causa capaz de inibir o acesso ao fundo de garantia. Resultado lógico: se o aviso-prévio proporcional ao tempo de serviço foi inserido na CLT pela Lei 12.506/2011, impunha-se estender o direito também aos empregados domésticos, porque a fonte do direito é a mesma para os domésticos e para os urbanos, no particular – o art. 7.º, XXI, da Constituição. Logo, assim já era possível sustentar entre outubro de 2011 (data da legislação sobre aviso-prévio proporcional) e junho de 2015. Nessa ocasião, entrou em vigor o art. 23 da LC 150/2015, que deixou fora de dúvida o direito dos empregados domésticos ao aviso-prévio, com todos os contornos legais.

Eventuais omissões persistentes na LC 150, como a forma da redução da jornada ou a natureza jurídica salarial do aviso-prévio, podem tranquilamente ser supridas pelas regras da CLT, pois passou a haver expressa disposição legal nesse sentido (art. 19 da LC 150).

6. Aviso-prévio do empregado rural

Situação bem mais intrincada reside no estudo do aviso-prévio em contrato de trabalho rural.

Os trabalhadores rurais, assim como os urbanos e os domésticos, dispõem da mesma fonte normativa para acesso ao aviso-prévio proporcional ao tempo de serviço, o sempre citado art. 7.º, XXI, da Constituição. Seu nome aparece de maneira expressa na cabeça do artigo constitucional.

Ocorre que os rurais dispõem de disciplina própria para o aviso-prévio (Lei 5.889/1973, art. 15), enquanto a Lei 12.506/2011 fez questão de frisar que a extensão ali prevista se atém ao aviso-prévio previsto na CLT. Essa interpretação tem a virtude de ser gramaticalmente adequada, mas geraria um vazio legislativo perigoso, por deixar os rurais excluídos do avanço, além de profunda insegurança nas relações sociais.

A melhor solução, portanto, é entender que a Lei do Trabalho Rural, de 1973, não disciplinou todo o aviso-prévio, mas apenas a questão bastante específica da forma de redução de jornada em caso de cumprimento do período – direito a um dia por semana, sem prejuízo do salário integral, para procurar outro trabalho.

A lei, ao falar qual "prazo do aviso-prévio", não trata de perda de direito ao aviso, não menciona contratos por prazo determinado, não refere conversão em pecúnia em caso de omissão do empregador, e, enfim, deixa com a CLT a quase totalidade dos assuntos, exceto a redução da jornada. Logo, toda e qualquer alteração no regime do aviso-prévio na CLT repercute diretamente sobre os contratos rurais.

Como reforço de argumento, vale lembrar que o direito ao aviso-prévio na rescisão indireta data de 1983 (art. 487, § 4.º), enquanto os reflexos do valor da hora extra e do reajuste normativo sobre o aviso-prévio foram incorporados pelo legislador apenas em 2001 (art. 487, §§ 5.º e 6.º), sem que ninguém tenha levantado objeção ao alcance dessas normas para a zona rural

Por fim, jamais se perca de vista que o sistema da lei do trabalho rural é nitidamente complementar e não excludente.

Não há colisão alguma entre o aviso-prévio proporcional ao tempo de serviço e a disciplina do trabalho rural, conclui-se.

7. Em busca do prazo justo de aviso-prévio

O aviso-prévio deve seguir um prazo justo e razoável para que as partes possam se reequilibrar.

Não parece muito coerente a situação brasileira, de uniformizar todos os casos para trinta dias, quando se sabe a enorme diferença entre: a) contratos de trabalho recentes ou de longa duração; b) atividades com abundância de empregos e outras de altos índices de desemprego; c) empresas conhecidas pelo excesso de rotatividade e empresas que raramente dispensam; e, ainda, d) dispensas totalmente arbitrárias ao lado das dispensas sem justa causa providas de fundamentos econômicos, financeiros ou tecnológicos.

Isso não significa que os empregados não mereçam essa proteção para fazerem frente ao difícil período de desemprego forçado que se avizinha. O problema é dispensar a mesma proteção para todos. Algumas normas coletivas o fizeram por conta própria, mas normalmente em regimes ainda modestos, como o acréscimo de um dia por ano de serviço ou o acréscimo fixo de quinze dias para trabalhadores acima de 45 anos de idade, por exemplo.

Dada a redação do art. 7.º, XXI, da Constituição Federal de 1988, convencionou-se dizer que desapareceu qualquer aviso-prévio menor do que trinta dias. O art. 487, I, da CLT admitia aviso-prévio de apenas oito dias para os empregados semanalistas. Lendo o art. 487, II, descobrimos, ainda, que todos os empregados com mais de um ano de casa passavam a ter direito ao aviso-prévio de trinta dias.

Logo, o prazo de oito dias se destinava apenas aos *semanalistas novatos*, assim entendidos os empregados com menos de um ano de contrato de trabalho e que recebiam salários por semana e não por mês, prática pouco usual no sistema brasileiro.

Ser semanalista é algo muito raro de encontrar no mercado de trabalho brasileiro, porque pressupõe não apenas o acerto de contas por semana, mas também o cálculo da remuneração por semana – atividades em seis dias e descanso em um dia. A empresa que assim estipular não segue o calendário mensal, pois para ela pouco importa que uma semana, de segunda a domingo, começou num mês e terminou noutro. Isso se mostra inviável numa legislação que fixa prazos mensais para os recolhimentos previdenciários e fiscais, para o fundo de garantia e assim por diante. Daí não ser surpresa que os semanalistas tenham sido riscados do mapa trabalhista. Era considerado razoável o prazo de oito dias, pois no acerto de contas o empregador já avisava que o próximo acerto seria também o derradeiro.

Há, porém, um ponto de estrangulamento entre o aviso-prévio de oito dias e o art. 7.º, XXI, da Constituição Federal de 1988, que precisa ser refletido. Quando o Constituinte mencionou o mínimo de trinta dias, seguramente pensava nos mensalistas e em como o mundo trabalhista gira em torno do padrão mensal. Esqueceu-se completamente dos antigos semanalistas.

Ocorre, todavia, que o empregado que não conceder aviso-prévio ao empregador sofre descontos salariais equivalentes aos dias do aviso-prévio, com apoio no art. 487, § 2.º, da CLT.

Vista a questão a partir desse ângulo, é como se o art. 7.º, XXI, da Lei Maior de 1988, tenha vindo ao mundo apenas para *ampliar o desconto salarial* do empregado, piorando a situação do trabalhador em relação ao modelo anterior. A ampliação do prazo do aviso-prévio do empregador para o empregado foi celebrada como um avanço às relações de trabalho, mas muitos se esquecem de que o aviso tem mão dupla e a excessiva ampliação de um lado representa a elevação da responsabilidade do outro lado.

Assim, na remota hipótese de um empregado semanalista, com menos de um ano de casa, vir a pedir demissão, não parece razoável que o empregador deduza de seus salários trinta dias de aviso não concedido. Mostra-se mais harmônica a solução de efetuar o desconto de oito dias, nos moldes do velho e bom art. 487 da CLT.

Em resumo, a corriqueira afirmação de se dizer que o art. 487, I, da CLT não foi recepcionado pela Constituição Federal de 1988 e que o prazo de 30 dias é o mínimo encontrado no ordenamento brasileiro merece mais cuidado. Sustentamos a recepção do prazo de oito dias para a hipótese excepcional do trabalhador semanalista que, com menos de um ano de emprego, pede demissão e não cumpre o aviso-prévio trabalhado. Seus descontos salariais devem ser limitados a oito dias, na forma da CLT, e não ampliados para 30 dias, porque a Constituição Federal não previu o direito do empregador ao aviso de 30 dias nessa circunstância.

8. Mora do legislador e papel exercido por Mandado de Injunção

Enquanto isso, campeava a discórdia, também, quanto à promessa constitucional do aviso-prévio proporcional ao tempo de serviço. Houve, nesse particular, uma rara decisão da Corte Constitucional em sede de Mandado de Injunção, tendente a disciplinar a matéria que, por falta de iniciativa do Poder Legislativo, jazia inerente.

A decisão do Mandado de Injunção 283, de 1991, foi pioneira na fixação de prazo para que o legislador concretizasse a norma constitucional, sob pena de fixação de perdas e danos. O Mandado de Injunção 232, em 1992, avançou ainda um passo, para destacar que, após o prazo estipulado, o impetrante passaria a gozar da imunidade tributária prevista pelo art. 195, § 7.º, da Constituição, mas não concretizada pelo legislador ordinário. Foi nesse contexto de reflexão sobre os prejuízos causados pela inércia do legislador que o Supremo Tribunal Federal apreciou os Mandados de Injunção 943, 1010, 1074 e 1090, todos concernentes ao aviso-prévio.

Em 22 de junho de 2011, o Supremo Tribunal Federal suspendeu o julgamento conjunto dos quatro Mandados de Injunção relacionados ao aviso-prévio, quando já havia sido vitoriosa a tese de que a omissão do legislador deveria ser "suprida" pela concretização no próprio julgado. O impasse surgiu justamente na forma mais adequada para os parâmetros de efetivação do aviso-prévio – dez dias a mais por ano, segundo uma proposta, variação segundo a idade do trabalhador, segundo outra proposta. Notícias veiculadas pela imprensa dão conta de que os próprios deputados e senadores se espantaram com a consequência de sua inércia, especialmente no que diz respeito à proposta de acréscimo de dez dias por ano de serviço.

Se as notícias são precisas ou não, o fato é que, a contar do julgamento de 22 de junho de 2011, em menos de três meses foram feitas todas as votações nas duas casas legislativas, ultimadas em 21 de setembro de 2011, seguindo-se da sanção presidencial em 11 de outubro de 2011 e publicação da lei em 13 de outubro de 2011. Nascia a Lei 12.506/2011.

O primeiro projeto de lei acerca da regulamentação do aviso-prévio proporcional ao tempo de serviço data de 1989, sendo certo que, após outubro de 2011, já surgiram outros projetos aparentemente destinados a tornar mais clara a redação da Lei 12.506 e minimizar sua ampla controvérsia. Na verdade, referida lei dispõe de apenas um artigo: o aviso-prévio "será concedido na proporção de 30 (trinta) dias aos empregados que contem até 1 (um) ano de serviço na mesma empresa" e "serão acrescidos 3 (três) dias por ano de serviço prestado na mesma empresa, até o máximo de 60 (sessenta) dias, perfazendo um total de até 90 (noventa) dias".

Reinou a discórdia à época sobre o direito intertemporal.

Alguns patrões queriam pagar aviso de 30 dias para contratos de trabalho firmados antes de outubro de 2011, mas não encontraram ressonância jurídica por ser pacífico que as verbas rescisórias são mensuradas pela legislação em vigor à época da rescisão. As alterações legislativas apanham os contratos de trabalho na forma como se encontram, ressalvadas poucas exceções, como algumas modalidades de enquadramento jurídico e de sistema indenizatório.

Alguns empregados, por sua vez, queriam receber o aviso-prévio proporcional ao tempo de serviço mesmo quando já tinham tido suas rescisões operadas e pagas em 2009 ou 2010, ao argumento de que a alteração legislativa apenas regulamentava o disposto, desde 1988, na Constituição Federal. Também se argumentou que o legislador impediu que o Supremo ultimasse seu julgamento o que, se houvesse sido concluído, retroagiria a 1988 e permitiria o reavivamento da pretensão. Também não obtiveram êxito, tendo prevalecido a tese de que a norma constitucional era programática, não autoaplicável, e seus efeitos somente se concretizaram a partir daquele mês de outubro de 2011.

Todavia, poderá haver desconforto em torno dos contratos rescindidos antes do dia 13 de outubro de 2011, mas com efeitos ainda pendentes, como o aviso-prévio em cumprimento ou o aviso-prévio indenizado em meados de setembro de 2011, com projeção para outubro de 2011. Aplicando-se conceitos simples da boa-fé objetiva e do ato jurídico perfeito, é bastante segura a afirmação de que o dia da comunicação da rescisão é o determinante para nortear o caminho: quando uma pessoa é dispensada em 15 de setembro de 2011, surge naquela data seu direito adquirido ao recebimento das verbas rescisórias em geral e do aviso-prévio em particular tal como regido pelas leis daquele dia, ainda que o pagamento seja feito semanas após e ainda que uma lei superveniente venha a alterar a forma de cálculo. Inversamente, se o empregado é comunicado de que terá trinta dias de aviso-prévio, não deveria haver a expansão para trinta e três dias, por exemplo, por alteração legislativa no curso de seu cumprimento.

A melhor solução é realmente se concentrar na *data da comunicação da rescisão*, como desencadeadora do direito adquirido, sendo desimportante saber a data do pagamento da rescisão, dentro dos prazos legais, porque os efeitos jurídicos já haviam sido desencadeados.

Aprende-se muito com os debates do passado, inclusive para prevenirmos erros futuros, devendo haver paciência do jurista laboral em não achar que controvérsia de 2011 seja algo inútil de se estudar.

Por derradeiro, observo que as normas coletivas que se anteciparam à Lei 12.506/2011 merecem elogios, pois avançaram em um campo desértico e proporcionaram que os trabalhadores daquela categoria profissional pudessem, desde os primórdios, desfrutar de uma prerrogativa que somente 23 anos após a Constituição de 1988 foi estendido aos demais empregados regidos pelas normas brasileiras. Como referido em outra passagem, houve normas coletivas que fixaram adicionais de aviso-prévio por número de anos laborados, por faixa salarial ou por idade do trabalhador. Agora que a lei superveniente disciplinou o assunto, não há motivo algum para se punir o empregador que negociou o assunto antecipadamente. Basta que se aplique o conhecido conceito de norma mais favorável.

Se, digamos, um acordo coletivo prevê cinco dias a mais por ano de serviço, sua aplicação continua intacta, porque segue sendo mais vantajoso ao empregado do que os três dias anuais introduzidos pelo legislador de 2011; se, todavia, a convenção coletiva estipulou dois dias a mais por ano, a lei apanha aquele contrato de trabalho e se sobrepõe à norma coletiva. Ainda outro exemplo: uma norma coletiva estipulou quinze dias a mais de aviso-prévio, mas apenas para empregados com mais de 45 anos de idade, o que é uma excelente notícia para ele, mas um vazio para os jovens desempregados, que, então, vão se beneficiar da nova lei.

O que jamais se pode admitir é que o empregador arque com a soma das duas normas – a norma coletiva e a Lei 12.506/2011 – algo que nem o sindicato nem o legislador haviam imaginado e ninguém havia prometido.

Por exemplo, se a norma já dispunha de 5 dias por ano de serviço, não se deve defender que o empregado conquistou o direito a 8 dias por ano de serviço (5 negociados e 3 legislados), sob pena de se criar uma terceira norma à força.

Há vários precedentes desse entendimento de não punir aquele que se antecipou, podendo ser citado o caso do décimo terceiro salário, que somente foi absorvido pelo legislador em 1962 (Lei 4.090/1962), mas já era forte no mercado de trabalho pelo poder dos usos e costumes – mas nem por isso o trabalhador passou a ter direito a dois décimos terceiros salários.

9. Forma de contagem dos 3 dias a mais por ano de serviço

De maneira geral, pode-se enunciar a regra como sendo três dias por ano, excluindo-se o primeiro ano, que já assegurava 30 dias de aviso-prévio.

A CLT também excluía o primeiro ano para fins de indenização decenal, dizendo que a pessoa estava em período de experimentação e nenhuma indenização lhe era devida (art. 478, § 1º), algo que a Lei do Fundo de Garantia ignorou. Para os novatos, portanto, nada mudou. O curioso é que a maioria dos brasileiros vivencia contratos de trabalho de curta duração, de modo que a celeuma provocada pela nova lei pouca ressonância teve sobre as classes menos favorecidas.

São empregos de baixo rendimento, sujeitos a contratos de trabalho bastante precários, abusos na contratação temporária e no uso do contrato de experiência, para não falar, evidentemente, na informalidade, nas cooperativas e na contratação via pessoa jurídica, matérias que excedem aos limites deste artigo e resvalam para a sociologia do direito.

À primeira vista, uma pessoa com dois anos de emprego teria seis dias de acréscimo, mas esse não é o melhor entendimento: ao revés, o primeiro ano, como dito, permaneceu inalterado, antes e depois da lei de 2011, mantendo-se no patamar básico constitucional de 30 dias.

A redação da lei deveria ter sido: "ao aviso-prévio de trinta dias, assegurado para o primeiro ano do contrato de trabalho, são acrescidos três dias por ano de serviço, a contar do segundo ano". Apesar do estranhamento inicial, está correta a interpretação. Se o legislador quisesse que logo no primeiro ano o empregado já tivesse 33 dias de aviso-prévio, não faria sentido que o *caput* empreendesse toda sua energia para dizer que o aviso-prévio básico é de trinta dias. Se o fez, é porque realmente um grupo de trabalhadores ficará com os trinta dias básicos e somente aqueles que conhecerem o segundo ano (completo) é que obterão os 33 dias.

Assim, deve-se ter cuidado especial na conta, pois não basta multiplicar por três o número de anos laborados. Necessário se faz deduzir um, para, ao depois, fazer-se a multiplicação. Assim, um contrato de 10 anos de duração assegura ao empregado 57 dias de aviso-prévio, sendo os 30 dias básicos e mais 9 vezes 3 dias adicionais. Para alcançar 60 dias de aviso-prévio proporcional ao tempo de serviço, o empregado deve ter 11 anos de casa, e assim sucessivamente. O teto de 90 dias é atingido pelos empregados com 21 anos de contrato de trabalho (30 dias básicos pelo primeiro ano, mais três vezes os vinte anos subsequentes, totalizando 60).

A limitação do aviso-prévio indenizado a 90 dias pode parecer razoável, mas não apresenta maior consistência jurídica ou técnica, e, de certa forma, apresenta duvidosa constitucionalidade: se o art. 7.º, XXI, da Constituição, instituiu o aviso-prévio proporcional ao tempo de serviço, competia ao legislador ordinário meramente disciplinar a fórmula de pôr em prática a proporcionalidade, e não de procurar um teto para ela.

Da forma como a lei veio ao mundo, ela deixou no mesmo patamar as pessoas com mais de 21 anos de emprego, pouco importando se ela já possui, digamos, 35 anos de contratação. Não é essa uma proporcionalidade. Melhor seria se o legislador tivesse mencionado apenas a fórmula dos três dias adicionais a partir do segundo ano e respeitasse efetivamente a proporcionalidade, premiando os empregados com 25, 30 ou 35 anos de casa. Questões como idade do empregado, posição ocupada e faixa salarial não foram levadas em consideração. De fato, podem ser relevantes para alguma negociação coletiva complementar, mas não para uma lei ordinária destinada a suplementar a norma constitucional específica sobre proporcionalidade ao tempo de serviço.

Também surgem dúvidas sobre a inclusão ou não dos períodos de interrupção do contrato de trabalho, do afastamento para serviço militar e em acidente de trabalho.

A lei menciona que o aviso-prévio proporcional se fundamenta no *tempo de serviço*.

Se fôssemos levar a expressão ao pé da letra, teríamos até mesmo que excluir os domingos, os feriados, as férias, a licença-maternidade e todas as datas em que se manteve o pagamento do salário, sem trabalho.

Por consequência, a primeira regra é computar regularmente os períodos de interrupção do contrato, como tais entendidos aqueles em que há salário e não há trabalho. Trata-se de noção desenvolvida pela doutrina e pela jurisprudência que, embora não seja explícita na CLT, encontrou vasto consenso.

Em segundo lugar, computemos os períodos de afastamento para serviço militar e em licença médica decorrente de acidente de trabalho ou doença profissional, tanto nos quinze primeiros dias quanto na concessão do auxílio-doença acidentário. Esses dois itens não são formas típicas de interrupção contratual, porque paralisam tanto o trabalho quanto a percepção do salário, mas sensibilizaram o legislador, já no art. 4.º da CLT, cujo § 1º é enfático ao mandar incluí-los no conceito de tempo de serviço. A força do art. 4.º é tamanha que o regime do fundo de garantia não ousou alterá-lo: o fundo de garantia, que se ocupa igualmente com a questão do tempo de serviço e por isso se chama FGTS, exige que os depósitos sejam mantidos durante o serviço militar obrigatório e durante o auxílio-doença acidentário.

Ao término do contrato de trabalho, o empregado carrega consigo ambos os períodos e ainda receber a indenização de 40% computada sobre os depósitos daquele trecho desprovido de salário e de trabalho.

Dada a longevidade do art. 4.º da CLT, a melhor solução será incluir os períodos de serviço militar e de auxílio-doença acidentário no cálculo do aviso-prévio proporcional ao tempo de serviço, quando a rescisão vier a ocorrer, obviamente.

A seu turno, aposentadoria por invalidez é considerada como suspensão contratual plena e não gera direito aos depósitos do fundo de garantia. Apesar de ser sucedânea ao auxílio-doença, não deverá ser levada em consideração para fins de aviso-prévio proporcional ao tempo de serviço, ainda que o empregado venha a ter alta – o que é raríssimo – e reassuma suas funções.

Melhor sorte não assiste aos períodos de suspensão ampla do contrato de trabalho, assim entendidos aqueles livres de quase todos os encargos, sem trabalho e sem remuneração. O afastamento por doença não ligada ao trabalho e a percepção do auxílio-doença meramente previdenciário (código 31 do INSS) não assegura ao empregado o direito de computar o período quando da contagem do aviso-prévio proporcional ao tempo de serviço. Esta é a mais conhecida forma de suspensão contratual, não ligada ao trabalho, à qual podem ser acrescidas hipóteses como a licença para assuntos particulares, a licença para exercício de mandato sindical, a licença para acompanhamento de parentes, a licença para assunção de cargo eletivo e outras formas negociadas no plano individual ou coletivo.

Outrossim, a lei é omissa sobre o destino a ser dado quanto a períodos incompletos do ano. O conceito de ano é simples e está bastante arraigado na legislação brasileira (Lei 810/1949), computando-se o período que vai do dia da admissão do trabalhador até o mesmo dia no ano seguinte, ainda que bissexto. Se o trabalhador foi contratado justamente em 29 de fevereiro de um ano bissexto, o conceito de ano se protrai para o dia imediatamente seguinte, a saber, o primeiro de março do ano subsequente.

A melhor solução para as frações residuais é usar de bom senso, ou seja, inutilizar pedaços pequenos e aproveitar pedaços mais expressivos. Somos forçados a concordar que a virtude, neste caso, está no meio, a saber, frações inferiores a um semestre são desprezadas e frações iguais ou superiores a um semestre são aproveitadas e consideradas como um ano.

Esse conceito acompanha o Direito do Trabalho historicamente. Comparece na CLT para o cálculo da indenização decenal, hoje em desuso (art. 478). Comparece na lei do décimo terceiro (Lei 4.090/1962) e no regime das férias (arts. 129 e seguintes, CLT), no que diz respeito ao mês e à fração igual ou superior a quinze dias.

O uso da fração semestral é simples, acessível e conhecido do Direito do Trabalho, não abalando a finalidade da norma, mas, nada obstante a coerência desse entendimento, é compreensível que a corrente gramatical tenha prevalecido. Diz-se simplesmente que onde a lei não distinguiu não cabe ao intérprete fazê-lo e, como tal, descarta-se a fração inferior a um ano. Neste passo, um contrato de um ano e onze meses daria direito apenas ao aviso-prévio básico de trinta dias. Na tese defendida por este livro, daria direito a 33 dias, porque onze meses são equiparados a um ano.

Por fim, parece excessivamente trabalhosa a tese da proporcionalidade dentro da proporcionalidade, que propugna o acréscimo de 0,25 dia por mês trabalhado (um quarto de um dia por mês ou um dia conquistado por quadrimestre trabalhado), buscando fazer com que os 3 dias por ano previstos pelo legislador sejam pulverizados mês a mês.

Por essa ótica, um contrato de um ano e oito meses daria direito a 32 dias de aviso-prévio (30 dias básicos e 2 dias complementares). Esta tese não obteve ressonância jurídica, mas vinha carregada de boas intenções e se inspira no princípio da isonomia, adota aqui e acolá para dirimir questões análogas, como foi o caso da participação nos lucros anuais, proporcional ao número de meses laborados. No caso do aviso-prévio, se existe a possibilidade de se trabalhar com o conceito de fração semestral, não há motivo próximo para se lançar mão do recurso do quarto de dia por mês trabalhado, nem parece ter sido este o intuito do legislador.

Pode parecer estranho à primeira vista, mas será inevitável ter de computar o aviso-prévio proporcional ao tempo de serviço dentro dos cálculos para se aferir o valor exato do aviso-prévio proporcional ao tempo de serviço. Explica-se.

Alterando nosso posicionamento anterior, entendemos que a proporcionalidade deve ser computada e aferida na data da comunicação do aviso-prévio. Eventual projeção do próprio instituto do aviso-prévio não deve ser empregada para reforçar a conta do mesmo aviso-prévio, pois isso refoge à finalidade do instituto e representaria duplicidade de repercussão. Assim, se um contrato foi extinto com 4 anos cravados, é devido o aviso-prévio proporcional aos 4 anos e não a 4 anos mais a soma da projeção do aviso.

Pouco mudou no contrato de trabalho por prazo determinado quanto ao direito à proporcionalidade de aviso-prévio.

Geralmente, os contratos a termo prescindem de aviso-prévio, haja vista que na própria contratação já se insere a data da rescisão, de modo fixo, como nos contratos de experiência, ou aproximado, como os contratos de safra ou congêneres. Exceção se verifica na cláusula assecuratória de rescisão antecipada nos contratos a termo, prevista no artigo 481 da CLT. Cuida-se da hipótese em que, embora o contrato já tenha fixado o termo, vem a ser rompido antecipadamente por vontade de alguma das partes. Não havendo a cláusula sobre essa possibilidade, a parte será forçada a pagar uma indenização tida por rigorosa, que é o valor de 50% dos dias que faltavam para encerrar o contrato a termo. Se o contrato era de dois anos, por exemplo, que é o limite máximo previsto na legislação brasileira, um rompimento, digamos, no quarto mês, representaria o pesado ônus de indenizar a parte contrária com dez meses de salário (50% dos vinte meses que restavam para integralizar os 24 meses). Isso vale tanto para o empregador quanto para o empregado. Então, uma forma criativa de se desligar dessa relação consiste no estabelecimento do aviso-prévio no meio do contrato a termo. Dado que esses contratos são normalmente efêmeros, o aviso-prévio será genericamente de trinta dias. Para quem adotar a interpretação gramatical da Lei 12.506/2011, ele será sempre de trinta dias, pois nenhum contrato a termo passará de dois anos. Para quem adotar a tese do aproveitamento da fração semestral, no entanto, o aviso-prévio será de 33 dias para os rompimentos havidos a partir do 18.º mês, portanto.

10. Natureza jurídica do aviso-prévio e seu cumprimento

Muita energia já foi empreendida em torno da natureza jurídica do aviso-prévio.

Nada obstante a nomenclatura utilizada ser aviso-prévio indenizado, o consenso se formou em torno de sua natureza salarial.

Essa conclusão decorreu do fato de que, se fosse indenizatório, o aviso-prévio seria calculado de modo estanque, sem integrações, e não produziria nenhum reflexo, tudo a prejudicar o trabalhador, que não pode escolher entre trabalhar no curso do período ou receber os haveres indenizados. Some-se a isso o fato de que o art. 487, § 1º, da CLT utiliza o advérbio de modo "sempre", quando se refere à necessidade de integração do aviso-prévio no contrato de trabalho, determinando que em todas as hipóteses ele seja computado, para fins de férias, décimo terceiro e fundo de garantia, entre outros.

No campo tributário, a cizânia é maior. A Receita Federal do Brasil não o considera como parcela tributável e o insere no bojo das indenizações rescisórias, juntamente com a indenização de 40% sobre o fundo de garantia. Para fins previdenciários, já houve expressa previsão de sua natureza indenizatória, mas o Decreto n. 6.727/2009 simplesmente expeliu o aviso-prévio do rol das indenizações e nada mais dispôs a respeito, levando a um período de incerteza sobre sua inserção ou não na base de cálculo das contribuições sociais.

As decisões da Justiça Federal parecem se inclinar contra sua inclusão na base de cálculo, em sintonia com o disposto no Regulamento do Imposto de Renda da pessoa física. No que concerne ao Direito do Trabalho, porém, a natureza salarial é mandatória e inerente à locução do art. 487, § 1º, da CLT, como já referido.

O excedente dos trinta dias básicos é considerado indenizatório, haja vista que o propósito era contemplar o empregado veterano com uma indenização superior, proporcional a sua antiguidade na casa, e, por outro lado, dificilmente o empregador irá pretender que o empregado fique por 40, 60 ou 80 dias em transição. Foge à razoabilidade imaginar um período tão longo de cumprimento de aviso-prévio, sendo suficiente que a transição se atenha aos trinta dias.

Instituições financeiras e empresas multinacionais nem ao menos exigem os trinta dias, preocupadas com o sigilo industrial e com atos de sabotagem, sendo usual que elas indenizem 100% do período. As normas coletivas que já vinham tratando do tema, antes da lei ordinária de 2011, habitualmente faziam menção ao caráter indenizatório do que sobejava aos 30 dias, equiparando o aviso-prévio proporcional ao tempo de serviço a uma forma de indenização de antiguidade.

No entanto, apesar da atração que esses argumentos exercem, há numerosos julgados que estendem a natureza salarial para todos os dias do aviso-prévio proporcional ao tempo de serviço e não apenas para os trinta dias básicos, como forma de conferir um tratamento harmônico para a matéria e como forma de assegurar que o trabalhador tivesse realmente respeitados seus direitos a férias, décimo terceiro salário e fundo de garantia, provocando, ainda, dilação do dia inicial de contagem da prescrição bienal.

Pagar o aviso-prévio proporcional ao tempo de serviço em dinheiro pode até envolver algumas questões, como as acima tratadas, para a aferição exata do valor, mas certamente é um problema menor do que cumprir o período de aviso-prévio proporcional ao tempo de serviço.

Naturalmente o cumprimento do período de aviso-prévio é tenso, seja pelo empregado descontente com sua dispensa pela empresa, seja pelo empregador desapontado com a retirada do empregado. A redução de jornada, exigida pelo art. 488 da CLT, costuma ser associada a um tempo módico para a procura do novo emprego. Não pode ser convertida em horas extras em hipótese alguma, porque diversos são seus propósitos. São sete dias consecutivos ou duas horas a menos por dia, qualquer que seja a carga horária do contrato de trabalho. No caso do trabalhador rural, a redução é um pouco menor: um dia por semana, na dicção do art. 15 da Lei 5.889/1973.

A escolha entre indenizar o aviso ou exigir o cumprimento pertence ao empregador.

A escolha entre a redução de sete dias ou a redução de duas horas, todavia, pertence ao empregado.

Empregados não sujeitos a controle de jornada, como alguns trabalhadores externos e alguns altos escalões (art. 62, I e II, da CLT), não dispõem das duas opções, mas apenas da via da redução por sete dias. Introduzido o conceito de aviso-prévio proporcional ao tempo de serviço na lei brasileira, nada se dispôs a respeito de redução de jornada pelos dias excedentes de trinta.

As normas coletivas que se anteciparam à lei e estabeleceram avisos prévios de mais de trinta dias já dispunham claramente que eventual cumprimento deve se ater aos trinta primeiros dias, liberando o empregado do cumprimento a partir do 31.º dia, indenizando-se integralmente o excedente de trinta. A solução parece correta e equilibrada.

De fato, seria quase impossível manter um empregado com alto desempenho por longos 90 dias, fazendo-o sair duas horas antes para arrumar novo emprego. E, aliás, caso ele obtenha êxito na busca do emprego, dificilmente a vaga ficaria disponível por noventa dias, à espera de sua liberação do emprego anterior.

Estamos diante de um assunto em que a realidade fala mais alto do que o direito: ainda que alguém sustente a tese de que o cumprimento do aviso-prévio, a que se refere o art. 488 da CLT, deve ser alargado para caber dentro da Lei 12.506/2011, a realidade cuidará de se vingar desse entendimento, inviabilizando-o.

11. Efeitos do aviso-prévio quanto às estabilidades

Estabilidades decorrentes de cargo eletivo, como aquela do dirigente sindical e do integrante da Comissão Interna de Prevenção de Acidentes, não são admissíveis quando a candidatura é inscrita no curso do aviso-prévio, seja ele trabalhado, seja indenizado.

Entende-se que o empregador, de boa-fé, já havia comunicado o desligamento e a ele não podem mais ser opostas circunstâncias desse tipo. O empregado pode registrar sua candidatura, mas não pode mais exigir que o empregador desista da rescisão contratual. As questões se tornam, entretanto, bastante controvertidas quando as estabilidades são decorrentes de gravidez e de acidente de trabalho.

Não há consenso na afirmação antiga de que a dação do aviso-prévio transformava o contrato de trabalho por prazo indeterminado em um contrato de trabalho por prazo determinado.

São várias as semelhanças entre o contrato provisório e o período de cumprimento do aviso-prévio, especialmente no tocante ao termo prefixado para o encerramento dos trabalhos e o acerto de contas. No entanto, não havia manifestação de vontade das partes para a celebração de um contrato provisório e tampouco se enquadrava a situação num dos permissivos legais do art. 443 da CLT. Não se faz necessário o debate sobre as coincidências entre o aviso-prévio laborado e o contrato de trabalho por prazo determinado para se concluir, no entanto, que o registro de uma candidatura a cargo eletivo já não será eficaz para fins de garantia de emprego. Um dos principais objetivos de garantir o emprego do candidato a membro da CIPA ou a dirigente sindical é justamente evitar atos de retaliação por parte do empregador, mas, nesse caso, o desligamento já havia sido anunciado antes da intenção do empregado de partir para a representação coletiva. O empregador age de boa-fé.

Com isso, doutrina e jurisprudência afastaram do aviso-prévio as garantias de emprego de cunho objetivo, por se afirmar que o empregador estava de boa-fé e por se supor que o empregado pudesse estar de malícia ao tentar forçar uma estabilidade depois de já dispensado. Mas poderíamos aplicar o mesmo raciocínio para o caso da gravidez? Que o empregador estava de boa-fé é uma noção empírica.

Porém, a proteção trabalhista objetiva abranger o nascituro e tem caráter objetivo, não levando em conta nem mesmo a ciência do empregador sobre o fato. Ainda não há consenso sobre o tema. Dificilmente o empregador conseguirá deixar de observar a garantia de emprego em caso de gestação concebida no curso do aviso-prévio trabalhado. A uma, porque é o empregador quem decide se o empregado deve cumprir o período ou ser liberado imediatamente. A duas, porque a garantia de emprego da gestante tem caráter personalíssimo e não pode ser comparada com as garantias objetivas, como se a empregada houvesse registrado candidatura para cargo eletivo. A questão mais delicada se concentra na fixação da garantia de emprego pela gestação concebida no período fictício conhecido por aviso-prévio indenizado.

Nesse período, considera-se que o empregado já está livre de todas as obrigações do empregador e até mesmo já terá recebido seus haveres, provavelmente no décimo dia após a comunicação da dispensa, como estatui o art. 477, § 6.º, da CLT. Nesse particular, nem mesmo a homologação da rescisão perante autoridade administrativa ou entidade sindical e tampouco a certeza de que a empregada não estava grávida teriam qualquer valor jurídico, pois a gravidez concebida nos vinte dias seguintes à homologação ainda teria o efeito de produzir a garantia do emprego. Se a premissa adotada for o ato jurídico perfeito, a homologação deveria ser prestigiada e a garantia de emprego seria rechaçada. Porém, nota-se inclinação da jurisprudência favorável à outra premissa – ou seja, a proteção ao nascituro – o que torna irrelevante saber quais foram os atos jurídicos praticados antes da concepção.

É curioso notar que, no caso do acidente de trabalho ocorrido no período de prévio aviso, a jurisprudência não encontrou consenso favorável à garantia de emprego, buscando-se solução intermediária de suspensão do contrato de trabalho para proporcionar o acesso do empregado ao benefício previdenciário, mas sem um período de estabilidade posterior.

A situação da gravidez concebida no período do aviso-prévio guarda muitas semelhanças, por serem ambas garantias personalíssimas, mas nem por isso se formou uma solução parecida. É como se a gestação produzisse uma garantia de emprego mais do que pessoal para a empregada: trata-se de uma forma peculiar de garantia de emprego para a empregada e, também, para o ser em gestação, o que justifica um rigor maior na leitura dos fatos e na extensão da garantia. Pendem diversos argumentos sensíveis a favor da garantia excepcional de emprego no curso do aviso-prévio indenizado da gestante: a proteção à maternidade e à infância (arts. 6.º e 7.º, XVIII, da Constituição Federal de 1988); a proteção à família (art. 226) e à criança (art. 227); o disposto no art. 24 do Pacto Internacional sobre Direitos Civis e Políticos (Pidesc, 1966); a menção do art. 6.º da Convenção sobre Direitos da Criança (1989); o conteúdo do art. 26 da Convenção Americana sobre Direitos Humanos; e, de maneira geral, o inteiro teor da Convenção n. 103 da OIT, ratificada pelo Brasil.

Dificulta ainda mais o entendimento sobre garantias de emprego durante o período de aviso-prévio o caso do acidente de trabalho.

Nesse aspecto, a boa-fé do empregador se perde num emaranhado de repercussões: a) o empregador deve necessariamente pagar os quinze primeiros dias de afastamento médico, sob pena de o empregado não conseguir acesso ao benefício previdenciário; b) a depender das circunstâncias, a rescisão contratual pode representar a perda da qualidade de segurado perante o INSS, deixando o empregado sem acesso a nenhum tratamento ou rendimentos para o período mais crítico; c) obtendo o benefício previdenciário, especialmente o auxílio-doença acidentário, o contrato de trabalho entra em uma longa suspensão, sendo incompatível a baixa na Carteira de Trabalho no meio da suspensão; d) aliás, o fundo de garantia é devido no caso de suspensão contratual decorrente de acidente de trabalho, o que altera ainda mais aquele encerramento suave que o empregador havia planejado.

Contra o empregador pesa o argumento de que a opção entre o aviso-prévio indenizado e o aviso-prévio trabalhado lhe pertencia e, ao optar pelo labor com redução de jornada, assumiu o risco de um acidente bem nesse ínterim, algo que não aconteceria se houvesse concedido o aviso-prévio indenizado, digamos assim.

Por esse conceito, propomos que: a) o empregador deve pagar os quinze primeiros dias, ainda que sua inclusão extrapole os trinta dias do aviso-prévio, como ocorrerá com qualquer acidente verificado após o 16.º dia de trabalho; b) o empregado encaminhado para o INSS que obtiver o auxílio-doença acidentário fica com o contrato de trabalho suspenso; c) ao retornar, após a alta previdenciária, opera-se a baixa na Carteira de Trabalho, sem direito à garantia de emprego de doze meses de que cuida o art. 118 da Lei n. 8.213/1991.

Um detalhe não deve passar despercebido: por se tratar de uma suspensão contratual, capaz de congelar o tempo e o espaço, pode-se sustentar que o retorno do empregado deve retomar o curso do aviso-prévio do ponto em que parou, a fim de não prejudicar a redução de jornada, tal como havia sido planejada. Justifica-se o entendimento pelo fato de que a finalidade do aviso-prévio é proporcionar a busca de novo emprego, o que ficará frustrado em fase de tratamento médico. São assuntos incompatíveis na vida de um empregado.

Se a redução de jornada puder ser complementada corretamente, ao menos o papel do aviso-prévio se mantém intacto. Pesa contra esse entendimento a inteligência do art. 472, § 2.°, que dispunha, para fins dos contratos por prazo determinado, que a contagem não cessa mesmo quando houver suspensão contratual, salvo se as partes dispuserem em sentido contrário. Mas nesse caso a norma é marcadamente destinada aos contratos provisórios e parece ser imprópria para o curso do aviso-prévio.

Essas situações (ausência de estabilidade para os cargos eletivos de sindicato e de CIPA e estabilidade assegurada à gestante) são válidas também no regime de aviso-prévio proporcional ao tempo de serviço, sobretudo ao se recordar que o art. 487 da CLT assegura, sempre, a inserção do aviso no contrato de trabalho. Para os limites de espaço deste estudo, usou-se a palavra estabilidade em sentido geral, sem se adentrar na distinção entre as estabilidades plenas e as garantias momentâneas de emprego, como seria mais apropriado chamar as quatro modalidades aqui referidas (sindicalista, cipeiro, gestantes e acidentados).

12. Cálculo do aviso-prévio indenizado

Não se pode acreditar que todos os empregados e empregadores vão efetivamente cumprir a obrigação de fazer no sentido de comunicar com antecedência a intenção de romper o contrato de trabalho. Há muita animosidade espalhada pelas relações trabalhistas e em diversas ocasiões tudo o que o empregador deseja é não ver mais o empregado. Outrossim, há empresas que temem atos de sabotagem do empregado revoltado com o cumprimento do período de aviso-prévio, ao passo que alguns empregados temem a discriminação ao se expor ao aviso-prévio do demissionário.

Por essas e outras razões, o art. 487 desde o princípio concebeu a conversão da obrigação de fazer em obrigação de pagar. Do lado patronal, "a falta do aviso-prévio por parte do empregador dá ao empregado o direito aos salários correspondentes ao prazo do aviso, garantida sempre a integração desse período no seu tempo de serviço", consoante § 1.°. Do lado operário, "a falta de aviso-prévio por parte do empregado dá ao empregador o direito de descontar os salários correspondentes ao prazo respectivo", notando-se que não se cogita de apuração de prejuízos.

O valor do aviso-prévio indenizado deve ser o mais parecido possível com a realidade, tendo o legislador utilizado a expressão "salários correspondentes". Então, o cálculo deve abranger o salário fixo e todas as parcelas salariais variáveis, como as horas extras, o adicional de insalubridade, – o adicional de periculosidade, o adicional noturno e as gratificações ajustadas. Caso seja necessária, a média será tomada com base nos doze últimos meses – ou menos do que isso se o contrato de trabalho ainda não houver atingido essa quantia, obviamente – aplicando-se, ainda, o conceito de média física, no sentido de se aferir quantidade de horas para, depois, aplicar-se o valor da hora no dia da concessão do aviso.

A inserção das horas extras no cômputo do aviso-prévio é inerente ao conceito de conversão em pecúnia e prescinde de maior aprofundamento. Ainda assim, resistência havia e se fez necessário o acréscimo do § 5.º ao art. 487, através da Lei n. 10.218/2001, unicamente para reafirmar a necessidade de incorporação dos serviços suplementares no aviso-prévio indenizado. Ficou parecendo que somente as horas extras é que serão refletidas, dada a redação específica do § 5.º, mas se deve tomar o dispositivo como sendo um modesto exemplo.

A regra dos doze meses aparece claramente no art. 487, § 3.º, muito embora ali conste média de "tarefas", mas em idêntico sentido. O padrão dos doze meses ajuda a dessazonalizar a média e segue uma constante aplicada também no cálculo das férias e do décimo terceiro salário.

Gratificação semestral, como aquela costumeiramente paga ao bancário e conhecida popularmente como 14º salário, não influencia em nada no cálculo do aviso-prévio indenizado por não ter base mensal.

Se, entretanto, o empregado auferir gorjetas, essas não integrarão o cálculo do aviso-prévio indenizado, por ser ele calculado unicamente com base nos salários e não com base na remuneração. O conceito de gorjeta, como pagamentos feitos por terceiros, inclui o conjunto da remuneração, mas não os salários, assim entendidos aqueles pagos pelo empregador.

É verdade que o garçom, que conta habitualmente com a gorjeta como complemento de sua renda, sentirá enorme diferença ao perceber o aviso-prévio indenizado desprovido de gorjeta. Gostaria, até, de haver tido a oportunidade de laborar o período inteiro. Porém, o art. 487 foi concebido em torno da base salarial e não remuneratória. Já é um avanço que tenha sido superada a natureza meramente indenizatória, que tolheria o direito aos reflexos. A natureza salarial não remuneratória das gorjetas não sofreu nenhuma alteração com as reformas de 2017.

A parte final do art. 487, § 1.º, frisa a integração do período no tempo de serviço, o que levou este curso a associar o aviso-prévio com uma mini garantia de emprego. Caso tenha cláusula de exclusividade, deve pedir para ser liberado, para que não se interprete que ele a burlou ao arrumar outro emprego quando, já não mais laborando para o primeiro empregador, ainda estava formalmente vinculado por força dessa projeção fictícia. Havia um descompasso entre a norma trabalhista e a norma previdenciária, pois aquela tomava o aviso-prévio indenizado por salarial, incidindo no próprio fundo de garantia, e esta habitualmente o tomava como indenizatório, excluindo-o do conceito de salário de contribuição, mas à força de alterações regulamentares, os conceitos se aproximaram e a contagem passou a ser permitida para todos os fins.

13. Influência do aviso-prévio na prescrição trabalhista

Deve-se evitar dizer que o aviso-prévio indenizado "amplia" o prazo de prescrição.

A prescrição trabalhista, tal como concebida pelo art. 7.º, XXIX, da Constituição Federal de 1988, é sempre de dois anos a contar da extinção do contrato de trabalho. A questão controvertida é apenas saber a data exata da rescisão do contrato para, dali, contar os 24 meses. Casos como de falecimento do trabalhador ou esgotamento do contrato de trabalho por prazo determinado prescindem de maior dificuldade, aplicando-se o biênio prescricional a partir do último dia laborado.

O tema do aviso-prévio, todavia, gera alguma dúvida para se saber se o prazo será computado a partir do último dia laborado fisicamente ou do último dia em que o empregado deveria ter laborado, caso o aviso-prévio fosse integralmente cumprido. Como a jurisprudência se manteve firme no sentido de que o aviso-prévio indenizado tem de ser o mais parecido possível com o aviso-prévio trabalhado, foi natural a conclusão de que o aviso-prévio indenizado não permite que o biênio já comece a fluir do último dia de trabalho físico: dispara o prazo apenas a partir do último dia do encerramento da projeção do aviso-prévio indenizado, ainda que fictícia.

Afora isso, entende-se que o aviso-prévio indenizado proporcional ao tempo de serviço segue os mesmos fundamentos do aviso-prévio indenizado legal, de tal sorte que o prazo de sessenta ou de noventa dias, por exemplo, tem o mesmo impacto do prazo de trinta dias.

14. Repercussões do aviso-prévio no fundo de garantia e na data-base

Sendo parcela puramente salarial e ocupando a vaga que era destinada aos salários, é natural que o aviso-prévio indenizado componha a base de cálculo do fundo de garantia, como todo e qualquer salário.

O aviso-prévio indenizado é pago em termo de rescisão, sendo que, no mesmo dia, a empresa deve depositar a indenização de 40% em conta vinculada. Essa indenização de 40% se calcula com base no saldo atualizado da conta vinculada, mas as parcelas que foram parar no termo de rescisão não terão tido oportunidade de servir de base de cálculo para o fundo de garantia.

É por isso que se usa a expressão "fundo de garantia da rescisão" para identificar a pequena diferença de fundo de garantia calcado nas parcelas de natureza salarial, embutidas no termo de rescisão. Normalmente são o saldo de salário, o décimo terceiro salário proporcional e o aviso-prévio indenizado.

Algumas petições iniciais usam a alíquota de 11,2% para representarem o pedido de 8%, com o acréscimo de 40%, pois não houve nem haverá tempo hábil para esse valor ser depositado em conta vinculada.

Por outro lado, o depósito da indenização de 40% segue o valor atualizado na data da quitação das verbas rescisórias, sendo inviável que também esse cálculo seja refeito com base na projeção do aviso-prévio indenizado, quer dizer, computando-se os índices de correção monetária creditados pela Caixa Econômica Federal daqueles próximos dias. A conta jamais teria fim.

Enaltecendo pela enésima vez que o aviso-prévio indenizado integra o contrato de trabalho para todos os efeitos, o legislador e a jurisprudência foram unânimes na observação de que, conquanto dispensado, digamos, num dia 10 de maio, o trabalhador tem direito ao reajuste salarial que acaso seja previsto para 1.º de junho.

Algumas empresas argumentam que a dispensa sem justa causa de 10 de maio exige a quitação das verbas rescisórias em 20 de maio, dentro do prazo de dez dias previsto pelo art. 477, § 6.º, e, em muitas oportunidades, o reajuste do dia 1.º de junho nem ao menos era conhecido. Correto. Porém, a empresa podia optar entre o aviso-prévio indenizado ou trabalhado, modalidade que se estenderia até o começo de junho e permitiria, assim, conhecer o percentual de reajuste. A dispensa às vésperas do reajuste assume naturalmente o caráter de obstativa.

Desenvolveu-se, dessa forma, o conceito de *rescisão complementar*: primeiro, o empregado recebe as verbas rescisórias da dispensa sem justa causa no dia 20 de maio; depois, é chamado para auferir a diferença de todas as parcelas recalculadas com base no reajuste, supondo a empresa de boa-fé.

O empregador paga indenização adicional de um salário quando dispensa o empregado trinta dias antes da data-base, numa regra benéfica oriunda da Lei n. 6.708/1979 e ainda hoje considerada válida.

Se a dispensa sem justa causa estiver a sessenta dias da data-base, o aviso-prévio indenizado faz com que fique a apenas trinta dias.

No entanto, se a dispensa sem justa causa estiver, digamos, a vinte dias da data-base, nenhuma indenização é devida, pois o aviso-prévio indenizado projeta esse contrato de trabalho para dez dias *depois* da data-base. Rescisão depois da data-base não atrai a indenização adicional. Assim como o aviso-prévio indenizado serve para esticar o contrato de trabalho até chegar perto da data-base, também serve para aliviar a situação do empregador quando sua projeção fizer o contrato de trabalho ultrapassar o período.

Por exemplo, para uma data-base em 1.º de junho, toda dispensa sem justa causa ao longo de abril dá ao empregado o direito à indenização adicional, pois a projeção de trinta dias invade o mês de maio e deixa a rescisão a menos de trinta dias da data em questão. Já as rescisões ao longo de maio não garantem a indenização adicional, pois a projeção do aviso-prévio indenizado expande o contrato de trabalho para meados de junho, *depois* da data-base.

Há muita confusão sobre a matéria, chegando a existir quem acredite que a projeção deve ser feita em abril para ajudar o empregado e não ser feita em maio para não prejudicar a indenização adicional.

15. Desconto do salário do empregado

"A falta de aviso-prévio por parte do empregado dá ao empregador o direito de descontar os salários correspondentes ao prazo respectivo", atesta o art. 487, § 2.º.

Um empregado com quatro meses de contrato de trabalho que pede demissão e não cumpre o aviso-prévio tende a zerar o acerto de contas, porque o valor das férias proporcionais acrescidas de um terço e do décimo terceiro salário, juntos, não vão conseguir superar o desconto de trinta dias de salário.

A CLT foi bastante severa nesse contexto e não previu flexibilidade alguma, como chegou a fazer no art. 480 quando tratou da indenização que o empregado paga por haver deixado prematuramente o contrato de trabalho por prazo determinado.

Entende-se que o desconto salarial do art. 487 tem vida independente e pode, portanto, ser cumulado com outras formas de compensação, como o décimo terceiro salário antecipado ou o vale salarial pago antes do final do mês. Logo, não corresponde ao conceito de compensação, a que se refere o art. 477, § 5.º. Empregados que cumprem quinze dias de aviso-prévio podem ter desconto dos outros quinze dias, dentro da literalidade do art. 487. O empregador pode voluntariamente liberar o empregado de cumprir o aviso-prévio, o que reduz um pouco o valor do décimo terceiro salário proporcional e das férias proporcionais acrescidas de um terço.

Em sintonia com a explicação anterior, de que o aviso-prévio proporcional por tempo de serviço da Lei 12.506/2011 somente se aplica aos casos de dispensa sem justa causa por iniciativa do empregador, então o desconto salarial para o empregado demissionário, que não comunica previamente seu desligamento, está limitado a trinta dias de salário, independentemente de quantos anos tenha durado o contrato de trabalho.

16. Cumprimento do aviso-prévio e a redução de jornada

A redação do art. 488 da CLT permite concluir que o aviso-prévio é formado por dois momentos de opção.

Num primeiro momento, é do empregador o direito de escolha entre o aviso--prévio indenizado e o aviso-prévio trabalhado.

Num segundo momento, cabe ao empregado optar pela forma de redução de jornada, caso seja exigido o aviso-prévio laborado. A segunda opção é sempre do empregado, o que justifica a existência de formulários adquiridos em papelaria, para a concessão de aviso-prévio, em que constam duas lacunas para o empregado assinalar apenas uma: ( ) redução de duas horas; ( ) redução de sete dias. Se essas lacunas estão previamente preenchidas, às vezes até mesmo de maneira impressa, o ato é completamente ineficaz e o trabalhador pode reivindicar a nulidade do aviso-prévio laborado e o pagamento de aviso-prévio indenizado. Faz sentido a lógica da CLT.

A opção entre o labor ou a conversão em pecúnia somente pode partir daquele que terá de fazer o provisionamento em dinheiro ou, ao contrário, ter espaço para o trabalho dos empregados demitidos. Porém, o meio de redução de jornada é mais afeto ao empregado, por se tratar de período de transição na busca de novo emprego. Dependendo da atividade econômica, de nada adiantam duas horas de redução de jornada, pois as entrevistas de emprego extrapolam esse lapso temporal; mostra-se mais adequado o direito de faltar sete dias consecutivos para batalhar a nova vaga. A matemática é má conselheira nesse momento. Sete dias com jornada de oito horas representam 56 horas a menos de jornada. Duas horas de redução em vinte dias de trabalho, se a atividade for de segunda a sexta, ou em vinte e cinco dias de trabalho, de segunda a sábado, redundam em 40 ou 50 horas de redução de expediente, dando a falsa impressão de que os sete dias sejam sempre melhores. Mas tudo depende da realidade do empregado.

As duas horas não precisam necessariamente ser consecutivas. A lei não expressa essa exigência, admitindo que o empregado, por exemplo, chegue uma hora mais tarde e saia uma hora mais cedo. Contanto que o propósito seja o cumprimento da finalidade da norma – busca de novo emprego – não há problemas nessa criatividade. Situações muito pulverizadas – oito pausas de quinze minutos – tendem a desvirtuar o intuito do legislador. Pagar essas duas horas como serviços suplementares, nem pensar. Seria o mesmo que a monetarização de uma proibição de procurar novo emprego. Se o empregador o fizer, terá invalidado todo o período de aviso-prévio e, no dia final, terá de pagar um aviso-prévio indenizado com todas as consequências. Jornadas de seis horas, como dos bancários e telefonistas, e de cinco horas, como dos jornalistas, também sofrem redução de duas horas em caso de opção pelo empregado, pois a lei não previu uma proporcionalidade entre a carga horária e a redução. Ao fixar em duas horas, o legislador misturou jornada integral com jornadas reduzidas, gerando evidente distorção. O empregador amarga esse prejuízo. No entanto, não se pode chegar ao extremo de dizer que uma pessoa contratada para laborar apenas duas horas por dia, em regime de tempo parcial, possa escolher a redução de duas horas por dia. Em havendo duas opções na lei – sete dias ou duas horas –, mas uma das opções sendo inviável e discrepante com a realidade do trabalhador, impõe-se seguir o outro caminho disponível.

A opção pelos sete dias corridos aparece no parágrafo único do art. 488 da CLT. Esse parágrafo não constava da redação original da CLT, tendo sido incorporado pela Lei n. 7.093/1983. Os sete dias precisam estar unidos. São sete dias corridos e não alternados ou agrupados em bloco. Dadas as tensões envolvidas na rescisão do contrato de trabalho, é bastante comum que os sete dias corridos fiquem para o final do período, de tal forma que o empregado se ativa em 23 dias corridos e, depois, esteja liberado naqueles sete últimos dias. Esse período terá natureza jurídica de interrupção do contrato de trabalho – sem trabalho, mas com salário – jamais podendo haver desconto salarial por ausências. São ausências justificadas, embora não constem do rol do art. 473 e, sim, da letra do art. 488. Nada impede, todavia, que os sete dias sejam antepostos, na parte inicial ou na parte média dos trinta dias, situação mais incomum. Conforme destacado nos comentários acima sobre a Lei 12.506/2011, a redução de jornada diz respeito apenas ao período de trinta dias: o que sobejar será sempre indenizado, haja vista não ser razoável o cumprimento de noventa dias de transição.

No caso do trabalhador rural, fixou-se a regra de um dia por semana, provavelmente diante de peculiaridades da busca de novo emprego na zona rural e pelo fato de que a agricultura e a pecuária não poderiam prescindir dos serviços do mesmo empregado por vários dias. De qualquer forma, o rurícola saiu perdendo, porque um dia por semana ao longo de trinta dias tende a empatar com quatro e, no máximo, chegar a cinco dias. Ao rurícola não foi dada a opção da redução de horas (art. 15, Lei n. 5.889/1972). Não se exige que o dia da semana seja sempre o mesmo, mas que cada dia recaia numa semana diferente. Semana é o período que vai da segunda-feira ao domingo.

Cumprir em casa o aviso-prévio é o mesmo que não cumprir. Como a lei havia facultado ao empregado o direito de escolher entre o aviso-prévio indenizado e o aviso-prévio laborado, com consequências do ponto de vista dos prazos e do ponto de vista da forma de pagamento, é óbvio que deixar o empregado em casa corresponde ao primeiro item (aviso-prévio indenizado) e não ao segundo item (aviso-prévio laborado). A empresa que afirma ser o aviso-prévio em casa mais favorável, porque a redução de duas horas subiu para oito horas, certamente não está a fazer caridade, mas a postergar o pagamento das verbas rescisórias da dispensa sem justa causa, como já estudado no capítulo que tratou da multa pelo atraso na quitação (art. 477, § 8.º, da CLT). Vantagem mesmo seria o aviso-prévio indenizado e mais o dinheiro no bolso, no décimo dia, para a procura do novo emprego. Trata-se de curioso caso em que o benefício – ficar em casa trinta dias – esconde malefícios – ficar em casa sem o salário e as demais vantagens que lhe seriam devidas de qualquer forma. Embora a discussão tenda a desaparecer com a unificação dos prazos em 10 dias para pagamento das verbas rescisórias, a partir de 2017, o fato é que a figura do aviso em casa não encontrou guarida nem na doutrina nem na jurisprudência.

Os empregados de alto escalão, titulares de cargo de chefia, e os empregados de atividades eminentemente externas, incompatíveis com o controle de jornada, estão inseridos no contexto do contrato de trabalho. Ambos recebem aviso-prévio. No entanto, ao contrário do que acontece com a quase totalidade dos trabalhadores, não é possível que escolham entre a redução de duas horas ou a redução de sete dias. Chefes e trabalhadores externos não auferem horas extras nem dispõem de controle de jornada, tornando anacrônica a afirmação de que o expediente (incerto) será reduzido de duas horas. A conclusão de que devem reduzir sete dias de trabalho é preferível à tese de que obrigatoriamente terão de ter o aviso indenizado, do ponto de vista da finalidade da norma. A pandemia trouxe novamente o assunto à tona porque alguns empregadores tiveram que adotar, simultaneamente, o teletrabalho e a redução de jornada, em 25%, 50% ou 70%, e surgiram dúvidas como isso poderia ser feito com os empregados não sujeitos ao controle de jornada. Em comentários sobre a legislação trabalhista emergencial, nós nos manifestamos contrários a essa sobreposição, por entendermos incompatível que um mesmo empregado, cujo controle de jornada é inviável, possa ser considerado em meio período ou em período reduzido de um quarto ou a 70%. No entanto, vozes autorizadas defenderam a sobreposição, mas sob o fundamento mais constante de preservação dos empregos em fase de crise nacional aguda, e argumentaram que o próprio empregado pode se comprometer a zelar por sua produtividade reduzida. Se já parece difícil adotar esses dois institutos em legislação emergencial, mostra-se ainda mais remota a chance de sua transposição para o plano do aviso-prévio, de modo que mantemos nossa posição quanto à necessidade de redução de sete dias e não de duas horas, em caso de atividades enquadradas no art. 62 da CLT, aí incluído também o próprio teletrabalho.

Trabalha o período de trinta dias de aviso-prévio sem nenhuma redução de jornada o empregado que pediu demissão. Não se trata de uma discriminação da CLT nem de um rigor excessivo contra o demissionário, mas aplicação pura da lógica de que o notificante (quem tomou a iniciativa do rompimento) pode calcular seu passo antes de anunciar a saída, fazendo presumir que já disponha de algo melhor em vista ou vá partir para outro empreendimento em sua vida. Enquanto isso, o notificado (quem recebeu o comunicado) corre para superar o prejuízo. Ora, se o notificante é o emprego, ele já deve ter-se organizado e não faria sentido que tivesse prazo para procurar outro emprego. O notificado, neste caso, é o empregador, que pode encontrar outro empregado para o posto sem precisar mexer na jornada de trabalho do demissionário. Convém, inclusive, que o demissionário cumpra integralmente sua jornada porque em muitas ocasiões sua presença é essencial para ensinar a tarefa, os procedimentos e a organização ao novato. É por isso que o art. 488 é expresso ao dizer que a redução da jornada somente tem lugar "se a rescisão tiver sido promovida pelo empregador".

17. Reconsideração e justa causa no aviso-prévio

Reconsiderar aviso-prévio é possível e até salutar, pois o Direito do Trabalho preza muito a manutenção dos contratos e a postergação das dispensas.

Porém, nem sempre a outra parte está disposta a aceitar o retorno à normalidade, pois já pode haver encontrado outra fonte de renda, no caso do empregado, ou outra pessoa para a vaga, no caso do empregador, sem prejuízo da situação de desconforto que pode ter sido desencadeada pela quebra de confiança recíproca. A solução do art. 489 da CLT foi deixar a critério da parte notificada (que recebeu o aviso-prévio) se aceita ou não a reconsideração proposta pelo notificante (quem deu o aviso-prévio): "Dado o aviso-prévio, a rescisão torna-se efetiva depois de expirado o respectivo prazo, mas, se a parte notificante reconsiderar o ato, antes de seu termo, à outra parte é facultado aceitar ou não a reconsideração".

Não aceitando, flui o restante do aviso-prévio; aceitando-o, inutiliza-se o aviso-prévio e a situação volta ao estágio anterior.

Não há direito adquirido às verbas rescisórias da dispensa sem justa causa se ainda não foram preenchidas todas as exigências de cumprimento de aviso-prévio, sendo possível a declaração da justa causa superveniente à concessão do aviso-prévio.

O contrato de trabalho cessará instantaneamente, em qualquer dia que estivesse a contagem do aviso-prévio. O empregado receberá o saldo de salário até aquela data e não até o trigésimo dia como estava programado, e, claro, perde o direito ao aviso-prévio indenizado, ao décimo terceiro salário proporcional e à indenização de 40% sobre o fundo de garantia.

Cuida-se de aplicação concreta do art. 491 da CLT, com uma pequena ressalva: embora a lei fale em "qualquer justa causa", não haverá espaço nem tempo hábil para o empregado perpetrar o abandono de emprego, a se adotar a premissa doutrinária e jurisprudencial de que o abandono pressupõe trinta dias – ou seja, não cabem trinta dias de abandono dentro de trinta dias de aviso-prévio.

A propósito, pode até mesmo haver uma justa causa em aviso-prévio indenizado, mas a situação é bem mais rara. Teríamos de imaginar uma falta cometida pelo empregado fora de serviço, bem no dia em que recebeu o comunicado, e, na saída, envolveu-se em agressão física com colega ou agrediu verbalmente o empregador ou, ainda, violou-lhe segredo industrial, por exemplo.

Hipótese inversa ocorre quando o empregador, revoltado com a ousadia do empregado em pedir demissão, agride-o fisicamente no meio do período. Neste caso, a solução dada pelo art. 490 é um pouco mais incisiva: o empregado pode se desligar imediatamente, como numa rescisão indireta de alta gravidade, e terá assegurado tanto os salários dos dias que ainda faltavam – uma espécie de direito adquirido ao restante do aviso-prévio – e mais as indenizações próprias da rescisão indireta, que são parecidas com as verbas rescisórias da dispensa sem justa causa.

É mais do que uma dispensa sem justa causa, assemelhando-se a uma dispensa sem justa causa com data futura. Note-se a sutileza da redação do art. 490: "O empregador que, durante o prazo do aviso-prévio dado ao empregado, praticar ato que justifique a rescisão imediata do contrato, sujeita-se ao pagamento da remuneração correspondente ao prazo do referido aviso, sem prejuízo da indenização que for devida".

Capítulo 12

Estabilidades e garantias de emprego

1. O regime da estabilidade decenal da CLT

O sistema de estabilidade plena concebido pela Consolidação das Leis do Trabalho era objeto de defesas e ataques igualmente apaixonados, sendo que até hoje se debatem seus erros e acertos. Conhecer a estabilidade de então não é somente entender a história do Direito do Trabalho, mas também refletir as potencialidades do art. 7.º, I, da CF/1988.

Em meio a elogios de boa produtividade e boa perspectiva de vida, pesava contra a estabilidade da CLT a severa acusação de que ela produzia acomodações, porque já não conheciam mais desafios na carreira e se sentiam intocáveis. Além disso, a empresa não poderia moldar a mão de obra de acordo com as alterações de sua linha de produção e de seus novos projetos, pois o quadro de empregados era demasiadamente rígido. Eventuais cortes de custos não ficariam completos se não pudessem ser retirados alguns empregados. Comprometia-se a própria liquidez da empresa, visto que propostas de fusão, cisão ou incorporação ficavam atravancadas ante a imutabilidade do contingente humano. Uma instituição financeira não adquiria outra instituição semelhante porque teria de arrumar espaço para o dobro de empregados de que necessitava. Formava-se um círculo vicioso, era o sentimento.

O preço cobrado pelo legislador para a formação da estabilidade também era objeto de polêmicas acirradas.

Dez anos era o único requisito, não importando a atividade exercida pela empresa ou a quantidade de trabalhadores. Para alguns, o prazo era longo demais, pois muitos contratos de trabalho de baixa qualidade jamais aspiravam a uma década de duração. Para outros, o prazo era curto e acabava beneficiando pessoas que ousassem menos em suas carreiras. De qualquer forma, muitas rescisões eram aceleradas no nono ano do contrato de trabalho, como forma de obstar a estabilidade.

A estabilidade, que ficou conhecida como decenal devido ao requisito dos dez anos, sofreu forte abalo com a concorrência do fundo de garantia, implementado em 1967, e foi oficialmente abolida na Constituição Federal de 1988, ressalvando-se apenas os poucos direitos adquiridos que restavam.

Era disciplinada por nove artigos da Consolidação das Leis do Trabalho, em torno do critério dos dez anos de serviço para configuração da estabilidade.

A estabilidade concebida nesse modelo era ampla, mas não absoluta. Permitia-se sua quebra em caso de falta grave, que o próprio legislador definirá como sendo uma sucessão de justas causas, e pelo motivo da força maior, identificada pela CLT como sendo a soma de fatos imprevisíveis e inevitáveis. Pela falta grave, o contrato de trabalho poderia ser rompido livre de encargos; pela força maior, os encargos correspondiam à metade da indenização dobrada, ou seja, uma indenização de forma simples, assim entendida aquela indenização de um mês de remuneração por ano de serviço.

Claro que além dessas duas formas sempre poderemos acrescentar o óbito do trabalhador e seu pedido de demissão. O pedido de demissão, porém, carecia de uma solenidade especial, dado o alto risco de fraude ou de coação em torno dessa porta aberta para a rescisão contratual.

A estabilidade, sob esse modelo, pode ser conceituada como o direito de permanência no emprego, do ponto de vista do empregado, mas também admitia uma inteligente definição do ponto de vista do empregador como sendo a perda do direito potestativo de rescisão unilateral do contrato de trabalho.

Por se tratar de um poder que caducou porque não exercido em tempo hábil, houve uma associação entre a estabilidade e a decadência, o que está correto no plano do direito material. Algo como o não uso daquele poder, capaz de gerar uma nova relação jurídica com reflexos no patrimônio do empregado.

O desfecho da estabilidade apenas com a morte do empregado está longe de ser a melhor solução. Nem mesmo a vitaliciedade passa pelo óbito do trabalhador, estando normalmente associada com algum patamar fixo, como idade máxima.

A solução mais equilibrada é aquela que enxergava na estabilidade uma proteção contra a rotatividade da mão de obra, particularmente a mais veterana, de tal forma que a pessoa pudesse ser calmamente encaminhada até a aquisição do direito à aposentadoria, com dignidade e sem temor de revides ou de desemprego.

Aquisição do direito à aposentadoria pelo estável decenal: eis a chave para interpretar o termo final da estabilidade. Caso o empregado queira permanecer e o empregador concorde, os dois períodos não se somam, de tal forma que está encerrada a estabilidade, podendo haver dispensa sem justa causa a qualquer tempo, com a indenização de um mês de remuneração por ano.

Tentou-se utilizar o art. 453 da CLT, com seu sentido de soma de períodos descontínuos, para afastar a indenização de 40% do fundo de garantia anterior à aposentadoria, mas prevaleceu o entendimento, após acirrada campanha, de que as premissas são muito diferentes para que a solução fosse a mesma.

Pelo conceito de soma de períodos descontínuos, o empregado poderia reivindicar que antigos contratos de trabalho mantidos com o mesmo empregador pudessem ser somados em prol da estabilidade decenal.

Para tanto, era exigido que o empregado não houvesse sido dispensado por justa causa, pois a punição severa imputada pelo legislador não era apenas a perda do direito às indenizações, mas também a perda do direito de carregar o prazo.

Outra exigência do art. 453, no tocante à soma de períodos descontínuos, era de não haver auferido, ao final do contrato de trabalho, a indenização cabível pela dispensa sem justa causa. Nesse caso, argumentava-se que seria imoral e irregular que o empregado, tendo auferido quatro meses de remuneração pelos primeiros quatro anos de contrato de trabalho, ainda pudesse somar essa relação de emprego com outra vindoura, para atingir os dez anos. Haveria uma duplicidade de vantagens em torno da mesma rescisão.

Ocorre que, por mais justo que seja esse raciocínio, o fato é que ele permitia ao empregador dispensar o mesmo empregado e readmiti-lo, em relação de emprego desvinculada do primeiro, contanto que pagasse a indenização do art. 478 da CLT.

Como o art. 492 mencionou que uma das formas de cancelamento da estabilidade era a falta grave, cumpriu ao art. 493 defini-la: "Constitui falta grave a prática de qualquer dos fatos a que se refere o art. 482, quando por sua repetição ou natureza representem séria violação dos deveres e obrigações do empregado".

Várias ponderações devem ser efetuadas em torno do dispositivo.

Não é correto dizer que falta grave corresponda a uma repetição de justa causa, pois seria atribuir um fardo pesado demais ao empregador o dever de tolerar irregularidades do empregado pelo fundamento de ser um veterano estável. A expressão "por sua repetição ou natureza" está apenas a interpretar corretamente o sistema das justas causas em geral e do art. 482 em particular, pois se misturam fatos que isoladamente já bastam – violação de segredo, agressão física – com fatos que demandam reincidência para a configuração da justa causa – desídia por ausências, prática constante de jogos de azar.

Claro que a acusação contra o estável decenal haveria de ser analisada com cautela maior, para que se evitasse a burla ao regime de estabilidade, mas isso não significa a inviabilidade de se punir com a justa causa o empregado mais antigo da casa.

Havia uma solenidade toda especial para a declaração da justa causa do estável. Não estava esse poder ao alcance do empregador, como normalmente acontece. Pelo sistema vigente, o empregador declara a justa causa e, se e quando questionado, deve sustentar o ato em Juízo. Não se faz necessário que primeiro ele peça autorização.

À época, no entanto, o legislador se cercou de uma garantia robusta ao empregado, concernente na obrigatoriedade de submissão prévia do caso à Justiça do Trabalho, presumindo-se que somente por aí já seriam filtrados diversos casos de menor complexidade que para o empregador não compensaria impulsionar.

Diante da necessidade de encaminhamento do caso ao Poder Judiciário e dada a inverossimilhança de se manter aparência de naturalidade no ambiente de trabalho – entre empregador acusador e empregado acusado, mas também entre os colegas de trabalho – o legislador elaborou um sistema de suspensão contratual: "O empregado acusado de falta grave poderá ser suspenso de suas funções, mas a sua despedida só se tornará efetiva após o inquérito e que se verifique a procedência da acusação". E arremata o parágrafo único do art. 494: "A suspensão, no caso deste artigo, perdurará até a decisão final do processo".

O empregado permanecia num limbo jurídico, porque já estava formalmente privado de seus rendimentos, mas tampouco podia encontrar outro emprego, dada a suspeita que pesava contra sua reputação e a ausência de baixa na Carteira de Trabalho. Além disso, mesmo que por uma eventualidade ele houvesse conseguido nova colocação, tinha de permanecer à disposição do Juiz do Trabalho e, por fim, corria o risco de, vitorioso, ser convocado a retornar a suas funções como se nada houvesse acontecido, dois, quatro ou seis anos após.

O legislador considerou incompatível a investigação judicial seguir paralela à manutenção do contrato de trabalho e facultou ao empregador a suspensão do trabalhador.

Note-se, finalmente, que o art. 494 refere que o empregador "poderá" suspender o empregado: diante do alto impacto de uma derrota judicial, que forçará o empregador a reintegrar o trabalhador e a pagar todos os salários do período de afastamento, algumas empresas optavam pela manutenção do empregado em serviço, fato que minimizava os riscos da sucumbência. Em caso de derrota, nada lhe seria devido, pois os salários continuaram a ser pagos; em caso de vitória, o empregador rescindiria o contrato sem encargos indenizatórios, mas com a data do julgado e não com a data retroativa à distribuição.

Para que o empregado pudesse permanecer em serviço, como se o inquérito não existisse, imagina-se que a falta fosse menos grave. Esse elemento era comumente utilizado pela defesa do empregado, que destacava possível contradição no pedido da empresa, que ao mesmo tempo via elevada gravidade na falta e possibilidade de manutenção da convivência.

> "Reconhecida a inexistência de falta grave praticada pelo empregado, fica o empregador obrigado a readmiti-lo no serviço e a pagar-lhe os salários a que teria direito no período da suspensão", dispõe o art. 495 da CLT.

Uma consequência direta da reintegração é o acerto de contas de tudo quanto foi sonegado durante o afastamento. Embora o legislador se atenha a dizer que o empregado tem direito "aos salários" do período, é consensual que a expressão representa salários e demais vantagens: décimo terceiro salário (surgido apenas em 1962), gratificações ajustadas, reajustes salariais auferidos pelos colegas no período, recolhimentos para a Previdência Social e assim por diante.

Bem se nota a popularidade que vai adquirir o art. 496, que autoriza ao juiz converter a reintegração num grande pacote de indenizações, em que se mesclam salários, férias, vantagens e, por fim, a indenização rescisória.

Lendo os arts. 494 (faculdade do empregador para suspender o empregado) e 495 (retorno do empregado às funções em caso de absolvição) fica evidente que o sistema teria mesmo muita dificuldade de sobrevivência na sociedade brasileira, porque ninguém poderia fingir que nada aconteceu e retomar o curso normal de sua atividade. Afinal, o empregado havia sido acusado de furto, negligência ou situações análogas e passaria a ter comportamento exasperado contra seu algoz. Da parte do empregador, ainda que não houvesse conseguido comprovar a culpa do empregado, permaneceriam a sombra da dúvida e diante da necessidade de aumentar a vigilância sobre seus passos.

Não é surpresa que o art. 496 se tornou o mais conhecido e o mais estudado, por liberar as partes da convivência forçada.

Aquilo que para o regime do fundo de garantia é corriqueiro – mandar embora, pagando uma indenização –, para o regime da estabilidade decenal era excepcional e não deveria ser considerada a primeira alternativa, título ostentado pela reintegração (art. 495).

Porém, "quando a reintegração do empregado estável for desaconselhável, dado o grau de incompatibilidade resultante do dissídio, especialmente quando for o empregador pessoa física, o tribunal do trabalho poderá converter aquela obrigação em indenização devida nos termos do artigo seguinte", era o comando do art. 496.

Um dado curioso que até hoje causa perplexidade fica por conta da atribuição do art. 496 apenas ao Juiz do Trabalho para decidir se as partes poderiam ou não voltar a conviver. Aparentemente, essa decisão deveria partir das próprias partes ou, pelo menos, do trabalhador incomodado com a situação, mas vitorioso na pendência jurídica.

A partir do conceito do art. 496, desenvolveu-se larga teoria no Processo do Trabalho em torno da extrapetição. Deste modo, pode-se fazer a conversão dos pedidos de obrigação de fazer em obrigação de pagar, com fundamento no art. 496 da CLT e na finalidade da norma de proteção ao emprego. Até hoje, quando um julgado trabalhista converte pedido de garantia de emprego em indenização, ou vice-versa, considera-se que se aplicou a parêmia "o juiz conhece o direito" e não que o julgado usurpou seus poderes.

Outrossim, a jurisprudência contemporânea exige que o empregado seja reintegrado quando ainda estiver em vigor o prazo da garantia de emprego, como no caso da gestante que afora a ação no segundo mês de gravidez e obtém sentença no sexto mês. Entretanto, também nesse caso pode ter havido elevado nível de discórdia entre as partes, que justifique, sob certas circunstâncias, a conversão *ex officio* da reintegração esperada em indenização inesperada. Essa conversão deve ser feita com cautela pelo julgado, porque efetivamente priva o empregador do direito de contar com os préstimos do empregado e exige que ele pague os salários sem o correspondente trabalho – o que não é o mesmo caso de pagar os salários do passado, nota-se.

Considera-se natureza constitutiva preponderante para o julgado que afasta a justa causa e imputa à empresa o pagamento dos salários e das multas, a fim de que o cálculo de liquidação seja feito com base na data da decisão e não com base na data de um trânsito em julgado distante e incerto.

A estabilidade foi concebida de forma tão ampla que, de fato, nem mesmo a extinção da empresa poderia levar à extinção do contrato de trabalho. As chances da empresa se voltavam apenas para a comprovação da justa causa do empregado, na forma do art. 494, ou torcer para seu falecimento ou pedido de demissão (art. 500). Se nada disso ocorresse, aceitava-se que a aquisição do direito à aposentadoria fechava o ciclo da vida profissional do empregado e liberava o empregador da estabilidade decenal.

O fechamento da empresa ou de apenas uma filial foi considerado como uma forma de dispensa sem justa causa, tão simples quanto isso, donde a indenização poderia ser elevada ao dobro por se tratar de estável decenal.

A única peculiaridade é que a dispensa sem justa causa era proibida – o empregador havia decaído de seu direito de rescisão unilateral do contrato de trabalho, porque não exercido ao cabo de dez anos – enquanto o fechamento da unidade dava respaldo para o cancelamento do contrato de trabalho sem necessidade de apuração de justas causas.

Porque o cargo de chefia é de alta proximidade com a figura do empregador, o legislador houve por bem sacrificar seu direito à estabilidade.

O empregado efetivo, que venha a ser alçado a cargo de confiança, pode retornar ao cargo subalterno anteriormente ocupado e carregar consigo o tempo de serviço. Garante-se o tempo de serviço para todos os efeitos legais. Pode acontecer de ele se tornar um estável decenal com a soma dos períodos de subordinado e chefe, mas essa estabilidade será necessariamente no cargo de subordinado e não no de maior ascendência. Caso a soma dos períodos ainda não totalize os dez anos, ele pode ser normalmente dispensado pela empresa, na forma do art. 478.

O empregado, contratado diretamente para ser chefe, que nunca exerceu outro cargo na empresa e que permanece nessa condição elevada por mais de dez anos, não adquiria direito à estabilidade decenal, recendo apenas a indenização de 1 mês de remuneração para cada 1 ano de trabalho.

2. Garantias provisórias de emprego

A quebra do sistema da estabilidade decenal do art. 492 da CLT não foi seguida por nenhum planejamento para restringir a rotatividade exagerada de empregados. A produtividade das empresas sofreu um abalo e o mercado de trabalho ficou confuso a extremo.

Não se pode imaginar que tipo de projeto de longo prazo uma empresa consegue elaborar diante da média de oito meses de duração de contrato de trabalho em várias áreas da atividade econômica. Há uma piada que aproxima a situação brasileira atual com a construção das pirâmides, em que o operário que tomava parte do início dos trabalhos não estaria vivo para ver o final.

A Constituição Federal de 1988 chegou a se preocupar com o assunto, mas de forma tímida e ineficaz. No art. 7.º, I, exorta que a relação de emprego seja protegida contra a dispensa arbitrária e contra a dispensa sem justa causa, mas remete toda a disciplina para a legislação complementar.

É bastante auspicioso levantar o debate sobre a distinção entre a dispensa arbitrária, assim entendida aquela caprichosa, fruto de perseguição contra o empregado em plena expansão da empresa, e a dispensa sem justa causa, considerada como tal aquela que, apesar de não estar ligada a nenhum ato faltoso do empregado, encontra motivação em assuntos como a crise financeira aguda, problemas internos da empresa ou inovação tecnológica.

De maneira sintética, pode-se dizer que a dispensa arbitrária envolve razões subjetivas e a dispensa sem justa causa tem caráter objetivo, sendo evidentemente mais fácil de prever e de negociar esse segundo tipo do que aquele primeiro.

Eventual sistema legislativo a ser implementado no Brasil através da lei complementar esperada pelo art. 7.º, I, da CF/1988, deverá apresentar tratamento diferenciado entre as duas formas de rescisão. Isso não significa que a dispensa sem justa causa deva ser liberada de modo irresponsável, mas apenas que o tratamento destinado a ambas deixe de ser idêntico, como hoje se observa no regime do fundo de garantia.

Há um resquício dessa distinção dentro do ideal traçado pelo art. 165 da CLT quanto ao antigo regime de proteção aos membros da Comissão Interna de Prevenção de Acidentes, pois a eles não era assegurada a estabilidade plena, e sim a garantia de emprego momentânea e sujeita a alterações em caso de problemas financeiros, econômicos e técnicos.

Além disso, o art. 7.º, I, parece ser reducionista quando oferece a indenização pecuniária como principal exemplo de uma proteção eficaz à relação de emprego, quando se sabe, na verdade, que os sistemas devem conter uma mescla de obstáculos à rotatividade que não puramente econômicos.

No entanto, a impressão de que o Constituinte prestigiou apenas a indenização pecuniária fica mitigada com a leitura atenta do art. 10 do ADCT.

É a partir desse dispositivo que se entende melhor o panorama atual do regime de proteção à relação de emprego no ordenamento brasileiro: "Até que seja promulgada a lei complementar a que se refere o art. 7.º, I, da Constituição: I – fica limitada a proteção nele referida ao aumento, para quatro vezes, da porcentagem prevista no art. 6.º, *caput* e § 1.º, da Lei 5.107, de 13 de setembro de 1966; II – fica vedada a dispensa arbitrária ou sem justa causa: a) do empregado eleito para cargo de direção de comissões internas de prevenção de acidentes, desde o registro de sua candidatura até um ano após o final de seu mandato; b) da empregada gestante, desde a confirmação da gravidez até cinco meses após o parto".

Ora, enquanto o inc. I foi unicamente pecuniário, criando a conhecida indenização de 40% sobre os depósitos do fundo de garantia, o inc. II concentrou-se em obrigações de fazer e de não fazer, vedando a rescisão dos membros da CIPA e das gestantes. Observe-se que ambos os assuntos, aparentemente desconexos, foram tratados como sendo oriundos do mesmo tronco do art. 7.º da CF/1988, sobre direitos dos trabalhadores quanto à proteção à relação de emprego.

A partir dessa dicotomia entre a estabilidade do art. 492 da CLT e a garantia provisória do art. 10 do ADCT, entende-se que a primeira é a verdadeira estabilidade, na acepção jurídica do termo, pois não permite negociação, não preclui com o tempo nem autoriza conversão em pecúnia, além de ser para todos os empregados indistintamente e para todo o prosseguimento do contrato de trabalho; ao revés, o sistema do ADCT abarca garantias não coincidentes com as estabilidades, sendo destinadas a apenas alguns empregados em particular e apenas por algum período, passíveis, ademais, de negociação e de conversão em pecúnia. Daí por que não se deve confundir a estabilidade plena com a garantia precária, muito embora os termos sejam usados de forma caótica por doutrina, jurisprudência e legislador.

A propósito dessa discussão, vale recordar um episódio acontecido quando da implantação do Plano Real, de março a junho de 1994. Com receio de uma onda de desemprego, o legislador estipulou uma indenização adicional, extraordinária e momentânea, de 50% da remuneração do empregado, como forma de desestimular as dispensas naqueles quatro meses de vigência da Unidade Real de Valor (URV), conforme art. 31 da Lei 8.880/1994.

Os empregadores, então, argumentaram que a lei ordinária não poderia ter fixado essa indenização adicional, por violar a reserva à lei complementar feita pelo art. 7.º, I, da CF/1988, cuidando-se de uma forma de burlar a relação de emprego protegida cuja regulamentação se espera.

No entanto, o Supremo Tribunal Federal considerou a norma constitucional, precisamente porque distinguiu a lei complementar vindoura, a se dedicar às estabilidades gerais, das leis ordinárias corriqueiras, que cuidam de garantias momentâneas ou de políticas de desestímulo à rotatividade dos empregos.

Há quem vislumbre, igualmente, uma sutil diferença entre *garantia de emprego*, no sentido de garantia de que os poderes públicos vão juntar forças para o pleno emprego sonhado pelo art. 170 da CF/988, ou seja, garantia de que haja empregos; e, de outro lado, *garantia no emprego*, assim entendida a garantia de permanência no emprego já conquistado, mas é verdade que esse destaque para a preposição "de" e "em" não encontrou maior repercussão doutrinária.

3. Dicotomia da reintegração ou indenização

O critério utilizado pelos arts. 492 e 494 da CLT era de amplo prestígio ao cumprimento da obrigação de fazer – reintegração em primeiro lugar, indenização a critério do juiz – mas as garantias momentâneas de emprego não conseguiram acompanhar esse raciocínio.

O principal obstáculo reside no fato de que, sendo momentâneas, as garantias tendem a ser mais curtas do que a duração do próprio processo trabalhista, um anacronismo com o qual a sociedade aprendeu a conviver, mas que desatende de modo flagrante as aspirações do Direito do Trabalho.

Foi assim que se desenvolveram diversos estudos e julgados no sentido de que a garantia assegura apenas os salários do período – o que já é uma grande vantagem perto da alta rotatividade de empregos e da liberdade conferida aos empregadores em torno da dispensa sem justa causa. Não se assegura o retorno ao emprego.

Aprofundando-se um pouco a questão, porém, ganhou corpo a tese de que o critério cronológico se mostra mais equilibrado: se a decisão judicial for proferida ainda dentro do período de garantia de emprego, deve ser priorizada a reintegração, a fim de que o empregador possa tomar os trabalhos da pessoa que ele havia dispensado, agora que terá de pagar os salários; se a decisão fora tomada depois de já escoado o período de garantia, o que é muito mais comum, o julgado deve se abster de reintegrar o trabalhador e determinar a conversão de todo o período em pecúnia – salários e demais vantagens.

Na primeira hipótese, ainda é possível uma certa flexibilidade ao julgado, porque pequenos períodos restantes ou reintegrações muito traumáticas podem ser desde logo convertidas em pecúnia, se assim parecer conveniente ao julgador, evocando o espírito do art. 496 da CLT. Na segunda hipótese, todavia, não há alternativa, porque a reintegração de empregado *depois de escoado* o período de garantia representa uma usurpação ao que constava da própria lei.

Irrelevante o fato de o pedido ser de indenização e o julgado deferir reintegração ou de o pedido ser expressamente de reintegração e a decisão for favorável à conversão em pecúnia, até porque o critério cronológico é também imprevisível quando do ajuizamento da petição inicial. Daí por que não se vislumbra decisão *extra petita* na hipótese e, sim, mera adaptação do fato à norma.

O modelo cronológico provoca um efeito colateral bastante delicado, ao permitir que o empregado espere escoar o período da garantia para, somente após, ajuizar a ação trabalhista em que reivindica a conversão em dinheiro daquele período, já livre de qualquer "risco" de ser reintegrado.

Claro que essa conduta não se pode esperar de um dirigente sindical ou de membro das comissões de prevenção de acidentes, porque a vocação pela militância trabalhista exige que eles peçam providências urgentes de reintegração, como, aliás, está previsto no art. 659, IX e X, da CLT. No entanto, nem sempre se nota tal pressa no comportamento de alguns trabalhadores acidentados ou empregadas gestantes ou lactantes.

O caso da gestante é ainda mais complexo, porque nem sempre a gravidez era conhecida, e, ainda assim, como a proteção é ao nascituro, a responsabilidade objetiva do empregador faz com que a garantia tenha de ser observada assim que o empregador tiver ciência do fato – mesmo com a criança já nascida, ironicamente.

A fim de remediar esse tipo de deturpação, chegou a ganhar corpo, por volta do período imediatamente após a promulgação da Constituição Federal de 1988, a tese favorável a se usar a data da distribuição da ação trabalhista para a fixação da garantia de emprego: a gestante que fosse rápida na busca pelo direito e aforasse a ação logo no segundo ou no terceiro mês da gravidez receberia uma indenização maior do que aquela que esperasse o nono mês da gestação ou o segundo mês de vida da criança, por exemplo, ao passo que a empregada que esperasse pelo primeiro aniversário do bebê nada receberia de indenização, pois a garantia de emprego escoara no quinto mês após o parto (art. 10, II, do ADCT).

Por seu turno, o acidentado que batesse às portas do Judiciário no quarto mês após a alta previdenciária ganharia o equivalente aos oito meses que restavam de sua garantia de doze meses (art. 118 da Lei 8.213/1991), enquanto o acidentado que esperasse o escoamento dos doze meses e distribuísse a ação no 15.º ou no 20.º mês sofreria a improcedência de seus pedidos. Note-se que todos esses exemplos respeitaram o prazo prescricional de dois anos (art. 7.º, XXIX, da CF/1988), um dos núcleos da colisão entre garantias de emprego breves (de cinco ou doze meses) e pretensão com prescrição mais espaçada (de vinte e quatro meses).

O empregador está fadado a conviver realmente com algumas incertezas jurídicas do contrato de trabalho. No exato instante em que tomar conhecimento da gravidez da empregada, deve colocar o emprego à disposição, inclusive mediante procedimentos judiciais se for o caso ou através de simples petição, ainda que anterior à audiência trabalhista, se já houver recebido a citação do processo ajuizado pela gestante. Dizer que ignorava o estado gestacional ou que a empregada foi muito lerda na reivindicação são argumentos já imprestáveis e cometem o pecado de comparar a proteção ao nascituro à proteção ao dirigente sindical.

Afora isso, a tese da data da distribuição da ação teria de desatar o nó da delicada questão das mulheres que descobrem a gravidez apenas no terceiro, no quarto e até mesmo no quinto mês de gestação, como consta da literatura médica. Elas seriam muito prejudicadas pela presunção de que agiram de modo malicioso ao aforarem suas ações na segunda metade da gravidez, por assim dizer. Teria de haver uma prova robusta, que beira o impossível, capaz de demonstrar que o empregado, podendo, deixou de ajuizar a ação em tempo hábil para deliberadamente prejudicar o empregador.

4. Garantia do dirigente sindical

O dirigente sindical, na verdade, não deveria compor lista de empregados dotados de garantia de emprego porque alguma forma de proteção já consta do art. 543 da CLT desde a promulgação em 1943. Justifica-se a inserção na lista apenas pelo contraponto que este capítulo faz em relação à estabilidade decenal, ou seja, busca-se abranger aqui todos os mecanismos de garantia de emprego que não a estabilidade ampla da CLT.

O art. 543 da CLT passou por cinco estágios: a) na redação original, constava necessidade de proteção do dirigente sindical, mas se punia o empregador com multa administrativa; b) na reforma de 1967, passou a se delinear a garantia de emprego, mas de apenas noventa dias após o mandato; c) na reforma de 1973, inseriu-se a garantia de um ano, mas apenas para o dirigente da entidade sindical reconhecida pelo Ministério do Trabalho; d) nova reforma de 1986 (tardia e com texto até hoje intacto) manteve a garantia de um ano, mas estendeu a possibilidade para as antigas associações embrionárias de sindicatos, ainda desprovidas da carta sindical oficial; e) com o advento da Constituição Federal de 1988, mesmo sem que o texto tenha sido reelaborado, entende-se que o art. 543, § 3.º, prestigia apenas o dirigente sindical propriamente dito, até porque a associação embrionária perdeu seu significado com o desaparecimento da outorga sindical pelo Poder Executivo.

A expressão dirigente sindical inclui apenas os cargos de chefia, assim definidos pelo art. 522 da CLT. Jurisprudência reiterada nega ao sindicato o direito de definir o número de dirigentes ou de estender esse rótulo a qualquer componente da chapa vitoriosa, haja vista a natureza restritiva da matéria e a possibilidade de uma banalização da garantia de emprego.

Não possuem garantia de emprego os conselheiros fiscais e os delegados sindicais, que costumam ser dirigentes de bases ou subsedes, tampouco preenchem o requisito da direção sindical e ainda carregam a agravante de que não se submetem a processo de eleição.

Há, ainda, um caso de dirigente sindical, devidamente eleito para cargo de direção, que deixa de desfrutar a garantia de emprego porque não exerce suas funções sindicais dentro da empresa em que trabalha. Trata-se da situação da categoria profissional diferenciada, mas em cuja atividade o trabalhador não se encontra. Por exemplo, advogado eleito para dirigir o sindicato dos advogados, mas que exerce função de professor em uma faculdade; químico componente da direção do sindicato dos químicos, mas que atua em empresa de publicidade e marketing.

Finalmente, por se tratar de uma garantia de emprego de cunho objetivo, que visa mais à proteção da coletividade do que ao bem-estar do empregado propriamente dito, não subsiste em caso de desaparecimento da empresa.

Essa garantia de emprego, ao contrário de outras hipóteses, não se aperfeiçoa com o simples acontecimento, carecendo da conclusão do ato complexo mediante comunicação da candidatura do sindicalista a seu empregador.

O silêncio do art. 8.º, VIII, da CF/1988, sugeria o desaparecimento da comunicação do sindicato ao empregador, mas a situação levaria a uma profunda insegurança e necessidade de o empregador manter pessoal em permanente contato com o sindicato, elevando o nível de tensão.

Candidaturas registradas durante o aviso-prévio indenizado ao trabalhador, conforme já explicado no capítulo desse instituto, não é eficaz para fins de garantia de emprego, por se presumirem a lealdade do empregador e a malícia do empregado neste particular.

Saliente-se, por fim, que o dirigente sindical é o único empregado provido de garantia de emprego que teve simultaneamente conquistado o direito ao inquérito para apuração de falta grave. Exceto o estável decenal, absolutamente nenhum outro empregado teve esse direito, nem mesmo o membro da CIPA, a gestante ou o acidentado.

Para todos esses casos adicionais de garantia, o empregador, que assim entender conveniente, declara a justa causa, rompe o contrato de trabalho por sua conta e risco e, depois, se e quando acionado, defende-se em Processo do Trabalho. Para o estável decenal e para o dirigente sindical, o empregador não se defende, ataca. Passa a ser do empregador a iniciativa de ajuizar a ação, chamada de inquérito por força de fatores históricos, e procurar um provimento judicial em prol da confirmação da justa causa.

O dirigente sindical conseguiu esse benefício de se defender em juízo não por alguma ilação ou analogia, mas pela redação do art. 543, § 3.º, cuja parte final afirma: "salvo se cometer falta grave devidamente apurada nos termos desta Consolidação", evocando a apuração na forma de inquérito.

Como o art. 8.º, VIII, da Constituição foi mais sintético ("salvo se cometer falta grave nos termos da lei"), ficou-se com a impressão de que o legislador abolira o inquérito: os termos da lei se referiam à falta grave e não ao inquérito, isto é, salvo o caso em que o dirigente "cometesse uma falta grave daquelas definidas em lei" e não "cometesse uma falta grave apurada nos termos da lei". A dicotomia não foi bem aceita. A Constituição Federal de 1988 foi apenas mais sintética e tampouco vetou o inquérito.

5. Garantia do dirigente de CIPA

O membro da Comissão Interna de Prevenção de Acidentes (CIPA), a que alguns se referem pelo neologismo "cipeiro", desfrutava de garantia de emprego à luz do art. 165 da CLT com duas restrições: tinha de figurar entre os titulares da representação dos empregados e poderia ser dispensado em caso de alegação de dificuldades financeiras, econômicas ou tecnológicas.

Ocorre que pertencer à CIPA é também servir de canal de comunicação entre empregados e empregadores, numa batalha cotidiana parecida com aquela da representação sindical. O fato de a CIPA se voltar mais para o interior da fábrica e não assumir papel de destaque na luta por melhores salários não refresca a tensão em que vive seu dirigente. Aliás, em muitas ocasiões o fracasso da negociação sindical sobrecarrega a pauta de reivindicações na CIPA, alimentando ressentimentos.

Foi com base nesse contexto que o Ato das Disposições Constitucionais Transitórias: a) alargou a garantia de emprego também para os suplentes da representação dos trabalhadores; b) aumentou a qualidade da garantia, retirando até mesmo a possibilidade de alegação de motivos objetivos, porque bloqueou tanto a dispensa arbitrária como a dispensa sem justa causa; e c) ampliou a proteção para até um ano após o término do mandato.

O presidente da CIPA, na zona urbana, é sempre um dos indicados pelo empregador e pode ser dispensado a qualquer tempo, sem justa causa, porque nenhuma norma protege sua posição. Acredita-se que ter a simpatia do empregador já é proteção bastante, mas se esquece a vulnerabilidade a que todo trabalhador subordinado está sujeito. O vice-presidente será um dos representantes eleitos pelos empregados e desfrutará a proteção constitucional. Na CIPA da zona rural, a presidência é rotativa anualmente, entre representantes dos empregados e dos empregadores.

Figurando um exemplo. Uma CIPA pode ter necessidade de oito componentes, consultando-se a tabela anexa à NR 5, razão pela qual o empregador indica quatro empregados de sua confiança, entre os quais sai o presidente, e os empregados fazem eleição para indicarem quatro colegas de trabalho, entre os quais sai o vice-presidente. Caso se apresentem 15 concorrentes à CIPA, os quatro mais votados serão os titulares e os quatro imediatamente após, ou seja, do 5.º ao 8.º lugar, são os suplentes.

Os outros sete derrotados apenas desfrutaram uma pequena garantia de emprego entre o registro da candidatura e a derrota. Não há garantia de emprego após a derrota nas urnas. Não está prevista garantia de suplente do suplente.

A garantia de emprego está ligada ao processo eleitoral – estável é o empregado eleito, independente de ocupar a posição de titular ou de suplente.

Finalmente, valem aqui as mesmas ponderações feitas acerca do caráter objetivo da garantia de emprego do integrante da CIPA, eleito pelos colegas: a proteção se destinava à classe operária e não ao sossego do empregado, de tal forma que, desaparecido o ambiente de trabalho, já não há o que ser tutelado pelo empregado. Cai a garantia de emprego simultaneamente.

Não há necessidade de inquérito para apuração de falta grave para a rescisão do cipeiro. A empresa aponta a justa causa, dispensa o empregado e sustenta suas razões em defesa trabalhista, se houver ação. Atribui-se ao trabalhador o encargo de ajuizar a ação, se assim lhe parecer conveniente.

6. Garantia à gestante

A garantia de emprego da gestante aparece no art. 10, II, *b*, do ADCT, cujo escopo era regulamentar provisoriamente o art. 7.º, I, da CF/1988, a propósito da proteção às relações de emprego. A redação do dispositivo é a seguinte: "Art. 10. Até que seja promulgada a lei complementar a que se refere o art. 7.º, I, da Constituição: (...) II – fica vedada a dispensa arbitrária ou sem justa causa: (...) *b)* da empregada gestante, desde a confirmação da gravidez até cinco meses após o parto".

Estende-se a garantia das gestantes também para a pessoa que detiver a guarda do recém-nascido no caso de óbito da mãe biológica durante o parto ou logo após. LC 146, de 25.06.2014, estabelece que "o direito prescrito na alínea *b* do inciso II do art. 10 do Ato das Disposições Constitucionais Transitórias, nos casos em que ocorrer o falecimento da genitora, será assegurado a quem detiver a guarda do seu filho", até que se escoe integralmente o período de cinco meses após o parto. O uso correto da lei complementar afastou discussões sobre vício de forma.

Para a gestante doméstica, todavia, o cenário foi mais nebuloso.

De 1988 a 2006, não havia referência legislativa alguma a respeito da garantia de emprego para a gestante doméstica, restando-lhe apenas decisões jurisprudenciais esparsas, as quais, por sua vez, evocavam a Convenção 103 da Organização

Internacional do Trabalho, sobre proteção à maternidade. Após, o direito foi previsto em lei ordinária, contestada sob o fundamento de não se revestir das formalidades de lei complementar, mas mantida por se tratar de garantia momentânea e específica para uma dada categoria. O tema veio a ser pacificado apenas em 2015, pela LC 150.

Afora a questão da garantia ter sido fixada por norma constitucional, discute-se, também, o significado da palavra "confirmação" da gravidez, pois ela tanto pode significar a concepção, com ou sem a ciência da gestante e do empregador, quanto pode significar a comprovação documental, como num exame de sangue ou de ultrassonografia.

Dada a complexidade de se aferir a data da concepção e considerando que a proteção se destina mais ao nascituro do que à mãe, a jurisprudência adotou a tese da responsabilidade objetiva no trato da garantia à gestante, considerando irrelevante saber se o empregador tinha ou não conhecimento acerca da gravidez. O dirigente sindical precisa ter notificado a empresa para que possa desfrutar da garantia, de tal forma que eventual descumprimento deságua na responsabilidade subjetiva, ou seja, é preciso demonstrar a negligência do empregador que, mesmo ciente, insistiu em dispensar o estável. Não, porém, no caso da gestante.

Essa circunstância tem provocado algumas reações, ainda não sedimentadas.

Por exemplo, chegou a ser preconizado que a gestante deveria ser obrigada a ajuizar a ação trabalhista antes do escoamento do prazo de garantia de emprego, sob pena de perdê-la, ou então, que a indenização fosse computada a partir da data da distribuição de tal forma que a retardatária ganharia valores menores do que a diligente. Essa tese, porém, esbarra na proteção ao nascituro e não encontra assento constitucional, que aplica apenas o prazo de dois anos de prescrição.

Também buscada a inserção de cláusula em norma coletiva afirmando que a empregada omissa sobre a gravidez renunciava à garantia de emprego. Algumas normas concediam prazo de sessenta dias, enquanto outras falavam em noventa dias para que a gestante manifestasse, perante o empregador ou entidade sindical, sua condição. Não ressoaram bem na Corte Constitucional e vieram a ser retiradas.

Atualmente, tudo o que resta ao empregador fazer, caso realmente não tivesse noção alguma da gravidez, é colocar o emprego imediatamente à disposição da empregada, tão logo fique sabendo, por terceiros, pela citação judicial ou em mesa de audiência, da gravidez. Não há espaço para ressentimentos. Empresas bem assessoradas apresentam petição nos autos antes mesmo da audiência, se esta ainda demora um pouco, e exigem o retorno da gestante ao trabalho. Ela não pode se furtar ao trabalho, a menos que alegue situação de intolerância ou reivindique a rescisão indireta, mas aí os riscos passam a ser seus. Se a gravidez for de risco ou vier combinada com licença médica necessária, ainda assim o contrato de trabalho deve ser revigorado para, ato contínuo, a empregada sair em auxílio-doença.

Por fim, a garantia de emprego de gestante em de contrato de trabalho por prazo determinado foi admitida pela jurisprudência na década de 2010, pelo mesmo fundamento de priorização do nascituro, exceto nos casos de trabalho temporário, registro pela Lei 6.019/1974, dada sua transitoriedade ínsita ao regime.

7. Garantia decorrente de acidente de trabalho

O art. 118 da Lei de Benefícios da Previdência Social, Lei 8.213/1991, reclama bastante atenção do intérprete: "O segurado que sofreu acidente do trabalho tem garantida, pelo prazo mínimo de doze meses, a manutenção do seu contrato de trabalho na empresa, após a cessação do auxílio-doença acidentário, independentemente de percepção de auxílio-acidente".

A referência à desnecessidade de *auxílio-acidente* significa, na linguagem previdenciária, que não há importância em saber se o empregado teve ou não sequelas após o acidente. A garantia tem como fundamento o acidente em si e não seus desdobramentos.

Existe até mesmo uma alegação de injustiça para com os trabalhadores, porque um jovem saudável, que sofreu um corte profundo passível de cura satisfatória sem sequelas, terá a garantia de emprego do art. 118, caso tenha permanecido, digamos, 45 dias afastado (os primeiros dias pelo empregador e o restante INSS – art. 60 da Lei 8.213/1991); enquanto isso, uma pessoa asmática, um idoso reumático ou um empregado sujeito à fisioterapia e tratamento ambulatorial, mesmo com diversos afastamentos de dez dias (todos às expensas do empregador), não terão acesso à garantia de emprego porque sua condição não atingiu o auxílio-doença acidentário. Mas assim foi edificada a garantia de emprego, não pela moléstia em si, mas pela percepção do auxílio previdenciário, como condição *sine qua non* para tal proteção.

A constitucionalidade do art. 118 foi posta em dúvida, sob o argumento de que apenas a lei complementar poderia veicular garantias de emprego. O argumento não foi aceito. Lei complementar, para a disciplina do art. 7.º, I, é aguardada para proteger todas as relações de emprego, de forma definitiva e para todos os trabalhadores, sem impedimento de que leis ordinárias contemplem grupos específicos com garantias momentâneas, como ocorre com os integrantes de Comissão de Conciliação Prévia, de Conselhos Curadores e outras situações abaixo arroladas. A constitucionalidade do art. 118 praticamente não é mais discutida (Súmula 378, I, do Tribunal Superior do Trabalho).

Discute-se sobre a necessidade de uma interpretação mais restritiva ou mais expansiva em torno do art. 118 e de suas exigências. Ao dizer que a garantia começa com a cessação do auxílio-doença acidentário, o dispositivo lembra que existe também o auxílio-doença meramente previdenciário, decorrente de doenças não ligadas ao trabalho, como as epidemias, aquelas próprias do grupo etário e as degenerativas. Até aí, não há muita discussão, pois a garantia foi planejada para favorecer aquele que tivesse sido prejudicado pelo emprego e não para todos os enfermos da nação.

Porém, a cessação de auxílio-doença acidentário pressupõe que o empregado tenha tido os primeiros dias de afastamento a expensas dos empregadores (art. 60, § 3.º, da Lei 8.213/1991) e a concessão do benefício pelo INSS. Surgem diversas hipóteses de transtornos, tais como aquelas: a) em que o empregador não paga os primeiros dias e dificulta o acesso à Previdência; b) o empregado ainda não detém a qualidade de segurado; c) o INSS cataloga o benefício como previdenciário (código 31) quando o correto seria acidentário (código 91); e d) a doença somente é descoberta quando já rescindido o contrato de trabalho.

Por esse motivo, admite-se que o empregado se valha de outros meios de prova na tentativa de associar sua doença ao contrato de trabalho e, assim, obter êxito na pretensão à garantia de emprego sem que necessariamente tenha passado pelo crivo do auxílio-doença acidentário.

Deve-se suspender o contrato de trabalho, qualquer que seja a data de ocorrência do acidente, proporcionando o benefício previdenciário ao empregado e, na volta, rompendo-se a relação de emprego sem doze meses de garantia.

Muitos sindicatos conseguem ampliar em negociação coletiva a garantia de 12 meses para os acidentados.

Normalmente são convenções coletivas que ampliam a garantia dos doze meses para vinte e quatro meses ou, caso haja simultaneamente a sequela ou a redução da capacidade laborativa, para dez anos ou até a aposentadoria do empregado.

Que a norma coletiva possa deliberar sobre esses assuntos é ponto pacífico. A dúvida residia na questão da vigência – normalmente de um ano, podendo chegar ao máximo de dois anos, segundo o art. 614, § 3.º, da CLT – menor do que o benefício que a cláusula conferia ao trabalhador.

A questão não se relaciona com o debate sobre a ultratividade da norma coletiva, por não se tratar de incorporação de vantagem coletiva ao contrato individual, mas, sim, de operacionalização de cláusula presente para gozo futuro.

Uma primeira tese dizia que, para a vantagem ser desfrutada pelo empregado, fazia-se necessária a repetição da cláusula por várias vigências consecutivas. No entanto, a segunda tese era e é a mais adequada ao caso, porque concilia o benefício estendido com a vigência curta. Não se trata de "incorporar" a cláusula ao contrato de trabalho, mas de desfrutar a vantagem após o preenchimento de todas as exigências constantes em dado instrumento. Preenchidos todos os pressupostos para a aquisição da garantia, ainda durante a vigência do instrumento normativo, esta se estende pelo número de meses ou de anos previstos.

8. Outras garantias de emprego previstas pela legislação

Na ordem cronológica, citem-se, ainda, as seguintes garantias de emprego espalhadas pela legislação:

- Dirigente de cooperativa de consumo, mantida entre os empregados. Fundamento no art. 55, Lei 5.764/1971: "Os empregados de empresas que sejam eleitos diretores de sociedades cooperativas pelos mesmos criadas gozarão das garantias asseguradas aos dirigentes sindicais pelo art. 543 da Consolidação das Leis do Trabalho (Dec.-lei 5.452, de 1.º de maio de 1943)". A garantia se refere apenas aos membros titulares da representação dos empregados e não alcança os suplentes, dada a omissão do art. 55. A garantia pode alcançar pessoa eleita para conselho de administração, desde que exercidas funções diretivas.

- Empregado rural beneficiário do Prorural. Fundamento no art. 4.º, parágrafo único, da LC 16/1973: "Os empregados que prestam exclusivamente serviços de natureza rural às empresas agroindustriais e agrocomerciais são considerados beneficiários do PRORURAL, ressalvado o disposto no parágrafo único deste artigo. Parágrafo único. Aos empregados referidos neste artigo que, pelo menos, desde a data da Lei Complementar 11, de 25 de maio de 1971, vêm sofrendo, em seus salários, o desconto da contribuição devida ao INPS é garantida a condição de segurados desse Instituto, não podendo ser dispensados senão por justa causa, devidamente comprovada em inquérito administrativo a cargo do Ministério do Trabalho e Previdência Social".

- Empregado público nomeado para cargo de provimento efetivo mediante concurso público de administração direta. Fundamento no art. 41 da CF/1988.

- Empregado público em período pré-eleitoral, normalmente de seis meses. Fundamento nas diversas leis pré-eleitorais, como a Lei 7.773/1989 e a Lei 9.504/1997. A garantia de emprego vale mesmo para empregados estaduais e federais em época de eleições municipais, pois o objetivo é evitar os atos de retaliação e de apadrinhamento. O objetivo é impedir a utilização da máquina estatal como meio de pressão política sobre o empregado. Nesse sentido, independentemente de o vínculo de emprego ser com ente da administração pública federal, estadual ou municipal, admite-se a garantia provisória pré-eleitoral ao empregado que trabalha no limite territorial onde realizada a eleição.

- Empregado indicado pela central sindical para o Conselho Curador do Fundo de Garantia. Fundamento no art. 3.º, § 3.º e § 9.º, da Lei 8.036/1990: "Os representantes dos trabalhadores e dos empregadores e seus suplentes serão indicados pelas respectivas centrais sindicais e confederações nacionais, serão nomeados pelo Poder Executivo, terão mandato de 2 (dois) anos e poderão ser reconduzidos uma única vez, vedada a permanência de uma mesma pessoa como membro titular, como suplente ou, de forma alternada, como titular e suplente, por período consecutivo superior a 4 (quatro) anos no Conselho". "Aos membros do Conselho Curador, enquanto representantes dos trabalhadores, efetivos e suplentes, é assegurada a estabilidade no emprego, da nomeação até 1 (um) ano após o término do mandato de representação, somente podendo ser demitidos por motivo de falta grave, regularmente comprovada através de processo sindical".

- Empregado indicado pela central sindical para o Conselho Nacional da Previdência Social. Fundamento no art. 3.º, § 7.º, da Lei 8.213/1991: "Aos membros do CNPS, enquanto representantes dos trabalhadores em atividade, titulares e suplentes, é assegurada a estabilidade no emprego, da nomeação até um ano após o término do mandato de representação, somente podendo ser demitidos por motivo de falta grave, regularmente comprovada através de processo judicial".

- Empregado eleito para a Comissão de Conciliação Prévia, constituída no âmbito da empresa. Fundamento no art. 625-B, § 1.º, da CLT, inserido pela Lei 9.958/2000: "É vedada a dispensa dos representantes dos empregados membros da Comissão de Conciliação Prévia, titulares e suplentes, até um ano após o final do mandato, salvo se cometerem falta grave, nos termos da lei". Não há garantia de emprego para o empregado atuante em Comissão de Conciliação Prévia mantida em entidade sindical.

- Empregado membro de conselho deliberativo de instituição de previdência privada. Fundamento no art. 12, *caput*, da LC 108/2001, que dispõe sobre a estabilidade nas fundações de previdência privada: "O mandato dos membros do conselho deliberativo será de quatro anos, com garantia de estabilidade, permitida uma recondução". Vale lembrar que os membros são eleitos por seus pares, na classe dos participantes e dos patrocinadores.

- Há quem refira uma espécie de garantia de emprego no art. 93 da Lei 8.213/1991 (Lei de Benefícios da Previdência Social). Melhor seria dizer que o dispositivo cria uma cota de preenchimento de vagas, em empresas acima de cem empregados, para deficientes físicos e mentais, e que esta cota não pode ter solução de continuidade. Ocorre que, uma vez preenchida a cota, o empregado detentor da vaga somente pode ser desligado mediante contratação de outro empregado igualmente elegível ao benefício. Não se exige que a deficiência seja a mesma nem que a vaga ocupada seja para o mesmo posto, mas que a empresa mantenha o nível de cotas tal como determinado pelo art. 93, cujo § 1.º assevera: "A dispensa de pessoa com deficiência ou de beneficiário reabilitado da Previdência Social ao final de contrato por prazo determinado de mais de 90 (noventa) dias e a dispensa imotivada em contrato por prazo indeterminado somente poderão ocorrer após a contratação de outro trabalhador com deficiência ou beneficiário reabilitado da Previdência Social" – redação dada pela Lei 13.146/2015. Logo, pode-se enxergar uma restrição à liberdade de despedida pelo empregador, que, no particular, não precisa justificar o desligamento de um deficiente, mas precisa indicar a admissão de outro deficiente – ou pagar os salários do primeiro deficiente até que se efetive o segundo deficiente, por assim dizer.

- Em momentos de crise nacional aguda, surgem garantias coletivas de emprego ou alguma forma de restrição ao poder de denúncia do contrato. Citam-se os seguintes exemplos: art. 3.º da Lei 4.923/1965, art. 4.º da Lei 9.601/1998 e o inteiro teor da Lei 13.189/2015 – Programa de Seguro-Emprego.

- Representação dos trabalhadores de que trata o art. 11 da Constituição. Havia entendimentos jurisprudenciais no sentido de que os trabalhadores eleitos para a representação não sindical, exigida pela Lei Maior para todas as empresas acima de 200 empregados, fossem automaticamente estáveis, sob o fundamento de que passam por processo eleitoral e se sujeitam a atos de retaliação ou de discriminação no ambiente de trabalho. Porém, esse tema não floresceu ao longo dos primeiros trinta anos de vigência da Constituição de 1988, a começar pelo fato de que poucas empresas implementaram a representação, em meio a discussões sobre sua compulsoriedade e sua operação. A regulamentação carreada pelos arts. 507-A e seguintes da CLT fomentaram sua concretização nas empresas desse porte e, na oportunidade, o legislador corroborou a indispensabilidade de se atribuir proteção aos trabalhadores eleitos. Em vez de estabilidade duradoura, optou-se pela antiga fórmula da proteção apenas contra a dispensa arbitrária, tal como já funcionou no Brasil para os membros eleitos da CIPA. A proteção contra a dispensa arbitrária se diferencia das demais formas de garantia de emprego, porque permite que o empregado seja dispensado por motivos socialmente justificados, de ordem econômica, financeira ou tecnológica.

- A Lei 14.020/2020, ao regulamentar situações de redução de jornada e de suspensão do contrato de trabalho durante alguns meses do estado de calamidade pública deflagrado pela pandemia daquele ano, adicionou uma garantia de emprego específica para o trabalhador com deficiência, vedando-lhe a dispensa sem justa causa (art. 17, V). Entendemos que a proteção valeu apenas de 6 de julho a 31 de dezembro de 2020, a saber, o período transcorrido entre o início da vigência da lei e o término do período de calamidade pública pronunciado pelo Decreto Legislativo nº 6/2020, porque foi sobre ele que a norma foi construída e a ele faz menção expressa. Prorrogação do prazo de calamidade pública em outra norma e retomada do programa de suspensão contratual por normas supervenientes em 2021 não fizeram menção ao trabalhador com deficiência.

- Deixamos de inserir nesta lista as modalidades de multas e óbices impostos pelo legislador à rescisão de contrato de trabalho que não chegam ao patamar de garantia de emprego, por considerar que o acréscimo indenizatório ao empregado, embora tenha o papel de retardar alguns desligamentos, não ostentam a natureza jurídica de garantia ou de estabilidade. Essa técnica legislativa aparece em leis de política salarial das décadas de 1970 e de 1980, em alguns meses de implementação do Plano Real de 2004, para trabalhadores egressos dos programas de suspensão temporária de requalificação de que trata o art. 476-A da CLT e também para os trabalhadores sujeitos à redução de jornada e à suspensão contratual durante a pandemia de 2020, todos eles contemplados com indenizações ou multas adicionais em caso de desligamento logo após o retorno, mas sem que a dispensa arbitrária ou sem justa causa tenha sido vedada. Logo, nem sequer se pode cogitar em medidas de reintegração, por exemplo.

- Importante considerar nesta lista de garantias de emprego em geral as hipóteses de redução salarial previstas em negociação coletiva, conforme autorização emanada do art. 7º, VI, da Constituição de 1988. Não havia previsão expressa de que todo trabalhador submetido a reduções salariais devesse ter o contrato de trabalho preservado enquanto perdurasse o gravame e após alguns meses. Havia apenas a percepção de que essa medida era razoável, como contrapartida pelo rebaixamento salarial, e que poderia ser negociada pela entidade sindical quando das tratativas sobre o percentual de redução, com ou sem redução de jornada. No entanto, a garantia de emprego para trabalhadores com salário reduzido passou a ser mandatória na forma trabalhista de 2017 (art. 611-A, § 3º, CLT), devendo as partes inserir cláusula regulamentadora dos prazos e condições dessa proteção.

9. Estabilidade em contrato a termo

Controverte-se sobre a existência ou não de estabilidades adquiridas no curso dos contratos de trabalho por prazo determinado.

Os argumentos mais utilizados são de duas ordens.

O primeiro grupo de argumentos lembra que o empregador estava de boa-fé quando previamente ajustou que o contrato era de curta duração, com data certa para o encerramento – a data pode ser um termo fixo, um acontecimento de duração razoavelmente aproximada ou um evento, como já estudado –, de modo que as eventualidades desse caminho não lhe poderão ser opostas.

O segundo grupo de argumentos se baseia naquele § 2.º do art. 472 da CLT, que evoca a fluência normal da contagem do contrato por prazo determinado, ainda que haja suspensão ou interrupção, de sorte que nem mesmo uma licença médica ou uma licença-maternidade podem alterar o fluxo dos dias ajustados. Expirada a contagem originalmente concebida, expirado está o contrato de trabalho. Não há muita controvérsia em matéria de estabilidades objetivas, assim entendidas aquelas que visavam ao bem da coletividade e dependem normalmente de eleição, como a composição de entidade sindical ou da CIPA, porque em todos os casos a estabilidade decorreu de uma conduta positiva do empregado, já ciente de sua curta trajetória na empresa. Ademais, beiraria a má-fé aceitar que um empregado acesse de modo provisório uma empresa e force sua permanência com o simples registro de uma candidatura.

As dúvidas maiores ficam por conta das garantias de emprego personalíssimas ou subjetivas, assim entendidas aquelas concernentes à figura do empregado em seus momentos de maior vulnerabilidade, como a gestação ou a recuperação de um acidente ou doença.

A jurisprudência majoritária se opunha ao direito de permanência no emprego às gestantes, independentemente de a concepção ter-se verificado antes, durante ou depois da prestação de serviços provisórios, e aos acidentados. A Súmula 244 manteve-se contrária às gestantes de 1988 a 2012, enquanto a Súmula 378, III, era refratária à estabilidade dos acidentados em contrato a termo pelo menos de 2005 a 2012.

Ambos os verbetes foram alterados em setembro de 2012, passando a admitir a garantia de emprego do art. 118 da Lei 8.213/1991 para todas as hipóteses.

No caso da gestante, a proteção ao nascituro foi considerado bem jurídico maior do que a qualidade temporária do contrato de trabalho a termo; no caso do acidentado, o valor social do trabalho e a proteção à pessoa em recuperação foram realçados.

Excepcionam-se, contudo, os contratos temporários, regidos pela Lei 6.019/1974, por se considerar que, conquanto sejam também eles uma modalidade de contrato de trabalho a prazo determinado, possuem características próprias em ambiente terceirizante e incompatibilidade com qualquer prorrogação para além de seus estreitos prazos legais.

Capítulo 13

Fundo de garantia

1. Contexto da criação do fundo de garantia em 1966

O fundo de garantia saiu do gênio criativo do legislador em busca de uma solução para alguns impasses criados pelo regime universal da estabilidade prevista pela CLT – chamada de estabilidade decenal.

Para além das críticas sobre o engessamento das empresas, que não podiam dispensar empregados de baixa produtividade, a não ser por justa causa, deve ser lembrado também o fato de que a estabilidade, na prática, achava-se sobejamente mitigada.

De um lado, os contratos de trabalho vinham sendo encurtados para que a empresa não corresse o "risco" de ter empregado com dez anos de casa. Mesmo com o conceito de dispensa obstativa do art. 499, § 3.º, da CLT, bastava que a empresa antecipasse a rescisão para o quinto ou sexto ano de contrato de trabalho a fim de que passasse despercebido seu intuito de barrar a estabilidade. Involuntariamente, a legislação que protegia empregos a partir do 10º do contrato de trabalho era a mesma que acelerava rescisões entre o 5º e o 7º ano de vínculo de emprego, justamente para não se deixar implementar a condição necessária para a estabilidade.

De outro lado, os julgados, quando chamados a se manifestar sobre eventual justa causa do empregado estável, maciçamente convertiam a reintegração em indenização dobrada, conforme autorização do art. 496 da CLT, de tal sorte que, querendo se ver livre de um empregado estável, o empregador podia formular alegação singela de justa causa, remetia a questão ao Judiciário e, já sabendo da alta chance de não provar os fatos, ficava satisfeito em ter de pagar a indenização de duas remunerações por ano de serviço do empregado.

Por exemplo, um empregado com 18 anos de serviço receberia uma indenização de 36 meses de remuneração: 36 meses são três anos, tempo bastante inferior ao que teria direito se houvesse sido respeitada a estabilidade até que ele adquirisse o direito à aposentadoria. A indenização dobrada chama a atenção e parece muito alta, mas quando se resolve analisar o caso detidamente se descobre que também ela escondia uma falácia. Ademais, a indenização era tarifada, ou seja, fixada pelo legislador e não pelo juiz, além do que não era acompanhada de outras vantagens legais, tendo por base unicamente a remuneração.

O regime da estabilidade decenal não era perfeito, nem ruim, mas havia sido deturpado, antecipando seu próprio ocaso.

Havia, ainda, outro ponto falho no regime de estabilidade, porque não era acompanhado por nenhuma forma de pecúlio ou de segurança para o empregado que não fosse dispensado. Eram várias as situações desvantajosas ao trabalhador, sem que pudesse acusar a empresa de nenhum descumprimento legal:

- os empregados com menos de um ano de casa saíam sem direito a nenhuma indenização porque o legislador os considerava em fase de teste (art. 478, § 1.º);

- os empregados demissionários jamais recebiam gratificação ou levantavam alguma forma de poupança pelos serviços prestados, como se o pedido de demissão correspondesse a uma desonra, tanto pelo novato como pelo veterano;
- mesmo na justa causa, o empregado era severamente punido com a perda da estabilidade e jamais conheceria alguma foram de segurança financeira;
- o empregado que falecia em serviço não deixava valor algum para a família, porque o bem maior tutelado pela CLT se chamava estabilidade e esta já não fazia mais sentido para ninguém;
- o empregado que, tendo tido a estabilidade respeitada, atingisse o direito à aposentadoria, encerrava 35 anos de contrato de trabalho sem nenhuma premiação ou bonificação, como se estabilidade houvesse correspondido a um favor prestado pela empresa.

Todos esses cinco exemplos foram favorecidos pelo regime do fundo de garantia, porque nesse regime os depósitos são guarnecidos para uso futuro do trabalhador, variando apenas a autorização legal quanto à data do saque.

Doravante, mesmo com o desemprego e a possibilidade de dispensa sem justa causa a qualquer momento, os empregados passam a contar com essa espécie de pecúlio ou de reserva monetária obrigatória.

É verdade que, além do fundo de garantia, os empregados disputam o direito de receber um adicional de 40% pela rescisão injusta, mas os assuntos são diferentes. O fundo de garantia atua como reserva para o período de desemprego – e atualmente também para períodos de urgência econômica decorrente de doenças graves e aquisição de casa própria – ao passo que a indenização de 40% age como uma compensação financeira pelo rompimento do contrato de trato sucessivo, que foi feito para durar, mas foi denunciado pela parte contrária.

Então, mesmo que não tenha direito aos 40%, terão direito ao fundo de garantia depositado ao longo do contrato de trabalho todos os empregados, independente da forma de rescisão do contrato de trabalho (óbito, pedido de demissão, justa causa, aposentadoria) e independente da duração do contrato de trabalho (mesmo os mais curtos, que ficavam de fora do sistema do art. 478 da CLT).

O fato de o saque ser postergado em alguns casos – no máximo três anos, segundo o regime do fundo de garantia – não lhes retira o direito de auferir essa renda de efeitos diferidos.

Essa é seguramente a principal virtude do regime do fundo de garantia, ao instituir a noção de pecúlio ou de poupança forçada.

No entanto, a banalização completa da dispensa sem justa causa foi tão intensa que maculou o ponto positivo do fundo de garantia e o associou a um regime precário, de caráter marcadamente rotativo.

Ao que parece, a solução mais equilibrada é realmente conciliar o regime de poupança forçada com algumas restrições mais severas à dispensa sem justa causa, numa espécie de garantia de emprego para mais pessoas e por mais tempo. Ou, pelo menos, regulamentar o conceito de dispensa arbitrária e dispensa sem justa causa, também chamada de dispensa socialmente justificada, restringindo àquela e disciplinando esta, tal como praticado nos países industrializados de tradição romano-germânica.

A indenização rescisória, mesmo que aumentada para 100% do fundo de garantia, não serve de obstáculo sério para a rescisão, por um dado concreto que costuma ser omitido das análises legislativas: a massa salarial sendo baixa no Brasil provoca depósitos modestos e, por óbvio, torna modestos os cálculos feitos sobre essa base. Fixemos um exemplo.

Empregado que aufere R$ 5.000,00 ao mês terá depósito de aproximadamente R$ 30.000,00 em sua conta vinculada do fundo de garantia ao cabo de seis anos de contrato de trabalho. No entanto, sua rescisão custa apenas R$ 12.000,00 – algo como dois meses de salário – porque a legislação estipula que a base para o cálculo será o saldo do fundo de garantia.

Bem refletido o tema, percebe-se que o acréscimo de dois meses e meio ao valor da rescisão não chega a ser fator inibitório para a rotatividade da mão de obra, até porque o empregador já calcula esse custo quando da admissão do empregado e fixa a faixa salarial proporcionalmente inferior para fazer frente às despesas rescisórias. Não se deve misturar o assunto com décimo terceiro salário e férias proporcionais, até porque esses dois pagamentos podem ter sido feitos em tempo oportuno, sem nem ao menos fazerem parte do termo de rescisão.

É muito difícil dizer qual regime é melhor, aquele que privilegia a permanência no emprego ou aquele que fomenta a formação de um pecúlio para gozo oportuno. Claro que o mundo perfeito combinaria o melhor de cada e, de fato, isso é possível.

No entanto, a celeuma que se instalou no Brasil na década de 1970, acusando-se o legislador de haver feito uma falsa promessa aos empregados, estava desfocada. Alguns empregados se sentiram muito prejudicados por terem sido dispensados logo depois de renunciarem à estabilidade, ao passo que outros ficaram impressionados com o levantamento de vinte anos de depósitos de fundo de garantia com os quais não contavam e que, afinal, não estavam previstos pela legislação no início do contrato de trabalho. Para piorar ainda mais a controvérsia, o art. 158, XIII, da Constituição Federal de 1967, já sabendo da existência de lei ordinária sobre o fundo de garantia, cunhou uma expressão ambígua. Assegurou-se ao trabalhador o direito à "estabilidade, com indenização ao trabalhador despedido, ou fundo de garantia equivalente". Fundo de garantia equivalente seria, de fato, o fundo de garantia equivalente em dinheiro ao que uma indenização rescisória corresponderia no regime de estabilidade? É óbvio que não, pois a indenização rescisória era apenas uma promessa distante, para o caso de a dispensa ser perpetrada. A estabilidade em si não tinha expressão econômica alguma, já se frisou.

Decidiu-se, então, que a equivalência entre os regimes do Fundo de Garantia do Tempo de Serviço e da estabilidade prevista na CLT era meramente jurídica e não econômica.

2. Natureza jurídica originalmente tributária

O fundo de garantia deveria de uma vez por todas ter reconhecida sua natureza como um direito trabalhista, de cunho não salarial, e encerrar a polêmica sobre seu caráter tributário.

A controvérsia atravanca seu desenvolvimento e incendeia o tema da prescrição.

Tudo começou porque o fundo de garantia foi imposto pelo legislador, mesmo para as situações em que nem o empregado nem o empregador o desejavam. Dada a exigência de depósito de 8% sobre toda folha de pagamento, o legislador de 1966 aboliu alguns impostos mais arcaicos para que fosse anunciada uma desoneração equivalente, ou seja, a sociedade entendeu ter havido troca de imposto por imposto.

O depósito é feito em conta vinculada do empregado e o acesso é controlado, sendo que a compulsoriedade também aviva entendimentos pró-tributo. O destino do fundo de garantia é também ele vinculado aos poderes públicos, sendo preferencialmente aplicado em obras de saneamento básico e moradias, tal como ocorre em receitas tributárias. Mais recentemente, passou a compor o vasto patrimônio do Fundo de Amparo ao Trabalhador. Finalmente, o órgão arrecadador e fiscalizador era o antigo INPS, passando a ser a Caixa Econômica Federal com a reestruturação de 1990, associando o nome do fundo de garantia aos órgãos públicos muito mais do que ao trabalhador propriamente dito.

No entanto, muita coisa mudou desde a normatização da Lei n. 5.107/1966.

O fundo de garantia deixou de ser uma opção de alguns empregados e foi universalizado pelo art. 7.º, III, da Constituição Federal de 1988, como um direito do trabalhador.

A Previdência Social nada tem que ver com a matéria, sendo que a Caixa Econômica Federal não interfere em seu funcionamento, apenas executando a parte formal da arrecadação.

O trabalhador tem legitimidade ativa plenamente assegurada para exigir a parte que lhe compete. O fundo de garantia decorre integralmente das parcelas pagas dentro do contrato de trabalho.

Por tudo isso, sua natureza trabalhista é sensível.

Dentro do campo trabalhista, costuma-se associar o fundo de garantia a uma indenização pelo tempo de serviço, a uma forma de premiação diferida no tempo ou simplesmente a um pecúlio forçado em nome do trabalhador. Não há natureza salarial por não se tratar de contraprestação de serviços prestados, mas apenas um efeito indireto.

A solução encontrada é lidar com uma natureza híbrida, única forma de explicar por que o mesmo depósito pode ser cobrado tanto na Justiça do Trabalho pelo empregado como na Justiça Federal pelo órgão arrecadador, entre outras ambiguidades.

A natureza híbrida não resolve todos os problemas, mas os atenua. E ajuda na conclusão de que o direito ao fundo de garantia é transindividual, e, portanto, também o Ministério Público do Trabalho poder aforar ação civil pública com o propósito de regularização das contas individuais.

3. Prescrição das pretensões a diferenças de fundo de garantia

A prescrição leva a fama de complicada, mas a complexidade está desde logo na natureza jurídica das coisas e não nos prazos propriamente ditos. A partir do enquadramento da parcela é que se faz a análise da prescrição e não o contrário.

Como o fundo de garantia não se decide entre o tributário e o trabalhista, a prescrição sofre as oscilações inerentes à questão. Somente quando ele é considerado trabalhista, será razoável supor que a prescrição seja aquela do art. 7.º, XXIX, da Constituição Federal de 1988, ou seja, o prazo de cinco anos na vigência do contrato de trabalho e de dois anos após a rescisão.

Enquanto isso não ocorreu, foi necessário conviver com o estranho art. 23, § 5.º, da Lei n. 8.036/1990, que ampliava a prescrição para trinta anos, sob o singelo argumento de que ali foi considerada a natureza tributária do fundo de garantia, mas do tipo contribuição social ou algo assemelhado, de tal forma que nem mesmo o prazo de cinco anos do Código Tributário Nacional foi observado.

E não se aceitava, todavia, que o prazo de trinta anos fosse invocado pelo empregado após a rescisão do contrato de trabalho. Isso somente poderá ser feito pela Caixa Econômica Federal em seus processos de cobrança geral em face de uma empresa. Para o empregado, o prazo de dois anos após a rescisão é mandatório.

Logo, vigorou um estranho caso de hibridismo: durante a vigência do contrato de trabalho, o fundo de garantia era mais tributário e autorizava o prazo de trinta anos; após a vigência do contrato de trabalho, o fundo de garantia é mais trabalhista e reclama o prazo de dois anos.

Coube ao Supremo Tribunal Federal aclarar que, na verdade, o fundo de garantia sempre foi trabalhista e, como tal, não deveria ter se apartado do prazo de cinco anos jamais. O Supremo julgou inconstitucional o art. 23, § 5.º, da Lei 8.036/1990 – bem como o art. 55 do Decreto n. 99.684/1990, que é o Regulamento do FGTS – mandando que se aplique o art. 7.º, XXIX, da Constituição Federal de 1988, para todas as pretensões atinentes ao fundo de garantia, tanto na constância do contrato de trabalho quanto após sua extinção.

Atente-se para o fato de que o Supremo houve por bem modular os efeitos da decisão, que somente tem lugar a partir de 13 de novembro de 2014. Assim, até

13 de novembro de 2019, o interessado podia reivindicar diferenças do fundo de garantia dos últimos 30 anos. Após essa data, somente serão exigíveis as diferenças dos últimos cinco anos.

Há, ainda, outro aspecto alusivo à prescrição do fundo de garantia: trata-se de saber se a prescrição da parcela de natureza salarial induzia diretamente à prescrição do fundo de garantia incidente. A resposta é afirmativa.

O acessório segue o principal: essa foi a parêmia utilizada pela jurisprudência para declarar que, prescrita a pretensão a horas extras e a outras parcelas de natureza salarial, prescrita também está a pretensão ao reflexo no fundo de garantia.

Logo, neste contexto o fundo de garantia assumiu natureza eminentemente trabalhista, porque se ele fosse realmente um tributo, então teria de ter vida própria, independente da sorte da base de cálculo, como acontece, por exemplo, com o imposto de renda sobre determinado salário pago ao empregado.

Ainda que o contrato de trabalho tenha expirado em 2019 e o empregado tenha sofrido prescrição total de suas pretensões em 2021, o prazo decadencial de cinco anos para a inscrição da dívida tributária e de mais cinco anos de prescrição para a cobrança judicial seguem seu curso. Pouco importa que a parcela salarial tenha sido conquistada em outra ação trabalhista, pois ainda assim a prescrição dos reflexos em fundo de garantia deverá observar a mesma sorte da prescrição dos valores principais.

4. Parâmetros para calcular o fundo de garantia

Base de cálculo: remuneração ampla. A base de cálculo do fundo de garantia abrange todas as parcelas de natureza salarial e as gorjetas e gratificações pagas por terceiros, donde ser correto dizer que a base é a remuneração completa. Ficam de fora apenas as parcelas de natureza indenizatória. São todas as parcelas referidas nos arts. 457 e 458, alcançando também o salário utilidade, bem como o décimo terceiro salário. O aviso-prévio indenizado compõe a base de cálculo pois tem reconhecida natureza salarial, na forma do art. 487, § 1.º, da CLT. Ainda que não haja tempo hábil para o depósito na conta vinculada, pois a homologação já se aproxima, o fundo de garantia do aviso-prévio indenizado deve ser lançado em termo de rescisão. Alguns itens excluídos da natureza salarial pelo legislador, como a participação nos lucros e resultados, o vale-transporte e o vale-refeição, ficam de fora da base de cálculo, mas desde que respeitem aos ditames legais, pois o fornecimento irregular dessas vantagens as torna salariais. Isso é óbvio, porque a fraude objetiva desvirtuar a legislação trabalhista e, como tal, não deve produzir efeitos (art. 9.º da CLT). Pagamentos salariais feitos ao empregado em serviço no exterior também compõem a base de cálculo do fundo de garantia. O fato de haver salários condicionais, que somente são pagos enquanto perdurar determinada situação, como adicional de transferência, adicional noturno e horas extras, não altera o raciocínio, pois essas parcelas são salariais durante sua existência. A situação das férias é peculiar. Têm natureza salarial quando são concedidas em descanso e, portanto, incidem no fundo de garantia. Mas passam a ter natureza indenizatória quando pagas integralmente em dinheiro, como é o caso das férias proporcionais acrescidas de um terço, das férias simples e dobradas lançadas em termo de rescisão e, ainda, das férias "vendidas", na forma do art. 143 da CLT.

Alíquota de 8%. A alíquota do fundo de garantia sempre foi de 8%, tanto na legislação original de 1966 quanto na reestruturação de 1990 (art. 15, Lei n. 8.036/1990). Essa alíquota foi cuidadosamente estudada, porque o objetivo era dar a sensação de equivalência econômica entre a indenização do art. 478 (um mês de remuneração por ano de serviço) e o saque do pecúlio ao final do contrato de trabalho. Aplicando-se 8% sobre cada remuneração, teremos 96% ao final de doze meses. Se somarmos a um período possível de férias e ao décimo terceiro salário, a marca dos 100% estará soberanamente ultrapassada. Talvez por isso que a indenização rescisória foi fixada em apenas 10% pela lei de 1966, com ampliação para 40% apenas pelo art. 10 do Ato das Disposições Constitucionais Transitórias de 1988. Evidentemente que a comparação é feita entre o fundo de garantia e os empregados dispensados com menos de dez anos de emprego, porque o regime de estabilidade em sua essência é incomparável e insubstituível.

Alíquota de 2%. Como o art. 7.º, III, da Constituição Federal de 1988, não faz referência a seu patamar, há relativa liberdade para o legislador ordinário fixar o parâmetro. Resta, porém, analisar se existe tratamento discriminatório na destinação de alíquotas menores dos depósitos. Agora que já não se fala em comparação com a indenização do art. 478 da CLT, a alíquota de 2%, em alguns cenários e sob certas condições, tem mais chance de prosperar. O primeiro caso foi aquele da Lei n. 9.601/1998, cujo art. 2.º previa uma série de reduções tributárias e, ao final, mencionava a alíquota de 2% de fundo de garantia. O objetivo era expressamente baratear os custos da contratação, mas pelo sistema dessa lei se fazia indispensável a negociação coletiva, a qual poderia prever compensações a essa redução. O segundo caso decorreu da Lei do Aprendiz. A Lei n. 10.097/2001, embora nada tenha mencionado no texto da CLT, inseriu o § 7.º ao art. 15 da Lei n. 8.036/1990. O argumento é que o aprendiz representa um custo indireto mais elevado ao empregador, que arca com o suporte educacional. Em contrapartida, o empregador pode ceder um pouco no tocante aos depósitos, pois seu grande pecúlio, neste caso, é o próprio aprendizado. O rebaixamento de alíquota, contanto que justificado para situações particulares, não foi considerado discriminatório nem inconstitucional pelos tribunais superiores. Essa ferramenta de rebaixamento da alíquota do fundo de garantia também compôs parte da estratégia de algumas propostas da década de 2020, não convertidas em lei, tais como o "contrato verde e amarelo" e o regime "Priore", os quais tinham como um dos alvos o fomento à criação de postos de trabalho para a população de 18 a 29 anos e acima de 55 anos. Não houve formação de consenso, todavia, se esse fomento poderia ser feito às expensas dos próprios empregados, vale dizer, reduzindo os direitos trabalhistas e não os encargos trabalhistas incidentes sobre a folha de pagamento.

Correção monetária. O fundo de garantia tem correção monetária própria, bem como capitalização de juros de três por cento ao ano, mais algumas vantagens para contas vinculadas de longa permanência (art. 13 da Lei n. 8.036/1990 e disposições complementares). Ocorre, porém, que essa correção se aplica aos depósitos feitos regularmente ou às cobranças judiciais promovidas pela Caixa Econômica Federal. Mal comparando, é como se essa atualização monetária legal somente tivesse lugar quando o assunto fosse o fundo de garantia do ponto de vista tributário. O fundo de garantia postulado pelo empregado em processos trabalhistas, de forma isolada ou como reflexos das horas extras e demais parcelas trabalhistas, é atraído para a seara do Direito do Trabalho. Deve, então, receber a correção monetária trabalhista. Não há contradição, se lembrarmos que a natureza híbrida acabou prevalecendo.

Ônus da prova. Grande quantidade de petição inicial aproveita a confusa redação da Lei n. 8.036/1990, especialmente o art. 17, e levanta dúvidas sobre os depósitos do fundo de garantia, jogando para a empresa o ônus de demonstrar a regularidade dentro do prazo de trinta anos. As empresas se sentem forçadas a providenciar cópias infinitas de folhas de pagamento, relação de empregado e guias de depósito. Ocorre, porém, que o Direito Processual não pode admitir pedidos que apenas levantem dúvidas. No mínimo, isso seria um pedido inepto. Assim, embora persistam entendimentos de que o encargo será sempre do empregador, sustentamos um sistema de repartição dos encargos: do trabalhador se espera que ofereça algumas indicações da pendência do fundo de garantia, sendo a fonte mais rica de detalhamento um simples extrato colhido na Caixa Econômica; do empregador se espera a prova do depósito impugnado quando indicados, pelo menos, alguns elementos como datas, valores, alíquotas ou base de cálculo, em torno dos quais reside a dúvida.

Extensão para contrato de trabalho nulo. No Direito do Trabalho, o ato nulo pode produzir efeitos. Há muitos contratos nulos repletos de efeitos, como ocorre com o contrato de trabalho proibido, que, para ser remediado, tem de ser reconhecido e tem de desencadear seus efeitos. É o que ocorre com a exploração da mão de obra infantil. Há também o curioso caso do contrato de trabalho com a administração pública, mas desprovido de concurso de ingresso. O art. 37, § 2.º, da Constituição Federal de 1988 aponta claramente sua nulidade e assim vem se mantendo firme a jurisprudência trabalhista nestes anos todos. Porém, impressionados com os casos de abusos cometidos por administradores públicos, muitos julgados passaram a fixar, além do direito ao salário por se tratar de energia irrecuperável, também o direito ao fundo de garantia como uma forma de pecúlio. Há um sentimento de justiça na questão porque ajuda a tratar de forma desigual os desiguais, isto é, quanto maior o tempo de serviço, maior a indenização. Tanto se debateu o assunto que um art. 19-A foi inserido na Lei n. 8.036/1990, através da Medida Provisória n. 2.164-41/2001: "É devido o depósito do FGTS na conta vinculada do trabalhador cujo contrato de trabalho seja declarado nulo nas hipóteses previstas no art. 37, § 2.º, da Constituição Federal, quando mantido o direito ao salário". Harmonicamente, a Súmula n. 466 do Superior Tribunal de Justiça, publicada em 25 de outubro de 2010, exige que a Caixa Econômica Federal proporcione ao trabalhador o saque do fundo de garantia quando a nulidade houver sido declarada: "O titular da conta vinculada ao FGTS tem o direito de sacar o saldo respectivo quando declarado nulo seu contrato de trabalho por ausência de prévia aprovação em concurso público". Recurso contra o art. 19-A, sob o fundamento de que o ato nulo não deveria gerar efeitos, foi julgado improcedente pelo Supremo Tribunal Federal, que entendeu ser passível a indenização do fundo de garantia para trabalhadores admitidos sem concurso público.

5. Comentários sobre a chamada multa de 40%

Natureza jurídica da indenização de 40%. Quase não se discute mais o tema. A indenização incidente sobre o saldo do fundo de garantia, popularmente conhecida por multa de 40% ou multa rescisória, é a que mais se aproxima do conceito de compensação financeira celebrizado pelo art. 478 da CLT. Trata-se de um pagamento destinado realmente a indenizar o empregado pego de surpresa pela rescisão contratual e que precisa fazer frente ao período de transição e de desemprego forçado que se aproxima. Nada tem de salarial, porque não contrapresta serviços nem remunera tempo à disposição do empregador. Há pequena divergência, dentro do campo indenizatório, para saber se esse pagamento é um ressarcimento por prejuízos causados ao empregador, que esperava permanecer no longo prazo, ou se tem índole compensatória pela quebra do pactuado, independentemente se haverá maiores ou menores prejuízos ao empregado e a sua "empregabilidade". A dicotomia indenização/compensação não altera a natureza indenizatória. Deveríamos evitar o termo multa por não se tratar de violação a norma legal nem de cláusula penal, mas a praxe preferiu multa a indenização.

Indenização de 40% no contrato de trabalho por prazo determinado. A indenização de 40% se aplica a todas as rescisões sem justa causa, ainda que a legislação haja concebido outro tipo de indenização, bonificação ou multa ao trabalhador no caso particular. Assim, por exemplo, a Lei n. 6.708/1979 fixa multa de um salário para os empregados despedidos trinta dias antes da data-base, mas nem por isso altera a finalidade da norma dos 40%. A Lei n. 8.880/1994, ao estabelecer a URV e a regra de transição para adoção do Plano Real, impôs multa de 50% do salário para os empregados dispensados entre março e junho de 1994, sem prejuízo da indenização própria da dispensa sem justa causa. O art. 476-A prevê uma indenização equivalente à última remuneração auferida pelo trabalhador que vier a ser dispensado nos três meses seguintes à suspensão temporária para requalificação profissional, mas isso não se confunde com os 40%. O art. 479 da CLT prevê o direito a metade dos salários vincendos para o empregado que, contratado por prazo determinado, vier a ser desligado antecipadamente, mas essa indenização se liga com a quebra de expectativa futura, ao passo que os 40% se ligam aos serviços prestados no passado.

Entendemos que o sistema do fundo de garantia se cumula com a indenização própria do trabalhador rural safrista, porque o art. 14 da Lei n. 5.889, de 08 de junho de 1973, foi recepcionado pela Constituição Federal de 1988, e sua indenização há de ser cumulada com o fundo de garantia.

Indenização de 10% antes da Constituição Federal de 1988. Era de 10% a indenização incidente sobre o fundo de garantia antes da Constituição Federal de 1988, conforme a Lei n. 5.107/1966 então vigente. Ocorre que a indenização é regida pela lei vigente à época da consumação do fato que lhe dá suporte, qual seja, a dispensa sem justa causa (ou rescisão indireta, que equivale à dispensa sem justa causa). Assim sendo, duas constatações se mostram óbvias. De um lado, dispensas anunciadas antes de 05 de outubro de 1988 não carecem de complementação, por se configurarem ato jurídico perfeito praticado sob orientação de lei anterior. De outro lado, dispensas perpetradas a partir de 05 de outubro de 1988 já carregam o direito do empregado de receber a indenização de 40%, ainda que a maior parte do contrato de trabalho se tenha desenvolvido em período anterior. A indenização não se mede pela data do contrato de trabalho nem pode ser confundida como uma simples alíquota de depósito mensal. Reza a Orientação Jurisprudencial Transitória 01: "A rescisão contratual operada antes da vigência da Constituição Federal de 1988, com o pagamento da multa sobre os depósitos do FGTS no percentual de 10%, é ato jurídico perfeito, não se admitindo retroatividade. Assim, indevido o deferimento da complementação, a título de diferenças de multa do FGTS, do percentual de 30%, referente ao período do primeiro contrato rescindido e pago de acordo com a norma vigente à época. (Lei n. 5.107/1966, art. 6.º)".

Indenização de 20% em caso de culpa recíproca, força maior e rescisão por comum acordo. O legislador procurou seguir o máximo possível as diretrizes da Consolidação das Leis do Trabalho sobre indenização rescisória. Como os arts. 484 e 502 estipularam indenizações pela metade para os casos de culpa recíproca e força maior, também a Lei n. 8.036/1990 se manifestou favoravelmente à divisão ao meio da indenização que hoje se pratica (art. 18, § 2.º). Andou bem o legislador ao não fracionar a alíquota mensal de 8%, mas apenas a indenização incidente sobre o montante dos depósitos. O legislador exige pronunciamento judicial em ambas as hipóteses, como forma de coibir a fraude. A culpa recíproca é raríssima. A força maior é muito mais alardeada do que real. A essas duas modalidades de rescisão vem a se somar o distrato por comum acordo, o qual, embutido em 2017 no art. 484-A da CLT, afirma expressamente o pagamento por metade da multa de 40%, sem que, para tanto, seja necessário o pronunciamento judicial (lembre-se de que o saque será de apenas 80% dos depósitos do fundo de garantia, como medida legislativa de disciplina da rescisão por comum acordo).

Base de cálculo com os valores sacados no curso do contrato de trabalho. A indenização de 40% deve ser proporcional ao tempo de serviço. Por isso não se deve dizer que a base seja o saldo do dia da quitação, mas o saldo que deveria existir no dia da quitação se 100% dos depósitos ali estivessem. Caso haja atrasos de depósitos, ainda assim a base é a globalidade dos valores devidos, mesmo não creditados. De outro lado, caso o trabalhador tenha tido acesso ao saque para fins de compra da casa própria, financiamento imobiliário, tratamento de doenças graves, inclusive a neoplasia maligna e os efeitos do vírus HIV, transtornos causados por desastres naturais ou quando o empregado completa setenta anos (art. 20 da Lei 8.036/1990), não se pode descontar esse valor da base da indenização. A conta será apenas mais trabalhosa, devendo somar o valor existente no saldo com o valor sacado e devidamente corrigido. No entanto, não se pode exigir do empregador que pague a indenização de 40% dez dias depois da dispensa (art. 477, § 6.º) e depois volte a pagar a diferença da indenização de 40% com base no valor que o empregado conseguiu sacar. É sabido que existirá uma (pequena) atualização entre o dia do cálculo e o dia do saque pelo trabalhador, mas não existe previsão legal para a quitação em duas etapas. Na verdade, a quitação seria infinita, pois em todas as vezes a bifurcação sobreviria.

Indenização de 40% na aposentadoria. A grande discussão sobre a indenização de 40% na aposentadoria não tinha relação com o fundo de garantia nem com seu acréscimo de 40%, mas, sim, com a possibilidade ou não de a aposentadoria ser considerada causa extintiva do contrato de trabalho. A interpretação literal do art. 453 caminha em favor da extinção do contrato de trabalho, ao dizer que o período anterior não se soma com o período posterior à aposentadoria, para os fins do antigo sistema de estabilidade decenal. Porém, é verdade que a premissa era diversa, pois o objetivo era calcular uma estabilidade que já não interessava aos empregados veteranos e aposentados. O sistema de aposentadoria mudou muito desde a promulgação da CLT e a reforma do art. 453 em 1975, de tal forma que se tornou mais fácil sustentar ser ela um mero ato administrativo, entre empregado e INSS, do qual o empregador não faz parte e para quem nenhum efeito produz. Diferente é o caso da aposentadoria por invalidez, que suspende indefinidamente o contrato de trabalho, e da aposentadoria por idade, que pode ser requerida pelo empregador e terá efeito extintivo do contrato de trabalho. Assim, o Supremo Tribunal Federal se posicionou no sentido de que, sendo a aposentadoria um ato administrativo desvinculado do contrato de trabalho, eventual rescisão contratual após sua concessão corre por conta e risco de quem tomar a iniciativa: se for o empregado que se declarou satisfeito com a aposentadoria e pediu desligamento, isso se chama pedido de demissão; se foi a empresa que acredita na aposentadoria como uma forma de não deixar o empregado desamparado e aproveitou o ensejo para cortar força de trabalho, isso se chama dispensa sem justa causa. Daí por que a indenização de 40% incide, sim, sobre a dispensa sem justa causa declarada pós-aposentadoria, mas sobre o fundo de garantia de todo o contrato de trabalho, que é único.

Indenização de 40% sobre o saldo corrigido pela inflação expurgada. Acima da controvérsia sobre a aposentadoria como causa extintiva do contrato de trabalho, houve somente um tema capaz de gerar mais discórdia no Direito do Trabalho contemporâneo: saber se o empregador era corresponsável pelo erro grosseiro cometido pela Caixa Econômica Federal, entre 1989 e 1991, ao não creditar corretamente a atualização monetária vigente à época. A União foi condenada, em decisão passada em julgado no Supremo Tribunal Federal, a implementar a atualização monetária que havia sido "expurgada" no bojo dos planos econômicos de triste memória do final da década de 1980 e início de 1990. Com isso, perceberam os trabalhadores que também a indenização de 40% havia sido chamuscada, porque os saldos das contas estavam subavaliados. Neste caso, porém, havia dois argumentos relevantes a favor do patrão. O primeiro é que foi cumprida integralmente a norma e o pagamento se operou de acordo com o saldo corretamente extraído na ocasião. Operou-se ato jurídico perfeito. O segundo é que o fato ocorreu na rescisão de muitos anos passados, não podendo a matéria ser reavivada mais de dois anos após a cessação do contrato de trabalho, como explica o art. 7.º, XXIX, da Constituição Federal de 1988.

Síntese das conclusões da jurisprudência sobre os expurgos inflacionários. Prevaleceu, porém, entendimento político, acima das razões de ordem jurídica, podendo ser resumida da seguinte forma a conclusão final dos Tribunais Superiores: a) embora não tenha concorrido para o expurgo inflacionário, o empregador é responsável em decorrência dos riscos da atividade econômica; b) conquanto o contrato de trabalho tenha se encerrado há mais tempo do que os dois anos, o direito ao complemento do fundo de garantia somente foi reconhecido pela Lei Complementar n. 110/2001, não se aplicando à hipótese o conceito de *actio nata* para fluir a prescrição a partir da data do conhecimento da lesão ou mesmo da decisão do Supremo Tribunal Federal, que é de 1998; c) contanto que o empregado não perca o biênio nascido em 30 de junho de 2001, é válida a pretensão veiculada fora dos dois anos da rescisão contratual; d) empregados que foram à Justiça Federal para o reconhecimento do direito e não seguiram os parâmetros de acordo extrajudicial preconizados pela Lei Complementar n. 110/2001 devem obedecer o prazo de dois anos a partir do trânsito em julgado da decisão federal, o que pode ter abreviado ou ampliado a data de 30 de junho de 2003 como limite final; d) admite-se o uso do protesto judicial para interrupção da prescrição nesse caso, mas nenhuma medida era necessária relativamente ao período anterior a 30 de junho de 2001. Labora em erro quem considera esses assuntos irrelevantes, porque antigos demais. O estudo dos eventos pretéritos nos capacita para o enfrentamento dos dilemas futuros.

Capítulo 14

Indenizações por danos extrapatrimoniais

1. Panorama dos danos morais trabalhistas

Indenização por danos extrapatrimoniais possui desenvolvimento científico recente no âmbito do Direito do Trabalho, sobretudo pela ausência de competência da Justiça do Trabalho para tais pretensões até 2004.

O trabalhador que se sentia prejudicado por agravos cometidos pelo empregador capazes de lhe afetar a dignidade, a saúde ou a imagem tinham de percorrer duas trilhas diferentes, acionando o patrão na Justiça do Trabalho para os pedidos essencialmente salariais e indenizatórias decorrentes do contrato e, ao depois, acionando-o na Justiça Comum para as reparações embasadas na legislação civil.

A dicotomia se assentava na premissa de que a competência judicial é fixada pela lei material que servirá de base para o julgamento, mas essa afirmação é bastante duvidosa e, em muitos casos, contraproducente. Melhor seria pensar que a competência judicial se alicerça na relação jurídica estabelecida entre as partes, independentemente se o magistrado usará a CLT, o CPC, o Código Civil ou qualquer outro diploma legal, inclusive tratados internacionais.

Porque esse debate se arrastou ao longo de décadas, entendemos que os juslaboralistas subdesenvolveram os estudos e as pesquisas em torno dos danos extrapatrimoniais, impondo-se recuperar o tempo perdido. Por exemplo, nenhum livro de Direito do Trabalho das décadas de 1940 a 1990 sequer comentavam a possibilidade de haver dano estético, para o trabalhador cujo acidente de trabalho lhe deixou sequelas ou mutilações, ou refletiam as circunstâncias de danos morais por assédios variados ou materiais pelos prejuízos infligidos.

Da mesma forma, jamais se comentava a possibilidade de o patrão acionar o empregado pelos prejuízos da concorrência desleal, da violação do dever de sigilo ou por campanhas de difamação. Quando muito, o empregador poderia ventilar esses assuntos para fundamentar o desligamento por justa causa.

Embora já houvesse ações com pretensão a danos morais e materiais na década de 1990, com exemplos embrionários de trabalhadores que cobravam do empregador a promessa contratual de imóvel financiado com juros menores ou de condomínios que queriam cobrar aluguel do imóvel que o zelador se recusava a deixar, nada se compara à efervescência dos pedidos a partir da EC 45/2004, que dispôs de modo expresso sobre a competência trabalhista para os danos morais e materiais.

Conquanto a expressão dano estético não apareça no corpo do art. 114 da Constituição, é majoritária sua compreensão como terceiro gênero ou, quando muito, sua inserção como uma espécie de dano moral.

No âmbito trabalhista, viria a florescer, ainda, um possível quarto gênero, representado pela expressão dano existencial, assim entendido o estado de desalento e esgotamento físico e mental do trabalhador submetido a anos ou décadas de trabalhos em regime constante de horas extras, privação das pausas para refeição e descanso, encurtamento das pausas para sono e, normalmente, supressão de férias.

Dada a complexidade e extensão desse quadro, muitos advogam a necessidade de seu enquadramento em categoria própria, sob a denominação de dano existencial, a fim de não o reduzir a um dano moral como ocorre com xingamentos, lesão à honra ou ofensas pessoais.

Houve reforços, também, desencadeados pelo Código Civil de 2002, que, atualizando farta experiência das lides civis, positivou expressões relativas aos danos morais, construiu grande acervo conceitual e passou a admitir a coexistência pacífica entre as pretensões materiais e aquelas meramente morais.

Há, no entanto, críticas ácidas ao Judiciário trabalhista, no sentido de que ele, talvez pelo tema ser novo, talvez por ausência de padronização, passou a adotar valores muito elevados para apenar o causador do dano. Cifras de seis ou de sete dígitos são comentadas diariamente pela imprensa, levantando dúvidas e curiosidade para saber se existe uma indústria do dano moral, por trás da indispensabilidade da reparação dos gravames causados no seio de um contrato de trabalho.

A rigor, a controvérsia não é apenas trabalhista, porque magistrados civis também são acusados de insensibilidade quando fixam valores muito baixos para situações de forte repercussão social ou quando fixam valores tidos por muito altos para penalizar causadores de danos morais com reduzido patrimônio.

De qualquer sorte, foi o tema da quantificação do dano moral – e não propriamente a tipificação ou os contornos desses danos – de que a reforma trabalhista de 2017 mais se ocupou.

2. A complexidade do sistema de indenizações tarifadas

A reforma trabalhista entendeu necessária a fixação de parâmetros para a aferição da indenização por danos morais na Justiça do Trabalho. Para tentar estabelecer uma espécie de teto legal aos valores judicialmente fixados, o legislador partiu para o delicado campo da indenização tarifada. Nunca é tranquila essa estratégia.

Havia indenização tarifada na Lei de Imprensa (art. 51, Lei 5.250/1967) e em outras normas esparsas no ordenamento brasileiro, assim como algumas indenizações no âmbito do Processo Civil e do Direito Civil são fixadas em múltiplos de salários-mínimos. Mas há sempre o risco de o legislador ser acusado de querer engarrafar nuvens, dada a multiplicidade de fatos, nuances e detalhes em cada um dos sinistros e dos eventos agressivos que permeiam as relações de trabalho.

As enfermidades, por exemplo são extremamente diversificadas, e seu alcance, impossível de ser delimitado; as hostilidades podem variar desde xingamentos e brincadeiras de mau gosto até atos orquestrados de ociosidade forçada, de execração pública e de exposição ao vexame.

Condutas antissindicais e atos de homofobia, violência de gênero, como ocorre nos atos de desqualificação do trabalho da mulher, tampouco são fatos isolados no mundo do trabalho, para não dizer das condutas discriminatórias mais veladas, como o etarismo, que é a discriminação pela faixa etária, a gordofobia e a xenofobia.

Enquanto a discriminação vertical – aquela que impede a ascensão funcional na empresa – pode ser mais fácil de enxergar, os atos de discriminação horizontal – assim entendida aquela que impede a contratação em algumas empresas ou em alguns departamentos – são de difícil demonstração. Abre-se, aliás, a possibilidade de pedidos de indenização por danos morais e materiais em sede de lesão pré-contratual, ou seja, quando nem sequer foi consumado o contrato de trabalho, mas já se sabe que a discriminação ocorreu no processo seletivo.

Podemos acrescentar a esse rol a lista de informações desabonadoras que circulam de empregador para empregador, que fazem pacto de não contratação de ex-empregados de uns e de outros.

Como catalogar toda essa gama de lesões extrapatrimoniais em apenas 3 ou 4 valores fixos de indenização?

Para muitos, o esforço é válido, pois oferece um mínimo de previsibilidade, de parte a parte, e aumenta a responsabilidade de advogados e magistrados; para outros, o esforço é vão e somente alimentará a incerteza e a frustração dos que perderam seus entes queridos, suas chances de trabalho ou sua própria razão de ser.

Observe-se, inicialmente, que os arts. 223-A a 223-G, inseridos ao corpo da CLT pelo legislador de 2017, se atêm aos danos ditos extrapatrimoniais, também chamados de danos morais, de modo que as indenizações por prejuízos materiais quantificáveis, como remédios, próteses e gastos com profissionais liberais, estão fora da tarifação – conforme, aliás, o art. 223-F alerta expressamente.

O art. 223-F, no entanto, não deixa claro onde estão os danos estéticos, terceiro gênero indenizável segundo sólida jurisprudência; como nós não podemos distinguir onde a lei não distingue nem podemos interpretar de modo expansivo a norma restritiva, o mais provável é que os danos estéticos estejam, também eles, fora da tarifação e sejam passíveis de indenização em separado – ou seja, nada muda para eles.

O art. 223-A não quer deixar que nada escape a sua tutela, nem que a magistratura trabalhista crie figuras adicionais: assim sendo, sua redação é enfática ao dizer que somente existem danos extrapatrimoniais nas relações de trabalho dentro dos limites catalogados.

Todavia, a promessa é difícil de ser cumprida, haja vista a imprevisibilidade das condutas sociais e a vastidão da criatividade humana. Por exemplo, quem poderia imaginar que o abuso emocional feito nas redes sociais seria ainda mais devastador do que o xingamento em praça pública ou no pátio do colégio?

Seria, então, taxativo o rol do art. 223-C?

É verdade que ele se esforçou ao compilar nove grandes temas da hostilidade ao ser humano, mas, de plano, se esqueceu de assuntos recorrentes no ambiente de trabalho, como a dispensa de pessoas por idade avançada – aliás, nem tão avançada assim, pois há empresas com políticas de cortes aos 45 ou aos 50 anos de idade –, a discriminação de gênero – assim entendida tanto a misoginia quanto a preterição por orientação sexual – e os assuntos ligados à nacionalidade do empregado – numa época em que o Brasil volta a ser ponto de convergência de rotas migratórias significativas.

Mas bastaria uma única palavra para demonstrar falta de solidez do dispositivo para servir de norte para a fixação das indenizações por danos morais: no país que foi o último a abolir a escravidão no Ocidente, o legislador se esqueceu do racismo como foco de constantes tensões trabalhistas. Logo, só nos resta concluir que o rol é meramente exemplificativo, podendo ser acrescidos outros fundamentos para a lesão extrapatrimonial.

Isso tudo para não dizer que a reforma se esqueceu de lidar com o evento morte no ambiente de trabalho, que também desafia pretensão a indenização por danos morais em ação ajuizada pelos entes familiares.

O art. 223-B frisa que os danos morais podem ser experimentados por pessoas físicas e por pessoas jurídicas. Assim, as empresas podem acionar os empregados em casos de difamação da marca ou dos procedimentos internos do empregador, o que já contava com jurisprudência favorável.

Embora omissa a lei, também podem sofrer danos morais os entes despersonalizados, como os condomínios, as famílias e as sociedades de fato; não há óbice jurídico algum em haver semelhante pretensão em juízo, o que apenas reforça o caráter exemplificativo desses dispositivos legais.

A vítima é o titular exclusivo para o ajuizamento da ação, de fato, mas isso se nós considerarmos que o evento morte está fora do alcance desses artigos.

A lei arrolou cinco hipóteses de danos morais para a pessoa jurídica, mas, em consonância com o que expusemos sobre a pessoa física, acreditamos ser uma lista exemplificativa; por exemplo, o tema da nacionalidade também pode afetar a pessoa jurídica, vítima de preconceito por sua origem.

Há solidariedade entre aqueles que concorreram para a lesão, o que já era facilmente extraído do acervo do Direito Civil – por exemplo, art. 942, parágrafo único, do CC – e que vale tanto para as empresas integrantes de grupo econômico ou unidas por contrato de terceirização, quanto vale para trabalhadores que se consorciaram para a difamação do empregador.

Muito embora tenha havido o cuidado de apresentar nada menos do que doze ponderações que o juiz deve fazer antes da estipulação do valor, o fato é que as indenizações têm de caber em uma das quatro faixas criadas pela reforma – leve, média, grave e gravíssima – sem prejuízo da reincidência.

Houve crítica severa ao legislador, por haver utilizado o salário-contratual do empregado como base de cálculo para a indenização, pois esse padrão, por qualquer ângulo que se observe, faz com que a dor do pobre seja menor do que a dor do rico, independentemente da lesão.

Com base na interpretação do art. 7º, IV, da CF e da Súmula Vinculante nº 4 do STF, considera-se a impossibilidade de vinculação do salário-mínimo como fator de correção monetária do pensionamento, apenas sendo admitida a fixação do montante inicial da pensão, ou estipulação única da indenização, em múltiplos ou fração do salário-mínimo.

Para piorar a situação, o legislador somente admite a reincidência se for entre as mesmas partes, o que praticamente jamais acontecerá; mesmo que a gente deixe de lado o evento morte, dificilmente o mesmo empregador perseguirá o mesmo empregado por questões raciais, sexuais ou morais duas vezes seguidas, pois o contrato já estará rompido.

Reincidência diz respeito à conduta do agressor de voltar à delinquência mesmo depois de punido e não de voltar à tona contra a mesma vítima; em outras palavras, é como se o legislador dissesse que o juiz não pode levar em consideração a repetição dos mesmos fatos na mesma fábrica, mas com vítimas diferentes.

Tentativa de corrigir alguns lapsos do legislador, sobretudo quanto ao uso do salário-contratual e à tipificação dos eventos, não obteve êxito, haja vista a caducidade de medida provisória que chegou a ser editada em 2017.

O sistema de tarifação, portanto, ainda pende de amadurecimento doutrinário e jurisprudencial e acabou servindo mais de parâmetro do que de taxatividade, diante de tudo o que acima constou.

Parte 2

O livro da remuneração

Capítulo 1

O salário

1. Os sentidos da palavra salário

Salário corresponde à forma mais usual e mais antiga de pagamento a um trabalhador.

Diz-se que a palavra "salário" advém da época em que o pagamento era feito em pacotes de sal, num tempo em que o papel-moeda ainda não havia se firmado.

O sal normalmente era considerado bem valioso, de difícil obtenção, quando comparado com outros víveres, que se poderiam plantar e colher nos arredores das propriedades urbanas ou rurais. Muito embora a extração do sal tenha se popularizado, assim como sua distribuição, permanece válido o sentido de contraprestação pelos serviços prestados mediante algum bem de valor intrínseco – outrora o sal, hoje em dia o dinheiro. Outrossim, o sal nos ajuda a lembrar que o salário também pode ser pago em mercadorias e outros bens em estado natural, que podem ser produtos, serviços ou mantimentos. Fala-se, no particular, em salário utilidade, conceito esse que será retomado nos capitulos finais deste volume.

Em diversos idiomas, usam-se variações do termo retribuição, a fim de representar aquilo que é pago ao empregado pelos serviços prestados, o que imediatamente evoca uma questão cronológica: o trabalhador primeiro empreende sua energia, para, depois, receber o pagamento devido.

Uma retribuição pelos serviços anteriormente prestados. A situação difere, portanto, de diversos outros sistemas jurídicos, como alguns tributos e algumas mensalidades escolares e associativas, em que o cidadão preliminarmente paga para, somente após, auferir o benefício.

Pode parecer uma diferença pequena, mas sua repercussão afeta todo o Direito do Trabalho.

Por exemplo, existem muitos empregados nesse exato momento que estão com diversos salários atrasados e outros que se acham a trabalhar, mas que não receberão o salário na data combinada, porque o empregador não dispõe de recursos financeiros ou simplesmente porque age de má-fé.

Esses operários poderão requerer a rescisão indireta do contrato de trabalho, conforme previsão do art. 483 da CLT, que vem a ser a forma drástica de ruptura do contrato por justa causa cometida pelo empregador, ou poderão eventualmente tolerar algum tempo de atraso até que a situação se normalize. Em qualquer das hipóteses, todavia, o que se tem é um quadro de grande insegurança para o empregado e nenhuma garantia de que os salários serão realmente pagos. A garantia, na verdade, é a existência do empreendimento, mas se este se fecha e se os sócios ou responsáveis não possuem bens ou nem ao menos são encontrados, o prejuízo se avizinha.

A situação oposta é muito mais rara. Dificilmente o empregador irá, sem lei que o obrigue, antecipar o salário do mês ou dos meses anteriores, para, somente depois, tomar o trabalho do empregado. O máximo que pode haver é a prática do adiantamento salarial no curso do mês para ajuda nas despesas mais prementes do empregado.

O adiantamento salarial, também chamado popularmente de vale, não encontra exigência legal, mas é bastante comum em normas coletivas (acordos coletivos de trabalho entre empresas e sindicatos ou convenções coletivas de trabalho entre sindicatos de empregados e sindicatos de empregadores), podendo também encontrar suas raízes em usos e costumes trabalhistas. Sua forma mais comum é aquela em que se antecipam 30% ou 40% do salário devido ao término de um mês de trabalho, em data intermediária, preferencialmente o dia 20 de cada mês.

Assim, mesmo que o empregado desapareça no dia 21, a empresa não terá sofrido prejuízo, pois em vez de antecipar 2/3 (dois terços) do salário, o que seria correto à altura do dia 20, a antecipação foi de apenas 40%, por exemplo.

2. Conceito de salário e a questão dos tempos à disposição do empregador

Salário é o *pagamento feito pelo empregador ao empregado, de maneira habitual, como forma de contraprestação (a) pelos serviços prestados, (b) pelo tempo à disposição do empregador e (c) pelos períodos de interrupção do contrato de trabalho*.

Pagamentos feitos por terceiros, ainda que relacionados aos serviços prestados dentro de um contrato de trabalho, não podem ser chamados de salários, pois já se afastam de seu conteúdo e de sua dinâmica. São normalmente gorjetas oferecidas em agradecimento pelo bom atendimento prestado por um garçom, além de outras variações a serem analisadas em capítulo próprio. Parecem salários, têm feições salariais, concorrem para as despesas do empregado e chegam a reduzir as pressões por maiores reajustes salariais, mas definitivamente não são salários porque não são pagamentos feitos pelo empregador.

No tocante à habitualidade, aqui ela comparece não exatamente na dicotomia empregador/terceiros, mas para lembrar que, além dos salários, os empregados também recebem indenizações, ressarcimento de gastos e de despesas efetuados a serviço do empregador ou, ainda, pagamentos não habituais, como prêmios ocasionais de incentivo, bonificações e situações similares.

É claro que todas essas hipóteses se inserem num contexto genérico de uma relação de emprego, mas há profundas distinções em sua natureza jurídica, seu modo de operação e suas consequências práticas.

Algumas parcelas podem ser postas e tiradas pelo empregador ao sabor dos acontecimentos. Outras, porém, serão petrificadas pela regra da irredutibilidade salarial. Outras, ainda, estão mais protegidas quanto a ataques vindos de terceiros (como a penhora dos credores) ou vindos diretamente do empregador, dentro da regra da intangibilidade salarial, ao passo que outras estarão menos protegidas. A contraprestação pelos serviços prestados, que já foi um conceito seguro de salário, hoje em dia é considerada como parte integrante, mas não suficiente, da definição.

Observe-se que o art. 457 da CLT ainda se limita a afirmar que salário é o pagamento feito diretamente pelo empregador, "como contraprestação do serviço".

Não se havia desenvolvido, à época, o entendimento de que também períodos de ausência de trabalho efetivo, mas no bojo de um contrato de trabalho, podem e devem ser auferidos pelo empregado como se em atividade estivesse, ou seja, sob a forma de salário como outro qualquer.

As transformações decorrem do fato de que, com o passar do tempo, o Direito do Trabalho evoluiu para uma posição mais sofisticada em torno do que o empregado aufere pelo contrato de trabalho.

Dizer que o salário é unicamente a contraprestação pelos serviços prestados faz parecer que o empregado recebe apenas pelo que efetivamente produziu. Ficariam de fora incontáveis outros períodos de atividades, como o tempo em que se aguardam ordens, os momentos desprovidos de matéria-prima, em que as máquinas ficaram paradas, à espera da chegada de mais um cliente ou, também, o intervalo entre uma ligação telefônica e a próxima. Para essas e outras situações análogas, o empregado seria privado de alguma forma de retribuição, pelo singelo argumento de que não teria havido serviços prestados propriamente ditos. Logo, não haveria que se falar em contraprestação por serviços não prestados.

Com base nos exemplos acima apontados, já se pode identificar uma segunda face do conceito de salário, que pode ser resumida como tempo à disposição do empregador.

Assim, o empregado que está de braços cruzados à espera da matéria-prima, que atrasou, ou do próximo cliente, que tarda em chegar, recebe salários pelos períodos de espera. Também recebem salários o recepcionista, no interstício entre o primeiro e o segundo contato telefônico, e o empregado, à mercê das ordens emanadas do empregador. Os salários são pagos para os empregados que produziram como também para os que permaneceram na iminência de produzirem.

Há diversas implicações sobre o impacto do conceito de tempo à disposição do empregador, uma noção ao mesmo tempo simples e revolucionária. Esse conceito pode influenciar até mesmo na definição de uma relação de emprego.

Para os limites deste capítulo, enfoquemos o tempo à disposição do empregador (a) quanto ao tempo gasto com uniformização e higiene, (b) tempo gasto com alimentação, (c) tempo gasto com repouso de músculos e tendões e revigoramento térmico, (d) período gasto com deslocamento até empregador situado em ponto de difícil acesso.

Normalmente, o tempo gasto com a colocação e a retirada do uniforme ou com a higiene pessoal do empregado é considerado fora do alcance de um contrato de trabalho, e, portanto, fora do espectro do pagamento do salário. As normas de asseio e limpeza são presumivelmente uma regra de boa convivência, pressupondo o empregador (e a sociedade) que o empregado já venha de casa de forma apresentável, pronto para assumir suas funções.

Durante muitos anos, o Direito do Trabalho nem ao menos se ocupava com esse tipo de questionamento, mas alguns questionamentos começaram a ser levantados sobre a matéria.

Tome-se, por exemplo, o caso do empregador que exige uso de uniforme tão complexo que o empregado não consegue vesti-lo em menos de meia hora. Normalmente, numa situação como essa o empregado tampouco consegue ir de casa para o trabalho já a trajar semelhante indumentária, por ser chamativa, muito pesada ou inconveniente.

O exemplo não é tão raro quanto parece. Em diversos hospitais, o combate à infecção exige que o empregado se submeta a processos de desinfecção para o ingresso em áreas de pacientes confinados, assim como não permite que as roupas de uso frequente e externo tenham contato com as roupas de uso interno. Em muitas funções de vigilante patrimonial e vigilante de escolta armada, as indumentárias incluem as armas de fogo, com respectiva munição, botas e cintos especiais, com demorado procedimento de preparo e de retirada. Evoquemos, ainda, os exemplos dos mergulhadores providos de roupas especiais e aparelhos de oxigênio.

É bastante razoável, portanto, o entendimento segundo o qual o tempo gasto por esses empregados para se aprontarem e, ao final dos trabalhos, para se desvencilharem dessas vestimentas se inclua, sim, no conceito de tempo à disposição do empregador. Desse modo, haverá contraprestação pelo tempo gasto com o uniforme, exatamente como salário. Caso o tempo gasto com essa uniformização mais trabalhosa faça com que a jornada normal seja excedida, haverá incidência das horas extras.

Advirta-se, porém, que esse conceito não alcança mera colocação de jaleco, jaqueta ou camisa com emblema do empregador, assim como qualquer vestimenta que se ponha e se tire em poucos minutos. O princípio da razoabilidade, consagrado pelo Direito do Trabalho desde seus primórdios, já resolve a questão de forma simples e direta, por separar tudo aquilo que foge do padrão daquilo que ordinariamente acontece com o homem médio.

A reforma trabalhista aclarou que não é tempo à disposição do empregador a troca de roupa ou uniforme, exceto se houver obrigatoriedade de realização dentro da empresa.

As palavras empregadas para explicar o pagamento salarial pelo tempo gasto com uniformes valem igualmente acerca do tempo gasto com higiene.

Entende-se por higiene, na hipótese, o tempo despendido pelo empregado para fazer frente aos procedimentos inerentes à atividade do empregador. O exemplo do médico e do enfermeiro em relação ao contato com pacientes isolados mostra-se novamente satisfatório para lembrar que em algumas profissões as necessidades de desinfecção são essenciais para o desenvolvimento das funções e realmente tomam tempo muito além do que seria razoável exigir de um empregado.

Também os empregados que lidam com elementos radioativos precisarão de tempo amplo para a higienização na entrada e na saída do trabalho.

No caso do asbesto, utilizado na fabricação das telhas de amianto, seu potencial cancerígeno levou a NR 15, Anexo 12, a criar a figura do "vestiário duplo", sistema que impede o contato das roupas cotidianas do empregado com os uniformes usados para a atividade de manipulação dos produtos. Ligando os dois vestiários, deve haver comunicação direta com "bateria de chuveiros". Todos esses cuidados requerem investimentos por parte do empregador, e, também, tempo adicional por parte do empregado, em ambas as extremidades da jornada normal de trabalho. O tempo gasto pelo empregado está incluído no conceito de jornada, e, via de consequência, estará incluído no conceito de salário como contraprestação pelos serviços prestados e pelo tempo à disposição do empregador.

Simples higiene pessoal, não relacionada com os paramentos do trabalho, não corresponde ao conceito de tempo à disposição do empregador.

Se bem analisada a questão, o fundamento para o empregado receber salários pelo tempo não produtivo, consumido em uniformização e higiene, insere-se no contexto mais amplo dos riscos da atividade econômica, assunto bastante caro ao Direito do Trabalho e que serve diretamente para a definição da figura do empregador. Por esse raciocínio, somente o empregador é responsável pelas dificuldades e pelos investimentos da atividade a ser empreendida, por deter a propriedade dos meios de produção e por ser o destinatário único ou primordial dos lucros e dos resultados.

Desse modo, é razoável que o empreendedor, voltado para atividades mais penosas ou insalubres, arque com despesas superiores àquelas atividades mais leves ou menos hostis ao organismo do empregado. Se a opção do empregador se destinar a atividades que exigem mais tempo para uniformes e higiene pessoal do trabalhador, já deve computar desde logo que esses lapsos temporais se inserem nos custos da produção, como tempo de trabalho dos operários.

A lista do conceito de tempo à disposição do empregador inclui, outrossim, o tempo gasto com alimentação, sob certas circunstâncias.

Aqui, a listagem é mais restrita.

Normalmente o Direito do Trabalho não se sensibiliza com o tempo gasto com alimentação e descanso por parte do empregado, considerando-se esses intervalos um assunto particular do empregado, por sua conta e risco. Também os custos dos alimentos correm por conta do empregado e fogem do alcance do contrato de trabalho. O art. 71 da CLT é emblemático ao afirmar, de modo inequívoco, que os intervalos correm por conta do empregado.

Há, porém, algumas variações sobre esse assunto.

Pode ser que a alimentação decorra também da necessidade de serviço, muito além de simples almoço ou jantar. Isso ocorre normalmente com profissões que afetam o relógio biológico do trabalhador, como os conhecidos turnos de revezamento, em que os empregados alternam expedientes matutinos, vespertinos e noturnos, ou, ainda, com profissões com jornadas inóspitas, como da meia-noite às 09h00, ou das 02h00 às 11h00, ambas com uma hora de intervalo regular.

Para fazer frente a esses expedientes diferenciados, o empregador costuma conceder pausas adicionais, não previstas na legislação. Na linguagem popular brasileira, usa-se a expressão "pausa para o café", em homenagem à forte herança cultural que essa bebida legou. Ainda que a pessoa não tome café, desfrutará a pausa do café, enfim.

Indaga-se, então, se a pausa do café é feita por conta do empregado ou por conta do empregador.

Após alguma hesitação, a jurisprudência se inclinou a considerar a pausa adicional de responsabilidade do empregador, por vários fundamentos. Não havendo previsão em lei, fica a critério exclusivo do empregador. A existência de várias pequenas pausas, se fossem todas descontadas da jornada, prolongaria demais o horário de encerramento dos trabalhos. Por exemplo, a jornada tradicional das 08h00 às 17h00, com uma hora de almoço, poderia ser projetada até 18h00 ou 19h00, em havendo diversos "cafés" de 15 ou 20 minutos. Como tudo na vida, o que era bom no início se torna um fardo no excesso. Por fim, acresça-se o argumento dos riscos da atividade econômica, de tal sorte que aquele que necessita de jornada de trabalho de seus empregados em horários tão exaustivos quanto da meia-noite às 09h00 deve arcar proporcionalmente com o tempo gasto para o revigoramento dessa mão de obra.

Outro tema interessante sobre o tempo à disposição do empregador, para fins salariais, corresponde ao descanso de músculos e tendões, normalmente em esforços repetitivos. Os exemplos são clássicos – descansos para o datilógrafo, o telefônico, o operário de frigorífico, o digitador e outros. Em geral, o legislador os considera parte integrante da jornada e, portanto, são pagos com o salário normal, por não haver distinção entre o serviço prestado e o tempo à disposição do empregador, neste particular.

É verdade que todos esses quatro assuntos (tempo gasto com uniformização, com higiene, com alimentação não prevista em lei e com o descanso dos músculos e tendões) são discutidos como se fossem sinônimos de horas extras. São postulados em processo trabalhista sob a forma de horas extras e são estudados nos manuais de Direito do Trabalho como formas alternativas de horas extras. Isso é apenas a consequência mais visível do fenômeno. O que cumpre salientar é o caráter de tempo à disposição do empregador que esses interstícios revelam, e, assim, a natureza estritamente salarial do pagamento a ser efetuado por essa disponibilidade do empregado.

De todas as formas visíveis de tempo à disposição do empregador, nada mais controvertido, porém, do que o período de deslocamento do empregado de sua casa até o trabalho.

Habitualmente se considera esse trajeto da mesma forma que o tempo gasto com alimentação do empregado, ou seja, um encargo próprio do trabalhador, achando-se o empregador alheio à situação. O problema da moradia escassa e das distâncias elevadas, destarte, não se insere em assuntos de ordem trabalhista. Tampouco a falta de transporte público decente.

Mas já há algumas ponderações em sentido contrário.

Por exemplo, o sinistro ocorrido no trajeto será considerado acidente de trabalho, à luz das novas diretrizes previdenciárias instituídas pela Lei 8.213/1991.

Paralelamente, a jurisprudência evoluiu favoravelmente à contagem do deslocamento como tempo à disposição do empregador, desde que este se localize em local de difícil acesso, desprovido de transporte coletivo. O elemento do risco da atividade econômica comparece novamente ao raciocínio jurídico, apenando mais o empregador cuja atividade exija a fixação na zona rural ou em áreas remotas da zona urbana, em relação ao empregador situado em bairro de intensa atividade comercial ou industrial.

Reforma trabalhista de 2017 mitigou o conceito de salário por trajeto, dizendo expressamente que os deslocamentos não são tempo à disposição do empregador (art. 58, § 2º), mas ainda pendem dúvidas sobre o deslocamento dentro das dependências da empresa, como da portaria ao posto de trabalho, e, também, sobre os deslocamentos na zona rural, dado que a legislação própria desse segmento deixou de ser alterada.

3. Salários em períodos de interrupção do contrato de trabalho

Também se inserem no conceito de salário os períodos de interrupção do contrato de trabalho, assim entendidos aqueles instantes em que o empregado recebe salário, mas não trabalha nem fica à disposição do empregador.

Para facilitar o entendimento, pense-se no descanso semanal remunerado, preferencialmente em domingos e feriados. Aqui, o empregado não está em serviço nem na iminência de entrar em serviço, mas ainda assim a legislação o contempla com pagamento como se em atividade estivesse.

Andou bem o legislador ao atrelar o pagamento feito pelos dias de descanso com o pagamento feito pelos dias de trabalho, tratando ambos como salários, porque, do contrário, haveria interminável discussão quanto à natureza jurídica das parcelas e quanto à ocorrência de reflexos dos pagamentos em demais parcelas do contrato de trabalho, como fundo de garantia e 13º salário.

Há diversos períodos de interrupção dentro de um contrato de trabalho.

A pausa semanal concorre para a redução do número de acidentes de trabalho, e simultaneamente, para o aumento da produtividade, por representar uma forma de revigoramento ao trabalhador ao término de um ciclo de vários dias consecutivos de atividade. É certo que em alguns países não se pratica o descanso semanal, havendo variações quinzenais ou mensais. Some-se a isso o fato de que em diversas profissões o desrespeito ao descanso semanal é generalizado, adotando os empregados a prática (incorreta) de "comprar" os dias de repouso, como se fosse possível que as horas extraordinárias se transformassem em horas ordinárias de trabalho.

No entanto, os descansos semanais não eram remunerados à época da edição da CLT, haja vista que o art. 67 menciona apenas a existência da folga sem nada dispor sobre o pagamento. Essa aparente distorção veio a ser corrigida em 1949, através da Lei 605, conhecida como Lei do Descanso Semanal Remunerado, ou simplesmente DSR. O art. 7.º, XV, da CF/1988 faz referência a repouso semanal remunerado, "preferencialmente aos domingos", encontrado em alguns manuais e processos trabalhistas sob a denominação de RSR, mas não existe rigorosamente diferença alguma entre as duas expressões, embora já se tenha escavado esse terreno infértil.

Ora, o empregado em dia de descanso semanal não está nem executando ordens nem aguardando ordens, o que poderia, então, provocar dúvidas sobre o conceito de salário e sobre a natureza jurídica do pagamento que o empregador deve fazer ao empregado por ocasião do dia de descanso. Para evitar essa discussão desnecessária, basta lembrar que salário abrange o serviço prestado, o tempo à disposição do empregador e, no particular, o tempo de interrupção do contrato de trabalho, assim entendido, por exemplo, o dia de domingo.

A palavra interrupção é a mais aceita para representar esse tipo de situação híbrida em que se paga salário sem trabalho, mas sua história nem sempre foi tranquila.

Curiosamente, ela aparece no "índice" da Consolidação das Leis do Trabalho, para apresentar o Capítulo IV do Título IV (Do Contrato de Trabalho), logo após os temas relacionados a disposições gerais, remuneração e alteração contratual. A rubrica correta é "Da Suspensão e Da Interrupção". Porém, lendo-se os arts. 471 a 476-A da CLT, que compreendem aquele capítulo, em momento algum se explica o significado de interrupção ou sequer se faz referência a essa palavra, o que levou alguns autores a concluírem a inexistência de sentido prático ao termo, que pode ser substituído sem prejuízo de significado pela expressão "suspensão" em qualquer caso. A se adotar esse entendimento, deveria o operador do direito dizer "suspensão momentânea" ou "suspensão de algumas obrigações", como no caso dos descansos semanais, e "suspensão duradoura" ou "suspensão das principais obrigações", como numa aposentadoria por invalidez, por exemplo.

Houve até mesmo quem considerasse que suspensão e interrupção poderiam ser tomadas como sinônimos.

Todavia, a jurisprudência consagrou a ideia de que a palavra suspensão se destina a representar as circunstâncias de paralisia mais abrangente do contrato de trabalho, em que não há trabalho e também não há salário, aspectos normalmente mais duradouros, como ocorre com a licença médica, a partir do 16.º dia, a aposentadoria por invalidez e a suspensão temporária para a requalificação profissional (art. 476-A da CLT), reservando-se a palavra interrupção para as paralisias que mantêm o direito aos salários e que, em regra, são mais curtas, como os dias de descanso remunerado, os cinco dias da licença-paternidade ainda pendente de regulamentação, os dias de férias e os 15 primeiros dias do afastamento médico.

Cumpre destacar, assim, que os pagamentos feitos ao empregado por ocasião desses dias de interrupção do contrato de trabalho equivalem a salários como outros quaisquer. A expressão "salário sem trabalho" é, portanto, tecnicamente correta, porque evoca a pendência salarial mesmo para aqueles dias em que o empregado deixou de empreender sua mão de obra e tampouco esteve à disposição do empregador.

Advirta-se, contudo, que "salário sem trabalho" não é alguma forma de caridade, mas uma retribuição por serviços que já foram prestados ou que ainda serão prestados, dentro da equação lógica de um contrato de trabalho. Por exemplo, no caso dos descansos semanais, o salário é devido, sim, pelo empenho do empregado ao longo da semana, em homenagem ao cansaço acumulado e na expectativa de que ele retorne no dia seguinte para mais uma jornada. Os quinze primeiros dias de afastamento médico ensejam pagamento de salário, sim, por força da ocorrência de um acidente de trabalho, doença equiparada ou outro tipo de enfermidade de que padece um empregado que vinha desenvolvendo normalmente suas atividades e não um estranho que nada tem que ver com a empresa.

É nesse sentido que se fala que os períodos de interrupção do contrato de trabalho são meras projeções, mais ou menos instantâneas, de uma prestação de serviços de trato sucessivo. Somente pode ser interrompido aquilo que já existe, claro está.

4. Salários devidos em caso de ociosidade dos empregados

Chama-se comissionista puro aquele empregado que, sem auferir salário fixo previamente assegurado, recebe apenas um percentual ou uma participação sobre as vendas ou os serviços prestados. O exemplo mais acessível é aquele do vendedor do comércio, que recebe percentual sobre suas vendas. Há incontáveis outros exemplos, como os gerentes que recebem percentual sobre o faturamento da loja ou o vendedor de seguros que recebe o valor da primeira parcela paga pelo segurado.

Em todos esses casos, a retribuição pelos serviços prestados será efetuada através da parcela denominada comissão, admitindo-se variações em torno dessa nomenclatura, como participação, percentual, bonificação, e, em certos casos, premiação.

Caso as vendas tenham sido insatisfatórias, ao comissionista puro deve ser assegurado o pagamento do salário-mínimo nacional unificado ou do piso normativo, acaso existente naquela categoria e naquela região geográfica.

O que deve ser destacado, porém, é que diversos momentos da jornada do empregado podem transcorrer com ociosidade, isto é, um vendedor pode permanecer horas a fio à espera de um cliente sem que ninguém adentre a loja ou conclua um negócio. Podem suceder-se até mesmo dias inteiros sem atividade produtiva. Indaga-se, então, se o empregador deveria pagar ao empregado algum complemento salarial pela hora parada, a fim de que se mantenha a coerência em torno do que acima foi mencionado sobre o conceito de tempo à disposição do empregador. Afinal, o empregado permaneceu firmemente à disposição do empregador, ao longo das horas e dos dias, sem que nada fosse concretizado, sendo certo que os riscos da atividade não pertencem ao empregado, mas ao empregador.

Responde-se, todavia, que a comissão, uma vez fixada, já abrange o tempo produtivo e o tempo improdutivo, de tal forma que, a final do mês, os ganhos sejam compatíveis com a dignidade da função. Há uma forma matemática de se enxergar melhor a questão.

Quando o empregado aufere, digamos, R$ 440,00 de comissões ao final de uma semana em que se ativou ao longo das 44 horas previstas pela Constituição Federal de 1988, é como se houvesse auferido efetivamente R$ 10,00 de comissões por hora laborada, mas isso jamais significa que ele tenha vendido de maneira uniforme e absolutamente igualitária um único produto a cada uma hora. Nem a vida nem o comércio funcionam assim tão sistematicamente. Pode ter acontecido de ele nada vender na segunda-feira, ter um desempenho modesto de terça a quinta e conquistado bons negócios na sexta e no sábado. A média ao final do ciclo é muito mais importante do que fotografar minuto a minuto o cotidiano desse empregado. O ciclo desse exemplo foi semanal, mas normalmente as empresas lidam com módulos mensais.

Pode-se concluir, assim, que o comissionista puro corresponde a um raro exemplo, no Direito do Trabalho, de um empregado que fica à disposição do empregador em determinadas horas, sem nada receber. Melhor dizendo: aquelas horas paradas sem salário são retribuídas com a fixação de um percentual de comissões condizente com a média do período – assegurado, sempre, o salário-mínimo ou o piso normativo, se houver.

O outro pensamento que se propõe é o combate à ociosidade forçada.

De vez em quando se ouvem notícias de empregadores que, muito mal-informados, acreditam ser o pagamento do salário sua única obrigação para com o empregado. Assim, deixam o empregado em situação de plena ociosidade, sob o singelo argumento de que, pagando-lhe o salário devido, permanece como um fiel cumpridor da lei.

Caso o empregador não tenha realmente trabalho algum para oferecer a um empregado, seja porque sua função foi extinta, seja porque a filial vai ser desativada, seja porque o mercado consumidor está em crise aguda, deve se valer de diversos instrumentos existentes na legislação trabalhista: férias coletivas, licença remunerada, licença não remunerada para requalificação profissional (art. 476-A da CLT), reaproveitamento em outra função (art. 456, parágrafo único, da CLT), conversão da jornada integral para jornada parcial, com autorização coletiva (art. 58-A da CLT), e, se nenhuma técnica de conservação do contrato for bem-sucedida, a dispensa do empregado com o pagamento das verbas indenizatórias. Nenhuma dessas hipóteses inclui a ociosidade forçada.

Teremos, então, de conciliar a noção de tempo à disposição do empregador com a dignidade do ser humano, que fundamenta toda a ordem jurídica pátria.

5. Diferença de salário e salário-base

Quando se quer representar apenas a parcela fundamental dos pagamentos feitos ao empregado, costuma-se usar a expressão "salário-base". Em algumas profissões, como a dos bancários, popularizou-se o termo ordenado, provavelmente para que não haja dúvida sobre a diferença entre o pagamento principal e os pagamentos complementares, como as gratificações de função e os adicionais a que os bancários normalmente fazem jus.

Em muitos julgados trabalhistas se vê a expressão salário-base ou simplesmente salário em sentido estrito.

Em homenagem à precisão terminológica, justificam-se esses esforços, mas, na realidade, todas as parcelas pagas pelo empregador, de maneira habitual, a título de contraprestação pelos serviços prestados, pelos períodos à disposição do empregador ou, ainda, pelos períodos de interrupção contratual, são salários.

Uma forma de evitar esse tipo de mal-entendido é dizer que uma parcela (comissões, por exemplo) tem "natureza salarial", conquanto não seja salário em sentido estrito.

Como sempre ocorre no Direito em geral e no Direito do Trabalho em particular, o nome da parcela ou rubrica é sempre o menos importante, priorizando-se o conteúdo para se aferir a correta natureza jurídica. Assim, se um prêmio é pago pelo empregador de maneira habitual, como contraprestação pelos serviços prestados, desvinculado de qualquer fator aleatório, então estaremos diante de uma parcela de natureza salarial, havendo pouco argumento do empregador em sentido contrário, ao passo que um prêmio meramente ocasional, atrelado a metas e fatores de indefinição, terá natureza não salarial.

6. Salário arbitrado em Juízo

"Na falta de estipulação do salário ou não havendo prova sobre a importância ajustada, o empregado terá direito a perceber salário igual ao daquele que, na mesma empresa, fizer serviço equivalente, ou do que for habitualmente pago para serviço semelhante", prevê o art. 460 da Consolidação das Leis do Trabalho.

A falta de estipulação de salário é, de fato, um fenômeno bastante raro. Recorde-se de que a legislação brasileira admite o contrato de trabalho tácito, assim entendido aquele que se forma pelas circunstâncias e pelo comportamento das partes, ainda que nada tenha sido expressamente apalavrado ou previamente ajustado. A simples repetição coordenada da prestação de serviços, de maneira pessoal e inserindo-se na organização produtiva da empresa – ou seja, sujeitando-se a uma subordinação geral, ainda que não a ordens pessoalmente ditadas –, faz da pessoa física empregada do empreendimento.

Dado o caráter extremamente abstrato e fluido dessa relação de emprego tácita, é natural que as partes não tenham combinado salário, porque, afinal, não combinaram nada. Em algum momento terá de haver acerto de contas e registro da relação de emprego em Carteira de Trabalho, o que pode acontecer de modo voluntário pelo empregador, por exigência da fiscalização do trabalho ou por determinação judicial.

Os dados do registro envolvem data de admissão, função e remuneração. À falta de qualquer estipulação, o empregador normalmente costuma registrar o salário-mínimo nacionalmente unificado ou o piso normativo da categoria, se houver. Em se tratando de decisão judicial, esses e outros elementos devem ser levados em consideração para a estipulação salarial por parte do Juiz.

Na realidade, o art. 460 não propõe a anotação do salário-mínimo, porque para isso o dispositivo legal nem ao menos precisaria existir. O salário-mínimo sempre será, de fato, a importância mais baixa a ser registrada em Carteira de Trabalho. O que a norma tem de inovador é a oportunidade dada ao Juiz do Trabalho de estabelecer como padrão salarial aquilo que normalmente se paga a outro empregado em semelhante função, dentro da empresa ou no mercado de trabalho compatível com aquela realidade.

Daí a surpresa com que se recebe esse dispositivo legal, algo como um salário judicialmente fixado, também chamado por vezes de *salário equitativo*, no sentido de salário justo. Fala-se, ainda, em salário arbitrado, assim entendido salário fixado pelo arbitramento judicial, o que absolutamente nada tem que ver com a arbitragem como forma alternativa de solução de conflito.

Além do empregado engajado de modo tácito ao ambiente de trabalho, a primeira parte do art. 460 da CLT também encontra campo de aplicação nos contratos concebidos originalmente como não trabalhistas, mas que se transformaram em relação de emprego ao longo do tempo. A situação se assemelha à relação de emprego tácita, mas com a peculiaridade de que as partes realmente pretenderam outro tipo de relacionamento e não houve o ingresso silencioso e duradouro por parte do operário. Ocorre que esse outro tipo de relacionamento foi deturpado, o que de fato sucede em diversas situações.

Por exemplo, uma pessoa física envolvida com um projeto social, científico ou religioso se dispõe a prestar serviços de voluntariado e assim permanece por alguns anos até que, sem maior alarde, seus préstimos passam a ser explorados também para finalidades comerciais e a situação se torna ambígua. É possível identificar, se não o instante de mutação, ao menos um período de transição em que o voluntariado foi sendo desvirtuado e uma relação de emprego teve início. Os voluntários por vezes não recebem pagamento algum, sendo que em outras ocasiões recebem pequenas ajudas de custo, supostamente devotadas ao transporte ou à alimentação. Nesta ou naquela hipótese, não houve salário ajustado. Caso a relação de emprego seja declarada em Processo do Trabalho, compete ao Juiz a estipulação do salário por arbitramento, observando-se o que se paga na entidade para outras pessoas em situação análoga ou, então, valer-se das máximas da experiência sobre o mercado de trabalho.

O exemplo do desvirtuamento do voluntariado também pode ser aproveitado para as falsas relações de prestadores de serviços eventuais, autônomos, cooperados e avulsos. Embora cada uma dessas figuras possa contemplar uma atividade profissional diferente do contrato de trabalho, não são raras as hipóteses do mau uso dos contratos atípicos. No exato instante em que o desvirtuamento for detectado, o que pode inclusive ocorrer logo no início dos trabalhos, a relação de emprego imperará.

Talvez seja mais simples o arbitramento por parte do Juiz do Trabalho, se a figura atípica contiver elementos parecidos com o salário, como o recibo de "produtividade" do cooperado, como as falsas cooperativas apreciam chamar os rendimentos do trabalho subordinado, ou o recibo de pagamento do autônomo (RPA) que muitas empresas emitem em nome do falso autônomo. Ainda assim, a transposição da produtividade ou do RPA para o conceito de salário somente foi possível graças à abertura conferida pelo art. 460 da CLT e sua solução de arbitramento judicial.

Note-se, outrossim, que nem sempre o valor exato da produtividade do cooperado ou do RPA será utilizado para efeito da fixação salarial. Em muitas ocasiões, esses valores são brutos e não se revertem a favor do empregado, razão pela qual o Juiz do Trabalho deve ter o cuidado de aferir qual era realmente a importância recebida pelo empregado, sem se sensibilizar apenas com a prova documental.

O caso da emissão de notas fiscais por parte do prestador de serviços, contratado irregularmente como se fosse uma pessoa jurídica, é ainda mais delicado.

Há muitos julgados que convertem o valor estampado nas notas fiscais para a anotação na Carteira de Trabalho, como se aquela quantia fosse integralmente salário, sem observar que a pessoa jurídica, ainda que usada para maquiar a verdade, estava sujeita a encargos que giram em torno de 30%. Destacam-se os tributos municipais sobre serviços e os tributos federais, como a contribuição social sobre o lucro líquido, fomento ao programa de integração social e outros impostos, contribuições e taxas.

Não é razoável converter-se a importância bruta em salário líquido, nem mesmo se o objetivo é punir o empregador que agiu dolosamente na contratação de uma pessoa física sob a forma de uma pessoa jurídica. O art. 460 contempla o arbitramento salarial pelo Juiz não apenas para estabelecer um patamar quando inexistente, mas também para amoldar a quantia nefelibática.

Idêntico raciocínio se aplica ao trabalhador avulso que, em vez de ser escalado pelo Órgão Gestor de Mão de Obra (OGMO), permanece a prestar serviços em caráter permanente para uma só embarcação, sob as ordens do armador. Empregado será.

A fixação do salário sofrerá alguns obstáculos, pois ele, trabalhador, vinha auferindo apenas a parcela cabível no rateio entre os portuários avulsos, sob a coordenação do OGMO, o que inibe maior clareza, mas isso jamais poderá servir de empecilho para a declaração da relação de emprego. O arbitramento se impõe.

A falta de estipulação de salário acomete, portanto, casos tão discrepantes quanto o contrato de trabalho de curtíssima duração, a relação de emprego tacitamente formada e as diferentes hipóteses de desvirtuamento de figuras análogas ou atípicas, como o voluntário, o eventual, o avulso, o cooperado, o autônomo e a falsa pessoa jurídica.

Por outro lado, o art. 460 prevê simultaneamente a hipótese de fixação do salário em caso de falta de comprovação do salário estipulado. Conquanto mais sofisticado, o segundo cenário tem sua importância no cotidiano das relações trabalhistas.

A hipótese mais recorrente de falta de comprovação do salário diz respeito a comissões e a prêmios. O salário-base ou salário fixo como se costuma chamar não é tão complexo nem tão difícil de ser comprovado. Ainda que não seja o piso da categoria, expresso em norma coletiva, tende a ser um valor exato, de fácil assimilação. Diferente é o conceito de comissão. Por vezes, o empregado aufere, digamos, 1% de comissões sobre suas vendas, mas reivindica diferenças de comissões sob o argumento de que recebeu promessa de 1,5% após um ano ou 1,5% após alcançar determinada meta. Também se controverte se o percentual era idêntico para peças novas e usadas, para vendas à vista e a prazo, para pagamentos em dinheiro, cheque ou cartões eletrônicos, para vendas no varejo ou no atacado, produtos de giro rápido ou de giro lento no mercado e assim sucessivamente.

Claro que a defesa deverá negar os fatos descritos pela petição inicial, mas aqui entra em ação um dilema pouco estudado. O empregado pode conseguir sucesso, por exemplo, na prova da moldura, sem conseguir êxito pleno na prova do desenho. Digamos que as provas documentais e testemunhais confirmem que havia duas alíquotas diferentes para carros novos e carros usados, mas os demonstrativos de pagamento do empregado sempre contiveram uma só alíquota. Suponha, por hipótese, que o empregado consiga extrair confissão expressa do preposto de que a empresa fixava meta a partir da qual o percentual sofria uma majoração, mas não aquela postulada pela petição inicial. Imagine-se, ainda, que as testemunhas confirmem que a empresa adotava política de incentivo para a comercialização de produtos de difícil aceitação ou para a desova de peças de mostruário, prometendo premiar as pessoas que mais se dedicassem a esse mister.

Em todos esses exemplos e em numerosos outros casos, o empregado conseguiu fazer prova do fato, mas não dos valores envolvidos. Aliás, seria verdadeiramente um preciosismo esperar que o empregado conseguisse colher informações detalhadas sobre os valores pendentes, até porque esses pagamentos nunca existiram e, pois, nunca foram escriturados. Trabalha-se apenas com a prova indiciária, sendo bastante pertinente o aproveitamento do art. 460 para a resolução do impasse. O Juiz do Trabalho está de posse da informação de que algum salário foi estipulado – não apenas aquele salário em sentido estrito, mas outras parcelas de natureza salarial, como comissões e premiações habituais –, mas não se consegue aferir com exatidão a importância correspondente.

Poder-se-ia remeter a questão para artigos de liquidação, que vem a ser uma forma raríssima de acertamento de cálculos, no Processo do Trabalho, igualmente prevista pela legislação processual civil, tendo como ponto central a possibilidade de se produzirem novas provas na fase posterior ao trânsito em julgado da sentença. Há amplo espaço de atuação dos artigos no Processo Civil, mas a questão é vista com ceticismo no Processo do Trabalho, porque dificilmente provas novas aparecerão além daquelas que foram arduamente coletadas na fase de conhecimento.

Por esses motivos de ordem prática e em homenagem à celeridade que permeia o ideal do Processo do Trabalho, a figura dos artigos de liquidação foi desde cedo relegada ao ostracismo e por lá descansa em paz. Em seu lugar, a aplicação dinâmica do art. 460 resolve a pendência com muito maior eficácia. Nesses exemplos acima relacionados, basta que o Juiz do Trabalho, fundamentando a decisão com elementos extraídos das próprias provas indiciárias, estabeleça o arbitramento das comissões, das gratificações, dos prêmios e demais salários prometidos, mas não quitados.

A possibilidade de arbitramento judicial do salário não estipulado pelas partes é utilizada, por alguns julgados, também para majorar salários inadequados para a função exercida, sobretudo se as atividades do empregado foram ampliadas ao longo da relação de emprego. Conquanto não seja esse o escopo do art. 460 da CLT, difundiu-se a tese sob a denominação de adicional de acúmulo de função.

Entendemos que o adicional reclama parcimônia porque, além da omissão do legislador a respeito, existe dispositivo legal expresso no sentido de que o empregado se obriga "a todo e qualquer serviço compatível com a sua condição pessoal" (art. 456, parágrafo único, da CLT), sobrando pouco espaço para o argumento de que a alteração de função originalmente pactuada exija necessariamente aumento salarial. Caso se trate de tratamento aviltante ou exigências superiores à força física do empregado, talvez seja hipótese de rescisão indireta e não de adicional de acúmulo de função.

Algumas modalidades de adicional de acúmulo de função decorrem de norma coletiva e, portanto, não se discutem (por exemplo, adicional por uso de fone de ouvido simultaneamente à digitação em muitas normas dos empregados do ramo de televendas), ao passo que um raro adicional de acúmulo de função previsto em lei corresponde ao acréscimo de 10% para o vendedor designado a fiscalizar os serviços dos colegas (art. 8.º da Lei n. 3.207/1957).

Por fim, o argumento de "alteração de equilíbrio" somente deve ser aceito quando houver efetivo distúrbio no contrato de trabalho, de maneira profunda, como a exigência a que um empregado exerça a função de vários outros colegas desligados, inclusive com cargos de diferente complexidade, para, somente aí, ser evocado o arbitramento do art. 460.

7. Salário pago mensalmente na tradição brasileira

Dispõe o art. 459 da CLT que "o pagamento do salário, qualquer que seja a modalidade do trabalho, não deve ser estipulado por período superior a 1 (um) mês, salvo no que concerne a comissões, percentagens e gratificações".

Embora o dispositivo se refira a pagamento de salário, deve-se entender pagamento de remuneração em geral, contendo o salário-base, as parcelas de natureza salarial e as gorjetas e demais pagamentos feitos por terceiros. Do contrário, a norma seria muito útil para o salário, mas deixaria órfãos todos os demais pagamentos, submetidos à perigosa discricionariedade do empregador. Imagine se a gorjeta pudesse ser rateada uma vez por semestre, por exemplo, ou se o direito de arena pudesse ser repassado aos atletas apenas ao final do ano. Obviamente que a finalidade da norma foi cercar todas as parcelas remuneratórias com o conceito de periodicidade, veiculado pelo *caput* do art. 459, e com o conceito de data-limite, de que cuidará o § 1.º.

A expressão "qualquer que seja a modalidade do trabalho" abrange um leque amplo de possibilidades. Alcança trabalhadores urbanos e rurais, privados e públicos. Refere-se a empregados efetivos e temporários, mensalistas ou horistas, tarefeiros ou pecistas, com módulo integral de jornada ou admitidos para carga parcial de trabalho.

O vocábulo "modalidade", não tendo conteúdo doutrinário ou jurídico, aceita esse tipo de variação, mas em nada molesta o entendimento do art. 459, pois apenas se pretendeu limitar a periodicidade para todos os empregados.

A periodicidade mensal de pagamento da remuneração não significa que necessariamente o empregado seja mensalista. São conceitos diferentes.

Ser mensalista significa receber salário calculado com base no módulo mensal, o que aparece com clareza no sistema dos descansos semanais remunerados, empreendido pela Lei 605/1949 (descansos semanais remunerados em separado para quem recebe por dia e embutidos para quem é mensalista).

Embora em desuso, ainda existe a prática do salário semanalista, que pode ou não ter o acerto de contas por semana.

Um pouco menos raro é o trabalhador diarista, que não deve ser confundido com a prestação de serviços eventual. A palavra "diarista" foi sabotada no Direito do Trabalho Brasileiro e se tornou uma expressão pejorativa para se referir a trabalhadores privados dos direitos sociais sob a alegação de eventualidade. Às vezes, o diarista comparece todos os dias à empresa e, ainda assim, segue sua sina de eventual.

Sempre existiu contrato de trabalho por tempo parcial no Direito brasileiro, mas essa situação se tornou expressa com a inserção do art. 58-A à CLT. Ora, um empregado pode ser contratado para prestar serviços apenas dois dias por semana, num total de 16 horas semanais. O empregador pode ajustar salário mensal, tornando-o um mensalista, o que é adequado para ambas as partes e favorece a elaboração dos cálculos, pois o salário é fixo independentemente da quantidade de número de dias por mês. Mas o empregador pode igualmente estipular que o salário será pago por dia de trabalho. A medida parece mais justa, mas ao mesmo tempo é bem mais complexa, pois terá de aferir, mês a mês, a carga trabalhada. Esse empregado é, portanto, um diarista com acerto de contas mensal.

O caso mais conhecido entre os não mensalistas é, todavia, o horista.

Usa-se pagamento pela hora laborada em algumas indústrias têxteis, na construção civil e na informática, por razões de ordem histórica ou prática. Desde que a empresa se lembre de acrescentar o adicional de 50% para as horas excedentes da oitava diária e desde que não se esqueça do direito aos descansos semanais remunerados, não há mal algum em combinar um contrato de trabalho remunerado pela hora laborada. Evidentemente que o acerto de contas não será hora a hora, mas, em geral, de uma só vez ao término do ciclo mensal. Esse empregado será, logo, um horista com acerto de contas mensal.

As explicações sobre o empregado horista valem também para os empregados que auferem rendimentos por peças produzidas – chamados de pecistas – ou por tarefas – tarefeiro – ou por qualquer outra forma de produção – metro linear, metro quadrado, metro cúbico e similares. Todos eles têm em comum o fato de que a remuneração pulverizada é somada ao final do mês para acerto de uma só vez.

Deve-se reservar a palavra mensalista, portanto, *para o empregado que recebe salário calculado pelo mês* e não para a data do acerto de contas, pois todos eles – horistas, diaristas, semanalistas, quinzenalistas e mensalistas, bem como pecistas e tarefeiros – terão, na tradição brasileira, o acerto de contas mensal.

É possível o acerto de contas trimestral, semestral ou anual, mas tão somente para parcelas excepcionais e não para o salário cotidiano.

Como exemplo de parcela passível de ser acertada trimestralmente, citam-se alguns prêmios estipulados em campanhas de incentivo da empresa ou algumas formas especiais de comissões, sendo essas com apoio expresso no polêmico art. 4.º, parágrafo único, da Lei 3.207/1957. Para tanto, a lei exige a apresentação de planilhas ao longo do trimestre e o direito de o empregado acompanhar a elaboração desse pagamento. Normalmente a comissão trimestral diz respeito a profissões que comercializam produtos de alto valor agregado, vendas internacionais ou licitações públicas.

Como exemplo de parcela semestral, evoca-se a gratificação prevista em norma coletiva dos bancários desde tempos imemoriais.

Módulos anuais, por fim, são empregados para o cálculo de gratificações mais sofisticadas, como o próprio 13.º salário da Lei 4.090/1962, a gratificação de balanço, se houver, além de alguns bônus e prêmios instituídos por empresas em perspectivas de longo prazo.

Todos esses exemplos – gratificações ajustadas ou espontâneas, prêmios e participação nos lucros e resultados – são exceções que somente confirmam a regra, porquanto a quase totalidade dos rendimentos do trabalhador é composta por salários, abonos, comissões, percentagens, gratificações, adicional por tempo de serviço, adicional de insalubridade, adicional de periculosidade, adicional noturno, horas extras, adicional de transferência, vale-transporte, vale-refeição, gorjetas e outros itens de acerto de contas necessariamente mensal.

Aliás, o dia mensal do pagamento proporciona grande inserção de dinheiro na economia, de aumento de fila no supermercado e a ocasião para abastecer o veículo, especialmente em épocas mais antigas em que não havia outros meios de pagamento, não se falava em superendividamento e cartão de crédito era restrito às altas esferas.

Assim a sociedade se organizou tendo o acerto de contas mensal como premissa. Diversas outras obrigações se tornaram mensais, como o pagamento da escola particular, do plano de saúde privado e da associação recreativa. Qualquer dessas entidades que ousar fixar pagamento quinzenal ou semanal para uso de seus benefícios encontrará o obstáculo de que seus associados ou usuários recebem renda mensal e não semanal.

Para a Organização Internacional do Trabalho, não é obrigatório que o período máximo de pagamento do salário seja o espaço de um mês, mas é indispensável que haja regra clara sobre esse limite, a fim de que os trabalhadores possam se organizar. Nesse sentido, o art. 459 da CLT não colide com o disposto no art. 12 da Convenção 95 sobre proteção ao salário:

> O salário será pago em intervalos regulares. A menos que haja outras combinações satisfatórias que asseguram o pagamento do salário com intervalos regulares, os intervalos nos quais o salário deve ser pago serão prescritos pela legislação nacional fixados por convenção coletiva ou sentença arbitral.

8. Oscilações na data do pagamento

Como prazo máximo para pagamento salarial, a legislação brasileira estipula o 5º dia útil do mês subsequente ao trabalhado.

Não há previsão para outro dia de acerto de contas, embora seja possível a estipulação através de negociação coletiva. São relativamente comuns as normas que cuidam do vale de adiantamento salarial.

Por usos e costumes, difundiu-se um adiantamento de 40% do salário no dia 20 ou no dia 25 de cada mês, o que permite ao empregador acompanhar o desempenho do empregado até o último dia do mês e efetuar todos os descontos cabíveis na folha de pagamento do começo do mês seguinte, sem riscos de ter adiantado mais salário do que seria devido.

O vale de adiantamento salarial se tornou tão comum em muitas categorias organizadas que alguns trabalhadores chegam a acreditar que exista essa previsão em lei.

Pela boa técnica processual, quando existe apenas um parágrafo costuma ser mencionada a expressão parágrafo único, pois a referência a parágrafo primeiro dá a entender que ele é o primeiro de uma ordem sequencial. O art. 459 representa um raro exemplo de que, por descuido do legislador, o primeiro é também o único.

Não parece muito difícil entender a diferença entre acerto de contas mensal, exigido pelo art. 459, e forma de cálculo do salário do trabalhador, que pode ser mensal, semanal, diário ou horário, de tal forma que o *caput* do artigo despertou menos curiosidade do que seu parágrafo, o qual é destinado a fixar precisamente a data limite para o vencimento da obrigação.

São várias as controvérsias reinantes em torno do § 1.º do art. 459:

- **O dia do pagamento do semanalista**. O § 1.º afirma data limite para o acerto de contas "quando o pagamento houver sido estipulado por mês". Assim, deixou de fora o pagamento estipulado por dia, semana e quinzena, possivelmente por se imaginar que esses períodos muito curtos, menores do que o módulo mensal, já se resolvem por si sós, ou seja, ainda que o empregador deixe o acerto para a última hora do último dia do módulo, o pagamento permanece vantajoso e breve. Desnecessário grande esforço para se perceber que, havendo limite máximo para o acerto de contas mensal, também é de supor que o acerto dos demais módulos deve ser feito com pontualidade. O fato de a lei ser omissa a respeito da quitação do salário em outros módulos, não representa liberdade total para o empregador, sob pena de completo desvirtuamento da norma. Usos e costumes consagraram a sexta-feira ou às vezes o sábado como data mais comum de pagamento do salário com acerto semanal, sem maiores dificuldades práticas.

- **O dia do pagamento do trimestralista**. Por outro lado, os módulos maiores como o trimestre, o semestre e o ano devem igualmente ter respeitada a premissa do pagamento dentro do próprio período. No caso do 13.º salário, o legislador estipulou data especial (20 de dezembro, sem prejuízo do adiantamento até 30 de novembro e do resíduo deixado para 10 de janeiro), assim como costuma acontecer com a participação nos lucros e resultados fixada em acordo coletivo. No caso das comissões trimestrais, os empregados usualmente tomam carona no art. 459 para fazer o pagamento no quinto dia útil seguinte ao fechamento do trimestre. Tolera-se a carona porque a data é relativamente próxima ao trimestre, mas não é isso que está escrito no dispositivo legal. O art. 459 apenas admite a postergação do pagamento até o quinto dia útil do mês seguinte no caso do pagamento mensal, de tal forma que a comissão trimestral ou a gratificação semestral deveriam respeitar o próprio período e não aproveitar o ensejo para mais uma carência, por menor que seja.

- **O significado da preposição "até"**. Porque a palavra "até" foi utilizada pelo legislador, quando dispôs que o salário será pago "até" o quinto dia útil, o empregador pode oscilar a data, tendo a sua escolha aproximadamente 35 opções, isto é, qualquer dia do mês de trabalho e mais os cinco dias do mês seguinte. Como se refere ao quinto dia útil do mês seguinte, a tendência é que sejam mais do que 35 opções, portanto. Fazer oscilar a data significa que não existe direito adquirido ao empregado pelo fato de o empregador ter feito o pagamento do salário no dia 2 em determinado mês. Não houve a formação de uma condição mais benéfica nem o empregado pode alegar que contraiu dívidas vencíveis todo dia 2, iludido por aquele pagamento. A oscilação por parte do empregador pode objetivar diminuir os riscos de furtos e roubos quando o pagamento é feito em dinheiro, driblando a astúcia dos ladrões, ou por qualquer outro motivo de ordem financeira ou prática.

- **Possibilidade de negociação coletiva sobre o dia do pagamento**. Tratando-se de evidente norma em branco, é razoável, todavia, que a negociação coletiva possa interferir nesse pêndulo e fixar uma data rígida, desde que mais favorável obviamente. Os bancários durante muitos anos detiveram o direito de receber salário no dia 27 de cada mês, sem oscilação. Outras categorias conseguiram inserir na norma coletiva o dia 1.º do mês. Outros, finalmente, substituíram a expressão "quinto dia útil" por "quinto dia", fazendo, inclusive, antecipar o vencimento para o primeiro dia útil anterior a domingos e feriados e não para o dia posterior, tudo sem prejuízo da conquista do direito ao vale de adiantamento.

- **Possibilidade de negociação coletiva *in pejus* para postergar o vencimento do salário.** Questão bem mais complexa é saber se o empregador pode ajustar com a entidade sindical a postergação da data da quitação salarial. Mera alegação de dificuldade financeira, retração do mercado ou falta de pagamento de cliente não é aceita para aplacar o atraso salarial.

- **Contagem dos dias úteis no sentido da abertura das instituições financeiras**. Questão tormentosa é a contagem dos dias úteis, pois o art. 459 empregou essa expressão sem se lembrar que não existe definição clara na legislação brasileira sobre o que significa dia útil e o que são dias não úteis. Tudo depende do contexto. Dia útil no sentido de funcionamento dos bancos e de seus meios de pagamento é um assunto conhecido da maioria da população, pois representado por ordens do Banco Central. Nesse sentido, excluem-se da contagem todos os sábados, os domingos e os feriados e mais alguns dias que normalmente seriam úteis, mas que são reservados para o balanço interno, como o dia 31 de dezembro e algumas "pontes" de feriados. Os bancos não abrem na segunda e na terça feira de Carnaval, embora esses dias não sejam feriados legais federais. Dada a onipresença dos bancos na vida contemporânea, em todos os escalões, tolera-se que a contagem dos dias úteis seja efetuada com base no sistema bancário nacional, apesar de não ser esse o sentido da lei. Assim, o pagamento salarial feito normalmente por transferência eletrônica recairá na segunda-feira se o prazo expirava no sábado. O sábado será, também, excluído da conta se o dia 1.º recaiu, digamos, numa quinta-feira.

- **Contagem dos dias úteis no sentido do funcionamento do próprio empregador**. No entanto, se o empregador habitualmente quita os salários em dinheiro e normalmente abre seu estabelecimento aos sábados, por que motivo deixará o pagamento para a segunda-feira? A coerência exige que o sábado seja efetivamente computado como dia útil, até porque a norma mais próxima desse assunto, novamente a Lei 605/1949, é bastante clara quando diz que o Direito do Trabalho conhece apenas o domingo e os feriados como dias não úteis, a que se chamam de descansos semanais remunerados. Todos os demais dias, inclusive sábados, vésperas e pontes de feriados, são dias úteis, ainda que não trabalhados. O sábado deve, sim, fazer parte da conta do quinto dia e também ser o dia do pagamento caso seja ele próprio o quinto dia. Andaria bem o legislador se alterasse a confusa redação do art. 459, § 1.º, e passasse a fixar um dia preciso. Por exemplo, o dia 5 e não o 5.º dia.

- **Mora salarial e rescisão indireta**. No sexto dia útil, o empregador já está em *mora salarial*. Essa frase tem efeitos polivalentes no Direito e no Processo do Trabalho. Eventual pedido de rescisão indireta deverá aferir se a data foi desrespeitada. Não há necessidade de que o desrespeito tenha se perpetuado por meses a fio. Há uma praxe segundo a qual a rescisão indireta pressupõe três meses de sonegação de salário, mas isso é um evidente exagero. A confusão advém de uma antiga norma (o Dec.-lei 368/1969) que definia mora e mora contumaz, negando direito a empréstimos oficiais e isenções fiscais para as empresas que atrasassem mais do que três meses de salários. Isso nada tem que ver com o art. 483 da CLT e com o conceito de descumprimento das obrigações do contrato de trabalho. Além disso, pode haver mora ao longo de todos os meses do ano sem haver pendência salarial: o empregado recebia os salários sempre com atraso, mas, ao final, recebeu-os todos. Não se pode dizer que a empresa seja cumpridora de seus deveres, mas apenas que, quando comparada com a outra empresa que atrasou e nada pagou, é óbvio que a retardatária está em melhores condições. A rescisão indireta pode sim ser cabível em ambas as hipóteses.

- **Mora salarial e correção monetária**. A legislação trabalhista brasileira fixou elevada multa pelo atraso no pagamento das verbas rescisórias da dispensa sem justa causa (valor de um salário do empregado) e no pagamento atrasado das férias (valor equivalente às próprias férias, ou seja, o dobro). Prevê multa de 50% pelo não pagamento de verbas rescisórias em audiência trabalhista (art. 467 da CLT), podendo inclusive todas essas multas ser cumuladas. No entanto, não prevê multa pelo atraso do pagamento do próprio salário mensal. É verdade que muitas normas coletivas tentam reverter o prejuízo, fixando multas nominais ou diárias pelo atraso no pagamento do salário, mas o mal já está feito e a lacuna da legislação é praticamente irreparável. O pedido de rescisão indireta é um dos poucos consolos ao empregado, que nem sempre atende a seu anseio. Resta, então, evocar o direito à correção monetária, mérito das normas tributárias e financeiras e não da legislação trabalhista. Mas quem vai ajuizar uma ação para postular 1/30 da correção monetária de um mês por dia de atraso do pagamento do salário? O resumo da história é que os trabalhadores toleram atrasos de cinco a dez dias sem qualquer reação. Em época de inflação relativamente baixa, esse tipo de demanda é ainda mais escasso.

- **Complexidade do cálculo da correção monetária**. O cálculo da correção monetária de 1/30 por dia de atraso é necessariamente complexo. Será preciso dispor da tabela de correção monetária de cada mês em que houve a violação, bem como um calendário para saber qual era o quinto dia útil de cada ciclo – já tendo firmado posição quanto ao sábado, seguramente – e saber em que dia recaiu o pagamento. Na verdade, a correção monetária não será de 1/30 do índice daquele mês, porque o atraso somente começou a valer depois do quinto dia útil. Seria preciso conhecer o índice de correção monetária dos dias restantes, algo como 25/30 da correção cheia do mês, para, depois, apurar-se o valor de um dia – mais ou menos 1/30 de 25/30. Parece que a conta assustou a doutrina e a jurisprudência, as quais, sem maior aprofundamento, convencionaram afirmar que a correção monetária, em havendo atraso, incide de forma cheia, tomando o mês inteiro por base e não apenas aquilo que sobejava o quinto dia útil.

- **Impactos do art. 459 na execução trabalhista**. Caso o empregador não pague horas extras e seja condenado em processo trabalhista, indaga-se de que forma a correção monetária deverá incidir em fase de liquidação. Durante décadas, a questão não era posta, porque a atualização se fazia diretamente a partir da data da realização das horas extras, o que se costuma chamar de mês da prestação dos serviços ou mês da contração do débito ou, ainda, mês do fato gerador do débito. Na década de 1990, contudo, alguns escritórios dedicados a defesas patronais começaram a evocar o art. 459, § 1.º, como regra aplicável também para a correção monetária em sede de execução – e ganharam a aposta. O dispositivo da CLT jamais havia sido associado com execução trabalhista, porque buscava regular o dia do pagamento do salário no cotidiano da relação de emprego. Além disso, veicula o art. 459 mera faculdade para o empregador escolher, entre as cerca de 35 opções disponíveis, e carrega um sentido de oscilação de datas e não de rigidez. Não deixa de ser irônico que um empregador possa dizer que, embora tenha sonegado as horas extras, caso as tivesse pagado, teria certamente escolhido o quinto dia útil do mês subsequente. A situação é ainda mais esdrúxula quando se permite que o empregador pague o salário todo dia 27 de cada mês, por usos e costumes, por convenção coletiva ou por liberalidade, mas, quando em fase de execução, corrija seus débitos a partir do quinto dia útil do mês subsequente, como se nada tivesse acontecido. Considerando, porém, que a jurisprudência se inclinou favoravelmente à interpretação dúplice do art. 459, como regra de quitação dos salários no contrato de trabalho e como regra de correção monetária de qualquer débito, judicial ou extrajudicial, convencionou-se dizer que a "época própria" para a correção monetária é, enfim, o mês subsequente àquele trabalhado ou àquele em que o débito foi contraído. A expressão "época própria", embora desprovida de conteúdo doutrinário, passou a ser sinônimo de correção monetária a partir do mês subsequente, algo impensável vinte anos atrás.

- **Impactos do art. 459 na prescrição trabalhista**. Assunto ainda mais desconhecido é a repercussão do art. 459 na aferição da prescrição das pretensões trabalhistas. Explica-se. Para que o prazo prescricional comece a fluir, é indispensável que o direito tenha sido violado, que o titular tenha ciência da violação e que a pretensão nasça a partir desse instante. Como diz o correto art. 189 do CC/2002, "violado o direito, nasce para o titular a pretensão, a qual se extingue, pela prescrição (...)", o direito não desaparecerá jamais, porquanto violado, mas a pretensão para a reparação desse direito não é eterna, por razões históricas relacionadas com a necessidade de pacificação das relações sociais e de estabilidade das relações jurídicas. O Estado não tutelará essa pretensão indefinidamente, mas apenas durante o lapso de tempo estipulado pela legislação. No caso do Direito do Trabalho, os prazos usualmente são aqueles estampados pelo art. 7.º, XXIX, da CF/1988 (dois anos a contar da rescisão do contrato de trabalho e cinco anos de maneira geral, na vigência do contrato de trabalho). A questão mais difícil é saber qual a data da violação do direito, para, posteriormente, conhecer a data do nascimento da pretensão. Observe-se que a célebre expressão latina *actio nata* é mais adequadamente traduzida como o nascimento da pretensão do que como o nascimento da ação, pois o conceito de ação é de outra índole e não se confunde com a pretensão no sentido de eficácia ou de coercibilidade do direito. A ação persiste, mesmo perante direitos inexistentes, litigância de má-fé e pretensões prescritas, claro está. Ora, com apoio no art. 459, descobre-se que as horas extras feitas ao longo do mês não eram exigíveis ao longo do próprio mês, mas apenas após o quinto dia útil do mês seguinte. Durante o mês, o trabalhador não dispunha de ação exercitável e não tinha formada a pretensão contra o empregador. Caso hipoteticamente houvesse ajuizado uma ação para reivindicar as horas extras do empregador, teria sentença de rejeição completa dos pedidos ou, com sorte, seria observada a falta de interesse, pois a prestação jurisdicional seria inútil ou desnecessária. Se a pretensão somente surge após o quinto dia útil do mês seguinte, então a prescrição de cinco anos somente se opera também em igual data do lustro seguinte e não no curso do mês anterior, como vulgarmente se difundiu. Vamos aos exemplos.

- **Exemplos de repercussão do art. 459 na prescrição laboral**. Ação ajuizada dia 16.05.2015 enseja pronúncia de prescrição retroativa a 15.05.2010. Todas as horas extras laboradas ao longo de maio de 2000 estão a salvo da prescrição, definitivamente, porque elas somente eram exigíveis a partir do quinto dia útil de junho de 2010. Em 15.05.2010 o trabalhador não dispunha de ação oponível ao empregador para exigir as horas extras daquele mês, tanto aquelas empreendidas nos primeiros quanto nos últimos dias. Logo, não estava ele inerte no dia 15 de maio nem é correto dizer que o prazo já fluía. Quando se pronuncia uma prescrição aos 15.05.2000, todos os salários de maio escapam da prescrição, ou melhor, todas as parcelas com acerto de contas no quinto dia útil de junho. É errado deferir ao empregado apenas metade do salário do mês, metade das horas extras, metade do adicional de insalubridade e assim por metades. A prescrição segue a lógica do tudo ou nada e não a lógica da proporcionalidade, como se difunde. Aqui também ocorre o fenômeno trabalhista de alguns temas envoltos numa cortina de fumaça que levam os trabalhadores a não demandarem, os julgados a não deferirem e os empregadores a não contestarem. A versão prevalece sobre o fato. Siga-se idêntico raciocínio quanto às férias e quanto ao 13.º salário. Se a prescrição recai sobre agosto, setembro, outubro ou qualquer outro mês, o 13.º salário deve ser deferido por inteiro, porque a data do vencimento da obrigação (no caso, 20 de dezembro) escapou da contagem. Apenas se a prescrição recaísse sobre o dia 26 de dezembro, por exemplo, é que a pretensão ao 13.º salário daquele ano estaria irremediavelmente prescrita (mas esse exemplo é inválido porque o recesso na Justiça do Trabalho, de 20 de dezembro a 6 de janeiro, decorre de lei federal e não há distribuição de ações no período).

9. Moeda para o pagamento

Salários devem ser pagos em moeda corrente, dispõe a CLT.

A "moeda corrente" é aquela que circula e tem aceitação fácil, no sentido de fluente. Assim, considerando-se que os vendedores ambulantes e o pequeno comércio varejista aceitam, na maioria das cidades, o vale-transporte e o vale-refeição para pagamento das compras, em evidente deturpação da norma, pode-se considerar que esses benefícios assistenciais se transformaram em moedas correntes. Nas grandes cidades, há placas em postos de gasolina afirmando que o tanque pode ser abastecido com vale-transporte, com deságio de 10% a 20%, evidentemente.

O rigor terminológico exige que se diga "moeda de curso forçado".

A locução é estranha à primeira vista, mas atende plenamente à finalidade do art. 463 da CLT e todo o acervo da autoridade monetária. A moeda de curso forçado no Brasil, desde 1.º de julho de 1994, chama-se real, não podendo sofrer concorrência com títulos da dívida pública, precatórios comercializados no mercado paralelo, benefícios assistenciais, cheques plastificados, moedas estrangeiras ou mercado de escambo.

Registre-se que, em tese, a Convenção 95 da Organização Internacional do Trabalho (celebrada em 1949 e incorporada ao ordenamento brasileiro em 1957), sobre proteção do salário, não veda o pagamento em moeda estrangeira, mas apenas exige que seja respeitado o pagamento em moeda com cotação legal. Segundo o art. 3.1, "os salários pagáveis em espécie serão pagos exclusivamente em moeda de curso legal, o pagamento sob forma de ordem de pagamento, bônus, cupons ou sob toda qualquer outra forma que se suponha representar a moeda de curso legal, será proibida".

O Dec.-lei 691/1969, ao se ocupar da função do técnico estrangeiro contratado provisoriamente para prestação de serviços no Brasil, faz referência ao cálculo do salário pelo câmbio do dia do pagamento, o que dá a entender que a estipulação pode ter sido feita em moeda estrangeira, mas com o acerto de contas necessariamente em moeda brasileira de curso forçado.

Há entendimentos no sentido de que o pagamento pode ser feito no exterior, em moeda estrangeira, como se fosse um complemento ao pagamento salarial feito no Brasil, sem que se possa alegar violação às normas brasileiras. Não há colisão nem com o art. 463 da CLT nem com a norma de 1969 no fato de o empregador pagar, por exemplo, o aluguel da família do técnico, em moradia no exterior, ou efetuar um depósito em sua conta internacional. Não se pode, entretanto, insistir em pagamento em moeda estrangeira em território nacional, pois ela não tem valor jurídico.

Fica a dúvida, outrossim, sobre o significado do parágrafo único do art. 463: "O pagamento do salário realizado com inobservância deste artigo considera-se como não feito".

Considerar como "não feito" representa que o pagamento não serve nem ao menos para compensação, como se fosse um pagamento feito com vício de forma. Ocorre que, paralelamente a essa regra, conhece-se o princípio do não enriquecimento sem causa, que pode inclusive ser conhecido de ofício pela autoridade judicial. Não deixa de ser curioso que uma pessoa que confesse o recebimento dos salários, mas em moeda estrangeira, ao mesmo tempo tenha seu pedido de novo pagamento do mesmo salário deferido. Essa, porém, é a conclusão que se extrai da leitura do art. 463, sendo necessária a interpretação sistemática para que se possa falar em abatimento dos valores pagos, algo que nem sempre é aceito quando a matéria é salário.

Normalmente se aceita o princípio do não enriquecimento sem causa quando o assunto é o reconhecimento expresso pelo trabalhador de que os salários foram satisfeitos, ainda que o empregador tenha perdido os documentos aptos à comprovação. O reconhecimento pode surgir na própria petição inicial, na manifestação do autor sobre defesa e documentos, no depoimento pessoal requerido pela parte contrária ou no interrogatório promovido pelo Juiz a seu critério, inclusive em caso de revelia. Apenas a hipótese da confissão ficta, especialmente aquela decorrente da ausência do trabalhador para o depoimento pessoal, deverá ser vista com redobrada cautela, por não ser possível retirar desse silêncio todas as conclusões que a confissão expressa ou o reconhecimento processual do trabalhador podem trazer.

O art. 463, parágrafo único, vale também para outros rendimentos do trabalhador, como gorjeta e parcelas salariais que não coincidem com o salário-base, como adicional por tempo de serviço e gratificações, porque a moeda de curso forçado é indispensável para todo e qualquer pagamento.

10. Recibo de pagamento salarial

Por sua vez, o art. 464 da Consolidação dispõe que "o pagamento do salário deverá ser efetuado contra recibo, assinado pelo empregado; em se tratando de analfabeto, mediante sua impressão digital, ou, não sendo esta possível, a seu rogo".

A exigência de recibo corresponde a uma rara oportunidade em que a Consolidação das Leis do Trabalho exige a forma escrita em detrimento da forma oral. A celebração do contrato de trabalho, momento de elevada importância no Direito do Trabalho, prescinde de formalidades na maioria dos casos. As exceções mais conhecidas são o contrato de trabalho do atleta profissional de futebol, o contrato de trabalho temporário regido pela Lei 6.019/1974 e o contrato de trabalho do aprendiz (art. 428 da CLT).

Outrossim, a forma escrita é exigida para o aviso e recibo de férias (art. 135), além de alteração de jornada de algumas profissões, como a de jornalista (art. 304), bem como o já referido contrato de trabalho do aprendiz.

A forma escrita também surge como elemento obrigatório no âmbito do direito coletivo, como a participação do sindicato ao empregador quando do registro de uma candidatura a cargo eletivo (art. 543, § 5.º) e a sedimentação da norma coletiva em Convenção ou Acordo (art. 613, parágrafo único).

No Processo do Trabalho, a reclamação pode ser escrita ou verbal (art. 840), sendo essa reduzida a termo pelo servidor público, mas o inquérito para apuração de falta grave (art. 853) e o dissídio coletivo (art. 856) são necessariamente escritos.

O recibo é exigido para emprestar maior seriedade ao pagamento, pois, do contrário, o ônus de provar que a parcela foi ou deixou de ser paga seria excessivamente pesado para qualquer das partes. Tanto isso é verdade que uma das provas mais difíceis de ser realizada no Processo do Trabalho é a alegação de que o recibo foi assinado em branco, antes de lançados os valores e os títulos. Com alguma sorte, uma perícia grafotécnica poderá identificar o momento da assinatura, como naqueles casos de falsificação grosseira, em que se datilografam os dizeres passando por cima da assinatura em tinta esferográfica. Porém, a situação mais corriqueira é que nada seja comprovado de forma eficaz, porque uma assinatura lançada ao final de uma folha completamente em branco dificilmente conseguirá ser cotejada com a data do preenchimento do espaço superior.

Conforme acima sustentado, não se deve afirmar que a presunção do contracheque é absoluta, no plano do Direito do Trabalho, pois a busca de verdade real de que cuida o princípio da primazia da realidade reclama a possibilidade da produção de outros meios de prova, a fim de confrontar com a prova documental. Lembre-se de que a produção da prova documental é muito mais propícia ao empregador, que detém o poder diretivo, do que ao empregado, assim como a manutenção da escrita contábil e o poder de pressão. Conquanto seja difícil produzir a comprovação de que o recibo carregue pagamentos não efetuados, há também a possibilidade de se demonstrar o contrário, ou seja, que o recibo está incompleto: além do salário estampado no documento, o pagamento de outras parcelas de natureza salarial era feito em outro recibo ou sem nenhum recibo. Como essa situação é comum no Direito brasileiro, cunhou-se a expressão salário "por fora". Quando se diz "por fora", o sentido é justamente criticar o recibo, que já não mais espelha a realidade dos fatos.

Há, ainda, um outro caso curioso e constante no Processo do Trabalho, que não coincide com o recibo assinado em branco nem com o recibo incompleto que omite o salário "não contabilizado". Trata-se da situação do comissionista puro, aquele que recebe unicamente comissões, mas que assina recibos como se assalariado fixo fosse. O recibo possivelmente contém o valor do piso salarial da categoria, para que a empresa se mostre quite com suas obrigações, mas o fato é que o valor ali consignado jamais é pago. O empregado não o assina em branco. Sabe que está dando quitação por um valor pequeno. As comissões não chegam a ser um complemento salarial pago por fora do recibo, pois elas correspondem a 100% da remuneração. A prova, de novo, nada tem de simples, mas é óbvio que o trabalhador deve persistir na trilha da verdade.

O contrato de trabalho doméstico, por sua vez, desperta alguma dúvida no tocante à exigência de que o empregador se valha dos mesmos meios de prova que uma empresa multinacional ou do que uma prefeitura, ou seja, seria realmente indispensável que o empregador doméstico apresentasse toda a documentação atinente ao contrato de trabalho? Houve forte tendência a se liberar o empregador doméstico de maiores formalidades quanto à memória dos fatos, mas é verdade que os próprios empregadores domésticos preferem se munir dos documentos a terem de contar com a boa vontade de testemunhas como os vizinhos, os conhecidos e os demais empregados que circulam pela moradia.

O art. 464 se valeu da palavra recibo para se referir ao documento de comprovação do pagamento dos salários. O art. 8.º, IV, da CF/1988, quando comenta a contribuição confederativa, refere desconto em "folha", idêntica expressão para limitar os gastos das Câmaras com salários (art. 29-A, § 1.º) e para manifestar a incidência dos recolhimentos previdenciários (art. 195, I, *a*, bem como art. 240). A doutrina usa habitualmente o termo demonstrativo de pagamento.

O hábito de se pagar o salário mediante cheque ensejou a criação da palavra "contracheque", ainda hoje adotada na maioria dos Estados brasileiros.

O estatístico Herbert Hollerith (1860-1929) desenvolveu um sistema inteligente de leitura de cartões perfurados, como precursor dos sistemas informatizados. Os cartões aceleraram o serviço de recenseamento. Hollerith se tornou um dos fundadores da IBM, antes de a empresa ter essa denominação. O nome do jovem americano, de ascendência alemã, correu o mundo e, no Brasil, tornou-se sinônimo de contracheque em alguns Estados. Aos poucos, o anglicismo foi aportuguesado para holerite, encontrando-se por vezes a pouco recomendada forma de "olerite".

Em 1997, o art. 464 da CLT foi reformado para abolir a necessidade do recibo escrito como prova de pagamento, dada a difusão dos meios eletrônicos. Doravante, o comprovante de depósito bancário tornou-se peça suficiente para a confirmação do pagamento.

A jurisprudência desde logo evoluiu no sentido de que qualquer comprovante de depósito serve de quitação, ainda que a conta-corrente seja comum, conjunta ou individual, admitindo-se até mesmo o depósito diretamente na conta poupança e, ainda, em contracorrente de terceiros, indicados pelo trabalhador com restrição de crédito, como membro de sua família ou agregado.

De maneira geral, admite-se a apresentação de fichas financeiras da empresa como meio de prova dos pagamentos salariais. Embora a legislação trabalhista refira que o pagamento do salário deve ser feito mediante recibo, são corriqueiros os pagamentos por depósito bancário, ensejando que o empregador os comprove por outros meios de prova, tais como as fichas financeiras da empresa, preferencialmente acompanhadas das transferências eletrônicas.

11. Horário e local do pagamento salarial

Por fim, o art. 465 da CLT refere que "o pagamento dos salários será efetuado em dia útil e no local do trabalho, dentro do horário do serviço ou imediatamente após o encerramento deste, salvo quando efetuado por depósito em conta bancária, observado o disposto no artigo anterior".

Tanto o art. 464, parágrafo único, quanto o art. 465 da CLT estão em consonância com o art. 3.2 da Convenção 95 da Organização Internacional do Trabalho:

> A autoridade competente poderá permitir ou prescrever o pagamento do salário em cheque contra um banco ou em cheque ou vale postal, quando esse modo de pagamento for de prática corrente ou necessário em razão de circunstâncias especiais, quando uma convenção coletiva ou uma sentença arbitral o determinar, ou quando, apesar de tais disposições, o trabalhador interessado consentir.

E também se harmonizam com o conteúdo do art. 13.1, da Convenção 95:

> O pagamento do salário, quando feito em espécie, será efetuado somente nos dias úteis, e no local do trabalho ou na proximidade deste, a menos que a legislação nacional, uma convenção coletiva ou uma sentença arbitral disponham diferentemente ou que outras soluções do conhecimento dos trabalhadores interessados pareçam mais apropriadas.

No entanto, não há na legislação brasileira disposição análoga ao art. 13.2, quanto à inconveniência de o empregador entregar o dinheiro ao empregado na mesa de um bar. Alguns nem haviam pensado nesta hipótese; outros deixaram a família esperando. De qualquer forma, o Brasil é signatário do tratado e, ainda que se lhe atribua posição de simples lei ordinária, é bom que seja observado seu ditame

> Fica proibido o pagamento do salário em bares ou estabelecimentos similares e, se necessário prevenir abusos, nos estabelecimentos de venda a varejo e nas casas de diversão, salvo quando se trate de pessoas ocupadas nesses estabelecimentos.

Capítulo 2

O salário-mínimo

1. Conceito e sentidos do salário-mínimo

Salário-mínimo é a expressão mais conhecida para definir o patamar mais baixo que um empregado pode auferir, dentro do contrato de trabalho.

Na década de 1980, o legislador caprichou num jogo de palavras para tentar conter a indexação sobre o salário-mínimo, criando expressões como *salário-mínimo de referência* e *piso nacional de salários*, iniciativa que felizmente foi cancelada.

Não havia necessidade de tanta hesitação quanto ao nome do instituto, tarefa que, como sempre, é de caráter secundário para o Direito do Trabalho, que prestigia muito mais o conteúdo e a eficácia da norma do que propriamente sua fachada. A confusão ainda persiste, eis que se difundiu também a expressão "salário-mínimo estadual", quando, na verdade, jamais poderíamos cogitar de um salário-mínimo local diante da locução "nacionalmente unificado" constante do art. 7.º, IV, da CF/1988. As questões devem ser desanuviadas.

Atualmente, o conceito mais abrangente de salário-mínimo é aquele da Constituição, por englobar os sujeitos desse direito, o objeto da prestação, sua finalidade e algumas peculiaridades.

Quando comparado o conceito com aquele do art. 76 da CLT, nota-se uma clara evolução no campo científico e de ordem prática. Aliás, evolução maior ainda se mostra quando comparado o conceito detalhista da Constituição Federal de 1988 com as frases sintéticas constantes das Cartas Magnas de 1934, 1946 e 1967, todas mencionando meramente necessidades normais de um trabalhador, sem maior desdobramento. As Constituições de 1824 e 1891 eram omissas sobre o tema.

O sujeito do direito ao salário-mínimo, como dizíamos, é o trabalhador. Seu nome aparece no art. 76 e, conquanto não conste da redação do inc. IV do art. 7.º da CF/1988, surge desde o *caput* desse artigo constitucional, em que se lê a apresentação dos direitos de todos os trabalhadores urbanos e rurais. Além desses dois trabalhadores, vale lembrar que o inc. IV foi transcrito no parágrafo único do art. 7.º, que vem a ser o rol de direitos do empregado doméstico.

Há de se lembrar, ainda, a extensão do salário-mínimo igualmente ao empregado menor de 18 anos, por não se justificar a discriminação salarial pelo fator idade, nem a pouca idade nem a idade avançada, evidentemente. Dispositivo da CLT que autorizava a discriminação, o art. 80, foi expressamente revogado no ano 2000, mas já era tido por não recepcionado desde 1988. O respeito ao salário-mínimo abrange tanto o empregado de 16 a 18 anos como o menor aprendiz, a partir de 14 anos, ainda que cumpra a jornada reduzida de seis horas.

Houve um tempo em que se considerava válido o pagamento inferior ao salário-mínimo ao menor aprendiz, por se entender que a diferença era compensada pelo investimento na educação e na formação profissional desse trabalhador, alguma coisa como um salário utilidade representado pelas aulas que recebia (segundo o art. 80, revogado, pagava-se metade do salário-mínimo ao aprendiz na primeira parte do contrato de trabalho e dois terços do valor na segunda metade). Nem assim se consegue justificar a separação atualmente. Além da redação inequívoca do art. 7.º, IV, observe-se também a assertiva do art. 227, § 3.º, II, sempre da Constituição Federal, que determina "garantia de direitos previdenciários e trabalhistas" para o adolescente, donde se conclui ser inviável a discriminação salarial.

A propósito, não pode ser considerada recepcionada a afirmação do art. 15, parágrafo único, do Dec. 73.626, de 12 de fevereiro de 1974 (Regulamento da Lei do Trabalho Rural), que falava em metade do salário-mínimo para o empregado com menos de 16 anos. O Decreto claramente reflete um período superado da história, pois menciona salário-mínimo regional, hoje inexistente, e trata o menor de 16 anos como se fosse um empregado qualquer; atualmente essa condição somente existe sob a modalidade da aprendizagem.

Também são sujeitos desse direito os aposentados e os pensionistas do INSS. É claro que o assunto já não diz respeito ao Direito do Trabalho, pois o contrato de trabalho expirou e o pagamento será feito pela autarquia previdenciária, mas não deixa de ser relevante observar que a própria Constituição Federal de 1988 volta ao assunto, agora no art. 201, § 2.º, prestigiando simultaneamente o salário-mínimo, como marco civilizatório, e a prestação previdenciária, como um valor modesto, mas digno de atender a parte das necessidades vitais do trabalhador ou de seus dependentes.

Também são sujeitos do direito ao salário-mínimo os servidores públicos, conforme expressamente referido no art. 39, § 3.º, da CF/1988 que elenca os direitos aplicáveis a esses servidores, com menção ao art. 7.º, IV, mas com uma peculiaridade que tende a se tornar bastante confusa no cotidiano dessa relação de trabalho.

Prevalece o entendimento de que, pelo menos para os empregados públicos, o salário-mínimo não se apura pelo confronto isolado do salário-base com o mínimo legal, mas deste com a soma de todas as parcelas de natureza salarial recebidas pelo empregado diretamente do empregador, posição um tanto desconfortável, mas com ressonância na Súmula Vinculante 16 do STF, de 25.06.2009: "Os artigos 7.º, IV, e 39, § 3.º (redação da EC 19/1998), da Constituição, referem-se ao total da remuneração percebida pelo servidor público".

Tudo decorre do excesso de normas que norteiam a remuneração do servidor público. Para atender a interesses pontuais, o administrador público costuma desdobrar o salário em incontáveis rubricas, como gratificação de atendimento, gratificação de planejamento, adicional por tempo de serviço, gratificação especial, gratificação transitória, gratificação de cessão a outro setor, gratificação por ensino superior e assim por diante.

Dado esse panorama, são conhecidas as situações de servidores públicos que carregam ainda hoje salário-base de R$ 200,00 ou R$ 500,00.

A premissa vale tão somente nas gratificações não sujeitas a uma condição ou a título precário. Por exemplo, não devem ser somados o adicional de periculosidade e o adicional noturno para totalização do salário-mínimo. Depois que toda a remuneração estiver assentada é que se calcula o adicional noturno, sob pena de solução anacrônica e claramente ilegal. Idêntico raciocínio para as horas extras.

2. Salário-mínimo proporcional à carga horária

Não se deve confundir a sorte do servidor público de remuneração multifacetada com a situação do empregado a tempo parcial. Essa figura existe desde os primórdios do Direito do Trabalho e encontrou assento no art. 58-A da CLT. Indaga-se se o empregado sujeito a essa jornada restrita pode auferir menos do que o salário-mínimo mensal. Sim, preenchidas algumas exigências.

Tome-se como exemplo o trabalho a tempo parcial em que se estipularam quatro horas de jornada, seis dias por semana, mantendo-se o padrão inferior às 25 horas por semana de que fala o art. 58-A. Nesse caso, admite-se o pagamento do salário-mínimo inferior ao módulo mensal, porque destinado apenas àqueles que cumpram a carga horária cheia. A fim de que se evitem distorções, roga-se que o pagamento seja proporcional à carga horária.

A melhor forma de viabilizar essa proporcionalidade à carga é fazer a conta pelo número de horas laboradas. Faz muitos anos que todas as leis que fixam salário-mínimo trazem, logo na sequência, seu valor por dia e por hora

Apenas o empregador deve tomar o cuidado de, ao calcular as horas efetivamente laboradas com o valor do salário-mínimo horário, acrescentar os reflexos em descansos semanais remunerados. No salário mensal, os descansos semanais remunerados já se acham quitados de forma embutida (art. 7.º, § 2.º, da Lei 605/1949); no salário-dia ou no salário-hora, não.

Quanto ao trabalhador doméstico, não há impedimento à carga inferior ao padrão legal. Antes da Emenda 72/2013, poderia haver dúvidas sobre a contratação dos domésticos por uma certa quantidade de horas, pois a relação doméstica não era calculada por horas nem havia o conceito de horas extras. Para que se pudesse falar em trabalho doméstico a tempo parcial, talvez fosse preciso partir para a contratação por dias, e não por horas. Mas essa diferença sutil caiu por terra com a Emenda 72, de abril de 2013, e com a LC 150, de junho de 2015, que expressamente prevê o trabalho doméstico a tempo parcial.

Assim, mesmo antes da Emenda 72, um empregado doméstico que atuasse apenas dois dias da semana poderia receber o salário-mínimo proporcional a esses dois dias, na forma da Lei do Salário-mínimo. Esse tema nem era muito discutido porque os empregadores domésticos preferem não registrar seus empregados, apoiando-se no caráter eventual da prestação de serviços e chamando os empregados de "diaristas" – como se diarista não pudesse ser empregado. É um empregado que aufere salário por dia.

O art. 1.º da LC 150/2015 oficializou que o emprego doméstico pressupõe três ou mais dias por semana, de modo que os trabalhadores de um ou dois dias por semana foram inseridos no conceito de diaristas eventuais e foram colocados à margem da legislação trabalhista. Assim, questões sobre o trabalho doméstico a tempo parcial passarão a recair sobre contratos de três ou quatro dias por semana, ou, ainda, sobre contratos de até 25 horas por semana – tal como consta do art. 3.º da LC 150/2015, que autoriza a modalidade de contratação a tempo parcial, no âmbito das relações domésticas, até o máximo de 25 horas semanais.

Deixando de lado a discussão sobre a natureza empregatícia da relação doméstica, mais apropriada nos comentários ao art. 3.º da CLT, o fato é que o empregador que contratar empregado doméstico sem a carga cheia tem o direito de pagar salário-mínimo proporcional ao número de dias laborados, sendo inconsistente o cálculo sobre o número de horas.

Outra confusão a ser evitada diz respeito às jornadas reduzidas por força de lei ou de norma coletiva.

Nesse caso, o salário-mínimo mensal é devido, mesmo que não se cumpram as 44 horas semanais. Em momento algum o art. 7.º, IV, da CF/1988 propugna que o salário-mínimo seja pago apenas a quem transcorra todas as 44 horas semanais, nem foi essa a referência no item supra. O salário-mínimo mensal é devido a quem cumpra a carga completa de trabalho, seja ela a carga genérica de 44 horas, seja ela a carga especial da profissão regulamentada.

Por exemplo, um cabineiro de elevador, que tem direito à jornada de seis horas pela Lei 3.270, de 30.09.1957, já cumpriu sua carga completa na 36.ª hora semanal e faz jus ao salário-mínimo cheio. Da mesma forma, o jornalista com a carga de cinco horas, o bancário com a carga de seis horas e o aprendiz na carga de seis horas também.

Trabalho a tempo parcial representa situação em que, havendo espaço para carga maior, as partes optam pelo cumprimento de carga menor, de comum acordo. Confundir trabalho a tempo parcial com jornada reduzida para determinada profissão é malicioso.

3. Fixação do salário-mínimo somente por lei

Afora a questão dos sujeitos destinatários do salário-mínimo, cabe analisar o significado da exigência constitucional a que o salário-mínimo seja "fixado em lei".

Ao mencionar que o único modo de estipulação do salário-mínimo é a lei, retirou-se o poder do decreto presidencial, que já não tem mais o que regulamentar, bem como das portarias ministeriais ou figuras de semelhante patamar. Com isso, não faria o menor sentido a existência das Comissões de Salário-Mínimo, a que aludiam os arts. 87 a 111 da CLT, já revogados anteriormente.

Certamente a elaboração de uma lei acarreta toda a complexidade conhecida, os trâmites exigidos pela própria Constituição e, no particular, o jogo de forças políticas no que concerne a uma das principais vitrines da Administração Pública Federal. Agrava ainda mais o tumulto desse processo legislativo o fato de que, para garantir os reajustes periódicos igualmente exigidos pelo art. 7.°, encontra-se aqui exemplo típico de legislação efêmera, feita realmente para não durar. Embora o país já tenha convivido com reajuste mensal ou quase mensal de preços e salários, convencionou-se a duração anual (ou quase anual, quando se antecipa por um ou dois meses o início da vigência da nova norma) para o salário-mínimo.

A forma mais utilizada para sua estipulação rápida e precisa, todavia, é a medida provisória, interpretada como sendo de idêntico patamar e de idêntico valor que a lei ordinária. Toda medida provisória almeja um dia se tornar uma lei ordinária. Corre-se elevado risco de vazio legislativo, de legislação conflitante ou, tanto pior, de medida provisória não ser aprovada e perder todo seu efeito.

A devolução do valor pago a maior provavelmente não existira, mesmo na hipótese sombria de uma lei desautorizar a medida provisória sobre um assunto tão delicado e impactante, seja porque a parcela tem natureza eminentemente alimentar, seja porque o Supremo Tribunal Federal considera que a medida provisória vale enquanto durar, e seus efeitos não se anulam com o posterior desaparecimento.

De qualquer forma, não se cogita da fixação de salário-mínimo por decretos ou portarias que, se houver, serão inconstitucionais pela forma.

Na verdade, a fixação do salário-mínimo por decreto presencial voltou a ser discutida com a promulgação da Lei 12.382/2011, cujo art. 3.° delega a tarefa da fixação do valor anual ao Poder Executivo: "Os reajustes e aumentos fixados na forma do art. 2.° serão estabelecidos pelo Poder Executivo, por meio de decreto, nos termos desta Lei".

Quem estuda a cronologia dos fatos envolvendo o salário-mínimo normalmente rechaça qualquer tentativa de se devolver para o chefe do Poder Executivo a fixação do salário-mínimo. É sempre um precedente perigoso, porque permite a atuação de forças não afetas ao processo democrático e o cotejo das necessidades vitais básicas do trabalhador com questões sobre organização das finanças das prefeituras e da Previdência Social, por exemplo. Assim, o legislador de 2011 não andou bem em retirar do Poder Legislativo e atribuir ao Poder Executivo a fixação do salário-mínimo de 2012 a 2015.

Os argumentos jurídicos utilizados para sustentar essa estratégia contra expresso texto do art. 7.°, IV, da CF/1988, foram de duas ordens: de um lado, a delegação para o outro poder constituído foi provisória, por apenas quatro anos; de outro lado, a delegação teria sido feita em caráter vinculante, haja vista que a Lei 12.382/2011 já conteria todas as balizas necessárias para a fixação do percentual, fazendo menção ao índice de inflação oficial mais um ganho real decorrente da variação do Produto Interno Bruto – PIB. Afirmam os defensores dessa norma que, assim fazendo, o legislador manteve com o Poder Legislativo os critérios da fixação do salário-mínimo anual, remetendo-se para o Poder Executivo – via decreto – meramente o acertamento da conta, sem liberdade discricionária para acrescer ou retirar algum índice no cálculo. O Supremo Tribunal Federal concordou com esses argumentos e validou a estratégia.

Os problemas, todavia, continuaram, pela incerteza sobre o remédio jurídico cabível antes a não aplicação da integralidade dos índices definidos pela Lei 12.382/2011.

Outro dado curioso que escapou à percepção do Supremo Tribunal Federal quando do julgamento favorável ao uso do decreto é que, não raro, os órgãos oficiais de cálculo do Produto Interno Bruto costumam promover revisões nas estimativas, com lapsos de dois ou três anos, quando são consolidadas as informações mais precisas sobre os indicadores da economia nacional, de sorte que revisão de percentual de aumento ou retração do PIB é uma constante no meio econômico, com o que o meio jurídico não está acostumado.

Ora, se o órgão oficial estima o crescimento do PIB em 3% num dado ano e, três anos após, vem à tona a informação de que o crescimento era de 3,5%, discute-se como irá a Presidência da República editar decreto de reajuste complementar retroativo ao salário-mínimo. Foi justamente para evitar esse descompasso que a Constituição Federal de 1988 determinou que o aumento ficasse integralmente a cargo do Congresso Nacional, que teria soberania para fixar o valor, para mais ou para menos, sem contestação. Ao delegar a fixação para terceiros, o Congresso não apenas descumpre o mandamento constitucional como também expõe o trabalhador a um prejuízo irrecuperável.

Esse cenário, que era considerado hipotético, verificou-se em 2015, com a divulgação de que a variação do PIB de 2010 – utilizado para o reajuste do salário-mínimo de 2012 – passou de 7,5% para 7,6% e que a variação do PIB de 2011 – usada para o salário-mínimo de 2013 – passou de 2,7% para 3,9%. Uma ideia seria forçar a Presidência da República a incorporar essa variação real do PIB no reajuste do salário-mínimo subsequente, evitando as aflições do aumento retroativo, mas aí voltamos ao ponto de início da discussão por deixarmos a discricionariedade a critério de um decreto presidencial, exatamente aquilo que a Constituição Federal de 1988 procurou evitar.

O repasse não foi feito e os prejuízos foram acumulados por quem do salário-mínimo necessita.

4. Alcance nacional

O salário-mínimo há de ser nacionalmente unificado, determina o art. 7.º, IV, da Lei Maior.

Tanto a CLT quanto a Constituição Federal de 1967 (art. 158, I) previam expressamente a regionalização do salário-mínimo, o que foi afastado pela Constituição Federal de 1988.

Muito já se discutiu sobre as vantagens e desvantagens de se fixar um salário-mínimo unificado para um país marcado por tanta distorção social e econômica, ou, ao revés, autorizar a fragmentação do salário-mínimo, mas simultaneamente assistir a uma competição regional e incremento de rota migratória, mais ainda do que já conhecemos no país. Cidades limítrofes entre duas unidades da federação seguramente passariam pela inquietação de se ganhar salário maior poucas quadras adiante e assim sucessivamente. Some-se a isso o fato de que o Direito do Trabalho está diretamente ligado à dignidade do ser humano e à promoção dos valores humanísticos, que não se coadunariam com a atribuição de valor, por lei, diferente para situações de igual valor. Isso nada tem que ver com a competição natural que existe no mercado de trabalho e com a possibilidade de a empresa pagar mais para o trabalhador com maior talento, cultura ou criatividade. A inconsistência residiria muito mais na complacência da lei à guerra dos Estados e à discriminação entre trabalhadores em situação análoga do que propriamente à seleção dos melhores empregados.

Argumentam os defensores do antigo sistema de salário-mínimo regional que essa fixação localizada atende melhor ao objetivo social do salário basilar, pois respeita o custo de vida próprio de cada comunidade ou área geográfica, tratando de maneira desigual os desiguais. Não pressiona os custos de uma atividade econômica localizada em área empobrecida nem, por outro lado, favorece a empresa com elevado giro financeiro que, tirando proveito da situação, achata a remuneração com apoio na lei. Permite que se expanda de forma distorcida o reajuste de cada setor, sem se sensibilizar com índices nacionais de inflação, os quais nem sempre retratam fielmente a realidade de cada região brasileira. Poderia o reajuste ser maior naquele ambiente onde a pressão inflacionária também havia sido maior e assim por diante.

Não foi essa a tese que prevaleceu.

Após cinco décadas de salário-mínimo regionalizado, a experiência revelou que os males da distorção setorizada superavam as expectativas de um tratamento localizado dos reajustes e das especificidades. Entendeu-se, ademais, que possíveis ganhos de produção e maior pujança da economia em alguns setores e em alguns Estados podem ser canalizados para discussão de piso salarial em Convenção Coletiva, pois normalmente esse desenvolvimento é acompanhado por maior dinamismo da entidade sindical. Ainda que a entidade sindical não seja atuante, outra constatação empírica a que se chega é o simples fato de que, em algumas atividades econômicas mais sofisticadas, como a indústria automobilística ou a siderurgia, os trabalhadores já não se submetem ao salário-mínimo.

Em outras palavras, a lei deveria ocupar-se de um patamar básico como forma de guarnecer os trabalhadores menos organizados e menos instruídos, para, de outro lado, possibilitar maior musculatura na negociação coletiva em geral e na negociação individual em particular para alguns níveis operários.

Com base nessas premissas, a Constituição Federal de 1988 abandonou o sistema de salário-mínimo regional e adotou o salário-mínimo nacionalmente unificado.

Qualquer lei ordinária que disponha em sentido contrário incorrerá no vício da inconstitucionalidade de conteúdo – ou então não era de salário-mínimo que ela tratava e o leigo se confundiu na leitura do dispositivo.

A respeito das figuras análogas ao salário-mínimo, inclusive o famoso piso estadual, vulgarmente chamado de "salário-mínimo estadual", ver comentários abaixo.

5. Necessidades vitais básicas e as deduções legais

O salário-mínimo se destina ao atendimento das necessidades vitais básicas do trabalhador e de sua família em nove áreas do cotidiano: moradia, alimentação, educação, saúde, lazer, vestuário, higiene, transporte e previdência social. Como a fixação do salário-mínimo é evidentemente política, visando a conciliar os interesses dos cofres públicos, da previdência social, das prefeituras de pequeno porte bem como a pressão das entidades sindicais, é certo que o valor não corresponderá a todas as necessidades preconizadas pela Constituição.

A família representa uma novidade no conceito de salário-mínimo, que não constava na redação da CLT, mas que já aparecia, brevemente, na redação do art. 158, I, da CF/1967, bem como do art. 157, I, da CF/1946.

Claro que o valor modesto, normalmente fixado pelo legislador, tende a se afastar ainda mais da realidade, mas o Direito do Trabalho jamais pode ignorar que os trabalhadores destinam seus rendimentos para si e para os seus. Essa constatação é o fundamento, aliás, de outro direito consagrado pelo mesmo art. 7.º, a saber, o salário-família.

A crítica que se faz diz respeito ao excesso de promessas que o legislador menciona, sabidamente inatingíveis. Além de ter ampliado os destinatários do salário-mínimo, passando de trabalhador para trabalhador e sua família, ampliaram-se também os itens considerados vitais para o ser humano, de cinco no art. 76 da CLT para nove no art. 7.º, IV, os quais passam a ser analisados.

Já constavam da redação original da CLT a alimentação e a habitação (a que a Constituição Federal de 1988 chamada de moradia), núcleo central de qualquer estudo mais rudimentar sobre a dignidade do ser humano e sobre a condição de vida. Num segundo círculo, constava também o tripé formado por vestuário, higiene e transporte, todos reiterados pela Constituição.

As novidades de 1988 foram quatro temas que possivelmente não despertavam maior preocupação em 1943, muito embora fundamentais para o desenvolvimento da qualidade de vida de qualquer ser humano: a educação, sem dúvida, o binômio saúde e previdência social, de outro lado, e, muito bem lembrado, o lazer.

Há uma desconfiança natural da sociedade quando se toca no tema do lazer, que parece um luxo excessivo em meio a tantas mazelas do cotidiano e num país que ainda não superou completamente o trauma da fome e da desnutrição infantil.

É verdade. Mas os estudos não cessam de comprovar o impacto que o lazer provoca na redução dos índices de violência urbana, na melhoria da produtividade do trabalhador e no desenvolvimento profissional. Justificam-se as nove preocupações do legislador, portanto.

A propósito do lazer, não custa lembrar que ele aparece na Constituição Federal de 1988 em pelo menos quatro momentos distintos: a) no conceito de direito social do art. 6.º; b) na fundamentação do salário-mínimo do art. 7.º, IV, ora em comento; c) como forma de promoção social e dever do Poder Público no art. 217, § 3º; e d) como dever da família, da sociedade e do Estado para com a criança e o adolescente, na forma do art. 227.

Ostenta o lazer, igualmente, lugar privilegiado na Declaração Universal dos Direitos do Homem (art. 24), no Pacto Internacional Relativo aos Direitos Econômicos, Sociais e Culturais, de 1966, ratificado pelo Brasil em 1992 (art. 7.º, *d*), em meio a outros tratados internacionais.

Numerosas leis ordinárias também fazem referência a sua importância para o desenvolvimento do ser humano, bastando a lembrança do Estatuto da Criança e do Adolescente, do Estatuto do Idoso e da Lei Pelé.

Cabe, ainda, uma observação curiosa sobre as promessas do salário-mínimo, que dificilmente serão atingidas, e estratégias intermediárias utilizadas pelo legislador para mitigar a pressão social: ao longo dos anos, foram introduzidas diversas leis com o claro propósito de conclamar os empregadores a concorrerem nas áreas em que o Estado fracassou em suas políticas públicas de promoção da qualidade de vida e nas áreas em que o salário-mínimo jamais conseguirá avançar.

Foi assim com o Programa de Alimentação do Trabalhador (Lei 6.321/1976) e com a Lei do Vale-Transporte (Lei 7.418/1985), em que a renúncia fiscal foi utilizada como ferramenta de incentivo ao custeio da refeição e da condução do trabalhador, mediante valores "adiantados" pelo empregador para posterior dedução dos impostos da pessoa jurídica. Foi assim, indiretamente, com a profunda alteração impressa no art. 458, § 2.º, da CLT (pela Lei 10.243/2001), em que diversas prestações tiveram a natureza salarial afastada e receberam o selo de benefícios assistenciais desprovidos de tributação, quase todos eles ligados ao conceito de necessidades vitais básicas de que fala a definição do salário-mínimo (na ordem do art. 458, § 2.º: vestuário, educação, transporte, assistência médica, seguro de vida, previdência privada e, desde 2012, o vale-cultura).

Normalmente o salário-mínimo é pago em dinheiro, sendo certo que, por causa dos descontos legais, nenhum trabalhador aufere o valor integral previsto pela legislação ordinária.

O valor estipulado para o salário-mínimo mensal é bruto, sujeito aos descontos autorizados, na forma do art. 462 da CLT, especialmente a cota previdenciária do empregado, pois para fins dessa contribuição não há faixa de isenção, como ocorre com o imposto de renda. A esse desconto inelutável se somam os descontos de contribuição sindical (art. 578 da CLT, que desde 2017 pressupõe concordância do trabalhador) e alguns outros autorizados por Convenção Coletiva como a contribuição confederativa (art. 8.º, IV, da CF/1988) e, geralmente, a contribuição assistencial (art. 513, *e*, da CLT), se houver.

Outro desconto autorizado em lei é o empréstimo consignado, mecanismo acusado de provocar superendividamento da população.

Podem-se juntar outros descontos considerados lícitos, assim entendidos aqueles benéficos e autorizados de modo expresso pelo trabalhador, como o plano de assistência médica e alguns tipos de seguro. Encontra-se, finalmente, o valor líquido a ser pago ao trabalhador.

Indaga-se se, em meio ao dinheiro, uma parte do salário-mínimo poderá ser paga em mercadorias e, ainda, se as gorjetas oferecidas pelos clientes e fornecedores podem ser aproveitadas pelo empregador para "calcular" o salário-mínimo.

No caso das mercadorias e bens em geral, existe expressa previsão da CLT disciplinando a matéria, por se tratar de uma realidade bastante frequente na época de sua promulgação e ainda hoje em determinados segmentos, particularmente da zona rural, motivos pelos quais o art. 82, parágrafo único, um dos poucos ainda em vigor de maneira intacta naquele capítulo da norma trabalhista, propugna o respeito a um patamar mínimo de 30% em dinheiro – percentual muito módico, diga-se.

Já no caso das gorjetas, a resposta é diversa: conforme interpretação mais equilibrada do art. 457 da CLT, a gratificação paga pelos clientes que se sentiram bem atendidos, por força de usos e costumes, e demais figuras análogas oriundas de terceiros, não compõe o conceito de salários, que ficam restritos aos pagamentos feitos efetivamente pelo empregador. Logo, salário-mínimo é a menor quantia que o empregado pode receber de seu empregador, independentemente de haver ou não gratificação, naquele emprego, de terceiros interessados em seu contrato de trabalho.

Da mesma forma, o salário-mínimo será devido em 13 vezes por ano, porque não exclui o direito ao décimo terceiro salário, sofrerá o acréscimo de um terço quando do pagamento das férias, produz incidência no fundo de garantia e é acoplado de todos os adicionais condicionais existentes na legislação, como o adicional de insalubridade, o adicional de periculosidade, o adicional noturno e o que mais houver, não se podendo dizer que ele já contenha algum adicional embutido. Somente não terá o pagamento em separado dos descansos semanais remunerados, porque, como estudado no art. 67 da CLT, a parcela mensal já os quita em seu bojo, na forma do art. 7.º, § 2.º, da Lei 605/1949.

6. Figuras análogas ao salário-mínimo

Confundem-se o salário-mínimo e algumas figuras análogas, mas que não guardam com ele relação quanto a seu propósito ou quanto à definição legal extraída do art. 7.º, IV, da Constituição Federal de 1988. É muito importante a distinção do salário-mínimo das demais situações assemelhadas, porque as consequências práticas, inclusive para a base de cálculo de outras parcelas, são intensas.

Compreendem temas desta seção, portanto, (a) os salários profissionais, (b) os pisos normativos e (c) os assim chamados salários-mínimos estaduais, que vêm a ser pisos previstos pelo inciso V do art. 7.º da Constituição de 1988.

Não há consenso nem mesmo na nomenclatura dessas três figuras análogas.

São considerados *salários profissionais* aqueles destinados a uma determinada ocupação, independentemente da ocorrência de negociação coletiva, pois aí estaríamos diante de pisos normativos com vigência e com base territorial previamente estabelecidas. Embora atualmente em desuso, o salário profissional decorria de forte ingerência estatal sobre as relações de emprego, numa época em que ter uma profissão regulamentada era sinônimo de avanço social e de coesão da classe operária. Já faz alguns anos que o legislador não envereda para o campo da fixação salarial via lei ordinária, mas nem sempre foi assim.

Diversas profissões conquistaram o direito ao salário profissional, certamente no âmbito nacional, pois a lei federal não poderia valer apenas para alguma região do país. A curiosidade é que, em país historicamente marcado pelo processo inflacionário, nenhuma lei ousou fixar o salário profissional em padrão monetário ou sequer em expressões indexadoras: todas as leis se socorreram do salário-mínimo, fixando os salários profissionais em múltiplos do mínimo.

Foram utilizadas diversas técnicas, mas todas com o ponto em comum de incrementar a remuneração daqueles profissionais, retirando-os do lugar comum do salário-mínimo sem a necessidade de remeter a questão para a mesa de negociações coletivas.

No caso do técnico em radiologia, foi utilizada a fórmula mais simples – mas nem por isso deixou de haver confusão. A Lei 7.394, de 29.10.1985, fixou o salário profissional em dois salários-mínimos previstos em lei. O art. 16 teve a capacidade de dizer que o "salário-mínimo dos profissionais (...) será equivalente a 2 (dois) salários-mínimos profissionais", levando alguns intérpretes a enxergar nessa construção equivocada da língua portuguesa o total de quatro salários-mínimos. Nem ao menos se imagina como uma figura pode servir de base de cálculo para ela mesma ("o salário profissional é de dois salários profissionais").

No particular, o salário profissional dos técnicos em radiologia sofreu um revés em julgamento do Supremo Tribunal Federal, que considerou inconstitucional seu reajuste indexado ao aumento do salário-mínimo nacional, havendo determinação de seu congelamento pelo valor vigente à época do julgamento, incidindo, depois, os reajustes contratuais ou legais que houver.

No caso dos médicos e cirurgiões-dentistas, a Lei 3.999/1961 empreendeu estratégia muito mais trabalhosa. Fixou o salário profissional em três salários-mínimos (usando as expressões reprováveis de "salário-mínimo dos médicos" e "salário-mínimo comum" para distingui-los), mas supondo a jornada de quatro horas. Pode-se cumprir jornada superior a quatro horas, sem que isso seja considerado hora extraordinária, mas desde que guardada uma proporcionalidade, de complexo cálculo, com o padrão de três salários-mínimos *versus* quatro horas (portanto, 4,5 mínimos para jornada de 6 horas e, ainda, 6 mínimos para jornada de 8 horas).

No ensejo, o art. 5.º da Lei 3.999/1961 criou também a figura do salário profissional do "auxiliar de laboratorista e radiologista e internos" (art. 2.º, *b*), à razão de duas vezes o salário-mínimo, igualmente no patamar das quatro horas diárias.

No caso dos engenheiros, arquitetos, químicos, veterinários e agrônomos, a Lei 4.950-A/1966 adotou sistema semelhante àquele da Lei dos Médicos, mas com a agravante de separar quatro hipóteses (jornadas maiores e menores do que seis horas e profissionais diplomados em cursos cheios ou em cursos vagos). Felizmente, o curso vago de engenharia ("menos de 4 anos") foi extinto pouco tempo após a edição da lei, de tal modo que a referência a essa condição se tornou obsoleta. O que resta é o salário profissional de seis salários-mínimos (com as curiosas expressões de "salário-base mínimo" para o primeiro e "salário-mínimo comum" para o segundo), para a jornada de seis horas, com uma proporcionalidade para a jornada de oito horas, sem que isso seja considerado hora extraordinária (arts. 5.º e 6.º da Lei 4.950-A).

A condição do advogado foi diversa.

A Lei 8.906/1994, conhecida por Estatuto da Ordem dos Advogados do Brasil, deixou integralmente a cargo da negociação coletiva a fixação do salário profissional. Preconiza o art. 19 que a fixação do salário profissional ("salário-mínimo profissional" foi a expressão da vez) seja feita por "sentença normativa", ou seja, desde logo prevê a necessidade de um dissídio coletivo, embora não mencione as dificuldades relativas às bases territoriais e vigência, caso não sejam concretizados os acordos coletivos ou convenções coletivas. Aliás, se o patamar for fixado por norma coletiva, já não estamos diante de salário profissional, porquanto não aplicável a toda a profissão, mas apenas aos trabalhadores daquele local de atuação do sindicato. Estamos diante de um piso normativo, com todas as suas peculiaridades. Houve conceituação equivocada da lei.

Como se observa, a prática da fixação do salário para uma profissão inteira, através da legislação ordinária, foi abandonada. Das normas citadas, duas são da década de 1960 e uma provém de 1985. A norma destinada ao advogado, que seria de todas a mais recente, não é exemplo válido de salário profissional, pois se reportou à negociação coletiva. Ainda que não se concorde com a vedação plena do salário-mínimo, há de se ter cautela em seu uso indiscriminado pelo legislador.

A segunda figura análoga relevante para este capítulo é o chamado *piso normativo*.

Como o próprio nome está a revelar, cuida-se de um patamar mínimo veiculado pela norma coletiva, sendo, portanto, oriundo de uma negociação coletiva, e não de um diploma legislativo. Para os fins do Direito do Trabalho, a força vinculante da norma coletiva é de igual magnitude, isso é certo, sendo, aliás, uma solução mais harmônica e mais propícia para as questões do cotidiano trabalhista. Existem, porém, algumas peculiaridades que distinguem a norma coletiva da lei posta.

Toda norma coletiva tem prazo de vigência. Ironicamente, a norma coletiva elaborada no âmbito da entidade sindical e fruto da negociação direta entre as partes envolvidas tem prazo máximo de apenas dois anos (art. 614, § 3.º, da CLT), ao passo que a decisão normativa proveniente dos tribunais do trabalho incumbidos de dirimir o conflito coletivo tem prazo máximo de quatro anos (ao que se depreende do art. 868, parágrafo único, da CLT).

Não se entenda que o prazo de vigência, uma vez expirado, terá o condão de rebaixar o salário do trabalhador. É certo que não, porque o salário, uma vez majorado, incorpora-se na essência do contrato de trabalho e segue seu curso independentemente da superveniência de outros reajustes ou não. O fato é que, após a vigência, os novos empregados já não terão o mesmo piso normativo e, ademais, os empregados não podem reivindicar diferenças salariais retroativas ao período em que não havia a cláusula do piso normativo.

Categorias inorganizadas em sindicatos ou dotadas de sindicatos de pequeno grau de mobilização terão ainda mais dificuldade na conquista de um piso normativo compatível com suas necessidades, se é que conhecerão o piso algum dia. Mesmo categorias organizadas e combativas por vezes optam pela pressão por um reajuste salarial maior, de modo linear para todos os empregados, em detrimento da negociação em torno de um piso básico para todos e livre negociação para os que aufiram rendimentos maiores.

O piso normativo, além de se submeter ao prazo de vigência, sofre igualmente os efeitos da base territorial e da representação da entidade sindical, não sendo extensível nem aos empregados da mesma fábrica lotados em outros municípios nem aos colegas de trabalho representados por outra entidade sindical, como ocorre com as categorias diferenciadas ou com determinados níveis de terceirização.

Assume o piso normativo, assim, um papel importante na negociação coletiva, a qual costuma encabeçar, e relevante no aprimoramento das relações de trabalho localizadas, mas dispõe de pequena repercussão no âmbito nacional, quando se lembram das vastas camadas da população ainda desprovidas de representação sindical e da excessiva rotatividade da mão de obra entre empresas e entre cidades do país.

A terceira figura análoga ao salário-mínimo é, de longe, a mais polêmica e aquela que mais incompreensão tem causado. O próprio nome popular, *salário-mínimo estadual*, já denuncia a confusão entre o conceito do inciso IV do art. 7º da CF/1988, que vem a ser o salário-mínimo "nacionalmente unificado", e o inciso V, que se destina à fixação de um piso proporcional à extensão e à complexidade da ocupação.

A origem do chamado salário-mínimo estadual remonta ao ano 2000, num dos vários debates que o país vivencia anualmente quando da fixação do salário-mínimo. Pressionado por um reajuste maior, que nunca veio, e hostilizado por líderes regionais, que afirmavam a existência de salários muito maiores em suas bases eleitorais, o Governo Federal encampou um projeto de delegação de competência da União para que os Estados pudessem legislar sobre Direito do Trabalho – e, assim, liberar ao menos em parte as energias envolvidas neste jogo de forças.

Como se sabe, o art. 22 da Constituição de 1988, em seu inc. I, atribui competência privativa à União para legislar sobre o Direito do Trabalho, mas, ao final de 28 incisos contendo mais de uma centena de prerrogativas, estatui no parágrafo único que "lei complementar poderá autorizar os Estados a legislar sobre questões específicas das matérias relacionadas neste artigo". Foi assim que a LC 103, de 14.07.2000, autorizou os Estados a cuidarem de um tema particular do Direito do Trabalho, que vem a ser a regulamentação do inc. V do art. 7.º da CF, ou seja, a fixação do "piso salarial proporcional à extensão e à complexidade do trabalho".

Desse modo, o salário-mínimo estadual não é salário-mínimo na forma do art. 7.º, IV, da CF, mas apenas o piso de complexidade do trabalho, cuja delegação para o ente federativo ocorreu por força da lei complementar, e não por força da dispersão da competência, como pode parecer à primeira vista. A União retém firme a competência privativa para o Direito do Trabalho. Deve-se preferir a expressão piso estadual ao termo salário-mínimo estadual.

A diferença não é meramente acadêmica.

O salário-mínimo, como visto acima, carrega a marca de ser: a) nacionalmente unificado; b) fixado por lei; c) com reajustes periódicos; d) destinado a necessidades vitais básicas; e) em prol do trabalhador e de sua família; e f) imprestável para indexação de preços e salários. Ao piso salarial de complexidade do trabalho não se aplicam essas premissas, havendo, portanto, maior liberdade ao legislador estadual para expandir ou restringir os reajustes, atender a apenas uma ou outra classe de trabalhadores e formar comissões de estudo não necessariamente destinadas à elaboração de lei em sentido estrito.

Afora isso, a LC 103/2000 já trouxe, em seu bojo, três restrições à estipulação do piso estadual, que não se aplicam ao salário-mínimo:

- inaplicabilidade ao servidor público municipal, em homenagem às pequenas municipalidades e a fim de que os Estados não legislem sobre assuntos internos das prefeituras;
- vedação ao uso político do piso salarial, inibindo o reajuste ou a fixação no semestre do ano em que houver eleições estaduais; e
- inaplicabilidade para as profissões já dotadas de salário profissional ou de piso normativo, nem para piorar, nem para melhorar a condição, por se entender que o piso estadual se destina prioritariamente às categorias inorganizadas em entidade sindical ou cujo sindicato não tenha conquistado norma coletiva com essa vantagem.

Logo, o piso normativo prevalece mesmo quando for menor que o salário-mínimo estadual. Aqui não se aplicou a hierarquia dinâmica das normas trabalhistas, em que prevalece a norma mais benéfica ao empregado, mas, antes, o conceito do salário-mínimo estadual, que, como dito anteriormente, destina-se às categorias inorganizadas, e não às entidades capazes de firmar convenção ou acordo coletivo. Para esses, há sempre a possibilidade de aumentar o piso na próxima negociação ou exigir vantagens adicionais em relação a um piso menor, como reajustes e benefícios assistenciais.

Essas três restrições da LC 103/2000 reforçam ainda mais a distinção entre o salário-mínimo, aplicável indistintamente aos servidores municipais e alterável a qualquer época pelo legislador federal, e o piso estadual, com caráter mais complementar do que propriamente substitutivo do salário-mínimo.

Há, ainda, outra observação relevante sobre o fundamento do piso estadual. Como realça a própria Constituição, o piso salarial há de ser proporcional à extensão e à complexidade do trabalho, o que exige a fixação em separado de acordo com as profissões e com as atividades envolvidas. Não se pode admitir que o piso seja linear para todas as profissões ou para blocos muito amplos de ocupações.

Embora as palavras "extensão" e "complexidade" não tenham conteúdo legal, é possível enxergar o propósito do Constituinte de aprofundar o conceito de salário-mínimo, tendo, de um lado, o patamar básico para toda e qualquer situação e, de outro lado, uma extensão própria para algumas ocupações particularmente desgastantes e penosas ou para as quais o empregado investe mais tempo e energia em seu preparo – caso das profissões que exigem graduação em curso superior.

Semelhantes objetivos já podiam ser conferidos em pelo menos três leis ordinárias anteriores à Constituição de 1988, destinadas à ampliação do salário profissional dos médicos e dentistas, engenheiros e arquitetos, bem como técnicos em radiologia, todas comentadas acima.

Permitiu-se, assim, que o legislador estadual ampliasse o leque dessas profissões, até mesmo porque o legislador federal há muito tempo parou de cuidar de profissões específicas para esse fim.

Nem sempre as leis estaduais têm cumprido esse propósito.

Há casos de lei que simplesmente fixaram um piso para todos os trabalhadores do Estado e outras leis que fixaram um piso para a zona urbana e outro para a zona rural – ou seja, em ambas as hipóteses, a lei estadual descumpre sua finalidade e se mostra claramente em descompasso com a LC 103/2000 e, via de consequência, com o art. 7.º, V, CF, que se objetiva operacionalizar. A inconstitucionalidade é flagrante.

Mesmo no caso dos Estados que fixam duas ou três "faixas" salariais, a constitucionalidade é duvidosa, por não haver nenhum critério seguro para se dizer que pescadores, contínuos e mensageiros tenham uma complexidade de trabalho similar, diferente das atividades do joalheiro e do telefonista, de outro lado, e, finalmente, dedetizadores, pedreiros e costureiras, para citar apenas alguns exemplos das faixas.

7. Salário-mínimo como indexador

O uso do salário-mínimo como indexador de contratos, preços e salários guarda duplo risco, institucional e jurídico.

De um lado, alimenta diretamente o processo inflacionário, porque todas as vezes que o salário-mínimo sofre alguma elevação, toda a cadeia de preços e valores que se calcaram em seu patamar é igualmente elevada, ainda que os custos de produção daqueles setores não tenham sofrido semelhante pressão. O percentual utilizado para reajuste do salário-mínimo, fruto da queda de braços entre a corrosão inflacionária, o impacto político da decisão e a aspiração de um aumento real para o valor básico de contraprestação do trabalho humano no país, não necessariamente corresponde ao melhor índice de majoração para outros cenários e outras relações jurídicas, às vezes porque muito elevado, para casos em que não houve oscilação de preços, às vezes muito baixo, para as situações de desequilíbrio econômico.

De outro lado, o uso indiscriminado do salário-mínimo pela sociedade em seus contratos de longa ou de curta duração provocou o inesperado efeito de, em determinados momentos históricos, inibir reajustes maiores para esse valor, nacionalmente unificado e fixado por lei federal, não porque os empregadores deixariam de ter essa capacidade de absorção do aumento salarial, mas porque a repercussão sobre os índices oficiais de inflação seria danosa. Ora, não se pode conceber que um trabalhador, justamente aquele que mais necessita do aumento salarial, seja prejudicado por reajustes menores, sob o fundamento de que seu salário, o mínimo praticado no país, é simultaneamente ferramenta de negociação para contratos e parcelas completamente estranhas ao Direito do Trabalho. Evidente a distorção da lógica do salário-mínimo quando destinado a indexar tarifas.

No processo superinflacionário da década de 1980 e 1990, os artifícios mais utilizados pela sociedade, na tentativa de minimizar os efeitos da corrosão da moeda, eram todos voltados para o uso de uma referência separada do padrão monetário vigente, que bem ou mal mantinha seu poder de compra, mesmo com a volatilidade da economia.

Para alguns, a moeda norte-americana era utilizada de forma aberta nas transações econômicas, ainda que sob a alegação de que servia apenas para cálculos e, ao depois, era feita a conversão para a moeda brasileira de curso forçado.

Para outros, que não alcançavam essa sofisticação ou simplesmente não tinham acesso à moeda estrangeira, uma solução intermediária era o uso de valores de referência das próprias instituições financeiras, como as obrigações reajustáveis do tesouro nacional, conhecidas por ORTN, e seus desdobramentos, ou a unidade fiscal conhecida por Ufir.

O modelo era acessível e contava com respaldo da legislação para diversas finalidades, mas ainda assim afastava o leigo e o pequeno contratante de sua aplicação cotidiana, até mesmo pela dificuldade de se acompanhar a divulgação dos índices – os quais passaram a ser diários em determinado momento do processo inflacionário, tumultuando ainda mais a previsibilidade dos contratos.

Situações muito curiosas ocorriam durante o surto inflacionário agudo. Por exemplo, entre a postagem de um carnê de prestações e o recebimento no domicílio do devedor, o pequeno tempo de intervalo já era o bastante para uma atualização monetária, de tal forma que, mesmo em dia com suas obrigações, o devedor já não poderia pagar o valor estampado no documento, impondo-se a atualização diária até o dia da quitação. Da mesma forma, um aviso de lançamento de tributo, como os impostos prediais urbanos (IPTU) e os tributos incidentes sobre veículos (IPVA), normalmente chegava defasado ao destino.

Aqueles que não acompanhassem a oscilação da moeda americana nem se dispusessem a monitorar as obrigações do tesouro nacional, tentavam, finalmente, a proteção monetária no velho salário-mínimo, um dos últimos sustentáculos para aquela corrida contra o tempo e uma das poucas certezas de valor que seria atualizado forçosamente pelos poderes públicos, dada a pressão social que se abateria sobre o governo central em caso de inércia ou de sabotagem. Pouco importava se o reajuste fosse modesto, como de fato seria, ou se o índice inflacionário fosse expurgado, como se falava correntemente à época, porque, ainda assim, a revisão periódica do valor era melhor do que nada. E, ademais, a revisão nem ao menos era anual, mas semestral, trimestral e, num dado momento, mensal.

Foi assim que surgiram figuras anacrônicas como mensalidade escolar fixada em múltiplos de salários-mínimos, tabela de conserto de veículo em funilaria em que se liam as frações de salário-mínimo, cirurgiões-dentistas fixando o preço das restaurações em parcelas de salário-mínimo, contrato de locação de imóvel com base no salário-mínimo e assim sucessivamente, permeando-se a cultura do salário-mínimo por todos os ramos da sociedade. Imagine-se, então, o impacto de um pequeno aumento real do salário-mínimo sobre todos esses contratos, mormente aqueles de trato sucessivo, como a mensalidade escolar e a locação residencial.

E havia mais.

Contratos de trabalho eram firmados com remuneração calculada por número de salários-mínimos, prática igualmente reprovável, conquanto aparentemente pudesse ser considerada benéfica, à distância, ao trabalhador. Assim, em vez de registrar, digamos, R$ 140,00 na Carteira de Trabalho do empregado, o empregador se comprometia a pagar "dois salários-mínimos", porque à época vigorava o salário-mínimo de R$ 70,00.

O trabalhador se sentia prestigiado, pela certeza de que o reajuste viria, sem esforço e sem alarde, tão logo o patamar básico fosse aumentado pela lei federal, nos próximos meses.

De fato, a expressão "dois salários-mínimos" gerava uma condição mais benéfica ao empregado, sendo vedado ao empregador "congelar" a tarifa ou dizer que a anotação quis dizer apenas R$ 140,00 para sempre. No entanto, o empregado deixava de lutar por reajustes maiores, talvez até mesmo pelo conforto do reajuste vindo de cima, a entidade sindical ficava de mãos atadas quando confrontada com a promessa antecipada do reajuste, as negociações coletivas saíam habitualmente frustradas e, tanto pior, com a disseminação dessa prática, o próprio governo federal cuidava de mitigar o quanto pudesse os reajustes do mínimo, a fim de controlar também o reajuste dos salários médios sobre ele calculados. O cenário é tipicamente um círculo vicioso.

A quebra do processo de indexação de preços e salários corresponde o núcleo do ajuste inflacionário de 1994, conhecido por Plano Real, em homenagem ao novo nome que a moeda brasileira recebeu.

Quanto mais se conseguisse inibir o reajuste automático de preços e salários, tanto maior seria o êxito da contenção da inflação futura.

Seis anos antes, porém, já se desenhava essa preocupação no próprio texto da Constituição Federal, que, ciente da perversão do uso do salário-mínimo em contratos estranhos ao Direito do Trabalho, vetava essa apropriação indébita pela sociedade de um patamar destinado à proteção dos mais carentes e à busca da satisfação de necessidades vitais básicas.

Foi assim que o art. 7.º, IV, termina seu conceito de salário-mínimo frisando ser "vedada sua vinculação para qualquer fim".

Desnecessário grande esforço hermenêutico para concluir que o funileiro deveria apagar a tabela de conserto de carros com base no salário-mínimo, os cirurgiões-dentistas deveriam atualizar seus custos na moeda corrente e as escolas e proprietários de imóveis deveriam abandonar o padrão "salário-mínimo" adotado.

O destino claro e imediato da vedação constitucional era, a toda evidência, a indexação contratual, de trato sucessivo ou de efeito instantâneo. Essas práticas já não se sustentavam. A solução mais criativa e equilibrada era, realmente, a conversão dos valores pactuados em múltiplos de salários-mínimos para a moeda vigente naquela ocasião e, posteriormente, se e quando fosse o caso, imprimirem-se reajustes oficiais ou consensuais, sobre o valor monetário – e não sobre o valor ficcional chamado salário-mínimo.

Enquanto a vedação do salário-mínimo para uso em contratos parecia muito clara, dúvidas enormes surgiram quanto a dois outros panoramas: vedação para o Direito do Trabalho na contratação individual e vedação para o legislador ordinário tocar no assunto do salário-mínimo, quando o tema não fosse efetivamente a fixação do patamar básico salarial.

De fato, o empregador deveria evitar a fórmula "dois salários-mínimos" de remuneração na Carteira de Trabalho, nem sequer se comprometendo a seguir fielmente os aumentos dessa parcela, a fim de não engessar o contrato de trabalho, nem usar a complexa figura do mínimo como escudo para se furtar a promoções ou a alterações de política salarial. Porém, a pergunta deve ser feita não do ponto de vista da inconveniência ou do desconforto que essa prática acarreta, mas, sim, do ponto de vista da vedação legal. Afinal, se encontrarmos cláusula de contrato de trabalho, verbal ou escrita, em que figurem múltiplos de salário-mínimo, estaremos diante de uma nulidade, a ser sanada, ou estaremos diante de uma condição mais benéfica conquistada pelo empregado?

Nada obstante a série de deturpações que o uso do salário-mínimo provoca, inclusive sobre o contrato de trabalho de remuneração maior, como já exemplificado, a interpretação mais equilibrada do art. 7.º, IV, da Constituição Federal de 1988 é aquela que bane o uso do salário-mínimo para contratos estranhos ao Direito do Trabalho, como indexador de preços e tarifas. A peculiar situação de quem foi contratado para auferir múltiplos de salários-mínimos pode ser considerada uma condição mais benéfica, não podendo, nesse caso, o empregador se beneficiar de sua própria malícia, prometendo ao empregado essa forma de reajuste e, ao mesmo tempo, negando-lhe a vantagem quando o reajuste oficial for divulgado, sob o singelo argumento de que a cláusula móvel era, na verdade, nula. O aumento terá de ser proporcionalmente deferido, sem prejuízo do fomento à negociaçao coletiva e à negociaçao individual.

Surgiu, nesse passo, o que poderíamos chamar genericamente de uma primeira exceção ou uma primeira adaptação ao conceito de "vedação total" do uso do salário-mínimo, no dizer do inciso IV do art. 7.º, mas existe ainda outra variação do mesmo tema do salário-mínimo dentro de um contrato de trabalho. Cuida-se da legislação esparsa de Direito do Trabalho sobre a já tratada figura do salário profissional.

Como mencionado anteriormente neste trabalho, o salário profissional se destaca das demais formas de base mínima assegurada ao empregado pelo fato de ser fixado por lei de âmbito nacional, para todos os exercentes de determinada profissão, independentemente de negociação coletiva, base territorial do sindicato ou vigência da cláusula normativa. São poucos os exemplos, é verdade, mas ainda assim produzem grande impacto no Direito do Trabalho, por destacarem as profissões do padrão geral do salário-mínimo e por criarem um terceiro gênero no ambiente que somente deveria ter dois gêneros, o salário-mínimo para todos, de um lado, e o piso normativo negociado categoria por categoria, região por região, vigência por vigência, de outro lado. Através de gênero interposto, o próprio legislador cuida da fixação salarial para algumas profissões, liberando-as da negociação coletiva, ou, se o fizerem, concedendo-lhes um patamar mais avançado de deliberação.

A situação favoreceu, na ordem cronológica, a médicos e cirurgiões-dentistas, em 1961, engenheiros e arquitetos, em 1966, e técnicos em radiologia, em 1985. Por ironia, essas três normas, já estudadas no item supra, valeram-se do salário-mínimo como patamar de fixação salarial, adotando-se os múltiplos, de dois a seis salários-mínimos, dependendo do caso. Indaga-se, então, se essas normas se tornaram inconstitucionais, ou seja, se deixaram de ser recepcionadas pelo art. 7.º, IV, da Constituição Federal de 1988.

Adotando-se a interpretação gramatical e isolada do inciso IV, toda e qualquer referência ao salário-mínimo é inválida, seja em contrato de locação de imóvel, seja numa simples lei de salário profissional, cujo impacto inflacionário é evidentemente bem menor do que nos contratos civis e comerciais. O perigo dessa interpretação gramatical, apesar de sua boa-fé, é a declaração de inconstitucionalidade de um sem-número de normas que, à falta de melhor critério, valeram-se do salário-mínimo como parâmetro, conforme abaixo se analisa, desde as leis de Processo Civil que estabelecem o salário-mínimo para rito sumário até a emenda constitucional que traça uma linha divisória em múltiplos de salários-mínimos para fins de dispensa de precatórios.

Dessa forma, a interpretação sistemática – cotejo do art. 7.º, IV, com demais artigos da própria Constituição Federal de 1988 – e a interpretação teleológica – otimizar a finalidade da norma, que é conter a espiral inflacionária, apenas, e não engessar o ordenamento jurídico – convergem para a aceitação de que o legislador ordinário se valha, em certas circunstâncias, do salário-mínimo como referência para suas disposições, ao contrário do particular, cujos contratos ficam proibidos de usar essa via alternativa.

Há uma evidente distinção entre o uso do salário-mínimo pelos particulares, no comércio, na indústria ou na prestação de serviços, e o uso do salário-mínimo pelo legislador, para controle de normas processuais, de Direito Penal e de Direito Administrativo.

Que tipo de impacto inflacionário poderá provocar, por exemplo, o rito sumaríssimo do processo trabalhista, quando o aumento do salário-mínimo aumenta também, hipoteticamente, o volume de processos sujeitos a essa norma especial? Talvez um leve impacto no volume de serviço do Judiciário, se tanto, porque apenas se desviou o rito de um lado para o outro. No caso específico do contrato de trabalho pactuado em múltiplos de salários-mínimos ou, paralelamente, o contrato de trabalho da profissão regulamentada, como o técnico em radiologia, cujo salário profissional já é um múltiplo de salário-mínimo, é verdade que remotamente se poderia falar em impacto inflacionário, mas num contexto muito diferente e muito menor do que o mesmo impacto provocado pelos preços e salários.

Com base nesta premissa de separar o legislador de um lado e o particular de outro lado é que se pode sustentar a validade de incontáveis normas que usaram o salário-mínimo como parâmetro, as quais passam a ser abordadas a começar pela Constituição Federal de 1988:

- Art. 201, § 2.º: "Nenhum benefício que substitua o salário de contribuição ou o rendimento do trabalho do segurado terá valor mensal inferior ao salário-mínimo."
- Art. 203, V: "a garantia de um salário-mínimo de benefício mensal à pessoa portadora de deficiência e ao idoso que comprovem não possuir meios de prover à própria manutenção ou de tê-la provida por sua família, conforme dispuser a lei."

- Art. 239, § 3.º: "Aos empregados que percebam de empregadores que contribuem para o Programa de Integração Social ou para o Programa de Formação do Patrimônio do Servidor Público, até dois salários-mínimos de remuneração mensal, é assegurado o pagamento de um salário-mínimo anual, computado neste valor o rendimento das contas individuais, no caso daqueles que já participavam dos referidos programas, até a data da promulgação desta Constituição."
- Art. 54 do Ato das Disposições Constitucionais Transitórias: "Os seringueiros recrutados nos termos do Dec.-lei 5.813, de 14 de setembro de 1943, e amparados pelo Dec.-lei 9.882, de 16 de setembro de 1946, receberão, quando carentes, pensão mensal vitalícia no valor de dois salários-mínimos."
- Art. 58 do Ato das Disposições Constitucionais Transitórias: "Os benefícios de prestação continuada, mantidos pela previdência social na data da promulgação da Constituição, terão seus valores revistos, a fim de que seja restabelecido o poder aquisitivo, expresso em número de salários-mínimos, que tinham na data de sua concessão, obedecendo-se a esse critério de atualização até a implantação do plano de custeio e benefícios referidos no artigo seguinte."
- Art. 87 do Ato das Disposições Constitucionais Transitórias, que complementa o art. 100 da Constituição Federal de 1988, com redação dada pela Emenda n. 37/2002: "Para efeito do que dispõem o § 3.º do art. 100 da Constituição Federal e o art. 78 deste Ato das Disposições Constitucionais Transitórias serão considerados de pequeno valor, até que se dê a publicação oficial das respectivas leis definidoras pelos entes da Federação, observado o disposto no § 4.º do art. 100 da Constituição Federal, os débitos ou obrigações consignados em precatório judiciário, que tenham valor igual ou inferior a: I – quarenta salários mínimos, perante a Fazenda dos Estados e do Distrito Federal; II – trinta salários mínimos, perante a Fazenda dos Municípios."

Aumentado o salário-mínimo, aumentam as prestações do INSS calculadas pelo mínimo, aumenta a parcela paga ao inválido ou idoso e aumentam os casos de dispensa de precatório, o que representa, sim, uma vinculação. A se analisar o art. 7.º de forma isolada e gramatical, todos esses dispositivos seriam vetados, muito embora sejam eles dispositivos constitucionais. Para alguns dos casos supra, poder-se-ia invocar a inconstitucionalidade da Emenda Constitucional, quando em colisão com dispositivos anteriores do mesmo texto constitucional e, ainda, objeto de seu núcleo de direitos fundamentais – tudo em meio a intenso debate sobre a própria possibilidade de uma Emenda ser simultaneamente inconstitucional e, ainda, saber se dentro da norma constitucional existiriam graus de hierarquia. Para outros dispositivos acima transcritos, nem mesmo essa alegação poderia ser feita, haja vista tratar-se de redação original de 1988, em igualdade de condições do art. 7.º, IV, como é o caso da norma de Direito Previdenciário, além dos casos do Ato das Disposições Constitucionais Transitórias.

No lugar de se aventurar por um debate que quase não produz frutos e postular a tese de que os sete dispositivos são todos inconstitucionais, mostra-se muito mais harmônica a interpretação sistemática, justamente aquela que maior eficácia emprestará ao texto constitucional, como manda sua disciplina, bastando para isso que seja propugnada a separação entre salário-mínimo para reajustamento de preços e salários, de um lado, e o salário-mínimo como referência genérica e não inflacionária para uso exclusivo do legislador (melhor ainda, do Constituinte), de outro lado. A se adotar essa distinção, preservam-se todos os sete dispositivos, sem colisão com o tema da vedação do salário-mínimo como indexador.

Afora os sete exemplos da Constituição Federal de 1988, a situação se repete em diversas normas ordinárias e complementares.

No Código de Processo Civil, por exemplo, é de meio salário-mínimo a multa para quem escrever cotas marginais nos autos do processo (art. 202 no CPC de 2015); cinco vezes o salário-mínimo a multa para quem requerer dolosamente a citação por edital da parte contrária (art. 258 no CPC de 2015). No âmbito do CPC de 2015, ampliaram-se as hipóteses em que o salário-mínimo serve como indexador, podendo ser citados aleatoriamente os exemplos da fixação da multa em caso de litigância de má-fé (art. 77, § 5.º, e art. 81, § 2.º), parâmetros para a fixação dos honorários advocatícios (art. 85, § 3º) e limites para o processamento do duplo grau de jurisdição obrigatório (art. 496).

Outrossim, é o salário-mínimo que define prioritariamente o acesso ao Juizado Especial Cível (Lei n. 9.099, de 26 de setembro de 1995) e ao Juizado Especial Federal (Lei n. 10.259, de 12 de julho de 2001, ambas posteriores à Constituição, claro). Para exigir a lavratura de escritura pública, o Código Civil de 2002, a propósito, valeu-se da expressão pecuniária em número de salários-mínimos, aduza-se (art. 108). Considera-se também recepcionada a vetusta Lei n. 5.584/1970, que fixou em dois salários-mínimos o chamado dissídio de alçada na Justiça do Trabalho.

Aliás, vem do Código de Processo Civil um exemplo definitivo de liberdade de uso do salário-mínimo por parte do legislador e, via de consequência, por parte do Judiciário, representado pela nova redação do art. 475-Q, § 4.º: "A prestação alimentícia poderá ser fixada tomando por base o salário-mínimo." Essa disposição foi mantida pelo art. 533, § 4 º, do CPC de 2015.

Por trás dessa insistência do legislador no uso do salário-mínimo não se encontra apenas a discussão sobre o art. 7.º, IV, CF, aparentemente superada no processo legislativo, mas a preocupação em se preservar o valor real das multas, dos ritos, das isenções e, no caso, das prestações pecuniárias.

A preservação do valor real é seguramente um objetivo a ser perseguido, mas, ao mesmo tempo, era precisamente um dos pilares da indexação da espiral inflacionária, convindo que não se alargue demasiadamente esse propósito. O caso dos alimentos fixados em salários-mínimos é particularmente inquietante, tendo o legislador priorizado a proteção ao alimentando, no cotejo de tantos valores em questão.

Como se poderá validamente sustentar a imprestabilidade do salário-mínimo para tantas e tão diversas situações, inseridas no ordenamento tanto antes quanto depois de 1988? Imagine-se, por um átimo de segundo, o mundo jurídico brasileiro desprovido da palavra salário-mínimo, não apenas quanto ao impacto nos dispositivos constitucionais, mas a enormidade de questões que o processo de conhecimento e de execução teria de rever, em detrimento da sociedade em geral e das partes em particular.

E há mais.

O Código Penal fixa em múltiplos de salários-mínimos a prestação pecuniária a ser paga pelo condenado à vítima (art. 45, § 1.º, com redação dada pela Lei n. 9.714/1998), assim como é sobre o salário-mínimo que se calcula o chamado dia-multa, figura de grande importância nas lides criminais (art. 49, com redação dada pela Lei n. 7.209/1984).

Poderíamos prosseguir com exemplos espalhados por toda a legislação (que tal lembrar os 150 salários-mínimos da garantia ao trabalhador na Lei de Falência?), mas o elenco supra é o bastante para alertar quanto aos riscos excessivos de se abolir de forma abrupta o uso do salário-mínimo do ordenamento brasileiro. Contanto que o uso seja restrito ao legislador e que não vincule diretamente a majoração de contratos, particularmente aqueles de trato sucessivo, o uso há de ser liberado.

Observe-se, finalmente, que o processo de declaração de inconstitucionalidade da norma, seja pela via difusa ao alcance de qualquer julgado de forma incidental, seja pela via concentrada ao alcance exclusivo do Supremo Tribunal Federal, não permite desde logo a fixação de outra norma no lugar daquela retirada do ordenamento jurídico. Explica-se.

Caso, hipoteticamente, o controle de constitucionalidade entenda não recepcionada a prática, todas as dezenas de dispositivos acima teriam de ser removidos do ordenamento sem que nada pudesse ser emergencialmente posto no local. O Judiciário não legisla. Por exemplo, caso as normas processuais sobre o rito sumário e sobre o acesso aos Juizados Especiais de Pequenas Causas fossem declaradas inconstitucionais pelo uso do parâmetro salário-mínimo, todos os processos teriam de seguir o rito ordinário nas Varas Comuns, haja vista a inviabilidade de qualquer analogia ou interpretação extensiva sobre o vazio legislativo. Pense-se no impacto de uma decisão desta para a política judiciária, bem como a eliminação súbita da fiança criminal ou das prestações previdenciárias.

Justifica-se, assim, a demora e a oscilação do entendimento no Supremo Tribunal Federal, que jamais poderia fazer uma declaração genérica de sufocamento do salário-mínimo, mas que reiteradamente vem sendo chamado a se manifestar sobre a delicada situação em que esse padrão foi colocado.

Todo esse prólogo deságua no item de maior controvérsia no Direito do Trabalho, que é o conhecido adicional de insalubridade.

Quis o destino que o legislador de 1943, ao editar a CLT, tenha separado adicional de periculosidade, de um lado, com o cálculo sobre o salário contratual do trabalhador, do adicional de insalubridade, de outro lado, com o cálculo sobre o pequeno salário-mínimo. Não havia necessidade nem fundamento jurídico para essa distinção, mas feita está. A questão, agora, é saber se o art. 192 da CLT teria deixado de ser recepcionado pela Constituição Federal de 1988. Os riscos, como exposto, são grandes, sobretudo o da incoerência (criticar o adicional de insalubridade e poupar as prestações previdenciárias e a fixação de prestação alimentícia por salário-mínimo, por exemplo).

Teria o adicional de insalubridade impacto inflacionário?

Posto o problema por esse ângulo, fica mais claro de observar que o adicional de insalubridade pode e deve ser mantido pela via do art. 192 da CLT, sem que se parta para uma inconstitucionalidade formal ou material, haja vista a reunião das principais características dos demais dispositivos acima exemplificados: uso do parâmetro salário-mínimo pelo legislador, não relacionamento com a essência de um contrato civil ou comercial para fins de reajustamento automático e desvinculação do reajustamento do próprio salário do trabalhador, que nada tem que ver com o adicional de insalubridade.

Admita-se, por hipótese, que o trabalhador aufira o piso normativo da categoria: terá o reajuste na chamada data-base, normalmente uma vez por ano, e, quando houver majoração do salário-mínimo, terá a ampliação do adicional de insalubridade, na proporção do grau a que esteja vinculado, se e enquanto estiver sujeito às condições insalubres, certamente. Se não auferir o piso normativo ou se não estiver sujeito a uma categoria profissional organizada, pode ficar sem reajuste por meses e anos a fio, e conhecer pequena majoração do adicional de insalubridade quando do aumento oficial do salário-mínimo. Nenhum desses cenários pode ser chamado de "inflacionário".

É verdade que o art. 7.º, XXIII, da Constituição, usou a expressão "adicional de remuneração" para as atividades penosas, insalubres e perigosas, mas o aparecimento da palavra remuneração não deve impressionar nem permite conclusão precipitada sobre a eliminação do salário-mínimo na base de cálculo do adicional de insalubridade.

A uma, porque o conceito de remuneração, consagrado pelo art. 457 da CLT, inclui todas as parcelas auferidas pelo empregado, e não apenas aquelas pagas pelo empregador, o que abrange, por exemplo, as gorjetas, e não há sentido nem previsão legal para que gorjetas componham a base de cálculo de adicional de insalubridade ou de adicional de periculosidade.

A duas, porque o inciso XXIII remete a questão expressamente para a "forma da lei", o que notoriamente significa que o conteúdo de seu tema foi relegado para a estipulação do legislador ordinário, como incontáveis outros dispositivos constitucionais – quanto ao enquadramento, agentes químicos e físicos, forma de aferição, percentuais, base de cálculo etc. A base de cálculo definitivamente não aparece na Constituição de 1988, o que nem era mesmo de esperar. Foi assim também que o adicional noturno, o aviso-prévio indenizado e diversos outros institutos figuraram apenas de maneira genérica no texto constitucional, sem maior celeuma sobre sua regulamentação legal.

Há uma clara diferença entre adicional de remuneração, como aparece de forma singela no art. 7.º, XXIII, CF, e adicional sobre a remuneração, se fosse o caso, mas que não aparece em nenhum texto, diga-se.

Note-se bem que a defesa do uso do salário-mínimo para a base de cálculo do adicional de insalubridade em absolutamente nada se confunde com a dignidade do trabalhador e com a essencialidade do tema da segurança e da medicina para o Direito do Trabalho. Desnecessário grande esforço para perceber que estamos diante de um dos temas centrais da proteção ao ser humano numa relação de emprego, numa matéria a que nem mesmo a negociação coletiva tem acesso. No entanto, a proteção pode e deve ser feita de outras formas, sobretudo eliminando-se a fonte agressiva à saúde do trabalhador, e não se especulando sobre uma compensação financeira em troca da venda da saúde, da dignidade ou de anos de vida do empregado.

A voracidade toda em torno desse assunto encontra explicação no fato de a massa salarial brasileira ser das mais baixas do mundo industrializado e no fato de as relações de emprego serem cada vez mais precárias, dentro da cultura do conflito e não cultura da paz.

Desse modo, cria-se um cenário perverso em que ao trabalhador e a sua entidade sindical mostram-se mais vantajosos os esforços para ampliar a base de cálculo do adicional de insalubridade do que para lutar pelo cancelamento do ambiente insalubre ou perigoso. O custo dessa estratégia é altíssimo, intolerável mesmo, colocando-se o adicional de insalubridade no centro de um debate equivocado.

No lugar do debate sobre a base de cálculo do adicional de insalubridade, poderíamos, ainda, investir energia e recursos financeiros na atualização das Normas Regulamentadoras, que usam patamares oriundos de pesquisas médicas da década de 1960, na definição do que sejam os ruídos ou os produtos químicos, imprimindo-lhes maior eficácia e mais agilidade no fechamento de fábricas dotadas de produtos cancerígenos, entre outros milhares de exemplos sobre o tema, a serem estudados no capítulo próprio.

Foi assim que a matéria chegou amadurecida para julgamento do Recurso Extraordinário n. 565.714, em 30 de abril de 2008, tendo o Supremo Tribunal Federal não apenas proferido o acórdão necessário para julgamento da lide como também aproveitado o ensejo para editar uma Súmula Vinculante, conforme autorização que lhe foi concedida pelo art. 103-A da Constituição Federal de 1988.

A Súmula Vinculante n. 4 dispõe que "salvo nos casos previstos na Constituição, o salário-mínimo não pode ser usado como indexador de base de cálculo de vantagem de servidor público ou de empregado, nem ser substituído por decisão judicial".

Algumas conclusões interessantes podem ser extraídas da Súmula 4:

- Na oportunidade, o Supremo Tribunal Federal preferiu a interpretação gramatical – vedação completa do uso do salário-mínimo – à interpretação teológica – vedação do uso do salário-mínimo para contratos entre particulares e sistema de indexação de preços e salários.

- A solução de se deixar para o Poder Judiciário a estipulação de outra base de cálculo – por exemplo, trocando o salário-mínimo pelo salário contratual do empregado, no caso do adicional de insalubridade – foi igualmente barrada pela Súmula Vinculante, sob o fundamento de que cabe apenas ao legislador esse papel.

- A fim de evitar a situação de artigos inconstitucionais dentro da própria Constituição, o Supremo ressalvou que a Carta Magna – e somente ela – está autorizada a apresentar suas próprias exceções, de tal forma que, quando isso ocorre em matérias acima mencionadas do tipo patamar mínimo de benefício previdenciário e demais situações, não há que se falar em inconstitucionalidade nem pela forma nem pelo conteúdo. A ressalva evidentemente abrange o Ato das Disposições Constitucionais Transitórias e as Emendas Constitucionais, que também carregam exemplos de salário-mínimo como parâmetro, consoante já referido neste trabalho.

- Como o Supremo entendeu inválido o uso do salário-mínimo para a base de cálculo do adicional de insalubridade e ao mesmo tempo lembrou que o Judiciário não pode legislar sobre a matéria, nem mesmo para suprir lacuna deixada pelo legislador omisso, abriu-se a possibilidade de o adicional de insalubridade ser retirado do ordenamento jurídico, não por sua incongruência com algum dispositivo constitucional – muito ao contrário, ele encontra expressa referência no art. 7.º, XXIII, da Constituição Federal de 1988 –, mas pela irregularidade na base de cálculo empregada pelo art. 192 da Consolidação das Leis do Trabalho. A possibilidade subsiste.

- Pode-se considerar que, neste caso, o Supremo declarou a inconstitucionalidade do art. 192 da CLT – melhor: a não recepção da lei pela nova ordem constitucional –, sem, no entanto, declarar nulidade alguma dos atos praticados sob sua égide.

Posteriormente, na Arguição de Descumprimento de Preceito Fundamental 15, o Supremo Tribunal Federal deliberou que as leis ordinárias de profissões regulamentadas que usaram o salário-mínimo como base de cálculo para a fixação dos salários profissionais igualmente desafiam a Constituição Federal de 1988 e não merecem guarida.

O caso paradigmático diz respeito à Lei do Radiologista (Lei n. 7.394/1985), que fixou o salário da categoria em múltiplos de salários-mínimos. O Supremo Tribunal Federal, valendo-se da Súmula Vinculante n. 4, considerou que (a) a lei ordinária não poderia ter usado o salário-mínimo como indexador, mas que (b) a imediata declaração de inconstitucionalidade da lei deixaria o empregado desprovido de qualquer proteção, de sorte que (c) a declaração é feita sem a retirada do texto do ordenamento. No particular, adotou-se a regra do congelamento do valor, nas bases vigentes à época do trânsito em julgado da decisão, até que outra lei ordinária ou negociação coletiva venham a aprimorar o valor.

Capítulo 3

Remuneração e gorjetas

1. O alcance da remuneração e sua diferença com salário

Apesar da linguagem sofrível, o art. 457 da CLT parece desenhar, de maneira geral, um conjunto maior, denominado remuneração, composto por dois conjuntos menores, denominados salários e gorjetas.

Ao empreender esse esforço conceitual, o legislador aponta para a segregação das gorjetas do conceito de salário. Reforça ainda mais esse argumento o fato de a expressão "salário" haver sido ligada ao pagamento "diretamente pelo empregador".

Passamos, então, a conviver com duas formas de pagamentos feitos ao empregado.

Num primeiro conjunto se agregam todos os pagamentos feitos pelo empregador, sob qualquer título e mediante qualquer frequência, sendo irrelevante saber se o pagamento assumiu a natureza salarial ou manteve o caráter meramente indenizatório.

Num segundo conjunto se aliam os pagamentos feitos por terceiros, parcelas essas que, conquanto não provenham diretamente dos cofres do empregador, acham-se atreladas ao contrato de trabalho porque somente por sua existência e pela prestação de serviços do trabalhador é que elas foram desencadeadas.

O empregador é indiretamente responsável pelos pagamentos feitos por terceiros, como a gorjeta, pelo simples fato de haver proporcionado ao empregado a chance de obter aquele rendimento. Na linguagem da doutrina mais autorizada, diz-se que o empregador ofereceu ao empregado a *oportunidade do ganho*. E por essa oportunização ele arcará com alguns encargos, embora mitigados, tais como os recolhimentos previdenciários.

Postas essas premissas, não deve espantar o intérprete o fato de que os rendimentos de um trabalhador possam ter mais de uma fonte de pagamento. Na realidade, a origem precisa dos rendimentos nunca foi fator determinante para o Direito do Trabalho, sendo mais relevantes os contornos desse pagamento, como a periodicidade (que permite separar as parcelas que serão integradas das parcelas meramente ocasionais dentro de um contrato de trabalho), as datas de vencimento da obrigação (associadas a questões importantes como a mora do empregador e possível pretensão à rescisão indireta), a forma de cálculo (com ou sem reflexos de outras parcelas) e, sobretudo, as expectativas criadas em torno daquela relação de emprego. O Direito do Trabalho, como se sabe, liga-se profundamente às expectativas futuras.

Em tese, poderia passar em brancas nuvens a diferença entre o conjunto maior (remuneração) e o conjunto menor (salário), até porque são poucas as profissões que se beneficiam de pagamentos feitos por terceiros.

O exemplo do garçom, que recebe gorjetas dos clientes por força de usos e costumes antiquíssimos, é sempre lembrado no estudo dos pagamentos feitos por terceiros, mas essa profissão representa uma exceção em meio a tantas outras que jamais auferem qualquer tipo de bonificação por parte dos clientes ou dos fornecedores.

Profissões existem, aliás, que nem ao menos conhecem a figura do cliente ou do fornecedor, especialmente na área da prestação de serviços. Lembrem-se, ainda, das diversas profissões que giram em torno de atividades não econômicas, como os empregados de lares, casas de caridades, entes públicos etc.

Dessarte, poder-se-ia argumentar que o assunto dos pagamentos feitos por terceiros assumiu uma importância excessiva no Direito do Trabalho, encontrando residência até mesmo num dispositivo tão importante quanto o art. 457 da CLT, quando, na verdade, seu campo de aplicação parece muito restrito a alguns poucos felizardos que, além do salário, também podem almejar agrados oferecidos pelos passantes. Haveria, assim, uma desproporcionalidade entre a energia empreendida para entender o significado da gorjeta e seu proveito prático para o Direito do Trabalho.

No entanto, a gorjeta entrou para o acervo conceitual do Direito do Trabalho apenas como um exemplo de como funciona a dinâmica de um contrato de trabalho. Ela é apenas uma ilustração de um contexto muito maior e mais complexo, que envolve o conhecimento dos usos e costumes, mas também o conhecimento da própria efervescência de um contrato de trato sucessivo, envolvendo os anseios de um ser humano, de um lado, e de um empreendedor, de outro lado.

Além da parcela denominada gorjeta, também podemos acrescentar várias outras situações em que terceiros influenciam a relação de emprego, contemplando os trabalhadores com algumas gratificações e, assim, produzindo impacto sobre os contratos de trabalho.

No âmbito de atuação dos atletas profissionais de futebol, encontram-se as acirradas controvérsias sobre a exploração de seu direito de imagem, devido ao interesse que suas apresentações despertam em meios de telecomunicação, particularmente emissoras de televisão. A exploração do direito de imagem, bem como o direito de arena, está associada à prestação de serviços do atleta em um clube organizado, que toma parte das competições mais atraentes para o público em geral, e promove uma reviravolta no equilíbrio financeiro e jurídico entre empregado e empregador. Por ora, é desnecessário o aprofundamento da questão, reservando-se capítulo próprio da obra para esse mister, sendo importante apenas observar que também aqui os eventuais pagamentos feitos por terceiros tendem a produzir impacto na fixação da faixa salarial e, claro, na incidência ou não dos demais reflexos sobre os ganhos habituais dos empregados.

Um exemplo que instiga a comunidade jurídica corresponde aos honorários de sucumbência. A se aplicar rigorosamente o disposto no art. 21 da Lei 8.906/1994 (Estatuto da Ordem dos Advogados do Brasil), os honorários deveriam ser partilhados entre os advogados empregados. É sabido que surgiram, ao longo dos anos, diversas atenuantes a esse dispositivo legal, admitindo-se a existência de convenção em sentido contrário, de modo individual ou coletivo.

Todavia, é interessante observar que, nesse tópico, os honorários de sucumbência guardam certa consonância com a natureza jurídica da gorjeta e do direito de imagem, no sentido de pagamentos feitos por terceiros, em decorrência de um contrato de trabalho.

Fato é que o legislador brasileiro oscila constantemente entre a escolha da remuneração (conjunto maior) ou do salário (conjunto menor) para fins de estabelecimento da base de cálculo das demais parcelas que orbitam em torno de uma relação de emprego. Poderia a questão já ter sido resolvida há décadas, se houvesse um mínimo de coerência na criação de novos institutos jurídicos, de caráter tributário ou de caráter essencialmente trabalhista.

Enquanto esse consenso não surge na mente do legislador, fica o intérprete trabalhista na premência de um estado permanente de prontidão. Toda e qualquer norma jurídica promulgada, desde um simples decreto regulamentador até a própria manifestação do Poder Constituinte Originário, como ocorrido em 1988, tem de ser lida com lupas para se saber se o dispositivo pendeu para o lado da remuneração ou para o lado do salário.

2. Impactos da dicotomia remuneração e salário no cálculo das parcelas contratuais

Principiemos com o exemplo das férias.

As férias correspondem a um momento de grande relevância para o Direito do Trabalho, conciliando aspectos de direito do empregado, especialmente para fins de repouso e revigoramento de sua energia, mas também de deveres do trabalhador, pois ele não pode se recusar ao repouso nem pode "vender" integralmente o período de férias. Ainda que a dificuldade financeira fale mais alto, um mínimo de descanso se faz necessário para que a produtividade se mantenha em bons patamares e o índice de acidente de trabalho por fadiga crônica seja contido.

Um dos instrumentos utilizados pelo legislador para o bom atingimento dessa meta ambiciosa foi a associação das férias com a remuneração do trabalhador, de tal sorte que ele não sofra absolutamente nenhum prejuízo ao paralisar suas atividades nem se sinta tentado a procrastinar ainda mais um pouco o período de gozo das férias (por exemplo, para fora do período concessivo de doze meses, após o período aquisitivo de doze meses).

Tanto o art. 129 da CLT ("Todo empregado terá direito anualmente ao gozo de um período de férias, sem prejuízo da remuneração") quanto o art. 142 da CLT ("O empregado perceberá, durante as férias, a remuneração que lhe for devida na data da sua concessão") fazem referência expressa ao termo remuneração, como que advertindo que, no curso do período de descanso, o prejuízo ao empregado deve ser afastado, evitando-se que ele se sinta desmotivado para a pausa anual necessária.

Dessa forma, caso o empregado aufira R$ 10.000,00 de salário e R$ 5.000,00 de gorjetas médias por mês, o empregador está obrigado a lhe pagar R$ 15.000,00 a título de férias (mais o acréscimo de um terço previsto pelo art. 7.º, XVII, da CF/1988, obviamente).

Localizam-se aqui as críticas mais expressivas da classe patronal a respeito do tratamento que o Direito do Trabalho Brasileiro confere ao sistema das gorjetas.

A princípio, elas permanecem como uma cortesia feita pelos clientes para agraciar os trabalhadores que bem os servem, mas, posteriormente, convertem-se em "caridade com o chapéu alheio", dizem, porque os empregadores estão obrigados a arcar com o impacto dessa média de gorjetas em outras parcelas do contrato de trabalho. Não poderão os empregados "acionar" os clientes para que eles, que ao longo do ano agraciaram os garçons, agora concorram com as despesas acrescidas no pagamento das férias.

Antecipe-se, de plano, a resposta mais aceita para esse tipo de crítica e que já foi ventilada acima: a gorjeta, conquanto não paga diretamente pelo empregador, somente existe porque é tolerada pelo empreendimento e porque compõe a realidade daquela atividade econômica. Insere-se no amplo contexto das peculiaridades da atividade empresarial, que não pode alegar ignorância ou desconhecimento sobre uma prática tão antiga e tão arraigada naquele meio ambiente. Em último caso, se verdadeiramente o restaurante ou o hotel acharem que a gorjeta se acha deturpada ou que pode constranger seus clientes, nada impede que o empregador vete a prática dentro de seus domínios. O empregado se arrisca a ser dispensado por indisciplina caso descumpra essa orientação do empregador, entre outras consequências.

Mas o empregador normalmente não age com esse rigor, por saber que no exato instante em que afastar as gorjetas será pressionado a promover reajustes salariais, haja vista que garçons, *maîtres* e gerentes de hotel dificilmente vão se submeter ao salário-mínimo ou ao piso normativo acaso existente em convenção ou acordo coletivo, abrindo mão de elevadas somas de gorjetas.

Estivéssemos no campo da biologia, deveríamos chamar a figura de simbiose. Ao invés de considerar que os clientes criaram um estorvo, ao inventar essa história de gorjeta, os empregadores passaram a perceber que aquele rendimento, proporcionado aos empregados, suavizam as pressões por melhores salários. Então, tudo o que o empregador tem a fazer é concorrer com os "reflexos" desse complemento remuneratório, sem precisar arcar com o "principal".

Pelo menos no tocante às férias, a afirmação é verdadeira.

Seja permitida a abertura de um flanco para falar especificamente sobre o abono de 1/3 (um terço) de férias, previsto pelo art. 7.º, XVII, da CF/1988. Há um segredo bem guardado quanto à redação desse dispositivo constitucional. Existem duas falhas no comando do art. 7.º, XVII: "gozo de férias anuais remuneradas com, pelo menos, um terço a mais do que o salário normal".

Se fôssemos realmente atrelar o acréscimo de 1/3 (um terço) ao gozo das férias, então o empregador se sentiria ainda mais tentado a sonegar o gozo e deixar todos os pagamentos para a indenização, normalmente feita quando da rescisão do contrato de trabalho. O acúmulo de dois ou três períodos seria vantajoso economicamente para o patrão, porque a todo instante em que um empregado fosse posto em descanso de férias o acréscimo de 1/3 (um terço) se faria necessário, ao passo que todas as férias relegadas ao termo de rescisão contratual seriam quitadas sem esse acréscimo (férias proporcionais, férias simples e férias dobradas).

A segunda falha escondida no art. 7.º, XVII, corresponde à locução "um terço a mais do que o salário normal". Não se afirmou, como era esperado, que o terço a mais incide sobre a remuneração, algo absolutamente em consonância com o sistema de férias desde 1943, nem se falou em acréscimo de 1/3 (um terço) sobre as férias, o que seria mais simples e eficaz. A expressão priorizada foi um estranho acréscimo sobre "salário normal".

A se adotar a literalidade da norma constitucional, teríamos o seguinte quadro: R$ 600,00 de salário e R$ 2.400,00 de gorjetas renderiam R$ 3.000 de remuneração, mas apenas R$ 200,00 de acréscimo de 1/3 (um terço), porque incidente apenas sobre o salário normal (R$ 600,00 no exemplo) e não sobre a remuneração (R$ 3.000,00 no total do exemplo). O acréscimo de 1/3, que é de R$ 1.000,00 no contexto da remuneração, ficaria reduzido a R$ 200,00 na interpretação gramatical, por assim dizer.

Os exemplos podem ficar ainda mais intensos se lembrarmos dos bancários que auferem valores a título de gratificação de função, bem como dos empregados que conquistaram o direito ao adicional por tempo de serviço e, ainda, aqueles que exercem cargos de chefia e recebem as gratificações superiores a 40% sobre o valor do salário do cargo efetivo: todas essas parcelas ficariam de fora do cálculo do terço.

Também as horas extras, o adicional noturno, o adicional de insalubridade e o adicional de periculosidade, que normalmente promovem reflexos sobre o cálculo das férias, deixariam de ter o acréscimo de 1/3 (um terço).

Aparentemente não se controverteu sobre a incidência da parcela, porque, acertadamente, se adotou a exegese de que o acréscimo de 1/3 (um terço) só pode ser assimilado como um complemento àquilo que já foi calculado a título de valor principal.

Não haveria sentido algum em se instituir, ainda mais no plano constitucional, um complemento para melhorar o gozo das férias e propiciar que o empregado tenha melhor planejamento sobre esse período de repouso, e, simultaneamente, retirar-se toda sua eficácia, reduzindo-o a uma singela bonificação.

Deve-se enfatizar que a finalidade da norma, quanto ao incremento da finalidade e dos benefícios das férias, somente seria alcançado com o complemento remuneratório completo. É necessário frisar essa questão para que não se aponte contradição entre o que acima se dispôs, quanto à necessidade de separação da remuneração em relação ao salário, e o que surgiu no segredo bem guardado do art. 7.º, XVII, da CF/1988.

Outro exemplo digno de nota se refere a algumas contribuições fiscais e parafiscais.

As leis que disciplinaram o fundo de garantia (Lei 8.036/1990) e os recolhimentos previdenciários (Lei 8.212/1991) se valeram de expressões bastante amplas para a fixação da base de cálculo, seguramente dentro do espírito arrecadatório que as norteiam, não sendo surpresa que remuneração foi utilizada em detrimento de salário. Logo, as gorjetas compõem a base de cálculo de uns e outros.

Sirva o décimo terceiro salário como terceiro exemplo no desenvolvimento deste raciocínio.

O décimo terceiro salário é exemplo típico da influência dos usos e costumes no Direito do Trabalho, por decorrer da tradição de muitos empregadores, em muitas localidades, de contemplar seus empregados com algumas bonificações por ocasião dos festejos natalinos. Não se ignoram que as tradições cristãs deitam raízes profundas na sociedade brasileira, sendo absolutamente compreensível que os empregadores demonstrem apreço pelos empregados ao final do ano civil

A novidade para os fins dos estudos do Direito do Trabalho foi a conversão desse tipo de costume em obrigatoriedade legal, tanto para aqueles que já praticavam a gratificação quanto para aqueles que ainda não haviam aderido ao procedimento e, ainda, aqueles que o repudiavam. A imposição decorreu da Lei 4.090, de 13.07.1962, posteriormente aprimorada pela Lei 4.749, de 12.08.1965, e decretos regulamentadores. Hoje, encontra assento no art. 7.º, VIII, da CF/1988.

Em todos esses diplomas, inclusive na Constituição Federal de 1988, a remuneração do trabalhador serviu de base de cálculo, o que significa, de novo, que o garçom terá direito ao pagamento equivalente não apenas ao salário auferido no mês de dezembro (data do vencimento dessa obrigação), mas também à média de gorjetas auferidas ao longo do ano. Não existe o décimo terceiro mês no calendário. Logo, não existe chance alguma de os clientes contemplarem os garçons com essa gratificação também no 13.º mês, razão pela qual o encargo fica transferido para os cofres do empregador.

Nesse particular, não deixa de ser irônico que o "13.º salário" seja, na verdade, uma "décima terceira remuneração". De qualquer forma, lei temos, e todas as normas que disciplinaram a matéria insistiram na expressão "13.º salário" mesmo fazendo referência a uma remuneração. Talvez isso explique por que os antigos preferiam dizer Gratificação de Natal.

A aparente dificuldade do legislador de lidar com o binômio remuneração/salário não se ateve ao décimo terceiro salário, pois acometeu também os descansos semanais remunerados.

Nesse caso, a situação foi inversa.

A nomenclatura "descansos semanais remunerados" evoca expressamente que o pagamento se associa à remuneração. Porém, lendo-se detidamente a Lei 605/1949, particularmente o art. 7.º, descobre-se que o valor dessa vantagem é de apenas 1/6 (um sexto) do salário da semana (um dia de serviço, no dizer do art. 7.º, *a*, e um dia de salário, na linguagem dos §§ 1.º e 2.º do mesmo artigo). Em termos práticos, as gorjetas auferidas pelos garçons deixam de compor o cálculo dos domingos e dos feriados.

Situação interessante se verifica ao final do contrato de trabalho, quando da concessão do aviso-prévio por parte do empregador.

Caso o empregado seja chamado a trabalhar no curso do aviso-prévio, com a redução de duas horas diárias ou de sete dias consecutivos (art. 488 da CLT), seguirá a auferir normalmente as gorjetas dos clientes, talvez em quantidade um pouco menor, dependendo de quantas horas e de quantos tipos estará na ativa, mas, ainda assim, gorjetas. Caso, porém, o empregador opte pela conversão do período de trabalho em pecúnia, não haverá incidência das gorjetas. Em tese, deveria haver, porque a disciplina do aviso-prévio indenizado é de ser o retrato mais fiel possível do aviso-prévio trabalhado. Mantém a natureza salarial, projeta-se para cálculo de férias proporcionais acrescidas de 1/3 (um terço) e de 13.º salário proporcional, concorre para o cálculo da prescrição e alcança o reajuste salarial negociado no mês subsequente.

De modo incoerente, porém, o legislador preconiza que, quando do cálculo da conversão do aviso-prévio trabalhado em aviso-prévio indenizado, devem ser levados em conta apenas os "salários" do período. Embora alguém possa objetar no sentido de que o legislador nao sabia o que estava dizendo ao empregar a palavra salário (conjunto menor) pensando que usava a palavra remuneração (conjunto maior), esse raciocínio é altamente temerário em matéria de interpretação por deixar a sociedade à mercê de acontecimentos volúveis. Nem ao menos se pode dizer que a interpretação corretiva de descuidos do legislador seja uma forma de beneficiar o empregado, pois em contextos diferentes representaria, aliás, um grande malefício.

Foi assim que as gorjetas ficaram de fora do cálculo do aviso-prévio indenizado, representando um sensível desfalque para um empregado que, digamos, nem se lembrava de que seu salário fosse o piso da categoria, em meio a uma grande fartura de gorjetas.

3. Ausência de gorjeta no cálculo das horas extras e do adicional noturno

Penso que o tema mais espinhoso na distinção remuneração/salário é o cálculo de horas extras e adicional noturno.

Em princípio, não haveria problema algum na inserção de gorjetas, pagamentos feitos por terceiros e demais parcelas remuneratórias na base de cálculo da apuração das horas extras. Afinal de contas, considerando-se que o trabalho extraordinário deve ser retribuído tal como se ordinário fosse, desde que acoplado com o adicional para compensar o esforço adicional do trabalhador, seria razoável que 100% dos ganhos do empregado estivessem presentes nessa operação. Assim não é, todavia.

Existem pelo menos dois motivos mais relevantes para a exclusão das gorjetas quando do cálculo das horas extras.

O primeiro motivo é de ordem lógica: se um garçom trabalha, por exemplo, 10 horas em determinada jornada, tem direito ao salário normal pelas oito horas e mais duas horas extras calculadas sobre o salário, ao passo que gorjetas, deve receber ao longo de todo o expediente, normal e suplementar. Seria anacrônico que, a pretexto de remunerar as duas horas suplementares, o empregador tivesse de pagar uma média de gorjetas no cálculo das horas extras, e, ainda, o empregado permanecer a angariar as mesmas gorjetas junto aos clientes que serão atendidos na 9.ª e na 10.ª hora do dia.

O segundo motivo é de ordem legal.

Apesar de muito sintética, a redação dos arts. 59 e 64 da CLT conduzem ao entendimento de que o cálculo das horas extras não envolve as gorjetas nem os pagamentos feitos por terceiros de maneira geral. Senão, vejamos.

O art. 59 da CLT, de sua parte, se preocupa basicamente com a fixação do percentual de acréscimo de horas extras.

Não há preocupação no art. 59 da CLT, todavia, quanto à base de cálculo e não se explica o alcance da expressão "hora normal". Essa passa a ser a preocupação fundamental do estudioso, porque decifrar o significado de hora normal representa entender a sistemática das horas extras.

Os parágrafos do art. 59 da CLT se dedicam a outros assuntos, especialmente voltados para a compensação dos serviços suplementares, "banco de horas" e forma de cálculo do módulo semanal e do módulo anual de trabalho, não mais retomando o tema da "hora normal".

Passados alguns outros dispositivos, eis que o art. 64 da CLT explica o sentido de "hora normal", ao tratar do tema pouco estudado no Direito do Trabalho, conhecido pela expressão "divisor".

O divisor se tornou importante e essencial para o desenvolvimento da maioria dos cálculos de liquidação porque os empregados, ao menos na realidade brasileira, são habitualmente mensalistas, ou seja, auferem salários mensais. Quando, porém, se torna necessário o cálculo do valor de uma hora isolada (seja para descontar uma hora de atraso do empregado, seja para lhe quitar uma hora extraordinária), surgem dúvidas sobre a forma de se extrair a hora do mês. Usa-se por ficção, o parâmetro de 30 *x* a jornada normal do empregado. O fator 30 não é perfeito, mas atende aos anseios do Direito do Trabalho, haja vista a mescla de dias laborados com dias não laborados, como os descansos semanais remunerados, permitindo, assim, que o cálculo já inclua os períodos de interrupção do contrato de trabalho, evitando a distorção de se imaginar que o empregado ganhe apenas a contraprestação dos serviços prestados.

Chama-se a atenção para a base de cálculo das horas extras, pois ali se observa que a divisão será efetuada com fundamento no "salário mensal correspondente à duração do trabalho". É o que bastava para serem excluídas as gorjetas dessa operação, porque "salário mensal" não é o mesmo que "remuneração mensal", nem pode ser considerado sinônimo de todos os rendimentos auferidos pelo empregado.

Foi assim que o art. 64 da CLT, de forma insuspeita, resolveu a questão da base de cálculo da hora extra e, em outras palavras, explicou por que não se podem inserir gorjetas no cômputo dos serviços suplementares.

Tendo sido feito o raciocínio em torno das horas extras (não existem gorjetas extras nem existe previsão para a ampliação de sua base de cálculo através do art. 64 da CLT), fica pavimentada a operação no tocante ao adicional noturno.

O art. 7.º, IX, da CF/1988 é bastante lacônico, atendo-se a mencionar que a remuneração do trabalho noturno deverá ser superior à remuneração do trabalho diurno. Aliás, o próprio uso da expressão "remuneração do trabalho" já se mostra imperfeito porque dá a entender que as gorjetas noturnas deveriam, também elas, ser superiores às gorjetas diurnas, o que revela um evidente desconhecimento da matéria e jamais poderá essa prática ser exigida dos clientes.

Deixou o Constituinte tudo o mais para a definição do legislador ordinário, especialmente o conceito de noite, a forma como essa majoração será operada e as demais particularidades do cálculo desse acréscimo.

O art. 73 da CLT, no campo do trabalho urbano, e o art. 7.º da Lei 5.889/1973, no campo do trabalho rural, representam as principais formas de operacionalização dos direitos noturnos, sem prejuízo de disposições específicas em leis esparsas como na profissão do advogado, do portuário e do aeronauta.

Pelo art. 73 da CLT se apreende que o adicional noturno será de 20% sobre a "hora diurna", sem mais se explicar sobre o conceito de hora diurna. A resposta é encontrada novamente no art. 64 da CLT, ao dispor sobre o cálculo da "hora normal", levando-se em conta unicamente o valor do salário mensal.

Desse modo, tal como se concluiu no caso das horas extras, o adicional noturno também ficou privado da inserção das gorjetas ou de outros pagamentos feitos por terceiros, sendo calculado apenas com base na globalidade salarial auferida pelo empregado (globalidade salarial é expressão encontrada em alguns manuais para fazer referência ao somatório do salário em sentido estrito com as demais parcelas de natureza salarial. Embora não tenha assento legal, corresponde a uma forma segura de não levar a desentendimento quanto à precisão terminológica).

Para encerrar o binômio hora extra/adicional noturno, proponho uma digressão quanto à figura do controvertido "banco de horas".

Durante décadas, a única forma de compensação de jornada permitida pela legislação brasileira se atinha ao módulo semanal. Assim, o empregado deixava de laborar aos sábados, por exemplo, e acrescia a carga correspondente nos demais dias da mesma semana. O empregado não recebia pagamento algum pelas horas extras, mas desfrutava descanso equivalente, real e imediato.

Após algumas hesitações via Medida Provisória, o art. 59 da CLT foi alterado sucessivas vezes, para permitir que a compensação de jornada fosse diluída ao longo de períodos maiores. Inicialmente, o período foi fixado em 120 dias, mas, depois, prevaleceu o módulo de um ano e quase dois no sistema implementado pelas normas emergenciais decorrentes da pandemia de 2020). Desde logo haverá dúvidas efetivas sobre a pertinência de um ser humano se cansar à exaustão durante dez meses para, depois, descansar em um mês aproximadamente. Para isso, já havia o direito às férias, que nada tem que ver com compensação de horas extras. Daí começam os problemas estruturais de um regime de compensação anual de serviços suplementares, que passou a ser conhecido pela expressão "banco de horas".

Some-se a isso o fato de que a duração dos contratos de trabalho no Brasil é normalmente curta, havendo incisiva rotatividade na mão de obra. Contratos superiores a um ano acabam se tornando relativamente escassos. Por esse ângulo, a reforma do art. 59 da CLT ignorou a realidade, ao permitir que a compensação de jornada fosse feita em período superior à própria duração média do contrato.

Desnecessário grande esforço para se chegar à conclusão de que, usualmente, as horas extras praticadas dentro de banco de horas não serão jamais compensadas, ficando para pagamento em conjunto com as verbas rescisórias. Claro está que o pagamento é o mínimo que se espera, a fim de não lesar ainda mais o empregado e não deixar aquelas horas suplementares sem nenhuma contraprestação. Todavia, esse cenário está longe de ser o desejado.

As horas extras, em sistema normal de trabalho, deveriam ser pagas até o quinto dia útil do mês subsequente, simultaneamente com os salários (art. 459, § 1°, da CLT) e não ao final do contrato de trabalho, como se o empregador pudesse fazer uma poupança às expensas justamente do esforço adicional do empregado. Além disso, várias outras deturpações surgirão, pois o empregado pode laborar em regime de 10 horas diárias, seis dias por semana, e, depois, engatar outro contrato de trabalho com idêntico sistema, sem que seu organismo conheça a compensação dos serviços suplementares nem em um nem em outro período.

Feita essa digressão sobre o banco de horas, cujos meandros são abordados com maior profundidade no estudo de horas extras, revela-se, agora, um ato falho do legislador.

Na ânsia de deixar as horas extras para quitação ao final do contrato de trabalho (caderneta de poupança do empregador alimentada pelas horas extras do empregado), o art. 59, § 3.°, da CLT, usou a expressão "remuneração" no lugar de "salário" ou de suas variações (salário hora, salário mensal ou salário ajustado).

Dispõe o art. 59, § 3.°, da CLT, que, na falta da compensação adequada, o pagamento das horas extras deverá ser feito "calculadas sobre o valor da remuneração na data da rescisão".

Embora a doutrina e a jurisprudência aparentemente não tenham se dado conta, é possível a um trabalhador sustentar validamente que as horas extras não contemplam gorjetas na base de cálculo, exceto as *horas extras decorrentes de banco de horas frustrado*.

Há chances, porém, de o empregador perder essa pretensão, caso seja adotada a primeira premissa contra a gorjeta na base de cálculo das horas extras, acima mencionada (a premissa segundo a qual as gorjetas são dadas pelos clientes e os salários são pagos pelos empregadores, de tal sorte que as horas extras não se comunicam com as gorjetas nem os clientes precisam saber se o garçom está no início da jornada, em fins de jornada ou em banco de horas).

4. Uma pequena fórmula matemática

Assim, podemos sugerir, sem pretensões maiores do que a facilitação do entendimento, o uso da seguinte fórmula de compreensão da harmonia entre a remuneração (conjunto maior), os salários (conjunto menor, obrigatoriamente verificado em qualquer contrato de trabalho) e a gorjeta (conjunto menor, existente apenas em algumas profissões):

R = S + G

Em que:

R decorre de remuneração, assim entendido o conjunto de todos os rendimentos auferidos pelo empregado, sejam aqueles pagos diretamente pelo empregador, sejam aqueles pagos por terceiros, mediante tolerância ou incentivo do empregador, que proporcionou ao empregado a oportunidade desse ganho;

S evoca salário, não apenas no sentido de salário-base, ordenado ou salário em sentido estrito, mas todas as parcelas de natureza salarial, independentemente da nomenclatura (comissões, gratificações ajustadas, abonos e assim por diante), as quais possuem como aspectos principais a fonte pagadora patronal, normalmente em caráter habitual, a título de contraprestação pelos serviços prestados, pelo tempo que o empregado permaneceu à disposição do empregador ou, ainda, pelos períodos de interrupção do contrato de trabalho que forem fixados pela legislação, como os descansos semanais remunerados e as férias; e

G no sentido de gorjetas, aqui empregadas pela enorme força que os usos e costumes promovem sobre o Direito do Trabalho, figurando na equação por se tratar de uma espécie que se tornou mais conhecida do que o próprio gênero (pagamentos feitos por terceiros, que orbitam em torno de um contrato de trabalho).

Poder-se-ia alterar a fórmula para R = S + T, no sentido de pagamentos feitos por terceiros, mas a opção de manter a gorjeta como representativa de todos os pagamentos alheios ao empregador encontra ressonância na linguagem consagrada, de que se valeu o art. 457 da CLT.

Das convenções e dos acordos coletivos se espera que usem com maior propriedade as expressões remuneração e salário, consoante o foco que se deseja implementar. Por exemplo, se a categoria conquistou o direito a um adicional por tempo de serviço de, pensemos, 1% (um por cento) por ano de casa, é indispensável que se diga claramente se esta alíquota incide sobre o salário-base, sobre as parcelas de natureza salarial ou sobre a remuneração (o que abrange, portanto, as gorjetas e os pagamentos feitos por terceiros).

Aliás, as normas coletivas deixam escapar a rara oportunidade, que praticamente só elas detêm, de criar outras bases de cálculo, a seu critério, mesclando algumas parcelas e retirando-se outras. Priorizam a ambiguidade, talvez como forma de se conseguir fechar uma negociação e deixar para a vida resolver o restante.

Depois que a cláusula estiver redigida e o instrumento normativo estiver em vigor não faz sentido que se lamente sobre o leite derramado, ao argumento de que não fora isso ou aquilo que se pretendeu dispor.

Nem sempre será válida a tese de que cláusulas benéficas se interpretam restritivamente, porque as normas coletivas sabidamente têm caráter híbrido de contrato quanto a sua origem negocial e de lei quanto a sua compulsoriedade e aplicação direta aos signatários e não signatários.

Dessa forma, embora em alguns casos específicos seja possível adotar uma interpretação restritiva para se limitar o alcance da cláusula, em muitos outros cenários se fará necessária a interpretação ampliativa, a fim de alcançar a finalidade da norma, evocando-se a essência do princípio da norma mais favorável ou, ao menos, da interpretação mais favorável entre duas possíveis (a verdadeira face do brocardo *in dubio pro operario*).

5. Reflexões sobre as gorjetas

As gorjetas também podem ser estudadas dentro do campo da influência que os usos e costumes exercem sobre o Direito do Trabalho.

Usos e costumes estão muito longe de representar uma característica própria do Direito do Trabalho. São determinantes no âmbito do Direito Comercial, bastante incisivos nas relações civis e permeiam todas as esferas jurídicas, obviamente. Correspondem a uma fonte de direitos, usualmente aceita pelos principais repertórios jurídicos, com a característica relevante de não ser estatal, mas fruto das reflexões e das crenças de uma sociedade e de um momento histórico.

Apesar de todas essas atenuantes, são inegáveis os impactos dos usos e dos costumes sobre o Direito do Trabalho.

Entre os exemplos clássicos, normalmente são mencionados a instituição do 13º salário como uma gratificação paga pelo empregador por ocasião do Natal, o sistema do intervalo para refeição e descanso no meio rural (art. 5.º da Lei 5.889/1973) e, no caso, a influência das gorjetas sobre diversas profissões, particularmente no meio dos hotéis, bares e restaurantes.

Alguns aspectos, entretanto, precisam ser aprofundados em torno das gorjetas: (a) não há diferença jurídica entre gorjeta espontânea e gorjeta cobrada em nota fiscal; (b) empregador jamais paga gorjeta; (c) gorjeta não é inerente à função de garçom, podendo o estabelecimento proibir os empregados de receberem gorjetas; (d) gorjeta é apenas o nome mais conhecido entre os pagamentos feitos por terceiros, podendo assumir qualquer outra denominação sem afetar seu conteúdo; (e) o empregado não pode ser remunerado exclusivamente por gorjetas, pois gorjeta não é salário nem é comissão.

Enfrentemos as questões.

Para os fins de um contrato de trabalho, não há diferença jurídica entre gorjeta espontânea e gorjeta cobrada em nota fiscal. Em ambos os casos, houve a chamada oportunidade de ganho proporcionada pelo empregador, capaz de majorar os rendimentos do empregado. Não fosse por outro motivo, o art. 457, § 3.º, da CLT, acima mencionado, refere expressamente que gorjeta abrange tanto a espontânea quanto a cobrada, indistintamente.

O empregador não pode alegar desconhecimento sobre a matéria, porque a gorjeta é praticada dentro de seus domínios, sob sua autorização ou tolerância e, o que é ainda mais importante, ajuda a equilibrar a equação salarial. Muitos empregadores tendem a tirar proveito da situação, haja vista que as faixas salariais podem ser realmente inferiores aos padrões do mercado de trabalho ou aos padrões que seriam exigidos pelos profissionais qualificados do ramo hoteleiro, por exemplo.

Embora o empregador não pague a gorjeta, sabe que ela entra nos ganhos do empregado e o desonera de maiores reajustes. A única obrigação do empregador é a incorporação da estimativa média da gorjeta na base de cálculo das parcelas tributárias ou contratuais que utilizarem a remuneração como diretriz, tais como as férias, o 13.º salário, o fundo de garantia e os recolhimentos previdenciários, abordados no capítulo anterior.

Pouco importa se a gorjeta foi centralizada em um caixa, comandado pelo próprio estabelecimento comercial ou pelo líder dos garçons, ou se a gorjeta ficou dispersa entre cada um dos empregados, sem que um tivesse acesso aos ganhos do outro. Em ambas as hipóteses, mantiveram-se presentes os elementos configuradores desse tipo de rendimento oriundo de terceiros, dentro de um contrato de trabalho e com responsabilidades indiretas do empregador.

Por óbvio é mais fácil quantificar a média de gorjetas através da centralização dos valores num caixa central, passível de ser aferido em frequência diária, semanal ou mensal. Do ponto de vista dos empregados, a centralização das gorjetas para posterior rateio tem, ainda, a vantagem de se mostrar mais justa, liberando os empregados da relação de sorte e azar que permeia o mundo das gorjetas.

Como os garçons e demais auxiliares devem formar uma equipe coesa, todos deveriam receber valores parecidos ao final do mês, independentemente de quem teve sorte de atender clientes mais generosos ou de permanecer em "praças" mais procuradas. Chama-se praça o conjunto de mesas atendidas preferencialmente por um garçom. Em alguns restaurantes, por motivos às vezes inexplicáveis, as pessoas preferem as mesas de um canto às mesas do outro canto, provocando distorções na oferta da gorjeta. Essa distorção se dissipa caso haja o rateio.

O rateio da gorjeta centralizada, finalmente, ajuda a alcançar os colegas de trabalho que permaneceram em funções de retaguarda, como aqueles que prepararam as bebidas, os cozinheiros e os auxiliares em geral, os quais, de outra forma, não teriam acesso a essa vantagem de trabalhar em ramo de serviços e de atendimento ao público. Verdade seja feita: os garçons não seriam contemplados com as gorjetas caso não tivessem nenhum tipo de apoio, caso os pratos fossem mal servidos, com atraso e sem a qualidade desejada.

No entanto, todas essas explicações sobre rateio, participação de trabalhadores não diretamente ligados ao atendimento das mesas e equidade na distribuição dos valores arrecadados passam ao largo da legislação trabalhista, sendo pura construção consuetudinária. Normalmente o empregado segue o sistema da casa para a qual vai prestar serviços, sem que possa exigir, nem mesmo em processo trabalhista, que a forma de contagem e de rateio de gorjetas seja feita a seu critério ou segundo critérios de outros estabelecimentos hoteleiros, por exemplo.

Em grande parte do território brasileiro vigora, neste exato momento, uma conhecida cláusula de convenção coletiva, que separa, ao contrário do que acima se explicou, a gorjeta centralizada pelo empregador, que normalmente é cobrada em nota, da gorjeta dita espontânea, que é retida pelo próprio empregado ou, quando muito, arrecadada por um líder dos empregados, como o *maître*.

A separação não afeta a natureza jurídica da parcela, evidentemente, o que seria bastante temerário. Continua a gorjeta a ser uma parcela paga por terceiros, por força de uma relação de emprego, e que comporá o conceito largo de remuneração.

Entretanto, o valor da gorjeta, a ser utilizado na base de cálculo do 13.º salário, das férias, do fundo de garantia e do que mais houver, passa a variar enormemente de acordo com a forma como esse pagamento foi concretizado: (a) gorjetas cobradas em nota e centralizadas pela empresa, para rateio posterior, passam a ser contabilizadas pelo valor real, até porque a empresa tem acesso até aos centavos dessa parcela, minuto a minuto, dia a dia; (b) gorjetas não centralizadas pela empresa e retidas diretamente pelos empregados, com ou sem encaminhamento aos colegas, passam a ser contabilizadas pelo valor fictício estipulado pela própria norma coletiva.

Se, então, a natureza jurídica não sofre alteração e se a empresa terá, de qualquer forma, de arcar com os custos indiretos da gorjeta, denominados reflexos, por que haveria tanta importância nesta diferenciação feita pela convenção coletiva? Não seria melhor deixar o art. 457 da Consolidação intacto?

Ocorre que o valor fictício, estipulado pelos anexos das convenções coletivas, normalmente são baixos, muitas vezes inferiores àqueles auferidos pelos empregados, criando-se um delicado equilíbrio entre os limites da negociação coletiva, a remuneração do trabalhador e o recolhimento dos encargos previdenciários e trabalhistas.

Exemplifica-se. Suponha que um empregado aufira R$ 1.000,00 de gorjetas ao mês. Na primeira hipótese acima explicada, caso a empresa centralize a arrecadação e o rateio das gorjetas, deverá fazer todos os recolhimentos com base nesse valor real e, ainda, observar a oscilação mês a mês (R$ 1.000,00 num mês, R$ 700,00 no outro mês, R$ 1.500,00 numa época festiva e assim por diante). Aumenta obviamente o trabalho da contabilidade, também. Na segunda hipótese acima mencionada, caso a empresa não tenha partido para a centralização dos valores e se abstenha de acrescentar o valor na nota fiscal, poderá lidar meramente com a importância fixa estimada pela norma coletiva, segundo o padrão do estabelecimento. Suponha-se que a tabela traga, digamos, R$ 600,00 de média de gorjetas para aquela circunstância. Esse será o valor utilizado, sempre, sem se considerarem as oscilações mensais, naturalmente verificadas na profissão.

Aparentemente todos saem em vantagem: o empregador, porque seguirá valor fixo, não precisa se preocupar com a movimentação das gorjetas, poderá diminuir alguns encargos trabalhistas e fiscais e, ainda, aparece como cumpridor das disposições legais e convencionais; o empregado, que para todos os efeitos recebeu R$ 600,00 e não R$ 1.000,00; e as entidades sindicais, porque conseguiram encontrar fórmula bem-sucedida de composição desse tipo de conflito em potencial e, ainda, tendo facilitado a conversa a respeito de tema tão relevante para a categoria.

Há, porém, alguns flancos abertos nesse assunto, pois a renda auferida pelo empregado não era aquela "estimada" pela tabela sindical, sendo fácil enxergar os desvios que aos poucos surgirão na conta do fundo de garantia, no cálculo do 13.º salário e das férias, além dos recolhimentos previdenciários e fiscais.

Nos primórdios, a cláusula normativa chegou a ser questionada por alguns trabalhadores e ocasionalmente pelo Ministério Público do Trabalho, mas as alegações não foram aceitas. Há vasta jurisprudência a referendar o alcance desse tipo de negociação coletiva, sob o fundamento de que não se adulterou a natureza jurídica da parcela (o que seria inviável) e de que a fixação de um parâmetro médio objetiva mais a certeza jurídica do que a evasão fiscal.

Eventualmente é possível que o empregador recolha mais encargos do que seriam devidos pela contagem real do valor, caso a estimativa supere a quantia arrecadada na realidade. Mas isso tende a inexistir, porque as estimativas são verdadeiramente conservadoras.

Daí por que, nos grandes centros urbanos, os clientes se deparam com tantos malabarismos em torno da forma de se cobrar a gorjeta. "Serviço não incluído", "serviço não obrigatório", "gorjeta não calculada", "serviço no verso", "permissão para incluir o serviço" são algumas das expressões estampadas em comandas ou notas fiscais, de forma impressa ou mediante carimbo aposto pelo garçom, como forma, acredita-se, de desvincular a empresa desse tipo de cobrança.

Também é comum o expediente de pedir que o garçom coloque, com sua própria caligrafia, o valor da gorjeta sobre o total da conta, mitigando-se a responsabilidade do empregador, sempre com vistas à peculiaridade desse tipo de norma coletiva.

Reafirmamos, ainda, que o empregador jamais paga gorjeta.

Vez por outra se encontram processos trabalhistas em que o empregado reivindica, entre outros pleitos, o pagamento de gorjetas. Essa pretensão não faz o menor sentido.

Se for para a própria empresa pagar a gorjeta ao empregado, então é melhor que se chame a parcela de salário. Em sua própria essência, gorjeta é pagamento feito por terceiro, pela gratidão de haver sido bem atendido. O empregador concorre com os salários e, quando muito, tem a obrigação de expandir os valores auferidos a título de gorjeta para a base de cálculo de outras parcelas, porque a gorjeta tem relação com o contrato de trabalho, mas não com o empregador.

O empregador deverá pagar, como salário, o valor médio da gorjeta que vier a ser proibida ao trabalhador. Por exemplo, restaurante à la carte que se transforma em restaurante "self-service" e cancela a cobrança do serviço. Nesse caso, para se manter a média de remuneração, o empregador deve arcar com o complemento, agora salarial, daquilo que anteriormente era auferido pelo empregado sob a forma de gorjeta. Mas ainda assim não é gorjeta do patrão e, sim, o respeito ao princípio da irredutibilidade remuneratória.

Um tema complicado de se enfrentar diz respeito à prática de alguns empregadores cobrarem a gorjeta em nota fiscal, acrescendo-se, por exemplo, a gratificação de 10%, mas, depois, não a repassar para os empregados. Haveria, no particular, um direito adquirido à gorjeta?

Se o empregador desde o princípio já os contrata sob salário fixo, sem promessa da rateio de gorjetas e sem a tolerância a esses usos e costumes da profissão, então não haveria que se falar em direito à participação em gorjetas, nem para sua instituição nem para sua distribuição na empresa. Mas se a empresa institui gorjeta e a cobra, não pode enganar os clientes: a gorjeta não é receita do restaurante, mas gratificação destinada aos empregados.

Além da prática estranha de reter toda a gorjeta para os cofres da empresa, há também alguns estabelecimentos que liberam, por exemplo, 8% para os empregados e retêm 2% para a formação de um "fundo de amparo aos pratos quebrados", prática que desatende às regras sobre descontos salariais por culpa ou dolo dos empregados.

É possível, contudo, sustentar-se que as gorjetas foram pagas pelos clientes necessariamente com destino aos garçons e não com destino aos empregadores. Caso os clientes houvessem sido avisados de que sua gratificação seria desviada, certamente teriam deixado de assim proceder ou teriam, se tanto, reduzido os valores ofertados. A resolução para o conflito, portanto, parece estar muito mais nas raízes do Código Civil do que nas entrelinhas da Consolidação das Leis do Trabalho, por se estar diante de ato malicioso do empregador.

Embora esteja correta a afirmação de que empregador não paga gorjeta (nem é obrigado a tolerar a existência de gorjeta na empresa nem a instituir uma cobrança obrigatória em seus domínios), pode-se exigir que o empregador desbloqueie os valores que, tendo sido arrecadados junto aos clientes, jamais foram repassados aos destinatários.

A terceira afirmação deste estudo assevera que gorjeta não é inerente à função de garçom, podendo o estabelecimento proibir os empregados de as receberem.

Conquanto a gorjeta seja fruto dos usos e costumes, pode efetivamente haver situação em que o empregador considere inconveniente o acréscimo de 10% sobre a conta a ser paga pelo cliente e, com isso, tolher o empregado de auferir esse tipo de rendimento. Se o empregador terá de concorrer com salários mais elevados, para compensar o impacto da inexistência da gorjeta, cuida-se de questão inatingível para os limites deste estudo e, de qualquer forma, não há obrigatoriedade legal nem normativa a que o empregador arque com salários elevados para os empregados desprovidos de gorjeta.

Dentro dos princípios que norteiam o Direito do Trabalho, particularmente aquele que aborda a proteção e refere a condição mais benéfica, não se admite que o empregador altere os procedimentos originalmente pactuados em detrimento do equilíbrio financeiro alcançado pelo empregado. Assim, quando se fala em irredutibilidade salarial deve-se entender, com mais acuidade, que se veda a redução dos ganhos de maneira geral.

A fim de englobar as gorjetas, teríamos de cunhar alguma nomenclatura parecida com "irredutibilidade remuneratória", mas nas ciências jurídicas algumas expressões são demasiadamente arraigadas para que sejam demolidas, correndo-se o risco de o certo parecer errado. Então, propomos a manutenção do termo clássico "irredutibilidade salarial", mas com a imediata lembrança do operador do direito de que a locução não se atém a proteger os salários, como pagamentos feitos pelo empregador, mas toda a remuneração, inclusive os pagamentos feitos por terceiros.

Prosseguindo-se no pensamento, não seria correta a supressão pura e simples da gorjeta, se com ela o empregado contava, sem que o empregador propicie nenhum tipo de compensação. Nesse sentido, o empregador não pode "vetar" o recebimento de gorjetas de forma abrupta, no curso da relação de emprego, mas pode determinar que em seu estabelecimento não se arrecadam gorjetas, desde o início do contrato de trabalho, ou compensando financeiramente as pessoas que tenham sido prejudicadas com a alteração do contrato de trabalho.

Usamos a palavra compensação apenas para facilitar o entendimento, porque, em nome da coerência, empregador jamais paga gorjeta, sendo impróprio dizer que o salário corresponderá a uma forma alternativa de pagamento da gorjeta. Ao revés, fala-se em compensação unicamente para se prestigiar o postulado da condição mais benéfica, protegendo-se o empregado quanto a eventual decréscimo de remuneração.

Essa compensação pode ser feita, sem riscos, adotando-se a média mensal dos últimos doze meses ou simplesmente a média mensal do contrato de trabalho caso a alteração tenha vindo antes de um ano se fechar, com os mesmos parâmetros que são empregados para tantas outras formas de compensação financeira, como a média de horas extras em férias (art. 143 da CLT), a média da remuneração variável em 13.º salário (Lei 4.090/1962) e a média de parcelas móveis sobre o aviso-prévio indenizado (art. 487 da CLT). Além disso, a média duodecimal tem a larga vantagem de mitigar os efeitos das temporadas altas e baixas em qualquer atividade econômica, alternando os períodos de maior movimento nos hotéis e restaurantes da região com os períodos de movimento modesto, o que ocorre em praticamente todos os ramos empreendedores e mais ainda no ramo da prestação de serviços de turismo e lazer.

Pode-se indagar o que leva um empregador a coibir o recebimento de gorjetas dentro de seu estabelecimento, se essas se prestam justamente a agradar os empregados e a minimizar os pleitos por aumentos salariais. As razões, todavia, são bem variadas e escapam ao controle do Direito do Trabalho, inserindo-se claramente no poder diretivo do empregador. Ainda assim, arriscam-se algumas considerações a respeito.

O empregador pode adotar sistema de pagamento único pelos serviços prestados, para que o cliente conheça desde o princípio o preço que suportará por uma refeição completa num restaurante de luxo ou pelo cruzeiro a bordo de uma embarcação de lazer, algo como um pacote com tudo incluído. Se tudo for tudo, tudo deve incluir também a gorjeta, correto? O problema é que muitos desses estabelecimentos anunciam o pacote com tudo incluído e revelam que tudo era quase tudo.

O empregador pode haver implementado sistema de autoatendimento dentro de seu restaurante ou lanchonete, em que os próprios clientes se servem, no todo ou em parte, atraindo-se a clientela que pretende custos menores ou maior agilidade no serviço.

Ou, ainda, o empregador pode simplesmente querer chamar a atenção do público em meio a uma acirrada concorrência, sendo certo que nem sempre se pode partir para uma redução drástica de preços, mas, ao menos, para uma redução no valor final da conta.

Excetuando-se, portanto, a hipótese de o empregador alterar sensivelmente a média remuneratória do empregado, caso em que se propõe uma compensação financeira, o empregador está efetivamente autorizado a vetar a cobrança de gorjetas dentro de seu estabelecimento. O fato de existirem usos e costumes em torno do assunto não impõe que o empregador se curve aos procedimentos adotados em outros pontos de atendimento.

Vetar a cobrança não significa que o empregador conseguirá vetar o recebimento. Se o cliente, mesmo sabendo que ali não se praticam gorjetas e que o serviço já está pago, quiser, ainda assim, gratificar o empregado, poderá fazê-lo evidentemente, mas, nesse caso, o empregado não poderá exigir a integração desses agrados sobre o fundo de garantia, o 13.º salário e as férias, por exemplo.

Poderia haver uma punição ao empregado ou até mesmo justa causa, caso ele aceite a gorjeta? Aceitar simplesmente a gorjeta, que às vezes chega a ser posta no bolso do carregador de malas, não parece ser motivo bastante para se punirem empregados, até porque a recusa da gorjeta, sob essas circunstâncias, causaria constrangimento maior do que sua aceitação discreta e silenciosa.

Situação mais grave é o empregado ser visto pedindo ou cobrando gorjeta do cliente num estabelecimento que se propôs a não praticar esse sistema. Nesse caso, terá havido quebra das regras da casa ou das ordens emanadas pelos superiores hierárquicos, aplicando-se as punições, com a gradação que se fizer apropriada – advertências, suspensões e rescisão, se for o caso.

6. Gueltas e demais similares às gorjetas

Gorjeta é apenas o nome mais conhecido de pagamentos feitos por terceiros, podendo assumir qualquer outra denominação sem afetar seu conteúdo.

Conforme já referido em passagem anterior, devido à importância e ao tempo de existência do art. 457 da CLT de 1943, mantém-se a expressão gorjeta no sentido de todo e qualquer pagamento feito por terceiro, embora existam incontáveis termos em sentido análogo. Variam as palavras, permanece o conteúdo.

A própria gorjeta para os garçons muitas vezes é chamada de caixinha, gratificação, "cafezinho" ou taxa de serviço, entre outros regionalismos. Alguns textos muito antigos se valem da palavra propina, que é gorjeta na língua espanhola. Como no Brasil essa palavra, conquanto prevista na língua portuguesa, ganhou uma dimensão completamente diferente, associada à corrupção, nenhum garçom vai querer ter seu nome associado a uma propina.

No idioma francês, a gorjeta é expressa pela fórmula *pourboire*, que, em tradução direta, representaria "para beber", embora a grafia seja feita de modo direto, sem separação das palavras. "Para beber" faz lembrar uma forma de chamar a gorjeta como sendo o "dinheiro da cerveja", o que se vê em algumas regiões do Brasil.

Todas essas expressões convergem para o mesmo sentido de parcela componente da remuneração, mas não integrante do núcleo salarial, o que gera as diferenças quanto às repercussões jurídicas.

Interessante observar que algumas outras profissões passaram a praticar gratificações pagas por terceiros, em sentido parecido àquele dos garçons ou livremente inspirados em sua realidade. Não há previsão em nenhuma lei e mal se vê o assunto abordado em norma coletiva, mas o Direito do Trabalho, conhecedor desse tipo de inovação constante sobre as relações de trabalho, trata da matéria com naturalidade, evocando a analogia e outras formas de aproximação dos institutos.

Tome-se como exemplo a figura denominada guelta (do alemão *Geld*, dinheiro).

O dinheiro é pago normalmente por fabricantes e fornecedores que queiram estimular as vendas de determinado produto em detrimento da concorrência. É natural que essa prática aconteça, porque numa rede varejista de eletrodomésticos, por exemplo, existem mais de 50 tipos de televisão, tornando a escolha de qualquer consumidor muito mais difícil do que as escolhas que seus avós faziam.

O vendedor exerce papel fundamental nessa hora, exortando as qualidades de uma marca ou omitindo os defeitos de outra. O fabricante, agradecido, estipula uma gratificação (em dinheiro, espera-se) por aparelho vendido. Cuida-se de uma gorjeta às avessas: no lugar do pagamento feito pelo cliente, o dinheiro vem do fabricante. No conteúdo trabalhista, não há diferença alguma.

O fabricante pode, também, estipular uma gratificação coletiva para a loja que mais se destacar na venda daquele produto ou, ainda, limitar a gratificação apenas a alguns produtos de menor vendagem ("giro menor"). A forma como o fabricante irá fazer essa gratificação é irrelevante para o Direito do Trabalho, mas as consequências desse pagamento são relevantes, afetam os cálculos das demais parcelas trabalhistas e não podem ser ignoradas pelo empregador.

Alguns empregadores insistem em alegar desconhecimento sobre a matéria, dizendo-se surpresos que o fornecedor tenha pagado gratificação ao empregado. O argumento é bastante pitoresco, porque geralmente esses pagamentos são feitos através de depósitos bancários, centralizados pelo empregador e, depois, compartilhados entre os empregados, por exemplo.

Uma situação curiosa: em alguns restaurantes de alto padrão, o importador de vinhos estabeleceu o pagamento de uma gratificação, do tipo da guelta, para o garçom que conseguir convencer o cliente a consumir determinado rótulo em detrimento de outros. Nesse caso, por uma única refeição o garçom receberá: (a) salário do empregador; (b) gorjeta do cliente; e (c) guelta do importador de vinhos, por exemplo. Não há problema algum nessa equação, porque o Direito do Trabalho convive naturalmente com a variabilidade das fontes pagadoras e das formas de remuneração.

Valem para as gueltas as mesmas observações sobre as gorjetas no tocante à política do empregador de tolerar ou de proibir seu recebimento. Caso seja determinado que naquele estabelecimento não se admitem gueltas, o empregado não poderá se opor, sendo de bom alvitre que o fabricante dos aparelhos ou dos produtos em geral deixe de assediar os trabalhadores. Caso a determinação tenha advindo no curso de um contrato de trabalho, quebrando as expectativas do empregado de que poderia contar com aquele numerário, o empregador deve razoavelmente prover uma média de gueltas para compor a remuneração do empregado.

Alguns processos trabalhistas ficam mais complexos do que deveriam ser, pois os empregados, em vez de explicarem que recebiam gueltas dos fabricantes dos produtos, informam que recebiam "salário por fora". A audiência de instrução se torna confusa, porque cada parte adota uma premissa e se exigem das testemunhas conhecimentos superiores à sua capacidade, para que expliquem a sistemática dos pagamentos. Na verdade, bastaria que se explicasse desde o princípio que se tratava de gueltas ou, caso não se queira usar essa expressão pouco conhecida, que se tratava de pagamentos feitos por terceiros.

O empregador pode até insistir na tese de que "nada tem a ver com as gueltas", mas esse assunto, doravante, será jurídico, cabendo ao julgador analisar se os pagamentos feitos por terceiros ocorreram por força de um contrato de trabalho e se havia razões para se supor que o empregador não os poderia haver ignorado ou desprezado.

Consumada a tese da guelta, serão indispensáveis os reflexos em 13º salário, férias e fundo de garantia, ao passo que as integrações em aviso-prévio indenizado, descansos semanais remunerados, horas extras e adicional noturno deverão ser refutadas, conforme se analisou no capítulo anterior.

O fundamento dessa bifurcação, repita-se, reside na diferença entre o complexo remuneratório, que inclui todos os pagamentos, e o complexo salarial, que inclui apenas os pagamentos feitos pelo empregador.

Esse desentendimento é comum, por exemplo, na categoria dos vendedores de automóveis.

Os vendedores recebem salários dos empregadores (ou melhor, comissões sobre as vendas), mas habitualmente auferem, também, gratificações de vários prestadores de serviço que orbitam em torno da concessionária: despachantes, seguradoras, lojas de acessórios e peças, películas para vidros, serviços de polimento etc.

É compreensível que os empresários estimulem os vendedores de veículos a chamarem a atenção para este ou aquele produto e serviço, ainda mais num ambiente como uma loja de carros, em que os complementos muitas vezes são tão importantes quanto o principal.

Que os rendimentos sejam centralizados no caixa do empregador para posteriormente serem compartilhados não significará nenhuma anomalia, conforme já discutido neste capítulo, com a única observação de que os reflexos em demais parcelas trabalhistas deverão ser efetuados pelo valor real e não pelo valor estimado das benesses auferidas. Não se trata de salário "por fora", mas de gueltas ou gratificações que, claro, não figuram em holerite ou contracheque, mas que, de alguma forma, devem ser contabilizadas.

Gorjetas também não figuram em holerites (exceto se for adotada a tabela de estimativa fornecida pela entidade sindical, como já se analisou), mas nem por isso é chamada de salário clandestino. A natureza jurídica é de extrema importância, portanto.

Semelhante miscelânea se verifica em alguns cargos bancários.

Talvez não com tanta frequência atualmente, os bancários costumavam receber gratificações pela venda de cartão de crédito, seguros de autos, de vida e de residência, títulos de capitalização e até mesmo pacotes turísticos. Essas gueltas não diferem muito daquelas oferecidas aos vendedores de veículos, aos lojistas de eletrodomésticos e aos garçons, mas aqui surge uma particularidade muito cara aos bancários.

Essa profissão está inserida no contexto de grandes conglomerados financeiros, sendo muito comum a localização de grupo econômico entre o banco, a seguradora, a distribuidora de títulos e valores mobiliários e a operadora de turismo. Essa abundância de grupo econômico no segmento bancário e financeiro não é tão repetida em outras atividades econômicas, razão pela qual normalmente as principais polêmicas sobre a figura do empregador único se concentram no ambiente bancário.

Se for adotada a tese do grupo econômico como empregador único, a qual se tem mostrado mais harmônica com o Direito do Trabalho, os pagamentos de estímulo da seguradora, da distribuidora e da administradora dos cartões de crédito deixam automaticamente o patamar de guelta e passam a ser simplesmente salários (pagamentos feitos pelo empregador, de maneira habitual, como contraprestação dos serviços prestados).

Esse exemplo se torna interessante porque, antes de responder a natureza jurídica da guelta, o operador tem de se posicionar sobre o alcance do grupo econômico.

Num mesmo contexto poderemos ter pagamentos com natureza de guelta (se as empresas do grupo econômico forem consideradas "terceiros") ou com natureza de salário (se as empresas do grupo forem consideradas integrantes de um empregador único), com os desdobramentos inerentes às demais parcelas do contrato de trabalho.

Até o presente momento, todos os exemplos de gorjetas pagas por clientes e gueltas pagas por fabricantes e fornecedores (de televisores, de vinhos e de seguros de automóveis) vicejam em campos da moral e da licitude, não havendo irregularidade alguma em se querer premiar o bom empregado ou incentivar as vendas. A única exceção ocorrerá se a empresa tiver regulamento contra essa prática, deslocando-se o problema para a área do respeito às diretrizes e normas do empregador e não para a análise dos usos e costumes do Direito do Trabalho.

Todavia, resta uma brecha a ser apreciada: a possibilidade de um fabricante ou fornecedor estipular premiação pela venda de produtos controlados, proibidos ou de uso restrito, prometendo uma espécie de guelta para a prática de crimes ou contravenções.

Haveria alguma consequência jurídica para a guelta, por exemplo, do laboratório fabricante de remédios?

Leem-se nos jornais que não apenas balconistas e farmacêuticos recebem gratificações pela desova de medicamentos, mas também a própria classe médica se vê envolvida em alegações de que priorizam alguns remédios, não necessariamente os melhores para o paciente, em nome de gratificações em dinheiro ou em benefícios, instituídas pelos laboratórios.

A questão ética, envolvendo incentivos financeiros dos laboratórios para os profissionais da medicina e farmacêutica, é debatida nas instâncias apropriadas, especialmente os conselhos de fiscalização.

Enquanto isso, a resposta do Direito do Trabalho é relativamente simples. Em se tratando de uma prática ilegal ou imoral, em sentido largo, não haverá consequência para fins do contrato de trabalho, como integração em férias e 13.º salário, sem prejuízo das sanções cabíveis. Em tese, o empregado pode sofrer uma dispensa por justa causa, por haver concorrido para a prática de uma irregularidade desse tipo, mas esse cenário parece remoto porque normalmente o empregador está envolvido na armação, recebendo-o também uma gratificação do laboratório por haverem empurrado remédios de duvidoso proveito a clientes desorientados.

Sem embargo da precisão do exemplo dos remédios, podem-se imaginar várias outras hipóteses em que a guelta assume feições de irregularidade, como produtos tóxicos, substâncias de uso controlado, bebidas alcoólicas para adolescentes e assim por diante.

7. Gorjeta não pode ser forma exclusiva de remuneração ao empregado

Em sua própria essência, a gorjeta e as demais formas de gratificação de terceiros correspondem apenas a um complemento na remuneração do empregador, o qual, como visto, pode ou não existir num contrato de trabalho, acometem mais algumas profissões do que outras e ocasionalmente podem ser suprimidas de alguns contextos laborais.

Logo, não correspondem ao conceito de contraprestação de serviços prestados nem remuneram períodos à disposição do empregador ou tampouco períodos de interrupção do contrato de trabalho.

O fato de serem formas complementares aos ganhos dos empregados não retira seu caráter subsidiário ou secundário numa equação trabalhista. Aliás, é bastante comum que as gorjetas superem monetariamente o valor do salário-base ou mesmo do conjunto de parcelas de natureza salarial, mas nem por isso deixam de ter o papel coadjuvante no aspecto jurídico.

Portanto, é censurável a prática de alguns estabelecimentos, como pequenos restaurantes e alguns centros de lavagem de veículos, de estipular com o empregado a ausência de salários, sendo o pagamento feito integralmente sob a forma de gorjetas – ou seja, não há pagamento. Hipoteticamente, o empregado poderá ficar desprovido de qualquer remuneração, caso em algum dia não compareçam clientes ou, quem sabe, compareçam clientes que deixem de fazer a cortesia.

A situação é ainda mais escandalosa quando o próprio empregador confecciona uma placa de acrílico, com letras garrafais, e a afixa em local bem vistoso com os seguintes dizeres: "Tua caixinha é meu salário".

Espera o empregador sensibilizar as boas almas que passarem pelo lava jato e, com isso, se safar do inconveniente de ter de pagar salário ao empregado.

Não será surpresa se uma sentença declarar, por exemplo, que a gorjeta assumiu natureza salarial ou, noutra solução possível, condenar o empregador a pagar ao empregado o salário-mínimo ou o piso normativo acaso existente, por todos os meses em que nada foi quitado a título de salário.

O empregador quer fazer crer que as gorjetas são parecidas com as comissões, em que se fixam percentuais incidentes sobre vendas, tarefas ou serviços do empregado e, com isso, deixa-se de pagar parcelas fixas em prol de parcelas móveis.

Definitivamente, gorjeta não é salário nem comissão.

Capítulo 4

Comissões e percentagens

1. Acepções da palavra comissão

A palavra "comissão" é a mais praticada no mercado varejista, particularmente no comércio, mas não é a melhor nem a pior expressão. Há algumas referências na legislação, como no já mencionado art. 457, § 1.º, bem como no art. 466, ambos da CLT, reforçando seu caráter genérico. Permite uma boa compreensão do que se pretende definir e normalmente é palavra acessível ao trabalhador leigo ou novato na área. Mantém firme sua natureza salarial, considerando-se genericamente o propósito de contraprestação pelos serviços prestados.

Há alguns empregadores que chamam as comissões de prêmios, gratificações ou bonificações.

A mudança é válida, se assim desejar o empregador, mas deve ficar bem claro o sistema de apuração e de pagamento dos valores, para que futuramente não se alegue, por exemplo, que o prêmio era mensal, o que resultaria diferenças no cálculo dos descansos semanais remunerados, nem se alegue que o prêmio era transitório, passível de ser removido sem nenhuma contrapartida.

Existem riscos no uso dessas palavras mais ambíguas, com menor densidade doutrinária ou jurisprudencial, sendo mais prudente que o empregador conserve o sentido da palavra comissão, caso não queira fazer uma ampla regulamentação interna, nem sempre compatível com a realidade das empresas pequenas e médias.

De vez em quando se leem petições iniciais em processos trabalhistas que afirmam a existência de "comissões" auferidas pelo empregado, "por fora do holerite", formulando-se a conhecida pretensão de integração dessas parcelas pagas de forma clandestina sobre os haveres trabalhistas, especialmente férias, 13.º salário, descansos semanais remunerados, fundo de garantia e aviso-prévio indenizado.

Causa estranheza que as "comissões" sejam praticadas em profissões que não lidam com vendas ao público, como a atividade do garçom, do torneiro mecânico ou do professor. Então, a prova colhida pode revelar que o empregado usou a palavra "comissão" em sentido diferente de participação ou percentagem sobre as vendas. Por exemplo, o garçom queria dizer gorjeta e a chamou de comissão; o torneiro queria dizer participação nos lucros e resultados, mas a denominou comissão; e o professor queria se referir a alguma premiação por metas alcançadas, embora tenha se valido do termo comissão.

Há efetivas diferenças jurídicas nesse passo, porque as gorjetas não têm natureza de salário, apenas sendo parte integrante do conjunto maior chamado remuneração; a participação nos lucros e resultados, desde que respeitadas as disposições de norma coletiva, aparece desvinculada da remuneração por completo; e, ainda, o prêmio pode não ser salarial, a depender da forma como estipulado e quitado pelo empregador.

Portanto, assim como o nome não é relevante para atrair a incidência dos postulados da comissão, deve-se igualmente manter a vigilância para se observar se o empregado realmente chama de comissão aquilo que tem as características de incidência sobre vendas ou negócios em geral. A natureza jamais é alterada pela forma utilizada para sua denominação. Não seria diferente com a natureza jurídica de um rendimento trabalhista.

A Consolidação das Leis do Trabalho toma o cuidado de se referir usualmente aos nomes comissões e percentagens, quase como sinônimos.

De fato, as comissões são normalmente praticadas sob a forma de um percentual incidente sobre as vendas, o faturamento ou alguma base de cálculo praticada na unidade produtiva, mas isso não as torna idênticas ao percentual, por vários motivos. Pode haver comissões compostas por parcelas fixas, estipulando-se, por exemplo, R$ 50,00 por venda realizada, independentemente do preço, assim como comissões escalonadas, fazendo variar a parte fixa e a parte móvel.

Há, ainda, as formas mistas de remuneração, contendo salário fixo e comissões móveis, e assim sucessivamente. Desse modo, anda bem o legislador ao lembrar que, além dos percentuais singelamente praticados pelo empregador, outras formas mais sofisticadas de comissões receberão semelhante tratamento.

As comissões, como quer que sejam calculadas, tendo ou não uma parcela fixa a seu lado, jamais poderão proporcionar ao empregado a experiência de um rendimento inferior ao salário-mínimo nacionalmente unificado ou patamar equivalente fixado em norma coletiva.

É admissível que a parcela fixa instituída pelo empregador corresponda a padrão inferior ao salário-mínimo, como uma rubrica de R$ 100,00 ou de R$ 200,00, desde que a soma dessa importância fixa com as comissões supere o valor do salário-mínimo.

A garantia do rendimento mínimo para aqueles que recebem formas móveis de remuneração, outrossim, aparece estampada de forma expressa no art. 7.º, VII, da CF/1988, sobre o qual pouco se tem comentado.

Toda Carteira de Trabalho contém o registro das principais informações da relação de emprego, especialmente a data de admissão, a função e a remuneração do trabalhador. A parte concernente à remuneração, porém, ficará embaçada quando o assunto for o pagamento por comissão, haja vista não se saber, de plano, o valor do rendimento médio mensal a ser auferido pelo empregado.

Aliás, mesmo que se saiba a média mensal (por exemplo, quando o empregado extravia o documento, obtém segunda via da Carteira e pede para o empregador refazer o registro do contrato de trabalho), há dúvidas sobre a pertinência de se marcar o valor em dinheiro no campo da remuneração. Afinal, esse valor sofre necessariamente as variações próprias das estações do ano, do rendimento do operário e do fluxo do mercado consumidor.

Não havendo previsão expressa na CLT, razoável o entendimento esposado pela jurisprudência no sentido de que o documento recebe o registro da forma da remuneração ("comissionista") e não necessariamente da quantificação. De preferência, a forma deve ser acompanhada pelo percentual praticado, se houver, e sua base de cálculo. Assim, mostra-se bem sensata a marcação de "comissões de 3% sobre vendas" ou "comissões de 1% sobre o faturamento da loja", a fim de que não haja mal-entendido.

Caso as comissões sigam um padrão mais elaborado de cálculo (por exemplo, percentuais móveis, acoplados de premiação e de parcela salarial fixa), será de bom alvitre a marcação dessas diretrizes no campo das anotações gerais, por se tratar fundamentalmente de "condições especiais" do contrato de trabalho, conforme expressa previsão do art. 29 da CLT.

A verdade é que as empresas não costumam primar por esse capricho, anotando frases demasiadamente genéricas como "empregado comissionista" ou "remunerado por comissões", o que dificultará sobremaneira a apreciação de questões controvertidas, em sede de fiscalização trabalhista ou de processo judicial.

Caso o empregador deixe de fazer as anotações, incorrerá em multas administrativas, mas não ficará desonerado de pagar as comissões ao empregado.

2. Aquisição do direito às comissões

Considerando-se que, na maioria das profissões, as vendas ocorrem minuto a minuto ou hora a hora, em tese seria possível que o empregado recebesse as comissões ao final de cada expediente ou ao final da semana, por exemplo, mas no Direito do Trabalho Brasileiro existe uma força irresistível sobre o padrão mensal de pagamentos.

Assim, a regra contida no art. 459, § 1.º, da CLT, que consagra o pagamento até o quinto dia útil do mês subsequente, abrange tanto o salário em sentido estrito quanto a quase totalidade das parcelas de natureza salarial, como as comissões, horas extras, adicional de insalubridade, adicional de periculosidade, adicional noturno e similares. Excetuam-se apenas algumas parcelas com legislação específica, como a quitação das férias 48 horas antes do descanso ou o décimo terceiro salário vencível em 20 de dezembro de cada ano.

Portanto, as vendas ocorridas no dia 1.º, no dia 15 ou no dia 30 de cada mês seguem idêntico destino de pagamento das comissões até o quinto dia útil do mês seguinte. Há a possibilidade de negociação coletiva melhorar esse padrão, seja através da fixação de adiantamento de comissões em data intermediária, seja através da fixação de vencimento salarial em alguma data antecipada, como o dia 27, o dia 30 ou o dia 1.º. O art. 32, § 1.º, da Lei 4.886/1965 fixa o pagamento das comissões até o dia 15 do mês seguinte, no caso dos representantes comerciais autônomos.

Por outro lado, parece haver uma antinomia entre o art. 459, § 1º, da CLT, que preconiza o pagamento até o quinto dia útil do mês seguinte para pagamento de qualquer salário, e o art. 4.º, parágrafo único, da Lei 3.207/1957, que refere possibilidade de pagamento trimestral de comissões. Para o fim de compatibilizar as normas, é razoável que o empregador faça antecipação mensal, de tal sorte que o art. 4.º, parágrafo único, da Lei do Vendedor seja considerado apenas como a data-limite para o acerto de resíduos das comissões do trimestre. Afasta-se, assim, a interpretação algo tormentosa de que o trabalhador possa ficar privado de qualquer rendimento durante três meses.

Algumas empresas alegam exiguidade de tempo para o cálculo das comissões e a elaboração da folha de pagamento, especialmente no tocante às vendas praticadas nos últimos dias úteis de cada mês. Daí se ter popularizado uma prática denominada fechamento antecipado da folha, o que acomete tanto as comissões quanto as horas extras, por exemplo. Por esse sistema, a folha é elaborada com base nas vendas efetuadas até os dias 20 ou 25 do mês, ficando as demais comissões pendentes para o mês seguinte.

Tecnicamente o procedimento está errado e não existe amparo legal para o empregador postergar o pagamento das comissões da semana final do mês, nem mesmo sob a alegação de excesso de atribuições ao departamento pessoal. Todavia, não são comuns os questionamentos judiciais sobre essa prática, porque a legislação brasileira é falha nesse particular e o empregado somente teria direito a uma ínfima correção monetária da comissão projetada, computando-se a variação da inflação entre o quinto dia útil do mês seguinte e a data do efetivo pagamento.

Mas nada disso é tão polêmico quanto saber em que data exatamente as comissões se tornam direito adquirido pelo empregado, do ponto de vista do fechamento do negócio por parte do cliente.

A negociação é um ato complexo e plurissubjetivo, havendo incontáveis percalços entre o início das tratativas entre cliente e vendedor até a consumação do pagamento e entrega do objeto.

Problemas como arrependimento do cliente, devolução de mercadoria defeituosa, pagamento com cheque sem suficiência de fundos, cancelamento da compra e falência do consumidor provocam hesitação na jurisprudência sobre o direito ou não do empregador de (a) sustar o pagamento das comissões ao empregado ou, tanto pior, (b) estornar as comissões já pagas.

A rigor, todos esses problemas deveriam ser resolvidos entre o empregador, que é o dono da mercadoria, e o cliente, que é o terceiro responsável pelas oscilações do negócio. Inserem-se esses assuntos tranquilamente dentro de um conceito geral de riscos da atividade econômica, especialmente quando se fala em dificuldades financeiras do cliente ou arrependimento, por exemplo. Esse argumento é bastante eficaz e resolve a maior parte das controvérsias.

Ainda que o empregador considere injusto, o pagamento das comissões remunerou, afinal, os serviços prestados pelo trabalhador. Mesmo que o empregado fosse, por exemplo, assalariado de forma fixa, também as atividades improdutivas por ele prestadas ou as atividades que não conduziram à celebração de bons contratos para o empregador são todas igualmente devidas pelo tempo do empregado colocado à disposição do empregador.

O art. 466 da CLT, dispositivo cronologicamente mais antigo em vigor sobre o assunto, menciona que a exigibilidade por parte do empregado somente tem início depois de "ultimada a transação". Essa expressão, se levada às últimas consequências, poderia representar que o empregador fica com a liberalidade de pagar a comissão quando melhor lhe aprouver, em data futura e incerta, sob o fundamento de que se faz necessário escoar prazo de arrependimento, de cancelamento da compra, de compensação do cheque e de quitação da fatura, entre outras demoras.

No entanto, entende-se a expressão "ultimada a transação" como sendo a conclusão básica do negócio, com o pagamento feito pelo cliente e a entrega da mercadoria. Vícios supervenientes não poderão ser opostos ao empregado e se inserem no contexto dos riscos da atividade econômica, aí incluídas a sustação do cheque, o arrependimento do cliente e sua falência. Dessa forma se busca um equilíbrio de interpretação entre a necessidade de remunerar o esforço do empregado e o andamento da atividade econômica.

Reforça ainda mais esse argumento o fato de que o empregador, querendo, poderá barrar a negociação, caso tenha indícios a respeito da falta de idoneidade do comprador. Por exemplo, o empregador pode participar de serviço de proteção ao crédito ou acessar outras formas de controle de emissão de cheques sem lastro ou, ainda, rol de pedidos de protesto de títulos e documentos.

O empregado dificilmente teria acesso a esses dados, alguns dos quais inclusive de uso vedado a pessoas físicas. Não se pode razoavelmente interpretar o tema como sendo um desleixo do empregado concretizar uma venda para um cliente que se descobre, posteriormente, um golpista.

Ainda assim, há resistências quanto a essas afirmações.

Partindo de outra premissa, relacionada com o escoamento do tempo e não propriamente com a compensação do cheque, pode-se entender o direito adquirido ao recebimento das comissões interpretando-se o silêncio do empregador e não o desenrolar dos acontecimentos. Explica-se. O art. 33 da Lei 4.886/1965, voltada para os representantes autônomos, e o art. 3.º da Lei 3.207/1957, dedicada aos vendedores empregados, fazem referência a prazos para manifestação de eventual *recusa da negociação por parte do comerciante*, que é o tomador dos serviços do representante ou o empregador do vendedor subordinado.

Na primeira norma, há quatro prazos, de 15 a 120 dias, dependendo da praça em que o cliente estiver situado, bem como a previsão da alteração dos prazos pela via negocial. Na segunda norma, o prazo é de dez dias de maneira geral, passando para 90 dias em caso de cliente localizado em outro Estado ou país.

A regra do art. 3.º da Lei 3.207/1957 poderia, então, ser bem aproveitada a fim de considerar "ultimada a transação", como quer o art. 466 da CLT, tão logo escoados os dez dias (noventa, em caso de cliente distante), sem que se pudesse posteriormente invocar alterações inesperadas para a sonegação ou o estorno das comissões do empregado.

O assunto estaria satisfatoriamente resolvido não fosse um outro complicador introduzido pela Lei 3.207/1957, cujo art. 7.º dispõe o direito do empregador de estornar a comissão paga ao empregado *em caso de insolvência do cliente*. Se serve de consolo, a regra foi bem menos agressiva do que aquela do art. 33 da Lei 4.886/1965, que autoriza o tomador de serviços a estornar a comissão creditada ao representante comercial autônomo não apenas em uma, mas em três grandes hipóteses (insolvência, cancelamento da compra e, a critério do representado, situação financeira temerária do cliente).

Urge, dessarte, conciliar a regra do art. 3.º, que fala em direito às comissões se escoado o prazo de dez dias sem que o empregador tenha manifestado oposição ao negócio (90 dias quando o cliente estiver no exterior ou em outros Estados) e a regra do art. 7.º, que refere perda do direito às comissões em caso de insolvência do cliente.

Uma primeira interpretação é considerar o art. 7.º como exceção ao art. 3.º, ou seja, reputar que o prazo de dez dias não se aplica para casos de insolvência, a ser detectada pelo empregador a qualquer tempo e a ser debitada às expensas do empregado, ainda que retroativamente. A solução pode ter algum fundamento na gramática da norma, mas peca pelo preciosismo, pela desconsideração dos riscos da atividade econômica a cargo do empregador, pela profunda insegurança que instala sobre o equilíbrio do contrato de trabalho e pela completa inviabilidade de se exigir que o empregado previsse a quebra do cliente.

Dada a falibilidade dessa interpretação, alguns parâmetros se mostram mais convenientes para o delicado equilíbrio entre as duas posições.

Um primeiro aspecto é imprimir uma interpretação restritiva, tomando-se a palavra "insolvência" como sendo efetivamente "falência", judicialmente decretada, deixando-se de lado todas as demais formas de sonegação de pagamento por parte do cliente.

Muitas vezes se usa dizer que uma empresa quebrou ou faliu, quando, na verdade, ela encerrou as atividades, mudou-se, alterou linha de produção, encontra-se em processo de recuperação judicial (antiga concordata), entre várias outras hipóteses que não correspondem ao conceito de falência.

Outro aspecto, corolário desse, é atribuir ao empregador o ônus dessa prova, pela aptidão muito mais apropriada que ele detém em relação ao empregado, que normalmente não terá acesso aos documentos comprobatórios da falência judicial do cliente. Na dúvida, considera-se que não houve "insolvência", tornando ilícito o estorno da comissão.

3. O estorno de comissões e a cláusula *star del credere*

Como curiosidade histórica, cumpre lembrar que a discussão travada na década de 1970 era ainda mais severa para o trabalhador, porque vigoravam, em muitos contratos de representação comercial autônoma, cláusulas de *responsabilidade solidária* entre o vendedor autônomo e o cliente.

Caso esse desonrasse o pagamento, o vendedor autônomo não somente perdia as comissões auferidas ou a auferir, como também tinha de indenizar o tomador de serviços pelo valor equivalente à fatura que o cliente deixou de pagar.

A responsabilidade solidária nesse caso era estampada pela cláusula "star del credere".

Seu fundamento reside numa propalada ganância do vendedor autônomo que, conhecendo a situação pré-falimentar do cliente, insistia em venda temerária, assumindo pessoalmente os riscos do negócio.

A cláusula, que já era temerária para o contrato de vendedor autônomo, normalmente era banida dos contratos de vendedores empregados, por ser anacrônico esse patamar de assunção de riscos por um trabalhador subordinado. A polêmica, todavia, foi afastada apenas em 1992, pela reforma que a Lei 4.886/1965 sofreu, proibindo a cláusula *star del credere* no ordenamento brasileiro.

Se a proibição foi feita quanto ao representante comercial autônomo, por muito mais razão não se deve cogitar desse dispositivo em contrato de trabalho subordinado.

Em resumo, quando se trata de vendas de maior magnitude ou quando existe um interstício de tempo grande entre a venda e o pagamento, como nas empresas que faturam para 30 ou 60 dias, a regra principal é a aquisição do direito às comissões pelo empregado desde que "ultimada a transação", no dizer do art. 466 da CLT. Dado o caráter ambíguo dessa expressão, recomenda-se sua interpretação com apoio do art. 3.º da Lei 3.207/1957, adotando-se o prazo de dez dias para a confirmação do direito do empregado.

Nesses dez dias, o empregador terá tempo razoável para aferir o crédito do cliente, verificar procedimentos internos e, se for o caso, cancelar a venda e sustar o pagamento das comissões. Passados os dez dias, não é razoável que o empregador impute ao empregado os riscos da atividade econômica, como o cheque sem suficiência de fundos ou o desaparecimento do cliente. O prazo é aumentado para 90 dias em caso de clientes situados no exterior ou em outros Estados, fruto de uma época em que não havia meios eletrônicos de comunicações instantâneas, é verdade. O art. 7.º da mesma Lei 3.207/1957 parece excepcionar a regra dos dez dias, mas unicamente se a frustração do pagamento pelo cliente decorrer de falência judicialmente decretada.

E se a venda for a prazo?

Para esse caso, a solução proposta pelo art. 466, § 1.º, da CLT, é tão simples quanto o fracionamento das comissões mês a mês: "Nas transações realizadas por prestações sucessivas, é exigível o pagamento das percentagens e comissões que lhes disserem respeito proporcionalmente à respectiva liquidação".

Até aí não haveria maior controvérsia, contanto que o empregador não mostre esquecimento de saldar a comissão futura. É de grande relevância a elaboração de relatórios claros e periódicos, contendo os valores creditados e os valores a creditar. Os empregados normalmente acabam elaborando sua "contabilidade paralela" para acompanhar tantas parcelas pendentes – e a realidade é que as contas nunca coincidem. Aliás, muitas empresas optam por limitar a pendência de comissões em seu próprio proveito, creditando a totalidade da comissão sobre determinada venda logo no pagamento da primeira parcela, ainda que as faturas, cheques pré-datados, carnês e repasses da administradora do cartão de crédito fiquem pendentes.

4. Efeitos da cessação do contrato de trabalho sobre o pagamento das comissões

O problema maior, todavia, se concentra nas hipóteses de rescisão do contrato de trabalho em meio a esses parcelamentos.

Teria o empregado direito de receber de forma antecipada as comissões conjuntamente com as verbas rescisórias, ou, ao contrário, recebe as verbas rescisórias e retorna mês a mês à empresa para receber as comissões pendentes?

Fora do âmbito de um contrato de trabalho, o art. 32 da Lei 4.886/1965 contempla o representante comercial autônomo com o importante direito ao vencimento antecipado das obrigações em fase de execução ou em carteira de recebíveis. De certa forma, a regra do art. 32 inibe os ímpetos do tomador de serviços de romper unilateral e imotivadamente o contrato de prestação de serviços, por saber que terá de antecipar o pagamento de várias comissões pendentes, ao passo que, caso o contrato permanecesse em vigor, poderia pagar as comissões de acordo com os recebimentos dos valores dos clientes.

Curiosamente, essa regra benéfica para os autônomos não encontrou correspondência expressa com as regras destinadas aos trabalhadores subordinados.

O art. 466, § 2.º, da CLT, assim como o art. 6.º da Lei 3.207/1957, estatuem apenas que a cessação do contrato de trabalho "não prejudica a percepção das comissões e percentagens" que estiverem pendentes.

Tanto as comissões atrasadas quanto as comissões que aguardavam a quitação das parcelas por parte dos clientes (art. 466, § 1.º) já se incorporaram no patrimônio do trabalhador, com ou sem a manutenção do contrato de trabalho. Dessa forma, a regra do art. 466, § 2.º, pareceria inútil caso nos limitássemos a interpretá-la da seguinte forma: a dispensa do empregado não lhe retira o direito às comissões pendentes sobre as quais ele já dispunha de direito.

Por essa inquietante constatação, é possível, sim, chegar-se a uma outra interpretação sobre o mesmo art. 466, § 2.º, nos mesmos moldes como o legislador lançou, de forma cristalina, para os autônomos.

Adotando-se uma interpretação sistemática e, sobretudo uma via que melhor atenda à finalidade do sistema de comissões, é razoável entender que a cessação da relação de emprego não somente não prejudica a percepção das comissões pendentes como também exige que todo o acerto de contas seja antecipadamente efetuado, em conjunto com o pagamento das verbas rescisórias. Eis a interpretação mais harmônica com o regime de comissões.

Na prática, ainda que sob protestos, esse acerto de contas simultâneo de verbas rescisórias da dispensa com as comissões pendentes é o cenário que mais se verifica em empresas com elevada carga de empregados comissionistas.

Embora essas empresas pudessem discutir em Juízo a impertinência do vencimento antecipado, apegando-se a uma interpretação gramatical do velho art. 466, § 2.º, elas próprias perceberam que a presença constante do empregado, meses a fio após a rescisão do contrato de trabalho, representa um inconveniente maior do que a rápida quitação dos haveres a título de comissões.

Notam-se claramente algumas variações em torno do assunto a depender do montante das comissões (pequenos valores podem ser mais tranquilamente antecipados do que somas vultosas) e do sistema de cálculo (percentuais singelos são mais facilmente calculados do que tabelas móveis em que as alíquotas são escalonadas e algumas premiações são acrescidas).

Um alerta sobre prazo prescricional deve ser feito ao término desse pensamento sobre a rescisão contratual.

A prescrição bienal é contada a partir da data da rescisão do contrato de trabalho (art. 7.º, XXIX, da CF/1988, assim como já o era desde o art. 11 da CLT), mas apenas para as lesões contratuais, como sonegação de horas extras, vale-transporte, adicional noturno, adicional de insalubridade, comissões e verbas rescisórias da dispensa sem justa causa. Para esse panorama de pagamento de comissões pendentes, fora do contrato de trabalho, de acordo com o recebimento das parcelas devidas pelos clientes, de forma prolongada, adotando-se o art. 466, § 1.º, é errado aplicar-se o biênio prescricional a partir da rescisão do contrato de trabalho para uma pretensão que ainda nem ao menos nasceu.

Suponha-se, por exemplo, que o empregador permaneça a pagar as comissões ao longo de trinta meses, porque naquela empresa se praticavam parcelamentos bem longos. Imagine-se que o empregador sonegue, todavia, a comissão do 28.º mês e, ato contínuo, o trabalhador ajuíze a ação trabalhista apropriada para reivindicar esse pagamento. Acaso, poder-se-ia dizer que o empregado está incurso na prescrição total pelo escoamento do prazo de dois anos entre a rescisão e o ajuizamento da ação? Claro que não.

Para contornar esse impasse, lembre-se do conceito de lesão pós-contratual, em que se observa a existência de algumas pretensões trabalhistas brotadas de controvérsias já fora dos estreitos limites do período de prestação de serviços, conquanto relacionadas com o mesmo contrato de trabalho. "Pós" é palavra usada para marcar aquilo que aconteceu de modo superveniente ao período trabalhado, mas "contratual" firma a relação jurídica havida entre as partes, a fim de que ninguém ouse dizer que a dívida entre o ex-empregador e o ex-empregado se tornou, subitamente, civil ou comercial.

A pretensão não se torna imprescritível, evidentemente, mas a prescrição se computa do vencimento da obrigação que o ex-empregador tenha descumprido, como se fosse, na oportunidade, a transposição da teoria da *actio nata* para o Direito do Trabalho (fluência da prescrição a partir da violação do direito, ou, alternativamente, do conhecimento da lesão do direito por seu titular).

Há certa divergência jurisprudencial sobre o prazo, se será de dois anos a partir de cada comissão vencida ou de cinco anos, dada a pouca clareza do art. 7.º, XXIX, da CF/1988 para esse tipo de controvérsia fora do contrato de trabalho. Os argumentos favoráveis ao prazo de dois anos são muito aceitos, no sentido de que o empregado não está mais em fase de subordinação máxima perante seu empregador e não se justificaria a dilação que o Constituinte reservou apenas para a fase contratual.

5. Alteração lícita no cálculo das comissões e conversão de sistema de remuneração

O assunto da alteração de modalidade remuneratória nem ao menos deveria ser objeto de tanta cizânia, haja vista que nenhum empregado tem direito adquirido ao nome da parcela ou rubrica salarial, nem mesmo remuneratória, como já nos pronunciamos no caso da gorjeta.

O empregador pode fundir ou segregar itens do contracheque com relativa liberdade, que lhe foi conferida pelo art. 444 da CLT, entre outros dispositivos que confirmam o direito das partes de estabelecer condições de trabalho, contanto que não contravenham aos patamares mínimos legais.

Outra exigência ao empregador, bastante conhecida, é que não haja redução salarial, ou melhor, redução remuneratória, conforme este livro tem insistido, a fim de que os rendimentos do empregado, como um todo, mantenham-se em valores compatíveis com seu padrão de vida.

Mas nem de longe isso significa o direito a um jeito particular de cálculo de remuneração ou a uma denominação específica das parcelas salariais.

Explica-se.

Um empregado foi originalmente contratado para auferir 3% de comissões sobre suas vendas em uma loja. Passados alguns anos, o empregador, por motivos contábeis ou administrativos que fogem completamente ao interesse deste livro, resolve alterar o cálculo para que as comissões sejam calculadas à base de 1%, mas agora calculado sobre o faturamento da loja (normalmente esse segundo sistema se aplica aos escalões intermediários, como subgerentes ou gerentes de filiais, como forma de incentivar que ele se esforce, mas também estimule os subordinados ou colegas de trabalho).

É evidente que 1% é inferior a 3%, afirmação que melindra a inteligência do leitor. O item mais relevante é saber se, afinal, a majoração da base de cálculo foi suficientemente ampla para compensar o "rebaixamento" da alíquota. Normalmente é, pois a venda isolada de um empregado costuma ser uma simples fração do faturamento da unidade. Claro está que esse exemplo não daria certo se o empregado fosse, digamos, o único vendedor da loja, mas aí já estamos no campo da infâmia.

Não há uma regra clara na legislação brasileira sobre a forma mais adequada de se fazer essa comparação remuneratória entre o período anterior e o período posterior, havendo bastante discórdia entre empregados e empregadores quanto ao somatório final dos valores. No exemplo acima oferecido, podemos imaginar que as vendas do empregado fossem de R$ 100.000,00 mensais, o que lhe proporcionava comissões, portanto, de R$ 3.000,00. Se o empregador pretende realmente alçá-lo a comissões sobre o faturamento da loja, espera-se que esse se aproxime dos R$ 300.000,00, para que o índice seja de apenas 1%. Assim, não haverá "prejuízo" econômico por parte do empregado.

Na verdade, como essa mudança costuma ser acompanhada por aumento de responsabilidade e melhoria de posição social do empregado, é natural que o empregador lhe contemple com maiores rendimentos, manipulando os percentuais até que se encontre uma forma mais apropriada de contraprestação. Pode-se imaginar a alíquota de 1,5% ou, ainda, uma alíquota de 1% seguida da inserção de uma parcela salarial fixa, como forma de valorizar esse novo trabalho, mas, repita-se, não há exigência legal a este respeito nem se poderia falar em salários "justos" ou "injustos".

Quando se diz que o empregado aufere 3% de comissões e suas vendas são de R$ 100.000,00 mensais, provavelmente se observou uma média dos últimos meses ou, talvez, a afirmação decorre do contracheque mais recente, do mês anterior. Seria, portanto, fácil fazer a conta e transformar esse empregado comissionista em assalariado fixo na casa dos R$ 3.000,00.

No entanto, pode haver indagação se a média era retrato fiel dos últimos tempos ou, ainda, se o contracheque do mês anterior não calhou de ser o pior do último ano (ou o melhor, o que é igualmente discrepante).

Com base no que o legislador estipulou para as férias (art. 142, especialmente o § 3.º, da CLT), para o 13.º salário (Lei 4.090/1962) e para o aviso-prévio indenizado (art. 487, § 2.º, também da CLT), é possível sustentar que a alteração do cálculo das comissões deva respeitar a média anual, a que alguns autores chamam de média duodecimal. Somam-se todas as comissões dos doze meses imediatamente anteriores ao evento, dividindo-se o total por doze. A virtude dessa operação está, sobretudo, no afastamento de questões estacionais, também chamadas de sazonais, comuns a todas as atividades econômicas. Para um vendedor de produtos natalinos, de brinquedos, de produtos de inverno ou de produtos de verão, a mescla dos doze meses deixa de tomar exemplos oriundos dos meses de baixa, mas também não se concentra apenas nos meses de pico.

Conhecem-se algumas normas coletivas que alteram esse padrão e exigem, por exemplo, que a média alcance apenas três meses. É válido o esforço da negociação coletiva nesse sentido e a cláusula não padece de nenhuma irregularidade, tampouco se apresenta muito auspiciosa, porque a média trimestral, no caso de uma dispensa sem justa causa, pode ser justamente a média mais modesta de um volume de vendas em decadência.

Roga-se, por conseguinte, que o empregador que queria fazer a conversão da forma remuneratória (de comissões para salário fixo ou vice-versa) observe uma média anual, que poderá representar um antídoto eficiente ante alegações de quebra do preceito da irredutibilidade salarial.

Interessante observar que mesmo a Lei do Representante Comercial Autônomo (4.886/1965) contemplou, também ela, a irredutibilidade da média de comissões, estendendo para os não subordinados as regras básicas de proteção dos subordinados (art. 32).

6. Prescrição total em caso de alteração de comissionamento

Questiona-se, outrossim, se o empregado insatisfeito com a alteração da forma de cálculo de seus rendimentos pode deduzir pretensão judicial em prazo indeterminado. A jurisprudência sobre o ato único do empregador acabou sendo positivada pela reforma trabalhista de 2017 e, assim, os prazos de prescrição total são os mais prováveis neste tipo de pretensão. Vejamos.

Algumas pretensões, de caráter mais abrangente, submetem-se a prescrições que não apenas retiram a eficácia do direito periodicamente, mas que se submetem à regra do tudo ou nada.

Em outras palavras, ao invés de haver prescrição chamada de parcial, que submete, por exemplo, as horas extras à perda da eficácia mês a mês, incide ao caso a prescrição total, que afeta a pretensão de maneira integral e de uma só vez, o que levou a doutrina a qualificar esse tipo de prescrição de total.

É verdade que, em tese, toda prescrição é total sobre a pretensão que sofreu seus efeitos, mas não é nesse sentido que são empregadas as expressões "prescrição total" e "prescrição parcial", na forma como as consagrou o Direito do Trabalho. Aqui o conceito é de prescrição que afetou integralmente o contrato de trabalho, como a prescrição total de dois anos após a cessação da relação de emprego, na forma do art. 7.º, XXIX, da CF/1988, e, por outro lado, de prescrição que retira a exigibilidade mês a mês, relativamente a pretensões situadas mais do que cinco anos anteriores.

Quem compreendeu adequadamente o sentido da expressão "prescrição total" a partir da cessação do contrato de trabalho, como determina de forma expressa o art. 7.º, XXIX, da CF/1988, não terá maior dificuldade de fazer essa transposição para dentro do contrato de trabalho. A grande novidade do ato único do empregador é precisamente a transposição do fenômeno da prescrição total para a constância do contrato de trabalho, sem esperar que a cessação ocorra.

Aliás, justamente porque adapta a prescrição total para a vigência da relação de emprego, sem que isso tenha sido manifestado pelo Constituinte, é que o ato único do empregador sofre a crítica de haver exagerado na interpretação sistemática de um assunto que, afinal de contas, acaba por prejudicar fortemente o trabalhador.

No caso específico da alteração da forma de cálculo de salário ou remuneração, o que deve ficar bem claro, ao menos à luz da jurisprudência majoritária, é (a) a ausência de direito adquirido ao nome da parcela ou rubrica, (b) ausência de preceito de lei que assegure ao empregado a forma de cálculo originalmente avençada, o que nada tem que ver com o direito à irredutibilidade salarial, (c) instantaneidade do ato, que se aperfeiçoa de uma só vez pelo empregador e (d) o caráter neutro do ato, que, isoladamente considerado, não revela nem uma vantagem nem uma desvantagem ao empregado, ou seja, não permite detectar fraude ou desvirtuamento da legislação social.

Esses elementos são precisamente aqueles que configuram o ato único do empregado, normalmente associado com o caráter instantâneo da conduta do empregado (donde o termo "ato único"), seguido da ausência de lesão a preceito legal ou normativo. Evidentemente que a presença de uma fraude ou de uma lesão legislativa desde logo atrairá a nulidade do procedimento e, sendo assim, a incidência de simples prescrição parcial: cada vantagem que o empregado deixar de reivindicar sofrerá os efeitos da prescrição mês a mês (ninguém se iluda com teses de imprescritibilidade para parcelas pecuniárias trabalhistas. Ainda que a alteração seja nula, prescrição sempre existe, por se tratar de questão de direito patrimonial, não havendo imprescritibilidade no campo trabalhista em sentido estrito. A diferença é que o ato nulo sofre a prescrição meramente parcial, ao passo que o ato único, isoladamente neutro, sofre a prescrição total).

Um exemplo tornará mais clara a distinção.

Suponha que o empregado comissionado à razão de 3% sobre suas vendas de R$ 100.000,00 tenha sido alçado à categoria de assalariado fixo, da ordem de R$ 3.000,00 mensais, mediante média corretamente efetuada pelo empregador. Passados oito anos, o empregado sente nostalgia da época em que era comissionado, pois percebe que o produto comercializado encontrou grande aceitação no mercado e as vendas explodiram. Caso houvesse permanecido no padrão comissionado, pensa ele, poderia ter atingido valores bem maiores do que os modestos aumentos que seu salário fixo obteve pela via negocial. Resolve aforar uma ação trabalhista para postular a alteração daquela mudança de oito anos antes, o reavivamento do sistema de comissões e o cálculo das diferenças, mês a mês. Coerentemente, contentar-se-ia com as diferenças dos últimos cinco anos, pois não existe a imprescritibilidade no Direito do Trabalho em sentido estrito.

O exemplo estaria perfeito não fosse um pequeno detalhe: aquele instante em que o empregador operou a alteração da remuneração móvel para a remuneração fixa correspondeu a um ato único, desprovido de carga negativa ou positiva, fazendo disparar contagem de prazo prescricional total.

Por esse suporte fático, a pretensão ao reavivamento da comissão pretérita passa a merecer a prescrição denominada total e, ao cabo dos cinco anos, o empregado a nada mais poderá aspirar, nem mesmo sob a limitação dos cinco anos mais recentes. Restringem-se tanto a pretensão pecuniária quanto a discussão do "fundo do direito", como a doutrina costuma chamar a questão de mérito ou o núcleo da controvérsia.

Fosse o pedido de horas extras dos últimos oito anos, o empregado poderia levantar a discussão sobre todo o período, mas ficaria limitada a condenação aos cinco anos derradeiros. Sendo a questão um assunto ligado a ato único do empregador, todo o tema está petrificado pela prescrição total incidente à hipótese.

O exemplo se aplica identicamente a pedidos de reavivamento de salário fixo para pessoas que se tornaram comissionadas.

Alguns empregados podem, tempos depois de terem passado à regra da remuneração variável, sentir desejo de retorno ao estado anterior. Por exemplo, o produto que eles comercializam sofreu um boicote ou se tornou obsoleto, levantando fundados indícios de que, caso fossem assalariados fixos, estariam a auferir reajustes legais ou convencionais mais vantajosos do que os amplos esforços para convencer a população a continuar a comprar em abundância aquilo que não mais desperta interesse.

Esse tipo de discussão, independentemente de ser ou não bem aceita em Juízo, acha-se delimitada pelos efeitos da prescrição total: passados cinco anos da alteração contratual, nada mais poderá ser validamente exigido em Juízo, nem mesmo com o argumento de se limitar a condenação aos últimos cinco anos.

7. Prejuízos ao empregado comissionado exercendo funções internas

Outro tema interessante a ser explorado relaciona-se com o direito que o empregado comissionista tem de ser ressarcido pelos períodos em que estiver impedido de realizar vendas.

Explica-se.

Suponha que o empregador admita o empregado mediante remuneração exclusivamente à base de comissões sobre suas vendas pessoais, de tal sorte que o empregado se empenha por boas vendas ao longo de toda a jornada de trabalho.

Ocorre, porém, que o empregador determina que o empregado empreenda uma ou duas horas por dia (a) na arrumação de estoque e almoxarifado, (b) na organização de vitrines, (c) em serviços burocráticos, (d) em serviços anteriores e ou posteriores ao horário de funcionamento da loja, na ausência dos consumidores e, ainda, (e) no serviço de caixa ou de pacote. Pergunta-se: qual é a remuneração do empregado por esses afazeres? Dentro do exemplo dado, nenhuma.

Isso acontece tanto em estabelecimentos pequenos quanto em grandes magazines, nos quais, por vezes, os vendedores comissionados são convocados para cobrirem o horário de intervalo para refeição e descanso do caixa ou do repositor de estoques.

Pode parecer que o empregado exagera ao formular pedido de diferença salarial, se a empresa lhe quitou corretamente todas as comissões avençadas.

No entanto, se bem analisado o panorama, nota-se que o trabalho desenvolvido fora das vendas não obteve espécie alguma de contraprestação. Se, pelo menos, o empregado auferisse rendimentos mistos, sendo parte em comissões e parte em salário fixo, poder-se-ia argumentar que a parcela salarial quita os serviços internos, ao passo que as comissões remuneram os serviços de venda, mas nem sempre a remuneração é mista, claro está.

Como o problema não pode ficar sem solução e como o Direito do Trabalho não compactuaria com uma prestação de serviços subordinados desprovida de qualquer remuneração, impõe-se uma aplicação extensiva do velho art. 460 da CLT: "Na falta de estipulação do salário ou não havendo prova sobre a importância ajustada, o empregado terá direito a perceber salário igual ao daquela que, na mesma empresa, fizer serviço equivalente ou do que for habitualmente pago para serviço semelhante".

Em outras palavras, o julgado trabalhista fará um arbitramento da faixa salarial, podendo se valer de informações contidas na norma coletiva da categoria, se houver, em provas colhidas nos autos ou simplesmente em máximas da experiência cotidiana. Pouco se comenta sobre o arbitramento salarial fixado em sentença trabalhista, tratando-se de uma previsão expressa do legislador que poderia e deveria ser mais utilizada para esse tipo de situação ambígua.

A propósito, o julgado trabalhista eventualmente poderá evocar o disposto no art. 8.º da Lei 3.207/1957, que fixou um adicional de 10% sobre as comissões percebidas pelo empregado, em caso de exercício simultâneo de funções de fiscalização ou inspeção de colegas. Andou muito bem o legislador, pois, de fato, o tempo gasto para fiscalizar as atividades dos demais colegas vendedores não se mostra remunerado no bojo das comissões sobre as vendas, apresentando-se razoável a estipulação de um percentual de majoração das comissões por essa simultaneidade.

E, aliás, essa gratificação é devida apenas ao vendedor comissionista e não ao vendedor com salário fixo. Explica-se.

A legislação de 1957 discorre unicamente sobre a forma de cálculo e de pagamento de comissões, não mencionando em momento algum o caso do vendedor com salário fixo. Ademais, o objetivo do adicional de fiscalização era precisamente evitar que o vendedor comissionado fizesse serviço "de graça", ou seja, se ele recebe unicamente um percentual sobre suas vendas, seria prejudicado no exercício de qualquer outra atividade que lhe retirasse a oportunidade de concretizar vendas.

Para evitar essa deturpação, a norma criou um adicional de 1/10 sobre as comissões, de modo que ele pode exercer a fiscalização e ser contraprestado adequadamente por isso. Se, todavia, possuir um salário mensal fixo, já estão remuneradas todas suas atividades, sejam elas de venda em sentido estrito, sejam elas de retaguarda.

Embora as demais funções aqui ventiladas nada tenham que ver com fiscalização, não deixa de haver uma base comum em ambas as preocupações.

Não se deve confundir direito a salário arbitrado pelo período em que o empregado foi impedido de realizar as vendas com os lapsos de tempo em que nenhum cliente compareceu ao estabelecimento. Os intervalos de tempo sem clientes consideram-se remunerados no bojo da comissão de maneira geral, adotando-se, por ficção, o critério de que a comissão remunera, um pelo outro, o período de vendas e o período à disposição do empregador (mas não remunera os períodos de interrupção do contrato de trabalho, como os domingos e os feriados, conforme abaixo se esclarece).

8. Algumas hipóteses de equiparação salarial entre comissionistas

Inviável se mostra qualquer tentativa de equiparar a produtividade de um vendedor àquela do outro vendedor.

Cada qual dispõe de seus talentos inatos para a profissão, não havendo facilidade na comparação de aspectos subjetivos como a criatividade, a cultura e o poder de persuasão. Somem-se a isso diversos outros fatores aleatórios, como sorte e azar, e logo se verá que o resultado das comissões de um vendedor lhe são exclusivos, sem que jamais um colega possa reivindicar o direito de receber rendimentos idênticos.

Porém, existem algumas brechas para exploração do tema da equiparação salarial quando o assunto é remuneração sob a forma de comissões.

Não pode o empregador prometer um nível de comissão para alguns empregados e outro nível menor para outros empregados, que atuem sob idênticas condições de trabalho. Nessa distorção reside um fundamento plausível para a reivindicação de diferenças de comissões pela incidência das mesmas condições objetivas prometidas aos colegas submetidos a idênticos procedimentos.

Assim, a promessa de 3% de comissões sobre as vendas deve ser feita genericamente a todos os balconistas da loja, da mesma forma que a incidência das comissões tendo por base de cálculo o valor bruto das vendas representará condição geral a todos os trabalhadores. Não haverá sentido em se pagar comissão de 1% para alguns balconistas e 3% para outros, se os produtos e as formas de comercialização guardam identidade, pena de violação expressa ao mandamento da igualdade (art. 5.º, *caput*, da CF/1988) e das regras ordinárias de equiparação salarial (art. 461 da CLT).

Algumas ponderações, todavia, fazem-se necessárias para maior clareza nesse assunto.

Embora os produtos comercializados por uma empresa possam ser sempre os mesmos, são válidas algumas circunstâncias de tratamento desigual aos empregados. O exemplo mais conhecido é a fixação de percentuais desiguais para as vendas de varejo e de atacado.

No varejo, as vendas são sabidamente mais intensas e com valores faturados menores, para pequenos consumidores. O trabalho de convencimento é relativamente mais breve quando considerado apenas aquele cliente, mas mais exaustivo, quando considerado o vaivém dos passantes. No atacado, ao revés, investindo-se um tempo curto o vendedor consegue uma venda de alto valor agregado. Num único dia, pode vender toneladas do produto, que, no ramo varejista, levaria meses. Diante dessas peculiaridades, é razoável que o empregador estabeleça alíquotas maiores para a venda a varejo e alíquotas menores para a venda atacadista.

Em cima desse primeiro exemplo, pode haver variações. Mesmo sendo venda a varejo, pode haver distinção de percentuais entre clientes constituídos sob a forma de pessoa jurídica e aqueles que são pessoas físicas, dadas as diferentes formas de tributação, faturamento e entrega dos produtos. São válidas, também, as distinções de percentuais para clientela de pequeno porte, como padarias e pequenos mercados, e clientela de grande porte, como hipermercados, conquanto não se insira o tema na venda atacadista.

Questões de ordem geográfica e estratégica podem igualmente representar diferenciação válida na fixação do percentual das comissões. As filiais de uma rede varejista encontradas dentro de grandes centros comerciais, especialmente aqueles frequentados por clientes de elevado poder aquisitivo, podem ter percentuais de comissões inferiores às filiais localizadas no comércio de rua, ou vice-versa, justificando-se a discrepância pela análise daquilo que os administradores chamam de "tíquete médio" ou valor médio que cada cliente gasta ao efetuar suas compras.

Venda à vista e negociação a prazo representam outra forma juridicamente correta de diferenciar padrões de comissão.

Finalmente, caso o empregador queira contemplar o vendedor mais esforçado em relação aos demais colegas ou, ainda, caso pretenda estimular os vendedores mais tímidos, nada impede que sejam estipuladas premiações no âmbito da filial, da região ou da empresa como um todo. Porém, como o próprio nome está a revelar, os prêmios normalmente não guardam natureza salarial (salvo situações de fraude ou de desvirtuamento da norma, conforme se verá em capítulo próprio) e nem de longe permitem que um empregado almeje a premiação dada a outro empregado. Isso não se confunde com as pretensões que objetivam forçar o empregador a honrar a palavra empenhada, quando a promessa foi descumprida ou mal cumprida.

9. Base de cálculo das comissões em valores brutos ou líquidos das transações

Situação complicada diz respeito à correta fixação da base de cálculo das comissões, porque, neste passo, o empregado detém ampla liberdade de escolha, da mesma forma como o tem na fixação do percentual, ao passo que os empregados normalmente se sentem prejudicados quando veem as comissões minguarem com descontos de incidência de impostos e taxas.

Por exemplo, as comissões de 3% sobre as vendas brutas de R$ 100.000,00 ficam bastante reduzidas se a incidência for feita sobre o valor líquido de R$ 80.000,00 ou de R$ 70.000,00. As expressões "valores brutos" e "valores líquidos" não têm um conteúdo jurídico incontroverso, podendo se referir ao caráter unicamente tributário, como se fala no tocante ao salário do trabalhador, ou, ainda, às taxas e despesas que o empregador arca para finalidades tão variadas com remuneração da empresa de administração de cartão de crédito, serviço de proteção ao crédito e similares.

Por mais que se esforcem os empregados, todavia, a única incumbência do empregador é honrar a palavra empenhada, não reduzir a média de comissões, tratar de forma igual os empregados submetidos ao mesmo sistema de vendas e, claro, cumprir o calendário de pagamentos. Não há norma capaz de obrigar o empregador a instituir um percentual maior ou menor de comissões, assim como não se pode forçá-lo a estipular a base de cálculo bruta, líquida ou intermediária.

Advirta-se, aliás, que no exato momento em que uma lei qualquer passar a exigir que a base de cálculo das comissões seja, digamos, o valor bruto da transação, imediatamente os empregadores passarão a praticar índices menores de comissões, no que puderem.

Há espaço para esse tipo de acerto em negociação coletiva, conquanto se trate de uma cláusula rara de se encontrar.

Os empregados talvez se sintam ainda mais prejudicados quando descobrem que ao representante comercial autônomo o legislador já reservou um tratamento detalhado e aparentemente satisfatório sobre o assunto. O art. 32, § 4.º, da Lei 4.886/1965, exige a fixação do valor bruto das mercadorias para o cálculo das comissões, muito embora deixe livre o tomador de serviços (representado), quando da admissão do prestador de serviços (representante), para fixar um percentual mais baixo de comissões.

10. Como se calculam as horas extras dos comissionistas

Comissões, assim como qualquer outra forma de pagamento por tarefa, por peça ou similar, já remuneram efetivamente todas as horas laboradas, sejam as primeiras horas do dia ou as últimas, as normais ou as suplementares, as diurnas ou as noturnas.

Restará, apenas, o incremento do adicional pertinente à matéria – adicional de horas extras no caso do excesso de jornada, normalmente de oito horas, ou adicional noturno no caso das atividades prestadas em jornada legal definida como noturna, normalmente a partir das 22h00.

Essa premissa não desperta maior dificuldade de compreensão, porque, de fato, se um empregado horista recebe cada uma das horas laboradas, não faria sentido que, depois, recebesse novamente o valor da hora embutido no conceito de horas extras. Assim também se verifica na profissão do professor, que recebe normalmente por hora-aula, e dos empregados contratados por peça tecida, montada ou alinhavada, por exemplo.

Dificuldade maior surge quando se detectam situações em que o empregado permaneceu, digamos, duas horas a mais na loja, à espera de clientes, que nunca chegaram. Por exemplo, o empregador pode ter solicitado que os empregados chegassem uma hora antes ou saíssem uma hora depois do expediente normal, para tentar dinamizar as vendas em época festiva, mas o esforço ocasionalmente se revelou infrutífero. Estariam essas horas suplementares desprovidas de vendas devidamente remuneradas no bojo das comissões ou, ao revés, a hipótese se assemelharia àquelas acima narradas, em que o vendedor foi impedido de realizar vendas e ficou desguarnecido de rendimentos?

Na verdade, a hipótese das horas extras sem clientes se insere no primeiro contexto (comissões já quitam todos os horários laborados, com vendas ou sem vendas) e não no segundo contexto (trabalhador impedido de realizar vendas), pelo simples fato de que nunca se pode prever exatamente a que horas o cliente adentrará à loja. Tampouco o Direito do Trabalho se ocupa em analisar minuto a minuto quantas foram as vendas efetuadas. Reforça ainda mais esse argumento o fato de que os empregados, geralmente, são mensalistas, conquanto seus ganhos sejam calculados à razão das vendas efetuadas a cada instante.

Um exemplo facilitará essa compreensão.

Suponha que um empregado tenha auferido R$ 440,00 de comissões pelas vendas conquistadas ao longo de uma singela semana, com o módulo simples do art. 7.º, XIII, da CF/1988, de 8 horas diárias e 44 horas semanais.

Por ficção, presume-se que ele auferiu, então, R$ 10,00 de comissões por hora de trabalho, muito embora seja evidente que os clientes não compareceram à loja de maneira uniforme, um por vez, ao longo do expediente. É possível encontrar no cotidiano desse vendedor dias muito fracos de movimento ao lado de dias de grande agitação. Pode acontecer até mesmo de um único sábado ser responsável por mais da metade dos ganhos do empregado, em diversos ramos do comércio popular, por exemplo. Esse tipo de pesquisa é inútil e em nada auxilia no cálculo da remuneração ou de seus desdobramentos.

Se o exemplo acima foi bem assimilado, fica mais acessível entender a síndrome da loja vazia. Os instantes em que o empregado ficou de braços cruzados, à espera dos clientes, são considerados quitados pelos instantes em que ele efetuou as vendas com os percentuais de incidência de suas comissões. Do contrário, o empregador teria de montar um esquema de monitoramento para saber qual horário teria de ser assalariado e qual horário teria de ser remunerado à base de comissões.

Consequência natural desse sistema seria o rebaixamento da alíquota das comissões, porque o empregador seria chamado a todo momento a concorrer com "diferenças salariais". Fica bem evidente que a ausência momentânea de cliente nada tem que ver com o deslocamento forçado do empregado para funções estranhas a seu contrato de trabalho ou, pelo menos, estranhas às vendas (arrumação de estoque, caixa, pacote etc.).

Aprofundemos o exemplo.

O vendedor, agora, atingiu R$ 540,00 de comissões ao final de uma semana, mas, para tanto, ativou-se nove horas por dia, seis dias por semana, excedendo dez horas em relação ao módulo habitual da Constituição Federal de 1988. A média continua a ser de R$ 10,00 de comissões por hora de trabalho, mas para atingir esse patamar o empregado precisou laborar 54 horas naquela semana.

Duas consequências advirão.

A primeira consequência corresponde ao fato de que o empregador, nesse caso, passa a dever ao empregado o valor do adicional da hora extraordinária, porque, no Direito do Trabalho Brasileiro, nenhuma hora e nenhum serviço prestado após o módulo normal (no caso, 8 horas) pode receber idêntico pagamento das demais horas. É imprescindível que haja um acréscimo na remuneração, como forma de inibir o abuso das horas extras (e quase não se inibe, como se vê no cotidiano laboral) e como forma de compensar o empregado pelo esforço adicional. Nem o metro quadrado de azulejo, nem o zíper costurado nem a hora-aula ministrada, nem a caixa de laranja colhida, nem os toques do digitador no teclado, absolutamente nada pode permanecer com a mesma tarifa das primeiras oito horas do dia. Se nenhuma cláusula normativa melhor existir, que, pelo menos, o adicional de 50% incida (art. 7.º, XVI, da CF/1988).

Então, no exemplo mencionado, o empregado auferirá os R$ 540,00 de comissões mais R$ 5,00 (que são 50% da média de R$ 10,00/hora) por hora extraordinária empreendida. Considerando o patamar de dez horas suplementares (dez horas acima do módulo semanal de 44 horas), o trabalhador é credor de R$ 50,00 a título de adicional de horas extras (expressão mais apropriada do que R$ 50,00 a título de horas extras, como costumeiramente se observa nas relações trabalhistas). Advirta-se que ambas as parcelas (comissões e adicional de horas extras) deverão produzir reflexos, inclusive em descansos semanais remunerados.

A explicação é válida mesmo que nenhum cliente tenha comparecido à loja na nona hora do dia: ainda assim se considera a média de R$ 10,00 de comissões por hora, para se ter um parâmetro, e também é devido o adicional de 50% sobre as comissões, à razão de R$ 5,00, para remunerar esse tempo adicional. Ao menos é assim que funciona o Direito do Trabalho Brasileiro.

Caso o empregado fosse um assalariado mensalista, então ele teria direito de receber o valor da hora mais o adicional dessa, porque sua atividade suplementar não estaria paga nem no valor principal nem no valor acessório. Daí o sentido da expressão "hora extra", para os assalariados, e "adicional de horas extras", para os comissionistas e para os horistas, pecistas, tarefeiros e similares.

Muitas decisões trabalhistas que declaram vínculo de emprego de cooperados ou de autônomos, sob o fundamento de que a cooperativa ou a relação autônoma foram desvirtuadas e encobriam contratos de trabalho camuflados, cometem o lapso de condenar o empregador no pagamento de horas extras, quando, na verdade, era devido apenas o adicional das horas extras, haja vista que aqueles cooperados ou autônomos por vezes auferiam rendimentos por hora de trabalho. É fundamental que, quando da investigação sobre a existência ou não de relação de emprego escondida sob falsas roupagens, o julgado se debruce sobre o contexto da remuneração, como ela foi pactuada, como era calculada e de que forma o trabalhador, ora empregado, era contraprestado pelos serviços.

Aproveite-se dessa explicação, também, para se proceder em caso de ausência do empregado comissionista ou de atraso na jornada.

A legislação autoriza que o empregador desconte as horas perdidas ou o dia de falta injustificada.

Quando se trata de empregado assalariado, a conta é relativamente fácil, mas quando o assunto é comissionista, poucos se aventuram a arriscar quanto vale uma hora de trabalho perdida. Na verdade, a hora não será valor rígido, mas variável mês a mês. No caso, se o empregado perdeu uma hora de trabalho naquela semana acima exemplificada, sofreria desconto de R$ 10,00 no contracheque, porque R$ 10,00 era o valor médio de sua atividade por hora naquele contexto.

Os exemplos todos foram retirados do padrão semanal, a fim de facilitar a compreensão, mas é perfeitamente acessível a transposição para o padrão mensal, desde que se lembre de aferir efetivamente a quantia de horas laboradas, pois média se calcula, sempre, tomando-se a remuneração total, de um lado, e o número de horas que o trabalhador teve de investir para atingir aquela remuneração, de outro lado.

Logo, seria tecnicamente imperfeita a conta que levasse em consideração apenas a jornada contratual ou a jornada legal. O cálculo seria retrato infiel da realidade, pois o empregado necessitou de mais ou menos tempo para angariar aquele rendimento.

Cabe, ainda, mais um grão de sal em torno do debate sobre "adicional de horas extras" *versus* "horas extras".

Citou-se, de passagem, a tonelada como um exemplo de cálculo de trabalho remunerado por produção. Os fundamentos são parecidos com aqueles das comissões: o empregado já aufere o valor da unidade, conforme pactuado no contrato de trabalho, fazendo jus apenas ao complemento, a título de adicional de horas extras, se e quando a atividade extrapolar o módulo das 8 horas do Direito do Trabalho Brasileiro.

11. Reflexos das comissões nas demais parcelas do contrato de trabalho

A respeito dos reflexos das comissões, não há muita dificuldade em se vislumbrarem as integrações em (a) fundo de garantia, (b) 13.º salário, (c) férias, vencidas ou proporcionais, e (d) aviso-prévio indenizado.

Na verdade, nem ao menos se deveria dizer reflexo das comissões, porque o cálculo dessas quatro parcelas depende de se conhecer a média de comissões. A palavra reflexos seria mais adequada no caso da remuneração mista, em que o empregado aufere um salário fixo, que será o valor do 13.º salário, por exemplo, auferindo simultaneamente comissões, cuja média repercutirá no cálculo desses haveres.

O fundo de garantia tem regra expressa no sentido de que sua base de cálculo é composta por toda e qualquer parcela remuneratória, sendo bastante evidente que as comissões se inserem nesse contexto. Sobre as férias e o aviso-prévio indenizado, já se indicaram os dispositivos correspondentes da Consolidação das Leis do Trabalho (art. 142, § 3.º, para aquelas, e art. 487, § 3.º, para esse).

Há, todavia, uma questão interessante que passa normalmente despercebida dos melhores departamentos pessoais e de bons julgados trabalhistas, no tocante à necessidade de atualização monetária das comissões, antes de se proceder ao cálculo da média. O único item que escapa dessa controvérsia é o fundo de garantia, pois sua integração é imediata (pagas as comissões num mês, incidem no fundo de garantia daquela competência, com recolhimento nos primeiros dias do mês subsequente). Veja-se, contudo, o imbróglio das outras parcelas.

No dia 20 de dezembro, o empregado pretende saldar o 13.º salário daquele ano e, para tanto, soma todas as comissões do período e as divide por doze. Nada mais simples. Porém, como é que se pode misturar a comissão de janeiro com a comissão de outubro ou de novembro, se os tempos são diferentes, a inflação já se operou e mesmo algumas condições do contrato de trabalho podem ter sido alteradas? A expressão econômica já não é mais a mesma: R$ 100,00 em janeiro não representam o mesmo valor econômico de R$ 100,00 de novembro, não apenas pela questão inflacionária ou pela variação cambial, mas também pelas características dinâmicas do contrato de trabalho.

Indaga-se, então, se é realmente correta a conta singela de somar todas as comissões de uma só vez e, ao depois, dividi-las por doze. Entende-se que não.

A conta correta exige que, preliminarmente, os valores sejam deflacionados, para se usar a expressão cara às ciências econômicas, ou meramente equiparados, antes de serem mesclados no cálculo da média duodecimal, também chamada de média anual. Diz-se média duodecimal porque se entende tratar-se de um duodécimo do ano. Quando todos os valores estiverem harmonizados, pode-se, finalmente, somar e dividir por doze.

O empregador que proceder à atualização monetária, com qualquer índice, já terá demonstrado sua preocupação com o cálculo das comissões, sendo razoável que se considerem quitadas as integrações de comissões em férias e 13.º salário.

Alguns empregadores usam os índices constantes das normas coletivas, para reajuste de salários, ou o índice que o legislador empregou na majoração do salário-mínimo, mas ambas as alíquotas normalmente envolvem incrementos reais e, por conseguinte, não podem ser considerados meramente como reposições inflacionárias. Preferível seria o uso de índices divulgados por institutos idôneos, capazes de aferir a variação do custo de vida da região ou da atividade econômica.

Vale agregar, ainda, uma curiosidade sobre o impacto da comissão do mês de dezembro no cálculo do 13.º salário.

Como se pode perceber facilmente, na data do pagamento do 13.º salário (adiantamento até 30 de novembro e acerto final até 20 de dezembro), ainda não terá sido apurada a comissão do próprio mês de dezembro. Aliás, na maioria das ocupações ligadas ao comércio, será esse precisamente o mês mais favorável ao trabalhador, capaz sozinho de puxar a média para cima. Parece irônico, portanto, que o legislador tenha estabelecido o dia 20 de dezembro para o cálculo do 13.º salário e ao mesmo tempo tenha mencionado que todos os meses concorrem para a fixação da média, até mesmo aquele que ainda não havia acabado.

A solução encontrada, que aparece escondida na Lei 4.749, de 12.08.1965, e no Dec. 57.155, de 03.11.1965, é remeter para o dia 10 de janeiro o pagamento daquilo que podemos chamar de uma terceira parcela do 13.º salário, contendo o resíduo das diferenças da média apurada com a inclusão do mês de dezembro. O dia 10 de janeiro se mostra sensato, pois já terá escoado prazo suficiente para fechamento dos cálculos da remuneração de dezembro, a qual, aliás, já deve estar paga (art. 459 da CLT).

Essa explicação sobre a "terceira parcela" do 13.º salário serve igualmente para horas extras e adicional noturno que tenham sido verificados em dezembro e que produzam impacto na média remuneratória.

A respeito do tema dos reflexos das comissões, há que analisar, ainda, o espinhoso tema das integrações em descansos semanais remunerados.

Muitos rendimentos dos trabalhadores, talvez a maioria, prescindem de reflexos em descansos semanais remunerados, porque o sistema do Direito do Trabalho Brasileiro já os considera quitados no bojo dos salários, desde que o empregado não sofra descontos pelos dias de repouso. Ninguém sofre descontos pelos dias de repouso, habitualmente, prática em desuso, localizada unicamente entre 1943 (promulgação da Consolidação das Leis do Trabalho) e 1949 (promulgação da Lei 605, que até hoje rege o tema dos descansos).

Afora essa hipótese cerebrina de o empregador abater os dias de descanso do salário do empregado, no mais todos os salários fixos já abrangem os descansos semanais remunerados, o que justifica o pouco conhecimento que existe sobre a matéria, relativamente esquecida nos manuais de Direito do Trabalho.

Assim, já incluem descansos semanais remunerados dentro de seu pagamento as seguintes parcelas: salário-base, adicional de insalubridade, adicional de periculosidade, adicional por tempo de serviço incidente sobre o salário-base, gratificação de função incidente sobre o salário-base (como é o caso do bancário, conforme art. 224, e do titular de cargo de chefia, consoante art. 62, II, ambos da CLT), diferenças salariais, como na equiparação salarial, entre dois empregados mensalistas, bem como todo e qualquer valor incidente sobre o salário do mensalista.

Gorjeta está fora dessa discussão porque a Lei 605 somente define os descansos semanais como uma fração dos salários auferidos, matéria que já foi destacada nos capítulos anteriores. A expressão "descansos semanais remunerados" esconde, assim, uma falácia, pois a legislação a conceitua como "descansos semanais assalariados", apoiando-se na distinção entre remuneração (conjunto maior, contendo salários e gorjetas) e salário (conjunto menor, contendo apenas as parcelas de natureza salarial).

Restam, porém, algumas parcelas que não têm o padrão mensal em seu cálculo ou que simplesmente não são tão amplas quanto um mês e que, portanto, não podem ou não conseguem carregar os descansos semanais remunerados dentro de seu cálculo. Não são muitas essas parcelas, mas como são muito frequentes em vários tipos de contrato de trabalho, tornam-se bastante conhecidas e fazem com que o problema, em princípio singelo, ganhe proporções gigantescas.

As três principais parcelas que devem refletir nos descansos semanais remunerados porque não são tão extensas quanto o mês são as horas suplementares, o adicional noturno e as comissões ora em comento.

As parcelas menos famosas, mas que seguem idêntico raciocínio, são as horas de sobreaviso, as horas de prontidão e, eventualmente, alguma gratificação que o empregador resolver instituir com base no valor da hora. Aliás, o empregador que queira instituir prêmios e gratificações deveria fugir do valor da hora, direcionando-se a pagamentos com base mensal, para evitar a celeuma.

Retomemos os exemplos acima apontados quando da explicação sobre o adicional das horas extras para o empregado comissionado.

Conforme advertido em diversas ocasiões neste capítulo, as comissões remuneram os serviços prestados pelos empregados durante as vendas bem como o tempo em que o empregado ficou à disposição do empregador, mas que, por qualquer razão, os clientes não compareceram. As comissões são diluídas ao longo da semana ou do mês, podendo até mesmo ser apurada uma média, caso se pretenda identificar um padrão aproximado de rendimento do trabalhador, sem que se chegue ao extremo de perquirir o volume de vendas minuto a minuto. A média basta.

No entanto, a comissão jamais poderia remunerar, simultaneamente, os períodos de interrupção do contrato de trabalho, como os descansos semanais remunerados, a licença médica, as férias, a licença-paternidade de cinco dias (art. 10, § 1.º, do ADCT), os dias de luto ou os dias de gala do empregado (art. 473, I e II, da CLT), pelo simples fato de que, durante essas intercorrências, o empregado nada vende e nada venderá, obviamente.

Para remunerar esses períodos, tão importantes quanto os momentos de plena atividade do empregado, faz-se necessária a apuração da média das comissões auferidas. Apreciemos, neste instante, o modo de operação da média das comissões para fins de descansos semanais remunerados.

Para facilitar o entendimento, considere-se a figura de um empregado semanalista, algo em desuso no Direito do Trabalho pátrio, mas bastante razoável que se aconteça.

Nesse caso, a conta é muito simples.

Somam-se as comissões auferidas ao longo da semana e se faz a divisão por seis, porque esse é o número de dias úteis para o empregado auferir o sétimo dia como repouso obrigatório e desde logo remunerado. O sétimo dia nada mais é do que a expressão econômica de 1/6 da semana, ou, em outras palavras, o valor equivalente a 1 dia. Caso o empregado receba uma diária fixa e idêntica, de segunda a sábado, então o valor do domingo é exatamente essa diária, sem que seja necessário multiplicar a diária por 6 para, depois, dividir o produto por 6.

Ocorre, porém, que as comissões, como já realçado, são muito oscilantes, impondo-se, assim, que seus valores sejam totalizados antes de serem divididos por 6 para a aferição da média. Aqui não se fala mais em divisão pelo número de horas laboradas, porque o objeto perseguido é o valor do dia. O descanso semanal corresponde ao salário de 1 dia (art. 7.º da Lei 605/1949) e não ao salário de oito horas ou algo parecido.

Aquele empregado que havia recebido R$ 440,00 de comissões pela semana laborada terá obtido o equivalente a R$ 73,33 por dia, de segunda a sábado. Resultado: o domingo vale R$ 73,33, a que o empregado faz jus sem ter de trabalhar. Não é caridade do empregador, mas apenas a constatação evidente de que o contrato de trabalho reclama períodos de atividade e períodos de inatividade, para a boa produção do trabalhador, redução de acidentes, valorização do trabalho humano, manutenção da dignidade e revigoramento da energia empreendida. Por isso a denominação períodos de interrupção do contrato de trabalho. Salário abrange não apenas a contraprestação dos serviços prestados, mas também os períodos de interrupção contratual e de permanência do empregado à disposição do empregador.

A questão estaria sepultada, não fosse o fato de que os empregados habitualmente são mensalistas, sendo mais conveniente para a empresa o fechamento da folha de pagamento ao término do mês e o pagamento dos salários até o quinto dia útil do mês seguinte (art. 459, § 1º, da CLT). Sem embargo dessa conveniência, os meses civis não são o perfeito somatório de quatro semanas, mas uma mescla de semanas quebradas e frações que nunca fecham.

Para que se pudesse fazer a conta simplória de multiplicar por 4 a média semanal de R$ 73,33 por dia, teríamos de ter um mês de fevereiro, em ano não bissexto, e, ainda assim, começado numa segunda-feira e encerrado num domingo, sem nenhum feriado. Como isso é muito raro, os empregadores desenvolveram uma fórmula engenhosa, a qual, conquanto ausente da Lei 605/1949, atende perfeitamente a suas exigências e foi sufragada na totalidade pela doutrina e pela jurisprudência. Trata-se da divisão das comissões pelo número de dias úteis do mês e a multiplicação pelo número de dias não úteis (dias não úteis é expressão que soa melhor do que dias inúteis, por assim dizer).

Encerrado o mês, apura-se que o empregado atingiu R$ 2.600,00 de comissões. Para tanto, laborou em 26 dias. Descobre-se, então, que ele fez jus a uma média de R$ 100,00 de comissões por dia, donde o valor de R$ 100,00 por domingo existente naquele mês. Havendo no mês os costumeiros quatro domingos, o contracheque deve estampar R$ 400,00 a título de domingos remunerados. A conta é direta, sem maior dificuldade, e já produz o resultado pronto para ir ao holerite, sem necessidade de outros ingredientes. A fórmula *divisão por dias úteis, multiplicação pelos dias não úteis* nada mais é do que o sistema de 1/6 da semana, de que fala a Lei 605/1949, adaptada à realidade de os meses do calendário gregoriano não serem réplicas perfeitas da semana de sete dias. Não há prejuízo algum ao empregado.

A soma do número de dias úteis (26, no exemplo) com o número de dias não úteis (4, no exemplo) deve necessariamente representar o número de dias do mês. Caso alguma conta totalize 32 dias, pode-se afirmar, sem chance de erro, que o cálculo está errado, pois não existe mês de 32 dias no calendário. Do mesmo modo se a soma das parcelas atingir 27 dias.

Os meses costumam ter quatro domingos, mas podem chegar ao máximo de cinco. Não existe mês com seis domingos. Pode haver, porém, um mês com cinco domingos e mais um feriado ou quem sabe dois feriados (ou ainda mais, na farra dos feriados municipais). Para cada dia não útil acrescido, deve-se retirar um dia útil da outra banda.

Vale frisar que sábado é dia útil, tenha ou não sido trabalhado, porque nem a Lei 605 nem o art. 7.º, XV, da CF/1988, permitem concluir a existência de dois descansos semanais remunerados por semana.

Os reflexos das comissões em descansos semanais remunerados têm inequívoca natureza salarial (pagamento de período de interrupção do contrato de trabalho), o que exige que também eles produzam reflexos em fundo de garantia, 13.º salário, férias e aviso-prévio indenizado.

A alegação de que os reflexos desses descansos semanais remunerados, sobre as demais parcelas, corresponderiam a uma duplicidade de integrações ignora (a) a essência da Lei 605/1949, (b) a natureza salarial dos repousos e (c) o fato sabido de que os empregados mensalistas já carregam os descansos semanais remunerados no bojo de seu rendimento e, portanto, recebem reflexos dos descansos nas demais parcelas, com a única diferença de que ambas as situações (pagamentos e reflexos) ficaram "embutidas".

Capítulo 5

Gratificações legais

1. Natureza salarial das gratificações legais

Indaga-se para que serve uma gratificação e por qual motivo o empregador a fixa em separado do salário, se desde logo já podia ter avençado uma única rubrica salarial.

Com efeito, o próprio sentido da palavra gratificação nos remete a um contexto de recompensa ou de premiação ao empregado, por algum acontecimento. Mal comparando, é como se o salário retribuísse o estrito cumprimento do dever, como contraprestação pelos serviços prestados, enquanto a gratificação objetivasse contemplar o empregado por um esforço adicional, pelo empenho acima da média ou pela qualidade superior que demonstrou ter, em benefício do empregador.

Embora essa sutil distinção possa ter fundamento lógico, é evidente que o dinamismo das relações de trabalho cuidou de mitigar completamente a linha que separa o salário em seu senso estrito das gratificações em sua forma ampla. Ambas as parcelas se unem para a fixação da faixa salarial do empregado, que não parece muito preocupado em saber os motivos que presidiram a elaboração de sua folha de pagamento e quais foram os valores que, de um lado, remuneraram seu trabalho e, de outro lado, recompensaram o brilho de seus conhecimentos.

Para responder à segunda indagação, acerca das razões que levam um empregador a instituir uma gratificação salarial em separado ao próprio salário dos empregados, dificultando até mesmo a compreensão dos rendimentos, devemos conhecer situações bastante frequentes no cotidiano trabalhista.

Há um fundamento conhecido para a estratégia de desdobramento sucessivo das parcelas salariais em diferentes tipos de gratificação. Trata-se da manipulação da base de cálculo de alguns benefícios, particularmente aqueles criados em norma coletiva ou regulamento interno de empresa.

Apresenta-se um exemplo.

Diante da ausência de reajustes, surgem pressões para a melhoria das condições de trabalho, e, após as conhecidas lutas internas e externas, de que a greve é apenas um exemplo, conseguem uma melhoria. Cria-se um adicional por tempo de serviço de 1% por ano de emprego. O empregador argumenta que o reajuste salarial não seria possível, mas que o adicional por tempo de serviço era uma forma eficaz de contemplar os mais antigos e de estimular a permanência no emprego. Todavia, quando do primeiro contracheque se descobre que o adicional por tempo de serviço foi calculado sobre o salário-base, que, no caso, equivale a um salário-mínimo. Os empregados observam que realmente a norma que criou o adicional por tempo de serviço consigna que o cálculo será efetuado sobre "salário-base" ou "salário-padrão" ou outra expressão equivalente.

Esse descompasso entre parcelas de natureza salarial e base de cálculo de algumas vantagens próprias daquela categoria atinge graus muito sofisticados, causando perplexidade no ambiente de trabalho.

Há casos, também, em que o empregador deseja apenas demarcar o caráter condicional da gratificação, para assegurar que, quando removida sua razão de ser, o pagamento pode ser suprimido, sem que se possa falar em redução salarial.

Tome-se como exemplo a gratificação do titular de cargo de chefia (art. 62) e do bancário em cargo de confiança (art. 224, ambos da CLT e abaixo analisados). Ressalvada a hipótese de permanência nesses cargos por longos períodos, é bastante usual que o empregado perca a gratificação ao retornar ao posto de origem, deixando de exercer os poderes de mando e gestão, no primeiro caso, e as funções de maior responsabilidade, no segundo caso.

Se, todavia, o empregador houvesse fundido a gratificação ao salário, majorando o rendimento do empregado em 40% no primeiro caso e em 33% no segundo caso, haveria enorme dificuldade para explicar ao empregado e, talvez, aos órgãos de fiscalização trabalhista, que a redução salarial repentina tem expressado amparo legal. Em vez de se falar em redução salarial, deve-se apenas notar a retirada da gratificação que estava condicionada a algum evento ou circunstância.

O exemplo do salário-substituição também é apropriado.

Considere-se o caso do empregado chamado a exercer função de colega em licença médica, licença-maternidade ou afastamento similar.

Segundo jurisprudência sólida, o empregado faz jus ao salário do substituído, em figura comumente denominada salário-substituição. O empregador que simplesmente fizer constar do holerite o novo salário poderá ser mal interpretado, como se houvesse concedido de forma espontânea um expressivo reajuste ao empregado. Teria de anexar ao holerite do empregado uma série de informações tendentes a clarificar o expediente, inclusive o contracheque do substituído, o motivo do afastamento e a duração aproximada. Age melhor, então, se fizer duas rubricas: a primeira mantém intacto o salário-base do empregado, enquanto a segunda consigna, sob qualquer denominação, a gratificação pelo desempenho das funções do empregado de melhor remuneração.

Cessada a condição, cessa o pagamento, sem maior dificuldade de entendimento.

Em resumo, as gratificações são inicialmente saudáveis e objetivam estimular determinados aspectos, funções ou grupos de empregados, mas em doses excessivas tendem a ser nocivas para o desenvolvimento do Direito do Trabalho, passando a ser associadas a fraudes ou a expedientes ardilosos para desmontar uma base de cálculo justa. Admite-se, porém, que as gratificações destacadas sirvam convenientemente para salientar qual é o salário permanente do empregado e qual é o pagamento auferido transitoriamente pela verificação de algum evento.

2. Reflexos das gratificações

Dada a natureza salarial incontestável das gratificações, segue-se a necessidade de sua integração nas demais parcelas trabalhistas.

Conforme já exposto no item dos reflexos das comissões, as principais formas de repercussão das gratificações decorrem do fundo de garantia, do 13.º salário, das férias, de qualquer espécie, e do aviso-prévio indenizado. Nos quatro casos, as normas que os instituíram contemplaram em seus cálculos todas as parcelas de natureza salarial.

A dúvida, como sempre, fica por conta dos descansos semanais remunerados, oriundos de uma legislação confusa, pouco assimilada pelos operadores do direito.

Em se tratando de uma gratificação de âmbito mensal, os descansos já se acham abrangidos em seu bojo, como expressamente refere o art. 7.º, § 2.º, da Lei n. 605/1949. Assim, a gratificação de 40% sobre o salário do titular de cargo de chefia e a gratificação de 33% sobre o salário do bancário foram, ambas, operadas sobre bases mensais e, portanto, também têm âmbito mensal. Não há como se cogitar de reflexos em descansos semanais remunerados.

Todavia, algumas gratificações podem ocasionalmente ser calculadas sobre a base horária ou diária, casos em que os descansos semanais remunerados não foram quitados e os reflexos serão devidos em rubricas separadas. Essa distinção entre a parcela de âmbito mensal e os haveres calculados sobre o âmbito horário e diário é relativamente simples e muito eficaz como critério seguro para se saber se haverá ou não reflexos em descansos semanais remunerados.

Vejamos alguns exemplos.

No capítulo dedicado às comissões, vimos a hipótese de um vendedor comissionista auferir gratificação de 10% pelos serviços de fiscalização e inspeção dos colegas, conforme art. 8.º da Lei n. 3.207/1957. Neste caso, não se pode dizer que os descansos semanais remunerados já foram satisfeitos dentro dos 10% porque esta alíquota incide sobre uma parcela (as comissões) que não carrega descansos semanais remunerados dentro dela.

Esse contracheque terá quatro rubricas, portanto: a) comissões; b) reflexos das comissões em descansos semanais remunerados; c) gratificação de 10% sobre as comissões; d) reflexos da gratificação de 10% sobre as comissões em descansos semanais remunerados. Mal algum existe na existência de quatro parcelas para um serviço só. Assim é a dinâmica do Direito do Trabalho.

Um dia esse empregado pode deixar de exercer a função de fiscalização, sendo-lhe retirada a gratificação de 10%. Com ela, caem seus reflexos.

Para aqueles que se espantaram com a existência de quatro rubricas interligadas na mesma folha de pagamento, lembrem-se de que o empregado pode prestar horas extras. Seu holerite ficará assim: a) comissões; b) reflexos das comissões em descansos semanais remunerados; c) gratificação de 10% sobre as comissões; d) reflexos da gratificação de 10% sobre as comissões em descansos semanais remunerados; e) adicional de horas extras sobre as comissões; f) reflexos do adicional de horas extras sobre comissões em descansos semanais remunerados; g) adicional de horas extras sobre a gratificação de 10% sobre as comissões; h) reflexos do adicional de horas extras sobre gratificação de 10% em descansos semanais remunerados.

Uma dica singela: normalmente as rubricas serão em números pares (8 no exemplo dado), passando a números ímpares apenas se o empregado receber remuneração mista, com a inserção de um salário fixo no meio do holerite. Se as rubricas não ficaram em números pares, provavelmente o departamento pessoal se esqueceu de alguma integração em descansos semanais remunerados. E lembre-se de que nada é tão complexo que não possa ficar ainda mais complexo. Esse empregado pode ser deslocado para o turno da noite e ter de receber adicional noturno, certo?

Outra situação que pode levar a gratificação a incidir em descansos semanais remunerados diz respeito aos empregados horistas, diaristas, tarefeiros, pecistas ou que, em qualquer circunstância, recebam remuneração por unidades fracionadas de tempo ou de produção, abaixo do módulo mensal.

Suponha um professor que lecione realmente em sala de aula e aufira pela quantidade de horas ministradas. Sendo chamado ao exercício de uma função de chefia, fará jus a uma gratificação de 40% sobre os rendimentos do "cargo efetivo". Aceite-se esse exemplo apenas por amor ao debate, por não ser muito comum que um professor detenha realmente amplos poderes de mando e gestão em sua escola ou universidade. Essa gratificação de 40% estará, pois, a incidir apenas sobre as horas e não sobre o mês. Haverá que se estabelecer rubrica separada da integração da gratificação em descansos semanais remunerados.

3. Composição da base de cálculo das horas extras

Para maior precisão terminológica, a expressão "reflexos" deve ser utilizada apenas nas hipóteses em que uma parcela compõe o valor da outra, sem necessidade de outros cálculos. Por exemplo, diz-se que a gratificação de função reflete no décimo terceiro salário, porque este corresponde ao valor de todos os rendimentos auferidos pelo empregado e não meramente ao salário-base.

Porém, além do fenômeno dos reflexos, habitualmente associados a itens criados pelo legislador já com essa característica, como foi o caso do fundo de garantia e do décimo terceiro salário, existe também a convocação das parcelas de natureza salarial a que componham a base de cálculo de outros direitos trabalhistas. O exemplo clássico é formado pelas horas extras.

A distinção entre reflexos nas demais parcelas e integração na base de cálculo é bastante sutil, não havendo consenso a respeito. Muitas vezes se nota o uso dos termos como sinônimos, a que podemos acrescentar também outras variações como repercussão, inserção e similares. No entanto, mostra-se salutar o esforço de não confundir os temas. É comum um empregado postular o adicional de insalubridade e formular o clássico pedido de "reflexos" em fundo de garantia, férias, 13.º salário e aviso-prévio indenizado, olvidando-se de que poderia também conseguir a majoração das horas extras, inclusive aquelas já pagas e satisfeitas, caso obtivesse a inserção do adicional de insalubridade na base de cálculo das horas suplementares. Ao não formular o pedido ou ao formular apenas o pedido genérico de "reflexos", deixa de auferir essa vantagem adicional, que lhe era bastante acessível.

Daí por que o item de reflexos, supra, ficou destacado em relação ao item do cômputo da gratificação na base de cálculo das horas extras, doravante apreciado.

Que as gratificações ajustadas compõem a base de cálculo das horas extras, não resta a menor dúvida.

Consoante mencionado no tópico da gorjeta, o cálculo da hora extra depende da localização do valor da hora normal (art. 59, § 1.º, da CLT). O valor da hora normal é encontrado pela divisão feita a partir do "salário-hora normal" (art. 64). A expressão "salário-hora normal" foi interpretada como sendo a globalidade salarial do trabalhador.

A gorjeta ficou de fora, por se considerar parte integrante da remuneração, mas não da globalidade salarial, mas, por outro lado, todas as parcelas salariais foram inseridas nesta conta, inclusive adicional de insalubridade, adicional de periculosidade, adicional por tempo de serviço e o próprio adicional noturno.

Há que ser feita referência a uma pequena variação no tema, que não chega a ser uma exceção. Trata-se da situação peculiar das gratificações de módulo superior ao mês, como a gratificação semestral e a gratificação anual.

Gratificação semestral é situação particularmente característica dos bancários, dada a tradição de auferirem uma espécie de "décimo quarto salário", por força de normas coletivas construída faz muitos anos. Pode, entretanto, ser encontrada em qualquer outro contrato de trabalho, desde que concebida através de norma coletiva, regulamento interno de empresa ou, mais raramente, como cláusula do contrato individual. A legislação não contempla a figura.

Gratificação anual também pode advir de alguma norma específica para a categoria ou para o contrato de trabalho, sem contar a mais conhecida de todas as gratificações de cunho anual, que é o 13.º salário, também denominado "Gratificação de Natal".

Que as gratificações semestrais e anuais têm natureza salarial não resta muita dúvida. Guardam o aspecto habitual que normalmente assegura o caráter salarial às parcelas e concorrem, de fato, como uma forma genérica de contraprestação pelos serviços prestados. No particular, o empregado sabe que pode contar não somente com o salário mensal, mas também com as parcelas intercaladas (desde que razoavelmente repetidas de forma não aleatória), ao cabo do período.

Aliás, à época em que vigorava a indenização por antiguidade, dos arts. 477, 478 e 494, todos da CLT, pela rescisão do contrato de trabalho, antes da adoção do regime do fundo de garantia, era pacífica a inserção dessas gratificações, superiores ao padrão mensal, no cálculo da média remuneratória (Súmula n. 148 do TST).

Assim, por exemplo, se o empregado auferisse salário mensal de R$ 1.000,00, sua indenização deveria ser calculada à razão de R$ 1.083,33, porque o 13.º salário haveria de ser diluído na conta. Essa diluição pode ser enunciada de duas formas diferentes. A primeira fórmula consiste em somar todos os doze salários mais o 13.º salário e dividir o total por treze. A segunda fórmula, de idêntico resultado, é costumeiramente enunciada como a integração do 13.º salário "pelo duodécimo", ou seja, tomar 1/12 do valor do 13.º salário e acrescentar ao valor de um salário mensal.

Caso o empregado auferisse também a gratificação semestral, então a integração haveria de ser efetuada por seu sexto. Um bancário que recebe, por exemplo, salário mensal de R$ 600,00, mas que simultaneamente faz jus à gratificação semestral com os mesmos R$ 600,00, recebe, na verdade, o equivalente a R$ 700,00 por mês (R$ 600,00 de salário mais 1/6 da gratificação de R$ 600,00 ao mês). Se fosse dispensado, teria direito a indenização compensatória equivalente à média remuneratória e não apenas ao salário-base. E, a propósito, seu 13.º salário deveria ser de R$ 700,00 e não apenas de R$ 600,00.

Diante dessa imbricação entre gratificação semestral, 13.º salário e cálculo da indenização compensatória pela dispensa sem justa causa antes do regime do fundo de garantia, chegou a ser cogitado que a gratificação semestral e a própria gratificação anual concorressem para o cálculo das horas extras, o que se mostra, de qualquer forma, muito complexo.

Se a tese fosse vitoriosa, nenhum cálculo de horas extras poderia ser feito tendo em vista apenas o espectro de um mês. Seria preciso investigar todo o complexo de remuneração já auferida e a ser auferida pelo trabalhador ao longo do ano ou talvez ao longo de todo o contrato de trabalho. A razão é muito simples. Ao invés de calcular a hora extra com base no salário de R$ 600,00, a conta seria efetuada com o patamar de R$ 700,00 (no caso do bancário detentor de gratificação semestral) ou com o patamar de R$ 650,00 (mesclando-se o valor do 13.º salário).

A jurisprudência, no entanto, afastou esse entendimento, por considerar que a hora extra é calculada com base naquilo que o empregado recebeu naquele mesmo mês em que esses serviços suplementares foram requisitados. Se o mês foi relativamente tranquilo, contendo apenas o salário-base, então as horas extras valem menos; se o mês envolveu exposição a agentes insalubres, então as horas extras valem mais, porque carregam o adicional de insalubridade em sua base de cálculo; se as horas extras foram noturnas, então é justo que elas sejam remuneradas de forma mais abrangente, contendo o adicional noturno em sua base; se as horas extras, finalmente, foram efetuadas no curso da substituição da licença-maternidade de uma colega com salário maior, então a conta insere, também, o salário substituição. Nota-se claramente que o propósito do cálculo das horas extras não é a apreciação dos ganhos anuais ou de longo prazo, mas apenas o espelho do mês de trabalho. Preferencialmente, um espelho fiel, claro está.

Casos existem, todavia, em que a gratificação tem apenas o nome de semestral, porque veicula pagamento meramente mensal. É o caso das gratificações semestrais com "antecipação de 1/6 por mês", praticadas por muitos bancos como forma de majorar o salário do empregado sem fazer alarde. A prática deturpa o conceito de complementação salarial anual ou periódica. É como se o 13.º salário desaparecesse e em seu lugar fosse instituído um aumento de 8,33% sobre o salário do mês: deixaria a parcela de cumprir sua finalidade de contemplar o empregado com um abono de final de ano, pelos serviços prestados, e passaria a ser meramente um amento salarial.

4. Gratificação por função de chefia (art. 62 da CLT)

A primeira observação relevante sobre a gratificação pelo exercício de função de chefia reside na possibilidade de ela simplesmente não existir e, mesmo assim, produzir efeitos. Como isso é possível e qual o significado dessa rara gratificação prevista na Consolidação das Leis do Trabalho são os temas deste tópico do capítulo das gratificações ajustadas.

Dispõe o art. 62, parágrafo único, que o enquadramento do contrato de trabalho no regime de cargo de confiança não depende apenas do exercício de amplos poderes de mando e gestão, delineados no inciso II, mas, simultaneamente, da percepção de uma remuneração maior do que aquela do cargo efetivo, por assim dizer.

Assim, o cargo de chefia disporá de dois requisitos, sendo o primeiro com carga predominantemente subjetiva (poderes de mando e gestão) e o segundo, dotado de carga objetiva (gratificação de 40%). A exata redação da norma é a seguinte: "O regime previsto neste capítulo será aplicável aos empregados mencionados no inciso II deste artigo, quando o salário do cargo de confiança, compreendendo a gratificação de função, se houver, for inferior ao valor do respectivo salário efetivo acrescido de 40% (quarenta por cento)".

Há, todavia, algumas controvérsias em torno da fixação e dos procedimentos que cercam a gratificação.

Em primeiro lugar, diz-se que ela pode não existir, porque o empregador não está obrigado a fixar uma rubrica em separado, sendo suficiente que ele majore o rendimento do trabalhador numa única parcela salarial. Se o salário de R$ 2.000,00 foi ampliado para R$ 2.800,00, o empregador terá cumprido a exigência do parágrafo único do art. 62 da CLT, conquanto não se localize na folha de pagamento um item denominado "gratificação de função".

Conforme já sinalizado no início deste capítulo, a estratégia de se desdobrar a rubrica salarial em duas parcelas (salário-base, de um lado, e gratificação de função, de outro lado) corresponde prioritariamente à técnica de facilitar, depois, sua retirada, se e quando o trabalhador retornar a seu posto original, subalterno e desprovido dos poderes de mando. O empregador não precisará, na oportunidade, demonstrar qual era a parte do salário-base e qual era a parte da gratificação de função.

Em segundo lugar, como claramente aparece na dicção da norma, a gratificação será de no mínimo 40%, sendo válido que o empregador amplie esse percentual de acordo com a complexidade do cargo. Normalmente as expressões "no mínimo", "pelo menos" e "não inferior a" correspondem, no Direito do Trabalho, a uma senha para melhoria dessa condição em sede de negociação coletiva ou, quando for o caso, de atuação do poder normativo do processo trabalhista.

Então, surge a dúvida se o empregador pode fazer oscilar a gratificação. Por exemplo, fixa-a inicialmente em 50% do salário efetivo do empregado, mas, passado algum tempo, resolve restringir a gratificação para 40%. Formalmente, estará a cumprir a exigência do art. 62, parágrafo único, mas nesse caso entra em cena a condição mais benéfica com a qual o empregado foi contemplado. Essa faceta do princípio protetor inibe a oscilação, ou, em outras palavras, inibe o retrocesso.

Em terceiro lugar, indaga-se se a gratificação é realmente reversível a qualquer tempo. Que o empregador possa reverter a gratificação tão logo o empregado retorne a sua função original não resta dúvida.

Sem embargo, situações de longo prazo tendem a elevar o poder de compra e o patamar de vida do empregado, de tal forma que sua reversão representará prejuízos ao quadro de "estabilidade financeira". O longo prazo foi estabelecido em dez anos ou mais.

Esse entendimento prevaleceu na jurisprudência trabalhista de 1996 a 2017, quando as reformas legislativas inseriram dispositivo expresso na CLT para dispor que a gratificação é reversível a qualquer tempo e que nem mesmo o longo transcurso pode gerar o direito à incorporação (art. 468, § 2º). Penso, no entanto, que estão ressalvados, pelo menos, os casos pretéritos, pelo direito adquirido à manutenção até os idos de 2017, quero dizer, pessoas que já contavam mais de 10 anos de cargo de confiança quando a legislação foi alterada.

Por fim, note-se que o salário efetivo, ao qual será acrescido de 40%, pode não existir, nas hipóteses em que o empregado foi contratado diretamente para a função de chefia. O art. 62 apenas previu a circunstância de empregado da casa ser alçado ao patamar superior, donde a simplicidade da norma ao dispor sobre o "aumento" de 40%, omitindo-se sobre a situação de não haver salário pregresso. Para esse tipo de panorama, a jurisprudência passou a utilizar o salário maior dos subalternos, a fim de não desvirtuar a figura do art. 62, ou, se nada for viável, far-se-á o arbitramento de que cuida o pouco conhecido art. 460 da CLT.

O importante é que a interpretação do art. 62 seja feita de forma realmente restritiva, dado o impacto (negativo) que ele provoca sobre o contrato de trabalho, afastando a incidência de horas extras, de adicional noturno e de todo o "regime previsto no capítulo" denominado duração do trabalho.

5. Gratificação do bancário (art. 224, § 2.º, da CLT)

A gratificação do bancário, como é conhecida a parcela salarial instituída pelo art. 224, § 2.º, da CT, segue raciocínio parecido com a gratificação de chefia do art. 62, mas se celebrizou muito mais pela controvérsia acerca das horas extras do que por seus próprios termos.

Embora o art. 224, § 2.º, seja enfático na necessidade de a gratificação ser de, pelo menos, 1/3 do salário do cargo efetivo, existem empregadores que insistem em efetuar o pagamento de gratificação inferior a este patamar.

O empregador pode estipular a gratificação que melhor lhe aprouver ou eventualmente não pagar gratificação alguma, mas, se pretende deslocar a jornada normal do bancário de seis para oito horas, cumpre implementar a gratificação tal como prevista pelo art. 224, sem nenhum desconto.

A consequência mais apropriada para a hipótese de o empregador economizar a gratificação é a descaracterização do cargo de confiança bancária, independentemente de o empregador haver ou não cumprido funções de maior responsabilidade.

Daí a origem da Orientação Jurisprudencial n. 288 da Seção Especializada em Dissídios Individuais do Tribunal Superior do Trabalho, de 11.08.2003, hoje inciso III da Súmula n. 102: "Ao bancário exercente de cargo de confiança previsto no art. 224, § 2.º, da CLT são devidas as 7.ª e 8.ª horas, como extras, no período em que se verificar o pagamento a menor da gratificação de 1/3".

O verbete é análogo à antiga Súmula n. 166, de 1982, que se insere no inciso II da Súmula n. 102: "O bancário que exerce a função a que se refere o § 2.º do art. 224 da CLT e recebe gratificação não inferior a um terço de seu salário já tem remuneradas as duas horas extraordinárias excedentes de seis".

Em qualquer hipótese de desconfiguração do cargo de confiança bancário, seja pela ausência de funções de maior responsabilidade (aspecto subjetivo), seja pela ausência da gratificação de função de 1/3 do salário (aspecto objetivo), não se admite que o empregado tenha de devolver o valor da gratificação, nem mesmo sob a forma de abatimento das horas extras a que fará jus.

Trata-se de três assertivas em torno das quais existe relativo consenso: a) a gratificação não pode ser inferior a 1/3 do salário efetivo, para enquadramento no cargo de confiança; b) a ausência da gratificação, por si só, desconfigura do cargo de confiança, ainda que o empregado exerça amplos poderes; c) em caso de descaracterização do cargo de confiança e condenação do empregador no pagamento de horas extras excedentes da sexta diária, não se pode deduzir o valor da gratificação mal paga, pois ela será considerada uma liberalidade do empregador, como se fosse o pagamento de um maior grau de responsabilidade do trabalhador.

Resta, porém, uma questão imbricada a respeito da elevação da gratificação de 1/3 pela negociação coletiva.

A elevação é razoavelmente esperada, porque o art. 224 usou a locução "não inferior a", a qual, conforme já frisado, representa um anseio na busca de melhorias supervenientes, sendo a norma coletiva o melhor caminho a ser trilhado. Aliás, a convenção coletiva dos bancários contempla gratificação de 55% faz muitos anos, como pode ser conferido na maioria dos instrumentos normativos disponíveis para essa categoria.

Dúvida surgiu, porém, sobre a consequência de um empregador descumprir a cláusula da norma coletiva sobre a majoração da gratificação de função. Os empregados sustentaram que o pagamento da gratificação de 1/3, ante previsão normativa de 55%, corresponderia a uma imediata descaracterização do cargo de confiança, mas a jurisprudência, mais apaziguadora, tendeu para uma solução intermediária, asseverando que o conceito de cargo de confiança depende apenas da gratificação de 1/3, dada a locução do art. 224, ao passo que a cláusula normativa serve apenas de incremento salarial, que já não mais concorre para a definição do cargo de confiança.

Nota-se que a linha que separava o caráter salarial da gratificação e sua indispensabilidade para configurar o cargo de confiança é realmente muito tênue, pois o próprio art. 224 prevê a melhoria do patamar de gratificação. Quando a melhoria houve, porém, a jurisprudência respondeu afirmando que se trata de outro assunto, como uma vantagem paralela e dissociada do cargo de confiança.

Complica ainda mais a situação do empregado o fato de que normalmente as pretensões judiciais são concentradas nas horas extras, sendo muito raro que o empregado se lembre de postular, alternativamente, o pagamento de "diferenças da gratificação". O mais provável é que, sucumbindo na pretensão às horas suplementares, não disponha de tempo hábil para formular, em processo distinto, o pedido das diferenças, dentro do prazo prescricional.

Assim se apresenta a Orientação Jurisprudencial n. 15, de 14 de março de 1994, hoje correspondente ao inciso VII da Súmula n. 102: "O bancário exercente de função de confiança, que percebe a gratificação não inferior ao terço legal, ainda que norma coletiva contemple percentual superior, não tem direito às sétima e oitava horas como extras, mas tão-somente às diferenças de gratificação de função, se postuladas".

Por derradeiro, frise-se que a gratificação de função do bancário não se confunde com a chamada gratificação de quebra de caixa.

Usos e costumes levaram à criação dessa parcela salarial com o propósito de fazer uma espécie de provisão para o empregado sujeito a descontos salariais inesperados por diferenças na contagem do dinheiro em caixa ao final do dia. Pessoas que manipulam larga quantia de moedas e dinheiro, recebendo contas e fazendo troco, estão naturalmente sujeitas a pequenas variações no acerto dos dados ao final de cada expediente. Alguns empregadores adotam políticas de desprezar diferenças pequenas, fixadas em volume de dinheiro ou em percentual do total manuseado.

Porém, pelas normas do art. 462 da CLT e supondo-se que evidentemente o empregado assinou cláusula contratual de que assume a responsabilidade por danos causados por negligência, é quase certo que em algum momento do contrato de trabalho o empregado sofrerá desconto salarial por deficiência na prestação de contas. Esses descontos, aliás, podem comprometer a renda do trabalhador e se projetar por vários meses.

Uma forma de atenuar a dura realidade dos caixas foi o estabelecimento da gratificação salarial pela qual o empregador antecipa uma quantia que, em tese, o empregado não deveria gastar em seu consumo pessoal, mas poupar para um momento de necessidade como esse. De toda sorte, a natureza da gratificação é efetivamente salarial, porque dada como contraprestação pelos serviços prestados, sob a condição do exercício da função de caixa, e sem nenhum caráter indenizatório ou ressarcitório.

Isso vale tanto para os bancários, que são pioneiros na quebra de caixa, quanto para comerciários e outros profissionais que lidam com dinheiro, desde que a gratificação seja avençada entre as partes, em contrato de trabalho ou em norma coletiva.

O fato de ser paga a título precário – ou seja, apenas enquanto perdurar a função de caixa – é de todo irrelevante, pois o Direito do Trabalho conhece numerosas parcelas salariais condicionadas a certos eventos, como o adicional de insalubridade apenas na exposição aos agentes agressivos, o adicional noturno apenas durante o cumprimento da jornada considerada noturna e assim sucessivamente.

As gratificações contempladas pelos arts. 62 (cargo de chefia) e 224 (bancário em cargo de confiança) são seguramente as mais conhecidas no Direito do Trabalho pátrio, mas algumas outras normas esparsas, sejam elas leis ou convenções coletivas, apresentam outros exemplos.

Recorde-se, inicialmente, da gratificação do vendedor em função de fiscalização (art. 8.º, Lei n. 3.207/1957), da ordem de 10% sobre a média remuneratória do trabalhador. Advirta-se de que essa gratificação é igualmente paga a título precário, enquanto perdurar a atividade fiscalizatória, sendo removível quando da retirada dessa condição.

6. Gratificação ou adicional por tempo de serviço

O adicional por tempo de serviço, que, muito embora tenha a palavra adicional em sua nomenclatura, aproxima-se mais do sentido de uma gratificação pelos serviços prestados, normalmente de forma ininterrupta e relativamente duradoura, para o mesmo empregador. Embora ausente da legislação brasileira, cuida-se de uma das vantagens mais conhecidas das normas coletivas, de diversas categorias e regiões.

Colhem-se esporadicamente algumas referências legais a respeito desse sistema de pagamento proporcional ao tempo de contrato de trabalho, mas os exemplos reforçam o entendimento de que a parcela é localizada e específica para alguma circunstância. Recorde-se do caso da política salarial do servidor público (art. 19 da Lei n. 4.345/1964). Na oportunidade, o Tribunal Superior do Trabalho frisou que o adicional por tempo de serviço era devido aos empregados não somente na constância do contrato de trabalho como também para fins da complementação de aposentadoria, prometida que fora com a globalidade salarial (Súmula n. 52).

Há a possibilidade de o empregador conceder voluntariamente o adicional por tempo de serviço, embora o mais comum seja a fixação por norma coletiva. Neste passo, por vezes ocorre de o empregador já pagar alguma gratificação por antiguidade, quando entra em vigor a norma coletiva, o que acarreta a dúvida se os empregados passam a ter direito aos dois benefícios. Nem sempre eles serão idênticos, como 1% sobre o salário-base por ano de serviço, sendo possível que sejam apenas parecidos (anuênio *versus* quinquênio, por exemplo, ou um adicional por tempo de serviço fixado com base em percentual salarial e outro fixado em valores rígidos).

Mantendo a coerência quanto ao que já dispusera sobre a Gratificação de Natal, que alguns empregadores já ofereciam aos empregados antes do advento do 13.º salário pela Lei n. 4.090/1962 (Súmula n. 145), o Tribunal Superior do Trabalho elaborou jurisprudência firme no sentido de que o empregador, que havia se antecipado à norma coletiva, não pode ser punido por sua benevolência. A partir do momento em que as duas gratificações de tempo de serviço passarem a coexistir, o empregado deverá optar pela que for melhor (o que significa o mesmo que dizer que o empregador que pagar a gratificação maior pode compensar o pagamento feito pela gratificação menor, se for o caso).

"Existindo, ao mesmo tempo, gratificação por tempo de serviço outorgada pelo empregador e outra da mesma natureza prevista em acordo coletivo, convenção coletiva ou sentença normativa, o empregado tem direito a receber, exclusivamente, a que lhe seja mais benéfica", preconiza a Súmula n. 202, de 11.07.1985.

A denominação varia enormemente, sendo encontradas expressões como adicional por tempo de serviço, gratificação por tempo de serviço, gratificação de antiguidade, bonificação de antiguidade ou simplesmente anuênio, biênio, triênio, quadriênio e quinquênio, sendo que nestes casos o nome já revela desde o princípio a forma de cálculo do benefício.

Os servidores públicos do Estado de São Paulo auferem, com base no art. 129 da Constituição Estadual, vantagem salarial denominada sexta parte, a qual não deixa de guardar familiaridade com o conceito de adicional por tempo de serviço, porquanto conquistada a partir do vigésimo ano de atividade.

Indaga-se se a fixação de adicional por tempo de serviço fere a isonomia salarial. Certamente que não, desde que a promessa tenha sido feita genericamente a todos os empregados em igualdade de condições, ou seja, para o empregado receber o pagamento, basta que implemente as condições exigidas pelo empregador. Assim, é razoável e lícito que o empregado mais antigo receba gratificações mais elevadas, o que redundará em rendimentos superiores quando comparado com o colega novato.

Se a promessa foi de quinquênio (normalmente isso significa 5% de gratificação por períodos completos de cinco anos) e o empregado pedir demissão com quatro anos de contrato de trabalho, não há objeção que ele possa fazer. É verdade que o colega que ficou mais um ano, por essa pequena diferença de tempo, conseguiu um aumento expressivo, mas essa é uma regra conhecida, genérica e razoável.

Em diversas ocasiões, a jurisprudência já se posicionou favorável a essa diferenciação de rendimentos de acordo com o tempo de contrato de trabalho.

No tocante a pedidos de equiparação salarial, por exemplo, não se admite a comparação de "vantagens personalíssimas" e no tocante à fixação de faixas salariais por norma coletiva, é válida a distinção pelo fator tempo de serviço, o que não fere o princípio da isonomia salarial (art. 7.º, XXX, da CF/1988),

A natureza jurídica do adicional por tempo de serviço não destoa das demais gratificações ajustadas até aqui expostas, porque representa simples forma de contraprestação dos serviços prestados, ainda que seus cálculos sejam mais sofisticados do que o salário-base. O fato de variar ano a ano ou período a período em nada afeta sua natureza contraprestacional.

Consequências diretas dessa natureza salarial são a imperiosidade de reflexos do adicional por tempo de serviço em outras parcelas do contrato de trabalho que foram concebidas com base nos salários (fundo de garantia, férias, 13.º salário e aviso-prévio indenizado), bem como sua incorporação na base para o cálculo das horas extras e do adicional noturno, que são apurados com fundamento em todas as parcelas de natureza salarial ("salário mensal" de que fala o art. 64 da CLT).

Diferente não foi a conclusão sintética e precisa da Súmula n. 203, de 11.07.1985, para a qual "gratificação por tempo de serviço integra o salário para todos os efeitos legais", bem como a Súmula n. 226, de 19.09.1985, assevera que "gratificação por tempo de serviço integra o cálculo das horas extras".

Caso bastante curioso ocorreu com a gratificação de função do bancário, instituída como 1/3 do "salário do cargo efetivo", de acordo com o art. 224, § 2.º, da CLT. Considerando-se que o bancário recebia adicional por tempo de serviço de longa data, entendeu-se que esse percentual compunha o sentido da expressão "salário do cargo efetivo", donde a conclusão de que "o adicional por tempo de serviço integra o cálculo da gratificação prevista no art. 224, § 2.º, da CLT" (Súmula n. 240, de 05.06.1985).

Para se entender convenientemente o resultado da Súmula n. 240 (adicional por tempo de serviço na base de cálculo da gratificação do bancário, mas não a gratificação do bancário na base de cálculo do adicional por tempo de serviço), costuma-se usar o critério "cronológico" no cálculo dos adicionais salariais.

Diz-se cronológico porque a primeira parcela calculada é necessariamente o salário. Depois, vem o adicional por tempo de serviço, considerando-se que para tanto basta ao empregado ter o tempo de serviço, onde quer que esteja, qualquer que seja sua atribuição. Somente após vem a gratificação de função de maior responsabilidade, se e quando houver o exercício desse mister. Daí por que se diz que as três parcelas (salário, adicional por tempo de serviço e gratificação de função) são computadas na ordem cronológica, muito embora separadas por um átimo de segundo.

Isso explica também a razão de as horas extras serem sempre calculadas ao final (o empregado só faz as horas extras depois de já ter calculado o tempo de serviço e a natureza de sua função, correto?). Por esse motivo que normalmente as horas extras são as mais beneficiadas pelo critério cronológico e levam a fama de serem as mais "difíceis" de serem calculadas. "Difícil" aqui significa apenas que elas exigem uma chamada geral a todas as parcelas de natureza salarial que houverem sido pagas ao trabalhador. Apenas isso.

E mais um grão de sal pode ser acrescido nesse raciocínio: deve o adicional por tempo de serviço servir de base de cálculo para o adicional por tempo de serviço do ano seguinte?

Em princípio, isso não deveria acontecer, pois a finalidade de um adicional por tempo de serviço, seja ele um anuênio, seja um triênio, é apenas contemplar o empregado veterano com um "reajuste automático" ou com uma gratificação imediata, oriunda da simples constatação de sua fidelidade à empresa. O próprio adicional por tempo de serviço concorrer para fomentar o adicional por tempo de serviço subsequente parece uma deturpação de seu sentido.

Ocorre, porém, que algumas normas coletivas são mal escritas. Por vezes, não respeitam pontuação ou regras básicas da língua portuguesa e, como se isso fosse pouco, confundem os conceitos rudimentares do Direito do Trabalho, como salário e remuneração. Isso sem contar a enorme celeuma que se instala nas cláusulas de garantia de emprego, que não conseguem explicar se haverá dia final, conversão em pecúnia, prazo para manifestação do empregado e assim por diante. Criam-se situações inusitadas que, ao fim e ao cabo, vão parar no processo trabalhista. Trata-se, então, de um estudo sobre a forma de interpretação de cláusulas de norma coletiva e não propriamente de um estudo sobre a essência do adicional por tempo de serviço.

Dado que, no Direito do Trabalho, existe uma premissa segundo a qual a interpretação mais favorável ao empregado deve ter prioridade sobre outras interpretações possíveis em torno de uma mesma norma jurídica, não é difícil imaginar contexto em que o adicional por tempo de serviço, enfim, ficou mesmo na base de cálculo do próximo adicional por tempo de serviço.

Tome-se como exemplo uma cláusula que disponha um adicional de 1% por ano de casa, incidente sobre "todos os rendimentos salariais auferidos pelo empregado no mês em que completar um ano de contrato de trabalho". Ou então um quinquênio convencionado à razão de 5% sobre "a remuneração do trabalhador no mês em que completa cinco anos de contrato de trabalho" (nesse caso, a empresa assume o risco de ter de inserir média de gorjetas na base de cálculo do adicional por tempo de serviço, algo inusitado e inesperado, mas fruto da ingenuidade com que a palavra remuneração foi manuseada).

Por que não elaborar uma cláusula mais simples, dentro das condições possíveis de uma negociação coletiva? Pode-se até mesmo aumentar o percentual e estabelecer uma base de cálculo mais simples de ser visualizada. A partir da leitura da antiga Súmula n. 79, que vigorou de 1978 a 2003, descobre-se que o adicional por tempo de serviço da FEPASA era calculado meramente sobre o salário-base. Da leitura da Súmula n. 66, existente de 1977 a 2003, sabe-se que o adicional por tempo de serviço da Rede

Ferroviária Federal incidia sobre o salário do cargo efetivo, conquanto o empregado pudesse ser chamado a ocupar cargos gratificados por maior responsabilidade.

Numa situação parecida, mas não idêntica, discutiu-se a base de cálculo do adicional por tempo de serviço dos servidores públicos do Estado de São Paulo. Evidentemente que esse benefício não decorre de norma coletiva, vetada aos empregados da administração direta no Brasil, mas de legislação estadual. Entendeu o Tribunal Superior do Trabalho, no particular, que a legislação aplicável à hipótese sinalizava o salário-base do empregado e não o somatório de seus rendimentos.

Ainda sobre o tema dos reflexos do adicional por tempo de serviço, normalmente não haverá integração em descansos semanais remunerados, pois o adicional é costumeiramente fixado com base no salário mensal do trabalhador, sob a forma de percentuais, ou, ainda, sob a modalidade do valor fixo ("R$ 50,00 a mais por ano", "um décimo do menor piso normativo por biênio" etc.).

Caso, porém, seja localizada uma norma coletiva que tenha fixado o adicional por tempo de serviço em número de horas ou de dias, é possível sustentar sua integração em descansos semanais remunerados.

Embora o adicional por tempo de serviço, aferido por hora ou por dia, represente hipótese bastante remota, pode-se imaginar, sim, que um singelo adicional por tempo de serviço, de 1% por ano, tenha de ser calculado sobre a remuneração de um comissionista puro ou sobre os rendimentos de um horista ou tarefeiro. Como o percentual segue a natureza daquilo sobre o qual ele incide, o adicional por tempo de serviço do comissionista se parece mais com a comissão do que com um salário-base. Logo, impõe-se a integração em descansos semanais remunerados. Se a categoria for marcada pela existência de empregados comissionados, seria melhor que fixassem outro tipo de gratificação, até mesmo envolvendo a melhoria do percentual de comissões, como modo eficaz de facilitar a comunicação entre as partes e a compreensão da folha de pagamento.

Advirta-se, porém, que a fixação de adicional por tempo de serviço em valores rígidos, em dinheiro, e sem correspondência percentual com o salário, tem natureza salarial também e recebe tratamento idêntico. Se houver, digamos, um reajuste salarial geral, deverá incidir também sobre o valor fixo, sob pena de seu completo desvirtuamento e obsolescência.

Finalmente, cumpre esclarecer que a norma coletiva detém liberdade para estabelecer o alcance da expressão "tempo de serviço", ou seja, se serão incluídos os períodos de suspensão contratual ou não. Os períodos de interrupção, assim entendidas aquelas pausas momentâneas em que o empregado mantém a percepção do salário, como férias, feriados e licenças médicas de até quinze dias, são habitualmente inseridos no conceito de tempo de serviço e de contribuição previdenciária, sendo muito raro que a norma coletiva os mande excluir. A dúvida surgirá quanto aos períodos de suspensão, que habitualmente são mais longos e desprovidos de salários, como a aposentadoria por invalidez e a suspensão para requalificação profissional (art. 476-A da CLT). Recorde-se de que o silêncio da cláusula ou sua redação confusa poderão ser interpretados favoravelmente ao trabalhador, caso duas possibilidades surjam em torno da mesma norma.

Afora essa perspectiva de cláusula normativa mal elaborada, o mais razoável é a exclusão do período para os fins do adicional por tempo de serviço, haja vista que seu propósito é precisamente contemplar o período de dedicação à empresa, como um prêmio, e não o período de ociosidade forçada.

7. Adicional de acúmulo de função

É natural, na fluência de um contrato de trabalho, que cresça a tensão entre o nível de exigência do empregador, de um lado, e a desconfiança do empregado de que suas habilidades não são apropriadamente valorizadas, de outro lado.

Entretanto, o acúmulo de função em sentido estrito não sensibilizou o legislador trabalhista para fins de parâmetro salarial.

Existem pelo menos dois dispositivos da Consolidação das Leis do Trabalho que, aliás, conspiram contra a ideia de um adicional salarial para os acúmulos de atribuições.

De um lado, reza o art. 456, parágrafo único, que "a falta de prova ou inexistindo cláusula expressa a tal respeito, entender-se-á que o empregado se obrigou a *todo e qualquer serviço compatível* com a sua condição pessoal".

A probabilidade de o empregado comprovar que foi contratado para uma tarefa específica é remota, pois, na maioria dos casos, a admissão se destina a serviços gerais dentro de uma empresa ou de departamento. Há, também, conceitos vagos, como "auxiliar de escritório" e "ajudante geral", que tendem a inibir a delimitação de funções e afazeres. Normalmente o Direito do Trabalho não se ocupa dessa discussão sobre o conteúdo do contrato de trabalho, o que ocorre apenas em casos extremos, quando a situação já se aproxima da justa causa do empregado, que se recusa a cumprir ordens ou regulamento, e do empregador, que trata o empregado de modo aviltante ou faz exigências acima da força física (art. 482, *h*, e art. 483, *a*, da CLT).

De outro lado, dispõe o art. 444 que "as relações contratuais de trabalho podem ser objeto de livre estipulação das partes interessadas em tudo quanto não contravenha às disposições de proteção ao trabalho, aos contratos coletivos que lhes sejam aplicáveis e às decisões das autoridades competentes".

Ora, se a fixação da faixa salarial pertence à livre estipulação entre as partes (art. 444), observados apenas os patamares mínimos fixados pela lei ou pela norma coletiva, e se o legislador fixou presunção de que "o empregado se obrigou a *todo e qualquer serviço compatível* com a sua condição pessoal" (art. 456, parágrafo único, parte final), não existe espaço para a exigência de adicional de acúmulo de função por parte do trabalhador que tenha sido chamado a conciliar suas funções principais com outras acessórias. Tampouco se mostra razoável que o Juiz do Trabalho se sensibilize com a situação e imponha ao empregador uma majoração salarial específica para aquele caso.

Se a categoria dispuser de forças suficientes e se se entender que o trabalho prestado se mostra particularmente penoso, ou, ainda, que os empregadores desfrutam de saúde financeira superior à média nacional, variados outros instrumentos legais podem ser utilizados, como o estabelecimento de piso normativo maior, incremento no adicional das horas extras e uma cesta de benefícios assistenciais que pode incluir planos de saúde até vales de alimentação. Forçar um adicional individual não parece a melhor solução para o conflito entre o capital e o trabalho.

Há, contudo, uma brecha escondida no art. 460 da CLT, que vem sendo habilmente utilizada por alguns trabalhadores e por alguns julgados, mas sua aplicação deve ser feita com redobrada cautela.

O escopo principal do art. 460 foi a permissão para que o Juiz do Trabalho jamais deixasse de declarar a existência de uma relação de emprego, uma vez configurados todos seus requisitos, pela ausência de comprovação do salário avençado entre as partes. Essas situações ocorrem em casos cinzentos como o trabalho do voluntário, do cooperado, do eventual, do avulso e do autônomo, em que evidentemente não havia folha de pagamento, mas apenas alguns rendimentos esparsos, como a ajuda de custo do voluntário, a retirada de sobras do cooperado, a diária do eventual, a paga do avulso e algumas notas fiscais ou recibos de pagamento do autônomo.

Essas parcelas não dispunham de natureza salarial nem de previsibilidade, enquanto perdurou a relação controvertida, mas servirão de base para que o julgado trabalhista estabeleça a média salarial que será absolutamente indispensável para qualquer cálculo futuro, desde os recolhimentos previdenciários e fiscais até eventuais horas extras.

Poderá, ainda, o julgado ter de se valer de salário pago para os colegas de trabalho em semelhante situação, sob a modalidade do contrato de trabalho, ou até mesmo de salário pago na categoria, em outros empregadores, tudo para se evitar a situação anacrônica de um contrato de trabalho declarado e consumado, mas desprovido de faixa salarial. Nem mesmo a anotação na Carteira de Trabalho resistiria a esse cenário confuso.

"Na falta de estipulação do salário ou não havendo prova sobre a importância ajustada, o empregado terá direito a perceber salário igual ao daquele que, na mesma empresa, fizer serviço equivalente, ou do que for habitualmente pago para serviço semelhante", estatui o art. 460.

Fixando-se a premissa de que o dispositivo objetivou liberar o arbitramento salarial para o julgado trabalhista em caso de ausência de comprovação ou de estipulação, parece estranho que o mesmo texto seja utilizado para adicional de acúmulo de função, mas foi assim que uma parte da jurisprudência começou a se posicionar, diante da excessiva redução de quadros de algumas empresas.

A expressão "*downsizing*" representa o enxugamento do número de empregados para fins de maior produtividade na empresa, o que caminha lado a lado com a ideia de "*outsourcing*", no sentido de buscar fora da empresa o fornecimento de produtos e serviços que outrora eram prestados dentro dos próprios domínios locais.

Ora, esses temas não são novos nem são exclusivos do Direito do Trabalho, claro está, mas afetam diretamente as relações de emprego quando comprometem o equilíbrio daquilo que foi originalmente pactuado. Por exemplo, recepcionista contratada para ganhar R$ 1.000,00 mensais divide o serviço com outras nove colegas, dada a intensa movimentação de entrada e saída de clientes e fornecedores, linhas e ramais telefônicos e sistemas de segurança. Passado algum tempo, permanece a auferir os mesmos R$ 1.000,00 (apenas com os reajustes legais ou normativos) e permanece a conviver com o mesmo movimento de pessoas e informações, mas agora com apenas mais duas colegas.

O tema, como se nota, é espinhoso.

De um lado, não se pode proibir o empregador de adequar seu empreendimento a suas próprias necessidades. Pode ser que o quadro de dez recepcionistas fosse realmente exagerado, levando a muitos lapsos de ociosidade. Também é correto que o empregador exija maior produtividade dos empregados, especialmente diante de soluções tecnológicas que agilizam os contatos e eliminam burocracia. Do contrário, as relações trabalhistas seriam absurdamente engessadas e tensas. A cada pedido de demissão de um empregado, o empregador estaria obrigado a distribuir seu salário entre os empregados remanescentes, enquanto não providenciasse a colocação de novo trabalhador?

De outro lado, porém, indaga-se se seria viável exigir que três empregados fizessem o serviço de dez, como no exemplo dado.

De plano já se nota uma possibilidade iminente de justa causa por parte dos empregados remanescentes, porque a qualidade dos serviços prestados será inexoravelmente reduzida e o volume de queixas dos clientes seguramente elevado.

Caso se entenda viável exigir que os três arquem com as tarefas dos dez, então é provável que estejamos diante de um caso de "falta de estipulação de salário", porque o salário originalmente avençado, inscrito na folha de pagamento e praticado durante o período anterior, tinha como premissa uma situação bem diversa daquela que se desenhou após a redução de quadros. É como se o art. 460 da CLT fosse lido da seguinte forma: "Na falta de estipulação de salário quando da admissão do empregado *ou quando de alteração profunda e duradoura do contrato de trabalho*, o empregado terá direito a perceber salário proporcional ao incremento de suas responsabilidades".

Outro tipo de adicional de acúmulo de função verificado nas relações de trabalho é aquele fixado por norma coletiva para casos específicos de trabalho versátil e concomitante, servindo como exemplo os operadores de televendas. Normalmente eles atuam de modo sincrônico na conversa com o público-alvo e no lançamento de dados nos programas de computador. Daí a norma coletiva de muitos desses agrupamentos ter fixado que o adicional de acúmulo de função será devido em caso de uso de fone de ouvido.

Não é o fone de ouvido o responsável pela maior ou menor dificuldade de um contrato de trabalho, mas aqui ele se torna o símbolo de uma função acumulada, por se saber que aquele que usa o fone está certamente a usar outros equipamentos ao mesmo tempo. A prova processual se torna bem mais simples (basta a demonstração do uso do fone, independentemente das circunstâncias) e a controvérsia igualmente é restringida.

Se e quando existente, o adicional de acúmulo de função tende a manter a natureza salarial, produz os mesmos reflexos do adicional por tempo de serviço e dificilmente será chamado a concorrer com os descansos semanais remunerados, dada a base de cálculo mensal.

Capítulo 6

Ajudas de custo e diárias para viagens

As parcelas conhecidas por ajuda de custo, diária de viagem ou por expressões similares como reembolso de despesas, ressarcimento de gastos e outras, nem ao menos deveriam comportar discussão em torno da natureza jurídica.

Inserem-se seguramente em contexto não salarial, pois não objetivam contraprestar serviços dos trabalhadores, não remuneram tempo à disposição do empregador e tampouco representam períodos de interrupção do contrato de trabalho, como feriados, férias ou licenças médicas.

Têm natureza preponderantemente indenizatória.

O empregador, que não pretende se ver envolvido em discussão sobre a natureza jurídica das ajudas de custo, deve preferencialmente exigir a prestação de contas, de cada gasto que o empregado precisar fazer. Assim, para ser ressarcido, o empregado deveria apresentar a nota fiscal do consumo de refeições e de hospedagem, o tíquete do pedágio da rodovia, o recibo do posto de gasolina e assim sucessivamente.

Se isso ocorresse apenas uma ou outra vez, a situação seria suportável. Porém, a exigência dessa comprovação minuciosa, até mesmo de uma garrafa de água, torna as relações trabalhistas impraticáveis. Multipliquem-se essas exigências por dezenas ou centenas de empregados e logo se verá o quanto é caricata a legislação que sugere a prestação de contas milimétrica. E há mais.

O empregado não necessariamente precisa ter dinheiro no bolso para fazer frente a essas despesas, sendo bastante sensato que muitos dos gastos tenham de ser antecipados pelo empregador e não reembolsados posteriormente mediante comprovantes documentais. Ao fazer a antecipação, todavia, o empregador pode acertar o valor exato, caso se trate de despesa conhecida e fixa, ou pode errar o valor para mais ou para menos. Os procedimentos utilizados quando do retorno do empregado, para complemento da despesa ou devolução do pagamento feito a maior, serão reveladores também do significado da ajuda de custo.

É verdade que esses problemas não acometem a todos os trabalhadores, pois muitos atuam internamente e jamais assumirão gastos pelo empregador, mas não se deve olvidar que largas camadas das profissões envolvem algum tipo de atividade externa, como entregadores, propagandistas, vendedores, representantes, técnicos de instalação e manutenção, entre diversas outras ocupações que lidam diretamente com o público em seus domicílios. Outras profissões, como o bancário, são presumivelmente internas, mas podem gerar serviços externos como na prospecção ou manutenção de clientes. O estudo das ajudas de custo, como se nota, transcende os limites dos viajantes ou dos representantes comerciais.

Tecnicamente, a expressão ajuda de custo já basta para abarcar todas as demais formas de reembolso de despesas, inclusive a diária para viagem. O simples fato de a diária se relacionar com deslocamentos para fora da cidade de origem e normalmente envolver pernoite não seria suficiente para alterar seu entendimento jurídico. Costuma-se usar a expressão diária para viagem quando se trata de valor fixo, capaz de atender razoavelmente aos gastos com alimentação, deslocamento e hospedagem do empregado, embora também essa distinção entre valor fixo e valor móvel não disponha de previsão legal.

Diante de todas essas peculiaridades, o legislador de 1943 a 2017 houve por bem fixar um critério artificial para a definição da natureza jurídica da ajuda de custo e da diária para viagem.

À época, qualquer ajuda, mesmo que verdadeira, que por acaso ultrapassasse 50% do salário do empregado era desnaturada em seu caráter ressarcitório e automaticamente inserida no conceito salarial, com todas as consequências inerentes (reflexos em férias, fundo de garantia, 13.º salário e aviso-prévio indenizado, bem como recolhimentos previdenciários e fiscais).

Havia imprecisão da base de cálculo, ou seja, não se tinha clareza se os 50% incidiam apenas sobre o salário-base do empregado (o que tornará a diária para viagem bastante reduzida) ou se incidiam sobre todas as parcelas de natureza salarial (o que amplia bastante o patamar). A única certeza é que as gorjetas ficam de fora da conta. Não é difícil imaginar uma controvérsia a respeito.

Suponha-se um bancário que aufira R$ 1.500,00 de salário, R$ 500,00 de gratificação de função e R$ 200,00 de adicional por tempo de serviço. Uma diária para viagem de R$ 800,00 é superior a 50% do salário-base, de R$ 1.500,00, mas não é superior a 50% das parcelas de natureza salarial, de R$ 2.200,00.

Mesmo com a fixação de base de cálculo ampliada, incluindo-se todas as parcelas de natureza salarial, havia diversas situações em que os gastos externos do trabalhador suplantavam a metade de seus salários.

Não raro um entregador, um motorista ou um viajante auferem salários de R$ 1.000,00 ou de R$ 2.000,00, mas vivenciam gastos iguais ou superiores aos seus próprios salários – muito além dos 50% preconizados pelo legislador. E nada há de fraude a respeito, pois os gastos foram realmente verificados e comprovados. Por outro lado, pode-se ter situação em que o salário de R$ 1.000,00 ou de R$ 2.000,00 é acompanhado pelo reembolso de R$ 100,00 ou de R$ 200,00 de despesas inexistentes, pois o empregado jamais saiu do escritório a trabalho. Neste particular, mesmo respeitando o patamar de 50% do legislador, a ajuda de custo é fraudulenta. Ou seja, o critério artificial não concorre com êxito para a estipulação da natureza jurídica.

Diante de todas essas ponderações, afirmávamos que as ajudas de custo eram dirimidas mediante critérios de *presunção relativa*.

Por esse critério, tanto a ajuda de custo quanto a diária de viagem eram regidas se por um sistema de presunção a ser demovida pela parte que se sentir prejudicada.

Assim, o empregado que aufere R$ 100,00 de ajuda de custo falsa, diante de seu salário de R$ 1.000,00, terá sobre si o encargo de demonstrar a irregularidade da situação. Sendo essa diária equivalente a valor inferior à metade dos salários percebidos, não se presume a irregularidade, pois a ajuda de valor baixo é presumida verdadeira. Como a presunção é meramente relativa, pois jamais poderia ser absoluta numa relação tão dinâmica e multifacetada quanto a trabalhista, a parte prejudicada moverá provas apropriadas para essa configuração. Mal comparando, é como se o legislador houvesse assumido o risco de não conseguir o empregado fazer a prova dos R$ 100,00 salariais, mas, ao mesmo tempo, se dado conta de que o prejuízo será relativamente menor, quando comparado a uma diária de R$ 600,00.

Se o empregado aufere diária de R$ 600,00 e o salário é de R$ 1.000,00, então a presunção militará a favor da natureza salarial, dado ter excedido 50% do salário percebido. Sabendo dessa presunção a favor da natureza salarial, compete ao empregador se munir de provas capazes de demonstrar eficazmente que as despesas foram de fato empreendidas e comprovadas por documentos pelo empregado. Falhando nessa prova, o empregador terá contra si a presunção, repita-se, de que ajudas elevadas são salários escondidos.

Quanto mais elevadas as diárias, tanto mais as empresas devem se guarnecer de documentos e exigir prestação de contas dos empregados. Mas isso é natural que aconteça, em qualquer relação da vida privada. Quanto menores os valores, irrisórios até, tanto menos a empresa necessita de comprovantes documentais.

Admite-se haver uma distorção nesse critério, porque empregados com salários mais modestos terão de comprovar mais frequentemente seus gastos do que empregados com salários mais altos, por conta da regra dos 50%. Sem embargo, em algum momento essa presunção teria de ter início. Eventual critério de valores fixos, em moeda corrente, seria ainda mais precário, sem prejuízo da oscilação inflacionária e da perda da expressão econômica do dinheiro.

Esse critério das presunções relativas equipara ajudas e diárias, não havendo distinção quanto à regra dos 50%, nem quanto à base de cálculo formada pela globalidade salarial.

A reforma trabalhista de 2017, ao reescrever o art. 457, § 2º, da CLT, passou a afirmar que nenhuma ajuda de custo e nenhuma diária de viagem integram a remuneração, donde a natureza indenizatória ter sido vitoriosa, por assim dizer.

Por causa do princípio da primazia da realidade e devido ao impacto que a natureza indenizatória provoca sobre o contrato de trabalho e seus encargos, o mais correto é dizer que a Reforma Trabalhista esticou a presunção relativa de natureza indenizatória para 100% da ajuda de custo e não apenas para sua parcela até 50% do salário do empregado: o ônus de provar o desvirtuamento da ajuda de custo passa a ser sempre do empregado, militando presunção indenizatória a favor de qualquer ajuda e diária.

As empresas possuem aptidão melhor para essa prova, pois costumam manter comprovantes de despesas, detalhes de trajetos, percursos e tarefas feitas pelos empregados, mas a problemática de se atribuir o ônus de provar a natureza indenizatória para os empregadores ainda carece de amadurecimento.

Importante lembrar que a Receita Federal concorda com a natureza indenizatória das ajudas de custo, mas ressalva que elas jamais podem justificar aumento patrimonial. Logo, as ajudas de custo muito elevadas, que por vezes superam o valor do salário do próprio empregado, podem despertar dúvidas maiores e impelir o empregador a demonstrar a razão de ser da discrepância.

De qualquer forma, o patrão não poderá ser punido se o empregado, sigilosamente, "economizar" o valor da diária ou da ajuda de custo.

Por exemplo, o empregado recebe valor para alimentação em restaurante, mas se alimenta com lanche rápido; detém dinheiro para pernoitar em hotel, mas fica em pousada rústica; em vez de táxi, prefere o transporte coletivo. É evidente que o empregado o faz com o intuito de ficar com a diferença em dinheiro, mas, ao depois, não poderá alegar em Juízo que essa economia tinha natureza salarial, porque não se tratava de nenhuma forma de contraprestação e também porque o procedimento foi feito ao arrepio da orientação do empregador.

Caso se comprove que o empregador sabia do procedimento, tolerando-o ou até estimulando-o, pode-se, sim, alegar a deturpação da norma, mas o critério da presunção na casa dos 50% da faixa salarial continua a vigorar mesmo neste caso.

De qualquer forma, o empregado arrisca-se em receber uma dispensa por justa causa, por indisciplina ou por insubordinação, ao descumprir as ordens diretas do superior hierárquico ou o regulamento interno da empresa. Pode também ser acusado de enriquecimento à custa do empregador e insuficiência de rendimento, por demorar mais tempo para executar a tarefa do que em condições normais, qual seja, com o dinheiro disponibilizado pela empresa, teria cumprido.

A solução acima recomendada, que adota presunção relativa em prol da natureza indenizatória, das ajudas de pequena monta, e em prol da natureza salarial, quanto à ajuda de elevada expressão, embora essa convicção já não encontre mais apoio no art. 457, § 2.º, da CLT.

A Reforma Trabalhista também varreu da lei previdenciária a dicotomia das diárias maiores ou menores do que 50% do salário do trabalhador, alterando dispositivo a respeito na Lei de Custeio. Qualquer diária de viagem passou a ser expelida do salário-de-contribuição.

Por outro lado, não será aplicado à hipótese o conceito de irredutibilidade salarial.

É evidente que a parcela de natureza salarial deve ser considerada como parte integrante da contraprestação dos serviços ao empregado e, como tal, não pode ser objeto de redução, sob fundamento no princípio protetor que rege o Direito do Trabalho, especialmente em seu aspecto de condição mais benéfica conquistada pelo empregado. (Há quem afirme que, dada sua relevância, a irredutibilidade salarial, sozinha, deveria representar um princípio em separado, mas não se vê necessidade desse desdobramento).

Entretanto, o fato de a ajuda de custo adquirir natureza salarial, por erro de cálculo ou pela adoção pura da simbologia do art. 457 da CLT, não é o bastante para tornar esse pagamento "direito adquirido" do empregado. Assim como acontece com o adicional de insalubridade, o adicional de periculosidade, o adicional de transferência, as horas extras e o adicional noturno, estamos diante de um salário condicionado à realização de um evento ou de uma circunstância específica. Retirado o fato, retira-se o salário. Justifica-se o uso habitual do termo "salário-condição", portanto.

Não há ferimento à irredutibilidade salarial, porque os salários continuam imutáveis, após a conquista pelo empregado, mas mera aplicação prática do entendimento de que uma parcela salarial concedida por mérito ou por reajuste proveniente de lei ou norma coletiva guarda diferença com a parcela salarial concedida pela ocorrência de um evento.

Note-se que o evento há de se mostrar duradouro, pois o Direito do Trabalho lida com expectativas e afasta a proteção em demasia para episódios fugazes (tanto na configuração da relação de emprego, que não permite a ocasionalidade, quanto na configuração de uma parcela de natureza salarial, que reclama, entre outras exigências, a habitualidade dos pagamentos feitos pelo empregador).

Caso, porém, a ajuda de custo seja fraudulenta do começo ao fim, sem se tratar de simples controvérsia da matemática (por exemplo, o empregador que promete R$ 1.500,00 de salário ao empregado, anotando no recibo R$ 1.000,00 de salário e R$ 500,00 de ajuda, sem nenhum respaldo na realidade do contrato de trabalho), estaremos diante de salário simples, guarnecido pela irredutibilidade.

Capítulo 7

Vale-transporte, vale-refeição e vale-cultura

Valem aqui as mesmas ponderações feitas em torno da ajuda de custo: se o empregador efetivamente se limitasse a pagar ao empregado uma quantia equivalente a seus gastos com a condução, não haveria necessidade alguma de controvérsia sobre sua natureza jurídica. Por óbvio, esse seria um típico reembolso de gastos efetuados pelo empregado por força do trabalho e em tudo se assemelharia à ajuda de custo própria.

Até 1985, não havia legislação brasileira sobre a ajuda de custo para o deslocamento do empregado. Inseria-se a questão na livre negociação entre empregados e empregadores, no plano individual ou coletivo.

Ao contrário da ajuda de custo, que compensa o empregado pelas despesas feitas durante o expediente por conta do empregado, havia dúvidas se o transporte era um gasto dentro ou fora do contrato de trabalho. A dúvida tem fundamento, porque normalmente não se computam na jornada de trabalho o tempo gasto entre a residência e o local da atividade, nem seu retorno. Tampouco se considera responsabilidade do empregador proporcionar meios adequados de locomoção aos empregados.

Durante muitos anos se consideravam os reembolsos de despesa de deslocamento da residência para o trabalho como uma parcela de natureza salarial (contraprestação de serviços prestados), pelo singelo argumento de não se enquadrarem nos cânones das parcelas de natureza indenizatória nem poderem ser consideradas como despesas feitas dentro do contrato de trabalho.

A Lei 7.418/1985 consagrou a natureza não salarial da ajuda de custo para a condução do empregado, cunhando a expressão vale-transporte.

Simultaneamente, concebeu um sistema precário de *renúncia fiscal*: a fim de atenuar o impacto financeiro da obrigatoriedade de fornecimento de vale-transporte a todos os empregados, o legislador autorizou que as empresas descontassem parte dos gastos com o benefício trabalhista dos impostos devidos pela pessoa jurídica, conforme abaixo se analisa. Terceiro ponto que merece destaque sobre o tema é a vedação ao fornecimento do vale-transporte em dinheiro, como forma de se dificultar o desvirtuamento da norma e de se controlar os desembolsos e as isenções fiscais. A instituição de bilhetes e passes é acompanhada por uma série de vantagens e desvantagens.

▶ **A Constituição Federal de 1988 e a Lei 7.418/1985**. O vale-transporte não tem assento constitucional, o que não deixa de ser uma surpresa, quando se sabe que quase todos os grandes temas do Direito do Trabalho foram alçados ao patamar de normas constitucionais formais. Há, sim, uma referência ao transporte como direito do trabalhador, mas por vias transversas, no conceito de salário-mínimo (art. 7.º, IV, da Constituição e, desde setembro de 2015, a EC 90 inseriu o transporte como um direito social do trabalhador, reformulando a redação do art. 6.º da CF/1988). Na verdade, o conceito de salário-mínimo, quando bem analisado, apresenta-se contraditório com o sentido do vale-transporte: se o salário do trabalhador deve ser suficiente para que ele possa fazer frente às despesas de transporte, então não haveria que se garantir o fornecimento do vale-transporte, em separado, por conta do empregador e da União. Das duas uma: ou o transporte deveria ser retirado do conceito de salário-mínimo ou o vale-transporte se aproxima do conceito de salário. Na realidade, nenhuma das duas afirmações prosperou. O conceito de salário-mínimo permaneceu intacto, muito mais como uma norma ideal, desprovida de alcance prático porque os patamares são notoriamente distantes do senso de realidade para um trabalhador concorrer com as despesas, suas e de sua família, em torno de nove assuntos (moradia, alimentação, educação, saúde, lazer, vestuário, higiene, transporte e previdência social). Enquanto isso, o legislador ordinário apropriou-se de outras experiências, como aquelas do vale-refeição e do salário-família, instituindo um benefício trabalhista, que, na verdade, é um benefício tributário, com a diferença de que, no vale-transporte, a oferta é obrigatória a todos os empregadores e não uma simples faculdade de adesão por parte do empregador.

- **Empregador**. A obrigatoriedade alcança todos os empregadores, tanto pessoas físicas quanto jurídicas e entes despersonalizados, com ou sem atividade econômica, inclusive aqueles que jamais conseguirão obter as vantagens tributárias da pessoa jurídica, como o empregador doméstico e as casas de caridade, além dos próprios entes da Administração que desfrutem de imunidade tributária.

- **Empregado**. O conceito de empregado é igualmente amplo para os fins do vale-transporte. Inclui todos os empregados urbanos, bem como os empregados públicos, os domésticos e os temporários, com contrato de trabalho regido pela Lei 6.019/1974. O Regulamento do Vale Transporte faz questão de frisar que o vale-transporte atinge também os atletas profissionais de futebol, que também são empregados, bem como os empregados em domicílio, quando necessitarem de deslocamento até a empresa para prestação de contas, por exemplo. Embora a lei preveja o vale-transporte a todos os empregados, o Regulamento do Vale-Transporte optou por elaborar um rol contendo todas as fontes legislativas que disciplinam os regimes de emprego, como a CLT, a Lei dos Domésticos e a Lei dos Temporários. Por excesso de zelo, também a LC 150/2015 referiu o direito do doméstico ao vale-transporte. Por um lapso, a norma de 1985 omitiu a Lei dos Rurais. Não há fundamento algum para, em meio a tantos empregados, suprimir-se a vantagem aos rurais, mais ainda quando a lei não fez essa distinção. O vale-transporte beneficia também o trabalhador avulso, ainda que tenha comparecido ao órgão gestor de mão de obra e não tenha sido escalado por falta de demanda naquele dia.

- **Obrigatoriedade**. Embora a redação original do art. 1.º da Lei 7.418/1985 mencionasse que o empregador "poderá antecipar" o vale-transporte ao empregado, uma reforma legislativa não tardou a ocorrer para que se fixasse a afirmação de que o empregador "antecipará" ao empregado as despesas (Lei 7.619, de 30.09.1987).

- **Conceito de transporte coletivo**. Outra expansão adotada pela reforma de 1987 diz respeito à abrangência do transporte coletivo, que deixou de ser apenas aquele municipal e passou a considerar também o intermunicipal e o interestadual, mas desde que mantidas as características do transporte coletivo público, de oferta constante, pagamento imediato, ausência de comercialização de bilhetes com antecedência em estações rodoviárias, permanência de passageiros sentados ou em pé, ausência do conforto de um leito e, normalmente, operação direta pelo Poder Público ou mediante concessão, existência de linhas fixas e preços mais reduzidos. Logo, os serviços seletivos e os serviços especiais, como os conhecidos ônibus executivos ou fretados, não fazem parte do conceito de vale-transporte. Se o empregador o custeia, trata-se de negociação individual ou coletiva, e não de uma imposição do legislador.

- **Conceito de trajeto**. Os gastos a serem cobertos pelo vale-transporte são unicamente aqueles decorrentes do trajeto entre a residência e o trabalho. Pode ocorrer de o trabalho ser móvel, como naquelas profissões em que o empregador designa o empregado para diversos postos de serviços ou para a atividade em clientes, fornecedores e outros parceiros (propagandistas, vendedores, pracistas, montadores de móveis, vigilantes e folguistas em geral). Assim, é possível que o fornecimento do vale-transporte no primeiro dia do mês, a fim de antecipar os gastos do período, tenha de ser complementado posteriormente, por ter havido variação de trajeto. Muitas empresas optam por fixar uma única base para a apresentação do empregado e, dali, conduzi-lo em veículo próprio até o cliente, justamente para se evitar essa distorção.

- **Inexistência de vale-transporte para almoçar em casa**. Caso o empregado consiga almoçar ou jantar em casa, algo que ainda se verifica em cidades de médio porte ou quando se trabalha no mesmo bairro em que mora, não pode exigir do empregador o fornecimento de vale-transporte adicional, pois o sentido da legislação foi apenas a cobertura do trajeto básico, e não dos intervalos interiores à jornada. "Não se depreende da Lei n. 7.418/85, alterada pela Lei n. 7.619/87, que o empregador esteja obrigado ao fornecimento do vale-transporte para a ida e retorno do empregado à sua residência para refeição", afirma o Precedente Administrativo 80 do Ministério do Trabalho e Emprego. Por outro lado, se o empregado saltar no meio do trajeto, para ir à faculdade ou para seus compromissos familiares, não estará desnaturado o fornecimento do vale-transporte.

- **Natureza jurídica**. A natureza do vale-transporte é eminentemente indenizatória, buscando ressarcir os empregados dos gastos havidos em seus deslocamentos entre a residência e o trabalho. Sendo indenizatória a parcela, todas as consequências devem advir simultaneamente, a saber, não haver incorporação do montante ao salário, não servir para base de cálculo de nenhuma outra vantagem, não ajudar no cálculo de horas extras ou de 13.º salário, não haver tributação nem incidência de fundo de garantia e assim sucessivamente. Logo, há grande desperdício de energia quando o legislador resolve explicar o óbvio, como faz no art. 2.º da Lei em comento (Lei 7.418/1985). Deturpações no fornecimento do vale-transporte (entrega para aquele que não usa condução pública, fixação de valor irreal, não exigência de descrição de trajeto ou itinerário, concessão de vale-transporte em férias e dias sem expediente) tendem a atrair a natureza salarial ao pagamento, porquanto dissociado da realidade e, assim, assemelhado a simples contraprestação de serviços prestados. Fornecimento de condução fretada pelo empregador, para maior comodidade dos empregados, era considerado parcela salarial por numerosos julgados, que faziam um paralelismo com a lei do vale-transporte (natureza indenizatória para os bilhetes e passes, natureza salarial para fornecimento em dinheiro ou em utilidades). A Lei 10.243/2001 reformou o art. 458 da CLT (§ 2.º) e expressou claramente a natureza indenizatória do transporte fornecido pelo empregador, com ou sem transporte coletivo no mesmo percurso.

- **A escolha da condução utilizada**. Problema sério tem-se avolumado nas demandas trabalhistas quanto à palavra final sobre as conduções a serem utilizadas. Em muitas cidades e bairros, não há opções de transporte coletivo, mas apenas uma linha de ônibus. Entretanto, em cidades grandes é relativamente comum o cruzamento de linhas de ônibus e de trechos cobertos por meios férreos, além das conexões e de outras formas de solução do conflito do transporte. Surgiram, então, empresas especializadas na análise da malha de transportes coletivos, a fim de oferecer mapas diferentes de trajetos que os empregados devem percorrer, com o propósito de baratear o vale-transporte. Numa metrópole, porém, nem sempre o que dizem os mapas de ruas corresponde ao que se consegue praticar. Existem linhas de ônibus excessivamente morosas ou perigosas, assim como a conjugação de ônibus e metrô pode reduzir a menos da metade o tempo gasto com uma linha perimetral de ônibus. O trabalhador pode ter de carregar objetos da profissão, como ferramentas e mostruários, incompatíveis com a superlotação de um trem, por exemplo, em que se acomodam oito pessoas num metro quadrado. Há grande tensão sobre esse assunto. O art. 4.º da Lei 7.418/1985 preconiza que o vale-transporte cubra o serviço “que melhor se adequar”, não mencionando nem o mais barato, o mais rápido ou o mais próximo. Parece ser a melhor indicação para o tema, desde que o empregado comprove a inconveniência das outras opções, mas, como se vê, o tema é espinhoso porque pode gerar abusos.

- **Número de paradas de ônibus**. Idêntica discussão sobre a conveniência dos trajetos acomete também a questão do número de pontos de ônibus ou estações de trem e metrô, entre a residência e o trabalho. O empregador pode pretender que o empregado faça o trecho a caminhar, mas nem sempre é fácil identificar a marca do razoável nesse quesito. Há certo consenso em se considerar adequado o vale-transporte acima de três pontos de ônibus, mas obviamente que circunstâncias locais deverão ser consideradas (há paradas muito distantes umas das outras, assim como trechos com paradas bem próximas). O art. 4.º da Lei 7.418/1985 confere ligeira preferência ao empregado nessa definição, ao preferir o transporte mais adequado ao mais rápido ou mais barato.

- **Justa causa na mentira e no abuso**. O empregado que abusar do direito do vale-transporte sujeita-se à rescisão por justa causa do contrato de trabalho, perdendo o direito às indenizações mais expressivas, como o acréscimo de 40% sobre o fundo de garantia, além do saque do fundo de garantia e do seguro-desemprego. Nada mais natural, quando se lembra de que o vale-transporte será custeado pelos cofres públicos e não se destina a complemento de renda. Houve certa perplexidade com o fato de que a justa causa tenha sido prevista pelo Regulamento (art. 7.º, § 3.º, do Dec. 95.247/1987) e não pela lei, o que de fato foi infeliz, mas não há necessidade de grande celeuma porque a conduta do empregado que mente e que tira proveito do custeio público já poderia ser enquadrada em mais de uma alínea do sempre lembrado art. 482 da CLT (por exemplo, mau procedimento, ou, caso tenha lesado financeiramente a empresa, improbidade). O Regulamento do Vale-Transporte apenas expressou esse desvirtuamento. Grotesca seria a solução de poupar o empregado e relevar a falsidade na apresentação do endereço, sob o singelo argumento de que a justa causa está no Decreto.

- **Custeio**. O vale-transporte não é “grátis”. Em primeiro lugar, a norma prevê que o empregador participa dos gastos quanto ao valor que exceder de 6% do salário básico do trabalhador. Em segundo lugar, o empregador, em geral, pode-se ressarcir com deduções de imposto de renda. Assim, apesar dos inconvenientes causados, quem menos concorre com as despesas é o empregador, apesar do que reza o senso comum, porque a parcela de 6% do salário sai do bolso do operário e nunca mais voltará (nem mesmo sob a forma de incentivos fiscais), enquanto o restante sai dos impostos arrecadados na sociedade. Pouco se comenta sobre o assunto, de grande importância. Um empregado que aufere R$ 2.000,00 custeia o vale-transporte com R$ 120,00. Se o gasto for de R$ 4,00 por dia (dois reais por trajeto), será dele integralmente a despesa com a condução, porque em 20 ou 25 dias úteis por mês precisará de R$ 80,00 ou de R$ 100,00. Se seu salário era de R$ 1.000,00, ainda assim ele sofrerá mais despesas do que o empregador, pois arcará com R$ 60,00 (que podem ser deduzidos diretamente do salário em folha de pagamento, conforme art. 9.º, parágrafo único, do Decreto 95.247/1987) e o empregador antecipará apenas o que sobejar essa quantia, para posterior acerto fiscal. Como sempre acontece no Direito do Trabalho, caso o empregador opte por não efetuar o desconto dos 6% e arque com a totalidade dos gastos, não poderá haver recuo posteriormente, dada a característica da condição mais benéfica conquistada pelo empregado. Mas não se deve chegar ao extremo de enxergar uma parcela de natureza salarial no "não desconto", por não ter havido nenhuma forma de locupletamento e porque a norma do vale-transporte tem caráter mais tributário do que trabalhista. Desde janeiro de 1998 não há mais dedução direta do imposto de renda da pessoa jurídica (Lei 9.532/1997), mas continua válido o desconto do vale-transporte como despesa operacional.

- **Passe, bilhete, dinheiro**. Havia grande temor de que o vale-transporte alimentasse a espiral inflacionária dos anos 1980, dando aos empregados a falsa impressão de que tivesse havido reajuste salarial. Um empregado poderia, então, caminhar por longas horas para economizar o vale-transporte e canalizar o valor para o consumo. Justificam-se, assim, as preocupações no sentido de que o vale-transporte seja fornecido unicamente em passes ou bilhetes, mas nunca em dinheiro. Ocorre que a lei não conseguiu impedir que também os passes e os bilhetes passassem a ter valor de moeda corrente, podendo ser trocados em supermercados, padarias, vendedores ambulantes e, pasmem, em postos de gasolina. Daí por que alguns autores preferem chamar o dinheiro de moeda de curso forçado, já que a moeda corrente pode ir além do dinheiro e chegar ao vale-transporte e ao vale-refeição. Para agravar ainda mais a situação, os estabelecimentos comerciais que aceitam vale-transporte exigem um deságio e normalmente recebem o papel por apenas uma parte de seu valor facial, em evidente desvantagem ao trabalhador. Era melhor que houvesse recebido dinheiro, então.

- **Aceitação da jurisprudência para o vale-transporte em dinheiro**. Nada obstante a ênfase do legislador quanto ao fornecimento do vale-transporte em bilhetes, aos poucos a jurisprudência se inclinou favoravelmente ao fornecimento do vale-transporte em dinheiro, contanto que guarde relação com o efetivo gasto do empregado nos deslocamentos e não seja forma de desvirtuar a legislação social. Há julgados desonerando a empresa de recolher encargos sobre o dinheiro entregue a título de vale-transporte no Supremo Tribunal Federal (ver RE 478.410) e na Seção Especializada em Dissídios Individuais do Tribunal Superior do Trabalho (76000-43.2009.5.02.0261). A Advocacia-Geral da União uniformizou entendimento interno de que não convém promover execução fiscal em torno do vale-transporte pago em dinheiro diante dessa manifestação jurisprudencial (Súmula 60 da AGU).

- **Necessidade de requisição**. Dispõe o art. 7.º do Dec. 95.247/1987 haver necessidade de requisição do vale-transporte, mediante requerimento contendo endereço do trabalhador e trajeto da condução mais adequada. A exigência de requerimentos por escrito pelos empregados normalmente se revela caricata, por se achar divorciada da realidade da imensa maioria dos trabalhadores. Admitem-se, portanto, os requerimentos verbais. Mas a questão é ainda mais profunda. Seria realmente necessário o requerimento expresso do trabalhador ao empregador? Não se pode ignorar a realidade em que se vive, sendo notórias as dificuldades com locomoção na grande maioria das cidades industrializadas e de vasta camada da população dependente dos transportes. Além disso, o empregador tem o poder para exigir a apresentação de comprovantes de endereço e lançar os dados cadastrais do empregado em ficha de registro, sem nenhum constrangimento. É altamente esperado que o empregador saiba de antemão quem necessita e quem prescinde de vale-transporte, por conseguinte. Dizer que não forneceu o vale-transporte porque o empregado não pediu é, evidentemente, ridículo.

- **Ônus da prova em processo trabalhista**. Com base nesse singelo dispositivo do Regulamento, instalou-se enorme celeuma em torno do ônus da prova da necessidade do vale-transporte, quando, em Processo do Trabalho, o empregado acusa a ausência desse benefício. A jurisprudência oscila. Em resumo, mostrou-se excessivamente rigorosa quando do advento da lei, a exigir que o empregado apresentasse provas de que formulou o requerimento, talvez por escrito, e que o empregador se recusou a acatar o pedido. Como essa prova se apresentava complexa demais para o empregado, passou-se a exigir a demonstração por parte do empregador, de que houve a oferta do vale-transporte, mas com recusa do empregado. A mudança parecia salutar, mas imediatamente se difundiu a declaração de "não opção" do vale-transporte pelo empregado, mesmo que sabidamente ele morasse a 10 km de distância do empregador. Para conseguir o posto de trabalho, empregados assinariam documentos similares, de tal sorte que uma simples renúncia ao vale-transporte não seria obstáculo à formação do contrato de trabalho. A declaração de "não opção" aos poucos caiu em descrédito, embora ainda seja aceita por vários julgados. A melhor solução me parece contemplar uma espécie de ônus da prova fracionado. Se o assunto for a *necessidade da condução*, em termos gerais, parece correto dizer que o ônus é patronal e que empregado desfruta de presunção relativa, diante do preenchimento do livro de registro de empregados e das máximas da experiência humana, por não ser possível ignorar a posição geográfica das cidades e dos bairros que as compõem. Se, todavia, o assunto for, digamos, uma mudança de domicílio no curso do contrato de trabalho, mudança de trajeto da linha de ônibus, alteração da tarifa, extinção de itinerários e demais aspectos da operação do vale-transporte, tende-se a atribuir ao empregado o encargo dessa demonstração.

- **Maiores de 65 anos**. A lei ordinária não menciona, mas o art. 230, § 2.º, da CF/1988, assegura a gratuidade dos transportes coletivos urbanos aos maiores de 65 anos, de tal forma que a eles nada é devido a título de vale-transporte. O empregador pode suprimir o fornecimento do vale-transporte sem prévio aviso para o empregado que completar referida idade. Vez por outra se observa ação trabalhista com pedido de vale-transporte para esses trabalhadores, sob o fundamento de que pretendiam não revelar a idade e que os motoristas de ônibus chegam a desprezar passageiros sob tal condição, mas isso não tem base legal e não pode ser oposto ao empregador. Essa idade pode ser rebaixada por leis estaduais e municipais, mas, nesse caso, o ônus de provar o direito local é da parte que o alegar, ou seja, do empregador que houver suprimido o fornecimento do vale-transporte ao empregado.
- **Substituição de vale-transporte por fornecimento de bicicletas**. Algumas entidades sindicais apresentaram proposta aos empregadores no sentido de que, ao invés de fornecerem o vale-transporte, concorressem com as despesas de aquisição e manutenção de bicicletas, naquelas localidades em que o trajeto possa ser feito comodamente por esse meio de transporte, na zona urbana ou na zona rural. Por se tratar de uma alternativa oriunda de negociação coletiva, é provável que não haja alegação de fraude ou deturpação da norma, pois sua finalidade – facilitar o deslocamento do trabalhador – terá sido plenamente atingida, e, sob certas circunstâncias, com mais eficácia do que os bilhetes de condução pública. Sem nenhuma pretensão a não ser ilustrar a proposta, transcreve-se aqui uma cláusula normativa colhida a esmo.

Vale-refeição, por sua vez, também guarda com o vale-transporte a origem em legislação híbrida, tributária e trabalhista, porque é um benefício direcionado ao trabalhador, mas incentivado pelos cofres públicos com renúncia fiscal.

Se um empregador contrata um empregado para auferir, por exemplo, R$ 1.000,00 de salário e R$ 300,00 de ajuda para a alimentação, não existe certeza nenhuma de que essa parcela seja destinada a cobrir gastos efetivados pelo empregado pelo trabalho ou que esse valor mereça ser tratado como simples ajuda de custo. Logo, sua natureza jurídica será precipuamente salarial, misturando-se com a parcela destinada à contraprestação pelos serviços prestados.

Daí por que não se aceita, em geral, a alegação no sentido de que o salário e o custeio de alimentação sejam assuntos separados. Tendem a ser tratados em conjunto. Quando fornecido pelo empregador por força do contrato de trabalho individual, presume-se provido de natureza salarial.

A refeição, aliás, nem ao menos se insere no âmbito dos deveres do empregador, correndo por conta e risco do empregado. O intervalo para refeição e descanso, igualmente, é tempo não à disposição do empregador, sendo descontado da duração normal da jornada, conforme disposto no art. 71 da CLT.

No entanto, exatamente como sucedeu com o vale-transporte, o vale-refeição passou a ser incentivado pelo legislador, como forma de melhorar as condições de trabalho do empregado. A solução encontrada, novamente, foi o incentivo fiscal para a empresa que aderir ao sistema, com caráter facultativo. No caso do vale-transporte, conforme visto acima, o caráter é obrigatório.

O vale-refeição tem incentivo bem mais atraente, autorizando a pessoa jurídica a deduzir, do lucro tributável para fins de imposto de renda, o dobro das despesas realizadas em programas de alimentação do trabalhador. Se excedido o teto de deduções, os gastos poderão ser aproveitados pelos dois exercícios financeiros subsequentes.

Trata-se do Programa de Alimentação do Trabalhador (PAT), Lei 6.321, de 14.04.1976.

O empregador pode oferecer a refeição pronta, através de restaurantes próprios, terceirizados ou conveniados, mediante aprovação pela autoridade do Ministério do Trabalho e Emprego, mas a circunstância mais comum, até mesmo para facilitar a operação do programa, é a contratação de serviços de empresas especializadas que comercializam os famosos tíquetes de refeição. Justifica-se, assim, por que o Programa de Alimentação do Trabalhador se tornou mais conhecido pelo tíquete ou vale do que pelo fornecimento direto da refeição. Atualmente, substituem-se os tíquetes de papel por créditos em meios eletrônicos, mas o funcionamento do sistema segue inalterado.

A crítica que se faz a essa triangulação em torno do vale-refeição diz respeito à obtenção de lucros empresariais à custa da folha de pagamento dos empregados.

Sobre um tíquete com valor facial de R$ 10,00, o restaurante destinatário sofrerá um deságio na hora do reembolso e, na outra ponta, o empregador que ofereceu o benefício ao empregado, evidentemente, paga um valor para a empresa administradora do sistema. Ou seja, se fosse eliminado esse elo, o empregador poderia oferecer um tíquete de valor maior (ou simplesmente inserir o montante em folha de pagamento para o empregado usar como melhor lhe aprouvesse), livre de despesas operacionais.

O argumento de que a fixação de vale-refeição em pecúnia pudesse alimentar espiral inflacionária já perdeu sua atualidade e não resolve o fato, já comentado quanto ao vale-transporte, de que também o vale-refeição acaba sendo utilizado para fins estranhos à alimentação do empregado, uma vez que normalmente aceito pelo comércio e pelos prestadores de serviços de outros ramos. É moeda corrente, conquanto não seja moeda de curso forçado. Ao empregado cabe assumir mais um deságio na hora de repassar o tíquete no mercado, sendo certo que, se fosse dinheiro, não arcaria com o prejuízo. A se aplicar o entendimento do Supremo Tribunal Federal no RE 478.410, sobre o vale-transporte, também a proibição do pagamento do vale-refeição em pecúnia cairia por terra. Na ocasião, o Supremo foi bastante incisivo quanto à inviabilidade de uma norma jurídica proibir o uso da moeda como meio de pagamento em território nacional.

O Programa de Alimentação do Trabalhador (Lei 6.321/1976) preconiza prioridade para o trabalhador de baixa renda, mas essa referência consiste em simples exortação aos empregadores. Por exemplo, se uma empresa pretende aderir ao sistema apenas para uma parte de seu empreendimento, o início deve ser feito da base para a cúpula e não ao contrário. Nada impede, porém, que o empregador contemple todos os empregados, inclusive aqueles de rendas maiores.

Por se tratar de um benefício atrelado a incentivos fiscais (dedução do dobro do valor gasto com o vale-refeição daquilo que a empresa teria de pagar a título de imposto de renda da pessoa jurídica), o legislador houve por bem inserir na lei duas formas elásticas de concessão do vale-refeição, aproximadamente para acompanhar o período de seguro-desemprego. Explica-se.

Em princípio, o vale-refeição somente pode ser pago pelo empregador a seus empregados na constância do contrato de trabalho. Não se admite que a empresa distribua vale-refeição para parentes, amigos e colaboradores não vinculados sob a forma de relação de emprego. Não se trata de caridade, mas de renúncia fiscal, de tal sorte que à empresa não cabe escolher a quem gostaria de entregar os valores.

Desligado o empregado, cancela-se o vale-refeição, inclusive com o estorno dos valores antecipados no começo do mês, relativamente ao período desprovido de prestação de serviços.

Diante da escalada do desemprego e da proliferação dos planos de demissão incentivada ou voluntária, muitas empresas passaram a oferecer bonificações adicionais para compensar a perda do emprego, mas não poderiam associar esse pacote de incentivos ao vale-refeição, haja vista a natureza tributária já referida.

Foi então que a MedProv 2.164-41, de 24.08.2001, nunca apreciada pelo Congresso Nacional, inseriu dois dispositivos no art. 2.º da Lei 6.321/1976, a fim de franquear ao empregador a possibilidade de conceder vale-refeição por mais seis meses, após a rescisão contratual, ou, também, manter o vale-refeição durante o período de suspensão temporária para requalificação (cujo prazo máximo é de cinco meses), caso haja negociação coletiva em torno do disposto no art. 476-A da CLT. Eufemisticamente, a Medida Provisória afirma que o vale-refeição se destina a cobrir o período de "transição para o novo emprego".

Note-se que somente a pessoa jurídica detentora de lucros foi beneficiada pelas deduções do imposto de renda, o que motiva uma crítica pertinente ao sistema por haver alijado os empregados de pessoas jurídicas não exercentes de atividade econômica, empregados de pessoas físicas e empregados de entes despersonalizados, como os condomínios.

Discute-se, também, se uma norma coletiva pode fixar a natureza jurídica das parcelas convencionadas e desonerar os encargos sobre vale-alimentação não aderente ao PAT.

A fixação da natureza jurídica das parcelas parece realmente fora do alcance das partes, sob pena de banalização das fraudes e de completo desvirtuamento das normas. Outrossim, recorde-se de que naturezas jurídicas decorrem da essência das parcelas, dos fatos e dos atos e não propriamente do gosto das partes. Assim, se um valor é destinado à contraprestação dos serviços prestados, terá necessariamente natureza salarial, conquanto seja chamado de ordenado, vencimento, provento, subsídio, soldo, rancho, bicho, cachê, bônus ou *pro labore*. Se, por outro lado, objetivar o ressarcimento de gastos ou de prejuízos ao empregador, terá natureza não salarial, quer se chame ajuda, estorno, diária, gratificação, compensação ou nada.

O problema todo surge, como sempre, nas áreas mal delimitadas do Direito do Trabalho.

Tome-se a cesta básica como exemplo.

Não pode essa parcela ser considerada à primeira vista como uma forma de contraprestação pelos serviços prestados, como se salário fosse, e tampouco se pode afirmar que cesta básica tem idênticas características que um vale-refeição. Aliás, de cesta básica não cuida o Programa de Alimentação do Trabalhador (Lei 6.321/1976).

O vale-refeição é considerado não salarial pelo fundamento, encampado pelo legislador, de que os gastos com o almoço e com o jantar são suportados pelo empregador fora de sua casa, no ambiente de trabalho ou em seu entorno, mas esse raciocínio não pode ser aplicado à cesta básica, que o empregado consome no ambiente do lar. E mais: caso não existisse a cesta básica, o empregado teria de verter parte do salário para a aquisição dos mantimentos, o que reforça a tese da natureza salarial do pagamento. A cesta básica é, por todos os ângulos, um dos itens mais complexos quanto ao enquadramento jurídico, nota-se.

Foi, então, que as normas coletivas passaram a se sentir mais livres quanto à fixação da natureza jurídica, em se tratando de cláusulas que veiculem vantagens não previstas em lei, não enquadráveis em categorias conhecidas e envoltas em intensos debates. Não se trata de fixar a natureza jurídica das horas extras nem do adicional noturno (sabidamente salariais), ou tampouco de mexer na natureza das multas e das indenizações por tempo de serviço (nunca salariais), mas de pôr fim à controvérsia sobre uma zona cinzenta.

Outro tema interessante acerca da natureza jurídica do vale-refeição diz respeito à concessão de valores em dinheiro, mas apenas para fazer frente a despesas adicionais pelo empregado, por exemplo, submetido a uma carga elevada de horas extras. Esse sistema surge em algumas normas coletivas de categorias mais suscetíveis a oscilações de jornada, como os comerciários e os bancários.

Assim, há cláusulas que exigem pagamento de refeição comercial para o empregado que tenha praticado três horas suplementares no mesmo dia, quer ele aufira vale-refeição ou não. Outras cláusulas referem o direito ao pagamento do jantar, se a jornada avançar pela noite, mesmo que a empresa já tenha feito o pagamento do almoço. O que há em comum entre essas cláusulas é a associação da refeição com algum evento ou fato inesperado, aproximando-se de um reembolso de gastos adicionais feitos por força do trabalho.

Daí a natureza indenizatória, mesmo que o pagamento tenha sido feito em dinheiro.

Em regime de terceirização, admite-se que o trabalhador possa auferir vale-refeição apenas em alguns tomadores de serviços e não receber em outros, ou seja, a parcela pode ser retirada de acordo com suas transferências. Suponha o trabalho de dois vigilantes lotados em postos de trabalho distintos, sendo que um teve a sorte de estar no tomador filantropo e o outro teve a desventura de ficar no tomador econômico. Para piorar a situação, lembre-se de que o mesmo vigilante pode ser deslocado de posto de trabalho ao longo do contrato, de modo que o vale pode ser retirado na constância da relação de emprego. Há o reconhecimento da situação como válida, por se tratar de situação prevista na própria negociação coletiva dos vigilantes

Façamos, agora, uma breve síntese do sistema do vale-cultura.

Inspirado no sistema desenvolvido para o vale-refeição em 1976 e para o vale-transporte em 1985, o legislador criou o vale-cultura pela Lei 12.761/2012.

O fornecimento do vale-transporte é obrigatório, tão logo preenchidos os requisitos pelo empregado, ao passo que o vale-refeição e, agora, o vale-cultura são facultativos, dependendo da adesão feita pelo empregador aos programas em que estão inseridos – o Programa de Alimentação do Trabalhador (Lei 6.321/1976) e o Programa Nacional de Cultura (Lei 12.761/2012).

Os gastos assumidos pelo empregador já puderam ser abatidos do imposto de renda da pessoa jurídica, por aquelas tributadas pelo lucro real, que, normalmente, são empresas de maior porte. Não eram contempladas as empresas tributadas por lucro presumido ou os empregadores sem fins lucrativos. As deduções não foram mantidas ao longo dos anos, todavia, embora permaneça a não tributação da parcela.

Em havendo adesão do empregador, o vale-cultura foi fixado pelo legislador em R$ 50,00 mensais. Poderá haver legislação superveniente a atualizar esse montante.

O destinatário primordial é o empregado na faixa remuneratória de um a cinco salários-mínimos. A empresa poderá estender o benefício para outros empregados, mas desde que já tenha contemplado todos aqueles que ganham até cinco salários-mínimos.

Os empregados concorrem simbolicamente com o valor do vale-cultura, em percentuais móveis definidos pelos arts. 15 e 16 do Dec. 8.084/2013, que regulamentou a lei ordinária.

Esforços têm sido feitos não somente para a adesão dos empregadores, mas também dos estabelecimentos destinatários do vale-cultura como meio de pagamento, tal como os restaurantes e os bares tiveram de se adaptar ao longo dos anos para aceitarem o vale-refeição.

No caso do vale-cultura, há a preocupação de que ele não seja utilizado para outra finalidade que não a aquisição de produtos culturais. O credenciamento das empresas destinatárias segue uma lista restrita dentro da classificação nacional das atividades econômicas (CNAE) e não autoriza, por exemplo, que supermercados e padarias façam parte do cadastro, ainda que ali também possam ser vendidos jornais, revistas e livros.

Capítulo 8

Prêmios e abonos

Os prêmios desempenham papel relevante no incentivo à melhoria da produtividade e que servem como alavanca para incrementar o rendimento dos empregados, particularmente aqueles dedicados ao setor de vendas ou de contato com clientes e fornecedores.

Problemas já frisados em páginas anteriores vão se repetir na temática dos prêmios, particularmente sua natureza jurídica, a questão dos direitos adquiridos e a interpretação das cláusulas de estipulação dessa vantagem.

Sendo o prêmio de livre estipulação entre as partes, então a natureza jurídica estará muito mais atrelada ao que houver sido avençado do que à essência desse nome polissêmico.

Quanto mais ocasional for o pagamento da parcela, tanto menores as chances de se tratar de natureza salarial; quanto mais habitual for sua ocorrência, tanto mais se aproximará de salário. Vista a questão por outro ângulo, é salarial a parcela razoavelmente esperada, com a qual o trabalhador já podia contar antecipadamente, não sendo salarial a parcela inesperada, auferida de surpresa, que o empregado não podia exigir e com a qual não podia contar.

A legislação é escassa sobre a matéria.

O art. 457, § 4º, da CLT os define como "liberalidades concedidas pelo empregador em forma de bens, serviços ou valor em dinheiro a empregado ou a grupo de empregados, em razão de desempenho superior ao ordinariamente esperado no exercício de suas atividades" e esclarece que, assim fazendo, não integram a remuneração (§ 2º).

Há referência legal a prêmios, também, na Lei do Atleta Profissional de Futebol – art. 3.º, III, e art. 24 da Lei 6.354, de 02.09.1976, revogada pela Lei 12.395/2011, bem assim art. 31, § 1.º, da Lei 9.615/1998.

O art. 31, § 1.º, da Lei 9.615/1998 (Lei do Desportismo Profissional ou Lei Pelé), assevera que todos os prêmios são formas de salários. Porém, o propósito do dispositivo claramente não era estipular a natureza jurídica dos prêmios. Como se observa da leitura do *caput* do art. 31, trata-se de um dispositivo sobre rescisão indireta decorrente da mora do empregador no pagamento de remuneração, assim entendidos os salários, as parcelas pagas por terceiros e, também, as parcelas não salariais. Em vez de explicar detalhadamente essa circunstância, o art. 31 afirma que a rescisão indireta decorre da mora salarial e que o conceito de salário, para os efeitos da norma, inclui parcelas não salariais. Logo, entendemos que a lei dos atletas não desejou fixar a natureza salarial para os prêmios.

Em sua essência, o prêmio não deveria ter natureza salarial, antes ou depois que a Reforma Trabalhista de 2017 declarou sua não inclusão na remuneração.

Não se trata de forma habitual de contraprestação pelos serviços prestados, não remunera o tempo à disposição do empregador, nem cobre os períodos de interrupção do contrato de trabalho, como férias ou descansos semanais remunerados.

Destina-se a contemplar os melhores rendimentos e as melhores soluções operacionais do empreendimento. Por fim, a concepção original de prêmio carrega o sentido da eventualidade, não sendo função do prêmio substituir o salário do empregado.

Assim, podemos considerar dentro da concepção fundamental de prêmio os seguintes critérios:

- assiduidade;
- pontualidade;
- redução do número de peças devolvidas por defeito de fabricação;
- redução do tempo de produção do bem ou serviço;
- índice de satisfação do cliente;
- índice de retenção de cliente que pretendia cancelamento do serviço;
- avaliação de maturidade, cordialidade e presteza na informação;
- atingimento de metas, cotas ou resultados, em termos individuais, setoriais ou coletivos.

Identifica-se em todas essas hipóteses o caráter verdadeiro de prêmio, por mérito ou por esforço empreendido pelo empregado, de tal sorte que esses prêmios podem ser qualificados de típicos, próprios ou autênticos.

Carregam valores normalmente maiores do que simples gratificação de função, oferecem satisfação pessoal e destacam o empregado em seu grupo, especialmente naqueles casos em que apenas um ou alguns são contemplados, em detrimento de outros (por exemplo, prêmio para o melhor vendedor da filial ou o melhor vendedor entre todas as filiais, o que é diferente de prêmio para todos os vendedores que atingirem uma meta objetivamente considerada).

Assim, guardam natureza jurídica não salarial, porque são marcados pela característica da aleatoriedade. Por mais que o vendedor se sinta seguro e esteja convicto de que será o melhor, não se pode ter certeza sobre o recebimento nem se deveria gastar por conta.

Também quanto à assiduidade e à pontualidade, o empregado pode até se programar para ter um bom desempenho em determinado mês e, querendo muito receber aquele prêmio, empenhar-se ao máximo para não faltar nem se atrasar. Todavia, fatores alheios a sua vontade poderão embaraçar o atendimento dessa exigência e colocar a perder a premiação que ele julgava certa. Mantêm-se, portanto, o caráter aleatório do prêmio e sua natureza não salarial.

O prêmio autêntico não se incorpora ao salário nem é facilitado pelo empregador com pena do empregado, a fim de que se evite o desvirtuamento. Não há de ser confundido com comissões, que normalmente correspondem a um percentual incidente sobre vendas ou negócios concretizados, e muito menos como reajuste salarial.

Há, também, os *prêmios inautênticos*.

Apropriam-se do nome chamativo, mas não visam a contemplar o trabalhador necessariamente com uma vantagem pecuniária por razões de mérito ou de desempenho. Misturam vários assuntos e alimentam insegurança quanto a seu papel na remuneração do trabalhador e, claro, quanto a sua natureza jurídica. Aliás, o objetivo de atribuir o nome de prêmio a pagamentos que não guardam relação com o mérito do empregado parece ser precisamente confundir a natureza jurídica, tentando retirar a natureza salarial daquilo que era verdadeiramente um complemento salarial. Vejamos.

Tome-se o exemplo da expressão "prêmio sobre as vendas", sob a forma de um percentual ou de um valor fixo por concretização de negócios. Habitualmente a essa figura se dá o nome de comissão ou simplesmente percentagem.

Ao chamar de prêmio a simples incidência de um percentual sobre a venda realizada pelo empregado, o empregador dá a entender que o empregado foi agraciado por um ato de caridade, o que nada tem que ver com a noção de salário. Além disso, a estratégia de substituir a palavra "comissão" pelo nome "prêmio" pode esconder, também, o intuito de reter reflexos em descansos semanais remunerados, conforme abaixo se esclarece.

Outra situação confusa diz respeito ao hábito de chamar de prêmio as gratificações oferecidas pelos clientes ou pelos fornecedores, as quais merecem atenção específica do legislador e guardam significado próprio, no sentido de parte componente da remuneração, mas não assimilada ao conceito de salário.

Por fim, seja mencionada a prática do falso prêmio, assim entendido aquele que depende da obtenção de uma meta, mas que, caso essa não seja atingida, será pago igualmente – ou seja, o pagamento não é um prêmio meritório nem a meta é um patamar a ser conquistado. Se demonstrada a "flexibilidade" da meta ou se comprovada que a meta estipulada pelo empregador era tão simples e tão modesta que praticamente todos os empregados a atingiam sempre, então a parcela deve ser considerada mera complementação salarial.

O empregado aufere, digamos, R$ 1.000,00 de salário e recebe a explicação de que haverá um prêmio de R$ 500,00 caso consiga faturar acima de R$ 10.000,00 por mês, quando o faturamento individual de cada vendedor nunca fica abaixo de R$ 50.000,00, por exemplo. Logo, o empregado sabe que pode, sim, contar com R$ 1.500,00 de ganhos fixos e não apenas com os R$ 1.000,00 tidos como salário-base. Ainda que aja de boa-fé, a empresa claramente fixou uma faixa remuneratória de R$ 1.500,00, sendo irrelevante para o Direito do Trabalho (a) o nome da parcela ou rubrica e (b) o número de parcelas constantes da folha de pagamento. A maior relevância se encontra, como sempre, no conteúdo da parcela e no objeto da relação, de tal sorte que o ganho razoavelmente esperado pelo trabalhador, que independa de um evento aleatório, como é o caso do prêmio de fácil acesso, é atraído pela força da natureza salarial.

As consequências dessa atração salarial, como se sabe, são múltiplas, podendo ser citadas a imposição de reflexos em outras parcelas trabalhistas (o 13.º salário terá de ser de R$ 1.500,00, os depósitos do fundo de garantia incidirão sobre esse importe e assim por diante), inserção na base de cálculo dos encargos tributários, aplicação da irredutibilidade salarial e incorporação aos ganhos habituais.

Dessarte, deve-se ter cautela com a afirmação de que a Reforma Trabalhista de 2017 oficializou a natureza indenizatória dos prêmios: muito embora a reforma tenha feito inserir no art. 457, § 2º, da CLT, a informação de que os prêmios não integram a remuneração do trabalhador, ela mesma adverte que pela palavra prêmio se devem entender os pagamentos atrelados a mérito e condições extraordinárias, acima da média, promovendo uma limitação para evitar justamente o alargamento do conceito ou o uso indevido da nomenclatura (art. 457, § 3º).

Acima se procurou diferenciar o prêmio autêntico, que é preponderantemente aleatório, e, como tal, desprovido de natureza de salário, do prêmio inautêntico, que normalmente complementa o salário e decorre de simples confusão terminológica, por razões de deslealdade ou de ingenuidade do empregador.

Vista a questão por esse ângulo, fica fácil identificar quais prêmios são acompanhados por reflexos (os prêmios salariais) e quais prêmios não requerem produção de reflexos (os prêmios autênticos, aleatórios e dependentes de fatos e de eventos).

Indaga-se, porém, quais são exatamente esses reflexos, que muitas vezes são comentados apressadamente e não são assimilados como se deveria.

Usa-se o vocábulo “reflexo” para identificar a série de vantagens trabalhistas que o legislador (ou eventualmente a norma coletiva) instituiu tendo por base a globalidade salarial. Se, por acaso, uma parcela for criada apenas com foco no salário simples ou em algum outro conjunto de parcelas, obviamente que a norma haverá de ser respeitada em seus estreitos limites. Não é o que ocorre habitualmente, todavia.

A situação mais recorrente é o uso de expressões genéricas: (a) a lei do décimo terceiro salário menciona que seu valor corresponde ao de uma remuneração de dezembro; (b) as férias são calculadas sobre a remuneração do período aquisitivo; (c) o fundo de garantia incide sobre a totalidade dos rendimentos; (d) o aviso-prévio indenizado representa a média dos salários, sempre no plural. E assim por diante.

Diante desse cenário, tornou-se indispensável saber quais parcelas possuem natureza salarial, a fim de as inserir no cálculo de qualquer vantagem que for criada contendo semelhantes expressões. Daí o conceito de reflexos.

Os prêmios salariais, portanto, refletem em 13.º salário, férias acrescidas de um terço, fundo de garantia e aviso-prévio indenizado, para ficarmos nos quatro itens mais conhecidos e recorrentes. Da mesma forma, comporão a base de cálculo de recolhimentos previdenciários e fiscais. A Previdência Social prefere a nomenclatura *salário de contribuição* e a Receita Federal usa em geral o termo base de cálculo do fato gerador ou expressão similar, mas, para os estudos do Direito do Trabalho, é suficiente referir ao conceito de reflexos da parcela de natureza salarial.

Há, outrossim, a questão controvertida sobre os reflexos em descansos semanais remunerados.

O assunto abrange alguma complexidade não por causa dos prêmios propriamente ditos, mas por causa da sistemática adotada no Direito brasileiro sobre o conceito e a forma de cálculo dos descansos semanais remunerados, consoante Lei 605/1949, recepcionada por todas as Constituições posteriores.

As diretrizes dos descansos semanais remunerados preconizam que seus valores já se encontram embutidos em toda e qualquer parcela de base mensal, desde que o empregador não faça descontos relativos ao número de dias não trabalhados, evidentemente. Assim, um salário mensal de R$ 1.000,00, ou o salário-mínimo nacionalmente unificado, ou o piso normativo da categoria, todos são capazes de quitar simultaneamente os serviços prestados e os períodos de interrupção do contrato de trabalho, inclusive domingos e feriados. Justifica-se, desta forma, a ênfase dada inicialmente neste livro para que o conceito de salário não se atenha apenas à contraprestação pelos serviços prestados, incluindo, também, os períodos de interrupção contratual ("salário sem trabalho") e o tempo em que o empregado permanece à disposição do empregador.

Verifica-se consenso na afirmação de que o salário mensal já abrange os descansos semanais remunerados. O que ainda causa hesitação é a transferência de idêntica assertiva para outras parcelas de base mensal, como o adicional de insalubridade, o adicional de periculosidade ou o adicional de transferência, por exemplo. Esses três itens sendo calculados sobre salários mensais, mensais também serão, evidentemente.

Labora em erro o pedido de integração do adicional de insalubridade em descansos semanais remunerados (algo bastante comum em petições iniciais) e, tanto pior, obter êxito na pretensão. Excepciona-se, apenas, a ocorrência de adicional de periculosidade ou de adicional de transferência, calculados sobre comissões ou sobre salário do horista, situações de rara aplicação prática, porém.

E o prêmio? Seria ele mensal (com os descansos semanais remunerados abrangidos) ou teria ele base horária ou diária (com os descansos semanais remunerados não incluídos)?

Como o prêmio não tem estipulação legal e decorre invariavelmente de previsão em norma coletiva ou oferta espontânea pelo empregador, tudo estará a depender da forma como a premiação foi traçada.

Prêmios em valores fixos (R$ 50,00 para o empregado que não tiver nenhuma ausência injustificada, R$ 100,00 pela meta alcançada, R$ 200,00 para o melhor vendedor do mês, R$ 10.000,00 para ser compartilhado entre os empregados da filial de maior volume de vendas etc.) se aproximam do conceito de parcela mensal e, por conseguinte, já carregam os descansos semanais remunerados.

Prêmios em valores associados à unidade da hora ou dia (bonificação de um dia de salário para o empregado assíduo, pagamento de oito horas de salário para o empregado que atingir a meta), os reflexos em descansos semanais remunerados são imperativos, repita-se, pela estrutura da Lei 605/1949, ainda que o empregador não queira, não saiba ou não possa fazer o pagamento. As integrações em descansos semanais remunerados independem da vontade das partes e decorrem do sistema legislativo.

Idêntica solução se aplica ao prêmio mesclado às comissões. Existem empregadores que oferecem aos empregados um percentual escalonado de comissões, começando por alíquotas menores para vendas mais modestas e passando para índices maiores em caso de satisfação de metas ou de patamares previamente divulgados (os quais podem ser alterados mensalmente, também, desde que haja prévia comunicação). Assim, esses prêmios são, na verdade, comissões de percentuais maiores. Por exemplo, as comissões de 1% sobre as vendas passam para 1,5% caso o empregado consiga faturar acima de R$ 100 mil no mesmo mês ou passam para 2% caso o empregado consiga trazer mais do que trinta clientes novos no mesmo período e assim por diante. Ora, prêmios mesclados às comissões reclamam reflexos em descansos semanais remunerados tal como se faz com as próprias comissões deste tipo.

A título de curiosidade, observe-se que todo este capítulo foi concebido pensando-se nos prêmios em dinheiro, ou seja, prêmios pagos diretamente ao trabalhador, através de dinheiro, cheque ou depósito bancário.

Há, por certo, a prática da oferta de prêmios em utilidades, mercadorias e serviços.

Tendencialmente, os prêmios em utilidades não guardam natureza salarial. Presume-se que o empregado não irá receber todo dia uma televisão ou uma mochila térmica e, tampouco, uma passagem para Miami. Ordinariamente, esses prêmios são eventuais, coincidindo com campanhas de incentivo de vendas, inauguração de agências ou filiais ou outra forma de expansão da empresa. Aproximam-se do conceito de prêmios autênticos e, portanto, torna-se irrelevante saber se o empregado ganhou R$ 500,00 ou um aparelho eletrônico, porque em ambas as hipóteses não haverá reflexos nas demais parcelas trabalhistas.

O problema surge quando o prêmio se mostra inautêntico e, pois, salarial, mas simultaneamente é ofertado em mercadorias, de tal forma que em todos os meses o empregado leva para casa utensílios, bens de consumo ou créditos para prestação de serviços.

Se o prêmio assumiu a natureza salarial, terá, sim, de produzir reflexos trabalhistas. A dificuldade de se mensurar o valor econômico da utilidade não é o bastante para inibir a integração.

Por seu turno, a palavra "abono" é uma daquelas expressões do Direito do Trabalho que conseguem significar tudo e nada ao mesmo tempo.

Identificamos cinco acepções mais utilizadas para a palavra abono.

Quando uma greve está para ser deflagrada, o empregador, por vezes, consegue serenar os ânimos oferecendo o pagamento de um abono. Nesse sentido, estamos diante de uma gratificação meramente ocasional, para fazer frente a um período de crise aguda, razão pela qual não ocorre incorporação nos ganhos do trabalhador, nem se cogita de sua natureza salarial para fins de recolhimentos de encargos ou incidência nas demais parcelas trabalhistas.

O artifício de se oferecer uma gratificação momentânea, dentro de uma negociação com os empregados, aproximando-a de um prêmio eventual, não é utilizado apenas por empregadores na iminência do movimento grevista. Também o legislador se valeu do expediente em diversas oportunidades em que o reajuste do salário-mínimo frustrou severamente as expectativas da sociedade – e aí a greve que se desenhava era aquela geral, e não apenas aquela no chão da fábrica.

Serve como exemplo o abono de Cr$ 3.000,00, destinado a empregados e servidores públicos, na confusa Lei 8.178, de 1.º de março de 1991.

Embora a Lei 8.178/1991 tenha negado três vezes a natureza salarial desse abono e realçado seu caráter emergencial, foi desautorizada pela Lei 8.238, de 4 de outubro de 1991, que, em rápidas pinceladas, determinou a incorporação do abono da lei de março, exceto para o cálculo do salário-mínimo. Logo, a parcela que supostamente nasceu indenizatória e emergencial ganhou patamar de habitualidade e natureza salarial no curto espaço de seis meses.

A tática do abono emergencial também foi empregada pela MedProv 923, de 24 de fevereiro de 1995, jamais apreciada pelo Congresso Nacional.

O abono, porém, pode assumir natureza salarial no exato instante em que começar a se repetir. O abono habitual é salarial.

Considerando-se que o nome é sempre irrelevante para o Direito do Trabalho, a palavra abono pode identificar simplesmente uma gratificação salarial periódica, do tipo mensal, bimestral, semestral ou anual, por exemplo. As empresas que instituem o chamado 14.º salário ou, ainda, usam o sistema de pagamento de uma gratificação semestral, ou gratificação de balanço, ou procedimentos similares, vez por outra as denominam de abono. A principal diferença do abono episódico para o abono constante, independentemente da forma pela qual foram calculados, reside na natureza salarial da parcela habitual e, claro, na natureza não salarial da parcela esporádica.

Há, ainda, o sentido de abono como um complemento ou uma bonificação sobre outra parcela previamente instituída, sendo o caso mais conhecido aquele das férias. Para agravar ainda mais o desentendimento, usa-se a expressão abono de férias tanto para representar a conversão em pecúnia de 1/3 dos dias de férias, de que cuida o art. 143 da CLT, assim como para apontar o complemento remuneratório de 1/3 em dinheiro, a que se refere o art. 7.º, XVII, da CF/1988.

Note-se que ambos os abonos (art. 143 da CLT e art. 7.º, XVII, da Constituição) são de um terço, o que causa confusão. A fim de evitar a discórdia, recomenda-se que o aplicador do Direito do Trabalho jamais se atenha a dizer "abono de férias", procurando sempre fazer-se acompanhar por um adjetivo ou por uma breve explicação, servindo como exemplo: abono da CLT, ou abono de conversão de férias em pecúnia, para a primeira hipótese, e abono da Constituição ou abono de acréscimo salarial sobre as férias, para a segunda hipótese. Os trabalhadores resolveram o impasse de modo mais direto: "venda" de férias para aquele e "pagamento" de férias para esse.

A natureza jurídica da conversão em pecúnia das férias é eminentemente indenizatória, no sentido de reparação ao empregado pelos prejuízos que seu organismo sofrerá pela ausência de gozo do descanso necessário. Cuida-se de um raro caso em que o prejuízo para a saúde do trabalhador é autorizado em lei, com a única obrigação de limitar-se o comércio das férias ao teto de um terço do número de dias a que o empregado fazer jus – normalmente os trinta dias de férias contemplam vinte dias de descanso e dez dias de indenização.

Acima de um terço do número de dias de férias, passa-se para o campo da ilegalidade, arriscando-se o empregador a ser condenado a pagar todas as férias novamente, por mais que o pedido de venda das férias tenha partido do empregado. Férias, como se sabe, são simultaneamente direito e dever, não se confundindo com simples direito patrimonial do trabalhador. Atende aos anseios de melhorar a produtividade das empresas e reduzir os riscos de acidente de trabalho, na expectativa de que um organismo descansado produz mais e melhor.

Se a natureza jurídica da conversão de um terço das férias em pecúnia é consensualmente indenizatória, não se cogitam reflexos em 13.º salário, fundo de garantia ou outras parcelas do contrato de trabalho. Não há tributação pelo INSS tampouco.

Com relação ao abono constitucional das férias, a fixação de sua natureza jurídica é relativamente simples: por se tratar de um complemento ao valor pago, para fomentar o descanso das férias, a natureza do acessório deve seguir a natureza da parcela principal. Surgem, então, duas vertentes.

Férias desfrutadas têm natureza salarial, por corresponderem a um simples período de interrupção momentânea do contrato de trabalho, mantendo-se o conceito de salário como contraprestação pelos serviços prestados ou pelos períodos de interrupção contratual. Reforça ainda mais esse argumento o fato de que, em férias, o empregado não pode sofrer prejuízo algum, nem mesmo a título de reflexos ou incidências em fundo de garantia e demais haveres, sob pena de desestímulo ao descanso e frustração da finalidade da norma. Há referências nesse sentido feitas pelos arts. 129 e 142 da CLT.

Ao contrário, as férias não desfrutadas e que se convertem em pagamento com as verbas rescisórias, em qualquer modalidade de extinção do contrato de trabalho, assumem natureza meramente indenizatória. Há acréscimo de um terço previsto pelo art. 7.º, XVII, da CF/1988, tanto sobre as férias simples, que deixaram de ser concedidas, quanto sobre as férias proporcionais, que não chegaram a ser implementadas, e, ainda, sobre as férias dobradas, que não somente tardaram a ser concedidas, como também deixaram estourar o período de doze meses admitido pelo legislador (art. 137, CLT). O abono de um terço, em qualquer desses casos, é sempre indenizatório.

A quarta acepção da palavra abono vem da justificativa de faltas e atrasos cometidos pelo empregado e desprovido de amparo legal. Quando o empregado se atrasa ou se ausenta e não dispõe de atestado médico ou comprovação de alguma das hipóteses previstas em lei – especialmente art. 473 da CLT, mas também Lei 605/1949 – depende da boa vontade do empregador para não perder o dia de salário e as demais vantagens inerentes. Daí se dizer que a falta foi abonada ou justificada, como consta do art. 131, V, da CLT, no tocante ao cálculo das férias.

O abono de faltas e atrasos é, portanto, um ato praticado pelo empregador e não propriamente um meio de pagamento, muito embora aquele ato vá repercutir diretamente sobre a folha de salário do empregado, claro está.

O legislador se apropriou da palavra abono, finalmente, para identificar parcela que nada tem que ver com a relação empregado-empregador. Trata-se de um abono pago pelos cofres públicos, decorrente do Programa de Integração Social (PIS) e do Programa de Formação do Patrimônio do Servidor Público (PASEP).

Esses programas já sofreram diversas alterações. Em sua origem, objetivaram oferecer uma resposta diferenciada para a demanda social em torno da participação nos lucros e resultados, cujo entendimento não estava suficientemente desenvolvido quando da Constituição Federal de 1967. Então, foram editadas duas leis complementares (7 e 8, ambas de 1970), numerosos dispositivos adicionais e, ainda, abarcado o assunto pelo art. 239 da CF/1988.

Embora a sistemática tenha mudado amplamente ao longo das décadas, a tributação nunca foi amenizada, de tal forma que a grande maioria dos empregadores concorre anualmente e mediante outras fontes de custeio para a formação desses dois programas. Excetuam-se poucos empregadores, como os domésticos e as entidades de benemerência.

De concreto, o que se tem hoje de benefício oriundo dos vultosos patrimônios acumulados pelos programas sociais em questão é o chamado abono salarial anual.

Deveria ter sido evitada essa nomenclatura, pois de salarial nada existe na parcela. Não se trata de contraprestação de serviços prestados e muito menos o pagamento é efetuado pelo empregador. Pode ser direcionado para pessoas empregadas ou desempregadas, o que afasta ainda mais a natureza salarial do pagamento.

Seu pressuposto é a percepção de renda de até dois salários-mínimos por mês, com cadastro no sistema há pelo menos cinco anos, emprego em pelo menos trinta dias do ano de exercício e atividade dentro de empregadores que estejam obrigados ao recolhimento do custeio, evidentemente. Os requisitos constam do art. 9.º da Lei 7.998, de 11 de janeiro de 1990, conhecida por Lei do Seguro-Desemprego, a qual também disciplina o Fundo de Amparo ao Trabalhador, FAT.

A partir dessas cinco acepções (abono ocasional, abono habitual, abono de férias, abono de faltas e abono público) encontram-se vários exemplos espalhados pela legislação e, sobretudo, pelas normas coletivas. A reflexão mais importante é verificar se o pagamento se mostra razoavelmente esperado e de fácil acesso ao empregado, a fim de se confirmar a natureza salarial, ou se a parcela, ao revés, apresenta-se tão inacessível e eventual, que a natureza salarial fica afastada. Feito esse raciocínio, diminui bastante o grau de discórdia sobre o tema.

Capítulo 9

Stock options (direito de subscrição de ações)

Em sua literalidade, a parcela significa a opção dada ao empregado para adquirir ações (*stock*) emitidas pela empresa, supondo-se, evidentemente, que o empregador esteja constituído sob a forma de sociedade anônima. Nunca se ouvirá falar em *stock options* em um contrato de trabalho desenvolvido em empresa de pequeno porte, condomínio, casa de caridade, sociedade limitada, Administração Pública e incontáveis outras formas de empregador. A matéria é normalmente associada, portanto, à realidade dos altos empregados.

Permitir que um empregado adquira ações do empregador não parece ser um assunto controvertido nem desperta maior curiosidade na maioria dos casos, mais ainda quando se observa a popularização, nos países de capitalismo central e em algumas economias periféricas, do uso do mercado de capitais como forma de captação da poupança dos trabalhadores e empreendedores.

Pode haver empregados que já eram detentores de ações da empresa antes do contrato de trabalho, como pode ser verificado em empresas de porte expressivo como Banco do Brasil, Petrobras e Companhia Vale do Rio Doce. Esses dois últimos exemplos são ainda mais apropriados porque as ofertas iniciais de ações foram incentivadas pelos poderes públicos, contaram com ampla campanha publicitária e, ainda, permitiram, sob certas condições, o uso dos recursos do fundo de garantia, normalmente de acesso bloqueado.

Tampouco se pode considerar a compra de ações por empregados um tema novo no Direito do Trabalho. Já na Lei das Sociedades Anônimas, 6.404, de 15.12.1976, há expressa estipulação em favor dessa prática, consoante art. 168, § 3.º: "O estatuto pode prever que a companhia, dentro do limite de capital autorizado, e de acordo com plano aprovado pela assembléia geral, outorgue opção de compra de ações a seus administradores ou empregados, ou a pessoas naturais que prestem serviços à companhia ou a sociedade sob seu controle".

As dúvidas começam a surgir quando o empregador usa o expediente da compra de ações não para fazer um simples agrado ou para democratizar o poder de controle, mas para arrefecer as *demandas por aumento salarial*.

Existem opções de compra de ação que representam, na realidade, formas de complemento salarial.

O ponto central do debate pode ser resumido no grau de assunção de riscos pelo empregado.

É certo que os planos de compra e venda de ações são de alta complexidade, inclusive para os profissionais versados na matéria, e se verifica ampla variedade de sistemas (praticamente um tipo de plano acionário para cada empresa).

No entanto, o Direito do Trabalho se esforça em localizar determinados pontos em comum entre os regimes acionários e, a partir desse delineamento, identifica quais são aqueles que sabidamente deixaram o empregado numa posição confortável, sem risco algum, e, ao revés, quais foram os planos que aproximam o empregado de um investidor como outro qualquer.

Ausência de risco ou presença de risco extremamente baixo tendem a aproximar o plano acionário de uma simples parcela de natureza salarial para consumo imediato ou com efeito diferido.

Presença de fatores aleatórios e negociação dos valores no mercado acionário afastam a natureza salarial e lançam os valores num campo diverso do âmbito salarial.

Nesse caso de riscos assumidos, o empregado se equipara ao investidor comum, que resolveu adquirir algumas ações de companhia aberta como forma de diversificar sua carteira de aplicações. Logo, nada há a se cogitar em termos de natureza salarial. A única diferença entre o empregado acionista e o investidor, em certos casos, diz respeito ao fato de que uma empresa pode não negociar ações em bolsa e, mesmo assim, ofertar a opção de compra ao empregado. Ou seja, o empregado somente obteve o direito de adquirir o papel por força da relação de emprego, mas o fez sob condições objetivas e mediante os riscos inerentes à modalidade de investimento.

Aliás, nesse patamar surge o segundo aspecto relevante para a investigação do Direito do Trabalho, relativamente ao caráter facultativo da subscrição das ações.

Ações que foram adquiridas por conta e risco do empregado, como melhor lhe aprouvesse, refutam sua natureza salarial, pois o empregado poderia tranquilamente, sem prejuízo de seus rendimentos salariais, ter deixado de exercer o direito. Ao revés, ações que são creditadas a 100% dos empregados, independentemente de nenhum tipo de desembolso ou de risco, assegurando-se o retorno financeiro, tendem a assumir o contorno salarial.

Diante dessas ponderações, observa-se que a fixação da natureza jurídica do direito de opção de ações por parte do empregado se aproxima do mesmo raciocínio feito acerca dos prêmios meritórios, no capítulo anterior: quanto maior o caráter aleatório e quanto maiores os riscos assumidos pelo empregado, tanto mais a opção se afasta da natureza de salário; quanto mais confortável for a posição do trabalhador e previsíveis os ganhos que ele irá realizar, tanto mais chances a parcela tem de ser considerada salarial.

Com efeito, o empregador pode facilmente haver deixado de aplicar um reajuste salarial aos empregados para, simultaneamente, conceder vantagens equivalentes àquilo que suprimiu do salário. Essa distorção, empreendida de boa ou de má-fé, não corresponde a uma exclusividade da opção de ações, podendo ser verificada normalmente no manejo do salário utilidade e na participação nos lucros e resultados.

Por exemplo, o empregador rejeita a proposta de aumento salarial formulada pelos empregados, mas lhes oferece veículo, não necessário para o desenvolvimento das funções, ou, por vezes, paga as despesas fixas da família do empregado, como aluguel, tarifas de água e energia elétrica, gastos pessoais de cartão de crédito e demais vantagens.

Posta a questão nestes termos, evidencia-se que o assunto atinge um público bastante restrito de altos executivos, mas o Direito do Trabalho evolui e, geralmente, as práticas adotadas na cúpula aos poucos atingem os escalões intermediários até chegar à generalidade dos empregados. Portanto, é necessário o conhecimento prévio dos fenômenos para saber lidar com a aplicação prática dessa parcela de natureza ambivalente. Aliás, foi assim com o vale-refeição, com o vale-transporte e com a participação nos lucros e resultados, que preliminarmente povoaram os contratos de trabalho mais graduados para, num segundo momento, inserirem-se no rol dos direitos dos trabalhadores.

Não se quer dizer que o direito de opção de ações possa ser assimilado com simples salário utilidade, como a oferta generosa de um veículo, nem com a participação nos lucros e resultados, pois em geral a opção de compra de ações está desatrelada dos índices atingidos pela empresa ao final do exercício financeiro, e tampouco com premiação, porque a opção não precisa estar associada a metas ou a desempenho. Chama-se a atenção para alguns pontos em comum entre essas quatro esferas (ações, salário utilidade, participação nos lucros e resultados e premiação) apenas para facilitar o entendimento quanto à natureza jurídica.

De todas essas formas de pagamento, a participação nos lucros e resultados é aquela que menor dificuldade oferece, dada a dicção do art. 7.º, XI, da Constituição Federal de 1988, que determina sua exclusão completa do âmbito salarial, restando apenas algumas controvérsias quanto a sua oferta fora das exigências legais, o que será analisado em capítulo oportuno.

Guardam referidas parcelas o ponto comum da oscilação da natureza jurídica, ora mais direcionada para o campo salarial, quando razoavelmente esperado o ganho pelo empregado, ora mais voltada para o âmbito não salarial ou indenizatório, quando marcadas pela aleatoriedade, imprevisibilidade (quanto à existência e quanto ao montante) e ocasionalidade.

No caso específico da oferta de ações, é interessante conhecer alguns planos mais utilizados pelas grandes corporações a fim de, sem pretensão de dominar a dinâmica de seu procedimento ou de entender as implicações societárias, proporcionar maior segurança na fixação da natureza jurídica.

Em primeiro lugar, enfoquemos o preço de compra das ações.

Sabe-se que alguns planos de oferta de ações são concebidos com custo zero para o empregado, que as recebe para, posteriormente, receber o valor pecuniário correspondente, ao passo que outros planos envolvem desembolso financeiro do empregado. A tendência é que a oferta a custo zero seja um aspecto em prol da natureza salarial, pois o empregado recebeu uma "doação" do empregador, ao passo que o financiamento pelo empregado mitigue a natureza salarial, pois ele não estava obrigado a adquirir as ações, sendo o contrato a título oneroso uma pista certa da natureza não salarial.

Entretanto, a análise ficaria muito pobre se fosse limitada à forma de aquisição das ações, além de proporcionar campo fértil para a fraude. Exceções existem em ambos os planos. No plano de custo zero (mais provavelmente salarial), o empregado pode não ter vantagem garantida e sofrer com as altas oscilações do mercado acionário, vindo a resgatar as ações em momento inadequado, durante o contrato de trabalho ou após seu encerramento, tendo sido a oferta uma espécie de prêmio incógnito, incerto e imprevisível (o que o torna mais provavelmente indenizatório).

Ao revés, a compra custeada por recursos do empregado (o que é normalmente não salarial porque oneroso) pode revelar um valor bastante subsidiado por parte da empresa e, o que é mais relevante, ser associada a uma venda com valores garantidos, como se fosse possível calcular com precisão o lucro a ser auferido pelo empregado (o que normalmente revela parcela salarial).

A existência de um preço fixo na compra, a que os americanos chamam de plano do tipo *call option*, pode revelar, sim, uma aquisição a preço artificial capaz de fomentar a natureza de salário desse sistema, quanto mais ele se distanciar da realidade de uma negociação acionária.

Assim, a análise de outros ângulos do plano acionário se faz necessária.

Considera-se, então, que cada ângulo aqui exposto corresponda a uma parcela de presunção relativa em prol desta ou daquela natureza jurídica. Do cotejo das várias presunções, todas relativas, é que se conseguirá extrair sua essência.

Em segundo lugar e aparentemente ainda mais importante do que o primeiro aspecto, tem-se a análise do preço da venda das ações.

O preço de venda é definitivamente um assunto delicado do mercado acionário, pois permite identificar quem, afinal, assumiu os riscos das oscilações mercadológicas e da variação intensa do mundo corporativo. Está longe de corresponder a uma ciência exata essa imbricação da economia com o mundo real (descoberta de novas tecnologias, celebração de contratos de prestação de serviços de longo prazo, obsolescência de produtos e do conhecimento humano, alteração do comportamento e do consumo, crises nacionais agudas, conflitos armados, crise energética, questões da ecologia profunda, problemas ideológicos e assim por diante).

No exato instante em que o empregador garantir ao empregado que assume um preço fixo de venda das ações (cobrindo a diferença em caso de prejuízo), é quase certo que estaremos diante de uma forma de salário diferido, ou seja, salário prometido num momento e postergado para acerto numa data futura e certa. De nada valerão os esforços do empregador para tentar justificar que se cuidava de uma premiação ou de uma alavanca de desempenho, se ele simplesmente entrega papéis ao empregado e promete o resgate por valor fixo e datado. Haverá necessidade de muito esforço para justificar um caráter não salarial nessa prática.

A esse tipo de plano, com valor fixo de venda, o mercado acionário chama de *put option*.

Vista a questão pelo ângulo oposto, a saber, se o empregado não tiver certeza sobre o valor da venda e se sujeitar às oscilações acionárias, a natureza salarial desaparece.

Aliás, essa parece ser a forma mais comum de plano de ações com os empregados, no sentido de lhes abrir a possibilidade de aquisição de papéis da companhia, aberta ou fechada, a título gratuito ou oneroso (como mencionado acima), mas, ao depois, submetê-los à vulnerabilidade natural do mercado de ações.

Defende-se referido sistema de modo enfático, havendo argumentos favoráveis quanto a uma possível diminuição da alternância de postos de trabalho entre os empregados mais importantes para a empresa com aumento da produtividade dos empregados, todos com esforços voltados para a boa fama da companhia e apresentação de lucros atraentes aos investidores.

Com a concentração de todas as energias em prol de uma onda de boas notícias e bons balanços das empresas, a valorização das ações será uma consequência mais ou menos esperada e os empregados terão condições de realizar lucros expressivos na alienação dos papéis. Caso tenham sangue frio, podem, ainda, guardar os títulos para saque em épocas ainda mais vantajosas, tempos após, estando cientes dos riscos.

De qualquer forma, essa parece ser realmente a peça central no estudo dos planos de ofertas de ações aos empregados: em meio a tantos detalhes a serem analisados sobre o momento da compra das ações, prazos e condições de pagamento, nada supera a importância de se conhecer o sistema exato da venda dessas ações, assunção de riscos por parte do empregado, possibilidade de prejuízo, possibilidade de nada se realizar, períodos de maturação das ações e acompanhamento da volatilidade do mercado. Garantia de venda ("recompra") das ações a preços fixos ou garantia de um patamar mínimo de preço das ações, caso o mercado derrube os papéis a valores abaixo da subscrição, por exemplo, desnaturam seu caráter de títulos de investimento e se assemelham a uma forma salarial posta em mesa numa data e concretizada noutra data.

Em terceiro lugar, deve ser dada atenção para o aspecto cronológico do plano de ações, ou seja, para a fixação de um período de carência para o resgate dos papéis.

A ausência de qualquer período mínimo de aferição de lucros por parte dos empregados será interpretada com uma contradição. Se não se exige do empregado nem um dia de carência entre o recebimento dos papéis e sua conversão em pecúnia, é evidente que o empregador estava a fornecer dinheiro ao empregado, ainda que sob a estilosa denominação de *stock option*.

Fixando um prazo mínimo para o saque das ações, mesmo que algumas semanas ou meses, o empregador está indiretamente atribuindo um caráter aleatório para esse plano e, por conseguinte, mitigando a natureza salarial. Como se sabe, semanas são idênticas à eternidade e mais um pouco, em se tratando de Bolsa de Valores. Planos acionários atrelados a datas fixas de realização de lucros ou apuração de prejuízos costumam ser estudados sob a denominação de *share options*.

Ademais, observe-se que nem todo plano acionário corresponde verdadeiramente a uma outorga de compra de ações.

Por exemplo, uma sociedade anônima fechada, que não negocia ações em bolsa, não poderia, em tese, oferecer papéis para negociação dos empregados, por se tratar de uma contradição em termos. No entanto, muitas empresas fechadas praticam esse sistema, através de uma oscilação fictícia de valores, promovendo um plano virtual de ações. Os papéis entregues aos empregados (com ou sem custos, com ou sem garantia de recompra) seguem, então, uma variação teórica dos índices de crescimento da companhia, tal como se ela fosse uma sociedade aberta.

Esse planejamento é conhecido pela expressão "ação fantasma", no sentido de ação inexistente. Parece muito mais próxima de uma participação nos lucros e resultados, pois o empregado somente terá vantagem pecuniária se a empresa auferir lucros ou atingir metas, do que propriamente ao regime de *stock options*, pois as pressões externas que fazem as ações oscilar, inexistirão, na hipótese.

Por fim, é importante frisar que o estudo da natureza jurídica das ações auferidas pelos empregados não deve se concentrar apenas na dinâmica da realização dos lucros ou no caráter gratuito ou oneroso da oferta.

Independentemente do funcionamento do plano de ações, é relevante saber se ele foi oferecido para todos ou apenas para alguns empregados que tenham atingido metas ou resultados exigidos pela empresa; se a oferta é por tempo limitado e em caráter eventual, ou se há oferecimento constante e em caráter habitual; se decorre de méritos alcançados pelos empregados ou se o plano foi meramente utilizado para solucionar impasse em torno de reajuste salarial; e assim sucessivamente. Nesse sentido, aproxima-se este tema do estudo da natureza do prêmio autêntico e inautêntico.

Aduzimos, por derradeiro, que a subscrição de ações não guarda consonância com a parcela denominada *hiring bonus* ou bônus de contratação, para a atração de determinados empregados qualificados, retirando-os do vínculo de emprego de outro empregador. Porque paga uma única vez, a parcela tem seus reflexos limitados ao depósito do fundo de garantia do mês, não integrando demais parcelas trabalhistas, nem mesmo pelo duodécimo. Difícil sustentar, todavia, que tenha natureza indenizatória, porquanto integra o contrato de trabalho para todos os efeitos, aproximando-se do conceito das luvas praticadas para a atração de atletas profissionais de futebol ou de artistas.

Capítulo 10

Participação nos lucros e resultados

1. Esforço histórico

Integrar o empregado aos objetivos centrais da empresa sempre se mostrou uma medida simpática à sociedade e de profundo orgulho ao operariado. A integração normalmente é vista com desconfiança pela classe patronal, mas são diversos os exemplos de êxito em alguns projetos, a ponto de a matéria ser foco constante de estudos e pesquisas em Direito do Trabalho, na expectativa de que as resistências sejam quebradas. De toda sorte, engana-se quem acreditar tratar-se de tema novo nas lides trabalhistas.

Os manuais de Direito do Trabalho normalmente realçam a experiência histórica de Robert Owen, que compartilhava resultados e lucros com seus empregados na Inglaterra do século XVIII, obtendo bons índices de produtividade e engajamento dos operários.

Diversos ordenamentos jurídicos contemplaram historicamente alguma medida de divisão de excedentes com os empregados, sendo curioso notar que quase todas as Constituições brasileiras contiveram dispositivos a respeito, muito embora a operacionalização prática tenha sido quase inexistente, à falta de legislação apropriada – distorção que somente foi atenuada, em termos, com a regulamentação do art. 7.º, XI, da CF/1988, como abaixo se analisa.

O que mais se aproximou de regulamentação de participação nos lucros e resultados, antes de 1988, havia sido o sistema conhecido pelas siglas PIS/Pasep (Programa de Integração Social e Programa de Formação do Patrimônio do Servidor Público), destinado aos empregados da iniciativa privada, de um lado, e aos servidores públicos, de outro lado.

No entanto, as diferenças saltam aos olhos, porque um planejamento de participação nos lucros e resultados envolve efetivamente a prosperidade de uma empresa, com aferição de atividade econômica, ao passo que o sistema do PIS/Pasep não permite que uma empresa deficitária deixe de contribuir e, ainda, impõe a taxação para aquelas que não auferem lucros.

Cuida-se de um tributo instituído em 1973 e recepcionado pela Constituição Federal de 1988 e não de uma parcela paga pelo empregador diretamente ao empregado. Outra diferença sensível vem a ser a restrição dos destinatários, porque o sistema do PIS/Pasep atende apenas à população de baixa renda, assim entendida aquela que se manteve na faixa inferior ao dobro do salário-mínimo ao longo de cinco anos, enquanto um regime de participação nos lucros pode atender a todos os escalões da corporação.

O chamado "abono anual" ofertado pelos cofres públicos aos empregados de baixa renda e subsidiado pelo sistema do PIS/Pasep não tem natureza salarial, mas também não tem natureza trabalhista, pois atua fora dos limites de um contrato de trabalho e pode alcançar até mesmo o desempregado, desde que preenchidas as outras exigências legais. Os regimes de participação nos lucros e resultados, por sua vez, atendem normalmente empregados ativos, tendo tido natureza salarial durante muitas décadas, que foi alterado, repita-se, pelo novo regramento da Constituição Federal de 1988.

Outrossim, a norma constitucional incentiva a inserção do empregado nas estratégias da empresa não apenas em termos de valores, sob a forma de participação pecuniária, mas também sob a forma de envolvimento na gestão da empresa – daí a referência à cogestão em caráter excepcional, de que cuida o mesmo inc. XI do art. 7.º.

Afora o mencionado art. 7.º, XI, existe outra diretriz constitucional pouco comentada, no capítulo da Ciência e Tecnologia, que impele o Estado a fomentar as empresas mais devotadas à prática da participação em resultados, conforme art. 218, § 4.º: "A lei apoiará e estimulará as empresas que invistam em pesquisa, criação de tecnologia adequada ao País, formação e aperfeiçoamento de seus recursos humanos e que pratiquem sistemas de remuneração que assegurem ao empregado, desvinculada do salário, participação nos ganhos econômicos resultantes da produtividade de seu trabalho".

Um sistema de premiação baseado na redução do número de peças rejeitadas, na redução do material desperdiçado, no tempo de elaboração de uma unidade do produto econômico ou na combinação de todos esses elementos guardaria natureza não salarial à luz dos conceitos já expressados por este livro quanto à aleatoriedade e ao caráter meramente complementar do rendimento do trabalhador.

Esse conteúdo doutrinário da parcela em termos não salariais ganhou um reforço decisivo com a dicção do art. 218 da CF/1988. Compreende-se a baixa ousadia do empresariado diante dos riscos de desconfiguração da parcela e alegações de salários clandestinos. Para isso, todavia, basta que se usem os conceitos aflorados pela própria Constituição e, ainda, que não haja garantia de valores aos empregados, conforme demonstrado.

O sistema de participação nos lucros e resultados (art. 7.º, XI) e o sistema de participação nos ganhos econômicos resultantes da produtividade do trabalho (art. 218, § 4.º, ambos da CF/1988) não são imunes à crítica, contudo. Nem tudo é auspicioso nessa relação aparentemente vantajosa.

Pertence a André Gorz uma das mais severas críticas ao sistema de associação dos empregados aos objetivos da fábrica.

Por esse prisma, as formas de participação nos lucros e resultados e, especialmente, de cogestão, tendem a agravar o conflito entre capital e trabalho no longo prazo.

Argumenta-se que a produtividade aumentará sensivelmente com o engajamento pleno dos trabalhadores estimulados por forças eficazes de distribuição de lucros ou de tomadas de decisões estratégicas da empresa, ao passo que a comercialização dos produtos e dos serviços não sofrerá incremento semelhante, até mesmo pelas limitações naturais do mercado interno e externo. O volume de vendas pode não aumentar no mesmo ritmo da produtividade. A direção reduz, então, o efetivo repasse dos poderes e retoma o controle.

As relações antagônicas voltam a aflorar. A alienação e o estranhamento do trabalhador se mantêm.

Com base nessa premissa, vislumbra-se que, algum tempo depois, a empresa volta ao mesmo patamar de estagnação ou de vendas modestas a que estava acostumada antes de aderir ao plano de efetiva transferência de lucros e compartilhamento de gestão. Ora, argumentará a empresa, de que valeu tanta atribuição de poder e prestígio aos empregados, se não se verificou nenhum salto de qualidade? A cogestão, resume a crítica, pressupõe vitaliciedade no emprego, que pressupõe a formação de uma elite operária à custa de insegurança social dos demais trabalhadores, num delicado equilíbrio, de rara obtenção.

Outro problema delicado diz respeito à ausência da cultura da estabilidade no emprego.

As leis podem endurecer o regime de dispensa dos empregados e tentar controlar o excesso de rotatividade de mão de obra, mas dificilmente obterão o sucesso desejado se não houver na sociedade uma cultura eficaz de estabilidade de mão de obra. A experiência brasileira em torno da estabilidade decenal, assim entendida aquela conquistada após dez anos de contrato de trabalho na forma da CLT, ajuda a entender como o comportamento arredio das partes neutraliza a eficácia de normas bem concebidas e detalhadas.

Ao invés de assegurar a manutenção do emprego, o sistema de estabilidade decenal converteu-se numa forma de incremento às verbas rescisórias da dispensa. No lugar de um mês de remuneração por ano de contrato de trabalho, o empregado auferia dois meses de remuneração por ano de serviço, sem que se possa falar em garantia verdadeira de permanência no trabalho.

Logo, sem a cultura da estabilidade (e, no caso brasileiro, sem nenhuma regulamentação ao art. 7.º, I, da CF/1988, sobre relação de emprego protegida), mostram-se obsoletos os esforços em busca de planos mais concretos de participação nos lucros e resultados e de gestão na empresa.

O temor da subserviência reforça ainda mais o ceticismo contra os planos de compartilhamento de poder com os empregados, por se imaginar que alguns empregados passam a defender mais os interesses da empresa do que do operariado, conforme passam a conviver com a cúpula do empreendimento e com a liturgia do cargo.

Não há base científica na afirmação de que empregados providos de poder de direção e controle sejam menos combativos do que os empregados em grau máximo de subordinação. Todavia, as experiências nem sempre bem-sucedidas, quanto aos projetos de compartilhamento da gestão ou de distribuição de lucros e dividendos, mantêm acesa a controvérsia sobre as virtudes e os vícios da política de aproximação do capital e do trabalho.

2. O sistema do art. 7.º, XI, da CF/1988

Postas essas premissas históricas, vem a calhar o estudo das diretrizes estipuladas a partir do art. 7.º, XI, da CF/1988, especialmente quanto à desvinculação das parcelas remuneratórias e a exigência de negociação coletiva para seu estabelecimento.

Inicialmente, cumpre lembrar que o dispositivo constitucional abrange, na verdade, três assuntos diferentes, os quais, conquanto estudados normalmente em conjunto, quase nunca serão verificados ao mesmo tempo. São eles: a participação nos lucros, a participação em resultados e a participação na gestão da empresa.

A primeira expressão é, de todas, a mais fácil de ser assimilada, porque evoca diretamente a referência aos lucros, a partir do que se imagina que os trabalhadores vão ratear um percentual do lucro auferido pela empresa. O raciocínio é bastante conhecido e alvissareiro, porque a simples perspectiva de receber parcela dos lucros de um empreendimento motiva melhoria na produtividade e no empenho pessoal de cada empregado. Todavia, há algumas divergências conceituais a serem sanadas.

Por um lado, existem diversos conceitos de lucro, antes e depois do pagamento dos impostos, com ou sem o abatimento dos juros sobre a dívida, em comparação com o demonstrativo do exercício fiscal anterior ou em comparação com o faturamento global da empresa. Dessa forma, haverá desconfiança natural dos empregados sobre o que se compartilha e como esse procedimento é feito.

Atrai-se o risco de exibir apenas os números que digam aquilo que se deseja ouvir, algo que se nota bem na manipulação dos dados quando se deseja enfatizar algum aspecto negativo (por exemplo, queda dos lucros comparados com aqueles do ano anterior) sobre o aspecto positivo (elevação dos lucros por número de empregado ou por metro quadrado de área física de exploração comercial). O uso simbólico da expressão participação nos lucros deixa inteiramente a critério do legislador e, depois, da negociação coletiva, a estipulação de seu alcance.

Por outro lado, desenvolveu-se uma praxe no Direito do Trabalho Brasileiro de modo a inibir qualquer efetiva participação em lucros.

Dada a ausência do conceito de lucros pelo legislador e dada a complexidade de se definir fórmula sobre participação, como a fixação de um percentual conjunto, optou-se pela simples estipulação de um valor fixo em dinheiro, a ser pago em determinada data, não necessariamente atrelada à divulgação dos balanços corporativos. Aos poucos, a participação nos lucros e resultados se converteu em simples bonificação, de valor rígido, razoavelmente esperado, como uma cláusula a mais na norma coletiva.

Empregados alijados às negociações coletivas, como aqueles das cidades e das categorias menores, com menor grau de organização, ficaram de fora desse benefício, pois a legislação atrelou intimamente a participação à negociação.

Há uma evidente vantagem ao empregador na concessão da participação nos lucros e resultados em valores fixos, qual seja, a desnecessidade de abrir a escrita contábil para conferência de terceiros, especialmente das entidades sindicais. Para os empregados, a vantagem mais expressiva é a certeza do recebimento da parcela, independentemente do montante dos lucros, havendo casos em que o pagamento é feito mesmo com a empresa operando em prejuízo.

Notória é a distorção desse sistema.

A empresa não se sente estimulada a envolver os empregados em sua batalha cotidiana por melhores condições de operação e de desenvolvimento, dado o alto grau de desconfiança que cerca as relações de trabalho e o sindicalismo. Prefere oferecer um valor fixo, como se fosse um décimo quarto salário, a ter de explicar muitos detalhes de seus bastidores. Sente-se mais livre para a tomada de decisões e crê na possibilidade de embolsar sozinha os lucros mais expressivos, de épocas mais fartas, mas não poderá reclamar, então, quando os lucros forem minguados ou quando o exercício financeiro girar em torno do prejuízo.

Os empregados se sentem na cômoda posição de destinatários do décimo quarto rendimento anual. Perde-se o interesse na negociação coletiva. Não há envolvimento com a contabilidade da empresa. Afinal, se houvesse realmente a fixação de um percentual sobre o lucro do empresário – obtido por qualquer dos meios de cálculo contábil – correr-se-ia o elevado risco de nada se receber em alguns anos. Nem mesmo a greve serviria como instrumento de pressão, porque se o pactuado foi uma incidência sobre lucros e se esses desaparecerem, o resultado da operação é necessariamente zero. Ficaria difícil explicar para as bases sindicais que a soma de todos os esforços em prol da negociação coletiva do ano anterior não passou do zero.

Não se trata de participação em prejuízos, obviamente, por ser da essência do contrato de trabalho a assunção dos riscos exclusivamente por parte do empregador, ao passo que a característica central da posição do empregado é a alteridade, no sentido de trabalho por conta alheia. A onerosidade no Direito do Trabalho não é apenas o oposto da gratuidade, mas também a certeza de que uma segunda parte, que é o empregador, efetuará o pagamento pelos serviços prestados e pela energia humana empreendida, haja o que houver, na abundância do lucro ou na escassez do crédito.

Ocorre, entretanto, que a operação em prejuízo neutraliza essa conquista da classe operária e poderia, realmente, gerar algumas anomalias. Suponha, por exemplo, que a norma coletiva tenha admitido a fixação de um piso salarial modesto, muito perto do salário-mínimo nacionalmente unificado, prescindindo de majoração no percentual de remuneração das horas extras e do adicional noturno, bem como afastando os benefícios assistenciais, tudo para se concentrar num percentual mais elevado de participação nos lucros e resultados. A euforia de se conseguir compartilhar uma parcela expressiva dos ganhos patronais poderia logo ser sucedida pela agonia de ver os lucros evaporarem na próxima crise do capitalismo.

Daí por que esse jogo da participação nos lucros é de perde-perde e não de ganha-ganha como se poderia supor.

Daí por que o sistema de participação nos lucros e resultados está atrofiado no Direito brasileiro e não passa, realmente, de um décimo quarto salário.

A afirmação não é simpática nem prestigia as poucas entidades sindicais verdadeiramente empenhadas em alterar a letargia das relações trabalhistas, mas é autêntico reflexo do panorama de 1988 em diante, em que a classe patronal finge que partilha lucros e os empregados fingem que recebem.

Agrava ainda mais o quadro o fato de que o art. 7.º, XI, da CF/1988, tecnicamente não obriga o empregador a pactuar a participação nos lucros e resultados, apenas o incentiva a fazê-lo com o atrativo da desoneração da folha de pagamento – a participação nos lucros e resultados é "desvinculada da remuneração" e não serve de base para recolhimentos previdenciários nem para reflexos em outras parcelas trabalhistas. A título de comparação, cumpre lembrar que o art. 157, IV, da Constituição Federal de 1946 reputava obrigatória a participação nos lucros: "participação obrigatória e direta do trabalhador nos lucros da empresa, nos termos e pela forma que a lei determinar".

A propósito, convém neste momento distinguir o conceito de participação nos lucros e resultados do conceito de gratificação de balanço.

Essa expressão, em desuso, constava de regulamentos internos de empresas que se dispunham a oferecer aos empregados parcela de lucros que fossem apurados após o balanço contábil. No caso, não havia negociação coletiva nem incentivos fiscais, mas apenas a oferta unilateral da empresa. A fonte do direito é o regulamento interno. Não há vigência, mas há a incorporação do direito ao contrato individual de trabalho, como historicamente sustentado pela Súmula 51 do Tribunal Superior do Trabalho.

Na gratificação de balanço, a empresa geralmente se reservava o direito de nada pagar em caso de o balanço não apurar lucros, por exemplo, e podia fazer oscilar o percentual a ser distribuído aos empregados.

3. Participação em resultados

Participação em resultados é o segundo tema do art. 7.º, XI, de 1988.

Após muita hesitação, convencionou-se dizer que participação em resultados tem duas acepções diferentes, mas que podem ser conciliadas para os fins do art. 7.º, XI.

De uma parte, aproximam-se os resultados aos lucros. No lugar de um percentual sobre as sobras auferidas pela empresa, em termos meramente monetários, poderia ser fixada vantagem pecuniária calculada sobre outro tipo de meta, a livre critério das partes. Nesse sentido, a participação em resultados se aproximaria dos prêmios, mas com a diferença de haver passado pelo crivo da negociação coletiva, não haver certeza e segurança quanto a valores e pagamentos e, ainda, não poder se tornar uma parcela mensal.

Os resultados podem ser medidos por incontáveis formas: redução de desperdício de insumos, aumento de produtividade, diminuição do número de horas gastas para a elaboração de uma unidade do produto, controle de fila de clientes, índice de satisfação da clientela, conquista de prêmios de reconhecimento no mercado, inclusive certificados de qualidade no plano nacional ou mundial, e assim sucessivamente. Até mesmo o índice de reciclagem de materiais renováveis, encontrados na sucata produzida pela empresa, e outros mecanismos de controle do meio ambiente poderão ser utilizados para fins de aferição de resultados traçados pela empresa com perspectivas premiais.

Só não vale estipular meta alusiva a temas de saúde e segurança do trabalho, tais como diminuição do número de dias de licenças médicas ou redução do número de aposentadorias por invalidez, a fim de não estimular a subnotificação dos acidentes nem fazer com que um colega doente seja molestado pelos colegas saudáveis que enxergam na enfermidade dele uma forma de rebaixamento do valor prometido. Fixação de metas sobre saúde e segurança do trabalho sempre foi controvertida, tendo sido proibida pelo art. 2.º, § 4.º, II, da Lei 10.101/2000, na redação dada pela Lei 12.832/2013.

A vantagem para o empresário, no particular, também reside na desnecessidade de abertura dos livros contábeis e demais particularidades sobre os lucros conquistados, porque as metas são aferidas com base em outros dados, que poderíamos chamar de "menos comprometedores".

De outra parte, busca-se expandir para todos os empregadores o conceito de participação nos lucros, ainda que os empregadores não persigam lucros nem ao menos exerçam atividade econômica.

Essa era a principal crítica que se fazia contra o sistema da participação nos lucros antes da Constituição Federal de 1988, porque uma vasta quantidade de trabalhadores, pelo infortúnio de se ativarem em estabelecimentos desprovidos de lucros, jamais poderiam almejar essa vantagem.

Não se trata apenas de operários de empresas deficitárias – pois essas ainda têm chance de, recuperando-se, retomar o caminho do lucro –, mas especialmente dos empregados de casas de benemerência, associações recreativas, instituições filantrópicas, entidades da Administração Pública, condomínios residenciais e diversos outros entes que admitem trabalhadores como empregados.

Para esses empregados, um sistema rígido de participação em lucros não teria o menor sentido, porquanto associado ao exercício de atividade econômica estranha a sua realidade. Daí o acerto da locução "participação nos lucros e resultados", mais expandida e com maiores possibilidades de exploração. Nem só de lucros vivem os empregadores.

Não há impedimento a que uma empresa pública estabeleça sistema de premiação individual ou coletiva atrelado ao índice de pontualidade no atendimento, redução das queixas dos munícipes e combate a endemias, por exemplo. Sendo a premiação coletiva, é bastante razoável que ela se aproxime do conceito de participação nos resultados, a ser pactuado mediante acordo coletivo.

O condomínio residencial pode estipular como resultados a redução do consumo de água e energia elétrica nas dependências comuns, tendo como principais aliados os empregados, mais do que os moradores, bem como o envolvimento na separação do lixo reaproveitável.

A associação recreativa em crise, por fim, poderia se interessar por uma meta ligada à retenção de membros à beira da desistência, pedindo-lhes um voto de confiança.

O fato de a participação em resultados corresponder a uma medida trabalhosa não a desqualifica como eficiente alavanca para o engajamento dos empregados em projetos, metas e agendas periódicas.

4. Participação dos empregados na gestão da empresa

A aproximação entre o capital e o trabalho, conforme crítica já exposta, normalmente envolve riscos imprevisíveis. Por exemplo, se a empresa lucrativa se tornar deficitária após o implemento da cogestão, quem arcará com os custos sociais da dispensa coletiva?

Há, de fato, experiências bem-sucedidas nos modelos trabalhistas europeus, mas em realidades bastante diferentes das circunstâncias brasileiras, a começar pela ausência de estabilidade ou de garantias de que a dispensa sem justa causa será efetuada de modo socialmente justo. Teríamos de imaginar um modelo em que não apenas os integrantes da gestão compartilhada fossem estáveis, mas também boa parte daqueles que os cercam e assim por diante.

São respeitáveis os esforços da doutrina, inclusive em trabalhos acadêmicos de fôlego, e de alguns setores patronais, de inserir na agenda trabalhista o debate sobre o compartilhamento da gestão com os empregados nas relações trabalhistas brasileiras, mas há mais fundamentos para o ceticismo do que para a euforia nesta matéria, a começar pela imprecisão do conceito de gestão, pelo descaso do legislador e pela desmotivação sindical.

A propósito, considerando-se a vagueza do conceito de gestão, é razoável entender-se que o compartilhamento poderá ter lugar em diversos espectros da governança empresarial. A gestão compartilhada pode se circunscrever a um setor ou filial da empresa, a reuniões da diretoria comercial, no plano do relacionamento com fornecedores e clientes e, gradativamente, escalar até o verdadeiro poder de comando do empreendimento, algo muito mais raro de se conceber e de se presenciar.

A cogestão, entretanto, jamais foi regulamentada, ao contrário da participação nos lucros e resultados.

5. Natureza jurídica da PLR

A respeito da natureza jurídica da participação nos lucros e resultados, é curioso observar que a Constituição Federal de 1988 desde logo houve por bem fixar o caráter não salarial, valendo-se do termo "desvinculada da remuneração".

Houve exagero no uso da formulada expressão "desvinculada da remuneração".

Se tomada ao pé da letra, a expressão equivaleria a dizer que o pagamento a título de participação nos lucros e resultados nada tem que ver com o contrato de trabalho, por não se tratar nem de pagamento feito pelo empregador nem de pagamento feito por terceiros.

O legislador evidentemente disse mais do que pretendia.

Sua pretensão a toda prova foi reduzir os encargos incidentes sobre a parcela denominada participação nos lucros e resultados, com o propósito de fomentar sua aplicabilidade e a correspondente negociação coletiva. Acreditava-se que os valores avençados poderiam ser superiores à média anterior à Constituição Federal de 1988, haja vista a retirada de sua incorporação definitiva aos contratos de trabalho, afastamento da base de cálculo de férias, 13.º salário e fundo de garantia, bem como ausência de recolhimentos previdenciários e fiscais. Poderia, então, ter sido utilizada a expressão "sem natureza salarial" ou "com natureza não salarial". Optou-se pelo preciosismo.

Se não existe necessidade de descer tão a fundo no tema da natureza jurídica, é sempre preferível o uso de fórmulas mais simples, pois o objetivo era meramente aliviar a carga tributária. Correu-se o risco de alterar a própria natureza trabalhista da parcela. Por exemplo, o art. 202, § 2.º, da CF/1988, com a redação dada pela Emenda 20/1998, ficou tão rebuscado que alguns juristas propuseram a perda da competência da Justiça do Trabalho para apreciar pretensões acerca de complementação de aposentadoria, tudo por causa da expressão "não integram o contrato de trabalho". Conquanto a matéria ainda seja propícia a discussões, há certa prevalência da tese segundo a qual o sentido de uma parcela trabalhista não integrar o contrato de trabalho é meramente a retirada da natureza salarial, algo como "não integrar o núcleo mínimo de um contrato de trabalho". O Direito do Trabalho poderia ser poupado desse tipo de ginástica anaeróbica.

Deixando de lado a questão do uso da expressão "desvinculada da remuneração", o fato é que a natureza jurídica não salarial é, com efeito, a mais acertada para esse tipo de parcela.

Não se imagina que uma participação nos lucros e resultados seja algo cotidiano, frequente e mensal, e tampouco abranja valores com os quais os empregados possam normalmente contar. Seus valores são marcados pela aleatoriedade, sendo certo que em determinados anos nem ao menos deverá haver pagamento, pois esse benefício acompanha – melhor: deveria acompanhar – os fluxos financeiros do empregador. Assim como não existe certeza de que os lucros sejam auferidos ano a ano, também não existe certeza de que a participação nos lucros e resultados vá se aperfeiçoar de período a período.

Ora, todas essas características da aleatoriedade e da ausência de uma repetição segura induzem a participação nos lucros e resultados a um caráter não salarial desde os primórdios, não se justificando tamanha celeuma a respeito da natureza da parcela. O desaparecimento do art. 7.º, XI, da CF/1988, no limite, poderia ser feito sem prejuízo de sua prática e de sua natureza jurídica, a qual decorre da essência do pagamento feito pelo empregador e do comportamento das partes na dinâmica do contrato de trabalho, e não da boa vontade do legislador.

Todavia, assim como a participação nos lucros e resultados se tornou um décimo quarto salário, na linguagem crítica empregada parágrafos acima, em muitos estabelecimentos ela se tornou um reajuste salarial disfarçado.

Suponha um salário de R$ 1.000,00. Empregados e empregador discutem um reajuste salarial de 5% a 10%. A empresa aceita a sugestão dos empregados, que certamente é a maior, desde que o valor obtido (R$ 100,00) seja pago sob a forma de participação nos lucros e resultados. Os empregados concordam, mas não suportam esperar o ano seguinte nem a data de fechamento do balanço nem toleram receber os R$ 100,00 de uma só vez. Então, cria-se a fórmula da "antecipação mensal da participação nos lucros anuais". Em cada holerite passa a haver a rubrica da participação nos lucros ao lado do salário e todos saem aparentemente satisfeitos.

O que se verifica, porém, é que a participação nos lucros é normalmente certa e previsível. Logo, não se pode censurar a posição salarial assumida pela jurisprudência, ante tantos percalços. Se serve de consolo, o empregador que pulverizou o reajuste de 10% em doze parcelas mensais de participação nos lucros e resultados, terá os mesmos encargos e as mesmas integrações do que o empregador que, dizendo a verdade, majorou o salário para R$ 1.100,00.

A natureza salarial da participação nos lucros foi estampada pela Súmula 251, de 1986 a 1994, sendo cancelada justamente sob a invocação do disposto no art. 7.º, XI, da Constituição.

Empresas, que praticavam a participação nos lucros "salarial" e por vezes já havia até mesmo incorporado a parcela aos rendimentos do empregado, não foram autorizadas a voltar atrás nem mesmo sob alegação de que a Constituição Federal de 1988 alterou o sistema. Prevaleceu à hipótese o postulado da condição mais benéfica conquistada pelo trabalhador.

Para arrematar o tema da natureza jurídica, recorde-se de que a retirada do caráter salarial da parcela tem vários significados, alguns já explorados acima: (a) ausência de direitos adquiridos; (b) não incorporação ao salário; (c) possibilidade de retirada ou de variação negativa; (d) ausência da base de cálculo de horas extras, adicional de periculosidade e adicional noturno, por exemplo; (e) não produção de reflexos em fundo de garantia, férias, 13.º salário e aviso-prévio indenizado e tampouco em descansos semanais remunerados, caso a parcela fosse calculada com base na hora; (f) não tributação para efeitos da previdência social; e, ainda, (g) não extensão para aposentados que aufiram complementação de aposentadoria, sob o argumento de que, conquanto eles já tenham concorrido diretamente para o sucesso do empreendimento, já não atuam mais de forma decisiva para a consecução dos lucros.

6. Questões controvertidas da aplicação prática

A participação nos lucros e resultados foi regulamentada por uma série de medidas provisórias na década de 1990 e pela Lei 10.101/2000, atualizada uma vez em 2013 (especialmente para desafogar o imposto de renda incidente) e outra fez em 2020, já no pacote de medidas de enfrentamento da pandemia.

Apresentamos a seguir um rol das principais questões controvertidas desse microssistema regulamentador da parcela.

- **Obrigatoriedade da negociação coletiva**. O legislador optou pela via coletiva para a fixação da participação nos lucros e resultados. Não havia essa indispensabilidade na norma constitucional, mas a escolha foi saudada pelo Direito do Trabalho como a forma menos ruim de se inibir a fraude.

- **Técnica de chamar o sindicato para administrar a crise**. Houve quem visse no fenômeno uma convocação do sindicato para ajudar a gerir a crise do capital, como que compartilhando a culpa e atribuindo ao sindicato o fracasso pela intransigência. A PLR pode constar de cláusula de convenção ou de acordo coletivo ou, ainda, ser feita por instrumento simples, autônomo, mas desde que subscrito por comissão especialmente formada pelos empregados e empregadores. Por um breve período histórico foi admitida a comissão interna da empresa, sem comunicação ao sindicato, mas o cenário mais comum é a indicação de membro da entidade sindical.

- **Trabalhadores expressamente excluídos da Lei 10.101/2000: empregados de pessoas físicas**. Excluem-se expressamente as pessoas físicas na qualidade de empregadores como destinatários dessa norma. Em outras palavras, ainda que a pessoa física exerça atividade econômica, auferindo lucros, estará dispensada de firmar negociação coletiva em torno dessa participação dos trabalhadores. Conclui-se que a palavra empresa quis dizer, também, pessoa jurídica.

- **Trabalhadores expressamente excluídos da Lei 10.101/2000: empregados de entidades sem fins lucrativos**. São também trabalhadores excluídos expressamente pelo legislador os empregados das entidades sem fins lucrativos, o que já era esperado, sendo certo que, nesse quesito, a norma fez quatro exigências. Somente será considerada entidade sem fins lucrativos aquela que, cumulativamente: "*a*) não distribua resultados, a qualquer título, ainda que indiretamente, a dirigentes, administradores ou empresas vinculadas; *b*) aplique integralmente os seus recursos em sua atividade institucional e no País; *c*) destine o seu patrimônio a entidade congênere ou ao poder público, em caso de encerramento de suas atividades; *d*) mantenha escrituração contábil capaz de comprovar a observância dos demais requisitos deste inciso, e das normas fiscais, comerciais e de Direito Econômico que lhe sejam aplicáveis". A partir de 2020, essas entidades excluídas foram autorizadas a firmar pactos de participação em resultados, se houver metas razoavelmente aferíveis em seu modo de atuação.

- **Trabalhadores expressamente excluídos da Lei 10.101/2000: empregados de entidades paraestatais**. As chamadas estatais devem ter sistema próprio de aferição de resultados e metas. Não perseguem lucro como seu propósito principal, pois se destinam à prestação de serviços de utilidade pública, desenvolvimento social e demais funções atribuídas ao Estado pela Constituição Federal de 1988. Assiste-se à subscrição de diversos acordos coletivos entre sindicatos de trabalhadores e integrantes da Administração Pública indireta, sem maior questionamento de parte a parte, mas não é exatamente isso o que dispunha a Lei 10.101/2000, nem há obrigação a esse tipo de instrumento normativo. Um acordo coletivo que outorga o valor de participação nos lucros em empresa que não aufere lucros nem exige metas nada mais faz do que institucionalizar o décimo quarto salário. Contrato individual de participação nos lucros, para empregados que auferem renda superior ao dobro do teto previdenciários, que representa algo em torno de 10 salários-mínimos, chegou a vigorar na legislação brasileira por alguns meses entre 2019 e 2020, mas a norma emergencial não foi mantida e ainda não se desenvolveram mecanismos para se assegurar a lisura da fixação de planos de metas individualizados.

- **Trabalhadores expressamente excluídos, mas pelo Dec.-lei 691/1969**. O parágrafo único do art. 2.º do Dec.-lei 691, de 18.07.1969, veda a estipulação contratual de participação nos lucros para os *técnicos estrangeiros* contratados em caráter provisório sob a legislação brasileira. Temia-se, talvez, que o país sofresse uma invasão de técnicos estrangeiros, os quais, auferindo expressivos valores a título de participação nos lucros, burlassem as normas restritivas de remessa de lucros das filiais para as matrizes de corporações transnacionais. Ocorre que em 1969 nem ao menos estava operacionalizada a norma da participação nos lucros, prevista genericamente na Constituição Federal de 1967, e tampouco havia uma cultura desse compartilhamento. Há três formas de se considerar prejudicado o disposto no parágrafo único do art. 2.º do Dec.-lei 691/1969: (a) o art. 5.º da CF/1988 não admite a discriminação entre brasileiros e estrangeiros aqui residentes, ressalvadas as exceções contidas na própria Carta; (b) o dispositivo vedava estipulação em contrato individual de trabalho, ao passo que a Lei 10.101/2000 exige a participação nos lucros através de norma coletiva, sendo absurdo sustentar-se que a norma coletiva valha para uns e não para outros; (c) a norma de 1969 foi omissa sobre a participação nos resultados.

▶ **Trabalhadores implicitamente excluídos da Lei 10.101/2000.** A estratégia do legislador de privilegiar a negociação coletiva é interessante do ponto de vista do combate às fraudes e do aumento de responsabilidade às entidades sindicais, mas ricocheteia justamente sobre os trabalhadores menos organizados e menos combativos. Se os empregados não estão agremiados em entidade sindical, é válido que a negociação coletiva seja capitaneada e subscrita pela federação e, no limite, pela confederação, conforme preconiza o art. 617, § 1º, da CLT, ainda em vigor. O problema, porém, não se limita aos sindicatos inorganizados, mas aos empregados alijados da negociação coletiva, como os domésticos e os empregados da Administração Pública direta. Ambos compartilham a absoluta falta de atividade econômica e a ausência do próprio conceito de categoria econômica no âmbito doméstico. A conclusão mais aceita é que, de fato, os empregados públicos e os domésticos não têm direito à participação nos lucros e resultados da Lei 10.101/2000. De qualquer forma, acima já se explicou que não seria propriamente participação nos lucros, pois a Administração Pública e os lares não exercem atividade econômica e não perseguem o lucro, mas participação em metas ou em resultados em busca de um aprimoramento nas relações trabalhistas. Claro que o empregador sempre poderá ofertar uma premiação a seus empregados, inclusive na prefeitura ou na família, mas aí não haverá o acervo conceitual e jurídico do sistema da participação nos lucros e resultados.

▶ **Prioridade do acordo coletivo.** A Lei 10.101/2000 refere que a participação nos lucros ou resultados será objeto de negociação entre a empresa e seus empregados, pela via tradicional da convenção e do acordo coletivo ou pela via diferenciada de uma comissão paritária escolhida pelas partes, integrada, também, por um representante indicado pelo sindicato da respectiva categoria. É mais esperado que a participação nos lucros e resultados seja avençada separadamente, mediante acordo coletivo, do que seja inserida em convenção coletiva genérica da categoria. Existem essas cláusulas genéricas, sim, como pode ser visto no âmbito da categoria dos bancários e dos professores da rede particular em quase todas as localidades do País, mas aí já estamos muito mais próximos do "décimo quarto salário" do que propriamente de uma participação nos lucros e resultados, pois não haverá contabilidade coletiva dos empregadores nem haverá certeza de lucro para todas as empresas.

- **Comissão escolhida ou comissão eleita?** Não se sabe o que legislador quis dizer com "comissão escolhida pelas partes", o que, para alguns autores, significa que o legislador prescindiu da realização de eleições. Escolher não é o mesmo que eleger, argumenta-se. Não há como se negar, todavia, que a escolha de uma comissão paritária, composta por representantes dos empregados e do empregador, certamente evocará a experiência razoavelmente conhecida da escolha dos membros das comissões de prevenção de acidentes (CIPA). Afora isso, o processo eleitoral, com escrutínio secreto, ainda se mostra o mais idôneo para a concretização dos direitos no ambiente de trabalho, sem os temores de revide ou de pressão dos colegas e dos representantes do empregador no local de trabalho. Em suma, a eleição é o procedimento desejável e mais adequado para a escolha dos membros da comissão de negociação da participação nos lucros e resultados, mas a existência de outros métodos alternativos de escolha não desautoriza a comissão nem prejudica a negociação.

- **O papel da comissão negociadora da participação nos lucros**. É provável que o legislador tenha concebido mais um círculo no sistema brasileiro da negociação coletiva. As formas mais conhecidas são o acordo coletivo, entre empregador e sindicato dos empregados, e a convenção coletiva, entre sindicatos de empregados e de empregadores. Fala-se ocasionalmente no contrato coletivo, que seria interconfederal e envolveria várias atividades, provavelmente para marcos regulatórios e não para o detalhamento do cotidiano, como aparece na Lei dos Portos, mas de diminuto desenvolvimento científico. Na outra ponta, poderia haver, então, um anel ainda menor do que o acordo coletivo. Depois de encerrada a negociação entre sindicato dos empregados e empregador, com a elaboração de um acordo coletivo de variadas cláusulas, entraria em cena uma comissão especial apenas para o fim de analisar as finanças da empresa e propor uma solução em torno da participação nos lucros e resultados. Ocorre que o sistema brasileiro não comporta um "míni acordo coletivo" nem há espaço legislativo para negociação direta com comissão de fábrica. Não se trata de um regime desconhecido pela Organização Internacional do Trabalho, sendo inclusive fomentada a existência de um segundo canal de comunicação entre empregador e empregados, mas com limites responsáveis para não afrontar a autoridade do sindicato.

- **Outra experiência de comissão negociadora**. No Direito brasileiro, o exemplo mais citado é a comissão de emergência para resolução dos impasses causados pela greve, numa exceção que aparentemente reforça ainda mais a regra de que a entidade sindical detém a prioridade na negociação coletiva. O legislador não precisava ter criado esse sentimento de míni acordo coletivo nem dado maiores expectativas para a comissão de fábrica negociar participação nos lucros e resultados. Como seus poderes são restritos, o documento final que for firmado entre as partes acaba tendo o patamar de acordo coletivo também. Em muitas categorias, ele é chamado de adendo ou de anexo ao acordo coletivo – logo, acordo coletivo é. Graças à *presença obrigatória de um representante de entidade sindical* na comissão de negociação do anexo ao acordo coletivo, o sistema escapou de ataques de inconstitucionalidade (art. 8.º, VI, da CF/1988), sob o fundamento de que a entidade sindical estava ciente da negociação e poderia, na oportunidade, haver exercido seu poder de persuasão – no plano jurídico ou no plano político.

- **Vigência**. Todo acordo coletivo deve ter vigência, que é uma das cláusulas obrigatórias do instrumento (art. 613, II, da CLT). A vigência máxima deve ser de um ano. Pouca atenção é dada à vigência do acordo coletivo de estabelecimento de participação nos lucros e resultados porque em geral se procura fazer uma negociação por ano. Fica subentendido que o prazo é mesmo de um ano. Entendemos que à PLR não se aplicam as teses de ultratividade das cláusulas normativas, antes ou depois da reforma trabalhista de 2017, dada a colisão com o próprio intuito da parcela, que é discutir metas, patamares e valores para o ano seguinte. Perpetuar a participação nos lucros e resultados, sem acordo coletivo que o defina, seria um contrassenso.

- **O conteúdo obrigatório da norma coletiva**. O art. 2.º, § 1.º, da Lei 10.101/2000 é correto e abrangente quanto ao conteúdo do acordo coletivo portador de participação nos lucros e resultados. Divide o tema em regras de direito material e regras de procedimentos, sendo aquelas ligadas a valores e essas associadas a "mecanismos de aferição das informações pertinentes ao cumprimento do acordado, periodicidade da distribuição, período de vigência e prazos para revisão do acordo". O cumprimento dessa exigência por óbvio deixará a desejar, porque a parte mais interessada na fiscalização – a entidade sindical – será justamente a signatária das condições anômalas da participação nos lucros e resultados, conforme a crítica já repetida à exaustão em torno do desvirtuamento da norma quanto ao estabelecimento de parcelas fixas.

- **Formas de aferição dos valores**. As formas de se obter valor para o pagamento da participação nos lucros e resultados são infinitas, podendo resultar inclusive da combinação de várias técnicas. Na abertura deste capítulo, ao se explicar a diferença entre lucros e resultados, foram apreciadas algumas técnicas. O art. 2.º, § 1.º, I e II, da Lei 10.101/2000, oferece alguns exemplos de aferição de lucros ("índices de produtividade, qualidade ou lucratividade da empresa") e de resultados ("programas de metas, resultados e prazos, pactuados previamente").

- **Natureza jurídica.** Conforme amplamente realçado linhas acima e devido à fórmula de parcela "desvinculada da remuneração", de que trata o art. 7.º, XI, da Constituição, só restava ao legislador corroborar a natureza jurídica não salarial, vedando que ela constitua base de incidência de encargos trabalhistas ou que possa ser aplicado o conceito de habitualidade para fins de incorporação aos ganhos do trabalhador (art. 3.º da Lei 10.101). Não há isenção de imposto de renda, todavia, pois o conceito de rendimento para fins tributários é diverso do conceito de contraprestação dos serviços prestados. Ocasionalmente algumas parcelas de natureza não salarial recebem, sim, a incidência do imposto de renda, como a complementação de aposentadoria e a complementação de pensão, sem falar na controvertida taxação das férias indenizadas.

- **Tributação exclusivamente na fonte.** Fazer incidir o imposto de renda sobre a participação nos lucros e resultados representava um enorme esvaziamento sobre a conquista da negociação coletiva, ainda mais para o trabalhador de baixa renda, porque esse era tributado por alíquotas maiores do que aquelas com que habitualmente convive. Por exemplo, o trabalhador que aufere 1.000 reais por mês está na faixa de isenção do imposto de renda, mas, no mês em que recebesse outros 1.000 reais a título de participação nos lucros e resultados – como se fosse um 14.º salário – sofreria a incidência do imposto, porque os 2.000 reais excedem a faixa de isenção. Ele poderia, quando muito, elaborar a declaração de ajuste anual no exercício financeiro seguinte para tentar equalizar o cálculo e obter restituição, mas, por diversos motivos, nem sempre a restituição é viável. As centrais sindicais insistiram por muitos anos que o governo federal desonerasse a participação nos lucros e resultados, como forma de melhor atender ao comando do art. 7.º, XI, da CF/1988, e prestigiar a negociação coletiva. Dezessete anos depois das primeiras medidas provisórias sobre a participação nos lucros e resultados, foi promulgada a Lei 12.832/2013, a qual, embora não tenha acolhido a tese do rendimento isento e não tributável, inseriu a participação nos lucros e resultados no conceito de rendimento tributado exclusivamente na fonte.

- **Consequências da alteração tributária.** Assim, a participação nos lucros e resultados passa a ser tributada em separado do salário, de sorte que, ao não se somar com os ganhos regulares do trabalhador naquele mês de competência, não provoca a majoração de alíquota progressiva do imposto de renda. Mas isso não é tudo. As alíquotas do imposto de renda, que vão de 7,5% a 27,5%, somente incidem na participação nos lucros e resultados a partir de patamares maiores. Até 6.000 reais, todos os pagamentos da PLR estão isentos. A alíquota máxima, de 27,5%, somente tem lugar a partir de 15.000 reais de PLR. Desse modo, os trabalhadores de baixa renda ficaram completamente isentos de imposto sobre a PLR e escaparam da deturpação que era somar o valor da participação com o valor do salário mensal para serem tributados em conjunto. A tabela que consta do anexo da Lei 10.101/2000 é atualizada anualmente com os mesmos percentuais utilizados para a correção da tabela do imposto de renda. Por ser parcela tributada exclusivamente na fonte, a PLR não integra a base de cálculo do imposto devido pelo beneficiário na declaração de ajuste anual do exercício seguinte.

- **Lucro abatido do lucro**. Empresas de maior porte costumam adotar regime de apuração do lucro real para fins tributários, ao passo que a maioria das empresas de médio padrão optam pelo sistema do lucro presumido. O legislador tem dado bastante ênfase para o regime do lucro real em matéria trabalhista. Por exemplo, o festejado Programa Empresa Cidadã, que possibilita a extensão da licença-maternidade para seis meses, somente permite a dedução dos gastos com imposto de renda para empresas engajadas no regime de lucro real (art. 5.º da Lei 11.770/2008). A Presidência da República vetou dispositivo que expandia para as empresas tributadas por lucro presumido semelhante benefício. Aqui também a preocupação do legislador se volta mais à empresa de grande porte do que ao pequeno empreendedor – justamente aquele que mais emprega no país. Assevera o art. 3.º, § 1.º, da Lei 10.101, que, "para efeito de apuração do lucro real, a pessoa jurídica poderá deduzir como despesa operacional as participações atribuídas aos empregados nos lucros ou resultados, nos termos da presente Lei, dentro do próprio exercício de sua constituição". Não faria realmente sentido algum em se tributar o lucro, achatando-o, para, depois, compartilhar o lucro entre os trabalhadores. A solução encontrada é harmônica – deduzir do lucro real o valor pago a título de participação nos lucros e resultados, antes de se fixar a base de cálculo dos tributos calculados sobre aquele lucro real –, mas deveria servir para abatimento também de outras formas de tributação das pessoas jurídicas.

- **Máximo de duas parcelas por ano**. A redação original da Lei 10.101/2000 fixava a regra da semestralidade, de modo que nenhum pagamento poderia ser feito em prazo inferior a seis meses do pagamento anterior. O objetivo sempre foi evitar a banalização da PLR e o uso indevido desse sistema como forma de burlar reajuste salarial ou encargos tributários.

A partir de 2013, passou a ser suficiente a distância de um trimestre, doravante. Isso atende as negociações em empresas marcadas por forte sazonalidade ou oscilação nos picos de produção. Um pagamento em maio e outro em agosto, por exemplo, pode ser mais conveniente para alguns ramos de atividade econômica, sem que, com isso, tenha sido prejudicado o intuito do legislador. O pagamento deve se ater ao máximo de duas parcelas por anos, desde que ambas não estejam dentro do mesmo trimestre. A matéria é infensa à negociação coletiva, o que significa dizer que, caso as partes insistam na participação mensal, por exemplo, a natureza salarial é medida impositiva, pela fiscalização do trabalho ou em sede judicial, por evidente desrespeito aos cânones da participação nos lucros e resultados, à lei ordinária e ao sentido dado pela Constituição.

- **Proibição de antecipação de 1/12 por mês**. Algumas normas coletivas inventaram a participação nos lucros e resultados anual com antecipação de 1/12 por mês para desconto oportuno no acerto do valor final – ou, dependendo da criatividade, participação semestral, com antecipação de 1/6 por mês, para acerto futuro. A medida não ressoou bem na jurisprudência, com raras exceções, e não deve ser incentivada, a fim de não se considerar a prática como burla ao padrão de semestralidade do legislador.

- **Respeito aos usos e costumes. Ausência de direitos adquiridos**. Toda vez que o legislador resolve disciplinar uma matéria nova no Direito do Trabalho, surgem notícias de que alguns empregadores, espontaneamente ou por força de negociação coletiva, já se haviam antecipado à norma. Assim funciona perfeitamente o Direito do Trabalho, que tem nos usos e costumes uma relevante fonte de produção do direito. Foi assim com a Gratificação de Natal, ofertada pelo sentimento cristão de muitos empregadores e incorporada ao direito positivo pela Lei 4.090/1962, assim como com os descansos semanais remunerados, somente incorporados em 1949, e o acréscimo de 1/3 sobre o pagamento das férias, estabelecido em plenitude com a Constituição Federal de 1988. Indaga-se se o empregado que já havia conquistado a vantagem antes da lei passa a ter direito ao duplo – aquele pago espontaneamente pelo empregador e outro decorrente da lei – ou se uma vantagem absorve a outra. Embora haja respeitáveis meios de defesa do primeiro modelo – acumulação das duas vantagens –, nota-se evidente engessamento das relações trabalhistas, caso os empregadores vanguardistas fossem punidos por sua benevolência. Antecipando-se à controvérsia, então, o art. 3.º, § 3.º, da Lei 10.101/2000 explica que "todos os pagamentos efetuados em decorrência de planos de participação nos lucros ou resultados, mantidos espontaneamente pela empresa, poderão ser compensados com as obrigações decorrentes de acordos ou convenções coletivas de trabalho atinentes à participação nos lucros ou resultados".

- **Fomento à negociação coletiva**. Negociar coletivamente significa empreender esforços variados em prol da solução para o conflito trabalhista, latente ou instalado. Não há forma nem conteúdo previamente definidos. A situação mais comum consiste em tratativas diretas entre as partes, através de incansáveis mesas redondas, com a consecução de um instrumento normativo subscrito pelos atores na forma do art. 614 da CLT. Ruídos de comunicação, todavia, não cessam de acontecer. Aqueles de menor impacto são absorvidos em geral pelo sistema de concessões recíprocas, mas alguns decibéis mais elevados podem colocar tudo a perder. Entram em ação, nesse momento, terceiros qualificados para a aproximação das partes, com ou sem participação mais efetiva. Controverte-se se a simples presença de um facilitador para as conversações prosseguirem já seria o bastante para desnaturar o caráter autônomo da negociação e o transformar em heterônomo. Se o critério dessa distinção for poder de decisão do terceiro, é óbvio que a mediação se mantém firme como um modo autônomo de resolução de conflitos, haja vista a completa ausência de poderes atribuídos ao mediador. Porém, se a marca distintiva for a presença física do estranho, então a mediação perde seu caráter de genuína forma independente de solução de controvérsia. Aparentemente, porém, há pequena importância nessa dicotomia. O art. 4.º da Lei da Participação nos Lucros preconiza tanto a mediação quanto a arbitragem, como, aliás, consta expressamente do art. 114, § 1.º, da CF/1988, ambos restritos ao mundo do Direito Coletivo do Trabalho. No caso particular da participação nos lucros e resultados, há uma restrição quanto ao modelo a ser adotado pela arbitragem.

- **Arbitragem de ofertas finais**. Dada a extrema peculiaridade da participação nos lucros e resultados, não faria sentido que se fizessem lances para, finalmente, ser obtida uma solução intermediária. Essa negociação coletiva tem espaço menor de manobra do que, digamos, uma convenção contendo noventa cláusulas, passíveis de serem fundidas, fracionadas ou abandonadas sem prejuízo para seu aspecto global. A solução encontrada pelo legislador, então, foi a exigência de que a arbitragem, caso seja a via escolhida, se opere pelo sistema de ofertas finais: o árbitro não está autorizado a criar um terceiro modelo, devendo optar entre a proposta feita pelos empregados e aquela apresentada separadamente pelo empregador. Quem muito se arriscar, ofertando valores excessivamente reduzidos ou demasiadamente elevados, incompatíveis com a realidade daquela categoria econômica ou daquele ambiente de trabalho, tende a perder tudo, pois o arbitrado deverá descartar essa proposta em prol daquela que mais se aproximava do equilíbrio. Propostas que violem normas legais, como a fixação de períodos inferiores ao semestre ou substituição de salário por participação nos lucros e resultados, não terão chance de êxito. As propostas costumam ser feitas sem o prévio conhecimento da parte contrária, diante da crise de confiança instalada. O art. 4.º, § 1.º, da Lei 10.101, dita que se considera "arbitragem de ofertas finais aquela em que o árbitro deve restringir-se a optar pela proposta apresentada, em caráter definitivo, por uma das partes".

- **Cláusula compromissória e compromisso arbitral**. Contratos de trato sucessivo e relações de longa permanência, como tipicamente encontradas no Direito Coletivo do Trabalho, estão sujeitos a negociações truncadas e diversas formas de impasse entre o capital e o trabalho. Antevendo esses empecilhos e cientes de que a negociação é um bem necessário, as partes deveriam programar cada vez mais cláusulas procedimentais, assim entendidas aquelas que, sem se ocuparem do Direito Material do Trabalho, dispõem sobre formas alternativas de solução dos impasses e mecanismos de reabertura das negociações. Uma previsão bastante salutar é a cláusula compromissória, pela qual os interessados, de antemão, elegem a arbitragem como via rápida para o desfecho da crise. Caso não tenham feito a previsão em bom tempo e o conflito as colha de surpresa, ainda há uma forma de se palmilhar a arbitragem, programando-se seu uso para aquele momento. Chama-se compromisso arbitral a eleição imediata dessa via de resolução de conflito, quando esse já é um fato presente. O art. 4.º, § 3.º, da Lei 10.101/2000 lembra-se apenas de evocar o compromisso arbitral, provavelmente porque a participação nos lucros e resultados não se pactua com tanta antecedência nem se equipara ao reajuste salarial em termos de pressão e de essencialidade para a categoria. Nada impede, porém, que o acordo coletivo de um ano preveja desde logo a cláusula compromissória para a hipótese de fracasso das negociações do ano seguinte. Sem a livre manifestação da vontade, nem a cláusula nem o compromisso têm valor jurídico.

- **Arbitragem de direito ou de equidade**. A lei silencia sobre os recursos que poderão ser utilizados pelo árbitro para a tomada de decisão. Desde que não se afaste da modalidade conhecida por ofertas finais, há liberdade na fundamentação de sua decisão, mais afeta às normas trabalhistas ou mais ligada ao sentimento de justiça e de equilíbrio da decisão ao caso concreto. Há fartos exemplos de aplicação equitativa do direito ao caso concreto, tanto no Código de Processo Civil – deliberação nos procedimentos de jurisdição voluntária e, também, hipóteses de fixação de honorário de advogado em causas muito complexas – quanto na

Consolidação das Leis do Trabalho – fixação do salário de que cuida o art. 766 e pretensões veiculadas em rito sumaríssimo. O Direito do Trabalho é amplamente tributário dos usos e costumes, não sendo absurdo o raciocínio de se apreciar uma questão à luz das relações cotidianas em detrimento da letra fria da lei.

- **Força executiva do laudo arbitral**. Principiado o procedimento de arbitragem, não cabe desistência. Recuar nessa hora seria o mesmo que abandonar o jogo quando a situação parece desfavorável. As partes em conjunto podem deliberar outra forma de solução de conflito, voltando para a mesa de negociação, tal como se poderia fazer num processo judicial em curso, por exemplo. Argumenta-se que também nesse caso a arbitragem cumpriu seu papel, pois fomentou o debate e fez com que as partes observassem suas contradições e seus limites. Firmada a decisão, o instrumento terá idêntica força de uma sentença arbitral, que o Direito Processual comum reputa título executivo judicial. O procedimento de arbitragem para a fixação da participação nos lucros e resultados segue os trâmites gerais da legislação que rege essa forma alternativa de solução de conflitos – Lei 9.307/1996.

Capítulo 11

Direitos de invenção e de imagem

1. Direitos de invenção

O tema dos direitos de invenção se mostra pouco desenvolvido na literatura jurídica brasileira, sendo campo fértil para novos desdobramentos e para a iniciação científica. Desdobra-se em dois planos de estudos, sendo um relacionado com o art. 218 da CF/1988, e outro concernente ao aprofundamento da compreensão da Lei 9.279, de 14 de maio de 1996.

No plano constitucional, o capítulo dedicado à ciência e tecnologia sofre as limitações de praxe e gera pouco consenso quanto ao papel do Estado no fomento das pesquisas e ao efetivo compromisso brasileiro por um salto de qualidade no campo do desenvolvimento.

Mal se conhecem leis destinadas a agilizar o ambiente de trabalho daqueles que dedicam suas vidas à pesquisa e à tecnologia. Aumentar a renda dos professores e exigir que os empregadores distribuam o trabalho desses profissionais entre sala de aula e linha de pesquisa não deixa de ser uma forma válida de implementar o art. 218, § 3.º, mas tudo parece ser feito de modo muito tímido. Há também outra frente de atuação do Estado no tocante ao conforto de homem com o meio ambiente de trabalho, representado pelos estudos da ergonomia, embora aqui também se possa lançar a crítica de que os dispositivos, apesar de detalhistas, não alcançam a generalidade dos casos nem representam uma real afirmação de condições especiais de trabalho.

Talvez o que haja de mais próximo a uma norma que disponha sobre "meios e condições especiais de trabalho" aos pesquisadores e cientistas seja precisamente a Lei 9.279/1996, abaixo analisada, com suas limitações e vicissitudes.

Resta, ainda, dizer que o art. 218, § 4.º, da Lei Maior, mais afeto ao tema da remuneração e um tanto parecido com o regime da participação nos lucros e resultados, refere incentivo a que o empregador assegure ao empregado uma "participação nos ganhos econômicos resultantes da produtividade de seu trabalho". Em outras palavras, a Constituição Federal de 1988 contemplou não somente a participação nos lucros e resultados genérica do art. 7.º, XI, mas também a participação em inventos, no art. 218, § 4.º.

Por coerência, repete-se nesse dispositivo a mesma referência à natureza não salarial dos direitos de invenção, tal como se fez no item destinado à participação nos lucros e resultados, com uma pequena diferença: enquanto o art. 7.º, XI, fala em participação "desvinculada da remuneração", o art. 218, § 4.º refere a um sistema de remuneração "desvinculada do salário".

Nesse caso, o rigor científico está mais próximo da segunda expressão do que da primeira, porque ambos os pagamentos são formas de remuneração pelo empregador, mas apenas deixam de ter natureza salarial por algumas peculiaridades como a não habitualidade ou a expressa manifestação do legislador.

A grande vantagem para o empregador que elaborou um sistema de remuneração que envolva "participação nos ganhos econômicos resultantes da produtividade de seu trabalho" reside na prévia fixação pelo legislador de que a parcela não terá natureza salarial. Isso representa retirada da base de cálculo dos demais haveres trabalhistas e dos recolhimentos previdenciários, mas não necessariamente dos encargos do imposto de renda, porque, como visto no item da participação nos lucros e resultados, o conceito de renda para fins tributários é capaz de abarcar, no mesmo contexto, contraprestações de serviços prestados, indenizações e gorjetas.

Diz-se ser essa a efetiva vantagem do empregador, porque, no mais, não houve desdobramento da promessa e nenhuma lei ordinária jamais foi promulgada para estimular "as empresas que invistam em pesquisa, criação de tecnologia adequada ao País, formação e aperfeiçoamento de seus recursos humanos" e que pratiquem sistemas criativos de remuneração. O empregador agradece ao Constituinte a retirada da natureza salarial. Já é um avanço. Porém, aguardam-se medidas de desoneração tributária desse pagamento, a fim de que se concretize a norma constitucional.

Comenta-se, agora, o sistema da Lei 9.279/1996 sobre os impactos no contrato de trabalho da invenção realizada por empregado, semelhante ao regramento adrede encontrado no Código da Propriedade Industrial (Lei 5.772, de 21.12.1971).

- **Propriedade exclusiva do empregador**. Menores serão as controvérsias quando se tratar de um empregador cuja atividade preponderante corresponda ao desenvolvimento de novos produtos e serviços, como uma empresa de criação de programas de computador ou uma metalúrgica voltada para o aprimoramento de máquinas e engrenagens. Em todos esses cenários, o empregado é contratado desde o princípio com o propósito de auxiliar na busca da invenção ou de modelo de utilidade prática. A descoberta nada mais é do que o resultado da natureza dos serviços para os quais o empregado foi admitido e, de toda sorte, as condições favoráveis ao trabalho foram todas proporcionadas pelo empregador. Cuida-se, portanto, de invento de propriedade exclusiva do empregador. Conforme art. 88 da Lei 9.279/1996, "a invenção e o modelo de utilidade pertencem exclusivamente ao empregador quando decorrerem de contrato de trabalho cuja execução ocorra no Brasil e que tenha por objeto a pesquisa ou a atividade inventiva, ou resulte esta da natureza dos serviços para os quais foi o empregado contratado". A remuneração do empregado, então, está concentrada no salário ajustado. Não haveria nem ao menos necessidade deste capítulo, porque o empregado inventor recebe apenas o salário contratual, com os adicionais legais, se houver, como as horas extras, o adicional noturno, o adicional de insalubridade ou o adicional de periculosidade. Nenhuma vantagem se colhe pelo fato de haver propiciado ao empregador a exploração econômica de um novo produto.

- **Presunção relativa favorável ao empregador**. A prestação de serviços tendente à invenção de um novo produto ou de uma nova técnica é, por certo, o somatório de vários atos complexos, que não se consumam da noite para o dia. Pode acontecer, portanto, de uma patente ser requerida alguns meses após a extinção do contrato de trabalho de um empregado, que havia sido admitido especialmente para aquela atividade, e, ainda assim, o invento ser decorrente de seu labor e não de outras pessoas. Para o empregador, é importante identificar a pessoa do empregado que colaborou diretamente para o invento. Apontando o empregado e comprovando que ele fora contratado para aquela atividade, o empregador aufere a dupla vantagem de deter a propriedade exclusiva da patente e, ainda, estar desonerado de fazer pagamentos ao empregado, exceto os salários ajustados, evidentemente. A regra é válida também para patentes requeridas após o encerramento do contrato de trabalho daquele empregado, mas desde que se respeite o prazo máximo de um ano. Durante o prazo de um ano, fala-se em presunção relativa favorável ao empregador, sendo possível a produção de provas em sentido contrário. As provas poderão ser produzidas tanto por outros empregados, que se considerem responsáveis pelo invento, quanto pelo próprio empregador, caso queira demonstrar que o empregado requerente em nada contribuiu para o desenvolvimento. Após o prazo de um ano, o empregado ainda pode requerer a patente, mas não mais poderá vincular o sistema ao contrato de trabalho que manteve com a empresa. Segundo o art. 88, § 2.º, "salvo prova em contrário, consideram-se desenvolvidos na vigência do contrato a invenção ou o modelo de utilidade, cuja patente seja requerida pelo empregado até 1 (um) ano após a extinção do vínculo empregatício".

- **Estipulação de gratificação a favor do empregado**. O salário é o bastante para remunerar a prestação de serviços do empregado inventor, desde que essa condição já tenha sido combinada na admissão e desde que sua atividade já fosse voltada para aquele desenvolvimento científico desde o princípio. Lembre-se de que o empregador assume os riscos da atividade econômica, de tal modo que, fracassando o projeto, é o empregador quem pagará os salários em qualquer hipótese e não poderá pedir abatimento ou estorno. Da mesma forma, sendo o projeto exitoso, o empregador auferirá os lucros e o empregado não poderá se negar a prestar os serviços nem poderá questionar o valor dos salários. Duas observações, porém, devem ser destacadas. Em primeiro lugar, as partes são livres para ajustarem outra forma de remuneração. Quando se diz que as partes são livres, leia-se, obviamente, que o empregador é livre para aceitar ou não pagar algum complemento ao empregado. O art. 88, § 1.º, da Lei 9.279/1996, nem ao menos precisava frisar o assunto com a conhecida frase "salvo expressa disposição contratual em contrário, a retribuição pelo trabalho a que se refere este artigo limita-se ao salário ajustado". Pelo art. 444 da

CLT já se chegaria a idêntica conclusão. Discute-se, em segundo lugar, a natureza jurídica da gratificação.

- **Natureza jurídica não salarial**. Em segundo lugar, a vantagem econômica ofertada pelo empregador ao empregado tende a assumir a natureza de um prêmio autêntico (porque imprevisível quanto à existência, quanto à data e quanto ao valor) e, assim, perde a natureza salarial. Caso o empregador opte por oferecer apenas um reajuste salarial e não expresse as razões de seu convencimento, ficará difícil identificar a natureza premial da parcela, mantendo-se o caráter salarial dos pagamentos, naturalmente. Note-se, contudo, que tanto o art. 218, § 4.º, da CF/1988, quanto o art. 89, parágrafo único, da Lei 9.279/1996, são enfáticos no caráter não salarial da premiação diretamente ligada ao invento. A Constituição usa a fórmula "desvinculada do salário", ao passo que a lei ordinária refere a não incorporação, "a qualquer título, ao salário do empregado". A situação seria idêntica ao conceito de participação em resultados, mas normalmente esse conceito está ligado a uma promessa feita coletivamente pelo empregador ao grupo de empregados de seção ou departamento ou a todos os empregados da empresa. Por sua vez, o prêmio atribuído pelo invento representa uma participação individual, por resultados também individuais, justificando-se o tratamento em separado e não a aplicação do art. 7.º, XI, da CF/1988, para a hipótese.

- **Propriedade exclusiva do empregado**. Há, porém, circunstâncias que retiram a propriedade patronal sobre o invento. "Pertencerá exclusivamente ao empregado a invenção ou o modelo de utilidade por ele desenvolvido, desde que desvinculado do contrato de trabalho e não decorrente da utilização de recursos, meios, dados, materiais, instalações ou equipamentos do empregador", dispõe o art. 90 da Lei 9.279/1996. A simples leitura do art. 90 ajuda a entender por que essa hipótese é tão rara. O invento tem de ter contado com forte predomínio do acaso, haja vista que não se tratava da atividade principal do empregado. Ademais, o invento não pode ter decorrido dos insumos fornecidos pelo empregador. Teria acontecido mesmo em outro local de trabalho desprovido daquelas instalações físicas, ou seja, algo extremamente improvável. Normalmente os inventos são fruto de intensos esforços, que se espalham por longas jornadas, e necessitam de investimentos contínuos. Talvez o art. 90 seja mais aplicável a pequenas melhorias em produtos já conhecidos ou mecanismos para a redução de desgaste de peças, por exemplo, porque dificilmente se parte do zero para se chegar a uma elaboração sofisticada, alheia ao objeto do contrato de trabalho. De toda sorte, caso essa raridade se verifique, é razoável que se atribua apenas ao empregado a propriedade da patente. O empregado não deve pagamento ao empregador, a nenhum título.

- **Propriedade compartilhada entre empregado e empregador.** Enquanto as duas primeiras hipóteses são relativamente fáceis de ser assimiladas – propriedade patronal sobre as invenções especialmente contratadas e propriedade do empregado sobre as invenções inesperadas –, a terceira hipótese é certamente a mais complexa em termos jurídicos. Cuida-se da propriedade compartilhada em caso de invenções inesperadas, mas obtidas graças a recursos, dados, meios, materiais, instalações ou equipamentos fornecidos pelo empregador. É verdade que o art. 91 da Lei da Propriedade Industrial ressalva a existência de expressa disposição contratual em contrário, mas se a invenção era totalmente inesperada, é difícil crer que o empregador tenha conseguido fixar cláusula contratual anteriormente, como que prevendo a chance de o trabalhador surpreender. Talvez se encontrem essas cláusulas no bojo de contratos de altos empregados, que normalmente são repletos de previsões genéricas, mas esse panorama não é comum nos milhares de contratos verbais que povoam o Direito do Trabalho nem nos pequenos contratos escritos, que mal dão conta de estipular o salário. Afora essa exceção contratual, o fato é que o compartilhamento será feito em partes iguais, metade ao empregado e metade ao empregador. Sendo vários os empregados que concorreram para o sucesso do invento, partilharão esses o valor da meação–, admitindo-se também aqui o ajuste em sentido contrário.

- **Direito exclusivo de licença de exploração ao empregador.** Chega-se, assim, ao dispositivo que oferece o grau mais elevado de controvérsia na Lei da Propriedade Industrial, que corresponde ao art. 91, § 2.º: "É garantido ao empregador o direito exclusivo de licença de exploração e assegurada ao empregado a justa remuneração". No invento exclusivo do empregador, basta a fixação do salário para contraprestar os serviços do empregado. No invento exclusivo do empregado, esse não deve satisfação àquele. No invento compartilhado, porém, o legislador optou por deixar o direito exclusivo de licença de exploração ao empregador, talvez por ter mais agilidade no manejo da burocracia, mas ressalvou que a remuneração destinada ao empregado deve ser "justa". O direito à justa remuneração subsiste mesmo se o empregador não aproveitar a licença de exploração, pois assim parece afirmar o mencionado dispositivo legal – assegura-se ao empregador o direito de licença, de um lado, e assegura-se ao empregado a justa remuneração, de outro lado, sem se falar que esta depende daquele (REsp 195.759, STJ). Entretanto, o conceito da justa remuneração é evidentemente subjetivo a extremo. O Direito do Trabalho oferece algumas pistas para lidar com essa adversidade.

- **Critérios para decifrar o conceito de remuneração justa.** Em primeiro lugar, o empregado já recebia remuneração antes da existência do invento compartilhado. Logo, não faz sentido que tudo continue como anteriormente, pois, nesse caso, a lei conteria palavras inúteis. A toda evidência o art. 91, § 2.º, quis se referir a uma remuneração ajustada às novas circunstâncias, em celebração à conquista conjunta do empregado com o empregador. Conclui-se, portanto, haver uma majoração obrigatória sobre os rendimentos do empregado, que passa a ter uma pretensão exercitável em caso de omissão do empregador. Aliás, o art. 460 da CLT, a ser analisado mais à frente, permite o arbitramento pelo julgado trabalhista em caso de persistência do silêncio do empregador. Em segundo lugar, o art. 91 da Lei 9.279/1996 não cuida de prêmio autêntico nem menciona o direito do empregado em receber uma gratificação momentânea. Ao contrário do que se comentou sobre o art. 218, § 4.º, da CF/1988, e sobre o art. 89, parágrafo único, da Lei 9.279/1996, dessa vez o legislador apontou diretamente a necessidade de uma "justa remuneração", evocando o caráter duradouro dos pagamentos. É razoável entender-se que o pagamento será por prazo indeterminado, pois também prolongada será a aferição de lucros e demais vantagens econômicas por parte do empregador. A melhor solução parece ser, por conseguinte, a combinação dos dois sistemas, ou seja, a majoração dos rendimentos do empregado, por força do art. 91, com a estipulação de um prêmio pela conquista, ao qual o empregador não está, porém, obrigado, na forma do art. 89. Em terceiro lugar, haverá grande dificuldade na quantificação desse proveito econômico.

- **Quantificação do proveito econômico**. A grande questão passa a ser, assim, o valor da majoração da remuneração ou o valor do prêmio autêntico a ser estipulado pelo empregador. Mera comparação com o salário do empregado pode ser frustrante, pois um empregado detentor de um salário-mínimo pode haver proporcionado um grande proveito ao empregador, assim como um alto empregado pode haver conquistado um invento modesto. O empregador dificilmente vai oferecer transparência em sua contabilidade, até porque não está obrigado a exibir seus livros particulares a estranhos que não as autoridades administrativas e judiciárias, quando requisitado. O Regulamento da Lei de Propriedade Industrial (Dec. 2.553, de 16.04.1998), embora referindo-se aos órgãos da Administração Pública, limita o valor da premiação a um terço do valor das vantagens auferidas com a exploração da patente ou do registro. É razoável adotar esse índice de um terço como parâmetro para futuras discussões, mesmo na iniciativa privada, por falta de outro critério na legislação e pela adequação desse percentual diante da existência de vários custos que o empregador terá de assumir para registrar e explorar a patente. Não se poderia falar em 50% dos lucros para cada parte e apenas uma delas assumir os custos operacionais, obviamente.

- **Problemas com a rescisão do contrato de trabalho.** A legislação não contempla direito de remuneração ou de prêmios para o empregado depois de escoado o contrato de trabalho. Ao contrário, a redação dos arts. 88 a 91 da Lei 9.279/1996 dá a entender que o invento compartilhado é mais do empregador do que do empregado. O empregador assume a propriedade e apenas está obrigado a melhorar as condições de trabalho do empregado – e não a acompanhar o empregado por toda sua existência. Nenhum sistema de estabilidade ou restrição à dispensa sem justa causa foi concebido pelo legislador. O julgado trabalhista, que se deparar com a dispensa com o claro propósito de frustrar a aplicação da Lei de Propriedade Industrial, terá de se valer da doutrina do abuso do direito, porque a dispensa obstativa não pode prevalecer na hipótese. Se o julgado tinha de arbitrar o valor da justa remuneração, agora terá de arbitrar, também, o valor da justa duração suplementar do contrato de trabalho. Não há necessidade de reintegração, mesmo porque os ânimos já estarão exaltados. Basta que se convertam em pecúnia os salários e as demais vantagens do período estipulado pela decisão.

- **Caducidade do exercício do direito potestativo de exploração.** Segundo o art. 91, § 3.º, da Lei 9.279/1996, "a exploração do objeto da patente, na falta de acordo, deverá ser iniciada pelo empregador dentro do prazo de 1 (um) ano, contado da data de sua concessão, sob pena de passar à exclusiva propriedade do empregado a titularidade da patente, ressalvadas as hipóteses de falta de exploração por razões legítimas". Trata-se de raríssima hipótese de prazo decadencial no Direito Material do Trabalho. Após o prazo de um ano, o empregador decai do direito de explorar com exclusividade o objeto da patente, revertendo o direito a favor do empregado. Embora o invento fosse compartilhado, a perda do direito pelo empregador atrai a hipótese para o caso do art. 90 (invento inesperado, propriedade exclusiva do empregado).

- **Trabalhadores não empregados.** A Lei 9.279/1996 adota critério que, aos poucos, adquire consenso no Direito do Trabalho: expande as vantagens de uma situação bastante peculiar (direitos da invenção) para além dos estreitos limites de uma relação de emprego. Destina-se, por conseguinte, não apenas a empregados em sentido estrito, mas também a outros trabalhadores que orbitam em torno da empresa. Não haveria fundamento algum para se negar o direito de propriedade a um trabalhador que concorreu para o invento (na forma programada, de modo inesperado ou de maneira compartilhada), pelo simples fato de ser um prestador autônomo ou um jovem em formação acadêmica. Andou bem o art. 92 da Lei 9.279/1996, portanto, ao afirmar que "o disposto nos artigos anteriores aplica-se, no que couber, às relações entre o trabalhador autônomo ou o estagiário e a empresa contratante e entre empresas contratantes e contratadas". O art. 93 amplia o rol ao mencionar o servidor público estatutário, também.

2. Direitos de imagem

Há dois dispositivos legais que merecem atenção quanto ao tema do direito à imagem: o art. 5.º, V, da Constituição Federal de 1988, e o art. 20, do Código Civil de 2002, que tem a seguinte redação: "Salvo se autorizadas, ou se necessárias à administração da justiça ou à manutenção da ordem pública, a divulgação de escritos, a transmissão da palavra, ou a publicação, a exposição ou a utilização da imagem de uma pessoa poderão ser proibidas, a seu requerimento e sem prejuízo da indenização que couber, se lhe atingirem a honra, a boa fama ou a respeitabilidade, ou se se destinarem a fins comerciais".

Visto o art. 20 em minúcia, somente existe a possibilidade de uso da imagem do empregado para fins comerciais mediante autorização ("salvo se autorizadas"). Note-se não ser necessário que o uso da imagem provoque prejuízos à honra ou à respeitabilidade do ser humano, para que se fale em necessidade de autorização e direito à indenização. O simples uso comercial das figuras já é razão suficiente para desencadear os fatos. A autorização poderá ser feita a título gratuito ou oneroso, mas o uso sem prévia autorização assegura ao prejudicado o duplo direito de perseguir a proibição desse uso e mais uma indenização pelos prejuízos causados. Eis a essência do complexo dispositivo do Código Civil de 2002, aplicável subsidiariamente às relações de trabalho. Acha-se em plena harmonia com o art. 5.º, V, da Constituição, segundo o qual "é assegurado o direito de resposta, proporcional ao agravo, além da indenização por dano material, moral ou à imagem".

Contudo, algumas ponderações mais detalhadas se fazem necessárias.

No âmbito do Direito do Trabalho, os casos mais debatidos são aqueles em que o empregador insere fotografia do empregado em panfletos e outras formas de materiais publicitários, sem sua autorização expressa e, logicamente, sem estipulação de nenhuma forma de pagamento por essa veiculação. As hipóteses são incontáveis, abrangendo desde um professor retratado em sala de aula até um pizzaiolo em pleno esforço físico de preparação da massa.

É provável que passe despercebido o uso dessa imagem, assim como nada era discutido a respeito décadas passadas. No entanto, o potencial publicitário da imagem e sua divulgação com apelo comercial nada têm de inocência, tornando necessária a análise da questão com cautela. Mostra-se necessário o prévio ajuste entre empregador e empregado, além do respeito à manifestação de vontade do empregado que não queira ser retratado, por motivos de recato, timidez ou simples preservação de sua subjetividade. O empregador pode facilmente encontrar voluntários para esse mister, em qualquer grupo de cinco ou seis pessoas, porque é da natureza humana que sempre existam aqueles mais exibicionistas ao lado daqueles mais reservados. Forçar a aparição pública em fotografias, vídeos ou eventos está muito longe de se inserir no contexto do poder diretivo do empregador.

É claro que o empregado não deseja tomar medida extrema, pois depende, geralmente, do contrato de trabalho para organizar sua vida, mas a insistência do empregador no uso de sua imagem poderá acarretar a rescisão indireta, que é uma forma de justa causa patronal. Para tanto, o comportamento do empregador deve ser enquadrado em exigência de serviço "alheio ao contrato" (art. 483, *a*, parte final) ou na lesão à honra (art. 483, *f*, parte final).

Advirta-se, porém, que as relações sociais não devem ser engessadas, a ponto de se impedir que todos os seres humanos sejam retirados das imagens publicitárias, substituídos por máquinas ou por desenhos gráficos. Não é disso que cuidam os arts. 5.º da Constituição Federal de 1988 e 20 do Código Civil de 2002. Antes, as normas zelam pela intimidade da pessoa e não pela monetarização excessiva das relações humanas.

Uma tomada aérea de fábrica, contendo empregados em aceno para a câmera, por exemplo, somente permite identificar cada um dos operários para aqueles que os conhecem em detalhes e, com olhar treinado, saiba identificar os mais altos, os mais baixos, os penteados mais longos e os penteados inexistentes. Para o público em geral, aquela foto serve apenas de símbolo da força de trabalho da empresa, não havendo exposição ao constrangimento nem a intenção de usar um retrato do empregado como meio de difusão comercial.

Empresas que conquistam prêmios de associações corporativas ou selos de responsabilidade social costumam celebrar o feito mediante fotografia coletiva em que os empregados se mostram eufóricos, com o punho cerrado e erguido. Chegam a lembrar a figura do jogador de futebol, em êxtase, a comemorar o gol decisivo na final do campeonato. Esse retrato é um instantâneo do momento positivo que atravessa a empresa e, claro, servirá para aprimorar sua imagem junto a clientes e fornecedores, mas não pode ser considerado uma exploração indevida da imagem alheia.

Em suma, quanto mais individual for a imagem, tanto maiores são as chances de aplicação dos dispositivos legais mencionados, a título de indenização pelo uso desse perfil e mediante necessidade de autorização prévia. Cuidando-se de simples instantâneo de uma linha de produção, do ambiente de circulação interna da fábrica, de um dia de atividades na oficina ou da confraternização de final de ano, as imagens tendem a se dispersar e dificilmente poderão ser acusadas de apelo indevido ao uso da figura de um empregado. Distancia-se da finalidade de proteção das normas de direitos fundamentais do ser humano.

Outra situação que se torna cada vez mais comum diz respeito ao uso do nome do profissional como forma de angariar o respeito e a confiança da clientela.

Uma empresa de arquitetura pode estampar em seu material de divulgação a presença de um premiado profissional da área, como empregado, sócio ou consultor ocasional, e, assim, decidir favoravelmente uma tomada de preços. O escritório de advocacia de expressão regional marca pontos muito positivos ao anunciar a presença de um vulto das letras jurídicas como seu novo associado ou parecerista. O cursinho preparatório para concurso elenca um time de primeira grandeza na página da rede mundial de computadores, chamando os alunos em potencial para se juntarem à organização. Mas e se as informações forem falsas ou desatualizadas?

Do ponto de vista do consumidor, o tema está bastante avançado com o desenvolvimento dos estudos em torno da publicidade enganosa, da conduta do prestador de serviços que induz o cliente a erro e das demais possibilidades de cancelamento do negócio, dentro das regras do Código de Defesa do Consumidor e do Código Civil de 2002. A questão que se apresenta mais complexa diz respeito ao ponto de vista do trabalhador ou do sujeito que teve o nome utilizado.

Parece razoável empregar, nesse contexto de uso de nome, semelhante raciocínio feito quanto à imagem.

Quanto maior o realce dado a determinada pessoa, tanto mais se fazem necessárias a autorização prévia e, a depender do acerto entre as partes, a estipulação de um pagamento. Diante da ausência de autorização, abre-se a possibilidade de o profissional solicitar o cancelamento da publicidade e a estipulação de uma indenização.

Cuidando-se, porém, de simples lista contendo o nome dos professores ativos da escola, de maneira uniforme, ou do corpo de advogados, médicos e arquitetos de um estabelecimento, o empregador nada mais fez do que externar um fato notório e esperado. Não há constrangimento algum na lista geral. O empregado não teve assegurado o direito de omitir seu nome do rol de trabalhadores nem seria correto para a sociedade a existência de nomes ocultos. Ao contrário, a própria existência de um grupo secreto de profissionais liberais é que poderia gerar a reclamação da coletividade.

O cuidado que a empresa deve ter é, claro, a manutenção atualizada dessas listas. A permanência dos nomes dos profissionais que já se desligaram um ou dois anos passados tem gerado bastante controvérsia. O empregador alega que a presença do nome em material publicitário ou nos meios eletrônicos não passou de um descuido que pode ser rapidamente sanado. Ou então se afirma que o material foi rodado faz muito tempo e ainda não encerrou sua distribuição interna. O empregado, todavia, pode se sentir prejudicado por ainda render frutos para um estabelecimento com o qual já não mais mantém vínculo.

Uma solução seria datar o material publicitário, algo que as empresas não gostam de fazer para não perder o frescor da propaganda, ou explicar nos meios eletrônicos que a composição dos profissionais se destina a determinado ano letivo, por exemplo. Assim, se o empregado achar o material na rua não poderá usar em processo trabalhista, por exemplo, dois ou três anos depois.

A propósito dos meios eletrônicos, as empresas passaram a tomar o cuidado de inserir, nas cláusulas de autorização de uso de imagem, expressões bastante amplas, capazes de abranger os meios impressos, audiovisuais e também outras formas de comunicação ainda não difundidas, tamanha a confusão que se verifica no cruzamento de mídias novas e antigas. Os exemplos são numerosos.

Um catálogo de joalheria, contendo imagens e nomes de profissionais, como o jornalista e o fotógrafo, pode aparecer pelo meio impresso, mas também ser disponibilizado para consulta da clientela por internet, discos compactos, discos magnéticos, discos flexíveis e outros mecanismos que fogem à percepção do homem médio. Com algum exagero, costuma-se exigir uma autorização para cada meio disponível. Outros admitem válida a autorização geral, inclusive com a criativa expressão "e outros meios que forem descobertos no período". Tolera-se, de maneira geral, que a autorização seja abrangente ("autoriza-se a veiculação do nome no catálogo"), sem necessidade de especificar os meios de difusão.

Considerando-se que a revolução informática não tem hora para terminar e que todos estamos sujeitos à obsolescência, a única forma sensata de restringir o uso da imagem, nesse caso, é a estipulação de datas de início e de término da campanha. Durante esse período, o empregado assume o risco de uma nova tecnologia ser introduzida no mercado. Após esse período, o empregador deve providenciar uma nova autorização, talvez sob novas condições, talvez sob as mesmas condições.

Período cronológico pode ser meramente a fixação de datas, mas preferencialmente deve coincidir com a duração do contrato de trabalho, já que estamos falando de utilização do direito de imagem de empregados e não de artistas contratados para a campanha mediante cachês específicos. Logo, além das datas, é saudável a cláusula de que a autorização cessa com a extinção do contrato de trabalho, por exemplo. Caso a campanha envolva muito investimento e a extinção do contrato de trabalho possa jogar tudo por terra, nada impede que haja uma cláusula móvel, projetando a autorização para alguns meses após a cessação dos serviços, mas sempre de modo a deixar cristalina a apuração.

Finalmente, as reflexões acima delineadas, acerca do uso de imagem e de nome, fixação de datas e impactos dos meios eletrônicos, não parecem destinadas ao uso de uniforme.

Alguns empregados se queixam que não gostariam de usar uniforme e que, ao estampar a logomarca da empresa, sentem-se usados como peças publicitárias ambulantes. O enquadramento jurídico, entretanto, é completamente diferente.

O uso do uniforme se insere naturalmente no poder diretivo do empregador. A jurisprudência é bastante firme no sentido de que seu uso em bom estado de conservação faz parte da subordinação jurídica, não avilta a condição humana e não viola a liberdade do empregado.

O empregador tem amplas justificativas para exigir a padronização das roupas dos empregados. Algumas justificativas são simples, como identificar os vendedores num magazine lotado de pessoas. Outras justificativas são mais elaboradas, como preservar a boa imagem da empresa e mostrar para o público que já se trata de um estabelecimento de médio porte, que conta com gama maior de trabalhadores, sob as normas da legislação social. Claro está que as despesas de uniforme correm por conta do empregador. O fornecimento da indumentária jamais poderá ser considerado salário (art. 458, § 2.º, I, da CLT). Algumas normas coletivas estabelecem indenização para manutenção do uniforme, embora a reforma trabalhista tenha feito inserir dispositivo à CLT negando essa obrigação do empregador (art. 456-A, § único).

Abusos devem ser combatidos isoladamente e não servem para abolir a exigência do uniforme. Houve casos em que o empregador exigiu que os empregados trabalhassem fantasiados de fantasmas, bruxas ou heróis. Em outros casos, os uniformes eram reduzidos para provocar apelo sexual. Não é disso que cuida o poder diretivo e tampouco a subordinação jurídica envolve o afastamento dos direitos fundamentais. Aqui se aplica facilmente o conceito de eficácia horizontal dos direitos fundamentais, no sentido de que também entre os particulares se deve exigir o respeito à dignidade do ser humano e não apenas entre o Estado e o particular.

Entendia-se que as vestimentas publicitárias se inserem no conceito de uso da imagem e, portanto, necessitavam de prévia autorização do empregado, na forma do mencionado art. 20 do Código Civil de 2002.

Embora esse entendimento ainda seja aplicado por muitas empresas, que colhem a anuência do empregado no ato da admissão, a reforma trabalhista expressou que o uso de logomarcas, próprias ou de terceiros, se insere no poder diretivo legítimo do empregador. "Cabe ao empregador definir o padrão de vestimenta no meio ambiente laboral, sendo lícita a inclusão no uniforme de logomarcas da própria empresa ou de empresas parceiras e de outros itens de identificação relacionados à atividade desempenhada", reza o art. 456-A da CLT.

Propormos, ao final, algumas reflexões sobre o tema do direito de imagem próprio das relações trabalhistas dos atletas profissionais de futebol.

- **Inexistência de direito de imagem em simples flagrantes do espetáculo**. O direito de arena ocorre quando a imagem do atleta é transmitida sob a forma de um espetáculo, normalmente com duração de 90 minutos em campo e 15 minutos de intervalo. Simples apresentação de alguns instantâneos da partida não gera direito ao atleta de receber valores pela exploração de sua imagem. Os instantâneos se aproximam, assim, de um fato jornalístico. Aliás, retirar o direito de imagem sobre simples flagrante jornalístico está em plena consonância com a tese acima sustentada quanto ao uso de fotografia ou de perfil do trabalhador sem o propósito de identificá-lo em destaque. No caso do direito de arena, existe norma expressa que excepciona o flagrante jornalístico, representada pelo art. 42, § 2.º, da Lei Pelé (9.615/1998).

- **Valor tarifado por lei.** Excedido o tempo do flagrante, que normalmente é de 1 a 3 minutos da partida de futebol, o atleta (profissional) passa a ter direito ao valor comercial de sua imagem em campo. Para maior clareza, o art. 42 da Lei Pelé disciplinou a matéria da seguinte forma: deixa ao clube de futebol o direito exclusivo de negociação dessa licença, inibindo o contato direto entre empregados e televisões, mas fixa desde logo o índice de 5% do preço total da autorização para rateio entre os atletas. Assim, imagina-se, quanto maior a fama do clube, maiores serão os valores destinados ao rateio dos empregados. O valor é, portanto, tarifado pelo legislador. Possivelmente a lei se referiu ao valor líquido da transação entre o clube e a emissora de TV, após a retenção dos impostos. O rateio aos empregados segue o fluxo do pagamento da transmissão do espetáculo, de tal forma que não existe periodicidade previamente definida. Pode haver, outrossim, sobreposição de valores, quando mais de uma emissora concorrerem com o pagamento, embora sejam mais frequentes as transmissões exclusivas dos jogos nacionais. Aliás, não há necessidade de a transmissão ter sido levada ao ar. No Brasil, existe a prática de se comprar a licença para transmissão da partida, apenas para se evitar que a emissora concorrente o faça, mas, ao depois, a emissora engaveta o espetáculo e se atém a transmitir imagens ao longo da programação jornalística. Aufere lucros com a não exibição do espetáculo.
- **Ajuste em sentido contrário.** Admite-se a existência de convenção em sentido contrário, mas será raríssimo que as partes queiram mexer nesse delicado equilíbrio. O art. 42 não deixa claro se a referência foi feita a uma convenção coletiva, nos moldes da CLT, ou se diz respeito a um simples ajuste entre as partes. A convenção coletiva não parece ser a resposta mais adequada para a questão, porque a norma se refere claramente ao relacionamento entre empregados e empregadores, ao passo que a convenção coletiva, como se sabe, concerne ao sindicato de empregados, de um lado, e ao sindicato de empregadores, de outro.
- **Direito de arena não abarca o direito à imagem fora do campo.** Ao adquirir a licença para mostrar a partida de futebol, a empresa de comunicação não adquire também o direito de exploração da imagem do jogador, nem para álbum de figurinha, nem para camisetas ou para outros produtos derivados do apelo comercial. Tampouco o empregador, que normalmente é o clube de futebol, alcança esse direito. Daí dizer, corretamente, que o direito de imagem é um conjunto maior, dentro do qual se insere o direito de arena, específico para a transmissão da partida, durante a partida e dentro do campo. Caso queira manter campanha publicitária com determinado atleta, provavelmente o mais afamado do elenco, a emissora e o clube devem firmar prévio ajuste para o cumprimento das regras do direito de imagem (art. 5.º, V, da CF/1988, e art. 20, do CC 2002).

- **Condição de direito individual homogêneo**. O direito de arena, ao contemplar todos os atletas participantes do espetáculo, em campo ou na reserva, satisfaz o conceito de direito individual homogêneo, haja vista que uma mesma base fática (valor para rateio) pode atingir simultaneamente a todos os empregados daquele "setor". Isso induz a legitimidade ativa do Ministério Público do Trabalho para veicular pretensão relativa a diferenças de direito de arena.

- **Composição do rateio por massagistas, médicos, árbitros e técnicos**. Embora seja possível inserir os atletas do banco de reservas entre os destinatários do rateio, já não há consenso algum na inserção de outros profissionais, não atletas, os quais concorrem, todavia, para o êxito do espetáculo. O técnico de futebol e seus auxiliares, bem como as figuras que aparecem menos, mas que têm importância, por vezes superior, como os médicos, fisioterapeutas e massagistas, também reclamam a necessidade de sua remuneração pela difusão dos eventos. A eles se juntam os árbitros e os auxiliares, que argumentam, em seu favor, o fato de permanecerem em campo durante a exibição, não se podendo nem ao menos alegar que sejam figuras escondidas nos bastidores. Raramente esses profissionais não atletas obtêm êxito em suas pretensões, dada a redação enfática do art. 42 quanto ao rateio apenas entre "atletas profissionais". Mas a postulação deve ser reavaliada, ainda que em futura reforma legislativa.

- **Natureza jurídica não salarial (indenizatória)**. Podemos separar a explicação em três etapas, porque o direito de arena é considerado como mera indenização por alguns fundamentos, com parcela paga por terceiros como se fosse uma gorjeta ou, ainda, com a natureza de salário visto pelo ângulo do trabalhador. O primeiro aspecto (natureza indenizatória) tem a seu favor a dicção da Lei Pelé, que por diversas vezes salienta ser o contrato de trabalho desvinculado do contrato de licenciamento da imagem do espetáculo. Conforme já analisado neste livro, a técnica de "desvinculação" do contrato de trabalho foi empregada pela Constituição Federal de 1988 no tocante à complementação de aposentadoria (art. 202), ao passo que a "desvinculação" da remuneração e do salário encontrou lugar no tocante à participação nos lucros e resultados (art. 7.º, XI) e participação em proveito da invenção (art. 218, § 4.º). Sob esse prisma, há consenso de que a lei pode, de fato, explanar a natureza jurídica de uma parcela e impor condições para que isso aconteça. Por exemplo, o vale-refeição não tem natureza salarial se observadas as regras do Programa de Alimentação do Trabalhador (Lei n. 6.321/1976), mas se torna simples salário se houver desvirtuamento (Súmula n. 241 do TST). O problema todo está no desvirtuamento. Com efeito, o direito de arena, para muitos atletas, é pago com idêntica habitualidade que o salário, em valores fixos, independentemente de ter havido ou não a transmissão do evento e de ter ele sido escalado ou não para a partida ou para a reserva. A parcela habitual e desligada de qualquer condição se chama salário, quer o clube queira ou não.

- **Natureza jurídica não salarial (remuneratória, como gorjeta).** Colhe-se na doutrina um entendimento de que o direito de arena deveria ser tratado como gorjeta. Explica-se. A gorjeta é apenas a forma mais conhecida do fenômeno chamado pagamento feito por terceiros, conforme amplamente debatido nos primeiros capítulos deste livro. O empregador não pode alegar desconhecimento, porque abriu a oportunidade do ganho ao empregado. Porém, a legislação houve por bem separar as duas fontes de renda (pagamentos feitos pelo empregador e pagamentos feitos por terceiros), no que sofre críticas pertinentes por não haver propriamente uma distinção conceitual ou indispensável. Assim, porém, funciona o sistema brasileiro de remunerações, tendo o art. 457 da CLT como pilar. Em decorrência dessa distinção, o direito de arena passaria a servir de base de cálculo para fundo de garantia, férias e 13.º salário (ou seja, parcelas que foram criadas com apoio na remuneração global do empregado e não apenas nos salários pagos pelo empregador). Em contrapartida, o direito de arena não serviria de base para aviso-prévio indenizado, horas extras, adicional noturno e descansos semanais remunerados (parcelas que foram instituídas por diversas leis calcadas em salários e não em remuneração). A explicação encontra algum apelo, mas acaba criando uma terceira vertente para um problema já bastante intrincado e não resolve a questão de saber se o direito de arena é ou não parte integrante do contrato de trabalho do atleta. Agrava ainda mais o problema o fato de que, na verdade, o direito é pago pelo empregador e rateado entre os atletas, não existindo propriamente o pagamento feito pelo terceiro, como é o caso da gorjeta. O fato de a emissora de televisão alimentar o cofre do empregador para, depois, ser feito o rateio não é situação idêntica ao caso da gorjeta, da guelta ou da "caixinha" dada ao manobrista ou à manicure. O tratamento jurídico, por conseguinte, não haveria de ser necessariamente idêntico.

- **Natureza jurídica salarial.** Os fundamentos para se sustentar a natureza salarial do direito de arena já foram acima ventilados: muito embora a legislação canalize o tema para a natureza não salarial e até mesmo não trabalhista, afirmando ser um contrato em separado, as fraudes são tão comuns que a jurisprudência não tardou em censurar o procedimento, impondo a natureza salarial. O art. 42 da Lei Pelé, de fato, preconiza o direito de arena como uma condição fora do contrato de trabalho e apresenta sua natureza não salarial. Com isso, o empregador fica liberado das incidências trabalhistas todas (férias, fundo de garantia, 13.º salário, aviso-prévio indenizado etc.), devendo apenas atentar para a legislação do imposto sobre a renda. Os empregados tampouco teriam do que se queixar porque os valores são expressivos e alguns encargos deixariam de ser recolhidos. Todos aparentemente sairiam ganhando. Todavia, o direito de arena se tornou expediente fácil para o desvirtuamento da norma. Reduz-se o salário da contratação bem abaixo das potencialidades do jogador famoso ou do mercado daquele Estado, para, simultaneamente, elevar-se o valor de repasse do direito de arena, por exemplo. Lembre-se de que a lei previu apenas o patamar de 5%, salvo ajuste em contrário, não sendo raro que o clube se comprometa a repassar índices maiores aos atletas. Outro indício de deturpação consiste na sobreposição de vários direitos de arena, afirmando-se que houve pagamento por outros canais de televisão, por emissoras fechadas e, digamos assim, pela transmissão em circuito interno na sede do clube. Engorda-se uma conta que era aparentemente simples e, também, eleva-se um percentual que era relativamente fixo. Como já lembrado acima igualmente, alguns clubes pagam o direito de arena mensalmente (aliás, no mesmo dia do salário), ainda que não haja partida programada. Argumentam que nos meses de recesso ou na ausência de partidas estão apenas fazendo "adiantamentos" de arenas futuras. Nada disso é tão estranho ao Direito do Trabalho. Em todos os capítulos deste livro o fenômeno da deturpação foi abordado, desde um prêmio autêntico que subitamente se incorpora nas expectativas mensais do trabalhador até um vale-transporte fornecido sem necessidade de condução pelo empregado. As decisões judiciais que alteraram a natureza indenizatória da lei para a natureza salarial do direito de arena costumam causar intensa repercussão na imprensa porque envolvem personalidades conhecidas do mundo desportivo e, claro, valores estratosféricos, majorando, por exemplo, salários de R$ 40.000,00 para R$ 400.000,00 mensais. Guardam, porém, coerência com as diretrizes do Direito do Trabalho em caso de desvirtuamento da norma. Em resumo, o direito de arena tem natureza indenizatória decorrente da presunção relativa fixada pelo legislador, comportando prova em sentido contrário naquelas hipóteses em que, tal como na ajuda de custo ou na diária de viagem do empregado que nem sequer teve gastos externos, a parcela é paga com nomenclatura divorciada da realidade.

Capítulo 12

Adicional noturno

1. Remuneração do trabalho noturno superior ao diurno

Justificam-se os esforços mundiais para a proteção especial dedicada ao trabalho realizado de madrugada, dada a penosidade a ele inerente.

É comum se ouvir "boa noite" quando duas pessoas se encontram às 18h, mas em diversas partes do país e do mundo ainda há sol intenso nesse horário. De outro lado, os radialistas costumam dizer "bom dia" quando começam suas emissões após 24h, como lembrando aos notívagos que o sol está para chegar. Outra comparação: a noite na zona rural produz impactos e influência no ciclo da natureza e nos povos da floresta de maneira muito mais intensa do que nas comunidades dotadas de fornecimento amplo de energia elétrica e outros meios para a iluminação, o transporte e as comunicações. É compreensível, assim, a variação razoavelmente ampla que se verifica na legislação quanto ao que se considera noite.

Acertadamente, a Constituição Federal de 1988 se limitou a dizer que o trabalho noturno deve ter remuneração superior ao trabalho diurno, sem entrar na discussão sobre sua amplitude e sem tampouco definir o que se deve entender por remuneração superior, tudo a cargo do legislador ordinário, como se analisa abaixo. Elaboramos o seguinte quadro comparativo com a fixação do horário noturno nos diplomas legais mais representativos do Direito do Trabalho Brasileiro:

- Empregado urbano – 22h às 5h – art. 73, § 2.º, da CLT;
- Empregado doméstico – 22h às 5h – art. 14, LC 150/2015;
- Empregado da lavoura – 21h às 5h – art. 7.º, Lei n. 5.889/1973;
- Empregado da pecuária – 20h às 4h – art. 7.º, Lei n. 5.889/1973;
- Advogado empregado – 20h às 5h – art. 20, § 3.º, Lei n. 8.906/1994;
- Empregado portuário – 19h às 7h – art. 4.º, Lei n. 4.860/1965;
- Aeronauta – "do pôr do sol ao nascer do sol" – art. 41, Lei n. 7.183/1984; a legislação superveniente estabeleceu a noite das 18h00 às 06h00 em atividades nos voos e das 22h00 às 05h00 para o trabalho em terra (Lei 13.475/2017);
- Âmbito da OIT – 0h às 5h, no mínimo – art. 1.º, Convenção n. 171, Decreto n. 5.005/2004.

Analisemos, então, o art. 73 da CLT, que condensa a maioria das questões controvertidas.

De plano, o art. 73 se mostra desatualizado quando propõe desfalcar alguns empregados do adicional noturno, especialmente aqueles que trabalham com horários alternados e aqueles que atuam em empresa de funcionamento exclusivamente noturno, sem a correspondente função no período diurno. Foram essas as propostas do *caput* e do § 3.º do art. 73.

Diz-se desatualizado porque desde 1946, portanto três anos após a edição da CLT, todas as Constituições brasileiras afirmaram a necessidade de remuneração do trabalho noturno superior à remuneração do trabalho diurno, sem exigências outras a não ser o fato de se laborar à noite. Pode-se discutir o conceito de noite, como acima verificado, sem violar a Constituição, pois ela relegou para o legislador ordinário a estipulação dos horários de início e término desse ciclo. Porém, não se pode neutralizar sua disposição, afirmando que a remuneração do trabalho noturno pressuponha que o empregado se ative exclusivamente à noite ou que o empregado tenha um "paradigma" durante o dia. Nenhuma dessas condições, ou similares, consta do texto constitucional. Têm-se, por conseguinte, por não recepcionadas ambas as restrições.

O adicional noturno é devido a todos os empregados cuja jornada abranja o período das 22h às 5h, no todo ou em parte, com horários mistos ou integralmente noturnos, em funções tipicamente noturnas ou em funções diurnas que invadam a madrugada, em jornada ordinária ou em jornada extraordinária. Exceto pela fixação do conceito de jornada, as restrições impostas pelo legislador para a retirada do adicional noturno ao empregado, por questões relativas à sua profissão, não contam com amparo constitucional.

Caso o vigia não tivesse colega em função correspondente durante o dia, perderia, pela CLT, o direito às vantagens noturnas., mas é evidente a não recepção do art. 73, § 3.º, pelo art. 157, III, da Constituição Federal de 1946.

O trabalho do adolescente durante a noite é proibido, desde a época da CLT e por vedação expressa do art. 7.º, XXXIII, da Constituição Federal. Cumpre saber qual é o horário noturno daquela profissão ou daquele ambiente de trabalho, se urbano ou rural, a fim de que a proibição seja respeitada, por certo. Aduza-se, todavia, que, em caso de descumprimento da legislação social, o empregador terá de pagar efetivamente pelos direitos noturnos exigidos ao trabalhador, adicional noturno e hora noturna reduzida incluídos, sem prejuízo das demais consequências que seu ato provocará, desde uma rescisão indireta por parte do empregado prejudicado até as autuações da fiscalização trabalhista. Como já estudado no tópico da hora extraordinária, o trabalho proibido é aquele a ser evitado pelas autoridades administrativas e combatido por toda a sociedade, mas, uma vez perpetrado, deve produzir todos os efeitos legais, mitigando-se os danos causados. A proteção serve para auxiliar e não para agravar a situação do adolescente.

A vedação a que a mulher trabalhasse de noite na maioria das profissões fazia parte do art. 379 da CLT, mas a toda evidência não poderia subsistir com o advento do art. 5.º da Constituição Federal de 1988. O dispositivo foi revogado expressamente por lei de 1989.

Necessário observar, por fim, que o adicional noturno e a hora noturna reduzida podem sofrer alterações por força das peculiaridades do trabalho de maneira geral, como ocorre com o exercente de cargo de confiança e o trabalho externo incompatível com o controle de jornada, ambos tratados no art. 62 da CLT, bem como com o trabalhador da indústria petroquímica, com norma especial.

2. Cálculo do adicional noturno

Uma vez estabelecido o parâmetro para o conceito de noite e uma vez compreendido o alcance dos direitos noturnos à quase totalidade dos empregados, passamos a desvendar quais são as vantagens de cunho pecuniário para compensar a atividade noturna. Pela legislação brasileira, as vantagens se desdobram em duas: um adicional noturno sobre o salário e, para a maioria dos trabalhadores, uma forma de acelerar o relógio de noite, através da chamada hora noturna reduzida.

O adicional noturno, pelo art. 73 da CLT, é de "pelo menos 20% sobre a hora diurna". Sobre a expressão "pelo menos" já se fizeram alguns comentários quando do estudo do adicional de "pelo menos" 50% da hora extraordinária, ou seja, o termo genérico tem uso deliberado no Direito do Trabalho para estimular a negociação coletiva, o aprimoramento no contrato individual ou, em último caso, facultar sua adaptação em decisão judicial emanada no poder normativo. A peculiaridade agora reside em como calcular o adicional.

Ao contrário da hora extraordinária, que não está paga nem em seu valor principal, nem em seu acréscimo, o adicional noturno corresponde meramente ao acréscimo já referido de 20%, porque a hora certamente já está paga. Quando um trabalhador é contratado para auferir R$ 2.200,00 por mês, subentende-se que esse salário já abrange todas as horas a serem laboradas, na carga de oito por dia e 44 por semana.

Caso alguma dessas horas se localize dentro do padrão das 22h às 5h, deve valer um pouco mais, mesmo que nada disso tenha sido discutido de forma clara quando da contratação, por se tratar agora de norma de ordem pública. Em vez do valor de R$ 10,00 (ou seja, R$ 2.200,00 divididos por 220, conforme se explicou no comentário ao art. 64), a hora praticada após 22h deve valer R$ 12,00 (ou seja, R$ 10,00 acrescidos de 20%). Ocorre que os R$ 10,00 já estão pagos dentro do salário, restando apenas o adicional noturno.

Já na hipótese da hora extraordinária, como o próprio nome revela, a hora é fora do comum, fora do ordinário, e não está contemplada no salário, exigindo o pagamento da hora e do adicional do extraordinário.

Os trabalhadores rurais (art. 7.º, parágrafo único, Lei nº 5.889/1973), os advogados empregados (art. 20, § 3.º, Lei n. 8.906/1994) e os engenheiros e arquitetos (art. 7.º, Lei n. 4.950-A/1966) conquistaram direito de calcular o adicional noturno com a alíquota de 25%.

A lei ordinária pode fazer oscilar o adicional, haja vista que a Constituição Federal de 1988 não estipulou uma alíquota, mas apenas exortou o trabalho noturno a ter melhor remuneração do que o trabalho diurno. A questão interessante que surge, porém, é saber se, ao elevar o índice de 20% para 25%, o legislador cortou desses trabalhadores o direito à hora noturna reduzida.

No caso do trabalhador rural, foi a essa conclusão que se chegou, mas por outros caminhos. Como se sabe, a CLT avisava, desde seu art. 7.º, que aos trabalhadores rurais ela não tinha aplicação, remetendo-se as questões para lei específica, que atualmente é aquela de 1973. A lei específica, por sua vez, autoriza a aplicação da CLT, mas apenas para aquelas matérias ali omitidas, ou seja, em caráter subsidiário para fins de supressão de lacunas em geral. A lacuna, todavia, se mede pelo instituto ou pelo detalhamento ou operacionalização?

Se a lacuna se medir pelo instituto, não podemos dizer que a Lei n. 5.889/1973 seja omissa no tocante aos direitos noturnos, pois há disposições expressas sobre o conceito de noite e sobre o adicional noturno. Então, adotada essa primeira premissa, a conclusão a que se chega é a perda do direito à hora noturna reduzida por parte do trabalhador rural, como se afirmando que, ao tratar desses dois detalhes (conceito e adicional), a lei esgotou a matéria e não deixou espaço para seu complemento. Em outras palavras, é como se o silêncio fosse expressivo: a omissão não significa, nesse caso, esquecimento do legislador, mas uma forma de negar o direito.

Se a lacuna, ao revés, fosse medida pela operacionalização do instituto, então poderíamos fracioná-lo em várias etapas, desenhando-se o seguinte panorama: o instituto se chama direito noturno e seus fragmentos são adicional noturno, conceito de noite, vedação ao trabalho noturno para alguns trabalhadores e hora noturna reduzida, por exemplo. Tendo a lei do rural tratado dos três primeiros assuntos, foi omissa quanto ao quarto assunto, sendo razoável a aplicação subsidiária da CLT para o caso, por não haver nenhuma incompatibilidade ou incongruência na norma. Nesse caso, o rural teria direito tanto aos 25% de adicional noturno quanto à hora noturna reduzida.

Não foi essa tese a que prevaleceu.

Faz muito tempo que a jurisprudência se inclinou para a primeira premissa, e hoje quase não se discute mais o assunto, mas pelo fundamento da peculiaridade do trabalho rural, devido ao obstáculo do art. 7.º da CLT combinado com a afirmação da lei do trabalho rural de que a aplicação subsidiária pressupõe omissão "por instituto". Dessa forma, a hora noturna reduzida não tem sido aplicada ao trabalho rural.

Seria aplicável esse mesmo raciocínio para o engenheiro e o advogado, entretanto?

Pensamos que aqui o raciocínio é inverso.

A legislação especial que regulamenta algumas profissões – algumas que eram poucas e hoje passam de 50 – têm o claro propósito de incrementar alguns bens e direitos aos trabalhadores, ou pela especificidade da profissão ou por sua penosidade particular ou simplesmente por terem sido organizados o suficiente para exigir providências do legislador. Não se cogita de uma lei especial vir a regulamentar uma profissão e, ato contínuo, tolher o acesso à CLT ou a alguma vantagem geral a que todos os trabalhadores façam jus. A situação do rural e do doméstico é diferente, por se tratar de alteração no próprio conceito do contrato de trabalho ou da atividade exercida pelo empregador.

Logo, a melhor interpretação para o caso de leis especiais que elevam o adicional noturno, como a Lei n. 4.950-A/1966 e a Lei n. 8.906/1994, é considerá-las no rol da norma mais favorável, permitindo que aquele empregado capte o melhor de cada sistema (adicional noturno de 25% com hora noturna reduzida simultaneamente, e, no caso do advogado, um elastecimento do conceito de jornada noturna para o período das 20h às 5h, como já comentado).

Curioso notar que o portuário, em 1965, não teve a mesma sorte do advogado em 1994: conforme se lê na mensagem da Presidência da República quanto ao art. 4.º da Lei n. 4.860/1965, o veto presidencial retalhou todo o dispositivo justamente para evitar que o empregado desfrutasse o melhor de cada cenário (mais adicional noturno durante mais horas), criando um "privilégio" incompatível com a "redução dos custos" que então se procurava. Para agravar ainda mais a situação do portuário, à época a Constituição permitia o veto por palavras ou por expressões, de tal sorte que o art. 4.º ficou quase incompreensível, sendo sua única mensagem o conceito de noite das 19h às 7h.

Uma pausa para reflexão matemática: o adicional noturno de 25% do rural compensa ou não compensa a retirada do direito à hora noturna reduzida?

Mesma pergunta: 20% de adicional noturno mais o direito à hora noturna reduzida perfazem mais ou menos dinheiro do que adicional noturno de 25%?

A conta é simples, sendo evidente que o rurícola saiu perdendo.

Comparemos dois trabalhadores que auferem R$ 1.100,00, um no campo e outro na cidade, ambos na jornada das 22h às 6h, com uma hora de intervalo para refeição e descanso. Por ora, para agilizar o exemplo matemático, consideraremos como noturno exclusivamente o período das 22h às 5h, interpretando o art. 73 de modo gramatical e isolado. Como se verá abaixo, a prorrogação das 5h às 6h pode e deve ser considerada noturna igualmente.

O camponês terá direito, além do salário, ao adicional noturno de 25% sobre a hora. A hora, no caso, vale R$ 5,00, que corresponde a R$ 1.100,00 divididos por 220, o que representa o adicional noturno à razão de R$ 1,25. Ocorre que no padrão das 22h às 6h (oito horas no relógio) com uma hora de jantar (menos uma hora na forma do art. 71), o rurícola ter-se-á ativado por apenas sete horas. São sete horas laboradas por noite, ou R$ 8,75 a mais por noite. Num mês simbólico de 20 dias úteis, teremos um acréscimo de R$ 175,00 pelo adicional noturno. Trataremos de reflexos do adicional noturno mais à frente.

O urbano terá direito ao adicional noturno de "apenas" 20%. A hora dele também vale R$ 5,00, pois o divisor é o mesmo. O adicional noturno vale R$ 1,00 e não R$ 1,25. Porém, as sete horas trabalhadas, de plano, correspondem a oito horas fictícias, graças à fórmula engenhosa da hora noturna reduzida, de tal sorte que a multiplicação já não é feita por sete, como no rural, mas por oito, chegando a R$ 8,00 por noite e R$ 160,00 ao término do mês de 20 dias de trabalho.

A distância, pode parecer que os R$ 175,00 do rural foram mais vantajosos do que os R$ 160,00 do urbano (mas note-se que a vantagem que a alíquota de 25% mantém sobre a alíquota de 20% já caiu para uma diferença de apenas 9% que o valor de R$ 175,00 mantém sobre o valor de R$ 160,00). Porém, o ponto secreto deste cálculo é que o trabalhador urbano já encerrou sua jornada legal de oito horas e pode ir embora às 6h. Se ficar além desse horário, terá direito às horas extras. Já o rural, mesmo se ativando no idêntico horário das 22h às 6h, com uma hora de pausa, terá cumprido apenas sete horas.

Como não há muitos empregadores liberando os empregados mais cedo sem nenhuma compensação, a tendência natural é que esse rural fique até 7h, para completar o ciclo das oito horas, e receba o mesmo salário de R$ 1.100,00 do urbano, sem direito a horas extras. Ou seja, trabalha-se mais pelo salário igual.

É por isso que a hora noturna reduzida tem uma existência híbrida e tanto desafia o conhecimento do estudioso do Direito do Trabalho. Sozinha, ela não tem significado. Não há uma rubrica com esse nome no holerite. Não há uma parcela isolada. Quando, porém, houver cálculo de jornada, ela "acelera" o relógio e faz com que chegue mais cedo o encerramento do expediente ou a realização das horas suplementares. Quando houver cálculo do adicional noturno, ela também amplia o resultado, porque o adicional noturno é calculado sobre a hora trabalhada e uma hora noturna reduzida é uma hora trabalhada. Das 22h às 5h, no relógio, enxergaremos sete horas corridas, mas, para a lei, já se passaram oito horas. Então, são oito adicionais noturnos e não sete como o leigo suporia. Repetindo: a hora noturna reduzida concorre tanto para o cálculo da hora extraordinária quanto para o cálculo do adicional noturno, pois ambas as parcelas são computadas com base na hora (fictícia, que seja).

Caso hipoteticamente queiramos fixar um adicional noturno mais alto, que congregue simultaneamente o índice de 20% sobre a hora e mais a vantagem da redução noturna, teríamos uma alíquota de 37,14% (porque 20% é o adicional noturno e o incremento deve corresponder à proporcionalidade da hora noturna reduzida, de 52min30seg, sobre a hora cheia, de 60min, ou seja, 7/8 da hora).

Encontram-se, às vezes, convenções coletivas ou acordos coletivos que assim estipulam o adicional noturno, à razão de 37,14% de acréscimo, para facilitar o cotidiano das relações e dos turnos de revezamento, porque, convenhamos, o legislador estava muito inspirado quando cravou 52min30seg para que todos os empregadores seguissem pacientemente em seu cotidiano trabalhista. O tempo contado aos segundos torna-se quase inviável quando o assunto é a multidão de operários e de máquinas operando madrugada adentro. Se a Convenção Coletiva assim dispuser, não há que falar em prejuízo ao operário ou em alteração lesiva em relação à CLT. Se, porém, for convencionado um adicional de 25% ou de 30%, não se deve abandonar a hora noturna reduzida.

Embora oscilante, a jurisprudência parece se inclinar favoravelmente a esse tipo de negociação coletiva, não vislumbrando nela nenhum desvirtuamento da legislação trabalhista e confirmando que a fusão do adicional noturno com a hora noturna reduzida está ao alcance da autonomia dos particulares.

3. Reflexos do adicional noturno

Como estamos no campo matemático, enfrentemos também os reflexos cabíveis para o adicional noturno.

Os suspeitos habituais aqui comparecem: reflexos sobre o décimo terceiro salário, porque calculado sobre a remuneração média do ano civil, valendo todas as parcelas de natureza salarial; sobre as férias, do ponto de vista da média do período aquisitivo; sobre o fundo de garantia, porque a alíquota incide sobre a globalidade salarial; e sobre o aviso-prévio indenizado, desde que o adicional noturno tenha sido praticado ao longo dos 12 meses finais do contrato de trabalho.

A dúvida surge no tocante aos reflexos do adicional noturno sobre descansos semanais remunerados.

Conforme sustentamos no capítulo destinado ao art. 67 da CLT, tudo o que for calculado com base na hora ou em fração inferior à semana deve ter repercussão sobre os descansos semanais remunerados, sim, dado que esse pagamento somente pode ser considerado embutido no salário mensal (art. 7.º, § 2.º, Lei n. 605/1949). Não deveria haver dúvida de que o adicional noturno, sendo uma fração da hora, integrará o cálculo dos descansos semanais remunerados. Pondo a afirmação de outro modo: quando o empregado é contratado para auferir R$ 1.000,00, essa cifra já carrega em seu bojo o valor dos quatro domingos do mês a serem descansados de forma básica e singela. Havendo algum complemento salarial ao longo do mês, como uma hora extraordinária ou um adicional noturno, o descanso se torna mais caro, enriquecido por valor proporcional ao ganho suplementar da semana.

Nada obstante a clareza desse raciocínio, duas questões intrigantes têm sido levantadas ao longo dos mais de 50 anos de existência da Lei n. 605/1949 e o tema parece ainda não definido.

Em primeiro lugar, argumenta-se que a Lei n. 605/1949 não tenha feito referência expressa ao adicional noturno. Leitura atenta do art. 7.º mostra a preocupação do legislador quanto às parcelas variáveis do tipo tarefa, peça, unidade de produção, comissões ou gratificações fragmentadas, mas não com relação ao adicional noturno. Para corrigir a distorção, a Lei n. 605/1949 sofreu reforma em 1985, a fim de inserir de forma cabal a incorporação da hora extraordinária sobre o cálculo dos descansos semanais remunerados. Isso aparece em duas vezes, nas alíneas *a* e *b*. Por que, então, o legislador de 1985 não aproveitou o ensejo para inserir também o adicional noturno na referência expressa que procurava corrigir a omissão da lei? Respondem os críticos que o adicional noturno ficou de fora porque não merece, mesmo, integrar o cálculo dos descansos semanais remunerados. A omissão foi deliberada e não havia "distorção" a ser sanada.

Em segundo lugar, é frequente encontrar a explicação que afasta o adicional noturno desses reflexos, mesmo sendo ele habitual e salarial, quando se constata sua indispensabilidade do contrato de trabalho: caso o trabalho seja essencialmente noturno, não se poderá dizer que o adicional noturno tenha sido uma casualidade ou um evento. Nem ao menos se poderá dizer que a remuneração era "variável", pois as horas noturnas serão sempre as mesmas, digamos assim. Mas essa afirmação necessita cautela.

Enquanto o salário fixo mensal não varia se o mês for maior ou menor, tiver mais ou menos domingos e feriados, o pagamento do adicional noturno oscila grandemente de acordo com a carga horária de cada mês.

Imaginemos a carga das 22h às 6h com uma hora de intervalo para refeição e descanso, que representa sete horas de trabalho no relógio e oito horas noturnas na ficção da CLT. São devidas oito horas de adicional noturno ao trabalhador. Basta que se observe que os meses terão de quatro a cinco domingos, mais feriados, de zero a dois, aproximadamente, de acordo com os parâmetros que estudamos no capítulo dos feriados. Logo, o número de dias úteis varia de 24 a 27, e, por conseguinte, o número de adicional noturno varia de 192 a 216 horas efetivamente laboradas, sem falar na necessidade de um dia da semana ter jornada de quatro horas para que se respeite o módulo semanal de 44 horas. Num mês, o empregado recebe adicional noturno à razão de 192 horas; noutro mês, à razão de 216 horas.

A distorção somente seria evitada se cada adicional noturno produzisse reflexo nos descansos semanais remunerados: dessa forma, mais dias úteis provocam menos reflexos em descansos semanais remunerados e menos dias úteis provocam mais descansos semanais remunerados no mesmo período de trinta dias, evidentemente.

Em resumo, o adicional noturno produz reflexos nos descansos semanais remunerados, sim, salvo se o empregador houver por bem pagar os 20% de adicional noturno diretamente sobre o salário mensal, caso em que já o fez sobre as horas trabalhadas e sobre as horas dedicadas ao descanso. Não é comum lançar os 20% de adicional noturno sobre o salário mensal porque as empresas costumam calcular o benefício dia a dia, hora a hora, especialmente nos casos de jornadas mistas, diurnas e noturnas. Mas tampouco há impedimento legal ao pagamento do adicional noturno desta forma englobada no módulo mensal.

Finalmente, o tratamento desigual quanto aos reflexos para o empregado em turnos mistos ou em turnos exclusivamente diurnos e noturnos, mas com revezamento, quando comparados com o empregado unicamente em atividade noturna.

Já foi censurado anteriormente, por diversas Súmulas, por discriminar aquele que se ativou apenas à noite, sem termos de comparação com o dia, ao passo que a Constituição Federal de 1988 exige a remuneração do trabalho noturno superior ao diurno em toda e qualquer circunstância. Aliás, se bem analisada a questão, a cassação do direito aos reflexos do adicional noturno sobre os descansos semanais remunerados recaiu justamente sobre a pessoa que mais necessitava desse incremento salarial, a saber, aquele cujo organismo ficou unicamente voltado para o expediente da madrugada.

É mais coerente e mais harmônica, portanto, a interpretação perseguida por este estudo, no sentido de que toda e qualquer parcela horária requer integração no adicional noturno.

Paralelamente ao estudo dos reflexos do adicional noturno, deve-se verificar quais as suas repercussões em base de cálculo de outros valores. O assunto parece idêntico, mas não é.

Reflexos são as incorporações proporcionais que a parcela provoca sobre alguns outros elementos do Direito do Trabalho, por força da legislação que cria as demais vantagens, ao passo que incorporação na base de cálculo não decorre tanto da lei quanto da natureza jurídica da parcela. Sendo o adicional noturno uma parcela de natureza salarial, estará na base de cálculo de todas as parcelas cujo padrão for estipulado sobre os salários.

Uma dúvida constante que surge tem origem na cronologia da conta.

Afinal, o que se calcula primeiro, o adicional noturno ou a hora extraordinária?

O adicional de periculosidade ou o adicional noturno?

A depender da resposta a conta será totalmente diferente. Vejamos.

Saber o que se calcula primeiro e o que se calcula ao final, com a remuneração já aumentada pelas parcelas anteriores, corresponde ao que nós aqui chamamos de critério cronológico dos reflexos trabalhistas. A parcela que for calculada por último terá a vantagem de levar em consideração já as parcelas adrede calculadas e pagas pelo empregador. Quem vier primeiro encontrará apenas o salário básico.

A legislação não ajuda a resolver esse dilema, pois todas as parcelas são criadas separadamente e muitas vezes um item não se comunica com o outro. A solução encontrada, para atender aos anseios do Direito do Trabalho e não provocar adicional sobre adicional e idas e vindas, é usar uma noção cronológica de cálculo. Entende-se por noção cronológica, na verdade, o critério lógico de distribuição das parcelas e rubricas que compõem a remuneração de um trabalhador.

Assim, em primeiro lugar vem o salário-base, pois sem ele nem mesmo o contrato de trabalho terá início. É dele que emanam as demais parcelas. Caso o trabalhador não faça nada de extraordinário ou fora do pactuado, caso se afaste por motivo de saúde ou caso peça demissão no segundo dia do contrato de trabalho, ainda assim o salário-base servirá para os cálculos de liquidação. Cuida-se de uma consequência lógica (por ser a base de todas as demais parcelas) e cronológica (por ser o primeiro item da negociação para a formação do contrato de trabalho) do tema.

Em segundo lugar, devem vir os adicionais fixos, aqueles que normalmente são pagos por mês e que independem de eventos que vão ou não se suceder no transcurso das semanas e dos dias. Em geral, são calculados sobre o salário-base, como é o cálculo do adicional de periculosidade e da gratificação de função do bancário (art. 224, § 2.º, da CLT), ou, ainda, da maioria do adicional por tempo de serviço criado por Convenção Coletiva (por exemplo, 1% para cada ano de contrato de trabalho na mesma empresa). Também os reajustes salariais e os abonos mensais, via negociação coletiva. O adicional de insalubridade se insere nesta categoria, muito embora sobre ele paire a neblina do salário-mínimo *versus* salário-base, mas isso, por ora, é irrelevante.

Em terceiro lugar, vêm os adicionais móveis, que habitualmente dependem de eventos futuros e incertos ao longo do mês, ou, mesmo que sejam certos e razoavelmente esperados, como o adicional noturno, carregam a variabilidade quanto à duração e à repetição.

Somente ao final, quando nada mais houver para ser calculado, é que, em quarto lugar, se computam as horas suplementares. Elas necessariamente ficam para o término dos cálculos, por serem de todos os eventos o mais incerto e o mais variável. É possível que um empregado já saiba de antemão, ao início do mês ou da semana, quantas horas suplementares vai praticar, mas, ainda assim, esse cenário não é da essência do contrato de trabalho nem pode ser considerado parte integrante da contratação.

Caso não se siga este roteiro, das parcelas mais afetas ao contrato de trabalho para as parcelas mais variáveis, é possível traçar outro raciocínio, que chegará à mesma conclusão. Cuida-se do critério da análise do ambiente.

Em primeiro lugar, o ambiente é perigoso, para depois ser noturno e, somente então, conter trabalho em excesso. Jamais poderia ser o contrário (primeiro verificar a realização da hora extraordinária, para, depois, descobrir que o ambiente era noturno e somente ao final se dar conta de sua periculosidade). Novamente se combinam os critérios lógico (do "perigo" para a noite e, depois, da noite para a prorrogação) e cronológico (fluxo dos fatos).

Adotando-se qualquer das duas premissas (parcelas fixas antes das parcelas móveis ou ambiente macro para o ambiente micro), resolvem-se os dois principais problemas dos adicionais sobre adicionais: não se recua no cálculo já efetuado e, ao mesmo tempo, trata de forma diferente as situações diferentes entre os trabalhadores (por exemplo, um empregado só fez hora extra; o outro fez hora extra noturna; o outro fez hora extra noturna e perigosa; logo, não deveriam receber a mesma paga por essas diferentes horas extras).

Por esses motivos, o adicional noturno deve ser calculado sobre o salário-hora diurno, assim entendido 1/220 do salário mensal básico acrescido das parcelas de natureza salarial. Por exemplo, se um empregado aufere R$ 1.100,00 de salário mais R$ 330,00 de adicional de periculosidade, R$ 600,00 de uma certa gratificação de função e R$ 170,00 de adicional por tempo de serviço atinge R$ 2.200,00 de média salarial. Logo, o adicional noturno é de R$ 2,00 (20% sobre a hora de R$ 10,00; a hora foi encontrada a partir de 1/220 da globalidade salarial). Se a base de cálculo fosse apenas o salário fixo, o adicional noturno seria de R$ 1,00 (20% sobre a hora de R$ 5,00). A globalidade salarial fez toda a diferença. O ambiente primeiro era perigoso e o empregado, veterano (por causa do adicional por tempo de serviço, no exemplo), para, depois, ser noturno.

Repita-se que tanto o adicional noturno quanto a hora extraordinária são calculados sobre base nas parcelas de natureza salarial – o que é positivo para o empregado porque não se atém unicamente ao salário-base, mas inclui as demais parcelas fixas, como os adicionais e gratificações ajustadas acima exemplificadas. No entanto, esse mandamento legal produz um ponto negativo para o empregado, mormente aquele que atua em atividades econômicas usualmente contempladas com gorjetas e gratificações pagas por clientes, fornecedores e terceiros: a base de cálculo do adicional noturno e da hora extraordinária não contempla toda a remuneração, mas apenas as parcelas de natureza salarial.

O art. 457 da CLT concebeu um sistema remuneratório complexo para o direito trabalhista brasileiro, em que se usa a palavra remuneração como um conjunto maior, que abrange salários – parcelas de natureza salarial, pagas necessariamente pelo empregador e de maneira habitual – e, a seu lado, pagamentos feitos por terceiros, oportunizados pelo contrato de trabalho – como as gorjetas, as gueltas dos comerciários incentivados pelo fabricante dos eletroeletrônicos, as caixinhas, as gratificações e o mais.

Assim, quando se usa a palavra remuneração, quer-se dizer o conjunto maior; quando se usam as expressões salários, globalidade salarial ou conjunto salarial, quer-se dizer apenas o conjunto das parcelas pagas pelo empregador. Não é adequado insistir na tese de que o legislador não sabia o que estava fazendo quando elaborou essa distinção nem que o legislador superveniente, ao criar vantagens trabalhistas não sabia a repercussão que ia gerar com a fixação da base de cálculo – a lei do décimo terceiro salário e a lei do fundo de garantia se valeram da palavra remuneração na base de cálculo, donde o direito de o empregado exigir o cálculo da gorjeta para seu pagamento, ao passo que a norma sobre os descansos semanais remunerados, as horas extras, o adicional noturno e o aviso-prévio indenizado se valeram da expressão salários ou salário-hora ou parcelas salariais na fixação da base de cálculo, donde a expulsão das gorjetas de sua composição.

No caso do adicional noturno, a certeza de que seu cálculo será feito apenas com parcelas salariais, sem gorjetas, aparece na leitura conjunta do art. 73, que menciona 20% sobre "a hora diurna" com o art. 64, ambos da CLT, que explica como se faz o cálculo do salário-hora, a partir do salário mensal, aplicando-se o divisor ali estabelecido. A melhor interpretação desses dispositivos – e, por conseguinte, do art. 59, no tocante às horas extras – é entender que somente salários foram inseridos em ambos os contextos. Em momento algum, os dispositivos das horas extras, do adicional noturno e do divisor mencionam a palavra remuneração ou equivalente.

Daí por que não se incluem gorjetas no cálculo do adicional noturno.

Essa explanação toda sofre um desconforto quando se descobre que o art. 7.º, par. único, da Lei n. 5.889/1973, utiliza a palavra remuneração para o adicional noturno do trabalhador rural: "Todo trabalho noturno será acrescido de 25% (vinte e cinco por cento) sobre a *remuneração normal*" (grifo nosso).

Quem acompanhou o raciocínio supra poderá tranquilamente sustentar que o adicional noturno do trabalhador rural deve ter a base de cálculo ampliada, a fim de que sejam inseridas parcelas remuneratórias na aferição do adicional noturno para a atividade rural. Não há necessidade de grande esforço hermenêutico: o raciocínio seria mera consequência de tudo quanto acima se expôs, frutos de décadas de amadurecimento da jurisprudência "matemática", e, ainda, seria cobrança de coerência com relação aos demais títulos trabalhistas. O adicional noturno rural passaria, então a fazer parte do seleto clube do décimo terceiro salário, das férias, do fundo de garantia, dos recolhimentos previdenciários e fiscais – parcelas e encargos que têm com ponto em comum o fato de haverem sido concebidas com a remuneração completa em sua base de cálculo.

Talvez o assunto não tenha encontrado ressonância na doutrina e seja inexistente nos acórdãos do Tribunal Superior do Trabalho pela singela constatação de que, via de regra, não há trabalhadores rurais a receberem gorjetas, gueltas ou gratificações de clientes e fornecedores.

Os casos que podemos imaginar são raros e isolados no tempo e no espaço, não gerando patamar suficiente para uma discussão jurídica. Mas, advirta-se, se esse exemplo for encontrado, o trabalhador rural terá em seu apoio a redação do art. 7.º da Lei n. 5.889/1973 e poderá, enfim, ostentar uma norma mais favorável no cálculo do adicional noturno do que o trabalhador urbano possui na letra do art. 73 da CLT.

Voltemos, agora, ao cálculo da hora extraordinária praticada pelo trabalhador noturno.

A hora extraordinária noturna deve ser calculada ao final, tendo por base todas as parcelas adrede computadas, inclusive o adicional noturno. No exemplo acima, se a hora extraordinária fosse calculada com o salário-base, obteríamos R$ 5,00 de hora e R$ 7,50 já com o adicional. A conta estaria incorreta, por desprezar a globalidade salarial (adicional de periculosidade, gratificação e adicional por tempo de serviço, dentro do mesmo exemplo), o que elevaria a remuneração para R$ 2.200,00, o salário-hora para R$ 10,00 e a hora extraordinária para R$ 15,00. Se, todavia, essa hora extraordinária foi prestada no ambiente noturno, faz-se necessária a inclusão prévia do adicional noturno na base de cálculo da hora extraordinária.

Imaginemos, por hipótese, que o adicional noturno atingisse R$ 440,00 no exemplo supra, alçando o salário ao patamar de R$ 2.640,00. Esse valor dividido por 220 leva o salário-hora para R$ 12,00 e a hora extraordinária, claro, para R$ 18,00. (Quem bom seria se o universo contivesse apenas salários redondos e cálculos precisos, sem centavos.)

Se o empregado atua em jornada diurna e eventualmente avança noite adentro, terá feito jus tanto ao adicional noturno quanto à hora extraordinária calculada com o adicional noturno na base de cálculo. Se, ao revés, o horário era exclusivamente noturno, o avanço, manhã adentro, tende a ser considerado uma prorrogação do trabalho noturno e, como tal, o adicional noturno comporá a base de cálculo da hora extraordinária.

Não se deve esquecer, porém, que se trata de um empregado já exaurido pela troca do dia pela noite e que seus ganhos normalmente já incluem o adicional noturno como parcela de natureza salarial e habitual. Justifica-se, assim, a inclusão do adicional noturno na base de cálculo da hora extraordinária.

Todos os fundamentos acima mencionados sobre a base de cálculo expandida para o adicional noturno e, mais ainda, para a hora extraordinária encontram fundamento legal, se não bastassem os fundamentos jurídicos, no art. 64 da CLT, que, ao estipular o cálculo do salário-hora, vale-se da expressão "salário mensal" para a base de cálculo. Como salário mensal não foi interpretado como sinônimo de salário-base, normalmente se consideram inseridas todas as parcelas de natureza salarial neste pacote.

No mais, retomem-se os apontamentos feitos a propósito do art. 64, acima.

Uma última palavra sobre a natureza salarial do adicional noturno, em tudo e por tudo coincidente com os debates sobre a natureza jurídica da hora extraordinária. Deve-se afastar o entendimento primitivo em torno da natureza indenizatória do adicional noturno e ao mesmo tempo ter em mente a natureza condicional do pagamento (vale enquanto durar).

Houve entendimento arcaico que propunha natureza indenizatória ao adicional noturno, fundamentado num possível ressarcimento ao trabalhador pelos danos causados à sua saúde e à sua higidez física e mental. Argumentava-se que, enquanto o salário era a contraprestação pelos serviços prestados, o adicional noturno era apenas a compensação pelos prejuízos causados ao empregado que, ao contrário daquele que permanecia em atividade durante o dia, tinha de se privar do sono e alterar o relógio biológico profundamente. Conforme já explanado no tópico das horas extras, essa afirmação guarda uma meia verdade.

É fato que o trabalhador sofre efeitos deletérios no organismo quando da troca do dia pela noite, tal como sofre com excesso de serviços suplementares. Porém, a melhor forma de protegê-lo é justamente exigir pagamento compatível com essa deficiência, o que se atinge com a parcela mais suas integrações nos outros títulos do contrato de trabalho, como o décimo terceiro salário e as férias. A prevalecer o entendimento da natureza indenizatória, a reparação pecuniária seria fortemente enxugada, obviamente.

Afora isso, não se perca de vista que a principal característica que marca uma parcela de natureza salarial é sua habitualidade, gerando expectativa razoável de repetição do pagamento da mesma parcela nos meses seguintes, mantidas as condições. Logo, conquanto a ideia original do adicional noturno possa ser aproximada de uma reparação indenizatória, sua repetição no tempo e no espaço atrai fortemente a natureza salarial, a afastar qualquer dúvida em sentido contrário.

Porém, ser salarial não significa que o pagamento seja eterno.

O adicional noturno se insere num conjunto amplo denominado, normalmente, de salário condição, expressão que concilia simultaneamente a natureza salarial da parcela, porquanto habitual e repetida, com a possibilidade de sua retirada dos ganhos do trabalhador, sem configurar a redução salarial ilícita, tão logo retirada sua causa. A condição para o trabalhador auferir o adicional noturno é precisamente a atuação durante a noite. Alterada essa condição, em caráter definitivo ou provisório, no todo ou apenas em parte da jornada, reduz-se proporcionalmente o pagamento dessa vantagem.

4. Hora noturna reduzida

- Embora não contenha referência expressa no art. 7.º, IX, da Constituição Federal de 1988, é considerada recepcionada pelo fato de que a Constituição se atém a estipular a remuneração do trabalho noturno superior à do diurno, sem nenhum parâmetro e sem nem ao menos se reportar à lei ordinária. Nada impede, por conseguinte, que a majoração seja feita por mais de uma forma (um adicional e um favorecimento na contagem das horas).

- Entende-se que o trabalhador rural não tem acesso à hora noturna reduzida, devido ao tratamento diferente dado pela Lei n. 5.889/1973, que fixou o adicional noturno em 25%, e a inaplicabilidade da CLT no particular.

- O trabalho doméstico ficou privado da hora noturna reduzida durante muitos anos. Até março de 2013, não tinha o empregado doméstico acesso a horas extras e adicional noturno, por não lhe ser aplicável a CLT e nada constar a respeito na legislação especial (Lei 5.859/1972). A partir de abril de 2013, a Emenda Constitucional 72 passou a prever os direitos noturnos para as relações domésticas.

- No tocante às horas extras, como a própria Constituição manifesta o padrão diário de 8h e estabelecer o acréscimo à razão de 50% sobre o valor da hora, pode-se dizer que o dispositivo desfruta mais facilidade de aplicação imediata, embora ainda faltem alguns ajustes para se entender melhor o tema do intervalo para refeição e descanso ou do intervalo interjornadas para a categoria, claro está. Já no tocante ao adicional noturno, a situação somente foi resolvida pela LC 150, ou seja, somente a partir de 1.º de junho de 2015 os empregados domésticos passaram a fazer jus à hora noturna reduzida e passaram a ter certeza de que o adicional noturno é de 20%.

- O empregado exercente de cargo de confiança e aquele que atua em ambiente externo ou teletrabalho, incompatível com o controle de jornada, uma vez enquadrados no art. 62 da CLT, ficam tolhidos de todas as vantagens do capítulo da duração do trabalho e, pois, da hora noturna reduzida.

- Também ficaram de fora do cômputo da hora noturna reduzida os empregados da indústria petroquímica, dada a sistematização própria (e mais benéfica) que encontraram na Lei n. 5.811/1972.

- A hora noturna reduzida não representa necessariamente uma rubrica no contracheque ou uma parcela a ser remunerada pelo empregador. Auxilia, apenas, na contagem da jornada, fazendo chegar "mais cedo" a hora extraordinária e, simultaneamente, concorre para o cálculo do adicional noturno, que é pago por hora laborada, inclusive reduzida. Admite-se, ainda, que ela seja paga embutida no adicional noturno, se houver clareza a respeito na negociação coletiva.

- A cotação de 52min30seg, embora pareça delirante, foi estabelecida para que o trabalhador tivesse um oitavo da hora de vantagem adicional (um quarto da hora são 15 minutos e um oitavo da hora são sete minutos e 30 segundos). Assim, a cada uma hora laborada, ele conquista o direito de contar mais um oitavo. A cada duas, livrou mais 15 minutos. A cada sete horas, já encerrou o ciclo das oito horas.

- O § 1.º do art. 73 é muito claro ao estipular que a hora noturna reduzida tem aplicação única para o caso da hora trabalhada, o que beneficia o trabalhador. Não pode servir para o cálculo da hora não trabalhada nem para prejudicar o trabalhador. Assim, o intervalo para refeição e descanso desfrutado na madrugada é de 60 minutos, sempre. O intervalo interjornada do art. 66 é de 11 horas, entre o término da jornada anterior e o início da jornada posterior, não havendo de se "descontar" uma hora noturna reduzida. O intervalo do mecanógrafo é de dez minutos, na forma do art. 72, e não de sete oitavos de dez minutos, assim como todos os demais intervalos intrajornadas mencionados em capítulo próprio.

Por sua vez, merece destaque especial a celeuma provocada em torno do § 5.º do art. 73 quanto às prorrogações do trabalho noturno.

Sintético, o § 5.º se atém a afirmar que "às prorrogações do trabalho noturno aplica-se o disposto neste capítulo". A distância, o § 5.º nada tem de especial. De perto, surpreende pela fúria.

O que seria "prorrogação do trabalho noturno" e quais seriam as "disposições deste capítulo"?

Há uma primeira forma de interpretar o artigo, quase pueril: caso haja hora extraordinária no trabalho noturno, devem-se aplicar as disposições deste capítulo quanto à hora extraordinária. Ou seja, se houver hora extra, que ela seja tratada como hora extra, porque é de hora extra que trata este "capítulo" (lembrar que o capítulo se chamada Da Duração do Trabalho). Ora, essa interpretação quase gramatical e quase simplória revelaria palavras inúteis pelo legislador, porque é óbvio que, para o caso de horas extras, elas teriam de ser calculadas e pagas à luz dos dispositivos daquele capítulo, como os arts. 59, 60 e 61. Suprima-se o § 5.º e nenhuma consequência haverá, a se adotar esta abordagem.

Há uma segunda forma, mais trabalhosa, de interpretação do § 5.º, mas de eficaz atingimento da finalidade protetora da norma e de seus efeitos em prol da saúde do trabalhador: para além da jornada das 22h às 5h, fixada no *caput* do art. 73, continuam a ser considerados como noturnos os horários que forem laborados em prorrogação, até 6h da manhã, 7h ou o que mais vier. Explica-se.

O organismo do trabalhador submetido à mudança do dia pela noite já se encontra completamente alterado ao término do expediente de oito horas (sete horas no relógio, oito horas na ficção da hora noturna reduzida), caso tenha efetivamente laborado das 22h às 5h. Se ele acaso prorrogar a jornada por mais um tempo, cairá no regime de horas extras. Pergunta-se: essa hora extra, das 5h às 6h da manhã seguinte é realmente diurna? O organismo do trabalhador estará subitamente redimido dos efeitos nefastos da madrugada e pode ser considerado em funcionamento diurno? Não é, não. Muito ao contrário, a atividade extraordinária, justamente ao cabo de longa jornada noite adentro, é seguramente a mais noturna das horas, venha o sol e acordem as crianças.

Pior, ainda, a conhecida jornada das 19h às 7h, que segue em prática em diversas categorias profissionais como se fosse normal o expediente de doze horas, o que já foi objeto de comentários quando do art. 59. Nesse cenário, o trabalhador já vem de uma exaustão física e mental, atravessou 100% da jornada noturna, completou a oitava hora de trabalho por volta das 3h da manhã e ainda vai permanecer até 7h. É natural que se considere, para fins da finalidade da norma sobre direitos noturnos e para fins de proteção àquele organismo, que o período das 5h às 7h seja igualmente noturno.

Deixe-se o art. 7.º, IX, da Constituição Federal, fora desse assunto, porque, como visto, ele apenas exorta a remuneração do trabalho noturno ser superior à do trabalho diurno e não entra no detalhe de saber onde começa e onde termina a noite. Não há conflito algum no art. 73 quando optou por um conceito de jornada noturna (das 22h às 5h, ante tantas variações acima expendidas) e simultaneamente admitiu um horário mais dilatado para o trabalho integralmente noturno.

Não concordamos com a exigência de que, para desfrutar do entendimento de que são noturnas as horas pós 5h da manhã, o trabalhador deva ter cumprido integralmente a jornada noturna, desde 22h. Assim, no exemplo das 19h às 7h ou na jornada das 22h às 6h (no relógio, 8h de jornada; com a hora noturna reduzida, 9h07min30seg), o empregado cumpriu a exigência. Porém, não se beneficiaria dos direitos noturnos em prorrogação o empregado sujeito a jornada mista, como o motorista de ônibus que atua das 3h às 11h, o padeiro que se ativa das 2h às 9h ou o jornaleiro que cumpre expediente da 1h às 8h. Em todos esses casos, a atividade não teve início às 22h e, pois, o empregado não teve "integralmente" a noite.

O organismo do trabalhador das 24h às 8h está igualmente fatigado como se houvesse laborado das 22h às 6h, mas entendemos que a jurisprudência contrária às jornadas mistas busca evitar que os direitos noturnos alcancem casos genéricos como na situação em que o trabalhador das 19h às 5h também se considere credor do adicional noturno das 19h às 22h, pois o restante da jornada foi "integralmente noturno". Não se perca de vista que para essas e demais hipóteses semelhantes, o § 4.º do art. 73 já dispunha que horários mistos merecem tratamentos mistos (diurno com diurno, noturno com noturno). A exceção ao horário misto ser tratado de forma mista aparece somente no § 5.º e somente para as prorrogações de jornada, bem entendido.

Como funciona, então, o cálculo da hora extraordinária e do adicional noturno?

Sirva como exemplo a conhecida jornada das 19h às 7h, sem nenhum intervalo para refeição e descanso.

Das 19h às 22h, são três horas simples; das 22h às 5h, são sete horas no relógio e oito horas com a inclusão da hora noturna reduzida na forma do art. 73, § 1.º; das 5h às 7h, o trabalhador faz jus a mais 2h15min, sendo duas horas no relógio e mais quinze minutos de bonificação da hora noturna reduzida, à razão de 7min30seg por hora laborada, ainda que em prorrogação à jornada noturna, na forma do § 5.º do art. 73. Total de 13h15min. Descartando-se a hora noturna reduzida do § 5.º, teríamos 13h; desconsiderando-se a hora noturna reduzida do § 1º (por exemplo, para o rurícola), teríamos apenas 12h (que são, aliás, as horas no relógio).

Com 13h15min, o trabalhador adquire dupla vantagem: receberá 5h15min a título de horas suplementares (sem prejuízo da discussão sobre a violação ao intervalo para refeição e descanso, abordada com o comentário ao art. 71), ao contrário das meras quatro horas extras a que faria jus sem a ficção da hora noturna reduzida, e, ainda, receberá o adicional noturno sobre 10h15min (toda a jornada das 22h às 7h, que são nove horas no relógio e mais uma hora e 15 minutos de redução).

A diferença, como se vê, não é pouca.

Uma observação final: há casos de normas coletivas que ampliam o adicional noturno para 40%. Se a cláusula estiver redigida de forma genérica ("adicional noturno a 40%"), é razoável expandir essa alíquota também para as prorrogações do trabalho noturno, como aqui delineado. No entanto, se a cláusula for específica ("adicional noturno a 40% para o período das 22h às 5h"), é possível fazer uma separação, deixando a norma mais favorável apenas para o intervalo das 22h às 5h e retomando o padrão legal de 20% para o adicional noturno pós 5h.

Serão dois adicionais noturnos incidentes sobre a mesma relação. Isso ocorre de vez em quando com as horas extras, em que se mantém o adicional de 50% para as duas primeiras e se amplia o índice para 75% para as supervenientes, por exemplo.

A interpretação de que o adicional noturno de 40% deva ser estendido para além do intervalo fixado pela Convenção Coletiva parece desatender aos princípios da negociação coletiva, ou seja, parece expandir a validade de cláusula para situações não desejadas pelas partes.

Capítulo 13

Salário-utilidade

1. Que é salário-utilidade

Associa-se a palavra salário ao dinheiro, mas nem sempre o pagamento é feito na moeda de curso forçado.

Existe evidente preconceito na sociedade quanto aos meios de pagamento utilizados num contrato de trabalho. Costuma-se pensar em trabalhador de baixa renda quando o salário é pago em papel-moeda, trabalhador de média renda quando se usam cheques e empregados de alto padrão, se o assunto for transferência eletrônica de valores. Porém, nota-se a evidente inutilidade desse raciocínio, dada a proliferação das contas-salário em instituições financeiras, desenvolvidas justamente para se evitarem os custos operacionais da movimentação financeira e os riscos do transporte de dinheiro.

Esse preconceito também presta um desserviço para o Direito do Trabalho quando o assunto é pagamento feito em mercadorias no lugar de dinheiro. Para muitos, o estudo dos pagamentos feitos em utilidades lembra o velho hábito de se pagar o salário do trabalhador camponês através de víveres necessários à sua subsistência na zona rural.

Aliás, um tema bastante conhecido dos manuais trabalhistas é a proibição para um sistema de trocas, em que o trabalhador entra com a energia de sua mão de obra e o empregador concorre apenas com os alimentos e gêneros de primeira necessidade, sem envolver dinheiro algum. A toda evidência, o sistema se mostra pernóstico, pois o empregado tem as chances de progresso neutralizadas e, obviamente, a fixação do preço das mercadorias pertencerá ao empregador com exclusividade, como se ele fosse, também, um supermercado.

No entanto, não é apenas o sistema de escambo que existe por trás do estudo do salário em utilidades – ou salário-utilidade, *tout court*. Há muito que ser comentado a respeito, mas desde logo um exemplo primoroso ajuda a entender como a figura do salário-utilidade atinge ricos e pobres simultaneamente. Pense-se no fornecimento de veículo para o alto empregado e imagine-se como esse benefício de elevado valor agregado sofre os mesmos efeitos e recebe as mesmas preocupações que o fornecimento de sal e açúcar para o empregado de baixa renda. Eis o dilema do salário-utilidade.

O salário-utilidade requer fino equilíbrio entre sua vocação para atenuar as necessidades mais aflitivas do trabalhador, normalmente relativas aos mantimentos para consumo imediato, e as medidas adequadas para sua aferição não consumir todo rendimento do operário, como à época da Revolução Industrial. O art. 4.º da Convenção 95 da Organização Internacional do Trabalho, sobre proteção ao salário, ratificada pelo Brasil em 1957, resume fielmente este quadro ao estatuir que:

- A legislação nacional, as convenções coletivas ou as sentenças arbitrais podem permitir o pagamento parcial do salário em espécie nas indústrias ou nas profissões em causa. O pagamento do salário sob forma de bebidas alcoólicas ou de drogas nocivas não será admitido em caso algum.

- Nos casos em que o pagamento parcial do salário em espécie é autorizado, serão tomadas medidas apropriadas para que:
  - as prestações em espécie sirvam para o uso pessoal do trabalhador e de sua família e lhes tragam benefício;
  - o valor atribuído a essas prestações seja justo e razoável.

São dois desafios gigantescos no estudo do salário-utilidade.

O primeiro desafio é entender, de uma vez por todas, o que é salário-utilidade e o que é apenas uma indenização, um benefício assistencial ou uma ferramenta de trabalho. Em outras palavras, é preciso ter segurança para identificar a situação em que o empregador majorou o salário do empregado silenciosamente e sem constar da folha de pagamento. Houve na jurisprudência excessivo movimento pendular, que parece mais aquietado a partir de 2001, com reformas pontuais na legislação.

O segundo desafio colossal não costuma ser encarado por todos e corresponde a um dos principais gargalos do Direito do Trabalho: identificar o valor da utilidade para fins de utilização nos cálculos das demais parcelas trabalhistas, como férias e 13.º salário. Por exemplo, se o empregado recebeu um veículo para seu uso particular e esse veículo foi considerado uma forma indireta de salário, qual o valor a ser agregado, digamos, no depósito do fundo de garantia? Quanto vale o 13.º salário de um empregado que, além do salário, detém um apartamento funcional cedido pelo empregador? Mais difícil do que saber se a vantagem é salário ou é indenização parece ser atribuir o valor à vantagem. O jurista não pode se furtar ao tema, acreditando que simples cálculo matemático feito por leigo resolverá a pendência. Claro que não.

Vamos aos desafios.

Houve um tempo em que todo e qualquer objeto entregue pelo empregador ao empregado assumia imediatamente a natureza salarial, incorporava-se ao patrimônio do trabalhador, não permita recuo e, ainda, obrigava a providenciar reflexos da mercadoria nas demais parcelas trabalhistas.

Confundia-se o salário indireto com a ferramenta de trabalho.

Foi então que a jurisprudência do Tribunal Superior do Trabalho começou a se consolidar em torno da necessidade de fixar, em primeiro plano, o sentido de ferramenta de trabalho. Descartando-se tudo o que tinha sentido de ferramenta, era mais fácil de enxergar o que restava, a título de salário indireto.

O telefone celular oferecido ao empregado para facilitar os contatos durante o expediente e em deslocamentos é, por certo, uma ferramenta de trabalho e não assume natureza salarial.

O computador portátil entregue ao empregado para redação de textos, planilhas e relatórios, ou simplesmente para acesso à rede mundial de computadores, representa igualmente um utensílio quase indispensável na maior parte dos serviços, do comércio e da indústria contemporânea.

O veículo cedido ao empregado de atividades externas, no todo ou em parte, como o propagandista, o vendedor, o representante comercial ou o gerente do banco, especializado em prospecção de clientes, é, novamente, uma ferramenta para a boa execução dos serviços. Ainda que o empregado exerça pouca atividade externa, como o executivo que se desloca para alguns almoços de negócios, mantém o veículo a qualidade de material de apoio, porque a empresa pode perfeitamente não querer que seu alto empregado chegue de ônibus ou de táxi para o evento corporativo ou mesmo que ele não se apresente com veículo modesto. Como se sabe, em alguns círculos empresariais essas questões de apresentação e de aparência contam mais pontos para o fechamento do negócio do que o conteúdo da proposta propriamente dita.

Tampouco se pode censurar a empresa que alterna o veículo periodicamente ou que substitui os modelos a cada ano, pois novamente aqui se insere a questão do visual corporativo dentro do poder de direção e controle. Tentando afirmar a natureza salarial do veículo, argumenta-se que a empresa não precisava ter fornecido carro de valor tao elevado nem precisava ter partido para veículos zero-quilômetro, pois veículos mais simples seriam suficientes para o desempenho da função. Correto. Mas não para o desempenho à altura dos grandes negócios, sob certas circunstâncias. Ao revés, carros muito sofisticados podem servir de má forma de apresentação em situações em que a simplicidade era recomendada, de tal sorte que essa definição deve pertencer unicamente ao empregador.

Também corresponde ao conceito de apoio para o trabalho a cessão de um imóvel para o empregado se alojar provisoriamente ou habitar por prazo indeterminado, em casos como a transferência a título precário, o desenvolvimento de projetos em locais ermos, desprovidos de hotéis ou pousadas ou, ainda, a premência a que o empregado more perto do local de trabalho. O geólogo que faz prospecção precisa ter uma casa alugada no pequeno povoado do interior, pois não haveria facilidade de habitação de outra forma. O ferroviário e o eletricitário, em certas etapas da vida, precisam viver perto da estação ferroviária ou da usina geradora ou transmissora de energia, a fim de socorrerem eventualidades em curto espaço de tempo e de cumprirem escala de sobreaviso, por exemplo (art. 244 da CLT).

Essas moradias nada têm de salarial, pois se mostravam essenciais para a boa execução dos serviços. O alto executivo também pode receber a moradia como forma de boa apresentação da grande empresa (na casa do executivo podem ocorrer reuniões de negócios ou jantares para grandes clientes) ou em situação de transferência momentânea, sem que isso corresponda a um salário indireto. Os casos da cessão de apartamentos para executivos costumam ser os mais controversos em sede de processo trabalhista, mas a questão deve ser vista com a cautela de saber se, afinal, a empresa tem ou não o direito de produzir sua imagem perante terceiros.

Esses quatro exemplos são bastante próprios da geração informatizada e bastam para se perceber como alguns aspectos da vida cotidiana podem assumir o caráter de ferramenta de trabalho sem necessariamente serem comparáveis a um serrote, uma chave de fenda ou um maçarico. Foi-se o tempo em que ferramenta era palavra exclusiva do vocabulário do marceneiro ou do torneiro mecânico. Apenas se deve notar que o conceito de ferramenta se expandiu e acompanhou a sofisticação das modernas tecnologias.

Porém, ao contrário do carro, do telefone, do computador e da casa, o conhecimento é imaterial e, não sendo palpável, não pode ser momentaneamente cedido ao empregado para fins de melhoria das condições de trabalho. Daí por que não se discute se o conhecimento é um salário indireto, embora haja essa discussão em torno do subsídio econômico que a empresa concede aos empregados para (a) alfabetização, (b) complemento do ensino básico e do ensino fundamental, (c) curso de profissionalização, (d) curso de graduação em ensino superior, (e) curso de especialização, (f) curso de pós-graduação e (g) cursos de extensão universitária e reciclagem permanente.

Sendo o conhecimento destinado à aplicação no ambiente de trabalho, novamente no todo ou em parte, equipara-se a uma ferramenta para o exercício da função e não deveria ser confundido com simples remuneração.

Para completar o raciocínio em torno da formação de uma ferramenta de trabalho, restava, ainda, enfrentar a questão da portabilidade do utensílio. À época em que o maçarico era o principal exemplo de ferramenta de trabalho, era natural esperar que o empregado devolvesse a coisa a seu lugar, ao final do expediente, e não a levasse para casa. Porém, em tempos de banda larga e veículos ágeis, chega a ser caricata a decisão do empregador ou do Poder Judiciário que ordena o recolhimento do bem ao pátio da empresa quando do encerramento de cada jornada. Se a ferramenta for o conhecimento adquirido, então, essa ordem passa para o plano do delírio.

Foi assim que se desenvolveu, paralelamente, o entendimento de que muitas ferramentas têm caráter híbrido, ou seja, são empregadas tanto durante o expediente, para os fins da prestação dos serviços, quanto nas horas vagas pelo empregado, para fins de satisfação pessoal, lazer ou outro proveito qualquer. O caráter híbrido – ou anfíbio, como preferem alguns – não retira a natureza de ferramenta de trabalho, mas apenas revela maior comodidade para o empregado poder se deslocar ou desfrutar o benefício.

Portanto, no Direito do Trabalho quando alguém se referir a carro anfíbio não quer dizer carro que circula na água e em terra, ou que se alimenta de diversos combustíveis, mas carro que é utilizado pelo empregado em serviço e passível de ser utilizado para o lazer. O lazer alcança descansos semanais remunerados, férias e demais afastamentos, por si próprio ou por sua família, a título gratuito.

Somando-se todos esses conceitos, propomos a tese da indispensabilidade do utensílio como forma de definir o que é ferramenta (indispensável) e o que é salário clandestino (material dispensável, caprichoso e que apenas serve para completar a renda, sem nenhum propósito ligado ao emprego).

Retendo-se bem o conceito de indispensabilidade para o trabalho e assimilando-se o fato de que a ferramenta de trabalho pode ser híbrida, fica mais fácil entender por que a maioria dos utensílios fornecidos pelo empregador não eram nem são salários indiretos. Clarifica-se, também, a impertinência de tantas perguntas feitas aos trabalhadores e às testemunhas, nas últimas décadas, sobre a garagem em que o veículo pernoitava a cada noite.

2. Carros, computadores e telefones

A Lei 10.243, de 19 de junho de 2001, reformou o conhecido art. 458 da CLT, a fim de retirar a natureza salarial dos chamados benefícios assistenciais.

A reforma legislativa aproveitou o ensejo e fez constar da lista dos benefícios assistenciais também outras vantagens que causavam dúvidas quanto ao enquadramento jurídico.

Mencionam os uniformes, os quais dificilmente seriam considerados meio clandestino de salário. Já se manifestou no capítulo anterior que o uso do uniforme atende ao desejo de padronização das vestimentas dos empregados, dentro do poder diretivo do empregador. A questão aqui é analisada por outro ângulo, ou seja, o empregado não reivindica indenização pelo uso do uniforme, mas pretende que as peças de roupas e acessórios fornecidos graciosamente pelo empregador possam ser consideradas como complemento ao salário. A tese está evidentemente equivocada. Os uniformes correspondem a um dos mais singelos meios de utensílios para o trabalho, não devendo haver confusão com complemento salarial pelo simples fornecimento gratuito.

Os empregados insistem na tese do salário indireto quando os uniformes são trajes elegantes e, desprovidos de logomarca do empregador, permitem que se circule por vários ambientes familiares e sociais. Argumenta-se que houve economia no gasto das roupas e, portanto, uma forma indireta de formação do salário. O caso das roupas elegantes nada mais é do que a utilidade híbrida: serviu para o trabalho e, depois, serve também para o ambiente particular do trabalhador. Utilidades híbridas continuam a ser ferramentas de trabalho e não perdem sua natureza salarial.

O legislador, todavia, vai muito além dos vestuários, porque abrange também os equipamentos e outros acessórios fornecidos aos empregados e utilizados (inclusive) no local de trabalho. A lista de exemplos é vasta, inserindo-se aqui o aparelho de telefone e o computador portátil, o localizador de posição geográfica do veículo via satélite, os discos rígidos e flexíveis, aparelhos de comunicação por ondas de rádio e assim sucessivamente.

Adicionalmente, consolidou-se a tese segundo a qual o investimento do empregador na educação do empregado não é salário indireto, independente do grau de escolaridade. Para não haver dúvida, a norma todos os gastos diretos, como mensalidades, e indiretos, como material didático. A educação pode ser proporcionada pelo empregador, que seja uma escola ou mantenha um estabelecimento de ensino em sua estrutura, ou por terceiros, bancados financeiramente pelo empregador. Pouco importa para os fins da fixação da natureza jurídica (não salarial) da parcela.

Existe uma curiosidade de saber se o empregador, que custeou os estudos do empregado, pode exigir que esse permaneça por pelos menos um ou dois anos após o encerramento do curso, como forma de desovar no âmbito da empresa os conhecimentos acumulados a expensas do empregador. A questão é intrigante. O empregador pode oferecer garantia de emprego ao empregado ou ser forçado por lei ou norma coletiva a manter o emprego sob certas circunstâncias. O contrário, porém, inexiste. Não se pode obrigar um empregado a não pedir demissão. A solução encontrada por muitas empresas, que se sentem traídas com o pedido de demissão do empregado assim que esse cola grau na faculdade paga pelo empregador, foi a elaboração de um sistema de subsídio gradativo. Em linhas gerais, a empresa custeia, digamos, metade da mensalidade durante o curso e se compromete a pagar ao empregado a outra metade dentro de dois anos após a graduação. O empregado é livre para pedir demissão, mas, fazendo-o, deixa de auferir a bonificação expressiva programada sob essas condições. Glosar a mensalidade não é uma prática ilícita, até porque nenhum empregador está obrigado a custear os estudos do empregado.

Também repele natureza salarial o custeio do transporte do empregado.

Mal se imagina como o tema do transporte foi parar em discussão sobre salário-utilidade. Para a imensa maioria da população, esse tema está adstrito ao vale-transporte e aos problemas, já tratados em capítulo anterior, sobre sua concessão, custeio e adequação das linhas de transporte coletivo. Ocorre, porém, que a oferta de ônibus fretado e demais formas de transporte seletivo gerou dúvidas sobre a natureza de salário indireto pago pelo empregador. Argumentava-se que o empregado, conduzido por conta da empresa, estaria a economizar dinheiro do vale-transporte ou do transporte particular que até então utilizava.

Note-se que o assunto nada tem que ver com a conhecida jornada itinerária, embora tenha como ponto comum a existência da condução oferecida pelo empregador. Na jornada itinerária, discute-se se o tempo gasto pelo empregado, dentro desses ônibus especiais, já era ou não tempo à disposição do empregador, entendimento prevalecente de 1969 a 2017 por Súmula de jurisprudência, mas vetado pelo legislador desde então.

Para o assunto da natureza jurídica não salarial, é irrelevante se o percurso dispunha ou não de transporte público, porque não será investigada a jornada itinerária. Importa, sim, compreender que a condução particular, acelerando os deslocamentos e facilitando a vida do empregado, nada mais era do que uma ferramenta de trabalho.

Por fim, o legislador abrange "assistência médica, hospitalar e odontológica, prestada diretamente ou mediante seguro-saúde", contempla "seguros de vida e de acidentes pessoais" e cita "previdência privada".

A essa altura, poderia ser criticada a inclusão do plano de saúde, do seguro de vida e previdência privada entre os benefícios assistenciais, porquanto eles nada têm de ferramenta de trabalho e não são indispensáveis ao desenvolvimento da atividade. Correta a afirmação, em termos. Pode-se permanecer na tese da adequação dos benefícios para a execução das atividades, até porque os índices de absenteísmo e de atrasos diminuem sensivelmente com a implantação de políticas mais claras de saúde e de previdência dentro do cotidiano empresarial. A lei pode e deve tratar de assuntos cinzentos, como era o caso do plano de saúde ao longo de décadas. O legislador optou por um caráter assistencial a esses benefícios e retirou-os do limbo entre salário e indenização em que se encontravam, pendendo-os para a indenização. Nada há de irregular nessa reforma legislativa.

Em resumo, caso o empregador forneça utilidade ao empregado, além do pagamento em dinheiro, que não possa ser enquadrada no conceito de ferramenta indispensável nem possa ser inserida no amplo rol do art. 458, § 2.º, da CLT, então estaremos diante de um salário-utilidade.

O conceito de salário-utilidade é bastante simples.

Na verdade, a definição segue a mesma linha do salário em geral, em termos de contraprestação pelos serviços prestados, pelo tempo em que o empregado permaneceu à disposição do empregador e, ainda, pelos períodos de interrupção do contrato de trabalho, como férias e descansos semanais remunerados. A única diferença é realmente o meio de pagamento, porque, no lugar do dinheiro normalmente empregado para tal mister, entram em cena mercadorias, bens, víveres e outros objetos úteis ao empregado e que têm valor econômico suscetível de apreciação.

Outro dado importante é observar a habitualidade desses pagamentos.

Assim como acontece com o salário em dinheiro, também o salário em utilidades deve ser habitual e oriundo do empregador. Pagamentos meramente ocasionais, como um prêmio autêntico ou uma gratificação por meta atingida, não guardam natureza salarial e não desafiam o art. 458 da CLT. No capítulo dos prêmios, um dos exemplos de pagamento não habitual e, portanto, não salarial, foi precisamente a entrega de uma televisão, de uma passagem aérea ou de um aparelho eletrônico para o empregado que mais se destacou nas vendas ou que conseguiu fechar o melhor contrato no mês ou no ano, como quer que seja, de tal forma que essa mercadoria não se aproxima do conceito de salário e permanece isolada.

Para maior clareza, o art. 458, *caput*, da CLT, reprisa o conceito de salário-utilidade, afirmando que, "além do pagamento em dinheiro, compreende-se no salário, para todos os efeitos legais, a alimentação, habitação, vestuário ou outras prestações *in natura* que a empresa, por força do contrato ou do costume, fornecer habitualmente ao empregado (...)".

Deve haver atenção redobrada, todavia, no quesito alimentação, porque a adesão do empregador ao Programa de Alimentação do Trabalhador (Lei 6.321/1976) retira a natureza salarial da parcela, seja a refeição servida de modo preparado ou por intermédio de restaurantes e lanchonetes conveniados.

3. Habitação

No tocante à habitação, citado de forma expressa pelo art. 458, valem as explicações acima destacadas: a prioridade consiste em investigar se a habitação foi fornecida como um complemento salarial ou se, ao revés, foi cedida para agilizar o desenvolvimento dos trabalhos, como ocorre com o geólogo, o eletricitário e o ferroviário que devem morar na vila operária, o alto executivo e demais circunstâncias análogas.

Somente depois de depurado esse raciocínio é que se poderá falar em habitação com natureza salarial.

Exemplo de habitação como salário indireto ou complemento salarial é aquele em que um empregado, auferindo salário de R$ 5.000,00 mensais, reivindica aumento sob pena de desligamento imediato, porque o mercado de trabalho oferece oportunidades com remuneração superior e simultaneamente esse empregado é peça importante para o desenvolvimento do progresso atual da empresa. Sem poder lhe oferecer melhores condições remuneratórias, a empresa se compromete a lhe pagar o aluguel de sua residência, na ordem de R$ 1.500,00 mensais, o que é idêntico a lhe oferecer um apartamento de propriedade da empresa e que estava disponível para sua moradia. Reembolsar aluguel é situação mais comum, pois está ao alcance de empresas pequenas e médias, ao passo que ceder o imóvel costuma ser procedimento de empresas grandes, apenas.

No exemplo acima, o empregado teve, sim, um reajuste de 30%, pois seus ganhos subiram de R$ 5.000,00 para R$ 6.500,00. O ressarcimento dos gastos com o aluguel não era um item indispensável para a realização do trabalho. Não houve alteração de função, transferência temporária para cidade distante ou premência a que o empregado estivesse nas imediações da fábrica.

É desse assunto que trata o art. 458 da CLT quando se refere a salário-utilidade pago mediante "habitação", donde se nota a enorme incompreensão do dispositivo, misturando-se todas as habitações em torno de um só conceito.

Habitualmente, o empregador que se compromete a ceder a habitação – diretamente ou através de ressarcimento de aluguel – acrescenta a esse benefício o custeio com as despesas fixas de água, luz e taxa de condomínio. A coerência exige que a natureza desses pagamentos de despesas siga a mesma natureza da habitação, isto é, sendo a habitação indispensável para a consecução dos serviços (geólogo, ferroviário, eletricitário, executivo), também as faturas de água, luz e condomínio são consideradas peças integrantes dessa grande ferramenta de trabalho. Ao contrário, sendo a habitação um simples reajuste salarial mais sofisticado, o ressarcimento de água, luz e taxa de condomínio será, também, salário indireto. O exemplo do empregado cujo salário saltou de R$ 5.000,00 para R$ 6.500,00 pode ser aprimorado, caso o empregador tenha-se comprometido a pagar, ainda, as despesas fixas, que somam R$ 700,00 por mês. Assim, esse salário foi de R$ 5.000,00 para R$ 7.200,00.

Diante de tudo o que foi acima exposto sobre a habitação, parece razoável sustentar que a habitação cedida graciosamente para o zelador do condomínio vertical ou do condomínio horizontal não tem natureza salarial alguma.

Não houve cessão do imóvel por simples capricho dos condomínios, desvinculada do exercício da função do trabalhador. Ele somente mora no condomínio por ser empregado e porque suas atividades costumam exigir pronta resposta às demandas, para fiscalizar os serviços alheios e para atender às solicitações mais urgentes. Sua situação de vida é bastante próxima àquela dos ferroviários que devem morar muito perto da via férrea ou dos eletricitários responsáveis pelos primeiros socorros às unidades de transmissão de energia elétrica.

A habitação, em todos esses casos, é indispensável à execução dos trabalhos, inserindo-se perfeitamente no entendimento da Súmula 367 do TST.

Caso o condomínio arque com as despesas de água e energia elétrica da moradia do zelador, dispense-o de recolher taxa de condomínio e, às vezes, forneça linha telefônica gratuita, também essas vantagens deixam de ter natureza salarial e podem ser consideradas pequenas ferramentas para agilizar o trabalho.

É curioso observar, contudo, que muitas normas coletivas tratam de maneira diversa esse assunto, imprimindo natureza salarial à ferramenta de trabalho.

Ao que parece, cuida-se de caso único em que uma parcela eminentemente indenizatória se transforma em salarial por força de negociação coletiva. Ora, se o Tribunal Superior do Trabalho admite que parcelas salariais sejam transformadas em parcelas de natureza indenizatória dentro da negociação coletiva, como é o caso da cesta básica e de algumas formas de adicional por tempo de serviço, então, por coerência, o Direito do Trabalho deve admitir que também a parcela indenizatória seja considerada salarial pela mesma via de negociação. Nesse caso, o fundamento é ainda mais sólido, pois a Convenção Coletiva que assim procede propicia condição ainda mais benéfica ao trabalhador, que, além de desfrutar a moradia necessária para o desenvolvimento de sua profissão, ainda aufere rendimentos maiores no fundo de garantia, pagamento maior a título de férias e 13.º salário, por exemplo.

Uma pequena nota final sobre a habitação fornecida por força do contrato de trabalho, a fim de chamar a atenção para as condições de moradia do local.

Para que se possa falar em salário-utilidade, o imóvel tem de ter características de moradia familiar, não servindo para tal mister o galpão abandonado, o silo, o porão, o barrilete ou a casa de cômodos.

Claro que na realidade das grandes cidades isso é muito mais do que alguns empregados poderiam dispor. É certo que muitas vezes o pedido da cessão do espaço físico partiu do próprio empregado, que por vezes leva a família inteira para compartilhar aquele território. O que não se admite, note-se bem, é que o cômodo atue na relação de emprego como salário-utilidade.

4. Roupas e acessórios

Dificilmente uma empresa fornece "vestuário" ao empregado, a não ser aquele ligado à própria profissão e que, portanto, assume a dignidade de uniforme. Ainda que o uniforme seja composto por terno social para os homens e roupas de alto padrão para as mulheres, como ocorre numa joalheria ou em divisões de gerência e de chefia.

O fato de as roupas serem utilizadas também em ambiente social e familiar em nada afeta a natureza jurídica não salarial, por se tratar de um utensílio híbrido, fornecido no contrato de trabalho.

Pode-se até mesmo enxergar uma aparente contradição entre o art. 458, *caput*, que cita o vestuário como salário indireto, e o art. 458, § 2.º, I, que relaciona o vestuário como benefício assistencial não salarial. A contradição se dissolve, todavia, se lembrarmos que o *caput* se refere apenas a roupas jamais utilizadas em serviço, como cortesia por parte do empregador para bem vestir os empregados, enquanto o § 2.º se atém a roupas de trabalho, híbridas ou não. Bem se nota, portanto, ser muito rara a possibilidade de vestuário fornecido a título salarial, sendo muito mais comum a hipótese de vestuário com alguma ligação ao contrato de trabalho. Talvez a própria fábrica de roupas tenha condições de oferecer vestes como forma de pagamento, mas ainda assim o tema parece historicamente datado.

5. Valor real e valor estimado

Valor real consiste simplesmente em atribuir à utilidade o mesmo preço que ela teria caso o empregado se dirigisse ao comércio para adquiri-la. Assim, a cesta de alimentos contendo R$ 100,00 em mercadorias vale R$ 100,00 para fins de cálculo de fundo de garantia e de reflexos em férias e 13.º salário. Se o empregado recebe R$ 1.000,00 em dinheiro mais uma cesta de alimentos de R$ 100,00 (com natureza salarial, sem norma coletiva e sem PAT), então o fundo de garantia deve ser depositado à razão de R$ 88,00 (8% de R$ 1.100,00) e não meramente de R$ 80,00.

Se as roupas valem R$ 400,00, então o salário do trabalhador será formado pela soma da parcela em dinheiro, de R$ 1.000,00, mais a parcela em utilidade. O fundo de garantia salta para R$ 112,00 (8% de R$ 1.400,00) e não apenas R$ 80,00.

Muitos departamentos pessoais adotam o sistema, correto, de inserir o valor da utilidade na coluna dos créditos e simultaneamente retirar o valor da utilidade na coluna dos débitos, porque essa parcela já foi paga fora do holerite, em mercadorias, e não em dinheiro. Ao inserir na soma dos créditos, majora-se a base de cálculo do fundo de garantia, dos recolhimentos previdenciários e fiscais e demais parcelas trabalhistas.

Alguns empregados se confundem, achando que foram lesados por uma conta que "põe" e "tira" valores na mesma ocasião, mas se esquecem de que, ao "pôr" o item na soma, o empregador expandiu a base com a qual serão calculados os demais predicados do contrato de trabalho. A subtração é medida necessária, sob pena de o empregado receber duas vezes a mesma parcela – uma vez em utilidade, como a moradia, a alimentação e o vestuário, e outra vez em dinheiro, no valor ficticiamente inserido no holerite.

A técnica de inserir a utilidade na coluna dos créditos e retirar o valor na coluna dos débitos pode ser chamada de "soma zero", desde que fique bem entendido que o zero teve papel importante para os reflexos trabalhistas, porque por alguns instantes a soma foi positiva, antes de ser neutralizada.

Na hipótese pouco provável de o condomínio ter dois zeladores e ambos dividirem o mesmo apartamento cedido pelo empregador, o valor da utilidade deve ser dividido ao meio para fins de cálculos trabalhistas. Há expressa vedação legal quanto ao fornecimento de uma única moradia para duas famílias, mas não há impedimento a que dois trabalhadores solteiros ou alojados sem sua família compartilhem a mesma unidade habitacional. Em acontecendo essa partilha da moradia, partilham-se também os valores da utilidade.

Essa exigência já constava da Lei do Trabalho Rural (art. 9.º, § 2.º, da Lei 5.889/1973) e foi inserida no art. 458 da CLT, através do § 4.º, em 1994.

O valor real é o favorito do legislador, da doutrina e da jurisprudência, por atender aos anseios de expressão econômica mais parecida possível com a realidade, sem causar prejuízos ao empregado. De fato, o valor real resolveria todos os problemas, não fosse um pequeno detalhe: algumas utilidades como a habitação e o veículo (supondo que sejam consideradas salariais, não haja norma coletiva e não sejam ferramentas indispensáveis para o trabalho) têm valor real muitas vezes superior ao benefício proporcionado ao empregado. Nesse caso, a tese do valor real deturpa o conceito de salário e confunde mais do que ajuda na compreensão da matéria.

O problema todo reside no fato de que algumas utilidades, como alimentos, podem ser consumidas imediatamente, sendo que seu benefício é justamente o consumo, ao passo que outras utilidades, normalmente bens duráveis, não são de consumo instantâneo, mas concebidas para consumo prolongado. O máximo que se poderia dizer, por exemplo, é que houve desgaste do bem durável nas mãos do trabalhador, como o uso do veículo por dois anos ou o gozo da moradia por cinco anos.

Teríamos de achar a fórmula ideal para encontrar o valor da depreciação do bem nas mãos do empregado e não o valor real da utilidade no mercado.

Alguns trabalhadores sugerem que se localize o valor pelo que se pagaria no mercado a título de locação da utilidade. Não é o valor real de aquisição do bem durável, mas o valor real de fruição do bem. No caso da moradia, a locação tem sido aceita como parâmetro razoável, mas sofre críticas porque o imóvel de propriedade da empresa não seria locado por valores de mercado, em uma imobiliária, sendo razoável que a empresa argumente, em sentido contrário, que não visava ao lucro com aquele bem. No caso do veículo, todavia, não se consegue desenvolver adequadamente o raciocínio, pois a locação de carros é notoriamente desproporcional em relação ao valor agregado do bem. A locação de veículos envolve riscos que são embutidos no preço final, além de não haver mercado sólido neste campo, tudo fazendo com que os valores sejam majorados.

Algumas petições iniciais em Processo do Trabalho requerem o uso do valor dos táxis que o empregado economizou, mas a noção é divorciada da realidade, pois ninguém passaria a vida inteira a tomar táxi 24 horas por dia, 7 dias por semana, no lugar do veículo cedido pela empresa. Ademais, o motorista de táxi tem o veículo como fonte de sobrevivência, sendo natural que insira no custo da corrida os gastos com manutenção, combustível e seu lucro pessoal.

Com ressalvas, a jurisprudência tem admitido uma solução intermediária que aparentemente foi introduzida no Direito brasileiro pelas corporações transnacionais: fixação do valor pela depreciação.

O primeiro passo é definir o tempo de vida útil do bem durável, em termos de aproveitamento e apresentação razoável. Claro que um veículo pode durar vinte anos, não sendo raro que carros circulem de forma clandestina após trinta anos ou mais. O imposto sobre a propriedade de veículos automotores normalmente cessa de incidir sobre modelos com mais de trinta anos, porque a alíquota mais comum, de 3%, redundaria na cobrança de valor superior ao próprio bem (trinta anos à razão de 3% totaliza quase um inteiro). De modo mais conservador, porém, passou-se a entender a vida útil do veículo em termos de cinco ou de dez anos, ao menos no sentido de veículo em bom estado de conservação.

O segundo passo é localizar o valor real do bem, que pode ser extraído de tabelas oficiais como aquela utilizada para a extração do imposto estadual ou até mesmo tabelas de mercado obtidas em jornais de grande circulação. Como o procedimento não tem assento legal, é suficiente que se mostre boa vontade e transparência.

Sirva como exemplo um veículo de R$ 60.000,00, cedido graciosamente ao empregado sem vinculação a sua atividade e sem a existência de norma coletiva que disponha sobre a matéria. Caso a empresa adote o módulo de cinco anos de vida útil em bom estado de conservação, obtém-se, por ficção, o valor de R$ 1.000,00 por mês de aumento salarial que ela terá concedido a seu empregado (R$ 60.000,00 divididos por 60 meses). Adotado o módulo de dez anos, que são 120 meses, o valor cai pela metade, evidentemente. Em outras palavras, pode-se dizer que o empregado, detentor de um bem estimado em R$ 60.000,00, "consome" 1/60 por mês desse benefício.

Como se vê, o raciocínio é adequado, mas está longe de ser pacífico. Muitos percalços surgirão no caminho. O valor de R$ 60.000,00 era correto no início da conta, mas ele próprio deve ser reduzido gradativamente porque carros usados vão decaindo de preço com o passar do tempo. À falta de melhor critério, entretanto, esse é o único que não embute o lucro da locadora de veículo ou o lucro do taxista, aspectos que deturpam o espírito do salário-utilidade.

No caso do imóvel, basta expandir o tempo de vida útil. Vinte anos pode ser um prazo razoável para a maioria das cidades e dos bairros, pelo menos no sentido da ficção que se precisa aceitar para a elaboração da conta. Não significa que ao término desse período o imóvel esteja imprestável e tampouco se quer dizer que ele estará novo em folha. Porém, o fornecimento de uma utilidade de R$ 240.000,00, exemplificando, sofrerá grande dificuldade na hora de ser inserida em folha de pagamento, mostrando-se sensato o valor de R$ 1.000,00 por mês, à razão de 1/240 por mês – vinte anos são 240 meses.

Qualquer que seja a estratégia adotada – preço da locação, cobrança do taxista, valor da depreciação do bem ao longo de cinco anos para o carro e de vinte anos para o imóvel – restará, ainda, a indagação sobre quais são as parcelas beneficiadas por essa conta.

Os depósitos do fundo de garantia e o 13.º salário são os itens mais fáceis de serem assimilados.

Os depósitos são de 8% sobre o valor total da remuneração, incluindo-se o salário pago em dinheiro e o salário pago em utilidade.

O 13.º salário corresponde à remuneração total do mês de dezembro, apurando-se média duodecimal da remuneração variável auferida ao longo do ano, se houver, como é o caso de horas extras e de comissões. Logo, o mês de dezembro deve ser dobrado, tanto no que diz respeito ao salário pago em dinheiro quanto no que diz respeito ao salário pago em utilidades. Como não existe o décimo terceiro mês do ano – uma simples ficção contemplada pelo legislador para incrementar o rendimento do trabalhador e supostamente injetar mais dinheiro na economia –, é natural que o empregado tenha de auferir o valor compatível com suas utilidades também no 13.º salário.

Quando da rescisão do contrato de trabalho, de iniciativa do empregador, sem justa causa, pode haver pagamento de aviso-prévio indenizado, caso o empregador não chame o empregado para a prestação dos serviços ao longo do mês. O aviso-prévio indenizado corresponde ao valor dos salários que seriam devidos no período, consoante art. 487, § 1.º, da CLT. Ora, os salários abrangem o valor pago em dinheiro e o valor pago em utilidades, donde a necessidade de que o valor da depreciação do carro e o valor dos mantimentos, conforme o caso, sejam lançados na apuração do aviso-prévio indenizado.

Esse raciocínio quanto ao aviso-prévio trabalhado atinge em cheio o caso das férias desfrutadas.

Se as férias forem indenizadas, como ocorre normalmente em termo de rescisão, sob a forma de férias simples, férias proporcionais ou, ainda, férias dobradas, obviamente que o valor deverá atender à soma do salário em dinheiro com o salário em utilidade, tudo acrescido de 1/3. A explicação é válida também para o abono de conversão em pecúnia de até 1/3 dos dias de férias a que o empregado fazia jus, na forma do art. 143 da CLT, porque também aqui se pode falar em férias indenizadas.

Ocorre, porém, que nas férias desfrutadas o empregado continua a receber a utilidade. O zelador continua a morar no apartamento fornecido pelo empregador e o executivo continua a dirigir o veículo cedido gratuitamente. Caso o recibo de férias contivesse o valor da utilidade em dinheiro, haveria pagamento dobrado – a utilidade que está sendo desfrutada naquele instante e mais sua expressão em pecúnia no holerite. Logo, as férias desfrutadas constituem uma exceção, digamos assim, ao conceito de reflexos do salário-utilidade, porque prescindem de sua incorporação aos cálculos, supondo-se, claro, que a utilidade continue em poder do empregador, como, aliás, ordinariamente ocorre.

O caso estaria encerrado, não fosse a criação do acréscimo de 1/3 pelo art. 7.º, XVII, da CF/1988.

Ora, o acréscimo de 1/3 é valor devido ao empregado que não pode ser fisicamente projetado para cima do apartamento ou do veículo. Há necessidade de fixar sua expressão econômica. Não deixa de ser curioso ver um holerite em que o acessório existe (1/3), mas o principal está fora (o carro ou o imóvel), mas faz todo sentido, porque o "principal" é assegurado ao empregado na vida real, por assim dizer.

Então, é de bom alvitre que o recibo de férias acuse, sim, a existência do salário-utilidade, mas se adote a técnica da "soma zero", tal como o condomínio procede com o zelador: na coluna dos créditos, insere-se o valor da utilidade e sobre ela se calcula o acréscimo de 1/3, bem como o fundo de garantia e os recolhimentos previdenciários e fiscais; na coluna dos débitos, retira-se o valor da utilidade, a fim de que o empregador não precise pagar em dinheiro aquilo que fornece, no mesmo instante, em utilidade.

Nem se cogitam reflexos em descansos semanais remunerados, porque todas as utilidades são calculadas com base no módulo mensal. Parcelas apuradas à base do mês já contêm os descansos semanais remunerados embutidos, conforme art. 7.º, § 2.º, da Lei 605/1949.

A soma de todos os raciocínios empreendidos por este capítulo (indispensabilidade da ferramenta, tese dos benefícios assistenciais criados por lei, fixação de valor real e de valor da depreciação, impactos da norma coletiva e tese da soma zero) é suficiente para resolver a quase totalidade dos problemas concernentes ao salário-utilidade. Contudo, um complicador desnecessário foi instalado pelos §§ 1.º e 3.º do art. 458 da CLT. Trata-se da paridade de percentuais máximos de salário-utilidade em relação ao salário em dinheiro quando comparados com o salário-mínimo.

Que o legislador pretenda fixar um percentual máximo para o salário-utilidade parece bastante apropriado, haja vista a enorme lista de abusos sobre a matéria. Assim, existe relativo consenso de que o índice de 30% em dinheiro (no mínimo) e 70%

em utilidades (no máximo), extraído de uma interpretação sistemática do art. 82, parágrafo único, da CLT, tem aplicação tanto para o salário-mínimo quanto para todos os demais salários encontrados. Opera-se uma blindagem contra o excesso de produtos empurrados ao trabalhador, ainda que ele seja iludido pelas vantagens de receber 100% de seus rendimentos em mercadorias.

Porém, já não existe consenso se o legislador deveria fixar o percentual máximo de cada utilidade, pois as realidades brasileiras são bastante distintas, assim como a vivência de cada profissão e de cada contrato de trabalho. Para piorar o quadro, o legislador buscou fixar percentuais máximos de utilidades tomando-se o salário-mínimo como parâmetro, o que dificulta a compreensão. Analisemos os dispositivos legais em detalhes.

A primeira parte do 1.º do art. 458 está correta: "Os valores atribuídos às prestações *in natura* deverão ser justos e razoáveis (...)". A locução "justos e razoáveis" é suficientemente genérica para abranger todas as teses acima sustentadas. Por exemplo, buscar o valor real da alimentação é medida de justiça, assim como a tese do valor da depreciação do veículo é bastante razoável diante do impasse que se instalou para a aferição dos reflexos cabíveis. Muitos julgados, aliás, concluem seus raciocínios dizendo que a fórmula adotada pela empresa, em casos limítrofes e de difícil solução, deve ser prestigiada, porque se mostrava "justa" e "razoável".

A segunda parte do § 1.º do art. 458 oferece complexidade maior: "(...) não podendo exceder, em cada caso, *os dos* percentuais das parcelas componentes do salário-mínimo (arts. 81 e 82)" (g.n.).

A referência aos arts. 81 e 82 da CLT corresponde ao fato de que naqueles dispositivos se prevê a fixação de um quadro pelo Poder Executivo com percentuais de salário-utilidade por região do País, a fim de oferecer parâmetros de conversão dos valores nas folhas de pagamento. O quadro de fato existe, mas se atém à realidade dos operários que ganham salário-mínimo, e dificilmente teria utilidade para o alto executivo, para o ferroviário ou para o zelador de condomínio.

A redação do art. 458 em nada colabora para o desfecho da controvérsia, pois procurou ser sintética no momento em que não deveria ser. Quando se diz "(...) não podendo exceder, (...) os dos percentuais" (§ 1.º), lança-se dúvida se não pode haver extrapolação ao valor em dinheiro ou se o percentual utilizado pelo quadro do Ministério do Trabalho e Emprego deve ser transposto do salário-mínimo e aplicado ao salário contratual. Exemplifica-se.

Sendo 20% o índice previsto para o salário-utilidade consistente na alimentação e sendo o salário-mínimo (hipotético) de R$ 500,00, o máximo de desconto que pode ser feito no salário do trabalhador será de R$ 100,00, pagando-se R$ 400,00 em dinheiro, ainda que a alimentação tenha valor real superior. Passando o empregado a ganhar R$ 2.000,00 de salário, indaga-se se o desconto a título de alimentação permanece em R$ 100,00 (20% do salário-mínimo) ou se o desconto deverá ser de R$ 400,00 (aplicando-se o índice de 20% sobre o salário contratual).

A redação não esclarece a dúvida, levando a jurisprudência a uma terceira conclusão, igualmente possível: os percentuais se aplicam unicamente ao salário-mínimo, não havendo nem transposição de valores nem transposição de percentuais para os salários superiores.

Por cautela, muitas empresas praticam essa limitação, não permitindo que descontos superiores nesses dois quesitos sejam efetuados na folha de pagamento, embora haja espaço suficiente para se sustentar a pertinência do valor real do benefício.

De qualquer forma, o engessamento causado pelo § 3.º do art. 458 vale apenas para habitação e para alimentação (esta, bastante afetada pelo Programa de Alimentação do Trabalhador) e não encontra aplicação em outras utilidades, como veículos e vestuário. O problema maior, que poderia ser provocado pelas ambiguidades do § 1.º, foi afastado pelo entendimento da Súmula 258 do TST.

6. Salário-utilidade no trabalho rural e no trabalho doméstico

A posição adotada pela Súmula 258 vale também para o contrato de trabalho rural, porque o art. 9.º da Lei 5.889/1973 empregou igualmente a operação de percentuais sobre o salário-mínimo, com a peculiaridade de ter invertido os índices (a alíquota maior, de 25%, incide sobre a alimentação, enquanto a alíquota menor, de 20%, recai sobre a moradia). A troca dos índices foi influenciada pelo fato de moradias na zona urbana serem mais caras e escassas do que na zona rural, mas isso tem pouca base científica e sofre impactos do regionalismo brasileiro.

A propósito da realidade do trabalho rural, pairava grande discussão sobre a natureza salarial ou indenizatória do fornecimento de moradia. É possível sustentar-se que a moradia tem caráter de ferramenta de trabalho para o camponês, que deve permanecer próximo de seu local de trabalho e, ainda, não encontraria transporte coletivo para chegar ao trabalho e dele retornar. No entanto, a moradia costuma ser fornecida não apenas com todos os insumos, mas também com a perspectiva de o trabalhador poder cultivar horta e pomar, bem como criar animais para consumo. Quando menos se percebe, esse trabalhador pode, também, auferir lucros de seu pequeno empreendimento. Logo, não se trata apenas de uma moradia, mas de um espaço rural de elevada importância para a subsistência de sua família e para seu aprimoramento pessoal.

Dada a dificuldade de expandir o conceito de ferramenta de trabalho para horta, pomar e animais, o legislador houve por bem imprimir pequena reforma ao texto original de 1973, inserindo um § 5.º ao art. 9.º da Lei 5.889, através da Lei 9.300/1996, com o seguinte comando: "A cessão pelo empregador, de moradia e de sua infra-estrutura básica, assim como, bens destinados à produção para sua subsistência e de sua família, não integram o salário do trabalhador rural, desde que caracterizados como tais, em contrato escrito celebrado entre as partes, com testemunhas e notificação obrigatória ao respectivo sindicato de trabalhadores rurais".

Optou-se pela via da formalidade – documento escrito com notificação ao sindicato – em detrimento da análise da indispensabilidade dos utensílios. A solução recebe críticas por se exigir a forma escrita justamente no ambiente mais informal que existe em termos de contrato de trabalho, que é a relação rural. No entanto, a forma escrita também pode ser celebrada como uma tentativa de coibição dos abusos.

O § 5.º do art. 9.º se tornou conhecido como a natureza jurídica da plantação intercalar, porque os empregados habitualmente exploram o entorno de sua residência, mas também todos os espaços ociosos da propriedade rural, desde que com o consentimento do empregador. A plantação de feijão ao redor de pés de café pode gerar questão de alta indagação sobre seu impacto no contrato de trabalho – se era uma forma de salário indireto, porque a prática era tolerada pelo empregador, ou se era uma forma de benefício concedido pelo empregador, mas desvinculado da remuneração. Justifica-se, assim, a solução encontrada, ainda que mediante artifícios, pelo legislador.

Ainda não está resolvido, porém, o tema da presunção relativa ou absoluta sobre o documento escrito notificado ao sindicato. Ao que se depreende da redação da norma de 1996, o documento escrito geraria presunção absoluta de natureza jurídica não salarial, enquanto a falta do documento geraria presunção absoluta de natureza salarial da plantação intercalar. Presunção absoluta não comporta provas em sentido contrário, como aquela que o empregado pretendia fazer contra o documento ou o empregador pretendia adotar para suprir a falta casual do documento.

Normalmente, o Direito do Trabalho lida com presunções relativas, como se pode ver na questão dos cartões de ponto, das folhas de pagamento e das anotações em Carteira de Trabalho, todas as informações passíveis de revisão por outros meios de prova. A diferença entre a existência e a inexistência do documento escrito notificado ao sindicato reside, portanto, na atribuição do ônus da prova – ônus do empregado diante da apresentação do documento e ônus do empregador diante da ausência da forma escrita. Essa solução se coaduna mais com o princípio da primazia da realidade – qualquer que seja o desfecho da controvérsia – e com a busca da verdade real.

Inicialmente, pairava completa omissão sobre o tema para o âmbito do trabalho doméstico, não havendo referência ao salário-utilidade na redação original da Lei dos Domésticos de 1972, nem na CF/1988.

A situação começou a mudar com o art. 2.º-A da Lei 5.859/1972, com redação dada pela Lei 11.324, de 19 de julho de 2006, que retirou a natureza salarial das utilidades normalmente encontradas em relações domésticas, como o fornecimento da alimentação, do vestuário, produtos de higiene e moradia. Mal comparando, é como se o legislador houvesse adotado a tese da indispensabilidade do fornecimento da utilidade para o âmbito do trabalho doméstico. Os empregados que pernoitam na residência, como babás, motoristas, arrumadeiras e caseiros, recebem alimentação, abrigo e higiene não por um gesto de bondade ou desprendimento em relação ao contrato de trabalho, mas para que fiquem mais próximos do local de trabalho e, por vezes, sejam acionados também à noite, ou seja, recebem ferramentas de trabalho.

É curioso observar que a alimentação foi inserida no rol dos benefícios assistenciais, sem natureza salarial, independentemente do Programa de Alimentação do Trabalhador (Lei 6.321/1976), o que é razoável em se tratando de ambiente doméstico. Tentativa semelhante de inserir dispositivo no art. 458, § 2.º, VII, foi vetada pela Presidência da República, conforme já mencionado.

Se a moradia fornecida for realmente uma casa e não apenas um cômodo na residência da família, pode surgir uma espécie de locação entre empregado e empregador, a título oneroso. A previsão também data de 2006 com a inserção do art. 2.º-A, § 1.º, da Lei 5.859/1972: "Poderão ser descontadas as despesas com moradia de que trata o *caput* deste artigo quando essa se referir a local diverso da residência em que ocorrer a prestação de serviço, e desde que essa possibilidade tenha sido expressamente acordada entre as partes".

Posteriormente, em 1.º de junho de 2015, foi promulgada a LC 150, cujo art. 18 condensa, em linhas gerais, o mesmo entendimento da legislação de 2006, ou seja, a natureza não salarial das utilidades concedidas, a proibição de descontos salariais e a autorização de cobrança apenas da moradia destacada da residência do empregador doméstico.

Capítulo 14

Décimo terceiro salário

O décimo terceiro salário não figura entre os direitos assegurados pela CLT, tendo sido introduzido na legislação brasileira pela Lei 4.090, de 13.07.1962, expandido pela Lei 4.749, de 12.08.1965. Posteriormente, viria a ser universalizado pelo art. 7.º, VIII, da CF/1988, que não usou a expressão Gratificação de Natal, constante das duas leis, mas a nomenclatura "décimo terceiro salário".

Aplica-se a todos os empregados urbanos e rurais, temporários ou efetivos, ainda que fiquem tão pouco tempo no emprego que nem passem pelo mês de dezembro; alcança o empregado doméstico – o art. 7.º, parágrafo único, da CF/1988, refere expressamente seu inc. VIII para os trabalhadores domésticos – e se espraia pelo Direito Administrativo para os servidores estatutários – o art. 39, § 3.º, também faz menção ao inc. VIII. Serve de inspiração para a chamada gratificação natalina para aposentados e pensionistas do INSS, na forma do art. 201, § 6.º, todos da Constituição.

Sua natureza jurídica é eminentemente salarial.

Pode-se dizer que não existe no calendário o décimo terceiro mês do ano e que, portanto, sua estipulação não remunera nenhum trabalho ou tempo à disposição do empregador. No entanto, para assumir a natureza salarial uma parcela não necessita estar atrelada à contraprestação dos serviços prestados em sentido estrito. São suficientes a habitualidade do pagamento e a contraprestação em sentido amplo.

Por conseguinte, ao convencionar um salário de, digamos, R$ 1.200,00 mensais, é como se o empregador estivesse a prometer salário de R$ 1.300,00, pois a cada mês o empregado conquista o direito de mais 1/12, para recebimento oportuno. Feita a conta de trás para frente, o ganho anual do empregado de salário de R$ 1.200,00 não representa apenas R$ 14.400,00 como pode parecer à primeira vista, mas R$ 15.600,00, pois a legislação brasileira contempla o décimo terceiro mês. Diluindo-se, então, os R$ 15.600,00 pelos 12 meses trabalhados, chegamos à média mensal de R$ 1.300,00 – e não de R$ 1.200,00, como era o salário nominal.

Pode-se questionar a pertinência dessa criação legal, por onerar excessivamente a folha de pagamento, mas algumas questões não ligadas ao Direito do Trabalho devem ser frisadas quando o assunto é o processo legislativo: a) o décimo terceiro salário nasceu de usos e costumes no próprio seio das relações trabalhistas, possivelmente influenciados pela tradição cristã do país, tendo o legislador de 1962 apenas estendido a prática para os poucos setores que ainda não a praticavam e, também, disciplinado valores e condições de pagamento; b) o mês de dezembro passa a representar um diferencial em quase todas as atividades produtivas, porque, da mesma maneira como o dinheiro sai de forma dobrada, sob a modalidade de folha de pagamento, circula de modo exponencial pela economia brasileira e volta em grande medida sob a forma de aquisição de bens e serviços naquele mês e nos meses próximos, a ponto de não se poder mais deixar de contar com esse impacto nas políticas econômicas; c) o legislador praticamente reconhece que, não havendo condições políticas e econômicas de elevação substancial da massa salarial brasileira em geral e do salário-mínimo em particular, alguns subterfúgios são relevantes para se buscar diluir outros tipos de aumento ao longo dos meses e do ano, sendo o décimo terceiro salário exemplo de como os empregados obtiveram um aumento real de 8,33% (equivalente a 1/12) sem maior alarde.

Oito inteiros e trinta e três centésimos por cento: esse exatamente o alcance do décimo terceiro salário sobre a remuneração do trabalhador, reforçando ainda mais a tese da natureza jurídica salarial. O salário-mínimo brasileiro, sob esse ângulo, não é apenas aquele valor divulgado pelo legislador a cada ano, mas, sim, aquele valor acrescido de 8,33%, muito embora essa conta seja simplória e não abranja as vantagens atinentes às férias e ao fundo de garantia, por se tratar de naturezas e propósitos diferentes.

Outro reforço de argumento: para calcular a indenização de dispensa do empregado, antes do regime do fundo de garantia, o empregador não deveria computar apenas um "salário nominal" por ano de serviço – art. 478 da CLT –, mas, sim, um salário médio por ano de serviço, aí incluída a diluição do décimo terceiro salário ao longo do ano. No exemplo acima, a indenização do empregado ao término de cinco anos de contrato de trabalho não seria de R$ 6.000,00 – cinco vezes o salário nominal de R$ 1.200,00 – mas antes de R$ 6.500,00 – cinco vezes o salário ajustado de R$ 1.300,00, incluído o duodécimo do décimo terceiro salário.

Prova concreta de que o décimo terceiro salário deita raízes nos usos e costumes pode ser colhida na controvérsia a respeito dos empregadores que, antecipando-se à legislação, já ofereciam o pagamento de uma gratificação de Natal.

Indagava-se se eles, ao fazê-lo, criaram uma condição mais benéfica ao trabalhador e, a partir de 1962, deveriam ser obrigados a fazer o pagamento dobrado – dois décimos terceiros salários, sendo um da lei e outro "conquistado" paralelamente pelo trabalhador – ou se, ao contrário, o legislador apenas chancelou a prática que apreendeu no cotidiano das relações. Prevaleceu a segunda tese, sob o fundamento de que a velha gratificação e a nova lei buscavam idêntico propósito sob idêntica motivação, de contemplar o trabalhador com um bônus por ocasião das despesas e dos festejos de Natal e, ao mesmo tempo, fazer girar maior numerário no comércio e nos serviços.

A Lei 4.090/1962 era omissa quanto à data de pagamento do décimo terceiro salário. Falava-se apenas que "no mês de dezembro" o empregado fazia jus à gratificação, gerando dúvidas sobre o pagamento em conjunto com o salário ou no começou ou no final do próprio mês, muito embora a tradição natalina conduziria ao pagamento antes do Natal, aduza-se.

Para sanar essa ambiguidade, a Lei 4.749/1965 instituiu o vencimento da obrigação aos 20 de dezembro, dentro do espírito natalino e desvinculado da folha de pagamento mensal. Porém, a principal novidade da Lei 4.749/1965 não foi tanto a fixação do dia 20, mas a determinação de um adiantamento de *metade do valor do salário*, em data espalhada ao longo do ano, como que reconhecendo o impacto alto para a economia de um pagamento todo ele concentrado em uma só data.

O adiantamento pode ser feito de *fevereiro a novembro*, a critério do empregador, que pode até mesmo estipular um calendário de antecipação que não contemple a todos simultaneamente. A data máxima para o adiantamento coincide com o dia 30 de novembro, o que acaba sendo o segundo dia mais importante no estudo do décimo terceiro salário, haja vista que a maioria dos empregadores espera o vencimento da obrigação. Uma variação possível sobre a data do adiantamento é fazê-lo coincidir, segundo o art. 2.º, § 2.º, da Lei 4.749/1965, com o pagamento das férias, se assim o empregado requerer em janeiro de cada ano. Aliás, esse enriquecimento atende aos anseios das férias com maiores recursos financeiros para o empregado programar seu descanso, quitação de dívidas, viagem ou passeio.

O adiantamento em conjunto com as férias encontra aplicação no serviço público, em que os empregados desfrutam menor rotatividade, e em contratos de longa duração, mas vivencia grandes obstáculos para a imensa maioria dos trabalhadores, que (a) não sabem se terão férias desfrutadas naquele ano, (b) não sabem se o contrato de trabalho sobreviverá ao ano e (c) temem revide ou constrangimento se, em janeiro, apresentarem um requerimento sobre uma parcela tão distante quanto o décimo terceiro salário. Como o período de gozo de férias é aquele que melhor atende aos interesses do empregador, a situação fica ainda mais nebulosa para o "requerimento" do trabalhador. O dia 30 de novembro é o porto mais seguro dessa conta.

O adiantamento seria muito difícil de ser calculado se fosse levar à risca toda a disciplina do décimo terceiro salário, inclusive médias de reflexos e, claro, a remuneração ainda desconhecida a ser praticada em dezembro. Então, o art. 2.º da Lei 4.749/1965, de forma bastante singela, diz que o adiantamento é de 50% sobre o salário praticado no mês anterior. E nada mais. Nada de reflexos ou de previsões futuras. Note-se o uso da palavra salário e não remuneração, o que libera o empregador até mesmo de calcular a média de gorjetas do período. Sobre esse valor, não incidem encargos, que ficarão todos para o pagamento completo do mês de dezembro.

O adiantamento, em outras palavras, pressupõe que o contrato de trabalho dure pelo menos seis meses, porque correspondente à metade do salário. Pode acontecer, todavia, de o contrato de trabalho terminar antes disso, donde a autorização do legislador para que o empregador desconte o valor pago a maior, primeiro sobre o valor devido a título de décimo terceiro salário proporcional e segundo sobre outra parcela devida nas verbas rescisórias, para que se evite o enriquecimento sem causa. Cuida-se de uma rara situação em que o legislador autoriza o desconto de um título em nome do outro, tudo para tornar o adiantamento do décimo terceiro salário algo mais palatável ao empregador receoso do futuro daquela relação de emprego.

Considerando que o pagamento do décimo terceiro salário deve ser feito "até o dia 20 de dezembro de cada ano", não se aplica à matéria a "prorrogação" para o dia útil subsequente em caso de recair aquela data em sábado, domingo e feriado. O empregador dispunha de 355 dias para fazer o pagamento. A preposição "até" representa bem a dimensão de escolha de uma das opções anteriores e não "posteriores". Não há que se falar em prorrogação para o primeiro dia útil subsequente.

Se, no entanto, o empregador oferecer condição mais benéfica aos trabalhadores e fixar outra data para o pagamento do décimo terceiro salário, antecipando-o em relação ao dia 20 de dezembro, dificilmente poderá voltar atrás, porque a condição favorável habitualmente se incorpora ao contrato de trabalho.

Instituição financeira que contemplou os empregados com pagamento parcial do décimo terceiro salário sempre no mês de março não obteve êxito na tentativa de aplicar a previsão legal do dia 20 de dezembro, depois de escoados alguns anos da prática.

Consta que o mês de março havia sido escolhido anteriormente por se tratar de mês de acúmulo de pagamentos de impostos e despesas com educação, de modo que, vista a questão com mais vagar, percebe-se que o manejo da data do décimo terceiro salário atende, também, ao arrefecimento de demandas por reajuste salarial e aumento de benefícios. Esse é um dos motivos pelos quais não se deve admitir o parcelamento do décimo terceiro salário em doze vezes, como algumas empresas maliciosamente praticam, induzindo os empregados a acreditarem, sob certas circunstâncias, que tiveram aumento espontâneo de 8,33% – que é o mesmo que 1/12.

A base de cálculo do décimo terceiro salário será sempre a remuneração praticada no mês de dezembro.

Sobre ela, incidirão os reflexos da remuneração variável que acaso tenha oscilado ao longo do ano, como a hora extraordinária, o adicional noturno, o adicional de insalubridade, o adicional de periculosidade e as comissões. Também as gorjetas, se houver, deverão integrar no cálculo do décimo terceiro salário, pois o objetivo do legislador sempre foi atrelá-lo com a remuneração completa – salários pagos pelo empregador mais gratificações pagas por clientes e fornecedores, à luz do art. 457 da CLT. O nome correto deveria ser, portanto, décima terceira remuneração ou, se possível, deveria ter sido mantida a expressão gratificação de Natal, entendendo-se gratificação nesse caso como abrangente de todo o complexo remuneratório.

Para o cálculo do décimo terceiro salário, assim, sempre se parte do valor do salário que o empregado aufere em dezembro, como claramente fixa o art. 1.º da Lei 4.090/1962. Não haverá média do salário fixo que foi auferido ao longo do ano, pois o décimo terceiro salário nunca pode ser inferior ao salário de dezembro. Assim, se o empregado auferiu um salário-mínimo ao longo de todo o ano e teve promoção em dezembro para novo cargo que lhe proporcionasse dois salários mínimos, o décimo terceiro salário será de dois salários mínimos, sem hesitação.

A famosa *média de reflexos do ano* diz respeito à segunda camada do cálculo do décimo terceiro salário, que corresponde às parcelas variáveis agregadas ao salário-base, como a hora extraordinária, ou às parcelas variáveis substitutivas do salário-base, como as comissões no caso do comissionista puro. A média é relativamente fácil de ser feita: somar 12 meses e dividir por 12, para encontrar um padrão praticado ao longo dos meses e contemplar o empregado com aquele valor a título de décimo terceiro salário.

Porém, haverá três problemas intrigantes a resolver: a) como somar 12 meses, se dezembro ainda não acabou e o pagamento já tem de ser feito; b) como somar comissões de meses tão distantes como janeiro e novembro, sem que haja corrosão inflacionária; c) como proceder à média de hora extraordinária se o valor da hora em janeiro não é mais o valor da hora de novembro, pela perda do poder aquisitivo da moeda e também pela alteração do salário do empregado.

Na antecipação, o empregador está autorizado a adotar o valor de metade do salário do mês anterior, como mencionado acima, o que prescinde de maior complexidade de cálculo. Se, porém, o empregado for comissionista puro, há de ser utilizada a média dos meses anteriores ao do pagamento, por óbvio, nem que seja a média de 11 meses, caso o pagamento fique para o último dia permitido para o adiantamento, a saber, o 30 de novembro. Posteriormente, o acerto da diferença fica reservado para o dia 10 de janeiro, data em que não somente dezembro já estará encerrado como também eventuais cálculos de comissões já terão sido ultimados. Lembre-se que o vencimento da obrigaçao de pagar o salário de dezembro recai no quinto dia útil de janeiro, de acordo com a redação do art. 459, § 1.º, que é, na verdade, o único.

Para a comparação de comissões pagas em meses diferentes, a interpretação mais equilibrada e mais atinente à finalidade da norma é, sem dúvida, aplicar a correção monetária sobre cada um dos meses e levá-los todos para a mesma data, a fim de que a média possa ser efetuada de forma apropriada.

Para a integração das horas suplementares e de todas as demais parcelas calculadas sobre fatores fixos, como a hora, o metro e o quilograma, deve-se priorizar a chamada *média física*, ou seja, a apuração da média pela quantidade de horas e não pelo valor em dinheiro, para, no ato do pagamento, usar o valor da tarifa vigente por ocasião do dia 20 de dezembro.

Na existência de salário-utilidade, como o carro oferecido sem utilização dentro do contrato de trabalho ou o imóvel fornecido por capricho para agraciar o trabalhador, os valores equivalentes a essas benesses devem produzir reflexos no décimo terceiro salário. Conforme mencionado no tratamento do salário-utilidade sobre as férias, o décimo terceiro salário terá sempre a integração por completo do salário-utilidade, por se tratar de um mês fictício em que jamais se poderá dizer que o trabalhador permaneceu no gozo da utilidade, como ocorre com o carro e a casa durante as férias. A respeito do cálculo para a fixação do valor do carro e da moradia para fins de integração, reportamo-nos também aos estudos sobre as férias. Utilidades constantes no rol do art. 458 da CLT, como o seguro de vida e o plano de saúde, não têm a natureza salarial necessária para os reflexos em questão.

Resta, ainda, o conceito de décimo terceiro salário proporcional.

Dentro daquele entendimento de que a gratificação de Natal é um complemento salarial de 8,33%, que se conquista aos poucos, é coerente que se pague ao empregado, que não completou um ano de casa ou que não passou pelo mês de dezembro, um valor proporcional ao tempo laborado. Computa-se, portanto, 1/12 da gratificação de Natal para cada mês laborado. Vale como mês cheio a fração de 15 dias ou mais – a lei das férias usa a expressão "mais do que 14 dias", o que é idêntico, mas com redação diferente.

As ausências justificadas, de forma espontânea pelo empregador ou na forma da lei – especialmente no tocante ao art. 473 da CLT –, não prejudicam o cálculo do décimo terceiro salário, mas as ausências injustificadas efetivamente o prejudicam. Por exemplo, empregado que pede demissão em 17 de maio iria receber 5/12 de décimo terceiro salário, não fosse o fato de que se ausentou três vezes sem justificativa naquele último mês – logo, trabalhou apenas 14 dias em maio, invalidando-o para o cálculo dos doze avos.

Nos comentários à legislação trabalhista em tempos de pandemia, sustentamos a aplicabilidade do décimo terceiro salário para os períodos de redução de jornada e, também, para os períodos de suspensão emergencial, decorrentes da aplicação da Lei 14.020/2020 e congêneres, porque entendemos que sua natureza foi de suspensão híbrida ou atípica – a saber, sem trabalho, mas com ajuda de custo compensatória do empregador ou benefício assistencial custeado pelos cofres públicos. A situação é desafiadora, porque esse tipo de suspensão com renda garantida pelo Estado é hipótese bastante rara. Em reforço ao argumento da necessidade de se manter o cômputo do 13º salário, lembro que as normativas do benefício emergencial dispunham que o empregador deveria manter todos os benefícios concedidos ao empregado, podendo ser entendido como tal o conjunto de benefícios contratuais e benefícios legais. Contra a tese da manutenção do 13º salário, enfileiram-se argumentos que busca aproximar a suspensão emergencial com as demais formas de suspensão plenas, como a aposentadoria por invalidez e as modalidades de licença sem vencimentos, o que representaria ausência de trabalho, ausência de salário em sentido estrito e, portanto, ausência de cômputo de tempo de serviço. Não há recolhimento previdenciário no período de suspensão emergencial, o que pode ser adicionado aos argumentos contrários ao 13º salário, aduza-se.

Diferentemente do que ocorre com as férias, em que o período aquisitivo é de 12 meses, mas contado a partir da data de admissão, o décimo terceiro salário é obrigatoriamente *zerado no mês de dezembro*.

Ainda que o empregado tenha sido admitido, digamos, em novembro, fará jus a 2/12 de décimo terceiro salário ao cabo daquele ano, ao passo que, para as férias, ele terá de implementar os 12 meses em novembro seguinte ou receber as férias proporcionais em caso de rescisão prematura do contrato de trabalho. Logo, o décimo terceiro salário proporcional é relativamente comum e pode ocorrer já no primeiro ano de contrato de trabalho.

Na outra ponta do contrato de trabalho, quando da rescisão contratual, voltará a ocorrer, com grande facilidade, o décimo terceiro salário proporcional. A Lei 4.090/1962 era mais econômica nesse tema, prevendo décimo terceiro salário proporcional apenas para três formas de extinção de contrato de trabalho – término do contrato de trabalho por prazo determinado inferior a um ano, aposentadoria espontânea e dispensa sem justa causa; a controvérsia sobre a aposentadoria espontânea como causa extintiva de contrato de trabalho encontrava aqui um texto expresso de lei em prol de sua inclusão no rol de possibilidades. A Lei 4.749/1965 foi omissa a respeito do décimo terceiro salário proporcional em caso de rescisão, mas se alargou o campo de aplicação para todas as rescisões, exceto a justa causa.

Há aqui também o perigo de se associar o décimo terceiro salário a uma verba rescisória, quando, na verdade, a indenização de rescisão deveria ser atrelada apenas àquilo que se paga exclusivamente no acerto do encerramento do contrato de trabalho, como a chamada multa de 40% sobre o fundo de garantia e a conversão em pecúnia do aviso-prévio. No mais, o décimo terceiro salário é apenas uma parcela salarial da vigência do contrato de trabalho que por acaso foi parar no termo de rescisão porquanto ainda pendente quando da rescisão. Ao afirmar que a justa causa retira o direito ao décimo terceiro salário, damos argumentos para se associar o pagamento à rescisão.

Reforça ainda mais esse périplo o entendimento prevalecente de que a culpa recíproca reduz à metade o direito às verbas rescisórias como o décimo terceiro salário, na forma do art. 484 da CLT. Já nas rescisões "em comum acordo", o legislador não autorizou a partilha do décimo terceiro, que deve ser pago como se fosse uma rescisão sem justa causa. O art. 484-A da CLT, inserido em 2017, autoriza rachar ao meio apenas o aviso-prévio e a multa de 40% do fundo de garantia.

Se a justa causa, porém, vier a ser cometida após o dia 20 de dezembro, não há fundamento para o empregador retirar o décimo terceiro salário já pago, nem deduzir seu valor de alguma das verbas rescisórias, porque, nesse caso, o direito já havia sido implementado e, se não estava pago, o empregador é que estava em mora.

Por fim, um grão de sal sobre a prescrição da pretensão ao décimo terceiro salário.

Ao contrário do que supõe o senso comum, o décimo terceiro salário não se esvai dia a dia quando da contagem da prescrição. Para esse assunto, o dia do vencimento da obrigação é o marco do início de uma ação exercitável pelo empregador. Antes disso, o empregado nada podia fazer para exigir o décimo terceiro salário, pois o vencimento ainda não havia chegado. Quando muito, poderia ajuizar uma ação em 1.º de dezembro para reivindicar o adiantamento de metade do salário, mas essa ação nunca foi vista pelo fato de se tratar de data muito próxima ao vencimento da obrigação, por haver temor de desemprego e por não haver certeza se o descumprimento do adiantamento do décimo terceiro salário corresponde a uma irregularidade administrativa ou à violação de um direito adquirido do empregado.

Corolário dessa experiência é o fato de que uma ação ajuizada, digamos, em outubro de 2025, contempla a pretensão intocada, livre de prescrição, ao décimo terceiro salário integral do ano 2020 e não apenas a 3/12 de décimo terceiro salário, como já se ouviu dizer. Quem sustentar que o décimo terceiro salário de 2020 deve ser proporcional parte da falsa premissa de que em outubro de 2020 o empregado já podia exigir o pagamento completo da parcela a vencer em 20 de dezembro. Para fins do décimo terceiro salário, por conseguinte, pouco importa se o ajuizamento foi em janeiro, em julho ou em novembro. Contanto que não ultrapasse o dia 20 de dezembro, o trabalhador poderá aspirar à totalidade da parcela devida.

A propósito: poderia o empregado passar do dia 20 de dezembro quando do ajuizamento da ação?

Na realidade, esse cenário não existirá na Justiça do Trabalho enquanto vigorar o art. 62 da Lei 5.010, de 30.05.1966, que afirma ser feriado o período de 20 de dezembro a 6 de janeiro, ao lado de outros feriados "forenses". Ora, o ajuizamento da ação em 20 de dezembro está vedado por lei federal, de modo que o trabalhador que não o fizer até o dia 19 de dezembro somente o poderá fazer em 07 de janeiro ou no primeiro dia útil subsequente. Admite-se até mesmo a "prorrogação" do ajuizamento para o dia útil imediatamente subsequente para a Ação Rescisória, cujo prazo é decadencial. Assim, também no caso da prescrição o ajuizamento feito no dia 07 de janeiro é adequado para requerer parcela vencida durante o recesso forense, como é justamente a situação do décimo terceiro salário.

Recomenda-se cuidado, portanto, ao se julgar prescrita a pretensão ao décimo terceiro salário de seis anos passados. Se o ajuizamento data de 07.01.2026 e o décimo terceiro salário reivindicado é aquele de 2020 – ou seja, aquele vencido em 20.12.2020 –, o conceito está dentro do quinquênio prescricional, à luz da teoria da ação exercitável.

Capítulo 15

Equiparação salarial

1. Sentidos

O tema da equiparação salarial encontrou tanto desenvolvimento doutrinário e jurisprudencial que, de repente, parece ser o assunto mais importante dentro do estudo da remuneração no Direito do Trabalho Brasileiro.

Uma boa pista para se compreender a excessiva exploração desse tema reside na baixa massa salarial praticada no país, de tal forma que a equiparação salarial serve como modo de correção das distorções encontradas no mercado de trabalho.

Embora acusada frequentemente de ser uma forma camuflada de reajuste salarial ou de salário judicialmente arbitrado sem maior aprofundamento do tema, fato é que a equiparação se insere no núcleo dos direitos fundamentais do trabalhador, conforme deliberado pela própria Organização Internacional do Trabalho na famosa conferência de 1998 em que foram elencadas as Convenções mais importantes para o aprimoramento do Direito do Trabalho. Tecnicamente, o país que adere à Organização nem ao menos precisa ratificar a Convenção 111 para se considerar seguidor de seus postulados, porquanto o compromisso de não discriminação em matéria de salário e de oportunidades de trabalho foi alçado ao patamar de condição fundamental para o desenvolvimento da pessoa humana.

A Convenção 111, adotada em 1958 e ratificada pelo Brasil em 1965, detém o mesmo destaque dos tratados sobre liberdade sindical e de negociação coletiva e proteção ao trabalho da mulher e do adolescente.

Como se observa, o tema da equiparação salarial convive com a tensão entre o relevante conceito de direito fundamental para a expansão das potencialidades do ser humano e sua intensa utilização forense como artifício para tentar obter uma forma de reajuste salarial atípico.

A igualdade se insere numa das grandes preocupações no estudo dos direitos fundamentais, especialmente no tocante a sua operacionalização em termos de oportunidades de trabalho e de renda. Dentro desse estudo, a desigualdade de salário entre homens e mulheres parece ser tema ainda mais urgente, pois incrivelmente persistente após tantos anos de debates e de medidas de redução do desnível. Ainda hoje, é foco de muita tensão.

A desigualdade pode ser constatada através de variados tipos de estatística, como o baixo número de mulheres em postos de chefia, a pouca mobilidade feminina na progressão vertical em empresas de grande porte e a reduzida mobilidade horizontal, em termos de variabilidade de atividades econômicas destinadas a homens e mulheres.

Para a Organização Internacional do Trabalho, a igualdade de remuneração, particularmente entre homens e mulheres, mas também entre diferentes etnias e condições sociais, para trabalho de igual valor, insere-se nos pilares fundamentais para a construção de uma sociedade mais justa. A igualdade remuneratória foi alçada, inclusive, à condição de direito fundamental do trabalhador, ao lado de outros temas preciosos para o Direito do Trabalho, como a liberdade sindical, a negociação coletiva plena e a proteção ao trabalho da mulher, da criança e do adolescente.

A fim de aprofundar o tema no âmbito daquela organização, deve-se trilhar o caminho da Convenção 100, sobre igualdade de remuneração, e Convenção 111, sobre a não discriminação, de maneira geral, em termos de oportunidade de trabalho e desenvolvimento na carreira. Ambos os tratados se encontram ratificados pelo Brasil, respectivamente em 1957 e 1965, ao contrário do que sucede com a Convenção 87, sobre liberdade sindical, motivo de grande constrangimento para o país, que insiste em refutá-la.

Embora o fascinante estudo das normas de Direito Internacional escape ao núcleo deste trabalho, convém lembrar que a Convenção 100 preconiza sistema de avaliação objetiva do valor do trabalho, a fim de mitigar as alegações subjetivas de diferenças salariais, ainda que essas avaliações ensejem a confecção de "tabelas de remuneração", na linguagem empregada pelo art. 1.b.

As tabelas podem ser simples cláusulas de normas coletivas, como o piso normativo, ou podem decorrer de imposição legal, tudo capaz de propiciar alcance igualitário a todos os trabalhadores, sem qualquer distinção, ao mesmo patamar remuneratório.

2. Empregados do mesmo empregador

A primeira condição necessária para se discutir o direito à equiparação salarial é, seguramente, que o empregador seja único. Não existe sistema capaz de majorar o salário de um empregado de acordo com o que se paga na concorrência ou que ele teria auferido em emprego anterior ou, tanto pior, com a bolsa de salários divulgada nos jornais de grande circulação.

Se o empregado efetivamente pretende discutir alguma deturpação havida no cálculo de seu salário, a tendência é que ele fundamente sua queixa em outros setores do Direito do Trabalho, como a promessa descumprida (matéria essencialmente fática), ausência de reflexos, natureza salarial escondida em natureza indenizatória e, quem sabe, o aprofundamento do art. 460 analisado no capítulo anterior.

Se o assunto for canalizado para a equiparação salarial, mediante aplicação do art. 461 da CLT, então é indispensável que se cuide de um único empregador. Na linguagem do referido artigo, "trabalho de igual valor, prestado ao mesmo empregador".

Porém, controverte-se se o *grupo econômico* é empregador único também para os fins da equiparação salarial, assim como pairam dúvidas sobre a aplicabilidade do conceito de equiparação salarial no âmbito da prática de ceder empregados, especialmente na Administração Pública. E, por fim, discute-se se o empregado da empresa prestadora de serviços tem direito de receber o mesmo salário pago pela empresa prestadora de serviços, na terceirização lícita e no contrato de trabalho temporário da Lei 6.019/1974.

Embora possa haver estranhamento pelo fato de que as empresas, integrantes de grupo econômico, manterão cada qual sua identidade e sua contabilidade, a verdade é que o Direito do Trabalho nunca se impressionou com razão social ou número de cadastro nacional da pessoa jurídica para definir a relação de emprego nem para encontrar o real empregador por trás das aparências. Por abstração, normalmente se considera que o empregado labora para atividade exercida momentaneamente por aquele sujeito, sem que haja impedimento para a sucessão de empregadores, durante ou após a relação de emprego, mesmo de forma incidental num Processo do Trabalho já instalado.

Pela via do empregador único no grupo econômico, consegue-se chegar, também, à conclusão de que o empregado não pode se recusar à prestação de serviços das empresas coligadas, haja vista que o poder diretivo transcende os limites do empregador individualmente considerado. Foi assim que os bancários, por exemplo, passaram naturalmente e sem qualquer alarde à condição de vendedores de planos de saúde, seguros de automóveis, pacotes de viagens e cartões de crédito. Aliás, ao imprimir natureza salarial aos ganhos obtidos por essas vendas, sob o nome de comissões, prêmio ou gratificações, a jurisprudência reiterava, de novo, a formação do empregador único, porque, como se sabe, salário é parcela paga unicamente pelo empregador.

Outro dado seguro de que o grupo econômico configura um só empregador reside no fato de que a prestação de serviços simultaneamente para várias empresas coligadas não gera o direito a vários contratos de trabalho. Um só salário contraprestou todas as atividades do mesmo empregado, respeitados os patamares mínimos legais, as normas coletivas e o pagamento de horas extras, se houver.

O único ponto discrepante desse raciocínio era a antiga exigência, acatada por doutrina e jurisprudência, no sentido de que todas as empresas da coligação deveriam ser acionadas separadamente, como se não fossem um grupo só. De fato, a prevalecer esse entendimento poderia ser sustentada a autonomia de cada empresa agrupada, em detrimento da tese do empregador único. Porém, o entendimento, que já era de difícil sustentação e se apoiava numa explicação claudicante do conceito de contraditório no âmbito do Processo do Trabalho, foi paulatinamente revisto.

Havendo prova segura da constelação empresarial, a execução trabalhista poderá, sim, ser redirecionada a qualquer tempo para esta ou aquela empresa componente do grupo, conquanto não tenha feito parte da fase de conhecimento. O contraditório terá sido exercido por aquele que estava à frente do comando da coligação, à época do acionamento original. Eventual inexistência do grupo econômico será objeto de ação incidental na fase de execução, como os Embargos à Execução ou os Embargos de Terceiro.

Observe-se, com sagacidade, que a tese do grupo econômico como empregador único não é maléfica nem benéfica. É neutra e justa. Costuma-se associar o tema a uma grande conquista do trabalhador, pelo fato de alargar o campo de execução, o que é verdade, mas ao mesmo tempo esse conceito largo de empregador único faz com que ele tenha de se submeter a mais ordens, mais hierarquia e mais diretrizes na constância do contrato de trabalho. Pode haver mais transferências lícitas do local de trabalho e mais metas a serem alcançadas em meio a tantas obrigações a cumprir. No Direito do Trabalho, nada é o que parece.

Postas essas premissas, fica mais simples defender a posição de que o paradigma, cujo salário será comparado com aquele do trabalhador demandante, pode efetivamente estar registrado em Carteira de Trabalho por outra empresa do mesmo grupo econômico. Não há impedimento legal neste sentido. O art. 461 se ateve a dizer "mesmo empregador", sem entrar em detalhes sobre o conceito. Empregado de sucursal brasileira pode conseguir, por exemplo, equiparação salarial com empregado registrado pela matriz estrangeira, ambas integrantes do mesmo grupo econômico, quando trabalhando lado a lado.

A conclusão de que empregador abrange as empresas coligadas, ademais, empresta maior efetividade ao art. 5.º da CF/1988, bem como à Convenção 100 da Organização Internacional do Trabalho. Em momento algum prejudica o direito de defesa, pois ambas as empresas atacadas podem elaborar manifestação conjunta ou, ainda que se apresentem de forma separada, compartilharão documentos e estratégias.

A realidade, contudo, é mais áspera do que a doutrina faz parecer: dificilmente o trabalhador obterá sucesso numa demanda como essa. A interpretação gramatical oferece pressão enorme sobre a interpretação mais trabalhosa, que é a sistemática combinada com a teleológica. Em segundo lugar, raramente um paradigma lotado em empresa diferente exercerá idêntica função. Como lembra a Convenção 100, diferenças de atribuições ligadas à qualidade dos serviços são causas suficientes para justificar o desnível salarial. O cenário mais comum é a coincidência apenas parcial das atribuições, mas com coloridos próprios dentro de cada estrutura empresarial montada.

A segunda provocação sobre o conceito de empregador mostra-se datada. Guarda alguma ligação com o tópico do grupo econômico. Trata-se de perquirir se a equiparação salarial pode surgir entre dois empregados públicos lotados em entidades diferentes, mas sendo ambos da mesma empresa pública ou da mesma sociedade de economia mista. Explica-se a tormenta pelo fato de que o serviço público lida habitualmente com a cessão de empregados, por razões de ordem lógica e também por razões não tão lógicas assim. Dessa forma, o advogado da empresa de transportes coletivos do município presta serviços por longos anos para a empresa de coleta de lixo, assim como a secretária da sociedade de desenvolvimento habitacional jamais esteve nessa unidade, porque sempre atuou na empresa de água e esgoto.

Durante muitos anos se entendeu que o deslocamento do empregado fosse motivo suficiente para neutralizar o pedido de equiparação salarial, haja vista que a realidade dos dois colegas de trabalho já não poderia mais ser considerada idêntica: um permaneceu na empresa cedente, ao passo que outro passou a conviver com o cotidiano da empresa cessionária. Esse fato, por si só, não significa a cassação do direito à igualdade.

Contanto que a pessoa encontre colega exercente de funções realmente parecidas, ambos com contratos de trabalho regidos pela CLT obviamente, a repartição em que cada qual atue não terá maior relevância. Indiretamente e guardadas as diferenças entre o setor público e a iniciativa privada, essa solução está em harmonia com a tese do empregador único no grupo econômico, porque a fonte pagadora do salário é considerada uma só e o exato local em que o serviço é desenvolvido é tido como questão secundária (não se trata do local no sentido geográfico, como abaixo se verá, mas no sentido de repartição, empresa ou sala).

A terceira vertente do problema esbarra na terceirização.

Aqui não haverá consenso algum.

As poucas normas que costumam ser citadas para justificar o modelo de subcontratação de serviços quase nada ajudam no deslinde da questao, como a Lei do Trabalho Temporário (6.019/1974) e a responsabilidade do empreiteiro principal em face dos empregados do subempreiteiro (unicamente o art. 455 da CLT). Terceirizar é assunto muito maior do que substituição temporária de mão de obra, que para alguns nem ao menos deveria ser estudada em conjunto com a terceirização, ou que a empreitada da construção civil.

Não se deve começar a reflexão pela terceirização ilícita. Essa, aliás, terá maior facilidade de assimilação quanto ao pedido de equiparação salarial, porque, afinal, o trabalhador perseguirá, preliminarmente, o reconhecimento do vínculo de emprego diretamente com a falsa tomadora. Obtendo esse provimento, é simples indicar o colega de trabalho paradigma, que já se encontrava nos quadros da empresa até então considerada tomadora. A questão toda reside na terceirização lícita.

As discrepâncias serão variadas, incluindo a dificuldade de enquadramento sindical, porque os empregados terceirizados costumam ser agrupados em sindicatos próprios dos prestadores de serviços e não em sindicatos ligados à atividade preponderante da empresa tomadora, até porque são constantes as transferências.

Ao longo dos anos, apenas de alguns ajustes quanto aos meios de prova, manteve-se a responsabilidade subsidiária da tomadora, independentemente de culpa ou dolo, não admitindo variação, nem mesmo para as pessoas jurídicas de direito público ou para as parcelas de natureza não salarial, como multas, despesas processuais e demais encargos. Vários autores preconizavam a responsabilidade solidária, mas prevaleceu o entendimento da responsabilidade subsidiária. Embora tenha alterado em parte os contornos do trabalho temporário e oficializado a terceirização não temporária, em ambos os casos a legislação de 2017 manteve a responsabilidade subsidiária do contratante.

Julgamentos importantes da Corte Constitucional, como aqueles enfeixados no Tema 725 de repercussão geral, ampliaram as hipóteses de terceirização, porque liberaram também a atividade-fim e dispuseram que terceirizar é um exercício legítimo do direito de propriedade do empresário, mas nem mesmo o Supremo Tribunal Federal retirou a possibilidade de declaração de terceirização ilícita, naqueles casos em que se verificam os elementos configuradores do vínculo de emprego, notadamente a subordinação.

Feitos esses breves comentários, indaga-se se o prestador de serviços poderá almejar o mesmo salário pago pelo tomador em condições de igual valor, no plano da terceirização lícita, de atividade-fim ou de atividade-meio, em que não pairam indícios de subordinação entre o empregado e o tomador.

É certo que as defesas procurarão desqualificar a pretensão, sob variados argumentos no sentido de que o empregado efetivo dispunha de maior experiência ou de maior ascendência sobre o empregado temporário ou prestador de serviços terceirizado, mas a pergunta é algo mais profundo.

Conforme já salientado, não há legislação apropriada sobre o tema da terceirização para que a resposta seja simplificada.

Em verdade, há quem argumente que, caso seja localizada pessoa de *idênticas atribuições* dentro da tomadora, a terceirização necessariamente é fraudulenta, conquanto não seja essa a conclusão mais acertada para resposta à indagação. Lembre-se, ademais, que o vocábulo terceirização acoberta incontáveis hipóteses de mão de obra temporária, transitória, complementar ou tão somente paralela, não sendo possível afirmar que jamais ocorrerá convivência entre dois operários em situação similar, dentro de um regime de terceirização lícita.

Da forma como se encontra o direito positivo brasileiro e mesmo que seja evocado o espírito da Convenção 100 da Organização Internacional do Trabalho, é mais fácil o empregado desmascarar uma terceirização falsa, almejando o registro diretamente com a tomadora, do que conseguir equiparação salarial com paradigma oriundo da tomadora.

Paralelamente ao debate sobre a paridade de funções entre o terceirizado e o efetivo, estuda-se a possibilidade de evocar um dispositivo da Lei do Trabalho Temporário para regular a matéria tanto no trabalho temporário quanto nos demais contextos terceirizantes. Trata-se do art. 12, *a*, da Lei 6.019/1974, conhecido pela expressão *salário análogo*.

Ao afirmar que o empregado temporário tem direito à "remuneração equivalente à percebida pelos empregados de mesma categoria da empresa tomadora ou cliente calculados à base horária, garantida, em qualquer hipótese, a percepção do salário-mínimo regional", o dispositivo da Lei do Trabalho Temporário proporcionou que o debate fosse deslocado do campo da equiparação salarial para a área do salário análogo.

Salário análogo, também chamado de equivalente, é tema pouco explorado pela doutrina e pelos julgados. Para muitos, está fadada ao fracasso a pretensão a um salário equivalente, porque não haverá indicação objetiva de um colega de trabalho, dito paradigma, e tampouco haverá fundamentação legal apropriada. De fato, apesar dos esforços do art. 12 da Lei 6.019/1974, não é tão simples sua aplicação extensiva para outras hipóteses de contrato de trabalho. Lembre-se que a Lei do Trabalho Temporário parte da premissa de que a pessoa permanecerá por pouco tempo na empresa (três meses, na redação original de 1974, e de 180 a 270 dias, nas reformas de 2017) e seu intuito era substituir mão de obra efetiva momentaneamente afastada ou socorrer acréscimo extraordinário de serviços. Não há perspectiva de contrato de longa duração nem se pode dizer que a pessoa tomou lugar de empregado efetivo, crítica comumente associada aos malefícios da terceirização.

Outro dado que desabona a aplicação ampla do art. 12 para além da Lei 6.019 diz respeito à natureza condicional do salário, isto é, o empregado aufere o salário "equivalente" naquela empresa, mas, depois, deixa de auferir esse patamar quando estiver em outra empresa. Não há direito adquirido, mesmo que a nova colocação seja efetuada por uma única agência de empregos.

Por esses e outros percalços, o art. 12 não encontrou o desenvolvimento científico explorado, nada obstante seu potencial para resolver a pendência da deturpação salarial na terceirização.

E, quando a jurisprudência trabalhista aprofundava o tema do salário análogo, decisões do Supremo Tribunal Federal o mitigaram, ao referendar suas decisões favoráveis à liberdade de terceirização e, portanto, liberdade de fixação de faixas salariais individualmente por empresário – e não por ambiente de trabalho.

Ainda assim, consideramos que o tema do salário análogo requer maior reflexão e não deve ser misturado com as controvérsias da equiparação salarial.

O Brasil já conviveu com salário análogo em outras hipóteses, como à época em que vigoravam dispositivos da CLT para a proteção dos brasileiros em relação à mão de obra estrangeira do começo do século XX, preconizando que os nacionais deveriam ter salário análogo aos dos imigrantes, ainda que o serviço não fosse idêntico.

3. Mesma localidade

Estaria a Consolidação das Leis do Trabalho correta ao exigir que a comparação entre dois empregados seja feita obrigatoriamente dentro de uma mesma localidade? Há muitas dúvidas a respeito.

O direito de igualdade constitucionalmente assegurado não parece se sensibilizar com o local que o cidadão ocupa no mundo, devendo seu potencial ser explorado sob qualquer circunstância. Dispensar tratamento discriminatório mostra-se reprovável ainda que a discrepância encontre fundamento em termos geográficos. Também quando se observam os ditames da Organização Internacional do Trabalho sobra pouco espaço para a questão física ocupada pelo trabalhador.

No entanto, o Direito do Trabalho sempre conviveu com dilemas da localidade.

A explicação é relativamente simples e se desdobra em dois postulados.

De uma banda, existem questões notórias sobre custo de vida e custos operacionais, capazes de lançar uma série de pequenas distorções no modo de atuação entre a zona urbana e a zona rural, entre a cidade grande e o pequeno povoado, entre o país fortemente industrializado e o país agrícola, ainda que os trabalhadores produzam as mesmas peças.

De outra banda, surgem anseios diferentes dos trabalhadores de acordo com a realidade local, pois diversas são as mundividências. Assim, a cesta básica pode ser indispensável para trabalhadores em região de escassez de alimentos, mas de interesse secundário na zona agrícola, ao passo que o vale-transporte é nevrálgico para o operário em grandes centros urbanos e tema de menor importância na pequena cidade onde a fábrica está situada minutos a pé da residência de todos os empregados. Semelhante raciocínio se aplica ao plano de saúde, ao auxílio creche, ao reembolso de despesas com educação, aos conflitos do menor aprendiz e assim por diante.

Por esses motivos, normalmente se considerou o aspecto da legalidade como uma forma válida de se diferenciar o salário pago aos trabalhadores, ou, na linguagem dos tratados internacionais, critério objetivo de definição do valor do trabalho.

O problema maior é fixar o conceito de localidade.

Conquanto o legislador, de 1943 a 2017, não fosse claro em seu propósito, era bastante razoável o raciocínio pelo conceito de município, noção mais ou menos arraigada na sociedade como um espaço de vida social e estudantil, em que se recolhem impostos e em que se apresentam as demandas básicas do bem-estar, como o saneamento, a água e a energia elétrica. Sintomaticamente, é a pujança do município que tornará a atividade econômica mais ou menos intensa, para o caixa bancário, para o balconista da farmácia e para o coletor do lixo. Logo, é razoável que a escolha de um colega de trabalho de outro município, para fins de comparação salarial, seja vista com desconfiança.

O município, todavia, nunca representou uma presunção absoluta, consequência que raramente se aplica ao Direito do Trabalho diante do princípio da primazia da realidade. Mais uma vez, a solução mais adequada foi interpretar a norma de maneira equilibrada, admitindo-se que a expressão localidade tenha um conteúdo objetivo (o município), mas ao mesmo tempo tolerando-se a produção de provas em sentido contrário, isto é, cunhando-se o caráter de mera presunção relativa para a interpretação.

As reformas trabalhistas de 2017 substituíram a expressão "mesma localidade" pela expressão "mesmo estabelecimento".

O paradigma deve trabalhar no mesmo estabelecimento empresarial o que representa uma nova etapa na concepção da equiparação salarial.

Até então, a norma afirmava ser suficiente o trabalho na mesma localidade, expressão interpretada como mesmo município. Considerando-se que a palavra estabelecimento tem sua acepção ligada, no direito comercial, ao ponto comercial ou aviamento, entendemos que o legislador quis dizer filial, sucursal ou agência.

Certamente haverá pressão dos advogados e dos empregados para que a expressão não seja encarada de modo restritivo, sob pena de inviabilidade de toda e qualquer equiparação salarial.

Bastaria que o empregador mantivesse um único empregado de cada função em cada filial.

Entendemos que o conceito se manteve na órbita das presunções relativas, podendo o empregado fazer prova de que duas filiais tinham realidades iguais ou, ao revés, o empregador pode fazer prova de que na mesma filial havia setores com realidades bem diferentes.

Assim, a expressão estabelecimento representaria apenas um parâmetro básico para o início da discussão sobre o local em que trabalhava o paradigma.

A vantagem adicional que presunções relativas acarretam diz respeito à distribuição dinâmica do ônus da prova, sem um conceito adrede estabelecido.

Caso o empregado pretenda realmente escolher colega lotado em unidade diferente, as portas do processo não lhe podem ser fechadas, mas desde logo ele fica ciente de que terá o duplo encargo de demonstrar que a realidade do estabelecimento distinto era semelhante ao de sua localidade e, ainda, que as funções do colega eram idênticas às suas.

Caso o empregador, ao revés, pretenda demonstrar que dentro de um mesmo estabelecimento há realidades muito diferentes, atrai o ônus dessa prova em termos de movimento de clientes e fornecedores, capacidade das agências e filiais, rotinas a serem cumpridas, limitações de tráfego, posturas municipais, horários de funcionamento etc.

4. A escolha do paradigma

É instigante saber que uma palavra tão elaborada como "paradigma", de origem grega e que quer dizer simplesmente modelo, tenha caído nas graças do Direito do Trabalho e se difundido de forma tão singela entre os trabalhadores.

O art. 461 jamais usou essa expressão. O *caput* refere apenas trabalho de igual valor, enquanto o § 1.º fala em pessoas e o § 4.º menciona trabalhador.

Já a palavra "paragonado" encontrou menos fortuna do dia a dia do Direito do Trabalho, sendo quase nenhuma sua utilização em julgados e manuais. Normalmente se refere ao trabalhador que quer ser comparado, como o reclamante, algo mais simples do que lembrar que ele é o paragonado.

Qualquer empregado pode querer ser um paragonado. Basta se sentir desprestigiado pelo empregador e mal remunerado para se aspirar à categoria do paragonado. O que se controverte é que nem todo mundo pode ser um paradigma, pois a legislação e o próprio direito de igualdade suprimem alguns trabalhadores da categoria de modelo.

Empregados reabilitados, por exemplo, após terem sofrido circunstâncias traumáticas de acidente de trabalho ou doença profissional a ele assimilada e após terem permanecido em licenças médicas de duração variada, podem ser transferidos de seção por ordem médica. O empregador encontra dificuldade em realocar a pessoa, de acordo com suas habilidades e com as limitações físicas ou mentais que advieram da enfermidade. Logo, não faria sentido que, passando por um setor ou permanecendo por maior prazo noutro setor, fosse sua atividade comparada com os colegas que por lá convivem. Seu salário menor ou maior é fruto de outra realidade, ao passo que sua alteração funcional nada de aviltante para si ou para os colegas. O direito de igualdade significa, acima de tudo, tratar desigualmente as pessoas dentro de suas circunstâncias desiguais.

"O trabalhador readaptado em nova função por motivo de deficiência física ou mental atestada pelo órgão competente da Previdência Social não servirá de paradigma para fins de equiparação salarial", assevera o art. 461, § 4.º, da CLT. Na verdade, o trabalhador tampouco poderá ser paragonado, embora seja mais rara a hipótese. Faz-se necessário que a readaptação seja aquela oficialmente atestada pelo INSS, sob pena de, a todo instante, a empresa declamar a existência de uma nova adaptação de empregados sadios. Não é esse o intuito da norma.

Em segundo lugar, é necessário que paragonado e paradigma trabalhem conjuntamente por, pelo menos, algum período do contrato de trabalho. Não se admite a equiparação salarial hipotética ou preventiva, a saber, comparação entre salários de ex-empregado com salários de futuros empregados. Embora a sociedade repugne o comportamento do empregador que dispensa um empregado veterano para admitir novato com menor remuneração, a prática é consentida pelo Direito do Trabalho, que espera a atuação da entidade sindical na fixação de patamares mínimos para os que chegam e vantagens adicionais para os que saem. Além disso, o empregador que manobra no sentido de rebaixar a folha de pagamento sabe que não poderá contar com os melhores cérebros nem com os melhores braços.

Esse conceito já era defensável desde 1943, mas foi inserido de modo expresso ao corpo do art. 461 da CLT pela reforma trabalhista de 2017 a fim de exigir a necessidade de "paradigma contemporâneo". O critério da contemporaneidade exclui a figura do paradigma remoto, que permeava muitos Processos do Trabalho sob o fundamento de que se A tem o mesmo trabalho de B e, depois, B tem o mesmo trabalho de C, então era possível que C pedisse equiparação salarial mesmo que jamais tivesse atuado lado a lado com A, por uma diferença de meses ou de anos. Nesse exemplo, B serviria como uma ponte entre os dois colegas não contemporâneos, donde se dizer que A era o paradigma remoto de C. Embora teoricamente viável esse raciocínio, a reforma trabalhista parece ter sepultado seu desenvolvimento.

A exigência da contemporaneidade igualmente objetiva evitar equiparação salarial entre duas pessoas que, por tão remotas, nem sequer tinham identidade de função.

O exemplo dos trabalhadores A, B e C intriga porque A e C não foram contemporâneos, mas, talvez, possam ter tido funções realmente idênticas e apenas deixaram de ter convivência.

Mas há exemplos, colhidos da rotina forense, em que as pontas da cadeira de paradigmas não somente não conviveram como também não tiveram identidade de funções. E, às vezes, obtinham êxito no pedido de equiparação salarial, mesmo assim, devido a um argumento sobre uso de paradigmas em série ou em cascata, prática alvejada pela reforma trabalhista.

Afiguremos um exemplo.

Suponha, por hipótese, que o primeiro magistrado tenha deferido equiparação salarial entre o paradigma A e o reclamante B, por considerar suficiente a semelhança de 80% das funções exercidas por ambos. Isso é plenamente possível porque não se exige a paridade de 100% das funções. Muitos já se dariam por satisfeitos com 80% de similitude. Posteriormente, o reclamante C abre processo para pedir equiparação salarial com B, dizendo que pouco importa o fato de este ter conseguido a majoração salarial por força de sentença. Obtém êxito igualmente, mesmo tendo semelhança apenas de 80% entre suas funções e as funções do primeiro reclamante. Mais tarde, o reclamante D ajuíza ação pedindo equiparação salarial com o reclamante C e demonstra que tinham semelhança de 80% nas funções. O fato de C ter obtido aumento salarial por força de sentença novamente foi considerado irrelevante. Quando chegarmos ao reclamante E já existe a possibilidade concreta de não haver semelhança nenhuma entre suas funções e aquelas do paradigma remoto, aquele que deu origem à cadeia de reajustes salariais.

Considerando que a jurisprudência relata exemplos de equiparação salarial em série de A a J ou de A a Z, é bastante razoável imaginar situações em que o 20.º reclamante não conhece o paradigma inicial nem desempenhou 1% das mesmas funções que ele – só quer o salário dele porque um passou para o outro e assim sucessivamente. Daí por que, aos poucos, a jurisprudência passou a exigir do trabalhador que comprove a dupla identidade de funções: identidade com o paradigma próximo e identidade com o paradigma remoto.

Desde 2017, o art. 461, portanto, veda a indicação de paradigma remoto e, para tentar inibir a equiparação em cascata, exige também a contemporaneidade. Mas perceba que o exemplo da cadeia de A e E pode ter permanecido mesmo depois da reforma trabalhista, se considerarmos que a petição inicial de E indica apenas como paradigma o colega D, seu contemporâneo, sem se aprofundar que D teve salário majorado por causa de C e assim por diante.

Essa prática, na verdade, está circunscrita a apenas algumas atividades econômicas em que a oferta de mão de obra qualificada se apresenta mais abundante.

O excesso de rotatividade de trabalhadores é complexo para o desenvolvimento de qualquer projeto empresarial.

Daí o sentido do art. 239, § 4.º, da CF/1988: "O financiamento do seguro-desemprego receberá uma contribuição adicional da empresa cujo índice de rotatividade da força de trabalho superar o índice médio da rotatividade do setor, na forma estabelecida por lei".

Não há equiparação salarial para empregado que assume cargo vago, porque, então, ele teria de apontar o ex-empregado ocupante daquela cadeira como seu paradigma, modelo inconcebível para os efeitos do art. 461 da CLT e que tampouco que se sensibiliza com o direito de igualdade.

Ainda que o empregado não conviva com o colega de remuneração superior, pode apontá-lo como modelo para sua reivindicação de diferenças salariais, mas não sob a ótica da equiparação salarial, passando-se para o estudo do "salário-substituição".

O salário substituição não deixa de ser uma forma de equiparação salarial, até porque exige a identificação da pessoa com quem se faz a comparação e exige, também, que as funções sejam iguais, por não se aceitar a diferença salarial quando a suplência é feita de modo incompleto ou superficial.

A diferença principal é o fator cronológico (trabalho concomitante no caso da equiparação salarial e trabalho necessariamente alternado no caso da substituição).

Na prática, porém, mostra-se mais fácil escolher um paradigma de longa data, ainda que detentor de salário mediano, do que apontar um colega cujas férias foram cobertas pelo trabalhador, até porque a diferença seria restrita ao período dessas férias, obviamente.

Para agravar ainda mais a situação do trabalhador que postula a diferença por salário substituição, entende-se que se dois ou mais empregados unem esforços para suprir a ausência de outro – por exemplo, dois subordinados dividem as tarefas do chefe em férias –, nenhum deles fará jus ao salário substituição porque nenhuma suplência integral existiu. Substituições parciais não asseguram o direito a uma proporcionalidade da diferença salarial, como pode parecer para o leigo, nem pela legislação nem pela construção jurisprudencial sobre a matéria.

Se o empregado acumular as funções, permanecendo em seus encargos cotidianos e respondendo simultaneamente pelas atribuições da chefia, haverá tendência a que se conclua que ele tampouco substituiu plenamente o cargo de hierarquia superior, por absoluta impossibilidade física. Diz-se que ele deve ter dedicado algumas horas do dia para cada função – suas tarefas ordinárias e mais a demanda extraordinária – e não a jornada integral do dia. Será efetivamente pesado o ônus de provar que em carga horária menor conseguiu cumprir as tarefas completas do chefe ou que naquele período prestou serviços suplementares diariamente como forma de se desvencilhar dos dois encargos.

Por esses motivos e pela limitação temporal é que o salário substituição encontrou menor campo de atuação e menor desenvolvimento doutrinário, apesar da alta elaboração jurisprudencial que o criou na década de 1980.

A propósito da exigência da concomitância de atuação do trabalhador ao lado do paradigma, pergunta-se se há um marco temporal a partir do qual começa a valer a equiparação salarial, vale dizer, por quantos dias ou semanas os dois empregados devem atuar juntos para que se possa pensar em equiparação salarial. Isso não foi tratado nem mesmo pela reforma trabalhista de 2017.

Decerto não há prazos rígidos nessa questão, assim como em quase nada no Direito do Trabalho, fruto das expectativas e do comportamento humano mais do que da criação legislativa.

Não se chega ao preciosismo de determinar por quanto tempo os empregados precisam ter convivido para que um se torne paradigma do outro. Descartam-se as transferências meramente provisórias, chamadas de destacamento entre altos empregados e de cobertura entre trabalhadores de segurança e vigilância, pois aquele convívio terá sido fortuito e não macula o direito de igualdade.

No entanto, conforme os dois empregados forem acumulando experiência e serviços, lado a lado, tornam-se tributários do direito de receberem a mesma remuneração, em nome do direito de igualdade e pelo fundamento bastante caro ao Direito do Trabalho de salário igual para trabalho de igual valor.

Situação curiosa ocorre nos processos de fusão e incorporação de empresas, particularmente em instituições financeiras, que necessitam de intenso uso de mão de obra. Quando um banco adquire o concorrente, costuma fazer estudos homéricos de sobreposição de agências, cruzamento de carteiras de clientes e aproveitamento daquilo que cada qual tinha de melhor. No meio dessa transição, não raro se encontram bancários que coabitam por quatro ou seis meses – em alguns casos, o padrão será de um ano – antes de muitos deles serem desligados, conforme já desconfiavam desde a primeira notícia que vazou pela imprensa sobre conversas entre as diretorias.

Argumentam os bancos que esse período seria insuficiente para a escolha de paradigmas, porquanto a estrutura dos bancos era diferente e a convivência dos colegas respeitou os limites da transição até que a fusão se consolidasse.

O argumento não tem sido aceito, entretanto, porque a única exigência para fins de equiparação salarial é justamente que ambos os trabalhadores tenham laborado em conjunto por algum espaço de tempo, independentemente de se tratar de uma transição, de um descuido do empregador ou de uma reestruturação interna.

Uma vez tendo os trabalhadores convivido lado a lado por certo espaço de tempo, é irrelevante que a situação se protraia. O paradigma pode desaparecer, que o direito à igualdade permanecerá. Assim sendo, é exagerada a tese segundo a qual a concomitância precisa se prolongar durante o desenvolvimento do Processo do Trabalho ou precisa ser verificada no dia da distribuição da ação – teses evidentemente antiquadas que ignoram, aliás, a sina do Processo do Trabalho, que tem como autor apenas o desempregado, desde que a estabilidade foi extirpada de fato do ordenamento brasileiro.

Pode acontecer de o convívio entre paragonado e paradigma remontar a um tempo tão antigo a ponto de recair mais do que cinco anos antes do ajuizamento da ação. Em tese, não há problema algum, porque o trabalhador não reivindica dez ou quinze anos de diferenças salariais: postula apenas cinco anos de diferenças de salário, com base num fato ocorrido há seis, sete, oito ou mais anos passados.

Aqueles que se impressionam com o fato de a convivência dos trabalhadores remontar a tempos muito antigos confundem o conceito de prescrição.

Como se sabe, o instituto da prescrição atua corrosivamente apenas sobre a pretensão, especialmente de caráter pecuniário, sem tocar minimamente sobre o direito e muito menos sobre os fatos. Não é comum um trabalhador eleger um paradigma tão antigo assim, até porque seus meios de prova seriam escassos, as testemunhas já estariam dispersadas e o risco de uma colisão de datas seria enorme. Porém, não existe impedimento legal nem se pode falar que o direito de igualdade prescreve.

A exigência inserida pela reforma trabalhista de 2017, no sentido de que o paradigma não pode ter mais do que 4 anos de tempo na mesma empresa e mais do que 2 anos de tempo na mesma função pode atenuar os pedidos de equiparação salarial de cenários antigos, mas os assuntos não se confundem.

Em 2025, uma pessoa pode pedir equiparação salarial com um paradigma ao lado de quem trabalhou de 2000 a 2010, tendo sido admitidos juntos e atuado juntos. O paradigma foi desligado em 2010 e o trabalhador permaneceu na empresa por mais 15 anos. Ao ser dispensado, abre o processo com o pedido de equiparação salarial. Preenche as duas exigências temporais do art. 461 da CLT (menos de 4 anos de diferença de data de admissão e menos de 2 anos de diferença de data de exercício na função).

Como a prescrição de pretensões de diferenças salariais é parcial, foi possível a abertura do processo em 2025. Se obtiver êxito no pedido, serão calculadas as diferenças salariais da década de 2000, em cascata, impulsionando para cima todos os salários. O trabalhador fará jus apenas às diferenças dos últimos cinco anos, como manda a Constituição, mas, ainda assim, são diferenças que lhe pertencem. As pessoas que se assustam com este exemplo ou que negam que diferenças salariais dos anos 2000 possam repercutir no cálculo da remuneração dos anos 2020 parecem confundir aumento salarial – que incorpora e não se retira mais – com pedidos cronologicamente limitados, como horas extras, vale-transporte ou vale-refeição. Esses itens praticados e exauridos mês a mês, de fato, sofrem os efeitos da prescrição lá mesmo na década de 2000 e não são transportados para 2020, mas o aumento salarial impregna.

Tampouco se pode indicar paradigma cuja renda superior se fundamente em salários condicionais, vantagens pessoais ou outras formas de remuneração que não se liguem ao conceito de salário propriamente dito.

Vantagens pessoais se aproximam do conceito de salário condicional. Suponha-se, por hipótese, que dois empregados aufiram idêntico salário, mas aquele que trabalha durante a noite recebe os rendimentos do adicional noturno. Não há que se falar em equiparação salarial, até porque nenhum ferimento foi imputado ao direito de igualdade. Nada mais natural do que o trabalho noturno ter remuneração superior ao trabalho diurno, sem que o operário do dia possa se sentir prejudicado. Aliás, alterado o turno do colega da noite, desaparece o adicional noturno, sem direitos adquiridos, é bom lembrar. Essa vantagem é pessoal do operário da noite e, claro, intransferível mesmo por equiparação salarial.

A explicação vale também para adicional de insalubridade, adicional de periculosidade, adicional por tempo de serviço criado por norma coletiva (fonte de muita confusão em demandas de equiparação salarial), gratificação de função dos arts. 62 e 224 da CLT, adicional de transferência e demais parcelas associadas a um evento específico, normalmente transitórias e não incorporadas nem incorporáveis aos rendimentos.

Não há muita divergência sobre a não equiparação a vantagens personalíssimas dessa natureza, mas ainda pairava alguma dúvida se um empregado pode pedir equiparação a uma vantagem pessoal que o colega somente conquistou pela via judicial. Exemplificando, imagine-se um empregado que ajuizou ação para postular adicional por tempo de serviço que era pago a um colega com base num acordo coletivo que a empresa teimou em não aplicar. Caso esse empregado obtenha êxito em sua pretensão, passa a ser destinatário do adicional por tempo de serviço, mas, como vantagem personalíssima que é, o adicional por tempo de serviço não repercute para outros colegas que o elejam paradigma.

Aqueles que desejarem acessar adicional de insalubridade, gratificações e adicional por tempo de serviço devem fazê-lo pelas vias normais, ou seja, invocar a norma coletiva ou requerer perícia técnica ao local de trabalho, e não pela via oblíqua de apontar um colega que, em circunstâncias parecidas, já os auferem.

Mas isso ainda não é tudo.

Os exemplos de adicional por tempo de serviço, gratificação de função e adicional de insalubridade são relativamente fáceis de serem identificados porque guardam rubrica própria em demonstrativos de pagamento, sendo parcelas de fácil remoção sem questionamentos sobre redução salarial. Tanto na folha de pagamento do paradigma quanto no contracheque do paragonado, diferenciam-se com certa rapidez as vantagens personalíssimas dos salários fixos.

Questão complexa surge quando a vantagem personalíssima é incorporada ao salário do paradigma e, com o passar do tempo, desaparece a memória dos fatos, sem que se possa afirmar, à falta de outros elementos, o que era salário e o que era parcela condicional, dentro de um valor único de remuneração.

Embora isso possa acontecer com a gratificação de chefia, pois o art. 62 não exige a formação de rubrica em separado, e de vez em quando ocorra também com o adicional por tempo de serviço, a hipótese mais complicada diz respeito ao antigo sistema de incorporação de horas extras habitualmente praticadas.

Muito tempo atrás, o Tribunal Superior do Trabalho sustentava tese bastante de que as horas extras habitualmente realizadas pelo empregado nunca mais poderiam deixar de ser solicitadas pela empresa. Se, por acaso, o empregador não mais requisitasse as horas extras ou delas não mais precisasse, ainda assim deveria continuar a pagá-las ao empregado, em nome da estabilidade financeira que ele havia adquirido. Evidentemente que se fazia uma interpretação bem larga da irredutibilidade salarial, misturando-se o salário-base com os salários condicionados a determinados eventos.

Não se trata de pagar pelas horas extras feitas, pois se supõe que o empregador o fez corretamente, mas de se saber se o empregador deve alguma satisfação ao empregado por haver mantido o rendimento do trabalhador artificialmente elevado durante longo período, para, finalmente, retornar a situação ao salário-base originalmente pactuado.

Aplicação analógica de um dispositivo da Lei do Petroquímico (art. 9.º, Lei 5.811/1972), tem resolvido o dilema por meio de uma indenização proporcional aos anos em que as horas extras foram requisitadas.

Contudo, suponha que um empregado pode ter tido o salário majorado por causa da incorporação das horas extras, ou seja, a simples leitura de sua folha de pagamento induzirá a erro aquele que acreditar que o valor estampado corresponda a sua faixa salarial. A empresa bem documentada terá condições de demonstrar, ao revés, que apenas uma parte do valor corresponde ao salário-base do empregado, enquanto a outra parcela embutida advém da condenação sofrida para incorporar horas extras habitualmente praticadas, à luz da Súmula 76, que veiculava tese jurídica superada.

As horas extras incorporadas assumem a mesma posição de vantagem personalíssima, por conseguinte, para os efeitos da equiparação salarial, e não servem como fonte de comparação nem entre dois trabalhadores nem entre um terceiro trabalhador e o empregado vitorioso em ação judicial.

Como retoque final nesta seção dedicada à escolha do paradigma, cabe uma palavra sobre equiparação salarial entre empregados comissionistas e horistas.

Não há problema em se apontar como paradigma um colega de trabalho que não receba salário fixo.

Ocorre que o rendimento total de dois empregados sujeitos a formas de remuneração variável não é suscetível de comparação. A única exigência que se pode fazer ao empregador é que estabeleça parâmetros idênticos de cálculo da unidade de produção, ou seja, que remunere os empregados com o mesmo valor da peça, da tarefa, da hora, ou com o mesmo índice percentual de comissões. Depois, a produtividade corre por conta e risco do empregado.

São bastante raras, mas não impossíveis, as demandas em torno de equiparação do percentual da comissão, por exemplo, entre dois balconistas vendedores de produtos de varejo remunerados com 1% e 2% sobre suas vendas. Não há fundamento válido para tal distorção. Diferenças de percentuais costumam ser admitidos em havendo diferença de sistema de vendas – pessoalmente ou por meios eletrônicos, à vista ou a prazo, para pessoas físicas ou por faturamento para pessoas jurídicas, a retalho ou por atacado. O trabalhador pode não gostar de ter sido designado, para atender pessoas físicas, mas deve saber que seu serviço não guarda comparação com aquele do trabalhador designado para atender pessoas jurídicas de direito público, por exemplo.

O fundamento da equiparação salarial nesse campo de remuneração variável é a igualdade de condições de atuação do empregado ou igualdade de promessa de prêmios, gratificações e percentagens, mais do que a igualdade do rendimento propriamente dito.

5. Equiparação em profissões regulamentadas e em atividades intelectuais e artísticas

Em se tratando de uma profissão com requisitos fixados em lei, a que se denomina usualmente de profissão regulamentada ou regulada, surge a dúvida de saber se trabalhadores leigos podem ser comparados com empregados graduados.

Diversas ocupações têm a peculiaridade de poderem ser apreendidas na prática ou através de ensino metódico, que pode consistir em curso de ensino médio do tipo profissionalizante, curso de ensino superior ou, ainda, curso de especialização. Várias leis quando são promulgadas para disciplinar o exercício de algumas profissões contemplam a hipótese de "anistiar" o empregado leigo que vinha exercendo o ofício de maneira contínua pelos últimos três, cinco ou dez anos. A partir de sua vigência, impõe-se a habilitação em curso apropriado para que se possa engajar naquela profissão.

Que o empregado possa absorver os conhecimentos com a prática não resta a menor dúvida. Em certos casos, aliás, demonstrará maior aptidão para o ofício do que muitos bacharéis e pós-graduados naquele mister. Mas a questão que se coloca é se sua vida profissional tem sido fiscalizada por órgãos de classe; se concorre com despesas de anuidade para a entidade; se existem deveres éticos; e, sobretudo, se o empregado responde civil e criminalmente em caso de acidente ou defeito do produto ou serviço.

Em princípio, a melhor solução tem sido separar as profissões regulamentadas, especialmente aquelas dotadas de conselho fiscalizador ou ordem, de um lado, e as profissões não regulamentadas, de outro lado. Para as primeiras, o leigo não pode escolher o técnico como paradigma, ainda que desempenhe funções semelhantes ou idênticas. O respeito à formação teórica do bacharel neutraliza o direito de igualdade e mitiga o conceito de equiparação salarial. Para as segundas, no entanto, é válido que o empregado persiga a equiparação salarial mesmo entre pessoas providas de ensino médio ou superior, pois não determinantes para aquela ocupação.

"Sendo regulamentada a profissão de auxiliar de enfermagem, cujo exercício pressupõe habilitação técnica, realizada pelo Conselho Regional de Enfermagem, impossível a equiparação salarial do simples atendente com o auxiliar de enfermagem", foi a conclusão da OJ 296 (2003). Conquanto relacionado com a profissão do auxiliar de enfermagem, esse entendimento foi expandido para vários outros setores, como o químico e o prático, o contador e o auxiliar de contas a pagar, o professor e o monitor leigo, o bibliotecário e o atendente, entre outros.

Todavia, transpondo-se o assunto para o campo das profissões não reguladas ou parcialmente reguladas, como aquelas que não preconizam cursos profissionalizantes obrigatórios, a jurisprudência tende a tolerar a equiparação salarial entre teóricos e práticos, desde que preenchidas as demais exigências, certamente. "O fato de o empregado não possuir diploma de profissionalização de auxiliar de laboratório não afasta a observância das normas da Lei n. 3.999, de 15.12.1961, uma vez comprovada a prestação de serviços na atividade", afirma a Súmula 301 (1989).

Deve haver cuidado para não confundir o auxiliar de laboratório com o técnico em radiologia, essa sim uma profissão regulamentada (Lei 7.394/1985) capaz de inibir o pedido de equiparação salarial feito por um leigo que operava inadvertidamente a máquina de raio X.

A segunda questão que se propõe compreende as profissões eminentemente intelectuais, artísticas ou de habilidades extraordinárias.

Não são comparáveis aspectos totalmente subjetivos e personalíssimos como a cultura, o talento e a criatividade de um profissional. Como não haverá termo de comparação factível entre o valor do trabalho de um empregado meramente esforçado com outro empregado predestinado para o sucesso, a palavra final recai sobre o empregador e a equiparação salarial se aniquila.

Como seria possível exigir que o primeiro violinista de uma orquestra auferisse idêntico salário que os jovens aspirantes que o acompanham ao fundo? É verdade que os ensaios normalmente são os mesmos, a dedicação é similar, as ordens a serem cumpridas se equivalem e as apresentações são interdependentes. Porém, assim como se admite que o empregador pague salários melhores para os empregados graduados, também para os empregados artisticamente mais talentosos serão destinadas remunerações mais expressivas. Observe-se que a questão não é tão simples quanto enfocar a melhor perfeição técnica ou a maior produtividade, porque novamente aqui esses itens poderiam ser mensurados, ao passo que a emoção artística não comporta medidas.

Talvez nunca saibamos por que razão Mozart conseguia compor partituras elaboradas ainda na infância, ao passo que outros investem anos de estudos sem nunca dominar a harmonia das notas. Não será o Direito do Trabalho obviamente que vai desvendar os mistérios da vida.

E o que dizer do atleta profissional de futebol que já nasce com o domínio da técnica? Como se poderia exigir que o clube de futebol pagasse salário idêntico para o astro de primeira grandeza, o grupo dos esforçados e aqueles que estão tentando recomeçar?

Houve algumas ações trabalhistas em que artistas de elenco de telenovela e radialistas tentaram alcançar o patamar salarial dos colegas de radiodifusão, aparentemente sem sucesso. De novo, o talento seria incomensurável, agregando-se aqui o complicador da fama e da atração que alguns rostos, vozes e personalidades exercem sobre a sociedade. Assim como é impossível penetrar nesta lógica, também não seria sensata a fixação de faixa salarial com critérios objetivos entre celebridades do mundo dos espetáculos.

A fama como ferramenta de trabalho também é encontrada em segmentos como o jornalismo, a alta-costura, a alta gastronomia e, dependendo do cursinho preparatório para vestibular, o magistério. Igualmente nessas áreas e em algumas outras, cultura e talento se unem contra a equiparação salarial.

Nesta toada, porém, todas as profissões que envolvessem qualquer forma de raciocínio, de soluções rápidas e de esforço intelectual, estariam alijadas do conceito de paridade de salários, o que de fato chegou a ser ventilado pela jurisprudência, provocando alguns abusos por parte de empregadores que confortavelmente deixavam de justificar seus desníveis salariais. Bastava o singelo argumento de que dois bibliotecários, contadores, professores ou diagramadores jamais poderiam ser comparados porque cada qual pensava à sua própria maneira.

Não é disso que trata o assunto da incomensurabilidade de talento e cultura, cuja temática é necessariamente restritiva e somente cerca as áreas em que realmente essas medidas têm poder de atração.

O simples fato de a atividade abarcar predomínio de funções intelectuais não é o bastante para neutralizar a chance de equiparação salarial. As provas serão mais complexas de parte a parte, mas não há de ser descartada liminarmente a pretensão.

6. Irrelevância do nome do cargo

A imensa maioria das ocupações exercidas por trabalhadores em pequenas empresas – que formam o maior contingente de empregadores no Brasil – não têm, na verdade, nome. Quando há nomenclatura, esta não tem valor científico ou conteúdo doutrinário.

Por exemplo, qual o perfil do cargo quando se diz *auxiliar de serviços gerais* e qual a diferença entre recepcionista e atendente de recepção?

Ser almoxarife significa um patamar acima ou abaixo quando comparado com a função de conferente, de auxiliar de expedição e de meio oficial de carga?

A resposta depende da estrutura idealizada pela empresa, que se envolve com a complexa tarefa de dar nomes e definição aos cargos.

Mesmo as grandes instituições financeiras, que investem rios de dinheiro na formação de recursos humanos, costumam ser atropeladas pelo excesso de nomenclatura por elas mesmas criadas. Numa única agência bancária podem ser encontrados 20 nomes diferentes, para não mais do que 10 ou 15 empregados ativos. São chefes de serviço I, II e III, gerentes de contas júnior, master e sênior, gerentes administrativos, gerentes de atendimento A, B e C, chefes de expediente, gerente geral e, depois, tudo de novo com o prefixo "sub" à frente.

Para se referir ao empregado que substitui o colega em férias e demais ausências, empresas passaram a usar a expressão *back up* e, em muitos casos, ambos atuam lado a lado nas mesmas atividades.

Que um empregado deve eleger como paradigma aquele que exerce função idêntica à sua não resta a menor dúvida. No entanto, uma onda de equiparações salariais surgiu, de súbito, com o fundamento de que o nome dos cargos sendo idênticos haveria presunção absoluta de identidade das funções, competindo ao empregador cuidar para que esse fenômeno não acontecesse se não fosse mesmo verdadeira a paridade.

Ocorre que, numa grande corporação, é alta a tendência de o nome se repetir em várias funções.

Imagine-se quantas vezes a palavra *encarregado* será repetida dentro de um supermercado com 400 empregados ou quantos *gerentes de contas* existem dentro de uma agência de publicidade com 150 trabalhadores fixos. No Direito do Trabalho, os nomes nunca tiveram papel preponderante, nem para definir a natureza jurídica da parcela salarial (aviso-prévio *indenizado* é salário, mas salário-família nunca foi salário) e muito menos para definir o próprio conceito de contrato de trabalho (que pode ser encontrado entre cooperados, avulsos, eventuais, voluntários, autônomos, colaboradores, parceiros, meeiros, sócios e alienígenas, a depender das circunstâncias).

Não seria na equiparação salarial que a nomenclatura iria mesmo assumir ares de definitividade. Quando muito, o nome da função pode ser considerado uma presunção relativa favorável ao pleito, mas ainda assim supondo-se que não haja complemento ao nome, como "encarregado de padaria" e "encarregado de frutas, verduras e legumes".

7. Diferença de dois anos entre os empregados

Conforme já se salientou páginas acima, o Direito do Trabalho lida habitualmente com um conjunto de presunções relativas para determinados assuntos, o que proporciona a produção de provas em sentido contrário por parte daquele que discorda da presunção. São exemplos de presunções meramente relativas à marcação de jornada nos cartões de ponto, a nomenclatura utilizada nos recibos de pagamento, bem como o próprio pagamento, além da curiosa situação da palavra "localidade" como sinônimo de município, para os fins da equiparação salarial.

No entanto, eis que surge uma situação de presunção absoluta no contexto da equiparação salarial, concernente à maior experiência adquirida pelo colega de trabalho que conte mais de dois anos de exercício da função antes da chegada do outro colega. Por mais que o paragonado se esforce, o critério de dois anos é intransponível.

Empregados que fazem carreiras longas em grandes empresas podem até adquirir maior confiança perante seus superiores hierárquicos, mas não se pode dizer que o tempo empreendido à época de mensageiro, auxiliar de expedição, torneiro mecânico ou soldador tenha sido determinante para a aquisição dos conhecimentos de motorista, por exemplo.

Já que o intuito do legislador foi criar uma presunção absoluta de que a maior experiência seja causa impeditiva da equiparação salarial, é natural que se procure a experiência especificamente naquela função, o que significa, em outras palavras, impor uma interpretação restritiva ao dispositivo legal excessivamente vasto.

Mencione-se a existência de outro movimento contra o prazo de dois anos, mas que não obteve o êxito esperado: cuidava-se de uma tese segundo a qual o biênio seria mantido como causa impeditiva de equiparação salarial apenas por determinado período – dez anos, por exemplo – após o qual o trabalhador voltaria a poder apontar o paradigma veterano para alicerce de sua pretensão.

Esse raciocínio parte do princípio de que, de fato, quando um operário ingressa numa fábrica, vivenciará começo de erros e aprendizado, de tal sorte que a comparação de seus préstimos com aqueles dos colegas veteranos se mostra injusta. Porém, a vida continua e, tempo após, o "novato" tem dez anos e o veterano tem treze anos de casa. Assim como na infância qualquer mês faz diferença e na velhice um ano a mais ou um ano a menos parece contar pouco, também na equiparação salarial, dizia-se, a diferença de dois anos se dissolve.

Afinal, que diferença de produtividade ou de experiência, verdadeiramente, deve existir entre dois colegas que sempre trabalharam lado a lado, tendo um vinte anos de serviço e o outro vinte e três? Rigorosamente, nenhuma. Dizer que o empregado de vinte e três anos de casa é mais ágil ou mais versado sobre a matéria é subestimar pesadamente o colega de vinte anos, que está muito longe de ser um novato, evidentemente.

A tese da dissolução do biênio ao longo do escoamento do tempo não vingou, todavia. O prazo de dois anos persistirá contra o novato, que jamais poderá aspirar ao salário do colega com mais de dois anos de antecedência na função.

Adicionalmente ao prazo máximo de 2 anos de diferença no exercício da função, a partir da reforma trabalhista de 2017, exige-se que o paradigma tenha menos de 4 anos de emprego em relação ao empregado queixoso.

A reforma introduz um novo elemento de presunção absoluta: afora o tempo na função, o paradigma também desfruta de presunção absoluta de melhor destreza se tiver mais do que quatro anos de contrato de trabalho com o empregador.

Não se trata, portanto, de habilidade na função específica, mas da soma dos conhecimentos acumulados no convívio com a empresa, clientes, fornecedores e colegas de trabalho. Ele não serve mais como paradigma para todo e qualquer colega contratado mais de quatro anos após sua admissão, pela nova regra de *senioridade*.

8. Quadro de carreira

Quadro de carreira é uma expressão bastante comentada no Direito do Trabalho, mas praticamente não estudada em profundidade. Sabe-se que a existência de quadro de carreira barra a pretensão à equiparação salarial, porque o trabalhador deveria ter analisado a perspectiva de promoções de sua empresa e não se preocupado em identificar este ou aquele colega de trabalho que supostamente ganha salário maior fazendo as mesmas funções.

Desde as reformas trabalhistas de 2017, a expressão foi ampliada para incluir também os chamados planos de cargos e salários e demais sistemas de política salarial e de ascensão funcional contemplados em normas coletivas ou em regulamentos internos empresariais.

Quanto a sua roupagem jurídica, o quadro de carreira se insere no âmbito do poder diretivo do empregador, não havendo lei alguma capaz de obrigar este ou aquele segmento empresarial a manter semelhante estrutura. Pode vir inserido em regulamento de empresa ou apresentar-se de modo isolado, sendo certo que ambos os documentos têm natureza de fonte autônoma de Direito do Trabalho. Inserem-se no estudo do pluralismo jurídico. Não se confunde com o simples plano de salários ou com promessas de reajustes salariais escalonados, porque nem sempre as promoções no quadro representam reajustes lineares aos trabalhadores.

Costumavam caracterizar as empresas públicas, as sociedades de economia mista e as corporações transnacionais com agência ou filial no Brasil, tendo como ponto comum entre todas essas hipóteses o ânimo de tornar mais transparentes os procedimentos de transferência e promoção, objetivando a maior carga possível de objetividade. Em empresas de grande porte ou naquelas em que as questões políticas adquirem especial notoriedade, como as entidades públicas, o quadro de carreira desempenha papel nuclear, servindo de blindagem contra as perseguições ideológicas e de válvula de escape para as pressões por horizontes mais arejados na carreira.

Por falar em carreira, é justamente nas empresas de maior potencial expansivo e envergadura de âmbito nacional que os quadros encontrarão campo mais fértil para aplicação, haja vista ser mais comum nesses locais encontrarmos empregados com décadas de serviços prestados em uma única seção ou departamento, realidade um tanto estranha às empresas de pequeno porte.

Durante décadas se exigiu que o quadro de carreiras permitisse ascensão funcional por critérios de merecimento, normalmente associados às avaliações promovidas pelo empregador, e de antiguidade, a fim de não deixar prejudicados os que porventura tenham sido preteridos em algum quesito. O critério de antiguidade não devia e não deve ser visto como uma válvula de escape para a promoção do empregado desidioso ou mal avaliado. Antes, ele atua como mecanismo de calibragem do sistema para evitar justamente o desvirtuamento dos sistemas de avaliação, que são falíveis, suscetíveis a pressões externas, círculos de amizade e relações de confiança. Ninguém se sente em boa sombra para afirmar que um programa de avaliações de merecimento poderá ficar imune à bajulação e aos critérios não estritamente profissionais, donde a conveniência de se manter alternância com indicadores 100% objetivos, como é a antiguidade.

Nada obstante o papel desempenhado por essa alternância, a reforma trabalhista de 2017 facultou que o próprio empregador decida quais critérios serão adotados para o regime do quadro de carreira, podendo mesclar os dois indicadores ou eleger apenas um deles. A reforma trabalhista está em consonância com as decisões da Corte Constitucional sobre o exercício do poder diretivo do empregador em seus domínios, mas é certo que um cronograma de ascensão funcional 100% na base do mérito ou 100% na base da antiguidade terá de ser bastante dosado para não reverter contra o intuito do incentivo e da prosperidade na carreira interna.

O quadro de carreira deve primar pela clareza, de tal forma que também o conceito de antiguidade e de merecimento deve ser esmiuçado, pois são palavras amplas o suficiente para caberem o tudo e o nada dentro de si.

A antiguidade normalmente é aferida pelo tempo de exercício da função objeto da promoção, pois é isso que importa para fins de maturidade presumida e maior habilidade adquirida. O empregador pode utilizar o tempo de serviço geral, somando funções estranhas àquela atual, como critério de desempate, por exemplo, ou pode até mesmo determinar que o tempo de casa prepondere sobre o tempo de departamento, desde que isso tenha sido previamente estipulado.

Quadros bem elaborados se fazem acompanhar de tabelas com pontuação objetiva para títulos e certificados de participação em cursos de extensão universitária, graduações, especializações, pós-graduações, ligadas ou não à atividade desempenhada, domínio de idiomas, nível de absenteísmo, cursos de requalificação e outros meios objetivos de aferição do espírito de liderança e desenvolvimento profissional do empregado. Como não se trata de um progresso feito da noite para o dia, nada impede que os pontos acumulados até a promoção anterior sejam carregados ou descartados para a promoção posterior.

Se o manejo do quadro de carreira já é difícil na existência de critérios transparentes de aferição da antiguidade e do merecimento, que dizer do quadro mantido em sigilo ou de difícil acesso aos empregados?

Da leitura do art. 461 da CLT não se extrai a obrigatoriedade de o empregador fornecer cópias do organograma para os empregados nem participar as autoridades e representantes sindicais sobre sua implementação ou algum aperfeiçoamento.

Deparou-se, então, a jurisprudência com essa possível falha na legislação, porque em muitos casos o operário somente descobria que estava inserido num quadro quando, ao apresentar pedido de equiparação salarial em Juízo, era surpreendido pela contestação contendo o quadro, ampla prova documental e, claro, a invocação do fato impeditivo para a pretensão.

A solução encontrada pela jurisprudência pré-reforma trabalhista foi exigir a publicidade do quadro, por meio de depósito em órgãos trabalhistas. Apesar do uso da palavra homologação, entenda-se que a autoridade trabalhista apenas aferirá se o documento preenche as exigências de forma e, no conteúdo, contempla as promoções alternadas por merecimento e antiguidade. Não se poderá obviamente questionar a pertinência da adoção do quadro ou seus critérios objetivos.

Algumas entidades sindicais mais habituadas com quadros de carreira e mais ligadas a empresas de âmbito nacional costumam inserir cláusulas obrigacionais em convenções e acordos coletivos, pelas quais as empresas se comprometem, sob pena de multa pecuniária, a fornecer informações adicionais que, em tese, não seriam de cunho obrigatório.

A reforma legislativa de 2017 refere expressamente a desnecessidade de homologação ou de "qualquer forma de registro" do quadro, o que se compreende como uma medida de desburocratização em relação aos órgãos estatais.

Mas o fato de o legislador desonerar o empregador do depósito em unidades estatais não é o bastante para manter sob sigilo seus atos de política salarial: recomendo que as empresas zelem pela publicidade do quadro, pelos meios idôneos junto aos representantes sindicais e não sindicais, ferramentas de comunicação interna (intranet) ou mesmo com a entrega de um documento para cada empregado, na admissão ou no curso do contrato de trabalho, a fim de que não se aleguem vícios do Direito Civil, como a condição maliciosa.

Cumpre-se o *direito à informação* como forma de aprimoramento do Direito do Trabalho (Recomendação 163 da OIT, 1981).

Considerando que o escopo da homologação do quadro de carreira era e é lhe emprestar grau elevado de publicidade, admite-se que essa finalidade também é atingida, no âmbito das empresas públicas, pela figura do ato administrativo.

O fato é que a empresa pública e a sociedade de economia mista – e outros entes públicos que admitirem trabalhadores como empregados em regime da CLT – publicam em jornal oficial ou de circulação local seus atos mais expressivos, na forma do Direito Administrativo.

Analisando-se o conceito de quadro de carreira, indaga-se, agora, qual será o posicionamento do trabalhador perante o desrespeito pelo próprio empregador ao quadro de carreira. Embora seja fato que o empregado não poderá almejar equiparação salarial com outro colega quando da existência de quadro de carreira, estará ele realmente privado de outras pretensões análogas?

São basicamente três as pretensões que um trabalhador pode fazer quando o contrato de trabalho estiver inserido em ambiente provido de quadro de carreira: a) desvio de função; b) preterição em promoção; e c) enquadramento ou classificação.

A primeira e mais conhecida pretensão se denomina desvio de função, quando o empregado é designado para uma classe, mas exerce funções típicas de outra classe, provavelmente aquela de faixa salarial mais elevada. A nomenclatura "desvio de função", exclusiva dos quadros de carreira, é mal compreendida, sendo comum seu uso indevido no sentido de equiparação salarial, diferenças de piso da categoria ou, ainda, como suplente do confuso adicional de acúmulo de função.

O desvio de função, se comprovado, permite que o empregado aufira a faixa salarial da outra classe ou categoria constante do quadro de carreira. Porém, como a outra classe já está provavelmente ocupada por outro colega, não seria possível nem desejável que a sentença do processo individual do trabalhador prejudicado acarretasse a retirada do trabalhador inocente de sua cadeira. Isso provocaria uma reação em cascata muito parecida com o cancelamento completo do quadro, além de profunda insegurança jurídica.

A solução encontrada pela jurisprudência foi o deferimento das diferenças salariais, durante a ocorrência do desvio, sem o novo enquadramento à força. Caso o contrato de trabalho ainda esteja em vigor, situação bastante rara em tempos de desemprego estrutural e ausência de estabilidade, pode-se imaginar que a sentença acople cumprimento específico da obrigação de fazer e acrescente alguma pena pecuniária, mas ainda assim para pressionar o empregador a rever sua posição e não para defenestrar os colegas.

A segunda pretensão mais verificada em torno do quadro de carreira é a chamada preterição. O empregado aguarda pacientemente sua promoção e, quando chega sua hora, perde o acesso, mesmo por critério de antiguidade.

Ocorre que também aqui a solução judicial não será plenamente satisfatória, sendo mais provável que o trabalhador preterido aufira diferenças salariais e não a retirada do usurpador.

A terceira pretensão mais conhecida neste âmbito se chama enquadramento ou classificação.

Enquanto no desvio de função e na preterição o empregado estava enquadrado, mas exercia funções diferentes daquelas programadas ou deixou de receber a promoção esperada, no enquadramento o empregado escapou da percepção do empregador e permaneceu num limbo jurídico.

Ora, se o quadro de carreira foi implantado na empresa, deve servir para todos. Se o quadro se destinar a apenas um ou outro grupo de empregados, instalar-se-á complexa situação em que alguns podem escolher paradigma para fins de equiparação salarial e outros, não. Encontrando-se o empregado no limbo jurídico, a pretensão mais razoável é forçar seu enquadramento e não partir para uma equiparação salarial, pois corre-se o risco de não encontrar paradigma, aliás.

9. Prescrição aplicável

Não há muita diferença entre a prescrição aplicável às pretensões trabalhistas em geral e a prescrição aplicável ao pleito de equiparação salarial.

Seguem-se os mesmos prazos, de cinco anos na constância do contrato de trabalho e de dois anos após a cessação da relação de emprego (art. 7.º, XXIX, da CF/1988), assim como idênticas formas de suspensão e de interrupção da fluência.

Conforme já mencionado por este capítulo, o período laborado pelos dois trabalhadores lado a lado pode ou não ter sido recente. Admite-se que o fato remonte a épocas mais antigas e passe a servir como fundamento para uma pretensão cujas consequências pecuniárias estarão restritas aos últimos cinco anos. Basta que não se confunda o conceito de prescrição, adstrito à exigibilidade do direito, com a narração de fatos e fundamentos do pedido.

Essa explicação vale tanto para o pedido de equiparação salarial em sentido estrito, com a escolha de um paradigma, quanto para o pedido de diferenças salariais por desvio de função, com a indicação de um quadro de carreira mal aplicado.

Existe, entretanto, um complicador nessa história, que assombra o estudo da prescrição em matéria de quadro de carreira.

Trata-se da figura da prescrição total quando a pretensão envolver pedido de enquadramento e de reenquadramento. Explica-se.

A tese do ato único do empregador não é de fácil assimilação e representa fruto de longas décadas de debate na jurisprudência – positivada pela reforma trabalhista por meio de nova redação ao art. 11, § 2º, da CLT – sobre a possibilidade ou não de um trabalhador discutir em Processo do Trabalho o próprio fundo do direito muito tempo depois de consolidada a situação.

Essa situação, por sua vez, não dispõe de nenhuma obrigatoriedade legal, porque se assim fosse o empregado não precisaria discutir o fundamento do direito, sendo suficiente que ele indicasse a lei violada, certamente. E, por fim, a situação consolidada e sem estipulação expressa em lei deve ter carga neutra, isto é, não representar um malefício ou um benefício em si.

São raras as hipóteses de ato praticado pelo empregador, sem previsão legal e sem tendência fraudulenta. Ao longo de toda a história, a jurisprudência somente conseguiu localizar condições ideais de aplicação da tese para alguns casos de complementação de aposentadoria, variação da forma de remuneração do trabalhador, de assalariado fixo para comissionado e vice-versa, e, agora, no que diz respeito à inserção do trabalhador pela primeira vez ao quadro de carreira.

O ponto comum entre pedidos tão diferentes quanto complementação de aposentadoria, alteração da forma de cálculo da remuneração e enquadramento em quadro estruturado pela empresa é justamente a inexistência de norma expressa que obrigue o empregador a conceder ou a deixar de conceder essas vantagens aos empregados.

O fato de que essas vantagens podem ser dadas e retiradas de uma só vez, em um só momento, tornou a figura conhecida pela expressão "ato único do empregador". Não se trata de uma expressão perfeita, mas sua imagem de ato de efeito instantâneo, contra o qual não se pode de imediato acusar caráter benéfico ou maléfico, difundiu-se como fundamento para a incidência da prescrição total.

Existem duas formas singelas de justificar por que razão a prescrição aplicável será a total e não meramente a parcial, diante de um ato de efeito instantâneo do empregador.

A primeira forma é imaginar-se, por ficção, que a alteração do contrato de trabalho foi tão profunda que se equipara a uma rescisão contratual. Sempre por ficção, imagina-se que, no dia em que o empregado deixou de ser comissionado para ser assalariado fixo, teve início uma nova etapa da relação de emprego comparável ao início de um novo contrato de trabalho. Logo, computar-se-á a prescrição total, como se novo contrato de trabalho fosse.

O trabalhador que discordar da alteração da forma de cálculo de seus rendimentos não poderá aguardar, por exemplo, oito anos para o ajuizamento da ação. Se a pretensão fosse outra qualquer, como horas extras ou adicional noturno, vale-transporte ou adicional de insalubridade, o ajuizamento da ação oito anos após os fatos representaria que eventual condenação estaria limitada aos últimos cinco anos. O trabalhador pode apresentar o panorama completo de sua vida naqueles oito anos, mas terá de se contentar com as vantagens dos últimos cinco anos.

Aliás, mesmo que o pedido seja de equiparação salarial relativamente a um paradigma com quem o operário laborou oito anos antes, acima já se afirmou que a pretensão está correta, mas o empregado não auferirá as diferenças salariais de todos os oito anos. Apenas de cinco anos.

Como o prazo de cinco anos marcha inexoravelmente e como cada ano a mais prejudica um ano pretérito, cujas pretensões se tornam inexigíveis, usa-se a expressão prescrição parcial para identificá-lo. À primeira vista, pode parecer que a prescrição parcial é suave e tranquila, mas se bem analisada a questão, ela é igualmente corrosiva e danosa para os interesses do empregado. A diferença está no fato de que ela não age de forma abrupta, mas a cada mês retira um bloco das pretensões do mesmo mês de cinco anos atrás.

Já no caso da prescrição total, o fenômeno é abrupto, o que justifica o uso da expressão total. Basta lembrar o exemplo da prescrição total de dois anos após a cessação do contrato de trabalho: o empregado pode argumentar que só queria este ou aquele pedido ou que se contentaria apenas com o aviso-prévio indenizado ou com o 13.º salário, mas nada disso adiantará. Escoado o prazo de dois anos após a baixa na Carteira de Trabalho, sem que nenhuma causa de suspensão ou de interrupção tenha se operado, então a prescrição será completa para toda e qualquer pretensão trabalhista, mesmo aquelas que hipoteticamente caberiam dentro do prazo de cinco anos.

Chega-se, então, ao enquadramento do trabalhador em quadro organizado pela empresa e porque a jurisprudência insere o tema no âmbito da prescrição total.

Em primeiro lugar, o simples ato do enquadramento, no primeiro dia de existência do quadro de carreira na empresa ou no primeiro dia de contrato de trabalho do empregador, já preenche as características acima perseguidas para a identificação do ato único do empregador: a) o ato é de efeito instantâneo; b) não há previsão legal para a empresa montar ou desmontar quadro de carreira; c) não se pode com exatidão acusar o ato de ser benéfico ou maléfico, pois ele tem carga preponderantemente neutra.

Em segundo lugar, o enquadramento terá características de fundamento do direito, de tal forma que a tendência é sua consolidação no tempo e no espaço.

Caso o empregado afore a ação oito ou nove anos depois, não poderá dizer que o julgado deveria rever o enquadramento e que ele se "contenta" com as diferenças salariais dos últimos cinco anos. Isso seria o caso de uma prescrição parcial, como no pedido de equiparação salarial ou de desvio de função. Aqui, o pedido é diferente. Pretende o empregado seja revisto o próprio quadro de carreira, sob fundamento de mal enquadramento ou notícia análoga. Com a situação devidamente consolidada, não se retorna no tempo nem mesmo para discutir o fundo do direito nem tampouco haverá condenação relativamente aos últimos cinco anos.

Petrifica-se a controvérsia jurídica, antes mesmo de se aferir a controvérsia econômica.

Capítulo 16

Descontos salariais

O art. 462 da CLT, que é o pilar da disciplina brasileira dos descontos salariais, começa com frase ambiciosa e taxativa, dizendo que "ao empregador é vedado efetuar qualquer desconto nos salários do empregado (...)", mas logo em seguida abre um leque tão grande de exceções que praticamente desaparece o salário sem descontos.

As exceções podem ser agrupadas em cinco blocos: a) adiantamentos, b) dispositivos de lei; c) previsão em norma coletiva; d) previsão em contrato individual para hipóteses de condutas culposas do empregado; e) descontos decorrentes de má-fé deliberada do empregado, que independe de previsão evidentemente.

Os descontos por adiantamento salarial, na verdade, nem ao menos precisavam figurar na lista das exceções à regra da proteção total aos salários. O direito romano já conhecia a necessidade de se combater o enriquecimento sem causa, ou seja, o empregado não poderia receber duas vezes a mesma parcela salarial. Se o empregado recebeu, digamos, 40% do salário mediante vale de adiantamento no dia 20, é natural que sofrerá esse desconto no acerto do quinto dia útil do mês seguinte. Vista a questão de outro ângulo, pode-se afirmar que o salário foi pago de forma quinzenal, de tal forma que nem ao menos se precisaria invocar o dilema dos descontos salariais. Cada parcela quinzenal corresponde a um valor diferente e imiscível.

Também existe previsão expressa para o adiantamento de metade do 13.º salário, entre os meses de janeiro e novembro de cada ano, preferencialmente em conjunto com o mês das férias, para acerto de contas até o dia 20 de dezembro.

Os empregados normalmente levam um susto quando do acerto de contas do salário ou do 13.º salário, porque as incidências tributárias são feitas apenas quando do pagamento final e não quando do adiantamento. Por exemplo, suponha-se que um empregado aufira R$ 5.000,00 mensais e que os tributos incidentes somados cheguem a R$ 800,00. O adiantamento do 13.º salário será de R$ 2.500,00, livres de despesas, mas a segunda metade, a ser acertada em 20 de dezembro, será de R$ 1.700,00, porque serão descontados os valores do adiantamento e de todos os encargos incidentes, para não falarmos de eventuais pensões alimentícias e empréstimos consignados.

O desconto a título de adiantamento também é utilizado para parcelas de natureza indenizatória como o vale-transporte e o vale-refeição.

Considerando que essas parcelas são habitualmente antecipadas no início do mês, para que o empregado possa fazer frente a suas despesas vitais no desenvolvimento do serviço, o empregador se reserva o direito de efetuar deduções proporcionais ao número de dias de ausência do empregado ou ao número de dias em que o contrato de trabalho deixou de existir, caso haja, por exemplo, um pedido de demissão no meio do mês. Esses descontos não costumam ser questionados, em havendo prova concreta de seu fornecimento, porque sua não efetivação redundaria no enriquecimento desprovido de causa.

Finalmente, é importante observar que os descontos por adiantamentos salariais podem enfrentar um sério obstáculo se o empregador deixar acumular valores elevados ou se o empregado, num ato de benevolência, antecipar muitos meses de salário ao empregado. A confusão se torna iminente como se procura demonstrar.

A regra de que o empregado pode receber até 70% de seus rendimentos em mercadorias e outras utilidades, sendo preservado o patamar mínimo de 30% em dinheiro, nada tem que ver com o tema dos descontos salariais. Aparece discretamente inserida no art. 82 da CLT, parágrafo único, no tocante à formação do salário-mínimo. No entanto, passou a ser um conceito utilizado para todas as formas de pagamento salarial, influenciando diretamente a interpretação do art. 458 da CLT, sobre natureza jurídica das utilidades.

Dessa forma, não seria razoável anuir com o desconto, digamos, de 80% do salário do trabalhador, conquanto se utilizasse como fundamento a antecipação salarial.

Caso o empregador tenha caridosamente antecipado o equivalente a três meses de salário ao empregado aflito, terá de elaborar um plano rápido para efetuar descontos, por exemplo, de 50% ao longo dos próximos seis meses – assumindo o risco de o empregado pedir demissão, abandonar o emprego e vir a falecer nesse ínterim, deixando o empregador privado do direito de deduzir salários futuros.

A propósito da extinção do contrato de trabalho, o art. 462 deve ser cotejado com regra ainda mais restritiva constante do art. 477, § 5.º, segundo o qual "qualquer compensação no pagamento de que trata o parágrafo anterior não poderá exceder o equivalente a um mês de remuneração do empregado".

É possível sustentar que o teto de descontos seja maior do que o salário-base, pois a lei menciona remuneração do empregado, o que inclui gorjetas, adicional de insalubridade, adicional de periculosidade, média de horas extras e outras parcelas habitualmente pagas. Mas, ainda assim, é um teto relativamente baixo para um momento de máxima importância, que corresponde à *última chance para o acerto* de contas de parte a parte.

A segunda admissibilidade de descontos diz respeito a dispositivos de lei.

A palavra "lei" será entendida como norma jurídica em geral, incluindo decretos, leis ordinárias, leis complementares, emendas constitucionais e a própria Constituição Federal, por ser essa a finalidade da norma e por não ser razoável que somente a lei ordinária, justamente aquela de modesta posição hierárquica, pudesse autorizar as deduções salariais sem que as normas de hierarquia superior o fizessem.

Na Constituição Federal de 1988, encontra-se conhecido exemplo de desconto salarial autorizado: o valor da contribuição para custeio do sistema confederativo aprovada por assembleia sindical (art. 8.º, IV). Há outra referência à folha de salários, no tocante ao valor da contribuição social para custeio da seguridade social (art. 195, I, *a*), mas apenas como base de cálculo, porque o desconto salarial em folha foi explicitado em lei ordinária (art. 30, I, *a*, da Lei 8.212/1991 – Lei de Custeio da Seguridade Social).

Os descontos salariais previstos em lei são de várias ordens, podendo ser citados os exemplos do imposto de renda (art. 7.º da Lei 7.713/1988) e da já mencionada contribuição social; contribuição sindical (art. 545 da CLT, que desde 2017 depende de prévio assentimento do empregado); ausências injustificadas (art. 131, IV, da CLT); pensão alimentícia (art. 17 da Lei 5.478/1968, a qual se aplica subsidiariamente para os alimentos gravídicos, como são chamados os alimentos devidos ao nascituro – Lei 11.804/2008); vale-transporte (Lei 7.418/1985); e empréstimo consignado em instituições financeiras (Lei 10.820/2003 e atualizações); e amortização de dívida com operadora de cartão de crédito (Lei 13.172/2015).

A terceira frente de descontos provém das normas coletivas. O art. 462 usa a antiga expressão "contrato coletivo", que foi revista pela reforma da CLT de 1967, especialmente nos arts. 611 a 616, mas que não foi reescrita em todos os dispositivos do texto. Normalmente se entende que a referência a contrato coletivo abrangeu os acordos coletivos e as convenções coletivas, ou seja, os ajustes feitos com apenas uma empresa e aqueles feitos entre entidades sindicais.

Neste campo, o desconto mais conhecido diz respeito às fontes de custeio sindical. Enquanto a contribuição sindical (art. 545 da CLT, com necessidade de concordância prévia do empregado) e a contribuição confederativa (art. 8.º, IV, da CF/1988) tinham previsão para descontos salariais em leis, isso já não acontece com o desconto assistencial, também chamado de contribuição assistencial. Os sindicatos argumentam que o fundamento para a imposição da contribuição assistencial reside no art. 513, *e*, da CLT, que lhes outorgava poderes para a fixação de outras fontes contributivas. Há dúvidas sobre a recepção desse artigo pela Constituição Federal de 1988, bem como se a autorização permitia qualquer outra contribuição ou apenas aquelas previstas em lei. De qualquer forma, caso a contribuição assistencial seja considerada válida, o desconto em folha de pagamento será possível pela previsão do art. 462 da CLT, que atribui à norma coletiva o direito de prever dedução salarial.

Esse raciocínio vale também para a mensalidade sindical, mas a diferença está no fato de que este custeio é verdadeiramente facultativo, ou seja, depende de o empregado se engajar na entidade sindical para desfrutar benefícios assistenciais, grêmios recreativos e outras vantagens da vida associativa que não se confundem com a militância sindical propriamente dita.

Indaga-se se os sindicatos podem convencionar, em norma coletiva, descontos salariais genericamente previstos a todos os empregados que agirem com culpa sob certos fatos. Em princípio, o art. 462, especialmente seu § 1.º, dá a entender que a culpa deve ser prevista em contrato individual, porque somente se poderá aferir negligência, imprudência ou imperícia dos trabalhadores de modo isolado.

Foi validado, por exemplo, o desconto salarial previsto em norma coletiva no caso do frentista de posto de gasolina que se esqueceu de anotar a placa do veículo no verso do cheque com o qual o cliente pagou o serviço – e que não tinha fundos quando do saque pelo empregador. Essa cláusula objetiva, segundo argumentam os sindicatos, dar maior seriedade ao recebimento do cheque pelo empregado e evita que ele esteja mancomunado com o cliente. A anotação da placa do veículo no verso do cheque, afirmam, é providência bastante simples, que não pode ser considerada aviltamento da condição do empregado e tampouco lhe transfere os riscos da atividade econômica. Quem deixar de anotar a placa do veículo se arrisca a ter de ressarcir o empregador, em caso de insuficiência de fundos do cheque. A placa do veículo, por óbvio, destina-se a ajudar o empregador a rastrear o paradeiro do cliente malicioso.

Mas há, ainda, um tema ainda mais controvertido no mundo dos descontos salariais autorizados por norma coletiva. Trata-se da questão dos benefícios assistenciais, como o plano de saúde e a assistência odontológica.

Antes, a controvérsia se concentrava na natureza jurídica do plano de saúde fornecido voluntariamente pelo empregador. Havia numerosos julgados em torno da natureza salarial, por se entender que o plano de saúde complementava a renda do trabalhador e não deixava de ser uma forma, conquanto indireta, de contraprestação pelos serviços prestados. No entanto, desde a redação dada ao art. 458, § 2.º, descartou-se a natureza salarial do plano de saúde custeado pela empresa, que passou a ser inserido no contexto dos benefícios assistenciais.

Ocorre, porém, que o plano de saúde nem sempre é patrocinado integralmente pelo empregador, donde surgem dúvidas sobre a pertinência de o empregado concorrer com parte das despesas mediante desconto diretamente efetuado em folha de pagamento.

À primeira vista, a controvérsia nem ao menos deveria existir, porque numa sociedade carente de serviços de saúde e a completa inadequação dos serviços públicos neste campo, é bastante natural que o empregado se sinta grato por sua inserção em plano coletivo de saúde, ainda que mediante descontos módicos em seu salário. Há evidente alívio sobre as demandas de saúde, inclusive dos dependentes do trabalhador.

Contudo, esses descontos nem sempre são módicos.

Em algumas situações o benefício poderia não interessar ao empregado, como naqueles casos em que conta com dois empregos, sendo que um deles já proporciona serviços apropriados de saúde ou o trabalhador já participa de outro sistema particular ou através de associações de classe.

Para piorar ainda mais o quadro, as instituições financeiras são normalmente acusadas de atrelar a admissão de um empregado a sua adesão ao plano de saúde do conglomerado econômico, à aquisição de títulos de capitalização ou, o que é ainda mais comum, a regimes de seguro de vida em grupo. Julgados existem que falam em "coação presumida", dado o elevado grau de fragilidade em que um empregado se encontra quando do processo de contratação e considerando-se, ainda, que raramente ou jamais se encontra um único bancário que tenha refutado aderir ao regime de seguro de vida e tenha sido poupado do corte funcional.

Por todos esses ângulos, a situação se tornou mais complexa do que poderia parecer à primeira vista.

De um lado, os descontos salariais em matéria de plano de saúde e similares de fato não estão previstos na disciplina do art. 462 da CLT. Repita-se que o dispositivo legal contemplou apenas cinco formas de desconto salarial (adiantamentos, previsão em lei, previsão em norma coletiva, hipóteses de culpa e hipóteses de dolo do empregado), nenhuma das quais se amoldando perfeitamente ao caso dos benefícios assistenciais. Claro está que a norma coletiva poderia resolver a pendência, traçando algumas diretrizes sobre o fornecimento de planos de saúde e a autorização para descontos salariais, mas não se pode ficar a reboque do que a negociação coletiva concluirá. É imperioso que desde logo o Direito do Trabalho tenha uma posição firmada a respeito.

Após alguns anos de hesitação, a jurisprudência sofreu uma guinada em 1995, passando a admitir majoritariamente a concretização dos descontos salariais e valendo-se do fundamento principal no caráter benéfico da utilidade fornecida. Mostrava-se incômoda a solução de reconhecer que o empregador havia proporcionado uma vantagem ao empregado, mas que a vantagem deveria ser necessariamente integral, sem custeio nem mesmo simbólico dos trabalhadores.

A autorização prévia e por escrito por parte do empregado é relativamente fácil de ser obtida pelo empregador, bastando que ele disponibilize formulários próprios para serem preenchidos quando da admissão do empregado. Dificilmente um trabalhador se oporá a lançar sua autorização prévia, ainda que o benefício não lhe seja tão expressivo.

De um lado, indaga-se se o entendimento é válido mesmo sem a autorização "prévia e por escrito".

Contanto que não se afaste da finalidade da norma e que não viole os demais dispositivos, pode-se admitir hipótese em que o empregador comprova os benefícios proporcionados ao trabalhador, como o patamar mais elevado do plano e sua rede de cobertura, sem que, no entanto, tenha conseguido encontrar a autorização escrita. Repita-se que a solução mais natural para esse excesso de detalhamento não deixa de ser a negociação sindical.

De outro lado, pergunta-se como o trabalhador poderá demonstrar a coação ou o defeito que vicia o ato jurídico. Para muitos, a prova tende a ser impossível.

Coação irresistível, na verdade, não parece existir, pois o empregado poderia desafiar a recomendação do departamento pessoal e deixar de assinar o documento, por exemplo, de adesão ao seguro de vida. Não é necessário grande esforço para se constatar, porém, que o empregado se sujeita a não ser contratado, caso o serviço de recrutamento ainda estivesse em etapa preliminar, ou, se já consumada a admissão, arrisca-se a ser dispensado brevemente.

A coação, no caso, é aquela de índole trabalhista, em que o instinto de preservação do emprego – exatamente isso: um instinto que o trabalhador desenvolve e que consegue captar no ar o cheiro do desemprego – leva o trabalhador a se submeter a diversos níveis de exigência e de regras de conduta que, em outros cenários, não seriam viáveis.

Reforça ainda mais o argumento da "coação presumida" o fato de que a empresa seguradora normalmente é o próprio empregador, através de sua coligação com demais empresas do grupo econômico, donde a crítica que os bancários fazem no sentido de que todos eles, bem como todos os colegas das distribuidoras de títulos, das corretoras e das administradoras de cartão de crédito, subitamente, aderiram a um seguro de vida que o homem médio não procura manter em circunstâncias normais. Alega-se, portanto, que o contrato de trabalho serve para capitalizar a seguradora do conglomerado financeiro.

A tese da "coação presumida", no entanto, não obteve ressonância no Tribunal Superior do Trabalho, talvez pelo grau elevado de subjetivismo. Se parece mais apropriada para o caso do seguro de vida a que o bancário aderiu na data de admissão, pode não ser uma explicação adequada para planos de assistência odontológica, médico-hospitalar, previdência privada e similares.

A quarta fonte de descontos salariais é também a que gera maior volume de controvérsias judiciais, pois se relaciona com culpa no comportamento do trabalhador.

A culpa apresenta três faces, conforme estudos empreendidos no Direito Civil, quais sejam a negligência, a imprudência e a imperícia.

Os motoristas de ônibus e de caminhões, os condutores de fretes, os entregadores com veículos urbanos de carga e os operadores de empilhadeira sabem muito bem o significado da imperícia, porque a todo instante em que se observam avarias nos veículos conduzidos sofrem descontos salariais sob a alegação de que, houvessem se empenhado com maior atenção, teriam evitado o transtorno. Diz-se imperícia nesse caso, por se tratar da forma de culpa relacionada com falta de habilidade ou de conhecimentos técnicos para o exercício de algum ofício que requeira preparo e treinamento. Como a função exige manutenção em dia da Carteira Nacional de Habilitação, os motoristas passam a figurar na linha de frente dos trabalhadores sujeitos a alegação de imperícia.

Culpa por imprudência pode ser verificada sempre que o empregado ao se precipitar provoca estragos ou danifica o patrimônio do empregador, de algum colega, de clientes e de fornecedores. Tentar transportar material sob forte chuva, não usar os equipamentos de proteção, não respeitar as leis de trânsito e vários outros exemplos demonstram como o perigo está em todos os lados e poucos segundos de descuido são suficientes para jogar por terra longos anos de trabalho sob tensão.

A negligência normalmente está associada ao descumprimento das especificações do fabricante, à desídia, à pouca atenção e ao descaso com que o trabalhador procurou desenvolver sua atividade.

Habitualmente, o trabalhador se sente prejudicado porque a empresa não lhe proporciona chance de defesa nem esclarece ao certo de onde partiu o desconto salarial. A quebra de um vidro transportado, por exemplo, pode ter decorrido do excesso de serviço exigido do empregado para aquela jornada ou de uma cratera aberta no asfalto, assuntos que fogem ao controle do trabalhador, mas que normalmente são denominados de simples falta de atenção.

As multas de trânsito imputadas aos veículos da empresa compõem um capítulo à parte, pois os trabalhadores alegam que sofrem pressão por melhores rendimentos e isso, por vezes, exige exceder a velocidade, avançar no sinal amarelo ou converter à esquerda em local proibido. Recebida a multa, a empresa lança o valor para dedução salarial, ao contrário do que muitos cidadãos fariam, no sentido de averiguar as circunstâncias da autuação, horários e datas, para, possivelmente, apresentar recurso no âmbito administrativo. Como esse apelo pode demorar algum tempo e o empregado pode já não mais pertencer aos quadros da empresa quando do resultado, os empregadores dificilmente autorizam o recurso, não permitem que o empregado tenha acesso à autuação e declaram desde logo a culpa na condução do veículo.

Por tudo isso, o desconto salarial "por culpa" se torna assunto necessariamente polêmico e deveria merecer uma disciplina mais acurada por parte do legislador.

A única e solitária exigência feita pelo art. 462 é a autorização prévia do empregado anuindo com os descontos em caso de futuro comportamento culposo. Essa autorização é colhida no instante da admissão e assume caráter irreversível. Os formulários contínuos de contrato de trabalho, encontrados em qualquer papelaria, já trazem essa cláusula mesmo que a atividade do trabalhador não envolva condução de veículo, manuseio de vidros ou operação de máquinas sofisticadas. Quase não há um empregado com contrato escrito que não tenha firmado essa cláusula. Aliás, para assegurar o emprego assinariam coisas piores, seguramente.

Diante dessa crítica, a principal peça de resistência por parte do Processo do Trabalho é a atribuição do ônus da prova a cargo do empregador, em caso de questionamento dos descontos salariais por culpa. Competirá ao empregador provar inicialmente a existência da autorização escrita – algo relativamente fácil – e posteriormente as circunstâncias dos prejuízos causados, associando a culpa do trabalhador ao evento danoso. Se a empresa aproveitou o ensejo para dispensar o empregado por justa causa, terá o encargo adicional de demonstrar que o fato foi de tal gravidade que tornou insuportável o prosseguimento do contrato de trabalho.

O quinto elemento de desconto salarial vem a ser a ocorrência de dolo do empregado. A hipótese é tão extrema que praticamente não se verifica no Processo do Trabalho. Ademais, empregado algum escapa da dispensa com justa causa se for flagrado destruindo o patrimônio do empregador por deliberada má-fé. Daí por que o dolo, dos cinco blocos de descontos salariais, é de longe o menos estudado, o menos comum e o mais grave.

Uma pequena reflexão vem a calhar, ao final deste capítulo, a propósito do pensamento da Organização Internacional do Trabalho sobre a proteção ao salário.

O art. 462 da CLT está em sintonia com o disposto no art. 8.º, § 1.º, da Convenção 95 da Organização Internacional do Trabalho sobre proteção ao salário, em vigor no Brasil desde 1957: "Descontos em salários não serão autorizados, senão sob condições e limites prescritos pela legislação nacional ou fixados por convenção coletiva ou sentença arbitral".

Complementa o rol de proibições o disposto no art. 9.º da citada Convenção 95: "Fica proibido qualquer desconto dos salários cuja finalidade seja assegurar pagamento direto ou indireto do trabalhador ao empregador, a representante deste ou a qualquer intermediário (tal como um agente encarregado de recrutar a mão de obra), com o fim de obter ou conservar um emprego". O art. 462, § 4.º, da CLT arremata o assunto afirmando que "observado o disposto neste Capítulo, é vedado às empresas limitar, por qualquer forma, a liberdade dos empregados de dispor do seu salário". Sua redação em nada destoa do art. 6.º da Convenção 95: "Fica o empregador proibido de restringir a liberdade do trabalhador de dispor de seu salário da maneira que lhe convier".

Parte 3

Jornadas e pausas

Capítulo 1

Horas extras ontem e hoje

1. Jornada de trabalho e módulo semanal

Jornada é a duração do trabalho diário.

Considerando que a palavra jornada provém do idioma francês, em que a palavra *jour* significa dia, há quem entenda inapropriado o uso da expressão "jornada semanal", por ser conflitante, assim como "jornada diária", por ser pleonástica.

Logo, deveria se reservar a palavra jornada apenas para o módulo diário. Se queremos nos referir a diversos módulos horários, como o diário e o semanal, preferimos a palavra duração, que também abarca o estudo das pausas dentro da jornada, como o almoço, e o intervalo entre duas jornadas.

A tutela das normas de duração do trabalho abrange todas as atividades, com algumas exceções advindas da legislação trabalhista, tanto para trabalhos repetitivos quanto para os excessivamente fatigantes, que receberão jornadas reduzidas.

A legislação brasileira consagra a carga de oito horas de trabalho por dia, adotada na maior parte dos países industrializados e presente logo nos primeiros tratados internacionais de âmbito trabalhista.

A carga de oito horas é aquela mais aceita universalmente, por não ser tão excessiva quanto aquelas empregadas no início da Revolução Industrial, nem tão reduzida a ponto de colidir com o equilíbrio financeiro de um empreendimento.

Dentro de um ciclo de 24 horas, louva-se que o empregado tenha oito horas de sono, oito horas de trabalho e oito horas de suposto lazer. É claro que as oito horas de sono e as oito horas de lazer sofrerão diversos desfalques, como o tempo gasto em transporte coletivo, a dupla jornada com os afazeres domésticos e outras manifestações do cotidiano e da sobrevivência. Mas nada disso tira o valor da fixação das oito horas como jornada a ser perseguida.

Redução de jornada para atender a certas peculiaridades profissionais costuma ser bem recebida pela doutrina e jurisprudência, havendo exemplos em abundância na própria CLT (seis horas do bancário e do telefônico, cinco horas do jornalista) e fora dela (quatro horas do advogado, sete horas do cenógrafo e assim sucessivamente).

O que se questiona, porém, é o critério utilizado pelo legislador para reduzir o patamar de algumas profissões, devido a seu caráter fatigante, e deixar à margem diversas outras profissões não menos fatigantes, especialmente os trabalhos braçais mais penosos.

É claro que a pressão política e a atuação junto às casas legislativas em muito favorecem as categorias mais organizadas, mas o deve pensar a situação de forma englobada e não permitir que se crie o Direito do Trabalho pontual ou a emenda à CLT de acordo com a conveniência ou a circunstância, para agradar a um ou outro segmento.

Dispõe a CLT que a jornada de oito horas é a *duração normal do trabalho*. Já na Constituição brasileira consta que a jornada de oito horas é a *duração do trabalho normal*.

Indaga-se se existe diferença jurídica na posição do adjetivo normal, ou seja, se há consequências práticas quando se substitui a expressão duração normal do trabalho (CLT) por duração do trabalho normal (CF).

Há duas consequências encontradas nessas expressões.

A primeira é que, desde logo, ao dizer que a carga de oito horas é apenas a duração "normal", noticia-se que poderá haver a ocorrência de hora extraordinária, assim entendida a duração anormal do trabalho, ou, com mais elegância, a duração atípica, fora do comum ou fora do ordinário.

Várias expressões similares foram empregadas pela doutrina e pela jurisprudência, como serviços suplementares, sobretempo, sobrelabor, prorrogação de jornada, mas nada se compara à fama da expressão hora extraordinária, que, por sua vez, foi reduzida para hora extra.

A segunda consequência decorre das armadilhas da língua portuguesa.

Quando se diz "duração normal do trabalho", o adjetivo somente pode ter qualificado o substantivo imediatamente anterior, não restando dúvidas, portanto, de que a duração de oito horas é normal, enquanto o trabalho é uma atividade qualquer. Assim se interpretou a CLT durante décadas.

No entanto, a forma como foi redigido o art. 7.º, XIII, da CF/1988, tumultuou a interpretação jurídica ao promover a inversão da posição do adjetivo e se referir a "duração do trabalho normal".

No idioma pátrio, o adjetivo posto ao final da expressão tanto pode haver qualificado o primeiro substantivo (duração normal) quanto o segundo (trabalho normal).

Para piorar ainda mais a situação, o adjetivo utilizado é comum de gênero, servindo para qualificar tanto substantivos femininos, como duração, quanto masculinos, como trabalho.

Houvesse primado pela precisão linguística, o Constituinte deveria ter mantido a expressão da CLT (duração normal do trabalho) ou empregado outro adjetivo (duração do trabalho típico, duração do trabalho cotidiano), tudo para evitar a ambiguidade.

Não o fazendo, deu ensejo a uma controvérsia sobre a possibilidade de o legislador ordinário fixar jornadas superiores a oito horas, como as doze horas do petroquímico, as onze horas do aeronauta ou simplesmente a ausência de parâmetros para os exercentes de cargos de confiança e trabalhadores em atividades externas incompatíveis com o controle de jornada.

Entre os argumentos tendentes a validar essa legislação ordinária superior a oito horas foi utilizado o tema linguístico, no sentido de que as oito horas se destinam ao "trabalho normal", sendo válido que o legislador expanda, sob certas circunstâncias, a jornada para trabalhos "não normais" ou peculiares, como é caso do petroquímico em águas profundas, o aeronauta em voos de longa duração, cargos de chefia e atividades remotas.

A controvérsia persiste, mas não deixa de ser curioso que a língua portuguesa tenha sido utilizada como parte da fundamentação jurídica, neste passo.

Quanto ao módulo semanal, a CLT é omissa, mas sempre se entendeu que ela considerava o padrão de seis dias por semana, havendo um dia reservado para o descanso semanal, que era inicialmente não remunerado e, a partir de 1949, passou a ser remunerado. Correta a afirmação de que a premissa da CLT era, portanto, o módulo semanal de 48 horas.

Com o art. 7.º, XIII, da CF/1988 essa carga de 48 horas, entretanto, ficou expressamente vetada, pois o limite máximo foi reduzido para 44 horas.

Abaixo, analisa-se o impacto da mudança de 48 para 44 horas semanais. Por ora, é suficiente observar que a jornada de oito horas está mantida, sendo incorreta a crença, que existiu logo após a Constituição Federal de 1988, de que a jornada houvesse sido reduzida para 7h20min diárias. A novidade de 1988 é a coexistência de um módulo diário em discrepância com o módulo semanal. Como diria um leigo, o número 44 não faz parte da *tabuada do oito*, gerando dificuldades práticas a serem superadas com criatividade e que permearão as reflexões deste capítulo, inclusive quanto à forma de cálculo das horas extras e a harmonia entre o dia e a semana.

O *caput* do art. 59 da Consolidação das Leis do Trabalho foi feliz em sua redação genérica, prevendo a possibilidade de realização de hora extraordinária, de tal forma que resistiu a diversas alterações legislativas e se mantém intacto. Ao invés de mencionar que a jornada de oito horas pode ter duas horas extras, preferiu a locução "duração normal" da jornada poderá ser acrescida de até "duas horas suplementares". Logo, se a jornada normal do trabalhador era, digamos, de seis horas, como no caso do bancário, ainda assim duas serão as horas suplementares no máximo.

Houve quem enxergasse alguma diferença entre horas suplementares, expressão usada no *caput* do art. 59, e hora extraordinária ou serviço extraordinário, que aparece no art. 7.º, XVI, da Constituição Federal, e posteriormente foi incorporada a alguns parágrafos do mesmo art. 59, mas a diferença não encontrou maior repercussão jurídica. É verdade que havia uma diferença entre o adicional pago para a hora extraordinária previamente pactuada, que era de 20%, e o adicional para a hora extraordinária que pega o empregado de surpresa, que era de 25%, conforme art. 61, § 2.º, da CLT, em caso de "serviços inadiáveis". Àquela época em que a diferença de pagamento vigorava, poderia haver algum sentido em se distinguir a hora suplementar, como sendo aquela prorrogação acima do limite legal, mas prevista pelas partes, da hora extraordinária, como sendo aquela inesperada e realizada à revelia da expectativa do empregado.

Todavia, a Constituição Federal igualou os índices, fixando o patamar mínimo em 50%, na forma do art. 7.º, XVI, deixando de recepcionar todos os percentuais inferiores, inclusive a esdrúxula solução proposta pelo art. 61 de não acoplar nenhum adicional em caso de força maior. A tentativa de alguns setores do Direito do Trabalho em estabelecer uma proporcionalidade, dizendo que o adicional de 20% passou para 50% e, por conseguinte, o adicional de 25% deveria encontrar um percentual que fosse ao menos um quarto superior a 50%, não encontrou maior ressonância, e foi assim que todos se nivelaram por cima e o tema sobre a nomenclatura perdeu sua razão de ser.

Houve também, em tempos remotos, uma controvérsia sobre a carga de duas horas suplementares, de que fala o art. 58, quando aplicada sobre jornadas reduzidas. Há pertinência no debate, embora subdesenvolvido. Ora, se a Consolidação das Leis do Trabalho contempla duas horas suplementares para a carga de oito horas, é razoável pensar que o esforço do trabalhador era apenas um quarto acima de seu cotidiano normal de oito horas, não se devendo falar em quantidade abusiva de prorrogação. Ao revés, se a jornada cotidiana é de quatro ou cinco horas, as duas horas suplementares representam metade ou mais do que um terço do esforço diário, o que não deixa de ser intrigante.

Porém, como a redação do art. 59 foi no sentido de que duas horas suplementares podem ser requeridas sobre qualquer duração normal de trabalho, prevaleceu o entendimento de que a base sobre a qual se apoiam os serviços suplementares é irrelevante, podendo ser jornada de oito, sete, seis ou menos horas.

O que dizer, entretanto, das empresas que praticam normalmente jornadas de 12 horas?

A situação é evidentemente irregular.

Nem a Constituição Federal de 1988 nem a Consolidação das Leis do Trabalho toleram a hora extraordinária como um fato cotidiano e, mesmo se o fizessem, não contemplam carga ilimitada de prorrogação. O próprio significado da palavra extraordinária já está a revelar aquilo que é fora do comum, fora do cotidiano, fora do ordinário, enquanto categorias inteiras, como seguranças e vigilantes, submetem-se a jornadas de doze ou de quatorze horas e se veem na crença de que aquele cenário é normal ou legal. Nem um, nem outro.

A carga de doze horas, de duvidosa constitucionalidade, encontra respaldo brevemente no conceito de força maior e de realização de serviços inadiáveis, como se poderá observar no estudo do art. 61, adiante. Nada disso ocorre no serviço cotidiano e repetitivo, em que desde a admissão o empregado é avisado de que sua jornada terá lugar ao longo das doze horas, habitualmente e sem nenhuma força maior visível.

Evidentemente, a empresa paga pela hora extraordinária, com o adicional legal ou convencional, e, não o fazendo, gera o oceano de ações judiciais em torno de diferenças de horas extras e reflexos. Era só o que faltava termos a jornada de doze horas sem o pagamento adicional. Mas não é esse o maior problema. A questão é saber se a hora extraordinária pode ser ordinária, se a excepcionalidade pode ser a regra e se dois trabalhadores podem fazer o serviço de três. O que está por trás, não resta dúvida, é o barateamento da mão de obra, pois até determinada quantidade, minuciosamente calculada pelo patronato, a hora extraordinária sai mais em conta do que a admissão de novo empregado, a tempo parcial ou a tempo integral, formando-se uma lógica perversa.

Dada a massa salarial normalmente baixa para o custo de vida de qualquer comunidade brasileira, a realização da hora extraordinária se apresenta como uma oportunidade única para o trabalhador aumentar um pouco seus rendimentos, de tal forma que nem ele, nem sua entidade sindical ousam discordar do procedimento, postular rescisão indireta por descumprimento da legislação social – por exemplo, descumprimento ao art. 59 da Consolidação das Leis do Trabalho, ora – tampouco questionar o abuso cometido na exigência de serviços suplementares indefinidos. Foi assim que a carga de doze horas passou a ser considerada normal e a carga de quatorze ou dezesseis horas deixou de ser uma situação rara. Aliás, normas coletivas variadas existem que estipulam faixas diferentes de adicional para a primeira, segunda, terceira, quarta e quinta hora extraordinária no mesmo dia, ou seja, involuntariamente, a negociação coletiva, curvando-se à realidade, coonesta a exigência da carga medieval de trabalho.

Observe-se, porém, que as horas suplementares encontram limite em apenas duas ao dia.

Ironicamente, quem levou a questão às últimas instâncias não foram os empregados, aparentemente anestesiados quanto às cargas pesadas, mas alguns empregadores, que argumentaram da seguinte forma: se a Consolidação das Leis do Trabalho limita a duas as horas suplementares diárias, o que exceder desse patamar é um trabalho proibido e, via de consequência, não merece pagamento algum. Caso, porém, o pagamento seja efetuado, terá natureza indenizatória, o que significa cassação dos reflexos e uso do adicional legal em detrimento do adicional mais bem previsto em Convenção Coletiva. Quantos argumentos em torno de uma questão tão simples!

Ora, se as horas suplementares foram realizadas, por bem ou por mal, com a concordância expressa ou não do trabalhador, devem ser contraprestadas. A limitação do art. 59 da Consolidação das Leis do Trabalho objetivava a moralização dessa exigência de prorrogação de expediente, a disciplina do instituto para não tolher a abertura de novos postos de trabalho, a higiene e a segurança do trabalho, a fim de não expor o trabalhador à fadiga excessiva e, finalmente, a possibilidade de autuação da empresa pela autoridade administrativa ou, se for o caso, o pedido de rescisão indireta do trabalhador ante o descumprimento reiterado da legislação trabalhista por parte do empregador.

Se nada disso aconteceu e o expediente sofreu a prorrogação, a única consequência que se pode imaginar é que, de plano, o empregador arque com o pagamento integral da hora extraordinária, para, depois, discutir se o procedimento teve alguma outra consequência.

Para piorar ainda mais o cenário, é evidente que o empregador que postule o não pagamento da terceira hora extraordinária ou o pagamento com natureza indenizatória estará a alegar a própria torpeza, pois ele ou incentivou ou, se tanto, tolerou a prorrogação excessiva e, agora, pretende tirar proveito da limitação legal que, no cotidiano, não respeitou.

Nesse mesmo sentido, é inválida a cláusula da convenção ou do acordo coletivo que limita a quantidade máxima de horas extras a serem pagas na categoria: se as horas extras foram realizadas, pagas terão de ser, não se podendo ajustar coletivamente um pacote básico de horas extras, ainda que a cláusula preveja seu pagamento naqueles meses em que a quantia deixou de ser trabalhada.

Indaga-se, por fim, se existe alguma diferença entre combinar a hora extraordinária de modo verbal ou ajustar a prorrogação por escrito, no contrato de trabalho individual ou mediante negociação coletiva (não se trata da discussão sobre compensação de jornada ajustada verbalmente, mas de solicitação para o cumprimento de horas extras, a serem feitas e pagas).

Essa distinção já teve relevância expressiva antes da Constituição Federal, porque havia na legislação o adicional de 20% para a hora extraordinária *previamente convencionada* e adicional de 25% para as horas não combinadas, decorrentes de força maior ou execução de serviços inadiáveis. Exigia-se do empregador a prova escrita da prévia estipulação da hora extraordinária, na forma do art. 59, *caput*, caso pretendesse o pagamento do adicional de 20%. Considerando-se o que acima se falou sobre o nivelamento do adicional em 50% para todas as hipóteses, a questão do acordo escrito para a hora extraordinária – não se trata, ainda, de compensação de jornada, observe-se – resta mitigada.

2. Tempo à disposição do empregador: o conceito de jornada itinerária

De início, não se falava do tema de cômputo do trajeto gasto pelo empregado de casa para o trabalho dentro de sua jornada. A questão era necessariamente entendida como um problema único e exclusivo do trabalhador. Aos poucos, porém, a rigidez foi sendo abrandada pela jurisprudência, atingindo seu ápice na edição da Súmula n. 90 do Tribunal Superior do Trabalho, que considerou razoável a contagem do tempo gasto pelo empregado, se o trajeto já não estivesse mais dentro dos limites corriqueiros do transporte coletivo de uma cidade, o que normalmente ocorre com empregos na zona rural ou, mesmo em áreas urbanas, em locais de difícil acesso. O cenário começava a mudar, com impacto direto no regime de horas extras.

Houve quem propusesse que o conceito de jornada itinerária abrangesse inicialmente o tempo gasto para o deslocamento acima daquele originalmente verificado no início do contrato de trabalho.

Por exemplo, um trabalhador arruma um emprego a duas quadras de sua residência e assim permanece por alguns anos, quando, subitamente, é pego pela notícia de que a fábrica se mudará para outro bairro, dentro da mesma cidade e dentro da rede de transporte coletivo. Ocorre que o deslocamento doravante será de duas horas de ônibus para ir e mais duas horas para voltar.

Por esse raciocínio, o empregado poderia reivindicar a inclusão dessas quatro horas em sua jornada (para não haver hora extraordinária, deveria se ativar por apenas quatro horas e logo começar seu retorno, por assim dizer). A tese, porém, não prosperou por diversas dificuldades. Não se sabe ao certo quantos e quais trabalhadores seriam afetados pela mudança das instalações da empresa. Alguns, inclusive, serão beneficiados, com a troca do itinerário dos ônibus, o encurtamento das distâncias e eventualmente com a possibilidade de fazerem o trajeto a pé. Não está desenvolvida a noção de direito adquirido à duração do trajeto. Mesmo no tema da transferência, de que trata o art. 469 da CLT, não se tutela este segmento, mas apenas aquelas transferências mais complexas, que envolvem a alteração do domicílio do trabalhador (quando muito, da residência) ou quando representam oscilação do próprio município ou região geopolítica.

Embora esse entendimento não tenha encontrado ressonância na jurisprudência, a outra hipótese de jornada itinerária foi bem-sucedida, a saber, a inclusão na jornada de trabalho do trajeto gasto em trecho desprovido de transporte coletivo.

Assim aparece na Súmula n. 90, desde 10 de novembro de 1978. Seus méritos, porém, esbarram na dificuldade de precisão sobre alguns conceitos não jurídicos, que forçaram o Tribunal Superior do Trabalho a sucessivas revisões do entendimento da Súmula, e, ao depois, pela censura da Reforma Trabalhista de 2017, que deu nova redação ao art. 58, § 2º.

As principais questões controvertidas diziam respeito a trajetos mistos (parte provida e parte desprovida de transporte coletivo), transportes precários (assim entendidos aqueles com excesso de passageiros, intervalos irregulares e ambiente decaído), transporte fornecido pelo empregador, mesmo havendo o transporte coletivo lado a lado e, finalmente, a questão sobre o transporte existente, mas em horários incompatíveis com a jornada de trabalho.

Entendemos ser necessário o panorama histórico, mesmo com o afastamento do conceito de jornada itinerária pela reforma de 2017, pois há pontos pendentes a serem equacionados pelo Direito do Trabalho.

Entendia-se, nesse raciocínio, que a empresa instalada em tão remoto local deve arcar com os riscos e com as peculiaridades próprias desta atividade econômica, que pode ser uma produção rural ou simplesmente um empreendimento urbano deslocado para áreas mais afastadas por questões de barateamento das instalações físicas ou simplesmente de posturas urbanas ou ambientais. Atribuir esse risco também ao empregado pareceu incorreto a essa premissa em prol da jornada itinerária.

De que forma o trabalhador fará o trajeto final, do ponto final do ônibus até a porta da empresa, torna-se irrelevante para a questão da jornada itinerária. Pode ser que o trajeto seja feito a pé, ao longo de meia ou de uma hora, por exemplo, ou pode ser que ele espere uma condução particular do empregador, como um outro ônibus, micro-ônibus ou similares.

Para não ter de pagar em dinheiro pelas horas suplementares, o empregador via-se forçado a reduzir o tempo efetivo de atuação do empregado. Por exemplo, a carga de oito horas de operação da máquina será reduzida para sete horas de tempo efetivo, pois o empregado gasta meia hora no trajeto desprovido de transporte coletivo para ir e mais meia hora para voltar até o ponto extremo da linha de ônibus público.

Caso não se tomasse esse tipo de cautela, muitos casos de jornada itinerária geravam pagamento de hora extraordinária, pois as oito horas de operação da máquina serão somadas às duas fatias de meia hora cada uma, nos trajetos entre a fábrica e o ponto final do ônibus. Daí por que alguns, desavisadamente, associam jornada itinerária como sinônimo de hora extraordinária, o que não é correto afirmar, mas apenas uma maior probabilidade.

Esse entendimento de que a jornada itinerária represente apenas o direito de contar como tempo à disposição do empregador o trajeto desprovido de transporte coletivo e não represente obrigatoriamente o pagamento de hora extraordinária está na raiz de uma outra discussão muito conhecida do trabalho rural, a saber, a validade, ou não, de a negociação coletiva adentrar nesse campo e fixar a média de duração do trajeto e a natureza jurídica do pagamento a ser efetuado pelo empregador. A questão deve ser vista com cautela e requer o desdobramento dos diversos itens envolvidos, a fim de não se cometer nenhuma irregularidade jurídica.

Estipular simplesmente a média do trajeto gasto, no ambiente desprovido por transporte público, é medida razoável, que atende até mesmo aos anseios de segurança e certeza jurídica. Em uma zona rural ou em bairros afastados em zonas urbanas, torna-se muito difícil controlar precisamente quanto tempo cada trabalhador leva de seu domicílio até o local de trabalho, separando-se o trecho servido pelos meios públicos do trecho desguarnecido. Pior ainda se os trabalhadores se valem de meios alternativos, como bicicletas, caronas e veículos de tração animal, o que nada deve surpreender na realidade complexa do país.

Assim, as entidades sindicais podem avençar uma média de tempo gasto, por meios fornecidos pelo empregador ou não, entre o final dos trechos públicos e a chegada até a empresa. Não haverá violação ao módulo de oito horas de jornada, pois o trabalhador mantém assegurados os direitos concernentes à duração normal do trabalho, com a única ressalva de que a média da caminhada não será provada por testemunhos, mas, sim, por norma geral de aplicação a toda categoria, ou para segmentos da categoria (por exemplo, cláusula que separe os que vêm a pé dos que vêm de ônibus cedido pela empresa).

Difícil é saber quando cessa a razoabilidade e quando começa a disparidade flagrante na fixação da média de jornada itinerária.

Mesmo com a afirmação do art. 58, § 2º, da CLT, a partir de 2017, de que o deslocamento não se insere no conceito de jornada, temos de sopesar o papel desempenhado por outros dispositivos legais que incluem diferentes formas de percurso.

Assim já constava, por exemplo, do art. 294 da CLT, quando, ao tratar do trabalho em minas de subsolo, estipulou que "o tempo despendido pelo empregado da boca da mina ao local do trabalho e vice-versa será computado para o efeito de pagamento do salário", podendo ser apontado como precursor do conceito de jornada itinerária, muito embora adstrito a uma profissão peculiar (mineiros) e a um espaço físico em especial (mineradoras, normalmente dotadas de grande extensão física, a ponto de haver diferença significativa entre a entrada da mina e o local efetivo da exploração mineral, metros ou quilômetros abaixo).

Exceções podem surgir por força de lei, como no caso dos petroquímicos, cuja norma já dispõe sobre os locais de difícil acesso (por exemplo, art. 3.º, IV, da Lei 5.811/1972).

Embora pareça razoável admitir que a negociação coletiva fixe parâmetros médios de tempo gasto pelo trabalhador do ponto final da linha de transporte até a entrada da empresa ou da entrada da empresa até o local de trabalho, dúvidas muito maiores haverá se a norma coletiva pode ambicionar a mudança da natureza jurídica do pagamento.

A comparação desses trajetos, dentro ou fora da empresa, com horas de sobreaviso ou com horas de prontidão mostra-se igualmente inapropriada. As horas de sobreaviso e as horas de prontidão tiveram desenvolvimento pequeno no Direito do Trabalho Brasileiro, mas seriam muito úteis para resolver problemas variados de algumas profissões que devem manter contato permanente com o empregador, pelos meios eletrônicos de comunicação ou simplesmente por se exigir a fixação da residência no próprio local de trabalho. De concreto, o que temos hoje na legislação brasileira é apenas a referência feita pelo art. 244 da CLT a propósito de ferroviários submetidos a escalas de trabalho e que não devem sair de suas casas (sobreaviso) para caso de chamado de emergência ou que devem estar uniformizados nas imediações do local de trabalho, para outros níveis de emergência (prontidão).

Quando o assunto é a definição de acidente de trabalho, a Lei n. 8.213/1991, ao elencar as hipóteses atípicas de ocorrência do sinistro, fez constar o evento verificado no trajeto entre a residência e o trabalho, qualquer que seja o meio de transporte, incluído o trajeto servido pelo sistema público. Ademais, incluiu também no conceito de acidente de trabalho aquele sofrido durante o intervalo para refeição e descanso, desde que nas dependências da empresa, quando normalmente se exclui esse intervalo intrajornada do conceito de jornada.

Não há que se falar em discrepância entre as normas legais, mas em adoção de premissas diferentes e circunstâncias diferentes, a saber: o estudo da jornada itinerária objetiva encontrar o sentido de tempo de trabalho efetivo ou em preparo – o que teve amparo na jurisprudência e denegação pelo legislador de 2017 –, enquanto o conceito de acidente de trabalho objetiva expandir a proteção da seguridade social para o trabalhador em situação aflitiva, inclusive tratamento médico e, se for o caso, garantia de emprego para o período de adversidade. Justifica-se que este seja mais amplo do que aquele.

Ainda dentro do esforço histórico das décadas de 1970 a 2010, entendeu-se que a precariedade do transporte coletivo não podia ser oposta ao empregador, cuidando-se de dever do Estado, segundo a própria Constituição Federal de 1988. É como se esperasse dos empregados e da sociedade que pressionem por melhorias no transporte coletivo e não se espere que o empregador recompense o empregado por esse tipo de aborrecimento. São diversas as situações em torno de transporte insuficiente ou decaído. O trabalhador tem de esperar pela passagem de dois ou três carros para poder entrar no próximo; nas grandes cidades, nos momentos de pico, não se consegue nem mesmo circular por áreas de embarque; a superlotação acarreta o transporte em condições desumanas, normalmente em pé, quando se consegue ficar inteiramente para dentro da composição.

Diferente, porém, é a situação do transporte incompatível com a jornada de trabalho. Suponha-se, ainda por hipótese, que a empresa esteja instalada em local de acesso a transporte coletivo, mas que cessa ao final do horário comercial comum, por volta das 18h, ao passo que o estabelecimento funcione 24 horas por dia. Teremos, então, a curiosa situação de uma mesma empresa deter empregados que se valem do transporte coletivo e outros que necessitam do transporte particular. Não é este um grande problema, bastante que se separem os casos e que se computem na jornada de trabalho as horas gastas pelos operários do turno da noite no deslocamento até a fábrica. Haverá os empregados na zona mista, como aqueles que têm transporte para ir, mas não para voltar ou vice-versa.

Penso que a reforma legislativa de 2017, vetando o conceito de jornada de trajeto, colocou à mesa uma relevante questão de direito intertemporal: embora se possa dizer que as mudanças legislativas sobre horas extras e congêneres apanham o contrato de trabalho na forma como se encontra, há inegável impacto no processo produtivo e no fato de muitos empregados, que atuavam, digamos, 6h no maquinário e 1h em cada perna do trajeto, agora serão chamados a permanecerem 8h no maquinário, desprezando-se o tempo de deslocamento.

Porque o contrato de trabalho é de trato sucessivo, sempre recebeu o influxo da nova legislação durante seu cotidiano. Não houve êxito em teses sobre a aplicabilidade da legislação apenas para contratos novos, ao contrário do que sucede quanto ao direito adquirido de condições mais benéficas e cláusulas contratuais. Em resumo, não há direito adquirido contra o legislador.

Negociação coletiva e aplicação de regras de transição seriam os caminhos mais desejados para atenuação dos impactos provocados pelo novo regime legal.

Não se perca de vista, tampouco, que a norma restritiva a jornadas de trajeto (art. 58, § 2º) não alcança os deslocamentos dentro dos domínios da empresa nem o tempo gasto pelos empregados em atividades externas, entre um compromisso e outro, como visita a clientes e fornecedores, filiais e escritórios de representação, porque nesses casos, embora se valham dos transportes públicos, estão em efetivo desempenho de suas tarefas e à disposição do empregador.

Outrossim, o estudo de jornada itinerária precisa lançar luzes sobre a situação do trabalhador rural e do trabalhado domésticos, nos casos em que ambos atuem em locais ermos e desprovidos de transportes: embora alguém possa dizer que a situação é idêntica à do trabalhador urbano, fato é que as disposições sobre horas extras contidas na CLT nem sempre alcançam esses contratos de trabalho. Eles possuem regramentos próprios, de 1973 e de 2015, respectivamente, com alguns conceitos e critérios especiais sobre registro de jornada, intervalo para refeição e outros elementos componentes do painel das jornadas e pausas.

Para que a vedação ao conceito de jornada itinerária atinja rurais e domésticos, será preciso dizer que o art. 58 é complementar ao regime de trabalho especial e não possui incompatibilidade com suas regras. Há fundamento para fazer essa ponte, porque ambas as normas contemplam dispositivos mandando aplicar subsidiariamente a CLT naquilo que não for incompatível com as disposições especiais. Talvez ninguém se lembre de discutir o assunto no âmbito das relações domésticas, por ser mais rara a atividade em residências familiares isoladas na cidade ou no campo, mas a realidade rural precisa ser bem refletida, porque, ao contrário de todos os demais, são os casos de maior deslocamento que se pode ter em relações de trabalho, dentro ou fora das terras do empregador.

Em resumo, se o art. 58, § 2º, da CLT, não puder ser inserido no campo das normas subsidiárias do trabalho rural e doméstico, o entendimento da Súmula 90 do TST deverá ser mantido para uns e outros. Em verdade, o conceito de jornada é ditado pela lógica e pela essência do Direito do Trabalho e não pelo legislador.

Por derradeiro, façamos a voo de pássaro uma reflexão sobre peculiaridades pequenas e microempresas

A Constituição Federal de 1988 conclama o legislador a oferecer prerrogativas para as empresas de pequeno porte, no art. 170, IX, e no art. 179, por meio de "tratamento jurídico diferenciado, visando a incentivá-las pela simplificação de suas obrigações administrativas" e outras formas.

Não podemos dizer que a promessa tenha sido cumprida pelo legislador no âmbito trabalhista.

Pode-se argumentar que a desnecessidade de cartões de ponto para estabelecimentos com até 10 empregados, que passou para 20 empregados em reforma legislativa de 2019, simplifique a atuação de ambientes de pequeno porte, mas nem seria um exemplo adequado de tratamento diferenciado ao microempresário. Há quem cite, também, o fato de as normas de saúde e segurança do trabalho somente exigirem a formação de comissões internas a partir de 51 empregados e a contratação de técnicos de segurança do trabalho a partir de 20 empregados, a depender do grau de risco da empresa, mas aí também estamos diante mais de um cenário de desnecessidade da estrutura do que de prerrogativas dos microempreendedores.

Mas houve um exemplo concreto que perdurou de 2006 a 2017.

À época prevalecia o entendimento jurisprudencial sobre jornada itinerária, autorizando o art. 58, § 3º, da CLT a que os microempresários mantivessem negociações diretas com as entidades sindicais para fins de alinhamento de conceitos, duração média dos percursos e formas de pagamento para os empregados. O dispositivo foi inserido ao corpo da CLT pela Estatuto da Microempresa de 2006 e, depois, retirado pela reforma trabalhista de 2017, porque esta também afastou o conceito da própria jornada *in itinere*, o que tornou despiciendo saber se o pequeno empresário poderia firmar acordo coletivo sobre o tema.

A verdade é que as empresas muito pequenas não costumam se instalar em locais remotos, de difícil acesso, achando-se mais facilmente encontradas nos centros comerciais ou industriais, em que podem, inclusive, compartilhar instalações e insumos. Não se quer dizer que o art. 58, § 3.º não tenha encontrado nenhuma aplicação prática em seus 11 anos de vida, mas seu destinatário preferencial eram as empresas de grande porte, as propriedades agroindustriais e algumas siderúrgicas, que dificilmente estarão inseridas nos patamares da pequena empresa.

3. Tempo dispendido para higiene e atividades particulares

O simples fato de estar dentro das dependências do empregador não deve produzir a certeza de que o empregado está aguardando ou executando ordens.

Há precedentes antigos, como Súmula 96 oriunda dos anos 1960: "A permanência do tripulante a bordo do navio, no período de repouso, além da jornada, não importa em presunção de que esteja à disposição do empregador ou em regime de prorrogação de horário, circunstâncias que devem resultar provadas, dada a natureza do serviço".

Houve debate análogo quando da promulgação da Lei dos Domésticos (LC 150/2015), em que se controverte sobre a melhor forma de considerar o tempo de seu recato e recolhimento quando mora na mesma residência em que trabalha.

Nesse contexto, o legislador dispõe no art. 4º, § 2º, da CLT, com redação dada pelas reformas de 2017, que devem ser excluídos da contagem da jornada os períodos gastos dentro das dependências da empresa por razões de conveniência do empregado ("quando o empregado, por escolha própria, buscar proteção pessoal, em caso de insegurança nas vias públicas ou más condições climáticas, bem como adentrar ou permanecer nas dependências da empresa para exercer atividades particulares").

Cautela especial deve ter a interpretação do inciso VIII desse § 2º, porque o tempo gasto para a uniformização se insere no conceito de tempo à disposição do empregador, de maneira geral. Há casos em que o uniforme nada mais é do que um jaleco ou um distintivo, com gasto de segundos ou de poucos minutos. No entanto, situações mais complexas, como o fardamento, o uso de objetos de primeiros socorros, a necessidade de higiene para acesso a áreas restritas e demais indumentárias tornam o tempo de uniformização bem mais complexo e não se pode ignorar sua inserção na jornada de trabalho.

O fato de o empregador autorizar a uniformização em casa não encerra a análise do problema. Neste particular, o legislador teve o cuidado de fazer a ressalva quanto ao uniforme liberado para ser arrumado em casa. Assim, pode-se argumentar que o empregado, por exemplo, quis fazer sua higiene pessoal no local de trabalho porque dali iria para sua escola ou faculdade, por exemplo.

4. Redução de jornada em turno ininterrupto de revezamento

Alternar o turno de modo ininterrupto significa, em poucas palavras, começar o expediente a cada dia num horário diferente, mesclando jornadas diurnas e noturnas. O impacto disso no organismo do trabalhador é imenso, sem contar as limitações severas que serão impostas sobre seu convívio social, familiar e sobre a execução de outras atividades do cotidiano.

Normalmente são empresas que funcionam 24 horas por dia e têm um sistema produtivo em que a parcela da produção em que atua determinado grupo de empregados somente retorna a cada dia e meio para seu posto. Assim, se o empregado atuar sempre às 08h00 da manhã não será otimizado seu desempenho. Melhor seria, para aquele empreendimento em particular, que o empregado atue na manhã de um dia, na tarde do outro e na noite do subsequente.

Pensou-se em proibir esse regime, nos trabalhos da Constituinte de 1987/1988, mas a solução intermediária encontrada foi reduzir a carga de oito para seis horas. O argumento principal é que a jornada de seis horas suaviza um pouco o impacto desta modalidade de trabalho penoso, mas verdadeiramente cria-se outro problema, pois a alternância de três horários redundará em quatro horários.

Exemplificativamente, o trabalhador que cumpria três jornadas, das 08h00/16h00, 16h00/24h00 e 24h00/08h00, deve ser adaptado para quatro turnos de seis horas, na forma do art. 7.º, XIV, da Constituição Federal de 1988, das 08h00/14h00, 14h00/20h00, 20h00/02h00 e 02h00/08h00. Os exemplos obviamente foram simplificados para agilizar a leitura, pois teriam de ser aprimorados para levar em consideração o intervalo para refeição e descanso.

Em suma, os empregados sujeitos ao turno ininterrupto de revezamento dispõem do divisor 180 pois a carga diária é de seis horas.

A alternância deve ser constante, preferencialmente diária ou semanal, para que se possa configurar o turno ininterrupto de revezamento. Mera mudança de horário eventual se insere dentro do poder diretivo do empregador e não assegura a jornada de seis horas ao empregado. Por exemplo, cobertura de férias do colega do período vespertino, troca de filial, cobertura de licença-maternidade e assim por diante.

Alternâncias de horários dentro do mesmo período do dia também não representam turno ininterrupto de revezamento – por exemplo, oscilação entre jornada das 08h00 às 17h00, das 09h00 às 18h00 e das 10h00 às 19h00. O turno ininterrupto de revezamento não se sensibiliza tampouco com mudança matutina e vespertina, clamando que exista pelo menos uma jornada noturna para que se possa falar em alternância ininterrupta.

Difícil será saber qual o momento em que a alternância deixa de ser eventual e passa a ser constante. Mudanças diárias e semanais, de um lado, e mudanças anuais e semestrais, de outro lado, são exemplos relativamente fáceis de lidar – turno ininterrupto de revezamento nos primeiros exemplos e mudanças eventuais nos exemplos finais. Mas o que dizer da mudança, por exemplo, mensal? A sensibilidade do observador externo deverá responder a pergunta adotando-se a premissa da alteração do relógio biológico e os empecilhos à vida cotidiana do empregado.

A adoção do sistema de revezamento se insere dentro do poder diretivo do empregador, não sendo possível forçar a empresa a aderir a um sistema ininterrupto de revezamento de turnos se assim ela não deseja. Ainda que a empresa funcione 24 horas por dia, o empregador pode lidar com sistemas de turnos fixos, ingressando o trabalhador diariamente no mesmo horário, com jornada regular de oito horas.

Por óbvio, o acordo coletivo deve ter sido aprovado por assembleia dos empregados, como requisito de validade, na forma dos art. 611 e seguintes da Consolidação das Leis do Trabalho, sob pena de não ser aceita a majoração da jornada.

O trabalho em turno ininterrupto de revezamento não afeta os direitos noturnos nem interfere no sistema de intervalo para refeição e descanso e de folga semanal.

Por negociação coletiva, pode-se manter a jornada de oito horas para o trabalhador sujeito a turno ininterrupto de revezamento e não lhe conceder a vantagem prevista pela Constituição Federal de 1988, que entendeu, no particular, haver autonomia dos particulares sobre a questão.

A negociação coletiva pode reestabelecer a jornada de 8h para os empregados submetidos ao turno ininterrupto de revezamento, ou seja, pode excepcionar o art. 7.º, XIV, e manter os empregados no regime do art. 7.º, XIII, aquele que estabelece a jornada de 8h diárias e 44h semanais. Estranho seria se o intérprete considerasse que, ao afirmar que a jornada é de seis horas "salvo negociação coletiva, o Constituinte houvesse dado um cheque em branco para o sindicato estabelecer jornadas em limites".

Não são exigidas contrapartidas explícitas nem são feitas perguntas sobre quais foram as razões que levaram o sindicato a piorar a jornada de trabalho dos membros da categoria: é suficiente saber que o art. 7.º, XIV, admite essa mudança para pior. No entanto, um dispositivo deve ser interpretado em consonância com o outro, de sorte que nenhuma negociação coletiva poderia ser feita em desrespeito ao limite de oito horas, constante do inciso imediatamente anterior, ambos do art. 7.º da Constituição, como já dito.

Se acaso os sindicatos insistirem na avença de jornadas de 10h ou de 12h, dentro do regime de turno ininterrupto de revezamento, então o remédio jurídico será considerar inválida a negociação e devolver o contrato de trabalho ao estado anterior, ou seja, a carga normal de 6h estipulada pela Constituição Federal de 1988 e a obrigação de pagar como horas extras todo o excedente da sexta.

No caso de a negociação coletiva embaralhar a jornada 12x36 com o turno ininterrupto de revezamento, há entendimentos favoráveis ao pagamento de horas extras apenas acima da 8ª diária e não da 6ª diária: alguns sindicatos aceitam pactuar jornada das 7h00 às 19h00 em um dia, folga no dia seguinte, jornada das 19h00 às 07h00 no terceiro dia, folga no quarto dia e assim sucessivamente. A expressão 12x36 não é adequada à hipótese, por conseguinte, haja vista que as doze horas de labor são seguidas ora por 48h de espaço entre a próxima jornada, ora por apenas 24h. É certo que o módulo continua a ser dia sim, dia não, mas com a enorme diferença de os expedientes alternarem o período diurno com o período noturno, algo um tanto penoso. Pode-se, então, anular a compensação 12x36, mas aproveitar a parte da cláusula normativa em que a jornada de seis horas foi afastada em regime de turno ininterrupto de revezamento. Daí o entendimento de que somente são devidas as horas extras a partir da 9ª hora.

Eventual violação ao intervalo para refeição e descanso, na jornada de oito horas em turno de revezamento, não foi considerada suficiente para transformar a jornada em nove horas e, assim, desnaturar a norma coletiva. Explica-se. O trabalhador, privado do intervalo para refeição, atrai o direito a receber essa hora de almoço como hora extra – ou talvez como hora indenizada, como consta do art. 71, § 4º, da CLT a partir da reforma de 2017 –, mas também o direito de contar o período não almoçado como uma nona hora de trabalho.

Se for dado ao trabalhador o direito de considerar a jornada em nove horas, então ele passaria a ter direito a invalidar a norma coletiva, voltar ao padrão de seis horas, ganhar três horas extras por dia, mais àquela hora do intervalo, a ser paga separadamente, e, ainda, utilizar o divisor 180.

Esse regime apresenta algumas variações análogas, como o módulo conhecido por 4x2 com alternância – 07h00 às 19h00 nos dois primeiros dias, 19h00 às 07h00 nos dois dias seguintes e mais duas folgas consecutivas.

Importante frisar que, em qualquer das soluções apresentadas pela negociação coletiva, o organismo do trabalhador está submetido às oscilações entre noite e dia, o que, segundo o art. 7.º, XIV, da Constituição Federal de 1988, dá ensejo à redução da jornada para seis horas.

Capítulo 2

Compensação semanal de jornada

1. Origens da compensação de jornada pelo regime da semana inglesa

O sistema brasileiro contempla hipóteses de realização de hora extraordinária desprovida de pagamento suplementar. Há uma má compreensão da matéria, pois algumas pessoas chegam a pensar que a jornada de nove horas num dia, se compensada com a jornada de sete horas no dia seguinte, não envolveu hora extraordinária. Envolveu hora extraordinária, de qualquer forma, porque a carga de oito horas foi excedida, ainda que não gere pagamento do adicional da hora extra.

Cuida-se do regime de compensação das horas suplementares, com o descanso num dia proporcional ao excesso de outro dia.

Separa-se o estudo da compensação em dois blocos, porque originalmente o excesso e o repouso tinham de ocorrer na mesma semana – regime de compensação semanal – e desde a década de 1999 se permite a compensação espalhada pelo período de 12 meses – ou até mais do que isso, em sede de legislação emergencial como verificada na pandemia.

Dúvida histórica sobre a obrigatoriedade de negociação coletiva para a compensação semanal, devido à redação ambígua dos dispositivos legais, foi resolvida em prol da validade dos ajustes individuais, tanto pela jurisprudência quanto pela reforma trabalhista de 2017. Resta aos sindicatos, apenas, a possibilidade de inserir, em cláusula de norma coletiva, alguma procedimentalização a respeito, mas, de maneira geral, o acordo individual é aceito para as compensações semanais.

Durante décadas se exigiu a forma escrita, numa interpretação mais sistemática do que gramatical. A compensação tácita ou verbal sempre foi tratada com desconfiança, a começar pela dificuldade de comprovação e de delimitação. Aos poucos, essas modalidades informais de compensação foram toleradas pelos julgadores, sob o fundamento de que o contrato de trabalho pode ele próprio ser tácito ou não escrito, e, ao depois, viriam a ser chanceladas pela reforma trabalhista de 2017. Apenas se deve notar que a modalidade tácita está limitada ao padrão de 1 mês, enquanto as formas escritas podem chegar a 6 meses, se feito ajuste meramente individual, e a 1 ano, se feito o ajuste coletivo.

Uma curiosa limitação surge ao final do § 2.º do art. 59 quanto ao teto de horas a serem compensadas. Se não houvesse o teto, pode-se bem imaginar uma empresa a exigir, por exemplo, quinze horas de expediente num dia, quinze horas noutro dia e quatorze no terceiro dia, sob o singelo argumento de que a soma dessas três parcelas totaliza as 44 horas previstas pela Constituição Federal, e a compensação se estabeleceu dentro da mesma semana. Mas será que a produtividade do trabalhador na 15.ª hora era aquela desejada para o empreendimento e atinge os anseios de dignidade e de higidez física do ser humano?

Andou bem o legislador ao fixar a carga máxima de dez horas por dia, mesmo mediante compensação no dia seguinte.

Há uma diferença entre a expressão "dez horas diárias", constante no § 2.º do art. 59, para fins de compensação, e a expressão "não excedente de duas", constante na cabeça do artigo, para fins de hora extraordinária.

É claro que a jornada de oito horas, habitualmente a mais comum entre os trabalhadores, não sofre distinção nenhuma se somarmos duas, para autorização da hora extraordinária, ou se dissermos que pode chegar até dez, para fins de compensação. Pense-se, porém, em outras jornadas reduzidas, de quatro, cinco, seis ou sete horas, e a diferença saltará aos olhos. O bancário atuante em carga de seis horas pode prestar apenas duas horas suplementares para fins de remuneração, na forma do art. 59, mas hipoteticamente pode prestar mais quatro horas suplementares, se o destino for a compensação. O empregado, submetido ao regime de sete horas diárias, tem a possibilidade de mais duas horas suplementares, chegando a nove, se for remunerado, mas atinge três horas suplementares, se estas vierem a ser compensadas. É essa a diferença sutil, mas perigosa da locução "dez horas diárias" a que se refere o final do § 2.º do art. 59.

Entendimento no sentido de se fazer uma proporcionalidade entre os dois dispositivos, ou seja, enxergar que a expressão "dez horas diárias" quis dizer compensação equivalente a um quarto da jornada padrão de oito horas, não encontrou maior ressonância na jurisprudência. Se houvesse prevalecido, teríamos compensação limitada a um quarto de cada jornada individualmente considerada (um quarto de quatro, de cinco, de seis ou de sete) e não "até dez", como do dispositivo constou.

Outro assunto que aflora da redação extensa do art. 59, § 2.º, diz respeito à compensação "pela correspondente diminuição em outro dia". Em princípio, a compensação se mostra concebida de maneira literal e automática, de tal forma que uma hora de excesso em um dia deva coincidir com uma hora a menos de jornada no outro dia. Mas não é esse o sistema mais praticado, até mesmo por ser inviável e de difícil observação cotidiana.

A situação mais corriqueira corresponde a eliminar um dia inteiro da semana e pulverizar as horas daquele dia nos demais, o que amplia a vantagem para o trabalhador, liberado do gasto de tempo e dinheiro daquele trajeto, e simultaneamente dispensa o empregador até mesmo de pôr seu maquinário e suas instalações para atividade em dias de menor movimento.

Não há falar em descumprimento da regra do art. 59, porque a expressão ali utilizada, "correspondente diminuição em outro dia", não pode ser tomada em seu sentido gramatical, sob pena de se desviar da finalidade da norma e não atender a seus propósitos de distribuição equilibrada das jornadas.

Exemplo constante dessa compensação é aquele de eliminar o expediente aos sábados, ainda mais a partir do momento que a Constituição Federal reduziu o módulo semanal de 48 para 44 horas, alocando as quatro horas programadas para os dias da semana. Na construção civil, é bastante frequente o módulo de nove horas de expediente de segunda a quinta-feira e oito horas de expediente às sextas, de tal forma que o meio expediente do sábado, não tão produtivo para fins de concretagem e alicerce da construção, foi eliminado. Como variação em torno do mesmo cenário, há empregadores que distribuem uniformemente as quatro horas do sábado pelos cinco dias de trabalho da semana, o que resulta precisamente em 48 minutos a mais por dia de trabalho (240 minutos divididos por 5 dias, bem entendido), gerando a curiosa jornada de 8h48min, o que está plenamente enquadrado na autorização legal.

Desde 1943 até a chegada das confusas medidas provisórias que, em 1996, afetaram o art. 59, a Consolidação das Leis do Trabalho sempre foi inflexível no quesito da semana como patamar máximo para a compensação de jornada. Bastaria uma prorrogação ficar para compensação futura que já se proporia a tese de pagamento da hora extraordinária em pecúnia e não em gozo oportuno.

O regime brasileiro de 44h semanais é conhecido pela expressão semana inglesa, assim entendida aquela que propõe meio expediente aos sábados, conforme usos e costumes do comércio em determinados períodos históricos.

Assim, a ideia da compensação semanal, ao contrário dos bancos de horas de maior envergadura, gira em torno da semana inglesa, buscando eliminar um dia da carga semanal para que, em cinco dias da semana, sejam cumpridas todas as horas da semana. Até 1988, havia necessidade de distribuir as 48h semanais por 5 dias; após a Lei Maior de 1988, são os mesmos cinco dias, mas com diluição de apenas 44h. Tanto num cenário quanto noutro, a distribuição da carga excedente não pode ser feita a ponto de exceder de 10h num único dia, em resumo.

2. Compensação em regime de semana espanhola

Chama-se de semana espanhola o módulo quinzenal da compensação de jornada.

Porque a empresa não pode ou não consegue funcionar meio período, opta por funcionar sábado sim, sábado não. Para cada semana de 48 horas de trabalho sempre haverá outra de 40 horas de atividade.

A questão era, porém, como enquadrar essa compensação dentro de uma quinzena, se a Consolidação das Leis do Trabalho previa necessariamente o módulo semanal. Embora se pudesse levar o problema para a formação do banco de horas, a ideia era dispensar maior solenidade e admitir a semana espanhola como parte integrante do contrato individual de trabalho.

Aceitou a jurisprudência uniforme do Tribunal Superior do Trabalho que a compensação dentro da quinzena guarda as mesmas características da compensação dentro da semana, não submetendo o trabalhador a nenhum esforço abusivo nem postergando de forma excessiva o gozo relativo ao cansaço acumulado.

Ademais, a semana espanhola nem ao menos oferece algum dia com carga de dez ou doze horas, como acontece em alguns regimes de compensação, mantendo-se sempre no patamar das oito horas, o que já representa um alento, ainda que a cada duas semanas uma delas seja dotada de seis dias consecutivos de trabalho.

Os exemplos de empresas que não conseguem funcionar em meio expediente incluem aquelas que precisam ligar alto forno, máquinas de alta complexidade ou simplesmente em que o ciclo produtivo é superior a quatro horas e, portanto, encontram necessidade de um turno completo de aproximadamente oito horas.

Cita-se uma variação em torno da semana espanhola, em que, no lugar de se ativar sábado sim, sábado não, o trabalhador comparece seis dias consecutivos de trabalho por dois dias de descanso, num regime que pode ser expresso pela fórmula 6x2. Por coerência ao que acima constou, o sistema 6x2, muito parecido com a semana espanhola, deve ser validado, pois representa situação ainda mais favorável ao trabalhador.

A carga de 48 horas ocorrerá em apenas duas semanas a cada ciclo de oito semanas laboradas, aproximadamente dois meses de trabalho, enquanto as outras seis semanas trarão módulos de apenas 40 horas semanais. Cálculo simplório revelará que a média de jornada ou de módulo semanal ficou abaixo mesmo das 44 horas.

Está coerente este raciocínio com a lei, pois o trabalhador se empenha para conquistar o direito ao repouso ao final da semana e não o contrário, como a muitos possa parecer. Logo, o regime 6x2 totaliza um bloco de oito dias, ao passo que a semana conta apenas sete dias, de tal sorte que a cada semana um dia final do regime fica para a próxima etapa e assim sucessivamente, gerando o cenário acima delineado de (muitas) semanas de 40 horas alternando-se com (poucas) semanas de 48 horas.

3. Compensação em regime de semana francesa e a questão do módulo de sete dias

A semana de seis dias foi proposta por algumas normas coletivas, como forma de comportar o esquema 5x1 (cinco dias de trabalho para um dia de folga), sem que o empregador arque com o pagamento da hora extraordinária excedente da 44.ª hora semanal.

Assim, o empregado se ativa por oito horas (sem hora extraordinária) em cinco dias, folga um dia, e não tem o direito de incluir o sétimo dia na conta da semana, ficando esse já para a semana seguinte. Mas a semana seguinte, tendo apenas seis dias, tampouco verá o excesso das 44 horas. Essa jornada é muito comum em condomínios residenciais e em determinados segmentos de vigilância e segurança, porque permite a manutenção permanente dos serviços, sem solução de continuidade, e ao mesmo tempo faz oscilar a folga em vários dias da semana, inclusive um domingo a cada ciclo de sete semanas (pois a folga "anda" um dia por semana: se numa semana a folga foi no sábado, na outra semana será na sexta, depois na quinta e assim por diante).

A semana de seis dias, porém, contém o vício da ilegalidade.

De início, o conceito de semana de segunda-feira a domingo, para fins de cálculo dos descansos semanais remunerados.

De outra banda, afeta indelevelmente o conceito de compensação de jornada, calcado no módulo semanal de sete dias ou, mesmo com o banco de horas, calcado na soma dos módulos semanais ao longo do ano. Por fim, o art. 7.º, XIII, da Constituição Federal de 1988, contempla a possibilidade de compensação de jornada, mas se reporta aos ditames da lei ordinária, pois o sentido de compensação há de ser necessariamente aquele que o excesso de um dia seja amortecido pela diminuição do outro dia, dentro de uma só conta, sob pena de se expor o empregado a regime demasiadamente oscilante de contagem. Mostra-se temerária, portanto, a ideia de fazer variar o conceito de semana criando artificialmente parâmetros de seis ou de oito dias.

Chama-se de semana francesa aquela em que o empregado trabalha sete dias consecutivamente e descansa dois ou três, dependendo da negociação, de sorte que o ciclo de trabalho passa a ser geralmente de dez dias (7 x 3).

O problema aqui reside em saber se o art. 7.º, XV, da Constituição Federal de 1988, ao falar em repouso semanal remunerado, tolera o repouso a cada oito ou nove dias. Não é tanto um tema de compensação quanto um tema de alocação do dia do descanso.

Foi justamente por esbarrar no conceito do descanso semanal, tanto da Constituição Federal quanto da Lei n. 605/1949, que a semana francesa não encontrou guarida na jurisprudência, sendo sua situação bastante diversa da semana espanhola, em que a folga, bem ou mal, coube dentro da semana. Viola o art. 7.º, XV, da CF a concessão de repouso após o sétimo dia consecutivo de trabalho.

Para os casos em que o empregador precisar adotar regime 5x1 ou 7x3, a melhor solução é envolver o banco de horas. Mesmo que o ciclo de compensação se feche em períodos curtos, de 4 ou de 8 semanas, bem abaixo do limite máximo de 1 ano, é a única solução de ser espalhado o excedente de um dia para a compensação em dia futuro, fora da mesma semana. No caso particular da semana francesa, convém, ainda, que o banco de horas, com ou sem negociação coletiva, contemple descanso em pelo menos 1 domingo a cada 3 semanas (no caso dos comerciários, que possuem regramento próprio a respeito na Lei 10.101/2000) ou 1 domingo por mês.

4. Compensação de jornada no regime 12x36

Perfilam-se diversos argumentos em prol da validação do célebre esquema 12x36, assim entendido o trabalho em carga de 12 horas em um dia, seguido por folga no dia seguinte – a folga carregaria, assim, as 12 horas não laboradas na véspera mais as 24 horas descansadas no dia seguinte, o que perfaz as 36 horas do título desse romance interminável.

Destacam-se as seguintes vantagens na implantação da carga 12x36:

- menor deslocamento do trabalhador para a empresa, porquanto no lugar de uma média de 20 a 26 dias de trabalho por mês, ativa-se em apenas 15 dias, pois o expediente ocorrerá somente na metade dos dias existentes no período;
- possibilidade de exercício de outra atividade, remunerada ou não, nos dias de folga;
- média de 42 horas na quinzena, pois a cada semana de 48 horas (quatro expedientes de 12 horas cada um) segue-se necessariamente uma semana de 36 horas (três expedientes de 12 horas), dentro do conceito de semana com sete dias, de segunda-feira a domingo;
- a média mensal fica abaixo das 220 horas padronizadas pela Constituição Federal, mesmo inserindo-se os descansos semanais remunerados, algo como 180 horas de trabalho efetivo para esse regime e 192 horas de trabalho efetivo para o sistema normal;
- tendência a que a jornada efetivamente laborada seja de apenas 11 ou 11 horas e meia, porque habitualmente o empregador deixa de deduzir o tempo gasto para intervalo para refeição e descanso, a fim de que dois turnos de 12 horas caibam perfeitamente dentro das 24 horas do dia, como em hospitais e estabelecimentos de serviço contínuo, pois, do contrário, o empregador teria turnos de 13 horas;
- e, por fim, tendência verificada na maioria das normas coletivas de se concederem folgas adicionais, à razão de uma ou duas por mês, além das "36 horas", para os empregados submetidos a esse sistema, como uma forma velada de se compensarem os feriados acaso coincidentes com o dia de plantão.

Pela ótica da matemática, portanto, a jornada 12x36 encontra ampla aceitação, pois em todos os quesitos suplanta em benefícios o tradicional expediente de oito horas por dia, cinco ou seis dias por semana.

Há, porém, outros aspectos relevantes a serem considerados, em detrimento da jornada 12x36.

Observe-se que:

- a jornada de 12 horas é extenuante, no trabalho braçal ou na atividade intelectual, e não encontra assento nos permissivos da Constituição Federal, nem sequer sendo adequada a comparação com força maior ou o serviço inadiável;
- a produtividade do trabalhador decai de forma acentuada, sobretudo na 11.ª e na 12.ª horas de trabalho, aumentando potencialmente os riscos

de acidentes de trabalho por fadiga ou por desatenção, além de desatender aos anseios de bom desempenho profissional; há vários indicativos estatísticos que demonstram maior percentual de acidentes de trabalho após a 8ª hora diária;

- a busca por outra atividade remunerada nos dias de folga, o que se nota muito nas áreas de saúde, como serviços de enfermagem e auxiliares, pode parecer vantajosa à primeira vista, mas logo cobra seu preço pela ausência completa do repouso, privação do sono e aumento da pressão por dois trabalhos concomitantes e desgastantes, provocando, na verdade, expediente 12x12 e não 12x36, muito embora um empregador nada tenha que ver com o outro empregador;
- existe expressa vedação a que acordos de compensação excedam de "dez horas diárias", como já visto anteriormente, pela dicção do art. 59, § 2.º; e
- a anuência da jornada 12x36 estabelece precedente perigoso em torno de outras variações, como a jornada 24x72 (24 horas consecutivas de atividade, por três dias de repouso), ainda hoje verificada em estabelecimentos de saúde e de segurança.

Foram necessários mais de 20 anos para a formação de consenso, no âmbito do Tribunal Superior do Trabalho, a respeito da jornada 12x36, que viria a ser validada, com algumas restrições, em setembro de 2012 por intermédio de Súmula 444 e em novembro de 2017, pela inserção ao corpo da CLT do art. 59-A.

Havia, desde logo, alguns indícios favoráveis ao reconhecimento da jornada 12x36.

A validação do regime 12x36, tanto pela súmula trabalhista quanto pelo dispositivo da CLT, pressupõem seu caráter excepcional, evitando que alguém se aproprie dela para propor as variações mais penosas. Inadequada, portanto, a analogia ou a interpretação extensiva, capaz de validar regimes de 14, 20 ou 24h de trabalho consecutivo.

A Súmula 444 mandava calcular em separado os feriados, o que viria a ser censurado pelo art. 59-B da CLT a partir de 2017.

O assunto dos feriados que não era muito comentado antigamente, por se achar, genericamente, que a cada um dia de trabalho correspondia um dia de descanso, como se o dia seguinte fosse necessariamente uma folga compensatória. De fato, esta é a impressão clara que se tem numa primeira análise do regime 12x36 – dia sim, dia não.

No entanto, analisando detidamente o regime, observamos que as folgas compensatórias não estão em quantidade assim tão farta, o que nos permite dizer que o entendimento da Súmula era mais coerente do que o do legislador de 2017.

Façamos um esforço matemático.

Dois dias laborados necessitam de um dia inteiro a título de compensação, a saber, 4 horas extras no primeiro expediente e 4 horas extras na outra data ficaram em excesso e reclamam um dia a título de folga compensatória. Na semana em que o trabalhador se ativa quatro dias e folga três, a conta ficou apertada, pois duas dessas folgas são meramente a compensação dos outros quatro dias e a terceira folga nada mais é do que a folga semanal a que todos têm direito. Se nessa semana houver um feriado, ele não terá nenhuma folga compensatória, ao contrário do que se poderia supor. O "dia seguinte" ao feriado, na verdade, já estava comprometido, seja com a folga compensatória do domingo, seja com a folga compensatória do excedente laborado.

É certo que na semana seguinte – quatro dias de folga e três dias de labor – a conta é mais suave, mas, ainda assim, a sobra é moderada.

Ora, se o feriado recair naquela primeira semana ou se houve *mais de dois feriados* no mesmo mês, não haveria compensação embutida no regime 12x36, donde a decisão do Tribunal Superior do Trabalho de determinar que, em qualquer hipótese, eles fossem calculados e pagos em separado.

Diversas convenções coletivas, antecipando-se a essa colisão entre o feriado e a compensação, já previam duas folgas adicionais por mês, ou seja, previam o regime 12x36 com 13 dias de labor por mês e não 15 dias como seria o esperado.

Também a Lei 11.901/2012, ao adotar o regime 12x36 para o bombeiro civil, foi cautelosa o bastante para falar em 3 expedientes por semana, no máximo, cuidando-se de uma norma, por conseguinte, mais benéfica do que todas as outras que refletem o tema.

A resposta em prol da validade do sistema 12x36 ou contra a sua adoção reside na premissa a ser adotada pelo operador do direito, se mais sensibilizado pelas vantagens de cunho matemático e pecuniário ou se sensibilizado mais com a higidez física e mental do trabalhador, consoante argumentos acima abarcados.

Nesse passo, embora o art. 59-A da CLT tenha primazia sobre Súmulas e entendimentos doutrinários, ele é desafiador do ponto de vista matemático e do próprio conceito de compensação semanal e mensal. Dado que os feriados não possuem assento constitucional, somos forçados a concluir que o dispositivo legal, ao positivar o regime 12x36 para todos os empregados, adotou a premissa de que, para eles, não está assegurado o direito ao feriado nos mesmos moldes dos demais.

Uma nota final a respeito do cálculo das horas extras em regime 12x36.

O cálculo de qualquer hora extra, adicional noturno ou hora de atraso do trabalhador deve ser feito utilizando-se o divisor 210, em vez do conhecido divisor 220, aplicado a todos os trabalhadores com jornada constitucional, e em vez do divisor 180, como algumas pessoas concluem.

Embora este livro disponha de capítulo específico sobre a forma de se obter o divisor para o cálculo do salário-hora dos empregados mensalistas, parece conveniente desde já expor algumas peculiaridades próprias do regime 12x36.

Durante muitos anos se acreditou que o divisor fosse o 180, por se efetuar singelamente a multiplicação de 12 horas de expediente por 15 dias de labor ao mês, tomando-se por base o mês comercial de 30 dias.

Ocorre, no entanto, que o divisor não é apenas o produto das horas trabalhadas, haja vista que também os descansos semanais remunerados são computados no bojo da remuneração, desde 1949, e os domingos não são descontados. Logo, o salário fixo mensal do operário lhe remunera tanto o trabalho quanto o *não trabalho*, por assim dizer, donde a sabedoria do art. 64 da Consolidação das Leis do Trabalho ao estatuir que o divisor é, sim, o produto da jornada média diária por 30 vezes.

O que houve de novidade com a Constituição Federal de 1988 e, depois, com outras normas supervenientes, foi apenas a fixação de jornadas desiguais ao longo dos seis dias úteis da semana: quando se implantou no Brasil a semana inglesa – aquela de 44h – notou-se que não haveria mais uniformidade obrigatória entre os seis dias da semana, como era inevitável quando o módulo semanal era de 48h, partilhadas entre seis dias. No modelo anterior, não haveria como os dias não serem idênticos, porque 48 é um número divisível por seis, e, claro, a média era de 8 horas por dia. O divisor será tranquilamente o 240.

A carga de 44 horas, então, precisa ser diluída por seis dias úteis, encontrando-se 7h20min de média – ou 7,33 no sistema decimal –, ainda que em nenhum dos seis dias o trabalhador tenha se ativado 7h20min. Pode ser que ele teve expedientes de 8h por dia de segunda a sexta e 4h por sábado ou qualquer outra variaçao.

O divisor encontrado, então, foi o 220, que é o produto de 30 vezes 7,33.

Com o regime 12x36 surgiu ainda mais uma pergunta: como encontrar a média de jornada da semana, se cada semana tem um perfil diferente, sendo a primeira com quatro dias de labor e três de descanso e a segunda com três dias de descanso e quatro de labor? A única forma de encarar o desafio é, por primeiro, extrair-se a média da semana e, ao depois, a média do dia.

No rol das vantagens da jornada 12x36, acima exposto, já se encontra a resposta a esta indagação: 42 horas é a média de duração da semana do trabalho em regime 12x36, pois ele alterna semanas de 48h com semanas de 36h.

Se a semana média tem 42h, então o expediente médio é de 7h, pois a carga semanal há de ser dividida pelo número de dias úteis, que são seis inflexivelmente.

O resultado encontrado – 7h – deve ser, finalmente, multiplicado pelo fator 30 – constante do art. 64 da CLT – para se obter o divisor 210.

Por fim, observo que a reforma trabalhista referiu que a jornada 12x36 é uma exceção ao regime de compensação de horas extras, afirmando expressamente o art. 59-A que ali se encontra uma situação à margem do sistema do art. 59 da CLT. Desse modo, ao regime 12x36 não se aplicará, por consequência, a disposição do art. 59-B, que menciona tolerância a algumas prorrogações de jornada, não suficientes para desconfigurar os acordos de compensação ou para o pagamento apenas do adicional legal das horas excedentes.

A se aplicar para o regime 12x36 a regra do art. 59-B da CLT, quanto à tolerância aos excessos de jornada além das compensadas, teríamos de admitir a exceção da exceção. Não é esse o entendimento mais adequado da leitura dos três dispositivos legais, a saber, os artigos 59,59-A e 59-B: ao dispor o art. 59-A que ele excepciona a regra do art. 59, imediatamente se desgarrou do padrão dos demais regimes de compensação de jornada e, como tal, não deve servir de parâmetro o disposto no art. 59-B para os casos de descumprimento da compensação em módulo 12x36.

Em outras palavras, trabalhadores que atuam por 13 ou 14 horas diárias podem reivindicar, como horas extras, todo o excedente da 8ª diária e não meramente o excedente da 12ª diária, porque a reforma trabalhista de 2017 deixou o regime 12x36 à margem da tolerância do art. 59-B.

Capítulo 3

Banco de horas

1. Parâmetros para a formação de banco de horas

Dentro das chamadas técnicas de preservação do contrato de trabalho, na iminência de uma rescisão do contrato de trabalho por crise financeira da empresa, o legislador estipulou uma série de medidas pontuais em busca de um contorno, como no modelo da suspensão temporária para requalificação profissional ou das férias coletivas para redução de estoques acumulados.

Insere-se o banco de horas nesse contexto, em que se procura aproveitar a mão de obra de forma mais racional, valendo-se integralmente da carga máxima de dez horas do art. 59, § 2.º, durante o ciclo produtivo e, depois, deixá-los "em casa", pagando, em qualquer hipótese, apenas o salário-base – na primeira etapa, o salário-base ficava aquém do que era devido, pois as horas suplementares são omitidas dos recibos, ao passo que na segunda etapa o salário-base mostra-se superior ao que era devido, pois o empregado está "em casa".

(Importante frisar, desde logo, que nenhum modelo de banco de horas que já vigorou no Brasil admitiu a jornada acima de 10h, nem mesmo o banco elastecido, que foi autorizado em medidas emergenciais de enfrentamento do estado de calamidade pública em 2020 e em 2021.)

A se manter a carga máxima de dez horas, dentro da regra do art. 59, § 2.º, o trabalhador atuará por 60 horas semanais – pois o módulo de seis dias úteis da semana segue sendo obrigatório – quando o correto seriam as 44 horas semanais. A cada um mês nesse pique, ele terá acumulado 48 horas a mais, ou 16 horas vezes quatro semanas, para facilitar a conta. Em outras palavras, a cada quatro semanas de atividade em banco de horas intenso, ele ganha o direito de descansar uma semana inteira e mais um pouco. Em quatro meses, terá um mês pleno a seu dispor, o que significa que, no limite, ele não pode ser submetido a esse banco por mais do que oito ou nove meses, pois a compensação tem de caber obrigatoriamente dentro do período de um ano.

O ano, aqui, não é o ano civil, que começa em janeiro e se encerra em dezembro, mas o período de doze meses contado a partir do início da implantação do banco de horas, coincida ou não com o início do contrato de trabalho propriamente dito.

Será muito possível que o contrato de trabalho não conheça o primeiro aniversário, pois a rotatividade de empregos no Brasil é alta. Essa hipótese atrai a incidência do disposto no art. 59, § 3.º, a seguir analisado, com a agravante de que o empregado deixou de receber as horas suplementares mensalmente, remetendo-se o pagamento para o termo de rescisão, pagando o mesmo adicional de 50%, sem nenhum tipo de atualização monetária. O ideal seria que o art. 59, § 3.º houvesse estipulado um adicional maior, a fim de inibir a prática de deixar todas as horas suplementares do banco para descarte em simples termo de rescisão.

Adicionalmente, observo que muitos sistemas estão programados para lançar em banco de horas assuntos que nada têm a ver com o tema, como os poucos minutos que antecedem e ou sucedem a duração normal da jornada.

Se o empregado se atrasou por cinco minutos, não estava "descansando" horas suplementares futuras nem faz sentido que a finalidade da norma fosse essa. A questão se resolve dentro daquele próprio atraso, que pode ser tolerado pelo empregador, descontado do salário ou objeto de punição como advertência e suspensão, dependendo da gravidade.

Da mesma forma, quando um empregado se ausenta injustificadamente, a legislação trabalhista sempre cuidou do assunto de diversos ângulos – perda salarial, perda do direito aos descansos semanais remunerados, alteração no cálculo do número de dias de férias, aplicação de punições, até chegar ao conceito de desídia e perda de parte das verbas rescisórias. Agora, contudo, o trabalhador corre o risco de, paralelamente a esse acervo de punições, vir a sofrer, ainda, o abatimento de horas suplementares futuras, como se meses antes ele já houvesse desfrutado uma "folga compensatória".

O computador também costuma ser programado para dispor, de maneira simples, as horas suplementares praticadas em domingos e feriados desprovidos de folga compensatória, gerando o direito à compensação para o trabalhador de forma singela, à razão de uma hora de trabalho aos domingos para cada uma hora de descanso em um dia futuro qualquer, quando, na verdade, se fosse receber em pecúnia, o trabalhador deveria ter o pagamento feito em dobro, sem prejuízo do pagamento já assegurado a título de descansos semanais remunerados.

Por essas razões, é comum ouvirmos trabalhadores confusos com o sistema de banco de horas, porque, para eles, a conta nunca é compreensível. Eles imaginam que uma hora extra trabalhada corresponda a uma hora a ser folgada, quando, em verdade, a soma desses minutos residuais, a não aceitação de um atestado médico de ausência e a paridade de 1 hora de prorrogação para cada 1 hora de descanso mesmo em atividades em domingos e feriados fazem com que o cálculo seja bem complexo.

Por óbvio que o objetivo não é meramente pecuniário, mas objetiva prestigiar o organismo do trabalhador, de modo que esteja revigorado e mantenha a boa produtividade e o bom rendimento, que tanto ele espera oferecer como o empregador espera dele receber – mas isso não será possível no regime de sobrejornada eterna.

O banco de horas perturba o caráter de repouso da folga compensatória ou da compensação da jornada excessiva, por postergar de forma demasiadamente longa o termo final desse evento ou, em determinados casos, por anulá-lo. Daí por que as primeiras edições da medida provisória que alterou o art. 59, § 2.º falava em módulo de 120 dias para o gozo do descanso – 120 dias, aliás, correspondem ao ciclo de uma estação do ano, cerca de 90 dias, mais o período apropriado para a compensação, note-se. Dentro daquele cálculo acima efetuado, em que a cada quatro semanas o trabalhador acumulava uma semana de descanso em seu banco, e mais um pouco, teríamos três meses de trabalho seguidos de um mês de repouso, o que, nas atuais circunstâncias, não seria de todo inviável. Ao expandir o módulo de 120 dias para 12 meses, o legislador deixou em desnorteio todo o sistema de compensação.

O pagamento das horas extras em dinheiro é feito com adicional constitucional de 50%, salvo se outro maior for previsto.

Logo, em regime de pagamento a paridade é de 1,0 para 1,5 (1 de labor para 1,5 de pagamento). Como o banco de horas não contempla essa estipulação, a folga é sempre de 1h de descanso para cada 1h de prorrogação (1 de labor para 1 de descanso), inclusive aquelas efetivadas em domingos e feriados. Enquanto o legislador não corrige a deturpação, alguns sindicatos têm obtido essa proporcionalidade em sede de convenção e acordos coletivos.

O sistema brasileiro do banco de horas está assentado sobre premissa injusta, porque as horas extras, mais fatigantes e em muitos casos antissociais, exigem pagamentos superiores ao simples salário-hora, normalmente acrescidos de, no mínimo, 50%, mas, quando transportadas para o sistema de compensação, contentam-se com a regra de 1 para 1 – ou seja, 1 hora de descanso para cada 1 hora extraordinária laborada. O sistema poderia ser repensado, porque, se fôssemos aprofundar o assunto, poderíamos encontrar o terreno da inconstitucionalidade, haja vista que se o art. 7º, XVI, da Lei Maior assevera que as horas extras devem ser enriquecidas à razão de 50%, não é crível que ao mesmo tempo ela possa ter admitido a compensação a 0%.

Por derradeiro, observe-se que o banco de horas é vetado para o trabalhador menor de dezoito anos. Pouca atenção foi dada ao fato de que o art. 413 da CLT, que cuida da jornada de trabalho do menor, não foi reformado, nem antes, nem depois da reforma do art. 59, § 2.º, da CLT. Do art. 413 se extraem claramente as informações de que não é possível a hora extraordinária e que a compensação, se houver, deve se ater ao módulo semanal. Havendo regra expressa para o trabalhador menor, prescinde-se de aplicação subsidiária ao que ordinariamente acontece com o trabalhador adulto. Some-se a isso o fato de que a proteção destinada ao trabalhador menor de 18 anos normalmente aspira a preservar a formação de seu organismo e de sua higidez física e mental, sendo sensato que se evitem jornadas muito elevadas nessa faixa etária, em detrimento dos estudos e do desenvolvimento.

Banco de horas é incompatível com contratos de trabalho inseridos nas exceções do art. 62 da CLT, a saber, serviços externos incompatíveis com o controle de jornada, cargos de amplos poderes de mando e gestão e teletrabalho desprovido de meios de controle.

Banco de horas deve ser evitado em atividades insalubres, porque os limites de tolerância são mundialmente calculados com base em exposições de 8h aos agentes físicos, químicos e biológicos.

Assim, o teto de 85 decibéis como máximo de ruído a que um ser humano pode suportar para não padecer da surdez ocupacional é um dado rígido, incapaz de ser suavizado se, digamos, a pessoa se expuser a ele por 10h e folgar no dia seguinte. A surdez ocupacional, assim como vários outros agravos físicos e químicos, são acumulativas e não descansam no dia seguinte. Há risco exacerbado nessa tomada de decisão pelo empregador e por isso o art. 60 da CLT ainda se justifica e ainda merece especial atenção, para que análises prévias verifiquem se os fatores de insalubridade no ambiente sejam passíveis de compensação.

2. Consequências do descumprimento dos parâmetros de jornada

Que fazer, porém, quando mesmo dentro do banco de horas o empregador descumpre as exigências legais, como o módulo de dez horas máximas em um dia ou de seis dias máximos em uma semana?

Essa deturpação pode se manifestar de diversas maneiras.

Um primeiro exemplo conhecido como desvio da finalidade do acordo de compensação corresponde ao caso em que a atividade de quatro horas, prevista para o sábado, foi diluída pelo acréscimo de uma hora ao dia, de segunda a quinta-feira, de tal sorte que ao final da sexta-feira o trabalhador já completou as 44 horas de trabalho na semana. Entretanto, eis que o trabalhador vem a ser convocado para o trabalho justamente naquele sábado. Seria hora extraordinária apenas a atividade do sábado ou, ao revés, a nona hora de trabalho da segunda à quinta já devem ser remuneradas com o acréscimo legal?

Um segundo exemplo de deturpação bastante frequente nos acordos de compensação é aquele em que o trabalhador cumpre, digamos, dez horas de atividade diária, de segunda a sexta, mas a empresa somente paga como hora extraordinária o excedente da nona hora diária, sob o argumento de que a nona hora era destinada à compensação do sábado, mesclando dois assuntos – hora extraordinária destinada a pagamento e hora extraordinária destinada a compensação. A se fiar nesse entendimento, o acordo de compensação do sábado se presta apenas a diminuir o pagamento da hora extraordinária ao trabalhador e não a proporcionar o descanso compatível com aquelas horas.

Um terceiro e último caso de deturpação da compensação encontra-se no banco de horas com atividade sete dias por semana – acima, por conseguinte, do padrão de seis dias úteis, no máximo – ou exige cargas superiores a dez horas ou, ainda, mesmo que respeite a carga de dez horas, continua a exigir prestação de serviços suplementares mesmo depois de já completada a "soma das jornadas semanais de trabalho no período máximo de um ano".

Nessas três variações de banco de horas mal desenvolvido – estouro da carga diária, excesso de dias da semana ou, tanto pior, excesso da carga anual –, a questão será a forma pela qual o pagamento deve ser efetuado, se limitado ao excedente ou se remuneradas todas as horas suplementares, pretéritas inclusive, haja vista que o acordo fora desrespeitado.

Para resolver o impasse da compensação irregular, há duas teses.

De um lado, propõe-se que a prestação de horas suplementares descaracteriza o acordo de compensação de jornada, seja no módulo semanal, seja no módulo anual, ensejando sua nulidade e a consequente remuneração de toda hora extraordinária excedente da oitava diária e da 44.ª semanal. É a tese mais vantajosa para o trabalhador. Chegou a ser empregada pela Súmula 85, V, do TST, cuja proposta é de não aplicar a própria Súmula 85 para o banco de horas, ou seja, sua descaracterização levará ao pagamento de todas as horas extras como se acordo não houvesse existido, sem levar em consideração quais foram corretamente compensadas e quais foram deturpadas.

No primeiro exemplo – compensação do sábado ao longo da semana, mas trabalho também no próprio sábado –, o trabalhador faz jus às horas suplementares excedentes da oitava diária, onde quer que ela tenha sido extrapolada, ainda que originalmente a prorrogação houvesse sido considerada própria para compensação. No segundo exemplo – jornadas habituais de dez horas, de segunda a sexta, argumentando a empresa que a nona hora era destinada à compensação –, o trabalhador faz jus a duas horas suplementares por dia e não meramente uma, como a matemática queria forçar. No terceiro exemplo, de maior impacto, o banco de horas é integralmente afastado e a empresa se torna devedora de todas as horas suplementares, excedentes da oitava diária, de forma retroativa e, via de consequência, está em mora com as parcelas de natureza salarial não pagas até o quinto dia útil do mês subsequente, na regra simples do art. 459, § 1°, da CLT.

De outro lado, propõe-se tese mais restritiva, que advoga o pagamento apenas do excedente da 44.ª semanal, no caso da compensação semanal, ou o excedente da 60.ª hora semanal, no caso da compensação anual. Diz-se 60.ª hora porque a compensação anual, "banco de horas", é aquela que permite a carga máxima de dez horas, seis dias por semana, com a única ressalva de que a conta tem de ser zerada, isto é, compensada, ao cabo de doze meses.

Essa segunda tese não leva em conta o excedente da oitava diária, nem perquire o papel do acordo de compensação para fins de repouso e higidez física do trabalhador, atendo-se ao aspecto que podemos denominar de gramatical. Assim, todas as horas inseridas no bojo das 44 semanais deixam de ser consideradas extraordinárias, ainda que isoladamente o dia tenha nove ou dez horas, remetendo-se para pagamento apenas o excedente do módulo semanal – mas, de volta ao problema inicial, a legislação contempla o trabalhador tanto com o módulo diário como com o módulo semanal, não sendo correta a interpretação de que o pagamento de um exime a análise do outro.

O cerne da questão se encontra na novidade da Constituição Federal de 1988 quanto a dois módulos simultâneos e desconexos entre si, um de oito horas no dia e outro de 44 horas na semana. A prevalecer o sistema antigo, concebido pela CLT de 1943, o problema inexistia, porque o módulo semanal era de 48 horas e, falando bem toscamente, o número oito é divisor de 48, ou seja, nunca poderia haver uma situação em que o excesso do módulo semanal não fosse acompanhado pelo excesso do módulo diário. Por exemplo, se disséssemos que o trabalhador se ativou por

50 horas na semana, necessariamente em algum dos seis dias ele cumpriu jornada superior a oito horas, sob pena de não "caber" a conta dentro da semana. Hoje, essa afirmação não é mais possível.

Podemos encontrar diversos exemplos de carga semanal de 45 ou de 48 horas, que, embora visivelmente tenham excedido o módulo semanal de 44 horas, não necessariamente excederam a jornada de oito horas em algum dos dias. Basta, por exemplo, que o trabalhador atue as oito horas de segunda a sábado para enxergarmos a confusão: isoladamente, em nenhum dia houve hora extraordinária, mas, no todo, a semana teve hora extraordinária – no caso, quatro horas suplementares que se materializam no sábado à tarde.

Para dificultar ainda mais o problema, o art. 7.º, XIII, da CF/1988 usou a expressão "oito horas diárias e quarenta e quatro semanais", levando alguns intérpretes à falsa crença de que os trabalhadores passaram a ter direito de receber simultaneamente as duas horas suplementares superpostas, dado o uso da conjunção aditiva "e", no lugar da conjunção alternativa "ou". Será mesmo que o aditivo "e" quis dizer pagamento acumulado de hora extraordinária? Se bem compreendida a questão, somos forçados a interpretar, no caso específico, que o aditivo "e" foi utilizado no sentido alternativo, ou um, ou outro módulo. Senão, vejamos.

Primeiro exemplo: trabalhador atua oito horas por dia, de segunda a sábado. Pelo módulo diário, a nenhuma hora extraordinária faz jus. Pelo módulo semanal, faz jus a quatro horas suplementares, pois atuou 48 horas, acima das 44 previstas pela norma. Entre as duas opções de que dispunha, evidentemente prevalece o módulo semanal.

Segundo exemplo: trabalhador atua nove horas por dia, quatro dias na semana. Pelo módulo diário, faz jus a uma hora extraordinária por dia, quatro dias da semana, ao passo que pelo módulo semanal a nenhuma hora extraordinária faria jus, pois não excedeu as 44 horas. Entre as duas opções, prevalece a questão diária.

Terceiro exemplo: trabalhador atua nove horas por dia, cinco dias na semana. Pelo primeiro ângulo, tem direito a uma hora extraordinária por dia, cinco vezes na semana (cinco horas suplementares), enquanto na carga semanal houve excesso de somente uma hora extraordinária sobre as 44 horas de lei. Entre cinco horas suplementares de um lado e uma hora extraordinária de outro lado, há de prevalecer a primeira, evidentemente. Nem se faz necessária a evocação do princípio da norma mais favorável, que serve aqui apenas como reforço de argumento, pois era o bastante que se observasse a estipulação, pela Constituição Federal, de dois parâmetros sincrônicos para o cálculo da hora extraordinária. Poderia o legislador ter fixado a carga de sete horas diárias e 42 horas semanais, para manter a harmonia das formas. Mas não o fez.

O que não se pode admitir é que, no terceiro exemplo, o trabalhador aufira seis horas suplementares – as cinco do módulo diário e mais uma do módulo semanal – pois nesse caso ele estaria contando duas vezes a mesma hora com a mesma finalidade. Diferente seria o caso de se contarem outros padrões de hora extraordinária, como a inclusão de hora noturna reduzida, a conversão de intervalo remunerado em hora extraordinária ou, ainda, os serviços suplementares em domingos e feriados sem folga compensatória, pois, agora, estaríamos diante de outros fundamentos da hora extraordinária, tudo a ser analisado por esta obra em seus momentos oportunos. Aqui, porém, temos um único tema (hora extraordinária) e um único enfoque (carga de trabalho), valendo a explicação de que o trabalhador faz jus tanto a um padrão (dia) como a outro (semana), como lhe aprouver.

Feita essa explicação intercalada sobre a dicção do art. 7.º, XIII, da CF/1988, convencionou-se uma solução aparentemente intermediária – diferente do pagamento das horas extras excedentes de 44h semanais e diferente da anulação total das compensações.

Que a compensação foi malbaratada não resta dúvida. A questão foi deslocada em termos de cálculo das consequências práticas, tendo aquele verbete separado, de um lado, as horas suplementares que eram destinadas à compensação (exemplo: a nona hora de um dia) e, de outro lado, as horas suplementares que não eram destinadas à compensação (exemplo: a 11.ª hora de um dia, que jamais poderia ser chamada de compensação, por expressa limitação legal à carga de dez horas, ou, ao revés, a 45.ª hora da semana, que jamais pode ser chamada de compensação semanal).

Quanto às primeiras (aquelas destinadas à compensação), paga-se apenas o adicional. Quanto às segundas (aquelas escancaradamente fora da compensação), paga-se a hora extraordinária por completo.

Justifica-se esse entendimento pelo fundamento de que, bem ou mal, as horas simples destinadas à compensação, observado o módulo semanal, já se encontram remuneradas no bojo do salário mensal estipulado pelas partes. O salário mensal tem o condão de remunerar toda a carga de trabalho normal e mais os descansos semanais remunerados, por sua própria definição legal. Como essas horas foram distribuídas de maneira errônea, agora resta a aplicação do adicional da hora extraordinária no excedente da oitava diária, ao passo que o excedente da 44.ª semanal jamais poderia ser considerado quitado, nem de forma simples, nem de forma acrescida de adicional, dentro do singelo salário mensal pactuado. Foi assim que a jurisprudência encontrou um modo de tornar ineficaz o acordo de compensação de jornada que tenha sido adulterado, sem, contudo, anulá-lo plenamente.

Esse entendimento jurisprudencial foi positivado na reforma trabalhista de 2017, pela inserção à CLT do art. 59-B.

3. Cálculo do pagamento das horas extras não compensadas

Estuda-se qual a consequência do encerramento do contrato de trabalho antes que a compensação houvesse sido concluída.

O valor da hora extraordinária tomará por base o salário existente no dia do pagamento, a saber, o dia da rescisão. Se reajuste houve, é imperioso que a tarifa da hora extraordinária seja computada com a maior remuneração, não por ser maior, mas por ser a contemporânea ao pagamento. Esse sistema já é conhecido do Direito do Trabalho em casos como o pagamento do décimo terceiro salário – tarifa de dezembro, ainda que o salário do primeiro semestre fosse menor – e no pagamento das férias – tarifa do dia do pagamento, 48 horas antes do gozo das férias, ainda que no período aquisitivo o salário tenha sido menor, como veremos no tema próprio.

Reflexos de hora extraordinária correspondem a um assunto tão importante quanto o próprio estudo da hora extraordinária, dada a natureza salarial das horas suplementares, em detrimento de teses mais arcaicas que propunham uma natureza indenizatória ou ressarcitória. Sendo, pois, um salário como outro qualquer, a hora extraordinária concorre para o cálculo de algumas outras parcelas do contrato de trabalho que foram criadas pensando na média salarial auferida pelo trabalho. A culpa, portanto, não é da hora extraordinária em si, mas das normas que, ao longo dos anos, valeram-se de todas as parcelas de natureza salarial como base de cálculo para a fixação de outras rubricas.

Tome-se o fundo de garantia por exemplo.

Ao ser instituído em 1966, com vigência a partir de 1967 e universalização em 1988, esse direito do trabalhador sempre foi associado a uma alíquota fixa, de 8% para a quase totalidade dos casos (2% mais recentemente para situações específicas, como menor aprendiz), aplicada sobre todos os rendimentos de natureza salarial do trabalhador. Ora, 8% sobre o salário-base correspondem a um valor fixo e de fácil assimilação, mas a folha de pagamento deverá ficar atenta para o fato de que os 8% incidem igualmente sobre outras parcelas de natureza salarial que aflorarem, mês a mês, ao lado do salário-base, sendo a hora extraordinária excelente exemplo. Logo, o depósito do fundo de garantia de um trabalhador dificilmente será idêntico ao longo de todo o contrato de trabalho, fazendo-se necessário o cotejo da folha de pagamento com a guia de depósito para se ter uma noção mais clara sobre a adequação dos valores.

Idêntico raciocínio se aplica ao 13.º salário, cuja legislação de 1962 exige o pagamento correspondente à remuneração do mês de dezembro, dentro do espírito de gratificação de Natal, mas acrescido de toda a oscilação das parcelas de natureza salarial ao longo dos meses daquele ano civil. É assim que a média das horas suplementares auferidas pelo trabalhador ao longo do ano concorre diretamente para o cálculo dessa parcela denominada 13.º salário. A fim de que se evitem a corrosão inflacionária e a deturpação dos valores ao longo do ano, o 13.º salário deve ser calculado pela média física de hora extraordinária (a quantidade em horas e não em dinheiro), para, ao depois, aplicar-se o valor da hora extraordinária vigente na data do pagamento do 13.º salário.

Também as férias foram concebidas como um título cujo pagamento é feito com base no salário simples e mais as parcelas que em torno dele orbitam, com natureza salarial, havendo aqui uma peculiaridade. De acordo com o extenso art. 142 da CLT, a ser retomado em breve por este estudo, o pagamento das férias deve ser proporcional ao cansaço que o trabalhador teve no período aquisitivo, de tal modo que a média de hora extraordinária, no caso, é aquela verificada nos 12 meses do período em que o trabalhador conquista o direito, e não nos 12 meses anteriores ao gozo das férias, o que resulta diferença nítida. Segue-se o mesmo entendimento mencionado para o 13.º salário quanto à conveniência de se considerar a média física da hora extraordinária, e não seu valor pecuniário passível de deterioração.

Afora esses três itens muito conhecidos do Direito do Trabalho, todos concebidos sobre uma cesta de verbas salariais, citem-se, ainda, os reflexos das horas suplementares em aviso-prévio indenizado, por força, novamente, da legislação que o concebeu (art. 487 da CLT, especialmente) como sendo um valor a ser calculado com base não meramente no salário simples, mas em todas as parcelas de natureza salarial.

São essas as quatro parcelas mais encontradas nos contratos de trabalho e que mais influência recebem, em seus cálculos, quando da ocorrência das horas suplementares. Pode haver outros exemplos de parcelas a serem calculadas com base nas horas suplementares, como gratificações e premiações, a depender da estipulação feita por norma coletiva ou regulamento interno de empresa.

Resta, porém, a questão mais controvertida sobre os reflexos das horas suplementares, que são os descansos semanais remunerados.

No início, os descansos semanais já eram considerados uma necessidade indiscutível para a manutenção da boa produtividade e da higidez física do trabalhador, mas não eram considerados remunerados, ou seja, o descanso era feito às expensas do emprego. Por essa razão, o art. 67 da CLT é bastante lacunoso sobre o assunto, atendo-se a dizer que o descanso "será assegurado", mas sem explicar se o pagamento desse descanso seria efetuado pelo empregador. Como silenciou a respeito, prevaleceu o entendimento lógico e teleológico de que o descanso estava assegurado fisicamente, mas sem contraprestação. A distorção foi corrigida seis anos depois da edição da CLT, quando a mencionada Lei 605/1949 declarou expressamente que o descanso semanal era, enfim, "remunerado". Foi então que os "DS" se tornaram "DSR", até que encontraram assento no art. 7.º, XV, da CF/1988.

Considerando-se que antes da Lei 605/1949 as empresas pagavam o salário mensal e descontavam os dias de descanso, como se fossem faltas injustificadas, a norma teve a ideia de dispor que os descansos semanais remunerados já estariam quitados caso a empresa deixasse de efetuar os descontos. Essa referência aparece expressamente nos §§ 1.º e 2.º do art. 7.º da Lei 605/1949, ao disporem que os descansos semanais remunerados são dados por satisfeitos sempre que o empregado não sofrer descontos no salário mensal quanto aos feriados e aos domingos desfrutados no mês. Assim, o valor do salário abrange as horas trabalhadas e as horas descansadas e não apenas as primeiras, como muitos supõem.

Tudo estaria resolvido não fosse o fato de que muitos trabalhadores auferem parcelas não necessariamente mensais. O salário mensal, o adicional de periculosidade de 30% sobre o salário mensal, o adicional de insalubridade de 20% sobre o salário-mínimo ou outro salário mensal, a gratificação de função de 40% sobre o salário no caso do cargo de chefia, a gratificação de função de um terço sobre o salário no caso do bancário em posição de confiança, o adicional de transferência de 25% sobre o salário mensal, tudo já tem os descansos semanais remunerados quitados em sua própria parcela, pois o mês inclui o trabalho e o não trabalho.

A novidade surge justamente no tocante à hora extraordinária.

Ela é calculada sobre a hora, descartando-se desde logo a tese de que se possa comparar ao tamanho ou ao porte de um mês. Ela não estava previamente estipulada quando da pactuação do salário, que envolve as horas laboradas e as horas descansadas, mas não envolve as horas excedentes, por óbvio. E, finalmente, ela tem natureza salarial, sendo certo que os descansos semanais remunerados são calculados com base em todas as parcelas de natureza salarial existentes no contrato de trabalho.

Surge, assim, uma situação híbrida, de um trabalhador mensalista (descansos semanais remunerados embutidos) que simultaneamente aufere parcelas quebradas com base no salário-hora (descansos semanais remunerados, portanto, não embutidos). Essa é a razão pela qual uma empresa que paga hora extraordinária nunca se pode ater a uma segunda linha no contracheque, mas obrigatoriamente atraiu uma terceira linha, chamada reflexos das horas suplementares nos descansos semanais remunerados, deem a ela o nome que quiserem ("HE/DSR", "DSR/HE", "REFL. HE. DSR.", "art. 7.º, *a*, L. 605" e o que mais couber na folha de pagamento).

Sendo o trabalhador horista ou comissionista, as rubricas seriam quatro (comissões, reflexos das comissões em descansos semanais remunerados, hora extraordinária, reflexos da hora extraordinária em descansos semanais remunerados), o que é muito claro quando se entende a matéria.

Apesar de todos esses fundamentos – hora extraordinária é menor do que o mês, não carrega os domingos e feriados dentro de si e não fazia parte da estipulação salarial original, que contém os descansos semanais remunerados embutidos –, ainda assim havia controvérsia sobre a pertinência dos reflexos das horas suplementares sobre os descansos semanais remunerados, por entendimento simplório de que a Lei 605/1949 não cuidava expressamente do tema.

Embora não houvesse referência expressa à hora extraordinária, o art. 7.º da Lei 605/1949 desde sempre previu que os descansos semanais remunerados devem equivaler ao valor de um dia de trabalho para o empregado diarista ou de uma jornada média para o empregado horista (alínea *b*), como a dizer que a quantidade de horas praticadas durante a semana deve ser diluída numa média padrão de cada dia (alínea *a*), e esse valor corresponderá, enfim, ao pagamento do descanso. Esses dispositivos, encontrados nas alíneas *a* e *b* do art. 7.º, já permitiam expandir sua aplicação também para o empregado mensalista que, simultaneamente, auferisse parcelas horárias. Na dúvida, porém, em 1985, o legislador acrescentou uma pequena oração subordinada em cada uma das alíneas, a fim de salientar que a hora extraordinária também fazia parte daquele raciocínio.

Enquanto o reflexo é a repercussão da hora extraordinária sobre as demais parcelas do contrato de trabalho que foram criadas em torno de vantagens de natureza salarial, a base de cálculo, ao revés, corresponde a quais títulos espalhados pela legislação podem ser inseridos na apuração da hora extraordinária – salário-base, gratificações, adicionais etc.

Por exemplo, o adicional de insalubridade tem como base de cálculo o salário-mínimo – ou mesmo que se entenda que o seja sobre o piso normativo ou ainda sobre o salário-base, pouco importa neste momento do estudo – e, depois de pago, produz reflexos em fundo de garantia, férias, 13.º salário e aviso-prévio indenizado (não sobre descansos semanais remunerados, por ser parcela mensal, repita-se). Porém, como ele próprio será uma parcela de natureza salarial, o trabalhador passou a ter dois componentes em seus salários, o salário-base e o adicional de insalubridade, de tal sorte que a hora extraordinária teve sua base de cálculo expandida.

A base de cálculo de hora extraordinária reside em todas as parcelas de natureza salarial, porque assim se encontra o valor da "hora normal", como referem o art. 59, § 1.º, e, depois, o art. 64. Incluem-se todos os pagamentos feitos pelo empregador de maneira habitual, mas excluem-se os pagamentos indenizatórios – diárias de viagem, vale-transporte, participação nos lucros e resultados, vale-refeição na forma da lei – e também se excluem as gorjetas, porque entendidas como pagamentos feitos por terceiros.

Para que as gorjetas compusessem a base de cálculo da hora extraordinária, era necessário que o legislador houvesse utilizado a expressão "remuneração" para esse fim, seja no art. 59, quando a hora extraordinária foi concebida, seja no art. 64, quando o legislador define o divisor do salário mensal. Não tendo sido usada a expressão "remuneração", a gorjeta ficou de fora.

Algumas normas criadoras de direitos usam o termo mais amplo "remuneração" – como o art. 142 sobre férias, a Lei de 4.090/1962 sobre 13.º salário e a Lei de 8.036/1990 sobre o fundo de garantia – enquanto outras usam o termo mais restritivo "salário" ou "salários" – como o art. 59, 2º, para a hora extraordinária, o art. 73, § 3º, para o adicional noturno e o art. 487, § 1.º, para o aviso-prévio indenizado.

Chegou a existir um argumento em prol da ampliação da base de cálculo, de salários para remuneração, com fundamento na inteligência do inciso XVI do art. 7.º da Constituição Federal, que fala em "remuneração do serviço extraordinário superior, no mínimo, em cinquenta por cento à do normal", mas a tese não encontrou maior ressonância, haja vista que o dispositivo se reporta à lei ordinária para sua regulamentação. Ao dizer adicional de remuneração, a norma não se comprometeu quanto à base de cálculo, tendo apenas enaltecido o índice mínimo de 50% e relegado todas as demais questões sobre base, divisor e reflexos para a legislação ordinária.

A discussão pode parecer exagerada para quem nunca auferiu nem auferirá gorjetas, mas faz toda a diferença nas categorias profissionais, como em hotéis, bares e restaurantes, em que o salário pago pelo empregador equivale a um quarto ou um quinto do rendimento total do empregado, quando computadas as gorjetas oferecidas por clientes.

Enquanto está sedimentado que a base de cálculo das horas extras não inclui gorjetas, eis que o regime de banco de horas, ao ser implementado na legislação trabalhista, fez menção ao pagamento com base na remuneração global, em caso de não compensação de todas as horas estocadas. É como se o legislador desejasse fixar dois valores diferentes para as horas extras brasileiras: um valor mais magro para aquelas do dia a dia, porque calculadas apenas sobre os salários, e um valor mais robusto para aquelas decorrentes de bancos de horas não compensados, porque calculadas sobre todo o complexo remuneratório. Tudo leva a crer que foi um deslize do legislador de 1998, mas que foi perpetuado nas reformas supervenientes e nunca foi corrigido. Convivemos com a bifurcação das bases de cálculo das horas extras.

Entendemos ser adequada a interpretação for sistemática com base nos demais dispositivos da CLT e concluímos pela manutenção do cálculo da hora extraordinária sobre as parcelas de natureza salarial, tudo para que não se criem subespécies de hora extraordinária.

4. Peculiaridades do banco de horas em legislação emergencial da pandemia

O regime de compensação de jornada brasileiro, que esteve adstrito ao espaço de uma semana na legislação vigente de 1943 a 1998, foi expandido para padrões quadrimestrais numa dada época e, após, fixou-se em padrões de um ano, que é considerado o módulo mais afeto aos regimes de sazonalidade e oscilação de picos de produção.

Mais de um ano para fazer e compensar horas extras parece temerário por qualquer ângulo de análise, desde a percepção de que a maioria dos brasileiros se ativam em contratos de duração de 6 a 12 meses até a constatação de que não haverá qualquer liame entre o cansaço e o descanso tanto tempo depois.

No entanto, circunstâncias extraordinárias impostas pelo estado de calamidade pública deflagrado pela pandemia levaram o legislador a prever regime excepcional de aproximadamente dois anos para as horas devedoras, ou seja, para trabalhadores que foram postos em suas casas pelos empregadores, pela desaceleração ou paralisação das atividades, e, como tal, ficaram devendo as horas de trabalho porque mantiveram seus salários. Norma emergencial de 2021 adicionou regime especial para horas extras credoras em atividades essenciais.

Normalmente os trabalhadores se referem a horas devedoras ou horas negativas, pois sabem que precisam pagá-las em trabalho futuro.

Em nenhuma etapa da evolução legislativa brasileira foi admitida compensação de jornada além de 10h por dia, 6 dias por semana, pois devemos resguardar um dia de descanso semanal e uma carga máxima padronizada mundialmente, sob pena de esgotamento físico e mental do trabalhador, incompatível com o suposto descanso a que fez jus antes ou depois da compensação.

Por exemplo, se a empresa fechou por 8 semanas, à razão de 8h de jornada e 5 dias úteis por semana, teremos um acúmulo de nada menos de 320 horas (8h x 5 dias x 8 semanas), o que representa um longo percurso de 1 hora extra a mais por dia durante os próximos 320 dias úteis. Se lembrarmos que de janeiro de 2021 a junho de 2022 existem apenas 360 dias úteis (20 dias por mês x 18 meses), isso é quase 1 hora a mais por dia, quase sem espaço para férias ou ausências injustificadas. Claro que o exemplo foi modesto e não levou em consideração possibilidade de descarregar horas extras aos sábados ou de exigir 2 horas extras por dia. Mas não são todas as empresas que podem funcionar comodamente aos sábados ou que precisarão de tantos empregados atuando por duas horas a mais por dia.

Nesse sentido, convém que as empresas mesclem as alternativas de enfrentamento da pandemia, usando um pouco de férias, um pouco de feriados e, se necessário, um pouco do banco de horas elastecido – e não sobrecarregue este ou aquele direito.

A expressão de 10h máximas por dia se aplica apenas aos empregados de jornadas típicas de 8h, conforme padrão constitucional brasileiro. Para empregados de categorias diferenciais, que possuam direito a jornadas de 6 ou 7h, não é correto dizer que poderão trabalhar até 10h por dia: por isso, o legislador sempre diz "2 horas extras a mais por dia, até o limite de 10h", porque pretende ao mesmo tempo lembrar o limite de 10h para a maioria dos trabalhadores, mas sem esquecer do limite de 2 horas extras para os empregados de jornadas reduzidas.

Portanto, o empregador deve observar que pessoas inseridas em regimes de 6h – como telefônicos, turnos de revezamento, caixas bancários e numerosos outros exemplos – não podem ser demandados até 10h por dia, mas apenas mais duas horas extras a seu módulo habitual. Leis esparsas no ordenamento brasileiro contemplam profissões com jornadas de 5h, como os jornalistas, ou 7h, como os cenógrafos, para os quais se aplicam as mesmas explicações.

Outra advertência importante para a colocação em marcha do banco de horas – elastecido ou não elastecido – é o cuidado especial que o empregador deve ter com seus empregados submetidos a regimes especiais de jornada, como a conhecida modalidade 12x36 e algumas variações como 4x2, "semana espanhola" – aquela em que se trabalha sábado sim, sábado não – e profissões regulamentadas com cargas de 10 ou 12h, como os bombeiros civis e os aeronautas.

Essas pessoas, quando cessada a turbulência da pandemia, não poderão compensar o tempo perdido com sua energia física ou intelectual, pelo simples fato de que quase não haverá mais espaço para esticar a corda. Acaso poderíamos exigir mais 2 horas extras diárias para o vigilante da carga 12x36? Poderemos exigir que o aeronauta atue 16h consecutivas, tomando-se por base o limite máximo de 14h de que trata o art. 31 da Lei 13.475/2017? São apenas alguns exemplos de situações limítrofes, sem espaço de manobra em sede de banco de horas.

Enquanto o aeronauta parece um exemplo extremo, o pessoal em regime 12x36 está espalhado em quase todas as profissões, atividades econômicas e cidades do país, mormente depois de sedimentado pela jurisprudência do TST na Súmula 444 e positivado pelo art. 59-A da CLT em 2017.

Penso que para essas funções, o empregador deve priorizar o uso de alternativas de enfrentamento da crise, inclusive aquelas que passam pela redução de salários e jornadas ou de suspensão contratual, para evitar o confronto de uma compensação ao arrepio dos limites máximos da legislação.

Alguém poderia supor que a empresa poderá, no período de recuperação das horas perdidas, alterar o regime de trabalho 12x36, por exemplo, para exigir que eles atuem no regime constitucional de 8h por dia e 44h semanais e, ato contínuo, prestem 2 horas extras por dia. Seria mesmo um cenário favorável e equânime, não fosse o fato de que a realidade revela uma incompatibilidade fática: premidos pela massa salarial e até mesmo pelo estigma de "ficar em casa" em dias úteis, numerosos trabalhadores inseridos no sistema 12x36 acabam encontrando outro emprego ou subemprego nos dias de "folga", não sendo nada raro que se encontrem pessoas em dois contratos de trabalho, ambos à moda 12x36.

Ao serem informados de que doravante terão de comparecer à empresa por cinco ou seis dias por semana, e não mais no padrão do dia sim, dia não, esses empregados se veem na contingência do pedido de demissão e alguns obterão êxito em processos judiciais com pedido de rescisão indireta, pela alegação de que houve alteração do pactuado.

Certo que a fixação da jornada se insere no âmbito do poder diretivo do empregador, assim como a variação da jornada e a exigência à realização das horas extras são exemplos concretos de atuação do poder de variação da direção do empreendimento, o chamado *jus variandi*, aos quais o empregado não pode se opor.

Mas esses conceitos estabelecidos nos momentos fundantes do Direito do Trabalho devem ser sopesados não apenas pelos usos e costumes como também pelo protraimento das relações no tempo e no espaço, a saber, após anos ou décadas cumprindo o regime 12x36, dificilmente se sentirá em boa sombra quem disser que o empregado tinha de ficar de prontidão para mudanças bruscas de sua organização familiar ou pessoal pois a empresa poderia o acionar para outras jornadas ou regimes. Isso explica por que até mesmo a mudança do trabalho noturno para o diurno – que concorre para melhor saúde do trabalhador e que possui anuência em decisões reiteradas do TST – continua a ser discutida em processos judiciais, por haver apanhado, de surpresa, vigilantes noturnos, profissionais da saúde do turno da noite e profissionais do ramo de hospitalidade, pela alegação de alteração profunda do pactuado.

Ainda há mais um elemento sensível a ser sopesado pelo empregador que precisar aderir ao banco de 2 anos: a delicada convivência com outro banco de horas preexistente.

Um efeito colateral das normas emergenciais de 2020/2021 reside justamente na sobreposição de dois bancos de horas, o que vinha sendo cumprido com base no art. 59 da CLT e o que foi emergencialmente instalado para enfrentamento da crise nacional aguda.

Há duas hipóteses principais de convivência entre dois bancos.

Em primeiro lugar, se havia horas credoras – ou seja, se o empregado tinha feito horas extras, digamos, em janeiro ou fevereiro de 2020, antes da deflagração do estado de calamidade pública – nada mais natural do que, preliminarmente, sejam esgotados esses estoques, numa conta relativamente simples de ser feita. Em outras palavras, ao longo dos primeiros dias de permanência em casa e de afastamento dos serviços, devem ser priorizadas as horas pendentes de compensação, a menos que haja norma coletiva que exija a conversão em pecúnia no todo ou em parte ou que já haja excedido o prazo de compensação.

Por exemplo, se o empregado contava 32 horas credoras, ficará os 4 primeiros dias em casa, à razão de 8h cada, às custas de seu esforço anteriormente praticado e, então, apenas no 5º dia de inatividade forçada é que será implementado o banco de horas emergencial.

Do contrário, a empresa correrá sério risco de ver aquelas horas extras de janeiro estourarem seus prazos de pagamento ou descumprirá normas da CLT ou da negociação coletiva. Não parece despertar grande esforço hermenêutico essa primeira hipótese, em que apenas se limpa uma área antes de se começar outro voo.

Problema maior reside na segunda hipótese, aquela em que o empregado já deve algumas horas de trabalho, quando vem a notícia de que deverá ficar em casa por 4 ou 8 semanas, aumentando ainda mais sua dívida.

Nesse particular, o empregador terá de promover meios idôneos para o controle e a clareza das duas compensações que correrão em prazos diferentes. Repetindo o quanto já advertido acima, os prazos máximos do regime de compensação de jornada são de seis meses para os bancos individuais e um ano para os bancos coletivos, conforme respectivamente a dicção dos §§ 5º e 2º do art. 59 da CLT. (Acrescente-se ainda o prazo máximo de um mês para os bancos tácitos, não postos por escrito, conforme lembrança do art. 59, § 6º.)

O banco de horas emergencial, por sua vez, permitiu compensação em até 27 meses, dado que dispunha prazo de 18 meses a contar do término do estado de calamidade pública então vigente.

Penso em duas soluções práticas, ainda que frágeis, para desatar o nó da sobreposição dos dois bancos de horas devedoras.

A primeira ideia, mais óbvia, é priorizar a compensação das horas devedoras velhas, assim que retomada a atividade empresarial, ou seja, cada hora extra exigida do empregado nos primeiros dias do retorno à normalidade deve ser debitada do banco antigo, da CLT, e somente se começa a entrar na poupança do banco elastecido, depois de zerado o estoque do primeiro banco.

Parece óbvio esse raciocínio, mas haverá dificuldades evidentes na burocracia dessa contabilidade. Pode-se até pensar numa marcação manuscrita, usando, digamos, uma tinta vermelha para registrar as horas do banco da pandemia, em destaque da tinta azul usada para as horas do banco tradicional.

Mas isso não resolve o segundo problema, sobre o esgotamento, durante a pandemia, do prazo máximo de compensação do banco velho.

Embora não possamos afirmar que o contrato de trabalho esteja suspenso – pois, afinal, o grande sentido do banco de horas é manter o pagamento dos salários aos empregados –, o fato é que, na prática, a empresa está impedida de exigir o cumprimento de horas extras devidas pelo empregado pelas horas negativas dos meses passados.

Assim, somos forçados a concordar que a pandemia trouxe uma hipótese de *suspensão do próprio banco*, ou seja, se os doze meses do banco de horas antigo era contado, por exemplo, de maio a maio e a empresa fechou as portas por 60 dias, de abril a maio, poderia exigir as horas extras por mais 60 dias, em junho e julho, tese que concorre para a manutenção dos empregos, para o aprimoramento do banco antigo e para a segregação do banco novo.

Claro que a melhor solução é a renegociação do acordo coletivo que previa o acordo de 12 meses, mas enquanto não se obtiver consenso sobre a contagem de 12 meses atropelados pela pandemia pensamos nessa analogia com períodos abruptos de suspensão contratual, como o afastamento por enfermidade.

A sobreposição do banco de horas semestral, anual ou, agora, bienal, com o sistema da compensação semanal de jornada a mim sempre me pareceu delicada. Se o empregado é chamado a trabalhar 1h a mais por dia de segunda a quinta para compensar a folga dada aos sábados – exemplo clássico da construção civil e de muitos ramos de serviços – não faz sentido que, depois, vá todos os sábados fazer horas extras.

Esse risco é assumido pelo empregador que, a pretexto de haver paralisado as atividades durante a pandemia, exigir horas extras dos empregados aos sábados, quando esse dia era destinado à compensação semanal.

Talvez fosse melhor exigir a 10ª hora diária – se houver espaço para isso naquela realidade – ou, ainda, cancelar a compensação semanal e partir para a jornada padrão de 8h diárias, 44h semanais, 2 horas extras máximas por dia, 6 dias máximos por semana. (Esse cancelamento é menos controvertido do que a oscilação do regime 12x36 para 5x2, porquanto altera apenas 1h por dia, 4 dias por semana.) Há jurisprudência que admite a sobreposição da compensação semanal com o banco de horas anual, mas ainda exacerba os riscos jurídicos do empregador.

Quando o contrato de trabalho é rompido e as verbas rescisórias são calculadas, é comum o lançamento de descontos por algumas formas de adiantamentos salariais ou indenizatórios auferidos pelos empregados.

Foi na esteira desse raciocínio que se passou a admitir, sem maiores sobressaltos, o desconto das horas extras que o empregado não prestou, por banco de horas negativo. Note-se que o art. 59, § 3º, da CLT, mesmo após a alteração da reforma trabalhista de 2017, não autoriza expressamente o desconto do banco de horas na rescisão, mencionando apenas o pagamento das horas extras não quitadas nem compensadas pelo empregador durante a constância do contrato de trabalho.

Como o empregado amargava o prejuízo de algumas poucas horas, o assunto não mereceu aprofundamento doutrinário nem jurisprudencial, permanecendo nas águas rasas do conceito do não enriquecimento sem causa. A pandemia escancarou o problema.

Se uma empresa suspende suas atividades por 8 semanas e debita 320 horas no banco do empregado – mantido aquele exemplo singelo, de 8h por dia, 5 dias por semana – penso que não seria razoável que ela, ao depois, dispensasse o empregado sob a alegação de dificuldades financeiras intransponíveis e promovesse o desconto das 320 horas em seu termo de rescisão.

Essa hipótese não guarda relação com o brocardo romano da vedação ao enriquecimento sem causa. Nesse exemplo, o empregado terá "pago para ficar em casa", porque ele recebeu os dois meses de salário durante a suspensão e, depois, devolveu os dois meses de salário na rescisão, esvaziando os poucos valores que sobravam talvez a título de aviso- -prévio, férias proporcionais ou décimo terceiro salário.

Aliás, a depender do tempo de casa, essa rescisão vai resultar números negativos, pois 320 horas representam muito mais do que 1 mês de aviso e alguns doze avos de férias e gratificação natalina. Se, entre as alternativas apresentadas pelas Medidas Provisórias, a empresa optou pelo banco de horas e, depois, cobrou dos empregados pelas horas não laboradas, talvez houvesse sido melhor ter mandado embora o empregado 60 dias antes. Ao conceito de não enriquecimento sem causa será oposto o conceito de tempo à disposição do empregador, pois assim é o pilar de sustentação do banco de horas.

Reitera-se a exortação a que sejam as medidas tomadas com moderação e preferencialmente mescladas para redução dos riscos inerentes à atividade econômica e ao próprio cenário de profunda incerteza.

Há, ainda, o complicador de investigarmos a modalidade da rescisão contratual, porque assim como externamos a preocupação com a dispensa sem justa causa do empregado premido pela notícia de que terá de pagar pelas horas que ficou em casa, também nos preocupa a consequência jurídica do pedido de demissão do empregado que se desliga da empresa após dois meses de inatividade remunerada.

Pode-se argumentar que o pedido de demissão se insere no amplo conceito de riscos da atividade econômica, devendo a empresa assumir o prejuízo das horas perdidas na pandemia, mas sempre haverá espaço para discussão sobre o comportamento das partes como fundamento maior do enquadramento jurídico.

Em outras palavras, o pedido de demissão do empregado atrairá a tese do adiantamento salarial e do não enriquecimento sem causa, ao passo que a dispensa sem justa causa tende a ser analisada do ponto de visto do tempo à disposição do empregador.

Um dado curioso, para o qual não prestamos atenção habitualmente, é que a redução de jornada do aviso-prévio somente se aplica em casos de rescisão por iniciativa do empregador, para que o empregado possa procurar novo emprego.

Em contrapartida, o aviso-prévio cumprido pelo empregado por força de seu pedido de demissão – sob pena de desconto salarial nas verbas rescisórias – não enseja redução de jornada porque o legislador pressupõe que ele pede para sair porque já possui algo em vista ou algum novo projeto de trabalho, tudo conforme dicção do art. 487 da CLT e parágrafos.

Logo, não são vedadas as horas extras durante os 30 dias de aviso-prévio cumprido pelo empregado demissionário, o que pode eventualmente atenuar o drama acima narrado de empregado que sai com muitas horas devedoras.

Se o empregador resolver remunerar as horas extras pendentes do banco de horas antigo, porque os prazos legais se esgotaram, e ao mesmo tempo o empregado estiver com o contrato suspenso ou com jornada reduzida por força das medidas tomadas no estado de calamidade pública, deve atentar para o fato de que o salário-hora não sofre alteração, tampouco o divisor.

Capítulo 4

Horas extras na atividade insalubre e na força maior

1. Dilema da exposição acima de oito horas em áreas insalubres

A questão da hora extraordinária prestada dentro de ambientes insalubres envolve desdobramentos muito mais complexos do que se supõe, razão pela qual o art. 60 da CLT se mostra tão incisivo quanto à vedação de qualquer prorrogação, seja para pagamento com adicional, seja para compensação oportuna, e submete a questão ao crivo da autoridade administrativa.

Tudo decorre do fato de que os limites de tolerância ao ambiente insalubre são medidos historicamente com base em jornada de oito horas, a partir da qual aquilo que era inicialmente tolerável pode se tornar insuportável para o ser humano e assim sucessivamente.

Tome-se como exemplo a exposição do trabalhador a ruídos contínuos ao longo da jornada. O Anexo 1 da NR 15, de 1978, estabelece em 85 decibéis o limite máximo a que um empregado pode ser submetido, ao longo de um expediente de oito horas, repelindo a exposição em períodos de 12 horas.

No lugar de proibir a realização da hora extraordinária, haja vista que a noção de insalubridade é multifacetada e diversos são os agentes hostis, como o ruído, a umidade ou o contato com agentes químicos e físicos, o legislador houve por bem delegar essa atribuição para a autoridade "competente em matéria de higiene do trabalho", que poderá pedir ajuda para autoridades de assuntos correlatos nos três planos da federação. O objetivo é aferir se, em determinadas circunstâncias, a prorrogação pode ser considerada suportável pelo ser humano – algum tipo de umidade menos intensa, alguma forma de mitigação por equipamentos de proteção e assim por diante.

Analisando-se o inc. XIII do art. 7º, nota-se que a Constituição foi enfática na autorização a que a negociação coletiva possa contemplar compensação de jornada, não fazendo restrições quanto à natureza do ambiente de trabalho. Paralelamente, o inc. XXVI tende a ser interpretado como sendo um estandarte da autonomia sindical, pois o conceito de "reconhecimento da norma coletiva" é polissêmico e pode tanto corresponder à mera existência fática dos instrumentos normativos como pode corresponder à liberdade mais ampla e mais dinâmica conferida aos entes sindicais em prol da negociação coletiva.

Foi com esse binômio que chegou a predominar a jurisprudência da não recepção do art. 60 da CLT, ao menos em parte: havendo norma coletiva, a compensação era considerada lícita, mesmo no ambiente insalubre, independente de autorização prévia, em homenagem ao art. 7.º, XIII, da CF/1988. Não havendo norma coletiva, a autorização prévia sempre foi obrigatória, sendo irregular a compensação avençada individualmente com o empregado, dentro do ambiente insalubre, pois para essa circunstância o art. 60 continua recepcionado, portanto.

A cizânia segue seu curso. Os limites de tolerância pesquisados para exposições a oito horas dificultam formação de consenso sobre a liberdade contratual para o empregador exigir exposição dos empregados a cargas de 10 ou de 12 horas e, ao depois, atraírem responsabilidade civil pela exacerbação dos riscos. A reforma trabalhista de 2017, que ampliou diversas modalidades de horas extras e de compensação de jornada, não chegou a franquear as horas extras em setores insalubres, embora tenha aberto uma exceção para os regimes 12x36.

Inseriu-se parágrafo único ao art. 60 da CLT para dispensar autorizações prévias para o cumprimento da jornada 12x36 em ambiente insalubre. O legislador parece ter se sensibilizado com o fato de que o empregado possui folga compensatória dia sim, dia não, mas os riscos dessa exposição seguem mal definidos e nem todos os empregadores aderem a esta facilitação sem antes se cercarem de informações de especialistas sobre os riscos da superexposição.

De outra banda, o problema não afeta o trabalho do adolescente, porque ele está proibido tanto de atuar em ambiente insalubre (art. 7.º, XXXIII, da CF/1988) como de prestar horas suplementares de maneira geral (art. 413 da CLT), sendo escandaloso que no cotidiano se encontrem situações de trabalhadores menores de 18 anos atuando em sobrejornada e em ambiente insalubre.

Nada se dispôs ou se vetou quanto à realização de horas suplementares em ambientes perigosos ou em atividades penosas, como poderia ter sido feito. Mas não foi. Indagam-se quais teriam sido as razões pelas quais o legislador não se sensibilizou quanto à realização de hora extraordinária nesses ambientes igualmente hostis.

No tocante ao ambiente perigoso, a explicação mais aceita diz respeito ao fato de que o trabalhador que atue em área de risco, em meio a materiais explosivos, inflamáveis ou de alta voltagem elétrica, não sofre propriamente efeitos deletérios sobre sua saúde, não adquire doenças da profissão ou daquele trabalho, não tem a vida abreviada por circunstâncias adversas nem precisa de cuidados especiais ou uso de equipamentos de proteção. Ao contrário do que acontece com a atuação dos agentes insalubres, os agentes perigosos expõem o trabalhador a risco de morte em caso de explosão que devaste o ambiente do trabalho, mas, digamos assim, enquanto a explosão não vem, o ambiente é relativamente equilibrado.

Note-se que o ambiente "apenas" perigoso nem ao menos pode ser chamado de insalubre ou de agressivo à saúde humana.

Tanto isso é verdade que, no âmbito do Direito Previdenciário, discute-se a pertinência de se atribuir o direito a uma aposentadoria especial – normalmente associada com menor quantidade de tempo de serviço ou tempo de contribuição – às atividades "apenas" perigosas, pois nelas o trabalhador não sofreu nenhum tipo de desfalque em sua saúde nem teve condições especialmente perturbadoras de sua saúde. Há quem sustente que a aposentadoria especial deveria ser canalizada unicamente ao trabalho sob condições insalubres, deixando ao ambiente perigoso uma maior proteção para casos de invalidez, por exemplo.

Por essa razão, o legislador trabalhista omitiu o ambiente perigoso da vedação à realização da hora extraordinária. Mal comparando, é como se ele houvesse concebido a hora extraordinária no ambiente perigoso apenas como um incremento na taxa de probabilidade de um sinistro, isto é, considerando que o trabalhador aufere o adicional de periculosidade independentemente da quantidade de horas de exposição aos agentes inflamáveis, explosivos e de alta voltagem elétrica, pouco importa se a atividade se estendeu para além das oito horas diárias. Importa, apenas para fins estatísticos, pois a chance de ser vítima de explosão aumenta evidentemente com a ampliação da jornada.

Relativamente ao trabalho penoso, entretanto, não se pode considerar que a realização da hora extraordinária seja natural ou saudável. Aqui o problema maior é a deficiência crônica do legislador quanto ao conceito ou a um sistema de proteção ao trabalho penoso, assim entendido aquele particularmente fatigante e extenuante para o ser humano, como o carregamento de peças e volumes excessivamente pesados, a movimentação intensa do corpo e figuras análogas.

Esforços são empreendidos em busca de um conceito de trabalho penoso, optando o legislador por fixar jornadas reduzidas ou intervalos expandidos para determinadas ocupações, e não meramente a vedação da realização da hora extraordinária. Para algumas profissões, como o cabineiro de elevador, o bancário e o telefonista, utilizou-se à primeira vista; para outras ocupações, como o mecanógrafo – hoje normalmente associado com a função do digitador – de que trata o art. 72 da CLT ou o carregador de carnes em frigoríficos, de que trata o art. 253 da CLT, usou-se o mecanismo da ampliação dos intervalos para descanso, o que reduz consequentemente a jornada de trabalho.

São essas as principais razões para que o art. 60 tenha se concentrado tão somente em atividades ditas insalubres, sem fazer referência às dificuldades da hora extraordinária em ambientes perigosos ou penosos.

2. Horas extras exigidas por serviços inadiáveis e força maior

O art. 61 da CLT é eclético, pois prevê algumas peculiaridades para o caso da necessidade da prorrogação de jornada por motivo de força maior e para a realização de serviços inadiáveis, prevê oscilação no adicional de remuneração dessas horas suplementares, amplia o limite máximo de duração da jornada do trabalhador sujeito a essas condições e, antes de encerrar seu comando, trata de um assunto que, sozinho, justificava outro artigo, representado pela compensação das horas laboradas em caso de fechamento do estabelecimento por causas acidentais, o que é o oposto das primeiras premissas, em que o estabelecimento teve de ficar aberto por mais tempo, digamos assim.

O conceito de força maior é bastante complexo, não se tratando nem ao menos de um instituto próprio do Direito do Trabalho, pois em diversos ramos jurídicos ele repercute na celebração e na execução dos contratos e dos atos humanos. No Direito

Civil, permite a denúncia de alguns contratos, com a elisão das cláusulas penais. No Direito do Trabalho, há sua previsão expressa no art. 501 da CLT, no tocante à rescisão do contrato de trabalho, mas, como a assunção dos riscos da atividade econômica é parte inerente à figura do empregador, a lei nunca poderia ter dispensado o pagamento das verbas rescisórias, mesmo em se tratando de verdadeiro caso de força maior, donde a solução encontrada pelo legislador de apenas reduzir à metade o valor das indenizações.

Dado o impacto que esse conceito tende a produzir sobre as verbas rescisórias da dispensa sem justa causa decorrente de força maior, doutrina e jurisprudência trabalhistas inclinaram-se desde sempre para lhe atribuir uma interpretação restritiva sobre a matéria, de modo a não permitir que todo e qualquer transtorno vivenciado pelo empregador pudesse ser utilizado como fundamento para a rescisão contratual "pela metade".

Por exemplo, as crises financeiras, mais ou menos agudas, inclusive aquelas motivadas por atos das autoridades administrativas, como a proibição de comercialização de alguns produtos ou a interdição de ruas e avenidas para obras ou para eventos públicos, normalmente não são abarcadas pelo conceito de força maior do art. 501.

Ali se costuma exigir que o ato seja efetivamente imprevisível e para o qual o empregador não tenha concorrido. Em caso de prejuízos amargados ou de expectativas frustradas, o empregador não poderá compartilhar os danos com os empregados, nem na constância do contrato de trabalho, nem em sua rescisão.

Aqui, todavia, entende-se que o conceito de força maior não requer semelhante rigor restritivo, mas, ainda assim, apresenta uma variabilidade muito grande para o intérprete refletir.

Tome-se como exemplo um incêndio em apenas alguns setores da empresa. Para fins de rescisão de contrato de trabalho dos empregados ali encontrados, essa situação não se presta a justificar a redução das indenizações, seja porque não afetará "substancialmente" a empresa nem comprometerá sua "situação financeira", no dizer do art. 501, § 2.º, seja porque alguns incêndios podem ser explicados pela imprevidência do empregador, dependendo do ramo de atividade e das condições de estocagem e manipulação dos produtos, o que também exclui a redução das verbas rescisórias à metade, consoante art. 501, § 1.º. No entanto, o exemplo se aplica com mais facilidade ao art. 61, pois a necessidade de reorganização dos insumos e das mercadorias, que não devam ou não possam dormir a céu aberto é imperiosa.

Conclui-se que, no lugar de discutir o conceito exato da força maior, melhor seria que o art. 61 se houvesse limitado a dizer que as horas suplementares nele previstas eram relacionadas com os serviços inadiáveis, justificando a urgência com o significado do "prejuízo manifesto", o que se pode verificar em caso de perda de matéria-prima perecível se deixada para utilização posterior, necessidade de proteção ao patrimônio do empregador, como o assentamento de uma porta ou de uma janela e assim sucessivamente. Aliás, a ligação entre o serviço inadiável como sendo aquele que jamais poderia ser deixado para o dia seguinte é expressão mais aceita para sua aplicação prática.

Mera conveniência do empregador, maior comodidade ou simples atraso da linha de produção repelem o conceito de força maior para os fins das horas extras. O fato de o empregador não estar apto a atender a um pedido demasiadamente volumoso está muito mais ligado ao porte do empreendimento e às suas deficiências do que propriamente a um sentido de força maior ou de serviços urgentes.

Afora isso, o elastecimento da jornada para 12 horas jamais significa o cancelamento da refeição, do período de sono e do descanso semanal. Nenhum desses três itens foi contemplado pelo art. 61, cujo escopo central foi autorizar a prorrogação da jornada e não a oscilação no intervalo intrajornada, ou nos descansos semanais remunerados.

Postas essas premissas sobre força maior de maneira mais genérica do que aquela do art. 501 e serviços inadiáveis como sendo aqueles de prejuízos graves e imediatos, enfrentemos quais são as consequências práticas para os trabalhadores atingidos pelas medidas.

O *caput* do art. 61 da CLT é lacunoso, atendo-se a dizer que "poderá a duração do trabalho exceder do limite legal ou convencionado", sem maiores explicações sobre o alcance dessa extensão ou sobre suas contraprestações. O § 1.º é igualmente de pouca valia, pois se relaciona muito mais à fiscalização do trabalho do que propriamente ao trabalhador.

A novidade toda reside no § 2.º do art. 61, que mistura tantos assuntos a ponto de se tornar quase incompreensível.

Como o § 2.º contém ele mesmo dois períodos separados por ponto final, é de supor que se tratava de dois parágrafos, na língua portuguesa. Isso vai tornar a interpretação ainda mais difícil, por não saber se as disposições da parte final do parágrafo se aplicam igualmente àquelas da parte inicial do parágrafo. O que normalmente é feito sem maior controvérsia, aqui encontrará um obstáculo justamente no ponto final que as segrega. Explica-se.

A primeira parte diz meramente que os excessos decorrentes da força maior serão remunerados como hora simples. E nada mais. Nenhum adicional foi previsto. Não se fala qual a duração máxima da jornada, o que já é assustador, nem se aplica algum percentual de remuneração, deixando essas horas suplementares na peculiar situação de serem as únicas em todo o ordenamento jurídico que são quitadas como se horas simples fossem – ironicamente, essa raridade aparece justamente no momento em que o legislador deixou de lado a limitação máxima de expediente diário, ou seja, reuniu no mesmo dispositivo legal o pior de dois mundos para o trabalhador (carga de jornada ilimitada e remuneração singela, sem adicional nenhum).

A realização de hora extraordinária em caso de força maior preocupa, não tanto pela força maior em si, que pode acometer qualquer empresa a qualquer tempo, mas pelo tratamento espartano dado pelo legislador (zero de adicional de remuneração e zero de limites).

A prevalecer esse entendimento, não seria exagero dizer que o empregado concorre com os riscos da atividade econômica, pois bastará haver um incêndio parcial, por exemplo, para que lhe seja retirado o direito ao adicional da hora extraordinária e lhe seja exigida a permanência na empresa por horas e dias ilimitados. A fim de temperar semelhante interpretação, que contraria a finalidade da norma e do capítulo da duração do trabalho, há uma solução razoável e harmônica na leitura da segunda parte do § 2.º, combinando-se com a aplicação do art. 7.º, XVI, da CF/1988. Senão, vejamos.

A segunda parte do § 2.º do art. 61 afirma que, diferentemente do que se dissera sobre a hora extraordinária em força maior, a hora extraordinária em serviço inadiável tem limite máximo (12 horas diárias, no total) e adicional de remuneração maior do que o habitual (25% para esse caso, ante os 20% que então eram praticados para a hora extraordinária previamente pactuada, na forma do art. 59).

Há um duplo significado no disposto desse comando.

De um lado, chancela-se a existência da jornada de 12 horas, que este estudo já denominou acima de excessiva e perigosa para a higidez física e mental do trabalhador. Para alguns, a simples referência à carga de 12 horas já contém a semente da inconstitucionalidade, haja vista o fato de que o art. 7.º, XIII, da CF/1988, não apresentou exceções ao padrão de oito horas, mas apenas autorização a compensação de jornada, se houver.

Todavia, a duração de oito horas é endereçada aos *trabalhados normais*, havendo possibilidade de o legislador adaptar as peculiaridades dos trabalhos não normais, como a atividade subaquática do petroquímico e a atividade do aeronauta, mesmo que isso signifique a necessidade de jornada superior a oito horas. Semelhante raciocínio justifica a manutenção do artigo de lei, ora em estudo, que autoriza a carga de 12 horas. No lugar de combater a existência da norma, convém que se faça sua aplicação correta e não se aceitem o abuso ou a interpretação extensiva, como se, de repente, tudo fosse serviço inadiável, diga-se.

Fica como lição, ainda, que a jornada de 12 horas tem natureza efetivamente excepcional e somente encontra abrigo em situações de expressa previsão legislativa, como é o caso do art. 61, o que reforça ainda mais o entendimento de que o empregador não pode e não deve contratar o empregador para a carga de 12 horas diariamente, meses e anos a fio, sem qualquer justificativa plausível. A situação é irregular mesmo que a empresa pague corretamente todas as (muitas) horas suplementares.

De outro lado, o art. 61 estabeleceu um adicional de hora extraordinária superior em um quarto àquele que era praticado para a generalidade dos casos. Enquanto o art. 59 falava em 20% para as horas suplementares em geral, o art. 61 cravou em 25% o acréscimo devido para esses serviços inadiáveis. O fato não passou despercebido do operador do Direito do Trabalho quando da elevação do patamar mínimo para

50% pelo art. 7.º, XVI, da Constituição. Embora fosse razoável sustentar que a distorção dos percentuais devesse ser mantida, com a finalidade de inibir a realização das horas suplementares de serviços inadiáveis e com a finalidade de aquinhoar o empregador submetido ao regime de 12 horas com um pagamento um pouco maior do que aquele que realizou hora extraordinária esporádica, prevaleceu o entendimento contrário, no sentido de que a Constituição meramente nivelou os índices por cima, elevando-os todos a 50%.

Não se comenta muito esse assunto, mas não deixa de ser interessante notar que, até a promulgação da Constituição Federal de 1988, havia, de fato, duas qualidades diferentes de hora extraordinária ou duas subespécies para fins de remuneração, separando-se de acordo com o grau de penosidade ou de exaustão do trabalhador, digamos assim. Esse sentimento se perdeu.

Retomemos, agora, a busca de uma solução para o caso da hora extraordinária em força maior, que tinha zero de adicional e zero de limitação horária.

Para o drama do zero de adicional, a melhor solução é manter a tese do nivelamento por cima feito pelo art. 7.º, XVI, da CF/1988. Se os adicionais de 20% e de 25% foram todos para a casa dos 50%, graças à novidade de 05.10.1988, não há razão para que o zero também não tenha sido ampliado. A redação do inc. XVI é relativamente simples e objetiva: a remuneração de todo "serviço extraordinário" deverá ser efetuada com pelo menos 50% de acréscimo. Nem sobra espaço para dizer que o inciso falou apenas da hora extraordinária clássica e abriu ensejo para a separação em várias subespécies de hora extraordinária, pois ele faz referência genérica a "serviço extraordinário" e não tece comentários sobre quais as razões que levaram o empregador a convocar o empregado para essa prorrogação – se por maior movimento de fregueses, se para atender a uma encomenda importante, se para apagar o incêndio ou se para debelar a enchente.

Para o drama do zero de limite de carga horária, a melhor solução é estender o conceito das 12 horas para as duas hipóteses tratadas no mesmo parágrafo. Para completar o raciocínio, basta que o intérprete vislumbre que a parte final do § 2.º se referiu simultaneamente aos dois casos abordados. Note-se, na leitura atenta do dispositivo, que a expressão "e o trabalho não poderá exceder de 12 horas, desde que a lei não fixe expressamente outro limite", é antecedida por uma vírgula. Normalmente na língua portuguesa não se faz necessária a vírgula antes do aditivo "e", por se tratar do final de uma enumeração sucessiva, a menos que se esteja a introduzir outro pensamento ou outro elemento naquela oração.

Tem de ser esse o caso em debate: após ter fixado zero de adicional para a força maior e 25% de adicional para o serviço inadiável, o dispositivo introduz um terceiro assunto, a saber, a carga máxima de 12 horas, que se aplica indistintamente tanto a um quanto a outro cenário.

Por fim, importante sobrevoar a esta altura dois outros artigos da CLT: o 304, dedicado ao jornalista, e o 413, próprio do trabalho do menor.

O art. 304, parágrafo único, prevê figura análoga de prorrogação de emergência para a jornada de trabalho do jornalista. Embora ali não se estipule um teto máximo, dando a entender que a extrapolação é ilimitada, parece razoável que se expanda a regra do art. 61 para todas as ocupações, até mesmo devido à estreita ligação entre a jornada extenuante e a dignidade do ser humano.

O art. 413, II, prevê a hora extraordinária em caso de força maior para o trabalho do menor de 18 anos, mas desde logo fixava o adicional de 25% (sem riscos de adicional zero), o teto de 12 horas (sem riscos de zero de limite) e, ainda, a necessidade de o trabalho do adolescente ser "imprescindível ao funcionamento do estabelecimento". Do contrário, os adultos ficam e os adolescentes partem.

3. Compensação de horas perdidas por força maior

Vistas as questões relativas ao binômio força maior/serviço inadiável e frisada a necessidade de interpretação sistemática para se obter uma harmonia na carga máxima de trabalho e no adicional de remuneração, chega-se finalmente ao § 3.º do art. 61, que cuida de matéria totalmente diversa. O cenário agora é o fechamento do estabelecimento ou da empresa por causas acidentais ou força maior e a necessidade de compensação das horas perdidas, coloque-se assim o tema.

Se bem interpretado o objeto desse estudo, nota-se uma terceira forma de compensação de jornada. A primeira é aquela mais conhecida e mais antiga, chamada de compensação semanal de jornada, avençada de forma individual ou coletiva, e sem maior transtorno de parte a parte. A segunda é o banco de horas, com a compensação semestral ou anual da jornada. Agora surge uma figura de compensação que prescinde de prévio aviso e de prévia estipulação, até porque se presume que todos tenham sido pegos de surpresa, empregado e empregador.

Novamente se espera que o fechamento do estabelecimento seja determinado realmente por causas alheias à conduta do empregador. Reporta-se ao que acima foi discutido sobre o conceito de força maior. Não estarão abrangidos no particular do § 3.º do art. 61 os casos de imprevidência ou má administração do empregador; escassez de matéria-prima; superabundância de estoques; conveniência interna da empresa; edificação de benfeitorias ou simples reforma do ambiente de trabalho; higienização e dedetização; realização de balanços e inventários.

Em todas essas hipóteses, não se poderá, ao depois, exigir que o empregado reponha as horas não laboradas, pois se inserem muito mais no conceito de tempo à disposição do empregador do que de causas acidentais de paralisação dos trabalhos.

A interpretação do parágrafo é facilitada pelo uso da expressão "impossibilidade de realização dos trabalhos", não deixando margem a dúvidas quanto à inviabilidade física do prosseguimento da atividade e não meramente a alguma forma da pausa técnica ou estratégica.

Fixado esse princípio de não ampliação das hipóteses, dada a natureza excepcional da medida, surgem as seguintes diferenças em relação a um acordo de compensação básico:

- Ausência de paridade absoluta entre as horas perdidas e as horas compensadas: enquanto na compensação semanal e na compensação anual o trabalhador cumpre rigorosamente a mesma carga que deveria cumprir se houvesse trabalhado todos os dias (por exemplo, 44 horas semanais de segunda a sábado ou de segunda a sexta), aqui a paridade não será absoluta, porque o dispositivo autoriza a compensação apenas até o limite do estritamente necessário para fazer frente aos danos causados pela força maior. Cessados os danos e retomada a normalidade de funcionamento da empresa, é de presumir que cesse também a pertinência da compensação, mantendo-se sempre os riscos da atividade econômica com o empregador; caso o empregado já esteja a realizar serviços futuros, estaremos no campo da hora extraordinária e não mais da compensação do tempo perdido.

- Ausência de estipulação prévia, do tipo individual ou coletiva: enquanto na compensação padronizada é indispensável à prévia pactuação entre as partes (via individual no caso da compensação semanal e prioritariamente via coletiva no caso da compensação anual), aqui não se cogita da prévia estipulação, pela própria lógica do cenário acidental e imprevisível. Isso não exime o empregador da comunicação à autoridade administrativa do trabalho, como abaixo salientado, nem prescinde de uma clareza na explanação aos empregados quanto à forma pela qual se dará essa recuperação do tempo perdido, sob pena de se desconfigurar o sentido da compensação e atrair a exigência de pagamento do adicional da hora extraordinária;

- Fixação de prazo máximo para seu encerramento: a compensação semanal, como o próprio nome já diz, redistribui as jornadas dentro do período hebdomadário, enquanto a compensação anual o faz no módulo de 12 meses, cuja extensão fez com que a figura ficasse conhecida pela alcunha banco de horas; ao revés, a compensação para recuperar horas perdidas na força maior encontra limite máximo no prazo de 45 dias. Façamos uma conta singela. Se a compensação somente pode abarcar duas horas por dia, além das oito horas de trabalho normal, a carga total atingirá, no máximo, 90 horas perdidas. Com a jornada de oito horas, isso representa aproximadamente 11 dias de trabalho perdidos. Caso a perda da empresa tenha sido superior a 11 dias, o que é bastante provável em caso de calamidade pública ou desmoronamento, o que sobejar de 90 não pode ser objeto de compensação e cai de novo no conceito de tempo à disposição do empregador. Nada impede que este, antevendo que os empregados ficarão ociosos por mais tempo do que a compensação comportará, aplique outras ferramentas do Direito do Trabalho, como a concessão das férias simples e, no caso, mais propriamente as férias coletivas, separando com precisão a que se refere cada dia do mês. A expressão "45 dias" deve ser interpretada como 45 dias de trabalho. Se fôssemos entender como 45 dias corridos, estaria bastante mitigada a compensação, em detrimento da finalidade da norma. Então, a compensação ocorrerá por cerca de dois meses no total, sendo 45 dias de trabalho com a carga majorada em duas horas.

- Vedação a que o evento se repita no espaço de um ano: eis aqui uma restrição bastante atípica no Direito do Trabalho, representada pela intolerância a que a compensação ocorra novamente em período próximo. Não que a força maior não possa ressurgir ou que duas causas acidentais não possam acometer uma mesma empresa em meses consecutivos. O que está em jogo, porém, é a incerteza a que se submete o empregado e a privação do pagamento da hora extraordinária, como já enaltecido acima, de tal sorte que o legislador optou por não admitir que o mesmo expediente se repita na sequência, ainda que as mesmas condições se verifiquem. Ou o empregador coloca os empregados em férias coletivas, ou os transfere para outro setor ou filial, se houver, ou simplesmente arca com os prejuízos daquela ociosidade, pois a compensação não será forma hábil para repor os prejuízos. A expressão "45 dias por ano" tem de ser interpretada como sendo "45 dias a cada período de 12 meses", pois nada induz a acreditar que o legislador tenha pensado no ano civil, aquele que começa em janeiro e termina em dezembro. O objetivo era espaçar as compensações e não as aglutinar, por exemplo, no final de um ano e novamente no começo do ano seguinte.

- Não previsão de desconto salarial ou rescisório ao empregado que acaso não conclua a compensação. Se as horas perdidas vão ser compensadas, o equilíbrio financeiro fica estável. O empregado receberá o salário normalmente nos dias em que ficou em casa e não houve trabalho. Era tempo à disposição do empregador. Nem de longe correspondia ao conceito de ausências injustificadas para que se falasse em descontos salariais. De outra banda, o empregado nada receberá a título de hora extraordinária, pois a prorrogação de duas horas será catalogada como compensação do tempo perdido. E se o contrato de trabalho for rescindido durante a ociosidade ou durante a compensação, a ponto de não ter sido integralizada a medida? Nada acontece com o empregado, reiterando-se o conceito de tempo à disposição do empregador. Não há previsão para que o empregador estorne os salários pagos à época da crise aguda e tampouco que deduza as horas faltantes para a compensação. O caso do art. 59, § 3.º, é todo outro: ali o empregado já havia praticado os serviços suplementares e o banco de horas não conseguiu ser concluído, pois a rescisão do contrato de trabalho chegou antes que o ano terminasse, o que justifica o pagamento pecuniário acrescido no termo de rescisão. Aqui, a ociosidade se verificou, mas a compensação era meramente uma expectativa – cheia de restrições – concebida pelo art. 61.

- Necessidade de autorização administrativa. Por último, o § 3.º cria uma exigência aparentemente simples, mas que pode, de uma só tacada, pôr a perder toda a estratégia da empresa e tudo o que constou nos cinco itens supra, a saber, a necessidade de autorização da autoridade competente, por meio das Superintendências Regionais do Trabalho. Essa autorização não é feita *a posteriori*, mas de maneira prévia, e certamente pressupõe a análise do que realmente aconteceu no âmbito da empresa, qual foi o grau de ociosidade dos empregados e de que forma se planejou a recuperação do tempo, sob pena de se banalizar uma ferramenta de natureza excepcional. A propósito, observe-se que a autorização pode demorar alguns dias ou semanas para ser outorgada, de modo que os 45 dias de compensação não precisam ser aqueles imediatamente seguintes aos dias de ociosidade. Pode haver uma solução de continuidade entre a crise que afetou a empresa e a recuperação do tempo perdido, o que é bastante natural no cenário de retomada de uma devastação, até que se providenciem novas matérias-primas e se restabeleçam os contatos com clientes e fornecedores.

Capítulo 5

Horas extras em atividades remotas e cargos de gestão

1. Sentidos do trabalho externo incompatível com os controles

Na redação original da CLT, fazia-se menção ao serviço externo sem maior esclarecimento, o que levou a diversas formas de deturpação de sua aplicação prática. Desnecessário grande esforço para se observar que a interpretação ao art. 62 deverá ser feita de forma enxuta, sem se apoiar em analogia ou outra forma de expansão, haja vista tratar-se de norma restritiva de direitos, com profundo impacto sobre o contrato de trabalho.

Cuida-se ali de excepcionar o regime da duração de jornada para aqueles empregados que estejam efetivamente fora do alcance patronal e não apenas que estejam em serviços externos. Ao menos em parte, a distorção foi sanada por uma alteração legislativa em 1992, que introduziu mais um adjetivo ao art. 62, I. Doravante, a exclusão do regime da duração da jornada somente poderá acometer o empregador que simultaneamente atue de forma externa e *incompatível* com o controle de jornada. É essa incompatibilidade a chave para a interpretação do inc. I.

Qual a dimensão exata da incompatibilidade?

Entende-se por incompatível a impossibilidade física de se ter acesso à carga de trabalho desenvolvida pelo empregado, seja pelas distâncias remotas que o separam do empregador, seja pela natureza dinâmica de sua atividade. Mero desinteresse do empregador em investigar a jornada de trabalho do empregado não serve para configurar a incompatibilidade.

Servem como indícios de controle de jornada as seguintes situações e, portanto, não enquadramento no art. 62 da CLT os seguintes elementos:

- jornadas que comecem e ou terminem nas dependências da empresa, para retirada e devolução de veículos, ferramentas de trabalho, material de divulgação ou prestação de contas, ainda que o tempo gasto na rua não tenha sido controlado diretamente;
- fixação de roteiro de visitas com cumprimento obrigatório;
- quantidade mínima de visitas ou procedimentos a ser efetuada em determinado dia, somente se autorizando a postergação de alguma delas para o dia seguinte em caso de força maior;
- entrega de ordens de serviço para o empregado ou sua equipe cumprir necessariamente naquele dia;
- fixação de metas ou cotas com base em contatos efetuados;
- controle da quilometragem rodada em veículo do próprio empregado ou fornecido pelo empregador;
- uso intensivo dos meios de comunicação, cada vez mais generalizados, desde simples aparelhos de telefonia celular até mecanismos mais sofisticados de contato remoto, graças à microinformática.

Assim, para que a atividade externa seja realmente incompatível com o controle de jornada, faz-se necessário que o empregado esteja em períodos razoavelmente largos sem contato com o empregador, não esteja obrigado a telefonar nem a descarregar pedidos pelos meios eletrônicos, não precise justificar ausências ou atrasos, esteja liberado de demonstrar quantidade de visitas ou contatos efetuados que não tenham gerado pedidos concretos e assim sucessivamente – isto é, situação cada vez mais rara, dada a invasão que os meios eletrônicos provocam no controle da vida cotidiana.

Outra interpretação errônea do art. 62, I: dizer que a atividade é incompatível com o controle de jornada por falta de comparecimento às dependências físicas da empresa, ao longo do dia ou em alguma vez no dia. As dependências físicas, que nunca foram elemento seguro de configuração de hora extraordinária, perdem progressivamente sua importância, podendo o trabalhador se comunicar por diversos outros meios e até mesmo se encontrar com o empregador ou com seus prepostos em outros pontos de apoio, sejam eles agências, filiais ou simplesmente um local neutro previamente agendado.

Representantes de vendas e propagandistas, por exemplo, sofreriam deslocamentos excessivos e inócuos se tivessem de ir diariamente até as fábricas localizadas nos arredores das grandes cidades, sendo mais sensato que se encontrem com seus supervisores, diariamente ou não, em pontos de grande afluência de público, como postos de gasolina, estacionamento de hipermercados ou numa cafeteria qualquer.

Para fins do art. 62, esse encontro fixado pelo supervisor já é informação bastante expressiva para se considerar a atividade compatível com o controle de jornada, afastando-a da noção de distância e de inviabilidade física de alcance do empregador.

Os indícios são estudados normalmente em bloco e cotejados com outros elementos de prova, sendo muito rara a hipótese em que apenas um deles isoladamente considerado seja o bastante para a formação do convencimento judicial. Daí por que se diz que o trabalhador deve reunir um conjunto de indícios, entre os sete acima elencados ou não, para que se possa alterar a afirmação do enquadramento no art. 62.

Aliás, cabe aqui uma breve pausa para tocar no assunto do ônus da prova de enquadramento do contrato de trabalho no art. 62.

Em se tratando de serviço externo, houve apenas uma exigência formal por parte do empregador, que vem a ser o registro dessa condição na Carteira de Trabalho, provavelmente no item das anotações gerais, e no livro de registro de empregados, algo bastante simples de ser efetuado e bastante precário como meio de prova, evidentemente. Em se tratando do exercício de cargo de confiança, que surgirá no inc. II, a lei foi mais rigorosa, exigindo que também haja um complemento salarial compatível com a função de maior responsabilidade (o que gerará presunção absoluta de inexistência do cargo de gestão, em caso de ausência da remuneração compatível, na forma da lei).

Há quem afirme que, caso o empregador não tenha providenciado a formalidade, deve-se afastar liminarmente o enquadramento do contrato de trabalho no art. 62, afirmando-se a existência de presunção absoluta de sua inexistência por descumprimento do primeiro e mais singelo dos requisitos. A presunção relativa, entretanto, é a mais apropriada para a questão.

A principal repercussão prática da exigência à anotação na Carteira de Trabalho será a fixação do ônus da prova: havendo as anotações exigidas e estando a atividade profissional do trabalhador em harmonia com o disposto no art. 62 acerca do caráter externo, competirá ao empregado a reunião de indícios em sentido contrário, devendo-se lembrar, novamente, a interpretação não extensiva incidente sobre a norma restritiva de direitos. Se, porém, o empregador não puder apresentar nem mesmo a formalidade da anotação na Carteira de Trabalho, terá o pesado fardo de comprovar o enquadramento, escusando-se pelo lapso da não anotação.

Conforme acima relacionado, são muitos os indícios que desconfiguram o serviço externo, à luz do art. 62, ainda que aparentemente o empregado estivesse alheio ao controle da empresa. Não se trata meramente de observar controle escrito de jornada, pois são válidas todas as formas de controle visual ou, como se diz atualmente, de controle virtual.

Há uma situação bastante peculiar neste assunto, que merece tratamento específico: a realidade do motorista de caminhão.

Por muitos anos essa profissão era o exemplo máximo de atividade externa, incompatível com controle de jornada, na forma do art. 62, I. A empresa se atinha a determinar o destino da carga ou mercadoria, ficando o trajeto e sua organização por conta do empregado. Já em tempos remotos, antes da revolução informática e da telefonia celular, era possível considerar o motorista carreteiro sujeito a controle de jornada, se acaso a empresa impusesse, por exemplo, duração máxima do percurso, pausas obrigatórias em alguns pontos estabelecidos, para abastecimento ou manutenção do veículo, contatos telefônicos de parte a parte e outros elementos tendentes ao controle do expediente.

Hoje, porém, mesmo que o empregado não esteja sujeito a uma meta de horário de entrega a ser perseguida, é possível sustentar que ele se encontra sob controle de jornada com base nos diversos meios eletrônicos acoplados ao veículo, como o telefone celular, o rádio de transmissão, computadores ligados à rede mundial, em velocidade rápida ou lenta, rastreamento por satélite, bloqueadores de ignição e demais elementos relacionados com sistemas de segurança ou de comunicação. Será muito difícil encontrar hoje em qualquer situação um motorista carreteiro, autônomo ou empregado, que esteja privado de comunicação em tempo real com seus pontos de partida e de destino.

O tacógrafo representa, todavia, uma singela exceção a essa regra de somatório de indícios. Trata-se de ferramenta de uso obrigatório nos caminhões, por determinação das autoridades de trânsito, a fim de verificar a velocidade desenvolvida pelo veículo. Como, porém, o documento somente será acessado pelo empregador após a realização dos serviços e, ainda, sem que se possa afirmar que aquela velocidade naquele dia tenha sido atingida durante a rota de serviço ou durante a rota para o hotel, por exemplo, será esse um mecanismo bastante precário para a aferição da carga horária laborada, mesmo que o empregador queira.

De qualquer forma, argumentam as empresas que, exceto quanto ao telefone celular, os demais meios eletrônicos não servem exatamente para controlar a jornada de trabalho do motorista, mas para lhe prestar maior segurança contra situações de violência que representam uma chaga em nosso país. Reforçam o argumento com a explicação de que geralmente esses controles, como o rastreamento via satélite, são prestados por terceiros, sendo certo que a empresa tomadora desses serviços nem ao menos tem interesse na verificação dos horários minuto a minuto e, quando o faz, objetiva apenas assegurar que a carga esteja em rota segura.

Conquanto elas possam não ter utilizado as informações eletrônicas para fins de controle de jornada, essa finalidade estava disponível. Ao estabelecer que a atividade externa deva ser efetivamente incompatível com o controle de jornada para decair do direito às horas suplementares e demais títulos, o art. 62, I, deixou claro que o ponto central é a impossibilidade do controle e não o desinteresse do empregador ou sua desconsideração. Logo, o controle em potencial ou em tese já é o bastante para afastar a regra do art. 62, ou seja, já é o bastante para considerar o empregado sujeito a alguma forma de controle de jornada – ou passível de o ser.

Entendimento contrário, no sentido de que a empresa que, podendo, não exerce o controle de jornada como forma de não pagar pela hora extraordinária empreendida, levaria a um alargamento excessivo de uma regra instituída para ser excepcional. Deixaria o trabalhador, ademais, à mercê da interpretação do próprio empregador sobre quando parece mais ou menos conveniente exercer o controle de jornada. Aliás, nenhuma empresa iria deixar de exercer o controle dos horários de seus empregados, se esses laborassem pouco. No primeiro instante em que se desconfiasse que os empregados estão cabulando jornada e encerrando o expediente minutos ou horas antes das oito horas, o controle certamente seria instituído e alimentado. Normalmente, as empresas que mais se apegam à discussão da aplicação do art. 62, I, são justamente aquelas cujas atividades não são cabíveis dentro das oito horas, o que é sintomático.

Pode-se discutir sobre a correta interpretação e aplicação do art. 62 sobre as relações de trabalho, mas não se pode transformá-lo em simples artifício para não pagar horas extras.

Outro deslize bastante comum na má interpretação do art. 62 diz respeito à tentativa de fracioná-lo para apenas uma parte da jornada ou do módulo semanal. Por exemplo, há empresas que alegam ter o controle sobre o horário de entrada e de saída do empregado, mas não ter controle sobre o horário destinado a intervalo para refeição e descanso, pois o empregado àquela altura estava em ambiente remoto e desprovido de comunicação. Pretende a empresa, assim, livrar-se da alegação de que o intervalo para refeição e descanso era violado ou inexistente, dado o volume de atividades atribuídas ao empregado no ambiente externo, de tal forma que, caso ele não tenha conseguido parar para a alimentação e o repouso, a empresa estaria eximida de responsabilidade. Labora em erro a tese.

Não existe "meio art. 62" nem é razoável dizer que uma atividade é "meio incompatível" com o controle de jornada.

Novamente, voltemos à chave do entendimento do dispositivo legal: para que o empregado seja desprovido de hora extraordinária e demais vantagens, ele tem de ter, digamos assim, uma vantagem equivalente, que, nesse caso, vem a ser a liberdade de organizar seus próprios roteiros e seus próprios horários, sem prestação de contas e sem ser molestado pelo empregador. Logo, esse enquadramento ou acontece por inteiro, ou deixa de acontecer. Não pode haver hipótese intermediária e tampouco o art. 62 fracionou o sentido da palavra incompatível.

Há empresas que alegam controlar apenas a entrada, mas os empregados partem para trabalho de campo e não retornam ao local de trabalho no mesmo dia – e vice-versa. Há controle de jornada em alguns dias da semana e não há controle de jornada em outros dias, quando o empregado empreende uma viagem, por exemplo. Em todos esses exemplos, peca a empresa por achar que o controle ou a possibilidade do controle digam respeito a cada minuto do trabalho, quando, na verdade, a incompatibilidade ou compatibilidade é exercida sobre o contrato de trabalho como um todo e não sobre este ou aquele dia.

Se a empresa vivencia situações como aquelas acima levantadas, deve-se acautelar, com medidas simples, como a estipulação de um contato durante o expediente, a fiscalização de surpresa, a fixação de livro ou papeleta para a atividade externa e assim sucessivamente. Dizer puramente que o intervalo era incompatível com o controle de jornada desatende ao primado do art. 62.

Por fim, observo que o entendimento em prol da não recepção do art. 62 pela Constituição Federal de 1988 se mostra superado. É verdade que o art. 7.º, XIII, prevê apenas a jornada de oito horas, sem estabelecer exceções ou deixar margem para a fixação de outras jornadas, na primeira leitura que se faz do dispositivo. Menciona-se apenas a possibilidade de compensação de jornada, mediante acordo ou convenção coletiva. Porém, não se pode negar que algumas situações de real peculiaridade exigem tratamento diferenciado, como é o caso do trabalho em alto-mar realizado pelo petroquímico, o trabalho do aeronauta e a atividade ora em comento, de natureza eminentemente externa e sem contato com o empregador. Justifica-se, assim, o entendimento de que o art. 7.º, XIII, tratou apenas do que poderíamos denominar de "trabalho normal", deixando o legislador com liberdade de abordar atividades não normais ou não corriqueiras, desde que se vislumbrem efetivas peculiaridades capazes de ensejar uma adaptação à hipótese – jornadas majoradas para aquelas duas profissões e ausência de controle para o caso do art. 62.

Atente-se para o fato de que o enquadramento do contrato de trabalho no art. 62 retira os direitos constantes naquele capítulo da CLT, que compreende os arts. 57 a 75, nas parcelas já mencionadas – hora extraordinária, adicional noturno, intervalo para refeição e descanso e intervalo interjornada – mas não afasta outras vantagens de outros capítulos, como as férias, e de outras leis, como os descansos semanais remunerados, da Lei 605/1949. Nesse campo, reina a ignorância de se privar o trabalhador em serviço externo ou o exercedor de cargo de confiança do direito ao descanso semanal, o que nada tem que ver com sua atividade ou com o debate sobre o art. 62. O fato de os descansos semanais remunerados terem obtido assento no art. 7.º, XV, da CF/1988, é assunto secundário, pois os empregados já os haviam alcançado em 1949.

2. Teletrabalho presume não incluir hora extra

Em resumo, o enquadramento do contrato de trabalho no espectro do art. 62 da CLT assume numerosas consequências: retira do trabalhador o direito a horas extras, adicional noturno, hora noturna, intervalo intrajornada, intervalo interjornada e suas integrações. Somente não retira o direito ao descanso semanal remunerado, pois este é regulado por legislação separada (Lei 605/1949) e tem assento constitucional (art. 7º, XV), de modo que ficou imune ao alcance do art. 62.

A reforma de 2017 acrescentou ao art. 62 da CLT o regime do teletrabalho, para propor a ausência do direito às horas extras e demais elementos alusivos à duração normal da jornada.

O art. 62, III, deve ser lido, portanto, em conjunto com os arts. 75-A a 75-E, que apresentam diretrizes básicas para o que se deve considerar teletrabalho.

O teletrabalho pode incluir algumas atividades eventuais nas dependências do empregador, como reuniões, treinamentos ou prestação de contas, e admite a conversão do presencial para o teletrabalho e vice-versa.

O ponto central da discussão é saber, afinal, se o teletrabalho é ou não é incompatível com o controle de jornada, ou seja, se está ou não ao alcance do empregador mensurar a produção e a atividade do empregado.

De plano, é importante frisar que doutrina autorizada considera a expressão teletrabalho apenas para as atividades exercidas remotamente com uso dos recursos tecnológicos, dos meios de comunicação à distância, internet e demais insumos próprios da revolução da informática. As atividades que já eram exercidas à distância, que incluem profissionais de corte e costura, deveriam, sob esse prisma, ser chamados de trabalhadores em domicílio ou remotos e não teletrabalhadores.

Essa dicotomia foi positivada em 2017, inserindo-se à CLT a definição constante do art. 75-B quanto à "utilização de tecnologias de informação e de comunicação".

Para o pessoal não inserido no arco do teletrabalho, mas mantido em domicílio, permanece intacto o comando do art. 6º da CLT, segundo o qual "não se distingue entre o trabalho realizado no estabelecimento do empregador, o executado no domicílio do empregado e o realizado a distância, desde que estejam caracterizados os pressupostos da relação de emprego". São profissionais do corte e costura, segmentos da ourivesaria e bijuterias, preparação de alimentos, separação de peças e algumas atividades de consultoria e pesquisa. Já eram prestados os serviços remotamente muito antes do uso intensivo dos meios eletrônicos, podendo ou não deles se beneficiar.

E o art. 6º, § único, reforça ainda mais o direito às horas extras do pessoal em domicílio quando realça que "os meios telemáticos e informatizados de comando, controle e supervisão se equiparam, para fins de subordinação jurídica, aos meios pessoais e diretos de comando, controle e supervisão do trabalho alheio".

Esses dois dispositivos se aproximam muito do teletrabalho e dificultam a vida do intérprete, que busca separar as atividades domiciliares das atividades ditas da tecnologia da informação. Parece até mesmo que essas estão embutidas dentro daquelas, mas esse entendimento não prevaleceu: desde que a reforma trabalhista foi implementada em 2017, virou lugar-comum dizer que o pessoal em teletrabalho compõe categoria diferenciada, não sujeita ao controle de jornada e não destinatária de horas extras.

Devemos ter cautela redobrada nessa afirmação, todavia.

Quando muito, podemos estabelecer um sistema de presunções relativas e não de presunções absolutas, nem para o pessoal domiciliar, nem para o pessoal da tecnologia.

Havendo meios acessíveis de controle de jornada, por unidade de produção, por fiscalização direta, por meios eletrônicos, não se deve impressionar com o fato de o trabalho ser realizado à distância, em dependências estranhas ao empregador, na residência do empregado, em cafeteria ou em espaço coletivo de trabalho.

Tudo isso era e continua a ser irrelevante para o Direito do Trabalho, assim como o serviço externo somente se enquadra no art. 62 se for efetivamente incompatível com o controle de jornada

Feitas essas considerações, estamos à vontade para afirmar que o art. 62, III, merece a mesma interpretação restritiva, dada a excepcionalidade, dos demais incisos, quer dizer, o teletrabalho somente retira o direito às horas extras e congêneres se for incompatível com o controle de jornada. Mero deslocamento territorial não é suficiente para autorizar jornadas irrestritas. Seria mesmo incongruente dizer que, para o serviço externo, o que manda é a incompatibilidade da jornada (art. 62, I), ao passo que para o teletrabalho o que manda é o rótulo.

Interpretação extensiva do art. 62, III, deságua na inconstitucionalidade pela colisão com o art. 7º, XIII, na ilegalidade pela colisão com o art. 6º e, ainda, no tratamento desigual com os trabalhadores em serviço externo, pois eles têm assegurada, desde 1992, as horas extras em caso de compatibilidade com o controle de jornada.

Rótulos nunca foram relevantes para o Direito do Trabalho. Simples nomenclatura utilizada representa aspecto secundário em quase todas as análises trabalhistas.

O fato de o empregador inserir no contrato escrito a expressão "teletrabalho" e evocar a disciplina dos arts. 75-A a 75-E não o autoriza a cassar as horas extras, o adicional noturno e demais elementos componentes do capítulo da duração normal da jornada.

O intérprete não pode perder de vista a fragilidade do art. 62 perante a CF, já destacada acima, tendo sua sobrevivência dependido da atipicidade do trabalho e da incompatibilidade do controle pelo empregador.

Em outras palavras, o teletrabalho somente retira o direito às horas extras quando for incompatível com o controle de jornada – inacessível, inatingível, inexequível. Não serve como justificativa para cassar as horas extras do empregado o simples desinteresse do empregador, os custos dos aplicativos e programas específicos para a mensuração ou a necessidade de prestação de contas.

3. Cargos de chefia sem horas extras

A expressão cargo de confiança se popularizou nos estudos do Direito do Trabalho, mas o fato é que o art. 62, II, se vale do termo "cargo de gestão" (a expressão "cargo de confiança" aparecerá posteriormente, no próprio art. 62, parágrafo único, quando ele dispuser sobre a remuneração, bem como em outros dispositivos da CLT, como o art. 224, sobre os bancários; o art. 469, sobre transferibilidade e, com pequena variação, o art. 499, sobre a estabilidade, todos muitos vagos e imprecisos). As duas expressões são lacunosas, mas por amor à precisão científica a segunda expressão identifica melhor a figura do art. 62, porque a primeira fala de uma confiança genérica e amorfa.

Uma crítica que se faz àquela expressão diz respeito ao fato de que, afinal, todo empregador deposita confiança em seu empregado, por mais humilde que seja sua atividade e por menores que sejam suas responsabilidades. Todos os cargos seriam, por conseguinte, de confiança.

Não é disso certamente que cuida o art. 62.

Nele se descreve especificamente uma função dotada de maiores encargos e maiores responsabilidades, a ponto de se elevar no plano da confiança genérica, depositada sobre todos os trabalhadores, bem como sobre a confiança especial, atribuída aos diversos empregados espalhados em escalões intermediários, como os encarregados de setor, os chefes de serviço, os subgerentes e alguns tipos de gerência de dimensão mínima e de dimensão média.

Um paralelo interessante pode ser feito com a realidade dos bancários.

O art. 224, *caput*, da CLT atribui jornada de seis horas para os bancários em geral e o art. 224, § 2.º, fixa jornada de oito horas para os exercentes de função de confiança ("direção, gerência, fiscalização, chefia e equivalentes, ou outros cargos de confiança", finalmente fazendo constar expressamente a fórmula "cargo de confiança"). Ora, ali apenas se contemplou uma jornada reduzida para algumas atividades supostamente mais penosas dentro da realidade bancária, voltada para o atendimento ao público e contagem de numerário, retirando o direito à redução de jornada para as funções de chefia – mas não a chefia geral a que se refere o art. 62, por óbvio. Encontramos, então, um exemplo "intermediário" de cargo de confiança, que não tem a expressão máxima do art. 62, mas que também não pode ser considerado um mero burocrata, desprovido de qualquer atribuição especial.

Para piorar ainda mais a situação, os contratos de trabalho utilizam mais de cem sinônimos para a expressão "cargo de gestão" (art. 62) e para a expressão "cargo de confiança" (art. 224), deixando alguns operadores em dúvida sobre a precisão terminológica desses termos. A importância jurídica da nomenclatura é nenhuma.

O cargo pode receber o nome de superintendente, diretor ou vice-presidente para assuntos corporativos, enquanto a prática revela pouco ou nenhum espaço de atuação do empregado, o que significa que o nome não correspondeu ao conteúdo para a configuração do cargo de gestão.

Em sentido contrário, exemplos existem em que nomes aparentemente simples como encarregado de suprimentos ou auxiliar de diretoria possam verdadeiramente revelar, no cotidiano, a amplitude desejada para o enquadramento em questão – não é muito comum a empresa "esconder" o cargo de gestão atrás de uma nomenclatura mais humilde, mas isso nada tem de impeditivo e nem ao menos gera presunção mais ou menos favorável. A nomenclatura é irrelevante. O conteúdo, não.

Os requisitos são basicamente os amplos poderes de mando e gestão, que passam a ser analisados.

Poderes são conferidos a quase todos os empregados. Faz-se necessário que a atividade seja excessivamente rudimentar e o procedimento adotado pela empresa seja demasiadamente autômato para que o empregado não tenha nenhuma chance de iniciativa e não possa assumir nenhum encargo. A maioria das profissões lida com algum grau de deliberação do empregado, seja na hora de fechar um contrato comercial, seja na hora de acelerar o funcionamento da máquina. O que difere a iniciativa do empregado subalterno daquela esperada do exercente de cargo de gestão é, na verdade, o grau. Donde se poder separar genericamente a assunção de responsabilidades em graus mínimo, médio e máximo.

Certamente o cargo de chefia presume o grau máximo de independência: acima dele, somente o próprio empregador e, sob certas circunstâncias, acima dele já não se poderia falar na figura do empregado, pois o quesito da subordinação jurídica pereceria.

São situações de poder de mando e de gestão a admissão e dispensa de empregados, sem consulta prévia ao empregador, respeitando-se apenas alguma diretriz geral, como o número de empregados, contenção de gastos e projetos de expansão ou de contenção; o exercício de atividades comerciais, em qualquer setor de atuação da empresa, assim entendidas as atividades de contração de despesas, trato com clientes e sobretudo com fornecedores; autonomia para comprar e vender produtos e serviços, inclusive quanto a variação de preços e de condições de pagamento; tratamento direto com autoridades administrativas e de fiscalização do trabalho, vigilância sanitária e autoridades judiciais, inclusive contratação de advogados e subscrição de acordos.

Ao contrário, são situações que mitigam o mando e a gestão do empregado a presença constante do empregador no local de trabalho, distribuindo ordens e desautorizando o cargo de gestão; fixação de alçadas muito limitadas de liberdade de atuação do gerente, como contração de despesas muito baixas, normalmente relacionadas a pequenas compras de material de consumo cotidiano ou manuseio apenas de um caixa secundário, que algumas empresas mantêm para facilitar o troco em seus caixas ou agilizar compras menores; restrição ao contato com clientes e fornecedores; centralização do processo seletivo e rescisório na pessoa do empregador ou de terceiros.

A respeito da presença do empregador diretamente no local de trabalho, pondo em xeque o conceito de cargo de gestão, é necessário frisar que muitas vezes essa conduta não é exclusiva da pessoa física de um ou outro sócio ou acionista, mas também de terceiros que orbitam em torno daquela realidade, sem, contudo, serem empregados ou proprietários. São os parentes consanguíneos, os parentes afins e, ainda, os agregados, que comumente coabitam com o empregador e muitas vezes mandam mais do que qualquer empregado – e do que o empregador, talvez. O enquadramento do empregado no cargo de gestão não pode subsistir com a presença de agregados atuantes que o desmoralizem diuturnamente, entenda-se bem.

Doutrina clássica costumava usar a expressão *alter ego* do empregador para definir o conceito do exercente de cargo de confiança, ou seja, suas atribuições eram de tal ordem elevadas e a ligação entre empregador e empregado era tão forte que sua presença é como se fosse a própria presença do empregador naquele ambiente de trabalho, ou pelo menos "o outro eu" do empregador, permitindo essa força de expressão dar-se conta de como se exigia e se exige que os poderes sejam efetivamente de mando e de gestão plena e não apenas uma caricatura do desejado.

Se são necessários poderes concretos de gestão de uma empresa, poderia um mesmo ambiente de trabalho conviver com dois ou mais empregados detentores simultaneamente do mesmo enquadramento no art. 62? Em princípio, isso não pode ocorrer.

A simples afirmação da empresa de que existam, dentro de um mesmo espaço físico, vários empregados exercentes de cargo de gestão já se torna temerária. A afirmação de que todos são chefes revela o contrário do que se quis dizer. Para aqueles que se valeram da expressão "alter ego" do empregador, aliás, ficará muito difícil sustentar que o empregador dispunha de tantos outros "eus", algo que beira o patológico. O mais provável é que num mesmo espaço físico haja apenas um cargo de chefia de dimensão máxima, seguido ou não de alguns níveis de dimensão média e uma quantidade potencialmente maior daqueles com a dimensão mínima, tudo em constante evolução.

Para que se possa conceber a coexistência de dois exercentes de cargo de gestão no mesmo ambiente de trabalho, é indispensável que também a empresa seja de porte bastante elevado, a ponto de uma área sozinha já justificar operação de chefia, com orçamento próprio, programa seletivo desvinculado da totalidade da empresa, contatos com clientes e fornecedores ao menos em parte e outras atribuições de maior expressão. Não se trata de situação remota, pois o fato pode ser verificado nas grandes corporações transnacionais, mas não pode este cenário ser generalizado. Mesmo uma companhia transnacional pode haver adotado estratégia de enxugamento de custos que a levou a concentrar despesas e contratos em um só setor, tornando os demais tributários daquele. Daí por que se diz que o cargo de gestão é também dinâmico, podendo os poderes serem postos e retirados da noite para o dia.

A própria CLT contempla essa hipótese, ao dizer que o cargo de gestão pode ser equiparado, para os fins do art. 62, II, à chefia de departamento ou filial.

Acrescentamos, então, que o departamento deva ser gigante, com reais necessidades próprias, e que a filial tenha verdadeira independência, ao menos em parte, para atuação cotidiana. De nada adianta ter o maior cargo numa filial que nada adquire, nada negocia e nada altera com relação aos comandos e aos métodos da matriz.

O assunto da chefia da filial provoca acirrada controvérsia em Processo do Trabalho, porque, de um lado, o empregado detém realmente o poder de comando daquela unidade, isolada das demais, mas, por outro lado, as modernas técnicas de administração de empresas tendem a concentrar diversos segmentos, como contatos com fornecedores e processos seletivos, num só lugar. Some-se a isso o impacto da revolução tecnológica sobre a organização da empresa, que mantém contato direto, permanente e em tempo real com cada uma de suas filiais pequenas, médias e grandes, não sendo de presumir que um gerente local tenha tanto poder para tomar iniciativas e contrair despesas, quando se sabe que poderia e deveria consultar, por rádio, telefone ou videoconferência, seus superiores hierárquicos próximos ou remotos.

O alargamento do conceito de cargo de gestão para todo e qualquer gerente de filial, da rede de supermercados ou da rede de farmácias, ao posto de combustível ou à pequena franquia, somente faz exacerbar a crítica dos que veem no art. 62 uma forma escusa de sonegar o pagamento de horas extras justamente àqueles que mais as realizam. Insista-se que não é esse o propósito do art. 62, nem poderia ser, cabendo ao intérprete aplicar seu correto alcance e não permitir que sua inteligência seja malbaratada. Jamais se deveria tolerar, por exemplo, que, dentro de uma lanchonete em que atuem vinte empregados, quatro sejam considerados portadores de cargo de gestão e outros quatro sejam seus suplentes, sob pena de vilipêndio da norma.

Assim como já se disse que a revolução tecnológica praticamente acabou com os casos de motoristas e propagandistas incomunicáveis, para fins do art. 62, I, também o incremento das telecomunicações fez escassear as chances de vários cargos de chefia em diversas unidades de uma mesma rede, para fins do art. 62, II. Entenda-se bem que o empregador continua precisando de um bom gerente para sua filial, que seja correto em seus procedimentos e firme no controle do estabelecimento, mas isso não lhe assegura o direito de nada pagar a título de hora extraordinária e adicional noturno, quando houver, pois a liberdade de atuação desse representante não pode ser leve ou moderada. Há de ser plena.

Outra confusão muito comum que se faz com o art. 62 é a crença de que "quem ganha muito não precisa receber horas extras". Ganhar muito nunca foi requisito para o art. 62. Poderia ser. Em algum outro ordenamento jurídico, pode-se tranquilamente imaginar hipótese em que o legislador fixe um determinado patamar salarial a partir do qual ficam restritos alguns direitos trabalhistas. Pela magnitude dessa faixa salarial, essa discriminação nunca foi considerada lesiva aos interesses do trabalhador.

No Brasil, são comuns em sede de negociação coletiva, que fixa índices maiores de reajuste para os salários mais baixos em percentuais decrescentes até chegar a zero, deixando os salários mais elevados sem garantia de que obterão algum incremento. Às vezes se encontram também algumas vantagens como cesta básica e vale-refeição limitadas às camadas salariais inferiores.

O caso do vale-transporte é revelador, porque, embora não se comente muito o assunto, o legislador de 1985 somente contemplou o vale-transporte àqueles que gastem mais do que 6% de seu salário com despesas de condução, valor com o qual ele concorre. Quem não chega a ter esse gasto suportará sozinho os custos da condução, com a chancela da lei ordinária, que não sofreu ataques de inconstitucionalidade por esse ângulo.

No entanto, não é esse o conceito de cargo de gestão para o art. 62, II, que exige efetivamente a congregação dos poderes de mando e gestão acima delineados.

Esse tipo de confusão tem se verificado quando um atleta profissional de futebol de salário altíssimo para os padrões nacionais e internacionais reivindica horas extras, ou quando um engenheiro de destaque na estrutura da empresa faz semelhante pedido ou, ainda, quando um executivo de diretoria de grande corporação financeira reclama pagamento, digamos, de adicional noturno: em todas essas hipóteses, existe uma falsa crença de que seus rendimentos milionários por si sós fossem o bastante para afastar os direitos "menores" de hora extraordinária e adicional noturno. Ou, ainda, que a crença de que as horas extras sejam indevidas diante do acesso exclusivo desses empregados a algumas vantagens maiúsculas, como o direito de subscrição de ações do conglomerado, a participação nos lucros e resultados de patamares expressivos ou, também, a premiação sobre o faturamento da empresa, com pagamento de décimo quarto e décimo quinto salários.

Evidentemente o relacionamento desses empregados com suas empresas não é o mesmo de um operário braçal, desde a forma de seleção até o processo de rescisão, que pode ser acompanhado de ainda outras bonificações e pacotes de vantagens. Também se dá por certo que o papel, por eles desempenhado nas grandes empresas, tem feições estratégicas e não se confundem com a atividade de um mero burocrata. Repita-se, todavia, que o art. 62, II, não tomou a fortuna do empregado como parâmetro de fixação do cargo de gestão, priorizando o núcleo das atribuições do empregado, porque, como se nota, ele não terá quem fiscalize sua jornada ou lhe cobre explicações.

Reforça ainda mais essa explicação o comando do art. 63 da CLT, conquanto obsoleto e sofrível em sua redação, ao dispor que nenhuma diferença de tratamento no tocante às horas extras deve se verificar entre:

- empregados assalariados;
- empregados comissionados; e
- empregados detentores de participação nos lucros e resultados.

Justificar-se-ia tratamento diferenciado caso o empregado concorresse com os prejuízos da empresa, assumindo-lhe os riscos, mas aí ele já não seria empregado, mas sócio do empreendimento.

Tendo-se analisado o conteúdo do cargo de gestão, passa-se ao estudo do único requisito de cunho objetivo traçado pelo art. 62, parágrafo único, para esse enquadramento: a gratificação de 40%, a qual, na verdade, nem é gratificação, nem é de 40%, como veremos.

4. Peculiaridades da gratificação de chefia de 40%

A origem da gratificação de 40% resulta da redação tortuosa do parágrafo único do art. 62, que dispõe da exceção da exceção: o enquadramento excepcional do contrato de trabalho no conceito de cargo de gestão, com a perda do direito às horas extras e demais vantagens, deixa de se verificar quando o salário do "cargo de confiança" for inferior ao salário do cargo efetivo acrescido de 40%.

Ou seja, o dispositivo pretendeu fazer apenas uma ilação. Ordinariamente, as promoções para cargos de maior responsabilidade são acompanhadas de aumento salarial. Diz a norma em destaque que, se não houver um aumento salarial significativo, da ordem de 40%, não se poderá considerar o trabalhador como exercente do cargo de gestão. Logo, criou-se um componente objetivo para a configuração do cargo, paralelamente à questão sobre o conteúdo das atividades desempenhadas, já analisadas nos itens acima.

Em resumo, caso a gratificação de 40% exista, com ou sem esse nome, o empregador preencheu a condição objetiva estipulada pelo parágrafo único do art. 62 da CLT, passando-se para a análise do real conteúdo do contrato de trabalho, a fim de se aperfeiçoar o enquadramento. Se, porém, o empregador nem ao menos contemplou o empregado com o pagamento dessa gratificação, pode-se sustentar a presunção absoluta de inexistência do cargo de confiança, sem nem ao menos se aferir o conteúdo concreto da atividade desenvolvida.

A presunção absoluta, rara no Direito do Trabalho, é aqui sustentada com base na estrutura do art. 62. Observe-se bem que, no caso do inc. I, o dispositivo se ateve a exigir um aspecto formal (anotação da condição em Carteira de Trabalho e livro de registro de empregados), sendo certo que normalmente a omissão das anotações pode ser suprida por outros meios de prova e não se configura presunção absoluta do ocorrido. No caso do inc. II, porém, foi feita a expressa exigência da remuneração diferenciada, para além da análise sempre obrigatória do conteúdo do contrato de trabalho.

Indaga-se se o requisito do inc. I (formalidade da anotação) teria o mesmo significado jurídico do requisito do inc. II (remuneração diferenciada).

Não têm a mesma magnitude, porquanto o primeiro se liga a simples procedimento formal e o segundo, ao tocar no tema da remuneração, viceja no campo do direito material do trabalho e produz consequências práticas maiores. No primeiro caso, a presunção será sempre relativa (se a anotação existia, o empregado poderá derrubar a presunção; se a anotação não existia, competirá ao empregador suprir a lacuna). No segundo caso, a presunção poderá ser relativa ou absoluta: relativa, caso a remuneração seja majorada corretamente, cabendo demonstração de que o conteúdo não carregava funções verdadeiramente de elevada confiança; absoluta, caso a remuneração não seja majorada, jogando por terra desde logo a alegação de cargo de gestão, sem que se faça necessário prosseguir na investigação sobre o conteúdo da matéria.

Para além da presunção relativa em caso de observância e da presunção absoluta em caso de inexistência, o problema todo está em saber como se afere essa diferença de 40%, sendo necessária a fixação de alguns postulados para uma interpretação equilibrada:

- A gratificação não precisa necessariamente existir com esse nome. O parágrafo único fixou como requisito para o cargo de confiança a remuneração superior àquela do cargo efetivo acrescida de 40%, servindo como parâmetro o somatório de todas as parcelas de natureza salarial, o que inclui salário-base e gratificações ajustadas. Na verdade, o principal objetivo de uma empresa, ao destacar em rubrica separada a gratificação de função, é a possibilidade de retirar o pagamento quando o empregado retornar a seu posto anterior. Não se poderá alegar redução salarial nem pedido de diferença salarial por equiparação ou por substituição. Cuida-se da chamada vantagem personalíssima, pois atribuída unicamente àquele empregado, e vantagem condicional, pois vinculada a um determinado cenário, passível de reversão, por certo. Sua natureza é obrigatoriamente salarial, produzindo os mesmos reflexos que o salário-base, para fins de férias, décimo terceiro salário, fundo de garantia e recolhimentos previdenciários e fiscais.

- Princípio da estabilidade financeira pode afetar a retirada da gratificação. Caso o empregador não tenha estipulado rubrica em separado, poderá ainda assim retornar o empregado para a faixa salarial antecessora, quando da retirada da função de confiança. Porém, isso certamente ensejará dúvidas ao observador externo, como o fiscal do trabalho ou o Juiz do Trabalho, que se detiverem apenas sobre os contracheques ou sobre a ficha financeira de pagamento. Para saber se houve ou não a redução salarial ilícita no caso, as autoridades e os observadores externos terão, assim, de cotejar outros documentos que não apenas os financeiros – ao passo que, na primeira hipótese, a colocação e a retirada da rubrica denominada gratificação de função ou gratificação de cargo de confiança já se tornam visíveis a olho nu, mais ainda quando ela se ativer ao patamar mínimo de 40%, de fácil assimilação, pois popularizada. Indaga-se, outrossim, se o direito do empregador de reverter seu empregado ao cargo anterior é eterno. Muito já se discutiu sobre o tema, pois o art. 62 dá a entender que a gratificação somente é devida em caso de exercício efetivamente daqueles misteres de maior responsabilidade. Na década de 2000, ganhou força a aplicação do princípio da estabilidade financeira, pelo qual, após um prazo de dez anos, já não se poderia falar em retorno ao cargo de origem com a perda da gratificação. Após esse patamar, o empregado teria o direito de manter a remuneração de sua função de confiança, caso a cassação tenha sido feita sem fundamento algum pelo empregador. Embora o entendimento ainda seja encontrado em algumas decisões, a reforma trabalhista de 2017 procurou obstá-lo com disposição expressa dizendo que as gratificações não se incorporam jamais (art. 468, § 1º, da CLT).

- A comparação, para verificação da superioridade salarial em 40%, é feita preferencialmente com o salário do cargo anterior ou efetivo. A redação do parágrafo único do art. 62 dá a entender que todo chefe já foi um dia subordinado dentro da mesma empresa, de modo que a fórmula dos 40% se baseia na aplicação do aumento sobre o "salário efetivo" que o empregado aufere quando da promoção – e ao qual retornará quando de sua recondução ao posto anterior, se for o caso. Para essa hipótese, a situação é relativamente simples e dispensa maior interpretação de documentos ou de normas coletivas. Três ressalvas, porém, são pertinentes. Em primeiro lugar, é natural que os empregados conquistem periodicamente o direito a reajuste sobre os salários, de forma individual ou especialmente via negociação coletiva. O empregador deve ficar atento para essa variação, porque a proporção de salário mais 40% que um dia satisfazia a essa equação pode não mais se justificar em data futura. Os 40% não mudam, mas a base de cálculo, sim. Em segundo lugar, o empregado que retornar ao posto anterior não necessariamente reencontrará o salário no mesmo patamar em que o deixou, fazendo jus a todos os reajustes que os colegas auferiram ao longo de sua vacância, digamos assim. Em terceiro lugar, saliente-se que nem todos empregados recebem salário mensal fixo, mas no âmbito do cargo de gestão o recebimento de comissões tende a ser incompatível com a realidade. Na hora de fazer a promoção ao empregado e o cálculo do novo salário, é de bom alvitre que o empregador se preocupe com a fixação de uma média razoável das comissões, usualmente dos últimos 12 meses, para se evitar a sazonalidade, com atualização monetária antes do cálculo, para se evitar a corrosão inflacionária. Encontrado o valor, aplica-se a paridade dos 40%. Ato contínuo, deve-se evitar o pagamento de remunerações exclusivamente móveis, como o comissionista puro, a fim de que não se aleguem controles velados de produtividade e de desempenho do empregado.

- A comparação pode ser feita excepcionalmente com o salário do subordinado. E se não houver cargo anteriormente ocupado pelo chefe? Embora o art. 62 não contemple essa hipótese, é razoável que se entenda ser devido o patamar de 40% superior quando comparado com os salários dos empregados subalternos, preferencialmente aqueles subordinados diretamente àquela chefia. Não faria sentido que o art. 62, II, não permitisse a existência de chefe recém-admitido pela empresa, nem faria sentido que um chefe auferisse rendimento inferior ao de seus subordinados, justificando-se esse termo de comparação como a melhor via intermediária de interpretação da norma.
- A comparação pode ser frustrada. Um terceiro cenário, mais confuso para os fins do art. 62, seria aquele em que o cargo de gestão é exercido pelo empregado quando da fundação da empresa, inclusive para ajudar em sua organização, recrutamento de pessoal e estabelecimento da marca. Cita-se também como exemplo o cargo de confiança de empregado de grande empresa transnacional, que a representa com plenos poderes no Brasil, mas desprovido de qualquer colega de trabalho ou subordinado (o que não é tão raro). Nessa hipótese, podemos encontrar situação em que não exista nem salário anterior do empregado, nem salário de seus subordinados, que ainda estão para ser contratados. Há de ser tolerada uma faixa salarial qualquer, por falta de outro parâmetro, mas imediatamente após a admissão dos primeiros empregados, a comparação será feita, ainda que de forma retroativa, devendo o empregador ficar atento para eventual discrepância entre o que paga para o chefe e o que promete pagar para os auxiliares. Na oportunidade do estudo do art. 460 da CLT, discorreremos sobre os prós e contras de se adotar um arbitramento salarial pelo Juiz do Trabalho.
- O patamar mínimo fixado pela lei, de 40%, pode ser expandido pelo empregador, o que configurará hipótese de condição mais benéfica e, portanto, não poderá haver recuo. Suponha-se, por hipótese, que o empregado recebe a promoção para assumir a função de chefia e vê sua remuneração

dobrada – mal comparando, é como se a gratificação de função fosse de 100%. Passados alguns anos, o empregador se sente incomodado com o salário daquele empregado e resolve aplicar a letra fria da lei, que autoriza a majoração salarial em meros 40%, mas sem cogitar diminuir as responsabilidades do empregado e tampouco remunerar as horas extras. Ora, mantidas as mesmas condições de trabalho, não há sentido algum em fazer oscilar a gratificação de função ou a média remuneratória do trabalhador, pois a oferta a maior do que a lei preestabelece é permitida e incentivada pelo Direito do Trabalho, desde sempre aplicando-se ao caso o princípio da condição mais benéfica, segundo o qual, uma vez conquistada a vantagem, não deve haver recuo do empregador, sob pena de se considerar ilícita a redução.

Capítulo 6

Em busca do cálculo das horas extras

1. Cálculo das horas extras: introdução

As horas extras correspondem às horas normais, acrescidas de 50%, conforme art. 7º, XVI, da Constituição Federal de 1988.

Pode haver adicionais maiores do que 50%, como em algumas leis ou negociações coletivas, mas não pode haver adicional inferior a 50%, nem mesmo utilizando nomes jurídicos obscuros, como horas complementares ou horas adicionais, como já se tentou em algumas ocasiões. Normas jurídicas que insistam em propor adicional abaixo de 50% para a prorrogação de jornada de trabalho, contratual, convencional ou legal, estão fadadas ao limbo da inconstitucionalidade, dada a ausência de qualquer espaço de manobra na dicção do inciso XVI do art. 7º da Lei Maior.

O fato de se ter jornada inferior a 8 horas não adultera o conceito de horas extras, como sendo a prorrogação extraordinária daquilo que era o módulo ordinário de determinado empregado, seja ele admitido a tempo integral ou parcial, em profissão regulamentada ou não, com vantagens de negociação coletiva ou de regulamento interno, ou, de qualquer forma, com jornada diferenciada para além do padrão de 8 horas da legislação brasileira.

A hora extra é mensurada pela verdade cotidiana do trabalhador e não pela régua das 8 horas padronizadas pela norma pátria, ou seja, é extraordinária a 7ª hora trabalhada pelo ascensorista tanto quanto a 5ª hora trabalhada pelo recepcionista admitido a tempo parcial em regime de 4 horas e assim sucessivamente.

Hora extra não é, portanto, sinônimo da 9ª hora diária, mas da 1ª hora adicional em relação ao padrão do contrato de trabalho ajustado entre as partes, com a incidência da legislação geral e especial aplicável à hipótese.

O adicional de enriquecimento das horas é, por assim dizer, simples de ser localizado e de ser calculado, desde que se saiba qual é o valor dessa hora normal.

Nem sempre é fácil encontrar a hora normal, todavia.

Se os empregados fossem todos horistas, assim entendidos aqueles que têm o cálculo do salário feito unicamente pelas horas laboradas, não haveria dúvidas sobre a conta da hora extraordinária. Basta que se tome o valor da hora e se acresça o percentual cabível.

Para maior clareza, não se deve confundir a forma de cálculo do salário (horista, diarista, tarefeiro, pecista, comissionista, mensalista) com o acerto de contas (uma vez por semana, como é comum nos países de tradição inglesa, ou uma vez por mês, como é comum no Brasil, com ou sem vale de adiantamento salarial estipulado livremente entre as partes). Dessa forma, é possível ser ao mesmo tempo horista e receber o salário uma única vez ao mês, sem que, com isso, se tenha transformado o horista em mensalista.

Ser horista, porém, é uma situação rara no Direito do Trabalho pátrio.

A modalidade caiu em desuso especialmente com a Lei 605/1949, que exige o pagamento em separado dos descansos semanais remunerados para aqueles que auferiram unicamente o valor das horas laboradas. Fazem jus, também, às horas de repouso, à razão de um sexto sobre o valor da hora de trabalho.

O cálculo, note-se, apresentará uma complexidade incompatível com a maioria dos estabelecimentos de pequeno porte. Ao revés, o mensalista tem um cálculo simples de salário e, ainda, já carrega os descansos semanais remunerados quitados no bojo de sua remuneração, prescindindo-se de outros cálculos, conforme art. 7.º, § 2.º, da Lei 605/1949.

Reforçou ainda mais a obsolescência do salário-hora a estratégia de quase todas as normas coletivas na fixação de piso mensal de salário, sendo poucas as normas que tratam em detalhes do piso horário, ao passo que apenas algumas das diversas leis de fixação de salário-mínimo nacionalmente unificado passaram a ter o cuidado de estipular os padrões mínimos para a hora e para o dia laborados.

É verdade que em algumas profissões permanece a remuneração baseada na hora ou na unidade parecida com a hora, como a aula do professor ou a realização da tarefa do operário da construção civil, mas essas exceções apenas confirmam a regra de que ser mensalista é situação muito mais corriqueira do que não o ser.

Caso se encontre esse sistema de pagamento pelo valor da unidade, será suficiente que a unidade seja calculada com o acréscimo de 50% quando praticada além do módulo regular da jornada, normalmente de oito horas. Por exemplo, se o operário recebe R$ 5,00 pela hora de trabalho, a conta já está preparada e o valor será de R$ 7,50 pela hora de trabalho excedente da oitava diária.

Se um lavrador aufere R$ 6,00 por caixa de laranja colhida, qualquer caixa que ele colha a partir da oitava hora do dia valerá R$ 9,00, independente de prévio ajuste ou de maior formalidade. O valor de R$ 6,00 não pode ser pago indiscriminadamente a qualquer hora do dia ou da noite, pois esse era apenas o valor básico, no início do contrato de trabalho, a partir do qual os demais cálculos serão efetuados, a título de hora extraordinária, de adicional noturno e o que mais houver.

Foi assim que se passou a entender que o empregado mensalista tem direito às horas extras por inteiro, ao passo que o empregado horista ou tarefeiro tem direito apenas ao adicional das horas extras, dado que o valor principal – da hora ou da produção – já estão pagos pelo simples ato de trabalhar.

Essa explicação também vale para o vendedor comissionista, por exemplo, que aufere um percentual sobre as vendas realizadas. Como as vendas são realizadas ao longo de toda a jornada de trabalho, de maneira aleatória, considera-se que os horários trabalhados já estão remunerados pelo valor das comissões, restando apenas o pagamento do adicional das horas extras pelas comissões auferidas após a oitava hora da jornada.

Não seria viável, todavia, monitorar as vendas do empregado minuto a minuto, nem seria razoável que ele ficasse privado de receber o adicional das horas extras na eventualidade de não aparecer nenhum cliente na nona ou na décima hora do expediente.

Por exemplo, o empregador pede que os vendedores fiquem até 22h00 em semana de época festiva, ao invés do encerramento habitual às 20h00, mas os clientes não comparecem como esperado e as vendas se revelam fracas naquela prorrogação. A se adotar um sistema de monitoramento das vendas em tempo real, o empregado não receberia nada pelas duas horas de prorrogação – nem comissões sobre vendas, porque inexistentes, nem adicional de horas extras, à falta do principal.

Então, a solução mais adequada sempre foi considerar uma média uniforme de vendas, calculadas pelo volume negociado ao longo do mês, posteriormente divididas pelo número de horas laboradas. Por ficção, estabelece-se um padrão médio de vendas por hora e sobre esse valor incide o adicional das horas extras.

Um exemplo é conveniente para realçar esse ponto fundamental do Direito do Trabalho.

Suponha um empregado que aufere 2% sobre suas vendas e que movimente R$ 160.000,00 em um mês. Suas comissões serão, pois, de R$ 3.200,00. Para tanto, foram necessárias 160 horas de trabalho, imaginando-se vinte dias úteis à razão de oito horas cada dia, o que representa uma média de R$ 20,00 de comissões por hora de trabalho. Localizado o valor unitário da hora, resta fácil enxergar que o adicional regular da hora extra é de R$ 10,00 (adicional de 50% previsto na Constituição Federal).

Imagine-se, todavia, que para conquistar aqueles R$ 3.200,00 o empregado tenha tido de trabalhar 10 horas por dia, vinte dias úteis, abrangendo, assim, 200 horas de trabalho. A média unitária de comissões cairia para R$ 16,00, sendo R$ 8,00 o adicional das horas extras. O expediente de 10 horas diárias perfaz 2 horas extras diárias, ou seja, além dos R$ 3.200,00 de comissões, o empregado tem direito a duas vezes R$ 8,00 por dia de trabalho a título de adicional das horas extras sobre a média das comissões (R$ 16,00 por dia, R$ 320,00 pelos 20 dias laborados).

Muito importante salientar que a divisão, em ambos os exemplos (com horas extras e sem horas extras) foi feita pelo número de horas efetivamente laboradas, pois são essas as horas que se fizeram necessárias para a conquista das comissões, o que nada tem a ver com o conceito de divisor para o cálculo do salário-hora, de que cuida o art. 64 da CLT.

Na eventualidade de o empregado auferir tanto salário fixo quanto comissões, o cálculo das horas extras será extenso, devendo ser feito separadamente o cálculo da hora extra integral quanto à parcela salarial fixa e o cálculo do adicional das horas extras quanto à parcela comissionada.

Resta, entretanto, uma questão de alta indagação acerca das profissões de grande esforço físico, que são remuneradas à base da produção.

A sistemática de remunerar esse trabalho por unidade de produção leva inexoravelmente à exaustão física: quanto mais o trabalhador carregar pesos e se desgastar, maior será sua remuneração. O contexto é bem diferente do vendedor que aufere comissões como técnico de vendas.

Some-se a isso o crescimento alarmante do número de mortes por exaustão em trabalhos braçais, particularmente no corte de cana, em que os trabalhadores normalmente são remunerados à base da tonelada de cana apanhada.

Diante desse cenário, ganhou corpo o entendimento de que o sistema de pagamento do adicional das horas extras não se aplica aos trabalhados penosos.

Postas essas premissas, justifica-se o motivo de tanta dificuldade no cálculo da hora extraordinária, pois teremos de mesclar assuntos inconciliáveis, a saber, o salário mensal, de um lado, e o adicional sobre uma hora, de outro lado.

A dica oferecida pelo art. 59, § 1.º, é a localização do valor da "hora normal".

A indicação é relevante, mas o dispositivo foi abruptamente encerrado, sem explicação do que vem a ser a hora normal.

Desde logo, porém, antecipa-se a conclusão de que a hora extraordinária é calculada com todas as parcelas de natureza salarial para a aferição dessa "hora normal", ou seja, não será um valor tão baixo quanto o salário-base apenas, nem um valor tão alto a ponto de incluir parcelas de natureza indenizatória, como participação nos lucros e resultados e ajudas de custo próprias, ou parcelas não pagas pelo empregador mas oriundas do mesmo contrato de trabalho, como as gorjetas. Aí está a consequência prática mais conhecida da fixação do salário-base para fins de localização da "hora normal".

2. Esforço histórico sobre a natureza salarial das horas extras

Quando se menciona natureza jurídica dentro do Direito do Trabalho, e especialmente dentro do capítulo destinado à contraprestação de serviços prestados, tem-se em mente a distinção entre parcela de natureza salarial, de um lado, e parcela de natureza meramente indenizatória, de outro lado. Aquela produz reflexos sobre outras parcelas e atrai encargos tributários, geralmente, ao passo que esta se basta por si só, como um valor estanque e dissociado do contrato de trabalho.

Seria a hora extraordinária uma indenização?

Esse pensamento chegou a existir no início da vigência da Consolidação das Leis do Trabalho, havendo quem advogasse a tese de que o pagamento da hora extraordinária destinava-se a compensar o trabalhador pelo cansaço adicional, por uma sobrecarga não prevista pelo contrato de trabalho, ou, se prevista, não inerente ao contrato de trabalho. Dessa forma, acenava-se com a natureza não retributiva, mas apenas de ressarcimento pelos prejuízos causados ao empregado, como se fosse o reembolso de uma despesa efetuada pelo trabalhador externo, uma ajuda de custo, uma diária de viagem, ou, ainda, o pagamento de um dano sofrido. Mas seriam as horas suplementares tão próximas do conceito de prejuízos sofridos?

Todos os pagamentos feitos pelo empregador, de maneira habitual, canalizam-se para a natureza salarial no contexto de uma relação de emprego, ainda que não fosse essa a ideia inicial ou não tenha sido essa a vontade das partes.

A natureza salarial está alicerçada no caráter repetitivo e constante dos pagamentos, como se verá, em maior profundidade, no estudo do art. 457 da CLT, que cuida especificamente do conceito de remuneração, salário e gorjeta. Por ora, é suficiente que se frise a importância, para o Direito do Trabalho, das expectativas formadas de parte a parte, ou seja, para o trabalhador, muito mais importante do que saber o nome da parcela ou a forma de seu cálculo é saber se ele poderá contar com esse valor nos meses seguintes, no todo ou em parte. Dessa habitualidade ou da expectativa razoável em torno da repetição do evento nasce, por exemplo, o conceito de trabalho não eventual que configura a relação de emprego e, aqui, nasce a natureza salarial do pagamento efetuado pelo empregador.

Se o empregador estipula um complemento salarial, bônus, gratificação ou prêmio, a natureza salarial poderá advir, à revelia do empregador, se a marca da habitualidade se fizer verificar. Para retirar essa marca, faz-se necessário que o empregador comprove algum caráter aleatório no pagamento, como um prêmio sujeito a metas válidas e conhecidas, um bônus dependente de avaliação de produtividade ou de assiduidade, com os quais o trabalhador não poderia contar antecipadamente. É nesse patamar que se concentra a discussão entre a natureza salarial daquilo que é esperado racionalmente pelo trabalhador, e a natureza não salarial daquilo que é um ressarcimento por gastos realizados ou daquilo que é uma contraprestação adicional, incerta e variável.

Dessarte, o conceito de hora extraordinária não se enquadra no pagamento incerto e incógnito. Uma vez realizadas, elas desde logo são devidas, sem maior discussão sobre os méritos do trabalhador ou sobre a qualidade de seu serviço naquela prorrogação. Uma vez repetidas no tempo e no espaço, nasceu a habitualidade também de sua ocorrência, de tal modo que a natureza salarial é, de longe, a situação mais esperada em torno da hora extraordinária.

Pode-se argumentar, em sentido contrário, que a hora extraordinária meramente ocasional, muito esparsa e de baixa quantidade, não assume a natureza salarial, pelo sentido da falta de expectativa. Corrobora esse entendimento a letra expressa do art. 7.º, *a*, da Lei 605/1949, que manda integrar nos descansos semanais remunerados apenas as horas suplementares "habitualmente prestadas". Porém, há de se destacar que, ao contrário do prêmio ocasional ou da gratificação remota, a hora extraordinária assume a característica da habitualidade em curto espaço de tempo, bastando que a repetição comece a se tornar ela mesma uma expectativa.

Daí por que se afirma comumente que a hora extraordinária tem natureza salarial, ainda mais num sistema em que a jornada de doze ou de quatorze horas tem ampla aceitação, como já se frisou anteriormente, restando a natureza não salarial apenas para poucas horas suplementares realizadas de maneira esporádica. A tese da hora extraordinária como ressarcimento de prejuízos fica apenas como resquício histórico.

Por ter natureza salarial cristalina, as horas extras sofrem incidência do imposto de renda, obviamente (Súmula 463 do STJ).

3. Divisor para cálculo da hora extra

O art. 64 da Consolidação das Leis do Trabalho corresponde à chave para o bom entendimento de todo o capítulo da duração do trabalho, mas curiosamente encontrou pouco desenvolvimento no campo dos estudos. Presta-se a facilitar o cálculo do salário-hora, para aqueles que, como a maioria, auferem salários mensais.

A partir do salário-hora se obtêm informações relevantes como o valor da hora extraordinária, o valor do adicional noturno e, ainda, o valor para ser descontado do salário do trabalhador atrasado ou ausente, como autoriza a legislação. Tudo parte do cálculo do valor da unidade (a hora) para que se chegue ao resultado desejado.

O legislador sabiamente preferiu a fórmula do mês comercial, de trinta dias, sem se impressionar se o mês teve 31 dias (janeiro, março, maio, julho, agosto, outubro e dezembro), se o mês teve precisamente os 30 dias (abril, junho, setembro e novembro) ou se o mês foi anômalo, alternando 28 dias em três anos por 29 dias no quarto ano (fevereiro, evidentemente). A fórmula do mês comercial satisfaz a todos os requisitos e não leva ao delírio de saber se o trabalhador foi contratado num mês curto ou longo, quantos foram os dias úteis ou qual é sua jornada de trabalho. Lida-se meramente com um padrão de dias, ainda que por ficção.

Assim, o divisor para calcular o valor do salário-hora, partindo-se do salário mensal, será sempre um múltiplo de 30.

A segunda parte da operação – ou, na linguagem matemática, o fator – será a jornada praticada pelo trabalhador.

A conta era extremamente simples, porque no início as jornadas eram uniformes e se mantinham fixas ao longo de todos os dias da semana e do mês. Assim, por exemplo, o operário que cumpria carga de oito horas de expediente sempre repetia as mesmas oito horas ao longo da semana, provocando o divisor 240 (30 vezes a jornada de oito horas). Auferindo salário de R$ 2.400,00, estava a receber R$ 10,00 por hora de trabalho (donde a hora extraordinária seria de R$ 15,00, o adicional noturno de R$ 2,00 e a hora atrasada, R$ 10,00 de desconto, e assim sucessivamente).

A Constituição Federal de 1988, porém, alterou esse esquema objetivo, ao introduzir o módulo semanal distorcido, fora de sintonia com o módulo diário.

Enquanto a jornada foi mantida em oito horas, a carga semanal foi limitada a 44 horas. Isso representa que, na média, o trabalhador já não atua oito horas ao dia. Se praticada a semana inglesa, ele atuará oito horas por dia de segunda a sexta e apenas quatro horas aos sábados; se praticado o acordo de compensação semanal, normalmente se fazem nove horas por dia de segunda a quinta e oito horas às sextas-feiras; se, ainda, o empregador necessitar dos serviços por todos os seis dias úteis, de segunda a sábado, então teremos carga de 7h20min (o que pode ser representado matematicamente pela expressão 7,33, no sentido de sete horas inteiras e um terço da hora ou trinta e três centésimos da hora, que são 20 minutos).

Isso nem de longe significa que, a partir da Constituição Federal de 1988, os trabalhadores passaram a fazer jus ao pagamento como extra do tempo que exceder de 7h20min, como chegou a ser absurdamente sugerido nos primórdios.

O art. 7.º, XIII, dispõe claramente sobre a convivência dos dois parâmetros, o diário e o semanal, o que não é tão difícil de vislumbrar. A novidade reside na fixação de um teto um pouco mais baixo do que aquele que seria verificado se nenhum módulo semanal fosse fixado, apenas o número de dias úteis, tal como no modelo anterior. A CLT, por exemplo, nunca usou a expressão "48 horas semanais" e isso sempre foi compreendido a partir de sua linguagem sobre as oito horas diárias e o direito a um dia de repouso.

Dessa forma, hoje o cálculo do divisor necessita de uma conta em separado e com prioridade, para obter o valor médio da jornada laborada, antes de se efetivar a multiplicação por 30. O módulo semanal (no caso, 44) é diluído pelo número de dias úteis (sempre seis, por força da legislação em vigor), encontrando-se o padrão médio. Mesmo que fictício e nunca praticado pelo trabalhador em algum dia isoladamente considerado, será esse valor médio o fator a ser multiplicado por trinta para obter o divisor mensal.

Foi assim que surgiu o conhecido divisor 220, que são 30 vezes 7,33.

Aquele trabalhador que auferia R$ 2.400,00 teve, via de consequência, um aumento salarial no dia 05 de outubro de 1988, sem que se desse conta, porque desde então passou a depender de menos horas de trabalho para fazer jus ao mesmo salário (menos esforço para a mesma recompensa só pode ser sinal de recompensa maior). No lugar dos R$ 10,00 por hora, dentro da carga de 240 horas mensais, passou a auferir R$ 10,90 aproximadamente, que são R$ 2.400,00 divididos por 220 horas mensais – logo, a hora extraordinária saltou de R$ 15,00 para R$ 16,35 e o adicional noturno, de R$ 2,00 para R$ 2,18.

A bem da verdade, as melhorias silenciosas da Constituição Federal de 1988 foram de três grandes ordens: a) o salário-hora teve o acréscimo de aproximadamente 9% por força da redução do divisor de 240 para 220, como demonstrado; b) a hora extraordinária teve o adicional majorado de 20% (o mais comum) para 50%; c) e a hora extraordinária passou a chegar mais cedo, já ao término da 44ª hora e não da 48ª hora.

Suponha-se que um empregado sempre fizesse duas horas suplementares aos sábados, adentrando na 49ª e na 50ª hora semanais. Com o salário de R$ 2.400,00, tinha salário-hora de R$ 10,00, o que resultava em R$ 12,00 a hora extraordinária com o adicional de 20%, pelo que recebia R$ 24,00 pelo par de horas extraordinárias (é claro que a moeda de curso forçado em 1988 não era o real, mas há de se tolerar seu uso para fins de exemplo didático).

Se o empregador não conseguiu adaptar seu ciclo de produção à nova carga horária da Constituição Federal de 1988 e não fez nenhuma mudança sobre a jornada do empregado, vejamos para quanto saltaram aqueles R$ 24,00: a) o salário-hora subiu de R$ 10,00 para R$ 10,90; b) com o novo adicional de 50%, a hora extraordinária foi parar em R$ 16,35; c) por fim, em lugar de receber apenas as duas horas suplementares que sobejavam das 48 semanais, o trabalhador que se ativa por 50 horas semanais passou a ter o direito de receber as seis horas suplementares que sobejavam as 44 horas semanais, totalizando R$ 98,10. Nada mal para quem auferia R$ 24,00, fora reflexos.

Em resumo, a fórmula de 30 vezes a jornada deve ser entendida como 30 vezes a jornada média praticada pelo empregado, mesmo que alterne dias mais e menos elásticos.

É de notar que o trabalhador não atuará por todas as 220 horas mensais, porque também não labora pelos 30 dias consecutivos. A conta recomendada pelo art. 64 esconde outra premissa importante: ao estipular o módulo de 30 dias, já engloba os dias de descanso semanal, bem entendido. Se fôssemos calcular exclusivamente a carga de trabalho laborada, teríamos variação mês a mês de acordo o número de dias úteis e a extensão de cada mês.

Por exemplo, num mês de fevereiro perfeito, sem feriados, com 28 dias, começando numa segunda-feira e terminando no quarto domingo, o trabalhador terá atuado em quatro semanas de 44 horas cada uma, o que representa 176 horas (bem abaixo do divisor 220 acima exposto). A diferença entre as 176 horas de labor e as 220 horas de salário encontra duas justificativas, já sugeridas acima. De um lado, o salário é fixado de forma padronizada, para todos os meses, sem que se possa reivindicar diferença pelos meses maiores nem devolução de dinheiro pelos meses menores; de outro lado, o salário engloba os dias de descanso como se trabalhados fossem, sem importar quantos e quais foram os domingos e os feriados. Daí por que campeia uma grande diferença entre o conceito de hora laborada em sentido estrito e salário pago por "pacote fechado".

O assunto nada tem que ver com cálculo de reflexos de hora extraordinária em descansos semanais remunerados ou com cálculo de desconto salarial por ausência injustificada, o que será abordado no comentário ao art. 67 adiante, porquanto, nesses casos, faz diferença saber quantos e quais foram os dias e as horas de serviços e de não serviço.

O divisor elaborado pelo art. 64 teve a rara virtude de atender a todos os anseios e não deixar a resposta para o casuísmo da variação dos dias do mês ou de determinado contrato de trabalho. Sobreviveu a diversas alterações legislativas e a quatro novas Constituições e continua a se adaptar a todos os novos padrões.

Se tivesse se concentrado nas horas laboradas, teria sido derrogado pela lei dos descansos semanais remunerados. Se tivesse se expandido a ponto de abranger as horas de sono e de refeição, que normalmente não são remuneradas, ter-se-ia envolvido em polêmica sobre o que o empregador deve e o que não deve pagar.

Fez-se referência acima ao cálculo da média de jornada diluindo-se a carga semanal pelo número de dias úteis. Assim, as 44 horas representam média de 7h20min quando computados os seis dias úteis. Indaga-se, porém, se os dias úteis são aqueles da legislação, como a Lei n. 605/1949, ou se são aqueles da realidade do contrato de trabalho, também chamados dia efetivamente laborados. Tome-se como exemplo, para entender a grande diferença que isso faz, o caso do bancário.

Há, também, os divisores desconhecidos. Como calcular o divisor de jornadas muito desiguais, em que nem mesmo da semana se consegue extrair média? Excepcionalmente, temos de admitir que o módulo quinzenal será necessário para a obtenção da média da jornada praticada, a fim de que se obtenha o retrato mais fiel daquela relação de emprego.

Caracterizada pela alternância de expediente aos sábados ou pelo cálculo de seis dias de trabalho para cada dois dias de folga, a semana espanhola alterna módulos de 40 horas por módulos de 48 horas semanais, de modo que o cálculo do divisor de uma semana colidiria com o cálculo do divisor da outra semana.

A solução mais razoável certamente é aquela que passa pelo módulo quinzenal, aumentando um grau de dificuldade: antes de efetuar a multiplicação por 30 da jornada praticada e antes de saber a duração média da jornada, impõe-se saber a duração média da própria semana. No caso da espanhola, dificuldade não há, pois [(40+48):2] é o mesmo que 44 horas semanais médias, o que já era claramente visível.

Logo, o divisor da semana espanhola segue sendo o 220.

Resta uma palavra final sobre o divisor a ser utilizado pelo diarista ou plantonista, o que se apreende da confusa redação do art. 65 da CLT.

Até o presente momento, vimos apenas a forma como se apura o valor de uma hora a partir do valor de um mês, ou seja, como se extrai o divisor do salário mensal para atingir o salário-hora. O art. 65 da CLT, porém, ocupa-se de uma situação um pouco mais rara, mas igualmente importante para o cotidiano das relações de trabalho, consistente no cálculo do salário-hora para aquele que aufere remuneração por dia de trabalho, conhecido por diarista ou plantonista.

Observe-se novamente que ser diarista ou plantonista nada tem que ver com a periodicidade do acerto de contas, que normalmente se faz uma vez por mês no sistema trabalhista brasileiro, e tampouco deve levar à falsa crença de que o trabalhador não faça jus à qualidade de empregado e aos direitos previstos na CLT. Para ficar de fora do sistema de proteção da CLT, era preciso que o trabalho fosse esporádico ou eventual, como menciona o art. 3.º do texto trabalhista, algo que não ocorre com aquele que se ativa alguns dias da semana, de forma repetida e constante. Não é a quantidade de dias ou de horas laboradas que definem a relação de emprego, mas sua repetição razoavelmente esperada, sua habitualidade, enfim.

Tome-se o médico como exemplo.

Dada a existência de diversas especialidades na medicina contemporânea, é bastante comum um centro clínico ou hospital se cercar de médicos que prestam atendimento apenas um dia da semana, em plantões de quatro, seis ou oito horas.

Caso o médico aufira R$ 4.000,00 por plantão de quatro horas, desnecessário grande esforço para concluir ser de R$ 1.000,00 seu salário-hora, pois a conta é feita à luz da própria carga horária do plantão.

4. O périplo do divisor dos bancários

Os dias úteis da lei nunca são praticados pelo bancário, por força de regulamentação própria e normas da autoridade monetária. Os bancários não trabalham aos sábados. Surge, então, uma diferença entre as seis horas do bancário e as seis horas do cabineiro de elevador ou telefonista ou qualquer outra profissão com essa carga reduzida.

Enquanto o bancário somente precisa trabalhar trinta horas para fazer jus a seu salário, os demais empregados detentores de função de seis horas se ativam em 36 horas semanais, pois seis serão os dias da semana. Se acaso ambos auferirem igualmente R$ 3.600,00, o bancário terá empreendido menos horas para receber o mesmo valor, o que significa que, em princípio, ganhou salário-hora maior.

Há quem sustente, por exemplo, que o divisor do bancário deveria ser 150 e não 180 como normalmente praticado (30 vezes seis). Os 150 surgem da diluição da carga semanal (30 horas) pelo número de dias úteis (seis dias, incluído o sábado como dia útil não laborado), o que redunda na média (fictícia, já se disse) de cinco horas de jornada. Se era a média fictícia que se buscava, encontrou-se finalmente o número cinco, que multiplicado por 30 acarreta o propalado divisor 150. Idêntico raciocínio poderia ser feito com o bancário exercente de cargo de confiança, em que a jornada de 40 horas semanais deveria, preliminarmente, ser diluída por seis dias úteis (sábado incluso), o que sinaliza 6h40min (seis horas e dois terços de uma hora, ou 6,66). A multiplicação de 6,66 por 30 produz o divisor 200, e não o divisor 220, como praticado.

Em princípio, a conta estaria correta e o divisor teria mesmo de ser reduzido em relação aos patamares 180 e 220 que prevalecem para os demais trabalhadores. Ocorre, porém, que o bancário, ao contrário de outros empregados que foram expressamente liberados do trabalho pelo empregador, detém uma condição muito peculiar quanto ao sábado, que é dia útil não trabalhado. Isso significa que, por um lado, o sábado não atingiu o patamar de descanso remunerado (ressalvada a hipótese bastante específica de assim convencionarem as partes em negociação coletiva, o que somente reforça o conceito legal), mas ao mesmo tempo não tem atividade desenvolvida. Fica efetivamente num limbo entre o dia laborado e o dia descansado e pago. O Tribunal Superior do Trabalho sempre se referiu a ele como um dia útil qualquer (essa a sua natureza jurídica), mas em que o trabalho foi vetado pelas normas aplicadas à classe. A pergunta que deve ser feita é esta: se o sábado fosse laborado, quantas seriam as horas de trabalho do bancário? Ou, então: o dia em que a proibição de trabalho aos sábados for afastada, até quantas horas poderão ser laboradas?

Sob certas circunstâncias, admite-se o divisor 200 para o contrato de trabalho de 40 horas semanais, mas a questão deve ser vista com cautela.

A Súmula n. 431 do TST consagrou o divisor 200, mas apenas para os empregados que, estando sujeito ao módulo legal e constitucional de 8h diárias e 44h semanais, recebem a promessa de redução da carga para 40h semanais: "Para os empregados a que alude o art. 58, *caput*, da CLT, quando sujeitos a 40 horas semanais de trabalho, aplica-se o divisor 200 (duzentos) para o cálculo do valor do salário-hora".

Depreende-se que a condição mais benéfica voluntariamente oferecida pelo empregador, de liberar o expediente aos sábados e não exigir a compensação das quatro horas que totalizariam 44 horas semanais, impacta também no divisor.

A inteligência do art. 64 da CLT sofreria uma pequena alteração: para localizar o divisor, temos de multiplicar 30 vezes a carga média diária incluindo-se o sábado, ou seja, 30 vezes 6,66 ou 6h40min, que é a média de 40 horas semanais divididas por 6 dias úteis, embora somente 5 laborados.

O conceito de sábado como dia útil não trabalhado (Súmula n. 113 do TST) é um espectro que, definitivamente, ronda os bancários.

Toda a celeuma sobre o divisor utilizado para a categoria dos bancários reside na forma como o art. 224 da CLT se referiu ao sábado. Ao dizer que o labor dos bancários deve ocorrer "nos dias úteis, com exceção dos sábados", o dispositivo dá a entender que, então, o sábado é realmente um dia útil e que somente não será trabalhado por uma concessão do legislador. Se o art. 224 houvesse simplesmente mencionado que a jornada do bancário ocorre de segunda a sexta, ou, ainda, que a jornada do bancário é de cinco dias por semana, outra seria a interpretação jurídica. Ao referir labor "nos dias úteis, com exceção dos sábados", o legislador criou a complexa figura do "dia útil não trabalhado".

Deste modo, o divisor não muda, entre aqueles que trabalham 36h por semana e aqueles que trabalham 30h, mas que teriam mais um "dia útil" não trabalhado. Em ambas as hipóteses, a jornada média diária é 6h, porque a carga semanal é de 36h – trabalhadas ou não – e seis são os dias úteis. Essa explicação parece andar em círculos, mas é assim que funciona o raciocínio sobre o divisor: encontrar a média diária significa necessariamente dividir a carga semanal por seis; com base na média diária, o divisor é fácil de ser alcançado, bastando que se multiplique seu número por 30.

O que confunde o raciocínio é o fato de que a carga semanal do bancário é, para fins jurídicos, por ficção, 36h, *sendo 30h trabalhadas e 6h não trabalhadas*, mas dentro de um dia útil.

Como em momento algum o art. 224 da Consolidação das Leis do Trabalho criou um segundo dia de descanso semanal remunerado, então o sábado continua a entrar na conta como um dia normal de trabalho – "não trabalhado", repita-se.

Dizer que o sábado deve ser expelido da conta e que a semana do bancário tem 30 horas, ou, ao revés, que o bancário laborar 30h sobre seis dias possíveis, para se chegar à média 5h, envolve alterar a natureza jurídica do sábado e afrontar a autoridade do art. 224 da CLT. Logo, o divisor 150 não encontra amparo na CLT nem pode ser extraído de simples leitura do art. 224.

Há, porém, uma forma de se obter o divisor 150 para os empregados exercentes de cargos de 6h – e o divisor 200 para os empregados exercentes de cargo de 8h: basta que o empregador concorde com a existência de dois dias de descansos semanais remunerados, ou seja, que o empregador concorde que o contrato de trabalho daquele empregado seja formado efetivamente por apenas cinco dias úteis por semana.

Este seria um típico exemplo de condição mais benéfica oferecida ao trabalhador, fruto de usos e costumes, de liberalidade do empregador ou, ainda, de uma norma mais favorável, que pode ser, aliás, a própria norma coletiva.

Se encontrarmos esse exemplo, então o próprio empregador confirma que não exigirá trabalho em dia de sábado e este entra com zero na extração da média, passando a permitir que se dividam as 30h de labor por seis dias da semana – cinco dias úteis mais um dia de descanso concedido espontaneamente pelo empregador. Nunca se deve misturar o sétimo dia, pois ele é não útil por força da legislação ordinária e não por força de mera liberalidade. Assim, a carga de 30h com seis dias da semana – cinco laborados e um concedido por liberalidade – representa média de 5h por dia, donde o divisor será o 150.

É imprescindível que se aponte qual foi a norma escrita ou tácita através da qual o empregador se comprometeu a liberar o empregado quanto ao sábado: mera referência ao art. 224 não serve, porque lá não está dito que o sábado é descanso remunerado, mas meramente um dia útil não laborado, frise-se.

Aliás, a situação é tão complexa que, caso o empregado beneficiado por esta regra venha a ser chamado para trabalhar em algum sábado, então ele deve receber esse período como horas extras, mesmo que não houvesse excedido a carga de 44h semanais de que trata a Constituição Federal de 1988: como ele havia sido contemplado por uma norma mais benéfica, então a carga horária dele ficou reduzida e qualquer alteração superveniente será considerada como horas suplementares.

Foi assim que, em setembro de 2012, o Tribunal Superior do Trabalho reescreveu a Súmula 124 para estipular a dicotomia entre o divisor 150, para bancários contemplados por vantagens adicionais oferecidas pelo empregador, e o divisor 180, para bancários regidos pela letra singela da CLT. Se o bancário não houver sido contemplado com cláusula de contrato individual ou de norma coletiva contendo afirmação de que o sábado é dia de descanso semanal remunerado, volta à estaca zero dos artigos 64 e 224 da CLT e se mantém com o divisor 180 que lhe é tradicional. Se houver conquistado a vantagem, pode reivindicar o divisor 150, porque seus sábados viraram domingos, digamos assim.

Como é que se pode ter certeza de que o empregador efetivamente concedeu ao empregado a condição mais benéfica de um segundo dia de descanso na semana?

Cláusula expressa no contrato individual de trabalho ou na convenção ou acordo coletivo são formas seguras de se aferir a concessão da vantagem adicional. Também os usos e costumes ou a forma tácita, de se liberar o empregado do trabalho aos sábados, são admitidos como indicadores certos de que houve vantagem adicional ao empregado. No entanto, novamente a situação dos bancários é que mais desperta controvérsia.

No atual estágio da questão, a simples referência do art. 224 da CLT, no sentido de que o trabalho será feito "nos dias úteis, com exceção do sábado", não permite dizer que o empregador conferiu ao empregado a condição mais benéfica. Volta-se ao ponto de partida desta explicação e se conclui que o bancário tem o sábado computado regularmente em sua jornada. Faz-se necessário que o empregador contemple o empregado de modo inequívoco, tal como o fariam empregadores de outros ramos econômicos, como no caso de prestação de serviços que normalmente não funcione aos sábados.

Nem mesmo a cláusula da norma coletiva que prevê os reflexos das horas extras sobre os sábados foi considerada suficiente para transformar os sábados em dias de descansos semanais remunerados: a cláusula revela apenas uma ampliação do cálculo das horas extras e de seus reflexos, sem se comprometer quanto à natureza jurídica dos sábados.

5. Divisor 210 para o regime 12x36

No regime de jornada 12x36 (12h de labor por 12h de descanso num dia e mais 24h de descanso no dia seguinte), cada semana de 36 horas segue-se outra de 48 horas, pois a cada semana de sete dias, o trabalhador se ativa dia sim, dia não.

Se, numa semana, ele começou a se ativar logo na segunda feira, ali haverá espaço para quatro dias de trabalho (segunda, quarta, sexta e domingo), ou 48 horas de atividade, ao passo que na semana seguinte ele obrigatoriamente começará o expediente numa terça feira, abrindo ensejo para três dias de trabalho (terça, quinta e sábado), ou 36 horas de expediente.

Entre uma semana de 36 e outra de 48, ele atuará, na média, 42 horas semanais, ou [(36+48):2]=42. E, pois, as 42 horas semanais representam uma média de sete horas por dia útil, na forma da lei.

Daí ser correto sustentar que o divisor para a jornada 12x36 é o 210, oriundo de nossa preocupação de se apurar a média diária a partir da média quinzenal, mais equânime e representativa da realidade de que atua no sistema dia sim, dia não. Se o número de dias da semana fosse par, a preocupação não se apresentava. Como a semana é ímpar e o regime 12x36 labora aos pares, é válida a preocupação de refletir a quinzena e não meramente a semana. Quinzena, aliás, tem 14 dias e não 15 como o nome induz.

Houve quem dissesse que o divisor 180 seria o mais apropriado para a jornada 12x36, pois o trabalhador se ativa 12 horas por dia, 15 dias por mês (dia sim, dia não). Correto. Mas não é assim que se encontra o divisor. Como visto, o divisor embute as horas não trabalhadas, na mesma proporção que as horas trabalhadas, como forma de referendar que o salário mensal inclui os descansos semanais remunerados. Logo, a simples multiplicação de 12 horas por 15 dias omite os dias de descanso e os dias úteis não trabalhados. O divisor 180 parte dessa falsa premissa.

Sugere-se, de maneira geral, que todas as jornadas de trabalho atípicas sejam preliminarmente diluídas na média semanal, para, ao depois, obter-se a média horária e, somente então, se aplicar o fator 30 para fins do divisor perseguido.

6. Impactos da extinção da função de seis horas

Por derradeiro, importante frisar o quanto o divisor é importante na fixação do salário mensal do empregado.

Tome-se por exemplo o desaparecimento de uma função que assegurava carga de seis horas, exigindo que o empregado seja deslocado para outro cargo, com jornada de oito horas.

A extinção de alguns cargos e funções é um fato natural, com o qual empregados e empregadores se habituaram a conviver. Uma hipótese bastante simples de se imaginar é a extinção do posto de ascensorista, também chamado cabineiro de elevador. A Lei n. 3.270/1957 assegura jornada de seis horas para essa profissão, dada a penosidade que a envolve, particularmente os impactos da movimentação do elevador sobre a circulação sanguínea do operário.

A automação dos elevadores, em muitos casos, torna obsoleta a manutenção de um empregado dedicado especificamente àquela atribuição. Evidentemente que para o empregador a solução mais singela é a dispensa do empregado, pagando as verbas rescisórias devidas e enxugando o quadro de empregados. Mas nem sempre esse é o cenário desejado. O empregado pode ser detentor de alguma garantia de emprego ou mesmo o empregador pode preferir manter a mão de obra experiente a ter de treinar pessoas estranhas aos quadros da empresa para outras tarefas, não afetas à condução do elevador.

Aliás, para o Direito do Trabalho esta seria excelente técnica de preservação do contrato de trabalho – converter o emprego de seis horas em emprego de oito horas, evitando o desligamento sumário.

Indaga-se, todavia, sobre o impacto dessa mudança sobre o salário do trabalhador.

Suponha um salário de R$ 1.800,00 mensais para a função de ascensorista. A jornada de seis horas representa divisor 180 (30 x 6, na forma do art. 64 da CLT), donde o salário hora deste empregado ser de R$ 10,00. A se manter o salário de R$ 1.800,00 mensais, o empregado terá redução do salário hora em suas novas funções com jornada de oito horas, pois o divisor sobe para 220 (trinta vezes a jornada média de 7,33 horas, conforme acima explanado). O salário hora cai de R$ 10,00 para R$ 8,18 – queda de 22%, que é o mesmo percentual obtido na fração 220/180.

Afora o desemprego, restam duas soluções: a) mudar o empregado de função sem aumento de salário, sob o fundamento de que a jornada de seis horas era uma espécie de salário-condição (somente vale enquanto perdurar aquela condição específica de labor sob condição penosa prevista em lei, como é o caso do cabineiro de elevador); b) mudar o empregado de função, sob a condição de lhe conceder reajuste de 22%, a fim de manter inalterado o salário-hora.

O aumento de 22% nem sempre estará ao alcance do empregador, é certo, mas acarreta uma inesperada consequência, a saber, o efeito cascata sobre os demais empregados do novo setor do empregado, que reivindicarão também eles o aumento de 22%, dado o princípio da isonomia. Não se tratando de empregado reabilitado pelo INSS, o trabalhador deslocado por extinção de sua função original para servir como paradigma em pedido de equiparação salarial, espalhando os 22% por onde passar. Eis aí, definitivamente, uma consequência que o empregador não pretende assumir. A hipótese "b", por conseguinte, é virtualmente impraticável.

Houve entendimento validando a transposição simples, de cargo de 6h para cargo de 8h, sem alteração salarial mensal (portanto, com redução do salário-hora) na hipótese de extinção de uma profissão inteira (operador de telex), pela inovação tecnológica, a qual dispunha de lei expressa fixando a jornada de seis horas (art. 227 da CLT). Dado que o salário-hora foi reduzido, podemos enxergar enquadramento no art. 7º, VI, da CF: embora a Lei Maior admita redução salarial, exige que seja feita por negociação coletiva, o que parece ser a única via para se ultimar esse propósito, mesmo sendo caso de extinção da função e não caso de dificuldade financeira da empresa ou crise setorial.

Não se conseguindo êxito na negociação coletiva para a redução do salário-hora, a solução intermediária parece ser o pagamento de duas horas a mais por dia, mas sem o adicional das horas extras. Nesse caso, as horas simples objetivam remunerar o incremento da jornada e manter o padrão do salário-hora original.

Capítulo 7

Descansos semanais remunerados e feriados

1. Por que descansos semanais remunerados

Na Consolidação das Leis do Trabalho, o tema dos descansos ocupa quatro artigos, do 67 ao 70. Em primeiro lugar, criam-se os descansos, àquela época não remunerados, e, em segundo lugar, exige-se que o domingo tenha prioridade máxima sobre todos os demais dias da semana. Desnecessário grande esforço para observar o quanto essa realidade foi sendo alterada ao longo das décadas que se seguiram à edição da Consolidação das Leis do Trabalho, em 1943, e como hoje o domingo tem características e aspectos de um dia da semana como outro qualquer na maioria das ocupações.

Dispõe o art. 67 da CLT ser assegurado a todo empregado um descanso semanal de 24 horas consecutivas, que deverá coincidir com o domingo, salvo motivo de conveniência pública, como no caso de hospitais e atividades voltadas para o lazer, ou necessidade imperiosa do serviço, noção que se aproxima das questões debatidas à luz do art. 61 da CLT sobre manutenção dos serviços sob pena de prejuízos graves e imediatos.

Andou bem o art. 67 da CLT ao lembrar que o dia de descanso deve ter realmente as 24 horas integrais, a fim de se evitarem teorias de descanso de apenas 12 horas ou de descanso equivalente a apenas uma jornada de trabalho. Reflexo importante dessa exigência aflorou no estudo do intervalo interjornada – onze horas destinadas ao sono e ao repouso diário –, proporcionando ao empregado a pausa mínima de 35 horas entre a última jornada de uma semana e a primeira jornada da semana seguinte.

Nada obstante a virtude de haver consagrado o descanso de 24 horas, o art. 67 da CLT contém em si mesmo uma grande omissão: não se previa pagamento concernente a esse repouso.

O descanso era obrigatório ao empregado, tendo a dupla característica de direito e dever. Não podia ser negociado. Não podia haver trabalho em seus domínios. Todavia, ao cabo de um mês, o empregador podia descontar do salário mensal os valores equivalentes aos dias "não trabalhados", equiparando os descansos semanais remunerados a ausências injustificadas.

A situação dos descontos salariais pelo descanso compulsório foi alterada pela Lei 605/1949, promulgada em 05.01.1949, recepcionada pelas Constituições de 1967 e de 1988.

Há três diferenças básicas entre o art. 67 da CLT e o conceito da Lei 605/1949.

A principal diferença é a remuneração. O primeiro usava a expressão lacônica "descanso semanal", ao passo que a segunda se vale da expressão completa "repouso semanal remunerado", não dando margem a dúvidas de que a remuneração é devida. O leitor mais atento há de ter observado que lá se utilizou a palavra descanso e aqui se preferiu a palavra repouso, mas dessa distinção não se colhem frutos. Já se tentou enxergar se haveria alguma distinção entre a expressão descansos semanais e repousos semanais, sem base científica.

O que temos de concreto é que a Consolidação das Leis do Trabalho se valia mais da expressão descanso, pois reservou o termo repouso para as pausas menores, como o repouso do operador cinematográfico, de que trata o art. 235, e o repouso na carga e descarga dos frigoríficos, citado no art. 253, em contextos completamente diferentes.

A Lei 605/1949, porém, sem ser fiel ao texto da Consolidação, preferiu a expressão repouso para definir o descanso semanal de 24 horas, acrescentando o adjetivo remunerado, para que dúvidas não pairassem. O art. 7.º, XV, da CF/1988, preferiu a expressão repouso semanal remunerado. Curiosamente, nenhuma lei usou a expressão "descansos semanais remunerados", fórmula mais usada nas lides trabalhistas, que toma a primeira palavra da Consolidação das Leis do Trabalho e as duas outras da Lei 605/1949. Não há problemas, pois o conceito se manteve intacto.

Não prosperou tampouco a tese de que a expressão descanso, na Consolidação das Leis do Trabalho, estava adstrita ao domingo, na forma do art. 67, sendo o feriado remetido para legislação própria, na forma do art. 70, enquanto, na Lei 605/1949, a expressão repouso é concebida como abrangente *tanto do domingo quanto do feriado*, na linguagem do art. 1.º. Por esse raciocínio, digamos gramatical, descanso seria um conjunto menor e repouso seria um conjunto maior, mas, repita-se, sem maior desenvolvimento no plano jurídico. O mais relevante é sem dúvida a inclusão da palavra "remunerado" na Lei de 1949.

Em segundo lugar, a Consolidação das Leis do Trabalho nada dispunha sobre a perda do direito em caso de ausências ou atrasos dos empregados, até porque não faria sentido perder aquilo que não iria ser pago mesmo. O trabalhador sofreria o desconto pelo descanso, em qualquer hipótese, e o desconto pelo dia de ausência durante a semana, separadamente. Já a Lei 605/1949 é enfática em sua exigência: para fazer jus ao recebimento do descanso semanal sob a forma remunerada, o empregado deve ter feito por merecer, ou seja, deve ter trabalhado *integralmente* a carga combinada durante a semana. Para que o sistema tivesse harmonia, foi estipulado o conceito de semana como sendo o período que começa na segunda-feira e termina no domingo seguinte.

Leitura da Lei 605/1949 e de seu Regulamento, todavia, não indica que o descanso precise necessariamente ser no sétimo dia, ao cabo de seis dias de trabalho. Não foi instituído o repouso hebdomadário ou em dia fixo. Em momento algum aparece essa exigência, falando-se apenas em um repouso de 24 horas consecutivas por semana. Reforça ainda mais esse entendimento o fato de o art. 9.º da Lei 605/1949 haver contemplado a figura da folga compensatória: caso o empregado deixe de descansar aos domingos, por força de exigências técnicas, não receberá hora extraordinária se desfrutar "outro dia de folga".

2. Perda do direito ao descanso

A propósito da perda do direito aos descansos semanais remunerados, é importante saber:

- O empregador pode descontar o dia de descanso por inteiro, mesmo que a ausência do trabalhador não tenha sido de um dia completo, mas apenas de algumas horas (ou alguns minutos de atraso), devido à exigência rigorosa constante do art. 6.º da Lei 605/1949. As empresas normalmente optam por descontar os descansos semanais remunerados apenas em caso de ausência, mas a verdade é que o art. 6.º exige que o empregado tenha cumprido "integralmente seu horário de trabalho" para fazer jus à vantagem. De toda sorte, criou-se sistema curioso em que a ausência em um dia acarreta a perda de dois dias de salário (três dias, se na semana havia também um feriado).

- Na primeira semana do contrato de trabalho e na última semana, o empregado não faz jus aos descansos semanais remunerados se não as trabalhar por inteiro, porque, de novo, não terá cumprido "integralmente seu horário de trabalho". Embora os usos e costumes tenham consagrado o pagamento integral do saldo de salário nas duas extremidades do contrato de trabalho, legalmente a empresa não está obrigada a tanto. Tem-se a impressão de que os fazem por ser mais simples pagar do que explicar.
- A perda do direito corresponde ao aspecto pecuniário, a saber, ao desconto salarial que o empregado sofrerá, e não propriamente à perda do direito de descansar; diante da natureza de manutenção de higidez física e mental do trabalhador e, ainda, pela necessidade de convívio social e familiar, o empregado efetivamente deve descansar, conquanto desprovido da remuneração.
- A Consolidação das Leis do Trabalho era mais incisiva quanto ao prestígio do domingo, excetuando unicamente a situação da conveniência pública e da necessidade imperiosa do serviço, ao passo que a Lei 605/1949 foi mais branda, ao usar a fórmula exigência técnica da empresa, conceito mais amplo que pode abranger comércio, indústria e serviços. Introduz também o termo "preferentemente" aos domingos, enquanto a Consolidação das Leis do Trabalho falava em "deverá coincidir com o domingo".

3. Descanso preferencialmente aos domingos

A respeito dessa coincidência aos domingos, pouco se avançou em matéria de segurança jurídica ao longo dos anos. O art. 7.º, XV, da Lei Maior, voltou a se valer de uma expressão ambígua, "preferencialmente", e, aliás, nem ao menos remeteu a questão para a legislação ordinária delinear.

Para atividades da indústria e dos serviços, continua em vigor o sistema da Lei 605/1949 quanto ao conceito de exigência técnica, assim entendidas as "condições peculiares às atividades da empresa" ou por "interesse público". O art. 10 da Lei 605/1949 remete a questão para o Regulamento, com autorizações gerais para a abertura aos domingos de diversos segmentos, envolvendo produtos perecíveis e serviços de transportes.

Já para o setor do comércio, colhe-se disciplina na Lei 10.101/2000, a qual, embora destinada ao tema da participação nos lucros e resultados, foi o veículo utilizado pelo Poder Legislativo para fixação de alguns parâmetros de abertura das lojas aos domingos.

Fruto da reedição de medidas provisórias por mais de 5 anos, a Lei 10.101/2000 representa o único norte no regramento do labor aos domingos e, portanto, tem sido utilizada por analogia para outras atividades não essencialmente comerciais. Já houve, também, fixação de regras por meio de normas emergenciais, mas que não foram convertidas em lei, citando-se o exemplo marcante da MP 905/2019.

O ponto central da Lei 10.101/2000 foi o estabelecimento da folga dominical pelo menos uma vez no período máximo de quatro semanas, frequência alterada em 2007 para uma folga a cada três semanas, remetendo-se o tema do labor em feriados para fixação em convenção coletiva (convenção coletiva entre dois ou mais sindicatos, mas não acordo coletivo entre empresa e sindicato, previu a norma).

Por esses motivos, é possível sustentar-se, ainda, a revogação tácita dos arts. 68 a 70 da CLT, que impunham exigências para o trabalho aos domingos e feriados, mas com base no antigo sistema de descanso não remunerado, superado por legislação posterior, especialmente Lei 605/1949.

Para a atividade de televendas e *telemarketing*, a necessidade de o descanso coincidir com um domingo ao mês para o operador consta do regramento das normas de ergonomia próprias da profissão (NR 17 e anexos), o que se justifica pelo mandamento constitucional de redução dos riscos inerentes ao contrato de trabalho em profissões particularmente desgastantes. Não se pode acusar a portaria ministerial de ter legislado sobre Direito do Trabalho, invadindo competência privativa da União, porque o faz de modo delegado e, ainda assim, estritamente no campo da saúde ocupacional.

A permissão para a abertura do comércio aos domingos, de toda forma, é de competência municipal.

Os *shopping centers* e supermercados estão compreendidos na categoria "comércio em geral" referida pelas normas acima citadas.

A propósito da exigência de Convenção Coletiva para abertura aos domingos, é curioso observar que geralmente o legislador, quando quer envolver as entidades sindicais, usa a expressão norma coletiva, negociação coletiva ou a locução "convenção ou acordo coletivo", como pode ser visto em diversas passagens do art. 7.º da CF/1988 e em várias outras normas (trabalho a tempo parcial, acordo de compensação de jornada, horas extras em ambiente insalubre, suspensão temporária para requalificação profissional e assim por diante).

No entanto, no caso particular, a Lei 10.101/2000 empregou unicamente a expressão Convenção Coletiva, possivelmente para forçar a padronização do funcionamento do comércio em dia de domingo e feriado. É equivocado, a esta altura, dizer que o legislador usou um tipo de norma coletiva – a Convenção, que é o instrumento firmado entre sindicato de empregador e sindicato de empregadores – pensando também no outro tipo de norma coletiva – o Acordo Coletivo, que é o instrumento de alcance menor, firmado apenas entre o sindicato dos empregados e uma empresa ou um grupo de empresas.

As normas coletivas são instrumentos adequados a disciplinar a abertura do comércio em dia de feriado, mas não podem servir de empecilho para a fiscalização trabalhista, evidentemente.

O domingo deve ter a prioridade, por ser o dia em que habitualmente a sociedade dedica ao descanso e manifestações de congregação cívica e religiosa. O repouso nos demais dias da semana, que normalmente são antissociais, deve ser aceito em caso de excepcionalidade – e não de modo corriqueiro.

Há portarias ministeriais que propõem, desde os anos 1960, necessidade de concessão, no mínimo, de um domingo a cada sete semanas trabalhadas. Como a legislação do comerciário faz menção a um domingo a cada três, essa situação representa norma mais favorável para essa categoria em particular, restando exemplos como a Portaria 471/1966 para os trabalhadores não cobertos pela vantagem de um domingo a cada três.

Interessante observar que, enquanto muita discussão foi travada em torno do art. 384 da Consolidação das Leis do Trabalho, que determina concessão de 15 minutos de intervalo para as mulheres antes da realização de horas extras e que viria a ser revogado pela reforma trabalhista de 2017, pouco se comenta a respeito do art. 386 da CLT, que exige a fixação de escalas para as mulheres com descanso aos domingos em frequência quinzenal – ou seja, as mulheres teriam *um domingo a cada dois*, de sorte que as normas acima referidas seriam, na verdade, apenas para os empregados homens.

Porque entendemos não haver base científica nem jurídica para se separarem as horas extras das mulheres das horas extras dos homens, propomos a não recepção pela Constituição Federal de 1988 do art. 386 da CLT, mas é notável seu esquecimento nos debates jurídicos.

Acreditamos que o conceito de igualdade, cravado pelo art. 5º, *caput*, da Constituição, não permite a subsistência de regime de folgas diferenciado entre as mulheres e os homens, não se sustentando os argumentos sobre a necessidade de permanência no lar, as responsabilidades familiares e as incumbências da maternidade como fator de discriminação válido. De mais a mais, a persistência de regra de folga dominical quinzenal para mulheres e mensal ou bimestral para os homens acarretaria perda de oportunidades e fechamento de diversas portas, de acesso e de ascensão, para as empregadas, em decorrência de uma norma que paradoxalmente as procurava proteger, mas em contexto histórico diverso.

Ainda que não recaiam precisamente aos domingos, os descansos semanais remunerados devem incidir, como diz seu próprio nome, uma vez por semana.

Descansos acumulados ou fracionados não atingem a finalidade da norma e desvirtuam sua finalidade.

O Brasil é signatário de tratados internacionais (Convenções 14 e 106 da OIT) que referem o descanso como uma folga de 24h consecutivas dentro de um período de sete dias, o que pode restringir o ímpeto reformista do legislador ordinário.

4. Como calcular os descansos remunerados

Uma vez analisados o conceito e a operação dos descansos semanais remunerados, vejamos agora seu cálculo.

A tarefa de calcular o valor dos descansos semanais remunerados é facilitada pela estratégia utilizada pelo art. 7.º, § 2.º, da Lei 605/1949, de considerar já embutidos no salário esses pagamentos. Basta que o empregador não efetue os descontos dos descansos como se fossem faltas, evidentemente.

A novidade de 1949 foi o fato de que os empregados, que vinham sofrendo os descontos de quatro dias de salário por mês, deixaram de ter esse desfalque. Houve, a toda evidência, uma majoração salarial naquele dia 05.01.1949, a expensas do empregador. Não se trata de caridade, nem está correta a frase de que os descansos semanais remunerados correspondam a um custo operacional para a empresa (o "custo Brasil"), mas, antes, uma ferramenta inerente ao contrato de trabalho, praticada em larga escala mundial, com algumas variações.

Qualquer atividade desenvolvida 365 dias por ano tende a apresentar índices de produtividade mais baixos e estatísticas de acidente de trabalho mais elevadas. Não custa frisar que os descansos se inserem num conceito mais amplo de direito e dever, ligando-se diretamente à noção de higidez física e mental, matéria, aliás, igualmente infensa à negociação coletiva tendente a abolir ou a restringir o acesso ao repouso. A considerar o descanso como uma carga tributária, teríamos de conceber também a jornada de oito horas, a pausa para o almoço e o intervalo para o sono como custos inconsistentes de nossa legislação trabalhista, mas não é disso que cuidam esses institutos.

Por seu turno, o empregado horista tem direito de receber duas rubricas no holerite: o valor do salário-hora, de um lado, e o valor da integração do salário-hora sobre os descansos semanais remunerados, aproximadamente um sexto de acréscimo conforme explanado neste capítulo. O Direito do Trabalho repudia a prática do salário embutido, também chamado de salário complessivo ou completivo, porque normalmente ela esconde tentativas de reduzir os pagamentos.

Por exemplo, não se aceita que o empregador combine salário de R$ 10,00 por hora e, quando do acerto de contas, diga que o valor já embute os descansos semanais remunerados e o décimo terceiro salário, por exemplo. Quando o ajuste é feito, a boa-fé objetiva há de prevalecer: desnecessário que se diga expressamente que aquele é o valor básico, sobre o qual incidirão os encargos e os benefícios. Do contrário, ficaria integralmente a cargo do empregador decidir o quanto de embutidos existem no valor ajustado e assim sucessivamente.

Os descansos semanais remunerados embutidos no salário mensal são perfeitamente válidos – e constam de modo expresso na lei ordinária acima mencionada – porque o salário ajustado abarca todo o mês, incluindo dias laborados e dias não laborados.

Os descansos semanais remunerados embutidos na hora já não fazem o mesmo sentido, pois o valor da hora é limitado àquela fração de tempo trabalhado e não inclui a hora descansada.

Algumas grandes negociações coletivas passaram a prever o valor dos descansos semanais remunerados embutidos no salário-hora, mas a técnica negocial foi arriscada e estava na dependência de certas circunstâncias que normalmente não se encontram nos ajustes individuais. Algumas dessas cláusulas normativas de incorporação dos descansos ao valor unitário da hora somente foram validadas porque se observou que o salário-hora havia sido majorado em 16,67% antes da transformação – o que coincide precisamente com a fração de um sexto. Melhor não adotar essa técnica porque os riscos de incompreensão são múltiplos. Convém discriminar o que é a hora e o que é o reflexo da hora.

Como dito, a complexidade maior do cálculo do valor dos descansos semanais remunerados reside nas hipóteses em que o salário não é mensal, sendo calculado com base em elementos inferiores ao tamanho de uma semana, como o dia, a hora, a comissão sobre vendas cotidianas, a tarefa, a peça e situações análogas. Para isso, o art. 7.º, *caput*, da Lei 605/1949, elaborou uma lista de situações, que podem ser resumidas com base na proporção de um sexto de acréscimo sobre os ganhos da produção da semana.

A fração é de um sexto e não de um sétimo, porque o trabalhador se ativa nos seis dias úteis da semana – ou poderia ter-se ativado – e descansa no sétimo dia com direito ao valor proporcional à média de sua produção alcançada. Suponha-se que um empregado aufira R$ 10,00 por cadeira esculpida ou por metro quadrado de azulejo assentado e que, ao cabo de uma semana tenha atingido, digamos, R$ 300,00. Por conseguinte, é como se houvesse obtido R$ 50,00 por dia, em cada um dos seis dias úteis da semana.

Mesmo que um dia tenha sido mais produtivo do que o outro, o que normalmente acontece nas vendas do comércio, busca-se a média padrão daquela semana. Se fôssemos dividir os R$ 300,00 por sete dias, laboraríamos em erro, pois a média encontrada levou em consideração um dia de produção zero, que nem ao menos havia existido.

Encontrado o módulo de R$ 50,00, achou-se já o quanto vale o dia de descanso desse empregado tarefeiro ou pecista.

A natureza jurídica é a mesma e só podia ser salarial: salarial é o pagamento das tarefas executadas, assim como salarial é o pagamento do descanso desfrutado, em simples interrupção momentânea e compulsória do contrato de trabalho. Isso fará toda a diferença para os defensores da tese de que ambos os pagamentos – a tarefa e os reflexos em descansos semanais remunerados – devem produzir os mesmos reflexos nas demais parcelas do contrato de trabalho, sem que se deva falar em duplicidade de repercussão ou reflexos indevidos sobre reflexos. Os descansos semanais remunerados, afinal, nada têm de natureza indenizatória, não ressarcem prejuízos causados ao empregado, não se destinam a compensar gastos efetuados e objetivam meramente estender o alcance do salário para o período de interrupção.

Foi-se o tempo em que o conceito de salário era restrito à contraprestação literal pelos serviços prestados. Hoje já se sabe que o salário também remunera os períodos à disposição do empregador, aguardando ordens ou clientes, e os períodos de interrupção contratual, como férias, 15 dias de licença médica e dezenas de outros exemplos que serão convenientemente explorados no tratamento dado ao art. 457 da CLT.

Esse cálculo da fração de um sexto é relativamente simples e objetivo, mas esbarra numa tradição brasileira de não se fazer acerto de contas todo sábado, como em alguns outros países de tradição inglesa. Não temos o hábito de encerrar a semana com a produção de um pequeno holerite.

Dada a raridade do pagamento semanal, indaga-se de que forma, prática e eficaz, se pode fazer a transposição dessa fração de um sexto para o módulo mensal.

A transposição não será nada fácil se considerarmos que os meses não são somatórios perfeitos de semanas inteiras. Haveria, assim, uma dificuldade vasta em se decompor o mês. Além disso, a média de uma semana certamente não será idêntica à média das outras semanas sucessivamente, levando a outra dúvida sobre o valor de um domingo ser maior do que o de outro domingo.

Contornando essa dificuldade prática, o Direito do Trabalho caminhou numa direção paralela e segura, embora não expressamente referida pela Lei 605/1949, nem mencionada na estrutura do art. 7.º. Trata-se da obtenção da *média mensal da remuneração variável*, por produção, comissões ou por horas de serviço, mesclando-se as semanas, inteiras ou fracionadas, de um lado, e os descansos semanais remunerados, de outro lado.

A singela diferença consiste em se fazer a divisão pelo número de dias úteis do mês como um todo e não da semana isolada, multiplicando-se pelo número de dias destinados a descanso naquele mês. O produto pode ser transportado diretamente para o contracheque, sem riscos.

Insistamos no exemplo do operário que aufere R$ 10,00 pelo metro quadrado ou por peça produzida.

Não carrega o descanso remunerado em seu bojo, pois aufere apenas pelo serviço efetivamente executado. Carece de pagamento em separado a título de descansos semanais. Devemos, agora, abandonar a média semanal, pois ele não vai receber o salário ao final da semana. Se ele recebesse salário todo sábado, era muito simples a conta: 300 reais de peças executadas e mais 50 reais para seu domingo de repouso, ou seja, mais 1/6 da produção laborada. Simples assim.

Como ele recebe salário uma vez ao mês e como os meses são desiguais e não são blocos perfeitos de quatro semanas, estamos à procura de um critério objetivo que nos proporcione abarcar a produtividade dele e estipular o valor de seus domingos de descaso, mas sem exigir grande esforço matemático.

Procuramos, então, o quanto ele auferiu ao cabo de um mês. Digamos que atingiu R$ 1.080,00 ao término do mês, que teve 27 dias úteis – com produtividade alta ou com produtividade baixa, é bom que se reforce – o que significa uma média de R$ 40,00 por dia útil.

Esse valor do dia útil é também, desde já, o valor de um dia de descanso.

Fazendo a multiplicação por quatro, abrangemos todos os quatro domingos do mês, e podemos lançar no holerite o produto encontrado, a saber, R$ 160,00 a título de descansos semanais remunerados.

Em outras palavras, o valor arrecadado pelo empregado por sua produção ao longo do mês deve ser dividido pelo número de dias úteis e, ao depois, multiplicado pelo número de dias não úteis (normalmente, domingos e feriados).

A fórmula da divisão pelo número de dias úteis seguida pela multiplicação pelo número de dias não úteis – à falta de melhor nome – atende plenamente às exigências da Lei 605/1949, apura a média precisa da remuneração variável de menor escala e deságua no valor preciso dos descansos semanais remunerados.

Deve-se atentar para o fato de que, diferentemente do que ocorrera com o cálculo do divisor do salário mensal para apurar o salário-hora, de que trata o art. 64 da CLT, aqui não se perquire qual era a carga de trabalho do empregado nem qual era o salário originalmente pactuado. Logo, não será utilizado o conceito do mês comercial de 30 dias, muito caro ao art. 64 da CLT, mas o número fiel de dias envolvidos em cada mês.

Há o inconveniente de cada mês ter um perfil de dias úteis e dias não úteis, mas isso é fácil de ser encontrado olhando para o calendário e não haveria outra forma de lidar com o pagamento do número de descansos semanais remunerados se eles próprios oscilam de um mês para o outro. Não há fundamento em se estipular pagamento de número fixo de domingos e feriados, nem mesmo extração de média capaz de abarcar, por exemplo, meses menores, como fevereiro, e meses mais extensos, como março, sem contar que feriados saltam aqui e acolá.

Uma dica: os domingos sempre se situam entre quatro e cinco, no calendário gregoriano. Não há mês que tenha 3 domingos nem há mês com 6 domingos. Ou serão 4 ou serão 5. Quanto aos feriados, podem ser nenhum, um ou até dois ao mês. Acima disso, deve ter havido alguma distorção na lei municipal, passível de nulidade, conforme abaixo se verá. Assim sendo, a soma dos dias de descanso pode variar de *quatro a sete*, ordinariamente.

Extraindo-se esse número em primeiro lugar, fica mais fácil enxergar o número de dias úteis, sem fazer a conta enfadonha no calendário. Se o mês tinha 31 dias e ali se encontraram quatro domingos, eram 27 os dias úteis; se o mês tinha 30 dias e ali se observam quatro domingos e um feriado, eram 24 os dias úteis.

A soma dos dias úteis aos dias não úteis tem de representar precisamente o número de dias do mês, claro está. Se não, alguém se esqueceu de algo, porque não existe terceiro gênero no campo dos dias laborados. Ou são úteis (com ou sem labor) ou considerados não úteis pelo legislador (uma folga semanal mais os feriados). Caso a soma dos dias úteis com os dias não úteis acusa algo como 32 ou 33 dias para um mesmo mês, refaça seus cálculos pois não existem meses com mais de 31 dias em hipótese alguma.

5. Razão de ser das integrações em descansos semanais remunerados

O empregador, que contrata empregados à base da produção, desde a caixa de laranja que se colhe na lavoura até a tonelada de produtos vendidos na indústria, está relativamente habituado com essa contingência. Faz a conta das peças e unidades produtivas e, depois, calcula os reflexos nos descansos.

O grande impacto dessa explicação é, sem dúvida, no campo da hora extraordinária e do adicional noturno, porque esses dois pagamentos podem acontecer em todo e qualquer local de trabalho, desde a mais simples microempresa até o conglomerado financeiro, passando por lares com empregados domésticos, entidades públicas e condomínios. Impõe-se difundir esse conceito.

Essas duas parcelas são calculadas com base num elemento – a hora – inferior ao tamanho de uma semana, não carregam o domingo remunerado em seu bojo e não faziam parte do equilíbrio inicial da contratação – dia em que foi estipulado um salário mensal para uma carga mensal de atividade, o que incluía os descansos semanais remunerados caso não houvesse a prestação de serviços suplementares.

Ao se acrescentarem pagamentos extras, afora do salário básico, o empregador deve observar se o título é pago com base no mês – descansos semanais remunerados embutidos por força de lei – ou se o título é pago com base em fatores pequenos, como a hora e o dia – descansos semanais remunerados não embutidos. O adicional de periculosidade, por exemplo, é de 30% sobre o salário mensal, o que o torna igualmente mensal. É uma gafe comum no Direito do Trabalho o pedido de reflexos do adicional de periculosidade em descansos semanais remunerados, quando o mês já o contempla em seu bojo. A gratificação de função do bancário – pelo menos um terço, art. 224 da CLT – e a gratificação de função do cargo de gestão – pelo menos 40%, art. 62, parágrafo único, da CLT – são exemplos idênticos de parcelas adicionais que se basearam na expressão mensal para sua conta. Os descansos vão juntos.

A hora extraordinária, porém, não contém o domingo e o feriado englobados.

Para além de todas essas explicações jurídicas – base de cálculo inferior a uma semana, não preenchimento das exigências do art. 7.º, § 2.º, da Lei 605/1949, que autoriza o pagamento englobado, não quitação da hora extraordinária dentro do salário inicialmente avençado – há uma explicação bastante simplória que ajuda a entender o porquê da necessidade de se acoplarem descansos semanais remunerados ao lado das horas suplementares: trata-se de explicação sobre o tamanho do cansaço do empregado. O domingo que figura como quitado dentro do salário é aquele domingo básico, ao cabo de uma semana normal de trabalho; o domingo que encerra uma semana intensa de trabalho, em que houve jornadas excessivas e madrugadas de trabalho, requer também ele um complemento remuneratório para fazer frente à exaustão adicional. Eis a explicação lógica desse fato.

Não há diferença alguma entre a hora extraordinária e o adicional noturno, de um lado, e o salário por produção, peça ou tarefa, de outro lado, para fins de cálculo de descansos semanais remunerados, pois em todas essas hipóteses encontramos pagamento oscilante, sem base mensal e sem quitação dos domingos. No entanto, a jurisprudência oscilava muito quando o assunto eram as horas suplementares, por vezes se encontrando decisão dizendo que a Lei 605/1949 carecia de maior clareza e que a analogia com remuneração variável era impertinente. Por essa pressão, o legislador acabou emendando a Lei 605/1949, fazendo inserir breve adendo nas alíneas *a* e *b* do art. 7.º, que agora contêm a frase "computadas as horas extraordinárias habitualmente prestadas". Dois são os desdobramentos desse retalho.

De um lado, há quem ainda hoje sustente que o adicional noturno ficou de fora dessa incorporação. Note-se bem que o intuito do legislador foi tratar de maneira geral de todas as modalidades de pagamento móvel ou variável, sendo inviável exigir-se da Lei 605/1949 uma lista completa do nome de todas as rubricas disponíveis. O adicional noturno preenche todas as exigências legais e jurídicas para ser elegível ao posto de verba com reflexos em descansos semanais remunerados.

De outro lado, a expressão "horas extraordinárias habitualmente prestadas" forçou a exclusão das horas suplementares eventuais, não habitualmente prestadas. Curvamo-nos à referência legal. Porém, não deixa de ser relevante notar que a remuneração dos descansos, ao contrário do que sucede com férias e décimo terceiro salário, não deveria se sensibilizar com maior ou menor quantidade de tarefas executadas durante a semana.

O próprio conceito de *habitualidade* no curto espaço de uma semana é bem diverso da habitualidade ao longo do ano, a partir do que já se poderia sustentar que quase toda hora extraordinária feita durante a semana já tem aspecto de habitual naquele módulo curto. De qualquer forma, a concepção dos descansos semanais remunerados se destina a ser um espelho do que aconteceu durante a semana que passou, independente do volume das tarefas executadas. Se formos procurar quais as tarefas mais habituais ou quais as horas suplementares mais corriqueiras, poderíamos, em tese, encontrar situação em que nada é devido ao empregado a título de descanso, o que colide com toda a estrutura da Lei 605/1949.

Para reforçar a explicação sobre a hora extraordinária e o adicional noturno, apreciemos um exemplo.

Tome-se o caso de um empregado que aufere R$ 1.000,00 de salário, R$ 240,00 de horas suplementares e R$ 120,00 de adicional noturno ao longo do mês.

A regra basilar da Lei 605/1949 era aquela de fazer a conta, semana a semana, acrescentando-se um sexto ao valor da remuneração variável do período para enriquecer o pagamento do domingo. Como o empregado é mensalista, opta-se pela via expressa do cálculo feito ao término do mês, dividindo-se a remuneração variável pelo número de dias úteis (trabalhados ou não trabalhados, com hora extraordinária ou sem hora extraordinária, com horas noturnas ou sem horas noturnas), na busca de média perfeita e fictícia de quanto a mais ele recebeu, uniformemente, ao longo do mês.

Num mês qualquer de 30 dias, suponha-se que seis sejam os dias de descansos semanais remunerados (quatro domingos e dois feriados, por exemplo), o que resulta 24 dias úteis. Logo, é como se o empregado houvesse recebido R$ 10,00 a mais por dia a título de hora extraordinária (R$ 240,00 ao longo de 24 dias úteis) e R$ 5,00 a mais por dia a título de adicional noturno (R$ 120,00 ao longo de 24 dias úteis). Esse é o valor a ser acrescido a cada dia de descanso. Como no exemplo eram seis os dias de descanso remunerado, serão R$ 60,00 os reflexos das horas suplementares em descansos semanais remunerados e R$ 30,00 os reflexos do adicional noturno nos descansos semanais remunerados.

Recomendam-se rubricas em separado no holerite.

Uma falácia tem sido encontrada em alguns holerites que se dizem perfeitos: o desdobramento da remuneração mensal em duas alíneas, separando as horas efetivamente laboradas das horas destinadas aos descansos semanais remunerados. É o avesso de tudo o que acima constou, ou seja, usa-se técnica de decomposição do salário que nasceu mensalmente fechado.

Sendo o empregado mensalista, essa prática não deveria ser adotada. Serve apenas para o tumulto. A referência ao salário de R$ 1.000,00 é suficientemente clara para que ali se enxerguem tanto o salário das horas laboradas como os descansos semanais remunerados embutidos. Ao desdobrar o pagamento em duas parcelas, aproximadamente cinco sextos destinados ao trabalho efetivo e um sexto destinado aos descansos semanais remunerados, o empregador deverá ficar atento para que todas as parcelas subsequentes sejam calculadas sobre a dupla inteira e não meramente sobre o salário do trabalho efetivo. Não é o que ocorre normalmente nessa prática.

Na hora de computar, por exemplo, os 30% do adicional de periculosidade, "esquecem-se" os descansos semanais remunerados e aplica-se o índice apenas sobre o "salário das horas laboradas". Na hora de calcular o adicional noturno, prosseguindo, usa-se o patamar das horas laboradas e, sem querer, escapam os descansos semanais remunerados. Falso. Os descansos semanais remunerados estão dentro do salário-base do empregado e concorrem para todos os cálculos, sem exceção, do fundo de garantia ao décimo terceiro salário, das férias ao aviso-prévio indenizado.

O fato de a hora extraordinária provocar reflexos em descansos semanais remunerados, a seu turno, nada tem que ver com a existência dos descansos semanais remunerados adrede embutidos nos salários mensais. Como se procurou demonstrar acima, são dois "descansos" diferentes, um já contratado e pago junto com o salário; o outro, aflorado e surgido no meio da semana, ao longo da prestação de serviços, pelo surgimento de novas parcelas não originais do contrato de trabalho.

6. A tese do *bis in idem* em reflexos

A própria expressão duplicidade de reflexos já esconde uma incompreensão sobre o tema.

O Direito do Trabalho inteiro está alicerçado sobre o cálculo de parcelas fundamentado no cálculo de outras parcelas, mas nem por isso há de se falar em irregularidade de pagamento ou em excesso de integrações.

Por exemplo, o fundo de garantia foi construído ao longo dos anos como sendo um pecúlio ou salário diferido, calcado na alíquota de 8% sobre todas as parcelas salariais, aí incluídos o salário-base, o adicional de periculosidade que foi calculado sobre o salário-base, a hora extraordinária que foi calculada sobre a soma do salário-base mais o adicional de periculosidade e seus reflexos em hora extraordinária. Para compor a base de cálculo de fundo de garantia, basta que a parcela tenha natureza salarial, sendo irrelevante saber de onde ela provém ou de que forma foi calculada. Todas as quatro parcelas mencionadas (salário, adicional de periculosidade, hora extraordinária e descansos semanais remunerados) repercutem no cálculo do décimo terceiro salário ao final do ano e esse mesmo décimo terceiro salário, por sua vez, será base de cálculo para o fundo de garantia. Nem por isso se alegaram duplicidades ou triplicidades de reflexos, pois é evidente que cada um exerceu seu papel e teve sua sistematização.

A única parcela a levantar maior suspeita é justamente o descanso semanal, possivelmente pela má assimilação do tema.

Conforme acima já assinalado, tanto o descanso embutido no bojo do salário mensal como o descanso destacado em rubrica distinta ao lado do pagamento de comissões ou de serviços suplementares têm a mesma natureza salarial e produzem os mesmos reflexos sobre as outras parcelas do contrato de trabalho. Na realidade, quem define a ocorrência ou não dos reflexos não é a parcela refletora mas a parcela sobre a qual se reflete, a depender da norma que a criou. A participação nos lucros e resultados, por exemplo, foi desvinculada da remuneração, no dizer do art. 7.º, XI, da CF/1988, de tal sorte que nem descansos semanais remunerados nem as horas suplementares produzem qualquer significado sobre seu cálculo e vice-versa. O vale-transporte, segundo a norma vigente, tem natureza indenizatória e não se sensibiliza com nenhum cálculo da hora extraordinária nem o reverso, razão pela qual não pairam dúvidas sobre o tema.

Já o décimo terceiro salário, via Lei 4.090/1962, e as férias, via art. 142 da CLT, por exemplo, foram concebidos como sendo títulos a serem pagos com base no salário fixo acrescido da remuneração variável que houver sido auferida ao longo do ano civil, no primeiro caso, e ao longo do período aquisitivo, na maioria das hipóteses do segundo caso. Se a remuneração variável era composta por comissões, gratificações ou adicional noturno, a culpa não lhe pertence.

Daí ser correta a afirmação de que os reflexos são feitos da hora extraordinária sobre os descansos semanais remunerados e, de ambos, sobre férias, décimo terceiro salário, fundo de garantia e, se houver, aviso-prévio indenizado.

Nada obstante este arrazoado, diversa foi a conclusão da jurisprudência, ao estatuir que a majoração do valor do repouso semanal remunerado, em razão da integração das horas extras habitualmente prestadas, não repercute nos demais cálculos, sob pena de caracterização de *bis in idem*. Os julgados que se debruçam sobre a matéria, normalmente tecem considerações a respeito da duplicidade de repercussões, mas não enfrentam os aspectos matemáticos e a natureza jurídica salarial da parcela, acima explanados.

7. Reflexos de parcelas híbridas em descansos

Até aqui se procurou separar, de um lado, parcela com base de cálculo mensal, como adicional de insalubridade e adicional de periculosidade, alheia à discussão sobre descansos semanais remunerados, porque já quitados em seu bojo, e, de outro lado, parcela com base de cálculo horário ou por produção inferior à semana, no centro da discussão porque desprovidos de descansos semanais remunerados em seu bojo.

Resta apreciar a zona cinzenta, representada por parcelas que podem cambiar de um lado para o outro, a depender da forma como são calculadas ou como são avençadas.

Exemplo clássico é o prêmio.

Prêmio deve ser uma das palavras mais ambíguas e mal-empregadas no Direito do Trabalho. Ao mesmo tempo que alegra o empregado por emprestar uma sensação de prestígio e valor, lança dúvidas sobre seus critérios, sua base de cálculo e, enfim, sobre sua repetição. Quanto mais habitualmente for pago, tanto mais se aproximará da natureza salarial; quanto mais ocasional ou mais difícil de obter, tanto menos terá marca salarial. Deve-se prestar muita atenção na forma pela qual o prêmio foi prometido, verbalmente ou por escrito, ou na redação da cláusula da norma coletiva que o tenha estampado. Prêmios, como se sabe, não têm assento na legislação, sendo fruto de usos e costumes, sedimentados ou não por instrumentos normativos e regulamentos internos.

Uma das chaves para entender a natureza jurídica do prêmio consiste na leitura da meta que foi estipulada para sua aquisição. Metas muito fluidas e muito fáceis de serem atingidas, como um patamar muito baixo de vendas ou um requisito que todos os empregados atingem todos os meses, tornam o prêmio razoavelmente esperado e, logo, imprimem a natureza salarial. Metas mais elaboradas, com critérios objetivos como assiduidade, pontualidade, produtividade e certos patamares de venda mais altos, tornam o prêmio não razoavelmente esperado, nem sempre auferido e, logo, mitigam a natureza salarial. Ambas as hipóteses comportam variação, evidentemente, mas por ora basta que se levantem essas premissas para se aferir a natureza jurídica da parcela.

Uma vez fixada a natureza salarial, normalmente sobre prêmios "fáceis" e frequentes, surge a dúvida sobre qual o alcance de seus reflexos. Que o prêmio salarial incidirá sobre o fundo de garantia, as férias e o décimo terceiro salário não resta muita dúvida, pois, como já dito, essas três parcelas decorrem de leis que determinam expressamente a inclusão de todos os salários em sua base de cálculo. A complexidade maior dirá respeito aos reflexos do prêmio sobre descansos semanais remunerados.

Nesse caso, não basta saber se o prêmio tinha natureza salarial – e tinha de ter para se cogitar em reflexos – fazendo-se necessário que ele, também, tenha base de cálculo sobre algum elemento inferior ao padrão semanal.

Caso o prêmio seja um pagamento fixo em dinheiro (por exemplo, "R$ 200,00 para quem não faltar", "R$ 500,00 a mais para quem atingir cem toneladas de produtos vendidos"), atrai o sentido de pagamento mensal e se reporta à regra geral do art. 7.º, § 2.º, da Lei 605/1949, ou seja, já abarca os descansos semanais remunerados em seu bojo.

Caso o prêmio seja um percentual sobre o salário mensal, tal como sucedeu com o adicional de periculosidade ("10% a mais sobre o salário mensal para o empregado pontual", "20% de acréscimo para o empregado que conseguir dez novos clientes na carteira"), igualmente a conclusão é a abrangência dos descansos semanais remunerados em seu pagamento.

Caso, porém, o prêmio tenha sido estipulado à razão de horas ou de diárias, impor-se-á que ele seja acompanhado pelos reflexos em descansos semanais remunerados, como qualquer fração horária que seja paga ao trabalhador. Isso independe da intenção das partes ou da redação da cláusula da Convenção Coletiva.

Cuida-se meramente de aplicação concreta do sentido dos descansos semanais remunerados.

8. Tratamento jurídico das horas extras praticadas em dia de descanso

Não seria razoável as horas extras praticadas em dia de descanso sejam tratadas da mesma foram da hora extraordinária prestada nos dias úteis.

Novamente será utilizado o art. 9.º da Lei 605/1949 para sua resolução.

Ali se determina que o dia destinado ao descanso seja respeitado, a menos que se conceda ao trabalhador a chamada folga compensatória, dentro da mesma semana. Caso isso também não tenha sido possível, prevê o artigo que a "remuneração será paga em dobro".

Ao longo dos anos que se seguiram à promulgação da Lei 605/1949, muito se discutiu o significado da expressão "em dobro".

Para muitos, o trabalhador já iria auferir um dia de descanso no cômputo de seu salário (uma unidade), de tal modo que a hora extraordinária prestada em dia de domingo deveria ser paga sob a forma simples, sem adicional nenhum, para que se completasse o sentido de duas unidades da hora (o dobro).

É preciso muito sangue frio para sustentar essa tese, porque justamente a hora extraordinária mais penosa que existe, no dia de domingo, ficaria bem abaixo de toda e qualquer hora extraordinária durante a semana, que recebe o prestígio do adicional de remuneração, que era de 20% na CLT e subiu para 50% com a Constituição.

Argumentavam os defensores dessa tese que, se a lei tivesse desejado que o trabalhador auferisse a hora extraordinária do domingo em dobro, e mais o direito ao descanso previamente assegurado, teria de ter usado a expressão "pagamento triplo" (uma unidade pelo dia assegurado, uma unidade pela hora simples e uma terceira unidade pelo adicional de acréscimo).

Em verdade, o pagamento da hora extraordinária prestada em dia de descanso há de ser feito em dobro, *mas sem prejuízo do descanso remunerado* a que o trabalhador já faz jus dentro de seu salário. São assuntos diferentes e pagamentos diferentes.

Não há necessidade de se falar em pagamento triplo, o que somente teria algum sentido em caso de parcela idêntica superposta.

Aqui temos, de um lado, o pagamento do descanso devido ao trabalhador em qualquer hipótese, quer ele tenha ou não saído de casa para laborar no domingo, e, de outro lado, o pagamento da hora extraordinária cansativa prestada naquele dia dedicado ao repouso – outro assunto. No holerite, os trabalhadores nem enxergam o primeiro, haja vista estar embutido no salário mensal, sendo efetivamente exagero o uso da expressão "triplo".

Popularizou-se dizer, então, que a hora extraordinária aos domingos é paga com adicional de 100%. A expressão está correta na matemática, mas deve ser usada com cautela, porque muitos ficam procurando onde está o adicional de 100% na lei e não vão encontrar nunca.

A lei apenas se valeu da expressão "remuneração será paga em dobro", de tal forma que já era possível sustentar o adicional de 100% mesmo à época em que a hora extraordinária corriqueira era enriquecida de apenas 20%. Mesmo com a elevação do patamar para 50% pela Constituição Federal de 1988, a hora extraordinária dominical segue sendo paga nos mesmos moldes de 1949, por se fiar na expressão "em dobro".

Isso tem levado alguns estudiosos a propor que, caso o empregado faça jus a um adicional melhor, por força de lei, como é o caso do advogado ou do ferroviário, ou por força de norma coletiva, deveria aplicar-se a dobra não sobre o salário-base, mas sobre a hora extraordinária a que faria jus durante a semana (adicional de 75% para a hora extraordinária cotidiana, adicional de 150% para a hora extraordinária dominical e assim por diante). Por ora, a tese é incipiente, haja vista a afirmação categórica do art. 9.º da Lei 605/1949. Mas tem seus defensores.

O desrespeito aos descansos semanais remunerados gera não somente o pagamento das horas extras laboradas nos dias de repouso, mas também multas administrativas.

9. Trabalho em dias feriados

A CLT praticamente não trata do tema feriado. Há apenas uma singela referência no art. 70, dizendo que feriados serão objeto de legislação própria. No caso, foi a Lei 605/1949 quem deu ensejo a sua regulamentação.

É curioso observar que o art. 1.º da Lei 605/1949 define descansos semanais remunerados como sendo o somatório dos domingos e dos feriados existentes na semana, de tal forma que tecnicamente não se fazia necessária a fórmula "DSR/feriados" tão consagrada no Processo do Trabalho e em recibos de pagamento. A própria noção de descansos semanais remunerados já englobava tanto aqueles quanto estes.

Ainda hoje é possível sustentar que a expressão DSR corresponda a um conjunto maior, formado por duas qualidades de repouso, aquele de todo domingo e mais aquele dos feriados. A finalidade da norma é equivalente, correspondendo a um repouso maior do que o simples sono ou a alimentação, para revigoramento das energias, convívio social e familiar, além da congregação cívica e religiosa em determinados contextos. Por cautela, porém, convencionou-se dizer, correndo o risco da redundância, a fórmula descansos semanais e feriados.

Ocorre que a Lei 605/1949 tampouco foi a responsável por fixar o rol de feriados, remetendo a questão novamente para leis ordinárias posteriores. Foi aí que a arruaça começou e até hoje quase ninguém consegue saber ao certo quantos e quais são os feriados no sentido jurídico da expressão, assim entendidos os que ensejam pagamento em dobro da hora extraordinária prestada, por exemplo. Os feriados, para piorar ainda mais a situação, foram desdobrados em diversas categorias, falando-se hoje em feriado nacional, estadual, municipal, costumeiro, regimental e forense.

Em princípio, a legislação trabalhista deveria se ocupar apenas dos feriados nacionais, deixando os demais para a prática da realidade local, mas desprovidos da obrigatoriedade de sua observação, como se pratica em muitos países. Essa ideia chegou a ser adotada inicialmente, quando não se cogitava de feriados estaduais e se limitava com mais vigor o número de feriados municipais.

A Lei 662, do mesmo ano de 1949, foi pioneira, trazendo de uma só vez os cinco feriados mais conhecidos e observados, a saber, a Confraternização Universal do dia 1.º de janeiro, a celebração dos trabalhadores no dia 1.º de maio, os festejos da independência do Brasil em 7 de setembro, a memória da Proclamação da República em 15 de novembro e, finalmente, o dia de Natal na tradição cristã, aos 25 de dezembro.

Um ano depois, a esses cinco se acrescentou o feriado dedicado à memória de Tiradentes, em 21 de abril, na forma da Lei 1.266/1950 – posteriormente absorvida pela Lei 10.607/2002 –, ao passo que o sétimo feriado nacional somente foi introduzido 30 anos depois, no ano da primeira visita do Papa João Paulo II ao país: 12 de outubro, dia da padroeira do Brasil, via Lei 6.802/1980.

A Lei 12.519/2011 institui o Dia Nacional de Zumbi e da Consciência Negra, mas não o trata como feriado nacional, tendo a data sido considerada por alguns municípios para fins de feriado local.

Causa estranheza o fato de essa lista conter apenas sete feriados, enquanto o cotidiano está repleto deles, talvez o dobro ou o triplo de sete ao longo do ano. De onde vêm os demais feriados?

De início, uma larga porta se abriu com a redação do art. 11 da Lei 605/1949, atualmente constante do art. 2.º da Lei 9.093, de 12 de setembro de 1995, que tentou modernizar o tema, sem sucesso: nesses dois artigos, autoriza-se a criação de feriados municipais, "de acordo com a tradição local e em número não superior a quatro, neste incluída a sexta-feira da Paixão". Muitos problemas surgem da redação confusa empreendida pelos artigos em destaque:

- Se a sexta-feira da Paixão é feriado obrigatório a todos os municípios, deveria desde logo ser chamado de feriado nacional, ou não?
- Se a sexta-feira da Paixão é feriado obrigatório a todos os municípios, até o limite de quatro, então são apenas três à escolha da cidade, claro está.
- Os municípios de maneira geral aderiram a dois feriados de cunho religioso, que são a quinta-feira de *Corpus Christi* e o dia de Finados, em 2 de novembro, de tal forma que somente sobrou uma vaga para ser preenchida. Há casos de municípios que não legislaram sobre os dois feriados mencionados, para sobrar espaço para outras variações. Como, porém, o país normalmente para naquelas duas datas, o município embarca na onda do feriado quase nacional e não deixa de aproveitar outras brechas. A situação se mostra irregular do ponto de vista do Direito do Trabalho, porque a Lei 605/1949 não determina o pagamento de hora

extraordinária a 100% para feriados costumeiros ou para feriados do município vizinho.

- Supondo-se que o município legislou sobre *Corpus Christi* e Finados, poderia usar a criatividade para um único feriado adicional, mas é bastante comum a existência de mais dois, um relacionado com a data de fundação do povoado ou emancipação da comunidade e outro relacionado com o dia do padroeiro da cidade. Dois feriados locais mais os três religiosos acima mencionados perfazem cinco, ao passo que a Lei 605/1949 e a Lei 9.093/1995 autorizaram apenas quatro. Um dos cinco está irregular, ou seja, não exige pagamento de hora extraordinária para os empregados. O difícil será decidir qual deles é mais impróprio do que o outro. O cronologicamente mais recente na fixação pela lei municipal talvez seja a melhor solução, mas há municípios que fixaram todos na mesma lei, tornando a tarefa ainda mais confusa.

- Ambas as leis mencionaram que o feriado deve encontrar fundamento na "tradição local", ao passo que muitos municípios optam por fixar o feriado municipal para celebrar questões de âmbito nacional ou às vezes mundial, que merecem prestígio e dignidade, mas que não cumprem a exigência da norma quanto à realidade regional. Por exemplo, em diversas capitais do país são considerados feriados municipais o dia do evangélico, o dia da consciência negra, o dia do descobrimento do país, o dia do encerramento da Primeira Guerra Mundial e assim sucessivamente. Nestes casos, a solução mais equilibrada é liberar o empregador de pagar a hora extraordinária a 100% por se tratar de feriados descumpridores da Lei 605/1949 ou da Lei 9.093/1995. É como se fosse um feriado costumeiro, digamos assim.

- Posteriormente à promulgação da Lei 9.093/1995, houve a inserção de um inc. III ao art. 1.º, em 10.12.1996, a fim de acrescentar dois curiosíssimos feriados municipais, agora relativos aos "dias do início e do término do ano do centenário de fundação do Município, fixados em lei municipal". Essas duas datas não se confundem com as outras quatro ou cinco acima estudadas. Para alívio dos empregadores, não é todo ano que o município faz cem anos, até que se encontrem casos de municípios que resolveram recontar sua própria idade.

Não bastassem essas questões controvertidas sobre feriados municipais, a Lei 9.093/1995 houve por bem introduzir mais um personagem a esse enredo, ao estabelecer a "data magna", assim entendido o feriado estadual, até o presente momento limitado a um por Unidade da Federação. A Lei 605/1949 não contemplava a figura do feriado estadual, que, quando existente, não gerava o pagamento com o adicional de 100%. Porém, o art. 11 da Lei 605/1949 se acha revogado expressamente pela Lei 9.093/1995, que insiste na qualificação da "data magna" como sendo um "feriado civil".

Foi assim que se revigoraram datas com forte caráter histórico, como em São Paulo o dia 9 de julho, da Revolução Constitucionalista de 1932; Rio de Janeiro, 15 de março, quando se deu a fusão do antigo Estado do Rio com o da Guanabara; Rio Grande do Sul, 20 de setembro, para evocar a Revolução Farroupilha; Bahia, 2 de julho, dia de sua Independência; e Minas, 21 de abril, Inconfidência Mineira (nesse caso, feriado sobre feriado não gera direito a pagamento quadruplicado, nem mesmo se ambos recaírem sobre um domingo).

Se hipoteticamente um Estado resolver estipular duas datas magnas, tornaremos ao mesmo problema dos cinco feriados municipais, a saber, o empregador está desobrigado de remunerar em dobro as horas suplementares daquele dia, invalidando-se preferencialmente aquele fixado em data posterior.

10. Enquadramento jurídico dos feriados costumeiros

E o Carnaval?

Mantendo sua tradição, ele quase não tem regras. Não há lei federal que o preveja. A Lei 5.243/2008, do Estado do Rio de Janeiro, que previu feriado na terça-feira de Carnaval, enfrentou ações de inconstitucionalidade, sob o fundamento, acima já referido, de não se tratar de data alusiva à tradição local.

A Lei 9.093/1995 perdeu a oportunidade de tentar sistematizar o assunto, mas talvez essa empreitada estivesse realmente fora de seu alcance. O caso é interessante, porque remonta a tempos imemoriais, quase não se discute sua natureza jurídica, não encontra respaldo legal e, ainda, há entre os leigos uma série de crenças quase cômicas, como dizer que a terça-feira é feriado, mas a segunda-feira, não; atribuir a natureza de meio feriado para a quarta-feira de cinzas; sem contar o surgimento, por pressão das emissoras de televisão, da "sexta-feira" de Carnaval.

Na qualidade de feriado costumeiro, não há previsão legal para pagamento da hora extraordinária em dobro. O empregador pode optar entre liberar os empregados para as folias ou suportar sua carranca exigindo o expediente normal, mas em nenhuma hipótese havia obrigação legal a respeito.

Incluem-se na ala dos feriados costumeiros o dia 24 de dezembro, o dia 31 de dezembro e todos os jogos da Copa do Mundo de futebol masculino. Antigamente, havia feriado costumeiro apenas no dia da final da Copa, supondo que dela participasse o Brasil, mas a impressão que se tem é que os tentáculos dos feriados costumeiros estão se espalhando para todos os jogos da seleção do país e para alguns jogos de países vizinhos.

Outro caso pitoresco de feriado costumeiro recebeu o interessante nome de "ponte". Como a ponte liga alguém a algum lugar, deve ser um dia incomodamente localizado entre um feriado, de um lado, e um domingo, de outro lado – serve um sábado, para manter a tradição. Antigamente, a "ponte" era uma situação rara, que dependia de negociação coletiva e somente se aplicava para alguns feriados especiais, como aqueles de final de ano, que recaíssem em quinta-feira (ponte na sexta, claro) ou na terça-feira (ponte na segunda), mas agora se notam situações anômalas, como "ponte" de feriado que recai em quarta-feira. Para que lado irá essa ponte, aliás?

No caso da "ponte" de feriado, é comum as empresas elaborarem um pequeno esquema de compensação de jornada, acrescentando-se, por exemplo, meia hora a mais nos próximos 16 expedientes, a fim de totalizar as oito horas de produção perdidas, mas não deixa de ser irônico que a legislação não preveja esse tipo de compensação – lembre-se que a compensação deve ser obrigatoriamente semanal ou, mediante banco de horas convencionado coletivamente, de cunho anual. O empregador terá a difícil escolha entre exigir o trabalho dos empregados na "ponte", enquanto todos os parentes viajaram, ou autorizar a compensação ao longo do mês e ser questionado em Juízo por que razão fez isso.

Os feriados costumeiros, de maneira geral, nunca causaram maior controvérsia, porque eram solenemente ignorados, até que a Convenção 132 da Organização Internacional do Trabalho, sobre Férias Anuais Remuneradas, trouxe à tona essa discussão, ao estipular que as férias devem ser desfrutadas em períodos não coincidentes com feriados (legais ou costumeiros, afirma-se), pois diversos são os propósitos de descanso e revigoramento da energia do empregado. Caso haja um feriado no curso das férias, ele deve ser descontado e oportunamente desfrutado, no dizer da Convenção. Aparentemente, a aplicação desse sistema fica prejudicado no Brasil, por duas razões principais.

A uma, porque a Convenção 132 não imaginava que as férias fossem de 30 dias, pois cada país tem a liberdade de estipular seu patamar, e tampouco podia prever que o país tivesse sete feriados nacionais, quatro feriados municipais legais, alguns feriados municipais ilegais, dois feriados municipais no centenário de fundação, cerca de quatro feriados costumeiros, fora os jogos da Copa e as "pontes". É praticamente impossível o ser humano encontrar um período de 30 dias consecutivos em que nenhum desses fenômenos ocorra.

A duas, porque a Convenção lida com o patamar mínimo de três semanas de férias, mais feriados em separado. Como o Brasil contempla as férias à razão de 30 dias, de maneira geral, o que são mais do que quatro semanas, já se oferece situação muito mais vantajosa ao trabalhador. Não haverá, ao revés, nenhum mês em que, se desfrutasse as três semanas de férias da Organização Internacional do Trabalho, o trabalhador tivesse frustrados *nove feriados* dentro desse curto período, para que se pudesse falar que a Convenção lhe fosse mais favorável – a menos que se encontre um município lunático.

11. Direito dos trabalhadores domésticos aos feriados

Para arrematar essa seção, teçamos um comentário sobre os feriados e o trabalhador doméstico.

A Lei 605/1949 excluía expressamente o trabalhador doméstico de sua estipulação, conforme art. 5.º, *a*. A Lei do Trabalho Doméstico, 5.859/1972, é omissa a respeito e nada dispõe sobre descansos semanais remunerados ou feriados. A situação somente começou a mudar em 5 de outubro de 1988, quando o inc. XV do art. 7.º foi transcrito no rol dos direitos do empregado doméstico, constante do parágrafo único do art. 7.º. Não fosse aquela inserção e os domésticos iriam ficar mais algumas gerações privados do direito ao descanso semanal, sob o singelo argumento de que representavam agregados da família.

Ocorre que o inc. XV, como já comentado anteriormente, usa a expressão "repouso semanal remunerado", o que significava, para muitos, a conquista apenas do direito ao domingo e não aos feriados. A única forma de contornar semelhante restrição era a adoção da tese referida acima de que as expressões repousos ou descansos semanais remunerados já traziam em seu bojo os feriados, dentro do conceito do art. 1.º da Lei 605/1949. A tese não prosperou e os domésticos ficaram habitualmente alijados do direito aos feriados.

Para remediar a situação, a Lei 11.324, de 19 de julho de 2006, fez constar, de forma bastante discreta, a revogação da alínea *a* do art. 5.º da Lei 605/1949, ou seja, caiu pelo menos a vedação expressa de aplicar a legislação concernente aos descansos semanais remunerados para o empregado doméstico. A interpretação mais harmônica leva à conclusão de que, afastada a vedação, impõe-se a aplicação integral ao doméstico, sim, mas com dois grãos de sal.

O primeiro grão de sal era de direito transitório. A proibição caiu em 19 de julho de 2006, o que representa que aos feriados anteriores o doméstico não fazia nem fará jus, mas unicamente aos feriados posteriores, pegando o contrato de trabalho na forma como ele se encontra.

O segundo grão de sal era saber como se calculará o pagamento a ser efetuado ao doméstico pelos serviços suplementares prestados em domingos e feriados, já que ele não tinha direito à hora extraordinária. Usar da fórmula acima exposta de divisor do art. 64 seguido de adicional de 100% seria anacrônico para essa profissão que era desprovida dos conceitos de jornada, sobrejornada e reflexos. A única solução que restava era contar quanto valia o dia de trabalho do doméstico, pois a noção de dia é igualmente aplicável a essa profissão. Quer o doméstico trabalhe quatro ou oito horas no dia feriado, receberia, então, o equivalente a uma diária, em dobro, para que se atenda aos anseios do art. 9.º da Lei 605/1949. Não é pagamento triplo, evidentemente, quando se afirma que o dia feriado laborado é pago em dobro, sem prejuízo da remuneração assegurada para aquela data, como já explicado acima com apoio na Súmula 146 do TST.

Com a EC 72/2013 e, sobretudo, com a LC 150/2015, a situação do doméstico foi plenamente equiparada à dos trabalhadores urbanos e rurais: não dependem mais os domésticos de nenhum esforço de interpretação ou do cálculo da diária de 1/30 do salário mensal.

Capítulo 8

Intervalos para refeição, descanso e sono

1. A pausa para refeição

O intervalo para refeição e descanso, delineado pelo extenso art. 71 da CLT, é medida de prevenção à fadiga.

Existem outras pausas de menor duração, destinadas ao descanso término ou revigoramento da musculatura do empregado, mas apenas para profissões específicas e cada qual com propósitos diferentes.

Também não se deve confundir o intervalo destinado à refeição com aqueles outros, fora da jornada, voltados ao descanso mais completo, de que todo ser humano necessita – um para o sono diário, na forma do art. 66, outro para o repouso semanal e a convivência familiar, na forma do art. 67, sem se esquecer, ainda, o descanso anual, que deve conter maior duração, representado pelas férias.

Em verdade, não devemos pensar na pausa do art. 71 da CLT meramente para a alimentação: embora o legislador tenha usado a expressão "intervalo para repouso *ou* alimentação", é seguro que não tratou dos temas como excludentes, como se dissesse que o trabalhador ou descansará ou se alimentará. Antes, o trabalhador usará o tempo como lhe aprouver.

Não há substituição cômoda para essa modalidade de intervalo para refeição e descanso, sendo inadequados os ajustes para trocar a pausa por uma saída antecipada ou uma chegada em atraso pelo trabalhador. Nem mesmo por negociação coletiva se pode ajustar o cancelamento do almoço como forma de o trabalhador ir embora mais cedo para casa. Se o empregado se atrasou, deve sofrer o desconto salarial correspondente e, ao depois, desfrutar o intervalo para refeição e descanso; se vai sair mais cedo, poderá compensar com acréscimo de horário em outro dia, ou novamente sofrer desconto salarial, mas não em prejuízo do almoço, e assim por diante.

Embora a lei não explique a que horas o intervalo deva ser concedido, é evidente que a acepção da palavra já pressupõe um interlúdio, uma quebra na sequência de trabalhos, uma pausa, enfim. Pausa pressupõe uma cena em andamento e que, posteriormente, deve prosseguir. Se o empregado cumpre jornada das 8h às 17h, sua pausa não poderá ocorrer, por exemplo, das 8h às 9h ou das 16h às 17h, pois isso liminarmente descumpre a finalidade da norma. Encontrando este caso, o intérprete deve considerar o período como tempo à disposição do empregador.

É claro que a pausa deveria ser concedida às 11h, 12h ou 13h, para não ficar muito extremada, embora seja admissível uma variação ainda um pouco maior, como o almoço às 15h.

Não há exigência de harmonia entre as duas etapas da jornada nem obrigação de equivalência de tempo, como já se sustentou outrora. Não há previsão que a jornada de 8h seja dividida em dois blocos de 4h cada. Para algumas atividades, a manhã representa movimento maior na empresa, retardando a hora do almoço; para outras, o almoço deve ser bem cedo para fazer frente a um incremento da atividade vespertina.

Respeitam-se as peculiaridades das profissões e das comunidades, mas não a ponto de neutralizar o próprio sentido de interrupção do fluxo do tempo.

Sendo concedida a pausa de uma hora no meio da jornada de oito horas, está cumprida a exigência do art. 71, não sendo obrigatória outra pausa de 15 minutos nem mesmo se a segunda parte da jornada totalizar seis horas. A pausa de 15 minutos, de que cuida o § 1.º do art. 71, diz respeito somente à jornada regular de seis horas e não à segunda etapa de um expediente de oito horas.

O tempo gasto com o deslocamento até o refeitório, copa, restaurante ou local da refeição não implica redução do intervalo intrajornada, visto que, durante esse tempo, o empregado não está executando serviços, nem está à disposição do empregador. O assunto ganhará relevância apenas se o local for tão longe que inviabilize a ingestão dos alimentos porque, mal chegando ao refeitório, já está na hora de voltar. Mas, enfim, o intervalo não é medido pelo tempo gasto unicamente na alimentação – até porque poucos gastariam 1 hora de ingestão – mas pela soma da higiene, do repouso, da socialização e, também, da refeição.

Os intervalos para repouso e alimentação previstos no art. 71, *caput* e § 1.º não são cumulativos, inexistindo obrigação legal de concessão de dois intervalos. A expressão "trabalho contínuo" deve ser entendida como jornada diária e não como períodos individuais que antecedem ou sucedem o horário de repouso. Ainda que o segundo período da jornada diária do empregado, após o intervalo concedido, seja superior a seis horas, o empregador não está obrigado a conceder-lhe novo intervalo.

O art. 71, *caput*, usa efetivamente a locução "obrigatória a concessão", não deixando margem para dúvidas sobre faculdade ou conveniência das partes. Encontramos aqui a típica situação de um direito do empregado inserido dentro de seu dever, como acontece com as férias e com demais pausas para revigoramento e repouso. A repercussão desse binômio direito/dever é enorme, podendo ser citada a proibição de negociação coletiva capaz de eliminar a pausa e a vedação a que o empregado a ela renuncie, mesmo que seja para ir embora mais cedo ou que suplique ao empregador alguma vantagem econômica, em troca de não se alimentar. Diz-se que o art. 71 é de ordem pública, tem natureza cogente e contempla matéria infensa à negociação coletiva.

Nesse sentido, a afirmação de que o intervalo orbita fora do plano da saúde do trabalho, inserida pela reforma trabalhista ao corpo da CLT pelo art. 611-B, § único, deve ser analisada com as devidas cautelas, para se saber o que se quis dizer que o conceito de saúde e se o propósito foi apenas liberar ajustes coletivos para a pausa – e não uma autorização tendente a sua supressão ou renúncia. Note-se que o dispositivo menciona que pausas de refeição não compõem a temática da saúde do trabalho unicamente "para os fins do disposto neste artigo", que contém um rol de permissões legais para os ajustes coletivos. Essa separação parece ser a que melhor atende à hermenêutica da reforma trabalhista, pois ela própria, noutra passagem, reputou 30 minutos (art. 611-A, III) o patamar mínimo a que uma negociação coletiva poderá reduzir a pausa, sob certas circunstâncias, como naqueles locais de trabalho guarnecidos de refeitórios industriais e similares. Não leia no art. 611-B, § único, da CLT, mais do que ele quis dizer.

2. Parâmetros para o conceito da pausa intervalar

Logo no início, o art. 71 faz uma exigência que, se mal interpretada, pode gerar distorções em seu sentido: para que o trabalhador faça jus ao intervalo para refeição e descanso, é necessário que o trabalho seja "contínuo", afirma-se. Mas o que será esse trabalho contínuo?

A palavra contínuo já foi utilizada para a configuração do contrato de trabalho, no sentido de habitual ou consecutivo.

Por certo o art. 71 não quis dizer contínuo no sentido de habitual ou constante, porque ele já parte da premissa de que o contrato de trabalho gira em torno de um empregado, com todos os requisitos preenchidos. A prevalecer essa tese, era de supor que a CLT contemplasse direitos dos autônomos, eventuais e outras figuras análogas ao contrato de trabalho, excepcionando os artigos caso a caso. Não é disso que trata a CLT. Ela se concentra unicamente nos casos de empregados efetivos.

O termo "contínuo" já foi interpretado como atividade intensa, de modo que se chegou a sustentar que um vigia noturno, cuja função seja desempenhada sem maiores movimentos e sem maiores diligências, num dia sem intercorrências, fosse alijado desse direito. Labora em erro essa tese. Como se sabe, o contrato de trabalho é pautado pelo tempo em que o empregado permanece à disposição do empregador. Na maioria das vezes, é esperado que o empregado esteja a executar ordens previamente estabelecidas, mediante ações concretas, procedimentos padronizados, atendimento ao público, operação de máquinas e o mais. No entanto, o contrato de trabalho abrange também todos os períodos de permanência do empregado no aguardo de ordens, na expectativa do próximo cliente ou simplesmente, como se diz, à disposição do empregador. Some-se a isso o fato de que a função acima exemplificada, do vigia que permanece sozinho sem máquinas para operar ou pessoas para atender, envolve igualmente uma rotina, a obrigação de não abandonar o posto de serviço e o dever de atuar com retidão e presteza nas oportunidades em que o patrimônio da empresa se vir ameaçado ou esbulhado.

A expressão trabalho contínuo representa apenas um reforço de argumento, sendo o adjetivo expletivo, na hipótese. Para as jornadas muito curtas, como um trabalho a tempo parcial de três horas por dia, ou para as jornadas incontroláveis, como o contrato de trabalho enquadrado no art. 62, I, da CLT, o legislador já havia reservado tratamento próprio, inibindo o direito ao intervalo em ambos os casos, de tal forma que não precisava realmente ter dito trabalho contínuo para excepcionar os externos e os parciais, aduza-se.

Via de consequência, o intervalo para refeição e descanso é devido para todas as atividades, independente do volume de movimentação física.

Importante que o intervalo para refeição e descanso seja desfrutado preferencialmente fora do posto de trabalho.

Normalmente se considera inválida a pausa que o empregador exige seja desfrutada dentro do local de trabalho, por se considerar, de plano, que não atende à finalidade da norma de higiene e distensão. Isso ocorre, por exemplo, com pessoas que não podem diminuir o grau de atenção sobre máquinas e equipamentos visuais ou, ainda, que não podem se afastar de cargas e mercadorias. Ainda que elas possam ingerir alimentos levados ao posto de trabalho, não terão desfrutado efetivamente o intervalo para refeição e descanso.

Sensibilizou-se o legislador com a necessidade de uma pausa razoavelmente duradoura, de uma hora no mínimo, mas apenas para jornadas excedentes de seis horas.

Há de ser frisado que a jornada exatamente de seis horas já ficou fora da regra do intervalo de 60min, pois a locução está precisamente construída em torno do que *sobejar de seis horas*. Daí a diferença muito conhecida entre a carga de seis horas, cujo intervalo será de 15 minutos, como abaixo se analisa, e da carga de oito horas, cujo intervalo adotado é normalmente de uma hora. Essa distinção atrofiou o uso da carga de sete horas nas relações de trabalho mais corriqueiras, haja vista a perda de tempo e de energia de se elastecer somente um pouco a carga de seis horas, mas com a obrigação de um intervalo de uma hora.

3. O dilema da jornada contratual *versus* jornada real de trabalho para fins da pausa

Impõe-se analisar, entretanto, se a jornada "cuja duração exceda de 6 (seis) horas" é aquela contratual ou aquela praticada cotidianamente. Explica-se.

Situações existem em que o empregado detém jornada de seis horas, normalmente por força de lei, como é o caso do bancário e do telefônico, donde sua pausa deveria ser de 15 minutos, mas habitualmente presta serviços suplementares e cumpre carga de oito horas.

Se nos ativermos à interpretação gramatical do art. 71, chegaremos à conclusão de que a pausa deve ser mantida em 15 minutos, pois a jornada contratual é quem define o intervalo, ao passo que outra forma de interpretação, que privilegia o atingimento da finalidade da norma e seu escopo principal, levará à percepção de que o organismo do trabalhador requer a pausa mais extensa, dada a jornada dilatada.

Teremos, então, um cenário de jornada contratual de seis horas com pausa de uma hora, pois a jornada praticada era superior às seis horas. A situação não deixa de ser curiosa, pois o empregado poderá simultaneamente obter horas suplementares excedentes da sexta diária, mediante uso do divisor 180, que é próprio dos trabalhos de seis horas, mas, ao mesmo tempo, o direito ao intervalo para refeição e descanso de uma hora, próprio das jornadas de oito horas, inclusive para fins de conversão em pecúnia.

Evidentemente a prestação de uma ou de outra hora extraordinária, de modo não previamente pactuado e sem repetição no tempo, não desnatura a pausa de 15 minutos. O exemplo acima pressupõe a prestação reiterada e muitas vezes pré-contratada de hora extraordinária. Veja o seguinte exemplo.

Empregado em jornada de seis horas se ativa das 12h às 18h15min. Faz sua pausa de 15 minutos das 15h às 15h15min. Respeitaram-se as exigências legais. Porém, às 18h15min ele pode estar às voltas com um serviço que deve ser concluído naquele mesmo dia – um problema interno no banco, uma ligação telefônica mais demorada – exigindo sua saída apenas às 19h.

Ora, ele terá trabalhado mais do que seis horas e prestou um pouco de hora extraordinária, mas nem por isso se poderá recuar no tempo e eliminar o intervalo de 15 minutos. Tampouco se poderia pensar em intervalo de mais 45 minutos para perfazer os 60 minutos exigidos pela legislação, pois não se pode fracionar a pausa para essa finalidade. Por fim, não seria correto punir o empregador com a conversão em pecúnia do intervalo para refeição e descanso, pois no momento oportuno ele havia sido concedido regularmente.

É por isso que se diz que a prestação de uma ou outra hora extraordinária não desnatura a pausa intrajornada de 15 minutos nem afeta o equilíbrio da interpretação do art. 71.

O desvirtuamento reside, sobretudo na prestação cotidiana da hora extraordinária, pré-contratada ou não.

Uma boa pista a ser seguida diz respeito à análise da expectativa das partes, um conceito bastante caro ao Direito do Trabalho, que lida com seres humanos e com a noção da habitualidade. Ora, se o empregado já sai de casa sabendo que vai trabalhar por oito ou nove horas, deve se organizar nesse sentido, providenciar sua refeição caseira ou comprada e não marcar compromissos antes desse desfecho.

Pouco importa, nesse contexto, saber se a jornada contratual era de seis horas, pois ele já sabe de antemão que, ao menos naquela temporada, estará a se ativar por oito horas. O organismo do trabalhador é o destinatário da norma e não o quadro de avisos de empregados ou as boas intenções da empresa. A fome será proporcional à duração da jornada.

Recomenda-se, assim, que a expressão "cuja duração exceda de 6 (seis) horas" seja interpretada como sendo aquela cuja duração esperada ou razoavelmente praticada exceda de seis horas, o que satisfaz ao mesmo tempo as duas situações opostas – manter a jornada de seis horas em caso de hora extraordinária eventual e afastar a jornada de seis horas, para fins do intervalo, em caso de hora extraordinária corriqueira.

4. Redução e ampliação do intervalo de uma hora

É muito difícil traçar um panorama geral de duração perfeita para o almoço e o jantar do trabalhador.

Em algumas profissões, uma pausa até mesmo inferior a uma hora já seria razoável, pelas facilidades de obtenção de comida recém-preparada, pouca distância entre o local de trabalho e o local da alimentação – refeitório da empresa ou restaurante nas imediações – e pela oferta de higiene e conforto após a refeição.

Em outras profissões, duas horas não bastam para a saciedade do trabalhador, provavelmente pelas distâncias mais longas e pelo desconforto do local de trabalho. Na zona rural, então, a situação é ainda mais preocupante, em ocupações voltadas diretamente para a lavoura e a pecuária.

Então, diante dessa diversidade de cenários entre profissões, regiões do país e porte das empresas, o legislador se viu forçado a usar de fórmulas móveis, para a duração do intervalo para refeição e descanso. Na zona urbana, usou a expressão "de uma a duas horas"; na zona rural, remeteu o assunto para os usos e costumes da comunidade agrícola (art. 5.º da Lei 5.889/1973). Os usos e costumes devem, então, ser comprovados e respeitados.

Dentro da margem de uma a duas horas, fica com o empregador o direito de escolha, inserindo-se o caso em seu direito de organização e de direção do empreendimento. Assim como é do empregador o direito de fixar a jornada, também lhe pertence o direito de fixar a pausa intrajornada. Deixa de ser seu direito apenas a fixação da pausa abaixo de uma hora e acima de duas horas. Para cada um desses dois extremos, há uma repercussão jurídica diferente. Vejamos.

Caso pretenda conceder intervalo para refeição e descanso inferior a uma hora, o empregador precisa preferencialmente de autorização administrativa. O *caput* do art. 71 nem ao menos prevê a hipótese, fazendo referência apenas à pausa superior a duas horas. Quem trata do intervalo abaixo de uma hora é, na verdade, o § 3.º do art. 71, atribuindo poderes para o poder Executivo sobre tal mister.

Note-se que a norma parte da premissa de que, para autorizar intervalos abaixo de uma hora, a fiscalização do trabalho deverá se certificar de que "o estabelecimento atende integralmente às exigências concernentes à organização dos refeitórios", ou seja, uma das principais exigências para essa finalidade é a existência de instalações próprias, no âmbito da empresa, para que a refeição seja ali mesmo efetuada. A norma exige refeitório disponibilizado e não a refeição feita pelo empregador. Embora seja comum a coexistência de refeitório e refeição pronta, não foi essa a exigência do § 3.º. O objetivo é mais de ordem prática e de conforto para o empregado. Não faria sentido que o intervalo fosse reduzido e ao mesmo tempo o empregado tivesse de deixar as dependências da empresa, em busca de refeição pronta ou refeição rápida, perdendo tempo precioso no trajeto de ida e volta – o que se computa normalmente na duração, pois o intervalo é para refeição e descanso, frise-se.

Além de oferecer refeitório próprio, o empregador deve se abster de exigir hora extraordinária dos empregados, a fim de que uma pausa muito curta não seja seguida de uma jornada muito longa. Por exemplo, redução do intervalo para refeição e descanso para meia hora, mas dentro de jornada de 12 horas, representará uma anomalia e uma quase insuficiência do tempo, pois naquela jornada o trabalhador já estava à beira da necessidade da segunda grande refeição do dia.

Dentro dessa segunda exigência, discute-se se o § 3.º proibiu a redução do intervalo apenas em caso de hora extraordinária paga em dinheiro ou se também a vetou em caso de hora extraordinária a ser compensada. Indaga-se, por exemplo, se são conciliáveis a redução de intervalos para 30min e a ampliação da jornada para 10h em sede de banco de horas.

Entende-se que a proibição foi geral, para todo e qualquer tipo de hora extraordinária (prorrogação, compensação semanal, compensação anual, força maior, serviço inadiável e recuperação de tempo perdido), haja vista que o bem maior a ser tutelado era a higidez física do trabalhador e, mesmo que as horas em excesso sejam compensadas nos dias ou semanas seguintes, naquela ocasião seu esforço foi maior e suas necessidades fisiológicas também. Logo, a autorização executiva para redução de intervalo pressupõe cumprimento da jornada regular de oito horas, sem qualquer notícia de prorrogação, sob pena de desvirtuamento da norma. Neste sentido, a negociação coletiva, abaixo analisada, representa válvula de escape para os casos de necessidade dessa conciliação entre almoços curtos e jornadas longas.

Por terceiro, indaga-se qual o limite mínimo de redução, supondo-se a existência do refeitório e supondo-se a inexistência das horas suplementares.

A norma não estipula uma quantidade mínima para a fiscalização do trabalho, mas nem por isso alguém poderia supor que a redução pode chegar a zero. A reforma trabalhista cravou em meia hora o limite mínimo, mas em ambiente de negociação coletiva, o que difere da autorização administrativa em comento.

Embora não conste do texto legal, convencionou-se a redução para meia hora, pois esse é o propósito da maioria dos empregadores, para agilizar a produção, e ao mesmo tempo atende às necessidades dos trabalhadores que foram contemplados com maior conforto e segurança em sua alimentação. Dificilmente um empregador iria se candidatar a essa redução se fosse para diminuir a pausa de 60 para 50 minutos, enquanto dificilmente os trabalhadores seriam atendidos, por melhor que fosse o refeitório, se a pausa caísse para 10 ou 15 minutos, em meio à jornada de oito horas. Foi assim que a meia hora encontrou vasto campo de aplicação.

Em quarto lugar, estuda-se a existência de prazo de validade ou de alcance territorial da autorização. Por procedimentos internos, o Poder Executivo costuma estipular prazo de vigência da autorização, por um ou dois anos, a fim de que as condições de funcionamento do refeitório e a vedação da exigência da hora extraordinária sejam certificadas periodicamente.

Além disso, como o § 3.º usou a expressão "estabelecimento", toma-se a palavra por filial ou agência, caso se trate de uma grande corporação, de tal modo que a autorização pode não abranger 100% da empresa, mas apenas esta ou aquela unidade. Dentro de uma mesma unidade, pode abranger um setor em detrimento do outro, porque as realidades ali também são diferentes – por exemplo, redução de intervalo para refeição e descanso para o setor de marcenaria, em que se cumpre a jornada de oito horas, mas não para o setor de expedição, em que muitos trabalhadores prestam horas suplementares.

Em quinto lugar, deve ser lembrado que a redução foi destinada ao limite mínimo de uma hora, como exatamente afirmado pelo § 3.º, o que pressupõe a jornada de oito horas. O intervalo para refeição e descanso de quinze minutos, abordado pelo § 1.º para as jornadas de seis horas, aparece de forma rígida e estática, não contemplando brecha legal nem para a ampliação nem para a redução – o que, aliás, seria quase que sua eliminação.

A autorização é prerrogativa exclusiva do Executivo, por meio de seus órgãos trabalhistas. Tentativas de estender a autorização para outros órgãos fracassaram porque o bem tutelado se insere no conceito de segurança e medicina do trabalho; porque o art. 71, § 3.º, não dispõe de espaço para dúvidas; e porque preferencialmente é a autoridade administrativa quem poderá aferir com exatidão as duas exigências formuladas pela norma, quanto ao refeitório e quanto à prestação de hora extraordinária.

Sempre houve dúvidas razoáveis sobre a viabilidade de negociação coletiva para redução do intervalo.

O principal argumento favorável à atuação sindical neste contexto está na permissão constitucional para a compensação de jornadas em geral, conceito em que poderiam ser incluídos todos seus ângulos, desde os horários de entrada e saída até as pausas e dias de folga. Parece ser o argumento vitorioso no âmbito da reforma trabalhista, ao estatuir que a flexibilidade das pausas se inserem no rol de permissivos negociais (art. 611-A, da CLT), contanto que garantida meia hora para os empregados com jornadas acima de seis horas.

O principal argumento desfavorável ao papel do sindicato no tema da redução de intervalo gira em torno dos impactos causados para a saúde dos empregados, dado o risco de que a pausa seja suprimida ou fique divorciada da necessidade. Embora se possa dizer que a pausa de meia hora é o ponto de sensatez nesse longo debate, nota-se que o art. 71, § 3º, realmente foi construído pensando na fiscalização trabalhista como único órgão legitimado para fazer a vistoria prévia e a autorização da redução intervalar. Não foram usadas expressões lacunosas ou supletivas, o que provocou a celeuma de décadas para seu melhor enquadramento.

No outro extremo da relação, investigam-se as formas pelas quais o intervalo para refeição e descanso pode ser superior a duas horas.

Em vez de remeter a solução do caso para a autoridade administrativa, o legislador optou, aqui, pela via da negociação coletiva, apenas – o que, aliás, reforça o argumento daqueles que entendem haver uma contraposição entre almoços reduzidos e almoços ampliados, à luz do art. 71 da CLT.

Esse parece ser o espírito da oração subordinada adjetiva restritiva, que foi encaixada entre o mínimo de uma hora e o máximo de duas horas, na abertura do artigo. No art. 59, *caput*, da CLT se lê a previsão de que "a duração normal do trabalho poderá ser acrescida de horas suplementares, em número não excedente de 2 (duas), mediante acordo escrito entre empregador e empregado, ou mediante contrato coletivo de trabalho".

A expressão contrato coletivo de trabalho encontra raízes históricas, mas foi superada pela legislação trabalhista na reforma que a CLT sofreu em 1967, bastando que se cite como exemplo o art. 611. Por sua nova redação, abandona-se a expressão contrato coletivo e se bifurca a norma coletiva em Convenção Coletiva, entre sindicatos, e Acordo Coletivo, entre sindicato e empresa diretamente.

Afora a via segura da negociação coletiva, resta saber se o acordo escrito de ampliação da pausa pode ser considerado acordo individual.

A necessidade de ampliar a pausa para além de duas horas muito raramente decorre de alguma necessidade do empregado. Teríamos de buscar na lavoura ou na pecuária casos concretos em que a realidade impede o almoço em menos de duas horas, pelas distâncias excessivas, pela falta de conforto ou pela inclemência das temperaturas. Mas para a zona rural, como já visto, o legislador teve a sabedoria de remeter a análise para os usos e costumes da região, deixando em aberto a possibilidade de almoços de três ou quatro horas.

Já na zona urbana, isso não faz sentido. Pausas de quatro horas são desproporcionais à jornada de oito horas e não se justificam para a quase totalidade das situações cotidianas em que o trabalhador se limita a esquentar a comida trazida de casa ou se vale de bares e restaurantes espalhados em praticamente todos os municípios brasileiros. Mesmo que à refeição se somem alguns minutos de descanso, a excessiva duração desse intervalo posterga em demasia o encerramento da jornada e em nada favorece o empregado, privado do convívio familiar e da possibilidade de desenvolver outras atividades, como o estudo. Voltar para sua casa durante o almoço é uma realidade cada vez mais restrita a municípios pequenos ou trabalho no próprio bairro de residência, exceções que apenas confirmam a regra da permanência em tempo integral nas dependências da empresa ou em suas cercanias.

O mais provável é que a pressão pela ampliação do intervalo para refeição e descanso de duas horas parta do empregador, devido às peculiaridades de algumas atividades econômicas que necessitam de mão de obra intensa no início do dia e, depois, em seu término, havendo ociosidade no meio tempo. Isso ocorre, por exemplo, em atividades de fornecimento de refeição, em que um restaurante sirva almoço, digamos, das 11h às 15h, fecha para o público e reabre para jantar das 19h às 23h. Nesse cenário, a jornada de oito horas (quatro horas de manhã e quatro horas de noite) está intercalada por quatro horas de intervalo para refeição e descanso, não porque o empregado necessitasse disso (ao contrário, a tendência é que ele almoce no próprio restaurante em que trabalha), mas porque a organização produtiva carecia dessa variabilidade.

Outro exemplo muito citado de intervalos elastecidos corresponde à realidade dos motoristas de ônibus de fretamento, que levam empregados de determinada empresa para o trabalho, colhendo-os em suas casas, por exemplo, das 6h às 10h, e depois devem devolvê-los ao final dos expedientes, como das 17h às 21h. Essa realidade é popularmente conhecida como "dupla pegada". No exemplo dado, o trabalhador ficou de prontidão das 6h às 21h, embora a jornada real tenha sido de oito horas, mas intercalada por um vasto almoço de sete horas.

Embora a negociação coletiva não resolva todos os problemas que afligem o trabalhador exposto a turnos de quinze horas, com sete horas de intervalo, em mesa redonda podem ser negociadas algumas contrapartidas, como o estabelecimento de um vale-refeição, a concessão de folgas adicionais na semana, a alternância de horários, a admissão de mais motoristas, a remuneração de parte do intervalo expandido e assim sucessivamente.

Deixar todos esses assuntos para o contrato individual inviabiliza a capacidade de resistência e descumpre a finalidade da norma. Embora seja preferível o ajuste coletivo, admitimos que a forma como o art. 71 está redigido permite a conclusão favorável ao ajuste individual. Conquanto se possa argumentar que o motorista de ônibus fretado e o garçom estavam livres para circular durante as pausas de quatro ou de sete horas, sabemos da pouca densidade dessa informação.

A redução, via autorização executiva, e a expansão, via negociação coletiva, aplicam-se exclusivamente ao intervalo de uma hora. Apreciemos, então, a sorte do intervalo para refeição e descanso de 15 minutos.

5. Considerações sobre o intervalo de 15 minutos

Para jornadas acima de quatro e até seis horas, o legislador prevê intervalo de quinze minutos. Para jornadas de uma a quatro horas, como ocorre em alguns contratos a tempo parcial, não há pausa intervalar prevista em lei. Colhe-se no ordenamento pouca exceção a essa regra, como a pausa de 10min para jornadas abaixo de 4h em atividade de *telemarketing* (NR 17).

Preferimos evitar o uso da expressão intervalo para lanche, para não gerar confusão jurídica sobre sua natureza. Apesar da curta duração, mantém sua natureza de intervalo intrajornada para refeição e descanso.

Uma controvérsia, de plano, envolveu os bancários, quando alguém observou que o art. 224, § 1.º, da CLT, menciona intervalo para alimentação também de 15 minutos, como repetindo a norma geral do art. 71, que já falava em 15 minutos de pausa para qualquer expediente de seis horas. Considerando-se que a lei não pode conter palavras inúteis, perquire-se qual teria sido o propósito de o art. 224 repetir a mesma disposição geral aplicada a todos os trabalhadores.

Sustentou-se, então, que os 15 minutos do art. 71 eram descontados da jornada, enquanto os 15 minutos do art. 224 eram embutidos na jornada. Assim, um cabineiro de elevador ou um telefonista precisam trabalhar das 6h às 12h15min, porque os 15 minutos de pausa lhe serão descontados, ao passo que um bancário precisaria laborar apenas das 6h às 12h, porque os 15 minutos de sua pausa estariam inseridos no sentido de tempo à disposição do empregador, a suas expensas.

Reforçava esse entendimento o fato de que, ao contrário do art. 71, § 2.º, a norma do bancário não dispõe de referência expressa à dedução do tempo de pausa do cálculo da jornada.

Para esse lado não caminhou a jurisprudência, todavia, aplicando a todos empregados os intervalos intrajornadas que forem destinados à alimentação, ou seja, eles são feitos por conta do empregado, abatidos da jornada e não correspondem ao conceito de tempo à disposição do empregador. Logo, o bancário há de trabalhar efetivamente das 6h às 12h15min, se quiser cumprir a carga de seis horas integralmente.

Uma segunda controvérsia abrangeu o destino dos intervalos concedidos além do padrão legal de 15 minutos.

Fiquemos na pausa de 15 minutos, ainda. Como o art. 71, § 1.º, a prevê apenas para a jornada acima de quatro horas e até seis horas, a primeira pergunta é se o empregador pode conceder o intervalo de 15 minutos ao empregado que cumpre jornada de três horas, por exemplo, dentro do tema do trabalho a tempo parcial. Em princípio, a situação é favorável, porque mesmo o trabalho breve recomenda um pequeno repouso e um "lanche". Porém, essa pausa posterga a saída do empregado e pode gerar algumas distorções, como a jornada de duas horas com a pausa de meia hora, por exemplo. Desse modo, passou-se a entender que o intervalo para refeição e descanso tem de ser concedido nos exatos limites preconizados pelo art. 71, sendo tudo o que vier a maior considerado tempo à disposição do empregador, remunerado, não descontado da jornada e não destinado à mesma finalidade daquele outro.

Se a jornada é de três horas, a pausa de 15 minutos se computa normalmente, sem dedução; se a jornada é de seis horas e o empregador resolve conceder pausa de uma hora, foram 15 minutos de intervalo para refeição e descanso do art. 71 e mais 45 minutos de tempo à disposição do empregador. Reforça ainda mais esse entendimento a afirmação acima já lançada quanto ao fato de que o § 1.º não disse pausa de cerca de 15 minutos ou de no mínimo 15 minutos, como outros artigos o fazem. Disse simplesmente que a pausa é de precisos 15 minutos.

Outra variação do mesmo tema é o hábito de algumas empresas concederem pausa de 90 minutos, da seguinte forma: uma hora de almoço, 15 minutos para o café pela manhã e 15 minutos para o café pela tarde. Os empregados certamente apreciam esse sistema, por ser mais flexível e mais revigorante, não pelos poderes da cafeína, mas pela quebra da sequência muitas vezes extenuante de algumas ocupações. No entanto, a pausa não foi concebida em partes fracionadas. Para que se cumpra sua finalidade, impõe-se a duração contínua do tempo estabelecido em lei. Concessão fracionada do intervalo gera distorção e desatende ao anseio da norma. A pausa de 60 minutos, quando dividida em três etapas de 20 minutos cada uma, não proporcionará nem a refeição adequada, de um lado, nem a higiene e o conforto, de outro lado.

No âmbito do trabalho rural e sob certas circunstâncias, foram aceitas algumas exceções à regra do não fracionamento do intervalo para refeição e descanso: o exemplo mais aceito é aquele de duas horas de intervalo, sendo uma para almoço e uma para café, que serve com distensão no trabalho penoso, naturalmente extenuante, na lavoura ou na pecuária.

Essa configuração de duas horas em dois blocos de uma hora faz com que uma das duas etapas tenha sido de uma hora e, de qualquer forma, respeitam-se usos e costumes da região.

6. Consequências da violação ao intervalo

O tempo dispendido em intervalo para refeição e descanso corre por conta do empregado e não se inclui na jornada. Deve ser deduzido do expediente regular.

A mais evidente consequência dessa afirmação significa que o intervalo de refeição não se insere no conceito de tempo à disposição do empregador.

Nada se recebe durante o almoço. A legislação tratou do assunto de forma diferente quando comparado com outros campos do Direito do Trabalho, pois aqui não há previsão nem para contar o intervalo, nem para receber alguma ajuda de custo ou reembolso de despesas. Existe, é verdade, o Programa de Alimentação do Trabalhador, instituído pela Lei 6.321/1976, mas com caráter facultativo e natureza tributária, não trabalhista.

Esse conceito de intervalo para refeição e descanso por conta e risco do empregado sofreu algum abalo quando a lei previdenciária incluiu o intervalo para refeição e descanso na lista de momentos passíveis de acidente de trabalho e, também, quando o legislador acrescentou punição ao empregador que viola o intervalo para refeição e descanso de forma similar àquele que exige prorrogação de jornada, ou seja, a hora acrescida de 50%.

Melhor seria que o dispositivo houvesse dito que o empregado é considerado no exercício do trabalho "para os fins desta lei" ou "para os fins deste artigo", porquanto do ponto de vista da CLT e demais disposições legais o trabalhador nunca foi considerado "no exercício do trabalho" durante o intervalo para refeição e descanso.

Há, porém, uma explicação para tentar entender por que motivo a lei previdenciária resolveu abranger o intervalo para refeição e descanso no rol de situações em "exercício de trabalho", lançando-o na possibilidade de ocorrência de acidente de trabalho. A norma não afirmou que todo acidente durante o almoço será considerado como trabalhista, mas apenas aquele ocorrido "no local de trabalho".

Assim, pensamos que o legislador quis incluir as hipóteses de desabamento de refeitório, queda de instalações sanitárias e hidráulicas do empregador e outros sinistros ocorridos nas dependências do local de trabalho, de tal forma que, para fins de acidente de trabalho e não para fins de contagem de hora extraordinária ou salários, o fato de estar nas instalações da empresa já é o bastante para semelhante consequência – seja executando ordens, seja aguardando tarefas, seja, então, durante o intervalo para refeição e descanso.

Se o intervalo for desfrutado em bares e restaurantes das imediações da empresa e por lá acontecerem os incidentes, o evento não será considerado como "exercício de trabalho" e tampouco haverá de se falar em acidente de trabalho. A expressão "no local de trabalho" faz toda a diferença para a interpretação da finalidade da norma. De todo modo, não deixa de ser curioso que a pausa intrajornada destinada à refeição tenha sido elevada ao patamar de tempo à disposição do empregador, ainda que para o fim específico do acidente de trabalho e ainda que supondo-se seu gozo dentro das dependências patronais.

Alteração legislativa vigente de 1994 a 2017 adotou a consequência pecuniária para esse tipo de infração.

Segundo o art. 74, § 2.º, da CLT, são obrigatórias as marcações dos horários de entrada e de saída nos cartões de ponto, mas não há obrigatoriedade quanto ao horário do intervalo para refeição e descanso, que pode ser objeto de simples pré-assinalação. Na realidade, a pré-assinalação deve ser do horário destinado ao intervalo, sendo incompleta a marcação de simples previsão de "uma hora" ou "60 minutos" como aparece em muitos cartões de ponto. A melhor interpretação do art. 74 é a exigência de que a pré-assinalação manifeste o horário exato, como "13h às 14h", ou, então, o empregador promova a marcação individual e cotidiana de cada período de almoço.

Há uma importância enorme nesse assunto, dado o impacto que provoca no ônus da prova em processos trabalhistas.

Para os estabelecimentos de um a vinte empregados (ou de 1 a 10 empregados, até 2019), o encargo de demonstrar a violação do intervalo para refeição e descanso será sempre do empregado, pois o empregador não está obrigado a manter a memória dos fatos via cartões de ponto. Para os estabelecimentos acima de 20 empregados, desde a reforma legislativa de 2019, a responsabilidade pela produção e manutenção dos cartões de ponto é da empresa. Após alguma hesitação, a jurisprudência consagrou a existência de presunção relativa favorável ao empregado, caso os cartões de ponto sejam sonegados, e, ao revés, presunção relativa desfavorável ao empregado, caso os cartões de ponto sejam exibidos em Juízo. Há, porém, duas hipóteses em que, mesmo apresentando cartões de ponto, o empregador precisa produzir provas quanto ao intervalo para refeição e descanso.

A primeira hipótese decorre do cartão de ponto desprovido de marcação do intervalo, sem nem ao menos conter a pré-assinalação. Diante da omissão do documento, forma-se a presunção relativa de sua inexistência.

A segunda hipótese decorre de o empregador abrir mão da pré-assinalação e passar a exigir que o intervalo seja marcado, dia a dia. Subitamente, porém, a marcação se torna invariável, cravando diariamente idêntico horário, como das 13h às 14h.

Postas essas premissas, indaga-se sobre a consequência da violação ao intervalo.

Até 26.07.1994, prevalecia o entendimento de que o desrespeito ao intervalo para refeição e descanso era meramente uma irregularidade administrativa, eufemismo para dizer que ao empregado nada era devido, remetendo-se a questão para autuação fiscal, na forma do art. 75 da CLT. O empregado somente teria direito a algum pagamento pecuniário se houvesse excedimento à jornada de oito horas, mas isso diz respeito a outro assunto e a outros requisitos.

Por exemplo, se o empregado cumprisse a jornada das 8h às 16h, de forma contínua, a nada fazia jus, porque a supressão do almoço era objeto de apuração da fiscalização do trabalho e, por outro lado, a carga de oito horas fora observada. Se cumprisse a jornada das 8h às 17h, com uma hora de intervalo para refeição e descanso, não tinha direito a nenhum pagamento, pois a jornada fora de oito horas e a pausa, na forma da lei. Quando a pausa fosse suprimida, em alguma ocasião, passava a ter direito a apenas uma hora extraordinária, correspondente à nona hora de jornada, das 16h às 17h, porque, quanto ao almoço, nenhuma consequência adviria (o empregador poderia violar o almoço e, ato contínuo, liberar o empregado uma hora mais cedo, às 16h, como forma de não dever a ele nenhum pagamento, em evidente deturpação de ambas as normas).

Observe-se que, já àquela época, era possível sustentar que a violação ao intervalo para refeição e descanso correspondia ao conceito de hora extraordinária, pois o empregado laborava em *hora proibida*, que não estava pactuada entre as partes e não trazia a remuneração no bojo de seu salário. O salário é convencionado para uma carga de 220 horas mensais, por exemplo, excluídas as horas destinadas ao almoço. Havendo atividade nessa hora, ela é necessariamente fora do comum, fora do ordinário, extraordinária. Não foi assim que se firmou a jurisprudência à época, é verdade, mas não deixa de ser irônico que, trabalhando em horário proibido e não convencionado, o empregado não tivesse direito algum.

É de destacar, outrossim, que o conceito de hora extraordinária é elástico, tendo sido superada a percepção inicial do Direito do Trabalho de que o extraordinário se refira unicamente à prorrogação de um módulo fechado, como a carga diária de oito horas. Deve-se abandonar esse conceito primitivo de que prorrogação de jornada seja a única forma de excepcionalidade.

São incontáveis os exemplos de situações em que o empregado, aparentemente cumprindo jornada regular de trabalho, tenha direito de receber a hora extraordinária:

- jornada de oito horas aos sábados, para quem as praticou integralmente de segunda a sexta-feira, acarreta hora extraordinária pelo excesso do módulo semanal, conquanto o módulo diário tenha sido respeitado;
- jornada de uma hora que seja em domingo e feriado, desprovida de folga compensatória, tem natureza de hora extraordinária, com pagamento em dobro, sem prejuízo do descanso semanal, por se tratar de atividade em dia proibido, independentemente de o empregado ter ou não ter esgotado a carga de 44 horas na semana precedente, cumpre frisar;
- sonegação dos intervalos intrajornadas de digitador, operário de frigorífico e operador de mesa de telefonia, todos voltados para a saúde e a segurança do trabalho, gera o direito de receber como hora extraordinária a pausa laborada, por se tratar de atividade em momento proibido e destinado ao repouso, independentemente do dia da semana em que isso ocorreu e de se saber se houve cumprimento do módulo diário e semanal;
- retorno do empregado à atividade no dia seguinte em menos do que 11 horas destinadas ao sono e ao repouso, como já estudado no art. 66 da CLT, tende a ser considerado como hora extraordinária, porque praticada dentro de um período de expressa vedação legal.

O ponto comum de todos esses quatro cenários – módulo semanal, hora extraordinária em feriado, violação do intervalo intrajornada e violação do intervalo interjornada – corresponde justamente à denominação de hora extraordinária para as hipóteses de descumprimento da legislação sem que, com isso, se esteja a referir a alguma forma de atividade além do limite diário ou atividade fatigante, em sua essência. Frisando-se esse aspecto, fica mais clara a afirmação de que também o desrespeito ao intervalo para refeição e descanso assumirá características de hora extraordinária mesmo que, em essência, não o seja.

Porém, enquanto todos os demais intervalos intrajornadas são considerados parte integrante da jornada, ou são chamados de intervalos remunerados, ou ainda são apontados como intervalos não dedutíveis da jornada, esse intervalo específico, voltado para a alimentação e o repouso, foi concebido como sendo parte estranha da jornada de trabalho, não remunerado e deduzido do horário de trabalho.

Reside nessa distinção a principal resistência a que se considere, de uma vez por todas, a violação do intervalo como sinônimo de hora extraordinária. Caso o intervalo de alimentação houvesse tido alguma referência sobre ser parte integrante da jornada de trabalho, o problema nem ao menos seria posto e, aliás, a noção de hora extraordinária já seria consensual desde antes da edição do § 4.º.

Todavia, se bem analisada a questão, chega-se à conclusão do sentido da hora extraordinária, mesmo em se tratando de um intervalo não remunerado e não computado na jornada. Note-se que ele não é considerado tempo à disposição do empregador e não recebe remuneração, desde que efetivamente desfrutado, como uma pausa fora da jornada, uma minissuspensão contratual, como se poderia dizer à luz do conceito de paralisação dos trabalhos e dos salários. Porém, se violado for, é evidente que ele automaticamente passa a ser parte integrante da jornada, com necessidade de remuneração e de cômputo como tempo de expediente.

Outro argumento relevante: caso o art. 71, § 4.º não tenha estipulado hora extraordinária, então nenhuma mudança haverá para o caso do trabalho prestado durante nove horas sem intervalo. Recapitulemos os exemplos acima indicados. Eram duas hipóteses.

Na primeira, a jornada ocorreu das 8h às 16h, sem intervalo, e na segunda, das 8h às 17h, sem intervalo também. Dado que antes de 1994 se considerava que o trabalhador não tinha direito a nada no primeiro caso, porque perdeu o almoço, mas não perdeu a carga de oito horas, enquanto no segundo caso fazia jus a apenas uma hora extraordinária, porque a violação do almoço não assegura nenhuma vantagem, mas o excesso da carga de oito horas autoriza a remuneração de uma hora extraordinária. Adveio o § 4.º ao art. 71 da CLT, dizendo que o empregador ficará obrigado a remunerar o período correspondente ao intervalo com acréscimo de 50% sobre a hora normal, em caso de violação.

Então, temos de admitir duas novidades: no primeiro caso, mesmo comprimido na jornada de oito horas, o trabalhador passou a ter o direito de receber a hora do intervalo violado, quer ela seja chamada de hora extraordinária, quer ela seja chamada de hora simples mais adicional de 50%; no segundo caso, temos também de admitir que o empregado não pode continuar apenas com aquela hora extraordinária excedente da oitava diária. A isso ele já fazia jus antes da alteração legislativa e em momento algum supre a falha da supressão do intervalo. Cuida-se apenas da remuneração da nona hora de expediente, tratando-se de outro fundamento legal e outra finalidade da norma trabalhista.

Temos de reconhecer que a alteração legislativa trouxe uma segunda hora extraordinária para esse trabalhador, decorrente da violação do intervalo. Resultado: mesmo numa jornada de nove horas, o direito do empregado será de duas horas suplementares, uma pela supressão da pausa, outra pelo excesso do módulo diário. Tratamento desigual para situações desiguais: na primeira situação, o empregado "somente" deixou de almoçar; na segunda situação, o empregado deixou de almoçar a laborou até 17h. O primeiro recebe uma hora extraordinária; o segundo aufere duas horas suplementares.

Advoga-se, assim, a pertinência de considerar como hora extraordinária a violação ao intervalo para refeição e descanso, mesmo sabendo-se que, antes de ser violado, ele não era um intervalo remunerado nem era computado na jornada, e mesmo sabendo-se que a redação do art. 71, § 4.º, da CLT, é ambígua quanto ao nome da parcela. Felizmente, porém, o nome da parcela, da rubrica ou do instituto jamais foram decisivos, nem sequer relevantes para o Direito em geral e para o Direito do Trabalho em particular.

Quem define natureza jurídica e finalidade das parcelas é muito mais a essência ou a peculiaridade do instituto do que propriamente a boa vontade do legislador em catalogá-lo com precisão.

Nesse sentido, a alteração da redação do art. 71, § 4º, da CLT, pela Reforma Trabalhista de 2017, para dispor que essa hora tem natureza indenizatória contraria a essência do instituto – contraprestação de serviço suplementar prestado no ambiente de trabalho –, mas é cediço que o legislador, ao contrário do contrato individual ou da norma coletiva, tem esse poder na maioria dos casos. Foram leis ordinárias, por exemplo, que estabeleceram a natureza indenizatória do vale-refeição, do vale-transporte e dos benefícios assistenciais, ainda que essencialmente pudessem ser considerados complementos salariais. E foi o Constituinte que prefixou a natureza não salarial da participação nos lucros e resultados, tudo a exigir que jurisprudência e doutrina se curvem ao comando normativo.

Logo, preferimos concluir que a natureza jurídica das horas trabalhadas durante o período destinado ao intervalo era salarial de 1994 a 2017 e passou a indenizatória desde a reforma trabalhista daquele ano. Em outras palavras, a violação da pausa assegurava o direito a horas extras com reflexos e, ao depois, a uma indenização calculada nos moldes da hora extra, sem direito a reflexos.

7. Dicotomia da violação total ou parcial dos intervalos

Para a linha de entendimento de que o labor em intervalos corresponde a horas extras, é irrelevante saber se a violação foi total ou parcial, porque alguns poucos minutos de intervalo equivalem a nenhum intervalo, quando o foco é o cumprimento da finalidade de descanso, alimentação e revigoramento – e não apenas ingestão de comida.

Abater do cálculo da hora extraordinária (ou hora mais 50%) dez ou 12 minutos que o empregado dispôs para ingerir o alimento é desvirtuar o propósito da norma e é acreditar que um intervalo possa ser fracionado em pequenas etapas (numa, ele descansa; noutra, ele ingere alimentos sólidos; noutra, alimentos líquidos e assim por diante).

A fragmentação do intervalo para refeição e descanso sempre foi combatida por falta de previsão legal e por falta de coerência com o sistema necessário para valorizar a saúde e a segurança do trabalhador.

Considera-se, por exemplo, como tempo à disposição do empregador a pausa que não aquela contínua e fixa do art. 71, como o "café" ou o "lanche".

Se, eventualmente, o caso concreto revelar um intervalo para refeição e descanso de 50 ou 55 minutos, por exemplo, não há necessidade de esforço para perceber que a situação se resolve mais pelo princípio da razoabilidade: quando se preconizaram a desconsideração dos minutos desfrutados pelo trabalhador e o pagamento de uma hora integral acrescida de 50%, por certo se tinha como norte o intervalo irregular de poucos minutos ou, mesmo sendo de meia hora, feito ao arrepio da lei. Encontrado, contudo, o exemplo da pausa de 50 ou 55 minutos, é bastante razoável sustentar que (a) o propósito da norma foi atingido e (b) a variação pode ter decorrido das oscilações naturais dos cartões de ponto, na ida ou na volta do intervalo, aplicando-se ao caso idêntico entendimento quanto à inexistência de horas extras quando o relógio marca poucos minutos antes e ou depois da duração normal da jornada.

Foi assim que predominou o entendimento de que o pagamento das horas extras devia seguir a totalidade do período que deveria ter sido destinado ao descanso e não o foi, desprezando-se a quantidade de minutos maiores ou menores que foram desfrutados pelo trabalhador.

Também neste passo temos de observar a delimitação cronológica: de 1994 a 2017 o pagamento era preferencialmente da hora cheia, nada obstante o intervalo ter sido de 20, 30 ou 40 minutos. A partir da reforma trabalhista de 2017, o direito à hora, com natureza indenizatória, limita-se aos minutos de intervalo suprimido, por força da redação dada ao art. 71, § 3º, da CLT. É possível recuperar o argumento central, acima exposto, de que a violação da pausa, em sua essência, corresponde ao conceito de hora extraordinária, e, como tal, se propor a ilegalidade do dispositivo reformado. Não acompanhamos esse percurso, todavia, por entendermos que está ao alcance do legislador a fixação da natureza jurídica, como já dito, e a fixação do alcance da indenização.

Não nos parece incoerente, portanto, defender a dupla qualidade de hora extraordinária cheia de 1994 a 2017 e de hora indenizada e parcial, de 2017 em diante, dado o influxo normativo superveniente.

Caso a atividade econômica do empregador não possa ou não deva contar com a pausa de uma hora e caso haja o fornecimento de algumas facilidades para agilizar a refeição, o empregador deve valer-se preferencialmente da autorização do Poder Executivo para a redução da pausa (art. 71, § 3.º, da CLT), podendo usar a negociação coletiva sobretudo a partir do permissivo do art. 611-A, III, da CLT, ou, ainda, fazer alguma alteração de turnos e de jornadas, como um escalonamento do horário de refeição, ou, em último caso, nada disso sendo possível, pagar pelo tempo violado da mesma forma como pagaria pelo tempo acrescido à jornada regular – ou seja, a hora extraordinária novamente.

O § 4.º do art. 71 da CLT teve o cuidado de não usar a expressão "uma hora", porque, na verdade, a violação pode ser de intervalos maiores e menores.

Por exemplo, na jornada de seis horas, a violação será de 15 minutos, de tal forma que a dívida do empregador para com o empregado será evidentemente de apenas 15 minutos a título de hora extraordinária – ou um quarto de hora extraordinária ou, ainda, um quarto de hora acrescida de 50%, para manter a redação confusa do § 4.º.

Indaga-se, ainda, se o empregador, antes ou depois da reforma trabalhista de 2017, pode ser condenado a pagar, digamos, duas horas suplementares – salariais ou indenizatórias – pela violação ao intervalo para refeição e descanso que vinha sendo praticado naquele contrato de trabalho à razão de duas horas.

Quem sempre teve pausa de duas horas pode reivindicar indenização de duas horas se o intervalo foi violado ou, nesse caso, a indenização será de apenas uma hora pelo padrão básico da CLT?

Note-se que, na jornada de oito horas, a pausa foi fixada pelo legislador dentro de um leque que vai de uma a duas horas, e não de forma taxativa na casa da hora. Assim, caso o empregado tenha convencionado o intervalo de duas horas, haveria alguma diferença de tratamento para ele, se fosse sonegado seu intervalo em algum dia, quando comparado com a situação de outro trabalhador que teve sonegado seu intervalo de "apenas" uma hora?

Para que o direito do trabalhador seja de duas horas extras, faz-se necessário que se alargue a interpretação do art. 71, § 4.º, da CLT, bem como do conceito de intervalo para refeição e descanso, entendendo-se como pausa não o patamar mínimo fixado pelo legislador, mas a condição praticada no contrato de trabalho – como se fosse uma condição mais benéfica conquistada pelo trabalhador.

Com essa premissa, o pagamento do empregador deve ser sempre proporcional à lesão perpetrada – lesão de uma hora, pagamento de uma hora; lesão de duas horas, pagamento de duas horas, tudo sem prejuízo das consequências que essa violação vai acarretar na outra ponta do dia, ou seja, sem prejuízo de o empregado auferir simultaneamente as horas suplementares excedentes da oitava diária.

A tese das duas horas suplementares, entretanto, esbarra na interpretação sistemática do § 4.º do art. 71 da CLT, o qual não foi condescendente com o empregado neste cenário (de duas horas), nem menciona que a conversão em pecúnia deva ser proporcional ao tempo que o empregado conquistou individualmente.

Mesmo antes das alterações de 2017, o legislador, valendo-se da expressão no singular ("o intervalo") e aplicando uma sanção para o descumprimento, estava a se referir ao patamar mínimo ali previsto, ou seja, necessariamente à pausa de uma hora, ainda que este ou aquele trabalhador desfrutassem duas horas. Com a reforma a situação ficou ainda mais engessada, porque se referiu que a indenização seguirá o número de minutos violados e não o leque inteiro que estava disponível.

Discute-se, também, qual o impacto que terão, sobre a carga diária, os minutos gastos no almoço parcialmente violado.

Explica-se.

Suponha-se que, numa jornada das 8h às 17h, o empregado tenha desfrutado apenas meia hora de intervalo para refeição e descanso.

Essa pausa reduzida dá direito a uma indenização de meia hora pelo art. 71, § 3º, da CLT, com redação de 2017, e dava direito a uma hora extra cheia pelo entendimento jurisprudencial antecedente. Isso resolve a primeira parte do problema, concernente apenas ao intervalo em si. Restará, porém, analisar quantas horas de jornada houve naquela ocasião, para se aferir a existência ou não da hora extraordinária excedente da oitava – e isso não sofreu alteração antes ou depois da reforma de 2017.

No relógio, o período das 8h às 17h contém nove horas. Deduzindo-se a hora de almoço, teríamos a situação regular de oito horas de jornada. Como, porém, o almoço foi violado, não se há de descontar essa uma hora. Pergunta-se, então: o desconto deve ser de meia hora, porque bem ou mal o empregado parou por meia hora, ou o desconto deve ser zero, porque aquela meia hora deve ser considerada como tempo à disposição do empregador, haja vista o descumprimento da finalidade de higiene e saúde do trabalhador?

A primeira afirmação parte da premissa de que todo o tempo perdido de trabalho, que não possa ser considerado uma forma de interrupção ou uma forma de aguardar ordens e clientes, deve ser necessariamente deduzido da jornada, pois o empregador não está obrigado a remunerar senão o período de trabalho efetivo ou de aguardo a suas ordens, salvo nos casos expressamente previstos em lei, normalmente chamados de período de interrupção, que podem ser desde alguns poucos minutos de descanso, como no caso do digitador, até trechos mais extensos, como a licença-paternidade e as férias.

Ora, o intervalo para refeição e descanso, mesmo que de 30 minutos irregularmente concedidos, não foi concebido como tempo à disposição do empregador e não se encontra no rol dos períodos de interrupção do contrato de trabalho, razões pelas quais se pode advogar a tese de que a meia hora há de ser deduzida, sim, da jornada.

Como são dois temas e duas naturezas distintas – art. 71 da CLT para o intervalo e art. 59 da CLT para a jornada de oito horas – é razoável que duas repercussões diversas ocorram sobre o mesmo evento.

Reforça o argumento da tese pró-dedução da pausa irregular o fato de que os desiguais receberão tratamento também desigual: um trabalhador pode ter tido almoço de 10 minutos, outro de 20 e outro de 30. Os três vivenciaram diferentes módulos diários, pois o primeiro terá trabalhado 8h50min, o segundo se ativou por 8h40min e o terceiro por 8h30min, mantendo-se aquele exemplo de expediente das 8h às 17h e deduzindo-se os 10, 20 e 30 minutos de "lanche". Assim, cada qual aufere uma quantidade de hora extraordinária pelo módulo diário, proporcional ao desgaste ou, em outras palavras, proporcional à violação perpetrada.

A tese, como se nota, está alicerçada em diversos fundamentos de ordem prática e jurídica, mas contém nela mesma uma situação desconfortável: ao se aceitar deduzir da jornada a pausa de 10, 20 ou 30 minutos, involuntariamente se coonesta a irregularidade, porque, de outra forma, a pausa de poucos minutos jamais seria aceita. Lembre-se de que as pausas não previstas na legislação deveriam ser tratadas como tempo à disposição do empregador. Entende-se por pausa não prevista na legislação tanto o fracionamento de intervalo em três etapas de 20 minutos, todas irregulares, quanto a concessão de um "almoço" de 10 minutos.

Ao aplicar o entendimento de que o almoço inferior ao padrão legal não pode gerar efeitos legais, teremos de considerar os fiapos soltos de intervalo, sejam eles de dez ou de 30 minutos, como um tempo à disposição do empregador, ou melhor, como frações da hora não contempladas pela legislação e, assim, inservíveis para qualquer finalidade.

8. Natureza jurídica do intervalo

Aprofundemos, então, o sentido da natureza jurídica do pagamento preconizado pelo art. 71 da CLT.

Sempre houve dificuldades no caminho para a natureza salarial das horas de intervalo violado, embora estivessem presentes todas as condições exigidas para a fixação da natureza salarial, quais sejam, é pagamento feito pelo empregador e ostenta habitualidade.

Quando se fala em indenização, vêm à mente, como de costume, as parcelas que objetivem ressarcir o empregador por danos causados dentro do contrato de trabalho, gastos com que ele teve de arcar em serviços externos, reembolso de despesas ou, de maneira geral, as cláusulas penais por algum lapso do empregador, como a dobra das férias não desfrutadas ou a multa pelo atraso na quitação do art. 477 da CLT. No entanto, o alcance do termo parcela indenizatória é maior, por abranger também as parcelas que, conquanto parecidas com salários, padecem do mal da eventualidade ou da imprevisibilidade.

Prêmios existem, por exemplo, que não permitem ao empregado certeza ou expectativa de seu recebimento, quer porque sujeitos a fatores aleatórios, quer porque sujeitos a metas e condições subjetivas – avaliação de maturidade, avaliação de desempenho. Mesmo que as metas e as condições sejam objetivas – número de pedidos, volume de faturamento, quantidade de clientes – ainda assim a tendência é que nem mesmo o empregado consiga saber se implementará as condições até o final do mês, se poderá ou não contar com aquele dinheiro e se o pagamento ser-lhe-á habitual.

Por essas razões, não se mede a habitualidade pela frequência do pagamento ou pelo número de meses em que houve a repetição do evento, algo que significa apenas um indício e não um elemento seguro. Mede-se a habitualidade, sim, pela expectativa da repetição do evento, por aquilo que seja razoavelmente esperado por ambas as partes – esperado que se receba e esperado que se tenha aquele desembolso.

Conforme analisamos no tocante ao art. 67 da CLT sobre reflexos em descansos semanais remunerados, era possível sustentar apenas que uma parcela como a do art. 71 da CLT deixa de ter natureza salarial quando for absolutamente esporádica, consoante interpretação mais aceita do art. 7.º, *a*, da Lei 605/1949, que mandou incluir a hora extraordinária no cálculo dos descansos semanais remunerados, desde que habitualmente prestadas.

Porém, como advertimos naquela ocasião, a habitualidade no caso de hora extraordinária é muito fácil de ser atingida, bastando que a situação se repita uma ou outra vez na semana, pois os descansos semanais remunerados já vêm logo em seguida. Não se cuida, por exemplo, de uma gratificação semestral ou de uma bonificação bienal, cuja demonstração da habitualidade será muito árdua. Teríamos, assim, de encontrar um cenário em que o trabalhador somente teve seu direito ao intervalo para refeição e descanso violado uma ou outra vez por mês e não em todos os meses, para que se pudesse cogitar de sua natureza não salarial (mostra-se mais preciso juridicamente o uso da expressão "natureza não salarial", para diferenciar a figura da natureza salarial, do que natureza indenizatória, haja vista que de ressarcimento ou de reembolso de despesas não se trata, por óbvio).

Havia, porém, de se considerar um argumento relevante em prol da natureza não salarial da "parcela do art. 71": vislumbrar sua natureza punitiva, como se fosse uma cláusula penal de descumprimento da legislação trabalhista sobre hora extraordinária. Mal comparando, é como se fossem as férias, que, de natureza salarial durante o período de gozo, passa a ter natureza indenizatória quando convertida em pecúnia em sede de rescisão ou quando acoplada da dobra por descumprimento do período concessivo, referida no art. 137 da CLT.

Acreditou-se, inclusive, que o art. 71 da CLT tenha evitado, naquela reforma de 1994, o uso da expressão hora extraordinária justamente para conduzir o assunto para o campo indenizatório, porque, do contrário, a simples menção à hora extra, por certo, seria o bastante para encerrar a questão em prol da natureza salarial. Aliás, normalmente quem se utilizava da expressão "parcela do art. 71" costumava associar o tema com a natureza não salarial, fazendo o esforço de não levar o conceito para o campo da hora extra.

Também reforçava a tese da natureza indenizatória a herança da Súmula 88 do TST, da época anterior à existência do § 4.º do art. 71 da CLT, quando se definia o caso como sendo mera irregularidade administrativa, ou seja, assim como eram expedidos ofícios legais para que se aplicassem ao empregador as multas pecuniárias do art. 75 da CLT.

Havia também, em prol da natureza indenizatória da hora de intervalo, o fato de o empregado ser ressarcido pelo prejuízo causado sobre sua saúde e sobre sua higidez física. Não se aproximou a figura tanto do conceito de serviços suplementares quanto se destinou o debate para o assunto da compensação financeira pelos danos causados sobre medida de ordem pública. O fundamento escondia, contudo, duas imperfeições.

De um lado, se a preocupação é tamanha em torno da reparação pelos danos causados, esse serviço é prestado com melhor qualidade pela natureza salarial, porque exige o pagamento dos acessórios, além do principal.

De outro lado, se o propósito fosse efetivamente reparar uma lesão ao organismo do trabalhador, não seria coerente definir o pagamento por metade ou proporcional ao tempo de intervalo para refeição e descanso desfrutado, como se fez habitualmente.

Por qualquer dos dois panoramas – do ponto de vista da habitualidade do pagamento e do ponto de vista da finalidade da norma – a natureza salarial era a maneira mais precisa de interpretar a "parcela do art. 71", dê-se a ela o nome que se quiser.

Embora seja lugar-comum dizer que a reforma trabalhista de 2017 tenha posto pá de cal sobre o tema, assumindo de uma vez por todas a vocação indenizatória das horas de refeição suprimida, entendo necessário o esmero no estudo dessa matéria, pois, como já explanado, o poder atribuído ao legislador para alterar natureza jurídica de institutos jurídicos, trabalhistas ou não trabalhistas, há de ser exercido com moderação. Não é um atributo ilimitado. E pode eventualmente ser contestado no plano constitucional. Reputamos que o legislador atuou no vazio normativo nesse particular e acatamos a natureza indenizatória pós-2017.

Mas sempre sobram fios soltos.

Por exemplo, se uma categoria profissional tem direito a adicional de horas extras a 70%, por força de convenção coletiva, pode reivindicar que a indenização do intervalo violado seja de 70% ou, ao contrário, a referência ao adicional de 50% no corpo do art. 71, § 4º, da CLT, é imutável?

Correndo o risco da redundância, devemos dizer que a resposta depende da premissa adotada. Claro que a interpretação gramatical converge para o adicional de 50% de maneira inapelável. Há outras nuanças, porém, que favorecem a interpretação mais ampla, atraindo, sim, a possibilidade de novos adicionais de remuneração.

De um lado, havia a presença, também no art. 71 da CLT, da famosa locução "no mínimo", como ocorre na maioria dos diplomas do Direito do Trabalho em que são estabelecidas normas e condições de trabalho passíveis de serem incrementadas por negociação coletiva ou por leis especiais. A locução "no mínimo" também abre ensejo para a colmatação da lacuna via poder normativo, cumpridas as exigências legais para seu acionamento. Atende aos anseios do Direito do Trabalho, de não retrocesso social e de constante aprimoramento da qualidade de vida, e ao mesmo tempo permite que as partes convencionem situações melhores para casos em que a violação ao intervalo para refeição e descanso se apresente ainda mais penosa, como a supressão do almoço no serviço braçal ou a sonegação da pausa em dia de jornada elastecida. Porém, esse argumento esmoreceu em 2017, quando a alteração legislativa suprimiu a expressão e se ateve a dizer que o acréscimo é "de 50%".

De outro lado, mesmo que a expressão "no mínimo" não tivesse figurado no art. 71 da CLT, era de supor que o elastecimento fosse possível, por se tratar de simples pagamento pecuniário, assunto sempre considerado disponível para a fixação de outros patamares pelas partes.

Separem-se os temas: o conceito de jornada e a duração do intervalo para refeição e descanso são matéria infensas à negociação coletiva, por dizer respeito diretamente à saúde do trabalhador, ao passo que o índice de acréscimo à remuneração pode e deve ser pactuado, acima do padrão estabelecido, como forma de aprimoramento do Direito do Trabalho.

Caso a norma coletiva prime pela clareza e pela segurança jurídica, fará muito bem se dispuser que a cláusula de fixação do adicional de hora extraordinária em 60% ou 70% se aplica tanto para a hora extraordinária diária como para a hora extraordinária pela violação ao intervalo para refeição e descanso, a fim de espancar dúvidas vãs. Se, porém, a cláusula for genérica (70% para a hora extraordinária em geral), servirá, sim, tanto para o dia como para a semana, o mês, a má compensação de jornada, a violação ao intervalo interjornada de 11 horas, a violação aos intervalos intrajornadas de fundo sanitário e, por que não, a violação ao intervalo para refeição e descanso.

A alteração da natureza jurídica do intervalo violado, passando de hora extra cheia para hora indenizada parcial, tende a afugentar o debate, mas ele não pode ser dado por encerrado porque numerosas cláusulas de instrumento normativo são redigidas de maneira ambígua e levantam dúvidas sobre seu alcance.

Todas as explanações até aqui efetuadas se aplicam igualmente para o trabalhador ferroviário.

O fato de ele possuir algumas peculiaridades próprias no tratamento da jornada de trabalho e do intervalo para refeição e descanso não foi suficiente para afastar a aplicação da regra geral do art. 71 da CLT.

Pensamos que, a partir da LC 150, de 1.º de junho de 2015, os trabalhadores domésticos também passaram a fazer jus a essa disposição legal em caso de supressão total do intervalo para refeição. Afirmamos isso não somente porque o art. 13 da LC 150 disciplinou a concessão do intervalo, mas também porque o art. 19 dessa lei refere à aplicação subsidiária da CLT. Antes, não se falava em aplicação subsidiária, mas em vedação completa ao uso da legislação dos trabalhadores urbanos, conforme art. 7.º, *a*, da CLT. O direito à hora extra por violação ao intervalo (ou hora indenizada a partir de 2017) somente tem amparo a partir de 1.º de junho de 2015, no particular, e não a partir de abril de 2013, porque a EC 72/2013 nada menciona quanto à pausa intrajornada, matéria não constitucionalizada. Notar, finalmente, que o art. 13 da LC 150 prevê uma hipótese de intervalo de meia hora, com menor grau de dificuldade do que para os trabalhadores urbanos e rurais.

9. Intervalos de sono e repouso

Doutrina e jurisprudência priorizam a expressão intervalo intrajornada para representar as pausas para refeição dentro da jornada e a expressão intervalo interjornadas para evocar a pausa entre o término de um dia e o começo do outro. Este livro, em muitas passagens, preferiu dizer almoço, jantar e pausa para sono apenas para fins didáticos, realçando as características de uns e outros e evitando o risco de, num dado momento, o interlocutor confundir as palavras intrajornada e interjornadas, que são parecidas e nem sempre cristalinas.

De toda forma, está correta a acepção da pausa interjornadas como sendo aquela que intercala o expediente anterior com o posterior, porque o prefixo *inter* representa entre duas unidades distintas e não no meio delas.

De todos os intervalos existentes no contrato de trabalho, aquele destinado ao sono e ao repouso parece ser o menos estudado e o menos praticado.

Essa permissividade pode ser atribuída à timidez da redação do art. 66 da CLT, origem primordial do intervalo entre duas jornadas (logo, intervalo interjornada). Ao contrário de outros dispositivos análogos, o art. 66 se atém a apresentar a duração do intervalo, na casa de 11 horas, encerrando o comando legal sem nem ao menos estipular alguma punição para o caso do descumprimento, e tampouco alguma referência ao fato de se tratar de intervalo remunerado ou não remunerado.

O intervalo para refeição e descanso (logo, intrajornada, porque inserido no meio da jornada) chegou a propiciar semelhante discussão, mas, para o bem ou para o mal, foi contemplado com a inserção do § 4.º ao art. 71, que atraiu a situação para pagamento de valor equivalente à hora extraordinária, num período, e à hora indenizada, noutro período.

Os demais intervalos conhecidos, como a pausa de movimentos repetitivos do art. 72, ou a pausa do telefônico do art. 229, fazem sempre alguma referência ao fato de que não devem ser deduzidos da jornada ou que são parte integrante do expediente – ou seja, são remunerados.

Mas de outra forma não poderia ser a interpretação do art. 66, a não ser que seu desrespeito fosse tratado como uma forma de hora extraordinária.

Deve-se abandonar o conceito antigo de que hora extraordinária seja sinônimo de *prorrogação de jornada* ou de excesso de carga além do módulo diário.

Existem diversas formas de horas suplementares, a bem da verdade, dependendo da maneira pela qual o trabalho do empregado é exigido contra alguma restrição legal. Atualmente, o uso da expressão "hora extra" já não é suficiente para entender a que se refere o interessado – se à hora extraordinária do módulo diário, do módulo semanal, serviços suplementares em feriados e domingos sem folga compensatória, hora extraordinária com compensação ou sem compensação, violação a intervalo para refeição e descanso, violação a intervalos remunerados, violação ao intervalo interjornada e assim sucessivamente. O conceito de hora extraordinária deixou os limites da extrapolação do módulo diário para a prestação de serviços fora do combinado ou do permitido, seja mediante carga de trabalho excessiva, seja, ao revés, em carga dentro das quantidades legais, mas fora das balizas legais, como é o caso dos intervalos malbaratados.

Há três situações distintas em que a violação ao intervalo interjornada gera o direito à hora extraordinária.

A primeira situação e mais simples é a pura violação da pausa de 11 horas, ainda que não se fale em hora extraordinária no dia anterior ou no dia posterior.

Por exemplo, empregado que cumpre habitualmente jornada das 14h às 22h tem seu turno alterado, tempos depois, para o expediente das 6h às 14h. No dia da transição, terá encerrado o expediente às 22h e já retomado as atividades às 6h da manhã seguinte, numa pausa de apenas oito horas. Tinha direito de permanecer 11 horas fora do alcance da empresa. Se não havia outra forma de a empresa fazer essa alternância (como deixando-o chegar mais tarde no primeiro dia de trabalho ou fazer a alteração de forma gradativa), deverá o empregador arcar com o pagamento de três horas extraordinárias incidentes sobre o dia seguinte, pois a jornada das 6h às 9h era ilegal e não está quitada no bojo de sua remuneração pactuada. É trabalho efetivamente fora do comum, fora do ordinário, extraordinário.

Interessante notar que, nesse exemplo, a jornada do dia seguinte pode-se ater ao período das 6h às 14h, no qual, ainda assim, as três horas suplementares terão surgido, isto é, mesmo cumprindo uma carga singela de oito horas, o trabalhador teve três delas consideradas como extraordinárias, não pelo módulo diário, evidentemente, mas pela violação ao período destinado ao repouso.

Se ficar até 15h, digamos, terá quatro horas suplementares: três pela violação ao repouso e uma pelo excesso do módulo diário, pois o módulo já estava sendo computado normalmente desde o início do expediente pela manhã (para agilizar os exemplos, não se levou em conta a existência ou não de intervalo para refeição e descanso, que pode, ainda, acarretar outras variações na contagem, por certo).

Nesse campo, prevalece a especificidade da contagem, como se se dissesse que para cada crime existe um castigo. O enquadramento é aplicado sobre cada fato (as três horas suplementares decorrentes da violação ao intervalo interjornada) e não se compensa nem se subtrai de outro enquadramento aplicado ao outro fato (excesso ao módulo diário de oito horas) e assim por diante (módulo semanal, dia feriado, intervalo para refeição e o mais).

A segunda situação é bem mais corriqueira e não se verifica apenas no evento incerto e irregular da troca de turnos.

Cuida-se da prática de o empregador exigir hora extraordinária do empregado, noite adentro, e determinar que ele já retorne nas primeiras horas da manhã, em detrimento da pausa de 11 horas. Pagando as horas suplementares excedentes da oitava diária, o empregador pensa ser cumpridor da legislação social, mas não o é. O trabalho se torna ainda mais penoso do que na simples prestação de serviços suplementares ou no exemplo acima mencionado quanto à violação isolada da pausa interjornada.

Suponha-se empregado que cumpra horário comercial, das 8h às 17h, com uma hora de almoço. Como já sustentado neste trabalho, a realização de hora extraordinária deveria se ater a duas, no máximo, de tal forma que o empregado poderia partir às 19h. Cai a noite e o empregador continua a exigir hora extraordinária, para fazer frente a uma grande encomenda, algo irregular mesmo assim. À meia-noite o empregado deixa a empresa. Ora, ainda que a jornada das 17h às 24h seja paga como hora extraordinária – e o é efetivamente –, o encerramento do expediente à meia-noite inibe o retorno do empregado antes das 11h da manhã seguinte. O empregador bem assessorado deve liberar o empregado das primeiras horas da manhã seguinte, caso uma quantidade tão elevada de horas extraordinárias tenha sido exigida na véspera. Ao insistir no retorno do empregado às 8h, arcará com o pagamento de três horas suplementares, de plano, sem prejuízo daquelas outras que advierem da extrapolação do módulo diário também na nova jornada.

A contagem é feita de forma simples, tanto sobre as horas diurnas quanto sobre as horas noturnas, porque a peculiaridade da hora noturna reduzida, a ser estudada no art. 73 da CLT, somente se aplica às horas efetivamente trabalhadas e não às horas descansadas ou folgadas.

A terceira situação reforça ainda mais a especificidade da contagem da hora extraordinária e o teorema de que para cada crime incidirá um castigo. Trata-se do cruzamento do intervalo interjornada com os descansos semanais remunerados.

Suponha que o empregado encerre o expediente às 22h do sábado. Tem início, então, seu descanso programado para o domingo. O descanso não é de um dia nominal ou um dia informalmente considerado, mas um dia de 24 horas integrais (art. 1.º da Lei 605/1949, que, por sorte, fala que o dia tem 24 horas).

Assim, há três formas de se computar esse dia de descanso, chegando todas elas ao mesmo destino:

- considerar que a jornada encerrada às 22h é seguida pela pausa para o sono, de 11 horas de duração, o que se estende até 9h do domingo, horário em que se começa a contar o descanso de 24h, encerrando-o às 9h da manhã da segunda-feira, antes do que o trabalhador não deveria retomar sua atividade;
- considerar que o descanso semanal é necessariamente coincidente com um dia completo, que no caso do exemplo é o domingo, de tal forma que a pausa interjornada de 11 horas começa a ser contada com o encerramento do expediente às 22h, para de ser contada quando o domingo tem início, à meia-noite, e recomeça sua contagem quando o domingo tem seu fim, às 24h, prosseguindo o cálculo pelo que faltava para 11 horas, ou seja, as nove horas de diferença; 9h da manhã da segunda-feira, novamente;
- considerar, ao revés, que primeiro vem o descanso semanal, das 22h do sábado até 22h do domingo, para, depois, vir o intervalo interjornada, de 11 horas de duração, das 22h do domingo às 9h da segunda-feira, de novo. Nas três situações, o somatório das duas parcelas se manteve intacto (11+24), variando a posição das parcelas (11+24 na primeira hipótese, 2+24+9 na segunda hipótese e 24+11 na terceira hipótese).

Para facilitar a conta, é consensual dizer que o intervalo interjornada quando encontra o dia do repouso deve respeitar o padrão de 35 horas, mesclando-se aí os dois direitos do trabalhador, aquele do art. 66 da CLT combinado com aquele da Lei 605/1949.

Seguem-se os mesmos resultados práticos: se o operário retorna às 8h da segunda-feira, faz jus a uma hora extraordinária, porque o trabalho estava proibido das 8h às 9h, sem contarmos eventuais horas suplementares pendentes do sábado ou da segunda-feira, pelo módulo diário ou pelo módulo semanal.

E se o empregador desrespeitar simultaneamente a folga semanal e o intervalo interjornada?

Isso ocorrerá, por exemplo, se se exigir do empregado o retorno ao trabalho às 8h do domingo, privando-o do dia de descanso e de uma hora de intervalo interjornada de 11 horas. A solução mais razoável é o pagamento de uma hora extraordinária ao empregado, como nos demais casos de violação à pausa do art. 66, mas com o adicional de 100%, que significa o pagamento em dobro, sem prejuízo da remuneração mensal, de que cuida o art. 9.º da Lei 605/1949, a ser analisado no bojo do estudo dos descansos semanais remunerados.

O desrespeito ao intervalo é efetivamente hora extraordinária, partindo das duas premissas acima ventiladas: noção contemporânea de hora extra como sendo o trabalho prorrogado, ou o trabalho proibido mais a noção de que aquela jornada não estava nem poderia estar previamente pactuada dentro do salário avençado, sem contar a terceira explicação sobre a punição concreta e inteligível para a irregularidade.

Poderia a entidade sindical firmar negociação coletiva com o empregador a fim de reduzir o intervalo interjornada?

Muito embora os defensores da ampla liberdade de negociação coletiva sempre evoquem o art. 7.º, XXVI, da Constituição Federal (reconhecimento da negociação coletiva), há de se considerar a existência de limitações contidas no próprio Direito do Trabalho, especialmente no tocante à segurança e à medicina do trabalho. Essa noção costuma ser confundida com desoneração de ambientes insalubres e perigosos ou com fornecimento e uso de equipamentos de proteção, mas abrange tranquilamente o cumprimento das jornadas médias de trabalho e, sobretudo, o respeito aos intervalos dentro da jornada e em meio a duas jornadas, cuja função é assumidamente revigorante do organismo do trabalhador.

A legislação ordinária, porém, pode prever intervalo interjornada inferior às 11 horas.

A uma, porque a matéria não tem assento constitucional. A duas, porque atende à especificidade de alguma profissão ou atividade. Na verdade, uma rara profissão dotada de pausa inferior a 11 horas terminou sendo a do jornalista, pois o art. 308 da CLT refere pausa de apenas dez horas, seguindo-se todas as demais consequências acima listadas para o caso do descumprimento. Note-se, porém, que a situação tende a ser bastante escassa, se praticada corretamente a jornada de cinco horas, com elastecimento para sete horas, prevista para a profissão.

Para outras situações que considerou peculiares, o legislador só fez ampliar a pausa de 11 horas, marcando 12 horas para o operador cinematográfico (art. 235, § 2.º); 14 horas para alguns ferroviários (art. 245); e 17 horas para alguns telefonistas (art. 229). Os aeronautas possuem regramento próprio àquilo que o legislador chama de repouso, de 12h a 24h, a depender da escala de viagens (art. 48, Lei 13.475/2017).

Se não houver norma expressa a discorrer sobre o intervalo interjornada para a categoria, então a aplicação do art. 66 da CLT é mandatória.

Empresa do ramo petrolífero não obteve êxito na alegação de que, havendo lei própria sobre a profissão do petroquímico (Lei 5.811/1972), o art. 66 deveria ser afastado e o intervalo de onze horas não precisaria ser respeitado, porque a norma especial já conteria tratamento diferenciado o suficiente.

O intervalo interjornada está adstrito a duas jornadas praticadas dentro do mesmo contrato de trabalho, para o mesmo empregador. Não é levado em conta se o empregado acumula dois empregos, públicos ou privados. Nem pode ser causa impeditiva de acumulação de dois cargos públicos, desde que haja compatibilidade de horários e permissão constitucional.

Havendo compatibilidade de horários, torna-se irrelevante, para efeito de acumulação de cargos, a circunstância de as jornadas desempenhadas serem exaustivas, não podendo o segundo empregador opor ao empregado o intervalo interjornada computado a partir do encerramento do expediente de outro emprego.

Entendimento contrário representaria restrição não prevista na Lei Maior e, de certa forma, esvaziaria a norma jurídica, ao não permitir que os profissionais de saúde ou do magistério possam acumular cargos públicos ou conciliar cargo público com emprego privado.

10. Outros intervalos intrajornadas

Há diversos outros intervalos dentro da jornada de trabalho, espalhados pela legislação trabalhista, não apenas na CLT, com finalidades análogas de revigoramento ou de repouso de músculos, tendões e do organismo em geral. Alguns se destacam pela notoriedade e pela complexidade com que foram tratados pelo legislador, sendo possível a elaboração de uma lista com cinco pausas que mais despertam questões controvertidas:

- intervalo do mecanógrafo (art. 72 da CLT);
- intervalo do digitador e dos trabalhos em *telemarketing* (Norma Regulamentadora 17 e seus anexos);
- intervalo do telefônico (art. 229 da CLT);
- intervalo do operário de frigorífico (art. 253 da CLT);

- intervalo do aleitamento materno (art. 396 da CLT); e
- intervalos de recuperação térmica para atividades rurais (NR 31).

O intervalo do mecanógrafo normalmente é o mais conhecido, por ser o único intervalo intrajornada especial, voltado para o repouso dos esforços repetitivos, que aparece no capítulo pertinente à duração do trabalho, muito embora comprimido entre o intervalo para refeição e descanso do art. 71 e o adicional noturno do art. 73. De toda sorte, o art. 72 mantém sua redação original de 1943 e oferece algumas questões jurídicas interessantes para serem estudadas.

Saber quem é o mecanógrafo já é o primeiro desafio.

A explicação é relativamente simples, por se tratar de um raro artigo de lei que traz uma espécie de definição do vocábulo entre parênteses. A norma diz textualmente que mecanografia vem a ser o serviço de "datilografia, escrituração ou cálculo". Assim que se imprimiu a primeira CLT contendo essa explanação, surgiu a primeira pessoa a perguntar se esse rol era taxativo ou exemplificativo. Seria o mecanógrafo apenas o datilógrafo, o escriba e o calculista ou estariam essas três ocupações servindo como exemplos de situações análogas em que se usam intensamente as articulações dos membros superiores? Após alguma hesitação, prevaleceu a segunda resposta: o rol está mais para exemplificativo do que para taxativo.

A uma, porque profissões vêm e vão ao sabor das inovações tecnológicas e do desenvolvimento dos processos produtivos, não se podendo afirmar que uma norma de tutela geral de Direito do Trabalho se destine tão somente a uma profissão e, com seu desaparecimento, a norma se dissolve. Essa explicação pode até servir para as normas especiais de tutela do trabalho, que vem a ser o nome do Título III da CLT, abarcando profissões regulamentadas, proteção ao trabalho do menor e proteção ao trabalho da mulher, mas nunca para o art. 72 da CLT.

As duas, porque, mesmo à época em que a norma foi redigida, a mecanografia contava com algumas variações, a depender do método utilizado. Tem-se a impressão de que o legislador se valeu das três situações, digamos, mais corriqueiras da época, encabeçando a lista pela máquina de escrever, seguindo-se a máquina de calcular ou simplesmente o preenchimento manual da escrita contábil.

Passados alguns anos, as máquinas de escrever começaram a ser substituídas por máquinas elétricas, máquinas eletrônicas e, finalmente, pelo computador, levantando-se imediatamente a questão se a norma antiga poderia ser aplicada para as profissões dedicadas a máquinas modernas. Evidente que sim, se considerarmos que a finalidade da norma era proteger a saúde e a integridade física do trabalhador, de maneira geral em todos os segmentos da economia. Note-se, ainda, que o processo utilizado, consistente na pressão que os dedos exercem sobre teclas ou ícones, manteve razoável semelhança, o que justifica, se for necessário, o uso da analogia – duas situações assemelhadas em sua base fática, tendo apenas uma delas sido abordada pelo legislador.

Há, porém, uma exigência notável inserida no art. 72 para a qual pouca atenção foi dada. Não basta ser datilógrafo ou digitador. Para fazer jus ao intervalo de dez minutos a cada 90, de que cuida a norma, é necessário que o serviço seja "permanente" e que o trabalho seja "consecutivo". Os adjetivos são quase redundantes, mas dão bem a dimensão do requisito estampado no art. 72, aplicando a pausa especial de dez minutos não para todos os operadores desse maquinário, mas apenas para aqueles que o fazem diária e exclusivamente.

A expressão "trabalho permanente" é interpretada como sendo trabalho cotidiano, que se repete no tempo. Não se exige que o trabalho permanente seja em 100% da jornada, mas que seja, ao menos, em parte razoável de todas as jornadas.

Para além da repetição no tempo, o art. 72 exigiu igualmente a repetição ao longo do expediente, individualmente considerado, ao afirmar que a pausa somente é exigida após 90 minutos de "trabalho consecutivo". Aí a palavra consecutivo não deixa margem para dúvidas, porque a simples datilografia intermitente, intercalada por outras tarefas, como o atendimento ao público ou ao telefone, arquivamento, organização do ambiente de trabalho, serviços externos e similares, inibe a aplicação da norma ao caso.

Acresce que a grande maioria das ocupações contemporâneas se baseia ou se apoia no uso do computador, na indústria, no comércio, na prestação de serviços e nas atividades não econômicas, de tal forma que, a depender da interpretação equivocada de que a mera presença do computador no ambiente de trabalho torna a todos nós digitadores, o art. 72 sofreria de um gigantismo incompatível com sua dicção e com seu escopo, de proteger efetivamente àqueles em atividade penosa.

O sentido exato da penosidade no ambiente de trabalho carece de ser regulamentado por lei ordinária, mencionada pelo art. 7.º, XXIII, da CF/1988. Colhem-se indicações de que o trabalho penoso é aquele particularmente desgastante, que expõe o empregado à fadiga excessiva em curto espaço de tempo ou a movimentos e posições especialmente exaustivas. Assim se consideram trabalhos penosos aqueles que envolvem carga e descarga de volumes pesados, atividades expostas à variação de pressão, como o cabineiro de elevador, e assim sucessivamente. Insere-se o art. 72, por conseguinte, na lista das pequenas proteções ao trabalho particularmente penoso, ao instituir uma pausa de dez minutos para o revigoramento das articulações empregadas de forma "permanente" e "consecutiva" nos últimos 90 minutos, todos os dias.

O artigo em questão é destinado exclusivamente a contemplar o trabalho fatigante com a pausa extra de dez minutos, não se sensibilizando com o ofício prestado pelo trabalhador e, pois, pouco lhe importando se a atividade é de tempo parcial, jornalista, bancário ou balconista. Jornadas reduzidas aparecem em outros artigos de lei, como às seis horas do telefônico, que podem eventualmente ser cotejados, ou melhor, sobrepostos, para que o trabalhador desfrute simultaneamente de ambas as vantagens – um padecia apenas da digitação consecutiva; o outro fazia a digitação e exercia função de bancário, o que justifica a carga de seis horas, por exemplo.

Outra curiosidade é saber como se calcula, na prática, a escala dessas pausas de dez minutos.

Façamos a simulação com base na jornada de oito horas, das 8h às 17h, com uma hora de intervalo para refeição e descanso, das 12h às 13h. O empregado, então, deve se ativar na mecanografia das 8h às 9h30min e parar dez minutos; ativa-se das 9h40min às 11h10min e para mais dez minutos. Haverá, então, uma farpa solta de 50 minutos, porque ao meio-dia ele parte para o almoço e não há previsão legal de que a pausa seja feita àquela altura. Tampouco seria razoável "somar" fragmentos de serviço para totalizar os 90 minutos, se a própria lei falou em 90 minutos "consecutivos". Almoça-se. Retoma-se a atividade às 13h para o trabalho até as 14h30min. Pausa de dez minutos. Trabalho das 14h40min às 16h10min. Pausa de dez minutos. Atividade das 16h20min até soar o alarme das 17h, pois novamente essa fração de tempo (agora 40 minutos) é irrelevante para o art. 72.

Somando-se as duas pausas pela manhã com as duas pausas pela tarde, obtivemos apenas quatro intervalos de dez minutos para o repouso dos membros superiores, tendo sido cumprida integralmente a norma legal.

Muitos se confundem e acham que é suficiente somar a carga horária (480 minutos de labor diário) e dividir por 90 minutos. Esse cálculo está divorciado do espírito da norma. Caso o julgado acolha a pretensão do trabalhador e defira, genericamente, a condenação do empregador a pagar a parcela do art. 72, costuma-se tomar a jornada de oito horas (480 minutos) e dividir por 90 minutos, como que procurando saber quantos "blocos" de trabalho consecutivo poderiam ser formados. A operação resulta em cinco blocos inteiros e mais um terço. Mesmo desprezando-se o terço, é comum a empresa ser condenada a pagar cinco pausas de dez minutos, uma para cada bloco, sem se observar que, no relógio, essa conta seria impossível. O erro da conta foi usar na divisão a carga total da jornada, a qual já contém ela mesma os dez minutos de pausa. A conta feita dessa forma também ignora que o almoço, intercalado na jornada, quebra a sequência de desgaste dos esforços repetitivos.

Seja na conta "real" de quatro intervalos de dez minutos, seja na conta "genérica" de cinco intervalos de dez minutos, a próxima etapa é saber qual a natureza jurídica desse pagamento e a que título devemos nos referir.

A toda evidência que a parcela se chama hora extraordinária.

Aqui nem ao menos existe espaço para a controvérsia reinante no art. 71, quanto às consequências da violação ao intervalo para refeição e descanso. Como já mencionado por este trabalho, o intervalo para refeição e descanso é o único que foi concebido a expensas do empregado, deduzindo-se da jornada de trabalho e sem correspondência com o conceito de tempo à disposição do empregador. Praticamente todos os demais intervalos intrajornadas são acompanhados por expressões do tipo "não deduzidos da jornada", "remunerados", "integrados à jornada" e similares. O art. 72 afirma que a pausa é de "dez minutos *não deduzidos* da duração normal de trabalho".

Ora, se não era para ser deduzido, era tempo à disposição do empregador. Ao ser exigido o trabalho naquele interstício, frustrou-se a pausa compulsória e se alargou o tempo de jornada do trabalhador – duas motivações para o conceito da hora extraordinária.

Voltemos ao exemplo acima apresentado para a jornada das 8h às 17h, com uma hora de intervalo para refeição e descanso. Para a maioria das profissões, essa jornada totaliza oito horas, evidentemente. Para o mecanógrafo, essa jornada representa 7h20min de serviço efetivo mais 40min de pausa compulsória – fiando-nos na conta "real" de quatro trechos de dez minutos a serem desfrutados – ou 7h10min de jornada efetiva – aplicando-se a conta "genérica" de cinco trechos de dez minutos. Logo, se a lei prevê a jornada de 7h20min (ainda que de forma cifrada, como é o caso) e o empregado labora às oito horas cheias, cumpriu 40min de hora extraordinária de forma incontestável.

Um dado curioso: o intervalo do mecanógrafo tem sido aplicado, também, para o cortador de cana, por se vislumbrar analogia entre os movimentos repetitivos de ambas as profissões e pela omissão do legislador no tratamento da questão.

Isso se tornou possível pelo fato de a Norma Regulamentadora 31 (que regulamenta as normas de saúde e segurança do trabalho rural) ter previsto a concessão de pausas para os trabalhos feitos em pé e para os trabalhos sujeitos a sobrecarga muscular, mas sem especificar quais seriam essas pausas.

"Para as atividades que forem realizadas necessariamente em pé, devem ser garantidas pausas para descanso", dispõe o item 31.10.7. "Nas atividades que exijam sobrecarga muscular estática ou dinâmica devem ser incluídas pausas para descanso e outras medidas que preservem a saúde do trabalhador", assevera o item 31.10.9, ambos da Norma Regulamentadora 31.

O uso da analogia da pausa de 10min a cada 90min laborados para o cortador de cana foi a solução encontrada pela jurisprudência para operacionalizar a norma de saúde ocupacional.

11. Pausas no âmbito do *telemarketing*

Antes de avançarmos pelos demais intervalos da própria CLT, façamos um esforço em torno da extensa Norma Regulamentadora 17.

A Norma Regulamentadora tem padrão de Portaria ministerial, pois é aprovada por esse veículo, de tal forma que, na hierarquia do Direito, está abaixo das leis ordinárias e mesmo dos decretos presidenciais.

Como no Direito do Trabalho a norma de hierarquia superior autoriza seu aprimoramento e sua melhoria através de norma de hierarquia inferior, a situação não desperta maior controvérsia, mas não deixa de ser revelador que extensas áreas do Direito do Trabalho sejam cobertas por normas de origem monocrática, gestadas em gabinetes da burocracia estatal, e não deliberadas pelo Poder Legislativo.

Diante dessa premissa, de que as Normas Regulamentadoras se encontram no patamar de portaria ministerial, surge um argumento importante acerca da constitucionalidade de se legislar sobre Direito do Trabalho em violação à prerrogativa da União, de que cuida o art. 22, I, da CF/1988: "Compete privativamente à União legislar sobre: (...) direito (...) do trabalho". Segundo o parágrafo único do art. 22, "Lei complementar poderá autorizar os Estados a legislar sobre questões específicas das matérias relacionadas neste artigo", mas, no caso das Normas Regulamentadoras, não houve nem lei complementar nem restrição de questões específicas.

Pelo ângulo puramente gramatical, teríamos a inconstitucionalidade da norma.

Porém, há de se observar a interpretação sistemática do Direito do Trabalho: em diversas oportunidades, a CLT remete a normas e a procedimentos a serem editados pelo Poder Executivo, dada a profusão de detalhes técnicos a exigir conhecimento mais aprofundado. A Comissão Interna de Prevenção de Acidentes, por exemplo, tem assento na CLT, que define seus fundamentos e estipula, entre outras vantagens, a garantia de emprego para seus integrantes, mas a fixação do número de empregados participantes, rotina de eleição e atas de reuniões foram remetidas para especificação do Ministério do Trabalho (art. 162 da CLT e, depois, Norma Regulamentadora 5).

É como se a CLT houvesse delegado a função para a regulamentação da Presidência da República, via decreto, e esta, pelo caráter técnico da matéria, redirecionado o tema para um dos auxiliares da Presidência. Como a complementação de uma lei, via decreto, conta com expressa previsão em nosso sistema legislativo, não há vício de ilegalidade na repartição dessas atribuições, contanto que o regulamento não se afaste da norma, bem entendido. São por essas razões que se têm entendido válidos os procedimentos de fixação de normas e condições de trabalho via Portarias Ministeriais.

Por ora, a ênfase deve ser dada sobre a Norma Regulamentadora 17, dedicada ao tema da ergonomia ou adequação do meio ambiente de trabalho ao conforto do ser humano e consequentemente à melhoria da produtividade laboral. Cuida das posturas do trabalhador, seus movimentos e gastos energéticos.

Entre os vários postulados sobre mobiliário, conforto térmico e outros assuntos de ordem prática, a Norma Regulamentadora traz um item dedicado às atividades de processamento eletrônico, o que imediatamente faz lembrar atividades de digitação.

Considerando que a NR menciona tempo efetivo de trabalho de entrada de dados não deve excedente de 5 (cinco) horas, mas com abertura para outras atividades no tempo restante da jornada, houve quem entendesse consagração da jornada de cinco horas para o digitador.

Mas basta que se leia atentamente a norma para notar que ela em momento algum criou uma jornada de trabalho e, ainda, reconhece que o empregado dispõe de uma jornada superior às cinco horas, quando fala em "tempo restante da jornada". Esse tempo restante pode ser tanto de uma hora, para o bancário ou o telefônico, por exemplo, como de mais três horas, para as profissões não regulamentadas, que sigam o padrão do art. 59 da CLT.

O objetivo da norma claramente foi conter o "tempo efetivo de entrada de dados". Ao cabo das cinco horas de entrada de dados, nada impede que o empregado continue sua atividade, no atendimento ao público, contatos telefônicos, arquivamentos, cópias e relatórios. Pede-se apenas que sejam evitadas outras atividades análogas ou a acuidade visual, pois tanto os tendões quanto as vistas estarão cansados. Não existe a jornada de cinco horas, portanto, como uma afirmação da Norma Regulamentadora. Caso, porém, a empresa não disponha de absolutamente nenhum outro serviço para solicitar àquele empregado nem lhe pareça interessante que ele fique após a entrada de dados, é razoável que se opte pela jornada de cinco horas e se libere o empregado, mas, então, a jornada de cinco horas estará inserida mais no quesito da condição mais benéfica, por liberalidade do empregador, do que propriamente no rol das jornadas de trabalho fixadas pelo legislador.

Na sequência a norma propõe que durante as atividades de entrada de dados deve haver, no mínimo, uma pausa de 10 minutos para cada 50 minutos trabalhados.

O art. 72 fala em pausa de dez minutos a cada 90 minutos em todas as atividades do mecanógrafo, ainda que ele não esteja em sua atividade mais desgastante, como a datilografia. É uma pausa para a jornada como um todo. Já a NR 17 se refere a uma pausa apenas no curso da atividade de entrada, de forma que a pausa de dez minutos não abrange toda a jornada do empregado, mas apenas o interstício de cinco horas, ao contrário do art. 72, que cobria toda a jornada.

Assim, no âmbito da NR 17, teremos um empregado que, por exemplo, às 8h começa seu expediente com a digitação (entrada de dados), seguindo-se pausa às 8h50min, retorno às 9h, pausa às 9h50min, retorno às 10h, pausa às 10h50min, retorno às 11h, pausa às 11h50min, retorno às 12h e pausa às 12h50min. A partir das 13h, ele estará proibido de digitar e, portanto, não precisa mais parar os dez minutos. Pode fazer o intervalo para refeição e descanso de uma hora, das 13h às 14h e, na volta, ativar-se por mais três horas, das 14h às 17h, em outras ocupações, sem pausa adicional.

Caso as pausas do digitador sejam sonegadas, a resposta é idêntica ao caso do art. 72: devem necessariamente ser remuneradas como hora extraordinária, porque a atividade era proibida e os minutos foram concebidos como "não deduzidos da duração normal de trabalho", disseram a Norma Regulamentadora 17 e o art. 72. Quando se contrata um digitador, já se observa de antemão que a jornada, digamos, de oito horas corresponde a oito horas menos cinco pausas de dez minutos, por exemplo.

Em 30.03.2007, ela ganhou dois Anexos, um para as atividades de caixa de supermercado e outra para o operador de televendas, dois dos setores que mais contratam empregados no país e em que o uso intensivo da mão de obra é quase insubstituível.

A Norma Regulamentadora 17 preferiu usar a expressão inglesa *checkout*, no sentido de registrar as compras na hora da saída e fazer o pagamento no supermercado. Para essa atividade, no que diz respeito à duração do trabalho, colhem-se novas pausas intrajornadas, mas sem estipulação de números ou de tempo, além da "facilitação para o empregado se ausentar para necessidades fisiológicas, sem maior constrangimento".

De outro lado, o anexo destinado ao teleatendimento foi mais incisivo e, por conseguinte, gera mais controvérsia. Contempla as seguintes peculiaridades:

- obrigação de coincidência de ao menos um descanso semanal com o domingo, por mês (item 5.1.1);
- concessão de intervalo de 15 minutos entre a jornada normal e a jornada extraordinária (item 5.1.3.1.);
- jornada de seis horas (item 5.3);
- intervalo para refeição e descanso de 20 minutos, no lugar do intervalo para refeição, e descanso de 15 minutos da jornada de seis horas dos demais trabalhadores (item 5.4.2);
- intervalo de dez minutos para o exercente de carga de quatro horas ou menos, ante nenhuma pausa para os demais trabalhadores (item 5.4.3);
- pausa especial de dez minutos, parecida com aquela do mecanógrafo (art. 72 da CLT) e do digitador (Norma Regulamentadora 17), mas não de 90 em 90 ou de 50 em 50 minutos, mas apenas em duas vezes ao dia, a ser definida entre as partes, desde que não seja logo na primeira hora de trabalho nem na última (item 5.4.1); e
- direito às necessidades fisiológicas (item 5.7).

São diversas as condições mais favoráveis criadas pela Norma Regulamentadora 17 para o operador de televendas, especialmente a jornada de seis horas, como que equiparando-o ao telefonista. Mas, a bem da verdade, a ampliação do intervalo para refeição e descanso de 15 para 20 minutos não é necessariamente uma vantagem, pois é deduzido da jornada, enquanto a pausa de dez minutos ficou restrita a duas vezes ao dia, contra quatro ou cinco vezes no sistema do art. 72 e na Norma Regulamentadora 17. A diferença é que o mecanógrafo e o digitador têm uso intensivo dos tendões, ao passo que o operador de televendas tem o desgaste mais da mente e das vistas do que propriamente das articulações. A natureza jurídica dessas duas pausas de dez minutos? A mesma da pausa do art. 72 e da Norma Regulamentadora 17, ou seja, tempo de serviço efetivo, cuja violação se chama hora extraordinária.

Afora os intervalos acima abordados, cita-se o intervalo do telefonista, de 20 minutos a cada três horas, mas apenas para aqueles sujeitos ao horário variável e cumprem jornada de sete horas (art. 229 da CLT) e não para aqueles que cumprem a jornada de seis horas (art. 227), que são os mais numerosos. Valem aqui as mesmas observações do art. 72 quanto à natureza jurídica salarial e seu pagamento como hora extraordinária, bem como sobre a forma de contagem manual da pausa de 20 minutos.

Na jornada das 8h às 16h com uma hora de pausa, ocorrem as sete horas de expediente a que se refere o art. 229. Deve haver uma pausa das 11h às 11h20min, por serem 20 minutos após três horas. Se houver almoço das 11h20min às 12h20min, o empregado pode trabalhar até 15h20min e, depois, fazer a pausa das 15h20min às 15h40min, retomando o trabalho apenas até 16h. Se, porém, o almoço for intercalado, como das 12h às 13h, nem ao menos haverá uma segunda pausa naquele dia, por exemplo.

Em outras palavras, como a jornada é de apenas sete horas e o intervalo para refeição e descanso de uma hora quebra a sequência, a pausa de 20 minutos a cada três horas revela-se quase inviável, variando de uma a duas ao dia, no máximo.

Finalmente, nos serviços frigoríficos surge um intervalo de 20 minutos de repouso a cada 1h40min de trabalho (20 a cada 100, diríamos), mas apenas para aqueles que permanecem lotados "no interior das câmaras frigoríficas" e "para os que movimentam mercadorias do ambiente quente (...) para o frio", no dizer do art. 253. Violada a pausa, o empregado tem assegurado o direito à hora extraordinária, por se tratar de "intervalo como de trabalho efetivo".

A jornada dessa atividade não foi reduzida, havendo o empregado de laborar às oito horas normais. Das 8h às 17h, com uma hora de intervalo para refeição e descanso das 12h às 13h, teríamos o seguinte cronograma: trabalho das 8h às 9h40min, pausa das 9h40min às 10h; trabalho das 10h às 11h40min, pausa das 11h40min às 12h; almoço; trabalho das 13h às 14h40min, pausa das 14h40min às 15h; trabalho das 15h às 16h40min, pausa das 16h40min às 17h. A conta aqui está mais uniforme do que nas hipóteses de dez minutos a cada 50 ou a cada 90, pois foi possível separar quatro "blocos" de duas horas cada qual, totalizando às oito horas. Em um bloco de duas horas, temos a atividade de 1h40min e a pausa de 20 minutos, bem entendido.

12. Intervalos previstos para as mulheres

No capítulo destinado à proteção do trabalho da mulher, aparecem duas pausas diferenciadas: uma de 15 minutos antes da realização de qualquer hora extraordinária (art. 384, que viria a ser revogado pela reforma trabalhista de 2017) e outra própria para o aleitamento materno (art. 396). Vamos aos fatos.

O intervalo de 15 minutos antes da realização de hora extraordinária (art. 384) sempre provocou controvérsia sobre sua pertinência, sua real necessidade e, ainda, sua segregação da mulher em relação ao homem. Importa refletir seu périplo, a fim de melhor entendermos os fatores que podem gerar discriminação constitucionalmente válida entre homens e mulheres, ainda que o dispositivo tenha sido revogado expressamente em 2017.

Normalmente associado com um reforço de proteção ao trabalho da mulher – assim como ao trabalho do menor de 18 anos, dada a referência feita pelo art. 413, parágrafo único, sempre da CLT – a pausa adicional de 15 minutos encontrava explicação dentro dos postulados da saúde do trabalho. Estima-se que a jornada de trabalho praticada na casa das oito horas já envolva cansaço físico e mental suficiente para exaurir as forças do trabalhador naquele expediente, de tal forma que eventual necessidade de elastecimento dos horários é feita a um custo muito elevado, atraindo o perigo do acidente de trabalho pela fadiga ou desatenção e, ao mesmo tempo, a queda nos índices de produtividade e de qualidade na operação.

Isso é fato.

O difícil é mensurar essa queda de qualidade e esse aumento dos riscos, para todos os empregados e para todas as profissões, pois seguramente existem aquelas mais extenuantes do que outras, assim como existem situações em que a requisição da hora extraordinária se mostra mais comum do que em outras. Além disso, a estipulação dos 15 minutos, pelo art. 384, não fez distinção entre a jornada de quatro, de seis ou de oito horas, sendo evidente que estas precisavam mais da quebra para descanso do que aquelas, ou, ao menos, precisavam de melhor proporcionalidade.

Outra critica que se faz ao art. 384 diz respeito ao tratamento uniforme dado para todos os tipos de hora extraordinária. Conforme visto no início deste estudo, a hora extraordinária pode ser:

- destinada a pagamento;
- destinada à compensação semanal;
- destinada à compensação anual;
- voltada para o atendimento de motivo de força maior;
- concentrada em serviços inadiáveis, com prejuízos graves e imediatos à atividade; e
- preparada para mitigar os transtornos causados pelas horas perdidas em ociosidade forçada, na forma do art. 61 da CLT.

Como se nota, as cinco espécies de hora extraordinária são muito distintas em seus propósitos e em seus procedimentos. É bem provável que o art. 384 tenha sido concebido com foco na primeira qualidade da hora extraordinária, aquela mais corriqueira e destinada ao pagamento em dinheiro, aparentemente a mais cansativa de todas. Porém, a redação do artigo generalizou sua aplicação a todas as situações, pondo em risco sua própria aplicabilidade, como no caso da força maior.

Mais um elemento de discórdia: o art. 384 não teve clareza suficiente para dizer se o descanso de 15 minutos é do tipo remunerado ou computado na jornada, ou do tipo não remunerado, a ser deduzido da jornada. Essa distinção é semelhante ao debate que se instalou na leitura do art. 71 (intervalo para refeição e descanso, não remunerado) e do art. 72 (intervalo adicional para descanso dos tendões, remunerado). As duas hipóteses mostram dificuldades para o empregado.

Se a pausa for do tipo não remunerada (o que está mais em harmonia com a interpretação gramatical e com a comparação ao que sucedeu com os arts. 71 e 72), a ser descontada da jornada, o trabalhador só se prejudica com essa medida. Por exemplo, a jornada das 8h às 17h, com uma hora de pausa, vai ser prorrogada por uma hora. Em vez de encerrar o expediente, portanto, às 18h, o trabalhador terá de permanecer até18h15min, porque a atividade das 17h às 17h15min era proibida.

Se a pausa for do tipo remunerada (o que somente se conclui com o estudo da finalidade da norma e se atribui a responsabilidade ao empregador que provocou a hora extraordinária), a controvérsia será de outra ordem: poderia ou não haver a discriminação positiva do trabalho da mulher em relação ao homem? É válido o critério utilizado pelo legislador, como que dispondo que a mulher se exaure mais rapidamente do que o homem ao término da jornada? Estaria o art. 384 recepcionado pelo art. 5.º, *caput*, da CF/1988, no tocante à igualdade de tratamento do homem e da mulher? A manutenção do art. 384 não rouba alguns postos de trabalho da mulher, naqueles locais com intensa requisição da hora extraordinária?

Várias teses procuraram responder a essas indagações, durante o período em que o dispositivo vigorou, de 1943 a 2017, sem que o consenso tenha imperado.

A tese da *não recepção* do art. 384 pela Constituição Federal de 1988 era bem aceita, por se enxergar nele uma discriminação não justificada por fatos da realidade do organismo feminino, como ocorre com a proteção à maternidade e à infância, dois notórios exemplos de situações que autorizam e estimulam o tratamento diferenciado pelo legislador.

Outra informação reveladora consiste no estudo da Lei 7.855/1989.

Em 24.10.1989, a lei ordinária, em meio a várias alterações pontuais no sistema de multas da CLT bem como no tratamento da carteira de trabalho e dos cartões de ponto, estipulou uma lista de artigos revogados, especialmente no campo da proteção ao trabalho da mulher. Conforme art. 13 da Lei 7.855, foram tidos por revogados os arts. 374 (exigência de norma coletiva para prorrogação do trabalho da mulher), 375 (exigência de atestado médico para liberar as horas suplementares da mulher), 378 (anotação dessa situação na Carteira de Trabalho da mulher), 379 (vedação ampla ao trabalho noturno para a mulher), 380 (atestado da capacidade física e mental para o trabalho noturno da mulher nas exceções previstas pelo art. 379) e 387 (vedação do trabalho feminino na construção civil e em ambientes insalubres e perigosos), além do art. 446, que permitia ao marido se opor ao trabalho da mulher ou pedir a rescisão indireta em caso de "ameaça aos vínculos da família", entre outras estipulações. O ponto comum entre os artigos revogados era justamente sua incompatibilidade com as disposições da Constituição Federal de 1988, em particular a necessidade de maior independência da mulher e a busca da igualdade com os direitos destinados aos homens.

Ao não fazer constar da lista dos artigos revogados aquele de número 384, que aponta o intervalo de quinze minutos apenas para as mulheres, a Lei 7.855/1989 sugeriu que, ao menos do ponto de vista do legislador ordinário, nenhuma incompatibilidade havia entre essa discriminação positiva e o art. 5.º da Constituição. Nunca se entendeu ao certo por qual razão o art. 384 escapou ao corte do legislador de 1989.

Na verdade, uma lei ordinária nem ao menos se fazia necessária para tal mister, haja vista que o fenômeno da não recepção pode e deve ser objeto de apreciação pelo Poder Judiciário, de forma incidental ou não, sem que se cogite da oportunidade de o próprio legislador tomar essa iniciativa. Argumentam os defensores da Lei 7.855/1989 a busca de uma maior segurança jurídica e de uma clareza mais abrangente, porque eventualmente poderíamos encontrar situações em que um artigo de forma isolada fosse considerado recepcionado por alguns julgados e não recepcionado por outras decisões. Agindo de forma expressa, a lei revoga o artigo, sem se debater sobre o fenômeno da recepção.

Correto.

O perigo é ocorrer o fenômeno inverso, como parece ser o caso do art. 384.

Muito embora ausente do rol de artigos revogados pela Lei 7.855/1989, é possível que seu esvaziamento tenha decorrido da não recepção, independente da opinião manifestada pelo legislador ao editar referida lei.

Surgia, então, a dúvida: a Lei 7.855/1989 omitiu o art. 384 por que era óbvia sua não recepção ou porque era óbvia sua recepção? Em outras palavras, a ausência do art. 384 da lista dos revogados não significa, num sentido contrário, reforço para seu prestígio e reafirmação de seu primado? Ora, se a lei se dispôs a listar os artigos revogados, é evidente que os artigos poupados foram prestigiados.

Que fazer, então, com a discriminação dos gêneros masculino e feminino?

O Direito do Trabalho terá duas opções: a) manter a discriminação, sob o fundamento da razoabilidade da distinção da força física, mas com presunção absoluta, ou seja, sem direito de alegação que num ou noutro caso residam exceções; ou b) estender ao homem a proteção destinada à mulher, afirmando-se que a pausa de 15 minutos foi concebida como uma norma de segurança do trabalho e, como tal, deve ser aplicada em prol da diminuição dos acidentes e incremento da produtividade a todos os trabalhadores, e não meramente a mulheres e adolescentes.

Entre tantas variáveis, uma interpretação harmônica deve primar pela adoção do art. 384 de forma a não fechar o mercado de trabalho para a mulher e ao mesmo tempo não estimular a realização abusiva de horas suplementares, como se observa em diversas atividades econômicas. Poderíamos, então, adotar uma dupla interpretação restritiva para o art. 384: destiná-lo efetivamente apenas ao trabalho da mulher e do adolescente, justificando-o pela diferenciação da força física, mas, ao mesmo tempo, limitar sua aplicação à prorrogação de jornada para pagamento em dinheiro, aquela primeira modalidade de hora extraordinária, não compensada nem compensável. Assim, não haveria constrangimento para o acordo de compensação nem colisão com o propósito da hora extraordinária em situação de força maior, serviço inadiável e recuperação de tempo perdido. Diminui o impacto nas relações de trabalho que precisam mais intensamente dos acordos de compensação e não viola o propósito da legislação protetiva.

Em qualquer hipótese, porém, devia-se priorizar a natureza salarial da pausa do art. 384, convertendo o pagamento em hora extraordinária se acaso o intervalo for desrespeitado, como única forma segura de se atingir a finalidade da norma.

Desde as primeiras edições deste livro, sustentamos a não recepção do art. 384 da CLT pela Constituição Federal de 1988.

Entendemos não haver fator de discriminação válido entre o homem e a mulher nesse particular, nem haver base científica ou jurídica para se imaginar seja a mulher incapaz de se ativar em horas extras. A pausa do art. 384 era diferente das outras pausas destinadas ao revigoramento físico ou a aplacar a fadiga do trabalho penoso.

O debate arrefeceu com a revogação do dispositivo, levada a efeito pela Lei 13.467/2017, mas pensamos que ele se faz relevante para a boa compreensão dos princípios e singularidades que norteiam a discriminação positiva de gênero no ambiente laboral.

Uma palavra final, agora sobre o chamado intervalo para aleitamento materno (art. 396).

Para esse tema, todas as discussões acima travadas sobre discriminação por gênero e pertinência da pausa perdem o sentido, haja vista estarmos diante de um fato de altíssima relevância – proteção à maternidade e, ato contínuo, ao recém-nascido – e de urgência extremada – a amamentação é irrecuperável se postergada, alterada ou interrompida, sabe-se bem disso. Destina-se unicamente a um grupo seleto de trabalhadores e apenas em uma fase específica da vida dessa pessoa e da vida da pessoa que chegou. Dispensa maior controvérsia quanto aos fundamentos de fato e de direito.

A dúvida que surge, contudo, diz respeito à redação omissa do art. 396 quanto à natureza jurídica da pausa, ou seja, quanto a ser tempo de trabalho efetivo, não descontado da jornada, ou quanto a ser tempo gasto a expensas da empregada, a ser deduzido da jornada.

O nome utilizado pelo art. 396 não favorece muito a interpretação: "descansos especiais". Porém, ele menciona que são duas pausas de meia hora cada uma, "durante a jornada de trabalho", dando a entender desde logo que a pausa se confunde com a própria jornada. O terceiro elemento do artigo é o prazo de seis meses de duração da pausa, prorrogados por mais seis meses a critério da autoridade médica, na forma do parágrafo único do art. 396, mas esse prazo não afeta em nada a interpretação quanto à natureza jurídica.

O Brasil é signatário da Convenção 103, destinada à proteção do trabalho da mulher, inserida no ordenamento jurídico local em 1966. Ali se estabelece que nenhuma norma deve agravar a situação da empregada pelo motivo da maternidade ou da gestação. Essa interpretação foi utilizada pelo STF para censurar o INSS quando se pretendeu limitar o salário-maternidade a um teto geral da previdência.

Essa limitação pode até ser efetuada em caso de aposentadoria, mas nunca em caso de licença-maternidade, porque o afastamento para a mulher dar à luz não pode servir de discriminação remuneratória ou de outra espécie. É necessário ter em mente que a maternidade envolve uma questão de toda a sociedade e não apenas desta ou daquela mulher.

Daí por que a natureza jurídica dessa pausa especial de meia hora há de ser necessariamente tempo de trabalho efetivo.

Corrobora ainda mais essa assertiva o disposto no art. 5.º, subitem 2, da Convenção 103 da Organização Internacional do Trabalho: "As interrupções do trabalho para fins de aleitamento devem ser computadas na duração do trabalho e remuneradas como tais nos casos em que a questão seja regulamentada pela legislação nacional ou de acordo com estes; nos casos em que a questão seja regulamentada por convenções coletivas, as condições serão estipuladas de acordo com a convenção coletiva pertinente".

Temos de concluir quanto ao pagamento de hora extraordinária em caso de descumprimento da norma, é certo, mas a verdade é que a criação de obstáculo para a amamentação constitui prática nefanda por parte do empregador, chegando a ser constrangedor ter de estudar essa pausa no tema da "hora extra", como se uma simples prorrogação de jornada fosse. Essa pausa especial não admite nem mesmo a negociação, a soma de parcelas, a folga semanal para compensar as pausas perdidas, a acumulação ou qualquer outra "solução criativa".

Capítulo 9

Questões controvertidas sobre os cartões de ponto

1. Razões do hiperdimensionamento dos cartões de ponto nas relações trabalhistas

Por que será que tanta controvérsia existe em torno de uma figura tão simples quanto um cartão de ponto?

A resposta passa pela memória dos fatos.

O cotidiano de uma relação de emprego já é suficientemente complexo para que, ao depois, os fatos sejam rememorados, pelo empregado, pelo empregador e pelas testemunhas que com eles conviveram, com as minúcias que um processo judicial requer. Piora ainda mais a situação o fato de que normalmente a empresa convive com diversos contratos de trabalho ao mesmo tempo e, ainda, alguns assuntos, como a prestação de hora extraordinária, descem às raias do detalhamento milimétrico para se saberem os horários de entrada e saída, intervalo e descansos do trabalhador.

À toa não é que a Justiça do Trabalho é conhecida como a campeã de audiências públicas e da oitiva de testemunhas, haja vista ser esse o meio de prova mais acessível ao trabalhador e mais apropriado para narração de fatos e histórias em torno daquele cotidiano que se pretende remontar perante a autoridade judicial.

Caso os cartões de ponto demonstrassem eficácia e fidelidade com os fatos, muito desse gasto absurdo de energia das partes e do Judiciário seria evitado. Com os cartões de ponto fidedignos, a quase totalidade dos processos passaria a ser resolvida pela prova documental e pela apreciação jurídica dos cálculos e das premissas adotadas pelo empregador.

Não é esse o panorama do Processo do Trabalho, ao menos por ora. Caminha-se.

Podemos dividir a história dos cartões de ponto em três etapas.

Num primeiro momento, que perdurou por décadas, prevalecia o descaso sobre os cartões de ponto, uma peça fictícia que somente servia para ser exibida ao fiscal do trabalho, se e quando postulado, e para demonstrar a "inexistência" de horas extras. Surgiram diversas variações de cartões de ponto, como aqueles preenchidos de uma só assentada, completamente anotados no início ou no término do mês, ou, tanto pior, no início ou no término do contrato de trabalho.

Ainda nesse primeiro momento, se por alguma eventualidade eles contivessem marcação de horas extras, capazes de comprometer a estratégia da defesa, bastava não os apresentar no Processo do Trabalho. Se, ainda assim, a parte contrária os requisitasse, era admissível a surpreendente declaração de que "ninguém é obrigado a fazer prova contra si próprio", evocando-se do direito criminal um brocardo para evitar a condenação em horas extras.

Os cartões de ponto precisavam de moralização.

Foi assim que surgiu o entendimento da presunção relativa favorável à petição inicial em caso de recusa injustificada de cumprimento de determinação judicial. O raciocínio adotado foi aquele extraído do direito processual comum, a saber,

(a) determinação judicial para exibição de documento, (b) a cuja guarda a parte esteja obrigada, seguida da (c) admissão como verdadeiros os fatos que a parte contrária com eles pretendia comprovar, (d) em caso de recusa injustificada de sua apresentação. Não se trata, pois, de um documento qualquer, mas daquele de guarda obrigatória, e o caso do art. 74 da CLT se encaixava perfeitamente à hipótese. Não se trata de um pedido qualquer da parte contrária, mas de uma determinação judicial.

A solução foi bem recebida de início, mas gerou um embaraço inesperado nas já conturbadas pautas de audiência trabalhista: as defesas sistematicamente deixavam de juntar os cartões de ponto, no aguardo da determinação judicial.

Se a audiência era do tipo una, tinha de ser fracionada para que a empresa cumprisse a determinação judicial; se a instrução já estivesse encerrada e o juiz, deparando-se com a situação, tinha de determinar a reabertura da instrução, em detrimento da celeridade e pondo em risco o próprio contraditório, pois as provas já haviam de ter sido produzidas anteriormente. Se, por fim, o juiz declarasse de imediato a presunção favorável às jornadas descritas pela petição inicial, a sentença desafiaria a reforma.

Por essas dificuldades práticas, passou-se a admitir que os cartões de ponto, dado seu caráter essencial pelo art. 74 da CLT, devem ser juntados pela própria iniciativa do empregador, independentemente de determinação judicial, sob pena de presunção favorável à petição inicial.

2. Presunções extraídas dos cartões de ponto

Desde então, o descaso com os cartões de ponto começou a mudar. É verdade que muita deturpação ainda precisa ser corrigida, mas o fato é que a simples omissão por parte da defesa, tão comum nos processos do trabalho, já representa motivo bastante para se acolherem os horários descritos pela petição inicial.

Superadas as fases embrionárias do estudo dos cartões de ponto, como aquela referência ao Direito Penal e a referência ao Direito Processual, podemos dizer que o aumento da dimensão dos cartões de ponto, como *prova prioritária*, gerou as seguintes consequências:

- Empregados em estabelecimentos com até 20 empregados continuam a carregar o ônus da prova das horas extras, pois a eles não se aplica o raciocínio da obrigatoriedade de manutenção de cartões de ponto por parte do empregador nem a geração da presunção relativa em seu favor. Até 2019, esse corte ficava em 10 empregados, mas a chamada Lei da Liberdade Econômica ampliou o teto para 20 empregados.

- Advirta-se, todavia, que, caso se encontrem cartões de ponto acaso existentes nas empresas com menos de 20 empregados (ou menos de 10 empregados, para fatos e contratos havidos até 2019), os empregadores devem zelar para que obedeçam à regulamentação específica, eventualmente existente para a modalidade que adotarem. Caso o julgador ou fiscal tenham acesso a tal controle facultativo, poderá dele extrair elementos de convicção, já que o documento existe e é meio de prova hábil. Caso, porém, eles sejam extraviados ou não apresentados, o empregador não pode ser punido nem extraída presunção a partir de seu desaparecimento, porque não era documento de guarda obrigatória.

- Ainda que o empregado comprove que o empregador mantinha cartões de ponto voluntariamente, sem que a isso estivesse obrigado, o fato de haver 20 empregados ou menos afasta o sistema de presunções, pelo fundamento de que o empregador não está obrigado a guardar nem a exibir documento facultativo. Ele pode haver extraviado os cartões de ponto entre o contrato de trabalho e a apresentação da defesa, sem que, com isso, possa ser censurado.

- Entende-se por estabelecimento a unidade ou a filial em que trabalha o empregado. Essa interpretação não é favorável ao empregado, porque empresas de médio e grande porte, às vezes com centenas de empregados, podem realmente não ter nenhuma filial com 20 empregados e, assim, ser liberada dos cartões de ponto. Porém, é a interpretação que melhor se encaixa no sentido da palavra estabelecimento, porque (a) assim se manifesta a Consolidação das Leis do Trabalho nas diversas vezes em que se refere ao termo (arts. 469, § 2.º e 842), (b) atende ao conceito do Direito Comercial, (c) respeita a finalidade da norma, que não exige a escrituração ou a permanência de relógio e livro de ponto em unidades com um ou dois empregados e (d) acompanha a realidade de cada local de trabalho, sendo irrelevante, para este assunto, a realidade de outro local distante conquanto do mesmo empregador.

- A contagem do número de 20 empregados é feita de acordo com a época em que transcorreu o contrato de trabalho, ou seja, de acordo com a época da realização das horas extras, pois é esse o sentido da determinação de preparo dos cartões de ponto. O número de empregados da empresa quando da realização do Processo do Trabalho ou da apresentação da defesa torna-se irrelevante. Por isso é importante ter em mente que a régua era de 10 empregados antes da Lei da Liberdade Econômica, de 20.09.2019.

- Interessante observar que o art. 74, § 2.º, da CLT, menciona o limite de 20 "trabalhadores" e não 20 empregados, como era de esperar. O termo foi empregado antes e depois da reforma de 2019, ou seja, não se deram conta da imprecisão. No entanto, não é razoável a interpretação de que a lei não sabia o que estava dizendo quando usou uma expressão mais abrangente (trabalhadores) no lugar de uma expressão mais restritiva (empregados). Logo, incluem-se na contagem do número 10 (a) os exercentes de cargo de confiança, (b) os externos não sujeitos a controle de jornada, e (c) os trabalhadores temporários, contratados sob regime da Lei 6.019/1974. Inclui-se na contagem também o próprio empregado que reivindica as horas extras, por óbvio, ainda que dentro de um processo em que simultaneamente se pede a declaração da relação de emprego.

- Caso haja uma permanência prolongada de trabalhadores eventuais (garçons extras, por exemplo) e de autônomos (como os representantes comerciais), de modo essencial à atividade da empresa (diríamos em grau médio de pessoalidade e de habitualidade), eles também devem ser inseridos na conta, por não se tratar de um trabalhador totalmente estranho ou ocasional aos quadros da empresa. Computar unicamente os empregados efetivos se mostra temerário, ante a finalidade da norma e a redação genérica.

- Entendo que também os empregados intermitentes, criados pela reforma trabalhista de 2017 por meio do art. 452-A da CLT, devem compor a base de cálculo do art. 74 da CLT. Embora o comparecimento seja ocasional, deve haver registro dos horários quando forem acionados, não parecendo razoável que a totalização dos 20 empregados, para os fins dos cartões de ponto, seja levada ao extremo de ser feita a cada dia. Haverá profunda insegurança se o cartão estiver marcado num dia – porque havia mais de 20 pessoas na unidade – e não estiver marcado noutro dia – porque havia menos de 20 pessoas acionadas para a jornada. A base de cálculo deve ser perene, tal como ocorre no dimensionamento para instalação de CIPA, de Sesmet ou de cotas para pessoas com deficiência. É insustentável o dimensionamento diário ou mensal. Se não quiser atingir patamar dos cartões de ponto obrigatórios, convém que o estabelecimento não faça o pré-cadastro dos intermitentes ou o faça apenas na matriz, por exemplo. Em resumo, não vejo fundamento jurídico para dizer que os cartões de ponto somente levem em consideração empregados admitidos a prazo indeterminado.

- A LC 123, de 14.12.2006, conhecida como Estatuto da Microempresa, dispensa as empresas nela enquadradas de manterem o chamado quadro de trabalho em suas dependências (art. 51, I, da LC 123/2006, e art. 74, *caput*, da CLT), mas não as libera de controle escrito de jornada, se tiverem mais do que 10 empregados até setembro de 2019 e mais do que 20 empregados desde então.

- O empregador que prescindir dos cartões de ponto, mesmo estando incurso em sua obrigação, assume os riscos dessa deliberação. Sirva como exemplo a demanda trabalhista com pedido de declaração de relação de emprego: pode acontecer de o empregador falhar na demonstração de que o trabalhador era autônomo e o julgado acolher a pretensão à anotação do contrato de trabalho.

- Estão sujeitos ao cartão de ponto todos os empregados, inclusive os exercentes de função de liderança e os escalões intermediários, como os gerentes de relacionamento e de agências bancárias. Excetuam-se apenas os altos empregados, exercentes de amplos poderes de mando e gestão, inseridos no particular requisito do art. 62, I, da CLT

- Risco duplo também assume o empregador no caso do art. 62 da CLT: se a defesa falhar na demonstração do enquadramento do empregado em cargo de chefia ou em atividade externa, corre-se o iminente risco de os horários de trabalho serem acolhidos tal como consta da petição inicial, pois não será admissível que a empresa omita cartões de ponto por se fiar plenamente em sua tese original. Há entendimento jurisprudencial, no entanto, que reputa estar a empesa desonerada de exibir cartões de ponto quando alega cargo de confiança ou serviços externos, porque, neste caso, não teria havido recusa injustificada de apresentação dos documentos, mas recusa justificada por sua linha de pensamento. Mas o tema é bem delicado, porque, embora eivado de boa-fé, pode também produzir alegações infundadas de exceção legal para, ao depois, ser poupada das consequências processuais da omissão do controle escrito de jornada a que estava obrigada.

- Risco duplo ocorre, ainda, na terceirização ilícita e em outros regimes de contratação de empregados sem a formalização do vínculo de emprego. Tão logo a fraude seja declarada e a relação de emprego se forme, diretamente com a suposta tomadora ou com a própria prestadora, será deflagrada a presunção relativa pela omissão dos cartões de ponto. Situação irônica acontece quando o réu afirma que o trabalhador era autônomo (ou cooperado), mas, caso a alegação não seja aceita, desde logo junta os cartões de ponto para aferição das horas extras. Essa estratégia é pitoresca por conter a subordinação no âmago de sua própria argumentação, mas tem a vantagem de, pelo menos, estancar a sangria.

- A presunção relativa diz respeito aos horários descritos *pela petição inicial*, pois o Juiz admitirá como verdadeiros os fatos que a parte contrária pretendia provar com base nos documentos obrigatórios sonegados. A ausência dos cartões de ponto não favorece fatos alegados em réplica, memorial de razões finais, depoimento pessoal do trabalhador ou outras frases soltas ao longo do processo, confusão que tem sido muito verificada nas lides forenses.

- A presunção relativa diz respeito a fatos em geral, que poderiam ser comprovados através dos cartões de ponto, e não meramente a horas extras. Embora os trabalhadores normalmente se esqueçam dos cartões de ponto como meio de prova, é evidente que vários outros assuntos afloram desses documentos com relativa facilidade e podem, sim, se beneficiar da presunção favorável em pretensões alusivas a: (a) adicional noturno (bastando que se investiguem as jornadas laboradas após 22h, por exemplo); (b) controvérsia sobre redução de jornada no curso do aviso-prévio trabalhado; (c) controvérsia sobre ausência de gozo de férias na data programada ou férias desfrutadas após esgotado o período concessivo; (d) controvérsia sobre serviços suplementares em descansos semanais remunerados; (e) controvérsia sobre intervalo interjornada; (f) licença de 15 dias antes do auxílio-doença acidentário e assim por diante.

- A presunção formada é simplesmente relativa, podendo ser alterada por outras provas constantes dos autos. Na verdade, isso se torna muito difícil, pois pressupõe que a empresa disponha de prova testemunhal sobre a *não realização* de horas extras. A prova da negativa é sempre mais trabalhosa. Então, diz-se que a empresa deve fazer não a prova da negativa, mas a prova da jornada constante da contestação.

- A presunção relativa também pode ser elidida pela prova alternativa de que a omissão da apresentação dos cartões de ponto decorre de motivo de força maior, como o extravio justificado dos cartões de ponto. Essa conclusão decorre da inteligência do Processo Civil, que pressupõe a existência de recusas justificadas para a não apresentação dos documentos. Com base no que dispõem outros artigos do Código de Processo Civil, as recusas justificadas devem se calcar em motivos de força maior, como o incêndio ou a inundação que danificaram os cartões de ponto. Como o encargo é todo do empregador e ele somente saberá, com segurança, se o Juiz aceitou a justificativa da omissão dos cartões de ponto quando da prolação da sentença, essa via tem sido muito pouco utilizada pelos empregadores, que priorizam a prova testemunhal quanto à jornada regular do empregado.

- Quanto ao intervalo para refeição e descanso, cautela maior se faz necessária: o art. 74, § 2.º, da CLT, autoriza a simples pré-assinalação da pausa, que dispensa marcação dia a dia. Então, havendo a pré-assinalação, o empregador se libera de seu encargo e passa a haver presunção relativa de observância do intervalo, mas, ao revés, não havendo nem assinalação diária, nem pré-assinalação, ou, ainda, nem mesmo a juntada dos cartões de ponto, é válida a presunção relativa favorável à petição inicial, pelo mesmo fundamento de que o empregador não se desvencilhou de seu ônus. No Processo do Trabalho, a ausência da assinalação e de pré-assinalação do intervalo para refeição e descanso gera presunção relativa favorável ao horário informado pela petição inicial.

- Entende-se por pré-assinalação a anotação, normalmente no alto do cartão de ponto, do horário programado para início e término do intervalo para refeição e descanso (por exemplo, "intervalo das 12h30 às 13h30" ou "almoço das 14h às 15h30", não servindo como tal a simples referência à existência da pausa ou um registro de sua duração (por exemplo, "há intervalo" ou "intervalo de uma hora" ou, ainda, "pausa de 60min"), por não ser esse o propósito da norma.
- Juntar cartões de ponto falsos é o mesmo que nada juntar. Com base nessa afirmação, a marcação de *horários invariáveis* torna os cartões de ponto inválidos como meio de prova. Equipara-se a situação à falta de cartões de ponto. Provoca-se presunção relativa favorável à petição inicial.
- Marcação invariável é uma expressão educada para falar de cartões de ponto pré-fabricados, preenchidos de uma só vez, preenchidos abusivamente, com marcação "britânica" (outro eufemismo), preenchido à força ou simplesmente feito na véspera da audiência. Imagine-se qual a chance de um empregado começar a jornada às 6h59min pontualmente durante mil dias seguidos, encerrando-a às 16h02min no mesmo período. Andou bem o TST ao endurecer o jogo de apostas em torno dos cartões de ponto.
- A marcação invariável pode invalidar o intervalo para refeição e descanso como meio de prova, mas apenas se o empregador optou pela assinalação (por exemplo, almoço das 11h57min às 12h56min ao longo do ano inteiro), não se aplicando esse entendimento para o caso da pré-assinalação, por óbvio.
- Diante do panorama de falsificação constante de cartões de ponto, surge a dúvida em saber se a assinatura do empregado é indispensável para validar o meio de prova. A assinatura do empregado não consta do art. 74, servindo apenas como reforço de argumento (reforço da validade dos cartões de ponto assinados e reforço da invalidade dos cartões de ponto não assinados).
- Desde 24.10.1989, o art. 74 passou a admitir que os cartões de ponto sejam representados por meios "manuais, mecânicos ou eletrônicos", de tal forma que as explanações acima abarcam tanto os velhos livros de ponto manuscritos como os cartões de ponto registrados em relógios mecânicos como, ainda, os modernos sistemas de crachá magnético ou sistema de marcação no próprio computador, na conexão e desconexão do empregado. Para os meios eletrônicos, costuma-se exigir a documentação pela via impressa, por ainda não serem infalíveis os arquivos digitalizados. A essa impressão se dá o nome de espelho do ponto.

- Em 30.03.2007, através de seu Anexo 1, a NR 17, que cuida de ergonomia, inseriu a obrigação de se imprimirem os espelhos de ponto para conferência do operador de televendas, não tanto para a conferência dos horários de entrada e de saída, mas para certificação dos intervalos especiais da profissão ("O registro eletrônico de pausas deve ser disponibilizado impresso para a fiscalização do trabalho no curso da inspeção, sempre que exigido. Os trabalhadores devem ter acesso aos seus registros de pausas").

- Também se insere na obrigação de apresentação em juízo, sob pena de presunção relativa à petição inicial, as chamadas "papeletas" de horário de trabalho externo, de que cuida o § 3.º do art. 74 da CLT. Não se trata, a toda evidência, do trabalhador externo em situação incompatível com o controle de jornada, aquele absolutamente fora do alcance do controle da empresa, como já delineado no estudo do art. 62 da CLT. Cuida-se aqui daquele empregado que realiza entregas ou visitas externas, mas que começa e ou termina a jornada nas dependências da empresa ou, ainda, com ela se comunica habitualmente. Para fins de fiscalização do trabalho e memória dos fatos, ele deve portar o cartão de ponto consigo e não o deixar no escritório da empresa, que não pertence à realidade de seu cotidiano. A papeleta tem a mesma natureza e as mesmas consequências do cartão de ponto, aduza-se.

- A responsabilidade pelos cartões de ponto é do empregador, não lhe socorrendo o argumento de defeito no relógio de ponto ou queda de energia elétrica. Se houve marcação incorreta do ponto, o empregador deve exercer seu poder diretivo e fazer cumprir as disposições legais.

- O empregador não pode deixar de juntar os documentos atinentes à jornada do trabalhador, nem mesmo quando o controle for feito de forma alternativa. Entende-se por alternativo o controle de jornada que, autorizado por norma coletiva ou, após 2017 também por acordo individual, preveja, por exemplo, a marcação apenas da hora extraordinária e não da hora contratual, também denominada marcação por evento.

- A presunção relativa favorável aos horários da petição inicial ocorre em caso de não juntada de nenhum cartão de ponto. Para hipótese de omissão da juntada de alguns cartões de ponto, com ausência de outros (por exemplo, o contrato de trabalho tem um ano e a defesa junta seis cartões de ponto), apresentam-se duas soluções. Pode-se manter a presunção qualquer mês desprovido de cartão de ponto, pelo entendimento de que a obrigação do art. 74 da CLT é ampla e não se sensibiliza com o extravio de um ou outro mês. Ou, ao contrário, pode-se dizer que a perda de alguns cartões de ponto não significou descumprimento ao art. 74 da CLT, devendo ser a falha suprida pela extensão da *média de horas extras* constantes nos cartões de ponto juntados para os meses desguarnecidos, algo como a extensão da condenação do período comprovado para o período não comprovado, mantidas semelhantes condições de trabalho.

- À luz do Processo Civil, não faz sentido algum que uma petição inicial simultaneamente impugne os cartões de ponto e peça sua juntada como meio de prova. Afinal, a presunção de veracidade documental somente se aplica ao caso de omissão de documentos pelos dos quais a parte contrária pretendia fazer a prova – e não documentos que a parte contrária desde logo reputava frívolos. Porém, a obrigação legal de ter, manter e exibir os cartões de ponto, que emana do art. 74 da CLT, prescinde até mesmo de pedidos ou comentários da petição inicial. Daí por que a presunção relativa deflagrada pela omissão dos cartões de ponto se aplica mesmo para os casos de petição inicial omissa ou hostil a eles.

- A presunção relativa da omissão dos cartões de ponto, por ser o principal exemplo em todo o Direito do Trabalho de um documento de guarda obrigatória ao empregador (com mais de 20 empregados), não se estende facilmente para outros documentos laborais. Recibos de pagamento e normas coletivas costumam ser documentos comuns às partes, de tal forma que o empregado pode obtê-los de outras maneiras. Pedido de exibição de documentos como ordens de serviço, canhotos de talonários de pedidos, planilhas de cálculo de comissões, tabelas de prêmios e gratificações e atas de reunião em que se discutiram pagamentos salariais pode ser feito, mas não atrai, de plano, a presunção favorável à petição inicial em caso de sonegação. Referidos documentos não são de guarda obrigatória por parte do empregador nem dispõem de um artigo tão incisivo quanto o 74 da CLT. Mesmo que o empregador tenha mantido as planilhas por certo tempo, não tinha a obrigação de guarda.

- Por quanto tempo os cartões de ponto devem ser guardados? Em princípio, pelos prazos prescricionais trabalhistas, pois a principal obrigação de exibição diz respeito aos processos ajuizados por empregados em busca de horas extras e, também, adicional noturno, férias e o mais. Porém, a mesma obrigação do art. 74 da CLT pode ser expandida para outros processos judiciais, como a cobrança do fundo de garantia por parte da Caixa Econômica Federal, a multa administrativa ou, ainda, os recolhimentos previdenciários e fiscais pela Receita Federal do Brasil. Para esses casos, convém a contagem dos prazos decadenciais e prescricionais do Direito Tributário, preferencialmente através do Código Tributário Nacional – ou seja, cinco anos novamente.

3. Sistema de registro de ponto eletrônico

Ao ensejo, impõe-se tecer comentários sobre o Sistema de Registro de Ponto Eletrônico (SRPE), o qual encontra fundamento legal na redação do art. 74, § 2.º, da CLT, que prevê a possibilidade de controles de jornada manuais, mecânicos e eletrônicos. Contanto que não se afastem das disposições legais básicas, as instruções da autoridade administrativa podem representar importante aliado na preservação da memória dos fatos, a saber, na fidelidade do registro dos horários de trabalho.

Os empregadores que adotam controle de ponto manual ou mecânico podem permanecer sob esses sistemas, pois não há obrigatoriedade alguma a que o registro seja eletrônico. Se, todavia, a empresa optar pelo meio eletrônico, deve fazê-lo sob as condições regulamentadas.

Utiliza-se a nomenclatura Sistema de Registro Eletrônico de Ponto (SREP) para identificar o cartão de ponto eletrônico por ela instituído. Boa parte de suas exortações já faziam parte da lógica dos cartões de ponto do art. 74 da CLT, tais como a proibição a que o empregador iniba a marcação das horas extras, a necessidade de precisão do registro e a vedação à fraude.

Registrador Eletrônico de Ponto (REP) é a denominação empregada para o equivalente ao relógio de ponto, dele se exigindo a máxima precisão horária e capacidade para suportar 1.440 horas sem energia elétrica de alimentação do relógio – o equivalente a 60 dias.

O Auditor-Fiscal do Trabalho deve ter acesso ao REP através de porta padrão USB externa, denominada Porta Fiscal, "para pronta captura dos dados armazenados". O empregado não tem acesso à entrada USB, mas apenas o fiscal do trabalho.

Exigência de grande repercussão foi a obrigatoriedade de se acoplar o dispositivo a uma impressora, apta a imprimir o comprovante do trabalhador, com durabilidade da impressão deve ser de, pelo menos, cinco anos.

A impressão é feita em apenas uma via, para o empregado, e não para o empregador, que terá acesso aos dados através dos meios eletrônicos e do espelho de ponto ao final do mês. A máquina ficará bloqueada sempre que a bobina de papel acabar; quando reposta a bobina, a máquina imprime o registro imediatamente anterior.

A impressão de comprovante de 100% das marcações provocou algumas especulações jurídicas.

De um lado, há quem veja exagero na determinação, pois o empregado ficará com, no mínimo, dois documentos novos por dia (marcação de início e de encerramento da jornada), ou talvez quatro documentos, se incluirmos a marcação facultativa do intervalo para refeição e descanso. De outro lado, nota-se uma mudança no paradigma de que cartões de ponto ficam em poder do empregador: doravante, o empregado, que comprovadamente laborava sob o regime do ponto eletrônico, não poderá mais alegar que o empregador se recusa a juntar os cartões de ponto, haja vista que também ele detém cópias do documento.

Pode haver uma erosão, portanto, nas premissas sobre as quais se assenta a presunção relativa acima explanada, porquanto até então os cartões de ponto eram de guarda obrigatória do empregador e assumiam patamar de prova prioritária das horas extras, tomando-se a omissão da juntada no Processo do Trabalho como recusa injustificada e reconhecimento tácito da jornada descrita na petição inicial.

Esse tipo de presunção relativa favorável à petição inicial jamais foi cogitado, por exemplo, quando o assunto era juntada de comprovantes de pagamento ou juntada de convenção coletiva, pois nesses dois exemplos há documentos comuns às partes.

Ora, a partir do momento em que se exige cópia de 100% das marcações do ponto eletrônico para o empregado, implicações processuais tendem a ser razoavelmente levantadas – em detrimento do empregado que perdeu os documentos ou que não conseguiu guardá-los ao longo dos anos (imaginando-se 20 dias úteis de trabalho por mês, teremos 240 dias de trabalho por ano ou 1.200 dias de trabalho no período de cinco anos – o que resulta 2.400 documentos a serem juntados com a petição inicial, por exemplo).

O entendimento não prevaleceu, porque a guarda dos documentos continuou a ser obrigatória para o empregador e facultativa para o empregado.

4. Variações de cinco minutos nos cartões de ponto

Chama-se de aplicação do princípio da razoabilidade na marcação dos cartões de ponto a questão sobre o que pode e o que não pode ser considerado como hora extraordinária quando da leitura de um controle escrito de jornada. Na verdade, o assunto poderia figurar ao lado do art. 74, que cuida dos cartões de ponto, mas eis que surge inserido como § 1.º do art. 58, que apenas estabeleceu o padrão de oito horas. A pergunta é: tudo o que excede oito horas deve necessariamente corresponder ao conceito de hora extraordinária? Mesmo que seja um minuto?

Se exigirmos que os cartões de ponto contenham exclusivamente a carga de oito horas, eles serão divorciados da realidade e necessariamente caricatos, pois ao longo de meses ou de anos de um contrato de trabalho é impossível que uma pessoa não tenha tido variação de ao menos um minuto em seus horários de início e encerramento da jornada e, ainda, de intervalo para refeição e descanso.

Nem mesmo na Inglaterra seria possível semelhante hipótese, utilizando-se a expressão marcação britânica apenas por figura de linguagem. A conclusão inevitável é no sentido de os cartões de ponto, sem variação nenhuma, serão inválidos como meio de prova. Por coerência à interpretação de que os cartões de ponto são documentos essenciais no Processo do Trabalho, o empregador atrai para si o ônus de provar a jornada da contestação em caso de cartões de ponto ditos britânicos.

Por outro lado, poderia o empregado exigir um relógio de ponto só para ele?

Claro que não.

O relógio de ponto e outros meios de marcação de jornada, estudados no art. 74, devem ser razoavelmente utilizados, de tal forma que dois mil empregados não podem ficar longos minutos em fila de registro de ponto e, ao mesmo tempo, não haverá um relógio para cada empregado. Além da necessidade de marcação do ponto, existem outros pequenos eventos passíveis de discussão na hora da entrada e na saída de cada expediente, como o controle de portas e janelas, os uniformes e as medidas de segurança. Novamente, o princípio da razoabilidade é chamado a resolver a questão.

Se o uniforme corresponde a um simples jaleco ou um distintivo com o nome da empresa, bastam ao empregado alguns segundos para pôr e tirar. Se, porém, o uniforme é uma pesada indumentária, com armamento de fogo ou com muitos adereços, são precisos muitos minutos, e é natural que se considere esse ato como inerente à atividade desenvolvida pelo empregado. Logo, é razoável que já se considere parte integrante da jornada.

Convencionou-se fixar em cinco minutos, afinal, a dosagem média da razoabilidade, por usos e costumes que permearam as decisões judiciais e, ao depois, influenciaram decisivamente o próprio legislador, ao positivar a regra oriunda das relações sociais.

Abaixo desse limite, despreza-se a fração, compreendida como uma pequena caminhada do trabalhador até o relógio de ponto ou um ajuste ou outro no maquinário a ser desligado. Acima desse limite, todavia, temos de conceber a fração como tempo à disposição do empregador, pois se somarmos, por exemplo, dez minutos de entrada antecipada com dez minutos de saída retardada, teremos uma atividade de vinte minutos, o que, para muitos processos produtivos e de atendimento ao público, equivale a uma eternidade e não há motivo algum para ser desprezada.

A ideia dos cinco minutos recebeu boa acolhida e se tornou um exemplo de decisão judicial a influenciar o legislador.

A fração igual ou inferior a cinco minutos é desprezível, mas como a jornada contém várias marcações (entrada, saída para intervalo, volta do intervalo e encerramento de expediente), pode haver a hipótese em que isoladamente cada fração tenha quatro minutos, por exemplo, mas esse desvio de quatro minutos tenha ocorrido em quatro vezes no mesmo dia, ou seja, a fração seja no total de dezesseis minutos. Daí por que a norma fala "observado o limite máximo de dez minutos diários", para evitar que alguém proponha reter o empregado cinco minutos a mais em cada etapa.

No exemplo acima, em que o trabalhador excedeu a jornada em 16 minutos, o empregador deve pagar como hora extraordinária todos os 16 minutos ou somente o que sobejar de dez minutos?

A pergunta, na verdade, é desconcertante, como se o empregador dissesse que, de fato, houve hora extraordinária, mas, em nome da tese dos cinco minutos, pretende abater de sua condenação cada fatia de cinco minutos escondida dentro de uma hora extraordinária.

Para evitar esse ardil, impõe-se a conclusão de que, se ultrapassado esse limite, será considerada como extra a totalidade do tempo que exceder a jornada normal.

Assim, por causa de um minuto o empregador pode ter de pagar 11 minutos como hora extraordinária, mas, igualmente, por causa de um minuto o empregado pode ter de desprezar os nove minutos além da jornada normal em que esteve na empresa. Não venham empregados e empregadores, agora, argumentar que um minuto é fração muito pequena para gerar tanta diferença, porque esse um minuto já está no alto da montanha da razoabilidade.

Entendemos que o raciocínio dos cinco minutos de variação se aplica igualmente dentro do intervalo para refeição e descanso, normalmente de uma hora.

Assim, não se deve invalidar a pausa de 58 minutos nem inserir os dois minutos adicionais na contagem da hora extraordinária, mas, simultaneamente, esses dois minutos podem ajudar no somatório daqueles dez minutos máximos a cada dia, como acima exemplificado.

Para aqueles que foram dispensados da marcação do intervalo para refeição e descanso em cartões de ponto, com simples pré-assinalação da existência da pausa, esse problema não existirá, ficando a variação de cinco minutos concentrada nas pontas do expediente.

Pode-se argumentar, no entanto, que o regime da desconsideração dos minutos que antecedem ou sucedem a duração normal da jornada não se aplica nas modalidades de registro eletrônico diretamente no terminal de microcomputador ou computador portátil, em que atua o empregado: considerando que, nesses casos, o trabalhador não gasta tempo registrando sua jornada ou se deslocando das máquinas até o posto de trabalho e que os registros de *login/ logout* representam o exato momento de começo e fim da prestação de serviços, perde o sentido a desconsideração dos minutos residuais. De certa forma, o registro *login/logout* na mesma máquina que serve de ferramenta de trabalho do empregado não deixa de ser a criação de um relógio de ponto individual a todos e a cada um dos trabalhadores, o que põe em xeque a tese consagrada da desconsideração de minutos de deslocamento até o posto de trabalho.

Capítulo 10

Trabalho a tempo parcial

Trabalho a tempo parcial sempre existiu.

Nunca foi exigência no Direito do Trabalho que a configuração de um vínculo de emprego somente pudesse ser feita mediante cumprimento integral de jornada de trabalho. São conhecidos os contratos de "meio período" em determinadas categorias, como em clínicas e consultórios, assim como o trabalho de carga integral durante o dia, mas apenas em alguns dias da semana, como nas atividades voltadas ao lazer ou determinados segmentos do comércio. Contanto que não se afaste do conceito da habitualidade, assim considerada a repetição razoável do evento, a relação de emprego será naturalmente aperfeiçoada, qualquer que seja a carga horária empreendida.

O contrato de trabalho a tempo parcial tem sido importante ferramenta em prol do trabalho decente e serve com maior propriedade a certas etapas da vida de um trabalhador, como o jovem em idade escolar, a gestante ou a lactante, a pessoa com elevadas responsabilidades familiares no amparo a entes queridos inválidos e demais situações em que a pessoa simultaneamente necessite do trabalho, mas não possa empregar todo seu tempo útil naquela oportunidade.

Em alguns ordenamentos jurídicos, há incentivo fiscal para a contratação a tempo parcial, preferencialmente de adolescentes ou de idosos, com desoneração tributária sobre a folha de pagamentos e demais encargos.

No entanto, chegou até nós por vias transversas.

Ao que tudo indica, o principal objetivo da regulamentação do contrato de trabalho a tempo parcial não era propriamente a oferta do primeiro emprego ao adolescente, a fim de que adquira experiência sem deixar de lado os estudos, nem era ampliar o número de vagas de trabalho para a terceira idade, mas, sim, manter os empregos já existentes. A afirmação é curiosa, mas pertinente: espera-se que o empregador, antes de dispensar o empregado veterano em meio a uma crise financeira aguda, opte pela redução da carga horária com a redução salarial para, pelo menos, aquele posto ser poupado.

Dessa forma, pode-se dizer que o contrato de trabalho a tempo parcial se insere no quadro de técnicas de preservação do contrato de trabalho, como o fazem as férias coletivas para desovar estoques acumulados ou a suspensão temporária para a requalificação profissional, de que cuida o art. 476-A da Consolidação das Leis do Trabalho, ambos a serem oportunamente analisados.

Se o contrato de trabalho a tempo parcial sempre existiu, como se afirmou, qual será a consequência prática de sua definição, através do art. 58-A, como sendo aquele cuja duração não exceda a 25 horas semanais, ampliadas em 2017 para 30 horas semanais? Há grande controvérsia sobre o tema.

Ao se adotar uma interpretação mais gramatical, teremos, então, uma rara hipótese em que o legislador houve por bem influenciar o conceito de uma figura cara ao Direito do Trabalho, que é o contrato de trabalho a tempo parcial, e por um critério qualquer confinou esse tipo contratual ao padrão de 30 horas semanais.

Essas 30 horas (25 horas para os trabalhadores domésticos) podem ser livremente distribuídas ao longo dos dias, pois nenhum parâmetro especial foi estabelecido, diferentemente daqueles já encontrados para o contrato de trabalho a tempo integral, a saber, a carga máxima de oito horas diárias e de seis dias na semana, pois um dia deve necessariamente ser dedicado ao descanso, na forma da Lei n. 605/1949. Assim, podemos ter uma atividade de cinco horas por dia, em seis dias por semana, para a conta fixar precisa, ou, ao revés, uma atividade de oito horas por dia, três dias por semana, e, ainda, quatro horas por dia, seis dias por semana, e assim sucessivamente, desde que as três esferas coexistam – carga total de 30 horas semanais, carga máxima de oito horas em determinado dia e uso de até seis dias em determinada semana.

A interpretação gramatical tem como principal consequência a revelação de que, a partir da inserção do art. 58-A na CLT, todos os contratos de trabalho que estipulem módulo semanal *acima de 30 horas* poderiam ser considerados a tempo integral, pouco importando se o empregador deixou de exigir 44 horas semanais para exigir 40, 35 ou 33 horas por semana. Há efetivas repercussões práticas.

Por exemplo, o salário-mínimo e piso salarial previsto em norma coletiva são destinados apenas aos trabalhadores sujeitos a carga integral de trabalho, admitindo-se o pagamento abaixo de seus valores mensais, mas dentro da proporcionalidade pelo número de horas, para o trabalho a tempo parcial. Porém, se entendermos que a carga superior a 30 horas já atrai o contrato de trabalho para o tempo integral, o trabalhador faria jus ao piso ou ao mínimo integralmente, ficando as demais horas não trabalhadas como mera liberalidade do empregador, dentro do conceito de condição mais benéfica que a ele foi conferida.

Ademais, uma vez estipulada uma condição mais benéfica, como no caso de um contrato de trabalho desde o início exigir apenas 40 horas semanais no lugar das 44 horas semanais que o empregador poderia haver exigido, a tendência é a imutabilidade da situação, sob pena de nulidade, por se configurar uma alteração maléfica ao empregado. Assim funciona na prática o princípio protetor, em sua face da condição mais benéfica.

Pode-se, todavia, adotar outra premissa quanto ao contrato de trabalho a tempo parcial, e não se fixar unicamente no conceito das 30 horas. Essa segunda solução se mostra mais em harmonia com o Direito do Trabalho e com a Consolidação das Leis do Trabalho. Se não, vejamos.

Ao estipular o conceito de trabalho em regime de tempo parcial no patamar das 30 horas semanais, o legislador implantou algumas consequências exclusivas para esse sistema:

- pagamento salarial proporcional à jornada, em relação aos empregados em tempo integral;
- necessidade de negociação coletiva para a alteração do contrato de trabalho já em vigor, que pretenda passar da carga integral para a carga parcial;

- proibição de hora extraordinária para o pessoal em regime de 30 horas e admissão de, no máximo, 6 horas extras por semana para o pessoal em regime máximo de 26 horas por semana (art. 59, § 4.º); e
- sistema especial de compensação da jornada, de uma semana para a outra, sem banco de horas ou outras modalidades de compensação.

Mal comparando, é como se fosse um pacote de incentivos ao empregador para preservar aquele emprego em particular: em troca de redução salarial, ainda que proporcional à carga horária, o empregador se compromete a manter aquele contrato de trabalho, valendo-se da negociação coletiva. Para evitar fraudes, compromete-se igualmente a não exigir hora extraordinária do trabalhador em regime de trabalho parcial "integral", de 30 horas, ou fazer uso de horas extras com moderação, para a turma até 26 horas.

Porém, a realidade é sempre mais áspera do que a boa intenção do legislador: que ocorre se a hora extraordinária for realizada no trabalho a tempo parcial em regime de30 horas?

Vedação de hora extraordinária não é um tema comum no Direito do Trabalho, mas é encontrada em algumas situações extremas, como em profissões fatigantes, do tipo cabineiro de elevador ou ascensorista (Lei n. 3.270, de 30 de setembro de 1957). O próprio art. 59 da CLT contém uma proibição de realização de mais do que duas horas suplementares, conforme explorado nas seçoes anteriores, sem que, por isso, o pagamento da terceira ou da quarta hora extraordinária no mesmo dia seja elidido. Outra restrição de realização de hora extraordinária se encontra no trabalho do menor de 18 anos, seja ele aprendiz ou não, na forma do art. 413 da CLT, que endossa apenas o acordo de compensação semanal e, se for o caso, a hora extraordinária em situação de força maior – e nada mais, nem banco de horas, nem prorrogação cotidiana para pagamento com adicional de 50%.

Nesses e em outros casos, inclusive o de vedação ora em estudo quanto ao regime parcial de trabalho, é possível que o trabalhador reclame uma rescisão indireta, pelo descumprimento da legislação por parte do empregador que insiste em convocá-lo para a realização da hora extraordinária proibida, ou, ainda, que a fiscalização do trabalho autue a empresa pela prática indevida de serviços suplementares. Em qualquer hipótese, porém, a energia empreendida pelo empregado jamais poderá ser estornada, sendo o pagamento em dinheiro a única medida capaz de aproximar a situação da realidade.

Mas há quem entenda que a prestação habitual de horas extras em regime de turnos parciais de trinta horas exige a desconfiguração da modalidade especial de contratação e, via de consequência, o pagamento do salário mensal integral a que o trabalhador fizer jus. Pode ser o salário-mínimo nacional ou o piso da categoria, mas o fato é que atrairiam as diferenças salariais integrais e não apenas o pagamento desta ou daquela hora extra.

Por exemplo, pessoa que habitualmente cumpre carga de 35 horas semanais poderia pedir o salário integral do pessoal de 44 horas semanais, com ou sem a acumulação das 5 horas extras a que tem direito.

Antecipando-se ao estudo do art. 64 da CLT, é de ressaltar que o cálculo da hora extraordinária, no caso do trabalho a tempo parcial, deverá ser feito de acordo com o divisor reduzido (na matemática, quanto menor o divisor, maior o resultado da conta, evidentemente) para aquele trabalho a tempo parcial. Labora em erro a conta que usar o divisor 220, próprio da carga de trabalho integral, encontrando salário-hora irreal e diminuto para aquele contrato de trabalho.

Por exemplo, quem trabalha apenas três horas por dia, seis dias por semana, tem o divisor 90 (trinta vezes a jornada média, diz o art. 64). Ganhando salário de, suponhamos, R$ 270,00 mensais (menos do que o salário-mínimo mensal, mas dentro da proporcionalidade da carga horária), terá recebido R$ 3,00 por hora laborada, e, por conseguinte, R$ 4,50 pela hora extraordinária proibida acaso realizada. Se, num descuido, for utilizado o divisor 220, encontrar-se-á valor próximo de um real, o que é falso, pois a pessoa não precisou trabalhar a carga integral para auferir os R$ 270,00.

Pode-se sustentar, outrossim, que vários tipos de jornadas reduzidas subsistem, fora do sistema fechado do art. 58-A, que se atribuiu a denominação de "regime de tempo parcial". De início, é de lembrar que jornadas reduzidas existem em diversas profissões regulamentadas, como a carga de quatro horas do advogado, de cinco horas do jornalista, de seis horas do bancário e assim por diante, de acordo com normas expressas na própria CLT ou em legislação esparsa de cada uma dessas profissões.

Não é desse contexto que trata o tema em estudo, mas da redução da jornada dentro do trabalho comum, que podia atingir as 44 horas semanais da Constituição Federal de 1988.

Na sequência, retomemos o caso do contrato de trabalho com jornada reduzida, mas não abaixo das 30 horas semanais. Servem como exemplo o recepcionista com carga de cinco horas por dia, mas de segunda a sábado, ou o entregador com carga de seis horas diárias, de segunda a sexta. Embora seja possível argumentar que o empregador "abriu mão" das 44 horas semanais, nem sempre isso ocorreu e nem sempre será possível essa afirmação.

Contratos de trabalho existem em que expressamente se convenciona a jornada reduzida, seja por documento escrito, seja na forma verbal, como o Direito do Trabalho sempre aceitou. Muitas vezes, a vaga se destina especificamente para essa jornada reduzida, pois o empregador já dispõe de empregados efetivos em carga plena, requerendo apenas uma ajuda ou um complemento para os chamados períodos de pico de atendimento ou de produção.

Como conciliar, então, o texto do art. 58-A, que fala em 30 horas semanais, com o dinamismo do Direito do Trabalho, que conhece incontáveis variações de carga horária, de 35 ou 40 horas semanais? Teriam esses módulos intermediários, maiores que 30 horas semanais e menores do que 44 horas semanais, subitamente se tornado ilícitos? Decerto que não.

O que houve, como acima se sinalizou, foi a fixação de um parâmetro de 30 horas para o atingimento daquelas vantagens em particular, especialmente a redução do salário do empregado veterano e a redução das férias. Para os demais módulos semanais, é correto sustentar que nada mudou: o empregador continua autorizado a contratar em carga inferior às 44 horas semanais, mas, se não atingiu o patamar de 30 horas ou, em se tratando de veterano a ter a carga reduzida, se não fixou posição em norma coletiva, não poderá valer-se da menor carga de férias.

Note-se que a admissão de um empregado isoladamente pode ser feita via contrato de trabalho individual, sem necessidade de submissão à norma coletiva, para o trabalho em regime de tempo parcial na forma do art. 58-A ou para o trabalho de jornada reduzida, na forma acima proposta. O que carece de norma coletiva, repita-se, é a mutação do contrato de trabalho a tempo integral, de empregado já encontrado na empresa, para o contrato de trabalho a tempo parcial, por se tratar, grosso modo, de uma redução salarial, ainda que nominal meramente. Em momento algum o art. 58-A, especialmente § 2.º, exige a negociação coletiva para novos empregados, mas somente para "atuais empregados".

Outrossim, observa-se uma forma inovadora de equiparação salarial oriunda da regra do § 1.º do art. 58-A. Se se preferir, deixa-se de lado a expressão equiparação salarial, para não haver confusão com o conhecido art. 461 da CLT, e pode-se falar em salário análogo ou parâmetro salarial. Tudo decorre do fato de que o art. 58-A exige a paridade entre os salários pagos aos empregados a tempo parcial em relação aos empregados que cumprem as mesmas funções, mas sob tempo integral, mantida evidentemente a proporcionalidade entre as cargas horárias, seja mediante divisão pura das horas, seja divisão pelos dias.

Nem sempre haverá esse "paradigma", pois em muitas ocupações a vaga para contrato de trabalho a tempo parcial se destina justamente a atividades complementares ou encilares que não contavam com empregados efetivos na carga integral, de tal sorte que, nesse caso, o trabalhador terá assegurado apenas o salário-mínimo nacional ou seu equivalente via norma coletiva.

Há elevada controvérsia se o empregado pode ser contratado simultaneamente para jornada reduzida, de quatro horas, com possibilidade de expansão para oito horas, a depender das necessidades do empregador (por exemplo, formação de filas de consumidores ou necessidade de movimentação de carga e arrumação da loja). Se o empregador se dispusesse a arcar com as horas extras excedentes da jornada padrão, não haveria tanta controvérsia. No entanto, o propósito de uma jornada móvel é exatamente o contrário: fazer com que o expediente do empregado possa oscilar de quatro a oito horas, sem que seja considerado serviço suplementar em nenhuma hipótese.

A fragilidade desse tipo de contratação reside no fato de que não haveria jornada padrão ou jornada contratual, mas uma mobilidade ao sabor dos rumos da atividade econômica. O empregador normalmente alega que o regime auxilia na criação de postos de trabalho e propicia a inserção no mercado de trabalho de pessoas com responsabilidades familiares e jovens do ensino médio ou superior. Há diversos acórdãos contrários à jornada móvel, determinando que seja considerado como padrão o módulo de quatro horas e sejam pagas horas extras sempre que excedido.

Índice Alfabético-Remissivo

A

Ação de cumprimento

Ação Monitória

Ação Rescisória

B

Bancário

Banco de horas

C

Cadastro Nacional de Informações Sociais (CNIS)

"Caixinha"

Capacidade postulatória

E

Estabilidades e garantias

Estagiário de Direito

Estágio

Exames periódicos

Exceção de pré-executividade

Exceções processuais

Execução em desfavor da Fazenda Pública

F

Grupo econômico

Guelta

H

Habeas corpus

Habeas data:

Habitualidade

Hasta pública

J

L

N

O

P

Petroquímico

Plano de demissão voluntária

Portaria

Portuário

Praça

Prazos processuais

Prêmios e abonos

Preposto

Prescrição

Princípios trabalhistas

Processo Civil

Processo do Trabalho

Recurso Extraordinário

Recurso Ordinário

Recursos trabalhista

S

Sobreprincípios

Stock options

Subordinação

Subprogramas de gerenciamento

Substituição processual

Sucessão trabalhista

T

Terapeuta ocupacional

Terceirização

Terceirização sucessiva

Testemunha

Título executivo

Trabalho